Schlumberger · Türkenstraße

Hella Schlumberger

Türkenstraße

Vorstadt und Hinterhof

Eine Chronik,
erzählt

1998
Buchendorfer Verlag

Titelabbildung

Foto: Jochen Spoerl, Idee und Erstmontage Hella Schlumberger und Copyoase Richard Schmelcher
Der Wasserpfeife rauchende Türke mit seiner Kaffee trinkenden weißen Sklavin stammt aus der Türkenstraße und ist seit 25 Jahren in die Gewürzmühlstraße exiliert. Das kam so: Trotz Protesten von allen Seiten wurde beschlossen, das Haus Türkenstraße 6, in dem Rahmen-Pfefferle und Foto-Sahm lebten und arbeiteten, abzureißen und dem Oskar-von-Miller-Ring zu opfern. Pfefferles nahmen das runde Deckengemälde in ihr neues Domizil mit, wo es heute noch in der Gewürzmühlstraße 5 hängt. Der Künstler ist nicht bekannt, es könnte sich aber um Professor Ferdinand Wagner handeln, dem Baumeister Trump auch andere Aufträge erteilt hatte.

Abbildungsnachweis

Archiv der Akademie der Bildenden Künste: 293 u.
ARRI-Archiv, München: 293 o., 304, 309
Bayerisches Hauptstaatsarchiv: 15, 16, 17
BISS-Archiv, München: 709
Nachlaß Professor Hermann Giessler, Düsseldorf: 24
Ernst Grasser: 413
Interfoto Rauch: 434
Katalog zur Ausstellung Erwin Steiners, 1986/87: 850
Heinz Koderer: 403
Vera Kratzer: 450
Ali Mitgutsch: 755
Hanns Christian Müller: 235
Privatbesitz: 93, 103, 126, 158 re., 203, 363 li., 404, 424 re., 517, 561, 584, 594, 599, 659, 671, 683, 757, 771, 844, 867
Stadtarchiv München: 19, 20, 22, 23, 36, 41
Alle anderen Abbildungen stammen von der Autorin selbst oder aus ihrem Privatbesitz

Die Deutsche Bibliothek - CIP-Einheitsaufnahme
Schlumberger, Hella:
Türkenstraße: Vorstadt und Hinterhof; Eine Chronik, erzählt / Hella Schlumberger. -
München: Buchendorfer, 1998
ISBN 3-927984-79-5

Satz und Repro: Satzpunkt Ewert, Braunschweig
Papier: holzfrei, säurefrei, gebleichtes Werkdruck von Geese
Druck und Bindung: Huber, Dießen
Printed in Germany

ISBN 3-927984-79-5

Inhalt

Einleitung

Planet Türkenstraße: Teil eines Systems und selber fast ein Universum. Ständig um eine Sonne und nicht zuletzt um sich selber drehend. Ähnlich wie andere Planeten, aber doch einzigartig.
Humus Türkenstraße: der Boden, auf dem etwas gedeiht. Bodenständigkeit, gepaart mit Verrücktheit, die Kunst gebiert. Nordlichter und Südstaatler und was dabei herauskommt. Glashaus Türkenstraße: der südliche Himmel, der Münchner und sein Drang zum Licht. Das Offene: die Türen der Geschäfte, die Straßencafés und der Ton untereinander. Das Verletzliche: von innen wie von außen kann mit Steinen geworfen werden, kann alles kaputtgehen. Das Glück, das Glas und das Gleichgewicht der Straße.
Die Straße als Brille, durch die das Jahrhundert betrachtet wird: Sonnenbrillen, rosa Brillen, Brenngläser, Mikroskope, Kaleidoskope, Brillen für Kurzsichtige, Brillen für Weitsichtige. Die Augen der Menschen hinter der Brille, so persönlich wie ihre Stimme, mit der sie erzählen und die auf Band festgehalten ist. Erlebte und erlittene Geschichte, zum Teil auch verdrängte und umgedichtete Geschichte; die persönliche als Teil der lokalen, regionalen, nationalen und internationalen Geschichte. Oral history.
Fast 150 Geschichten in sieben Jahren gesammelt, verdichtet, in Zusammenhänge gebracht. Mit der Frage im Kopf: Welcher Geist herrschte wann in der Türkenstraße? Wer bestimmte ihn und wer litt unter ihm?
Von Königstreuen über Rätesympathisanten zu Heil-Hitlers. Von Wirtschaftswunderkindern über 68er Revoluzzer zu coolen Zeitgeistträgern. Der Bürger, ob Kleinbürger oder Großbürger, der Künstler, ob bekannt oder unbekannt, wie hielten sie's mit dem Zusammenleben? Miteinander, nebeneinander, gegeneinander?
Der Mann und die Frau, wie standen sie zu verschiedenen Zeiten zueinander? Die Türkenstraße als Ort emanzipatorischer Aktivitäten: der katholischen Frauen, der radikalen Frauen und derer die mit dem Anspruch auf selbstbestimmtes Leben die Frauenkommune gründeten und bei den Männern »Angstlust« erzeugten.
Magnet Türkenstraße: etwas, das anzieht und abstößt.
An: das Unruhige, Chaotische, Kreative, Nicht-Normale. Ab: das Ordentliche, Eindimensionale, das Antworten hat und keine Fragen mehr zu stellen braucht. Das sich als Ausdruck des »gesunden Volksempfindens« betrachtet und damit auch in der Türkenstraße schon vor 1933 größere Erfolge verbuchen konnte. Das heißt: der Magnet Straße zog auch die Nazis an, aber sie hatten vor, den »genius loci« zu verändern, weg vom »artfremden« Künstlerischen, vom Chaotischen, Unordentlichen, hin zur Gleichschaltung, zur Marschordnung, zur Kriegs- und Mordmaschinerie.

Nicht von ungefähr begann Heydrich seine Karriere in der Türkenstraße, wohnte der Uni-Pedell Schmied dort, der den Tod der Mitglieder der »Weißen Rose« auf dem Gewissen hat und war Adolf Hitler ständig im Karree unterwegs, wo sich die »Osteria Bavaria« und der »Völkische Beobachter« befanden.
Nicht von ungefähr auch befand sich am südlichen Teil der Straße das Wittelsbacher Palais, das zur Gestapo-Verhörzentrale geworden war, in der Johann Georg Elser, der einsame Bürgerbräuattentäter, vernommen worden war und sein Geständnis abgelegt hatte. Elser, der in der Türkenstraße wohnte und von dem seit 1997 ein Platz kündet, ist der Held, auf den die Straße stolz sein kann.
Mosaik Türkenstraße, melting pot von Völkern, Sitten, Sprachen, ein Schmelztiegel sozialer Schichten und sämtlicher Altersstufen, eine junge Straße, eine freche Straße, eine weise Straße. Wo's die Mischung bringt, ein Selbstbewußtsein schafft, das schon sehr in Richtung Autarkie geht, Künstlerfreistatt, frei vom Staat...
Wenn man bedenkt, allein wie die Straße zu ihrem Namen gekommen ist, dann hat das schon etwas Märchenhaftes an sich:

Die Mär vom Türkengraben

Es war einmal ein König[1] im Welschland, der ungeheuer mächtig war und sich gerne mit der Sonne vergleichen ließ. Er frühstückte in seinem Himmelbett, umgeben vom Hofstaat. Er liebte schöne Frauen, mächtige Schlösser und breite Kanäle. Weil aber die Herrscher in den Nachbarländern auch gerne mit der Sonne verglichen werden wollten, machten sie ihn in allem nach. Nur ein bißchen bescheidener.

Da war auch ein Kurfürst[2] in Bayern, der, wiewohl jung, schon große Pläne hatte, was seine Schlösser und die dazu passenden Kanäle betraf.

Aber vorerst dräute eine andere Gefahr: der Türke stand vor Wien. Zum zweiten Mal bereits. Den galt es abzuwehren. Das Abendland hatte schreckliche Angst, daß es untergehen könnte und sammelte seine besten Kräfte.

Da waren die Truppen des österreichischen Kaisers[3], der sich selber freilich mit seiner Familie in Sicherheit gebracht hatte; die des polnischen Königs[4], die einiger anderer Grafen, Prinzen, Herzöge und Kurfürsten, darunter auch die des Bayern. Der Franzose mit der Sonne war zuhause geblieben mit seinen Truppen. Er sympathisierte sowieso schon seit längerer Zeit mit dem türkischen Halbmond, der »Hohe Pforte« genannt wurde und ihren Janitscharen[5], von denen er hoffte, sie würden den Kaiser, seinen Konkurrenten, endlich aus dem Feld schlagen. Man schrieb das Jahr 1683. Die Schlacht fand am Kahlenberg statt und die Türken wurden geschlagen. Reichhaltige Beute wurde gemacht: Waffen, Gefangene und Geräte zur Herstellung eines neuen Getränks, schwarz wie Tinte, das eine ungemein belebende Wirkung hatte und sich in Windeseile in ganz Europa ausbreitete.[6]

Die Türken gaben aber noch keine Ruhe, die Schlachten fanden in Ungarn statt und auf dem Balkan, und unser Kurfürst tat sich ganz besonders hervor. Die Türken nannten ihn »Mavi Kral« was soviel hieß wie »der blaue König«, weil er gerne in blauem Wams zu Pferde stieg. Ein anderer, der badische Markgraf[7], bekam daheim den Spitznamen »Türkenlouis«.

Die Sieger teilten sich die Beute, jeder nahm eine stattliche Anzahl von Gefangenen mit: Männer, Frauen und Kinder.

Auch Kinder, genau. Es war nämlich so: damals gab es nicht nur ein Männerheer auf der einen und ein Männerheer auf der anderen Seite, nein, jede Seite hatte noch ihre Schattenarmee dabei: den Tross, der für das leibliche Wohl der Soldaten zu sorgen hatte. Da gab es Marketenderinnen und Ehefrauen mit ihren Kindern, die genauso in Gefangenschaft geraten konnten wie die normalen bewaffneten Soldaten.

[1] Ludwig XIV; [2] Max Emanuel; [3] Leopold I; [4] Johann Sobieski; [5] Elitetruppe; [6] Kaffee; [7] Wilhelm Ludwig

Oder, je nachdem, auch die Zivilbevölkerung. Wer wollte einem Sieger etwas verbieten?
So zog denn der Kurfürst mit Ruhm bedeckt und den Gefangenen im Gefolge wieder in seiner geliebten »Residentz Statt« München ein und begann sofort, sich seinen Traum von der fünfzig Kilometer langen Wasserstraße zu erfüllen, die seine Schlösser verbinden sollte: Dachau, Schleißheim, Nymphenburg und die Residenz. Größer sollten sie werden und prächtiger, ein wahres Abbild des Türkenbezwingers und »Von Gottes Gnaden in Ober- und Nidern Bayern auch der Obern Pfaltz Hertzog, Pfaltzgraf bey Rhein, des Heil.Röm. Reichs Ertztruchseß unnd Churfürst, Landgraf zu Leichtenberg[1]...«
Die Landstraßen jener Zeit waren bei schlechtem Wetter nur mühsam zu befahren, selbst bei gutem waren sie holperig. Da war ein Kanal schon etwas anderes zum Transportieren all' der Materialien, die man zum Ausbau der Schlösser brauchte: Holz, Ziegel, Kalk und Marmor. Die Gegend im Norden der Hauptstadt war flach, ideal für Wasserstraßen. Das Wasser konnte gleichzeitig in den Schlössern die Brunnen und Wasserspiele speisen, die ein Fürst jener Zeit sich schuldig war. Wer weiß, vielleicht würde es eines Tages auch Gondelfahrten auf den Kanälen geben, Gondoliere, Musik und schöne Frauen (träumte der bayerische Kurfürst).
Die Arbeiten gingen flott voran, bald hatten die Arbeiter den größten Teil des Kanalsystems fertig ausgehoben, so daß er geflutet werden konnte. Die Kanalarbeiter waren bayerische Handwerker, Soldaten, ein paar Straf- und natürlich türkische Gefangene.
Man konnte nun von Dachau nach Schleißheim im Boot fahren, dann über Ismaning südlich und ab Schwabing wieder westlich über die Georgenschwaige nach Nymphenburg. Aber das ging gegen die Strömung, da ließ man sich eher treideln, das heißt von Pferden oder Menschen stromaufwärts ziehen, von den sogenannten Treidelpfaden aus, die rechts und links des Kanals angelegt waren.
Es fehlte nur noch der letzte Verbindungskanal, ungefähr zehn Kilometer, von der Residenz bis Schleißheim. Er sollte nie vollendet werden. Ein Friede kam nämlich dazwischen, der Friede von Karlowitz, 1699, der die Türkenkriege zunächst einmal beendete. Die türkischen Gefangenen durften wieder nachhause, durften sich freikaufen, wurden ausgetauscht. Die letzten Gefangenen wurden 1700 nach Wien gebracht, um dort mit Pässen ausgestattet gegen kurbayerische Soldaten und gefangene Trossmitglieder ausgetauscht zu werden.[2] Einige wenige waren geblieben, Getaufte, Verheiratete, adoptierte Türkenkinder.
Keiner von ihnen wird an dem Kanal gewerkelt haben, den sie später »Türkengraben« nannten. 1702 war das letzte Teilstück in Angriff genommen worden; 1704 wurde der Kanal zwischen Residenz und Georgenschwaige ge-

1 Aus einem Erlaß zum Tuchhandel vom 7. Juni 1690
2 Nach: Topor Graf Morawitzky, Beiträge zur Geschichte der Türkenkriege von 1683–1688; Oberbayer. Archiv, 17. Band, 1857

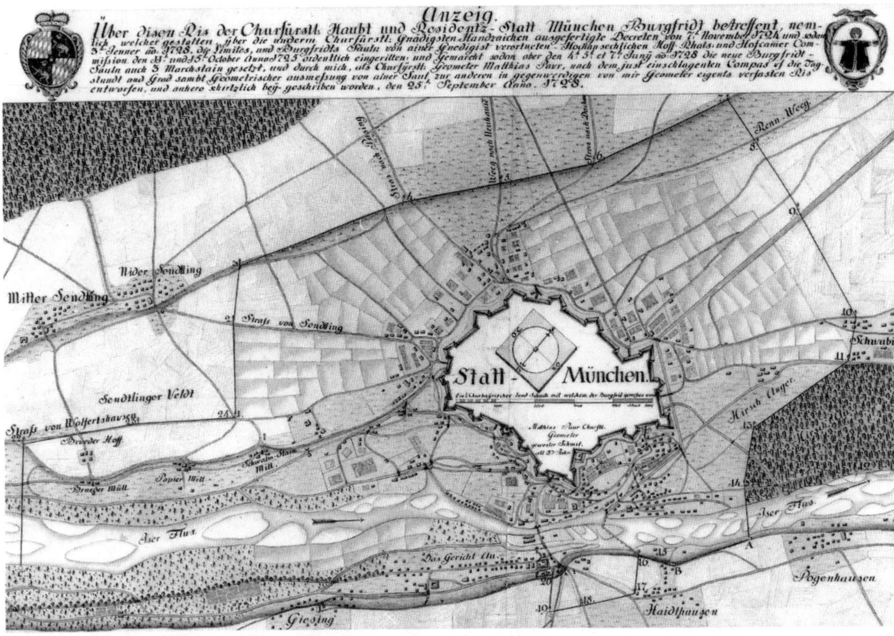

»Ris der kurfürstlichen Haupt- und Residenzstadt München und ihres Burgfrieds. 1728, von Matthias Pavr, kurf. Geometer«. Unterhalb vom »Renn-Weg« verläuft der später Türkengraben genannte wasserführende Kanal von der Nordstrecke der Hofgartenbefestigung zur Georgenschwaige. Er trägt hier keinen Namen.

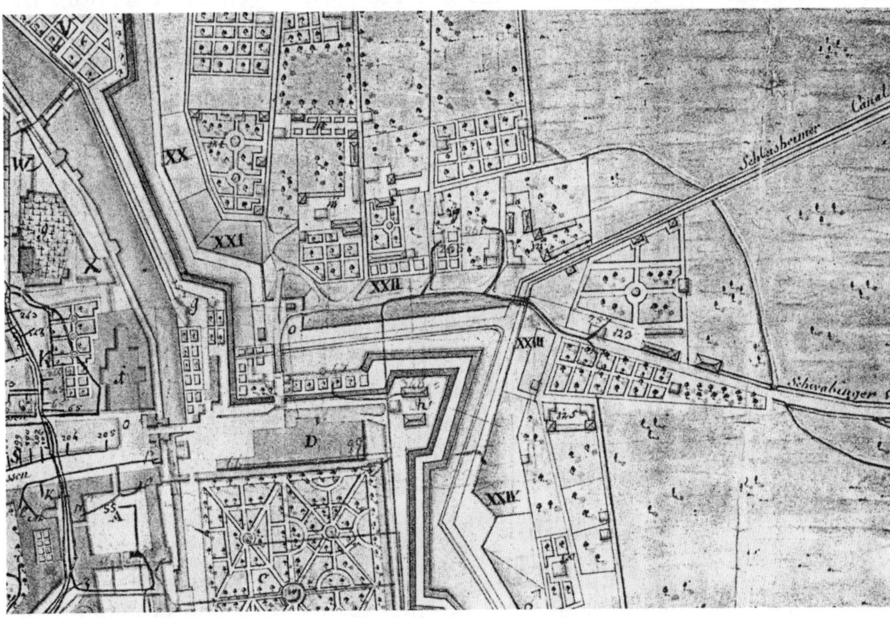

Mitte des 18. Jahrhunderts hieß der Kanal auch »Schleisheimer Canal«.

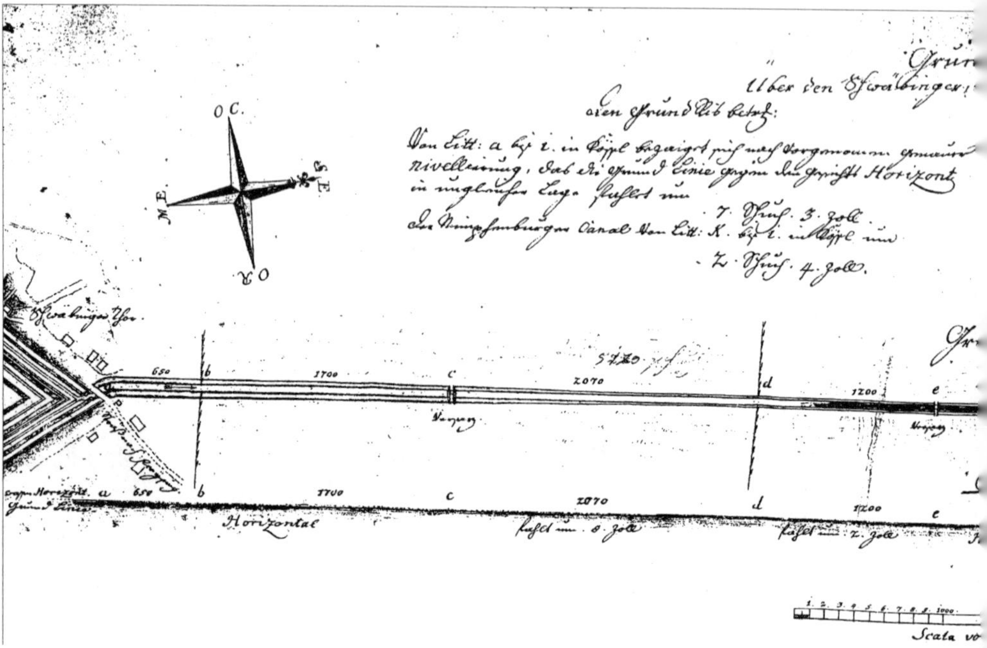

»Grundriß und Profil. Über den Schwäbinger und einen theil von Nimphenburger Canal«, ungefähr Mitte des 18. Jahrhunderts. Noch keine Rede vom »Türkengraben«.

flutet: mit Isarwasser aus dem westlichen Stadtgrabenbach, das auf der Höhe der nordwestlichen Festungsschanze des Hofgartens gen Norden floß. Bis zur Georgenschwaige, wo es sich in den Nymphenburg-Biederstein-Kanal in Richtung Osten, in Richtung Schwabing ergoß. Was es nicht hätte tun sollen. Die restlichen sieben Kilometer geradeaus nach Norden bis Schleißheim wurden nie gebaut. Das hatte zwei Gründe. Einen geologischen: es fehlte eine wasserundurchlässige Lehmschicht, die das Kanalwasser am Versickern gehindert hätte. Und einen politischen: der Kurfürst hatte die Seiten gewechselt, weg vom österreichischen Kaiser, seinem Verwandten, hin zum Franzosen. Es ging um die Königskrone im spanischen Habsburgerreich, und da rechnete sich Max Emanuel nicht zu Unrecht Chancen für seinen Sohn aus. Doch der starb und die französischen Bourbonen kamen zum Zug.
Sämtliche Aktivitäten des bayerischen Kurfürsten seither endeten im Desaster: keine Königskrone wollte hergehen, er wäre ja bereit gewesen Bayern einzutauschen. Aber zunächst war er Statthalter der spanischen Niederlande mit Sitz in Flandern, an die zehn Jahre. Inzwischen waren die Österreicher in Bayern einmarschiert, hatte 1705 die Sendlinger Bauernschlacht stattgefunden, war Max Emanuel vom österreichischen Kaiser gebannt worden, das hieß: er war vogelfrei.
In allen Wirrnissen und Turbulenzen der Zeit hatte der Kurfürst immer versucht, eines aufrecht zu erhalten: Prunk und Glanz an seinen Höfen, ob zuhause oder im Exil und schöne Frauen für sich selber.

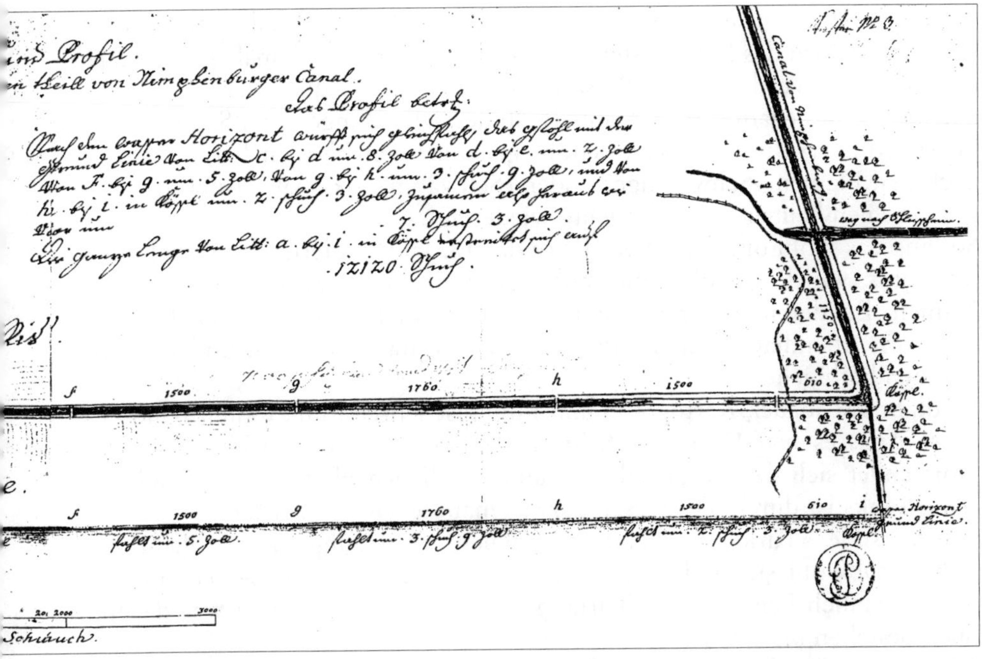

Hier heißt der Kanal »Schwäbinger Canal«. Blick nach Westen. Das Kanalwasser fließt von Süd nach Nord und vereinigt sich an der Georgenschwaige mit dem des Nymphenburger Kanals.

Er konnte schließlich froh sein, daß er 1715 wieder nach Bayern zurückdurfte, ohne größere Verluste erlitten zu haben, er der einst so gefeierte Türkenbezwinger. Die Bayern begrüßten ihn freudig, berichten die Annalen.
Daß er kein großes Interesse mehr an der Fortsetzung des Kanals nach Schleißheim hatte, ist verständlich.
Der Kanal um den es geht, zwischen der Residenz und der Georgenschwaige, dümpelte vor sich hin. Man benutzte ihn gern als Müllkippe und Abort, Anwohner wie Spaziergänger. Im Jahr 1800 schrieben bayerische Beamte empört an das Geheime Finanzdepartment[1], daß der »Türkengraben« zur »Zuflucht für Räuber und aller Sittenlosigkeit« geworden sei. Man möge ihn doch wieder kultivieren. Doch 1811 wurde er zugeschüttet. Gerade einmal 107 Jahre der Existenz als wasserführender Kanal.
Und nichts von wegen Lustbarkeiten, Gondeln, Gesang und schönen Frauen! Das hatte es auf den bayerischen Seen und dem Nyphenburger Kanal gegeben.
Mit dem halbfertigen Kanal hatten zeitgenössische Schreiber und Kartographen so ihre Probleme: »Grand canal de Schlüisheim« nannten sie ihn am Anfang noch hoffnungsfroh, weil die Fortsetzung nach Schleißheim

1 »Kultivierung des sogenannten Türkengrabens bei München, 1797-1808; Zum geheimen Finanzdepartment Höchst dero Generallandesdirection, 9. May 1800«, Hinweis von Klaus Bäumler

ja fest eingeplant war; oder bescheiden »Never Canal«, weil er tatsächlich der jüngste Arm des Kanalsystems war oder einfach nur »Canal« oder »Cannal«. Oder er wurde, wie im Reiseatlas Adrian von Riedls, zwar eingezeichnet aber nicht benannt. Weil er außerhalb des Schwabinger oder Schwäbinger Tores (früher »Unseres Herrn Thor« genannt) gen Norden lief, bekam er auch den Namen »Schwabinger« oder »Schwäbinger Canal«. Auch der Begriff »Schleißheimer Canal« tauchte wieder auf.

So ging das wohl bis in die 90er Jahre des 18. Jahrhunderts: der Kanal blieb namenlos, wurde getauft, umgetauft, hatte vielleicht gar keinen offiziellen Namen. Er, der namensreichste aller Kanäle im Jahrhundert der Türkenmode im Abendland, der die Phantasie von Katasterbeamten und Karthographen beflügelte.

Riedl, Straßenbauer, Kartograph und Publizist schreibt im zweiten Band des Reise-Atlasses von 1796 über Schwabing, das ehemalige Suabinga: »Beym Dorf endet sich der Burgfriede der churfürstlichen Haupt- und Residenzstadt. Links ist durch die Wiesen der sogenannte Türkenkanal.«

Die Vorsilbe »Türken« scheint zu gefallen, wird aufgegriffen, bleibt bestehen. Obwohl sie eindeutig falsch ist. Am »Türkengraben« hat höchstwahrscheinlich kein einziger Türke gegraben. Egal, der Name war da und blieb bestehen bis 1897.

Ein Graben ist eine »zwischen Verwerfungen eingesunkene langgestreckte Scholle der Erdkruste«[1], also eine natürliche oder künstliche Bodenvertiefung, die naß oder trocken sein, sich auf dem Land oder im Meer befinden kann. Der seit 1704 existierende aber erst später so genannte »Türkengraben« war beides: wasserführend, bis er 1811 zugeschüttet wurde, danach Baugrund. Auf den Bodenhügeln und im Kanalbett waren bescheidene Häuschen errichtet worden. Der Name »Türkengraben« blieb, wird 1835 in einem der ersten Stadtadreßbücher aufgeführt und hält sich bis 1897, wo im Stadtadreßbuch lapidar bemerkt wird: »Türkengraben nun Kurfürstenstraße«.

Nordend- und Kurfürstenstraße waren die beiden Treidelpfade des Türkengrabens. Noch heute zeigt ihre Richtung, die schräg zum Schachbrettmuster der Straßen der Maxvorstadt verläuft, wie das Wasser von Süd nach Nord geflossen war. Auch die Schräge der Fürstenstraße läßt sie als Teil des »Türkengrabens« erkennen.

Ungefähr auf der Höhe des Schulhofs der Türkenschule hätte der Türkengraben die Türkenstraße geschnitten, wenn es denn beide gleichzeitig gegeben hätte. Den wasserführenden Kanal von der Residenz zur Georgenschwaige und die 1806 erst geplante neue Straße von der Brienner Straße gen Norden. Nebeneinander bis 1896, also 90 Jahre, hatten existiert: der Türkengraben als bebauter Landstrich, danach als Bezeichnung für den östlichen ehemaligen Treidelpfad, die spätere Kurfürstenstraße und – die junge Türkenstraße.

[1] Das Kluge Alphabet von 1957

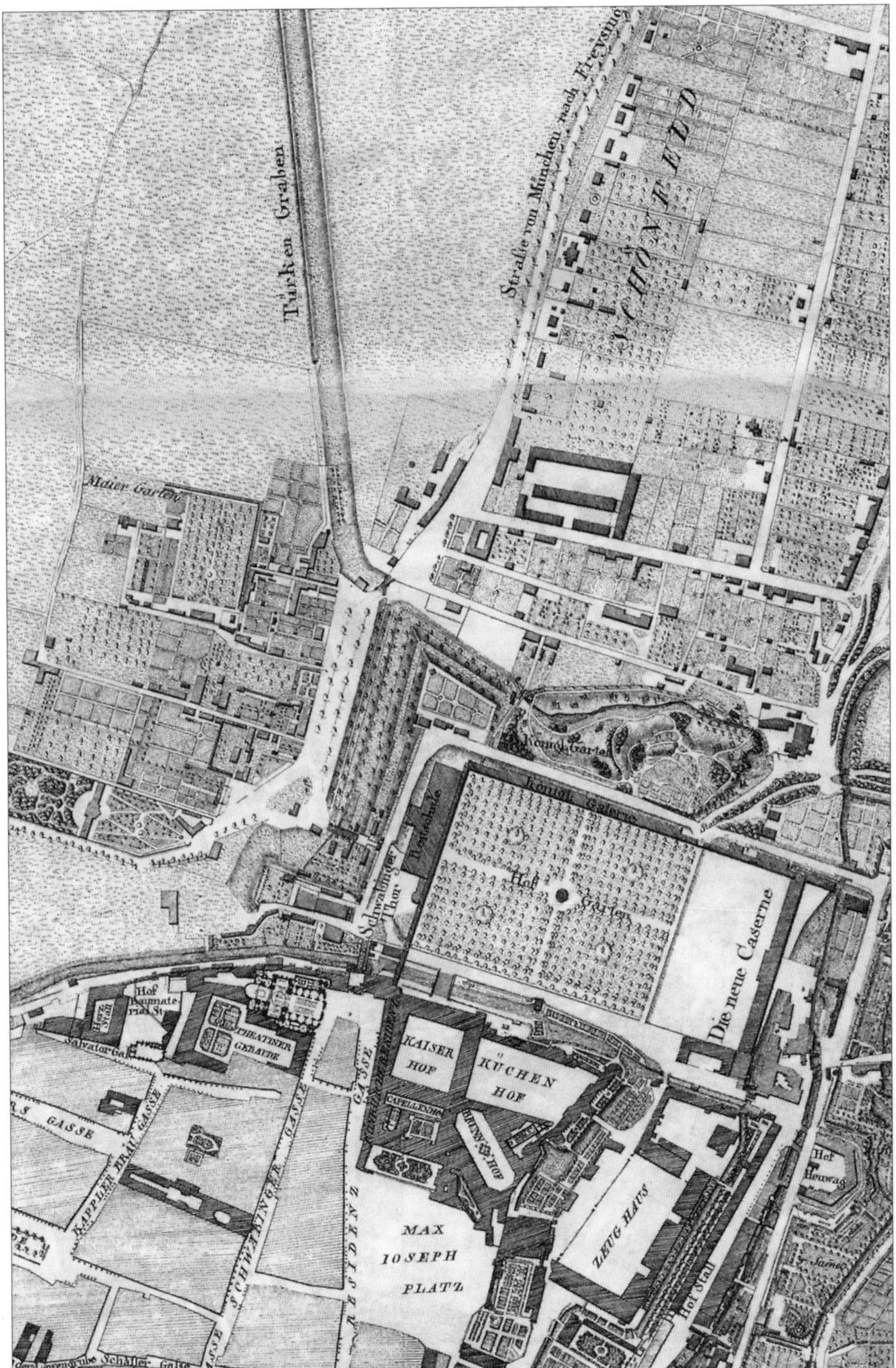

Ausschnitt aus einer Karte von Ob.Lieut. Rikauer aus dem Jahre 1807. Der Türkengraben als Kanal wird 1811 vollends zugeschüttet und existiert bis 1896 als Straße weiter.

Das Schwabinger Tor von Norden. Links der Eingang in den Hofgarten, dahinter die Residenz. Rechts über der Wallböschung das Chedeville-Schlößchen, dahinter die Theatinerkirche. Aquarell von Carl August Lebschée, 1810.

Die Türkenstraße, nicht weiter verwunderlich, hatte ihren Namen bekommen, weil sie auf den Türkengraben zuführte.

»1789 befahl Kurfürst Karl Theodor die Demolierung der Festungswerke. Sofort setzte eine rege Bautätigkeit ein. Auf den Bastionen und am Beginn der Landstraße nach Schwabing errichteten Münchner Adels- und Bürgerfamilien ihre Landhäuser, willkürlich und ohne städtebauliches Ziel. Ein solches wurde erst durch die 1804 gebildete Baukommission gesteckt und durch dieselbe das weite Wiesengelände zwischen der Straße nach Dachau und dem Türkengraben als Terrain für die Stadterweiterung bestimmt.«[1]

Die Festungsmauern hatten ausgedient, die Stadt drohte aus allen Nähten zu platzen, Vorstädte mußten angelegt werden: die Ludwigs- die Schönfeld- und die Maxvorstadt, letztere benannt nach Max IV Joseph, Kurfürst, der 1806 von Napoleons Gnaden als Max I erster bayerischer König wurde.

Im November 1808 war der Entwurf der königlichen Baukommission für die Maxvorstadt genehmigt worden, in dem die Türkenstraße bereits aufscheint. Freilich nur für den Teil Theresien-Schelling (damals Löwen-)straße, der südliche trug noch bis 1812 den Namen Florastraße. Dahinter steckte die

[1] Konrad Schiessl: »München im Spiegel der Stadtpläne« in: »München im Wandel der Jahrhunderte, Bilder aus der Sammlung Proebst Mü 1957.«

Ansicht, Adressen in den neu angelegten Stadtteilen ließen sich leichter finden, wenn die Straße in Segmente unterteilt wäre.
Auf der Flurkarte von 1809, in dem die Straßen der neuen Vorstädte noch handschriftlich eingetragen sind, beginnt die Türkenstraße ein Segment weiter südlich an der Gabelsberger (damals Ludwigs-)straße und endet, schräg angeschnitten über die Schelling (damals Löwen-) hinaus exakt am bereits trockenen Türkengraben.
1812 hatten König Max I und Graf Montgelas das »Königliche Rescript« unterzeichnet, das den Plan der Maxvorstadt mit den von der Baukommission vorgeschlagenen Straßennamen endgültig absegnete. Der Name Türkenstraße sollte aus »historischen Gründen« bleiben, wohl um irgendwie an die gefangenen Türken und die bayerischen Siege zu erinnern.
Während die Nachbarstraßen immer wieder umgetauft wurden, blieb die Türkenstraße die Türkenstraße, die sich nach und nach über den Türkengraben nach Norden ausbreitete, bis sie an die Georgenstraße stieß.
Das alles erklärt dennoch nicht, wie es zum Namen Türkengraben kam.
Wie kam der Türke in den Graben? Rein ethymologisch gefragt.

Exkurs: Vom schwierigen Verhältnis des Abendlandes zum Morgenlande, des Europäers zum Türken

Türkenbund, Türkenhonig, Türkentaube. Türkisches Bad und »türkischer Weizen«, wie in Österreich der Mais genannt wird, auch einfach »Türke« oder »Heide«.
»Einen Türken bauen« ist eindeutig negativ besetzt, genauso wie etwas »Getürktes« oder ein »Kümmeltürke«.
»Turkey« heißt auf englisch Truthahn, aber auch »türkischer Teppich«; in der Theatersprache steht es für Pleite, Versager oder schlechtes Stück.
»Turk« auf englisch bedeutet Türke, Türkin, aber auch Wüterich.
»Turquerie« auf französisch die Türkenmode, gleichzeitig aber auch Geiz; »turc, turque« ist das Adjektiv türkisch, meint aber auch Engerling; »Tête de turc« heißt Türkenkopf in der Bedeutung von Prügelknabe.
Sollten diese aktuellen Beispiele etwas von dem gespaltenen Verhältnis des Abendländers dem Morgenländer gegenüber zeigen? Heute noch? Etwas, in dem Mißtrauen und Verächtlich-Machen mitschwingen als Zeichen der eigenen Angst?
Im 14. Jahrhundert bereits hatten die Türken begonnen, den Balkan zu erobern, 1453 fiel Konstantinopel, das Oströmische Reich war am Ende, die Osmanen hatten gesiegt. In der Hauptstadt am Bosporus residierte die »Hohe Pforte« des Sultan-Kalifen. 1492 fiel Granada in Spanien, was das Ende der arabischen Herrschaft bedeutete. So wurde, fast automatisch, das Osmanische Reich zum Erben, zu einer Art Nachfolger der Araber, übernahm praktisch die Rolle des Kreuzzuggegners.

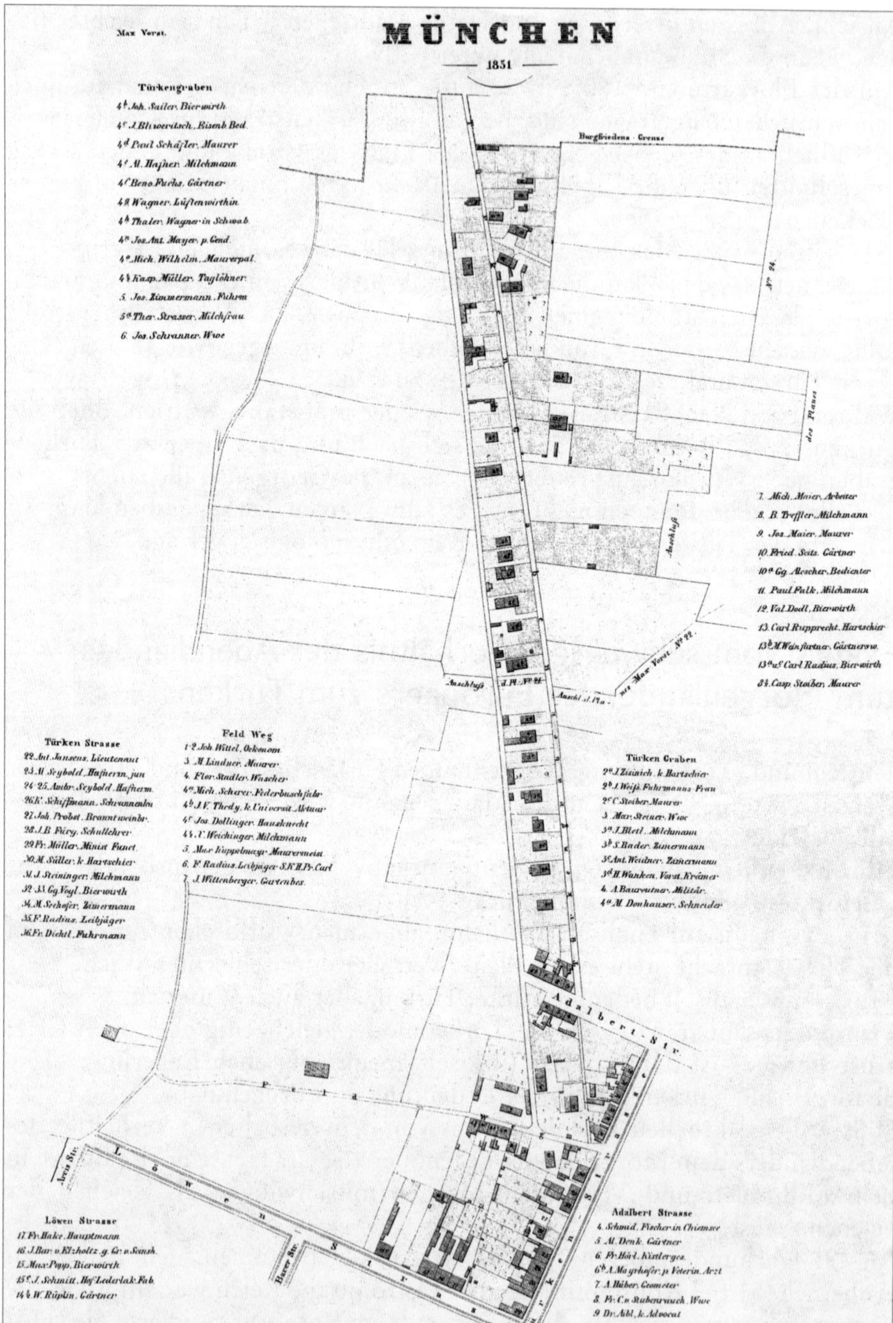

Der bebaute Türkengraben 1851, wie er im Norden an die Burgfriedensgrenze und im Süden auf den Feldweg (später Blütenstraße) nahe der Türkenstraße trifft. Lithographie von Gustav Wenng mit Angabe der Parzellen, der Gebäude und der Berufe der Anwohner.

Türkengraben

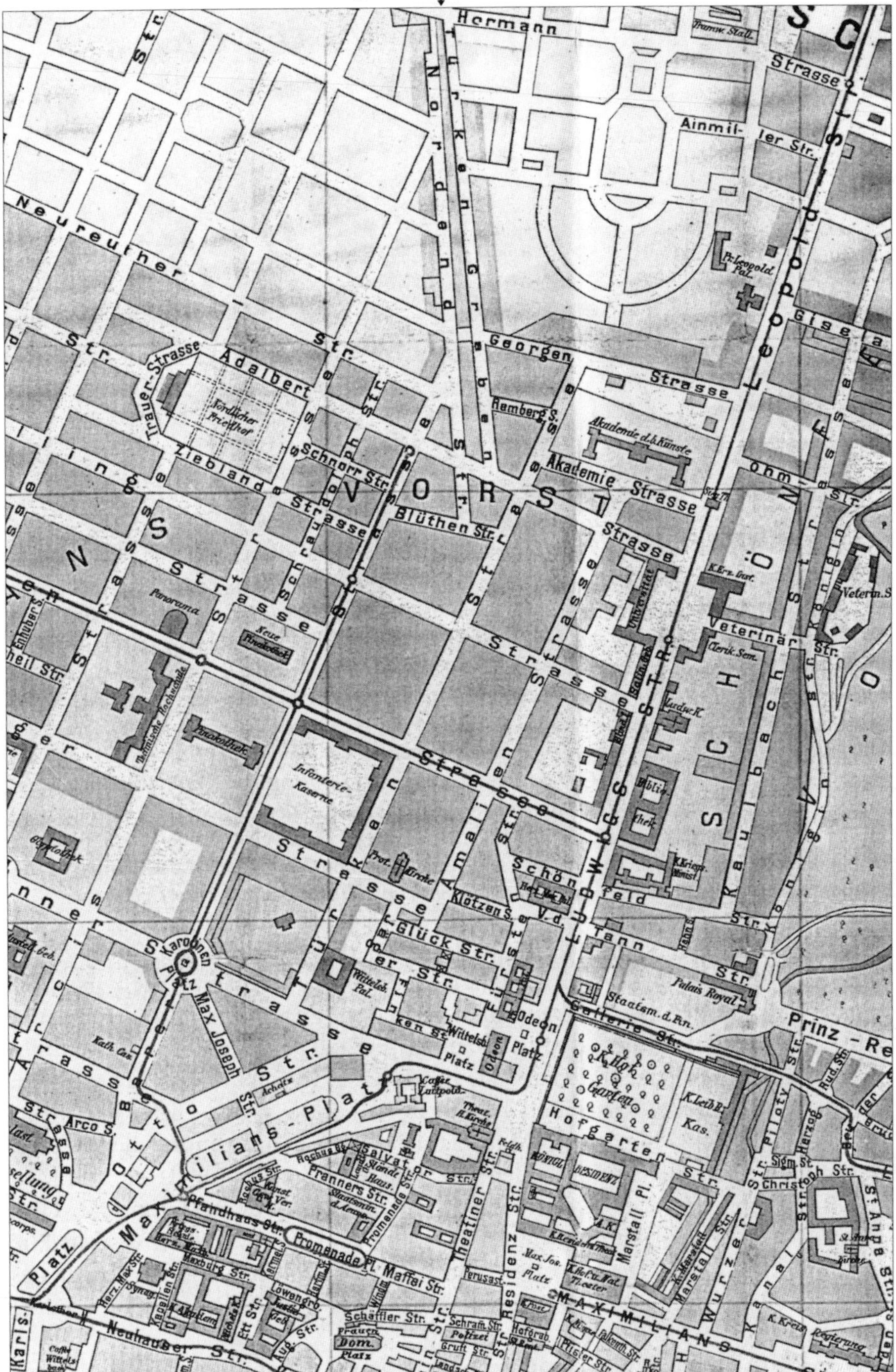

Stadtplan, in dem die Kurfürstenstraße bis 1896 noch Türkengraben heißt.

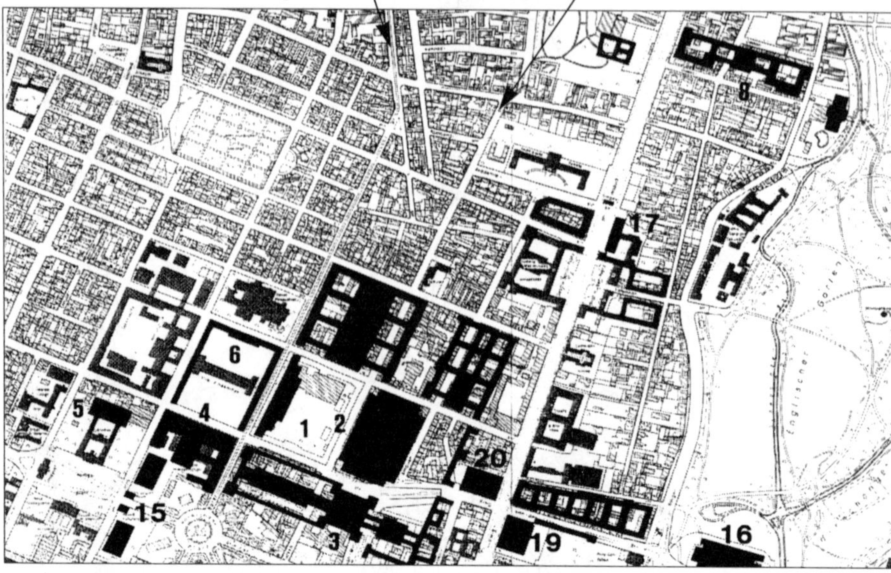

Hitlers von seinem »Generalbaurat« Hermann Giessler entworfenen Pläne zur architektonischen Anpassung der »Hauptstadt der Bewegung« an die Nazi-Ideologie hätten ganz München (Ost-Westachse mit Verlegung des Hauptbahnhofs, Nord-Süd-Achse mit umgestalteter Theresienwiese), die Maxvorstadt aber speziell auch die Türkenstraße zur Unkenntlichkeit verändert: sie wäre in wichtigen Teilen überbaut worden, also praktisch verschwunden wie im nördlichen Teil zwischen Schelling- und Theresienstraße. Aus dem Platz der Türkenkaserne wäre der »Platz der NSDAP« (1) geworden mit gegenüberliegender gigantischer »Halle der Partei« (2), die das ganze Karree Schelling-Amalien-Gabelsberger-Türken in Anspruch genommen hätte. Südlich der Gabelsbergerstraße hätte zwischen Barer- und Amalienstraße Hitlers Grabmal (3), hochgezogen werden sollen. Und: Kanzleigebäude des braunen Hauses (4), Erweiterung der Glyptothek (5), Erweiterung der Pinakothek (6), Führer- und Verwaltungsbau NSDAP mit Ehrentempeln (15), Landesministerium (19), Reichsbank – Hauptstelle Süd (20). Es ist uns erspart geblieben.

Wurde zum Angstgegner, als seine Truppen das erste Mal 1529 vor Wien standen und 1683 das zweite Mal. Das Abendland rüstete auch psychologisch auf, nannte den Türken einen Barbaren, gnadenlos und blutrünstig, den Erzfeind schlechthin, den es abzuwehren galt. Während die Verteidiger ihre Waffen putzten, schmiedeten sie böse Verse. In schwarz-weiß natürlich. Hie der Gute, Helle, Ritter und Husar, dort der Böse: der Türk', der Mohr (von lat. 'maurus', Bewohner Mauretaniens, frz. maure, more: der Maure, arabisch), ein Dunkelhäutiger jedenfalls. Hie die Kämpfer für Recht und Moral im Zeichen der Sonne, dort wüste Horden unter dem Halbmond. Und vom Mond war ja bekannt, wie unbeständig und unzuverlässig er war. Hie der Herkules, der Verteidiger des Christentums und dort die Anhänger des »falschen Propheten« Muhamed. Hie edle Tiere wie Adler und Löwe dort nur Hunde.

Was für Moslems (im Gegensatz zum positiv Gemeinten im Bayerischen »a Hund is er scho!«) noch besonders beleidigend ist, weil laut Koran Hunde unrein sind.

Im Angesicht des türkischen Belagerungsringes entwickelte das verschreckte Abendland so etwas wie Sendungsbewußtsein und wenn auch spät, Einigkeit.
»Türkensteuer« war erhoben worden, von jedem, der mehr als tausend Dukaten besaß, ein Hundertstel; pro hundert Dukaten einer. Mit »Türkenläuten« riefen die Kirchen zum »Türkengebet«. Jeder ahnte, was ein österreichischer Minister schrieb[1]:

Minister Graf Jörger
Jänner 1683
Nehmen die Türken in diesem Jahre Wien ..., so nehmen sie im folgenden Jahre Regensburg. Was an die Türken verloren wird, das ist unwiederbringlich verloren. So lehrt es die Erfahrung mit den festen Plätzen von Konstantinopel bis Neuhäusel (Feste in Oberungarn). Geht aber Wien verloren: so fallen mit der Stadt auch die umliegenden Länder in die Gewalt der Türken. Darum muß für die Erhaltung von Wien alle Kraft aufgeboten werden.

Aus dem Heiligen Römischen Reich deutscher Nation strömten fast alle Reichsfürsten und der polnische König Johannes Sobieski herbei, um Kaiser Leopold I, den Habsburger, zu stützen und die Türken zu vertreiben. Da waren zu nennen: Herzog Karl von Lothringen, die Kurfürsten Johann Georg von Sachsen und Maximilian Emanuel von Bayern und die Heere des schwäbisch-fränkischen Bundes. Auch Papst Innozenz XI hatte im Hintergrund kräftig die Fäden gezogen. Von dem 80 000-Mann-Heer waren 11 300 Bayern. In den folgenden Jahren sollten noch Prinz Eugen, »der edle Ritter« von Savoyen und Friedrich August von Sachsen, August der Starke genannt, der Sohn Johann Georgs, den Oberbefehl über die kaiserliche und aliierte Hauptarmee übernehmen. Der erste mit großem, der zweite mit eher kleinerem Erfolg.
Die Franzosen waren Partei: sie hatten bereits Verträge mit den Osmanen abgeschlossen, hatten mit Bestechungsgeldern und Versprechungen versucht, unter den Alliierten Zwist zu stiften, was nicht gelungen war, und hofften auf den Sturz des Kaisers durch die Türken. Um endlich die absolute Macht in Europa in der Hand zu halten.
Während die Türken bereits langsam die äußeren Befestigungswerke Wiens demolierten, machten sich die Verteidiger Mut mit Versen wie:

Gegen den Türken
Frisch auf, frisch auf, Soldaten,
Der Turk, der ruckt ins Feld daher,
Zu Martis Tanz zu laden,
Mit seiner Armade schwer!
Schlagt die Trummen, schlagt die Trummen;

[1] »Die Türken vor Wien« – Stimmen und Berichte aus dem Jahr 1683, ausgewählt von Heinrich Kretschmayr, München 1938

Groß Allarma durch die Welt;
Weil die Erbfeind itzo kummen –
Schlagt die Trummen,
Daß sein Trutz in Stücke fällt!

Oder:

Ist der Feind auch gar sehr wütig
Aus des Soldans[1] *Reich,*
Raubt und senget, mordet blutig
Jung und alt zugleich:
Soll doch Schrecken
Euch nicht b'decken,
Gott wird Hilfe schon erwecken,
Der ist unser Hort
Hier und dort.
Marketendrin, thu einschenken
Itz das letzte Glas!
Bald wird man das Fehndlein schwenken
Dann so geht's fürbaß.
Lustig Brüder,
Singet Lieder!
An den Türk geht es herwieder,
Wo Glück oder Tod –
B'hüt uns Gott! –

Die Dichter jener Aufputschlieder redeten sich und ihrem Publikum ein, daß es Gott einfach nicht zulassen könne, daß sie besiegt würden bei all' den trefflichen Verbündeten:

Remedium[2] *contra Turcam*

Erst Gott um Beistand implorirt,
Der treue Dienst wohl munerirt;
Ein Teutscher Fürst zum General,
Frantzoß, wo nicht Feindt, sei neutral;
Venedig, Engelland divertiren,
Durch Polnisch Volck die Macht vermehren,
Auß Holland gutt Gewöhr und Waffen
Bei Zeitten lassen herzu schaffen;
Auß Böhmen Korn, auß Ungarn Hai[3]*,*
Salzburg giebt Pulver undt Blei;
Auß Spanien undt Italien Geldt,
So muß der Türck wohl auß dem Feldt.

[1] Sultans
[2] Heilmittel, Rezept (der Türke als Krankheit)
[3] Heu

Max Emanuel, der bayerische Kurfürst, war hier schlicht vergessen worden, obwohl er sich bereits vor Wien, später aber in Ungarn trefflich bewährt hatte. 1686 in Ofen (Buda), 1687 in Mohács, 1688 bei der Eroberung Belgrads. Auch wenn es kurz darauf von den Türken wiedererobert wurde und erst 1717 der Sieg des Prinzen Eugen die wirkliche Entscheidung brachte. Bei der Belagerung Wiens hatte es zwei Monate gebraucht, bis die Entscheidung gefallen war.

Im September 1683 zogen die Türken ab. Kara Mustafa, ihr Großwesir und Oberbefehlshaber wurde drei Monate später zur Strafe für die Niederlage in Belgrad mit einem seidenen Schal erdrosselt.

In Wien machte sich Erleichterung breit. Angst verwandelte sich in Spott:

Entsatz von Wien

… Als Kursachsen dies vernommen,
Daß der Türk vor Wien war kommen,
Rüst er seine Völker bald,
Thät sich eilend dahin machen;
Da hört man das Pulver krachen,
Da wurden viel Bluthunde kalt.

'rauß mit einer frischen Karten!
Wollt ihr Türken denn nicht warten?
Jetzt schneiden wir Toback ein;
Lange Pfeifen und Quweden,
Wollen wir euch die Menge geben,
Das macht euch die Köpfe rein.

Kasche, kasche, Rocklisabka,
Walla, walla, Predeschera,
Großvesir gab Fersengeld;
Der polnische König tät nach setzen
Und die türkischen Hunde hetzen
Als ein braver Kriegsheld.[1]

»Türkenkugeln« wurden zur Erinnerung an die Beschießung des Stephansdoms an Turm, Chor und Langhaus angebracht. Sie tragen die Jahreszahl 1683. Auch Privathäuser in Wien schmückten sich gern mit »Türkenkugeln«, »Türkensteinen« und »Türkenköpfen« als eine Art magischer Abwehr.

»Türkenköpfe« waren meist finster dreinblickende bemalte Steinköpfe mit Schnurrbart, die – wie die Teufelsfratzen an christlichen Kirchen – über Torbögen oder unter Dachtraufen angebracht wurden. Similia similibus. Gleiches wirkt auf gleiches. Soll der Türke doch den Türken vertreiben. Pars pro toto. Der Kopf steht für den ganzen Türken.

1 Alle Texte aus: Die Türken vor Wien, München 1938, Langen Müller

Überhaupt der Kopf! Da standen sich Morgen- und Abendländer in nichts nach. Da wurde gern der Kopf eines Gegners auf einer Stange aufgespießt an Toren oder Plätzen aufgestellt oder als Trophäe vorbeigetragen.
»Türkenkopf Stechen« war ein beliebter Sport an zeitgenössischen Höfen während Turnieren oder Festivitäten: da hatten die Ritter vom Pferd auf Türkenköpfe aus Holz oder Pappmaché einzustechen. Gegenwehr war keine zu erwarten. Prinzip »Prügelknabe«.
Am Südturm des Stephansdoms, auf der Höhe der Glockenstube trägt ein Türkenkopf die Inschrift: »Schau Du Mahome Du Hund«. Das war noch das Nachzittern der besiegt geglaubten Türkenangst.
Oder die jetzt in Massen – jeder Türkenbezwinger oder jeder Herrscher, der sich als solcher fühlte, begann Münzen und Medaillen zu prägen: Hymnisches, Verklärtes, Eigenlob und Türkenspott. »Jesus« schwebt über den Alliierten, »Mahumet« liegt als Schriftzug am Boden, zerstört.
Die Gefahr, unter türkische Herrschaft zu geraten, war gebannt, die Angst verflüchtete sich nach und nach, die Beutestücke übertrafen jede Erwartung, man hatte wieder Zeit und begann, sich eingehender mit der osmanischen Kultur zu befassen …

Die Wende: der Türke als Vorbild

… und man entdeckte Erstaunliches: Glanz und Pracht der osmanischen Waffen, Säbel, Schwerter, Pistolen, Gewehre, der Sättel, Schilde und Schabracken; der Zelte und ihrer Einrichtung mit Teppichen und Kelims, Gobelins und Kissen; der Münzen, des Gold- und Silberschmuckes; der Stoffe, der Kleider, der Schuhe.
Man fand die Utensilien für Tee-, Kaffee- und Badezeremonien, Schach- und Tarockspiele. Und stellte sich die unaussprechlichen Wonnen vor als Sultan im Harem, bei Kaffee und Wasserpfeife, Musik und Tanz, umsorgt von den allerschönsten Odalisken, umtanzt von halbnackten Sklavinnen. Das hatte etwas Lüsternes, Exuberantes, Orientalisches eben. Und der Begriff »Türke« stand für alle Völker des Nahen und Mittleren Orients, vom Afrikaner zum Iraner – er war einfach die Verkörperung des Morgenländischen an sich.
Die Mode begann an den Höfen und in den Residenzstädten. Das Interesse an orientalischer Exotik und Erotik stieg. Das Blatt hatte sich gewendet.
Schließlich war der Türke nicht nur der Barbar, er hatte auch noble und kultivierte Seiten gehabt: er war mutig, loyal, männlich und eben auch lustbezogen gewesen. Das wollte man auch sein!
Man begann sich zu verkleiden, den Türken nachzustellen: Pumphosen, wertvolle übereinander getragene Gewänder, Kaftan, Tuchgürtel mit Waffe, Schmuck und, unverzichtbar, der Turban. Für Männer und Frauen. »Türckenmummerey« hieß das und in dieser Tracht ließ man sich bei Hof auch gerne abkonterfeien. Trat bei Festen, Turnieren, Bällen und »Verkleidungs-Divertissements« auf.

Da wurden nachgestellt: Schlachtszenen und imaginierte Haremsbilder, in echt oder in Wachs.

Überhaupt ging Reales und Imaginiertes, Dichtung und Wahrheit stark ineinander über. Da waren die realen Beutestücke, die alle Türkenbezwinger vor allem aber August der Starke von Sachsen in seiner »Türckischen Cammer« zu sammeln begannen; da waren die türkischen Gefangenen, die am Hof als Türsteher und »Kammertürken« fungierten. Da waren aber auch die eigenen Leute, sächsische Soldaten, die bei Festen leicht als Janitscharen eingekleidet werden konnten, wenn sie sich vorher – und das war die Auflage – einen Schnurrbart hatten wachsen lassen.

Janitscharen waren die Elitetruppe des Osmanischen Reiches, Christenkinder, geraubt oder als Tribut eingefordert, die nach strenger islamischer Erziehung und militärischem Drill in das Elitekorps eintreten durften. Sie waren dann keine rechtlosen Sklaven mehr, sondern hatten Privilegien: Anspruch auf Sold, Verpflegung und Altersversorgung.

Als sie von einer Stütze des Sultanats-Kalifats zu einer Bedrohung zu werden schienen, wurde das Elitekorps 1826, nach fünfhundert Jahren Existenz, blutig liquidiert.

Die Janitscharen mit ihren hohen Mützen und ihrem Kampfgeist hatten die Europäer während der Kämpfe offensichtlich mächtig beeindruckt.

Wer konnte, ließ an seinem Hof als Janitscharen verkleidete Soldaten aufmarschieren. Zur Hochzeit seines Sohnes mit der Tochter des österreichischen Kaisers 1719 bot August der Starke von Sachsen über dreihundert Janitscharen auf, von deren Uniformen er höchstpersönlich Handzeichnungen gemacht hatte. 1731, beim Empfang des türkischen Gesandten in Sachsen gar doppelt so viel.

Es war eine seltsame, zweideutige Situation: der echte Diplomat sieht die falschen Janitscharen als Untergebene seines echten Gastgebers, des sächsischen Herrschers. Womit der Eindruck erweckt werden sollte, der Sachse habe die Hohe Pforte entscheidend geschlagen und die Janitscharen kündeten von seinem Sieg. Irgendwo stimmte es ja, nur waren die Janitscharen ein geborgtes Symbol.

Dabei begann gerade zu dieser Zeit, sich ein neuer Ton zwischen den ehemaligen Kriegsgegnern einzustellen: man sandte sich Botschaften, überlegte sich Lösungen zu Fragen des Grenzverkehrs, der Konflikte, der Deserteure. Man tauschte Botschafter aus und geizte nicht mit Geschenken: vom Siamkater über den Araberhengst zu ganzen Kutschen.

Gleichwohl wurde der Gegenseite nicht ganz getraut. Die westlichen Herrscher zogen es vor, am eigenen Hof der »Türkenmode« zu huldigen. Das war harmloser, man spielte den Türken, die Türkin, die in die eigene Welt paßte, keinen richtigen Moslem, Gott bewahre, in den wollte man sich nicht einmal hineindenken! Konnte es wohl auch nicht. Das Äußere zählte. Man hatte sozusagen dem Gegner den Zahn gezogen, der wilde Türke wurde zum gezähmten, zum höfischen, gerade mit der Prise Exotik, die man an den westlichen Höfen vertrug.

Ganz allerliebst auch in Porzellan, als »verliebter Türke« oder »Janitschar«, als »Türkin mit Laute« und »Türke mit Gitarre«, als »galanter Sultan« oder »des Türkischen Kaysers Beyschläferin, so ihm einen Prinzen geboren«.
Das Nämliche hatte August der Starke in Realität erlebt, der sich nicht allzusehr verstellen mußte, den lasziven Sultan darzustellen: die schöne Türkin Fatima hatte ihm einen Sohn und eine Tochter geboren, die er beide anerkannte und adelte. Fatima wurde mit einem Kammerdiener verheiratet, auch sie bekamen einen Adelstitel, so daß sie weiterhin ungehindert am Leben des Hofes teilnehmen konnten.
Im Gegensatz zum bayerischen Kurfürsten hatte sich der sächsische Kurfürst und spätere polnische König August voll der »Türkenmode« verschrieben. Nirgendwo in Europa hatte es so viel Türkisches gegeben wie auf der sächsischen Prunkhochzeit von 1719, die einen ganzen Monat dauern sollte. Als die Braut, die österreichische Erzherzogin, zu Schiff in Dresden landete, standen am Ufer »türckische Gezelte«, begrüßten sie als osmanische Würdenträger verkleidete Höflinge. Eben in Portugal eingekaufte große, schwarze Sklaven durften türkisch kostümiert den Zug begleiten. Sogar die Pferde waren türkisch gesäumt. Der Zug wogte in weißem Atlas, roten Talaren, blauen Borten, goldenen Tressen.
Das Türkische war Staffage und Bühnenbild, die Hochzeitsgäste waren europäisch gekleidet.
Nach den ersten Feierlichkeiten bekam die Braut vom Schwiegervater gleich das »türckische Palais« im »türckischen Garten«, auf »türckische Art ausgestattet« geschenkt.
Gespeist wurde an einer halbmondförmigen Tafel: Diener, Akrobaten und Musiker, die selbstredend »türkische Musik« spielten oder etwas, was man dafür hielt, waren in türkische Phantasiekostüme gesteckt.
Ansonsten verlief das Programm wie gewohnt: Bankett, Ball, Nachtschießen, bei dem natürlich August, der Herrscher gewann. Das Türkische blieb Zierat. An den echten Sitten und dem wirklichen Glauben der Türken war niemand interessiert. An der äußeren Pracht wohl. Freilich auf höchster Ebene: der des Serails der osmanischen Herrscher. Attraktion des »Jahrmarkts« auf der Hochzeit war ein Serail mit Harem in Wachs. Pikanterweise war eine der Sklavinnen als Sächsin dargestellt. Warum sollte der Sultan nicht auch Geschmack an schönen Sächsinnen finden, wie er, August, es an schönen Türkinnen gefunden hatte?
In seiner Sammlung hatte August ein Schachspiel, in dem der schwarze König und die schwarze Königin als Sultan und Sultanin, die weißen Figuren als Kaiserin und Kaiser dargestellt waren.
Alles nichts als Theater, aber offensichtlich eines, das Spaß machte. Jahrhundertelang in ganz Europa.
In Maßen auch in Bayern: da ließ man die grüne Türkenfahne schon einmal in der Frauenkirche wehen oder begrüßte Gäste im eroberten Zelt des Großwesirs, da wurden Medaillen geprägt, Kalenderblätter gedruckt, Möbel mit Szenen aus den Türkenkriegen geschmückt, aber im Vergleich mit dem

Pomp Augusts des Starken zeigte sich die Türkenmode in Bayern eher bescheiden. Janitscharen gab es auch nicht.

Es hatte zwar schon im 16. und 17. Jahrhundert, jeweils zwischen den großen Türkenkriegen, einiges an türkischer Thematik gegeben, aber die richtige »Turquerie«, die richtige Mode »alla turca« war nicht dabei herausgekommen. In Fastnachtsspielen des Hans Sachs traten Türken auf, »türkische Briefe« von Botschaftern am Osmanischen Hof wurden veröffentlicht samt »Turnier« – und »Kostümbüchern«, die in Wort und Bild sich mit Sitten und Gebräuchen der Osmanen befaßten.

Durch die neue Buchdruckkunst begünstigt, erschienen in Europa an die 2 500 »Türkendrucke«, darunter drei Flugschriften von Martin Luther. 1529 »Vom Krieg widder die Türcken«, »Eine Heerpredigt widder den Türcken« und 1541 »Vermanunge zum Gebet widder den Türcken«. Er sieht die Türken als »Zuchtrute Gottes«, als eine Art Schulmeister, der den in Sünden und falscher Sicherheit lebenden Christen Mores lehren sollten.

1616 hatte es die erste Übersetzung des Koran ins Deutsche gegeben: »Alcoranus Mahometicus, das ist der Türcken Alcoran/Religion und Aberglaube … wann und woher ihr falscher Prophet Machomet seinen ursprung … genommen, mit was gelegenheit derselbe diß sein fabelwerck/lächerliche und närrische Lehr gedichtet und erfunden … erstlich aus der Arabischen in die Italianische: jetzt aber in die teutsche sprach gebracht durch Herrn Salomon Schweiggern/Prediger zu unserer Frauen Kirchen in Nürnberg«.

Salomon Schweigger hatte sich als Begleiter des kaiserlichen Botschafters und Gesandtschaftsprediger drei Jahre in Istanbul aufgehalten. Was die Moslems zu den Ungereimtheiten der Bibel sagten, davon berichtet er freilich nichts.

So geschah es immer wieder, daß Künstler, Geistliche oder Wissenschaftler Orientreisen machten, in den Botschaften ihrer Heimatländer verweilten und festhielten, was sie sahen und hörten. Mit einer Ausbeute an praller Exotik kamen sie zurück und schrieben, malten, veröffentlichten; andere schrieben ab, kopierten und veröffentlichten auch, bis es mit der Wirklichkeit nur noch entfernt etwas zu tun hatte. Man hatte eben seine westliche Brille aufbehalten. War gewillt, das auch in Zukunft zu tun.

Zwischen 1529 und 1683, dem ersten und zweiten Mal, als die Türken vor Wien standen, hatte zwischen dem Habsburger und dem Osmanischen Reich keineswegs schierer Friede geherrscht: da hatte es immer wieder Ungarnaufstände, Bündnisse der Ungarn mit den Türken, Verhandlungen zwischen Wien und Istanbul gegeben. Seit 1547 herrschte ein Waffenstillstand, den sich die Österreicher teuer erkauft hatten: 30 000 Dukaten im Jahr und eine erkleckliche Anzahl an Uhren und Automaten. Das konnte leicht als Tributzahlung angesehen werden. Wurde es von türkischer Seite auch.

Eine der positiven Auswirkungen des Austauschs von Gesandten war, daß über sie eine bis dato unbekannte Vielfalt an Pflanzen und Bäumen nach Europa gelangten: die Tulpe, die Hyacinthe, die Schwertlilie, die Kaiserkrone, der Flieder und die Roßkastanie.

1694, nach dem Sieg am Kahlenberg, war die zweite Koranübersetzung des Theologen und Orientalisten Hinckelmann in Hamburg erschienen, weltweit die erste aus der Originalsprache und 1772 die des schwäbischen Pfarrers und Professors Megerlin in Frankfurt. Zwar immer noch voller Entschuldigungen, daß man sich mit diesem »Lügenbuch« beschäftige, aber auch mit dem Hinweis, daß jedermann den Koran mit Nutzen lesen und anwenden könne. Meinten die westlichen Geistlichen.

Die Blütezeit der »Turquerie«, der Türkenmode, war die erste Hälfte des 18. Jahrhunderts, aber sie zog sich durch das ganze Jahrhundert bis weit ins nächste hinein.

Neben der höfischen »Mummerey« verschaffte sie sich in allen Sparten der Kunst Ausdruck: in Literatur, Musik, Malerei und – im Zirkus.

Ab 1704 wurden die Märchen der Scheherazade aus »1001 Nacht« übersetzt, gefolgt im Kielwasser von einer Unmenge türkisierender Erzählungen. 1721 waren Montesquieus »Lettres persanes« erschienen: Zwei Perser auf einer Reise durch Frankreich, schreiben nahhause und berichten über das, was sie gesehen hatten. Da werden erstaunlicherweise Probleme wie Scheidung, Gesetzgebung, Kolonien und Sklaverei angesprochen. Montesquieu als französischer Autor bemüht sich, den Blickwinkel der persischen Fremden einzunehmen. Das war neu.

1742 schrieb Voltaire den »Mahomet«, 1819 Goethe den »Westöstlichen Diwan«, 1877 veröffentlichte Karl May seine erste Orienterzählung, danach folgten in vielen Bänden die abenteuerlichen Erlebnisse Kara Ben Nemsi Effendis und seines Dieners Hadschi Halef Omar – nicht hoch genug einzuschätzende Quellen für die Orientrezeption in Deutschland bis zumindest der Mitte des 20. Jahrhunderts. Wie sich gerade bei Karl May die Phantasie als stärker erweist als die Wirklichkeit zeigt die Szene, wo er sich mit Silberbüchse, Henrystutzen und Bärentöter dem Fotografen stellt: »Kara Ben Nemsi – das bin ich!«

»Türkenopern« waren groß en vogue: Glucks »Die Pilger von Mekka«, Haydns »Der betrogene Kadi«, Mozarts Singspiel »Zaide« und »Die Entführung aus dem Serail«, Rossinis »Die Italienerin in Algier« und »Der Türke in Italien«. Karl Maria von Weber hatte seinen »Oberon«-»alla turca« vertont. Nicht zu vergessen Bach's »Caffeekantate«. Nicht daß diese Musik etwas mit authentischer türkischer, persischer oder arabischer Musik zu tun gehabt hätte – das Türkische blieb Kolorit, der Inhalt europäisch.

Der wohl bekannteste und am meisten kopierte Maler seiner Zeit war der Franzose Jean-Etienne Liotard. Nach Jahren in Istanbul tauchte er 1743 in türkischer Kleidung am Wiener Hof auf, zeigte seine mitgebrachten Zeichnungen, erweckte Begeisterung und avancierte zum Hofmaler: jeder wollte von ihm in orientalischer Kleidung gemalt werden, auch Kaiserin Maria Theresia und ihre Tochter. Zehn Jahre reiste er anschließend als »peintre turc« durch Europa. Als »türkischer Maler«.

Oder der Holländer Vanmour, der im Auftrag des französischen Botschafters Vertreter türkischer Stände in ihrer typischen Tracht zeichnete, dann in

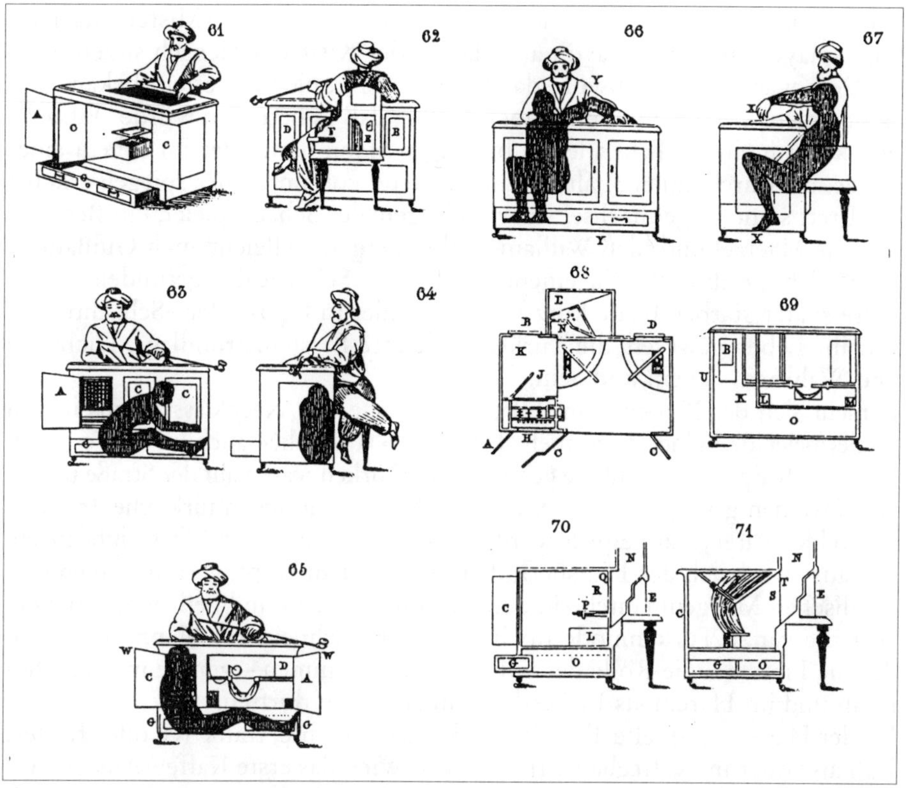

Zeichnung von Robert Wills nach David Brewster, London 1832. Versuch, das Geheimnis des Maelzel'schen Schachautomaten zu lösen. Nicht der Schachtürke spielt, sondern ein Mensch im Automaten: William Schlumberger.

Kupfer stach und mit erklärenden Texten versah. Wußte man doch, »daß nichts die Curiosité des Lesers so sehr vergnügt als die Kleidungen verschiedener Nationen« hieß es 1719 im Vorwort der illustrierten Reisebeschreibung.

Oder der Engländer, der wohl selber nicht reiste, sich aber auf Vanmours Stiche bezog: William Hogarth. Oder die italienischen Brüder Guardi aus der Mitte des 18. Jahrhunderts mit ihren »Türkischen Bildern« bis zum Franzosen Jean Auguste Dominique Ingres aus der zweiten Hälfte des 19. Jahrhunderts mit seinem Gemälde »Türkisches Bad«, das er nach Lady Mary Wortley Montagu's »Briefe aus dem Orient« gestaltete. Die Türkenmode hatte wahrlich tout Europe erfaßt.

Beliebt waren seit dem 16. Jahrhundert in Orient und Okzident mechanische Automaten. Johann Nepomuk Mälzel, ein schwäbischer Tüftler, der als Erfinder des Metronoms gilt, hatte einen Schachautomaten erstanden, mit dem er auf Reisen ging. Er ließ seinen »Schachtürken« in Amerika in Zirkuszelten gegen Leute aus dem Publikum antreten und, natürlich, meist gewinnen. Das Publikum zerbrach sich den Kopf, wie so etwas wohl möglich wäre, Edgar Allan Poe schrieb dazu eine Geschichte »Mister Maelzels Chessplayer« und ging davon aus, daß in der Kiste ein Mensch sitzen müsse. Dem war auch so, obwohl das Publikum ihn nie zu Gesicht bekam und es sich nicht vorstellen konnte noch wollte, daß es betrogen würde. Tatsächlich kauerte ein zierlicher, leicht buckliger Mann darin, der im Schein einer Kerze, die durch einen Spalt hereinleuchtete, von unten her spiegelverkehrt am Brett seine Züge machte. Er war ein genialer Schachspieler, ein Besessener wie Maelzel und hieß William Schlumberger, vielleicht auch Guillaume. Maelzel hatte ihn 1826 in einem der Pariser Schachcafés gefunden, zwölf Jahre später starben beide kurz hintereinander in Cuba. Der »Schachtürke« war ihr Leben gewesen, die Türkenmode ihre Existenzgrundlage. Dichtung und Wahrheit, Schein und Sein.

Je mehr sich der Barock zum Rokoko wandelte, der Nachklassizismus in den Biedermeier überging, desto mehr faßte das »Türkische« auch im bürgerlichen Leben Fuß. Spottlieder auf die geschlagenen Türken waren auf der Straße und in den Tavernen gesungen worden, mit Spielkarten, auf denen türkische Trachten abgebildet waren, war gespielt worden. Jetzt wurde auch der Alltag einbezogen. Zuhause warf sich der Hausherr, den Fez auf dem Kopf, gern in seinen orientalischen Morgenmantel, zündete das Pfeifchen an und ließ sich bedienen. War die ganze Türkenmode doch eine maßgeschneiderte Männermode, in der die Frauen – die Rolle der Sultanin ausgenommen – gerade mal als Dienerin und im Harem als Liebesdienerin auftreten durften.

Er, der Hausherr, spielte Tarock und Schach, rauchte, trank Tee oder Kaffee. Zuhause oder im Kaffeehaus. 1685 war in Wien das erste Kaffee-Ausschank-Privileg verliehen worden. Das Getränk aus der Kaffeebohne, die eigentlich aus Äthiopien stammte und über die Türken nach Europa gekommen war, hieß auf türkisch »kahve«; oder »moka« nach der kleinen Hafenstadt an der Arabischen Halbinsel, von der aus die Bohnen verschifft wurden. Die Europäer gewöhnten sich schnell ans Kaffeehaus. Eine eigene Kultur entstand mit Tabak, Zeitungen und den verschiedensten Arten von Kaffee, zunächst mehr für Männer, dann bald für beide Geschlechter. Die Teestube, der Kaffeegarten hatten etwas Systemüberwindendes, Klassenschranken und Geschlechterunterschiede Nivellierendes – und waren ungleich feiner als viele der heimischen Wirtschaften. Das Kaffeehaus – ein Geschenk des Orients gar zur Beschleunigung der Demokratisierung im Westen?

Beliebte Spektakel waren schon vor 1683 »Türkentaufen«, danach verstärkt bis 1688. Die gefangenen Türken, Männer, Frauen und Kinder, wurden ein bißchen im Christentum unterwiesen, was wegen Sprachschwierigkeiten nicht einfach war, wurden getauft und mit einem neuen Namen versehen. Dasselbe System, das die Türken anwandten, um ihre Janitscharen einzubinden.

Zwar gab es viele Türken, die sich weigerten, getauft zu werden, aber in den Kirchenbüchern wurden vorwiegend gelungene »Konvertitentaufen« registriert. Und die wogen schwerer als die Bekehrung »reiner« Heiden, dachte man damals jedenfalls. Einen bereits Gläubigen zum richtigen, christlichen

Glauben zu bekehren, das jagte erbauliche Schauer den Rücken herunter. Weg vom »falschen« Propheten, hin zum »richtigen«.

Die türkischen Gefangenen hatten den Status eines Sklaven, einer Sklavin: sie konnten vom Besitzer zu jedweder Arbeit eingeteilt oder auch verschenkt werden. Ein getaufter Türke war aber allemal mehr wert. Offiziell waren sie zu »Brüder und Schwestern im Herrn« geworden, also frei und gleichberechtigt. So gleichberechtigt, wie man ohne Geld sein kann. In der Praxis blieben sie meist bei dem Herrn, mit dem sie gekommen waren.

Zu »Türkentaufen« stellte sich der Adel, der Landesherr persönlich, oder die Familie des Täuflings gern als Gevatter und Gevatterinnen zur Verfügung.

Hatte der Täufling etwas wie »ja ich glaub', ja ich will« gemurmelt, wurde er mit geweihtem Wasser getauft. Von den Gevattern bekam er oft den Vornamen, als Nachname wurde der Ort hergenommen, an dem er gefangengenommen worden war. Oder es wurde ein »Türk« dahintergesetzt. Im Münchner Telefonbuch gibt es mehr als neunzig verschieden geschriebene Türk-Namen, viele davon ohne Zweifel Abkommen der nach dem Frieden von Karlowitz 1699 in München gebliebenen getauften Türken.

Von einem Sechsjährigen weiß man, der in München von Mustapha in Maximilian Antonius Joseph umgetauft worden war. Nach Max Emanuel, dem »blauen Kurfürsten«. Andere Türkenkinder wurden von der Herrschaft adoptiert, so daß sie in der Erbfolge den leiblichen Kindern gleichgestellt waren.

Sie waren schließlich keine Muselmanen mehr, sie hatten ihrer türkischen Identität abgeschworen, es gab kein Problem, sie in die Gesellschaft zu integrieren.

Da gibt es phantastische Geschichten, die überliefert werden: Vom Aufstieg der schönen Fatme (nicht der August's des Starken) zur Gräfin Castell, die nach dem Tod ihres Mannes als getaufte Christin ihre Tage im Kloster Marktdorf am Bodensee verbrachte.

Oder von der Türkin, die sich in Ulm gerade zum neunten Mal taufen lassen wollte – angeblich um Geschenke einzuheimsen – wobei sich herausstellte, daß sie auch eine Kinds- und Gattenmörderin war. Sie wurde 1701 enthauptet.

Oder von Anna Maria, der Tochter des zu Gingen an der Fils getauften Moslems Thomas Christmann, die sich als Mann verkleidete, eine Uniform anzog und in den Schlachten von Peterwardein und Belgrad gegen die eigenen Landsleute kämpfte. Später soll sie als Briefbotin in Stuttgart gearbeitet haben. Gerade Frauenschicksale scheinen die Phantasie besonders angetörnt zu haben.

Auch in München hatte es eine schöne türkische Sklavin gegeben, die bei Neuhäusl in Gefangenschaft geraten war und auf explizites Geheiß des blauen Kurfürsten zu den Englischen Fräulein gegeben, dort versorgt und im christlichen Glauben erzogen wurde. Sie wurde später mit einem Dolmetscher verheiratet.

Ansonsten dienten die Getauften im Haus als Kammerdiener und Stubenmädchen, draußen als Kutscher und Jäger oder in der Armee. Mit den Tür-

»Allmanach Auff das Jahr unseres Einigen Heilands und Seligmachers Jesu Christi Geburt, 1686«, Kalenderblatt, in der Mitte des Planetensystems der strahlende Max Emanuel, auf der Sonne thronend. In der Mitte der unteren Ecke ein klagender Türke mit Mondkalender.

kenkindern wurde gern einkaufen gegangen, sie durften dann die Waren voraustragen.
Von den hunderten, vielleicht tausend, gefangenen Türken in Bayern (1686, nach der Eroberung von Buda: 345; 1688, nach der Eroberung von Belgrad: über 400) wurden einige auch beim Graben der Kanäle Max Emanuels eingesetzt. Es muß eine ungesunde Arbeit gewesen sein: einige der Türken starben an Erschöpfung, andere an Sumpffieber.
Über 100 arbeiteten in der kurfürstlichen Tuchfabrik in der Au, andere beim Roden im Forstenrieder Wald, von wo aus einige die Flucht ergriffen. In der Fabrik verdienten sie wöchentlich 32 Kreuzer, im Wald täglich drei. Und Verpflegung selbstverständlich. Das wurde schriftlich festgehalten, da man wußte, daß sie »ganz willig und besser als andere Tagwerker in die Arbeit greifen«.
1688 wurde in München die Zunft der Sänftenträger gegründet, der viele der gefangenen Türken angehörten. Ihr stand ein einheimischer Sesselmeister namens Christoph Wegerle vor. In eigens für die Türken geschaffenen Instruktionen mit 30 Paragraphen wurde alles, von der Verpflegung bis zur Entlohnung festgehalten (Mai 1688):
»Hat er die Türken, welche zum Tragen gebraucht werden, Obacht zu halten, daß sie in ihrer Kleidung nicht zerrissen oder sonst schlämplich dahergehen, sondern sich allezeit sauber halten. An Fleischtagen sollen sie zu Mittag gutes Ochsen- oder Rindfleisch, auch Suppen und Kraut, zu Nacht wiederum Fleisch nebst Reis oder Gerste in der Fleischsuppe und Salat, an Festtägen aber gute trächtige Speisen aus Mehl und Schmalz erhalten, wofür dem Sesselmeister auf die Person 1 Gulden bezahlt wird. Zum Trunk gebührt einem bei jeder Mahlzeit eine halbe Maß Bier. Sollen sie stets in guter Freundschaft erhalten werden, und ist zwischen ihnen das Zanken oder Grimm in keiner Weise gestattet, und wenn es in Güte nicht verhindert werden könnte, sind nach Verdienst gar die Steckenstreiche anzuwenden.
Sesselmeister hat alle Gemeinschaft zwischen den Türken und christlichen Personen, sonderbar Weibspersonen bei Verantwortung und Strafe zu verhüten.
Die Türken sind in einer sonderbaren (= gesonderten) Kammer zu verpflegen und allein zu halten. Diese Kammer soll in des Meisters Wohnung und in dessen Nähe sein, damit er die Türken immer hören, und ihr Tun und Lassen beobachten kann. Weder Mägde noch Knaben sind zu ihnen hineinzulassen; ihre Liegerstätten sollen sie sich selber richten.«[1]

Das klang ja noch ganz human. Nur mit der totalen Verhütung der Fraternisierung zwischen Türken und Münchnerinnen und Münchnern und Türkinnen scheint es nicht ganz geklappt zu haben, wovon die vielen »Türks« noch heute künden.

[1] Karl Spengler »Münchner Straßenbummel«, München 1960

Die türkischen Sänftenträger waren jedenfalls aus dem Münchner Stadtbild der Zeit nicht mehr wegzudenken. So verfügte denn auch Max Emanuel nach dem Frieden von Karlowitz 1699, daß er zwar die Gefangenen »gnädigst loslassen« wolle, aber daß man doch Sorge tragen solle, »daß dadurch das Sesseltragen nit gar in Abgang komme.«

Das erinnert an die türkischen Müllmänner von heute, ohne die man nicht mehr auskommt, von denen – und anderen Fremden – ohne die geringste Toleranz gefordert wird, sie sollten sich gefälligst anpassen. Sonst ... und schon brennen die Asylbewerberheime. Es ist ja nicht, als hätte man das Fremde nicht gern. Nur angepaßt sollte es halt sein. An uns. An hier.

Als Friedrich, der spätere Große, 1740 den preußischen Thron bestieg, hatte ein anderer, von der Aufklärung beeinflußter Geist der Toleranz geherrscht.

Als er gefragt wurde, ob in der evangelischen Stadt Frankfurt an der Oder ein Katholik das Bürgerrecht erwerben dürfe, antwortete er sinngemäß: »Alle Religionen sind gleich und gut, wenn nur die Leute, die sich zu ihnen bekennen, ehrliche Leute sind. Und wenn Türken und Heiden kämen und wollten hier im Land wohnen, dann würden wir ihnen Moscheen und Kirchen bauen.«

Vom Türken als Namensgeber

Es könnte sein, daß dem namenlosen-namensreichen Kanal vom Volksmund einfach ein Name verpaßt wurde: da, wo die Türken gegraben haben (auch wenn sie an anderer Stelle gegraben hatten) liegt der Türkengraben.

Ein Ausdruck des kollektiven Gedächtnisses der Völker (das sich ruhig auch einmal irren kann)? Eine Art von Volksethymologie wie der »Roncalli-Platz«? (»Da, wo der Zirkus Roncalli stand«) Von unten kommend, von keinem König und Stadtrat abgesegnet? Sozusagen etwas Anarchisches?

Wie es die Münchner anno 1797 auch mit dem neuen Platz taten, der da vor dem Karlstor entstanden war und Karlsplatz hieß. Sie nannten ihn Stachus, nach der Gartenwirtschaft des Eustachius Föderl, egal, was wer da irgendwo hingeschrieben hatte. Zweihundert Jahre später stehen die beiden Namen in gleich großer Schrift untereinander, werden beide von den Fahrern der Bahnen und Busse ausgerufen: »Karlsplatz-Stachus«.

Oder der dreijährige Kampf um den »Georg-Elser-Platz« zwischen »Türkendolchkino« und Türkenschule. »Hände weg von unserer Sackgasse!« hatten Einwohner an die Bäume gepinnt und sich geweigert, mit einer Adressenänderung einverstanden zu sein. Erst als den zuständigen Referenten und dem Oberbürgermeister vorgeschlagen wurde, nur den baumbestandenen Teil des Platzes zu benennen, damit die Leute ihre Türkenstraßenadresse beibehalten dürften, ging der Antrag im Oktober 1996 durch. Der Türkenstraßler läßt sich seinen Türken nämlich nicht so einfach wegnehmen. Er ist der Traumtürke. Er ist nämlich so, wie wir ihn uns vorstellen. Exotisch, aber wunderbar

angepaßt. Ein bißchen Sultan und ein bißchen Sklave. (Obwohl die Straße fest im Griff von Griechen ist und Türken und Kurden eine Minderheit sind.) Egal, der Türke wird nicht hergegeben. Ein Beispiel: das Titelgemälde.
In Wien existiert seit dem 16. Jahrhundert der Flurname »Türkenschanze«, seit den 80er Jahren des 19. Jahrhunderts der »Türkenschanzenpark«. Zwanzig Jahre zuvor war eine zum Donaukanal führende Straße »Türkenstraße« getauft worden. Wenn nun ein Münchner Türkenstraßler sich in der gleichnamigen Wiener Straße zu erkennen gibt, stellt sich sofort eine eigenartige Vertrautheit ein. Etwas Familiäres. Wenn er am Ende der Straße zum Donaukanal hin einen roten Palast in Ziegelbauweise mit achteckigen Türmen sieht, die »Rossauer Kaserne«, mag er sich ans Wittelsbacher Palais in München erinnert fühlen, das, im Krieg zerstört, nicht wieder aufgebaut wurde. Im Wittelsbacher Palais hatte der letzte bayerische König Ludwig III residiert, hatten die Räte Entscheidungen getroffen, hatte die Gestapo unter Heydrich verhört, gefoltert und eingekerkert. In Wien ist ein Teil des Gebäudes Sitz des Verteidigungsministeriums, der Bundespolizei- und der Sicherheitsdirektion. Türkenstraßenpaläste, in denen politisch-militärische Entscheidungen getroffen wurden und werden.
In Regensburg hat die »Fröhliche-Türken-Straße« nichts mit einem Palast sondern mit einer Wirtschaft zu tun. Da hatte das ganze 18. Jahrhundert hindurch eine Familie Türk ein Gasthaus mit dem Namen »Zum Fröhlichen Mann« geführt. Und weil der Wirt gar so ein fröhlicher Mann gewesen war, berichten die Annalen, habe das Volk die Wirtschaft einfach »Zum fröhlichen Türken« getauft. 1808 wurde der ganzen Straße offiziell – via König und Stadtrat, Brief und Siegel – der Name »Fröhliche-Türken-Straße« gegeben. Noch lange trug die Wirtschaft den alten Namen »Zum Fröhlichen Mann, Fischer Joseph, Wein- und Gastwirth«, bis die Regenburger Bürokraten endlich ein Einsehen hatten und auch die Wirtschaft sich »Zum fröhlichen Türken« nennen ließen. Um die Jahrhundertwende wurde sie geschlossen, die Straße heißt heute noch so.
Ob die Familie Türk Nachkommen gefangener Türken sind, sollte vielleicht in Regensburg erforscht werden. Daß die Namensgebung der Straße vom Volk ausging, scheint jedoch offenkundig zu sein.
So ist das mit den Benennungen: da gibt es welche von oben und von unten, ordentliche und unordentliche. Letztere wissenschaftlich als »Volksetymologie« bezeichnet und alle mal spannender als erstere.
Wagen wir die These: die »Türkenstraße« gehört zu den ordentlichen, der »Türkengraben« zu den unordentlichen, im Verein mit dem »Stachus«, dem »Roncalliplatz« und der »Fröhliche-Türken-Straße«.

Als die Mauern fielen

Kleiner historisch-soziologischer Abriß

1770 hatte in München die erste Hausnumerierung stattgefunden: ein Extramaler pinselte mit Farbe die Nummern an die Haustüren, 1801 wurden hölzerne Tafeln mit den Straßennamen von der Polizei aufgestellt. Ab 1790 begann die Entfestigung Münchens, die Mauern hatten ihre Schutzfunktion eingebüßt, sie waren nurmehr einengend: als erster Platz außerhalb entstand vor dem Karlstor der Karlsplatz, vulgo Stachus. 1816 war das Schwabinger Tor, das nördliche Stadttor in Richtung auf das weit entfernte Dorf Schwabing, auch »Unseres Herrn Thor« genannt, abgerissen und die Festungsmauern eingeebnet worden. Die Schönfeldvorstadt östlich und die Maxvorstadt westlich der Schwabinger Landstraße wurden geplant und entwickelten sich.
Gerade in der Maxvorstadt, früher »Kreuz-Viertel außer der Stadt« geheißen, ließen sich die Wittelsbacher gern in Straßennamen verewigen, die freilich auch nicht für immer Bestand haben sollten. Es wurde fröhlich umgetauft in jener Zeit. Die Straßen- und Plätzebenennung war zu einem reinen Verwaltungsakt verkommen, zu einem Kotau vor dem Herrschergeschlecht. Da gab es nicht mehr den organischen Bezug zu natürlichen Gegebenheiten (Im Tal), gewerblicher Nutzung (Rindermarkt), bekannten Anwohnern (Kaufingerstraße), zur Zielgerichtetheit (Sendlingerstraße), zu Himmelsrichtungen, Gestirnen, öffentlichen Gebäuden, nein, da gab es mit Vorliebe den zu den Wittelsbachern und ihrer zahlreichen Familie. Nicht wie früher, im 14. Jahrhundert, als die Behördenschreiber die Namen vom »Volksmund« übernommen hatten.[1]
Die Briennerstraße ist da ein Paradebeispiel: wie Max Joseph vom Fürsten zum König, mutiert sie vom »Fürstenweg« zur »Königstraße«. 1826 tauft König Ludwig sie in »Briennerstraße« um, des Sieges gegen Napoleon (dem man eben noch die Königskrone verdankte) in Brienne-le-Château gedenkend.

Straßen

Zu den wechselnden Benennungen der Straßen, die die Türkenstraße queren und abschließen: von Süd gen Nord. Nach der Brienner- die Prinz-Ludwig-Straße, die es erst seit 1897 gibt. Sie wurde benannt nach Prinz Ludwig von Bayern, dem späteren Ludwig III, dem letzten bayerischen König, der vom Wittelsbacher Palais aus gern zum Kegeln in die Türkenstraße ging.
Die Gabelsbergerstraße hatte bis 1812 zwischen Jäger- und Barer- »Ritterstraße«, zwischen Barer- und Luisen- »Theresienstraße«, zwischen Luisen- und Schleißheimer- »Apollostraße« geheißen, bis sie (bis 1826) den Namen »Ludwigstraße« bekam, dann der eben fertiggestellten Türkenkaserne wegen in »Kasernstraße« umgetauft wurde. Nach Franz Xaver Gabelsberger, dem Erfinder der Stenographie, wurde sie 1826 benannt.

[1] Helmuth Stahleder, Die Haus- und Straßennamen der Münchner Altstadt, München 1992

Teilansicht aus der Vogelperspektive von der Gegend des Hauptbahnhofs in östlicher Richtung. Panorama um 1875. An der Barerstraße befinden sich bereits die beiden Pinakotheken, an der Türkenstraße das Wittelsbacher Palais und die Türkenkaserne. Stahlstich von Christian Steinicken

Die Theresienstraße hatte als »Feldweg« angefangen, zwischen Fürsten- und Türken- »Musenstraße« geheißen, zwischen Türken- und Arcis- »Windstraße« und zwischen Arcis- und Schleißheimer- »Pfeilstraße«, bis sie 1812 ihren endgültigen Namen bekam: nach Therese Charlotte Louise, der Frau König Ludwigs I, nach der auch die Theresienhöhe benannt ist.

Die Schellingstraße hatte – zunächst nur von der Türken- nach Osten verlaufend – als »Jagdstraße« angefangen, wurde 1812 in »Löwenstraße« umgetauft nach dem Wappentier der Wittelsbacher und erhielt 1857 ihren jetzigen Namen, immerhin nach einer Geistesgröße der Zeit, Friedrich Wilhelm Joseph von Schelling, Philosoph der »Weltseele« und des »Transzendentalen Idealismus«, Generalsekretetär der Akademie der Bildenden Künste in München.

Die Blütenstraße, zwischen Schelling- und Adalbertstraße, bildete eine Ausnahme: leicht geschwungen und einfach »Feldweg« genannt, hatte sie Türken- und Barerstraße verbunden, vielleicht galt sie als zu minder, um nach Königen oder Philosophen benannt zu werden. Vielleicht hatte sie ja tatsächlich durch blühende Wiesen geführt. Ab 1877 existierte dort ein Wirtshaus »Zur Blüthe« mit Biergarten, in dem später an lauen Sommerabenden im Freien Filme vorgeführt wurden.

Die Adalbertstraße, nach Prinz Adalbert von Bayern, dem jüngsten Sohn Ludwigs I benannt, hätte nach dem Willen des Vaters eigentlich »Letzte Straße« heißen sollen. Sie hätte die neue Maxvorstadt nach Norden begrenzen sollen. Das tat sie aber nicht lange. Denn als mit »Franzosengeldern« die neue Akademie zu bauen begonnen wurde, entstand 1876 nördlich der Adalbertstraße die Akademiestraße.

1856 hatte die Georgenstraße ihren Namen bekommen, weil man angeblich auf ihr zur Georgenschwaige gelangte, einem »Hofgut des Klosters Schäftlarn«.[1] Ganz offensichtlich war damit nicht die Georgenschwaige gemeint, an der der Türkengraben endete.
1812: die Türkenstraße hatte ihren Namen und ihre Richtung. Zur weiteren Mystifizierung und zur eifrigen Weitergabe historischer Fehler trugen in den vergangenen zwei Jahrhunderten Historiker und Beamte bei.
Ein paar ausgewählte Beispiele – die Liste wäre lang – mögen das verdeutlichen. 1880 heißt es im Münchner Stadtaddressbuch zum »Türkengraben«:

> **Türkengraben.**
>
> Zu seiner Herstellung wurden die von Kurfürst Max II. Emanuel aus den Feldzügen von 1683—88 als Gefangene mit zurückgebrachten Türken (1686 z. B. deren 840) verwendet. Der Graben sollte der Stadt von Dachau über Schleißheim her Wasser aus dem Würmkanal zuführen; er entsprach aber nicht, daher begann man ihn 1811 einzuebnen, und ist derselbe jetzt fast ganz mit kleinen Häusern überbaut.

Die Fehler: Am Türkengraben haben keine Türken gebaut und das Isarwasser fließt nicht nach Süden, sondern nach Norden.

Zur Türkenstraße heißt es bei Rambaldi:

> **Türkenstraße.**
>
> Führte früher direkt in den Türkengraben, daher ihr Name. Je nach ihrer allmählichen Entwickelung hieß sie
>
> vom 21. November 1808 bis 1. Dez. 1812 zuerst „Florastraße" (von der Brienner- bis zur Theresienstraße), dann „Türkenstraße" (von der Theresien- bis zur Löwen-, heute Schellingstraße). Der gegenwärtige Gesammtname erstreckte sich auf deren Zug von der Brienner- bis zur Adalbertstraße.

Obwohl es 1880 bereits Akademie- und Georgenstraße gegeben hatte. Auch Adreßbücher können irren – und irren noch heute. Die Türkenstraße führte auch nie »in« den Türkengraben, sondern »zum« bereits aufgeschütteten Kanal. Professor Westenrieder, der immerhin im gleichen Jahrhundert schrieb, in dem der Kanal gebaut worden war, behauptete 1782 auch steif und fest, »gefangene Türken, die unter Maximilian Emanuel hierher geschickt wurden«, hätten ihn »verfertigt« und er zöge sich »ungefähr eine halbe Stunde nach dem nächsten Wäldchen nordwärts hinan«. Die Richtung stimmt, aber danach kommt wieder etwas Falsches: er krümme »sich westwärts« und laufe

[1] Karl Graf von Rambaldi, Münchener Straßennamen und ihre Erklärung, München 1894

»in einer geraden Linie, bis er dem Schloß Nymphenburg gleich kömmt«. Das hat er mit dem Nymphenburger Kanal verwechselt.
Auch beim Klassiker Max Megele im »Baugeschichtlichen Atlas der Landeshauptstadt München« von 1951 findet sich: »Der Wassergraben, der bei den Befestigungswerken begann, wurde zwischen 1683 und 1688 durch gefangene Türken unter Kurfürst Max II Emanuel angelegt.«
1960 behauptet Karl Spengler im »Münchner Straßenbummel«:
»Eine Gruppe, die wohl die Mehrzahl der Gefangenen ausmachte, war beim Bau des Kanalsystems beschäftigt, das die Schlösser Nymphenburg, Dachau und Schleißheim mit der Stadt verbinden sollte. Einer dieser künstlichen Wasserläufe war als Kanal zwischen Dachau, Schleißheim und München geplant. Seine Ausführung war den Türken übertragen. Er zog von der heutigen Adalbertstraße an auf der Linie Kurfürstenstraße nördlich und wurde nie vollendet. Im Jahre 1811 begann man ihn schließlich einzuebnen. Auf dem billigen Gelände siedelten sich in der Folge Kleinhäusler an, ...«
»War den Türken übertragen« stimmt nicht, und »er zog von der heutigen Adalbertstraße an ... nördlich«. Soll das heißen, er hätte an der Adalbertstraße begonnen? Seine Existenz als Kanal begann an der Nordwestecke der Hofgrabenbefestigung, also weit südlicher als die spätere Adalbertstraße.
1983 steht in »Münchens Straßennamen« zur Türkenstraße folgendes:
»Nach dem Verlauf der Straße; führte zum Türkengraben, einem Seitenarm des Nymphenburger Kanals, den Kurfürst Max II Emanuel von gefangenen Türken ausheben und ab 1811 wieder zuschütten ließ«. Auch hier wieder: der Kanal ist kein Seitenkanal des Nymphenburger Kanals, er floß schnurgerade zu ihm hin. Gefangene Türken haben eben nicht dort gearbeitet und Max Emanuel konnte ihn nicht »wieder zuschütten lassen«, weil er 1811 schon nicht mehr lebte. Zu der Zeit regierte Max Joseph, bereits König, in Bayern.
In Sepp Hödls Dokumentation »Die Türkenstraße gestern und heute« von 1990 steht über den »Türkengraben« zu lesen: »Dieser Türkengraben war nun gedacht als Teil eines von der Würm gespeisten Wassersystems, das die Schlösser Nymphenburg, Schleißheim und Dachau untereinander und mit der Münchner Residenz verbinden sollte. Zum Bau dieses Kanalabschnitts wurden Kriegsgefangene herangezogen, die das siegreiche Bayernheer unter Max Emanuel II aus den Türkenkriegen 1683–1688 mitgebracht hatte. Der »Graben« wurde nie fertig, genausowenig wie das übrige Kanalsystem.«
In Reinhard Bauers Stadtteilbuch Maxvorstadt von 1995 heißt es im ersten Kapitel: »Seit dem Beginn des 18. Jahrhunderts durchlief der ›Türkengraben‹ als Verbindungskanal von der Residenz zu den Schlössern Nymphenburg und Schleißheim geplant« (stimmt!) »aber bald trocken, das Gelände in Nord-Süd-Richtung« (stimmt nicht). In Süd-Nord-Richtung.
Selbst Erdmute Heller, Islam-Fachfrau, schreibt in »Mamma, i Turchi – Hilfe, die Türken!« (SZ, 13.4.1997) Verwunderliches. Es ist 1683, die Schlacht am Kahlenberg war geschlagen: »... Damals kamen auch die ersten türkischen ›Gastarbeiter‹ nach Bayern. Den türkischen Kriegsgefangenen, die Max

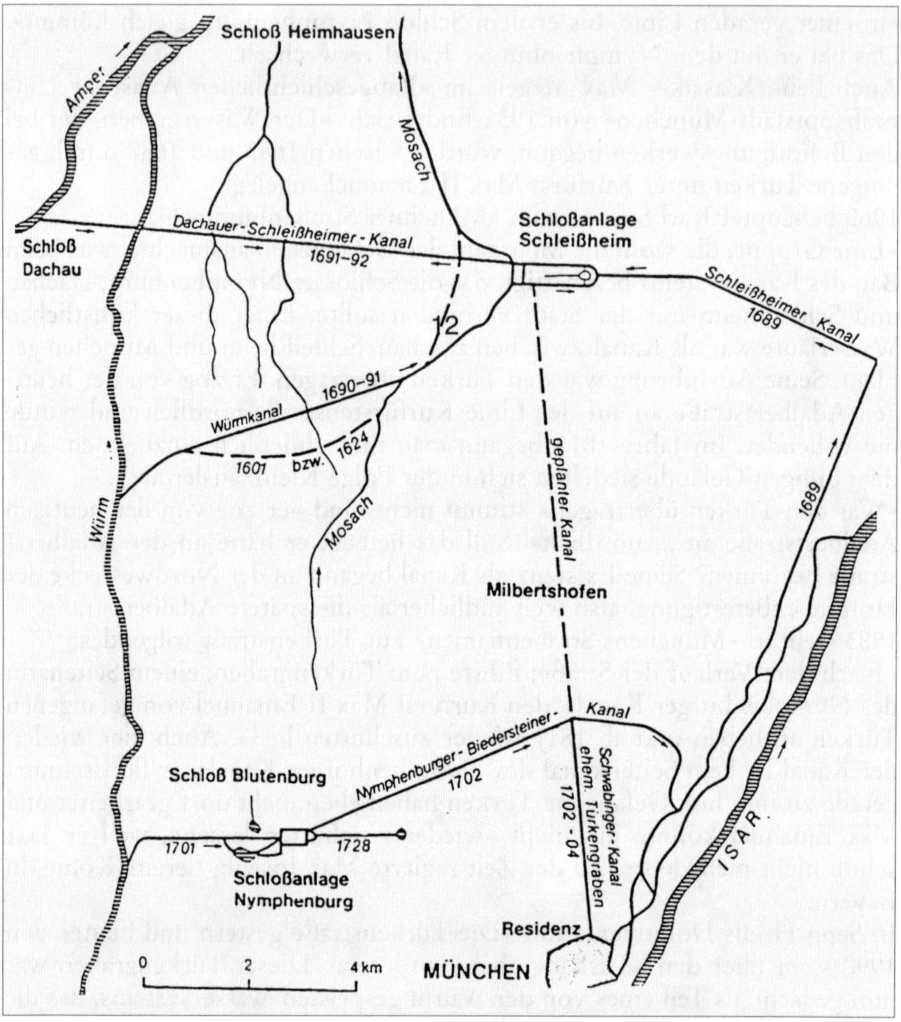

Kanalsystem Max Emanuels zwischen seinen Schlössern Dachau, Schleißheim, Nymphenburg und der Residenz, begonnen 1687, beendet 1704; das letzte Teilstück Georgenschwaige – Schleißheim blieb ungebaut. Der Kanal zwischen Residenz und Georgenschwaige erhielt Ende des 18. Jahrhunderts den Namen »Türkengraben«.

Emanuel nach München brachte, verdankt Bayern drei seiner schönsten Baudenkmäler: die Schlösser Dachau, Nymphenburg und Schleißheim, an deren Bau sie beteiligt waren. Sie mußten auch den breiten Graben ausheben, der das Lustschloß des Kurfürsten mit seinem Amtssitz in der Innenstadt, der Residenz, verbinden sollte. Heute heißt er der ›Nymphenburger Kanal‹.

An einen anderen Graben erinnert heute noch die Münchner Türkenstraße. Durch diese damals enge Gasse wurden die türkischen Gefangenen von ihren erbärmlichen Quartieren nach Nymphenburg, Dachau und Schleißheim gebracht ...«

Also: Bayern »verdankt« nicht »drei seiner schönsten Baudenkmäler« den türkischen Gefangenen, sie haben als bezahlte Kulis am Ausbau mitgearbeitet. Der Nymphenburger Kanal verlief nie in südlicher Richtung, daß er Nymphenburg und die Residenz hätte verbinden können. Zwischen Residenz und Georgenschwaige verlief »unser« Kanal, der später so getaufte »Türkengraben«.

Daß die türkischen Gefangenen durch die »damals enge Gasse« zu ihren Arbeitsplätzen gebracht wurden, ist schon sehr phantasievoll: die Türkenstraße entstand erst mehr als hundert Jahre später auf dem Papier. »Gasse« suggeriert einen städtischen Charakter. Es ist nicht einmal belegt, ob die spätere Türkenstraße vorher ein Feldweg war.

Den Gegebenheiten am nächsten kommt Helmut Michel[1] (heute Helmut Heinlein) wenn er schreibt: » Die Entstehung des Namens (Türkengraben) ... scheint eine literarische Ausschmückung der Tatsache zu sein, daß türkische Kriegsgefangene beim Bau des Dirnismaninger Kanals eingesetzt wurden.«

Wie auch immer, die Beispiele zeigen eines: daß bis in allerneueste Zeit größte Unsicherheit herrscht über Entstehung, Fließrichtung und Namensgebung des Kanalstücks zwischen Residenz und Georgenschwaige. Das liegt vielleicht daran, daß der Kanal, weil nutzlos, kaum beschrieben wurde. Daß sein Gefälle schwach und manchmal eben auch Wasser aus der entgegengesetzten Richtung angeschwappt kam. Das ist Gutachten zu entnehmen, die nach der Anfrage an das Geheime Finanzdepartment, den »sogenannten Türkengraben« doch zu rekultivieren, entstanden sind.

Irgendwie scheint er kein Glanzstück des Kanalbaus dargestellt zu haben, dieser Türkengraben.

Er war ein halber geblieben, ein unvollendeter, der Kanal, der in den letzten Jahrzehnten seines gut hundertjährigen Lebens noch mit der »Türken«-Vorsilbe geschmückt worden war. Die dann, ganz selbstverständlich, auf die Straße überging.

Von der Stelle nördlich der Georgenschwaige, wo Nymphenburger- und Schleißheimer-Schwäbinger-Türkenkanal aufeinanderstießen, gab es den Überlauf nach Osten. Auf einer Karte (Auszug aus der Uraufnahme von 1858) befinden sich diverse Badeanstalten an diesem Wasserlauf: die »Militair-Schwimmschule«, die »Kraffl'sche« und die »Schuller'sche Bad Anstalt«. Danach ergießt sich der Nymphenburger Kanal in die Schwarze Lacke östlich der heutigen Ungererstraße, die über Dirnismaning nach Schleißheim floß. In Dirnismaning war der Hafen, in dem zeitgenössischen Berichten nach bis zu siebzig Schiffe anlegen konnten. Arbeitsschiffe, keine Lustschiffe.

Nachdem das Unnütze des Türkenkanals jedoch eindeutig festgestellt worden war, wurde er 1811 offiziell zugeschüttet, nachdem er bereits Jahre zuvor an bestimmten Stellen in Eigeninitiative überbaut worden war. Das

[1] Helmut Michel, »Historische Kanäle ... im Münchner Raum« TU München, Hydraulik und Gewässerkunde, Mitteilungen Heft 40, München 1983

alles ergab Streit über Eigentumsverhältnisse, über den alten und neuen Wert der Parzellen, es kam zu Einsprüchen, Ablehnungen, Prozessen.
1971 beim Ausbau des Mittleren Ringes im Norden, München war im vorolympischen Rausch und träumte von der »autogerechten Stadt«, wurde der letzte Teil des Türkengrabens an der Georgenschwaige endgültig trockengelegt.

Chronologie der Namensgebung des Kanals zwischen Residenz und Georgenschwaige

»Never Canal«; Churfürstl. Havbt und Residentz statt München von Matthias Pavr Churfürstl. Geometer, in den Juny anno 1705 (Stadtarchiv) alt: sechzig Jahr

ohne Namen; Paur-Plan von »Statt München«, 1728 (mit Burgfriedensäule 9) (Hauptstaatsarchiv); Matthias Paur gewester Schmit alt 83 Jahr

»Canal«; Burgfridts Beschreibung der churfürstlichen Haupt- und Residenz-Statt München 1735 (Hauptstaatsarchiv)

»Schwabinger Canal«; Grundstücksverhältnisse von 1735, 1748 aufgenommen, 1784 kopiert; gezeichnet von Joseph Clement Maria Altmanshoffner-Maller, bestätigt von Adrian von Riedl 1784 (Stadtarchiv)

»Schleißheimer Canal«; um 1733 (Staatsbibliothek, Kriegsministerium)

»Schleisheimer Canal«; Plan der churfürstlichen haubt und Residenz Stadt München à 48 grad latid. und 32 grad longit, 1748

»Schleißheimer Canal« (Stadtmuseum und Stadtarchiv) Plan der Hauptstadt München und Residenz des Churfürsten von Bayern gelegen am westlichen Ufer der Isar. An Ort und Stelle aufgenommen von Ritter von de Grooth Ingenieur-Oberstlieutenant im Jahr 1751 und gezeichnet kopiert von Eduard Schidermair 1844

»Canal« Gegend um München; Stellung der Übungslager bey Nimphenburg im Jahre 1804; Karte ca. um 1796

»Canal de Schlüisheim« von Lieutenant Colonel de Grooth 1759 (Bayer. Schlösser- und Seenverwaltung, Archiv)

auch *»Grand Canal de Schleißheim«*

»Canal«; H. de Saint Michel, 1766–69

»Schwäbinger Canal«; Grund-Ris und Profil über den Schwäbinger und einen Teil des Nimphenburger Canal, ca. 1787 (Hauptstaatsarchiv)

»Canal«; Reiseatlas von Bayern von Adrian von Riedl, 1796/1803

ohne Namen; Art Seitenkanal zwischen Nymphenburger und »neu gemachtem Canal« von Michael Riedl, anno 1790

»Sogenannter Türkengraben«; Bericht der Generallandesdirektion an das Geheime Finanzdepartment vom 9. Mai 1800 (Bayerisches Hauptstaatsarchiv) Bezieht sich auch auf die Jahre vorher, also ca. 1795

»Türken Graben«; München mit den Umgebungen, Rickauer, 1807

»Türkengraben«; Katasterplan 1805

»Türkengraben«; Katasterplan 1809–1812 (Bayer. Schlösser- und Seenverw., Archiv)

»Zugeschütteter Kanal«; Umgebungen von München, her. geb. auf Allerhöchsten Befehl Sr.Majestät d. Königs von der königlichen Direktion d. statistisch topographischen Bureau im Jahre 1812. Aufgenommen und gezeichnet von dem königl. Ingenieur Géographe von Rickauer (Stadtarchiv)

»Seitenkanal vor dem Schwabinger Thor«; Situationsplan 1818 (Hauptstaatsarchiv)

»Türkengraben«; Karten von ca. 1818, 1819 und 1826 (Staatsbibliothek)

»Türkengraben«; Plan der Königl. Residenzstadt München 1826

»Türkengraben« und *»Türkenstraße«* im Münchner Addressbuch verzeichnet; ab 1835

»Türkengraben« für Kurfürstenstraße; Gustav Wenng 1850/81 (Vermessungsamt)

»Türkengraben«, Bezeichnung für die Kurfürstenstraße bis 1896; ab 1897 im Adressbuch: »Türkengraben nun Kurfürstenstraße.«

Gebäude

1810 war das Gebäude des »Landwirtschaftlichen Vereins« in die westliche Ecke Türken-Briennerstraße gestellt worden, in schräger Stellung, weil es sich noch auf den Karolinenplatz ausrichtete.
Außer ein paar Häuschen und Schrebergärten zwischen Brienner- und Gabelsbergerstraße[1] war die Türkenstraße ein unbeschriebenes Blatt.
Als erstes Großprojekt wurde die Türkenkaserne ab 1822 in Angriff genommen, 1824, im Winter, konnten schon die ersten Soldaten zum »Trockenwohnen« einziehen, die sich dann auch bitterlich beklagten. Geplant war, die »Prinz-Arnulf-Kaserne« – wie sie später offiziell hieß – von vier Mauern umschlossen in das Geviert zwischen Barer-Gabelsberger-Türken- und Theresienstraße zu stellen, aber Ludwig I setzte sein Veto dagegen. Eine seiner ersten Amtshandlungen nach Regierungsantritt 1825 war, den noch nicht fertigen Bau an der Barerstraße zu stoppen, weil er auf der anderen Seite der Straße bereits seine Pinakothek geplant hatte und die sollte nicht durch Funkenflug und Feuersbrunst gefährdet werden. Architekt Klenze bekam den Auftrag, die Barerstraßenseite der Kaserne zu verändern, was er mit Arkaden und Baumanpflanzungen tat.
1846 wird mit dem Wittelsbacher Palais zu bauen begonnen, Ecke Brienner-Türkenstraße, ein roter Ziegelbau im »Maximiliansstil« mit zwei Löwen davor. Zunächst für die Kronprinzen gedacht, wird das »rote Palais« nach der

[1] Hans Lehmbruch, Ein neues München, Stadtplanung und Stadtentwicklung um 1800. München 1987

Postkarte der Türkenkaserne, Jahrhundertwende

Abdankung Ludwigs I und seiner Affäre mit Lola Montez sein Wohnsitz. Dort wird seine Frau Theresa (die mit der Wiese und Straße) an Cholera sterben, dort wird Ludwig III, der letzte bayerische König vor seiner Flucht vor der bayerischen Revolution 1918 leben, dort werden die Räte ihren Sitz haben und Zukunftsweisendes wie die Begriffe »Volksstaat« und »Freistaat« erfinden und das Frauenstimmrecht in die Wege leiten.

Im Dritten Reich wird es Verhör- und Folterzentrale, Durchgangsstation zum KZ Dachau, ein Ort des Grauens. Stellvertretend für tausende von Regimegegnern, für die Nazis potentielle Hochverräter, die dort gequält wurden, seien Pater Rupert Mayer und Georg Elser, der Bürgerbräuattentäter von 1939 genannt.

Nach dem Krieg hatte sich im früheren Gefängnis die Autowerkstatt Hanauer einquartiert, das Palais selber war zerstört, aber nicht so, daß es nicht hätte wiederaufgebaut werden können. Es wurde darüber nachgedacht, dort eine Gedenkstätte für die Opfer des Nationalsozialismus einzurichten oder sogar ein Münchner Kulturzentrum, wie es dann der Gasteig geworden ist. Statt der Gedenkstätte gibt es den Platz schräg davor, »Platz der Opfer des Nationalsozialismus«, von Verkehr umrauscht, wahrlich kein Ort des Besinnens. Statt des Kulturzentrums bekam die Bayerische Landesbank den Zuschlag, die inzwischen krakengleich die ganze nähere Umgebung bis zum Karolinenplatz in Beschlag genommen hat.

Ein – nachgebildeter – Löwe sitzt am Oskar-von-Miller-Ring vor dem graublauen Landesbankkomplex und schaut gen Norden. Der originale ist von Bomben zerstört worden, der zweite Löwe (einst Wächter vorm Wit-

Postkarte des Wittelsbacher Palais, Jahrhundertwende

telsbacher Palais) sitzt inzwischen mit abgeschossenem Unterkiefer vor der Katholischen Akademie und soll an den von den Nazis erschossenen Redakteur des »Geraden Weges«, Fritz Gerlich erinnern. Vor ein paar Jahren sollte er noch an Swapo, den Gründer Schwabings erinnern ...

Teil des Landesbankkomplexes Türken-Briennerstraße ist inzwischen auch der Ziegelbau des Palais Dürckheim von 1843, früher die Preußische Gesandtschaft, heute Ausbildungsort für Banker.

Der nachgemachte Löwe schaut auf die 1877 gebaute Markuskirche, die »zweite evangelische«, die damals noch einen neugotischen Turm trug. Nach dem Krieg wurde sie vom Architekten Gsaenger umgebaut, der auch für die Matthäuskirche verantwortlich zeichnet. 1874 war mit dem Hauptbau der Türkenschule begonnen worden, der »ersten Simultanschule«, in der Buben und Mädchen, katholische, evangelische und jüdische Kinder gemeinsam unterrichtet wurden. Das Gegenmodell zu den Konfessionsschulen.

Im selben Jahr baute Gottfried von Neureuther an der Akademie, für die ihm zwei Millionen Gulden aus der Kriegsbeute nach dem gewonnenen 70er Krieg gegen die Franzosen zur Verfügung standen.

1895 hatte der Pianofabrikant Kaim vom Jugendstil-Architekten Martin Dülfer den Kaimsaal, auch Tonhalle genannt, errichten lassen. Zunächst spielten dort Musiker auf Kaim-Instrumenten im Kaim-Orchester, Volks-Symphonie-Konzerte wurden eingeführt, die Philharmoniker probten dort. Aber es gab auch Faschingsbälle, politische Veranstaltungen der Arbeiterparteien, Propagandainszenierungen der Nazis. 1944 von Bomben getroffen, wurde das Jugendstilgebäude in der Nachkriegszeit abgerissen.

Postkarte des Kaim-Saals (Tonhalle), Jahrhundertwende

So hatte der südliche Teil der Türkenstraße endgültig sein Gesicht verloren: kein Wittelsbacher Palais, keine Kaimsäle, keine Fronleichnamskapelle nördlich des »Roten Palais« und – im Rahmen der vor-olympischen Auto- und Stadtautobahnbegeisterung – kein »Pfefferlehaus« mehr, in dem bis Anfang der 70er Jahre eine bekannte Rahmen-Werkstatt (Rahmen-Pfefferle) und bekannte »Lichtbildner« Vater und Sohn Sahm, wirkten. Bis in die späten 60er Jahre hatten sich in den Restgebäuden der Türkenkaserne Verlage, ein Möbelgeschäft, Privatwohnungen, Ateliers und der berühmte »Jazzkeller« befunden. Abgerissen, zum Parkplatz eingeebnet, bedroht von der Ausweitung universitärer Bauten auf dem ganzen Areal, belebt durch Zirkusveranstaltungen wie »Roncalli«, nach dem der Platz – im Volksmund – sogar den Namen erhalten hatte, konnte dem Geviert nichts Besseres passieren, als es im September 1996 geschah: der erste Spatenstich für die Pinakothek der Moderne, die Stefan Braunfels bauen wird.

Diesmal keine Kriegsbeute, wurde die Bausumme vom Bayerischen Staat (Verkauf der Landesversicherungskammer) und einem Förderkreis aufgebracht. Inwieweit der »Roncalliplatz« (unordentliche Benennung), den es ja offiziell nicht gibt, weiterexistieren wird, ist offen.

1950 hatte Sep Ruf seinen vielbeachteten Bau, der – im Volksmund – auch seinen Namen trägt, leicht zurückgesetzt, an der Ecke Türken-Theresienstraße errichtet.

In der Nachkriegszeit war als Schwarzbau die Baracke der Akademie entstanden, die im Park an der Türkenstraße gelegen, bewegte Zeiten erlebte. Die Ausschreibung für einen »Erweiterungsbau der Akademie« hatte die

Wiener Architektengruppe »Coop Himmelblau« mit ihrem Dekonstruktivismus-Modell gewonnen.
1977 war die Amalienpassage fertig geworden, zunächst angefeindet, dann angenommen.
Alle diese Gebäude und Orte werden in den Erzählungen immer wieder auftauchen.

Menschen

Türkengraben, 1835:
Bereits 14 Häuschen befanden sich im nördlichen Teil des zugeschütteten Kanals. »Kleinhäusler, Krattler« waren es, die dort wohnten, Tagelöhner, Knechte, Diener; ein Gartenarbeiter, ein Milchmann, ein Zimmermann, ein ehemaliger Hausmeister, aber auch ein Geometer, ein Bildhauer und ein »Korbinian von Gruber aus Steinkirchen«, berufslos offensichtlich.
Wohnten sie dort mit ihren Familien oder allein? Scheinen die Frauen nicht auf, oder sind sie nicht da?

Türkenstraße, 1835:
Sie weist bereits 67 Häuser auf: Nummer 2 den »Landwirthschaftlichen Verein«, Nummer 6 das »Militär Aerar« der Türkenkaserne. Neben Dienstleistungen: Milchmann, Fuhrmann, Lohnkutscher, bereits massenweise Handwerker: Gärtner, Maurer, Zimmerleute, Hufschmied, Schweinemetzger, Wegemacher, Bortenmacher, Zimmerpolier und Salzstößler; und Handwerksmeister: Hafner, Maurer, Schlosser, Schäffler; und Unternehmer: Obsthändler, Tabak- und Wagenfabrikanten, einen Handelsmann, einen Kaffeetier und zwei »Wirthe«.
Neben Privatiers tauchen im Adreßbuch 1835 auf: zwei königliche Sekretäre, ein Graf und königlicher Kämmerer, zwei Militärs niederen Grades, ein Gemeiner im 4. Jägerbataillon und ein Sergeant im Leibregiment nebst einem Hartschier, einem Hellebardier der Wachtgarde. Als Angestellte ein Bürodiener und ein Verwalter; als Künstler ein Maler und ein Chorist – noch ziemlich dünn gesät, das Künstlerische in der Zeit.
Frauen werden fast nur als Witwen aufgeführt: Wäschers-, Milchmanns-, Hofbibliothekars- und Großhändlerswitwe. Neben einer Privatierswitwe aber auch eine Privatiersgattin.
1835 war das Jahr, in dem die Universität von Friedrich Gärtner gebaut wurde, das Oktoberfest sein 25jähriges Jubiläum feierte, der Pulverturm am Oberwiesenfeld in die Luft flog und die Bayerische Hypobank gegründet wurde. Ludwig I hatte die ersten zehn Jahre seiner Regierungszeit hinter sich und dreizehn weitere vor sich.

Türkenstraße, 1849:
Gustav Wenng führt in seinen Lithografien mit Adressenangaben für den südlichen Teil der Türkenstraße neben Wittelsbacher Palais und »Landwirth-

Türkengraben.

1 **Benedikt**, Wolfg., ehem. Hausmeister.
2 **Gruber**, Korbinian v. Steinkirchen.
3 **Pollinger**, Ferd, Reitknecht.
4 **Strehler**, Ant., Taglöhner.
5 **Heider**, Joh., Maurer.
6 **Schrauner**, Nik., Taglöhner.
7 **Glück**, Ad., Zimmermann.
8 **Schertl**, J. B., Geometer.
9 **Dodi**, Val., Gärtner.
10 **Alescher**, Gg., Lohnbedienter.
11 **Falk**, Paul, Gartenarbeiter.
12 **Kramer**, Jos., Milchmann.
13 **Einsle**, Andr., Bildhauer.
14 **Mooser**, Kasimus, Gärtner.

Türkenstrasse.

1 **Rottenkolber**, Franz Paul, Privatier.
2 **Der landwirthschaftliche Verein.**
3 **Drähne**, Andr., Schlossermeister.
4 **Eder**, Mich., Maler.
5 Derselbe.
6 **Militär-Aerar**, k., (Kaserne).
7 **Prims**, Ant., Appell.Direktor.
8 **Bader**, Urs., Milchmannswittwe.
9 **Neumaier**, Jos., Milchmann.
10 **Retzer**, Vitus, Wäscher.
11 **Mair**, Karoline v., Großhändlerswittwe.
12 **Seibold**, Ambros., Hafnermeister.
13 **Mayer**, Kar., Privatierswittwe.
14 **Dormor**, J. B., Milchmann.
15 **Scheid**, Jos., Wirth.
16 **Renner**, Joh., Drechsler.
17 **Rummer**, Fr., Handelsmann.
18 **Hammer**. Gg., Obsthändler.
19 **Ruff**, Joh., Geometer.
20 **Beiml**, Fr., Taglöhner.
21 **Kohn**, Kasp., Sergeant im Leibregimente.
22 **Kienzler**, Fried., Tabakfabrikant
23 **Seibold**, Ambros., Hafnermeister
24 Derselbe.
25 Derselbe.
26 **Biberger**, Andr., Gärtner.
nr.
27 **Schmid**, Karoline v., Privatiersgattin.
28 **Wilkoschowsky**, Adalb., Bortenmacher.
29 **Amberger**, Joh., Zimmerpolier.
30 **Füller**, Gg., Hartschier.
31 **Steininger**. Jos., Metzgerknecht.
32 **Affensberger**, Gg., Wirth.
33 **Pfingstl**, Mich., Lohnkutscher.
34 **Seehofer**, Mich., Zimmermann.
35 **Radius**, Ernst, Verwalter.
36 **Dichtl**, Joh., Fuhrmann.
37 **Sibi**, Chrysost., Milchmann.
38 **Wagner**, Fr. X., Geometer.
39 **Schuster**, Steph., Gemeiner im 4. Jägerbataillon.
40 **Drechsel**, Maur., Maurer.
41 **Fuchs**, Fr., Milchmann.
42 **Ruprecht und Zissonich**, Hartschiere.
43 **Spörl**, Markus, Salzstößler.
44 **Jenikovsky**, Mich., Geometer.
45 **Stöhr**, Jak., Maurer.
46 **Gleixner**, Thom., Milchmann.
47 **Merkel, Dario, Schweinmetzger.**
48 **Walz**, Jos., Zimmermann.
49 **Grädig**, Joh., Zimmermann.
50 **Geoffroi**, Pont., Bureaudiener.
51 **Yrsch**, Eduard Graf von, k. Kämmerer.
52 **Mayer**, Adam, Milchmann.
53 **Schwab**, Kresz., Wäscherswittwe.
54 **Nadler**, Ant., Chorist.
55 **Förstl**, Martin, Wegmacher.
56 **Hofstetter**, Zimmermeisterskind.
57 **Bernhard**, Ther., Hofbibliothekarswittwe.
58 **Rottmüller**, Xav., Kaffetier.
59 **Schöpke**, Fried., Maurermeister.
60 **Holzapfel**, Gg., Schäfflermeister.
61 **Rottmanner**, k. Sekretär.
62 Derselbe.
63 **Siegritz**, Jos., k. Sekretär.
64 **Staats-Aerar**, kgl.
65 Dasselbe.
66 **Lankensberger**, Gg., Wagenfabrikant.
67 **Pfisterer**, Joh., Hufschmied.

Stadtadreßbuch 1835

schaftlichem Verein« einen Privatier, einen Schlossermeister und auf den Nummern 4 und 5 die »Eder'schen Malerstöchter« auf.
Kein Vergleich jedoch zur Briennerstraße zwischen Türken- und Arcisstraße. Da gibt es den Professor und Hofmaler von Schnorr neben dem Minister Pallavicini, einen Hofclaviermacher neben zwei Grafen in königlichen Diensten.
So konzentriert vornehm war die Türkenstraße nie, sie hatte ihre Abschnitte: den südlichen und den nördlichen. Aber sie waren auch Teil dieses Schmelztiegels, der die Türkenstraße von Anbeginn an war.
1849 war das Jahr nach der Revolution und der Abdankung Ludwigs I, das Jahr, in dem das Wittelsbacher Palais vollendet und der Hauptbahnhof dem Verkehr übergeben wurde.

Türkenstraße, 1850:
Neu hinzugekommen zu den bekannten Handwerkern, Unternehmern und Bierwirten: ein Hofrat Schlichtegroll, Dr. von und ein königlicher Ministerien-Archivar, Herr Baldauf.
1850 war in München die Bavaria enthüllt worden, die aus türkischen Kanonen geschmolzen war; es war das erste Gaswerk gebaut und die erste Straßenbeleuchtung entzündet worden. Es regierte König Max II.

Türkengraben, 1851:
Wenng zeichnet und beschreibt auf zwei Karten Grundstücke, Häuser und Bewohner zwischen der »Burgfriedensgrenze« im Norden (nördlich vom Elisabethplatz) und dem »Feldweg« (Blütenstraße) im Süden. In den 34 Häuschen des Türkengrabens mit ihrer seltsamen Numerierung (z.B. 4b, 4c, 4d, 4f, 4g, 4h, 4n, 4o, 4½, 5) und einfachen Auflösung: Hausnummern auf demselben Grundstück trugen dieselbe Ziffer, lebten weiterhin einfache Leute.
Neu hinzugekommene Berufe: ein Arbeiter, ein Eisenbahnbedienter, ein p. Gendarm (pensionierter?). Auf 34 Häuser entfallen: drei Milchmänner und eine Milchfrau, drei Bierwirte und eine Lüftenwirtin. (Kam vielleicht aus der Gegend des heutigen Gasteig, die »Auf der Lüften« hieß). Ein ausgewogenes Verhältnis von Milch und Bier an dieser Stelle.

Türkenstraße, 1851:
Im Abschnitt zwischen Adalbert- und Löwenstraße (Schellingstraße) beschreibt Wenng neben den bekannten Professionen einen Schullehrer (seit Beginn des Jahrhunderts herrschte in Bayern allgemeine Schulpflicht), einen Lieutenant, einen Leibjäger, einen Schrannenknecht (einer, der auf dem Getreidemarkt arbeitete), einen Branntweinbrenner und einen »Minist. Funct.«, wohl einen Ministerialfunktionär.
Frauen? Fehlanzeige.
Der soziale Status der Türkenstraßler war zu der Zeit sichtbar um einiges höher als der der Leute im Türkengraben.

München um 1870:
Die Münchner begannen, zur Minderheit in ihrer Stadt zu werden, anders ausgedrückt: München wurde für Fremde immer attraktiver.
Die Maler Spitzweg, Kaulbach und Lenbach lebten in München. München hatte elf Gesandtschaften, 130 »Civil-Ärzte« (darunter keine Frau, Frauen war ja noch bis zur Jahrhundertwende der Zugang zum Studium verwehrt), 14 Zahnärzte, 19 Armenärzte und 25 Apotheken. »Baader (älterer Ordnung)« gab es noch drei, Badereibesitzer bereits 71. Es gab »Liz. Hühneraugen-Operateure«, »Todtenbeschauer« und »Seelnonnen«, auch Beginen genannt.
Elf katholische Pfarreien standen einer evangelischen Pfarrei gegenüber. Dabei gab es 14 Polizeibezirke.
Noch tauchen im Adreßbuch Berufe auf wie: Branntweiner und Rosogliobrenner (die Rosenbranntwein herstellten), Beinringler (die wohl aus Knochen Ringe für Vorhänge herstellten) und Garköche (in deren Auskochgeschäften man Essen kaufen und nach Hause tragen konnte).
Damals schon ausgestorbene Berufe waren: Kalkbrenner, Loderer (die Loden herstellten), Seifensieder, Strumpfwirker, Tuchscherer, Taschner und Schachtelmacher.
Privatgesellschaften trugen seltsame Namen: Die Dienstfreien, die Einsilbigen, die tiefbetrübten alten Hirschen, Brüder beim Faß und Wir sagen's nicht.
Neben vielen Hebammen gab es die städtische Gebäranstalt in dem Ziegelgebäude, das später zum Postscheckamt in der Sonnenstraße wurde.
Im Dezember 1875 hatte es eine Volkszählung gegeben. München kam auf 193 024 Einwohner, 95 392 Männer und 97 632 Frauen.
In der aus drei Teilen bestehenden Maxvorstadt waren es 41 122, davon 20 498 männlich und 20 624 weiblich.
Dem königlichen Wunsch Rechnung tragend, hatte es eine Ministerialentschließung gegeben, nach der Straßen nach historischen Momenten und Zelebritäten der Jetztzeit zu benennen seien.
In München gab es 71 Zeitungen und Zeitschriften, in Bayern wird die Mark als Währung eingeführt, 39 Prozent der Neugeborenen sterben vor Vollendung des ersten Lebensjahres.
1876 in einer »Zusammenstellung einzelner gesetzlicher und polizeilicher Vorschriften im Bereich der Zuständigkeit der königlichen Polizeidirektion« heißt es zum Thema »Fiaker- und Droschkenordnung – Wartplätze«: »Am Eck Schelling- und Türkenstraße längs der Einfriedung des Schulhauses. Die Aufstellung erfolgt:

a) In der Schellingstraße Richtung Ludwigstraße bis zu drei Droschken
b) In der Türkenstraße Richtung Schellingstraße bis zu zwei Droschken.«

1877 hatte es im Stadtadreßbuch (Stand: jeweils ein Jahr vorher) bereits auf blauen Seiten Werbung gegeben.
1879 wurde ein Umnumerierung bekanntgegeben, die einzelne Straßen, darunter die Türkenstraße betraf. Was früher Nummer 84 war, wurde zu

Türkengraben Nr. 48, 48a im Jahr 1895; ab 1897 Kurfürstenstraße

Nummer 2, aus Nummer 3 wurde Nummer 11. Auf Nummer 11 wohnte: Fürst Pückler, königlich-preußischer Gesandter-Attaché und Alfred von Thurn und Taxis, Fürst und Secondlieutenant.

1896 ist das Jahr, in dem der »Türkengraben« zum letzten Mal auftaucht, im nächsten Jahr heißt er bereits »Kurfürstenstraße«. In den dazwischenliegenden fünfzig Jahren hat sich die Straße ziemlich verändert, geradezu gemausert.

Türkengraben, 1896:
Die alten, bereits bekannten Handwerker sind geblieben, ein paar neue dazugekommen: Steinschleifer und Steinmetze, eine Steindruckerswitwe und ein Granitschleifer, Kalkbrenner, Eisendreher, Bauspängler, Pflasterer, Monteure, Tapezierer und Schreiner-, Maurer- und Baumeister lassen auf Zeiten erhöhter Bautätigkeit schließen. Dazu kommen diverse Fuhrunternehmen, Huf- und Wagenschmiede, Lohnkutscher, Dienstmänner, Ausgeher, Amtsdiener und Hofgärtner – Dienstleistungen aller Art scheinen gefragt: Laternwärter, Hofheizer, Schloß-, Bibliothek- und Postbureaudiener, Briefträger, Rentamtsbeibote und eine »Minist. Botenswitwe«.
Es gibt im Türkengraben einen »Herzogl. Güteradministrator in Tegernsee«, es gibt Beamte, Steueraufseher, Kanzleifunktionäre und Rechnungskommissäre – die Bürokratie ist zum Handwerk gezogen. Neben zwei Militärs, einem Vize-Feldwebel und einem Oberstlieutenant, wohnen dort auch: ein Büchsenmacher, ein Bergstöcke- und Handsägeverfertiger und ein Vogelhändler. Ein Telegraphenarbeiter und ein Journalist repräsentieren die Medien der Zeit. Nicht der »Kolporteur«, der nur ein Vertreter war.

Türkenstraße 4, Palais Dürckheim, bis 1909 Preußische Gesandtschaft, daneben das Pfefferle-Haus, das 1972 dem Oskar-von-Miller-Ring zum Opfer fiel, Aufnahme 1903

Künstler fühlen sich angezogen: Kunst- und Dekorationsmaler, Goldarbeiter, Zitherlehrer, Bildhauer, Lithografen.

Die Frauen jedoch, trotz zarter Ansätze von Gleichberechtigung wie: »Kirschner, Ignaz, Musiker und Kirschner Maria, dessen Frau« oder: »Falk, Michael, Bildhauer; Falk Anna vorm. Feinbüglerin«, treten fast immer noch in den einzigen Rollen auf, die die Statistiker ihnen zugestehen: als Ehefrau oder als Witwe. Der Arztens-, Kassadieners-, Stadtpfarrmeßners-, Schweinmästers-, Kapellmeisters- und Appellationsgerichtssekretärswitwe steht einsam und allein eine Sprachlehrerin gegenüber.

Im Türkengraben besitzt die Stadt drei der 62 Häuser, »S.K.H. Prinz Leopold von Bayern« genauso viele.

Auf Nummer 26, von den Lanzendorfers geführt (L. Johann, Schankwirth, L. Maria, dessen Gattin) existiert ein »Gasthof zur Europäischen Türkei« und auf Nummer 36, von Karl Lux betrieben, das »Gasthaus zur Türkenkaserne«, obwohl die sich ja in der Türkenstraße befand.

1896 war das Jahr, in dem die Zeitschrift »Die Jugend« von Georg Hirth und der »Simplicissimus« von Albert Langen in München zum ersten Mal erschienen. Das Café Stefanie Ecke Amalien-Theresienstraße wird eröffnet.

Türkenstraße 78 um 1910, »Gasthof zum Englischen Stall«, heute »Türkenhof«

Türkenstraße Ecke Schellingstraße mit Blick nach Norden, Postkarte um 1915

Türkenstraße 58, Studentenhaus um 1910

Türkenstraße 23 um 1910. In diesem Haus begann Reinhard Heydrich seine Nazi-Karriere, die ihn zum Gestapo-Chef machte

Türkenstraße 28, Gastwirtschaft »Zum Goldenen Hirschen«, in dem »Die elf Scharfrichter« auftraten, gegenüber die Türkenkaserne, Aufnahme um 1920

Türkenstraße, 1896:
Außer Witwen, Töchter und Gattinnen zu sein (wann es manchmal »dessen Frau« und manchmal »dessen Gattin« heißt, ist nicht nachzuvollziehen, hat nicht immer mit dem sozialen Rang zu tun), beginnen die Frauen in der Türkenstraße mehr und mehr einen eigenen Beruf zu ergreifen (laut Stadtadreßbuch), meistens einen jener typischen Frauenberufe: Hofwäscherin, Weißnäherin, Kleidermacherin, Verkäuferin, Erzieherin, Hebamme oder Nonne. Auf Nummer 42 liegt das »Mutterhaus der barmherzigen Schwestern hl. Vincenz v. Paula« mit Armen- und Krankenküche und einer »ambulanten Krankenpflege der barmherzigen Schwestern von St. Ludwig«. Der dienende Beruf als »frauengemäß«. Aber es gibt bereits die ersten Unternehmerinnen: Melberinnen (die eine Mehlhandlung hatten), Pfandvermittlerinnen, Directricen; und Geschäftsinhaberinnen von Cigarren, Corsetten, Blumen und Papier, Posamentier- und Weißwaren, Zeitungen und – eine Familienpension.
Drei Frauen sind Malerinnen und besuchten wohl im Rückgebäude der Nummer 89a bei den Sedlmeier's »Realitätenbesitzer und Pferdehändler« die »Malschule des Künstlerinnen-Vereins«. Studentinnen werden als Gleichberechtigte erst 1919 an der Akademie zugelassen.
Die im »roten Palais« wohnenden Wittelsbacher erscheinen im Adreßbuch nicht unter Türken-, sondern unter Briennerstraße. Trotzdem wimmelt der

südliche Teil der Straße von Adel, Militär und Großbürgertum: Freiherren noch und noch, Rittmeister, Gutsbesitzer, Grafen, Generäle und das dazugehörige Personal: Lakaien und Leibjäger, Dienstmänner und Hausmeister. Der preußische Gesandte und sein Legationssekretär auf Nummer 4, der Dr. Franz Kaim auf Nummer 5, »Direktor der Kaimconcerte, Kaim-Saal«, der bald neben dem Odeon bekannteste Konzertsaal. Daneben: Staatsanwälte, Bankiers, Kaufleute, Bürovorstände und Apotheker. Und immer wieder Maler. Hof- und Dekorationsmaler schätzten den Abschnitt zwischen Brienner- und Gabelsbergerstraße. Wie auch Demetrius Khrapowizky, der kaiserlich-russische Kammerjunker und Staatsrat.
Auf Nummer 17 schließlich »Militär. Aerar (Infant. Kaserne)« – die Türkenkaserne mit ihren diversen Kasernenwächtern, den Regiments-Kanzleien und -kommandaturen, den Bekleidungskommissionen und dem Auditoriat. (Eine Anhör- eventuell auch Beschwerdestelle). Gegenüber von der Kaserne bis hinüber zur Schellingstraße Dienstberufe aller Art: Handwerker, Bäcker und Metzger, Sattler und Schirmmacher, approbierte Bader und Zahntechniker. Angestellte: Herrschaftskutscher, Mundköche, Dienstleute, Wagenbauer, Platzwärter und Krankenträger. Aber auch Leute der Schrift: ein Schriftsetzer und ein Buchdrucker; der Mann des Bildes: ein Photograph.
Die Nähe des Militärs bot offensichtlich Chancen für gute Geschäfte. Auffallende Namen und Berufe: »Blomefield Charl. Dav. eng. Geistl., Poschinger Michael v. Guts- und Glasfabrikbesitzer, Heydenreich Friedrich Wilh. Dr. med. k. preuß. Stabsarzt a.D. u. prakt. Arzt; Silbernagel, Dr. Isidor, k. Universitätsprofessor.«
Auf Nummer 24 das »Vegetarierheim«, Speisehaus und Café, geführt von Karl Bohne (!), einem »veget. Speisewirth«. Auf Nummer 28 die »Schankwirtschaft zum goldenen Hirschen«, das Lokal, in dem sechs Jahre später die »Elf Scharfrichter« auftreten sollten.
Auf Nummer 36 das »Gasthaus zum goldenden Stern« und auf Nummer 37 die »Gastwirtschaft zum türkischen Hof«.
Was bisher Vermutung war, verdichtet sich jetzt zur Gewißheit: schon vor hundert Jahren war die Türkenstraße zwischen Theresien- und Adalbert eine Kneipenstraße!
Auf Nummer 50: die »Kgl. Staatsärar. Hofbräuhausfil. ›Lohengrin‹« (46 Jahre zuvor hatte Richard Wagner seine Oper komponiert), über die Schellingstraßenkreuzung hinweg auf Nummer 51: das »Gasthaus z. Engelsburg«; auf Nummer 55: »Hemmeter, Georg, Spiritus-, Likör- und Essigfabrikant« und im Haus daneben: »Café-Restaurant Thannhäuser« (53 Jahre zuvor komponiert) – die Türkenstraße im Wagnerfieber.
Auf Nummer 60, wo ein Parfumeur nebst Gattin wohnen, hat sich auch die »I. Münchner Schreiner-Genossenschaft« angesiedelt, im Gartenhaus des »Lohengrin« der »Künstler-Sängerverein«. Nr. 68 gehört der Stadt und ist die »Simultanschule I« – die Türkenschule.
Auf Nummer 70 werden aufgeführt: »Dall'Armi, Max Ritt. v., Waarenagent und Badbesitzer; Dall'Armi, Klara v., dessen Gattin, Bavaria-Bad« – das Türkenbad.

Die Vorsilbe »Türken« scheint stärker als alles andere zu sein, siehe: Wirtschaften, Schule, Bad, Kaserne. Auch das Nebenhaus, das später das »Türkendolchkino« beherbergen wird, gehört den Dall'Armis mit ihrem Feinkost-, Kaffee-, Schokolade- und Spirituosen-Importgeschäft.
Auf Nummer 74 heißt es: »Fröhlich, Anna, Kleidermacherin« und »Fröhlich, Ernst, Buchbindermeister« – die Frau zuerst! Das ist ungewöhnlich.
Nummer 84 ist das »Weinrestaurant z. Dichtelei«, wo Kathi Kobus, die legendäre Simpl-Wirtin, als Bedienung angefangen hatte.
Nummer 92 ist ebenfalls ein »Wein-Restaurant« (Fil. Leibenfrost) und auf Nummer 95 wohnt und/oder arbeitet als Gastwirt ein Florian Liedl »zum Ramberghof«.
Auf Nummer 97 das »Kgl. belgische Consulat«, mit dem Consul und einer Reihe von Exzellenzen, Adligen und Generallieutenants.
Auf der anderen Straßenseite wohnt »Horsley William Dowdeswell, englisch-indischer Staatsbeamter a.D.«, noch mehr Generallieutenants und Generalmajore, aber, als künstlerisches Gegengewicht, wenigstens auch zwei Maler und zwei Malerswitwen.
Das Doppelhaus 99/101 läuft unter Rudolf Steffan, Kaufmann; im Rückgebäude wohnt ein »Steffan Friedrich Architekt«, der auch als Besitzer des Nebenhauses 103 aufscheint.
Die Franziskanerinnen, die heute das Doppelhaus bewohnen und dort ein Studentinnenheim führen, erzählen die Geschichte von zwei verfeindeten Brüdern, die in die exakt gleich gebauten Haushälften eine dicke Trennmauer eingezogen hatten. Das dürften die Gebrüder Steffan gewesen sein.
Nummer 103, das »von Steiner-Haus«, Eckhaus zur Georgenstraße, hat seine eigene Geschichte und wird am Ende des Buches gewürdigt.
Das waren Türkengraben und Türkenstraße im 18. und 19. Jahrhundert wie sie sich in alten Karten, Plänen, Dokumenten und Adreßbüchern darstellen. Bevor das 20. Jahrhundert sich in Erzählungen seiner Einwohner aus der Türkenstraße (und dicht daneben) präsentiert, noch eine Reminiszenz an die Türken in München aus der Au: die »alte Türkenmühle, im Volksmund genannt Willa Fürchterlich« heißt ein Bild, einzusehen im Münchener Staatsarchiv.
Bevor die Türkenstraße sich in ihren eigenen Worten vorzustellen beginnt, noch ein Rätsel: *Welches ist Johannes »Straße der Träume«?*
»Wie gerne hätte er einer gepflegten und verfeinerten Lebenskultur angehangen, wie gerne wäre er elegant, ja der Arbiter elegantiarum[1] Schwarmings gewesen! Doch da seine Mittel zur Befriedigung solchen Ehrgeizes in keiner Weise ausreichten, gab er es gleich gänzlich auf und vermochte nur um so weniger aus seiner nun einmal gegebenen Lage das immerhin Beste zu machen – so daß er bisweilen, von herrlichen Anzügen und Mänteln neu-

1 Petronius, »Schiedsrichter des guten Geschmacks«, Schriftsteller am Hof Neros, Selbstmord (befohlener?) 66 n. Chr.

ester Mode träumend, nichtsdestoweniger tagelang mit garstigen Suppenflecken auf dem Rockaufschlag umherlief.
Seine Wunschträume, die ihn seltsamerweise mit besonderer Heftigkeit seit jeher gerade in der Sarazenenstraße zu überkommen pflegten, (so daß er diesen Weg insgeheim »die Straße der Träume« nannte), diese nicht eben lebenstüchtigen Fantasien, denen er sich auch jetzt wieder, über knarrende Treppen und hallendes Straßenpflaster eilend, widerstandslos hingab, betrafen anfangs mehr nur die Beschaffung des notwendigen Geldes – oder vielmehr das Wunder, das jene Beschaffung überflüssig machte ...
Johannes glaubte an das Wunder nicht nur in seinen Träumen; er war überzeugt, es eines Tages leibhaftig zu finden, hier in Schwarming oder Magisch-G'münd, nachts im Französischen Garten oder ...
Als er durch die fast menschenleere Sarazenenstraße trottete, (die Straße der Träume) fiel sein Blick plötzlich auf eine sonderbare Erscheinung ... Wäre dieses Gesicht nicht gewesen, so hätte Johannes den Mann für einen Schauspieler oder auch einen Zauberkünstler gehalten, der vielleicht im nahegelegenen Kabarett zum »Roten Hund« beschäftigt war ...
Der Fremde ging an Johannes' Wohnung vorüber und bog in die Albertstraße ein ... Die Albertstraße und noch mehr die Nordsterngasse waren reichlich belebt ... Man war in Schwarming nun zwar sicherlich manche Dinge gewöhnt, die an anderen Orten beträchtliches Aufsehen erregt hätten – dies aber mußte doch selbst für die Schwarminger etwas Besonderes und Auffälliges sein!«[1]
Wer erkannt hat, daß Schwarming für Schwabing steht, der Französische für den Englischen Garten, die Albert- für die Adalbertstraße, der Nordstern- für die Nordendstraße und das Kabarett »Roter Hund« für den »Bunten Hund«, dann ergibt sich zweifelsfrei, daß unter Sarazenenstraße die Türkenstraße zu verstehen ist. Das Faszinosum des Fremden, Orientalischen, Morgenländischen, wo »der Sarazene« für »den Türken« steht.

[1] Sebastian Grill: Laterna magica, ein Cappricio, geschrieben 1938/39, veröffentlicht 1947, Military Government Information Control Licence US-E 101; Seb. Grill Pseudonym für Gunther Groll.

Durch Architektenaugen
Musical vom Turm zu Babel

München ist, was die Originalität seiner Architektur angeht, gewiß kein Spitzenreiter im Deutschland. Was seine Beliebtheit angeht, aber doch. Als ob die Architektur für die Beliebtheit einer Stadt nichts zu sagen hätte. Oder wenig. Karge Prähistorie, wenig Mittelalter, ein bißchen echter Barock, sonst Neo-Neo-Neo, (Gotik, Renaissance, Barock) Vorbilder in Griechenland und Italien, vor allem in den Ludwigslandschaften Klenzes und Gärtners. Jugendstilvillen, Naziarchitektur, von deren schlimmsten, bereits geplanten Auswüchsen die Stadt verschont wurde, Wiederaufbau der zu 90 Prozent zerstörten Altstadt, des zu 70 Prozent zerstörten Schwabing. Die Altstadt, so Stadtbaurat Meitinger[1] »in neuem Gewande mit altem Geist«, Rekonstruktionen und Ruinenarchitektur wie bei der Alten Pinakothek, die klassische Moderne eines Sep Ruf mit »Funktion bestimmt die Form«, die protestantisch-progressiv sich gebenden Kirchen St. Matthäus und St. Markus, danach die »Zweite Zerstörung Münchens«[2], die größere.
Die Innenstadt blieb von Hochhäusern verschont, am Stadtrand wuchsen BMW- und Hyporiesen empor, als die Postmoderne sich breitzumachen begann. Bestes Beispiel: die Neue Pinakothek. München brauche zeitgemäße, zeitgerechte Architektur, wurde immer wieder gefordert.
Mitte der 90er Jahre gab es nur noch wenige bebaubare Grundstücke im Herzen der Maxvorstadt, zwei davon an der Türkenstraße, eines ganz nah daran: Das Gelände am »Roncalliplatz«, das der ehemaligen »Bildzeitung« am Buchgewerbehaus und das, auf dem der Erweiterungsbau der Akademie stehen sollte. Es gab Wettbewerbe und es gab Sieger.
Sieger beim Wettbewerb für die Dritte Pinakothek auf dem Riesengelände zwischen Barer-, Gabelsberger-, Türken- und Theresienstraße wurde Stephan Braunfels.
Nach jahrelangem Tauziehen und Hin und Her und »Kein Geld« und »Wenn nicht« hatte sich ein Förderverein gebildet und sammelte eifrig, so daß im September 1996 der erste Spatenstich stattfinden konnte. Von den 200 Millionen für den ersten Bauabschnitt war ein Zehntel privat eingetrieben worden. Der bayerische Staat hatte auf Gelder vom Verkauf der Bayerischen Versicherungskammer zurückgreifen können.
Wo in anderen Städten Museen privatisiert und Theater geschlossen werden, werden in München Museen gebaut und Theater (Prinzregententheater) wieder eröffnet, hieß es allerorten (und das tröstete ein bißchen über den Verlust des Titels »heimliche Hauptstadt« hinweg).

[1] Karl Meitinger, Stadtbaurat von 1939–1946
[2] Erwin Schleich, Die zweite Zerstörung Münchens, Stuttgart 1978

Bis 1987, bis der Durchbruch gelang mit dem Wettbewerb für die Pinakothek der Moderne, hatte Braunfels, ein Urenkel Adolf Hildebrands (Wittelsbacher Brunnen, Hildebrandhaus – »Monacensia«) als einer gegolten, der zwar viel plante und sich in vieles einmischte, aber eigentlich kaum etwas baute. Er galt als ehrgeizig und unermüdlich, als »beredter Wirbelwind« (Hackelsberger), als »sensibler Interpret städtischer Situationen«, er machte sich mit seiner Kritik am gigantomanischen Modell der Staatskanzlei am Hofgarten einen Namen, aber so richtig ernstgenommen als Baumann wurde er zunächst nicht. Er hatte zwar den Marienhof-Wettbewerb 1987 gewonnen und die Millionen einer unbekannten Spenderin standen zur Verfügung, aber irgendwie blieben die verglasten Arkaden im Gestrüpp von Politik und Partikularinteressen stecken.
1987 brachte die Wende und ab 1996 wurde er hofiert. Der Kultusminister sagte – vor dem Spatenstich – etwas von einem »Klenze der modernen Architektur«, weil die dritte Pinakothek, gegenüber der alten und der neuen, von Klenze und von Branca, ja nun das missing link der geplanten Kunstmeile wäre. Mit der Rotunde als Treffpunkt und Verteiler und der Diagonale als Verbindung zur Innenstadt sollte der Neubau Teil eines »Museumsviertels von Weltrang« werden.
Die Pinakothek der Moderne für Kunst, Architektur und Design wird vier staatliche Sammlungen beherbergen: die Staatsgalerie Moderner Kunst, das Designmuseum Neue Sammlung, das Architekturmuseum und die Staatliche Graphische Sammlung. 1999 soll eröffnet werden. Von der Kaserne zur Kunst. Vom Töten- zum Schauen-Lernen. Adieu Roncalliplatz! Zwei Jahre vor dem Spatenstich macht sich Stephan Braunfels in seinem Büro in der Maximilianstraße Gedanken über die Münchner und das Licht, über die Zusammenhänge von Musik und Kunst und über das Wesen der Fassade als Innen- oder Außenraum.

Schräg gegenüber vom Eingangsportal zur Türkenkaserne, das den »Leibern«[1] gewidmet ist und stehenbleiben soll, befindet sich die Nummer 30, ein Sichtziegelbau. Er hatte 17 Jahre leer gestanden, war verwittert, plakatiert und 1981 (wie auch die Nummer 68A) sogar einmal kurz besetzt worden. Bis sich 1990 Frau Winkler seiner annahm, ihn zusammen mit ihrem Mann, einem Architekten, sorgfältig und kostspielig renovierte, weil es so viele Denkmalschutzauflagen zu beachten gab. Früher ein vornehmes »Thé-Contor«, ist im Erdgeschoß jetzt die Architekturbuchhandlung und -galerie untergebracht.
Mathias Winkler, der Sohn, Schmied und Hersteller von Metallmöbeln ist vor kurzem mit Freundin Nicole Brian im Hinterhaus eingezogen. Sie machen sich Gedanken, als wären sie bereits so etwas wie »Türkenstraßler«.
Schellingstraße 41: Wo früher der »Völkische Beobachter« der Nazis bereits

[1] Leibregiment im Volksmund

in den 20er Jahren, die »Neue Zeitung« mit Erich Kästner als Chefredakteur unter der Aufsicht der Amerikaner nach dem Krieg, danach Springers Massenblatt die »Bildzeitung« gedruckt wurden, entsteht ein sogenannter Wohnhof. Grundstückseigentümer: die Bayerische Hausbau, Bauträger: Schörghuber, Architekt: Peter Lanz. Büro: Türkenstraße 57. Im Prospekt heißt es, daß das »Objekt Schellinghöfe – Wohnen an der Pinakothek – Freizeitspaß ohne Grenzen« garantiere. Und zwar »im Englischen Garten oder im lebendigen Schwabing«. (Wiewohl mitten in der Maxvorstadt gelegen, fragt sich der Leser verwundert, wo sich denn das »tote Schwabing« befinde und weiß auch gleich die Antwort: im Herzen des einstigen nun voll durchkommerzialisierten und -gestylten Dorfes, das lange vor München von einem Swapo, wohl einem Schwaben gegründet wurde.) »Lebendiges Schwabing«, so heißt es auch bei Stadtrundfahrten, fände sich in der Türkenstraße, die ja selber »eine typische Schwabinger Straße« sei.
»Für keinen an zeitgenössischer Architektur interessierten Besucher lohnt es sich, nach München zu reisen«, schreibt Lanz im Juni 1996 in der SZ und fordert ein Umdenken: weniger disziplinierende Maßnahmen in den Bebauungsplänen. Lanz hat größere Aufträge, er ist erfolgreich, ist Mitglied des Bayerischen Senats und fühlt sich wie seine Mitarbeiter in der ehemaligen Brennerei Hemmeter auf Nummer 57 extrem wohl. Wie aus einem Musical komme ihm die Straße vor. (Dennoch verläßt er samt Büro 1997 die so gelobte Straße.)

Rudi then Bergh und Karl Klühspies können in einem Atemzug genannt werden, sie sind beide nicht nur Architekten. Sie engagierten und engagieren sich, der eine in der »Aktion Nikolaiplatz«, was damit endete, daß Rudi then Bergh und seine Mitstreiter nach fast 20jährigem Kampf die Seidlvilla als Bürgerhaus bekamen, und er die ersten fünf Jahre im Seidlvillaverein den Vorsitz führte. Karl Klühspies ist Stadtplaner und war vom Anfang an bei der »Aktion Maxvorstadt« und dem »Münchner Forum für Stadtplanung« dabei; beide fanden sich im »Arbeitskreis Verkehrsberuhigung Schwabing-Maxvorstadt« wieder und heckten manches Gemeinsame aus: verhinderten einiges, inspirierten anderes. Zum Beispiel den Radlweg im südlichen Teil der Straße. Ansonsten widmen sie viel ihrer Zeit Projekten, von denen sie selber eher weniger haben. Während sich Rudi then Bergh mehr dem »bewohnbaren Haus« widmet und dem, was es umgibt, interessieren Karl Klühspies die »bewohnbare Stadt« und die sie umgebende Region. Das können auch Favelas in Brasilien sein. Bei Rudi sind es seine Häuser Kunigundenstraße 36–38, die er mit seiner damaligen Frau Roswitha gebaut hat, die seinen architektonischen Geschmack belegen. »Noch modern«, nennt er es, »Nachkriegsarchitektur« und sich selber einen »Barfuß-Architekten« in Anlehnung an die Barfuß-Ärzte in China.
Beide sind eine Art Dolmetsch, eine Art Vermittler zwischen den Politikern, Bürokraten und Bürgern und erstaunlicherweise waren beide nach harten Kämpfen in vielen Fällen letztlich erfolgreich.

Wolf D. Prix lehrt in Wien und Kalifornien, er ist der theoretischere Teil des Architektenteams »Coop Himmelblau«; der andere heißt Helmut Swiczinsky. Sie haben ihr Büro in einem Palazzo an der Seilerstätte in Wien, gegenüber vom Ronacher-Theater, das sie selber allzugern umgebaut hätten.
Auch sie firmierten in den vergangenen Jahren unter »witzig, originell«, aber »nicht baubar«. Der Münchner Architekturkritiker Hackelsberger schrieb von »spektakulären Extravaganzen« und »hoher skulpturaler Expressivität«. Bevor sie ihr Museum im holländischen Groningen gebaut hatten, waren sie im zweiten Anlauf Sieger im Wettbewerb um den Erweiterungsbau der Akademie der Bildenden Künste in München geworden. Auf dem Grundriß der »Baracke« soll der dreigeschossige Bau errichtet werden, wobei die rotblühenden Kastanien erhalten bleiben sollen.
»Coop Himmelblau« bekennt sich zum »Dekonstruktivismus« und hat konsequenterweise auch schon begonnen, den eigenen Namen zu »dekonstruktivieren«: »Coop Himmelb(l)au«. Das hat etwas Himmelstürmerisches, kein Wunder, daß Prix immer gern wieder zum »Turmbau zu Babel« zurückfindet.
Wann sie beginnen dürfen zu bauen, steht in den Sternen, hängt von den Finanzen des Bayerischen Staates ab und wieviel er bereit ist, davon in noch nicht fertige, sondern erst entstehende Kunst zu stecken.
Zeitgemäße-zeitgerechte Architektur – die Türkenstraße wird sie bekommen. Sie werden ihren Charakter verändern. Zur Kunst hin. Zum Kommerz hin. Zu Kündigungen hin?

Peter Lanz
mit Modell der Schellinghöfe · geb. 1930 · Architekt

Rosa

»Ich bin ein Berliner, der sich in Bayern besonders wohlfühlt und dankbar ist, daß er hier so gut aufgenommen wurde und so viele gute Kontakte gefunden hat.«
Schon die Urgroßeltern von Peter Lanz waren Berliner. Er hat in München studiert und seine ersten praktischen Erfahrungen bei Sep Ruf, dem bekannten Münchner Architekten der 50er und 60er Jahre gemacht. Er hat eine Rosenheimerin geheiratet, die ihn, wie er sagt, erfolgreich daran hindert, sich »zu bajuwarisieren«. Unüberhörbar der Berliner Akzent. Er hat Erfolg und sie ist sozial engagiert – das Ehepaar Wrede-Lanz erscheint immer wieder in den Gesellschaftsspalten der Presse.
»Jedes Bauen ist letztlich ein Kompromiß«, stellt er fest und »man kann nicht aus jedem Projekt aussteigen.« Er hat den ersten Preis im Wettbewerb der Bayerischen Landesbank für das Areal des ehemaligen Wittelsbacher Palais gewonnen; gebaut wurde das Großprojekt dann von anderen. Das macht ihn heute noch traurig, daß da jetzt »so etwas Totes« herausgekommen ist.
Dafür wartet auf ihn das Areal des ehemaligen Buchgewerbehauses, 13 000 qm, auf denen über 360 Wohnungen, Geschäfte, Tiefgarage und ein eigenes Kinderhaus entstehen werden, samt einer Passage von der Barer- zur Schellingstraße. Schellingstraße 41, der Ort, von dem aus die Gehirne der Deutschen mit Nazi-Ideologie durchtränkt wurden (durch den »Völkischen Beobachter«), dann (durch die »Neue Zeitung« nach dem Krieg unter den Amerikanern) demokratisiert werden, schließlich (via »Bildzeitung«) auf Antikommunismus eingeschworen werden sollten.

Am Ende wurde noch die »Süddeutsche Zeitung« dort gedruckt, bis in den 90er Jahren endlich Schluß war mit Presseerzeugnissen. Bau- und Bierlöwe Josef Schörghuber hatte das Gelände gekauft, er war der Bauträger, Peter Lanz der Architekt.

Wohnhöfe wird es dort geben, drei hintereinander, »in der Tradition der Münchner Hofbebauung«. Am liebsten hätte er noch eine Passage zur Türkenstraße vor, die bei der Nummer 33, der ehemaligen Jazzkneipe »Allotria« und dem jetzigen »Café Puck« herauskommen würde. Davon sind die Anwohner allerdings weniger begeistert.

Peter Lanz jettet zwischen Berlin und München hin und her. Das reizt zu Vergleichen: »Die Türkenstraße ist, was Berlin nicht hat. Was ich als Architekt an ihr verändern würde? Nichts. Die Zeit verändert von selber genug. Außer dem Rufhaus, Ecke Theresien-Türkenstraße ist die Nachkriegsarchitektur hier nicht besonders beeindruckend. Man sollte nicht nach oben schauen, da ist nichts. Mehr nach unten und hinten, in den Erdgeschoßbereich und die Hinterhöfe. Da hat sich noch etwas erhalten, etwas ungemein Menschliches.

Die Türkenstraße ist die Seele des Stadtteils, vielleicht sogar der Stadt. Ihre Hauptschlagader ist sie nicht. Sie hat nichts Aufregendes, außer den hübschen Mädchen im Sommer. Sie strahlt eher eine Gelassenheit aus gepaart mit einer gewissen Respektlosigkeit. Sie stimuliert, sie macht fröhlich. Sie hat etwas vom Sommer mitten im Winter. Den Winter spürt man hier nicht so. Er beißt nicht. Dafür dringt viel zu viel Wärme aus den Läden und Wohnungen. Man hat das Gefühl, bald werden wieder die Stühle auf der Straße stehen. Und die Leute werden wieder in ihren Straßencafés sitzen wie Statisten auf der Bühne.

Viele von ihnen, na ja, mit einem leichten Tick und dem Alkohol nicht abgeneigt. Aber sie sitzen da und streiten nicht. Als gehörten sie in ein Musical, Professor Higgins oder so.

Ich würde sagen, für mich ist die Straße rosa.«

Karl Klühspies
geb. 1928 · Architekt, Stadtplaner

Schwarzes Loch

»Ich habe mir immer die Freiheit genommen, die ich glaubte haben zu müssen, um nicht manipuliert zu werden.« Schon als Kind war er weitgehend auf sich selber gestellt, als letzter der Klasse, um an der Oberschule bleiben zu können, ging er zur Flieger-HJ. Dort gab es zwar eine vormilitärische Ausbildung, aber keine politischen Schulungen. Segelflugzeuge wurden gebaut und geflogen. Sollten die also ausgebildeten Schüler doch einmal von der Luftwaffe übernommen werden. Karl Klühspies wurde kein Düsenjägerpilot, »weil es kein Benzin mehr gab«. (lacht)
Dafür freiwilliger Dienst bei der Feuerwehr: Blindgänger einsammeln, Brände löschen, Verletzte und Tote ausgraben.
Bis es auf einmal hieß: »Ihr seid jetzt Luftwaffenhelfer!« Das war 1943, Karl war eben 15.
1945 sollten sie das Lech-Ufer verteidigen mit französischen Pistolen und italienischer Munition. Sie setzten sich ab, krochen irgendwo unter. Sein Schlüsselerlebnis: ein amerikanischer Captain, der kranke Deutsche mit von der US-Army entwendeten Medikamenten versorgte. Karl als Dolmetscher dabei, unter einem Teppich im Jeep versteckt. »Dabei war Ronald Martin Jude. Einer, der am wenigsten Grund hatte, jemanden zu schonen, der half.«
Der Captain wird versetzt, Karl hat keinen Entlassungsschein. Er sucht Arbeit, um sich als Rückkehrer ausgeben zu können. Arbeitet als Hilfsgärtner und Hauer im Braunkohle-Bergwerk Peiting, bis er tatsächlich entlassen wird. Er macht das Abitur nach, arbeitet eineinhalb Jahre auf dem Bau,

beginnt mit dem TU-Studium, das ihn nicht begeistert, das er gleichwohl beendet, um sich sofort an der Akademie der Bildenden Künste für Architektur und Städtebau einzuschreiben. Auch er wird Schüler von Sep Ruf.
Das Rufhaus, Ecke Türken-Theresienstraße, galt als Vorbild moderner Architektur. Karl hatte seine Vorbehalte: »Wenn man eine Wohneinheit nimmt und die x-beliebig multipliziert, dann hat man das Haus. Das ist für mich unpersönliche Architektur. Aber ich habe es wie die anderen kopiert, um zu kapieren. Ich kam nie zu einem Ergebnis, ich hab's scheint's nie kapiert.«
Vom bewunderten Meister ganzheitlichen Denkens und Bauens wird Ruf in Klühspies' Augen zum Opportunisten, als er beim Bau der Villa für den Schwiegervater Erhard, den damaligen Wirtschaftsminister, am Tegernsee ein ganzes Wäldchen an der Bergkuppe abholzen läßt. Er beschließt, doch nicht Meisterschüler bei Ruf zu werden.
Wenn er an das Lebensgefühl an der Akademie in den 50er und 60er Jahren denkt, geht es nicht ohne Schwärmen: »Diese Freiheit an der Akademie, weg von dieser Technikwelt mit ihren statischen Berechnungen! Überall konntest du mitmachen, mithören! Wir haben uns alle gekannt. Wir haben Feste gefeiert, wann und wo immer es ging. Die Akademie war ja 24 Stunden lang offen. Wir konnten die ganze Nacht dort verbringen. Oder im Park. Es wurde diskutiert, Sketche wurden aufgeführt, Sessions gemacht, es wurde sich maskiert. Gekocht wurde auch, jede Klasse hatte schließlich ihre Kochnische.
Da kam es schon vor, daß ein Fest im Keller begann und am dritten Tag im Dachgeschoß endete. Manchmal machten sogar die Professoren mit. Diese Freiheit würde ich den Studenten heute gönnen.
Es gab natürlich jede Menge Liebesaffären und Dramen. Die Akademie war ja der Ort, wo sich die 68er Bewegung praktisch entwickelt hat. Wir waren noch sehr zaghaft und unprofiliert, wir wußten nur: ›Irgendetwas muß passieren, so geht's nicht mehr weiter!‹
Es gab auch schon sogenannte ›Schmieraktionen‹, auf die das Kultusministerium jedes Mal ziemlich restriktiv reagierte.«
Klühspies geht zum Finanzbauamt, macht Entwürfe, reicht sie ein, nach dem 32. Versuch wirft er das Handtuch. Wird selbständig. Macht bittere Erfahrungen mit Amigos, Verwandten von Politikern und Korruption im Baugewerbe. »Wenn du einen Auftrag willst, mußt du vorher ein Grundstück haben, um den Auftrag zu kriegen. Du mußt dich mit Maklern zusammentun. Da versage ich, ich bin kein Geschäftsmann. Ich kann niemanden übers Ohr hauen. Darum tauge ich auch nicht zum Architekten.«
Die große Zeit der Münchner Stadtplaner begann: der Generalverkehrsplan sollte umgesetzt werden; Tunnel unter dem Prinz-Carl-Palais, Verbreiterung des Altstadtrings, Isarparallele. Die »autogerechte Stadt« eben. Klühspies gründet mit vier Kollegen das »Münchner Bauforum«. Sie weisen den Bürokraten Fehler und Manipulationen nach, reichen Gegenplanungen ein. Ein zähes Ringen beginnt, an dessen Ende Oberbürgermeister Vogel den

denkwürdigen Satz prägt: »Mit jeder Milliarde, die man in den Straßenbau steckt, bringt man die Stadt dem Tode näher.«
Klühspies und Freunde kämpfen um eine lebendige Stadt, gegen die Ausweisung von Lehel und Maxvorstadt als »Kerngebiet«, was bedeutet: Wohnnutzung wird reduziert zugunsten von Büronutzung. Es gelingt ihnen, manches zu verkleinern, einiges zu verhindern.
»Wenn es eine negative Bauordnung gäbe, wenn ich prozentual beteiligt worden wäre an dem, was nicht gebaut wurde, wäre ich mehrfacher Millionär.«
Eines hatten sie erreicht: der Glaube an die Unfehlbarkeit der Verwaltung war nachhaltig erschüttert. Die Bevölkerung war aufgeweckt worden.
In dieser Zeit bildete sich die »Aktion Maxvorstadt«. »Es gibt drei Arten von Bürgerinitiativen: Eine, die lange schläft und erst schreit, wenn der Baum vorm eigenen Haus weg soll. Die andere, die sich wehrt, daß der Baum weg soll, sich aber genauso um den Baum in der Nachbarstraße kümmert. Und die dritte, die gar keinen eigenen Leidensdruck hat, sich aber wehrt, daß der Baum in der Nachbarstraße gefällt werden soll. So eine ist die Aktion Maxvorstadt.«
Das Zentrum ihrer Aktivitäten ist die Türkenstraße, wo zum Erstaunen der Anwohner 1972 das erste Bürgerfest auf der Straße gefeiert wird. Im Pfarrsaal St. Ludwig gibt es eine Ausstellung »Todesurteil für die Maxvorstadt«, wo Fotos hängen von Häusern, die entweder von der Universität, von Spekulanten oder vom Bayerischen Staat abgerissen werden sollen. »Das hat die Leute aufgerüttelt. Da haben sie etwas von Heimatgefühl gespürt und den Mut, sich dagegen zu wehren.«
Das waren die ersten sichtbaren Erfolge der Aktion Maxvorstadt in einer noch bürgerinitiativen-armen Zeit. »Wenn ich mit einem Bekannten durch ein Neubaugebiet gehe und mich mit ihm unterhalte, kommt mir die Zeit unheimlich lang vor. Meine Phantasie wird nicht beschäftigt. Wenn ich das erste Haus sehe, kenn' ich alle weiteren Häuser, alle Türen, alle Balkone, alle Fenster. Da entsteht Leere im Unterbewußtsein, die müde macht und aggressiv. Weil auch die Architektur massiv, monoton und gewalttätig ist. Der Mensch wird zur Ameise degradiert, die als einzelne ja nicht notwendig ist. Anders, wenn ich durch eine gewachsene Straße gehe. Wenn jedes Haus in einem anderen Jahr von einem anderen Architekten gebaut wurde. Wenn es Kleinteiligkeit, Vielfalt und Individualität gibt. Dann erscheint die Zeit kurz. Ein Gedanke, der in der Städteplanung bisher noch nicht Fuß gefaßt hat.
Wenn ich abends durch die Türkenstraße gehe, wenn sie beleuchtet ist und ihren romantischen Schimmer hat, dann gehe ich nicht, um die Realitäten zu sehen, sondern mehr wegen der Möglichkeit zu träumen. Vergangenheitsbezogene Gegenwart zu erleben. Nicht daß ich meine, daß man eine Stadt als Museum erhalten sollte, aber nur wenn diese Atmosphäre aus der Vergangenheit bis in die Gegenwart reicht, kann sich Zukunft entwickeln. Es ist ja nicht die Straße allein, es ist das Drumherum. Das ›Nur-ein-paar-Schritte-Gehen-und-schon-bist-du‹: in der Uni, der Akademie, den Pinakotheken, der TU, den Geschäften und Kneipen.

Die Türkenstraße ist für mich so etwas wie ein ›schwarzes Loch‹ im Weltall, dessen Anziehungskraft alle dazu bringt, sich hineinzustürzen und miteinander zu vermischen.«
Was die Zukunft angeht, sieht Karl Klühspies schwarz: »Wenn es so weitergeht, wird die Welt in einer Katastrophe enden. Die entscheidenden Weichenstellungen hätten in den 70er und 80er Jahren stattfinden müssen. Jetzt befinden wir uns an einem Point of no return.
Wir können nur noch verzögern. Uns auf Inseln retten, um Reste von dem zu leben, was wir für lebenswert halten. Die gesellschaftliche Entwicklung läuft in einer Weise davon, die nicht mehr zu bremsen ist.«
Und doch: »Mit sehr viel Phantasie könnte ich mir vorstellen, daß die Türkenstraße so eine Art Insel wäre, auf die man sich zurückzieht, um ein Leben zu leben, das mit der Realität nicht mehr allzuviel zu tun hat. Man muß in einer Traumwelt leben, um diese Realität überhaupt noch verkraften zu können.«

Rudi then Bergh
geb. 1937 · Architekt

Transitorisch

Rudi then Bergh kennt die Türkenstraße vor allem vom Radl aus. Seit Jahrzehnten radelt er hinauf, hinunter, egal wie die Einbahnregelung gerade aussieht. »Das müßte schon lange anerkannt sein, einfach weil es ständig stattfindet.« Der Architekt lädt zu einem Gang von Süd nach Nord, zu Fuß diesmal und in Gedanken.

»Die Maxvorstadt ist im Grunde stinklangweilig, dieses Karonetz der Straßen. Da ist man für jede Abwechslung in Form von Grün dankbar: die Bäume Ecke Türken-Theresien, die in der Sackgasse[1] zwischen Kino und Schule und der Akademiepark. Das sind Störungen der Blockrandbebauung und das ist sehr begrüßenswert.
Hauptmerkmal der Gegend ist die Struktur der Gebäude: Vorderhaus, Mittelbau, Hinterhaus. Das Hinterhaus nur mit einseitiger Belichtung, oft Rücken an Rücken mit dem Nachbargrundstück gebaut. Die Höfe sind relativ luftig, weil im Krieg einiges rausgeschossen wurde. Fürs Vorderhaus ist typisch: die Nutzungsmischung.
Vom gewerblichen Erdgeschoß mit Läden oder Gaststätten zu darüberliegenden Wohnungen mit vielleicht kleinen Büros. Sie ist der Grund für diese bemerkenswert sympathische Mischung in der Sozialstruktur: Alteingesessene, Unmengen junger Leute, Studenten von der Akademie, der Universität, der TU und relativ wenig Kinder. Außer den Schülern der Türkenschule freilich.
Die Häuser sind im wesentlichen mehr von der Rationalität des 19. Jahrhunderts geprägt als von der Protzerei unserer Tage.
Der südliche Teil der Straße, wo wir vom ›Arbeitskreis Verkehrsberuhigung‹ den Radlweg durchgedrückt haben, ist mehr so second hand, öde und langweilig. Da geht eigentlich niemand freiwillig hin. Der Komplex der Landesbank ist trotz der Passage so dicht und monofunktional, wie es Bank- und Versicherungskästen in dieser Größenordnung nun einmal sind. Da kommt kein Leben hin.
Überhaupt trifft der südliche Teil der Straße einfach so gegen eine Wand, er hat eine Schattenfassade, während der nördliche Teil, zwar versetzt, aber doch sonnig weiterführt in die Friedrichstraße.
Was ich aus der Straße entfernen würde, ist dieser Raiffeisenkomplex mit seinen Muschelkalkbauern, brünftigen Stieren und sensenschwingenden Maiden. Das würde ich durch etwas Kleinteiligeres ersetzen.
Ganz wichtig ist die Nummer 30 mit Architekturbuchhandlung und Architekturgalerie. Ein sympathisches Haus mit sympathischen Büchern, Themen, Menschen. Das typische Rentenhaus eines Handwerksmeisters, der selber Bauherr war und mit dieser Sichtziegelfassade seinen Rang in der Gesellschaft demonstrierte. Das machte man so im 19. Jahrhundert, das geriet im 20. in Vergessenheit, ist aber wieder im Kommen.
Die Dekoration verriet also den gesellschaftlichen Rang, war aber gleichzeitig auch eine Art Werbung für seinen Berufszweig, den der Maurer.
Hinter der Fassade wird es dann bescheidener, aber das haben Darstellungen nach außen immer an sich. (lacht)
Schräg gegenüber steht noch das Portal der ehemaligen Türkenkaserne, das den ›Leibern‹ gewidmet ist. Wie sie die Türkenkaserne abgerissen haben, hat mir das kein bißchen leid getan. Wieso sie aber das Portal nicht

[1] seit 1997 Georg-Elser-Platz

mitabgerissen haben, diese Kommode, dieser mißglückte Triumphbogen, der da so sinnlos in der Gegend herumsteht, das ist mir immer noch schleierhaft!
Ich erinnere mich an eine Geschichte vom Winter 1945/46, als meine Mutter mit mir zur Türkenkaserne gegangen war, um einen von den Amerikanern beschlagnahmten Bauernschrank wieder abzuholen. Die Amerikaner hatten unseren ganzen Wohnblock zwischen Karl-Theodor- und Leopoldstraße beschlagnahmt. Das waren ungefähr 150 Wohnungen mit dem kompletten Mobiliar. Die Sieger wollten schließlich auch nicht mehr auf Feldbetten schlafen! Bei uns in der Wohnung hingen großen Gemälde eines romantischen Malers in Rahmen, die wiederum in Prunkrahmen steckten. ›Die können wir den Amerikanern doch nicht einfach lassen!‹ meinten wir. Ein Freund meines Vaters hat sie dann kopiert. Die Kopierten haben wir in den Prunkrahmen in der Wohnung gelassen und die echten nachts über die Balkone in Sicherheit gebracht.
Wir standen also vor der Türkenkaserne, meine Mutter und ich, mit einem Zettel mit einer Nummer in der Hand. Und sollten unseren Bauernschrank herausfinden. Er war aber nicht der mit der Nummer, die wir hatten. Es war überhaupt keiner von den vielen Bauernschränken, die da in der Kaserne standen und die die Amerikaner zurückgeben wollten. ›Nehmen wir halt den‹, sagte die Mutter, ›der sieht ihm noch am ähnlichsten!‹ ›Aber das ist die falsche Nummer!‹ meinte der Amerikaner, ›egal, nehmen Sie ihn mit, dann sind wir den wenigstens los!‹
Schlimm finde ich den Parkplatz auf dem Roncalligelände, eine Mischung zwischen Tristesse und Privilegien und den albernen Zaun zwischen dem Parkplatz und dem ›Reich der Kristalle‹, also zwischen einem und einem anderen öffentlichen Raum. Das verstehe, wer mag. Aber das wird sich ja ändern. Am Braunfels-Konzept für das Museum des 20. Jahrhunderts gefällt mir die Transparenz und die Diagonale. Daß freilich der Staat nicht zahlen will, bis nicht eine gewisse Summe von privat gespendet wurde, finde ich stark.
Die beste Neuerung der letzten dreißig Jahre ist zweifellos die Amalienpassage, obwohl, es ist ja meistens so, daß ein Neubau in der Regel keine alten Leute enthält, weil es einfach zu teuer für sie ist. Aber diese Passage hat erreicht, daß da Leben hingekommen ist. Sie ist ein urbaner und sozialer Gewinn.
Sie mündet an der Stelle in die Amalienstraße, wo unweit meine Großmutter eine Wirtschaft hatte, die ihr ein Hauptmann Hirschbold abgekauft und ein Fuhrunternehmen daraus gemacht hat. Heute sitzt da der Hueber, die Buchhandlung. Ich kenn' die ganze Gegend schon seit ich Kind war. Wo wir aus den Häuserruinen Badewannen abmontiert und über die Stiegen in den Hof geschmissen haben, wo wir Häuser und Verstecke gebaut haben, durch überflutete Keller gestapft und durch Luftschutztüren gekrochen sind, wo wir mit Steinschleudern die Gegner bekämpft haben oder mit Pfeil und Bogen.
Es gibt Häuser, da riecht man direkt, daß da schon die dritte Generation drinsitzt. Da schaut man sich interessiert ein Schaufenster an und von unten ziehen die Kellergerüche hoch. Oder der Geruch, nach Bier und Rauch,

wenn eine Wirtschaft morgens gelüftet wird. Andererseits gibt's in der Straße den Duft von frischen Bretzn und Kräutern, von Espresso und Eis. Was die Türkenstraße für mich ist? Ein transitorischer Raum, ein Raum, den man durchquert, den man kennt, ein vertrauter Raum, in dem meine Unruhe auf die vieler anderer trifft und sich mitteilt.«

Mathias Winkler
geb. 1963 · Schmied, Architektensohn

Onkeltante

»1992 sind wir im Rückgebäude eingezogen, nachdem das Haus gut eineinhalb Jahre lang renoviert worden ist. Da gab es immer wieder Neues, Unerwartetes und dann die Auflagen vom Denkmalschutz! Es zog sich und zog sich, aber inzwischen haben wir einen Fassadenpreis bekommen.
Vorher hatte das Haus 17 Jahre lang leergestanden, die einzigen Bewohner waren Tauben. Es gehörte zwei Schwestern, die es von ihren Tanten geerbt hatten und es bei ihrer Volljährigkeit sofort weiterverkauften.
Gebaut ist es 1845 worden. Seit 1973 ist schon zweimal eine Abbruchgenehmigung erteilt worden, Gott sei Dank hat sie niemand wahrgenommen. Meine Mutter hat sich sofort in das Haus verliebt und hat es gekauft.
Die Auflagen des Landesamtes für Denkmalschutz waren hoch, es ging ums Treppenhaus, um die Hauseingänge, um die Fußböden, um die Zimmereinteilung, um die Farbe des Gebäudes.
Überhaupt sind das zwei ganz verschiedene Dinge: die Fassade und das Haus. Die Fassade stammt von einem Architekten, das Haus hat sich der Maurermeister selber gebaut. Hinten ist alles billiger. Die Anschlüsse stimmen nicht. Der schöne Rundbogen der Durchfahrt ist hinten ein bescheidener flacher Bogen. Das hat die Renovierung ziemlich kompliziert gemacht. Aus den drei licht- und fensterlosen Mädchenzimmern den ›Menschenkammern‹, sind Bäder und ein begehbarer Schrank geworden. Die 150 qm-Wohnungen durften nicht aufgeteilt werden.
Früher war in der Architektenbuchhandlung ein Antiquitätengeschäft, ein Teeladen, eine Bäckerei, eine Bodencreditgenossenschaft und ein Briefmarkenhändler. Wir haben die alten Schilder aus gestanztem Metall gefunden.
Die leerstehenden 17 Jahre war es vorn voll plakatiert, innen hatten sich eine Zeitlang, ich vermute, in den frühen 80er Jahren, Hausbesetzer eingenistet. Da habe ich noch Sprüche entdeckt wie ›Peace‹ oder ›Hier geht keiner rein, das ist mein Zimmer!‹ Alles war bunt ausgemalt. Das ist jetzt schon wieder Zeitgeschichte.«
Freundin Nicole Brian kommt, erinnert sich:
Nicole »Meine beste Freundin war die Petra Hammerstein vom Antiquariat

Hammerstein in der Türkenstraße. Wir haben uns jeden Tag getroffen, haben uns verkleidet und in dem engen Kabuff hinter dem Laden gespielt. Eines Tages entdeckten wir eine riesige Spinne. Da kam uns die Idee, hinten im Kabuff ein Lokal aufzumachen mit dem Namen ›Zur Spinne‹.«
Mathias »Jetzt sind wir eben erst ein paar Monate hier und schon regen wir uns auf, daß da ins ›Café Puck‹ nur so schniekes Publikum geht oder am Samstag auf dem Bauernmarkt so ein seltsam vertraulicher Öko-Ton zwischen Bauern und Käufern herrscht. Das irritiert mich.
Oder wenn dir am frühen Morgen bleich und übernächtigt Studenten im Wichs entgegentorkeln, da muß irgendwo so eine Studentenverbindung sein. Das sind für mich Fossilien. Nein, als echte Türkenstraßler fühlen wir uns noch nicht. Aber wenn ich die Straße mit jemandem vergleichen sollte, würde ich sagen ...«
Nicole »Onkel ...«
Mathias »Tante. Jemand, mit dem du verwandt bist, der dich am Anfang mißtrauisch beäugt, nach einer Zeit dann aber doch sympathisch findet.«
(Die Glocken der Markuskirche fangen zu läuten an)
Mathias »Dann ist es jetzt acht Uhr. Morgens um sieben läuten sie auch. Aber mich stört's nicht. Sie lassen sich wunderbar in Träume einbauen.«

Stephan Braunfels
beim 1. Spatenstich für die Dritte Pinakothek
geb. 1950 · Architekt

Städtebaulicher Knüller

»In unserer Familie haben Kunst und Musik immer eine wichtige Rolle gespielt. Meine Großmutter, die Mutter meines Vaters, hat die ersten Jahre ihrer Ehe mit dem Komponisten Braunfels im Hildebrandhaus gelebt. Dort ist auch mein Vater 1911 geboren und hat seine ersten Kinderjahre verbracht. Mein Vater wurde Professor für Kunstgeschichte in Aachen an der TH. Dort bin ich aufgewachsen, dort habe ich den Weg zur Architektur gefunden.

Überhaupt habe ich zur Musik und zur Architektur einen direkten Zugang. Nicht über Bilder, direkt. Mit der Literatur tu' ich mich da schon schwerer. Es gab eine Zeit, wo ich in einem Laden, unten im Haus von Sep Ruf immer Klaviernoten kaufte. Das war zeitweise so stark, daß ich mir überlegt habe, ob ich statt Architekt doch lieber Musiker werden sollte. Ich bin's dann, Gott sei Dank, doch nicht geworden. Ich hatte viel zu viel Lampenfieber. Heute geht es besser. Es ist leichter, Vorträge zu halten als öffentlich Klavier zu spielen. Außerdem stellte ich fest, daß ich doch mehr Begabung für Architektur als für Musik hatte. Und daß mir gute Architektur notwendiger schien als gute Musik. Die gab's sowieso.

Schlechte Architektur gibt's an jeder Straßenecke, deshalb braucht man umso mehr gute Architekten.

Früher habe ich, was mir nicht gefiel, öffentlich kritisiert. Das hat böses Blut gegeben. Jetzt lobe ich lieber. Zum Beispiel die Amalienpassage. Auch wenn dabei Rosario's Büffelkäse keine unerhebliche Rolle spielt.« (lacht)

Im späten 19. Jahrhundert kam die Familie Braunfels nach München. Es war Urgroßvater Adolf von Hildebrand, »er war Bildhauer und kam als Juror, um im Wettbewerb der Münchner Künstler zum Wittelsbacher Brunnen mitzuentscheiden. Aber keiner der Entwürfe gefiel so recht. Da fing er dann während der Jurysitzung an, eigene Entwürfe zu zeichnen, die den Juroren auf Anhieb gefielen und ihm den Auftrag einbrachten. Was die Münchner Künstler sehr erboste. Das sei ihr Wettbewerb, meinten sie, und dieser Hildebrand wohne ja nicht einmal in München. Also zog der Urgroßvater einfach nach München und baute sich ein paar Jahre später in der Maria-Theresia-Straße sein Haus, das Hildebrandhaus, in dem jetzt die Monacensia ist. Uns wurde es im Dritten Reich weggenommen und ein Onkel, der in die USA ausgewandert war, hat vergessen, rechtzeitig Restitutionsansprüche zu stellen. So ging es uns verloren.

Es wurde uns noch einmal angeboten. Das war, als wir mit meinem Vater von Aachen nach München gezogen kamen, weil er hier an der Universität den Lehrstuhl für Kunstgeschichte erhalten hatte. Wir hatten damals nicht das Geld, das Haus zu kaufen, hätten wir's doch getan, heute ist es das Zehnfache wert.

Andererseits freut es mich, daß die Stadt es, nachdem es jahrzehntelang leergestanden hatte, renoviert hat und daß es benutzt wird.

Mein Vater, der mein bester Freund war, lehrte in München an der Uni und ich machte das Abitur und begann an der TU zu studieren. Mittags trafen wir uns zum Essen, irgendwo zwischen Uni und TU, im Rodeosteak, im Georgengrill. So war ich gezwungen, täglich die Türkenstraße zu kreuzen.

Heute wohnen wir in der Kaulbachstraße. Zuerst wohnte ich mit meinem Bruder und einem Vetter, dann allein, dann mit meiner Freundin, die dann meine Frau wurde und bald sind wir wieder zu dritt.

Und immer wieder zieht es einen in die Türkenstraße. Als ich den AZ-Stern des Jahres für ein Haus in der Falkenstraße bekam, ging ich automatisch zum ARRI in der Türkenstraße, wo sonst immer die Sterne verliehen wurden. Aber in dem Jahr fand die Verleihung im HAI in der Rosenheimerstraße statt.

Diese Falkenstraße, das war ein Haus mit Sozialwohnungen. Da gibt es strenge Auflagen: wie groß, wie hoch die Kosten. Balkone ja, Verglasung von Balkonen nein. Ich hatte Glück mit dem Vorstandsvorsitzenden der städtischen GEWOFAG, der fand die Idee der Wintergärten auch gut. Also wurden die Balkone gen Süden, auf die Straße verglast. Der erste soziale Wohnungsbau, glaube ich, mit Wintergärten.

Das ist schön, das ist wie eine Haut, da flirrt das Licht. Dann haben die Leute ihre Wintergärten aber in einer Weise bevölkert, wie's mir gar nicht paßte: Ihr ganzes Wohnzimmer haben sie dort installiert mitsamt Hirschgeweih.

Als ich jung war, war ich ein Anhänger von Le Corbusier: Beton, viel Skulpturales, fast kein Glas. Dann hat mich der gotische Chor im Dom zu Aachen stark beeindruckt: ein Oktogon aus der Zeit Karls des Großen. Die gläsernsten Wände einer gotischen Kathedrale, die ich je gesehen hatte. Das gab es nirgends in französischen Kathedralen. Ein konstruktives Wunder, eine ungeheure Leichtigkeit, fast ohne Stützen. Danach traf ich Mies van der Rohe, den Sohn des Aachener Dombaumeisters und lernte sein Verhältnis zum Glas kennen. Seither war ich weg von der skulpturalen Architektur und kam über Frühklassizismus und Frührenaissance zum Bauen mit Stahl und Glas, der reinsten konstruktiv begründeten Architektur.

Wenn Sie meine Gebäude anschauen – es sind nicht sehr viele bisher – sie sind jedenfalls nicht abweisend und kalt. Sie sind streng. Mein Ideal ist, daß sie heiter wirken, leicht und elegant, irgendwie freundlich. Ich dachte immer, das wäre etwas Selbstverständliches. Ist es aber nicht.

Viel gelernt habe ich auch von Toni Stadler, dem Bildhauer und Akademieprofessor. Er pflegte jeden Abend in der ›Osteria‹ zu essen und lud mich jeden zweiten Abend dazu ein.

Bei ihm ging es nur um die Form. Er arbeitete abstrakt-skulptural. ›Mei, der ist eben alt!‹ hieß es schulterzuckend. Inzwischen arbeiten alle wieder skulptural.

Also der Toni und ich, wir haben manchmal zusammengearbeitet. Da wurden Figuren gebaut und dann wieder alles weggenommen, was überflüssig war: Beine, Arme, vor allem Köpfe. Seine schönsten Sachen sind tatsächlich die Torsi.

Sonst hat ein Körper einen Kopf und der hat ein Gesicht und das hat einen Ausdruck. Das stört die Form. Das mußte weg. Oder er machte Köpfe extra. Und wenn sie gelungen waren, hatten sie möglichst keinen Ausdruck.

Wenn ich da an Marino Marini denke oder Gerhard Marcks, die arbeiten weit mehr mit Gestik und Ausdruck. Dafür sind sie formal nicht so stark.

1974/75 hatte ich einen großen Streit, weshalb ich mein Hochschulstudium unterbrach: es ging um Fassaden. Damals zeichneten Architekten keine Fassaden. Die Fassaden waren Resultierende des Grundrisses, der Funktion des Innenraumes. Die Gebäude waren Organismen, die nach außen darstellten, was sie innen waren. Eigentlich müßte man das trennen können, dachte ich, die Fassade ist ja auch ein Innenraum. Der Innenraum der Straße, des öffentlichen Raumes. Was dahinter war, war mir eigentlich egal. So zeichnete ich aus Trotz Fassaden, die mit dem, was hinter ihnen war, überhaupt nichts zu tun hatten. Mich interessierte der Platz Raum. Nicht als Außenwand des Hauses, sondern als Innenwand des Platzes.

So entstanden Entwürfe für verschiedene städtische Plätze, für den Jakobsplatz, den Königsplatz, den Altstadtring. Sie wurden zur Keimzelle meiner städtbaulichen Gegenprojekte.

1985 hatte ich die erste Ausstellung in der Architekturgalerie in der Türkenstraße, ein Jahr später die zweite, dann eine in Frankfurt, bis 1987 der große Erfolg kam: der erste Preis beim Marienhof-Wettbewerb.

Vorher war alles schiefgelaufen, was immer ich tat, war irgendwie schiefgegangen. Von da an ging's bergauf. Mein Vater hat es leider nicht mehr miterlebt, er ist zwei Tage vorher gestorben.

Ich träumte schon davon, meinen 40. Geburtstag im Wintergarten des Marienhofes feiern zu können. Von wegen. Jetzt sind schon wieder ein paar Jahre darüber hinweggegangen und ich habe so das Gefühl, es wird nie mehr gebaut.

Aber immerhin hat sich dadurch mein Image geändert: Das ist nicht nur einer, der nachträglich meckert, sondern er kann auch international ausgeschriebene Wettbewerbe gewinnen.

›Entdeckt‹ wurde ich vom jetzigen Baureferenten Horst Haffner, als ich in der Architekturgalerie ausstellte, ge›outet‹ habe ich mich selber, 1984, als ich die Gegenentwürfe zum Staatskanzlei-Projekt am Hofgarten veröffentlichte. Nichtsahnend, was das für eine Lawine auslösen würde. Zehn Jahre hatte ich an meinem städtebaulichen Gesamtkonzept gearbeitet und ich dachte, jetzt wäre es Zeit. So ein Gesamtkonzept fehlte ja beim Bau der Staatskanzlei, bei der Bebauung des gesamten Areals. Da sollte nur ein Gebäude hingeklotzt werden. Das löste einen Sturm aus, über Nacht wurde ich zum Nestbeschmutzer. Was mir einfiele, so etwas zu veröffentlichen. Das löste jedenfalls jahrelange Diskussionen aus. Von da an gab es immer wieder Anfragen, ob ich mir nicht dazu und dazu etwas überlegen könnte. Gebaut habe ich in dieser Zeit so gut wie gar nichts.

Als ich 1992 den Pinakothek-Wettbewerb gewonnen hatte, ging ich einmal durch die Türkenstraße. Da saß der Nikolaus Gerhart, dieser Brocken von Bildhauer und schimpfte. Meinen Marienhof-Entwurf hatte er fürchterlich angegriffen, er hatte gedroht, das ganze Glas mit seinen Steilskulpturen zusammenhauen zu wollen. Diesmal schimpfte er aber über alle, die etwas gegen den Museumsentwurf sagten oder ihre Intrigen dagegen spannen.

Mein Verhältnis zum Glas hat sich nach und nach entwickelt, weil ich leichte, zarte Konstruktionen liebe. Im Hofgarten hatte ich ja als Gegenmodell zur Staatskanzlei ein Museum entworfen, das weitgehend aus Glas war. Im Marienhof waren es in den Arkadengang gestellte Glashallen. Die auf der Sonnenseite mit Wintergarten, die auf der Rückseite des Rathauses für Kunstausstellungen. Die gläserne Form ist nötig wegen der größtmöglichen Offenheit.

Beim Erweiterungsbau für die Akademie habe ich auch mitgemacht und kam unter die ersten zehn Prozent. Ich habe denselben Standort eingenommen, der dann auch prämiert wurde: den an der Ecke Türkenstraße, wo jetzt noch die Baracke steht. Da hab ich ein bißchen Pech gehabt: ich hatte zu viel Glas. Ich wollte den Bau öffnen zur Akademie-Türkenstraße mit einem großen Foyer und einem Café. Und da das nun unglückseligerweise die Südseite war, fand man, daß es mit dem Glas zu heiß wurde. So kam ich nicht in die engere Wahl. Gewonnen hat Coop Himmelblau. Ihr Bau wäre ein toller architektonischer Akzent an dieser Stelle. Was die beiden bieten, der Prix und der Swiczinsky, dieses Dekonstruktivistisch-Futuristische, das bietet mein Museum nicht.

Die zwanzig Meter hohe Glashalle der neuesten Pinakothek, die Rotunde, ist letztlich das, was von Marienhof und Glaspalast geblieben ist. Es war ja eigentlich die Idee des 19. Jahrhunderts, Wintergarten, Café und Kunstausstellungen zu verbinden. Im Prinzip dreht sich's ja immer um dieselbe Sache. Das ist überhaupt ein Münchner Thema, da wir ja schon fast in Italien sind und gerne im Freien sitzen und daß es viel Sonne gibt, aber nicht immer warm genug ist. Da gibt es diesen klaren Himmel, aber es ist zu kalt, um draußen zu sitzen. Überhaupt wundert es mich, daß es in München diese Wintergärten noch nicht gibt. Ludwig II hatte sich seinen Wintergarten auf die Residenz gebaut. Da gab es schon damals das Murren: Wieso hat der sich einen Wintergarten gebaut und keinen fürs Volk? Während Paris ja voll ist von Wintergärten und Ausstellungshallen. In Bayern ging das nicht so schnell. Kurz vor dem Bau des Münchner Glaspalastes meinte der Bürgermeister Bauer, daß die Zeit noch nicht reif wäre für so etwas. Weil in einem solchen Wintergarten ja alle sozialen Schichten aufeinandertreffen würden. Das könnte Unfrieden stiften.

Zur Pinakothek der Moderne: Mein Museumsauftrag liegt weit über allem, was Planungen und Baukosten angeht. Jetzt, am Ende des Jahrhunderts so ein Riesen-Multi-Museum zu bauen, das allergrößte, das je gebaut wurde, das ist schon gewaltig. Köln ist nur größer, weil die Philharmonie drin ist, München hat die größere Ausstellungsfläche, größer als in Bonn Kunsthalle und Kunstmuseum zusammen.

Es sind ja eigentlich auch vier Museen: die Staatsgalerie Moderner Kunst, die Neue Sammlung, das Architekturmuseum und die Staatliche Graphische Sammlung. Dann kommt noch das Museumspädagogische Zentrum hinzu und die große Kindergartenanlage. Später, wenn die drei Unibauten abgerissen sind, wird es dort noch Erweiterungsbauten geben. Aber das wird wohl erst in hundert Jahren sein. Der erste Bauabschnitt umfaßt 200 000 qm; der erste und der zweite zusammen sind fast so groß wie Alte und Neue Pinakothek. Der Nordteil noch einmal das Gleiche.

Damit ist jedenfalls die Türkenstraße an die Museumsstadt angebunden. Wichtig für meinen Entwurf ist die Diagonale, die vielumstrittene, mit der versucht wird, nicht nur einen Eingang zur Alten und Neuen Pinakothek zu schaffen, sondern auch zur Innenstadt. Das ist der städtebauliche Knüller, dafür habe ich den ersten Preis bekommen.

Der Eingang erfolgt durch die Rotunde. Die Durchgängigkeit, die z. B. die Siemens-Neubauten vermissen lassen und die der Landesbank auch nicht gelungen ist, die erreichen wir hier. Es wird ein Sog geschaffen, ein Zugzwang für die Stadtplanung.

Das Grundproblem beim Museumsbau ist ja doch: soll der Bau sich ganz zurücknehmen, ganz puristisch werden, nur der Kunst dienen oder soll er selber ein Baukunstwerk sein, sich selbstbewußt präsentieren, eine Selbstdarstellung machen? Da gibt es den Arnulf Rainer, der sagt: Ihr Architekten spielt euch viel zu sehr auf mit euren Museumsbauten, anstatt euch zurückzunehmen! Aber der Markus Lüpertz meint: Ich kann es nicht mehr aushalten, alle diese Museen, wo der Architekt sich zurücknimmt! Ich will einen Bau, gegen den ich mein Bild stellen kann.

Ich versuche nun, beides zu machen. Nicht einen Mittelweg zu finden, sondern einfach beides zu machen. Da gibt es diese großen Durchgänge, Durchblicke, Treppen, Rampen, die Rotunde, alles Räume, wo keine Kunst ausgestellt wird. Wie die Halle, die Foyers, die Kassen, die Verteiler, die Cafés, der Wintergarten, die Treppenanlage: die sind alle sehr skulptural, räumlich sehr reich und, soweit ich's schaffe: begehbare Skulptur.
Es gibt drei Ebenen, da kann man rauf oder runter in die Ausstellungshallen. Oben die Staatsgalerie für moderne Kunst, alle Säle mit Oberlicht, in der Mitte die Wechselausstellungen mit Seitenlicht oder Kunstlicht und unten die Neue Sammlung, die weitgehend Kunstlicht haben will. All' diese Räume sind ganz streng, ganz schlicht, ganz zurückhaltend, da soll die Kunst alleine wirken.
Und alles verbindet die Riesentreppe.
Über die Fassade habe ich mir noch keine großen Gedanken gemacht, eigentlich komisch.
Wie sich München weiterentwickeln wird? Wie früher, meine ich, langsam und behutsam. Die Frage ist doch, ob die Stadt wächst oder schrumpft. Da geht es gar nicht so sehr um Stadterweiterung, mehr um Innenstadtreparatur, um Ausbau und inneres Wachstum. Wie in Wien: viel renovieren und hie und da etwas Neues hineinbauen. Mehr eine Entwicklung von innen heraus.«

Wolf D. Prix
geb. 1942 · »Coop Himmelb(l)au«, Wiener Architektenteam

Den Turmbau von Babel vollenden

»Architektur kann nichts fördern, aber unheimlich viel verhindern. Ein Raum kann nicht bewirken, daß du kreativ bist, aber er kann es verhindern.«

Wolf Prix stammt aus einer Familie von Architekten, sein Partner Helmut Swiczinsky aus einer von Technikern. Einer seiner Vorfahren hat die Semmeringbahn konstruiert. Sie haben sich während des Studiums an der Technischen Hochschule in Wien getroffen.

1968 haben sie »Coop Himmelblau« gegründet für Architektur, Kunst und Design, seit 1988 haben sie auch ein Büro in Los Angeles. Sie haben viele Preise und Auszeichnungen bekommen, ihre Modelle stehen in Museen für moderne Kunst, nur so richtig etwas Bekanntes gebaut hatten die beiden bis in die 90er Jahre noch nicht. Am Eingang zu ihrem Büro in einem Palazzo an der Wiener Seilerstätte, ganz da, wo sie die Himmelpfortgasse kreuzt gegenüber vom frisch renovierten Ronachertheater, hängt ein Schild an der Tür »Coop Himmelb(l)au«. Wolf Prix schaut zurück: »Der Helmut Swiczinsky und ich, wir sind beide keine Wiener. Das verbindet. Wir sind an der Donau aufgewachsen. Der Fluß hat etwas zu tun mit Bewegung, mit Wegfahren. Wie bei Hafenstädten, die dich wegziehen. Allein schon der Geruch ...

Unser Gründungsjahr, 1968, war das Jahr, in dem alles zu explodieren schien: Künste, Wissenschaft, Architektur und Raumfahrt. Und natürlich die Musik. Die berühmtesten Bands hatten Teamnamen: die Beatles, die Stones.

Und weil wir genauso berühmt werden wollten wie sie, haben wir uns ›Coop Himmelblau‹ genannt. Coop für Team und Himmelblau, nein, da ist nicht die Farbe gemeint, sondern die Idee: Architektur veränderbar machen wie Wolken.

1991 haben wir begonnen, unseren Namen leicht zu dekonstruieren. Wir fangen jetzt an, den Himmel zu bauen. Das ›l‹ hat uns verlassen. Wir wollen den Turm zu Babel, den eine Autorität durch Sprachverwirrung verhindert hat, wir wollen den Turm vollenden. Türme zu bauen ist ein archetypisches Verhalten von Menschen. Ein alter Traum. Die Vollendung dieses Turmes ist eine sehr vornehme Aufgabe, denk' ich doch, und auch sehr antiautoritär.

Was uns auszeichnet? Fragen'S doch die Historiker! Wir meinen, es gibt drei Arten von Architekten: die, die sich mit dem Basement unter der Erde beschäftigen, die, die sich dem Mittelbau widmen, und die Utopisten, die mit dem Dach beginnen. Le Corbusier. Wir auch.

Wieso man uns in Wien nicht bauen läßt? Es stimmt, wir haben hier wenig gebaut und klein: Restaurants, Bars, Ateliers und eben dieser eine Dachausbau, der weltberühmt geworden ist. Unser Lieblingsprojekt hat man uns nicht bauen lassen, das wär' der Umbau gewesen vom Ronacher gegenüber, das jetzt zu einer André-Heller-Kitschburg verkommen ist. Zu einer rosafarbenen Bonbonnière. Wir hätten da das Theater des nächsten Jahrhunderts hingestellt. Multifunktional. Wenn man schon nicht vorausplanen kann, kann man vorausahnen. Antizipation sollte bei Gebäuden miteingebaut werden.

Architektur soll die Zeitströmungen wie ein Spiegel zeigen. Wir leben in einer ungeheuer komplexen Welt. Denken Sie an die Chaostheorie: daß der Flügelschlag eines Schmetterlings in Amerika einen Orkan in Indien auslösen kann. Wir müssen eine andere Art von Denken einführen, ein komplexes, kein additives. Ein ›wildes Denken‹, le penser sauvage hat es Lévi-Strauss genannt, das mit sozialem Denken und möglichst großer Selbstbestimmung zu tun hat.

Denn wenn man nur an Architektur denkt, kann beim Bauen auch nichts anderes als Architektur herauskommen. Wenn man aber in diesem anderen, ›wilden Denken‹ denkt und handelt, eben dekonstruktivistisch, kann das sehr wohl zu Räumen führen, die sowohl in der Zeit als auch im Budget gebaut werden können. Wo es nicht hindurchregnet und die auch nicht einstürzen.

›Man wird ja mal fragen dürfen‹ ist bei uns großgeschrieben. Die Konservativen kritisieren uns, weil wir die Dinge auf den Kopf stellen, nachbohren, nachfragen. Aus Angst vor Selbstverantwortung wenden sie sich rückwärts zum Bekannten und Vertrauten. Erich Fromm hat schon gesagt: ›Das Abbeten von Vergangenheit machen nur autoritäre Typen.‹ Das Wagemutige ist nicht autoritär. Wir wollen ja schließlich den Turm von Babel zu Ende bauen.

Wie sagte doch Otto Wagner, der Großvater aller Wiener Architekten? ›Architekt wird man erst ab 40.‹ Dann sind wir jetzt 12jährig. Nicht mehr ganz unschuldig, aber noch sehr jung. Und mit dem, was wir gebaut haben, beweisen wir immer wieder, daß das, was wir denken, geht.

Jede lebendige und selbstbewußte Kultur hat ihre eigenen Ausdrucksmittel der dreidimensionalen Art. Es gibt Bauten, egal wie wir sie hassen, die sind aber akkurat der Nagel am Kopf unserer Zeit. Wenn es nur noch um ›Zeit und Geld‹ geht, wenn keiner sich mehr um Ästhetik kümmert, dann ist das für uns eine verwahrloste Kultur. Ästhetik ist ein humaner, sozialer und politischer Wert.
Für uns ist Ästhetik bereits Planungsprämisse, d. h., Ästhetik hat mit Denken zu tun und dann schaut die Architektur zeitrichtig aus, nicht zeitgemäß.
Wie der Barock damals eine durchaus modische Architektur entwickelt hat, so gibt es auch heute zeitrichtige Methoden, eine Bauweise, die agiert und nicht reagiert wie die Postmoderne. Für uns ist Lebendigkeit wichtig, ein lebensbejahendes Prinzip.
Dann heißt es, wir wollten uns nur verwirklichen. Aber das Gegenteil wäre wohl Selbstlosigkeit, das hieße doch, man wäre sich selbst los, also tot.«
Für Prix hat Architektur viel mit Musik zu tun. Da fallen Namen wie Jimi Hendrix und Keith Richards, Lieder wie ›Give me shelter‹ und ›Excuse me while I kissed the sky‹: »Das hat irgendwie auch mit unserem Namen zu tun: den Himmel zu küssen.« Stolz waren die beiden Partner, als ihre Rock n'Roll-begeisterten Söhne ihren Dachboden-Ausbau mit dem Solo von Keith Richards in ›Give me shelter‹ verglichen.
»Was wir 1968 angefangen haben, daß Architektur nicht nur Architektur, sondern auch Kunst, Skulptur, Politik und Musik sein soll, das ging so nicht. Wir hatten immer gedacht: alles ist möglich, alles ist beherrschbar. Aber nein, es ging nicht. Man braucht sich ja nur die Umwelt anzuschauen. Und es ist ja irgendwie auch kein Zufall, daß das Jahr des Denkmalschutzes zugleich das Jahr war, in dem die Neutronenbombe erfunden wurde. Diese Bombe, die die Menschen tötet, aber die Gebäude stehen läßt.
Was uns am Münchner Wettbewerb um den Zubau zur Akademie interessiert hat, war weniger die Stadt selbst als die Akademie. Was sehe ich in München an Architektur? Das BMW-Haus und die Olympiabauten von Frey Otto und Behnisch, die ich beide sehr schätze.
Ansonsten gibt es doch nur dieses Ludwigs-München, mehr Landschaft als Stadt. Da ist die Verdichtung nicht gelungen. Ich finde nicht, daß München einen urbanen Charakter hat.
Fasziniert hat uns an der Akademie die städtisch-dörfliche Situation, die da herrscht zwischen Türken- und Akademiestraße. Wir wollen reagieren auf die verschiedenen Straßenachsen und den alten Neureuther-Bau.
Wir wollen einen überdachten Platz, eine Agora bauen, eine Repräsentations- und Diskussionshalle, die einen Zugang zum Park offenläßt. Der Bau soll offen sein, mehrere Möglichkeiten offenlassen.
Typisch für unsere Zeit ist ja eine diagonale Vernetzung, die eine neue räumliche Dynamik braucht. Weniger Achsen, mehr Vektoren und Tangenten.«
Das mache zwar die Belastung und Verwirrung der Zuschauer – sagt er – sehr groß. »Aber hilft da Verdrängung?

Es müßte eine offene Kommunikation dort geben, sowohl der Künstler untereinander wie auch nach außen. Veränderungen sollten immer möglich sein.«
Er erwähnt die »Loft-Bauweise«. Loft heißen Gewerbebauten in New York, die Künstler für sich entdeckt haben als Wohnung und als Atelier. Manche haben sich bereits wieder in Gewerbehäuser zurückentwickelt. »Das ist für mich lebendige Stadt. Diese Loft-Bauweise schlagen wir hier auch vor.«
Warum der Erweiterungsbau denn so schief aussähe.
»Das tut es nur von außen. Die Räume von innen zeigen die Raumöffnung und -erweiterung. Allein schon durch die Lichtführung entstehen verschiedene Landschaften, von denen sich jeder aussuchen kann, was er haben will. ›Multiple choice‹ sagt man in Amerika. Der Raumabdruck ist von außen ablesbar.«
Wolf Prix verbringt die Hälfte des Jahres in Kalifornien, wo er an einer privaten Architekturschule lehrt, und die andere Hälfte in Wien, wo er Professor am Museum für Angewandte Kunst ist.
Akademie und Museum bedingen einander, »wo sollten denn sonst die heutigen Künstler ausstellen?«
Und daß beide, der Bau der Akademie auf dem Areal der früheren Baracke und Braunfels' Pinakothek des 20. Jahrhunderts auf dem Areal der früheren Türkenkaserne an derselben Straße, der Türkenstraße liegen werden, das, meint er, »wird eine ziemliche Aufwertung für die Infrastruktur dieses Gebiets sein. Unser Gebäude als Ort der Diskussion – etwas Besseres können wir uns eigentlich nicht vorstellen.«

»Wir sind die letzten«
Handwerkergenerationen

Einst war ihr Berufszweig der verbreitetste in der Türkenstraße. Nach dem Krieg hatten sie alle Hände voll zu tun beim Reparieren und Wiederaufbauen, jetzt sind es nur noch wenige und auch deren Verträge laufen entweder aus oder es findet sich in der nächsten Generation kein Nachfolger mehr für die Familienbetriebe: die Handwerker. Die Handwerksmeister, deren Werkstätten sich meist im Keller oder im Erdgeschoß der Hinterhöfe befinden und deren Frauen sich oft um Steuern und Buchhaltung kümmern. Beim Abholen, Liefern oder Reparieren haben sie Wohnung und Lebensverhältnisse der Kundschaft kennengelernt. Aber – Diskretion ist Ehrensache.
Zwölf Handwerker aus der Straße, die sich alle kennen und selbstverständlich aushelfen, wenn Not am Manne ist, erinnern sich: wie Leben, Denken, Arbeit und Freizeit ineinanderflossen und -fließen. Familientradition und Zukunftsaussichten. Wer worunter gelitten und wer wogegen etwas unternommen hat. Seltsam ausgespart bleibt das Dritte Reich, auch wenn im eigenen Geschäft Gefangene samt SS-Aufsicht beschäftigt waren oder man vom Hörensagen wußte, daß Georg Elser, der Bürgerbräuattentäter, in Werkstätten der Umgebung an seinem »Patent« gearbeitet hatte, beim Schreinermeister Brög und dem Schlosser Solleder, beide Türkenstraße 59.
Von Fremdenfeindlichkeit ist so gut wie nichts zu spüren, der Schreiner Brandl hatte schon immer ausländische Lehrlinge und Gesellen und der Bäcker Wild hatte lang bevor es die erste Lichterkette gab in seinen vier Filialen Zettel aushängen, die von der guten Zusammenarbeit zwischen Deutschen und Ausländern sprachen.
Zwölf Handwerker erzählen ihre Geschichte, nicht ohne Stolz, nicht ohne Eitelkeit. Zwei haben inzwischen aufgehört: der agile Kaminkehrermeister Gassner ist in Frührente gegangen und der Weltendurchwanderer Gustl Vörg hat zugemacht, weil so ein kleines Skigeschäft im Keller es einfach nicht mehr bringt. Der Schreiner Brandl, der als Kind den Hausmeister Schmied fürchten gelernt hat, den Pedell Schmied, der die Geschwister Scholl angezeigt und sie damit dem Tod ausgeliefert hat, hat einen Vertrag, der 1998 ausläuft. Martin Obwexer, der Polsterer und Herrscher des Hinterhofs, ist schon in Rente, wird aber weiterarbeiten und weiterfeiern, solange es geht. Wie beim Schreiner Brandl: die Tochter hat kein Interesse. Der Schmied Kleber hat einen Vertrag, der erst im Jahr 2000 ausläuft, aber einen Sohn, der das Geschäft weiterführen will, und solange er auf den Namen Kleber läuft, wird der Vertrag auch verlängert werden.
Der Kaminkehrer Lutz, der die Menschen in der Maxvorstadt für »aufgeschlossener und herzlicher als anderswo« hält, ist durch die Neueinteilung

der Bezirke ausgetauscht worden, Heinrich Hertlein, für den seine Türkenstraßengeschichte mit vielen Streichen und noch mehr Prügeln eigentlich abgeschlossen war, hat es doch wieder hergezogen seltsamerweise.
Was aus dem Spiegel-Deubl wird, den drei Geschwister in der Nachfolge des Vaters gemeinsam führen, ist noch nicht klar – dafür sind die Kinder noch zu klein. Genauso wie beim Installateur Pröls, der erzählt, wie man es macht, eine Tochter unter die Haube zu bringen und trotzdem einen Schafkopfpartner zu behalten. Friseur Werner mit Leib und Seele Figaro, sieht sich als »Sorgentelefon und Klatschpresse, Menschenfreund und Seelenarzt«. Ein Friseursalon als Oase der Ruhe im quirligen Leben der Straße. Ersatz von Beichtstuhl und Psycho-Couch. Ob die kleine Tochter weitermacht, ist noch nicht klar. Von den zwölf Handwerkern wird fast die Hälfte in der zweiten Hälfte der 90er Jahre des 20. Jahrhunderts verschwunden sein. Was wird dann aus der Straße werden?
Die Toleranzschwelle der Mieter ist gesunken: nicht nur auf dem Land, wo gegen Glockenläuten und Hähnekrähen prozessiert wird, sondern auch in der Stadt. Man mag einfach Lärm und Gestank nicht mehr hinnehmen. Man sieht es am liebsten, wenn die Handwerker in »Handwerkshöfe« am Stadtrand verbannt werden.
Dabei sind ihre Werkstätten im Herzen der Stadt Orte des Miteinander-Redens, das Abwägens und Sich-Beraten-Lassens. Kommunikationszentren, ohne diesen Begriff nötig zu haben. Wo noch richtiges Münchnerisch, wenn nicht gar Türkenstraßlerisch gesprochen, der Namenstag ganz selbstverständlich gefeiert wird und der Wiesn-Anstich ein Muß ist.
Wo man in der Jugend Motorrad fährt und bis ins hohe Alter in die Berge geht. Wo sich manch Paar beim Wandern gefunden hat. Die Handwerker halten sich für die wahren, die echten Türkenstraßler. Vielleicht sind sie es ja auch. Doch in dem Maß, wie aus einem Schmied ein Metallfacharbeiter wird, aus einem Polsterer ein Raumausstatter, und der Kaminkehrer mehr mißt als kehrt, sind auch diese Gebräuche am Verschwinden. Doch noch gibt es sie, die Handwerker, auch dank einiger Hausbesitzer mit moderaten Mieten und länger laufenden Verträgen. Das Handwerk ist ein Gewerbe und die Räume dazu jederzeit kündbar. Früher hat man sie noch gesehen, wie sie in Arbeitskleidung, dem grauen Arbeitskittel oder dem blauen Schaber über die Straße zum Essen gingen oder sich eine Brotzeit kauften, die dann in der Werkstatt oder bei schönem Wetter im Hof verzehrt wurde.
Heute fallen sie im Straßenbild kaum mehr ins Auge. Sei es auch nur, weil sie ihre Arbeitskleidung in der Werkstatt liegengelassen haben.
Diese Werkstätten, in denen die Handwerker die Gastgeber sind und gleichzeitig ihre Dienste anbieten; die ein Zwischending sind zwischen hochspezialisiertem Hobbyraum und Werkhalle, zwischen privatem und öffentlichem Raum. Wo die Sprache herrscht, die der Gastgeber spricht. Zu den Kumpels, Kunden oder einem Status dazwischen gehören viele Künstler in der Maxvorstadt, die sich bei Handwerkern einen Rat holen, ein Werkzeug oder eine Maschine. Gezahlt wird in Tragl Bier. Oder gegenseiti-

ger Hilfe. Tauschgeschäfte. Man schätzt sich gegenseitig, sieht, wie hart auch der andere arbeitet, und, ganz ehrlich, so ein Dasein fretten wie viele Künstler, das wollten die Handwerker dann doch nicht. So hart am Rande des Existenzminimums. Irgendwo in der Mitte zwischen Künstlerischem und Handwerklichem liegen die Berührungspunkte.

Das Verhältnis des Handwerkers zum Studenten ist eher ein zurückhaltendes: Arbeitsstunden und Arbeitsweise sind zu verschieden. Die Nächte durchmachen und tagsüber pennen! Diskutieren und dann noch die Gesellschaft verändern wollen! Na, na, na.

Die zwölf Handwerker zum Beispiel – was, wenn sie ganz verschwinden würden? Dann hätte die Straße das »Bodenständige« verloren, diese einzigartige Mischung von Handwerk und Kunst. Dieser Humus, auf dem – nicht nur um die Jahrhundertwende – Ideen gesprossen und geistige Strömungen gewachsen sind: Der »Blaue Reiter«, die »Jugend«, der »Simplicissimus«.

Handwerker sind vielleicht die, die hochfliegende Ideen zu erden fähig sind.

Rolf Schober
geb. 1948 · Elektromeister

Motorradfreund

»Wenn's einen echten Türkenstraßler suchen, ich bin einer. Mein Großvater war Schustermeister auf Nr. 26 im Müllerschen Haus. Mein Vater und meine Mutter sind Türkenstraßler, beide hier geboren und haben sich hier kennengelernt. Beim Tanzen halt, da vorn war doch ein Tanzpalast (die Kaimsäle, in denen auch Tanzveranstaltungen stattfanden), oder? Wie's halt normal ist.

Der Großvater hat immer erzählt, daß der König, wo im Wittelsbacher Palais gewohnt hat, wenn er die Buben getroffen hat beim Spazierengehen, daß er ihnen immer ein Fünferl geschenkt hat. Mein Vater war in der Gabelsbergerstraße in der Lehr', wo Elektrizität noch etwas ganz Neues war. 1935 hat er das Geschäft eröffnet, seither ist es auf. Die Schilder hat er noch mit der Hand gemalt: Elektroinstallationen, Reparaturen, Licht, Kraft, Schwachstrom und dann der Name Schober. Der ist jetzt nicht mehr dran.

Mein Vater war eine Institution in der Straße. Er war einer der ältesten lebenden Türkenstraßler. Bis er achtzig wurde, war er nie bei einem Arzt. Dann ist er an einem Herzschlag gestorben. Er wäre hundert geworden, wenn er nicht geraucht hätte, sag' ich einmal.

Getrunken hat er normal. Was Handwerker früher so getrunken haben: zehn Halbe, das ist normal.

Zweimal täglich hat er sich die Brotzeit geholt beim Vinzenz Murr: warmer Leberkäs' und kalte weiße Würste mit Senf und Brezn.

Der Vater war ein fleißiger, freundlicher Mann, der überall beliebt war. Wegen seiner Tüchtigkeit, aber auch weil er manchmal Leuten geholfen hat, die wenig Geld hatten. Er war streng, aber gerecht. Wir waren vier, drei Brüder und eine Schwester und sind im Suckfüllhaus aufgewachsen. Alle drei Brüder sind wir Elektriker geworden. Ja, wir waren brave Kinder. Das kommt durch Erziehung und Vererbung. Drei von uns sind kinderlos. Die Geschicklichkeit habe ich vom Vater geerbt, auch das Bescheidene. Und es gibt Leute, die sagen, so vom Anschauen und auch vom Menschlichen her, daß wir ähnlich sind. Auch mein Vater war ein Motorradfan von frühester Jugend. Sein großer Traum war eine BMW und das war dann auch seine letzte Maschine. (Zeigt auf das Foto in der Werkstatt)

Das ist mein Vater, der jüngere Bruder, die zwei Gesellen und ich vor dem Geschäft. Das muß so um 1970 gewesen sein. Wir waren immer zwischen fünf und zehn Motorräder, wenn wir unsere Wochenendausflüge gemacht haben: nach Tirol, Großglockner, Timmelsjoch, Ötztal, alle Paßstraßen wo's gibt. Ich mit einer BMW und der Bruder mit einer Horex Imperator.

Wir waren zwischen 18 und 25. Nein, Freundinnen gab's da nicht. 1973 war es dann zu Ende. Man hat sich aus den Augen verloren. Dann wurde ja auch geheiratet.

Unser Haus ist im Krieg nicht beschädigt worden. Es ist von 1890 und gehört dem Zentralfinanzamt. Deshalb sind die Mieten hier auch noch zu verkraften. Die Werkstatt hat 60 qm und kostet 1 600 Mark. Da sind die privaten Mieten viel höher.

Ja, früher, als der Vater noch lebte, da war er im Geschäft, und ich bin auf Montage. Jetzt, wo wir keine Gesellen mehr haben, ist das Geschäft eben in der Mitte der Woche zu. Das wissen die Leute.

Weil, wenn ich mir eine vollwertige Kraft hereinnehmen täte, die kostet Minimum 2 000 Mark und das würde der Laden niemals bringen. Der Hauptverdienst ist immer noch die Elektro-Installation, der Laden läuft praktisch nur noch als Lager so nebenher.

Ich bin Meister, und ich würde auch gern einen Lehrling nehmen, nur da bräuchte man die Unterstützung vom Staat. Mich würde ein Lehrling so knapp 1 000 Mark kosten, dann ist er aber die halbe Zeit nicht da: in der Fortbildung und auf Lehrgängen. Bis der Lehrling dann was kann, dauert das zwei Jahre. Dann hast ihn noch ein Jahr, dann kommt er zur Bundeswehr und ist praktisch auch weg. Dann hast du ihn umsonst ausgebildet. Das ist schlecht, und da blicken die Oberen scheint's nicht durch. Das wird sich spätestens in 20 Jahren rächen. Dann sind sie aber schon ausgestorben, die Handwerker und auch die Lehrlinge. Weil sich ja niemand mehr die Finger schmutzig machen will.

Wenn ich denk', was es in der Straße früher noch für Läden gegeben hat: die Metzgerei Fleischner, die Parfümerie Preißler, dann den Besenmacher, der erst 1980 aufgehört hat. Ein Fahrradgeschäft haben wir gehabt, das Bettengeschäft Büscher, die Lebensmittel Dunz, die Damenmoden Gabriel, das Fräulein Kropf mit ihren Schreibwaren und den Friseur Gutzler, von dem

da hinten die Kommode ist, ja, die mit den Intarsien, wo ich meine Nägel und Schrauben verwahre. Damals war eben noch alles sauber getrennt.
Während heute, da verkauft der Metzger Hemden und der Bäcker Uhren und das Geschäftsgebaren wird immer härter. Ich geh' auch nicht mehr zum Suckfüll, seitdem der Elektroartikel führt.
Weil der Laden nicht sehr groß ist, kann man eben auch keine Waschmaschinen oder ähnliches aufstellen. Da muß man sich auf kleinere Teile spezialisieren. Das Billigste ist eine Lüsterklemme für zehn Pfennig und das Teuerste dieser Kristalleuchter für 328 Mark.
Eigentlich sind die Warenhäuser ja keine Konkurrenz für mich. Aber stellen'S Eahna (stellen Sie sich) vor, wie unverfroren manche Leute sind! Da kaufen Sie in Warenhäusern Schalter und dann kommen sie zu mir und wollen erklärt haben, wie man sie anschließt. Da hab' ich dann absolut keine Lust und auch keine Zeit, weil bei mir kostet die Stunde 60 Mark und wenn ich eine Viertelstunde mit ihm rede, kostet mich das 15 Mark.
Die Arbeit bringt halt doch am meisten. Zu 90 Prozent bin ich ja bei Privatleuten, meist Leitungen unter Putz legen, weil wir sind ja in einem Altbauviertel. Und das gehört heute zum Standard. Weil über Leitungen kann man praktisch nicht tapezieren. In den Kellern findet man noch manchmal Freileitungen, teer-ummantelte Drähte, die auf Isolatoren gespannt sind, statt Kabel. Und wenn dann der Teer weggebröselt ist, kann das lebensgefährlich werden.
Was ich von der Türkenstraße halte? Sie ist nichts Besonderes, finde ich, eine Straße wie viele andere. Aber sie ist in Ordnung. Obwohl ich seit zwanzig Jahren nimmer hier wohne, fühle ich mich trotzdem als Türkensträßler.
Man kann hier alles einkaufen, man muß nicht in die Stadt. Die Häuser sind in Ordnung, auch wenn's viele Altbauten sind. Essen und Trinken geht hier immer.
Was abgeht in der Türkenstraße, finde ich, wäre eine gepflegte Schaschlikbude. Mit sehr gepflegten roten und weißen Würsten. Da ist man in zehn bis zwanzig Jahren Millionär. Sehen'S die Jacke da am Haken? Die schwarze Lederjacke? Das ist eine Erdmannjacke, die hab' ich schon seit damals. Die hat zwei Stürze überstanden und ist immer noch total in Ordnung. Wo ich seit ein paar Jahren mir wieder das Motorradfahren als Hobby zugelegt habe. Mit dem Auto ins Geschäft, dann weiter mit dem Geschäftsradl und am Wochenende mit dem Motorradl hinaus, sich in der Natur a bißl umschauen. Da bin ich dann allein oder mit einem Freund. Weil für Frauen ist das viel zu gefährlich.
Was die Türkenstraße für mich ist? Wenn's so fragen, muß ich sagen: ein Motorradfreund. Weil Jugend, Motorrad und Türkenstraße, das hat zusammengehört. Das war eins.«

Hilde und Alfons Pröls
geb. 1937 und 1938 · Spenglerei, Installation

Der Meister und seine Hilde

Alfons »Türkenstraßler bin ich keiner, ich fühl' mich jedenfalls nicht so. Eher als Amalienstraßler, obwohl ich dort nicht ganz zehn Jahre als Kind verbracht hab' und den Rest in der Türkenstraße.

1948 ist mein Vater aus der Gefangenschaft wieder heimgekommen und hat gleich die Werkstatt und die Wohnung in der Amalienstraße 53 wieder aufgebaut.

Die hatte dem Karl Krauss gehört. Der hat sich aber umgebracht, oder seine Frau, oder einer ist gestorben, jedenfalls hat's dann der Südtiroler Lettl gekriegt. Weil die Krauss' haben die Niederlage vom Hitler nicht verkraftet. Die waren so ganz Überzeugte.

Wo der Lettl sich aber hat beteiligen wollen am Geschäft vom Vater, da ist der doch lieber in die Türkenstraße gezogen und hat dort aufgeräumt und ausgebaut, den Mittel- und Seitenbau. Das hat damals den Schwägerls gehört, zwei Brüdern, die waren Glasermeister und haben noch für die bayerischen Könige gearbeitet.

Hilde Ich bin in die Straße gekommen, als ich zwei war. Meine Eltern waren Hausmeister auf 52/54, wo heute die Druckerei Jüngling ist. Das gehörte dem alten Kapfer, der vorher eine Metzgerei hatte im jetzigen Suckfüllhaus. Das hat er verkauft und dafür die 52/54 gekauft. Hausmeister waren meine Eltern, nicht Blockwart, das war der Kemper.

Unser Haus nannte man »Türkenschneider«, weil es darin ein großes Installationsgeschäft gab, das so hieß. Aber es gab auch einen richtigen Schneider, den Dietl, der später ziemlich bekannt wurde. Dem hat mein Vater geholfen, die Werkstatt im Hof von 54 einzurichten, wo später der Verlag Jüngling hineinkam. Und aus Dank hat er der Mutter einen Mantel, einen Wintermantel maßgeschneidert. Für die Frau Hausmeisterin.

Der Vater war Zitherspieler und wollte, daß wir alle ein Musikinstrument lernten, um dann zusammen Hausmusik machen zu können. Aber irgendwie hat das nie geklappt. Ich hab Ziehharmonika gelernt ein Jahr lang, dann waren aber die Stunden beim Preißler zu teuer und weil ich immer im kalten Zimmer üben mußte, hab' ich auch die Lust verloren.

Als ich vier oder fünf war, wurden wir evakuiert: die Mutter, der Willi, mein älterer Bruder und ich. Nach Markl bei Wasserburg. Da standen am Bahnhof schon alle Bauern, um sich ihre Einquartierung herauszusuchen. Der größte Bauer hat uns genommen. Wir bekamen zu dritt ein Kammerl und die Mutter mußte von in der Früh' um fünfe oder sechse bis in die Nacht um elfe in Küche, Feld und Stall arbeiten. Sie mußte die Lebensmittelkarten abgeben, und noch 110 Mark dazuzahlen. Das war die reine Ausbeutung. Da haben sich sogar die Frauen von dort unten einmal zusammengetan, um meine Mutter zu verprügeln, weil die so viel gearbeitet hat.

Der Bauer war u. k. gestellt, unabkömmlich, er mußte also nicht an die Front. Trotzdem führte die Frau das Regiment. Sie war eine ganz eine Böse und hat die Leute immer lange warten lassen, bis sie eine Brotzeit bekamen. Uns auch. Dabei hatte sie die ganzen Schubladen voll mit Stoffen und Zeugs, was die Städter so getauscht hatten, manchmal nur gegen ein paar Eier. In der Kommode waren die in der »guten Stube«. Als die Amerikaner kamen, hat die Bäuerin viel Schiß gehabt. Sie hat ihren Sohn in den Wald geschickt, damit er den Geldkoffer vergrabt, den sie immer im Schlafzimmer versteckt gehabt hat. Als der Karli auf die Welt gekommen ist, mein jüngerer Bruder, ist sie ganz ausgeflippt.

Wir Kinder haben viel Schläge gekriegt. Immer wenn etwas los war, wurden wir verprügelt. Und dann ohne Essen ins Bett geschickt. Da haben wir dann manchmal eine pfundige Brotzeit gemacht, von dem was ich tagsüber »eingekauft« hatte. So nannten wir das, wenn ich mit einer Tasche loszog, um etwas bei den Amerikanern zu organisieren. Jaja, zu stehlen. Die Buben warteten in der Tenne beim Schuppen, wo die Amerikaner waren und auf der Wiese gezeltet haben. Wir haben dann alles geteilt.

Einmal haben wir gedacht, den Karli hätt's erwischt. Wo er in seiner Blechwanne unterm Hagebuttenstrauch lag und die Tiefflieger soviel Kies und Steine aufwirbelten, die an das Blech schlugen und einen Mordskrach machten. Da hat es gescheppert, daß man glatt gemeint hat, er sei tot. War er dann nicht. Dafür war er ziemlich oft krank. Er bekam immer Abszesse und sogar die Ruhr. Wenn da nicht ein Amerikaner, der wo Arzt war und ein bißchen verguckt in die Tochter vom Bauern, wenn der ihm nicht schwarzen Tee und Kolitabletten gegeben hätt', ich weiß nicht.

Ich habe in der Schule am Land Läuse gekriegt, wie alle Kinder. Da hat mir die Mutter eine ganze Flasche Petroleum auf den Kopf geschüttet, davon bekam ich Eiterblasen. Weil das Petroleum nicht gereinigt war.

Als wir wieder nach München zogen, der Vater war dort beim Barras und hatte nebenher die Hausmeisterei weiter gemacht, da hatte ich noch die Läuse. Ich mußte zum Baldeplatz, in ein altes Gebäude, da haben sie mir eine Gummihaube mit einem Schlauch aufgesetzt und dann haben sie die Läuse vergast. Das hat aber länger gedauert und da bin ich eine Weile mit der Gummihaube auf dem Kopf an der Isar spazieren gegangen. Da war sonst niemand. Weil zum Spazierengehen hatte da niemand Zeit. Drei Wochen hab' ich mir anschließend die Haare nicht waschen dürfen, damit auch die Nissen kaputtgehen. Die Haare durfte ich mir nicht schneiden lassen, mit einem Nissenkamm haben sie sie mir gekämmt, was ich da hab' aushalten müssen! Weil vor achtzehn hab' ich nicht fortdürfen und bis sechzehn hab' ich noch die Zöpfe gehabt, bis ins zweite Lehrjahr, den Mozartzopf, daß mich von den Buben ja grad niemand anschaut. Wer Zöpfe gehabt hat, galt noch als Kind.

Einmal im Sommer sind wir mit zwei Herren in Starnberg Schifferl gefahren und ich hab mich nicht getraut, die Badhaub'n runterzunehmen, damit die nicht sehen, daß ich noch Zöpfe trag. Dann hat sich aber in der Hitze der Gummi von selber aufgelöst und ist an den Zöpfen pappengeblieben. Mei, hab' ich mich geniert!

Ich hätt' halt gern auch die Haare offen getragen, aber das gab's damals nicht. Das war unanständig. Also wollte ich sie schneiden. Das wurde eine richtige Haupt- und Staatsaktion: der Vater und der Onkel sind mitgegangen und herausgekommen ist ein richtiger Herrenschnitt, was mir gleich schon überhaupt nicht steht mit meinem langen Kinn.

Dann wollt ich sie wieder wachsen lassen. Aber nein, das hab' ich dann auch nicht dürfen!

In der Wohnung gab es Wanzen. Die hatte ein Zimmerherr, wo der Freund vom Metzger Endhammer seiner Verkäuferin war, eingeschleppt. Dem haben sie nichts getan, der hat überhaupt keine Stiche erwischt, wir schon.

Bei uns waren immer Leute: Verwandte, Männer aus der Kriegsgefangenschaft und die Freunde der Zimmerherren. Oder ihre Freundinnen. An Fasching wurde gefeiert im Gang zwischen der Wohnküche und dem Mietzimmer. Die gelähmte Großmutter, wie's gesungen und geraucht hat inmitten von den Zimmerherren ihren Bekanntschaften!

Ins Wirtshaus ist er nicht gegangen, der Vater, aber mit der Mutter auf d' Wiesn. Da hat's dann geheißen: »Mußten leider auf die Wiese« und das Essen ist warmgestanden.

Als ich so an die 24 war, hat der Vater gemeint, er kriegt mich nicht mehr unter die Haubn und hat alles getan, mich zu verschachern. Einmal hätt' er einen Kartoffelbauern gehabt oder einen mit einem Putzgeschäft am Isartor. Der war recht nett, aber wie der ausgeschaut hat! Weiße Haare und weiße Wimpern, na! Mit mir nicht! Oder der Ältere mit der Töpferei, na, na, na!

Ich hab' schon auch Freunde gehabt, aber das ist immer in die Brüche gegangen. Ich hab mich einfach verkehrt verliebt. Da, an einem Samstag, es hatte wieder Teigknödel, Sauerkraut und fettes Fleisch gegeben, was ich gar

nicht mag, da hat mein Vater gesagt: ›Du, der Pröls Alfons hat nach dir gefragt!‹ Da hab ich eine Wut gekriegt. ›Kann der nicht selber fragen? Der gehört dir schon!‹ Ich hab' ja schließlich auch meinen Beruf gehabt. Ich hab' im Büro vom Dallmayr gearbeitet, dann bei den Behringwerken und im Münchner Anwaltverein in der Maxburg. Und wenn ich niemand find', kann ich auch allein bleiben, habe ich gedacht.
In Wirklichkeit war das so: der Alfons hat immer etwas gehört von der Radlmayr-Tochter und daß das ein sauberes Madl sei. Er hat meine Eltern gut gekannt, die Firma Pröls hat bei uns immer die Spenglerarbeiten gemacht und der Alfons war mit dem Vater per Du. Da hat er ihn gefragt: ›Du hast doch auch eine sauberne Tochter.‹ – ›Schon,‹ hat der Vater gesagt, ›aber die ist viel zu alt für dich!‹ Dabei bin ich gerade acht Monate älter. Damit war das praktisch erledigt.
Wenn der Adi, wo beim Vater geschafft hat, nicht vom ›Lohengrin‹, der alten Wirtschaft aus, den Alfons angerufen hätte, der schon im Bett war und wenn der nicht gekommen wäre und mich zum Tanzen aufgefordert hätte, wobei der gar nicht tanzen mag, weder damals noch heute, weshalb wir dann auch gleich an die Bar sind, und wenn der mich nicht auf Kufstein eingeladen hätte, ja dann wär's vielleicht nie was geworden. Weil gefallen hat er mir schon irgendwie. Wir haben uns dann halt öfters getroffen. 1963 haben wir geheiratet. Aber halt, da gab's ja noch das Drama mit den Haaren. ›Wenn du dir die Haare nicht schneiden läßt, schmeiß ich dich raus‹ hat die Mutter gesagt. 14 Tage vor der Hochzeit. Um des lieben Friedens willen hab ich's gemacht. Überhaupt war ja der Vater begeistert von der Heirat. Er hat gedacht, so behält er einen Spezi, mit dem er weiter Schafkopfen kann.
1964 ist dann die Andrea auf die Welt gekommen. Gleich beim ersten Mal ist es passiert. Hundertprozentig (lacht).
Alfons Das war ein Karfreitag und am anderen Tag bin ich mit meinem Freund nach Sizilien gefahren. Und als ich vierzehn Tage später wieder zurückkomme, hat meine jetzige Frau, meine frühere Freundin gesagt, daß etwas nicht stimmt.
Hilde Also heiraten wegen einem Kind! Ich hab schon an heiß baden gedacht. Aber ich habe mir gesagt: Kommt darauf an, wie er reagiert!
Alfons Ich habe eben reagiert wie ein Mann. Wie ein Mann vom Jahr 1963: Dann heiraten wir halt! Heutzutage täten Männer mit 25 auf so was ganz anders reagieren. Logisch. Damals hat's nichts anderes gegeben, als daß du zu deiner Sache stehst.
Hilde Erst hab' ich der Mutter lange nichts gesagt, hab' bloß Galle gespuckt. Die Mutter hat ja selber ein lediges Kind gehabt. Und wie ich's dann gesagt hab', ist sie ganz bös geworden. Was willst denn, das ist doch ein Geschäftsmann, hat sie gesagt. Sie hat gemeint, daß ich da nicht hineinpasse, weil ich ja nur eine Hausmeisterstochter war. Ich hab' Rotz und Wasser geheult.
Alfons Aber ich hab' schon gewußt, wie's in der Familie zugeht, der Vater und ich waren schon lange Spetzln. Mein Vater stammte aus Oberfranken, genauer aus dem Steigerwald. Er hatte ein kleines Sachl, war Brunnbauer

und hatte eine Landwirtschaft. Er war der zweite und kam aus einer Spenglerei. Es zog ihn nach München, er ließ die Mutter nachkommen, in München haben sie geheiratet. Dann war er lange arbeitslos, bis er beim Krauss in der Amalienstraße hat anfangen können. Die Mutter hat derweil als Schneiderin gearbeitet.

Dann kam der Krieg, der Vater mußte an die Front, die Mutter und wir wurden nach Obing bei Wasserburg interniert. Dort hat sich meine Mutter tageweise bei den Bauern verdingt. Wir wohnten beim Gemeindediener.

Hilde Aber ihr seid's oft nach München gekommen, weil in der Zeit wurde überall viel gestohlen.

Alfons Ja, und da entsinn' ich mich, wie mich die Mutter bei der Hand genommen hat und wir sind zur Ecke Schelling-Ludwigstraße gegangen, da war hint' im Hof ein Gefangenenlager. Da hat man sich ein paar Gefangene geholt mitsamt SS-Bewacher. Kriegsgefangene waren das, Russen, Polen, was weiß ich. Man hat sich ausgewiesen: Verschüttet, ausgebombt. Und zur Rettung von irgendwelchen Sachgütern braucht's ein paar Gefangene. Die haben dann gearbeitet und sind abends wieder zurück ins Lager. Gezahlt haben wir denen nichts. Auch nichts zu essen gegeben. Wir hatten ja selber nichts. Oft hast du dir zwei Kartoffeln eingesteckt, das hat dann gelangt für den Tag.

Hilde Da fällt mir jetzt die Köppl Anni ein, die zum Gestapo-Verhör ins Wittelsbacher Palais hat müssen. Als sie in so einer Schlange gestanden ist, da hat's laut gesagt: ›Ihr könnt's mich alle kitzeln! Ich laß mir jetzt ein Kind machen und schenk's dem Führer!‹ Da hat's den ›Lebensborn‹ damit gemeint. ›Dann hab' ich ein schönes Leben.‹ Da ist sie aber gleich hingehängt worden.

Alfons Sie war schon ein Viech. Nach ein paar Stunden war's wieder aus'm Gefängnis draußen. Ja, und dann war der Krieg zu Ende. Der Vater war aber in einem französischen U-Boot-Stützpunkt an der Westküste, wo man überhaupt nicht mitgekriegt hat, daß die Invasion schon an ihnen vorbeigezogen war. Sie haben praktisch noch eine Weile weitergeballert, wo schon alles vorbei war. Deshalb wurden's besonders hart behandelt in der Gefangenschaft: da mußten's als lebende Minenräumer herhalten. 1948 kam der Vater zurück, 5 Jahre später zogen wir in die Türkenstraße auf Nr. 76, in den ersten Stock rechts. Da gab es noch eine Wendeltreppe hinunter in den Laden, wo jetzt die Wirtschaft ›Cartoon[1]‹ ist.

Als die beiden Schwägerl-Brüder gestorben sind, hat's die Maria Schwägerl geerbt, die es dann später verkauft hat an den Egon Weller. Aber nicht so auf einmal: die obere Wohnung und ein Zimmer hat's noch behalten und vermietet. Der Weller hat ihr auch von der Miete der anderen immer was abgeben müssen. Das war so ein Verkauf auf Leibrente. Als sie tot war, war's dann aus.

[1] Inzwischen griechisch »Bei Tommy«

Hilde Das Höchste in der Nachkriegszeit waren für uns die Ruinen. Da haben wir am Schuttberg im Hof vom ›Lohengrin‹ tanzen gelernt, englischen Walzer, Flaschen haben wir gesammelt und zum Suckfüll gebracht und ein Faschingsgewand hab' ich gekriegt aus einer Hitlerfahne: als Rotkäppchen.
Alfons Wir haben Alteisen gesammelt in den Ruinen. An jeder Ecke gab's ja einen Alteisentandler. Vom Geld ist man dann ins Kino gegangen, hat sich auf der Wiesn eine Fischsemmel oder Kokosschnitten gekauft oder hat sich ein Buch in der Leihbücherei für 20 bis 30 Pfennig ausgeliehen. Abenteuerromane, auf gar keinen Fall Liebesromane.
Nach dem Krieg hat man als Spengler nurmehr geflickt. Das alte Blech wurde gradgebatscht und mit der Hand eine Dachrinne draus gemacht. Die Militärsachen wurden umgearbeitet: aus Helmen sind Kochtöpfe geworden und aus Uniformen ziviles Gewand. Schraubenzieher sind viel gebraucht worden. Die haben wir aus Degen gemacht. Oder wenn wir einen Auftrag hatten, einen Speicher zu räumen, und wir haben alte Bierkrüge gefunden, dann haben wir die zerdeppert, das Zinn behalten und mit dem Blei der Spühlrohre zu Lötzinn verschmolzen.
Wenn das ein Krügesammler hört, kriegt er immer einen roten Kopf! Als ich dann das Geschäft übernommen hab', also ich hab's dem Vater abgekauft, 1968, da hab' ich gleich als erstes den zweirädrigen, hölzernen Handkarren mit dem Vorschlaghammer z'sammg'haut. Weil der mich so geschunden hat all' die letzten Jahre: Zwanzig Tafeln Blech abholen am Ostbahnhof, zu zweit im Winter schieben, wo's kalt und rutschig war und dann der Berg am Friedensengel. Eine Schinderei!
Hilde Bis wir ein Bad gehabt haben, hat's ja auch gedauert. Zuerst hab' ich mich bei den Eltern am Waschbecken in der Küche gewaschen. Da hab' ich die Tür zugesperrt und der Vater ist immer stocknarrisch geworden, wenn er nicht herein kam. Da hat er dann das Klosett umgebaut mit Waschbecken und Badewanne. Wir sind aber lieber zur Mutter ins Waschhaus gegangen, weil's da schön warm war. Oder wollt' ich mich kalt duschen. Das hat aber der Vater nicht erlaubt, er hat gesagt, das ist ungesund.
Alfons Das war überhaupt schon ein Fortschritt gegen früher, wenn es in der Küche fließendes Wasser gab und die Toilette innerhalb der Wohnung war. Erst nach dem Krieg haben wir die vielen Bäder in die Wohnungen eingebaut. Vorher ist man noch mit dem Handtuch ins Türkenbad gegangen, mein Bruder und ich in derselben Wanne. Das war meist Samstags.
Hilde Ja, Samstags, da wurde auch bei uns gebadet und es gab einen Hefezopf. Aber ich hab' dabei nie meine Eltern nackt gesehen.
Alfons Ich auch nicht. Mein ganzes Leben nicht.«

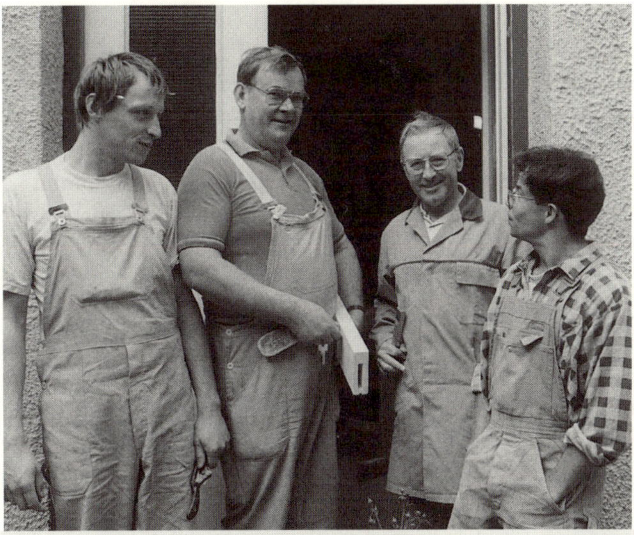

Josef Brandl
geb. 1934 · Schreinermeister, (2.v.r.)
Nachfolger: Florian Babl (r.)

Obacht, der Schmied!

»Also, ich bin keiner, der schon mit dem Hobel auf die Welt gekommen ist. Und am Feierabend wird auch nicht mehr mit Holz gearbeitet. Da fahrt man Radl oder geht ins Gebirg, das ist die Tradition. Wir sind alle aktiv im Alpenverein.

Die Schreinerei ist ein Familienbetrieb schon in der dritten Generation. Eine vierte wird's nicht geben. 1998 läuft mein Vertrag aus, dann bin ich 64, dann mein ich, könnt ich auch aufhören. Die Tochter interessiert sich nicht dafür.

Der Großvater kam irgendwie aus der Oberpfalz und hat 1905 die Schreinerei Brandl gegründet. 1922 ist er hier eingezogen, auf 33, wo es früher schon die Schreinerei Füssenhäuser gegeben hat. Die Großmutter war Teilhaberin und die drei Söhne haben mitgearbeitet, der Josef, mein Vater, der Georg und der Heinrich. Schon bald drauf ist der Großvater gestorben und die drei hatten hart zu kämpfen in den Zeiten von Arbeitslosigkeit und Inflation. Und als es dann wieder aufwärts ging, hat auch schon gleich der Krieg angefangen. Das Geschäft wurde stillgelegt, weil der Vater und der Bruder einrücken mußten. Abgesperrt, bis der Vater 46/47 aus der Gefangenschaft kam.

1930 hatte er geheiratet – die Vereine sind schon immer die besten Heiratsvermittler gewesen – der eine Bruder war gefallen und der andere ledig geblieben. Wir wohnten in der Kaulbachstraße damals und ich weiß noch, wie sie mich mit dem Kinderwagl in die Türkenstraße geschoben haben und wie ich da mit anderen Kindern im Hinterhof gespielt hab'. Da gab's nämlich eine Schaukel. Und einen Hausmeister, vor dem wir uns alle gefürchtet haben. Schmied hieß der. Genau der, wo die Geschwister Scholl verraten hat. Er war nicht sehr groß, hat schon ganz früh eine braune Uniform angehabt und Schaftstiefel. Oder eine schwarze Lederjacke und einen Trachtenhut. ›Das ist der Schmied, da mußt Obacht geben!‹ hieß es, und leiser, ›der ist ein Nazi‹. Über den wurden hier sogar schon zwei Filme gedreht, ein paar Szenen auch in der Werkstatt. Einer hieß ›Der Pedell‹. Im ersten Stock hat er gewohnt, links, im Mittelbau. Wo jetzt jemand wohnt, der mich immer mal wieder reinreißt, bei der Umweltbehörde anzeigt. Wegen Lärm oder wegen Gestank. Mei, in jedem Lack ist etwas drin, aber das, was man riecht, ist nicht das Schlimmste. Und laut ist es eigentlich nur, wenn alle Maschinen gleichzeitig laufen. Ansonsten gibt es keine Probleme mit der Nachbarschaft. Früher hat es ja in der Straße ungefähr zwanzig Schreiner gegeben, in den Ruinen der Türkenkaserne nach dem Krieg waren allein drei. Aber jetzt schaut's so aus, als ob die Tage der kleinen Werkstätten im Hinterhof gezählt wären.

Damals, als ich in die Lehre ging, 1948 nach dem Krieg, war Schreiner so etwas wie der Modeberuf. Von 50 Schülern aus meiner Klasse, wir waren damals in Freising evakuiert, sind zehn Schreiner geworden.

›Komm halt her nach München‹, hat der Vater gesagt, ›dann sind wir wenigstens zwei, die aufs Sach' aufpassen.‹ Weil damals ist ja nichts niet- und nagelfest gewesen. Da hat man auf jede Leist'n aufpassen müssen. Weil so viele Leute ein- und ausgegangen sind. Die haben sogar die Hobelschorten (Hobelspäne) fortgetragen, die du zum Einheizen gebraucht hättest. Für Eisen gab's Scheine, Bezugsscheine, so etwas wie Lebensmittelkarten. Dafür hast du dir Eisen und Schlösser kaufen können. Oder wir haben getauscht: ein paar Bretter gegen ein Packl Schrauben. Alles wurde weiterverwendet, krumme Nägel geradegeklopft. Das hat aber nicht lange gedauert. Dann ging es rasant los.

Bei der Währungsreform hatten wir Glück. Der Vater hatte Beziehungen zur Bayerischen Gemeindebank, was heute die Landesbank ist, das war Kundschaft von vor dem Krieg. Und da hat er einen Auftrag gekriegt für Haustore, drei große Tore für Häuser an der Von-der-Tann-Straße, die der Gemeindebank gehörten. Da hat ihm der Direktor gleich 5 bis 10 000 Mark auf den Tisch gelegt. Das war schon ein Geld damals.

1970 ist der Vater gestorben, ich wurde Teilhaber beim Onkel, bis der drei Jahre später auch starb. Seither machen wir das Geschäft, meine Frau und ich. Das heißt, sie ist eigentlich die Chefin, sie macht die Buchführung, die Bilanzen und all' das. Sie kommt ja aus dem Bankbereich.

Eigentlich hat sich seit dem Großvater seinem ›Lohnhobelwerk‹ nicht viel verändert. Nur daß halt die Maschinen moderner geworden sind. Und es keine Schreiner mehr gibt, die, weil sie keine eigenen Maschinen haben, zu einem ›Lohnhobelwerk‹ fahren müssen. Bei uns gibt es: Bandsäge, Kreissäge, Fräsmaschine, Abricht-Hobelmaschine, mit der man das Holz gerade macht, Dickten-Hobelmaschine, wo man die Dicke vom Holz einstellen kann, und die Zapfenschneidmaschine, die man zum Fenstermachen braucht. Wir arbeiten auch für eine größere Wohnbaugesellschaft, die Heimag: Instandsetzungs-Arbeiten, Fenster richten, neue Fenster machen, Türen richten. Da waren wir oft froh darum. Ein schönes Arbeiten war es mit dem Haus Bernheimer, die hatten eigene Architekten, die die Möbelzeichnungen machten. Oder mit den Vereinigten Werkstätten. Zu uns kommen viele Künstler. Aber wenn ich denk', Künstler wollte ich keiner sein! Wie die ihr Leben oft fretten müssen, obwohl sie was können und was leisten. Aber bis die einmal ihr Geld sehen!

Berufskrankheiten gibt's eigentlich bei uns keine, weil die Arbeit so vielschichtig ist. Da steht man nicht tagelang an einer Maschine und atmet den Staub ein. Gefährlich sind eigentlich nur die Maschinen selber. Schauen's, da hab ich mir mal die Hand verschnitten.

1970 hat die Spatenbrauerei, der das Anwesen hier gehört, das hintere Haus, ja, das verwachsene gegenüber, wo man über der Tür noch ›Rückgebäude‹ lesen kann, dem Schörghuber verkauft. Da sollten so gehobene Wohnungen entstehen, etwas Ähnliches wie in der Amalienpassage. Und sie wollten anscheinend auch eine Passage von der Barer- oder der Schelling- zur Türkenstraße bei uns durchführen. Da wär ich nicht dafür. Andererseits ist es mir egal, wenn der Vertrag ausgelaufen ist. Weil wohnen tun wir ja nicht hier.

Durch diese Tür im Rückgebäude haben damals die Studenten bei den Krawallen 68 versucht, beim Springer einzudringen. Um angeblich die Auslieferung der ›Bildzeitung‹ zu verhindern. Normalerweise sind da die Werkmeister vom Buchgewerbehaus durchgegangen, wenn sie sich in der Türkenstraße eine Brotzeit gekauft haben. Jetzt ist es zugemauert und wird wohl auch bald abgerissen.[1] Weil wir aber da hinten unseren Maschinenraum hatten, als das Haus verkauft wurde, brauchten wir einen neuen. Die Spatenbrauerei hat uns dann die frühere Kegelbahn vom »Allotria« als Maschinenraum überlassen. Weil die nicht mehr benutzt wurde, und auch das Zimmertheater, das kurz drin war, keinen Erfolg hatte. Außerdem waren die Bahnen zu kurz für richtige Kegelturniere. Und beliebt war sie bei den Hausbewohnern schon gar nicht wegen dem Krach. Also sind wir eingezogen. Man sieht noch das Kegelkreuz, wo die Kegel aufgestellt wurden und den Kegelladen, wo die Kugeln rausliefen. Und die diversen Einschläge in der Decke, wo die Kugel hingetroffen hat, wenn sie von so einem Besoffenen geschleudert worden ist. Früher gab es sogar im Hof einen Biergarten und im Keller eine Balsamfabrik mit Flaschenzug zum Hof hinaus. Als wir 1940 dort einzogen, hat es noch lange nach den Kräutern gerochen. Ja, das Allotria, jetzt wo es fort ist fehlt's einem fast! Da war erst der Rößle drauf, dann der Anthuber, dann noch einer, der ein richtiger Wirt war. Und das Allotria noch eine richtige Wirtschaft. Mit einer Kegelbahn.

[1] Geschah im Frühjahr 1995

Dann kam der Kügler, der Jazzer, der Trommler, der, der die Occamstreet-Footwarmers gegründet hat, und hat mich gefragt: ›Ich möcht's jetzt mit der Musik probieren. Kannst mir billig die Bude umbauen?‹ Dann hat der das aufgezogen, ganz riesig. Da ist weiß Gott wer alles gekommen von den Jazzgrößen. Da sind's Schlange gestanden vor dem Lokal. Aber beim Kügler ist's dann auch in den Graben gegangen, weil er zum Schluß seine beste Kundschaft war. Und jeder sich einschenken konnte, was er wollte. Das ist dann nimmer umgegangen.
Dann wurde es aber umgebaut und sollte ein stinkfeines Speiselokal werden mit eigenem Grillkoch. Das hat aber hier nicht Fuß fassen können. Vor allem, weil die alten Gäste rausgeekelt wurden, der Stammtisch vom Schober und anderen Leuten aus der Nachbarschaft.
Vier bis fünf andere haben sich noch an der Musikwirtschaft versucht, bis 1982 der Gerry Hayes kam, der aber dann 1992 hat gehen müssen. Wie der Kügler noch gespielt hat, hat mir der Hausmeister erzählt, da war's nicht so laut, da kamen keine Klagen aus der Nachbarschaft, weil die praktisch noch ohne Verstärker gespielt haben. Schön langsam wurd's dann immer lauter. Der Gerry Hayes hat praktisch Big-Band-Musik gemacht. Das war ein Höllenlärm. Da haben sich die Anwohner beschwert. Und als die Behörde nachgemessen hat, war es doppelt so laut, wie es hätte sein dürfen.
Die Spaten haben daraufhin Angebote eingeholt, was das so kosten würde, die Schalldämpfung. Da hat es geheißen: 300 000 Mark. Dann hätten sie dem Hayes die Pacht hinaufgesetzt, was der nicht konnte. Oder sie wollten ihn nur einfach los sein.
Jetzt beim Café Puck ist mehr los, es ist ja auch schon tagsüber auf. Denen hab' ich auch schon Tischplatten geschnitten. Jetzt machen wir ein Kastl für hinter die Bar. Aber normalerweise sind es nur die Reichen, die sich eigene Möbel herstellen lassen: Architekten für ihr Landhaus oder Geschäftsleute für eine exklusive Ladeneinrichtung. Hier, das Himmelbett, da muß man schon so mit 5 bis 6 000 Mark rechnen.
Tropenhölzer verwenden wir wenig, es kommen jetzt wieder mehr deutsche Hölzer auf den Markt. Modern sind jetzt Erle und Buche. Wieder im Kommen sind auch Kiefer und Kirsche. Von dem billigen Holz, was durch die Wirbelstürme anfällt, können wir nichts brauchen.
Wir, das sind drei Gesellen und ich. Der Jugo ist schon über zwanzig Jahre dabei. Es gab eine Zeit, da hatten wir einen Amerikaner, einen Sarden und den Jugoslawen. Schwierigkeiten mit Ausländern hat es nie gegeben. Wir sind schon miteinander ausgekommen. Auch in meinem Bekannten- und Kundenkreis habe ich nie etwas Ausländerfeindliches gehört.
Nach der Arbeit fahr' ich nach Hause. Aber die Türkenstraße ist meine zweite Heimat. Sie kann eigentlich ganz genauso bleiben, wenn nur der Durchgangsverkehr weniger würde. Sie ist lebendig, die Straße, man kann alles dort kaufen, und wir Handwerker haben guten Kontakt untereinander: der Elektro-Schober, der Spiegel-Deubl, der Schmied Kleber und der Obwexer, der Polsterer. Zum Ski-Vörg hab' ich eine besondere Beziehung.

Dem sein Vater hat mich 1950 bei der Besteigung des Mont Blanc mitgenommen, das war eine große Sache damals. Sein Onkel war der Erstbesteiger der Eiger-Nordwand. Und ihr Vater wiederum war Schreiner und hat im Hobelwerk von meinem Großvater seine Brettl gehobelt. So kennen wir uns praktisch schon über unsere Großväter.«

Martin und Silvi Obwexer
geb. 1930 und 1935 · Polsterei

Nicht auf der Brennsuppn dahergeschwommen

Martin »Der Großvater hieß Joseph und hat hier in der Werkstatt schon als Polsterer gearbeitet. Heute sagt man ja Raumausstatter dazu. Er war verheiratet mit der Kreszenz. Sie ist aus Günzburg gekommen und er aus Südtirol. Wie sagt man doch: ›Ein Tiroler und ein Schwab sind falsch bis ins Grab‹. (lacht)

Die Großeltern haben über vierzig Jahre hier gelebt, bis Anfang der 50er. Im ersten Stock im Mittelbau.

Silvi Der Joseph ist aber schon 1948 gestorben. Dann hat die Kreszenz das Geschäft geleitet.

Martin Sie war die Chefin, aber eine knausrige, sie hat immer mit den Kohlen gespart. Nach fünf Jahren bin ich weg, zum Polsterer Hubmann in der Reichenbachstraße.

Silvi Dort hättest du sollen die Tochter vom Meister heiraten.

Martin Das hätt' ihm getaugt und sie hätt' mich schon mögen, bloß ich hab noch nicht heiraten wollen. Der Meister und ich haben zum Fenster hinaus-

geschaut und da ist ein Motorradl vorbeigefahren. ›So was könntest auch haben!‹ hat der Meister gesagt und gemeint: Wenn du sie heiratest. Es war eine schöne Horex mit Beiwagen. Trotzdem ...
Als die Kreszenz gestorben war, bin ich wieder zurück in die Werkstatt in der Türkenstraße 61. Der Bert war schon da und wir haben dann über vierzig Jahre zusammen die Polsterei geführt.
Silvi Der Bert war der Onkel von Martin, der Bruder seiner Mutter Anna, obwohl er bloß fünf Jahre älter war. Er hieß Kattaloher und war aus der Gegend von Rosenheim.
Martin Ich bin bei Rott am Inn geboren. Da wohnte ein Bruder vom Großvater. Dann haben sie mich aufs Land nach Altstein gebracht, wo die Kattalohers wohnen. Da waren ein paar Häuser und haufenweise Kinder, auch der Bert. Er war sechs und ich ein Jahr alt und mich wollten sie irgendwie in ein Heim bringen, weil ich ein Bankert war. Dann fing der Bert ganz laut zu schreien an, er hat Mordio geschrien: Der bleibt! Den brauchen wir noch! Da hab ich bleiben dürfen.
Silvi Seine Eltern, die Anna, die Bedienung war, und der Martin, der Tapezierer war, haben sich kennengelernt, als sie achtzehn war und er so zehn Jahre älter.
Martin Der Vater ist 1901 geboren und hat in der Dachauerstraße eine eigene Werkstatt gehabt, bis er ausgebombt wurde. Dort hat schon der Bert gelernt.
Silvi Ein Jahr jedenfalls, nachdem du geboren bist, haben Deine Eltern geheiratet. Dein Vater ist 1939 eingezogen worden und 1942 als vermißt gemeldet. Man hat nie mehr etwas von ihm gehört. Vielleicht weil du so früh Halbwaise warst, bist so selbständig geworden.
Martin Mei, ich hab halt immer gemacht, was ich mögen hab'. Auch mit den Weibern.
Silvi Oho!
Martin Früher halt. Da ist man am Wochenende immer zum Schwofen und zum Kocherl treiben. Zum Schwofen ist man ins Café Martin Greif in der Sendlingerstraße oder in die Pappschachtel in Pasing. Das Problem war dann: Wie kommst heim mitten in der Nacht? Da blieb nur eins: zu Fuß.
Silvi Ich hab ein Jahr, bevor ich den Martin kennengelernt hab' immer vom damaligen Freund meiner Schwester, dem Max gehört, was der Martin am Wochenende wieder angestellt hat. Und jedes Wochenende hat er eine andere Freundin gehabt. So ein Depp! hab ich gedacht. 1956 haben wir uns mit der ganzen Blasn auf dem Oktoberfest getroffen und der Martin hat mit mir tanzen gehen wollen. An einem Dienstag, wo ich mit meiner Mutter ins Theater bin. ›Tu sie doch unter einen Glassturz, die Mutter!‹ hat er gesagt und dann haben wir uns ein gutes halbes Jahr nicht mehr gesehen.
Martin Am Fasching dann im nächsten Jahr.
Silvi Du warst der Valentin und ich hab' einen Blumenhut aufgehabt, mehr wie ein Hippie. Ab da haben wir uns öfter getroffen, sind viel ins Gebirg'.
Martin Als Unverheiratete hast damals eigentlich nicht zusammen ins Hotel dürfen.

Silvi Meine Mutter war auch schon ziemlich sauer: Die Kommodkastelei muß ein End' ham! Jetzt wird geheiratet! Das war 1960.
Martin Eigentlich wollten wir ja gar nicht heiraten.
Silvi Und plötzlich haben uns St. Ludwig und St. Joseph die Türen eingerannt, weil wir in der Schraudolphstraße gerade auf der Grenze liegen. Wir haben uns dann für St. Ursula entschieden. Ja, wir haben auch kirchlich geheiratet, das Standesamt war in der Mandlstraße. Nachher in der Moserstub'n in der Franz-Joseph-Straße hat sich der Pfarrer aufgeregt, weil der Martin da schon den Ehering abgezogen hatte.
Martin Jo, mei …
Silvi Lustig war auch die Geschichte mit dem Namen. Der Großvater hieß Obexer, in Südtirol gibt's nämlich Obexer und Obwexer. Und als wir heiraten wollten, der Martin hieß natürlich auch Obexer, fand ein Beamter heraus, daß wir aber in Wirklichkeit Obwexer heißen müßten. Das ›w‹ war irgendwie einmal vergessen worden. Jetzt mußte es wieder herein. In sämtliche Papiere. Seine Mutter hat auch mitmachen müssen bei der Umtaufe. Aber über dem Eingang vom Vorderhaus in der Türkenstraße steht noch Obexer. So sagen auch die alten Freunde noch.
Martin Seit 1952 haben der Bert und ich hier zusammengearbeitet: wir haben tapeziert, Teppichböden verlegt, Polstermöbel aufgerichtet und bezogen.
Silvi Schweigend …
Martin Der Bert hat nicht reden mögen. Da hab ich ihn gelassen. Er hat so seinen Kopf gehabt. Erst einmal eine Stunde Zeitung lesen, von sieben bis acht. Dann arbeiten bis halb zwölf, Mittagspause bis dreiviertel eins, wieder arbeiten bis vier, dann hat er's Werkzeug fallenlassen und ist zum Stammtisch.
Silvi Zum Schluß in den Wienerwald in der Amalienstraße, vorher in den Schwarzen Adler, bis es da zu dem Mord gekommen ist, und ganz früher waren sie im Türkenhof. Bis die Erika sie rausgeekelt hat. Aber in den letzten Jahren sind's da auch immer weniger geworden. So gegen sieben ist er wieder heimgekommen, zur Berta, da hat's Abendessen gegeben.
Martin Nicht gerade üppig, aber so waren sie es gewohnt.
Silvi Sie haben die Wohnung direkt über der Werkstatt gehabt. Das war die Wohnung ihrer Eltern, der Solleders. Sie hat den Bert kennengelernt, weil er auf der gleichen Höhe im Mittelbau gewohnt hat, bei den Großeltern von Martin ...
Martin Wo er ein Gartenzwerg war mit Vollbart und sie eine Riesin. Deshalb hat sie auf den Fotos auch immer auf einem Stuhl sitzen müssen.
Silvi Die Berta hat mit dem Bert seinem DKW-Motorrad mitfahren dürfen und das war damals schon etwas!
Martin Sie haben dann in der Engelsburg vorn geheiratet. Ich weiß noch, ich hab die Berta dann heimtragen müssen. Er ist dann bei ihnen eingezogen: bei der Witwe Solleder und ihren beiden Töchtern. Bis er das Schlagerl gekriegt hat. Seither arbeite ich allein.
Silvi Wenn's ans Liefern geht, hilft dir der Erich. Und die Buchführung mach halt ich.

Ob es die große Liebe war? Am Anfang nicht. Unsere Liebe ist gewachsen, würd' ich sagen. Jetzt könnt' ich mir ein Leben ohne Martin gar nicht mehr vorstellen.«

Kundschaft kommt. Vieles bleibt ungefragt, ungesagt. Alle wissen: wer Hilfe braucht, geht zum Martin. Er kann alles: vom Bergsteigen zum Möbel machen, vom Reißverschluß einnähen bis zum Genuß unglaublicher Mengen Bier. »Nie verzagen, Obe fragen!« heißt es. Er ist unbestritten Zentrum, Herrscher und Hüter im Hinterhof. Und Sprüche hat er drauf, die selten geworden sind: »Ja, wo samma denn? Bei de Wo-samma-Neger« – »Mo donjuan tat dr' Franzos sag'n« – »Hundskrüppel elendige!« – »Bluatige Hennakepf!« – »Bluatsaure Milli« – »Brauchst net moana, daß i auf dr Brennsupp'n dahergschwumma bin!« – »Do fehlt se's vom Boa weg« – »I glaub, i werd wahnsinnig! Oder i bin's scho un' spann's bloß net!«
Im Herbst 1996 hat er von einem Trekking in Bhutan zwei buddhistische Gebetsfahnen mitgebracht, die seither, weiß, gelb, hoch und schmal, im Hinterhof wehen.

Gustl Vörg
geb. 1938 · Ski-Vörg

Von da an ging's bergab

»Ich seh' die Zukunft schwarz. Wenn es keine Handwerker mehr gibt in der Gegend, dann verliert doch das ganze Viertel sein Gesicht.
Der Brandl Sepp und mein Vater haben 40 Jahre lang zusammen eine Alm gehabt bei Bad Tölz. Da hat man sich dann getroffen.

Die Kellerwerkstatt hier in der Amalienstraße haben wir seit 1932, seit 1947 wohnen wir auch hier im Rückgebäude. Der Vater hat aus der Schreinerei heraus praktisch das Skigeschäft entwickelt. Vorher hat der Großvater so rumgewurstelt, Schreinerarbeiten und Särge. Bis Mitte der 50er Jahre haben wir im Sommer Särge hergestellt. Dann haben wir die Schreinerei aufgegeben, weil das Skigeschäft so intensiv wurde. Ein richtiger Boom. Die Skifahrer haben sich in Windeseile vervierfacht, die Ski sind immer moderner geworden und jeder hat ein Auto gehabt und konnte in die Berge fahren. Früher gab es für Skifahrer nur Sonderzüge: Nach Neuhaus, Garmisch oder Mittenwald. Da sind dann alle auf ein Gebiet losgelassen worden.

Bis Mitte der 70er Jahre dauerten die goldenen Jahre. Seither ist das Geschäft permanent rückläufig. Da fragst dich schon: Machst weiter oder nicht? Wenn man nur einen Dummen finden würde, der einem die Ware abkaufen würde, die überbleibt. Da wirst aber keinen finden, denn wenn sich's rentieren würde, würde ich selber noch acht bis zehn Jahre weitermachen. Aber so, wo du selber praktisch Geld hintragen mußt, nicht.

In der Größenordnung, wie ich das mache, ist so etwas vorbei. Seit 1977 mach' ich das allein: Ski verkaufen und reparieren. Das ist ja eigentlich gar kein Beruf. Da gibt's keine Ausbildung, keine Lehre. Ich bin hat in die Handelsschule gegangen und hab' beim Vater gelernt. Skimacher ist kein anerkannter Beruf bei uns. In Österreich schon.

Mein Vater hat sich nur für die Berge interessiert, der Wiggerl auch, sein Bruder, der Erstbesteiger der Eiger-Nordwand. Mit dem Harrer, dem Heckmeyer, dem Kasparik. Vor dem Krieg ist auch der Ertl Hans, der Bergsteiger und Kameramann der Leni Riefenstahl hier in der Wohnung gewesen. Später war er nurmehr Gast im ›Berggeist‹, einem Verein der extremen Bergsteiger.

Mich haben schon immer fremde Länder interessiert. Angefangen hat's mit dem Radl nach Dubrovnik, dann nach Istanbul und Griechenland und mit dem Motorrad nach Persien. Da war ich gerade 18. Und über den Irak wieder zurück. Seither war ich viel in Südamerika und Asien. Vor allem Nordindien und Nepal.

Ich erinnere mich an eine Episode, die der Vater erzählt hat: da kam der Elser, der Georg Elser, der Bürgerbräuattentäter, zu meinem Vater und bestellte ein Holzkastl. Vielleicht so groß wie ein Schuhkarton oder größer. Außen mußte ein Schlosser aus der Umgebung noch eine Metallummantelung anbringen. Ich denk' schon, daß er das in die Säule hineingebaut hat. Wissen tu' ich nur, daß mein Vater nach dem Attentat 1939 zum Verhör zum Wittelsbacher Palais hat müssen. Und daß dort der oberste Boß der Gestapo ihm gesagt hat: ›Gustl, was machst du denn bei uns?‹ Das ist nämlich ein Kletterspezi gewesen. Und dann war der Fall eigentlich schnell abgehakt.

Seit Mittel der 80er Jahre ging's bergab mit unserem Skigeschäft. Die Aufhebung der Preisbindung hat da kräftig mitgeholfen. Und daß es keine Großhändler mehr gibt. Nur noch die Einkaufsgenossenschaften, Inter-

sport und MSI, Riesendinger, wo ich nicht hineinkomme, weil ich den Umsatz nicht habe. Da ist es oft ein irres Ding, bloß an Gummiclips zu kommen, die die Ski zusammenhalten. Vor zehn Jahren hätte ich mich vielleicht noch mit dem Gedanken befreunden können, im Servicezentrum von einem Sport- oder einem Kaufhaus zu arbeiten. Heute nicht mehr. Dann hört halt das Geschäft mit mir auf. Nein, Kinder hab' ich keine. Der Brandl Seppi, der hat eine Tochter, aber auch keinen Nachfolger, wenn 1998 der Vertrag ausläuft.
Da werden noch mehr aufhören. Der Grund sind die hohen Mieten, und in letzter Zeit mehr und mehr die Auflagen. Die Leute werden auch immer lärmempfindlicher. Bei uns im Hof könnte heute keine Schreinerei mehr arbeiten. Bis 1975 haben wir noch Ski gemacht, da ist die Hobelmaschine oft den ganzen Tag gelaufen. Oder die Fräsmaschine. Das würde heute nicht mehr akzeptiert. Da gibt es einen Schreiner in der Nähe, der hatte eine Werkstatt und einen Angestellten. Da hat ihm das Gewerbeamt doch die Auflage gemacht: er müsse eine Toilette bauen, die in der kalten Jahreszeit auf 22 °C geheizt werden müsse. Früher ist er halt in seine Wohnung gegangen zum Bieseln. Jetzt würd' ihn das 10 000 Mark kosten. Das ist doch ein Witz!
Ich seh' schon, wie die Handwerker in sogenannte Handwerkshöfe an den Stadtrand ziehen, weil es nicht mehr miteinander geht, das Arbeiten und das Wohnen. Und dann hat das Viertel seinen Charakter verloren. Endgültig. Dann ist das Bodenständige dahin.«

Ludwig Kleber
geb. 1920 · Schmiedemeister

Ewig jung

»Jedes gute Handwerk hat Zukunft. Wenn es vielseitig ist. Wenn es auf Neuerungen reagieren kann. Auch maschinenmäßig. Wir haben uns auf Tankstellen spezialisiert. Stehen bei Esso und Agip unter Vertrag. Wir machen auch Blech- und Aluminiumarbeiten, Alufenster und Schaufensterkonstruktionen. Man muß mit der Zeit gehen. Sonst bleibt man auf der Strecke.
Die Klebers stammen aus dem Oberpfälzer Wald, aus Eslarn an der tschechischen Grenze, nicht weit von Weiden. Da gibt es viele davon. In Frankreich auch. Warum, weiß ich nicht.
Wir haben auch einen Hausnamen, ›Sadel‹, das kommt von Sattler. Der Vater hatte ein Wirtschaft, ›Zum Kleber‹ hieß die. Wir waren fünf Buben und zwei Mädchen. Die Mädchen haben geheiratet und meine Brüder sind Schuster und Metzger geworden, einer ist zur Bahn und der andere hat die Wirtschaft weitergeführt.
Ich hätte eigentlich Geistlicher werden sollen, weil ich war Ministrant, und meine Stimme war schon immer laut und kräftig. In der Schule war ich auch nicht der Schlechteste und da hat der Ortsgeistliche eben gemeint, ich solle Priester werden. Aber ich hab' da nicht so richtig gezogen. Ich war ja auch erst 14 und wenn man an das Finanzielle denkt. Wir waren sieben Kinder und der Vater hätte die ganze Ausbildung zahlen müssen. Na.
Wo dann der Nachbar, der Ruhland, mit seinen zwei Schlossereien und einer Eisenwarenhandlung auf meinem Vater seine Frage geantwortet hat:

›Freilich nehm' ich den Ludwig!‹ Da bin ich bei ihm in die Lehr' gegangen. Hab' drei Jahre lang die Schlosserei gelernt.
Der Ruhland hatte eine Tochter. Wir haben uns schon als Kinder gekannt, wir waren ja ungefähr gleich alt. Man hat sich halt gegenseitig ein bißerl angelacht und ... bitte.
So ist aus meinem Lehrmeister mein Schwiegervater geworden. Geheiratet haben wir erst nach dem Krieg. Wo ich aus der Gefangenschaft zurückgekommen bin.
Gearbeitet haben wir sieben, acht Stunden, manchmal auch zehn. So genau ging das nicht. Manchmal hab' ich fünf Mark in der Woche bekommen. Wir waren der Meister, zwei Gesellen und zwei Lehrbuben. Ich war der letzte, den er genommen hat. Danach hat er verkauft und ist nach München gezogen. Weil er Schwierigkeiten mit der Partei hatte. In München in der Schellingstraße, wo heute das Mädchenheim ist, stand der Eisenbau Lörner zum Verkauf. Da hat der Schwiegervater zugegriffen. Es wurde aber im Krieg zerbombt. Nach dem Krieg wurde uns dieser Keller hier in der Türkenstraße 60 zugewiesen. Ab da hieß das Geschäft Ruhland-Kleber, ab 1960 nur noch Kleber. Schmied Kleber, ja. Wir haben einen Vertrag bis zum Jahr 2000. Der Sohn führt es jetzt, und solange es auf unseren Namen läuft, dürfen wir bleiben.
Als ich 17 war, habe ich eine Umschulung zum Flugzeugbauer gemacht. In Augsburg, bei Messerschmitt. Ich war dann Flugzeugschlosser im Werk Haunstetten, wo wir die ME 111, den Düsenjäger gebaut haben. Weil die früheren Flugzeuge, das waren doch alte Rumpeln, auf deutsch gesagt.
Immer wieder haben Nazigrößen das Werk besucht. Es war ja Rüstung und da ist fast jeden Tag eine Maschine rausgegangen. Die ME 111 war ja ein ganz schneller Jäger und ist auch noch eingesetzt worden. Wo früher durch die Propeller geradeaus, nach vorn geschossen wurde, waren die Jäger beweglich und konnten auch nach hinten schießen.
Eines Tages haben wir auf unserem Flugplatz eine Maschine stehen sehen. Die gehörte dem Rudolf Heß, Hitler-Stellvertreter, mit der ist er anschließend nach England geflogen.
Ich muß ehrlich sagen, wir waren alle begeistert im Werk von dem, was uns gesagt wurde: ›Heute gehört uns Deutschland und morgen die ganze Welt!‹ Ich müßte lügen, wenn ich sagen würde, ich hätte etwas gegen den Hitler gehabt.
1940/41 hab' ich mich freiwillig zur Luftwaffe gemeldet. Das hat aber nicht mehr geklappt. Ich bin zur Kraftfahrabteilung gekommen und hab' dadurch viel kennengelernt: Wien, Amsterdam, Südfrankreich, Normandie. Bis ich am 26. März 1945 am Rhein in einem Panzerspähwagen gefangengenommen wurde. Von den Amerikanern.
Wir waren der letzte Transport von Gefangenen, der nach Amerika gegangen ist: 400 Mann, Offiziere und Unteroffiziere mit einem Geleitzug von 110 Schiffen und zwei Flugzeugträgern. Wir haben dreieinhalb Wochen gebraucht, bis wir in New York ankamen. Es war April und die Stürme tob-

ten und die Kaiserschiffe knarzten hinten und vorn. Von uns 400 waren gerade noch zehn gesund, die anderen alle seekrank.
Nie mehr fahr' ich mit einem Schiff nach Deutschland zurück, sagten sie, wenn meine Frau mich sehen will, muß sie mich schon in Amerika besuchen. In New York, trabtrab zum Bahnhof, auf nach Oklahoma, Philadelphia, Washington. Am Weißen Haus vorbei. ›Jetzt haben wir es doch noch erobert, das Weiße Haus!‹ haben wir Witze gemacht. Dann ging's weiter bis Montana, Idaho, Oregon. Wo der Mississippi entspringt und wo so oft Hochwasser ist.
Die Gefangenschaft war eigentlich nicht schlimm. Man hat Verpflegung gehabt, ganz anders wie wir als Soldaten, es war der reine Luxus. Man war nicht eingesperrt. Wir konnten Fußball spielen, singen, Veranstaltungen machen. Dann kam die ganze Umgebung zu Besuch. Darunter auch viele Auslandsdeutsche, die sich freuten, einmal wieder ihre Sprache sprechen zu können. Um zehn Uhr war Zapfenstreich.
Wir Offiziere hätten laut Genfer Konvention eigentlich nicht arbeiten müssen, aber wir haben uns freiwillig gemeldet und sind als Handwerkertrupp eingesetzt worden. So haben wir sogar Geld verdient, das allerdings erst ein Jahr, nachdem ich bereits wieder in München zurück war, ankam.
Im August 1947 kam die Entlassung. Wir fuhren wieder mit dem Zug durchs ganze Land bis New York, wurden eingeschifft, 2000 Mann waren wir diesmal, die Sonne schien, kein Lüftchen ging und es war uns zumute, als ob wir in Urlaub fahren würden.
Dann kam ich in Eslarn an: die Mutter war tot und der Vater am Sterben. Da bin ich dann endgültig nach München. In den Räumen der Türkenstraße 60, im Keller, wo wir jetzt sind, war früher eine Fahrradgroßhandlung und gegenüber eine Spenglerei. Dann gab es noch zwei Schreinereien.
Früher gab es allein in der Straße vier Schlosser: oben den Ammer, dann den Müller, dann wir, dann weiter unten, an der Georgenstraße, den Friedrich. Wir waren keine Konkurrenz, wir waren ja alle im Wiederaufbau. Wir haben ja soviel Arbeit gehabt, daß eher die Fachkräfte fehlten. Wir haben uns ergänzt, auch maschinenmäßig. Erst waren wir zu dritt, der Schwiegervater, noch ein Schwager und ich. Dann haben wir einen Lehrbuben gekriegt und dann ist's schön langsam aufwärts gegangen. In der Regel waren wir so acht Mann. Jetzt sind wir mit den Aushilfen fast genauso viel. Fünf Mann arbeiten hier, es gibt einen Helfer und wir zwei Meister, der Sohn und ich.
Wir haben einen Fax und einen Computer, das macht der Sohn. Ich bin 73, ich hatte schon zwei Herzoperationen, für mich ist das gelaufen.
Früher hat man noch getrennt zwischen Kunst- und Bauschlosser. Heute gibt's nur noch Metall-Fachbetriebe, der Schmied ist Metallfacharbeiter. Es gibt keinen Schmied, es gibt keinen Schlosser mehr, es gibt nur noch einen Metallbaumeister. Früher gab es in der Innung 400 reine Schlossereien, jetzt sind es 300 bis 400 Betriebe, weil alle Berufssparten zusammengefaßt sind: Schmiede, Schlosser, Mechaniker. Die Innung ist die erste Instanz, die zweite ist dann die Handwerkskammer. Woher ich das weiß?

Weil ich nach der Meisterprüfung in den Gesellenprüfungsausschuß der Innung kam, dann wurde ich Rechnungsprüfer, dann saß ich fast 20 Jahre im Meisterprüfungsausschuß. Ich war sechs Jahre Schöffe am Landgericht und 15 Jahre Sachverständiger. Öffentlich bestellter und vereidigter Sachverständiger für's Schlosserhandwerk in ganz Oberbayern.
Geprüft wurde da zum Beispiel, ob etwas am Stiegengeländer nicht stimmte, ob die Fenster wasserdicht waren oder plötzlich Posten auf der Rechnung auftauchten, die gar nicht ausgeführt worden waren. Oder dieser Fall der Schlüsselfirma Kindler in der Schleißheimerstraße. Ganze Seiten haben sie im Telefonbuch gefüllt, was sie für ein Fachbetrieb wären.
Aber nach ein paar Wochen ist exakt da, wo die gearbeitet haben, eingebrochen worden. Die haben eben entweder Schlüssel zurückbehalten oder alles so montiert, daß sie ohne Schwierigkeiten haben einbrechen können.
Bei mir haben sich die Kunden beschwert, ich habe es geprüft, und die Ergebnisse der Innung mitgeteilt. Da sind dann alle an einem Tag bundesweit gefaßt worden und der Herr Kindler verurteilt. Die anderen, samt und sonderns Vorbestrafte, gingen leer aus, weil er alles auf seine Kappe genommen hatte. Heute verkauft er, glaube ich, Teppiche. Der Gipfel war, daß sie einen Stempel hatten mit: Fachverband für Schließtechnik. So einen gibt es gar nicht.
Für unseren Beruf braucht man erst einmal Liebe. Weichling darf man keiner sein. Und die Angst, die einen überkommt, wenn man Eisen schneiden muß mit der Trennscheibe, die muß man eben überwinden. Das gibt sich mit der Zeit. Und wir, wenn wir am Abend heimkommen zur Familie, dann sind wir direkt lieblich. Kann man sagen.
Also, wir sind schon anders als die Schreiner. Wir nennen die ›Holzwurm‹ und sie uns ›Schmierfink‹, weil wir immer dreckige Hände haben. Aber sonst, so unter Handwerkern, hat es immer ein freundschaftliches Verhältnis gegeben. Der letzte Alteingesessene in der Straße ist der Schreiner Brandl. Den alten Schober hab' ich auch noch gut gekannt. Das war ein braver Mann tagsüber. Mit dem Jungen ist es nicht mehr das. Obwohl der auch brav ist. In den Bäckereien und Metzgereien in der Umgebung haben wir immer unsere Brotzeit gekriegt.
Das ging ja schon nach dem Krieg an, wo alles repariert werden mußte oder neue Gitter gebaut. Uns ging's ja nur ums Essen, weil die Lebensmittelmarken haben hinten und vorn nicht gereicht. Da hieß es halt: Ware gegen Ware! Beim Bäcker durften wir für ein Scherengitter in der Woche zwei bis drei Laib Brot abholen. Vier Wochen lang. Vom Metzger bekam man Fett, Fleisch und Kartoffeln. Einer aus der Holledau ist mir noch zwei Zentner Kartoffeln schuldig, weil während er in Naturalien zahlte, kam die Währungsreform. Der Hemmeter mit seinem Schnapsausschank, der war verführerisch für uns. Für meinen Schwiegervater und für mich. Wie oft wir da mit einem Schwips wieder rausgekommen sind! Wir haben auch oft in seinem Keller arbeiten müssen, Türen, Fenster, Schwellen, Einfassungen richten. Oder wir haben mitgeholfen, wenn die Enzianwurzeln im Hof lagerten.

Unsere Hausbesitzerin ist uns gegenüber sehr freundlich eingestellt. Jedem neuen Mieter wird gesagt, daß es eine Schlosserei im Keller gibt. Es gibt wenig Beschwerden, eher im Gegenteil, wir helfen den Mietern, vor allem den älteren Frauen gern, wenn sie Probleme mit ihren Schlössern haben. Kostenlos.

Nur ein Studentensprecher kam einmal vom Studentenwerk nebenan und beschwerte sich über den Lärm. ›Wenn ihr nachts schlafen würdet‹, hab' ich gesagt, ›und nicht herumziehen, dann wärt ihr tagsüber nicht so müd‹!‹ Das war vor 20 Jahren. Seither gibt es eigentlich keine Probleme mehr. Außer dem Filmmenschen, der schon gleich einen Beschwerdebrief an das Gewerbeaufsichtsamt geschrieben hat.

›Warum schreiben'S denn nicht gleich mir?‹ hab' ich ihn gefragt, ›wir können uns doch auf eine Halbe Bier zusammensetzen und über alles reden.‹ Ja, und seither! Direkt goldig ist unser Verhältnis geworden. Er grüßt schon von weitem.

Kunstschmieden hab' ich schon immer gern gemacht. Da drüben, das Teil ist von meinem Meisterstück, einem geschmiedeten Grabkreuz. Das steht jetzt da am Waldfriedhof, wo meine Frau liegt. Wir haben immer gesagt: Wenn wir mal sterben, wird das unser Grabkreuz. Aber an der Stelle gibt's nur Grabsteine. Also hab' ich einen Termin ausgemacht, einen Ortstermin. Ich hatte ein Foto vom Kreuz dabei. Da sagte der Friedhofsverantwortliche: Ich bin stolz, daß so etwas Schönes in unseren Friedhof kommen soll. Sie dürfen es aufstellen, aber Sie müssen sich an die vorgeschriebene Höhe von 1,50 m halten. So hoch war allein das Kreuz. Ich konnte ja den Stein nicht in die Erde versenken. Ich geb' Ihnen einen Tip, sagte er, füllen Sie eben die Erde auf, dann meß' ich ab da, dann sind es akkurat 1,50 m. Ich hab' dann rausgebracht, daß er selber Handwerker war, Steinmetzmeister. Durch das war er so vernünftig. Da redet sich's von Meister zu Meister.

Was die Türkenstraße für mich ist? Eine reine Geschäftsstraße, so eine Art Geschäftsfreund. In erster Linie ein Mann. In zweiter eine Frau, also die Frau vom Geschäftsfreund.

Was sie aber auf alle Fälle ist: Ewig jung, wenn'S mich fragen.«

Bernhard Wild
geb. 1941 · Bäckermeister

Zettel gegen Fremdenhaß

»Auf Dauer kann der Bäcker den Kunden nicht bescheißen. Kurzfristig schon. Da wird dann billige Margarine genommen, die Teige sind wärmer, es wird mehr Hefe hineingegeben, so hat der Teig keine Möglichkeit, langsam zu reifen und Geschmack zu entwickeln.«
Das aber ist das A und O des Bäckerhandwerks: die richtige Dosierung der Zutaten und der geeignete Moment der Bearbeitung des Teiges. »Alles andere ist mittlere Facharbeit. Wenn man eine gute Qualität will, muß man noch viel mit der Hand machen. Eine Semmel, die nach Hefe schmeckt, ist mit das Furchtbarste, was es gibt. Eine Semmel muß ganz leicht säuerlich schmecken und eigentlich innerhalb von drei Stunden gegessen sein.«
Bernhard Wild ist Bäcker. Mit Leib und Seele. Trat in die Fußstapfen seines Vaters, eines allseits geschätzten Bäckermeisters, zu dessen Tod in der SZ seitenlange Traueranzeigen erschienen.
Als der Vater aus Amerika zurückgekommen war, hatte er in der Rottmannstraße eine Bäckerei gepachtet, 1938 das Anwesen in der Amalienstraße gekauft, das heute die vier Wild-Filialen mit frischen Semmeln, Bretzen, Brot, Kuchen und Torten beliefert.
Bernhard Wild steht um zwei Uhr auf, beginnt um drei mit zehn anderen Männern die Arbeit in der Bäckerei, die um viertel nach elf beendet ist. »Für die Angestellten, nicht für mich.« Da geht dann die Büroarbeit los, Termine mit der Innung, der Fachschule. Er organisiert die Meisterprüfungen im Bäckerhandwerk. »Was den Beruf so schwierig macht, ist daß man sehr sensibel sein muß, aber trotzdem körperlich sehr belastbar.« Das werde

allgemein nicht anerkannt. Am Nachmittag legt er sich noch einmal zwei Stunden hin, Siesta, hat bis neun Uhr abends Zeit für die Familie, die Frau, die drei Kinder. »Dann hat die Familie noch ein paar Stunden für sich. Ohne mich. Das ist doch nicht tragisch.« Weil er schließlich um zwei Uhr in der Nacht schon wieder fit sein muß.

1963 macht er seinen Meister, ein Jahr später übernimmt er den Betrieb, den er 1970 umbaut. »Weil, eine Kellerbäckerei hat keine Zukunft. Also entweder umbauen oder hinausziehen. Aber von außen kann ich die Geschäfte in der Stadt nur ein- bis zweimal anfahren, von hier aus viermal. Also wurde umgebaut, die Bäckerei vom Keller ins Erdgeschoß verlegt. Weil ich hier größere Maschinen aufstellen kann und weniger Mitarbeiter brauche. Wir sind jetzt im ganzen 40 Leute: Bäcker, Konditoren, Ausfahrer, Putzfrauen, Köchinnen, Versandarbeiter.«

Die »Aktion Maxvorstadt« habe ihn damals heftig angegriffen, weil er den Mittelbau abgerissen habe. Inzwischen habe er aber hinten Zimmer für seine Angestellten.

Bernhard Wild ist ein sozial denkender und handelnder Mensch. »Wer bei mir etwas bekommt? Jeder, der in Not ist. Ab und zu kommen Penner und wühlen in der Abfalltonne im Hof. Dann hole ich sie herein und geb' ihnen was Anständiges zum Essen. Am Anfang hab' ich gedacht: jetzt werden wohl ganze Kolonnen herkommen, wenn sich das herumspricht. Aber seltsamerweise kommt überhaupt keiner mehr. Irgendwie habe ich das Gefühl, daß sie sich dann als bemitleidenswerte Opfer fühlen. Während, wenn sie sich etwas aus der Aschentonne holen, ist das etwas Selbstgesuchtes und verletzt ihren Stolz nicht.«

Bäcker Wild stiftet nicht nur dem Bezirksausschuß, dem er selber jahrelang angehörte, zum Sommerfest Gemüsekuchen, er unterstützt auch ein Flüchtlingslager in Kroatien mit Mehl, Zucker, Milch und Brot. »Das läuft über die evangelische Kirche.« Nein, evangelisch sei er nicht, eher ein »positiver Katholik«, dem so Evangelische wie der Klaus Bäumler, der Bezirksausschußvorsitzende seit über 18 Jahren, und beide »keine überzeugten CSU-ler«, wiewohl in der Partei, »sehr sympathisch« sind. Der Bäumler und seine »Politik des Öffnens«. Ihn habe er während ihrer gemeinsamen Bezirksausschußzeit immer unterstützt, wenn es um die Öffnung des Finanzgartens, des Schönfeldparks oder der Schulhöfe von Amalien- und Türkenschule ging. Um den Radlweg in der Ludwigstraße, die Stolperschwellen in der Kaulbachstraße.

»Das ist doch das Problem, daß wir heute haben: daß sich jeder auf seinen Besitzstand zurückzieht, nur noch seinen Vorteil sieht und sich nicht mehr um das allgemeine Interesse kümmert.«

Er habe während dieser Zeit des Engagements gemerkt: »entweder du widmest dich der Politik und mußt einen Teilhaber hereinnehmen oder du verzichtest auf die Politik.« Weil ihm aber sein Beruf »alles« war und weil er gemerkt habe, »daß ich politisch kein Talent bin«, hat er sich doch wieder ausschließlich der Bäckerei gewidmet.

Was heißt da »ausschließlich«. Er war einer der ersten in München mit Vollkornbrot aus biologischem Anbau; früher hat er das Korn noch direkt beim Bauern abgeholt, jetzt bezieht er es von »Bioland«. »Ich tu's selber mahlen, ich habe zwei Mühlen im Betrieb.« Was nicht verwundert, war der Großvater doch ein Müller aus der Oberpfalz.

»Wir verarbeiten zu 2/3 Roggen, zu 1/3 Weizen. Dann haben wir noch Hafer und Dinkel, den Vorfahren unseres Weizens.«

Er weiht in das Geheimnis des Teigmachens ein: »Da meint doch jede Hausfrau, wenn sie ein bißchen Hefe, Salz, Wasser und Mehl zusammenrührt, das sei schon Bäckerei.« Total falsch, meint Bernhard Wild: »Für mich ist jeder Teig ein Lebewesen. Die Kunst des Bäckers ist es, und das macht sie zu einem der schwierigsten Handwerke überhaupt, mit etwas Lebendem zu tun zu haben. Weil im Teig, das sind ja auch lauter Zellen, die sich heranbilden und wieder absterben. Ein Teig muß zart sein wie ein Kinderpopo. Dann läuft der gleiche Alterungsprozeß ab wie beim Menschen: Vom Baby zum 20 bis 25jährigen, dann ist der Teig optimal. Wenn man das übersieht, wird er langsam alt. Wie im richtigen Leben. Das muß der Bäcker sehen, erkennen und spüren, an der Teighaut, wie weit die Entwicklung ist. Ich leide unter jedem Teig, der über die Optimalentwicklung hinaus ist. Das ist eine Sache von Minuten. Dann wird er trocken und reißt ein. Das ist für mich eine psychische Belastung.«

Je heller der Teig sei, je mehr Weizenmehl er enthalte, desto schlechter sei es, wenn er überreif sei. »Dann wird Alkohol und Kohlendioxyd freigesetzt und die Semmel schmeckt nach nichts mehr.«

Streng getrennt wie Brot und Torte sind Bäcker und Konditoren. Sie sind nicht in derselben Innung und sind sich auch sonst nicht grün. Bei Bäcker Wild arbeiten die Konditoren im ersten Stock. »Sie fangen später an als wir und halten sich auch für etwas Besseres. Sie schauen auf uns herunter.«

Dabei seien sie ein bißchen kleinkariert, während sie, die Bäcker, großzügiger seien. »Das hat mit den Mengen zu tun, die einer herstellt.« Dafür müsse der Konditor sehr fein arbeiten, sehr genau und auch ein bißchen künstlerisch. Er fange erst um sechs Uhr an und sei um halb drei fertig.

»Torten muß man wegwerfen, wenn sie nicht in zwei Tagen verkauft sind, alte Backwaren bekommt ein Schaf- und Schweinezüchter, der sie bei mir abholt.«

In den vier Filialen gibt es unterschiedliches Stammpublikum. In der Amalienstraße vor allem die Angestellten der Allianz, in der Türkenstraße – die Filiale besteht seit 1953 – die Studenten der Universitätsinstitute, in der Zweibrückenstraße die Leute vom Patentamt und in der Beckstraße, einer Wohngegend, vor allem Ausländer.

»Auf dem Höhepunkt der Auseinandersetzungen, wo manche Politiker meinten, ihr Süppchen im Topf der Ausländerfeindlichkeit kochen zu können, da habe ich in jedem Geschäft einen Zettel ausgehängt, in dem es hieß, daß in diesem Betrieb Bürger aus der Tschechei, aus Serbien, Kroatien, Nigeria, aus den alten und neuen Bundesländern, darunter ein behindertes Mädchen, kollegial und friedlich miteinander arbeiteten.

Ich habe sehr viele und sehr positive Reaktionen darauf bekommen, was mich nachdenklich gestimmt hat. Weil sie alle so still und klammheimlich abgegeben wurden, aus Furcht, von anderen gehört zu werden. Sind wir wirklich schon wieder so weit, hab' ich mich gefragt, daß man sich nicht mehr traut, seine Meinung frei zu äußern?
Kurz darauf gab's die Lichterkette und das hat diesen Politikern gezeigt, wie die Stimmung wirklich im Lande ist. Seither hat die extreme Panikmache aufgehört.«

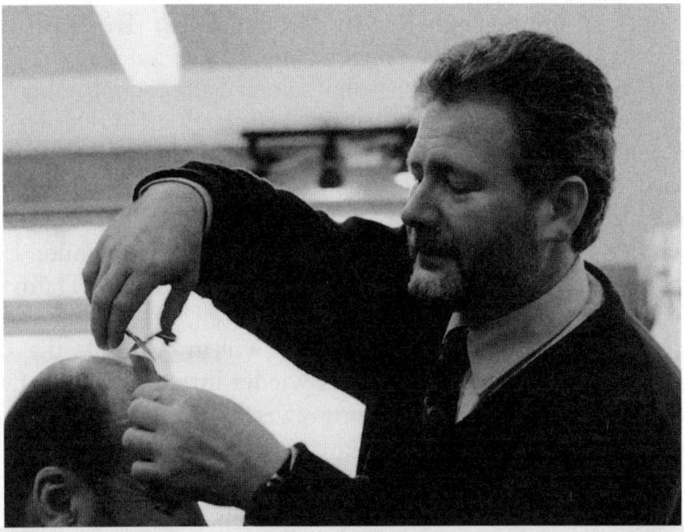

Anton Werner
geb. 1948 · Friseurmeister

Teppichboden aus Haar

»Die Nostalgie der Locke ist an und für sich vorbei. Die Türkenstraße lebt, das heißt wir leben vom kurzen, schnellen Haarschnitt. Zwischen Locke, Dauerwelle und glattem Haar hin- und hergerissen zu sein, davon leben wir. Wir Friseure leben von der Unzufriedenheit der Menschen.
Der Trend zur Strukturumwandlung, so nennt man die Dauerwelle bei Herren, hat eigentlich abgenommen. Die Welle tritt mehr in den Hintergrund. Bei feinen, dünnen Haaren baut man sie noch mit ein, ein Reißer ist sie aber nicht mehr. Kurze Sportlerköpfe mit schön verlaufenden Übergängen im Nacken sind momentan ›in‹.«
So spricht der Fachmann, Anton Werner, Meister des Friseurhandwerks, Lehrlingsausbilder und Lehrer an der Meisterschule. Die Türkenstraße ist ihm »Familienschicksal«: Der Vater kam in den 50er Jahren aus dem Bayeri-

schen Wald nach München, fand beim »Eibl-Sepp« Ecke Blütenstraße eine Stelle. Dieser Friseur war ein Original: Groß, glatzköpfig, mit riesigen Händen, gewandet in – je nach Wetter – kurze oder längere Lederhose, Loferl-Gamaschen und Haferlschuhe. Während die Gesellen vorne die Haare schnitten, spielte er hinten Zither und Bandoneon. Er konnte auch Bauchreden und es gefiel ihm außerordentlich, andere »in den April zu schicken«.
Als er, trotz Versprechens, dem Vater Werner den Salon nicht übergab, suchte der sich ein anderes Geschäft. Er fand eines auf Nr. 71, das dem alten Friseur Scherer gehörte, der es ihm nach einem Jahr überließ. Das war 1957. Da wurde zum ersten Mal modernisiert: Dauerwellen und Haarwäschen machten Waschbecken unumgänglich. »In Waschbecken, Trockenhauben und Spiegeln drückt sich bei uns der Zeitgeist aus.«
Ein bißchen modernisiert hat der Sohn seinen Salon schon, aber kühl und gläsern will er ihn nicht, seine Kunden übrigens auch nicht. Das ist eine Konzession an den Friseurnachwuchs, der es gern ›cool‹ hat und der auch immer weniger wird. Gab es vor kurzem noch 800 Lehrlinge in München, sehr es jetzt nurmehr 200.
»Das Wesen der Türkenstraße liegt in der Struktur der Bewohner. Einmal die Künstlerschaft im unteren Teil der Straße um die Akademie. Dann das intellektuelle Publikum in der Mitte. Im oberen Teil, wo früher die Militärs waren, da sind jetzt die Bankleute. Wenn wir in Zukunft die Gemäldesammlungen kriegen, hat die Straße dort wieder ihren Wasserkopf.«
Das ist positiv gemeint. »Die Mischung zwischen interessanten Persönlichkeiten und gemeinem Volk, also Kohlenträger, Aschentonnenleerer und Hinterhöfler, das macht die Szene hier so schmackhaft.« Und er spricht von »Biotop« und »ökologischem Gleichgewicht«, die er beide bedroht sieht. »Es kommt ein Stimmungsumbruch, es ziehen immer mehr Geldige vom Land in die Stadt zurück, weil es ihnen dort langweilig geworden ist. Die Türkenstraße wird zur ersten Adresse, die Mieten steigen und die Alteingesessenen werden vertrieben.«
Er erinnert sich voll Sehnsucht an die Metzger, die es rundherum gab: den Meixner, den Kneissl, den Niedermeier und das Ehepaar Frischholz. Die gehen ihm ab.
Wenn er denkt, was für Werkstätten es früher noch im Haus gegeben hat: den Schreiner, den Polsterer, den Rahmenmacher im Hof, den Goldschmied im Hauseingang, die Schneiderin im zweiten Stock. Die Drogerie Bavaria seit der Jahrhundertwende fast. »Früher hat man ja neben dem Haarschneiden und Rasieren auch Zähne gezogen. Der Scherer war ein approbierter Bader. 1913 war der letzte Approbationskurs. Seither darf ein Bader keine Zähne mehr ziehen. Ich habe zwar noch die Instrumente, aber es ist verboten.«
Vom Vater Anton erben Sohn und Tochter die Begeisterung fürs Friseurhandwerk: 1958 besteht die Schwester die Gesellenprüfung und steigt in Vaters Geschäft mit ein, 1962 beginnt Anton beim Vater die Lehre. Er wird hart hergenommen, muß einmal hundertmal schreiben: »Ich muß das Rasiermesser abwischen.«

1969 lernt er seine Frau kennen: »Ich war 22, sie 19. Wir haben uns schon von Niederbayern her gekannt, weil die Türkenstraße ja ziemlich niederbayerisch ist.« Er besucht die Meisterschule, sie vertritt ihn im Geschäft. »Sie hat sich hervorragend bewährt und war so nett und liebreizend, wie sie heute noch ist. Da haben wir uns zusammengefunden.« Ob die Barbara, die kleine Tochter, auch einmal einsteigen wird, ist noch nicht klar. Interesse scheint vorhanden.

1980 hatte er das Geschäft vom Vater übernommen, zwei Jahre später ziehen sie auch in das Haus. Er schwärmt vom Vermieter, dem Professor Lang, von den zivilen Mieten und daß er dadurch die Preise niedrig halten könne. »Ich will Friseur in meinem Viertel sein. Der Maxvorstadt. Es etablieren sich immer mehr, die nur internationale Stylisten sein wollen. In der heutigen Zeit, wo immer weniger Kommunikation unter den Leuten herrscht, bei der Kramerin kann man sich nicht mehr ausreden, bei der Milchfrau nicht mehr, beim Schuster und beim Metzger auch nicht. Der Arzt ist überbelastet – mit wem soll man denn noch reden? Da geht man halt zum Friseur. Da spricht man über den Alltag und das tut der Seele gut.« Er sehe sich »ein bißchen als Sorgentelephon und Klatschpresse, als Menschenfreund und Seelenarzt«. Er habe Kontakte und könne vermitteln, er gebe sich Mühe, daß Erinnerungen der Straße nicht verloren gingen.

»Der Kundentyp, der zu uns kommt, ist immer der gleiche: Studenten der netten Art, die alles hinterfragen und da bin ich gerade der richtige Typ. Das bringt auch immer viel junges Blut herein. Dann Familien, wo meine Frau und ich oft den Söhnen und Töchtern die Haare schneiden, deren Eltern sie mein Vater geschnitten hat.« Sie seien schließlich schon in der vierten Generation Friseure, auch seine Frau stamme aus einer Friseursfamilie. »Dann noch ein paar Schicki-Mickis.« »Haarverwurzelt« seien sie mit der Türkenstraße. »Sie beherrscht einen so, daß man eigentlich gar nicht woanders hin braucht. Zur Barer vielleicht, wegen der Straßenbahn, in die Adalbert wegen unserer Einkaufsgenossenschaft, der Topa, der Toiletten- und Parfümerieartikel, in die Ludwigstraße wegen dem Garten hinter der Ludwigskirche. Ich bin nämlich ein leidenschaftlicher Kirchengeher.«

Im Salon Werner jedenfalls kreuzen sich die Wege der verschiedenen gesellschaftlichen Schichten: Professoren und Hauspersonal, Studenten, Künstler und eben die berühmten Aschentonnenleerer: »Die waren hochgeschätzt von allen, die betrieben nämlich einen schwunghaften Metallhandel. Als mein Vater auf dem Land draußen baute, hat er die ganzen Rohre von ihnen bekommen.« Früher habe die Mutter am Samstag noch für den Vater, die Schwester, für ihn, den Gesellen und die zwei Lehrlinge gekocht. Stammkunden hätten dann auch schon einmal ein Glas selbstgekelterten Wein zum Versuchen gekriegt. »Da gab es einen Liliputaner, dem immer auf dem Kinderstuhl die Haare geschnitten wurden, von dem hieß es, daß er in dem Bären von ›Bärenmarke‹ gesteckt habe.«

Haare fielen bei ihnen im Durchschnitt ein Kübel voll pro Tag ab. Damit hätte man leicht der Türkenstraße einen Teppichboden aus Haaren weben

können. »Wie früher, im Biedermeier, wo die Verlobte ihrem Verlobten ein geflochtenes Uhrband schenkte aus den eigenen langen Haaren.«
Heute sei mehr der »natural trend« angesagt, was Form und Farbe angehe. Andererseits »geht man gerade frisurenmäßig in Richtung ›Trümmerfrisuren‹, ganz zerzaust, wie ja auch in der Mode. Oder in Richtung ›Recyclingfrisuren‹, das ist gerade der höchste Gag. Da werden nämlich Plastikbecher und Papierservierten in die Frisur eingebaut, der kaputte Perlonstrumpf um die Stirn gebunden. Das findet man in der Türkenstraße allerdings kaum. In der Bekleidung schon, da herrscht hier ein frischer Geist, ein lebhafter.« Rasieren habe so gut wie aufgehört, »die großen Bartkulturen sind vorbei, es herrscht der Dreitagesbart. Die Menschen haben nicht mehr die Zeit, ihren Bartwuchs ausleben zu lassen: der Bart kommt weg.«
Früher hätten sie ganze Schachteln von Bartbinden gehabt und ihren Kunden beim Oberlippenbart die Feinheiten »ausonduliert«, was soviel hieße wie: mit dem heißen Eisen die Bartenden fein ausgezwirbelt, daß die »ganz dünn und perfekt« wurden. Das Ganze wurde dann mit Bartfix stabilisiert. Aber, wie gesagt, »der Bart hat fast keine Kultur mehr«.
Anders wäre es, meint Anton Werner, und da gerät er wieder ins Philosophieren, »wenn die Frauen Bärte trügen«. Dann wäre nämlich alles anders, dann »hätte der Bart Hochkonjunktur«. Die Männer machten heutzutage einfach nichts mehr daraus.
Da fallen ihm die Pharaoninnen ein, die ägyptischen, die den Bart ihrer Männer an Bändern ums Kinn trugen. Als Zeichen der Herrscherwürde. Aber das ist lange her. Jetzt wird vom »kurzen, schnellen Haarschnitt« gelebt.

Helmut Deubl
(Mitte mit Schwester Magdalena und Bruder Franz vor Foto des Vaters)
geb. 1940 · Glasschleifermeister

»Türkenstraßen-Mafia«

»Ich selber hab' nicht viele Spiegel daheim. Im Bad, in der Garderobe, das ist auch alles. Bei den Friseuren, im Bäder- und Kosmetikbereich, die brauchen viele Spiegel. Auch spezielle Damen haben wir als Kunden, die ihren Arbeitsbereich entsprechend verspiegeln: hinter dem Bett, an der Wand, an der Decke. Aber das sind nicht nur solche Damen. Viele Leute wollen ihr Schlafzimmer vergrößern oder sonst einen Effekt erreichen. Spiegel sind da ein architektonisches Element. Genieren tut sich da niemand.«

Die Vorfahren der Spiegel-Deubl's stammen aus dem Bayerischen Wald, der Gegend um Zwiesel und Spiegelau (!). Ein Teil von ihnen zog ins Böhmische. Franz, der Vater, machte sich auf aus Oberheid im Böhmischen, um in Prag eine Lehre als Glasschleifer zu machen.

»Im frühesten Kindesalter stand für mich fest, daß ich das machen wollte, was mein Vater machte. Ich habe ihm schon früh geholfen. Ich hätte mir nicht vorstellen können, etwas anderes zu tun. Seit vier Generationen sind wir nämlich in Glas tätig.«

Vater Franz spezialisierte sich auf das Belegen von Spiegeln. Wurde Glaser und Spiegelfachmann. »Vom Glas zum Spiegel ist schon ein Schritt«, sagt der Sohn hinter blaugetönter Brille. Unter dem Porträt des Vaters. Schon seit der Frühzeit habe es Spiegel in Form von Metallplatten gegeben, bei den Ägyptern und Griechen, aus Silber und Bronze. Später habe man Metall hinter Glas gelegt und es poliert. Bis dann Quecksilber mit Zinkfolien auf

die Rückseite des Glases gedampft wurde. »Eine verdammt gefährliche und giftige Angelegenheit«, die dann auch Ende des letzten Jahrhunderts verboten wurde. ›Silbernitratverspiegelung‹ war das neue Schlagwort, auf kalter Basis. »Da wird Silber in einer Lösung aufgelöst, durch Zusatz von Säure und einer anderen Lösung wieder in Metallform gebracht, die sich auf dem Glas festsetzt.«
Bis 1955/56 haben die Deubl's in der Türkenstraße Spiegel selber hergestellt, dann kam die industrielle Produktion: Spiegel waren plötzlich billiger als das Glas, das die Deubl's dazu brauchten.
»Heute würde das schon aus Umweltgründen nicht mehr gehen, da hätten wir die Mieter bis zum 5. Stock auf dem Hals. Obwohl, so giftig war's auch wieder nicht: Kalium, Lauge und Säure. Das gleicht sich fast aus, beim Zusammenschütten, ist fast neutral. Nur der Geruch des Lacks für die Rahmen... also früher hat sich da keiner drum geschert.«
Helmut geht beim Vater in die Lehre, arbeitet bei ihm als Geselle, genauso wie sein um drei Jahre jüngerer Bruder Franz, der eigentliche hätte das Abitur machen sollen oder doch wenigstens die mittlere Reife, nein, auch den Franz trieb es in die Fußstapfen des Vaters.
Helmut wird Glasschleifermeister, Franz Glasermeister. Helmut kümmert sich um den Einkauf, »alles, was Flachglas ist,« um Aus- und Einstellung der Leute, um Büroangelegenheiten und den Veredlungsbereich; Franz um die Handelsgeschäfte, die Produktion und den Großhandel; Helmut um Handwerk und Kleinkunst, um die Werkstatt, den Laden und die Leute.
Zwar sind sie nicht immer einer Meinung, »aber man kann ja reden. Und wenn einer sauer ist, dann nur bis zum nächsten Morgen. Wir Geschwister, die Schwester arbeitet auch im Büro, sind so aneinander gewöhnt, daß wir's uns gar nicht anders vorstellen können.«
Helmut heiratet mit 38, eine Frau mit künstlerischen Ambitionen: sie macht Puppen und töpfert. Sie haben zwei Kinder. Franz hat drei und ist mit der Schwester vom Hans Huber, gegenüber, dem Chef vom Holz-Gehring verheiratet. Eine Bekanntschaft über die Straße sozusagen.
»Als unsere beiden geheiratet haben, hat's geheißen: Da schaut's, die Türkenstraßen-Mafia!« erinnert sich die alte Frau Lagger vom Holz-Gehring gegenüber.
»Wir haben beim Gehring immer viel Holz gekauft zum Verarbeiten oder für die Verpackungen. Wir haben ihn mehr gebraucht als er uns.«
Bei den Deubl's stehen, hängen, lehnen an die zweitausend Spiegel, 45 Leute sind beschäftigt: Glasschleifer, Zuschneider, Büroleute, Laden- und Verkaufspersonal, Monteure und Transporteure.
»Wir können alles, was aus Glas machbar ist, hier machen. Wir machen auch Reparaturen. Vom Fenster bis zum Puderdosenspiegel. Wir arbeiten für Uhrmacher und Goldschmiede, lauter so fieselige, kleine Dinge, die kosten dann eben auch. Die Stunde 65 bis 70 Mark. Man kann sagen, bei uns ist es so: ein Drittel kostet das Material, zwei Drittel die Arbeit.«
Ob die Kinder einmal einsteigen werden, ist noch nicht klar, sie sind noch

nicht volljährig. Als Helmut und Franz so alt waren, Lehrlinge oder Gesellen, war die Deubl-Werkstatt in der Barerstraße 13, neben der heutigen Lotterieverwaltung. »Das war ein riesiger Bunker von den Nazis, drei Stockwerke unter der Erde, ein Hitlerbau, der von der Gabelsberger-Arcis- bis zur Barerstraße ging und dem Königsplatz. Da waren nach dem Krieg verschiedene Firmen drin. Es war billig, es gab ja wenig Platz in der Stadt und ideal für Werkstätten und Lager. Die eine Hälfte stand heraus, die andere war unter der Erde. Souterrain-artig. Drumherum gab es so Lichtgräben. Neben uns war ein Verpackungs- und ein Friseurbedarfs-Großhänder. Weiter weg der alte Haubner, ein Schriftenmaler, der Schlosser Angele, ein Autohaus, ein Autosattler und eine Schreinerei. Wir waren dort zehn Jahre lang von 1952 bis 1962, bis wir die Glas- und Spiegelfirma Weiss in der Türkenstraße übernahmen, Betriebsräume und laufendes Geschäft. Früher waren wir ja Konkurrenz und haben uns nicht besonders geliebt, aber jetzt, wo die beiden Herren über siebzig waren und ja auch verkaufen wollten, ging das schon unter Fachleuten. Es war eine Größenordnung um 120 000 Mark. Und das hast du schon zusammenbringen müssen anno 1962.«
Aber vorher hatte es die unglaubliche Geschichte gegeben, daß der Vater beschlossen hatte auszuwandern, um sich, sagt der Sohn, »als Glasfachmann im Ausland zu verwirklichen«. Auf der Handwerksmesse hatte er einen Spiegelhersteller aus Melbourne kennengelernt, der ihm angeboten hatte, seine Spiegelproduktion zu modernisieren. Er könne auch seine Söhne mitnehmen nach Australien.
»Seither betrieb der Vater die Auswanderung. Wie alle, die dachten, hier nicht so schnell auf die Füße zu kommen.« Es dauerte ewig, bis die Papiere ankamen. Dann waren es aber Papiere für die ganze Familie. »Dann wandern wir eben alle aus!« beschloß der Vater.
»Er war schon verzinkt! Der hat uns alle durcheinandergebracht, so einen Willen hatte der! Obwohl, ich wär' überall hin, dem Vater hinterher. Nur die Schwestern haben sich schwergetan beim Abschied.«
Der kleine Laden in der Türkenstraße 61 wurde dem Radiogeschäft Kuhlmann überlassen, die Werkstatt im Nazibunker sollte verkauft werden, nur fand sich auf die Schnelle keiner, der auch das Geld dafür aufgebracht hätte. »Wir haben's zugesperrt, die Miete im voraus bezahlt, ein Onkel hat sich darum gekümmert und wir haben uns abgeseilt.«
Via Hauptbahnhof, Bremerhaven auf ein schwedisches Schiff nach Australien. Weihnachten im Suezkanal, eine Woche in Ceylon, bis die Familie Anfang Januar in Melbourne ankommt: Vater mit seiner zweiten Frau, zwei Söhne, vier Töchter.
Irgendwie sah aber vor Ort alles anders aus, die Versprechen wurden nicht eingehalten, Vater und Söhne wechselten die Firma. Richteten einer kleinen Glasfirma eine Spiegelfabrikation auf handwerklicher Basis ein.
Nach einem halben Jahr hat der Vater die Nase voll, schifft sich ein zurück nach Hause, sperrt die Werkstatt wieder auf, fängt an zu arbeiten, läßt nach und nach Frau und Kinder nachkommen.

Helmut kommt erst zwei Jahre später in München an. Der Vater hatte sich das Bein gebrochen; die Deubl's werden seßhaft. Ab 1962 im früheren Weiss'schen Geschäft, einem 1949 wiederaufgebauten Haus, das der EVG, der Eigenverkaufsgenossenschaft der Glaser gehörte.

»Früher gab es hier praktisch an jeder Ecke einen Glaser: den Schwiegerl, zu dem man eine Treppe hochmußte, im ›Türkenhof‹ hinten, die Treterin, eine Glaserin in der Amalienstraße, den Eser in der Theresienstraße und den Rahmen-Müller, Rahmen und Glas. Aber das waren alles kleine Geschäfte.«

Zum Kaffeetrinken ging man ins Café Brockmann, in das später die Tyrolia-Buchhandlung einzog und dann die Kunstbuchhandlung Goltz.

»Hinten war die Backstube, wo man den alten Brockmann seine Kuchen backen sah. Dann mußte er verkaufen. Ein Pole übernahm das Café, flotter Typ, Krawatte, alles vom Feinsten, also er sah aus wie ein Aristokratenpinkel. Auch die Frau dazu. Sie waren künstlerisch ambitioniert, hatten aber keine Ahnung vom Backen. Sie haben da so eine Art Galerie gemacht mit Vernissagen, Lesungen und Musik. Das war neu für die Türkenstraße damals. Plötzlich gab es Gerüchte und auf einmal war das Café zu: hatte der Typ doch ein halbes Jahr keine Miete gezahlt und sich dann mitsamt Frau in Luft aufgelöst. Das gab ein Hallo in der Straße! Einer, der soviel Gas gibt und dann einfach abhauen! Schweinerei!«

Als aus dem Türkenbad eine Sauna wurde, »bekamen sie von uns Spiegeltüren um drei Ecken und Ganzglastüren. Sie waren immer gut drauf, die schönen Jungs, auch gut bei Kohle. Sie haben immer prompt bezahlt. Wir kamen toll mit ihnen aus.«

Oder der legendäre Stehausschank vom Hemmeter auf 57: »Der war die heimliche Liebe meines Vaters. Das war kein normaler Stehausschank, das war ein richtig schöner Laden, ein Kommunikationszentrum für alte Knaben. Sagenhaft! Er war ja zweiteilig: in einem Teil wurde Schnaps und Wein ausgeschenkt, im anderen Kaffee. Mein Vater war da Stammgast.

Ich kannte den Klausi junior, der damals auch schon ein älterer Knabe war. Der war schon ein Gspaßiger. Richtig erfaßt habe ich den nicht mit seinem wunderschönen alten Cadillac-Lastwagen Baujahr 1928 oder so. Mit dem ist er durch die Stadt gefahren. Hat sich auch sonst um alles gekümmert, der Klausi. Als er aufgeben wollte, haben ihn die Stammgäste bestürmt, wenn er schon nicht mehr den Enzian im Hof brannte, doch wenigstens den Stehausschank offen zu halten. Und weil er's der alten Bedienung, der Paula, nicht geben wollte, hat der Vater seinen Bruder Oswald aus Salzburg herbeordert. Der hat den Laden übernommen und drei Jahre lang geführt. Das war eine lustige Zeit. Jetzt ist da das Café usw. drin.«

Oder das alte »Allotria«: »Der Kügler Hermann, jetzt hat er Krebs und ist ganz arm dran, der hat ja das Allotria als Jazzkneipe ins Leben gerufen. Er war der Schlagzeuger der Footwarmers und hatte nebenher eine Fahrschule in der Türkenstraße. Aber er hatte immer Probleme mit Frauen. Dauernd hatte er neue, dann ging's wieder eine Weile gut, dann gab's wieder Tod und Verwüstung: Musik, Weiber, Whiskey, Bier. Da haben wir viele wilde Feste gefeiert. Wie auch im Fasching im 'Lohengrin' oder im Haus der Kunst. Da gab's verschiedene Geschichten, aber lassen wir das! Wir hatten viele alte Leute im Haus, die alle allmählich herausgestorben sind oder ins Altersheim kamen. Es gab eine, die im letzten Sommer vom vierten Stock heruntergesprungen ist. Sie war hoch in den 80ern. Oder die Hausmeisterin, ein besserer Teufel, die über alles und jeden Bescheid gewußt hat. Die haben sie fünfmal geholt und wieder gebracht. Aber irgendwann war's dann der letzte Gang«. Oder die Türkenstraße allgemein: »Eine der schönsten Straßen Münchens. Trotz aller Boutiquen und Jeansgeschäfte eine funktionierende Straße, weil es das Handwerk noch gibt. Und nicht zuletzt, weil es auch uns gibt, die Deubls.«

1998 wird den Deubls in der Türkenstraße gekündigt, das Haus Nr. 29 wird abgerissen, ab 1999 sind die Deubls in Freimann anzutreffen; auch Holz-Gehring hört 1998 auf: es gibt auf einmal keine »Türkenstraßen-Mafia« mehr.

Der einzige Metzger ist durch den Tod der Frau gezwungen aufzugeben, auch Schuh-Hansa schließt. Der Türkenstraßenteil, den sie »das Dorf« nannten, verliert mehr und mehr sein Gesicht.

Heinrich Hertlein
geb. 1940 · KFZ-Mechaniker

Umgefallene Watschnbäume

»Da bin ich in der Spielstraße und da kommt so eine daher und fragt mich, ob ich den Mathias gesehen hab'. – Was wollen'S denn von dem? – Ja, sie sei vom Sozialamt. – Geld nachtragen vielleicht? Da bin ich sauer geworden. Kommen Sie doch einmal nachts um zwölfe, hab' ich der gesagt, wenn alle da hocken, total besoffen, grölen und schreien herum und Sie wohnen da, da vergeht's Ihnen auch! Geld nachtragen zum Versaufen! Außerdem ist der ja nicht einmal von der Gegend. Zugereist ist der!«

Mathias Lechner ist aus Oberammergau zugereist und hält die Straße seit Ende der 60er Jahre besetzt. Er ist kein gewöhnlicher Bettler, er ist zwar obdachlos und ein Trinker, aber er ist Teil der Straße. An ihm scheiden sich gleichwohl die Geister.

Heinrich Hertlein steht da mehr für die Seite des »gesunden Volksempfindens« und macht auch gar keinen Hehl daraus. Er ist geborener Türkensträßler. Und zwar in einer der romantischsten Ecken: dem Türkenbad. Auf Nummer siebzig.

»Das war einmal die Villa der Dall'Armis. Das Haus ist wie ein Hufeisen. Wenn man durchs Gartentor hineinging, stirnseitig, war da ein Frisiersalon für Herren und einer für Damen. Alles andere im Erdgeschoß war Bad. Da gab es Familienbäder, wo alle in einer Wanne badeten. Hinten war ein Becken für die Unterwassermassage, dann Kabinen für Fangobehandlung, Moor, Massagen, ein Schwitzkastenraum und der große Raum, wo der Hausmeister Hans einen mit einem Wasserschlauch abspritzte. Nach Pfarrer Kneipp.

Im Kesselhaus wurde früher noch mit Koks geheizt, da kam dann der Kohlenhändler Müller angefahren mit seinem Riesen-Lanz-Bulldogg mit zwei Anhängern und dann wurde der Koks hineingetragen.
Wir vom Haus haben am Samstag gebadet, die Bediensteten auch, obwohl sie da Schlange gestanden sind. Auch der Vater vom Franz Josef Strauß, der Metzger aus der Schellingstraße. Die Familie kommt nämlich aus der gleichen Gegend wie mein Vater, dem Kreis Ansbach.
Handtuch und Seife hat man mitgebracht, man hätte es aber auch dort kaufen können. So einmal Baden hat eine Mark zwanzig gekostet für eine halbe Stunde. Wenn man dann aber nicht draußen war, haben sie mit dem Bockeln angefangen ›Kabine drei, die Zeit ist vorbei!‹ oder so. Dann hat's geklingelt«.
Zwischen 1943 und 1946 wird die Familie evakuiert, der Vater bleibt. Ist schließlich Luftschutzwart, beim Löschtrupp der Feuerpolizei. Bekommt in den beiden letzten Kriegsjahren viel zu tun. Während die Häuser hinter dem »Türkenbad« bis zur Amalienstraße abbrennen, gelingt es ihm, eine Brandbombe zu löschen, die ins Haus fällt und Schlimmeres zu verhüten, als der Spitzgiebel des Nachbarhauses herüberfällt und Teile des eigenen Dachs eindrückt.
Dann ist der Krieg vorbei, der Vater hätte zwar im »Volkssturm« noch die Amerikaner im Norden aufhalten sollen, als sie schon die Ludwigstraße hinunterschossen, aber da hat er sich gesagt, »was soll's« und ist straks wieder nach Hause. Es geht nur noch ums Überleben. Die Buben übernehmen ihren Part: spielen den Krieg weiter, spielen sich den Krieg von der Seele. Sie brauchen keine Spielplätze, das ganze Ruinenviertel ist ein riesiger Abenteuerspielplatz. Bubenbanden befehden sich, nach Straßen benannt oder nach ihren Anführern: Amalienstraßler, Türkenstraßler, Sergiusbande und eben auch die »Hertleinbuben«, die Teil der Blasn sind, denen das Gebiet Blüten-Barer-Adalbert-Nordendstraße »gehörte«. Das ihrer alleinigen Verfügungsgewalt unterstand: das sie ausbeuten durften und verteidigen mußten.
»Wir hatten direkt keinen Bandenchef, wir waren so an die zehn, zwölf Mann. Oft haben wir uns ganze Nachmittage Stein-Gefechte geliefert. Wir haben Stahlhelme aufgehabt, die wir irgendwo gefunden haben und haben uns gegenseitig Brocken draufgeschmissen. Das hat Hörner gegeben! Einmal hat uns eine Mutter zur Polizei in der Isabellastraße geschleppt, weil ein Ziegelstein ihren Buben getroffen hatte, daß es ihm das ganze Gesicht verhaut hat, daß er aussah wie der Quasimodo. ›Mei‹, hat der Polizist gesagt, ›was soll ich machen mit den Buben? Einsperren etwa? Das müßts schon unter euch Eltern ausmachen!‹«
Geschäftspartner der Buben waren die Eisentandler: »der Weilhammer, der Grasweger, später kam noch der Köhler dazu in der Blütenstraße, der Ortsgruppenleiter, wie der seine zwei, drei Jahre nach der Entnazifizierung abgemacht hatte, hat er mit dem Schrotthandel angefangen.«
Mit Feuerwehrbeilen haben sie Kellergewölbe eingeschlagen und was sie fanden, den Tandlern gebracht: Gußrahmen, Nähmaschinen, Vorhangschienen aus Messing; Töpfe, Vasen, Eingemachtes wurde nach Hause mit-

genommen. »Nein, Mädchen waren keine dabei. Die gingen mit ihren Freundinnen spazieren, was weiß ich.«
Fündig wurden sie, als die Ruinen der Wirtschaft »Blüte«, die das Vereinsheim der NS-Ortsgruppe zwischen Nordend- und Barerstraße in der Blütenstraße gewesen war, weggebaggert wurden: »Da kamen Säbel, Stahlhelme, Gewehre, Handgranaten und Munition zum Vorschein. Auch eine schöne Registrierkasse aus Messing. Wieder etwas zum Verkaufen.«
Die Schleppsäbel umgehängt, Schwerter aus Holzleisten von Jalousien in den Händen, den Kopf unter dem rutschenden Stahlhelm wurde »der Feind« ausfindig gemacht und unter großem Geschrei versucht, ihn in die Flucht zu schlagen. Nachmittags, nach der Schule und dem Essen daheim.
»Zur Amalienstraßenblasn gehörte der Hiermeyer Fredi, das war der Anführer, die Hueberbuben waren dabei, die Wildbuben und der ARRI-Bobby. Der war einer der Jüngeren und immer besonders frech. Er hat immer raufen mögen. Aber einmal hab' ich ihn aufgemischt! Weil er einfach zu frech dahergekommen ist!« Schläge schienen überhaupt an der Tagesordnung zu sein.
»Der Lehrer Meyer, der hatte einen Kopfschuß und war sehr böse. Der hat uns gern seinen Schlüsselbund auf den Kopf gehauen. Oder er hat die Faust genommen. Die Raithin, ausgeschaut hat sie wie ein Hexe und Bart hat sie einen gehabt, der einen halben Meter lang war mindestens und eine bitterböse alte Jungfer war sie, die hat uns immer Tatzen gegeben, daß es nur so gekracht hat. Oder sie haben die Haut vor den Ohren hochgezogen, und sind mit dem Radiergummi hinten am Kopf hinaufgefahren, daß es nur so gebrannt hat. Oder sie haben den Vierkant-Zollstock genommen und uns auf den Hintern geschlagen. Das ist durch die Lederhose gegangen. Oder das spanische Röhrl oder ein Lineal, mit denen haben sie auf die Finger oder den Handrücken geschlagen, daß du solche Würste gekriegt hast.
Normal war es so, daß, wenn du einen Lehrer geärgert hast, der dich zuerst recht geschlagen und dann zum Direktor geschickt hat für einen Verweis. Der Rektor Schreiner hat dann gefragt, wie und was, und hat dir gleich noch eine reingehaut. Und wenn du's daheim den Eltern erzählt hast, haben die meist gesagt: Werden schon recht haben oder dir gleich zur Abschreckung noch eine gegeben.«
Als sie zum Beispiel am Fahrrad des Benefizianten Braun, ihres Religionslehrers an der Türkenschule, das er vorsichtshalber im Klassenzimmer geparkt hatte, herummanipuliert hatten und der bei der Heimfahrt gleich stürzte, kam er »Lenker verbogen, Gesicht aufgeschlagen, Brille gesprungen« in die Klasse zurück. ›Wer war das?‹ keiner meldet sich. ›Die ganze Reihe raus!‹ Dann wurde eben die Reihe, die neben seinem Rad an der Wand gehockt hat, »durchgemischt«.
Dann die unterirdischen Gänge um die Ludwigskirche! Da gab es zwei Luken am nördlichen und am südlichen Turm, gleich an der Mauer, wenn man in den Kirchhof hineinging. »Der Gang war stockfinster, wir hatten aber Taschenlampen. Breit war er einen Meter bis ein Meter fünfzig; hoch vielleicht zwei Meter. Wenn die vom Pfarrhaus gesehen hatten, daß wir wieder einge-

stiegen waren, sind sie an die andere Seite und haben an der Luke schon auf uns gelauert. Wenn wir das mitgekriegt haben, sind wir entweder wieder zurück, oder haben im Gang gewartet, oder wir haben zum Riedmayer, wo der Größte war, gesagt: ›Horsti, du gehst als Erster!‹ Er wollte aber nicht. Da haben wir ihn gepackt und hochgehoben. Sobald er den Kopf durchs Loch hatte, hat er schon die ersten Watschn eingefangen. Ein anderes Mal sind wir am nördlichen Turm innen hoch und dann über das Kirchenschiff gekrabbelt. Da war so ein Art Eisenleiter. Dann sind wir im südlichen Turm weiter hinauf, bis zum zweiten Balkon und was haben wir da gefunden? Karabiner vom Militär. Die haben wir dann hinuntergeschmissen, daß es gestaubt und gekracht hat.
Als wir über das Kirchenschiff und den Turm wieder hinunter sind, haben sie uns schon erwartet. ›Horsti, du gehst als Erster!‹ Da ist schon der Watschnbaum umgefallen. Ich hab' einen Anlauf genommen und bin durchgebrochen. Aber am nächsten Tag, o mei, o mei, in der Schule, ›Hertlein, du warst doch auch dabei!‹ da ist der Watschnbaum wieder umgefallen. Die haben uns gescheit geschlagen!«
Aber nur, wenn man erwischt wurde. Das war der Kitzel. Auch beim Bockerlbahnfahren: »Das Höchste war für uns die Bockerlbahn, die den Trümmerschutt wegtransportierte. Sie fuhr zur Belgradstraße, zum Scheidplatz. Da gab's einen Schuttberg. Dann hinüber zum Oberwiesenfeld, da war ein anderer Schuttberg, der heutige Olympiaberg. Auf dem Platz vor der Alten Pinakothek lag ein Schutthaufen, so hoch wie sie selber. Der wurde von der Bahn abtransportiert. In der Karl-Theodor-Straße war ein Ausweichgleis für den Gegenzug, da sind wir abgesprungen und auf den Drübernen hinauf. Manchmal haben der Lokführer und der Heizer vom Gegenzug schon auf uns gewartet, daß sie uns erwischt haben und aufgemischt.«
Es war ein Nehmen und Geben. »Der Heini«, entsinnt sich die Schwester, die mit dem Zigaretten- und Spielzeugladen Werner in der Türkenstraße, den sie gemeinsam mit ihrem Mann über zwanzig Jahre betreibt, »der Heini hatte in der Schule keine Freunde, weil er alle verhaut hat.«
Aber er war nicht nur ein Schläger. Wenn es hieß: »Geh', Heini, sei so lieb und ...« dann half er: den alten Frauen die Kohlen vom Soller über die Straße in den Keller zu tragen, oder den Nachbarn, den Glaserbrüdern Schwägerl beim »Bleiziehen«.
»Das waren Rohlinge aus Blei und eine Maschine mit einer Kurbel. Da wird der Rohling hineingehalten und der andere muß drehen. Da wird dann aus einem halben Meter Blei ein Meter oder ein Meter zwanzig. Das hat er für Bleifenster gebraucht.« Das war so Ende der 50er Jahre.
Aber vorher noch, so direkt nach dem Krieg, entsinnt sich der Hertlein, da habe der Lohner, der Installateur direkt gegenüber vom alten Elektro-Schober, »wo ein Erzkommunist war, der hat an die Hauswand ein Bild vom Stalin gehängt, zwischen Erdgeschoß und erstem Stock. Direkt zur Straße. Und der Schober hat es von gegenüber mit Scheinwerfern angestrahlt.«

Ja, und dann waren die Amerikaner da. Zu Sklavendiensten, wie denen die Autoscheiben putzen, während sie im PX am Wittelsbacherplatz einkauften, hat er sich nie herabgelassen. Als er aber mit Spezeln einmal in Freimann war, schauen, ob sich von den Eisenbahnwagen nicht etwas abmontieren ließ, da winkten ihm Leute zu, ob er ihnen nicht Wasser bringen könnte. Das tat er und entdeckte, daß das weiße Frauen »und Neger« waren. Eine Absteige sei das gewesen. In einem Güterwagen. »Aber da hatten wir schon keine Angst mehr vor denen«. Beim ersten schwarzen Amerikaner hatten die Buben noch gesagt: »Mei, die Drecksau! Könnt sich auch einmal waschen!«

Oder die Inder. Die von den Nazis gefangenen Inder. »Das waren so Randsteinhocker. Wenn's müssen haben, haben sie ihren Fleck herunter und gleich aufs Trottoir gekackt. Wie sie's auch heute noch machen da drunten.«

Mit den Ausländern hat er es nicht so besonders, der Hertlein Heini.

Auch er war hingerissen von dem Hemmeter seinem amerikanischen Lastauto, »wir standen immer davor, wie eine Weintraube. Das war ein wunderschöner Chevrolet aus den 20er Jahren: ganz eine lange Motorschnauze, angesetzte Kotflügel, ein kantiges Führerhaus mit Dach, riesige Scheinwerfer auf den Kotflügeln, verchromte Stoßstangen und eine kleine Pritschn oben. Zwei Stück hat er davon gehabt.

Einer von dreiundzwanzig/vierundzwanzig, der andere von siebenundzwanzig/achtundzwanzig.« ›Der junge Hemmeter‹ habe er überall geheißen. Während des Krieges habe man nichts von ihm gesehen, wahrscheinlich sei er auf dem Land gewesen, dann sei er aber wiedergekommen mit einem SK 540, einem elfenbeinfarbenen Kompressor-Mercedes. »Er war ein bissel ein Lustiger. Auch mit den Frauen, ja.«

Da hatte doch der Ski-Vörg erzählt, wie der Hemmeter immer wieder mit neuen Freundinnen in seine Werkstatt gekommen sei, »halb so jung und einen Kopf größer wie er,« denen habe er eine vollständige Sikausrüstung gekauft, Schuhe, Ski, Anorak, komplett eben. »Weißt schon wieso«, hatte er gesagt und ihm zugezwinkert, der ›junge Hemmeter‹.

»Der Hemmeter hat ja ein Weinlager gehabt, das weiß ich von meinem Vater,« sagt der Hertlein, »und in der Türkenschule waren Gefangene, russische Gefangene. Und wie alle zum Plündern zum Hemmeter sind, haben sie auf die Fässer geschossen und die Leute haben ihre Eimer gefüllt. Der Keller war teilweise überschwemmt und wie sich der Pegel gesenkt hat, hat man gesehen, wie da ein Russe dringeflackt ist. Der wird sich einen Rausch angesoffen haben und dann drin ertrunken sein.«

Der Georg Eschenbeck, Schreiner aus der Amalienstraße, schwört allerdings Stein und Bein, daß die beim Hemmeter im Alkohol ertrunkenen Ausländer drei Inder gewesen seien. »Wir waren im Park hinter der Blindenschule, da waren drei Erdgräben. Aus einem schaute eine Decke. Viel zu schade zum Vergraben, haben wir gedacht und daran gezogen. Dann kam ein Fuß zum Vorschein. Der Fuß eines Inders. Und daneben waren eben zwei gleich frische Erdhügel aufgeschüttet.«

Es existieren noch andere Versionen in der Straße. Aber immer dreht es sich um Ausländer, die im Hemmeter-Alkohol ertrunken sind und von denen der Erzähler zumindest ein Bein gesehen hat.
»Der Hemmeter hat in der Nordendstraße einen riesigen Keller gehabt, wo er seine Flaschen gelagert hat, direkt unter dem Biergarten der Max-Emanuel-Brauerei. Der war zugemauert. Und jemand hat ihn halt einmal aufgebrochen. Da hat man hineingehen können und hat gesehen, wie da tausende und abertausende von Flaschen lagerten, leere, mit der Aufschrift ›Hemmeter-Enzian-Brennerei‹.«
Da ist den »Hertlein-Buben« eine Idee gekommen: »Wagerlweis haben wir täglich dem Hemmeter Flaschen von dort gebracht, wir haben ihm seine eigenen Flaschen verkauft. Wir hätten sie im Keller gefunden oder geschenkt bekommen, haben wir behauptet. Da haben wir für die Flasche ein Fünferl oder Zehnerl bekommen. Das ist ein paar Tage gutgegangen, bis es aufgeflogen ist. Dann ist der Keller wieder zugemauert worden.«
Neben dem Hemmeter hatte der Soller sein Kohlengeschäft. »Der hatte noch lange ein Pferd zum Ausfahren, dann hat er sich einen Elektrowagen angeschafft, so einen wie es auf Bahnhöfen gibt, einen Muli. Jeden zweiten Tag hat er mit dem in die Galeriestraße müssen, wo's ›Schachterleis‹ war, die Eisfabrik Unsölt, da hat er seinen Elektrowagen aufladen lassen. Da war eine Ladestation. Weil der Unsölt, der hat noch Elektro-Lastwägen gehabt, die mit Batterie gefahren sind wie früher die Postwägen.
Im Haus vom Soller, im vierten Stock, hat auch die Bauerin gewohnt mit ihrem Sohn. Die war die städtische Klofrau vom Klohäusl Ecke Schellingstraße. Die haben wir immer geärgert. Weil ihr Sohn, der Willi, der war nicht richtig im Kopf. Der war Jahre älter als wir, der Hundling, und so feig! Den hast du bloß scharf anschauen müssen und schon hat er Fersengeld gegeben. Sie, die Bauerin, mit ihren weißen Haaren, die ist bis zu ihrer Pensionierung am Tischerl im Damenklo gehockt und hat gestrickt. Wahrscheinlich Janker für ihren Willi. Die haben wir immer gern erschreckt.«
Überhaupt das Verhältnis zu Mädchen! »Das darf ich gar nicht sagen. Also wie der Hort in der Türkenschule wieder hergerichtet war, hat man sich schon einmal mit einem Mädchen in die Toilette eingeschlossen, Stinkefinger, alles Mögliche.«
Beim Motorradfahren später waren sie nicht dabei, »zu gefährlich«, wenn man keinen Beiwagen hatte wie der Kattaloher Bert, der seine Berta mitnahm, oder der Noel von der Soller-Rosi. Die Blasn mietete sich sogar noch eine Kaserhüttn bei Ruhpolding.
»Da hab' ich mich dann bald von denen getrennt. Die einen waren verheiratet, von den anderen konnte ich die Freundinnen nicht verbutzen. Da hat man sich halt getrennt.«
Im »Türkenbad«, bevor es verkauft wurde, wohnte neben Heinrich Hertlein und seinem Bruder die Liselotte Kraft, die den Japan-China-Laden von der Mutter übernommen hatte, Ecke Blütenstraße. »Wie's jung war, hat's ausgeschaut wie eine Puppe. Eine blonde Käthe-Kruse-Puppe.«

1932 waren die Hertleins eingezogen, 1989 mußten sie hinaus. Was war passiert?
»Medizinische Wannenbäder hat es bis Mitte/Ende der 60er Jahre gegeben. Da sind die Jochums gegangen, die Pächter. Dann ist es umgewandelt worden in die berüchtigte ›Türkensauna‹. Da sind welche aus Hamburg gekommen, denen dort ihr Lokal scheint's ein paarmal verwüstet wurde, war wohl auch so etwas Fadenscheiniges. Die haben wohl gedacht, in München sei es ruhiger. Die haben das Bad erst einmal gepachtet, dann mordsmäßig umgebaut. Da hab' ich schon geahnt, was draus werden soll. ›Eine Sauna‹, haben sie gesagt. – ›Wie, hab' ich gefragt, ›gemischt oder Herren?‹ – ›Herren‹, haben die gesagt, Da hab ich gewußt, wie der Hase lief. Das ist recht gut gegangen, das war eine Klubsauna, da durfte nicht jeder hinein. Das Haus hat zu der Zeit einem gewissen Wiedemann gehört, beziehungsweise dessen unmündigen Kindern. Wie die mündig waren, haben sie sofort verkauft und logisch, die Saunabesitzer haben gleich zugeschlagen. Das war Anfang der 70er Jahre. Vorher war noch eine Teestube drin, ein oder zwei Jahre. Den Thomas Münster, der heute Redakteur an der Süddeutschen ist, hab' ich gut gekannt. Das war zu der Zeit, wo im Nebenhaus, in 68 A, öfter einer von den Sanitätern rausgetragen wurde, weil er zusammengehascht war. Der Teufel, der Fritz, war auch einmal hinten. Das hat aber nicht lange gedauert der Spuk, ein halbes, ein Jahr vielleicht.
Wir sind ausgezogen, wo das Haus wieder verkauft worden ist. Wo es angegangen ist mit Aids, da hat man direkt zuschauen können, wie der Saunabetrieb immer kleiner geworden ist. Früher ist der Bierfahrer zweimal die Woche gekommen und hat fünfzig Tragl gebracht, dann nur noch einmal mit zwanzig Tragl und dann ist's immer weniger geworden. Dann kamen die Auflagen vom Kreisverwaltungsreferat: keine Séparées mehr, keine Kabinen mehr, daß man halt Einblick hat. Da haben sie viel Geld investiert, aber am Schluß war's halt nicht mehr tragbar. Dann hat's die Interteam-Bau- und Handelsgesellschaft gekauft. Bauherr Grzimek stand drauf. Wird wohl etwas mit dem Frankfurter Zoodirektor[1] zu tun haben, denk' ich.
Ich bin zum Grundbuchamt und hab' Einsicht genommen. Da hatte es Interteam gekauft, aber schon wieder verkauft. In Wirklichkeit hat die Firma bloß fusioniert. Interteam-Bau und Interteam-Handelsgesellschaft sind zusammengegangen.
Wir sind jedenfalls ausgezogen. Danach sind die Mieten maßlos gestiegen. Die Türkenstraße war für mich wie eine gute Tante. Jetzt ist sie so gut wie nichts. Ich bin weggezogen und hab' mich nicht einmal umgeschaut. Ich war bis heute noch nicht hinten. Es war einmal und ist nicht mehr. Aus, Amen.«
Ein gutes Jahr später zieht Heinrich Hertlein wieder in die Maxvorstadt: in die Adalbertstraße, eine Querstraße der Türkenstraße.

[1] Sein Enkel und Adoptivsohn

Christian Lutz
geb. 1960 · Kaminkehrer

Überblick

»Seit 1990 arbeite ich hier in der Maxvorstadt. Der Zusammenhalt unter den Leuten, die Hausgemeinschaften, das gibt es in der Innenstadt nicht. Hier geben die Leute ihre Schlüssel ab und man kann einfach so in ihre Wohnungen. Da gibt's das nicht wie in anderen Stadtteilen: ›Kommen Sie mir bloß nicht in die Wohnung, Sie machen ja alles dreckig!‹ oder: ›Reden Sie mich bloß nicht an, ich bin ein Morgenmuffel!‹ Hier sind die Leute aufgeschlossener und herzlicher als anderswo.«

Er war zum letzten Mal in die Türkenstraße gekommen. Der Kaminkehrerbezirk war anders aufgeteilt worden.

»Das Bild von unserem Beruf hat sich sehr gewandelt. Früher war der Hauptteil der vorbeugende Brandschutz. Jetzt ist die Hauptaufgabe der Umweltschutz: die Überwachung der Feuerungsanlage, die Monoxydwerte. Ich sag' immer: Wenn ich im Arbeitsmantel unterwegs bin, bin ich Kaminkosmetiker. Bin ich im Rußgewand, bin ich Kaminkehrer. Zum Kaminkehrer muß man ein rechter Idealist sein. Weil, es mag nicht jeder, so früh aufzustehen, bei Wind und Wetter aufs Dach und dreckig werden. Deshalb gibt's bei uns ja auch Nachwuchsschwierigkeiten. Bei uns kann man nie sagen, wann man fertig ist. Es gibt keine feste Arbeitszeit, wir müssen uns nach den Leuten richten.

Aber das ist auch das Schöne am Beruf: man erlebt immer etwas Neues und hat mit vielen Leuten Umgang. Am schönsten ist es am Morgen, wenn die Sonne aufgeht und es ist Föhn und man meint, die Berge fangen direkt hinter

München an. Da steht man dann oben und schaut. Schaut den Leuten zu: wie die einen zur Arbeit rennen und die anderen erst mit einem Rausch heimkommen. Du stehst oben und hast den Überblick.
Bin ich froh, daß ich nicht in einem Büro bin! Das hat mir nämlich der Berufsberater gesagt gehabt: ›Nichts Handwerkliches, nur Büro!‹ – ›Tät dir Kaminkehrer nicht Spaß machen?‹ hat die Mutter gefragt. Weil sie ist einmal mit einem Kaminkehrer gegangen. Der ist dann mein Lehrmeister geworden.
Unsere Berufskrankheit ist eigentlich der Hodenkrebs. Das kommt aber noch von der Jahrhundertwende her, wo es viele Kamine gab, wo man innen hat hinaufsteigen müssen und dann kohlrabenschwarz geworden ist beim Kaminkehren. Das muß sich auf die Hoden geschlagen haben. Wir haben nur noch zwei oder drei solcher Kamine, wo man hineinsteigen muß. Und die Kaminkehrer, die ich kenne, werden alle steinalt. Muß also doch ein gesunder Beruf sein.
Die Kamine hier in der Gegend sind alte, klinkergemauerte Kamine, innen mit Mörtel ausgeschmiert. Die sind eigentlich ziemlich massiv. Wenn man sich Fotos anschaut vom Krieg, da sind von den meisten zerbombten Häusern nurmehr die Kamine stehengeblieben, weil sie das Massivste am Bau waren.
Der Querschnitt der Kamine war für Kohleheizung vorgesehen und ist jetzt für die Gasheizung zu groß. Dann durchfeuchten die Kamine, das Dichtungsmaterial zersetzt sich und zerstört die Kamine in kurzer Zeit. Wenn man nichts unternimmt. An einen Edelstahlkamin für eine Gasheizung kann man zum Beispiel nie einen Kohleofen anschließen, weil der Schwefelgehalt im Brennstoff in wenigen Jahren den Edelstahl zerstören würde.
Wenn man das Arbeiten anfängt, geht man auf allen vieren am Dach entlang. Nach vielleicht drei Monaten kann man aufrecht gehen. Das ist reine Gewohnheitssache. Aber das Gefährliche an der Gewohnheit ist, daß man dann gern leichtsinnig wird. Mir ist es passiert, daß ich vom Dach eines fünfstöckigen Hauses gefallen bin. Es war nicht rutschig, es war nicht naß, es waren eben alte Dachplatten, Frankfurter Pfannen heißen die, und die fangen, je älter sie werden, das Absanden an. Und der Sand ist wie Schmierseife und dann ging's dahin. Wenn da nicht direkt unter dem Dach ein Balkon gewesen wäre, wär's vorbei gewesen.
Ich rappel' mich am Balkon auf und klopfe an die Küchentür, wo ein Ehepaar beim Frühstücken saß. Ihm ist das Hörndl aus der Hand gefallen und sie hat auch nicht gewußt, was sie tun sollte. Nach dem zweiten Klopfen haben sie mir aufgemacht und ich bin durch die Wohnung wieder aufs Dach. ›Na‹, hat der Lehrmeister gesagt, ›heut nimmer!‹ Beim Duschen ist mir's erst gekommen: da bin ich drei Stunden in der Werkstatt gesessen mit einem Flattermann, daß ich mich nicht hab' weiterduschen können.
Wieso der Kaminkehrer als Glücksbringer gilt? Das kommt noch aus dem sechzehnten/siebzehnten Jahrhundert, meine ich. Seither gibt's diesen Beruf ja erst. Da war noch alles voller offener Feuerstellen und wenn es gebrannt hat, ist ja oft die halbe Stadt mit abgebrannt. Und wenn dann die Kamin-

kehrer da waren, hatten alle das Gefühl: Jetzt brennt es eine Weile nicht mehr. Daher kommt das.
Vorgestern treff' ich einen Berliner in der Schellingstraße. ›Bei uns macht man das so!‹ hat er gesagt und mir drei Mark in die Hand gedrückt. So hat er gemeint, sich das Glück kaufen zu können. Aber zurückgegeben hab' ich's auch nicht.«

Theo Gassner
geb. 1928 · Kaminkehrermeister

Spanferkel und Neujahrspfennig

»Während des Krieges hatten wir Kohleferien. Weil es keine Kohle für die Schule gab, hatten wir frei. Da hab' ich meinem Vater ein bißchen bei der Arbeit geholfen. Er war Kaminkehrermeister. Und es war die Zeit zwischen Weihnachten und Sylvester. Wir gingen herum, wünschten den Leuten ein ›Gutes neues Jahr!‹ und schon bekamen wir Trinkgeld. Das gefiel mir als 13, 14jährigem, wie einfach so Geld hergeht, so ganz umesunschd.
Auch später, als ich geheiratet hab', und fünfunddreißig Mark in der Woche verdiente, und wir Geld aufnehmen mußten, um die Wohnungseinrichtung abzustottern, da war das Sylvestergeld immer ein fester Bestandteil unserer Haushaltskassen«.
Von 1965 bis 1989 war Theo Gassner Bezirkskaminkehrermeister. Zum Schluß im Bezirk zwei, der von der Ludwig- bis zur Schleißheimer-, von der Theresien- bis zur Franz-Joseph-Straße ging. Dreihundert bis vierhundert Anwesen.
»Wir sind private Unternehmer, staatlich konzessioniert, und machen Öffentlichkeitsarbeit. Wir unterstehen der Regierung von Oberbayern, unsere

übergeordnete Behörde ist das Umweltschutzreferat. Bezahlt werden wir von den Hausherren. Die bekommen ein- oder zweimal im Jahr die Rechnung. Und die Mängellisten. Da gibt es welche, die fangen dann fürchterlich das Jammern an, sie hätten im Augenblick kein Geld. Wenn die Reparaturen nicht sicherheitsgefährdend sind, können wir Termine schon einmal hinausschieben. Wir sind schließlich keine Polizisten.«
Schornsteinfeger- oder Kaminkehrer sind Unternehmer, zahlen Einkommens-, Gewerbe-, Umsatz- und Mehrwertsteuer. Von den 80 bis 120 000 Mark im Jahr muß der Meister aufkommen für: Gesellen, die Miete, das Werkzeug.
»Im letzten Jahr habe ich in meinem Kehrbezirk einen Verlust von 15 bis 20 000 Mark gehabt. Warum? Weil modernisiert worden ist, weil ich nur noch einmal statt dreimal in die Wohnung komme. Dann muß die Regierung den Bezirk neu ordnen. Damit ich wieder auf meine Kosten komme.«
Um halb fünf steht er auf, trifft sich eine gute Stunde später mit dem Gesellen in der Werkstatt in der Konradstraße 11, einem früheren Waschhaus. »Normal, komplett privat angezogen, fahr' ich zur Werkstatt. Da zieh' ich mich nackert aus und schlupf' in mein Arbeitsgewand: Unterhosen, Socken, Unterhemd, Oberhemd, dann das Rußzeug: Koller und Hosen. Das wird so alle drei Tage gewechselt. Früher war das Rußgewand aus Leder, jetzt sind nur noch Ellbogen und Knie mit Leder besetzt. Für unser ›Rußhäubel‹ hat man früher einen abgezogenen Zylinder hergenommen. Jetzt gibt's die fertig aus Stoff zu kaufen«.
Überhaupt, das gewisse Magische des schwarzen Gewandes, »da bleiben Autofahrer stehen und steigen aus, Radlfahrer steigen ab, nur um es zu streifen, nur um ein bißchen schwarz zu werden. Oder es schneidet sich wer mit einer Schere vom Besen ein Borsterl ab. Nur wegen dem Glück, das es angeblich bringt. Da halten wir dann schon die Hand auf, weil so ganz umsonst geht das nicht.«
Früher, als er noch in Vaters Kehrbezirk in der Innenstadt gearbeitet hat, war die Werkstatt in der Schrammerstraße. Nicht weit weg, in der Theatinerstraße gab es ein Fotogeschäft: »Wenn ich mit der Arbeit fertig war, hab' ich an der Ecke ganz unauffällig mit meiner Leiter gewartet, bis wieder ein Brautpaar vorgefahren kam, um fotografiert zu werden. Wenn die mich dann gesehen haben, haben sie mich gerufen: ›Kommst mit aufs Bild, kriegst auch was!‹ Da hat man dann zwei Mark bekommen oder drei oder auch einmal einen Fünfer.
Am Sylvesterabend sind wir immer in den Ratskeller gegangen. Und wenn dann Schlag zwölf das Licht ausging und der Gong zwölfmal ertönte und das Licht wieder anging, dann standen wir da, zwölf Kaminkehrer in schwarzer Kluft mit einen Spanferkel und haben ihnen den Neujahrspfennig hingelegt. Das waren die neuesten Pfennige, die wir frisch aus der Münze geholt hatten. Dann sind wir mit dem Zylinder rum und haben gesammelt. Und mit jedem mußten wir anstoßen. Wenn wir wieder draußen waren, haben wir den Finger in den Rachen gesteckt, weil das hättest du sonst nicht ausgehalten, da wärst du hin geworden. Zusammengebrochen wärst du bei dem vielen Alkohol.«

Vorschriften, bei wieviel Promille der Kaminkehrer noch auf's Dach dürfe, gäbe es nicht. Aber schon aus reinem Selbsterhaltungstrieb verschiebe man dann die Arbeit auf den nächsten Tag. Wenn man zum Beispiel zu einem Glasel wo eingeladen werde. Und es dann nicht bei einem bleibe. »Ansonsten wird unsere Arbeit nicht weniger, sie verändert sich nur. Früher war es mehr Rußarbeit, jetzt ist es mehr Kontrollfunktion. Wo früher drei Kohleöfen waren, ist jetzt eine Etagenheizung und da müssen wir nur noch Abgas messen. Früher, bei Kohle und Holz, da hat sich im Kamin Hartglanzruß gebildet, das sogenannte Pech. Das mußten wir dann mit einem Brenner und Propangas ausbrennen. Wenn das ein Nicht-Fachmann probiert hat, konnte es sein, daß das Pech zwar brannte, der Kamin aber zumachte. Dann konnte sich das Pech aufblähen und den Kamin zerreißen. Ein Fall für die Feuerwehr.

Den Ruß haben wir immer in die Aschentonne getan, außer es kam jemand, der ihn gesammelt hat. Für den Garten, für den Friedhof, damit es eine schöne, schwarze Erde gibt. Oder die Firma Farben Huber in Haidhausen, die hat gern unseren schwarzen Ruß abgenommen zur Farbenherstellung. Die weiße Asche aus trockener Kohle, die haben manche auch zum Düngen hergenommen.

Früher haben wir jeden Monat Termine gehabt, das heißt, wir sind zwölfmal im Jahr in dieselbe Wohnung gekommen. Das hat sich immer mehr reduziert, weil es schon bei der Ölheizung weniger Rußanteil gab. Die Gasheizungen wurden früher zweimal im Jahr, jetzt wird nur noch einmal kontrolliert. Bei der Ölheizung geht das so: Da wird Fließpapier in die Pumpe gesteckt, mit der man Abgas absaugt. An der Tönung des Papiers läßt sich dann ablesen, durch Vergleich mit einer Skala, um welche Rußbildnummer es sich handelt. Es gibt die Nummern eins bis sechs. Rußbild zwei darf nicht überschritten sein. Wenn doch, schreibe ich eine Beanstandung heraus, dann muß der Kundendienst kommen und den Brenner so einstellen, daß die Zahl Null oder Eins erreicht wird.

Bei der Emissionsmessung beim Gas nehmen wir den Tauspiegel her: wenn er sich beschlägt von Wasserdampf, weiß ich, daß Gas austritt. Weil in einem Kubikmeter Gas ein bis eineinhalb Liter in Form von Wasserdampf enthalten sind. Weil das Co, das Kohlenmonoxyd, das giftige, das ist ja geruchlos. Was früher der Besen, der Stoß und die Kugel waren, das sind heute die Meßinstrumente.

Früher, im Rußgewand, hast du die Kinder bloß scharf ansehen müssen, dann sind sie schon schreiend davon. Jeder kannte das Lied: ›Wer hat Angst vorm Schwarzen Mann?‹ Aber heute! Obwohl, das mit dem Glück und dem Anfassen, das gibt es noch, wenn auch nicht mehr so häufig wie früher.

Ich habe, Gott sei Dank, noch keinen Unfall gehabt. Aber der Vater. Früher ist man ja noch von Kamin zu Kamin gesprungen. Es war Winter und er war auf dem Franziskaner hinter dem Rathaus. Er hat gemeint, er springt vom Kamin aufs Dach, auf ein flaches Dach. Dabei war es der Lichtschacht und er ist durchgestürzt durch das Glas, aber glücklicherweise auf ein

Treppengeländer gefallen. Da hat er sich dann von Geländer zu Geländer hinuntergehangelt.
Eine Gefahr sind die Tauben, die gern in Kaminen nisten. Da rutschen immer wieder welche aus, bleiben mit gespreizten Flügeln hängen und sind tot. Die verstopfen dann den Kamin, so daß die Öfen in den Wohnungen qualmen. Auch Amseln nisten manchmal im Kamin. Einfach weil's so schön warm ist.
Was ich an der Türkenstraße mag? Daß da alles da ist: vom Handwerker zum Künstler und zum Professor. Obwohl es die Tendenz gibt, daß immer mehr Besserverdienende in die Straße ziehen. Weil es ja die vielen großen Altbauwohnungen gibt. Und dazu die ›Einschichtigen‹, also die älteren Personen über 70. Die brauchen doch die Handwerker für alles Mögliche. Das weiß ich selber am besten. Und wenn die Werkstätten wegen der scharfen Auflagen allmählich aus dem Wohnbereich verschwinden, dann sind sie verratzt. Wer sagt ihnen dann, wie das ist mit der neuen Fernsehgebühr oder den Telefoneinheiten? Also, da ist unser Job schon riesig: Du bist immer mit Leuten beieinander und kannst über alles reden.«
Mit 61 Jahren geht Theo Gassner in Frührente. Das vegetative Nervensystem macht nicht mehr mit. »Vielleicht der Streß, der durch die ständige Angst kommt: da stirbt dir vielleicht jemand weg und du kannst dafür belangt werden. Du stehst ja mit einem Fuß immer im Gefängnis.«

Sowohl die Kunst als auch das Leben
Kunsthandwerker

Die Grenzen sind fließend zwischen Handwerk, Kunsthandwerk und Kunst. Die hier Vorgestellten sind sowohl Handwerker als auch Künstler. Und darüber hinaus verwandt oder befreundet. Und es zeigt sich wieder einmal, daß die Frauen der Eltern- oder Großelterngeneration, obwohl genauso begabt wie die Männer, sich klaglos in die zweite Reihe haben abschieben lassen.

Da sind die Freunde Starr und Rasp, Goldschmiede, die ihre Arbeit im Schaufenster zur Türkenstraße hin verrichten. So sind sie im Lauf der Jahre zu dem geworden, was die Presse »gewöhnlich gut informierte Kreise« nennt.

Hans Starrs Lebens- und Liebeskreise drehten sich in irgendeiner Form um die Türkenstraße, Frank Rasp merkte erst, was ihm seine Wohnung in der Straße bedeutete, als sie ihm genommen werden sollte. Er kämpfte und gewann.

Die Familien Pfefferle und Sahm wohnten über fünfzig Jahre in demselben Haus: der Nummer 6. Dort gibt es sie nicht mehr; das Haus neben dem Palais Dürckheim, in dem sich das elegante Café Mirabell befunden hatte, wurde im Rausch der Vor-Olympiade und dem Wahn der »autogerechten Stadt« abgerissen, dem Oskar-von-Miller-Ring geopfert.

Es war die Zeit, in der Bürgerinitiativen gerade erst entstanden, ihre eigene Stärke und die Methoden, ihre Ideen umzusetzen, noch nicht kannten.

Noch heute schleicht sich bei den Pfefferles, einer der bekanntesten Rahmenhandlungen der Stadt, Trauer und Enttäuschung in die Stimme, wenn sie von ihrem alten Haus, dem Pfefferle-Haus reden. Es hört sich an, als hätten sie einen geliebten Menschen verloren. Was heißt verloren, als hätte man ihn ihnen genommen, ermordet. Sie meiden die Gegend. Frau Pfefferle, die Witwe des beim Wiedereinbau des Cuvilliés-Theaters so tragisch ums Leben gekommenen Karl Pfefferle, hatte, um ihre Gesangsstunden finanzieren zu können, bei Pfefferles gearbeitet. Und wie es sich so ergab: nach fünf Jahren heirateten sie – Karl und Lotte. Was das schleichende Ende ihrer vielversprechenden Karriere bedeutete: als Butterfly, als Bohème.

Was die beiden Familien im Haus Nummer 6 verband, war die Musik: Vater Sahm, der Erfinder der gleichnamigen Sahm-Optik, und seine beiden Kinder, Walter und Hertha, waren hochmusikalisch. Bei Hauskonzerten kamen die Pfefferles gern dazu, die ansonsten zur Straße eher keine Verbindung hatten. Was sie sonst noch verband: die reiche und mächtige Klientèle, die entweder Rahmen brauchte für ihre Gemälde und Ausstellungen, oder sich – die Damen in Weichzeichnung, die Herren ohne – beim Prominentenfotografen Sahm ihr Porträt machen ließen.

Da gab es Situationen, wo vorne die Nazis hereinkamen und hinten die Juden hinausbegleitet wurden: Galeristen oder Innenausstatter wie Bernheimer.
Mutter Sahm war ungarische Jüdin, was lange unbekannt blieb und was die Pfefferles zwar wußten, aber kein Wort darüber verloren. Vater Sahm wurde aufgefordert, sie zu verlassen, was er nicht tat. Es geschah ihnen nichts, was wohl auf Göring'sche Protektion zurückzuführen war. »Wer Jude ist, bestimme ich!« hatte er geäußert.
Sohn Walter, im Krieg als Fotograf, nach dem Krieg Dolmetscher bei den Amerikanern, dann Kameramann beim Fernsehen, bis er Nachfolger des Vaters wurde als Porträtfotograf, war immer ein Glückskind und Lebenskünstler: drei Frauen hatte er, darunter eine aus der Schottenhamelfamilie und verliebt war er bis zu seinem Tod im Jahr 1995. Er hatte kurz zuvor noch eine große Ausstellung im Hotel Sheraton, zu der alle kamen, die ihn mochten und bewunderten: René Kollo sang und Walter Sahm spielte Klavier. Hatte er sich seine Musik doch immer nebenher bewahrt, die leichte Muse, die selber komponierten Prinzenwalzer zum Fasching in München. »Aus der Dunkelkammer« wollte er seine Memoiren nennen, zu denen er nicht mehr kam. »Lichtbildner« hatte er sich gern nennen lassen. Schwester Hertha, zweifellos genauso begabt, was Musik, Fotografie und Retusche betraf, hatte ihren Mann gleich um die Ecke gefunden: den Sohn des traditionsreichen Innenausstatterbetriebs Kappler in der Gabelsbergerstraße. Sie trat in den Betrieb ein, aus war es mit Musik und Fotografie. Sie wurde eine erfolgreiche Geschäftsfrau. Nie hatte sie eine eigene Ausstellung ihrer Porträts, die wie die von Vater und Bruder mit der einzigen, einzigartigen alten Kamera im Holzgehäuse gemacht wurden, deren Optik Vaters Erfindung gewesen war.
Wie Walter Sahm ganz selbstverständlich die Nachfolge des Vaters antrat, war es auch für den jungen Karl Pfefferle selbstverständlich, Vaters Rahmengeschäft zu übernehmen. Aber er tat noch ein übriges: er kümmerte sich um moderne Malerei, die zu Hause nie stattgefunden hatte. Er eröffnete eine Galerie in der Maximilianstraße, stellt dort junge Künstler aus. Das Geschäft der Pfefferles befindet sich jetzt in der Gewürzmühlstraße. Im Entrée schaut ein Wasserpfeife rauchender Türke, umgeben von Odalisken als Gemälde, von der Decke herunter. Ein Türke, der aus dem Pfefferlehaus gerettet wurde, ein exilierter Türke aus der Türkenstraße.

Frank Rasp und Hans Starr
geb. 1939 und 1947 · »Gold and Silvermarket«

Nach der Antike schielen

Hans »Schmuck gibt es seit Anbeginn der Menschheit. Goldschmiede folglich auch. Unser Beruf steht und fällt mit der Frau. Weil der Mann schmückt sich anders oder gar nicht.«
1973 haben Hans Starr und Frank Rasp ihren »Gold and Silvermarket« in der Türkenstraße eröffnet. »Ich bin Goldschmiedemeister und Bildhauer, der Frank Maler und akademischer Goldschmied. Er war gerade an der Akademie fertig und ich hatte meine Meisterprüfung. Der Laden hatte den alten Dossis gehört, zwei Brüdern, Scherenschleifern aus der Gegend von Madonna di Campiglio. Die wollten aufhören, wieder nach Italien zurück.
Frank ›Seid's nicht so blöd, Buben, nehmt's den Laden!‹ hat der Vater Dossi zu uns gesagt, also zum Ugo und mir. Mit dem Ugo, der heute ein bekannter Maler ist, bin ich schon seit der Schule befreundet. Der Vater hatte von seiner Schleiferei schon Ansätze einer Staublunge. Zur Mutter sind wir immer marschiert, wenn wir halt überhaupt kein Geld mehr hatten, die hat uns dann nicht verhungern lassen. Das war zur Akademiezeit.
Zu dem Laden hier bin ich also gekommen wie die Jungfrau zum Kind. Der Ugo und ich wollten eigentlich eine Galerie eröffnen, Gott sei Dank hat das nicht geklappt, das wäre das reine Chaos geworden.
Hans Von den Dossis stammen noch die beiden Vitrinen mit den schönen Metallbeschlägen. Eines Tages kam der Frank zu mir und fragte, ob wir nicht zusammen einen Laden aufmachen wollten. Wir kannten uns schon lange, unsere Väter waren schon befreundet. Franks Vater war bei der obersten Baubehörde, als sie noch in den Baracken in der Friedrichstraße war,

und mein Vater hatte die Bauleitung, als die Gebäude der Universität Ecke Türken-Theresienstraße gebaut wurden, so um 1970 rum.
Wir beschlossen also, den Laden aufzumachen, nahmen einen 10000-Mark-Kredit mit 1000-Mark-Überziehungskredit auf und eröffneten mit ausgeliehenen Schmuckstücken. Schon mit eigenen, aber welchen, die wir für Freunde gemacht hatten und wo überall ›verkauft‹ draufstand. Schön langsam haben wir dann angefangen, auf Lager zu arbeiten.
Frank Da gab es aber noch einen dritten Mann, den dicken Marwitz, den früheren Wirt vom ›Alten Simpl‹, als er noch ›Bunter Hund‹ hieß. Der hatte ein Antiquitätengeschäft Ecke Amalien-Theresienstraße, bevor der Allianz-Neubau dahin kam. Der machte auch Werbesprüche: der mit der ›Küche kalt‹ und ›dem Wienerwald‹ ist von ihm. Der hörte das mit dem Laden und sagte gleich: ›Jungs, ich knall' Euch den Laden mit altem englischen Silber voll!‹ Er hatte gerade angefangen, damit zu tandeln, er fuhr nach England auf die Märkte, Portobello und so und deckte sich ein. Er war eineinhalb Jahre bei uns. Dann wurde es ihm langweilig und der Job auch nicht mehr lukrativ genug. Er verließ uns, hinterließ aber Name und Signet. ›Gold and Silvermarket‹.
Hans Damit sind wir nicht gerade wahnsinnig glücklich, weil wir eigentliche fast kein Silber mehr haben. Weil es im Preis oft viel zu niedrig ist, daß sich der ganze Aufwand nicht lohnt, die ganze Handarbeit, daß man für einen Silberring fast genauso viel verlangen müßte wie für einen Goldring. Aber der Name ist nun einmal da und dann bleibt er auch.
Frank In unserer Arbeit schielen wir heftig nach der Antike, weil wir der Ansicht sind, daß man Schöneres nicht machen kann. Wir verarbeiten antike Fragmente, Gemmen, Terrakotta- und Bronzeteile. Da wird aus einer byzantinischen Gürtelschließe eine Brosche, oder alte ägyptische Kettenteile werden in eine neue Kette eingearbeitet. Unechtes gibt es bei uns nicht. Jedes Stück ist ein Original. Früher haben wir mehr auf Bestellung gearbeitet, achtzig Prozent allein fürs Weihnachtsgeschäft, jetzt läuft es auch im Sommer. Die Stücke werden direkt aus dem Schaufenster gekauft. Wie wir zu den antiken Stücken kommen? Hinter denen sind wir her wie der Teufel hinter der armen Seele. Früher gab es einen Laden neben dem Opernespresso, den Beckenbauer, der war Numismatiker und hat mit Antikem gehandelt. Ein ehemaliger Mitarbeiter von ihm ist bei einer Bank gelandet, in der Antikenabteilung und der gibt hie und da Laut, wenn er etwas hat. Oder bringen Freunde etwas vorbei: Fibeln, Pfeilspitze, Gemmen, keltische Gewichte oder byzantinische Bronzefragmente. Aber selten genug. Mit Gold verarbeitet, sieht das eben wunderschön aus. Das verkaufen wir dann im Laden, in Notfällen verschicken wir es auch mal. Aber ungern.
Hans Also, wir kopieren nicht, wir empfinden nach: der ägyptischen, griechischen und römischen Antike. Die Etrusker machten sehr schönen Schmuck. Von ihnen kommt das Granulieren, eine alte Technik, die nicht mehr sehr viele Goldschmiede beherrschen. Da werden Goldkügelchen auf

eine Unterfläche geschweißt, nicht gelötet, damit nichts verläuft. Das ist sehr zeitaufwendig und da gibt es wenig Leute, die das zu zahlen bereit sind. Oder handgeflochtene Ketten aus hochkarätigem Gold, zweiundzwanzig Karat, neunhundert fein, auch in der etruskischen Tradition, da kostet eine Kette dann eben 3 500 Mark.

Frank Wir haben natürlich auch Silberringerl mit einem Stein für 140 Mark; oder eben diesen Sternsaphirring für 2 300. Der Preis setzt sich aus Material und Zeit zusammen. 65 Mark nehmen wir die Stunde. Reich wird man davon nicht, wir wursteln uns durch, meistens macht es sogar Spaß, und vor Hunger klagen müssen wir auch nicht. Wie es auf gut jiddisch heißt: Nu, man lebt! Wir haben nicht mehr die Umsätze wie in den 80er Jahren, das erreichen wir nie mehr. Es ist g'stader geworden, aber wir kommen 'rum.

Hans Vielleicht war es vor zehn Jahren lustiger. Da hat man noch nicht soviel zu tun gehabt. Auch die Freunde, die uns besuchten, hatten mehr Zeit. Wenn es etwas zu feiern gab, sind sie gekommen. Und dann wurde getrunken. ›Eigentlich müßtet Ihr ›Gold and Silverschänke‹ heißen‹, haben sie gesagt.

Frank Alles hängt natürlich von der Miete ab. Dieses Haus hier, in dem ich auch wohne, gehört einer Erbengemeinschaft Erbshäuser, das ist die Konditorfamilie in der Kardinal-Döpfner-Straße. ›Eines sag' ich Euch‹, hat der Hausverwalter gleich gesagt, als ich mit dem Papa Dossi hinmarschiert bin, ›eine billige Miete kriegt Ihr, aber gemacht wird nichts!‹ Da haben wir eben alles selber gemacht.

Hans Zuerst im alten Dossiladen, nach ein paar Jahren im Laden der alten Pflügers, der Schwestern mit ihren Süßigkeiten direkt daneben, weil da mehr Platz war. Und weil wir den zweiten Laden gleich eingerichtet hatten wie den ersten und weil die Hausnummer geblieben ist, haben die meisten Kunden gar nichts vom Umzug gemerkt. Die Miete ist nach zwanzig Jahren um tausend Prozent gestiegen. Am Anfang haben wir 250 Mark gezahlt.

Frank Lang, bevor wir den Laden hatten, hab' ich einmal auf der Handwerksmesse einen Schau-Goldschmiedestand gesehen, der von tausenden von Leuten umlagert war. ›Das ist's!‹ hab ich später dem Hans gesagt, ›der Arbeitstisch im Schaufenster! Da bleiben die Leute stehen!‹ Seither arbeiten wir im Fenster.

Hans Das ist praktisch: Es entgeht einem nichts, was auf der Straße passiert. Weil, neugierig sind wir ja kein bißchen! Und man muß nicht aufstehen, wenn die Kunden kommen. Sie kommen direkt an den Arbeitsplatz, sehen, daß tatsächlich noch mit der Hand gearbeitet wird, und man kann alles besprechen. Vor zwanzig Jahren haben wir damit angefangen, inzwischen haben uns schon etliche imitiert.

Frank Unsere Kundschaft sind gut dreiviertel Frauen. Und wenn sie dann ganz ernst im Schaufenster hängen, um sich die Dinge näher zu betrachten, betrachten wir uns eben auch die Dinge näher. Geflirtet wird viel in der Türkenstraße, vor allem im Sommer. Wir tun's nach Kräften. Da geht schon ein Flax über den Arbeitstisch, vor allem wenn sie appetitlich und lustig

sind. Trotzdem, die großen Aufreißer sind wir nicht. Obwohl, da hat sich schon einiges hier angesponnen. Da wurde schon kräftig getechtelt und gemechtelt. Ob das Gold erotisierend wirkt ? Glaub' ich eigentlich weniger. Eher unsere Schönheit (lacht).
Hans Ich habe zwei Liebesgeschichten in der Straße erlebt. Oder drei. Je nachdem. Oder, wenn man sie einzeln zählt, vier. Meine Jugendliebe war gerade dreizehn, und ich sechzehn. Ihre Freundin kannte ich besser, weil ich mit der praktisch Blickkontakt hatte, so von Fenster zu Fenster. Über sie kam ich zu ihrer hübschen Freundin, die ich sehr verehrt habe. Wir spielten zusammen in der Theatergruppe von St. Ludwig und da hat man schon einmal hinter der Bühne miteinander geschmust. Das hat dann Knutschflecken gegeben und war uns vor den Eltern schrecklich peinlich. Die Mädchen waren damals eben behüteter als heute. Irgendwann war dann ein Älterer als ich für sie aktuell. Und es war aus mit dem Musikhören, dem Wegfahren, dem Sport.
Die zweite war auch Goldschmiedin. Ich hatte sie auf einem Goldschmiedeball kennengelernt, sie war älter als ich und bereits Meisterin, während ich erst auf die Meisterschule ging, auf die Fachakademie für Bau und Gestaltung. Ich war so um die fünfundzwanzig rum. Sie hatte ein Zwei-Zimmer-Apartment und war aus dem Freundeskreis. Wir sind viel zu Feten gegangen und haben da gleich übernachtet. Sie hatte eine Nachbarin, da hat sich ein Freund von mir hineingesetzt. Und bei einer Freundin im Haus, die allein war, ist, glaube ich, auch jemand hängengeblieben. Es waren wilde Zeiten. Dann merkte ich plötzlich, daß sie mich heiraten wollte. Daran hatte ich gar nicht gedacht, und war dann froh, daß sie nach einem Jahr einen alten Verehrer geehelicht hat und dann auch aus der Türkenstraße weggezogen ist. Die dritte, das war die Freundin der ersten, die mit dem Blickkontakt. Sie wohnte im Haus Ecke Theresienstraße, wo unten der Bäcker Wild ist, und ich im Haus daneben, das jetzt abgerissen ist und in dem früher die ›Münchner Moden‹ waren. Ja, und dann ist es wieder losgegangen mit der Jugendliebe, zwanzig Jahre später. Sie hat auch ein Kind von mir, aber inzwischen ist es wieder zu Ende.
Wirklich, die Türkenstraße ist wie eine Kleinstadt. Immer wieder schließen sich für mich die Kreise um die Straße. Liebeskreise sozusagen.
Frank Wenn's die Türkenstraße nicht gäbe, wohin man zurückfahren kann, würde ich mich in meinem Haus in Italien und auf meinem Bauernhof in Bayerisch-Kongo, also in Niederbayern, nicht so wohlfühlen. Das Haus habe ich schon über dreißig Jahre. Erst zur Miete, dann haben sie es mir für 7000 Mark angeboten. Da hab' ich nicht ablehnen können.
Den Bauernhof, 6600 qm Grund, hab' ich 1970 erstanden. Da hat er 12000 Mark gekostet. Neun Jahre später hat der Hans den seinen daneben gekauft. Da sind wir am Wochenende. Am Montag dann wieder im Schaufenster in der Türkenstraße.
Hans Also meistens. Manchmal geht's halt so hinaus, daß wir einen freien Tag anhängen. Oder zwei. Dann kann man unsere Sprüche an der Tür lesen:

›Heute geschlossen wie gestern und morgen‹ oder: ›Wegen vorübergehenden Reichtums kurzfristig geschlossen‹ oder, nach Weihnachten: ›Wegen Umtauschgefahr bis zur Ankunft der Heiligen drei oder vier Könige geschlossen‹. Bei jedem Feiertag, den wir verlängern, müssen wir uns etwas Neues einfallen lassen. Oder wir schreiben vom letzten Jahr ab.
Da hatten wir mal ein kleines Schild im Schaufenster: ›Auch die Inhaber dieses Ladens sind noch zu haben!‹ Es war wirklich klein, und lag ganz unten. Und weil es Sommer war, und die Straße voller hübscher Mädels, für die es ja auch gedacht war, und es so weit unten lag, mußten die sich bücken und es gab tiefe Einblicke, sehr schöne. Also meistens. (lacht)
Es gibt auch die direkte Anmache. Wenn man jemandem umsonst eine Öse einhängt und es heißt dann: Dafür muß ich Sie direkt küssen! Und da mußt du dann schnell den Mund zur Seite reißen, weil sie dich sonst voll getroffen hätte.
Aber sonst: ein kleiner Plausch geht immer. Der Frank ist der nach außen Umgänglichere. Er charmiert gleich frisch von der Leber weg. Ich bin vielleicht ein bißchen der Direktere.
Das Schöne hier ist unser Publikum, das ist ganz gemischt und Schwellenangst hat hier keiner. Im Sommer ist ja sowieso die Tür auf.
Frank Da kommt dann das Muatterl, das für den Buben ein Ketterl repariert haben will, bis zu den Reichen, Schönen und Bekannten. Also der Johannes Schaaf, der Regisseur, der ein paar Häuser weiter wohnt. Obwohl, in letzter Zeit ist er mehr weg, oder der Manfred Schmidt, der Zeichner und Erfinder von Nick Knatterton; oder der Schuster Fritz von der SZ, der lange mit der Kückelmann befreundet war und der immer den Kopf zur Tür hereinstreckte: ›Na, Ihr Hehler, geht's Euch gut?‹ Der hat übrigens in ›Zur Sache, Schätzchen‹ den blinden Bettler gespielt, ja, da gegenüber wurde das gedreht.
Hans Erzähl doch einmal eine Geschichte von der Erika, der Wirtin vom ›Türkenhof‹!
Frank Der dicken Erika? O je, ob nüchtern oder betrunken, hat sie immer versucht, mich niederzuschmusen.
Hans Ja, wen sie mögen hat, der hat's nicht leicht gehabt.
Frank Dann erzähl' ich einmal die Geschichte mit der Wette: Da lief gerade ein Belmondo-Film, wo mehrere Knaben eine Wette abschlossen, wer wohl das häßlichste Mädchen verzieht. Es war im Fasching und wir beschlossen, also der Müller Heinz, der Henry, ein Kameramann und ich, dasselbe zu machen. Der Müller Heinz war der damalige Geschäftsführer von City-Jeans, nebenan. So eine Art Vorstadt-Beau, aber ein netter Kerl. Der war eines Abends noch bei uns im Geschäft, randvoll besoffen, als die Erika mit einem Schnaps über die Straße kam. Sie hat sich dann gleich diesen blonden, knackigen Knaben ausgeschaut zum Abseilen. Was ihr früh um zwei dann auch gelang.
O je, haben wir gesagt, der hat die Wette gewonnen. So etwas Greißliges wie die Erika!

Am nächsten Morgen kam er etwas verschwiemelt an, der Heinz. ›Du Hund, du verwanzter, hast die Wette gewonnen?‹ haben wir ihn gefragt. Da hat er bloß genickt und hat sich verzogen. Am Nachmittag kam die Erika: ›Sagt's bloß, ist der schwul, Euer Freund?‹ Sie war noch verquollener als sonst. – ›Wieso?‹ haben wir gefragt. Und da hat sie erzählt, daß er, als es zur Sache ging, angefangen habe zu reden und zu erzählen. Um sein Leben habe er geredet, um seine Unschuld. Am Schluß sei er weinend im Bett gesessen und habe von seinem sterbenden Vater erzählt. Er sei zu nichts mehr zu gebrauchen gewesen. So sei er ihr entgangen, der Heinz. Von der Wette hat niemand mehr geredet.

Hans Also, der ›Türkenhof‹ war früher eine lustige Kneipe, da traf sich alles, Maler, Studenten, der Elektromeister Schober und seine Saufkumpane, Zeitung wurde gelesen und Karten wurden gespielt. Und hinter dem Tresen saß die Erika, die Wirtin, eine umschriebene Frau, wirklich fast so breit wie hoch, gar nicht einmal so alt, und schon irgendwie scharf auf Männer. Manchmal hatte sie eine Köchin, manchmal kochte sie auch selber. Gar nicht so schlecht, eben Hausmannskost. Und wenn sie von ihren Eltern Schwammerl gekriegt hat, dann hat sich das wie ein Lauffeuer in der Straße herumgesprochen: Bei der Erika gibt's Schwammerl! Schon waren alle drüben: Zwei Mark fünfzig die Schwammerlsuppe mit Semmelknödel.

Frank Im ›Türkenhof‹ und auch ›Aquariumsstüberl‹, hab' ich öfter gesagt, da hocken am Abend hundertfünfzig Jahre Zuchthaus beieinander.

Hans Eines Morgens, als ich den Laden aufmachte, so gegen elf war es, weil allgemein hier später geöffnet wird, da kam die Nachbarin, die Zigarettenfrau, die Nießl: ›Helfen Sie mir! Da hat mir jemand die Fenster eingeschmissen!‹ Die waren aber gar nicht eingeschmissen, sondern ein Typ ist da hineingefallen, weil er so blau war. Er stand ja auch noch da. Ganz brav. Als ich die Polizei anrief.

Da ist plötzlich die Erika schräg über die Straße hergeschossen gekommen: ›Mei Herzele, mei Bopperle, mein Liebster!‹ Und als die Polizei ihn vernehmen wollte, hat sie sich dazwischengeworfen: ›Halt! Er gehört mir!‹ und hat die Polizei angegriffen. Da wollten sie sie mitnehmen. Sie wollte aber nicht und ließ sich auf die Straße fallen. Die Polizisten hatten ihre liebe Not, sie zum Wagen zu schleifen. Da ist dann der Rock hochgerutscht und ... also ich hab' gleich weggeschaut.

Frank Und dann ist das Lokal immer mehr heruntergekommen. Da kamen dann so deutschnationale Knaben von den schlagenden Verbindungen und Neonazis, die gröhlten herum und die Erika schrie: Heil Hitler! dazu. Dann schlugen sie eine Nachbarin, eine Lehrerin, noch auf der Straße zusammen, weil die sich beschwert hatte. Das war der Anfang vom Ende der Erika. Die Brauerei hat ihr dann die Lizenz entzogen. Sie ist zurück nach Niederbayern, hat man sich erzählt.

Hans Erzähl mal die ›Schöne-Diana-Geschichte‹!

Frank Das war gegenüber vor dem ›Türkendolch‹. Da stand einer sichtlich vom anderen Ufer und flötete: ›Diana, Diana!‹ Zehn Minuten lang. Bis das Fenster aufging und einer hinausbrüllte: ›Der ist ausgezogen! Schon seit Wochen!‹

Hans Bevor das Türkenbad Sauna wurde, sind wir auch manchmal hinüber zum Wannenbaden. Dann ist es aber zum Schwuchteltreff geworden.

Frank Wir haben nur vom ›Aidspalast‹ geredet. Da sind auch ein paar daran gestorben.

Hans Was das Schöne ist an der Straße, sie gehört nicht der Schickeria. Da fahren sie zwar schon vor und kaufen sich im ›Adria‹ ihr Eis und lassen sich ihre Autos bestaunen, das ist aber auch schon alles. Ansonsten ist hier noch eine Stimmung wie um die Jahrhundertwende: die Maler in den Hinterhöfen, Modelle wie die Nina mit Hut und Hund. Wo ist denn sonst noch etwas vom alten Schwabing geblieben? Die Leopoldstraße und die Gegend um den Wedekindbrunnen, das ist doch alles tot. Von der Lebendigkeit her ist die Türkenstraße das letzte Stück Schwabing.

Frank Wo du Modell sagst, da fällt mir die Hartmannin ein, ein Uralt-Modell. Sie ist die Frauengestalt hinten auf dem Fünfzigerl. Dem Fünfzig-Pfennig-Stück. Schlank war sie von hinten wie ein junges Mädchen, ein phantastischer Rückenakt, nur von vorne etwas antiquiert. Wir hätten oft gern etwas Knackigeres gehabt, aber bei unseren Lehrern war sie sehr begehrt. Weil sie wie eine Eins stand, sich nicht rührte, ein tolles Modell. Sie konnte sogar im Stehen schlafen. Sie hatte einen Heizstrahler hingestellt und wenn sie einschlief, lief sie langsam bläßlich-bläulich an. Es war wie ein Pegel, den man langsam steigen sah. Wenn er am Arsch angekommen war, haben wir sie geweckt: ›Hartmannin, Zeit ist! Pause!‹

Hans Einer, der unbedingt zur Straße gehört, ist der Mathias. Stadtstreicher kann man nicht zu ihm sagen, Penner auch nicht. Der ist eine witzige Figur, trinkt halt gern und gehört dazu. Wenn der weg ist, fragen alle nach ihm.

Frank Und wenn er dann wieder da ist, sauber gewaschen und rasiert, dann röhrt er: ›War mal wieder in Brannenburg! Haha!!‹ Und faselt was von Entzug.

Hans Er ist ein Idealist, ein liebenswürdiger. Wenn er da vorm Tengelmann sitzt, weil er vom Metzger gegenüber eine Wurstsemmel bekommen hat, daß er sich nicht vor seinen Laden setzt, wenn er dann politisiert und alle Leute grüßt, das ist schon witzig. Oder wie er eines Morgens, als der Frank einmal ein bißchen später aufschloß, vorwurfsvoll sagte: ›Ich bin schon an meinem Arbeitsplatz!‹ Da saß er vor dem ›Alten Simpl‹.

Frank Wenn ich dem seine Leber hätte, wäre ich schon längst tot. Wie der das aushält bei Wind und Wetter! Jetzt haben sie ihm sogar sein Klohäusl weggenommen, wo er sich bei den Damen einquartiert hatte, also in der Tür zum Damenklo.

Ist ein Netter, der Mathias. ›Gute Geschäfte, Meister!‹ wünscht er ab und zu. Ist auch ein Gescheiter, wenn er nüchtern ist. Und die Geschichte mit der guten Familie scheint zu stimmen. Der Vater, ein hochdotierter Mediziner und der Sohn das schwarze Schaf. Er gehört hierher, er ist ein Teil der Straße. Die toleriert ihn nicht nur, die erhält ihn sogar. Letzthin habe ich ihm etwas

zugesteckt, da hat er gemeint: ›Aber du hast mir doch erst letzte Woche was gegeben!‹ Das weiß er immer ganz genau. Das erinnert mich an die Mieter von 59, die einmal in Prozession zu den Vermieterinnen gegangen sind und verlangt haben, daß die Miete erhöht würde. So ginge es nicht weiter!
Hans Es gibt schon irre Geschichten hier. Zum Beispiel der Ausländer, der kam und ›Marissa‹ wollte. Bis wir dahinterkamen, daß er ›Pariser‹ meinte. Da haben wir ihm einen Zettel geschrieben und über die Straße zur Apotheke geschickt.
Frank Oder die eine aus meinem Haus, die vor lauter Saufen ihr Kleinkind im Englischen Garten am Chinaturm vergessen hat und dann behauptet, es sei entführt worden, bis es ihr eine Zigeunerin wieder zurückgebracht hat.
Hans Oder die Nachtvorstellung im Arri, die Eddy-Constantine-Filme. Wo man mit Bierflaschen und Musikinstrumenten hin ist. Wenn dann einer geraucht hat, hat die Kartenabreißerin geschrieen: ›Wenn's net sofort aufhörts, fangen wir nicht an!‹ Dann ist es dunkel geworden und wir haben die Präservative aufgeblasen und in die Luft gelassen. Bis einer aufschrie, dem einer auf den Kopf gefallen war. Die Musik war so laut, daß man vom Film fast nichts mehr verstanden hat. Dann die Ratschläge: ›Eddy, paß auf!‹ Eddy, trink aus! Eddy, bleib sauber!‹ Das war eine lustige Zeit vor fünfundzwanzig Jahren. Wir waren so um die achtzehn rum.
Frank Seitdem ich sieben bin, bin ich in München. In Schwabing war ich im Oskar-von-Miller-Gymnasium, dann an der Akademie, ich hatte mein Atelier in einem Gartenhäuschen in der Königinstraße und Geschäft und Wohnung in der Türkenstraße. Da verwächst man mit der Gegend, hält es aber für ganz selbstverständlich. Dramatisch wird es erst, wenn dir jemand das wegnehmen will, wie meine Ex. Als wir nach sieben Jahren im Standesamt an der Mandlstraße geheiratet haben, stand der Ugo Dossi da und klapperte mit den Autoschlüsseln: ›Hau ab, noch ist es Zeit!‹ Ich haute nicht und mußte dafür später um die Wohnung kämpfen, in der sie bleiben wollte. Ich hab' gefochten und obsiegt. Das ist schließlich mein Lebensraum hier. Ich bin Bestandteil der Straße, da gehöre ich her. Aus. Komischerweise ist sie aber auch in der Straße geblieben.
Hans Wieviele Paare haben wir schon beraten, daß sie keinen Ring kaufen und nicht heiraten sollten! Der Frank ist so einer, der dann gern vom Unglück der Ehe redet. Und wenn's um die Weite des Herrenringes geht, sagt er gern: ›Lieber ein bißchen weiter, damit man ihn mit einer Hand in der Hose ausziehen kann!‹
Wenn sie aber drauf bestehen, kriegt der Mann meist den normalen und die Frau etwas Besseres, einen mit Stein. Dann wird der Vorname und das Datum eingraviert. Früher hat man ja noch ggg dazugegeben: Gott gib Gnad! woraus der Volksmund gemacht hat: Gatte, gib's Geld! (lacht)
Eintritt Jutta, die Freundin von Hans.
Jutta Mit zwölf kam ich das erste Mal in die Türkenstraße. Eine Freundin war dabei und ihre Tante. Wir haben einen Krimi gesehen, uns bei der Frau Mathias drei Kajalstifte für fünf Mark gekauft, das gab es nämlich nicht auf

dem Land, und Patchouliparfum. Man trug damals ausgefranste Jeans, enge, handgewebte indische Blusen und die Haare offen. Wir haben uns einen richtigen Türkenstraßennachmittag gemacht mit Coca Cola und so. Es war ein Gefühl von absoluter Freiheit. Wir haben uns toll gefühlt. Dann bin ich 1984 nach München gezogen, hab' das Abitur nachgemacht und studiere jetzt Medizin. Weil ich wenig Bafög bekommen habe, bin ich Modell gestanden in der Malschule Haidhausen.

Eines Tages lief ich mal wieder durch Türkenstraße mit den alten Gefühlen von Freiheit und so und entdeckte in einem Schaufenster die Mondohrringe: einen Halb- und einen Vollmond. Ich war fasziniert. Der Mond bedeutet mir viel. Bei Vollmond kann ich nicht schlafen, bleib' am besten die ganze Nacht auf, so aufgekratzt bin ich. Ich bin als Kind auch schlafgewandelt, also der Mond ist für mich mehr als ein Symbol. Ich frage also, was sie kosten. Sie waren aber zu teuer, ich konnte sie mir nicht leisten, aber sie gingen mir nicht mehr aus dem Kopf.

Nach Jahren, auf einem Faschingsfest im Schlachthof lerne ich den Hans kennen. Das Motto hatte ›Französische Revolution‹ geheißen, ich war eine Revolutionärin und Hans war Scarlet Pimpernel. Wir sind uns irgendwie gleich ins Auge gefallen, er erzählte, daß er Goldschmied sei und sein Geschäft in der Türkenstraße habe.

Aber doch nicht das Geschäft, sage ich, mit den teuren Mondohrringen? Hundertachtzig Mark das Stück? ›Das kosten die seit Jahren‹, sagte er erstaunt.

So über die Ohrringe sind wir irgendwie aneinander hängengeblieben. Nach ein paar Monaten hat er sie mir geschenkt. Einfach so.

Hans Ja, so sind wir.« (lacht)

Lotte Pfefferle geb. 1909 · mit Bild des Ehemannes;
rechts Tochter Charlotte Hortner geb. 1940
Karl Pfefferle geb. 1946
»Rahmen-Pfefferle« und »Galerie Pfefferle«

Konservativ und bescheiden

»Eigentlich war es eine Sünde, so etwas Schönes abzureißen.« (Charlotte Hortner, Pfefferle-Tochter)
»Vielleicht, wenn wir noch ein Stückerl ausgehalten hätten, wär's nimmer abgerissen worden. Das war eben so die Zeit der ›zweiten Zerstörung Münchens‹.« (Mutter Pfefferle)
»Im Grunde hätte man ja den Verkehr auf den Oskar-von-Miller-Ring so leiten können, daß das Haus hätte stehen bleiben können. Aber das war dieser Größenwahn vor der Olympiade 1972. Es ist absurd und es tut uns heute noch weh.« (Sohn Pfefferle)
»Das Haus war wie ein Mensch, den man uns genommen hat. Mit Gewalt.« (Mutter Pfefferle)
»Richtig abrupt hinausgeworfen hat man sich gefühlt. Dem Karl, der bis zum Schluß blieb, haben sie zweimal den Strom abgeschaltet. Er hat gar nicht schnell genug ausziehen können!« (Charlotte Hortner)
»Mein Schwiegersohn sagt immer, am liebsten täte er einen Spaten nehmen und das Graben anfangen. Was wir noch alles Dinge im Keller hatten! Das wären heute lauter Kunstgegenstände. Man hat das alles gar nicht mehr ausräumen können. Gott sei Dank bin ich als erste ausgezogen. Ich

hab' das alles gar nicht mehr mitansehen können. Jämmerlich!« (Mutter Pfefferle)

Karl »In den letzten zwei Jahren konnte man aus der Presse erfahren, daß das Haus Türkenstraße 6 auf der Abschußliste stand. Da sind dann die Mieter allmählich gegangen. Als erste die Bank für Landwirtschaft und Gewerbe, dann hat sich der Foto-Sahm, mit dem wir seit 1920 im Haus wohnten, ein Atelier in Bogenhausen gesucht. Dann ist es sehr gespenstisch geworden, so ein halb leeres Haus. Irgendwie haben wir es nicht geschafft, uns dagegen zu wehren, weder über Rechtsanwälte noch mit einer Bürgerinitiative. Wir haben uns von den sogenannten Sachzwängen überrollen lassen. Das täten wir heute nicht mehr. Ich habe noch eine Tür und zwei Deckengemälde hierher in die Gewürzmühlstraße mitgenommen. Diesen alten Türken da in der Eingangshalle mit Wasserpfeife und zwei Odalisken. Ein exilierter Türke aus der Türkenstraße. Er hat mich begleitet beim Umzug.
Alles andere wurde zusammengeschlagen. Ich habe noch versucht, ein Stuck-Kapitell zu retten. Ich habe es mit Mühe abgesägt und runtergemacht. Dabei bin ich fast abgestürzt.
Charlotte Wie der Vater ...«

Urgroßvater Pfefferle stammte aus Imst, Tirol, an der Grenze zum Allgäu. Vielleicht deshalb der schwäbisch klingende Familienname. Er war Vergolder und Faßmaler, spezialisiert auf Kirchenmalerei. Und weil gerade um die Jahrhundertwende in und um München viele neugotische Kirchen gebaut wurden, gab es haufenweise Arbeit: Schnitzereien vergolden und farbig fassen. Es war ein richtiger Boom. Urgroßvater Joseph Pfefferle wanderte in München ein und machte sich selbständig. Er hatte zwei Söhne, Karl und Josef, die aber nicht miteinander konnten. »Der Karl war einfach fleißiger und besser.« (Mutter) Karl wurde später ihr Mann.
Er suchte sich neue Räume und verließ die gemeinsame Werkstatt in der Theresienstraße.

Karl »Seit der Zeit gab es zwei Firmen Pfefferle. Ich bin der anderen Linie eigentlich so gut wie gar nicht begegnet. Sie hat auch aus Altersgründen aufgehört zu existieren.«

Großvater Karl findet das Haus Türkenstraße 6, Ecke Gabelsberger und kauft es 1920. Seit 1898 hatte im Erdgeschoß das »Café Mirabell« residiert.

Karl »Besonders gelobt wurde in der Beilage der ›Münchner Neuesten Nachrichten‹, daß auch Damen, wenn sie ihre Kommissionen in der Stadt erledigt hatten, sich bei einem Täßchen Mokka oder Tee im ›Mirabell‹ ausruhen konnten, ohne belästigt zu werden. Es gab nämlich einen eigenen Raum für Damen. Das Haus war ein bißchen wie ein Renaissance-Palazzo. Der Klassizismus hat ja alle Stilepochen im Schnell-Durchlauf noch einmal aufgewärmt. Da war die Fassade: Teilweise Renaissance, teilweise Barock. Innen hat man sich freier gegeben: da sprangen die Stile von Raum zu Raum. Ein

kleiner Saal war reiner Rokoko-Stuck, weiß in weiß, stilistisch ähnlich der Amalienburg. Da gab es Decken mit reichen Früchtekränzen wie im italienischen Barock. Alle Räume waren kostbar, aber nicht überladen. Eben großbürgerlich. Das Café hat sich wohl deshalb installiert, weil gegenüber die Türkenkaserne war und man auf die Offiziere gewartet hat. Dann kam der Erste Weltkrieg, anschließend die große Depression, da waren die Eigentümer gezwungen zu verkaufen. Als Großvater es erstand, war schon kein Café mehr drin. Es gab ja das Luitpold in der Nähe. Überhaupt soll das Mirabell mit dem Luitpold ziemliche Ähnlichkeit gehabt haben. Wenn ich da ans Café Dehmel denke in Wien: das hatte nicht halb so große Räume wie das ›Mirabell‹. Die Grundfläche unseres Hauses waren sechshundert Quadratmeter und alles für die Gastronomie. Inklusive Küche und Billardsaal. Wir hatten dann da die Schreinerei und die Werkstätten drin.
Ein Jahr zuvor war der Foto-Sahm eingezogen, mußte aber, als Großvater das Haus kaufte, nach oben umziehen.
Ich heiße Karl wie Großvater und Vater, mein Sohn heißt Karl Michael. Er geht in die Lehre und wird einmal die fünfte Generation Pfefferle sein.
Mutter Die Räume im Erdgeschoß waren am höchsten, so an die fünf Meter. Zwei Meter fünfzig hoch die Türen. Da war zum Beispiel die Vergolderwerkstatt drin. Überhaupt die ganze Rahmenherstellung war im Erdgeschoß und im Keller untergebracht.
Wie die Pfefferles von der Kirchenmalerei zu den Rahmen kamen? Früher war es doch so: wenn einer ein tolles italienisches Bild gehabt hat, und wollte es stilgerecht gerahmt haben, hat er eben nach Italien müssen. Oder wenn sie einen Franzosen hatten, sind sie zum Lebrun nach Paris. Und da hat ein Kunsthändler mal meinen Schwiegervater gefragt, warum er sich denn nicht auf Rahmen spezialisiere. Das hat er dann getan. Er hat angefangen, die alten Rahmen zu sammeln. Inzwischen hat der Karl an die zweitausend Musterrahmen, da kann sich der Kunde einen raussuchen, der ihm dann nachgemacht wird. In der alten Technik. Mit den alten Instrumenten. Das ist Vertrauenssache. Inzwischen sagen die Händler: Da haben Sie ein Bild. Machen Sie mir einen Rahmen dazu, Sie wissen schon! Das ist wie mit einer Frau: wenn sie ein schönes Kleid anhat, schaut's gleich viel besser aus. Das wissen auch die Kunsthändler in Bezug auf ein Gemälde.
Karl Wir sind die einzigen in Deutschland mit so vielen Rahmen. Sie werden in der handwerklichen Tradition gefertigt, die die jeweilige Epoche so hatte. Die meisten sind vergoldet. Gold war ja durch die Jahrhunderte der Hauptoberflächenschmuck, Blattgold. Der Untergrund dafür ist sehr schwer herzustellen. Da ist erstmal ein Kreide-Untergrund, dann kommen verschiedene Schichten Tonerde, die ganz fein gemahlen sind und gebunden werden mit tierischen Leimen. Wasserlöslich also. Dann wird zum Schluß nur noch die Oberfläche befeuchtet und das Blattgold hinaufgelegt. Der Leim im Untergrund hält dann das Gold fest. Wenn es trocken ist, kann man es mit einem Achat polieren. Einem Halbedelstein, gefaßt und am Stil, mit dem auf die Oberfläche Druck ausgeübt wird, daß der Untergrund sich glattdrückt

und auch das Goldblatt, das draufliegt. Dann glänzt es, als wäre es durch und durch Metall. Man kann es so glänzend lassen oder es patinieren, das heißt tönen, daß es aussieht, als wäre es antik, als stammte es aus der Epoche des Bildes.

Mutter Da hat es Leute gegeben, die haben gesagt, dem Pfefferle seine Rahmen seien teuer wie in der Apotheke. Aber wenn man an die Arbeit denkt, die da drinsteckt!

Karl Wenn man die Pfefferles charakterisieren müßte, würde ich sagen: sie sind konservativ und bescheiden. Sie haben nie ein großes Haus geführt oder glänzende Gesellschaften gegeben, das nicht. Sie hatten zu einer Zeit mit Bildender Kunst zu tun, als in München der Teufel los war. Die Zeit des ›Blauen Reiter‹. Davon hat scheint's keiner etwas gemerkt. Sie hatten es nur mit Malern zu tun, die heute nicht mehr so wichtig sind. Wie Lenbach oder Stuck. Sie hätten ja doch auch den Marc kennenlernen können. Haben sie nicht. Auch bei der modernen Architektur hat es seine Zeit gebraucht, bis sie sie akzeptierten. Das ›Glashaus‹, Ecke Türken/Theresien von Sep Ruf war für unsere Familie eher ein Ärgernis. Großvater Karl war ziemlich bescheiden, was Kleidung und sonstigen Luxus betraf. Aber er hatte eine Leidenschaft, ein Ding war schrecklich wichtig für ihn: sein Auto. Ein Chrysler, einer von den dreien, die es damals in München gab. Es war natürlich auch ein Mittel, die Familie zusammenzuhalten. Daß eben auch alle mitfahren konnten. Er hatte drei Kinder und so paßte die ganze Familie hinein. Ende der 20er Jahre gab's sogar einen Chauffeur mit Käppchen, auf dem ›Pfefferle‹ stand. Er hat auch geliefert. Es war ganz schön hochherrschaftlich!

Mutter Wir hatten einen Lift im Haus und eine Zeitlang sogar einen Liftboy. Das hatte der Sahm angeregt für seine Kundschaft, weil er sein Atelier im vierten Stock hatte. Und weil so ein Liftboy eben etwas hermachte. Auch wenn er die meiste Zeit auf dem Stühlchen gesessen ist. Also, unsere Kundschaft war Spitze! Erst einmal Galerien und Museen, auch wenn sie eine eigene Rahmenwerkstatt hatten wie die Pinakothek. Dann der Adel: der Kronprinz Rupprecht ist bei uns aus- und eingegangen. Dann die Juden. Die guten Kunsthändler waren früher alle Juden. Der Bernheimer zum Beispiel. Was hat mein Mann für den nicht alles restauriert! Dann der Oskar Reinhard, der der Stadt Winterthur ein Museum geschenkt hat und alle Bilder von uns hat rahmen lassen.

Andererseits der Julius Streicher, der Nazi vom ›Stürmer‹. Er ist oft vorne rein und hinten haben wir die Juden hinausgelassen. Fürchterliche Situationen waren das. Der Hitler hat auch viel gebraucht für den Obersalzberg. Da war auch mein Mann einmal droben. Der Hitler hat ja zur Malerei sowieso ein besonderes Verhältnis gehabt. Und wir wurden auserkoren für die Rahmen. Unsere Mitarbeiter wurden u.k. gestellt, das heißt unabkömmlich, sie mußten nicht an die Front, weil wir kriegswichtig waren. Was wir in der Zeit nicht alles haben machen müssen! Und wenn mein Mann protestieren wollte, hieß es: Wollen Sie etwa Gewehrkolben klopfen? so sagte man damals für: an die Front gehen.

Ja, und dann waren im Haus auch die Sahms, immer schnieke angezogen, während unsere Herren eher salopp gekleidet gingen. Die Frau Sahm hat die Kunden empfangen und das Büro gemacht. Sie war eine gute Geschäftsfrau. Und sie war eine ungarische Jüdin. Wir haben das gewußt und es war nicht immer einfach. Weil wir ja immer Zettel ausfüllen mußten, wer so im Haus wohnt. Offiziell haben wir von gar nichts gewußt.
Der Sahm hat ja auch einmal die Frau Göring auf dem Obersalzberg ablichten müssen. Wo der Göring es doch war, der beim Bernheimer einmal gesagt hat: Wer Jude ist, bestimme ich! Hat der Göring gesagt.
Karl Bei uns war es in der Tat so: Wir hatten viele Kunden jüdischen Glaubens, die große Sammler waren, und wir hatten Mitglieder der NSDAP. In unserer Familie hat es keine Widerstandskämpfer gegeben, aber auch keine Parteimitglieder. Das war die konservative Geisteshaltung: sich möglichst heraushalten! Auch aus allem, was irgendwie nach ›Mode‹ aussah oder nach Zeitgeist, würde man heute sagen. Wenn ich an Mutters künstlerische Begabung denke!
Mutter Da hat mich aber auch keiner unterstützt. Eine Pianistin, Frau Laslo, hat meine Stimme entdeckt, als ich vielleicht fünfzehn war. Ich habe der Busetti vorgesungen, der Hermine Busetti, das war eine der Starsängerinnen der Staatsoper, die auch mit Caruso gesungen hat. Sie hat über mich geschrieben: ›Fräulein Lotte Stumpf besitzt eine sehr schöne, beachtenswerte Stimme, die bei Ausbildung zu den schönsten Hoffnungen berechtigt.‹ Hat sie geschrieben. Da erst hat mein Vater erlaubt, daß ich bei ihr Stunden nehme. Mein Vater war Tapezierermeister in der Theresienstraße, ein geborener Österreicher, der sich hat naturalisieren lassen. Ich bin in München geboren. Wir hatten zu Hause einen Ausgeher und schon früh ein Telefon. Das ganze Haus ist immer zu uns zum Telefonieren gekommen.
Ich durfte also Musik studieren. Die Busetti nahm von mir für eine halbe Stunde Unterricht zehn Mark, von den anderen fünfzehn. Ich mußte also Geld verdienen und arbeitete deshalb bei Pfefferles im Büro. Ich verdiente sechzig Mark im Monat, gerade genug für drei Stunden Gesangsunterricht. Ich habe im Radio gesungen, im Odeon, in der Tonhalle, im Herkulessaal, im Bayerischen Hof und im Café Annast. Immer habe ich gute Kritiken bekommen. Angefangen habe ich als Soubrette, dann habe ich Jugendliche gesungen, dann die Butterfly, die Bohème. Im ganzen habe ich acht Partien gekonnt. Wenn ich so denke, ist es immer noch eine schöne Erinnerung. Manchmal tut mir's aber auch leid, daß ich alles aufgegeben habe. Nein, reuen tut's mich nicht. Aber wenn ich mehr Unterstützung gehabt hätte, so wie heute die Jungen ... aber lassen wir das!
Meinen Mann habe ich durchs Geschäft kennengelernt. Ich habe ihm lange nichts von meiner Singerei erzählt. Ich wollte mich ja nicht blamieren. Nach guten fünf Jahren haben wir geheiratet.
In den ersten Jahren habe ich noch im Radio gesungen. Wenn wir dann Probe hatten in der Mittagszeit und ich ihm eine Suppe zum Aufwärmen hingerichtet habe, da hättet ihr sein Gesicht sehen sollen! Er fand es unmöglich,

daß ich ihn allein ließ! Wenn ich allerdings in Steinebach draußen, am Wörthsee bei den Weihnachtsfeiern der Familie gesungen haben, da waren alle ganz stolz auf mich.
In Steinebach gab es kein Klavier, da bin ich immer heimlich in den Wald und habe dort Singen geübt. Dafür hatten wir dort ein Bad. Da sind dann alle aus der Stadt gekommen, haben gebadet, ihre schmutzige Wäsche dagelassen und nach einer Woche wieder abgeholt. Das war viel Arbeit für mich. Fünf Jahre sind wir dort geblieben, bis mein Mann nach dem Krieg den vierten Stock der Türkenstraße, der von einer Bombe getroffen war, wieder ausbaute. Da war dann eine schöne Wohnung für uns drin.
Im Büro habe ich dann nur noch ausgeholfen, wenn einer aus der Familie, die Pfefferles waren ja drei Geschwister und alle im Geschäft, wenn einer eben ausfiel. Um sieben haben wir angefangen bis zwölf, dann wieder von drei bis sieben. Es wurde viel geredet mit der Kundschaft und sie schienen sich auch sehr wohl zu fühlen in den schönen Räumen. Ach ja.
Charlotte Ich war das erste Enkelkind und wurde natürlich sehr verwöhnt. Immer wollte ich die erste Geige spielen und war deshalb schrecklich eifersüchtig, wenn die Mutter sang. Da habe ich immer versucht, sie zu unterbrechen.
Meine ersten Erinnerungen an die Türkenstraße sind Wasser und Feuerwehrschläuche, nach den Löschaktionen. Da bin ich immer durch die Pfützen gehüpft. Ober über die Schwellen der Bockerlbahn, die durch die Straße ging. Der Werner, der Hausmeistersbub von nebenan, von der Polizei, im Palais Dürckheim, war unser Spielkamerad, Karls und meiner. Wir spielten oft im Nachbargrundstück, einem verwilderten Garten mit alten Bäumen und einem Alpinum-Rondell. Man konnte über die Mauer klettern in die Ruinenlandschaft des früheren Wittelsbacher Palais. Da haben wir in der Dämmerung gern gespielt, weil es so unheimlich war. Es war romantisch mit dem blühenden Huflattich über den Trümmern, es war wie auf dem Land, aber es war ein schauriges Land.
Mutter Und in der Mitte stand nurmehr noch ein Löwe, um den herum meine Tochter ihren Führerschein gemacht hat. Da war in so einem Behelfsbau nämlich eine Fahrschule untergebracht.
Karl Wir hatten eigentlich wenig Kontakt mit der Straße, außer mit dem Nachbarssohn und den Leuten vom Landeskriminalamt, das im Palais Dürckheim untergebracht war. Da gab es Behälter mit Knochen drin, die haben offensichtlich Knochen ausgekocht zu Forschungszwecken, die standen mal im Eingang. Es war schließlich das Amt für Spurensuche. Der Hof ging hinten bis zur Glücksstraße vor. Da konnte man im gepflasterten Hof in selbergebauten Autos fahren.
Charlotte Ja, und Theater haben wir gespielt.
Mutter Und immer hast du deinen Bruder unterjocht. Stundenlang hast du ihn angezogen und er ist immer so brav dagestanden. Wenn er dann kurz vor dem Weinen war, hast du immer noch gesagt: ›Bleib' schön stehen, du bist doch der Prinz Putti!‹

Karl Ja, ich war immer sehr brav. Ich habe zu keiner der Banden gehört. Wenn die anderen auf dem Ruinengrundstück an der Ludwigskirche spielten, durfte ich nicht.

Charlotte Über einen Bogen in die Wohnung haben wir einen Vorhang drapiert, uns einen Scheinwerfer aus der Werkstatt ausgeliehen und dann Theater gespielt. Selbsterfundene Stücke. Ich denke schon von mir, der Karl ist schließlich sechs Jahre jünger. Es waren schwülstige Stücke, Richtung Courths-Mahler, Herz und Schmerz in hochherrschaftlichen Familien.

Karl Wir waren viel zu Hause, ich hielt mich schon früh in den Werkstätten auf. Außer, wenn Vater auswärts arbeitete, und ich ihm die Brotzeit bringen durfte. Ins Cuvilliés-Theater zum Beispiel, das er wieder eingerichtet und restauriert hat. Die Schnitzereien waren im Krieg ausgelagert, in Dachau und in Schleißheim, deshalb sind sie auch nicht verbrannt. Aber die Feuchtigkeit hatte ihnen zu schaffen gemacht. Sie waren auch vorher nicht in allerbestem Zustand gewesen. Übermalt, überbronziert. Die Schlösser- und Seenverwaltung hat eine Ausschreibung gemacht mit dem Landesamt für Denkmalpflege: Was es kosten würde, das ganze Gold herunterzukratzen und neu aufzutragen. Mein Vater wollte aber erst überprüfen, was überhaupt noch von der alten Fassung da war. Mit Tricks und Überredung hat er es geschafft, eine Logenumrahmung zu uns in die Werkstatt zu bringen und sie zu überprüfen: da war nur noch zwei Drittel alte Fassung, der Rest war dazugemacht.

Danach haben sie ihm die Leitung der ganzen Werkstatt in der Residenz übertragen. Das steht nirgendwo geschrieben, das weiß kein Mensch. Vielleicht hat das ja auch mit seiner Bescheidenheit zu tun. Meist war er sogar samstags und sonntags dort. Ich brachte ihm die Brotzeit: Würsteln in der Thermosflasche. Wir haben dann zusammen mit den Gesellen gegessen. Es war eine schöne Zeit.

Bis zum Mai 1960. Bis zum Ende der Restaurierung des Cuvilliés-Theaters. Als mein Vater, beim letzten Pinselstrich sozusagen, tödlich verunglückte. Sein Gerüst stand halb auf festem Boden, halb auf dem versenkbaren Orchesterboden. Und der Hausmeister, der einen abfallenden Öldruck festgestellt hatte, hat irgendwo herumgeschraubt und draufgedrückt. Durch einen unseligen Zufall ist dann das Gerüst umgestürzt und mein Vater gestorben. Eigentlich war das ja fahrlässige Tötung, aber wir haben die Sache nicht weiterverfolgt. Es war sehr schicksalhaft. Und genau so, wie er sich seinen Tod gewünscht hatte.

Mutter Da warst du gerade dreizehn.

Karl Aber ich habe mich dann schon bald darauf vorbereitet, die Firma zu übernehmen. Habe nach der Mittleren Reife die Lehre gemacht, dann die Gesellenprüfung: drei Prüfer und ich als einziger Prüfling. Es gibt viele, die das Handwerk lernen, aber wenige, die es dann ausführen. Das Vergolden ist die Voraussetzung für's Restaurieren. Zur Zeit kann ich mich gar nicht retten vor Lehrlingen. Sogar mehr Mädchen als Jungen. Ich kann nicht mehr als zwei brauchen, weil ja auch die Gesellen dazugehören, die sie unterweisen. Zur Zeit sind wir zwölf, früher waren wir sechzehn bis achtzehn. Das ist die natürliche Fluktuation, das hat mit Konjunktur nichts zu tun. Für hohe Qualität gibt es immer Bedarf, Massenware ist Konjunkturschwankungen unterworfen.

Seit 1983 habe ich meine Galerie in der Maximilianstraße.

Schwerpunkt: Gegenwartskunst. Das, was ich den Vorfahren so ankreide, daß sie sich nicht damit auseinandergesetzt haben.

Formal ist da eine starke Diskrepanz, aber wenn man es so sieht: Sinnlichkeit, die sich in der Malerei fortsetzt, da lassen sich tolle Brücken bauen, von Delacroix zu Cézanne, von Cézanne zu Matisse, zu Picasso, zu Baselitz. Dann die jüngere Generation der Fetting, der Diesler, der Szczesny, die zwar im breiten Bewußtsein noch keine Namen sind, die aber in der Gegenwartskunst bereits eine Rolle spielen. Die Bilder, die ich ausstelle, wenden sich gegen die Kopfkunst der 60er Jahre. Es ist totale Malerei, manchmal etwas schräg. Das greift einen mehr an, als es einen ruhen läßt. Installationen und Videos gibt es bei mir nicht. Irgendwie sehe ich mich da in der Tradition der Familie: Konservativ. Ein Denken in Linien, auch wenn sie in der Gegenwart enden, ist eigentlich konservativ. Wenn ich von der Avantgarde spreche, meine ich, daß einer auf den Schultern des anderen steht.

Ohne das Geschäft und die Galerie hätte ich's wohl auch übers Hobbymalen hinaus gebracht. Und hätte mit dem Musizieren nicht aufgehört. Ich habe viel musiziert. Jazz gespielt. Trompete, also Kornett.

Deshalb verbindet mich mit der Türkenstraße besonders die Türkenkaserne, weil ich dort im Jazzkeller gespielt habe. Da ist man durch das Portal, das allerdings noch zwei Flügel hatte, in den Hof, dann über viele Pfützen in einen Flachbau, in dem eine Treppe in einen Raum im Keller führte, der ziemlich groß war und nach Schwamm und Feuchtigkeit roch.

Das war der erste Jazzkeller Münchens nach dem Krieg. Dort wurde fast nur Dixieland gespielt. Wir spielten ihn im Stil der 20er Jahre, nicht wie in den 50ern, das aufgemopste Revival. Wir spielten sitzend: Basin Street Blues, Sheik of Arabie, Royal Garden Blues, überhaupt viele Blues. Ich war ein Autodidakt, ich habe mir alles selber beigebracht. Ich hatte einen Freund mit einem Banjo. Bei uns im Keller konnte man üben. Und eines Nachts hat einer von außen ans Oberlicht geklopft: Braucht Ihr noch eine Posaune? Er war beim CVJM ganz in der Nähe. Dort hat er seine Posaune geholt. Um ihn herum hat sich dann eine Band gruppiert, die wir in Erinnerung ans ›Café Mirabell‹ die ›Mirabell Stampers‹ nannten.

Da haben wir dann auf Schulfesten, im Haus der Kunst oder dem ›Schwabinger Karussell‹ gespielt. Wir wurden mit Eintrittskarten bezahlt. Man bekam 50 Eintrittskarten und das Geld vom Verkauf war dann die Gage.

Dann ist die Band auseinandergegangen. Durch Zufall hat mich Einer vom Jazzkeller an eine andere Band vermittelt, die einen Trompeter gesucht hat. Sie hießen ›Pinkies Courthouse Gang‹ und waren so richtig gut. Wir haben im Sitzen, mit großer Tuba und großer Trommel die alte Musik gespielt.

Die Türkenstraße hat für mich – obwohl ich zu dem ganzen nördlichen Teil so gut wie keine Beziehung habe, wir waren alle mehr nach Süden ausgerichtet, auch kirchenmäßig – sie hat für mich akustisch eine große Bedeutung. Aber seitdem sie unser Haus abgerissen haben, fahre ich eigentlich nicht mehr in diese Ecke. Es tut immer noch weh, daß es keine Pfefferles in der Türkenstraße mehr gibt.«

Walter Sahm
geb. 1919 gest. 1995
»Foto-Sahm«

Hertha Kappler
geb. 1917 als Sahm
Fotografin, Polsterei

Aus der Dunkelkammer

»Oben, im 4. Stock war der Sahm mit Atelier und Wohnung. So richtig schön wienerisch, mit großen Vorhängen und Portieren zum Verdunkeln. Er war der Gesellschaftsfotograf. Jede Familie, die etwas auf sich hielt, hat Frau und Kinder bei ihm ablichten lassen. Auch wir haben viele Fotos von Sahm, ich als Kommunionskind zum Beispiel. Das Atelier Elvira war das Gegenteil davon, ziemlich progressiv. Der Sahm war eher verhaftet in einer gesellschaftlichen Klientel, die mit der Wahrheitsliebe der Fotografie nicht so umgehen wollte, sondern das Ganze eher als Gemälde sah. Die sehen ja auch alle aus wie Pastelle. Wie Pastelle von Lenbach oder Kaulbach.« (Karl Pfefferle)

»1919 waren wir aus Wien nach München gekommen. Ich war gerade geboren, da eröffnete mein Vater das ›Wiener Lichtbildatelier Anton Sahm‹. Ich wollte eigentlich gar kein Fotograf werden, sondern Musiker.« (Walter Sahm)

»Wir waren sehr musikalisch, mein Bruder und ich. Wir haben viel musiziert und gesungen. Der Walter hat Klavier gespielt, Ziehharmonika und Geige. Auch der Vater war sehr musikalisch. Er hat nie Klavier gelernt, hat sich aber einfach hingesetzt und die Melodien gespielt. Weihnachten haben mein Bruder und ich dann immer die großen Konzerte gegeben.« (Hertha Kappler)

Walter »Bevor das Christkind kam und die Glocken läuteten, mußten wir beide den Eltern am Klavier vierhändig vorspielen. An den Feiertagen kamen dann Gäste und es wurde wiederholt. Als Sechsjähriger hab' ich Mozart gespielt, Sonaten, Sonatinen. Dann begann ich, eigene Kompositionen zu spielen so im Stil von Mozart. Oder Walzer, das wurde später meine Spezialität, weil, wenn du in Wien geboren bist, mußt du das auch ein bißchen repräsentieren. Nach dem Krieg hab' ich für die ›Narrhalla‹ drei Prinzenwalzer komponiert, im Deutschen Theater hab' ich sogar einen dirigiert. Und da saß der Hugo Strasser, den damals noch kein Mensch kannte, rechts außen im Max-Greger-Orchester und spielte Klarinette.
Mein größter Erfolg als Kind war 1925 das Konzert in den ›Vier Jahreszeiten‹ im Cherubinsaal an Sylvester. Ich war sechs und trug meinen ersten Smoking. Die Zeitungen schreiben etwas von ›Wunderknaben‹ und es war alles sehr lustig. Später war ich auf der Akademie für Tonkunst und habe Klavier und Kompositionslehre studiert.
›Aber‹, hat der Vater gesagt, ›bevor du in einem zweitklassigen Caféhaus am Klavier sitzt und dein Geld verdienst, wirst du doch lieber Fotograf! Du mußt ja auch meine Nachfolge übernehmen. Ich möchte, daß du Fotograf wirst!‹
Er hat mich praktisch gezwungen, mit der Musik aufzuhören. Mich ganz der Photographie zu widmen. Am liebsten schreibe ich sie mit ›ph‹. Heute bereue ich es nicht mehr. Ich glaube, ich habe das Atelier in seinem Sinne weitergeführt. Und der Toni, mein Sohn, hat auch schon sechs Jahre bei mir gelernt. Er kann also jederzeit, wenn ich nicht mehr wollen sollte, einspringen.
Hertha Unser Vater war aus Deggendorf, seine Eltern hatten dort eine Gärtnerei. Sie waren neun Kinder, von denen sechs überlebten. Als der Vater starb, hätte die Mutter gern die drei Ältesten im Geschäft gehabt. Aber unser Vater wollte nicht, er wollte unbedingt Fotograf werden und ist nach Wien ausgerissen. Dort hat er die Mutter kennengelernt und sie haben 1915 geheiratet. Da war sie erst siebzehn. Mit siebzehn warst du ja damals noch ein Kind. Er hat sie praktisch erzogen. Und weil er ihr Geschick erkannt hat, mit Leuten umzugehen, durfte sie das im Geschäft gleich tun. Was ja damals ziemlich verpönt war.
Der Vater hat in Wien schon mit elektrischem Licht gearbeitet, um vom Wetter unabhängig zu sein. Mit Scheinwerfern und allem. Während die anderen Porträtfotografen noch verschiebbare Rouleaus hatten. Früher gab es keine Filme, sondern mit Emulsion beschichtete Glasplatten, achtzehn mal vier-

undzwanzig Zentimeter. Der Vater hat sich in München dann mit den Fotofirmen Agfa und Gevaert zusammengetan und hat mit ihren Chemikern und Sachverständigen die hochempfindlichen Filme entwickelt. Um Aufnahmen in Bewegung machen zu können. Als die Filme noch nicht so empfindlich waren, mußten sie länger belichtet werden und die Leute stillhalten. Wie am Anfang bei den Farbaufnahmen. Da sagte man: ›Vorsicht, Achtung, Warten!‹ Oder: ›Einundzwanzig, zweiundzwanzig, dreiundzwanzig!‹
Ich habe meine Meisterprüfung schon in Farbe gemacht: ich habe die Residenz fotografiert. Dort, wo später der Karl Pfefferle abgestürzt ist, der Mann meiner Firmpatin. Die Pfefferles sind nämlich gern zu uns gekommen, wenn wir musiziert haben.
Also, als Porträtfotografin mußt du schon ein Kunstverständnis mitbringen. Ich bin nicht nur beim Porträt geblieben, ich habe auch Mode und Architektur fotografiert. Aber nirgends mußt du dich so auf den Menschen einlassen wie beim Porträt.
Mein Vater hat erst mit den Kunden gesprochen. Da hab' ich schnell gelernt, von welcher Seite man den Herrn oder die Dame nicht fotografieren kann und welches die Schokoladenseite ist. Das sieht man im Gespräch und in der Bewegung. Dann irgendwann wird der Auslöser bedient, ohne daß der Kunde es merkt.
Walter Meine Mutter war geborene Wienerin, die Großeltern mütterlicherseits kamen aus Ungarn, aus Budapest. Sie hießen Beneschi und waren ungarische Juden. Meine Mutter war also, wie das die Nazis später nannten, ›Volljüdin‹, wenn auch katholisch erzogen. Und meine Schwester und ich ›Halbjuden‹.
Von Antisemitismus haben wir damals, als wir in die Türkenschule gingen, nichts mitbekommen. Ich war sogar in der Hitlerjugend, da sind wir als Klasse einfach so aufgenommen worden. Für mich war das eher wie ein Turnverein. ›Das mußtest du machen‹, hat mir mein Vater später einmal gesagt, ›sonst hätten wir noch mehr Schwierigkeiten bekommen.‹
In der Kristallnacht haben sie uns die Fenster eingeworfen, weil sie dachten, ›Sahm‹ sei ein jüdischer Name, dabei ist der niederbayerisch. Als wir den Stammbaum abgeben mußten, kam es heraus. Sie haben dann meinem Vater nahegelegt, sich von seiner Frau zu trennen. Das tat er nicht. Er hielt sich politisch aber immer bedeckt. In München war er inzwischen zum Porträtfotografen Nummer Eins avanciert. Von vielleicht hundert Fotoateliers. Und weil die Prominenz immer besonders gut fotografiert werden will, geht sie eben nur zum Besten. Der Beruf meines Vaters, er war ein großer Künstler, hat uns vor dem Schlimmsten geschützt. Vater hat Göring gut gekannt, er hat seine Frau und Tochter Edda fotografiert, er hat den Röhm von der SA fotografiert und die Eva Braun. Die war zwar beim Fotografen Hoffmann in der Schellingstraße, für mich ein absolut mittelmäßiger Fotograf, der nur hochkam, weil ihn Hitler als Leibfotografen hernahm, aber sie wollte ein Foto von sich mit Weichzeichnerlinse, um es ihrem damaligen Freund Hitler zu schenken.
Hertha Als sie zu uns kam, die Eva Braun, wußten wir gar nicht, wer sie war.

So naiv waren wir, so unpolitisch. ›Ich bin ein guter Deutscher‹, hat der Vater immer gesagt, ›aber ich gehe zu keiner Partei oder sonst etwas!‹ Wenn ich mich richtig entsinne, hat die Eva Braun damals dreißig Mark gezahlt.

Walter Inzwischen kostet ein Porträt achthundertfünfzig Mark, wenn einer darauf ist. Bei zweien oder dreien wird es mehr.

Fotografiert wird mit der alten Holzkamera und den alten Linsen. Diese wunderschöne alte Kamera, die genauso alt ist wie ich, mit der sich Bildkompositionen machen lassen, die wie Musik sind. Das wird mir immer wieder bestätigt: Das hat einer gemacht, der von Musik etwas versteht.

›Eigentlich wollte ich ja Musiker werden‹, das sollte der erste Satz meiner Erinnerungen sein und der Titel: ›Aus der Dunkelkammer‹. Ob ich wohl noch dazu komme? Die Zeiten sind schlechter geworden und ich kann es mir nicht leisten aufzuhören. Ich will ja wohl auch nicht. Obwohl ich jetzt fünfundsiebzig bin. Aber da ist noch eine Ausstellung im Sheraton geplant. Mit Bildern von Vater und mir.

Hertha Zwölf Jahre nach meiner Heirat habe ich als Meisterin noch in Vaters Atelier gearbeitet. Wenn er krank war oder verreist, habe ich die Fotos auch alleine gemacht. Und entwickelt und retuschiert. Mein Vater war ein großer Meister im Retuschieren, Walters Frau Alice auch.

Walter Du aber auch.

Hertha Ja. Während du als Kameramann beim Fernsehen warst, habe ich mit Vater allein gearbeitet. Für die Negativretusche muß man zeichnen können, um etwas zu mildern. Das geht auf dem großen Negativ. Mit Bleistift, um etwas auszufüllen oder mit dem Messer, um etwas wegzukratzen. Das ist das Schwierigste. Entwickeln und vergrößern, das kann ja jeder.

Nein, eine eigene Ausstellung habe ich nie gehabt, das lief immer unter der Firma.

Walter Richtige Porträtkunst geht erst los bei der Großbildfotografie, weil man da mit dem Licht malen kann, bilden kann. Vater hat diese berühmte Kamera gemacht, bevor der Nikolaus Karpf seine Linhoff gebaut hat. Das gab es ja öfter: was Daguerre sich hat in Paris patentieren lassen, das gab es ja schon. Wie es viele Erfindungen schon gab, bevor der ›offizielle Erfinder‹ auftauchte.

Vater hat es also schon gemacht, aber nicht darüber gesprochen: Es war eine kleine Revolution: man konnte die Mattscheibe verändern, das heißt, die Schärfe verlegen. Der Apparat hatte einen Gundow-, keinen Schlitzverschluß, und ich bestimmte die Belichtungszeit selber. Die schnellste Zeit, die ich mit der Hand auslösen kann, ist eine Zehntelsekunde, meist nehme ich eine Fünftelsekunde. Blitz gibt es bei mir nicht. Ich exponiere mit der Hand. Nach Gefühl. Nach Zeitgefühl. Wie mein Vater.

Die Kamera wurde nach seinen Angaben in Gotha gebaut. Das Geheimnis ist die Optik. Das Objektiv. Dies Objektiv hat mein Vater mit einem Optiker, dessen Namen er mir immer vorenthalten hat, entwickelt. Es gibt auf der ganzen Welt nur ein Objektiv, es hat keine Nummer, es steht keine Brennweite drauf und keine Blende, es heißt schlicht ›Sahm-Optik‹.

Diese Weichzeichner-Optik ist ein Unikat. Wenn ihr heute etwas passiert, ist eine Ära zu Ende. Repariert werden kann an ihr nichts, sie kann nur herunterfallen und die Linse zerspringen. Deshalb wird sie auch behandelt wie ein Heiligtum.
Der Rodenstock wollte sie einmal auseinandernehmen und nachbauen. Das hat mein Vater ausdrücklich verboten und ich bin sehr froh darüber. So bleibt sie das Unikat.
Hertha Die Weichzeichnerlinse läßt sich auch einstellen: ein bißchen schärfer oder ein bißchen weicher. Da muß man ein Auge dafür haben. Das kann nicht jeder. Die Herren werden sowieso mit einem scharfen Objektiv fotografiert, nie mit der Weichzeichnerlinse. ›Das ist unmännlich‹, sagte der Vater. Und: ›Bei älteren Damen muß man weicher einstellen, wenn sie jung sind, kann man ruhig markant einstellen.‹
Walter Aber bei Frauen ab siebzig, da sage ich, es wäre eine Sünde, diese Falten zu glätten, die sind so echt, die gehören zu ihr. Aber bis siebzig wird bei Frauen geglättet. Mit Weichzeichnerlinse und Retusche. Bei Herren nehme ich die sogenannte Männeroptik, die ist gestochen scharf. Das sieht bedeutender aus. Während ich die Frauen und Kinder mit Weichzeichner verschönere, idealisiere. Das will jede Frau. Ich mache die positive Fotografie. Ich versuche, den Menschen so festzuhalten, wie er sich gern sieht. Wie er sich vorstellt, daß er sein könnte.
Während ein normaler Porträtfotograf zwanzig Aufnahmen macht und den Kunden sich heraussuchen läßt, wo er am besten aussieht, mache ich fünf bis sechs Aufnahmen auf Planfilm, früher waren es Glasplatten, den ich mir aus Amerika von Eastman-Kodak schicken lasse. Weil er matt sein muß zum Retuschieren und weil es das in Europa nicht gibt in achtzehn mal vierundzwanzig. Ich mache dann Rohdrucke und der Kunde sucht sich sein Bild aus. Das bekommt er im Originalformat.
Diese Rohdrucke waren der Grund meiner Beliebtheit in der Türkenschule, in die mich zuerst noch ein Dienstmädchen begleitet hat. Zu der Zeit, wo es auch einen Liftboy gab, der ein Kappel trug mit ›Sahm‹ drauf.
›Hast aber scho' lang kei' Nackerte mehr bracht!‹ haben mir die Klassenkameraden vorgeworfen und dann hab' ich wieder ein paar Rohdrucke daheim stibitzt und in die Schule gebracht. Der Vater hat nämlich auch Aktfotografie betrieben, künstlerische, nicht pornographische. Aber das war uns Buben ja egal.
›Entschuldigen Sie‹, hat er Mädchen und junge Frauen beim Spazierengehen angesprochen, ›darf ich Sie aktfotografieren?‹ und kaum eine hat abgelehnt. Sie hat dann auch ihr Foto bekommen, statt Entgelt ein Porträtfoto.
Damen, die ihre Aktfotos selber zahlten, ließen sich meist für einen Freund ablichten. Oder die eine Amerikanerin, die sich zwei Stunden lang dem Vater in gewagtesten Stellungen präsentierte, im voraus bezahlte und nie mehr kam, um ihre Bilder abzuholen. Exhibitionismus pur. Die Negative sind leider verbrannt, als der vierte Stock von einer Bombe getroffen wurde und total in Flammen aufging. Mit unserem Archiv.

Hertha Als Kinder haben wir immer durchs Guckloch geschaut, wenn uns jemand interessierte, den der Vater gerade fotografierte. Bei mir waren es die Opernkünstler, die Sänger. Wie sie da mit Bühnenbildner und Schminker daherkamen und im Atelier zum ›Lohengrin‹ hergerichtet und in gestellter Pose festgehalten wurden!

Walter Das war für die Autogrammpostkarten der Schauspieler und Sänger. Da hatte mein Vater einen eigenen Verlag am Marienplatz, ›Führer‹ hieß der, und da wurden diese Postkarten verkauft. Die haben dann die Fans gekauft und sich damit am Bühneneingang oder hinter der Bühne eingefunden, um sie sich von ihrem Star signieren zu lassen. Das ist im Prinzip heute noch so, nur haben die Künstler ihre Postkarten heute selber dabei, meist schon signiert. Damals haben sie so fünfzehn bis zwanzig Pfennig gekostet, wo eine Semmel vier Pfennig wert war. Also eine Künstlerpostkarte war vier bis fünf Semmeln wert.

Vor dem Krieg, als der Vater sich so auf Aktfotografie kapriziert hatte, wollte er ein Buch herausbringen: ›Lebendes Porzellan‹. Dazu hatte er sich die schönsten Frauen herkommen lassen, damals waren die Miß-Wahlen noch eine aufregende Sache: Miß München, Berlin, Württemberg, sogar Germany. Die wurden mit Öl eingerieben und dann so hingestellt wie die Figuren aus Nymphenburger Porzellan. Das wäre ein schönes Buch geworden. Da sind die Negative aber auch verbrannt. Ich habe mich später einmal in männlichen Akten versucht, aber ein Frauenkörper ist eben doch das Schönste, finde ich.

Hertha Fotografieren ist immer noch mein Hobby, Porträts machen. Wenn ich die Kamera dabei habe und ein Kopf fasziniert mich, dann halte ich ihn fest. Nur habe ich leider kein Labor mehr. Mein Bruder hat's mir hundertmal angeboten, aber wie soll ich denn hier weg? Aus dem Geschäft?

Mein Bruder ist der beste Kerl, er hält auch sehr zu mir, aber er ist, wie soll ich sagen, nicht so seßhaft. Treue, das ist mehr meine Sache. Und ich kann nicht verstehen, wie da einer hier und dort und da ein bißl herumschäkert, aber das ist seine Art und damit ist er gut durchgekommen, bisher. Das ist die Hauptsache. Das macht uns so verschieden. Trotzdem haben wir immer zusammengehalten. Der Vater hat gesagt: ›Zwei so verschiedene Kinder, da muß eines verwechselt worden sein!‹

Walter Und ich habe immer behauptet, ich sei verwechselt worden!

Hertha Mein erster Verehrer war der Friseursohn von gegenüber. Von der Türkenstraße. Den wollte ich aber nicht, ich habe mir immer eingebildet, ich wollte ein Geschäft, ich wollte etwas leisten, nicht bloß Hausfrau sein. Meinem späteren Mann bin ich schon immer begegnet, sie wohnten ja nur um die Ecke, die Kapplers. Da ist er oft mit dem Hund spazieren gegangen. Wir haben auch einen Foxl gehabt und so hat man sich eben getroffen, nur die beiden Foxln haben sich nicht mögen, wutentbrannt haben sie sich immer angeknurrt, ja zwei Mandln, glaub' ich.

Die Kapplers, das war eine alteingesessene Polsterei und Raumausstattung. Wenn sie wollten, daß ihre Möbel besonders gut herauskamen, haben sie

sie bei uns fotografieren lassen. Und wir haben unsere Polstermöbel bei ihnen machen lassen.
Es war also schon vorher eine Geschäftsbeziehung zwischen Sahms und Kapplers.
Einmal kamen die späteren Schwiegereltern: ihr Sohn sei irgendwo in Frankreich abgeschossen und eingeschlossen. Sie wollten ihm ein Foto schicken, er habe darum gebeten. Da haben wir sie fotografiert und einem mitgegeben, der gerade dahin flog. Das war 1943.
Bei meinem Mann war vorher eine Verlobung geplatzt. ›Nie mehr mit einer Frau!‹ hat er gedacht und am Anfang immer nur mich und eine Nachbarstochter eingeladen. Immer zu dritt. Zum Beispiel ins ›Land des Lächelns‹.
Walter Mich hat Vater als erstes in den ›Fliegenden Holländer‹ mitgenommen. Seither bin ich Wagnerfan.
Hertha Ja, und dann hab' ich meinem Mann bei der Hochzeit versprechen müssen, daß ich zu ihm ins Geschäft komm'. Er hat gewußt, wie schwer ich aus unserem Beruf ging. ›Solang' deine Mutter noch kann‹, hab' ich ihm gesagt, ›kann ich doch leicht noch hier bleiben!‹ So hab' ich dann noch zwölf Jahre meinen Beruf beim Vater ausgeübt. Bis die Schwiegermutter sagte: ›Hier herein!‹
Das war schwierig am Anfang, sie war sehr herrschsüchtig, und wollte eine Junge nicht aufkommen lassen. Aber mein Mann und sein Vater haben zu mir gehalten. Und jetzt ist sie auch schon tot.
Wie mein Mann. Dafür ist die Tochter im Geschäft, Jahrgang dreiunddreißig, fünfte Generation, letztes Jahr haben wir das 145jährige Geschäftsjubiläum in der Raumausstattung München gefeiert. Sie hat in dem Gewerbe sehr viel Hand. Vorhangdekorationen steckt sie, nur so, über eine Schabracke. Extravagantes liegt ihr. Wenn wir eine ganze Wohnung einrichten sollen und die Dame des Hauses sagt nur ›meine Lieblingsfarben sind blau und gelb‹, dann zeichnet sie die Mitfarben auf, sucht die Stoffe und die Möbel aus. Sie hat auch Architektur studiert.
Im Schloß Haimhausen haben wir die alten französischen Möbel neu gepolstert und bezogen. Also nach der Zeit gepolstert, wir haben einen großen Könner als Polsterer, der schon einundvierzig Jahre da ist. Wir haben auch drei Näherinnen. Für eine Stunde Polstern nehmen wir fünfundfünfzig Mark, für eine Stunde Nähen fünfzig Mark.
Wir machen alles, was in ein Haus oder in eine Wohnung hineingehört: Bodenlegen, Tapezieren, Fensterdekorationen, Polstern. Man muß gut sein und nur das Beste liefern, dann hat man zu tun. Was den Billigen fehlt, ist der Kundendienst. Wenn sich die Tochter ja nicht so um die Kunden kümmern würde! Das sind oft lange Gespräche. Und das verbindet vielleicht die Porträtfotografie mit der Innenausstattung: daß man sich ganz auf die Kundschaft einstellen muß. Ist der Mensch so, mußt du ihn so nehmen. Und das Schönste daraus machen. Das ist das Künstlerische bei beiden.
Walter ›Warum willst du eigentlich heiraten?‹ hatte der Vater dich gefragt.

Hertha Obwohl er meinen Mann sehr geschätzt hat, weil er so tüchtig und fleißig war. Aber er hat gemeint, ich hätte doch auch das Atelier, ich könnte mir eine Wohnung leisten und ein Auto. ›Warum, um Gottes willen, willst du heiraten?‹

Walter Während er bei mir gemeint hat, die Alice solle ich mir warmhalten. Sie war Lehrling bei ihm und, wie er sagte, ›eine Naturbegabung‹. Wirklich, eine Weltmeisterin der Retusche. Dann habe ich wohl seinen Rat zu sehr beherzigt und sie ist meine dritte Frau geworden. Ist es noch.

Die beiden anderen? Da fang' ich einmal vorne an: so mit siebzehn, achtzehn kam ich zur HJ, dann mit neunzehn zum Arbeitsdienst. ›Spaten über!‹ und wie die Kommandos alle so hießen, mit zwanzig kam ich zur Luftwaffe, 1939, am ersten August. Da bin ich nahtlos in die Kriegsgeschichte hineingeraten. Aber nur als Fotograf, als ›Bildsoldat‹, als Sohn des bekannten Fotografen Sahm kam ich auf die Flieger-Bildschule nach Hildesheim. Sechs Jahre war ich dabei, in der Etappe, hab' Gott sei Dank keinen Schuß abgefeuert und hab' wenig vom Massenmorden und Massensterben mitgekriegt. Ich hielt mich aus allem heraus, wie der Vater, der sonst nicht überlebt hätte mit meiner jüdischen Mutter. Nicht ohne Görings Protektion. Den 20. Juli 1944 hatten wir schon gefeiert, das Ende der Nazis, bis die Meldung kam, die Attentäter seien festgenommen und Hitler lebe. Furchtbar.

Meine erste Frau habe ich in Hildesheim kennengelernt, sie arbeitete in einem Kaufhaus. Geheiratet haben wir an der Ostsee, weil ein Kind unterwegs war. ›Bist du völlig verrückt, im Krieg zu heiraten?‹ hat mein Vater gemeint. Und er hatte recht damit. Wir haben uns dann auch scheiden lassen. Unsere Tochter heißt Horsta Marietta, weil, da hatte ich eine Jugendliebe, eine Tänzerin, und ich hatte mir geschworen: ›Wenn du einmal eine Tochter bekommst, wird sie Horsta Marietta heißen!‹ Heute lache ich darüber. Sie nennt sich auch nur noch Marietta.

Meine zweite Frau habe ich praktisch durch Militärregierung und Entnazifizierung kennengelernt. Sie war die Tochter von Richard Schottenhamel, dem Hotelier und Wiesnwirt. Und das kam so: Ich machte meinen Meisterkurs an der Flieger-Bildschule in Heidenheim und war bald schon Hilfslehrer. Ich hab' Personen fotografiert für Pässe und Ausweise und Fotos ausgewertet, die Flieger oben bei Luftangriffen gemacht haben. Da hatte ich meine Dunkelkammer und mein Labor.

Danach ging's nach Paris. Dort habe ich den Einmarsch der deutschen Truppen 1940 miterlebt. Ich hatte dort eine Wahnsinnszeit, mitten im Krieg. Dann ging's weiter auf die Bildstellen in Südfrankreich und in Holland. Am Schluß landete ich in Schleißheim. Dort hat mich der Hauptmann Riedmann entlassen, ein guter Freund meines Vaters, der mir auch die Kontakte zur ›Freiheitsaktion Bayern‹ unter dem Gerngross gemacht hat. Ich habe heute noch den Ausweis. Ich hab' da ein bißl mitgemacht, aber nicht so richtig, ich hatte Angst um mein Leben. Da haben sie ja noch ein paar Leute der ›Freiheitsaktion Bayern‹ an die Wand gestellt, die Nazis. Und ich wollte eigentlich nur überleben, wie die anderen auch.

Ich war in Wasserburg, als München beim letzten Bombenangriff brannte. Ich bin hinein und habe meine Eltern gesucht. Sie waren aber nicht mehr da. Sie waren in Hallein, in Österreich und haben sich dort bis zum Kriegsende versteckt gehalten.
In Salzburg habe ich dann die Amerikaner empfangen. Ich hab' mein letztes Englisch ausgepackt, bin die Straße hinunter und auf den ersten Panzer zu. Ob sie einen Dolmetsch brauchten, ich könnte englisch. ›Come in‹, sagte der und dann fuhren wir mit dem Panzer nach Wasserburg. ›Where is the Burgermeister?‹ fragte der Amerikaner. ›I will show you!‹, ich. Am Rathaus hingen die weißen Bettücher, und Leute standen hinter den Gardinen und starrten heraus. Im ersten Stock saß der Bürgermeister in Uniform hinter seinem Schreibtisch. Als wir hereinkamen, ist er aufgesprungen, hat die Hacken zusammengeschlagen und hat gebrüllt: ›Heil Hitler! Ich übergebe Ihnen hiermit die Stadt Wasserburg!‹ Der Captain Futtermann neben mir hat schallend gelacht. Der Bürgermeister wurde verhaftet und kam in ein Internierungslager. Die Amerikaner haben mich als Dolmetscher behalten. Bei ihnen habe ich die ersten Brötchen verdient, bevor ich wieder zu fotografieren begann. Von Wasserburg kam ich nach Erding, zur Militärregierung, bis die sich praktisch aufgelöst hat.
Dann habe ich die EVG gegründet, die Erdinger Verkehrsgesellschaft und mit fünf Bussen die erste richtige Verbindung nach München geschaffen. Nicht schlecht Geld dabei verdient. Auch bei den Amerikanern war es mir nicht schlecht gegangen. Ich war Sachbearbeiter für ›Food and Supply‹, für Ernährung und Versorgung, und war in der Entnazifizierung tätig, als deutscher Verbindungsmann, der die Gegend kannte. Eines Tages wird mir ein Dr. Dr. Max Schottenhamel gemeldet, ich werde stutzig – ›Was machst du denn hier, Max?‹ Er war ein Tenniskollege von mir von vor dem Krieg. Eine Amerikanerin hatte er geheiratet, nach Amerika war er gegangen, Captain geworden und hatte bei der Militärregierung vorbeigeschaut, um seinem Bruder Richard bei der Entnazifizierung helfen zu können. Er war ein 33er Parteigenosse, der Bruder, war in die Partei eingetreten, weil er dachte, das sei gut für das Geschäft. Er ist entlastet worden. Der Max war später der Verteidiger des Julius Streicher bei den Nürnberger Prozessen. So durcheinander ging damals alles. In der Zeit jedenfalls bin ich in die Schottenhamel-Familie gekommen. Wir haben zwei Söhne, den Toni, den Fotografen mit seinem Atelier in Bogenhausen und den zweiten, der ein bißchen ein schwarzes Schaf ist. Drogen und so. Kein Thema, über das ich gern spreche. Und als sie gestorben war, meine zweite Frau nach 17 Jahren, habe ich die Alice geheiratet, unseren früheren Lehrling, mit der zusammen ich das Atelier in der Hompesch-Straße betreibe, gegenüber vom ›Bogenhauser Hof‹.
Hertha Erzähl' doch die Geschichte vom Valentin!
Walter O ja. Da war ich noch ein Bub. Eigentlich war ich gar nicht brav und lieb. Wir haben die Lehrer geärgert, wo wir konnten. Haben aber dann die Tatzen widerspruchslos entgegengenommen. Auch wenn man dann nachher nicht mehr so gut Klavierspielen konnte. Einmal wollten sie mich sogar von

der Schule werfen, dem Giselagymnasium, weil ich Vaters Handschrift gefälscht und Schule geschwänzt hatte. Aber als es hieß: ›Der Valentin kommt heute zur Aufnahme!‹ da war ich schon sehr aufgeregt und wartete auf ihn am Lift. Da ist er gekommen mit seinem Goks. ›Grüß Gott, Herr Walentin!‹ hab' ich gesagt und ihm die Lifttür aufgehalten. Er hat mich groß angeschaut: ›Ja, sagen sie zu Ihrem Vater auch Water?‹ ›Sie‹ hatte er gesagt! Und im Lift: ›Fahren wir jetzt in den Keller hinauf?‹ Er und die Liesl Karlstadt haben sich öfter bei uns fotografieren lassen. Ein Foto von ihm hängt im Valentin-Musäum. Er hat auch einen Spruch geprägt: ›Wer beim Sahm nix wird, kann seinen Kopf gleich zum ›Schichtl[1]‹ tragen!‹ Also, ich glaube, ich habe das Künstlerische vom Vater geerbt, auch die Disziplin, aber das Temperament ist von der Mutter. Ich bin eigentlich zufrieden mit meinem Leben, ich glaube, ich habe die Arbeit des Vaters in seinem Sinne weitergeführt. Aber ein Traum ist geblieben: Kapellmeister wäre ich gern geworden, Kapellmeister.

Hertha Gut, daß der Vater nicht mehr gelebt hat, als sie das Haus abgerissen haben. Er wäre ja zusammengebrochen. Von da an war auch die Mutter ziemlich am Boden. Wir haben ihr eine kleine Wohnung in der Amalienstraße gefunden. Trotzdem. Der Walter und ich waren ja schon aus dem Haus. Trotzdem habe ich eine Weile an dieser Ecke nicht vorbeikönnen, so weh hat das getan. Unsere Heimat, abgerissen. Warum? Es war, als ob jemand ermordet worden wäre.«

[1] Der Schichtl ist seit ewigen Zeiten der offizielle Enthaupter beim Oktoberfest.

Standortvorteil
Geschäftsleute

Was Läden, Geschäfte und Märkte für die Straße bedeuten, zeigt sich, wenn sie geschlossen sind. Wenn trotz der offenen Kinos und Kneipen sich ab Samstag nachmittag etwas von gähnend und Leere breit macht, wenn es plötzlich Platz gibt, weil auch die Geschäftsleute, die sich am meisten über die fehlenden Parkplätze beklagen, nach Hause gefahren sind: in einen anderen Stadtteil oder richtig aufs Land. Dann ist die Straße nicht mehr richtig die Straße.

Jeden Morgen wacht die Straße zweimal auf: das erste Mal unwirsch und hektisch, die Leute laufen zur Arbeit, die Kinder zur Schule, nichts mit gleitender Arbeitszeit. Das zweite Mal allmählich und wollüstig: wenn ausgeschlafene Menschen sich die Tageszeitung samt den frischen Brötchen nach Hause holen. Wenn die kleinen und mittleren Geschäftsleute kurz nach dem Öffnen in der Eingangstür stehen, schauen, was es Neues und wen es Bekanntes gibt. Die Alteingesessenen kennen sich in der Türkenstraße, grüßen sich, reden miteinander. Wie die Handwerker so auch die Geschäftsleute. Da wird schon auch einmal über die Straße geheiratet: Holz-Gehrings und Spiegel-Deubls, Dall'Armis und Hemmeters.

Die Vielfalt des Angebots, von den Handwerkern in den Höfen und von den Ladenbesitzern an der Straße, schafft das Gefühl, hier in der Straße alles Lebenswichtige erstehen zu können. Wenn auch etwas teurer. Auch vieles nicht unbedingt Lebenswichtige. Aber Schöne.

Das Gefühl: Was brauchen wir dazu in die Stadt! Haben hier doch alles! Ein Gefühl der Autarkie: wir sind so etwas wie selbständig, könnten, wenn wir wollten, einen eigenen Türkenstraßenstaat ausrufen! (Kein ganz fremdes Gefühl in Bayern). Fußend auf der Grundüberzeugung, mit sich und den anderen drumherum einverstanden zu sein im Gegensatz zum Rest der Welt ...

Zwischen Theresien und Adalbert bieten sich an fürs Leibliche: Bäckereien, eine selbständige Metzgerei nebst denen der beiden Supermärkte, der samstägliche Bauernmarkt. Gemüse- und Obstgeschäfte, Feinkost. Nach Jahren des unverzagten Ausharrens hinter ihrem Stand vor der Türkenschule, haben »der Grieche« Kosta und seine schwarz gekleidete Mutter Despina endlich ein Dach über dem Kopf bekommen. Statt »City-Jeans« nun »Früchteparadies«, der Teppichboden ist geblieben. Im gleichen Haus hat seine Frau Katharina eine Gyros-Stube im früheren leicht verschmuddelten »Schwabinger Löchl« eröffnet. Das dritte Geschäft in der Straße, zuerst frischer Fisch, dann Vorspeisen, leidet unter Anlaufschwierigkeiten. Zwar gehen dem Elektro-Schober »gepflegte rote und weiße Würste« in der Straße ab, aber ansonsten muß niemand verhungern: von Gyros Pita zu den

Schlemmereien im »Bistro Terrine« in der Amalienpassage oder dem »Georgenhof« gibt es fast alles in fast allen Preisklassen zu finden, sogar Vegetarisches bei »Lobeweins«. Keine düsteren Stehkneipen, dafür »coole« Bistros: vom »Café Puck« im ehemaligen »Allotria« übers »Café usw.« zum »Vorstadtcafé«.
Ganz ohne Glamour kommen die an Bäckereien angekoppelten Cafés aus: beim Bäcker Huber, bei der Bäckerei Hölzl und beim Bäcker Wild.
Gehalten haben sich, wenn auch unter anderem Namen, aber mit den gleichen Pächtern, das »Bohème«, früher »Stop In«, der Szene-Treff der revoltierenden Studenten, bevor es zweimal brannte, und das »Charivari«, das frühere »Meine Schwester und ich« schräg gegenüber, beide mit Lizenzen bis spät in die Nacht.
Im Vergleich zu den 70er Jahren völlig an Interesse verloren haben die Wirtschaften mit den einst wohlklingenden Namen »Lohengrin« (eine Zeitlang eine »Bella Italia«-Filiale, danach mexikanisch) und »Zum grünen Inn« (eine griechische Taverne). Zu In-Lokalen der Straße haben sich gemausert: das »Café Puck«, ab spätem Vormittag, der »Türkenhof« mit seinem gescheiterten »Kunsthofprojekt« ab mittag, und der »Alte Simpl« ab frühem Abend. Da wurlt es dann und nennt sich »Szenetreff«. Trotz des Ausrutschers als »ZumZum« hat die schon zur Jahrhundertwende bestehende »Engelsburg« wieder ihren alten Namen und ihre Gelassenheit zurückgewonnen: am Tresen stehen die sanften Trinker und im Wirtsraum hängen sie an der Wand: als Teil eines verfremdeten Abendmahlsbildes, das den Wirt als Jesus und die Stammgäste als seine Jünger zeigt. Einige von ihnen haben sich allerdings bereits aus dem Diesseits verabschiedet.
Im Gegensatz zum »Eiscafé Adria«, in und vor dem sich vom allerersten Sonnenstrahl bis zum letzten Riesenschlangen von Eiskäufern bilden und damit Teil des Nadelöhrs aus parkenden Rädern, Kinderwägen und im Freien sitzenden Gästen werden, scheinen das Griechenlokal im Haus des Installateurs Pröls schräg gegenüber und der türkische Stehimbiß in Frau Müllers ehemaligem Laufmaschengeschäft nicht so beliebt zu sein. Vielleicht ist's auch der Ungeist des Ortes.
Der Mittelteil der Straße jedenfalls, das Herzstück, zwischen Schelling- und Blütenstraße, ist mit den von zwei griechischen Brüdern geführten Lokalen »Alter Simpl« und »Türkenhof«, mit dem Gemüseladen und den beiden Gyros-Imbissen fest in griechischer Hand.
Was früher »Auskochgeschäfte« waren, in denen man fertige Essen für zu Hause abgeholt hat, sind heute die Imbisse. Früher Suppen und Eintopf in mitgebrachten Töpfen und Schüsseln, heute Fleisch vom Spieß in überreichlich Alufolie oder Hamburger in Plastik. Vom »Auskocher« zum »Imbisser« – vom Gastwirt zum Gast. Sollte der Gastwirt früher das Essen, heute mehr das Gast bestimmen?
Soweit ein Blick aufs Leibliche.
Das Geistige befriedigen zwischen Gabelsberger und Adalbert: die Architekturbuchhandlung samt -galerie, Antiquarisches in jeder Form, Schön-

geistiges, Foto- und Kunstliteratur, Stiche und Karten, Zeitungen und Zeitschriften, neue und alte: Simplicissimus, Jugend, Fliegende Blätter samt der Tagespresse.
Die ganze breite Palette von Büchern und CDs bei »2001«, ausgesuchte Musik bei »Melody Maker« und bei Heiße »Antikes und Skurriles«, mal Nachlaßbücher zu einer Mark, mal Lüster zu tausend. Und immer wieder Sonderangebote in den Ständern auf der Straße.
Für Gesundheit und Wohlbefinden sind vorhanden: Apotheken, Drogerien, Friseure und ein Futongeschäft. Boutiquen, Kleider-, Hut-, Schuh-, Spiel- und Schmuckgeschäfte, Trödel und Innenausstattungsgeschäfte: Teppiche, Kelims, Lampen, Gläser, Kühlschränke und Öfen.
Für's Sportliche gibt's den Sport-Helmut, fürs Fernweh die Reisebüros, für Spanier und Lateinamerikaner die ›Sala cultural‹ des ›Centro español‹ auf Nr. 21 im Hof; für die Schönheit: Sissy Faltermeiers Blumengeschäft hinter den italienischen Kacheln und Kosmetik zum Selbermachen. Für den Kitzel ein Auktionshaus und fürs Spiel Ingeborg Kiermeiers Lotto-Toto-Zentrale samt angeschlossenem Zigaretten- und Zigarrenverkauf. Auf Angebote für Raucher hat sich zur Gänze Sommer, zur Hälfte das Ehepaar Martignoni spezialisiert.
Für Kinder gäbe es in der Straße weniger, wenn nicht Werner's Spielwaren da wären (überhaupt dieser Name: wie der Friseur schräg gegenüber oder die Kassiererin im Supermarkt oder das Friseurehepaar in der Amalienstraße – und keiner mit keinem verwandt!), die nun alleine all' die kleinen Schreibwaren-, Zeitungs-, Zigaretten- und Spielgeschäfte ersetzen müssen, die es früher gab. Fürs Geld zuständig: die Banken, für Haus, Hof und Garten: Eisenwaren Suckfüll mit der Madonna im Hof und der abgeschlagenen Fassade aus der Jahrhundertwende. Weil, hatte der Architekt gemeint, die Suckfülls dann weniger Ärger mit den Tauben hätten.
1996 gab es sie schon nicht mehr: Maria Anna Müller mit ihrer Reizwäsche und ihren Kurzwaren. Das Geschäft nicht und sie auch nicht mehr. Nur Monate, nachdem sie es aufgegeben hatte, war sie gestorben.
Die Bavaria-Drogerie von Klaus Schrenk wird jetzt von seiner ehemaligen Verkäuferin Karola betrieben.
Hans Hanauer, sen., vom Autohaus Hanauer, der sein erstes Geschäft nach dem Krieg im Gefängnis des Wittelsbacher Palais' eröffnet hatte und Walter Sahm, der Salonfotograf, sind beide tot. Sie starben kurz nach meiner Veranstaltung zur »Freiheitsaktion Bayern« im Herbst 1994 im »Kunsthof im Türkenhof«, bei der sie über ihre anti-nazistischen Aktivitäten am Ende Krieges berichtet hatten.
Frau Schneider ist nicht mehr Filialleiterin bei »Tengelmann«, ihr war der Streß zuviel geworden, sie ist nurmehr wieder einfache Verkäuferin.
Das Kohlengeschäft Soller gibt es nicht mehr, die Rosi Soller war vom Lärm des »Alten Simpl« in ein anderes Stadtviertel vertrieben worden. Schaut selten einmal vorbei und wenn bei der alten Spielfreundin Berta Kattaloher. Erinnert sich aber noch ganz genau an den Mann mit den »geschneckelten Haaren«, dem sie fasziniert bei der Arbeit zugesehen hatte.

Georg Elser, dem Bürgerbräuattentäter, in der Werkstatt des Schreiners Brög auf 59.

Annemarie von Dall'Armi, hört man, ist irgendwohin aufs Land gezogen und Lilo Kraft thront – hoffentlich – noch kettenrauchend in ihrem Japan-China-Laden. Nicht mehr in der Türken-, sondern in einer Seitenstraße: der Prinz-Ludwig-Straße.

Gegenüber hatte bis zu ihrem Abriß nach dem Krieg die beliebte Tonhalle (auch Kaimsäle) gestanden.

Ingeborg Kiermeier, die Zigarettenfrau mit der subtilen Psychologie des Spielers, ist vom Schicksal stark gebeutelt worden, was ihrem Mut allerdings keinen Abbruch getan hat: Operationen (nötige, unnötige, verweigerte), Folgekrankheiten, Unfälle, Ärztefehler. Das Geschäft ist nur noch zu bestimmten Zeiten offen.

Aber die anderen Geschäftsleute gibt es 1997 noch, die alteingesessenen oder schon längere Zeit zugezogenen: die Vetters, die Suckfülls, die Deubls[1], Gehring-Hubers[2], Klebers, Hölzls, Wilds, Hubers, Jünglings, Mathias, den Sport-Helmut, den Michael Kuhr, die Monika Erben und Miriam Golde[3] mit dem kleinsten Jeans-Geschäft der Stadt im ehemaligen Klohäusl Ecke Schellingstraße. Und alle wissen sie den Standortvorteil der Straße zu schätzen.

»Die Türkenstraße hat etwas von der Portobello-Road«, hatte Franz Geiger festgestellt, der Drehbuchautor, eine Marktatmosphäre, eine Basar- und Trödelstimmung.

In dieser Straße geht man selten zielgerichtet von A nach B. Da wird flaniert, in die Schaufenster geschaut, die Bücher und Gegenstände, die auf der Straße stehen, begutachtet, in den Laden gegangen, sich erkundigt, gekauft oder nicht, bei schönem Wetter sich an den klitzekleinen oder halbgroßen Tischen auf dem Trottoir niedergelassen, um zu sehen und gesehen zu werden.

Das hat etwas Mediterranes, Extrovertiertes. »Eine Straße wie Nina«, hat eine Anwohnerin gemeint, wie Nina von Kikodze, das Akademiemodell, sei die Türkenstraße: ein bißchen grell, ein bißchen selbstgefällig, ein bißchen verlogen. Aber gutmütig und tolerant. Mehr im Land der Träume (»Sarazenenstraße«) als dem der Realitäten lebend.

Eine Metapher für die Straße?

Realität sind die Geschäfte, ihre Buntheit, ihre Vielfalt. Und wenn sie geschlossen sind, ist eben die Straße nicht die Straße.

[1] [2] [3] Gibt es bereits 1998 nicht mehr

Ingeborg Kiermeier
geb. 1945 · Tabak und Lotto

Die Zeit wird schlechter – es wird mehr gespielt

»Man muß nicht Urlaub machen. Das hat es ja früher auch nicht gegeben. Ich hab' Angst, daß ich dann was versäum'. So spannend wie in der Türkenstraße ist es doch nirgends. Mein Geschäft ist mein Mann. Der widerspricht mir nicht. (Lacht) Ein Mann, wenn in mein Leben treten würde, würde körperlich und seelisch verkümmern. Das haben schon welche probiert, zwei oder drei. Und Kinderwunsch hab ich auch keinen gehabt. Ich liebe meine Kunden. Wenn es zwei Feiertage gibt, bin ich nicht glücklich über den zweiten. Da gehen mir die Kunden ab. Nicht im privaten Bereich, aber im Geschäft. Da bin ich so eine Art Kummerkastentante.«

Die Eltern Kiermeier, geborene Münchner, hatten 1949 eine Lotto-Annahmestelle in einem Tabakgeschäft in der Schellingstraße übernommen, sind 1955 in die Türkenstraße 59 gezogen und haben bis 1980 schräg gegenüber im Dall'Armihaus gewohnt. Seit 1970 ist die Tochter Ingeborg Besitzerin des Tabakladens, bekannt dadurch, daß sie, sehr zur Überraschung neuer Kunden, stets die Zigarettenpäckchen über die Theke schnipst. Freitagnachmittag ist der kleine Laden rappelvoll, da werden die Lottoscheine ausgefüllt, wird geredet, erzählt, gefragt, gelacht. Man kennt sich, ist miteinander älter geworden, »ein Drittel meiner Kunden wohnt gar nicht mehr hier, aber sie kommen trotzdem. Oder die Alten, die gar nicht mehr spielen müßten, sie tun es meinetwegen.« Sie fühlen sich eben im Laden »wie im Wohnzimmer«.

Die Einrichtung stammt aus den 50er Jahren, Holzregale, Vertäfelungen. Wie beim Drogisten Schrenk sperren sich die Kunden dagegen, daß modernisiert wird. »Dann renovier' ich eben auch nichts.« Und wenn die Architekten vom Büro Lanz im Nebenhaus den Laden ›toll‹ finden, dann bleibt er eben auch so. Schon in den 30er Jahren war hier ein Tabakgeschäft. Inzwischen haben sich die Gewichte verschoben: »Ein Drittel vom Gewinn ist Tabak, zwei Drittel Lotto. Früher war es umgekehrt.«

Überhaupt diese Spieler! »Sie wollen nicht gestört werden, wenn sie ihre Scheine ausfüllen, deshalb sind auch die Scheiben aus dickem Glas. Wenn bei mir ein Kunde steht und raucht, kriegt er von den Lottospielern geschimpft. ›Ich habe keinen Milchladen, sage ich dann, ich verkaufe Zigaretten!‹ Aber die Raucher sind ja inzwischen so ängstlich, die gehen gleich.

Wie ich Zigaretten verkaufen könnte, ohne selber zu rauchen, werde ich auch gefragt. Und ob ich das nicht für unmoralisch hielte. So wird man in der Zwischenzeit diffamiert. Das ist ganz neu. Mich stört es nicht, aber meine Raucher laß ich mir ungern von meinen Lottospielern beschimpfen. Ich hoffe, das vergeht wieder. Ist nur eine Welle.

Neben Geschäftsfrau und so einer Art Beichtmutter bin ich auch Psychologin für die Spieler. Spieler haben eine besondere Psyche. Sie können noch so tüchtig im Geschäft sein, wenn's ums Spielen geht, läßt alles aus. Dann schau' ich schon manchmal, daß ich sie von ihrem hohen Einsatz runterbring'. ›Wenn'S weniger spielen, können'S länger spielen!‹ sag' ich dann. Das ist zwar ein bißerl deppert, damit hält man aber die Kundschaft länger.

Gerade hab' ich zwei Spieler verloren durch Krankheit. Das sind 4 000 Mark weniger im Monat bei so großen Spielern. Die Zeit wird schlechter, also wird mehr gespielt. Die Spieler sind jünger geworden. Was es nicht mehr gibt, sind die übermäßigen Spieler mit 18 000 Mark in der Woche. Im Durchschnitt sind es über 5 000 Mark Umsatz pro Woche.

Spielen tut eigentlich jeder. Ich auch in kleinem Rahmen. Ich betrachte das als eine Art freiwilliger Steuerabgabe. Und wenn es um einen Jackpot geht, dann spielen wie in der letzten Woche dreißig Prozent mehr. Da kommt auch der letzte, der noch nie gespielt hat.

Vor Jahren fingen die Kellner eines italienischen Restaurants in der Nähe auf einmal irrsinnig hoch zu spielen an. Später hab' ich erfahren, daß sie Geld veruntreut hatten. Sie wurden dann auch entlassen und es war ein großer Skandal. Überhaupt verspielen Kellner ihr Trinkgeld gern im Lotto, die Kellnerinnen legen es mehr in Kosmetik an. Zwei Drittel meiner Spieler sind Männer, ein Drittel Frauen. Und da weiß man nicht, ob sie nicht bloß den Lottoschein vom Mann abgeben.

Überhaupt sitzt in der Türkenstraße das Geld ziemlich locker. ›Was ich mir erarbeiten muß‹, sagt mein Bruder immer, der sein Zigarettengeschäft in Giesing hat, ›das verdienst du im Schlaf!‹ Es stimmt schon, ich habe einen Standortvorteil. Die Türkenstraße gehört neben der Maximilian- und der Hohenzollernstraße zu den besten Einkaufsstraßen Münchens. Und sie ist geschäftsmäßig noch besser geworden. Seit zehn Jahren ist sie die Flanier-

straße, hat sie die Leopoldstraße ersetzt. Deshalb auch die vielen hübschen Mädchen hier. Wegen der In-Lokale und der Filmer und dem Wunsch, vielleicht entdeckt zu werden. Sie ist richtig eine ›Abendstraße‹ geworden. Ich bin umgeben von fünf Lokalen und von der Eisdiele. Da kommt schon schnell einmal einer und holt sich seine Zigaretten bei mir, weil ich Besonderes führe: kräftige Tabake, kräftige Zigaretten, Exoten, nichts Billiges. Das wäre eine Beleidigung meiner Raucher. Sieben Mark fünfzig kostet die teuerste Zigarre. Mehr wollen sie auch nicht anlegen. Es gibt schließlich acht Zigarettenverkaufsstellen in der Straße. Warum soll ich führen, was die anderen auch haben?
Wichtig fürs Geschäft ist auch der Buch- und Plattenladen ›2001‹, der zieht viele Leute von auswärts her.
Ich mache um sieben Uhr auf bis halb sieben abends, dann holt mich meine Taxifahrerin ab. Pause brauch' ich nicht. Essen tu' ich auch nicht, dafür geh' ich abends aus.
Ich esse dann bei meinen Kunden: dem Bistro Terrine, dem Bella Italia, dem Mario oder dem Atzinger. Und ich bild' mir schon ein, daß die Portionen ein bißel größer sind als normal.
Als Geschäftsfrau sollte man sich nicht mit der Kundschaft verbandeln. Auch nicht mit den anderen Geschäftsleuten der Straße. Saufen gehen sollte man auch nicht. Man ist eine Institution, eine Art Vorbild, fast etwas mit einem Heiligenschein. Deshalb haben die Leute auch Vertrauen und erzählen viel. Von mir privat erfahren sie nichts. Das interessiert sie auch nicht so stark, sie wollen von sich erzählen: von Krankheit und Tod. Von Liebe weniger. Es gibt da ein paar Frauen mit amputierter Brust. Denen höre ich gern zu. Oder wenn andere von Krebs erzählen. Einer meiner Kunden hat Aids. Und da siehst du, wie schnell der dahinschwindet.
Was ich immer wieder erstaunlich finde, ist, wie schnell einer, dem gerade der Partner weggestorben ist, wie schnell der wieder eine Neue hat.
Oder ein Kunde, der gerade Witwer geworden ist und zu mir sagt, wie's denn wäre, wir würden uns doch schon so lange kennen, ob wir nicht ein gutes Pärchen abgeben würden.
Überhaupt werde ich hier gern verbandelt, was gar nicht stimmt, aber das finde ich schön. Einmal mit einem Vertreter, das andere mal mit der Taxifahrerin. Aber der wahre Mann kommt nicht heraus und das ist wichtig. Nachspioniert wird hier nicht.
Um halb neun abends komm' ich nach Hause, dann hör' ich noch ein bissel Radio. Fernsehen brauche ich nicht, ich habe tagsüber genug Spannendes in der Türkenstraße erlebt.
Schon mit vier oder fünf Jahren habe ich im Laden meiner Eltern die ersten Zigaretten verkauft. Überhaupt liegt uns das Geschäft im Blut: die Großmutter hatte ein Schreibwarengeschäft in der Schwindstraße, der Onkel hat nach dem Krieg in München den Toto aufgebaut und meine Mutter hat gemeint, das wäre die beste Möglichkeit. Sie hat es nie bereut. Mein Vater war Vertreter in der Zigarettenbranche.

Ich bin Widder, das ist ein wichtiges Sternzeichen für eine Geschäftsfrau, meine Großmutter war Widder und meine Mutter auch. Das hilft, sich durchzusetzen. Weil als alleinstehende Geschäftsfrau muß man doppelt kämpfen.

Eine richtig gefährliche Situation habe ich noch nie erlebt. Aber ich verkaufe ja auch keinen Alkohol. Ich könnte es, aber ich tu's nicht wegen der Penner. Zeitungen hab' ich nicht, weil es uninteressant ist. Wichtig ist der Fußballkarten-Vorverkauf. Früher war 1860 der Favorit, jetzt ist es Bayern München.

Da ist mir der Besitzer vom Jeans-Shop doch richtig beleidigt gewesen, als ich ihm einmal keine Fußballkarten verkaufen konnte. Ich hatte nur ein kleines Kontingent und das war für die Stammkunden reserviert, wie eben die Leute vom ›Adria‹. ›Wieso kriegen die und ich nicht?‹ Er hat richtig geschmollt und auch seine Verkäuferin hat er nicht mehr bei mir Lotto spielen lassen.

Oder die, man kann fast sagen, lebenslangen Spannungen mit der Frau Nießl ein paar Häuser weiter: sie hatte Zeitungen, Alkohol und auch Zigaretten, aber kein Lotto. Ihr Leben lang hat sie gegen uns gehetzt. Versucht, uns die Kunden abzuwerben. Manchmal ist es ihr gelungen.

Unter den Kunden gibt es viel Rentner, der älteste ist über hundert, aber auch viel junge Leute in modernen Berufen, die gut verdienen. Bei den Rauchern geht die Tendenz dahin: daß die Männer zu rauchen aufhören und die Frauen anfangen.

In der Türkenstraße wird höher gespielt als in anderen Stadtvierteln: wir haben einen Umsatz von zwanzig bis dreißig Mark pro Kunde, an die 1000 Scheine pro Woche. Der Spieler hat nur eine Angst: daß sein Gewinn bekannt wird. Daß Leute kommen, ihn anzubetteln.

Wie Gewinner ihr Geld ausgeben, davon erfahre ich so gut wie nichts. Nur bei der Kioskbesitzerin hat man's gesehen: da trug sie von einem auf den anderen Tag statt Plastikschürze einen Nerzmantel. Oder der eine Spieler, der seine Lottogewinne dann immer in der Spielbank in Garmisch verspielte. Einer hat mir sogar einmal 5 000 Mark geschenkt, weil er 100 000 gewonnen hatte. Aber normalerweise ist der Spieler nicht sehr erzählfreudig.

Einmal habe ich in einem Preisausschreiben eine USA-Reise gewonnen, weil, einer meiner Kunden hat gewonnen und ich als Händlerin durfte mitfliegen: Virginia, Washington, New York. Das war natürlich noch spannender als die Türkenstraße. Japan würde mich auch noch interessieren. Überhaupt liebe ich Großstädte. Nicht Bergsteigen oder Skifahren, das ist mir viel zu langweilig.

Das Geschäft ist meine Welt, die Dekoration mache ich selber. Irgendetwas Erstaunliches muß immer im Fenster sein: ein Spiegel, an Weihnachten ein Disco-Kripperl oder eben diese Blinkleuchten, die mir ein Kunde montiert. Das zieht die Kinder an, sie ziehen dann ihre Eltern mit und die schauen dann hinein. Es gibt ein paar Kinder, die kommen herein, nur um mit mir zu ratschen. Nein, Bonbons kriegen die nicht, das mögen oft die Mütter nicht.

Im Unterschied zum Supermarkt muß der Einzelhändler immer top drauf sein, freundlich und schnell. Während die Kunden stundenlang an der Kasse stehen und warten, gehen's bei mir gleich wieder, wenn ich nicht sofort auf der Matte stehe. Früher waren die Leute zurückhaltender mit ihrer Meinung, jetzt lassen sie alles heraus, was sie denken. Einerseits sind sie offener, andererseits aber auch beleidigender. Das ist die neue Generation, sie halten sich für die Kings der Straße. Man muß sich aber auch nicht alles bieten lassen. Psychologisch wichtig ist für mich die Ladentheke, die breite, hölzerne. Die schafft Abstand, gibt mir Sicherheit. Von da aus kann ich zuhören: wenn die ARRI-Leute von ihrer unsicheren Zukunft reden. Das interessiert mich sehr, weil die großen Firmen wie ARRI, die Allianz oder die DG-Bank für mich geschäftlich ungeheuer wichtig sind. Wo die ganze Belegschaft der ›Bildzeitung‹ doch schon weg ist! Ich kriege viel von meinen Kunden geschenkt: einer hat mir umsonst den Boden verlegt, ein anderer hat mir Rechenmaschinen geschenkt, eine dritte bringt mir immer montags belegte Brote oder einen Kuchen für meine Eltern. Dann kommen sie mit Kaffee oder Wein. Ich verschenke auch schon einmal eine Tafel Schokolade oder einen Tabak. Aber für treue Kunden habe ich Lose. Mit einem Los kann man die Welt erreichen!

Ich mache weiter, solange unsere Hausfrau noch lebt, die Frau Burghard. Das waren drei ältere, alleinstehende Mädchen, nur sie ist noch übriggeblieben.

Eine Kollegin von mir mußte aufhören, sie ist jetzt im Kaufhof am Marienplatz. Und die sind froh, wenn sie eine ehemalige Geschäftsfrau bekommen, weil die eine ganz andere Einstellung hat. Das täte ich auch.

Weil unser Geschäft in der Türkenstraße hat keine Zukunft, weil Tabakwaren haben keine Zukunft ...«

Annemarie von Dall'Armi
geb. 1918 · Handelsagentur

Eine Straße wie Nina

»Je älter man wird, desto kürzer wird der Tag. Die Straße kann man nicht mehr fassen, sie ist eine Straße der Jugend geworden. Und mit der heutigen Jugend komme ich nicht mehr hundertprozentig zurecht. Es ist nicht das Aussehen, es ist das Benehmen. Sie fahren einen mit dem Fahrrad um und gucken gar nicht. Es ist alles wüst und durcheinander, wie ein Teil der heutigen Jugend.

Die Straße hat ihr ganzes persönliches Flair verloren, sie ist eine Straße der Jugend – und der Clochards. Aber vielleicht bin ich auch zu alt dafür. Vielleicht sagen ja die Jungen über mich: ›Die Alte ist doch plem-plem.‹«

1949, mit 31 kam Annemarie, genannt ›Lucki‹, in die Türkenstraße, 1954 übernahm ihr Mann Willi die Firma, eine Handelsagentur für Rohkaffee, Kakao und Zucker und erweiterte das Sortiment um Feinkost und Alkohol.

»Wir vermitteln nur für die Super-Oben-Firmen, die ganz Großen. Wir holen also bei den Supermärkten Tengelmann, Edeka, Rewe die Aufträge herein und geben sie weiter an die Vertretungsfirmen, die dann die Bestellfirmen beliefern.«

Seit 1875 ist die Feinkostagentur Dall'Armi in der Türkenstraße 72 im Handelsregister eingetragen. Die Älteren sprechen noch vom »Dall'Armihaus«, obwohl das Haus inzwischen verkauft ist. Gleichwohl glänzt ebenerdig noch ein Messingschild: »Dall'Armi Handelsvertretungen.«

Die an Autobahnraststättentische und -bänke an der ab Januar 1997 offiziell in »Georg-Elser-Platz« umbenannten Spielstraße erinnernden Sitzgelegenheiten sind im Sommer beliebter Treffpunkt einer Gruppe von Pennern. Frau Dall'Armis vordere Fenster gehen direkt in diese Richtung, die hinteren schauen in den Hof des Jugendstilhauses von Nummer 74, in dem der Installateur Pröls Werkstatt und Wohnung hat. Im Hof wohnt eine griechische Familie in der Wohnung mit dem Türmchen. »Der reine Zille, das!« sagt Frau von Dall'Armi und freut sich.

»Der Name Dall'Armi kommt aus dem Italienischen, von ›ab Armis‹, wahrscheinlich aus der Gegend um Trient. Geadelt wurden sie, als ein Dall'Armi der Königin Therese, der Frau des Bayernkönigs Ludwigs I, die Wiese an der Bavaria für ihr geplantes Reiterfest zur Verfügung stellte. Aus dem Reiterfest hat sich dann das Oktoberfest entwickelt. Die Männer heißen: Ritter und Edler von Dall'Armi, die Frauen nur Edle. Also ich muß mit Annemarie, Edle von Dall'Armi unterschreiben.

Die Großeltern Max und seine Frau wohnten hier im ersten Stock, wo ich jetzt wohne. Max war Inhaber der Firma, dann sein ältester Sohn Andreas,

dann ich als Witwe. Vor ungefähr 20 Jahren habe ich einen jungen Teilhaber hereingenommen. Der ist heute Firmeninhaber.
Das Haus wurde einmal verkauft, aber von der Frau des Andreas wieder zurückgekauft. Sie hat mir die Wohnung vermietet. Ja, ja, ich habe hier immer Miete gezahlt. Im Dall'Armihaus.
Das ›Türkenbad‹ gehörte früher zum Anwesen. Großvater hat es der Großmutter eingerichtet nach dem Motto: ›Die Weiber gehören von der Straße!‹ Da saß sie dann hinter der Kasse im ›Türkenbad‹ und hatte gute Kundschaft: Alle diese Künstler, die nachher im ›Simpl‹ auftraten, haben sich vorher hier gebadet. Es waren wunderschöne Holzbadewannen mit Messingstreifen drumherum und vor der Wanne lag ein Perser. Es gab auch ein Badebuch, in das sie sich alle eintrugen. Das haben die von der ›Türkensauna‹ behalten. Ich hätte es gern gehabt, aber naja.
Mein Mann hat sich auch nicht groß für Familiengeschichte interessiert, wie sollte dann ich? Die Dall'Armis waren alle Jäger und Fischer, die Frauen nur Hausfrauen. Ich habe von meinem Großvater her das Reisen im Blut: er war Reisevertreter einer Häuser-Putz-Firma. Dann liebe ich Antiquitäten und Kunst. Ich muß immer aufpassen, daß ich nicht zuviel kaufe. Es ist hier sowieso schon alles voll, wie Sie sehen.
Verwandt sind die Dall'Armis mit den Hemmeters, der früheren Schnapsfabrik und dem Ausschank für Alkohol und Kaffee schräg gegenüber auf 57: Der Hans Hemmeter hatte eine Franziska, genannt Fanny von Dall'-Armi geheiratet. Die Hemmeters sind dann alle gestorben, inklusive ihres Sohnes Herbert und das Haus wurde verkauft. Der Alte hatte einen Autotick. Klein und zierlich, wie er war, konnte er gerade mit der Nase über das Steuerrad schauen. Aber er war ein drahtiger Mann, hat Bergtouren gemacht und besaß eine Hütte am Spitzingsee. Herbert wurde von seinem Vater nie so richtig anerkannt und hat so die Lust am Geschäft verloren. Er war auch so ein Autonarr. Und einen Gesundheitstick hatten die alle. Die Fanny also war eine Tante meines Mannes. Mehr weiß ich nicht.
Früher«, sie gerät ins Schwärmen, »gab es hier eine alte Dame, die ganz selten noch ausging. Sie soll eine Schauspielerin gewesen sein. Wenn sie ging, war sie wie eine Antiquität: sie hatte brandrote Haare, trug immer große Hüte und Walla-Walla-Kleider. Alles sehr schön, sehr ästhetisch. Dann schritt sie gravitätisch durch die Straße. Sie war für mich solch eine Persönlichkeit! Und eine Persönlichkeit kann man nicht verlieren, außer durch einen Unfall. Oder so. Ich hätte sie gern einmal kennengelernt.
Sie versinnbildlicht für mich die alte Türkenstraße. Wie ich sie geliebt habe.«
Diese »alte Dame« war Nina von Kikodze, Modell an der Akademie und Kollegin des Oskar Hensel.
Nina lebte an die zehn Jahre auf 61, im dunklen, zugigen Durchgang vom ersten zum zweiten Hof. »Die barfüßige Fürstin« war ein Film über sie betitelt. Sie war eine Russin mit bewegtem Leben. In ihrem Paß stand als Beruf: Schriftstellerin.

Liselotte Kraft
geb. 1919 · Japan-China-Laden

Wo andere nur davon träumen

»Die Türkenstraße war die Straße meiner Kindheit und heute gehe ich nicht mehr hin. Sie hat sich so verändert, sehr zum Nachteil, sehr zum Nachteil. Früher war es eine angenehme Straße, wo nette Leute wohnten, kein so ein Zeug wie jetzt. Freilich war das Geschäft irrsinnig spannend. Ist es noch. Auch hier in der Prinz-Ludwig-Straße. Ich hänge daran, weil ich mit Leuten zusammen komme, wo andere bloß davon träumen können. Wirklich. Bloß träumen.«
Traumhaft, märchenhaft, im Guten wie im Bösen ist auch ihr Leben verlaufen, wie sie es erzählt.
Die Mutter, Emma Kratzer, aus der Au, übernahm 1902 einen Zigarettenladen auf Nummer 69. Da war sie zweiundzwanzig Jahre alt. Kunden, die immer kistelweise Zigarren kauften, waren zum Beispiel der General Lossow und der Baron Voith zu Voithenberg aus der Türkenkaserne. Abends, wenn die Kathi Kobus sie brauchte, half sie auch schon einmal in der ›Dichtelei‹ aus, kannte dadurch den ganzen Kreis um den Simplicissimus: die Reventlow, den Wedekind, den Oskar Maria Graf und den Ringelnatz, der eine Weile lang ja Kollege war: Tabakhändler. In der Zeit lernt Emma den Mann ihres Lebens kennen: Thavdäus, Ritter von Pohorezki, Freiherr von Horveh auf Terebinez, der gerade an der Akademie Malerei studierte und ums Eck, in der Blütenstraße wohnte. Er war siebzehn Jahre älter als sie und im diplomatischen Dienst. Zum Schluß beim König von Württemberg. Er hatte, »wie der jetzige Papst«, die Diplomatenschule der Jesuiten in Zakopane besucht, in Krakau, Wien und Graz studiert, »sein Vater war schließlich Käm-

merer beim Zaren«. Sie stammten aus Podolien, »einem schmalen Streifen an der Terebina, in der Nähe von Lemberg, das immer mal wieder zu Polen, zu Rußland und zu Deutschland gehörte.« Der Vater war Pole und, »in diplomatischer Mission, viel im Ausland: Afrika, China und Japan.«
Er hatte, erzählt die Tochter, »einen Dr. jur. und einen Doktor der Kunstgeschichte.«
Der Ritter, Freiherr und doppelter Doktor verliebt sich genauso in die hübsche Zigarettenverkäuferin wie sie sich in ihn. 1904 wird geheiratet. (Oder nicht). Das bleibt seltsam unklar.
»Zigarren, das ist nichts für dich«, sagte der Ritter zur Verkäuferin. »Besser Ostasiatica«. Er habe da so einiges von seinen Auslandsaufenthalten mitgebracht.
So wurde 1904 aus dem Tabakladen ein Japan-China-Geschäft, in dem sich Intellektuelle und Künstler mit Vorliebe trafen, unter ihnen die Gruppe des ›Blauen Reiter‹.
1907 und 1913 werden zwei Buben geboren, bei Kriegsausbruch 1914 wird der Ritter, weil er Pole ist, in Stadelheim interniert, aber bald wieder freigelassen, weil er Malaria hat.
1919 kommt Lilo auf die Welt. »Ein sauberes Geburtstagsgeschenk« meint die Mutter, die 39jährig eigentlich kein Kind mehr gewollt hatte.
»Wir haben am gleichen Tag Geburtstag, wir sind beide Stier. Ich bin übrigens allein auf die Welt gekommen. Es war Ausgangssperre abends und bis mein Bruder die Hebamme erreichte, bis die ihren Ausweis einsteckte und zu uns kam, war ich schon da. Es war ja Revolution.«
Räterepublik. 1919, »als dann die Räte kamen, haben sie nichts mehr getan, unsere Mädeln. Wir hatten Dienstpersonal. Ihre Freunde kamen in unser Wohnzimmer, haben sich aus dem Zigarrenkasten bedient und Cognac eingeschenkt, während wir nicht aus dem Zimmer durften. Es war eine schreckliche Zeit, hat die Mutter erzählt. Obwohl sie den Erich Mühsam gut kannte.
Bei uns zu Hause durfte nicht über Krieg geredet werden. Wenn sie irgendwo Zinnsoldaten entdeckte, wurden die, schwupps, gleich auf den Mist geworfen. ›Ich will mein Kinder nicht zur Gewalt erziehen‹, sagte sie und, schwupps, flog die Wasserpistole gleich hinterher.«
1925 stirbt Thavdäus an einem Hirnschlag, Emma steht allein mit drei Kindern. Entschließt sich fünf Jahre später, den Witwer Postulka, einen naturalisierten Tschechen mit drei Kindern zu heiraten. Von gegenüber, vom Stuck- und Gipsgeschäft Nanni. Vorher hatte sie ihre Tochter gefragt: ›Was meist, soll ich heiraten? Ich heirat' ja nicht, um einen Mann zu haben, sondern, um eine Rente zu bekommen.‹ – ›Wenn du meinst‹. – ›Aber sagen kann der euch nichts! Erziehen tu' ich meine Kinder! Das geht den nix an!‹
Das Ehepaar Postulka hat jetzt sechs Kinder, von denen eine Tochter Postulkas einen Bruder Lilos heiratet. Die Erna den Thadäuz.
1938 stellt sich auch für Lilo die Frage: Heiraten oder nicht? Der eine Freund war bei der Luftwaffe. »Aber dessen Mutter war ich nicht ge-

nehm. Er ist dann auch abgestürzt mit einer Stuka.« Der andere, Peter Kraft, kam immer ins Geschäft. Er war beim Gerlingkonzern in der Versicherung angestellt und wohnte ganz in der Nähe, auf Nummer 29 in der Türkenstraße.

›Wenn's d' verheiratet bist‹, sagte die Mutter, ›kriegst ein Geld, wenn er zum Militär muß.‹ Ich war achtzehn, als wir geheiratet haben und er fünf Jahre älter. Er mußte dann auch bald einrücken. Nach Rußland. Dort hat er sich einen Daumen abschießen lassen, damit er wieder nach Hause konnte.« Das war 1941.

1943 werden die beiden geschieden. »Als ich vom Spätdienst kam, war in meinem Bett eine nackte Frau gelegen, eine fremde.« Das war zuviel. Lilo Kraft beschließt, alleine zu leben. »Je älter ich wurde, desto mehr Freiraum brauchte ich.« Wo die Großmutter schon gesagt hatte: ›Du müßtest zum Bäcker Teichlein in die Ludwigstraße, dir einen Mann backen lassen!‹

»Die Mutter hat mich zu einem Feldwebel erzogen. Ich bin heute noch einer!«

Sie erlebt die Kristallnacht: »Ecke Blüten/Türkenstraße war das Kaufhaus Neuburger. Ein jüdisches Geschäft. Da ist die Horde hingezogen, in Zwölferreihen, Frauen waren auch darunter, direkt Prostituierte müssen das gewesen sein. ›Juhe!‹ haben die immer geschrien, ›juhe!‹ Und haben die Scheiben eingeschmissen. SA war das. Den alten Juden aus der Blütenstraße, den Goldstein, den haben die Nazis auch abgeholt. Überhaupt sind viele auf einmal nicht mehr aufgetaucht. Und niemand hat laut gefragt, weil alle Angst hatten. Die Großmutter hatte schon immer über den Hitler gesagt: ›Mein Gott, der geht über den Rosenkranz und die Juden! Der wird sich nicht lange halten!‹ Tat er dann aber doch.

Wir haben ihn immer gesehen, wenn er am Geschäft vorbeiging, aufgeschlagener Trenchcoat, Reitstiefel und die Blondie, seinen Schäferhund an der Seite. Er ging immer in die Schellingstraße: er wohnte da, er besuchte den Fotografen Hofmann und den »Völkischen Beobachter« oder ging in der Osteria essen. Gegenüber, neben der Bäckerei Bolzmacher, gab es ein Rahmengeschäft, den Innamer, der in der Tavernewirtschaft seine Rahmen machte. Dort sah man ihn auch oft hingehen. Irgendwie hat man gehört, daß es dort eine Passage geben sollte.«

Lilo Kraft, die junge Frau, die so gern auf den Bällen in der Tonhalle getanzt oder sich am Faschingsdienstag für das Fest im Aquariumsstüberln in Schale geworfen hatte, sich und ihren Affenpinscher, wird als Kinderlose 1940 eingezogen. Der Laden wird von einer Bombe getroffen, die Auslagenscheiben sind zerstört, die wertvollen chinesisch-japanischen Objekte können aber mit Hilfe des Direktors der Pinakothek zusammen mit den Gemälden in ein Kloster ausgelagert werden.

»Zuerst habe ich bei der Firma Röckl gearbeitet, in der Au, die stellte Gasmaskenfilter her. Aber da hat mir der Lagerist so nachgestellt, daß ich nicht mehr hin bin. Sie wollten mich mit der Polizei holen lassen. Da hab ich erst einmal meinen Mann im Lazarett in Graz besucht.

Als ich wieder zurück war, fragten sie mich: ›Wehrmacht, Polizei oder Luftwaffe?‹ Da hat mich Luftwaffe noch am meisten interessiert. Ich kam in den Luftraum 17, das war in Österreich.
Von heut auf morgen nach Feld am Wagram! Schrecklich, diese Grenzdörfer, kein Haus mit Fenstern auf die Straße, trostlos! Und wir in einem Ausbildungslager mit tausend Frauen. In Baracken. Und ich ausgerechnet mit einer Hure aus Sendling zusammen. Was die mir erzählt hat, mir ist die Spucke weggeblieben! Ein paar Monate wurden wir in Flugerkennung ausgebildet.« Sie mußten erkennen, ob das Flugzeug eine W 34, eine JU oder eine DO war.
Lilo Kraft soll nach Weißrußland oder nach Ungarn geschickt werden, sie weigert sich. Hat Glück. Die Mutter hatte den General von Reichenau vom 7. Armeekorps angefleht, »einen Kunden vom Geschäft«, er möge doch ihre Tochter wieder herholen. Er schickt ein Telegramm an den General: »Die Helferin ist in 24 Stunden in Gang zu setzen!« Lilo nimmt den Zug, kommt frühmorgens in München an.
»Wie ich ausgeschaut hab! Die Ruhr hab ich im Lager bekommen und dann das Essen! Einmal hat's ausgeschaut wie Wiener Schnitzel und ich trag es voller Freude zur Baracke. Da ist aber ein Wind aufgekommen und hat die Panade weggeweht und ich hab' die Wieberln gesehen, wie sie nur Hundefleisch hat. Der Feldwebel hat doch tatsächlich die ganzen alten Hund' aus der Gegend zusammengefangt, hat sie ausfrieren lassen, damit man das Hündische nicht so merkt, und hat sie serviert. Gegraust hat mir!«
In München kommt sie zum Flugwachtkommando, das sich erst in der Residenz, dann in der Hauptpost, schließlich am Nockherberg befindet. Es geht wieder darum, feindliche Flugzeuge zu erkennen, Alarm zu geben und die Sirenen auszulösen.
»Am Anfang haben sie die kleinen Stab- und Phosphorbomben bei Nacht geworfen, da ist auch eine bei uns daheim in der Kohlenkiste steckengeblieben, die nicht explodiert ist. Später dann die riesigen Spreng- und Brandbomben. Es hat keinen Radar gegeben, wir haben nur die Braun'sche Röhre gehabt. Mit der hat man die Flieger schon gesehen. Doch dann sind die Engländer draufgekommen, Silberstreifen herunterzuwerfen, da war es dann aus mit der Sicht.
Anfang 1945 haben sie noch alles runtergelassen, was sie hatten. Aber ich muß sagen, in die Hosen hab' ich mir nie gemacht. Ich hab' auf die Uhr geschaut und hab gewußt: In zwanzig Minuten ist das vorbei, mehr Benzin haben die gar nicht in ihren Tanks. Einmal haben sie mich in eine DO gesteckt. Da mußte ich Funken lernen und Tod und Teufel. Und dann hieß es auf einmal: Plan hernehmen und über dem Planquadrat soundso Bomben abwerfen. Das waren die, die man mit der Hand runtergelassen hat. Und das mußte ich tun. Fürchterlich!
Wie der Krieg dann aus war, waren wir alle wie im Schock. Im Sommer hat man erst richtig mit dem Aufräumen begonnen. Der Schutt kam auf die Bockerlbahn, auf der man ein Stück mitfahren konnte. In der Türkenstraße gab es fast kein unbeschädigtes Haus. In der Zeit hat mir der Steinhoff den

Hof gemacht, der General. Das waren fei andere Männer als die heute! Nicht solche Gummimanderl!«
Sie und die Mutter werden vom Wohnungsamt für Ausgebombte nach Laim eingewiesen, 1947 finden sie eine Wohnung im »Türkenbad«.
»Das war zwar auch kaputt, aber der Hausmeister, der Hertlein, war sehr geschickt und hat das wieder hingekriegt. Und wir waren froh, daß wir von diesem Pack da draußen wieder nach Schwabing gekommen sind.«
Das Japan-China-Lädchen wird wieder geöffnet, es ist ja nur schräg über die Straße vom Türkenbad.
»Bis 1955 hat's ja gar nichts gegeben. Eröffnet haben wir mit Perltäschchen aus Belgien, da waren die Leute ganz wild drauf. Der Laden war winzig, er hatte ja nur zwölf Quadratmeter.
Aber lustig war's da. An Weihnachten zum Beispiel, wenn wir die eisernen Läden zugemacht haben und der Laden war noch voll, dann hab' ich Tee gekocht. Wer keinen Platz hatte, saß am Boden. Die Leute kannten sich nicht, haben sich aber alle prächtig unterhalten. Dann ist die Mutter noch dazugekommen: ›Bald zwölfe is'!‹ hat sich aber auch noch dazugesetzt. Das war die Türkenstraße.«
Die Mutter ermuntert Lilo, doch jetzt zu reisen. ›Fahr' fort! Nimm dein Geld und verhau's! Wenn du einmal älter bist, magst nimmer fort!‹
Und Lilo reist nach Rußland. In Taschkent, Samarkand und am Fuße des Pamir fühlt sie sich in eine andere Welt versetzt, »als ob Scheherazade jeden Augenblick ihre Hand hervorstrecken müßte ...« Man hält sie für eine Ukrainerin, im Salzburger Dirndl mit dem Kopfschmuck der Großmutter.
Wieder zu Hause lernt sie Sprachen: Italienisch und Russisch neben Spanisch und Englisch.
1957 übernimmt sie das Geschäft, führt es bis 1969. »Dann haben sie mich hinausgedrückt.« Junge Leute mit Jugendstilschmuck hatten der Vermieterin einfach mehr Miete geboten und weil es für gewerbliche Räume keinen Mieterschutz gibt, mußte der Japan-China-Laden weichen. Lilo Kraft fand ein dreimal so großes Geschäft in der Prinz-Ludwig-Straße.
Ein Artikel von Ursula von Kardorff, die sich vehement auf ihre Seite stellte, bewirkte, daß ihr viel Sympathie entgegenschlug und sie durch den Umzug keinen Verlust erlitt. »Keinen Spediteur hab' ich gebraucht, haben alles meine Kunden gemacht!«
Das nächste Unheil nahte: Als sie aus dem Krankenhaus zurückkam, lag in ihrer Wohnung im Türkenbad die Kündigung: das Haus würde verkauft werden. Sie sucht verzweifelt eine neue Wohnung, findet sie unter Schwierigkeiten »die ist doch zu alt!« im selben Haus, in der Prinz-Ludwig-Straße, in dem sie unten ihr Geschäft hat. »Dabei war ich erst sechzig!«
Im Fahrstuhl dieses Hauses passiert dann im Juli 1986 das Entsetzliche: eine junge Frau, eine Freigängerin aus Haar, zieht ein Messer und sticht auf sie ein. Sechzehnmal.
Lilo Kraft bricht zusammen, wird ins Schwabinger Krankenhaus gebracht, operiert, liegt zehn Tage im Koma.

Danach hat sie weiße Haare. »Das hat mein Leben von Grund auf verändert.«

Das Geschäft würde sie wohl nicht weiterführen, hatte sie 1993 gesagt. Eingekauft würde nicht mehr, nur noch verkauft. Einen Interessenten gäbe es auch schon.

Aber noch in den folgenden Jahren ist der Japan-China-Laden geöffnet, Lilo Kraft thront hinter der vollgestellten Theke und raucht Kette. Im Raum der Duft nach Räucherstäbchen, altem Papier und Messing. Der Besucherstuhl ist meist besetzt.

»Die liebsten Kunden waren mir immer Künstler, die waren am problemlosesten. Es kamen aber auch viele Leute von Adel herein: der Fürst Gagarin, die Prinzessin von Holland, auch die Anna Pawlowa. Oder die Schönaich-Carolath, die in China geboren ist, weil ihr Vater, ein von Guderian, dem Tschiang-Kai-Scheck seine Panzerwaffe aufgebaut hat.

Oder Sänger, Schauspieler oder die Lektoren vom Heyne-Verlag. Sogar die Roswitha Heyne, die Frau Heyne Nummer zwei, die einmal als eine von den hundert deutschen Mädchen, die das ›Fräuleinwunder‹ präsentierten, ein Jahr in Amerika war, also immer, wenn sie ein neues Kochbuch machte, holte sie sich die Sachen bei mir. Geschirr, Schalen, Besteck.

Ich muß sagen, ich habe ein interessantes Leben gehabt. Ein erfülltes Leben. Deshalb bin ich auch so ausgeglichen.«

Rosi Soller
geb. 1929 · Kohlenhandlung

Idylle im Hinterhof

»1919 sind wir in die Türkenstraße gekommen, weil mein Vater die Kohlenhandlung vom Albrecht Rösch gekauft hat. Auf Nummer 59. Bis 1958, bis er gestorben ist, hat er sie geführt. Dann die Mutter bis 1961. Aber mit einer Frau allein haben's alles Mögliche gemacht. Dann kam sowieso die Umstellung auf Heizöl, das war dann der ideale Zeitpunkt, um aufzuhören. 1969 sind wir weggezogen. Dem Krach weichend. Dem Krach vom ›Alten Simpl‹. Da red' ich überhaupt nicht gern darüber. Also es war so: ich schlief praktisch Wand an Wand mit dem Simpl, im ersten Stock. Früher war das nicht so schlimm, da waren das Chansons und so Künstlervorträge. Dann ist aber das Stereo eingebaut worden und es hat gedröhnt wie verrückt. Ich hab' nimmer schlafen können. Ich bin krank geworden. Dann haben wir die Wohnung an der Paulskirche bekommen und sind ausgezogen.
Wir haben uns beschwert, aber das ist ausgegangen wie das Hornberger Schießen. Die AZ hat geschrieben: ›Für den Straßenlärm kann die Simpl-Wirtin nichts‹.
Heute wär' das anders. Heute sind die Leute lärmempfindlicher und das Kreisverwaltungsreferat eher bereit, Auflagen zu machen. Aber damals sind wir gegangen. Am Anfang war ich ganz unglücklich. Aber jetzt, wenn ich ehrlich bin, möchte ich da nimmer wohnen. Der ganze Lärm, die Lokale, der Verkehr, na!
Ich hatte ein Heimatgefühl für die Türkenstraße, jetzt hab ich's für da, wo ich jetzt wohn'.
Ich geh' schon manchmal herunter, in das Viertel und schau, was sich ver-

ändert hat. Das einzig Positive ist auf Nummer 61, wo fast das ganze Haus wie eine Familie ist. Das gibt's sonst nicht mehr. Wenn ich das gehabt hätte, wär' ich auch geblieben.«
Die Soller-Rosi, wie ihre Freunde sie noch heute nennen, ist im Hinterhof mit dem Kohlenlager groß geworden. »Eine Idylle mit Hühnern, Gänsen und dem Pferd, das ›Fuchs‹ hieß. Zehn Jahre hat der ›Fuchs‹ die Kohlen für die Kundschaft ausgefahren. Hat den Planwagen gezogen.
Es gab da eine Mistgrube und den Mist haben wir dann für unseren Schrebergarten am Luitpoldpark hergenommen.
Wegfahren gab es so gut wie nicht, später mal mit dem Radl nach Starnberg oder mit dem Zug zu den Verwandten nach Freising. Sonst, am Abend und am Wochenende war der Garten für die Entspannung da. Das Gemüse, das wir dann dort gezogen haben, wurde für den Winter im Keller gelagert: Möhren, Kartoffeln, Endiviensalat und Äpfel.
Weil, es war ja so, was wir im Winter verdient haben, haben wir im Sommer wieder 'neibrockt. Wir haben uns keine Reichtümer scheffeln können.«
Das Sonntagsgewand, wenn es ein bißchen abgetragen war, wurde zum Werktagsgewand. Oder, aus drei mach' eins, wurden aus Kleidern von Müttern und Tanten Gewänder für die Mädchen. Oder aus Vorhängen und Bettüberwürfen.
»Weil, seitdem der Krieg angefangen hatte, gab es gleich überhaupt nichts mehr.«
Die Schuhe waren schon vorher zwei bis drei Größen größer gekauft worden »zum Hineinwachsen«.
In die Schule wurde über das Kleid eine Schürze gebunden, »zum Schonen«. Ordentlich waren Haarschleifen um die Zöpfe gebunden. Spielen taten die Mädchen nur in Mädchengruppen. »Buben gab's da nicht.« Eine Puppe hatte jede und einen Puppenwagen. An Weihnachten bekam die Puppe ein neues Kleid, der Puppenwagen neue Vorhänge und frische Farbe.
Gespielt wurde, bevor die Gestapo dort einzog, im Park des Wittelsbacher Palais'. Oder an der Alten Pinakothek, sofern die Hausmeister sie nicht mit den Griffen ihrer Spazierstöcke von den Mauern herunterholten. »Das war nämlich alles verboten. Damals hat man noch nicht einmal auf einer Wiese spielen dürfen.«
Zum Schlittenfahren ging's zum Baronbergerl am Biederstein, zum Schlittschuhfahren zum ›Schachterl Eis‹ in die Galeriestraße, einer winzigen Eislauffläche.
»Vor dem Krieg gab es bei uns im Haus das Kohlenlager, den Schreiner Brög, den Schlosser Solleder, einen Hafner und, im ersten Stock, einen Kaminkehrer.
Zum Brög in die Werkstatt kam im Herbst 1939 immer wieder ein Mann mit geschneckelten Haaren und blauem Schaber. Der durfte bei ihm an der Hobelbank arbeiten. Ich war gern in der Werkstatt, weil es dort immer Holzklötzchen zum Spielen gab. Eines Tages, ich war gerade zehn, hab' ich ihn gefragt, wie er da vor so einer Kiste mit Zahnrädern gesessen ist: ›Was

machen Sie denn da?‹ Da hat er mich angeschaut und so auf schwäbisch geantwortet: ›Des gibt a Padend Mädle, des gibt a Padend!‹ Später erst habe ich erfahren, daß er der Georg Elser war und daß er da an seiner Höllenmaschine für den Bürgerbräukeller gearbeitet hat.
Im Nachbarhof wohnte meine Freundin, die Berta. Wir haben zusammen radlfahren gelernt. Und wie! Der Gürtler hat uns sein Fahrrad geliehen, sogar hinten festgehalten, aber weil der Hof nicht groß war, ging's eben immer nur im Kreis herum. So daß wir später noch eine Zeit gebraucht haben, bis wir geradeaus fahren konnten.« (lacht)
Später wurde ein Leiterwagen zum Ziehen gebastelt: aus einer Kartoffelkiste mit vier Rädern aus massivem Holz, die einfach von einem Baumstamm abgeschnitten worden waren. »Damit warst du damals zufrieden«.
Die Kinder wurden zum Einkaufen geschickt in die kleinen Lädchen der Straße. Die Flasche für das Öl brachte man mit und die Schale für den Kartoffelsalat. Abends wurde das Bier in einem Krug quer über die Straße geholt. »Der Stammtisch war in ›Werners Gasthaus‹ in der Schellingstraße, für Geschäftsleute und Arbeiter, aber so richtig daheim fühlten wir uns im ›Türkenhof‹ bei den Daferners. So hießen die Wirtsleute. Da waren wir meist nicht zum Essen, mehr auf ein Bier. Nur ich bekam eine ›Handwurst‹, das war eine Regensburger oder eine Wiener, die hat man in die Hand genommen und runtergebissen.
Zum Feiern ist man zu den Hausbällen der Wirtschaften gegangen. Da waren die Eltern immer dabei. Alle haben sich gekannt, Alt und Jung sind beieinander gesessen und haben sich miteinander amüsiert.
Der ›Türkenhof‹ hat uns praktisch gehört. Wir waren in der Gaststube genauso daheim wie in der Küche. Die Wirtsleute haben gemacht, was wir gewollt haben, das gibt es heute praktisch nicht mehr. Wir haben eine Musik gehabt und danach getanzt. Am Fasching vor allem.
Sonst bin ich selten tanzen gegangen. Ins Kino ist man gerannt bis zur Nymphenburgerstraße. Dann ist das Fernsehen gekommen und das Kinolaufen hat abgenommen. Als ich zwanzig war, fast einundzwanzig, wollte ich einmal mit einem Freund über Nacht fortfahren. Das hab' ich nicht dürfen. Bis ich meinen Freund dann geheiratet hab', sind wir schon ein paar Jahre miteinander gegangen. Es war ziemlich streng alles. Nicht daran denken, daß ein Mädchen irgendwo allein hinein wär. In den Hemmeter'schen Ausschank zum Beispiel. Wo da doch lauter Männer waren. Auch nicht zu zweit. Auch nicht mit einer Tante. Ein Ding der Unmöglichkeit!«
Sie erinnert sich an die Nachbarn: »Der alte Hemmeter war ein guter Geschäftsmann, geredet hat man eher über den Jungen: seine Sportwägen, wie er da dringesessen ist mit seinem Kappel und immer so interessante Frauen dabei gehabt hat. Einmal, als der Wagen voller Enzianwurzeln auf der Straße länger stehengeblieben war, haben die Leute gemeint, es sei Meerrettich und haben alles gestohlen. Das war in der schlechten Zeit.«
Eine andere ›schlechte Zeit‹ steht sorgfältig handvermerkt im Mietquittungsbuch. »Da ist man zu der Hausherrin gegangen, der Frau Burghard

mit dem Büchlein, hat die Miete gezahlt und sie hat es dann unterschrieben. Im Februar 1919 betrug die Miete einhundertfünfzig Mark und fünfzig Pfennig, das steigerte sich dann ständig, bis zum Höhepunkt der Inflation: im Dezember 1923 hatten wir 40 Billionen und 524 Milliarden zu zahlen. Im Januar 1924 dann nur noch 44 Mark und 55 Pfennig.«

Zwei Jahre später lassen sich die Soller's beim Polsterer Obwexer, dem Nachbarn, neue Matratzen machen. Auf der Rechnung steht: ›Zwei neue, dreiteilige Roßhaarmatratzen, in bestem Halbleinendrill, laut Vereinbarung pro Bett 180 Mark. Hierzu zwei Keilpolster in Afric, pro Polster 50 Mark, macht 460 Mark.‹

»Die waren schon damals nicht billig, wo da vielleicht ein Arbeiter 25 Mark verdient hat pro Woche. Jetzt arbeitet der Enkel dort, der Martin, heißt aber Obwexer, wie der Großvater als Polsterer und Tapezierer zusammen mit dem Bert, wo ein Onkel von ihm und der Mann meiner Freundin Berta ist. Die haben sich kennengelernt in den 50er Jahren, weil sie beide im Hinterhof im ersten Stock wohnten und sich so immer gesehen haben. Warum in die Ferne schweifen, gell?« Im Dritten Reich kommt die Rose zum BdM: »Meine Eltern waren katholisch, da ist nichts gejubelt worden, als der Hitler gekommen ist. Mich haben sie in der Schule nach Nazi-Richtlinien erzogen. Im jetzigen ›Türkendolch‹ war ein Raum, wo wir uns getroffen haben.«

Sie wird mit der Berta zum Hopfen Zopfen in die Holledau dienstverpflichtet: »Für eine Matzn, einen Korb, hast du 50 Pfennig gekriegt. Mehr als zwei oder drei haben wir am Tag nicht geschafft. Aber Widerworte geben hat sich keine getraut.« Dafür schimpft der Vater einmal auf die Nazis, 1944, bei einem der heftigen Bombenangriffe. Er wird gehört, verpfiffen und landet im Gefängnis des Wittelsbacher Palais.

»Weil er das Maul aufgerissen hat! Ich hab' ihm einmal was zum Essen gebracht, eine Käsesemmel und zwei Äpfel. Da hat der Typ, wo das entgegengenommen hat, mir die Käsesemmel vor die Füße geschmissen. ›Der wird bei uns verpflegt!‹ Die Äpfel hat er aber behalten.

Meine Mutter ist in den Biederstein hinunter, da war so ein Büro der Gestapo und da war einer, der sich hat erweichen lassen: so ist mein Vater dann irgendwie freigekommen.

Aber kein Wort hat er darüber erzählt, kein Sterbenswort! Seither hat er nie wieder über die Nazis geschimpft. Da hatten sie erreicht, was sie wollten.

Von den Geschwistern Scholl hab' ich so am Rande etwas mitgekriegt, weil der Pedell, der Schmied von Nummer 33, das war eine Kundschaft von uns. Ein ganz ein Tausendprozentiger! Als der Krieg dann endlich vorbei war, haben sich die Leute bei uns die Kohlen kübelweise abgeholt. 12,5 Kilo, ein Viertelzentner ging da hinein. Briketts gab's, Eierkohlen und Oberbayerische von Hausham und Penzberg, Steinkohlen halt. Oder welche aus Oberschlesien. Die haben wir auf dem Bahnhof abgeholt. Zuerst mit dem Pferd, nachher mit einem Transporter.

Wir mußten die Kohlen aus einem Waggon auf einen Wagen schaufeln. Da haben drei Mann einen Tag lang geschaufelt, bis so ein Waggon leer war.

Vier- bis fünfmal hat man dann fahren müssen, bis die Kohlen alle im Lager waren. Am Schluß hatten wir sogar ein kleines Förderband dort, das die Kohlen bis hinten geschafft hat.
Ich glaub', die Bockerlbahn ist auch mit Kohlen gefahren, weil man, wenn man auf einer der zwei Bänke saß, Rücken an Rücken, da hat man nachher immer so getüpfelte Blusen gehabt.«

Maria Anna Müller
geb. 1933 · gest. 1995 · Kurzwaren

Da muß man ›danke‹ sagen und ›nein‹

»Was Kurzwaren sind? All' die Dinge, die man für den täglichen Bedarf braucht, wie Knöpfe, Drücker, Haken, alles, was unter einem Meter ist. Kurzwaren sind Hartwaren wie Nadeln: Näh-Steck-Sicherheitsnadeln und Nähseide, Fäden, Hosengummi, eben alles für den täglichen Nähbedarf. Dann Strümpfe, Strumpfhosen und Wäsche, für Tag, Nacht und Kinder. Bettwäsche nicht, nein, ist vom Ladenvolumen her zu üppig. Irgendwo muß man schließlich einen Strich machen und sagen: ›Aus!‹
Reizwäsche geht bei mir von hundert Mark aufwärts. Wir verkaufen auch Seidenwäsche, aber nicht diese Reiz-Seidenwäsche, sondern Gebrauchsseidenwäsche. Das eine ist zum Gebrauchen, das andere zum Bedecken. Reizwäsche ist etwas, womit man sich nur bedeckt, nichts, womit man arbeiten geht. Reizwäsche ist nie bequem, hat viel Spitze, zwickt aber meistens. Weil, wenn man sich einmal bücken muß und das Höschen über den Po 'runterrutscht oder wenn der halbe Busen rausfällt, dann ist das nicht mehr gut.
Wer bei mir Reizwäsche kauft? Also hier wohnen viele Studentinnen, die kau-

fen sich aber gewiß keine Reizwäsche. Mei, das tun eher Bürgerinnen, die auch einmal meinen, sie müßten etwas gleichsehen, wenn sie nicht ganz angezogen sind. Dann Bürodamen, ich will einmal ganz gemein sein, die ihre Chefs verführen wollen. Und wir haben hier viele Büros und noch mehr Damen, also Bürodamen. Nicht horizontales Gewerbe. Das gibt es hier wenig oder gar nicht. Dazu ist die Straße zu bürgerlich.«

Seit 1968 steht Frau Müller in dem dreiunddreißig Quadratmeter großen Laden. Sie hat ihn sich damals unter zehn anderen ausgewählt, weil: »für mich war er optimal: nahe der Wohnung und man konnte ein Büro abtrennen, in dem das Kind Hausaufgaben machen konnte.« Damals kostete er 400 Mark, heute das Sechsfache. »Ich hab' die Miete gekündigt. Ich kann nicht mehr. Nicht, daß ich nicht mehr kann, ich schaff' es finanziell nicht mehr. Ich werde am 1. April 1994 gehen. Ich bin noch jung genug, um für mich Dinge zu tun, Dinge, die mir Spaß machen: Reisen zum Beispiel oder meine Enkelkinder oder meine Handarbeiten.

Ich bin ein bißchen überholungsbedürftig, indem daß ich meine Krankheiten immer schnell abgehakt habe. Weil, wenn Sie selbständig sind, geht das nicht anders. Da können Sie nicht ein halbes Jahr krank machen.

46 Jahre hinter dem Ladentisch, ich habe bei Triumph angefangen, da hab' ich mich aber fürchterlich geärgert, 46 Jahre, das ist schon eine Zeit. Da muß man auch einmal ›danke‹ sagen können und ›nein!‹ Denn, wenn man den Absprung nicht erwischt, steht man mit achtzig noch dahinter.« Frau Müller hat schließlich zwei Mieten zu zahlen, die vom Laden und die von der Wohnung.

»Wenn Sie normale Miete haben, können sie vom Geschäft gut leben. Also eine Person, nicht zwei. Wenn die Miete aber so horrend steigt, wie sie das getan hat, kann ich hier von meinem Laden meine Miete nicht bezahlen. Davon leben kann ich. Gott sei Dank hab' ich einen Ernährer gehabt, von dem seiner Rente bezahl' ich meine Miete.

Andere verkaufen eine Jeans und haben mehr, als wenn ich dreißig Nähseiden verkaufe. Mit den kleinen Sachen müssen Sie das Geld erst hereinbringen!«

Das billigste im Laden ist ein Meter Band, das kostet 60 Pfennig oder ein Knopf, der kostet 30 oder auch schon mal 50 Pfennig. Das Teuerste sind Nachthemden um 100 Mark und Angorawäsche um 130 Mark.

Die Spezialitäten, und das steht an Tür und Schaufenster vermerkt, sind ›Kunststopfen‹ und ›Laufmaschen‹.

»Ich arbeite da mit der Firma Bolle zusammen. Am Anfang kostete eine Laufmasche 20 Pfennig, dann 25, jetzt kosten eine 30. 2,50 Mark die Grundgebühr, darin enthalten fünf Laufmaschen, der Rest wird dann extra berechnet.

Wer sich heute noch Laufmaschen machen läßt? Das sind Kundinnen, die teure Strumpfhosen haben oder Stützstrümpfe. Am besten geht das Nähzubehör, das wird auch oft verfremdet verwendet, von Architekten für den Modellbau oder von Artisten, wenn einmal wieder ein Zirkus auf dem Roncalli-Platz ist. Und Strumpfhosen, Socken und Strümpfe.

Also Strümpfe werden von älteren Damen getragen und ganz jungen Mädchen, die auch einmal das Leiden der Strumpfträger erleben wollen. Weil Strümpfe tragen ist nicht bequem. Die alten Damen wissen es nicht anders, sie kommen teilweise auch nicht mehr so hoch hinauf, daß sie Strumpfhosen tragen könnten.

Dann tragen viele ein Mieder, aus Bandscheibengründen, und da haben sie dann etwas zum Dranhängen. Außerdem ist's nicht so warm, weil die Strumpfhosen sind ja zu und deshalb warm. Die jungen Mädchen tragen Strümpfe aus Schönheit oder für den Freund. Dann sind sie sein ›Strapsmäuschen‹, und so etwas läuft ja heutzutage wieder.«

Frau Müller schließt den Laden mittags zu. »Ich fang' um neun Uhr an bis eins, dann schließ' ich zu und geh' nach Hause in die Schellingstraße. Ich hab' da eine Mikrowelle und da wärm' ich mir das auf, was ich am Tag vorher gekocht habe. Weil, eine Wurst, wenn ich sie in den Laden nehmen würde, die ginge mir ja kaputt. Ohne Kühlschrank.« In der Türkenstraße hat Frau Müller ihren bestimmten Abschnitt. »Für mich gilt nur das Stück Theresien-Schelling. Weil, das ist mein Wanderstück. Weiter komm' ich nicht hinauf, weil da hab ich keine Zeit. Für mich hört morgens die Türkenstraße in der Theresienstraße auf und abends in der Schellingstraße.

Von meiner Straßenseite kenn' ich alle Ladenbesitzer, von der Seite gegenüber auch ein Paar. Ich sage immer: die Türkenstraße zwischen Theresien und Schelling ist ein Dorf. Da kennt jeder jeden und weiß fast alles über den anderen. Heute sind es schon oft die Kinder, die den Laden führen: bei Hammersteins, beim Suckfüll, beim Elektro-Schober. Und die Grubers kommen auch wieder zurück in ihr Hotel Stefanie. Oder die Eisdiele ›Adria‹, die Familie Gei, da war schon die Tante drin. Oder die Bäckerei Wild oder ein paar Häuser weiter der Schuhladen, wo früher ›Signore-Signora‹ hieß.

Die Läden früher waren schöner, besser und gemütlicher als heute. Alles war persönlicher.

Was sich hier ändern wird, wird nicht die Wohnstruktur sein, meine ich, sondern die Ladenstruktur. Die wird sich ungeheuer ändern, weil kein Mensch mehr die Mieten zahlen können wird. Dann werden Geschäfte mit Jeans und anderem Plunder hereinkommen. Und damit wird die Straße an Schönheit und Persönlichkeit verlieren. Weil die kleinen Läden, die machen ja die Persönlichkeit dieser Straße aus.

Weil da noch Beratung ist, ein Schwätzchen hergeht – also ich bin normalerweise sehr pünktlich, außer ich komm' ins Ratschen – und der Kunde und die Verkäuferin sich kennen. Da wird der Kunde beraten und kann seinen Frust abladen. Im Kaufhaus fragt ihn doch keiner: ›Wozu brauchen Sie denn das?‹ und sagt ihm die Vor- und Nachteile des Materials. Also, daß man keine Seide mit Baumwolle nähen kann und keine Baumwolle mit Seide.

Wenn ich nicht da wäre, könnte ich ja vorn einen Einwerfer fürs Geld hintun und die Leute könnten sich ihre Sachen holen und vorn das Geld hineinschmeißen. Dann bräuchte ich ja nicht mehr dasein, wenn ich sie nicht zu beraten brauchte.«

Hans Hanauer, sen. vor der Chaise des Großvaters
geb. 1914 · gest. 1995 · Autowerkstätte

Ausgesprochene Randalisten

»Eigentlich sollte ich Pfarrer werden, eigentlich wollte ich Kunsthistoriker werden, dann haben sie mich aber doch zum Automobilmenschen umgeformt. In Sindelfingen, bei Mercedes.

Aufgewachsen bin ich mit Magermilch, Dünnbier und Steckrüben. Das war im ›Dotsch'n-Winter‹ 1917 auf 1918. Mein Freund war der Scharnagl-Toni, der Sohn vom Karl Scharnagl, dem Bürgermeister, den die Nazis dreiunddreißig abgesetzt haben. Dem Toni sein Vater war Bäcker und Konditormeister. Und der Toni hat immer wieder eine ganze Torte mitgehen lassen, die wir dann mit Spezeln unter der Isarbrücke verspeist haben. Dabei ist dann einer ertrunken. Es war furchtbar.«

Hans Hanauer ist achtzig, gesund, mit lebhaften blauen Augen. Er arbeitet noch jeden Tag vier Stunden, vormittags zwei und nachmittags zwei. Er empfängt im Konferenzzimmer seines Büros im hinteren Teil des Renault-Autohauses Hanauer in der Leonrodstraße. An der Wand hängen Bilder von ihm. Im Keller steht die Kutsche, die sein Großvater für den bayerischen König gemacht hat.

»Wir Hanauers müssen von Juden abstammen. Da gab es doch die Judenverfolgungen im 17. oder 18. Jahrhundert in Frankfurt. Die Überlebenden sind in die Oberpfalz gegangen. Und da stammen auch unsere Vorfahren her.

Wir sind eine bayerische Familie. Der Großvater war Kutschenbauer, der Vater Karrosseriebauer, ja, und ich wollte eigentlich gar nichts mit dem Automobilbau zu tun haben. Der Vater war bei den Brüdern Aumüller beschäftigt, Chaisenmacher wie der Großvater und hat eine Zeitlang in der

Türkenstraße gewohnt. Hat aber aufgepaßt, daß er nicht in eine der ›Wanzenburgen‹ kam, für die die Türkenstraße bekannt war. 1895 hat sich der Vater am Auer Mühlbach selbständig gemacht, dann ist er an den Wiener Platz gezogen und hat dort mit zwei anderen die ›Vereinigten Werkstätten‹ gegründet.

Meine Mutter war aus Niederbayern, aus Abensberg. Ihr Vater war Musikmeister bei der Infanterie. Als er mit seiner Militärmusikkapelle unterwegs nach Amerika war, ist das Schiff gesunken und alle sind sie, also buchstäblich abgesoffen.

Meine Mutter kam dann nach München, hat eine Ausbildung gemacht und als Kindermädchen im Königshaus gearbeitet. Im linken Seitenfügel von Schloß Nymphenburg, da wo die Prinzen und Prinzessinnen wohnten.

Mein Vater war königlicher Hofkutschenmacher und irgendwo ging das Ding dann zusammen. So 1909 oder 1910. Ein paar Jahre später bin ich auf die Welt gekommen. Ich bin der einzige Sohn.«

Als er in die 7. Klasse des Ludwiggymnasiums geht, wird ihm nahegelegt, doch Pfarrer zu werden. Die Familie ist sehr katholisch, der Vater Mitglied der Bayerischen Volkspartei. Ein Onkel, Primarius bei den Kapuzinern, kommt auf seinen Bittbrief angereist und »erlöst mich von dem Übel«. Hans Hanauer muß endgültig kein Priester mehr werden.

Ihm wird sogar sein Herzenswunsch erfüllt: er darf an der Akademie der Bildenden Künste studieren. Von dreißig Bewerbern werden vier angenommen: Hanauer ist darunter. »Als ich im zweiten Semester war, kam der Hitler und machte den Ziegler zum Präsidenten der Akademie. Wir waren Rabauken, wir wollten uns nicht beeinflussen lassen und es gab immer wieder Schlägereien.«

Schlägereien gab es auch, wenn die SS zwei Stunden, bevor Hitler zum Essen kam, die ›Osteria Bavaria‹ räumte. »Mittags gingen wir, wir waren ja begütert, mit den Professoren zum Essen in die Osteria. Und wenn dann die SS kam, um zu räumen, gab es Riesenschlägereien. Wir waren ausgesprochene Randalisten. Mein Vater hat viel zahlen müssen, weil da immer ziemlich viel kaputt ging. Ich gehe übrigens heute noch gern mit Frau und Sohn dahin.«

Er wird jedenfalls mit dem gesamten Jahrgang verwarnt und mit einigen Professoren der Akademie verwiesen.

»Viele von uns haben so gemalt, daß die Nazis es ›entartet‹ nannten. Bei Nacht und Nebel brachte mich der Vater dann zu einem guten Freund nach Sindelfingen.« Dort macht er bei Daimler-Benz seine Lehre. Arbeitet beim »Sonderbau«. Da werden Kompressorwägen gebaut mit Panzerung und vergittertem Glas.

»Der Hitler bekam 7-Liter-Kompressorwägen mit Panzerglas. Die offenen mit Leder gepolstert, die geschlossenen mit Stoff, die ganz normale Ausrüstung. Der japanische Kaiser auch, nur wollte er den Bezug aus japanischem Stoff. Der Luis Trenker bekam einen 5-Liter-Kompressorwagen, ein Sport Kabriolet und dem Göring haben wir einen gotischen Jagdwagen gebaut mit innen grünem Juchtenleder und springenden Hirschen in Goldstickerei. Einen Zweisitzer mit Bar. Mit dem Hitler kam der Aufschwung bei Daimler-Benz. Da gab es einen Direktor Haspe, der hatte ein jüdische Frau, die durfte er behalten. Aber ich habe immer gesagt: ›Wenn das mal gutgeht mit dem Hitler!‹ Meine Familie war auch nicht für ihn. An einem Samstag wurden wir einmal gerufen: ›Der Hitler kommt und will die Wägen ansehen!‹ Da wurden wir ihm vorgestellt: ›Das sind die Männer, die an ihren Autos arbeiten!‹ Jeder von uns hat fünf Mark bekommen. Die haben wir angenommen, das gab doch ein gutes Mittagessen.

Zum Schluß war ich bei der Farbabteilung, die ausschließlich die Farben für Karrosserie und Polster ausgesucht hat.

Ich war im Sportverein und habe auch ganz gut Klavier gespielt. Es war eine schöne Zeit!«

Von 1938 bis 1944 ist er im Krieg, wird ein paarmal verwundet. Bringt es bis zum Feldwebel mit vielerlei Auszeichnungen. »Weil ich kein Parteimitglied war, wurde ich nicht weiterbefördert.«

Zweimal wird er von der Gestapo verhört, weil er denunziert wurde oder Feldbriefe abgefangen worden waren. Im Wittelsbacher Palais und in den Hansaheimen. – ›Sie wollen wohl nicht mehr?‹ hat mich da ein Offizier direkt ins Gesicht gefragt. – ›Ja!‹ sagte ich. – ›Waren Sie von Anfang an dabei?‹ – ›Ja‹, sagte ich.

Ich war in Österreich, im Sudetenland, in Prag, dann in Polen. Danach zurück ins Rheinland und über Holland und Belgien bis St. Etienne und Lille in Frankreich. Da gab's eine Fraternisierung, die war nicht von schlechten Eltern zwischen Bayern und Franzosen. Einfach, weil die sich sympathisch sind. Dann wurden wir zur Strafe wieder in den Osten versetzt.

Jedenfalls bin ich ihnen immer wieder ausgekommen, obwohl sie wußten, daß ich ein Schwarzer war und mein Onkel, der Pater Edwin Hanauer Provinzial in Altötting.

Und Freund von Rupert Mayer. Beide konnten sich schon etwas erlauben, weil sie Erste-Weltkrieg-Offiziere waren. Beide sind sie nicht erschossen worden.

Der Pater Mayer war ein schneidiger Mann, schlank, sehr asketisch und mit nur einem Bein. Das andere war ihm im Weltkrieg abgeschossen worden. Beide haben sich von der Kanzel herab gegen die Nazis gewandt, mein Onkel hat Redeverbot bekommen.

Am Schluß, im Frühjahr 1945, war er noch allein im Kloster und wartete auf die SS. In der Zeit haben die Nazis gewütet: Soldaten, die zurückgelaufen sind, wurden an den Bäumen aufgehängt, der Bürgermeister und der Ortsgruppenleiter von Altötting wurden erschossen, weil sie weiße Fahnen herausgehängt hatten. Mein Onkel, der Provinzial, wartete also auf die SS, aber sie kam nicht. Gott sei Dank.

Er ist 1952/53 gestorben und liegt in der Kapuzinergruft in Altötting.

Nach meiner vierten Verwundung wollte ich aus der Armee ausscheiden. Sie haben mich aber nicht lassen. Sie haben mir eine große Heereswerkstätte in der Infanteriestraße gegeben. Dort haben wir Versuche mit Holzvergasern gemacht. Erfunden haben wir sie nicht, aber nach Plänen zusammengebaut. ›Nehmt doch gleich einen Kaminkehrer dazu!‹ hab' ich gesagt. Wegen dem Einheizen. Weil es kein Benzin gab, wurde Holz verheizt und die Vergasung hat dann Energie geliefert. Wenn das Holz feucht war, hat es gequalmt. Es war eine Fretterei. Die Wägen mußten einen großen Hubraum haben. Mit einer Holzladung konnte man gerade fünfzehn Kilometer machen. Sie wollten Holzvergaser oder Holzkohlenvergaser sogar in Panzer einbauen. Wir hielten das für Spinnerei. Da hätte man ja die ganzen Wälder abholzen müssen.«

In dieser Werkstatt nimmt die ›Freiheitsaktion Bayern‹ Kontakt mit ihm auf. »Das war ein gewisser Karl Herzner aus dem Kreis um Gerngross, der hat mich und meine Einstellung gekannt und ist an mich herangetreten. Sie haben Fahrzeuge gebraucht. Da habe ich vier Sanitätswagen fahrunfähig gemacht und behauptet, sie müßten gerichtet werden. Dann haben meine Leute die Maschinenpistolen eingebaut, die von der Freiheitsaktion Bayern kamen. Die Amerikaner hatten nämlich versprochen: Wenn ihr das macht, also praktisch die Kapitulation vorbereiten, dann greifen wir mit den Fliegern nicht mehr an. Es waren da noch 4000 Bomber, hieß es, und dann wäre von München nicht mehr viel übrig geblieben.

Mit den Sanitätswagen haben wir die Ludwigsstraße gesperrt. Aber die Amerikaner kamen einen Tag später als angekündigt. Wir konnten uns des ›Volkssturms‹ kaum erwehren. Dann haben sie im Zentralministerium noch den Carraciola[1] umgebracht. Schlimm. In der ›Freiheitsaktion Bayern‹ gab es Katholiken, Juden, die noch übrig geblieben waren, und Leute vom Militär. Einträchtig, einträchtig. Meinungsverschiedenheiten gab es nur, wenn es drum ging, ob Bayern wieder ein Königreich werden sollte.

Mit den Amerikanern hatte ich nicht viel zu tun. Weil die sich ja erst in den Krieg eingeflochten haben, wo es zum Kassieren gegangen ist. Schon am ersten Tag haben sie mich mit einem Jeep abgeholt und ins Landwirtschaftsministerium gefahren, das damals in der Prinz-Ludwig-Straße war. Ein Major fragte mich, ob ich nicht in amerikanische Dienste treten wolle. Ich habe das abgelehnt. Da hat er mich rausgeworfen.

Am nächsten Tag war der Jeep wieder da. Aber ich habe nicht mögen. Nazis zusammenfangen, das war nicht mein Ding. Leute hinhängen. Da haben die Deutschen keine gute Figur gemacht. Dem Feind irgend einen kleinen Parteigenossen ausliefern! Die großen hat man doch sowieso laufen lassen. Oder sie waren schon vorher in Zivil getürmt.

Bei den Amerikanern waren wir von der ›Freiheitsaktion Bayern‹ nicht sehr beliebt. Dreimal stand ich vor einem amerikanischen Militärgericht, dreimal war ich denunziert worden: als Parteigenosse. Dabei war das ein anderer Hanauer. Der Leiling von der ›Freiheitsaktion Bayern‹, der Anwalt war und in Oxford studiert hatte, hat mich zweimal herausgehaut. Er war

[1] Major Günther Carraciola-Delbrück, Verbindungsoffizier der Wehrmacht zum Reichsstatthalter Ritter von Epp, wurde 1945 als FAB-Informant im Hof des Zentral- (heute Landwirtschafts-) ministeriums erschossen.

ein Kumpel vom Gerngross. Daß der überhaupt so gut weggekommen ist! Auf den haben's doch noch besser aufgepaßt als auf mich. Aber befördert haben's den auch nicht. Oder erst in letzter Minute. Ich hab' einfach Massel gehabt.
Wir von der ›Freiheitsaktion Bayern‹ haben uns auch nachher gegenseitig geholfen. Ich war der, der am raschesten vorwärtskam. Fünfundzwanzig Jahre später haben wir uns wieder getroffen. Jetzt wär's eigentlich mal wieder Zeit, nach fünfzig Jahren. Da werden bloß noch wenige zusammenkommen, die werden sich anschauen und sagen: Mei, was ist aus uns geworden!«

Kurz vor dem 50jährigen Treffen stirbt Hans Hanauer.

»Nach dem Krieg war ich dann beim Oberbürgermeister Scharnagl und beim Dr. Schäffer in der Staatskanzlei Adlatus. Ich hatte so Aufgaben wie: Milch nach München zu schaffen für die Kinder. Aber die Bauern in Miesbach haben sich geweigert. Wenn mir der Monsieur Laurel vom französischen Konsulat nicht zwei Schränke von Männern mitgegeben hätte, zwei Neger, dann hätten wir nicht mit etlichen Kübeln Milch nach München zurückkommen können. Mit dem treffe ich mich übrigens heute noch.
Mit dem Ministerpräsident Hoegner habe ich mich nicht so gut verstanden. Wir waren regelrecht verkracht. Da hab' ich meine Sachen geholt und bin gegangen. Ich wollte kein Beamter mehr werden. Habe im Staatsdienst abgemustert.«
Ihm fällt ein Gelände in die Augen: der nördliche Teil des Wittelsbacher Palais, das frühere Gefängnis und die Gestapo-Garagen. Er erkundigt sich beim Liegenschaftsamt: »Wenn Sie den Dreck wegräumen, können Sie es haben.«
Die Stadt vermietet ihm das Areal zwischen Brienner- und Türkenstraße für ungefähr 150 Mark. Die Aufräumarbeiten beginnen: »Von März bis November 1946 haben wir zu dritt 1000 Kubikmeter Schutt weggeräumt. Nur mit Hammer, Zange und Spaten. Sprengstoff gab es nicht, elektrische Anschlüsse für Bohrmaschinen und Preßlufthammer auch nicht.« Im März 1946 war die Firma gegründet worden: Motoren- und Karrosseriebau und Tankstelle Hanauer. Die Garagendächer waren neu gedeckt worden, die dicken Steinmauern zwischen den Zellen eingerissen, der Schutt in den Hof des ziemlich zerstörten Wittelsbacher Palais gebracht. Da kommt ihm und einem Regierungsdirektor Dr. Schmidt, »auch einem Kraftfahrzeugmenschen« eine Idee: wir brauchen eine Bockerlbahn für den Schutt. Die Firma Moll stellt Schienen und Loren zur Verfügung, der Regierungsdirektor erteilt die Bewilligung, so bringt dann eine Bockerlbahn den Dreck aus dem Areal. Später wird von Zivilen und Gefangenen die Bockerlbahn gebaut, die den Trümmerschutt bis hinaus zum Schuttberg fährt.
»In München hat man gewußt, daß das früher das Gefängnis war. Da sind viele gekommen, um es anzuschauen. Es gab auch noch ein paar Zeichen auf der weißen Wand. Sonst stand in der Zelle nur eine Pritsche.

Gefängnis der Münchner Gestapo-Zentrale im Wittelsbacher Palais; gebaut 1934/35, ab 1945 von Hans Hanauer, »Autohaus Hanauer« benutzt, 1964 abgebrochen.

Im südlichen Trakt vom Palais sind sie verhört worden, dann in die Zellen geschmissen, dann sind sie entweder nach Dachau gekommen und dort erschossen worden oder nach Stadelheim und haben ihren Kopf verloren. Ein paar sind auch heimgeschickt worden, durften aber kein Sterbenswörtchen darüber verlieren. Die Zellen waren im Keller, im ersten und im zweiten Stock. Vielleicht für vierzig, fünfzig Leute das Ganze. Schätze ich mal.
Ob ich ein gruseliges Gefühl dabei hatte? Das haben mich schon viele gefragt. Ich wollte das auslöschen. Wir hatten schon soviel Gruseliges erlebt. Und eine Werkstätte ist doch besser als ein Gefängnis, oder?«
Zwischen 1946 und 1964 arbeitet die Zentralwerkstätte Hanauer zwischen Brienner-, Türken- und Finkenstraße.
Wehrmachtsfahrzeuge werden umgebaut, Unfallwägen repariert. Die Ministerien bringen ihre Wägen, die Amerikaner zusätzlich Care-Pakete. »Die wurden dann unter den Arbeitern aufgeteilt.« Waren es am Anfang nur 18 oder 20, sind es am Schluß 120. Alle froh, daß sie Arbeit hatten.
Trotz eines noch bestehenden langjährigen Pachtvertrages mit der Stadt läßt die Gemeindebank, die spätere Bayerische Landesbank, Hanauer wissen, daß er auszuziehen habe. Sie hätten den ganzen Platz gekauft.
Die Stadt München bietet Hanauer 4000 qm in der Leonrodstraße an, ein früheres militärisches Gelände, Kfz-Abteilung 7. Ein Fahrzeugpark mit Reparaturwerkstätten, 150 Mark pro Quadratmeter. Weitere 10000 qm verkauft die Fuhrherreninnung.

Seitdem existiert das Autohaus Haunauer in der Leonrodstraße 48. 1984 heiratet Hans Hanauer zum zweiten Mal.

»Die ersten Partner sind gestorben, aber die Familie ist wieder tiptop. Alle vertragen sich. Meine zweite Frau stammt aus dem Geschlecht der Lallinger, Steinmetze, die im 17. Jahrhundert am Maßmannberg und am südlichen Friedhof einen Steinmetzbetrieb eröffnet haben. Sie haben an vielen Kirchen mitgebaut, auch am Haus der Kunst.

Die Mutter meiner Frau hatte in den Holzbaracken an der Briennerstraße ihr Geschäft: Mode-Sirtl. Wir haben uns kennengelernt, weil wir Nachbarn waren. Man hat in der Früh ›Grüß Gott!‹ gesagt und abends ›Pfüah Gott!‹. Wenn es Probleme gab, haben wir miteinander darüber gesprochen. So fing es an. Dann sind wir miteinander fortgegangen. Sie nennt sich Lallinger-Hanauer und ich nur Hanauer. Was soll ich sagen? Wir sind rundum zufrieden.«

Ernst Bullmer
geb. 1927 · Wohnungsbauunternehmer

Mühsal des Unternehmerdaseins

»Warum Amalienpassage? Warum nicht Türkenpassage? Weil ich, entsprechend meiner Stellung zum weiblichen Geschlecht, eine Amalie einem Türken vorziehe. Die Passage ist für mich wie ein Lebensgefährtin, an die man sich gewöhnt hat, auch wenn sie einem viel Ärger gemacht hat.« (lacht)

Dieser Ärger machte sich bei Ernst Bullmer in immer neuen Formulierungen Luft: Er spricht von »außerordentlichen ... wirklich existenzbedrohenden Schwierigkeiten«, von »üblen Beschimpfungen«, vom »Beginn der Hetzjagd«, von »bis aufs Blut ärgern«, insgesamt von einem »Leidensweg«.

Schuld daran ist die »Aktion Maxvorstadt« mit »ihren Ablegern, also ihren politischen Freunden«, denen er, wie allen Bürgerinitiativen am liebsten entgegenschleudern würde: »Das ist doch nur ein kleinkariertes Spiel mit dem Prinzip St. Florian!« Er führt aus: »Was solche Leute tun: daß so Projekte mit aller Macht getötet werden sollen, da ist doch auch ein Neidkomplex dabei. Das laß ich mir nicht nehmen. Da heißt's: Warum soll der was verdienen, wenn ich davon nichts hab'!« Es fällt sogar der Begriff »Menschenopfer« in Bezug auf die fünf Mietparteien, die sich geweigert hatten, ihre Wohnungen in der Amalienstraße zu verlassen und die von der »Aktion Maxvorstadt« unterstützt worden waren. Es fallen auch Namen: Kaplan Dantscher (»so ziemlich einer, der gewiegelt hat, mehr auf- als ab«) und Siegmar Geißelberger (»Sie müssen doch die Qualität dieses Entwurfs erkennen, Sie sind doch Architekt!« sagte ich zu ihm. Und er: »Das kann schon sein, aber daß das ein Privater baut, das kann nicht sein!«).

Was war es also, das Herrn Bullmer so »geschockt, fast verbittert« hat? Wie sieht er inzwischen den Bau der Amalienpassage, deren Bauträger er und seine Gesellschaften waren?

»Es wäre pharisäerhaft, wenn ich sagen würde: Wir wollten nur etwas Schönes machen. Wir wollten natürlich auch Geld verdienen dabei. Ich bin ein wirtschaftliches Unternehmen und wenn ich an den Architekten spare, kann nur Mittelmaß herauskommen. Wenn ich einen guten Preis verlangen will, muß ich etwas bieten. Wenn ich etwas Gutes biete, spare ich die Zwischenfinanzierungszinsen, denn gute Sachen gehen schneller weg. Erfahrungsgemäß.«

Wie alles anfing: Da gab es einen Daniel Daniels, der einen deutschen Paß hatte, aber in Rom lebte. Er hatte Grundstücke in der Amalienstraße gekauft und beauftragte den Architekten von Gagern mit den ersten vorbereitenden Entwürfen für eine Passage. »Man könnte es qualifizierte Grundstücksspekulation nennen, was der Daniels machte.

Der von Gagern hat ihn uns vorgeschlagen: es gibt nur eine Gesellschaft, die so etwas verwirklichen kann. Wir haben uns dann frühzeitig eingeschaltet und die ›Amalienpassagen-Gesellschaft‹ gegründet, eine dieser Trägergesellschaften, die es dann wirklich gemacht haben. Unter meiner Leitung zunächst. Dann kam der Fritz Eichbauer dazu, der heute noch mein Fifty-Fifty-Partner ist.«

Ernst Bullmer wollte eigentlich selber Architekt werden. »Mein Vater hat mir aber dringend abgeraten. Er hat gemeint, weil sie mißbraucht werden und nicht an den Kern der Dinge kommen.« Er nimmt also den »Umweg über die Juristerei: wenn Augen, Ohren und Kopf offen sind für Kunst und Gestaltung, kann man mehr erreichen, als wenn man es selber macht.

Wir wurden zu den höchstdotierten Wohnungsbauunternehmen, die es in München gab, der Rüttenauer und ich, in verschiedenen Gesellschaften, ›Condominio‹ und ›Baufinanz‹. Alle mit dem Sinn: als Bauträger guten Wohnungsbau zu betreiben. Wir haben viermal den Ehrenpreis für guten Wohnungsbau in München bekommen und den BdA-Preis. Wir wurden von vielen unserer Kollegen beneidet, aber respektiert, weil wir so engagiert waren. So kamen wir auch ans Projekt Amalienpassage.«

Die Häuser Amalienstraße 85, 87 und 89, von der Lokalbaukommission als ›unbewohnbar‹ deklariert, werden gekauft. »Die Fundierung der Häuser war nicht in Ordnung. Die waren einfach, ohne Keller, auf Rollkies gesetzt und konnten jederzeit zusammenbrechen. Deswegen sollten sie geräumt werden. Die Räumungsverfügung war da, aber niemand hat sie vollzogen.«

Fünf Mietparteien wohnten noch in heruntergekommenen Wohnungen für billige Miete: die Toiletten waren im Gang, pro Stockwerk eine Wasserstelle. Die Aktion Maxvorstadt schrieb: »Die drei Häuser waren nur Spekulationsobjekte, seit 1945 wurden keine Reparaturen ausgeführt, Kriegsschäden nicht beseitigt. In den Jahren 1970/71 tauchte eine SBG aus Köln auf, behauptete, Eigentümerin der Häuser zu sein, obwohl sie noch auf Arnold und Richter im Grundbuch eingetragen waren, kündigte den Mietern und drohte mit ›harten Maßnahmen‹ wie Herausreißen von Fenstern und Türen aus den leer werdenden Wohnungen, um damit die Häuser unwohnlich und die übrigen Mieter mürbe zu machen. Im Jahre 1972 tauchten dann die Firmen Baufinanz und Eichbauer auf, die nun das Projekt, die Häuser Türkenstraße 84 und die drei Häuser in der Amalienstraße abzureißen und an deren Stelle die ›Amalienpassage‹ zu errichten, in Angriff nehmen ... Eine Abbruchgenehmigung für die drei Häuser lag seit März 1971 vor. Das Haus Nr. 87, in dem das Lokal ›Witwe Bolte‹ untergebracht war, wurde schon im April 1971 abgebrochen. Die Mieter der beiden anderen Häuser klammern sich an die Hoffnung, daß die Abbruchgenehmigung im Juni 1974 ablaufen würde, und sie dann wohnen bleiben könnten.[1]«

Die Aktion Maxvorstadt fürchtet, durch die Luxus-Eigentumswohnungen könnte sich das Sozialgefüge der Maxvorstadt verändern und stellt sich auf die Seite der Mieter. Sie fordert in einem Brief vom April 1973 an den Architekten von Gagern: »Gleichwertige Wohnungen in der Nachbarschaft mit einem Wohnrecht auf Lebenszeit.«

Ernst Bullmer: »Ich kann Ihnen verraten, daß wir für sie ein eigenes Haus in der Isabellastraße 10 gekauft haben mit Wohnrecht auf Lebenszeit im Grundbuch eingetragen. Das haben die nicht akzeptiert, so waren sie aufgehetzt! Dann sind die Leute geräumt worden. Innerhalb von vier Wochen haben wir einen Räumungsbefehl bekommen. Dem Wasner, der dann in echte Not geriet, habe ich noch einen Nachschuß gegeben. Freiwillig. Also Geld. Obwohl die uns doch bis aufs Blut geärgert haben. Sind in dem baufälligen Haus sitzengeblieben, nur um uns zu schikanieren. Nur damit die Amalienpassage nicht gebaut werden konnte.«

Weil es der Aktion Maxvorstadt nicht gelingt, den Mietern ihre Wohnungen zu erhalten, bekommen sie von den Enttäuschten ein ›Verräter!‹ an den Kopf geworfen.

»Zwei, drei bis vier Jahre wurde der Bau verzögert. Es ging um eine Bausumme von 45 Millionen. Zehn Millionen haben wir bei diesem Projekt verloren. Zehn Millionen sind aus meinem Vermögen entschwunden, aber das gehört nun einmal zu einem Unternehmerleben. Ich war auch einmal Syndikus beim Bankhaus Reuschel, aber diese Welt der Intrigen hat mich so abgestoßen, daß ich mir gesagt habe: Lieber die Mühsal des Unternehmerdaseins als dieses Kämpfen mit verdecktem Visier. Wenn einer ein aufrechter Mensch ist, tut er sich hart damit.«

Ernst Bullmer gehören die Tiefgarage und die Erdgeschoßfläche der Amalienpassage mit den Läden. »Ob heute allerdings die zehn Millionen schon gedeckt sind, würde ich fast bezweifeln.«

Die Aktion Maxvorstadt fordert weiter: familiengerechte, preisgünstige Wohnungen in der Amalienpassage, Läden für Alltagsbedürfnisse, nicht mehr Autos im Viertel, keine schädlichen Auswirkungen auf das Sozialgefüge der Maxvorstadt und eine Fassade an der Amalienstraße, die sich

[1] Aus der Broschüre: 10 Jahre Aktion Maxvorstadt 1971–1981

›in das bisher geschlossene Straßenbild einordnet‹. All' das blieb unerfüllt.

Bullmer: »Das Sympathische war, daß es von Anfang an eine überzeugende Lösung war. Man hat die Hinterhöfe mit ihrem vielleicht brüchigen Charme einer Nutzung eröffnet: man hat die Wohnfronten von der verpesteten Straße in die Höfe genommen, weil man Ruhe braucht und eine einigermaßen gute Luft. Der penetrante Lärm des Kraftverkehrs ist weg, der des Lebens ist da. Deswegen ist man ja in der Stadt. Dieses Konzept ist für mich heute noch mustergültig. Es wird leider zu wenig imitiert. Die Idee war so groß, daß sie kein Mensch verstanden hat.«

Ein paar aber dann doch: der Stadtbaurat Zech, die Stadtgestaltungskommission und der Architekturpublizist Peter M. Bode, »Leute, deren Horizont etwas weiter war.«

Nach Verzögerung steht die Amalienpassage 1977 da, Bullmer und von Gagern werden mit Lob überschüttet. In einer Urkunde wird das Wegerecht kostenlos an die Stadt abgetreten, sogar für die Reinigung wird gesorgt. »3 000 qm unentgeltlich zur Verfügung gestellt, das wurde mit Erstaunen zur Kenntnis genommen. Das hat irgendwie das Weltbild mancher Leute zerstört.«

Nur einer sonnt sich nicht im Ruhm: Ernst Bullmer. Er und seine Frau lichten 1978 die Anker und begeben sich auf eine dreijährige Weltumsegelung.

»Wenn etwas erreicht wurde von der Aktion Maxvorstadt bei mir: Das war mein letztes Objekt. Ich habe seither nichts mehr gemacht. Ich war so geschockt. Schluß, die Amalienpassage war mein letztes Objekt!

Wir haben natürlich – hatten wir von vornherein – ein gewisses Vermögen. Ich mache die Verwaltung der Wohnungen und des Vermögens. Alles andere habe ich abgegeben. Ich kann gut leben. Ich habe das Stückchen Weisheit, daß ich keine Million Jahreseinkommen brauche, um vernünftig zu leben. Das hat mir meine Weltumseglung gezeigt. Wir haben überlegt, ob wir überhaupt zurückkommen sollen. Aber wir haben eben eine starke emotionale Bindung an unsere Heimatstadt.«

Die Wohnungen kosten im Durchschnitt 2 900 Mark pro Quadratmeter. »Fünf Jahre später wurden sie weiterverkauft für 6 000 bis 7 000 Mark pro Quadratmeter. So ist es heute noch, oder sogar mehr. Alle Käufer haben also hundertprozentig an mir verdient. Das ist doch eine Sache. Aber es wird mir nicht angerechnet.«

Die Käufer entstammen natürlich nicht denselben Schichten wie die vertriebenen Mieter. »Eine Menge aufgeschlossener Intellektueller fand, sie könnten sich da mit modernem Komfort im alten Schwabing niederlassen. Der Klaus-Peter Schreiner zum Beispiel, der Texter der Lach- und Schießgesellschaft und die Alice Schwarzer, aber die hat, glaube ich, inzwischen verkauft. Kein typisches Bürgerpublikum.«

Bullmer über sich: »Als *das* Grundgesetz sehe ich die zehn Gebote an. Wenn man Jurist ist, sieht man, mit welchem Wortschwall diese zehn Gebote um-

garnt werden, um zum gleichen Ergebnis zu kommen. Ich bin, wenn man so will, ein evangelischer Christ. Aufgrund meiner Lebenserfahrung und weil ich glaube, daß es eine wahre Story ist, die die Bibel uns da auftischt.«
Im nachhinein über die Amalienpassage: »Nach wie vor finde ich sie eine gute Sache. Mir gefallen die Fassaden zur Straße hin. Da wird schon ablesbar, was sich innen tut. Daß das ein Wohnbereich ist. Die starre Architektur nach innen ist nicht das Gelbe vom Ei. Das würde man heute anders machen. Auch diese massiven Balkonverkleidungen, das hätte man leicht vermeiden können. Die Farben sind eher ein Gag der Frau von Gagern. Dafür mußten wir viele Gebühren zahlen.
Was sehr schön ist, ist die Bewegung in den Höfen, diese natürliche Freizügigkeit. Das hat einen Charme und eine Ausstrahlung wie man sie kaum an einem andern Bauwerk findet. In ganz Deutschland.
Ich habe bei meinen Bauten immer gesagt: die eine Hälfte ist das Bauwerk, die andere, fast wichtigere ist die Gartenarchitektur. Die Amalienpassage ist grün.« Und von der Bevölkerung angenommen. Auch von den Leuten der Aktion Maxvorstadt.
Gleichwohl zieht es Ernst Bullmer vor, nicht in seiner »urbanen Siedlung« zu wohnen mit ihrer »vorbildlichen Wohnungseigentümergemeinschaft, die in puncto Lärm nicht kleinkariert ist«, sondern draußen im stillen Nymphenburg. In einer Jahrhundertwendevilla im Park mit alten Bäumen.

Willi P. Vetter
geb. 1933 · Betriebs-Holzwirt

Ein bißchen ein Mäzenatentum

»In den 50er Jahren war ich oft im ›Alten Simpl‹, im hinteren Raum. Man konnte um das Klavier herumsitzen und miteinander reden, je nachdem, was der Klavierspieler spielte oder sang. Da war im ›Simpl‹ noch schwer was los. Das war vor der Zeit der Toni Netzle.«

Im Vetter'schen Haus in der Theresienstraße 54, das die Großmutter 1923 erworben hatte, ging es überhaupt musikalisch zu: der Vater spielte Orgel, die Mutter hatte Gesang studiert. »Es wurde viel musiziert bei uns. Der Radio durfte nur angemacht werden für Nachrichten. Also: Musik wurde bei uns großgeschrieben und der Radio klein.« Willi Vetter besucht so gut wie jedes Konzert des Bachchores in der nahegelegenen Markuskirche. »Damals noch ein Klinkerbau mit einem Turm«. Später zieht es ihn in den Jazzkeller in der Ruine der Türkenkaserne.

»Wir wohnten direkt gegenüber der Türkenkaserne. Ab dem ersten Stock konnten wir hinüber schauen. Da sahen wir, wie die Soldaten ihre Gewehre putzten. Das sahen auch unsere drei Hausmädchen. Und sie fingen an, Fenster zu putzen. Unsere Fenster nach Süden waren immer blitzeblank. Da ließen sich nämlich Rendez-vous' mit den Soldaten ausmachen. Entweder haben die Mädchen Zettel heruntergeworfen oder waren wir die Briefträger oder sie trafen sich im Gang oder im Waschhaus.

Wir als Kinder, das war so 1940, waren natürlich höchlichst interessiert, was da passierte. Zu den drei Mädchen gehörten immer irgendwie vier bis fünf Soldaten. Die Mädchen kamen aus dem Bayerischen Wald, aus

Rabenstein. Da konnte man froh sein, wenn sie lesen und schreiben konnten. Eine mußte mein Vater tatsächlich zwingen, sich einmal die Woche zu baden, weil sie meinte: wenn man sich zu häufig wäscht, wird die Haut dünn.
Ich habe sie einmal zu Hause besucht: da gab es kein elektrisches Licht, kein fließendes Wasser, ein Zimmer mit einem Ofen in der Ecke, in dem dreizehn Kinder schliefen. Ich war der einzige, der sich morgens am Dorfbrunnen die Zähne geputzt hat. Die anderen Kinder standen drumherum und wollten unbedingt die Zahnpasta ausprobieren.«
Die drei Mädchen haben im Parterre des Vetterhauses eine eigene Wohnung mit Bad und Dusche, jede ihr eigenes Zimmer. Sie verdienen 35 Mark im Monat, Kost und Logis frei. Kleidung bekommen sie von der Herrschaft und können sie sich umändern.
1940/41 wird der Vater zur Landespolizei eingezogen. »Er war es nicht gewohnt, mit diesen hohen Stiefeln zu gehen. Er bekam Venenentzündung oder so etwas und konnte nicht mehr gehen. Also mußte er in ein Militärhospital und das war damals im Palais Dürckheim, Türkenstraße 4. Mein Vater war da vielleicht vier bis sechs Wochen drin, mit sechs bis acht Mann in einem Raum. Die Mutter, die Schwester und ich haben ihn da öfter besucht. Dann verunglückte der Bruder meines Vaters tödlich und damit mußte der Vater nicht mehr an die Front. Das war seine Rettung. Von hundert Mann seiner Kameraden sind nur zwanzig zurückgekommen. Die meisten hat es schon in Polen erwischt.«
1943 rettet der Vater die Kinder aus dem Keller unter dem eingefallenen Haus. »Seither durften wir in die Bunker der Türkenkaserne. Aber wir hatten nachts Angst, da hinüberzugehen. Vor allem, wenn vorher Phosphorbomben gefallen waren. Da hat dann die ganze Straße gebrannt.«
Bei einem der letzten Bombenangriffe auf München wird das Haus völlig zerstört. Willi Vetter und sein Großvater sehen das Haus einstürzen. ›Jetzt ist mein Lebenswerk dahin‹, sagt der Großvater, ein Schreinermeister, der im Hof seine Werkstatt mit fünfundzwanzig Schreinern hatte und weint. ›Dann muß ich es eben wieder aufbauen‹, denkt sich der Willi. Er würde es gern so aufbauen wie der Sep Ruf das Gebäude daneben: zurückgesetzt und höher. Die Lokalbaukommission verwehrt es ihm.
»Früher stand da das Sporthaus Biber mit einer Tafel: daß hier der Herr Bauer gewohnt habe, der Erfinder des U-Bootes. 1958 sind bei uns die ersten Mieter wieder eingezogen. Fünf davon sind noch von damals.
Wenn man selber im Haus wohnt, kann man die Mieten so gestalten, daß die älteren Leute, auf die ich sehr achte, niedere Mieten zahlen. Sie zeigen mir ja ihre Rentenbezüge, dann weiß ich, wieviel sie haben. Dafür zahlen dann eben die Neuen, die Jungen mehr. Wegen Geldmangel ist bei uns noch keiner ausgezogen.«
Es kommen auch wieder Mädchen aus Rabenstein. »Meist die jüngeren Schwestern der früheren, weil die inzwischen geheiratet haben. So haben wir zehn bis fünfzehn Jahre unsere Dienstmädchen aus einem Dorf gehabt,

weil sich herumgesprochen hatte, daß bei uns gut zu arbeiten war. Auch wenn die Soldaten nicht mehr da waren.«

Willi Vetter macht in Rosenheim seinen Betriebs-Holzwirt. Schon von den beiden Großvätern her schien ihm das in die Wiege gelegt worden zu sein: der Großvater väterlicherseits hatte eine Holzhandlung und ein Sägewerk, der mütterlicherseits war Schreinermeister. Und Hausbesitzer.

»Als Kinder haben wir immer mit den Holzabfällen von Großvaters Schreinerei gespielt oder wir sind im Holz herumgeklettert.

Wir kannten den Professor Henselmann von der Akademie. Dorthin haben wir immer Holz geliefert. Für die Bildhauer zum Schnitzen.

Sowohl der Großvater wie der Vater haben immer die doppelte Menge geliefert, Pappel, Nußbaum, Birnbaum, damit die Studenten etwas zum Schnitzen hatten. Das war so ein bißchen ein Mäzenatentum. Ich habe mich auch oft in der Akademie herumgetrieben, meist im Keller, bei den Bildhauern. Da war ich immer ganz begeistert.

Im Haus hatten wir drei Ateliers für Maler und Bildhauer. Wir Kinder waren immer sehr interessiert, was die Künstler so machten. Wenn die Modelle kamen.

Die Großmutter mußte oft statt Miete Bilder und Plastiken annehmen. Wir hatten den ganzen Speicher voll davon, meist Kopien aus der Pinakothek. Sie sind alle verbrannt.«

Willi Vetter nimmt heute noch manchmal ein Kunstwerk anstelle der Miete entgegen.

Elisabeth Schneider
geb. 1935 · Filialleiterin »Tengelmann«

Die Tengelmann-Familie

»Wie viele Stunden am Tag ich arbeite? Ach, wissen Sie, das will ich lieber nicht ausrechnen! Wenn man so einen Posten übernimmt, dann gehört das einfach dazu, daß man nicht jede Viertelstunde auf die Uhr schaut, weil sonst bist du hier falsch am Platz. Man muß fleißig sein für eine Filialleitung und seine Augen und Ohren überall haben, auch wenn man nichts sagt.«
Elisabeth Schneider erscheint jeden Tag zwischen halb sieben und sieben in der Filiale in der Türkenstraße und verläßt sie, wenn's gut geht, abends um halb acht. Dazwischen eine halbe Stunde Brotzeit im Lager, unten im Keller. Am Samstag von sechs Uhr früh bis gegen halb drei. Eigentlich ist sie gern im Verkauf, sagt sei, aber »wenn mir die Nerven einmal durchgehen, geh' ich erst in den Keller runter und werkel' und tu', bis ich meine Wut abgelassen hab', dann geh' ich wieder in den Laden rauf.«
Die Tengelmannfiliale in der Türkenstraße 27 ist eine der ungefähr hundert im Großraum München.[1] Sie besteht seit Mitte der 50er Jahre, gehört zu den mittleren mit 200 qm und fünfzehn Angestellten. Frau Schneider ist seit 30 Jahren in den Diensten von Tengelmann, seit 26 Jahren in der Türkenstraße. Sie hat sich von einer gelernten Verkäuferin zur Einzelhandelskauffrau heraufgearbeitet, von der stellvertretenden zur Filialleiterin.
»Wenn man will, kann man auch als Frau Filialleiterin werden. Wenn man will. Männer haben's da natürlich leichter, als Frau mußt du das Doppelte

[1] seit 1997, der Umbenennung aller ›Kaiser's Kaffeegeschäfte‹ in ›Tengelmann‹ dürften es fast doppelt so viele sein.

oder Dreifache an Leistung bringen.« Da passiert es doch immer wieder, daß Kunden sich an einen eben neu eingestellten Verkäufer wenden, wenn sie Fragen haben und nicht an sie.

»Ich hab' schon als Kind hingelangt. Meine Eltern hatten eine Landwirtschaft und ein Eisenwarengeschäft. Da war ich schon in der Volksschule im Verkauf tätig: Nägel, Schrauben, Öl, Batterien, Heugabeln, Heurechen, Fahrräder. Mein Großvater hat das schon gehabt, der Vater hat's übernommen, jetzt hat's der Bruder. Sowas kriegen ja die Söhne. Ich wollte es gar nicht. Ich wollte nur eines: weg, weg, weg.«

Sie lernt ihren Mann kennen, einen Schweißer vom Stahlhochbau. Sie ziehen nach München. Er ist viel auf Montage, sie bei Tengelmann, nach 25 Jahren gibt es dann so etwas wie eine Hochzeitsreise: Nach Rußland und weiter mit der Transsibirischen Eisenbahn. Vier Wochen lang.

Nach 25 Jahren bei Tengelmann wird Jubiläum gefeiert: »Da kriegt man dann das doppelte Gehalt und wird in die Zentrale eingeladen. Man kann sogar noch zehn bis zwölf Personen mitbringen. Da gibt's dann ein kaltes Buffet, wunderbar aufgebaut, ein bayerisches Buffet. Wenn die Ansprachen und Ehrungen vorbei sind, kommt der gemütliche Teil. Da wird dann gegessen, getrunken und getanzt.«

Ein anderes großes Fest war das Hundertjährige von Tengelmann, draußen im Olympia. »Da war der Herr Haub da mit seiner ganzen Familie und er hat uns alle gegrüßt, weil er uns ja an unseren Tengelmann-Tüchern erkannt hat, wie wir da gelaufen sind.«

Zum Abschluß des Hundertjährigen werden alle Filialleiter »mit Anhang« nach Bottrop eingeladen. »Da hat der oberste Boss, der Inhaber, der Eriwan Karl Haub, der hat uns gesagt, er wolle mit uns feiern, die wo dazu beigetragen haben, daß das Fest so schön geworden ist. Das war praktisch der krönende Abschluß. Also man fühlt sich schon wie eine Familie.

Was ich über den Chef gehört habe, der der reichste Mann der Welt sein soll, das ist ein Arbeitstier. Ganz früh morgens ist er schon da und spät abends auch noch. Den kann man immer im Büro sehen. Aber ohne seine Mitarbeiter kann er es eben auch nicht machen.

Tengelmann ist eine deutsche Firma, zu der auch Kaiser's, Plus und KD-Markt gehören, die es inzwischen auch in Amerika gibt.

Dabei hat das alles ganz klein angefangen: da war ein Herr Schmitz und der hatte einen Prokuristen, den Emil Tengelmann. Die beiden haben mit einer Kaffeerösterei angefangen. Wieso dann das Geschäft nach dem Prokuristen benannt worden ist, weiß ich, ehrlich gesagt, nicht. Aber sie waren sehr tüchtig und haben eine Filiale nach der anderen eröffnet. Ein Enkel vom Tengelmann lebt noch, er ist über neunzig.

Unser Herr Haub hat das Geschäft 1969 von seiner Mutter, der Elisabeth Haub, einer geborenen Schmitz-Scholl übernommen. Unser Chef ist sehr umweltbedacht.

Er hat die Froschschenkel abgeschafft und Schildkrötensuppe gibt's auch nicht mehr. Auch die FCKW-Artikel sind aus dem Haus. Das Geld, was

wir für die Plastiktüten verlangen, ist für einen guten Zweck: für Sportler oder für Tiere. Inzwischen sind es sogar welche, die sich auflösen. Er hat schon wirklich früh angefangen mit dem Umweltschutz.
Vor zehn Jahren hat er die Idee mit den A+P-Artikeln gehabt, den Billigprodukten. Die völlig einwandfrei sind, von denen man nur nicht weiß, wo sie hergestellt wurden. Seit drei Jahren ungefähr gibt's die »Naturkind-Produkte«, die sind etwas teurer, weil da auf den Anbau geschaut wird und daß kein Kunstdünger verwendet wird. Das wird von der Kundschaft noch nicht so angenommen.
Unsere Kundschaft ist gemischt, viele Studenten, ganz normale Hausfrauen, Filmschauspielerinnen, die wo immer mal weg sind zum Drehen, und wenn sie wieder da sind, sagen, wie gern sie wieder daheim wären und dann kaufen sie sich keinen Kaviar oder Lachs, sondern ganz einfach einen schwarzen Preßsack. Die Handwerker kennt man alle. Aber bei den Künstlern ist es doch so: manche kennt man, manche schauen aber auch bloß so aus wie ein Künstler. Und die, wo wirklich etwas sind, denen kennt man es nicht an.
Ja, und der Mathias, der Gammler, da hab' ich auch lang nichts dagegen gehabt. Aber wie er da im Winter so unappetitlich hereingekommen ist und so getan hat, als wolle er der Kundschaft beim Einpacken helfen und wo ich ihn schon gerochen habe, bevor ich ihn gesehen habe, weil er hatte da die Hosen voll und wir sind schließlich ein Lebensmittelgeschäft, da hab' ich zu ihm gesagt: ›geh' setz' dich woanders hin, ein paar Häuser weiter!‹«
Zum Familiengefühl der Tengelmanns gehört neben der Werkzeitung »Tengelmann-Nachrichten« die Aufgliederung in »Reviere«: zehn bis zwölf Filialen sind ein Revier. Frau Schneiders Vorgesetzter ist der BVL, der Bezirksverkaufsleiter, der dem GVL, dem Gebietsverkaufsleiter untersteht, über dem sich noch der Chef für München befindet.
»Wahrscheinlich hat der Herr Haub immer die richtigen Leute an der richtigen Stelle gehabt. Man muß halt zusammenhalten.
Wir Filialen gehören zusammen. Wenn mir etwas ausgeht, rufe ich den Kollegen in einer anderen Filiale an und sag: ›Ich brauch' das und das!‹ Und wenn er's hat, hilft er mir gerne. Wie auch umgekehrt.
Wir Filialleiter vom Revier, auch wenn es heute nicht mehr so heißt, für mich ist es das Revier geblieben, wir treffen uns zu Besprechungen und haben Zusammenkünfte. Einmal im Jahr ist Handelstag in München, im Oktober, da können wir dann für Weihnachten ordern.
Aber über diese Dienstbesprechungen hinaus treffen wir uns privat eigentlich nicht. Da will jeder nur eines: nach Hause!«
Wenn es Schwierigkeiten mit den Angestellten gibt, wenn von der Kundschaft Klagen kommen, versucht Frau Schneider, die Probleme in einem persönlichen Gespräch im Büro zu klären. Wenn das nichts fruchtet, gibt es eine schriftliche Abmahnung, eventuell die Versetzung in eine andere Filiale oder überhaupt die gänzliche Trennung.
Wenn Kunden beim Klauen erwischt werden, gibt es Anzeige und Hausverbot. »Da gibt es schon welche, die die Etiketten austauschen, also billigere

auf eine teurere Ware kleben. Das wird fast immer an der Kasse bemerkt. Oder der ältere Herr, der immer so normal elegant gekleidet war, mit dem man sich unterhalten hat und der immer seine Korbtasche an der Kasse geöffnet hat, der hat doch eine Zeitlang tagtäglich Kinderriegel geklaut. Ein Fünfzgerl hat der Riegel gekostet, aber er hat sie in die Hose oder in die Tasche gesteckt und nur die Korbtasche mit anderen billigen Waren an der Kasse aufgemacht. Als ich ihn dann einmal erwischt und zur Rede gestellt habe, hat er gesagt, er dürfe vom Arzt aus die Kinderriegel ja gar nicht essen, er würde sie nur verschenken. Und als ich das Formular ausgefüllt habe, hat er drauf bestanden, daß ich als Beruf ›Professor‹ eintrag. Trotzdem hat er Hausverbot gekriegt.

Ob ich mich in den letzten dreißig Jahren durch die Arbeit verändert habe? Vielleicht. Früher war ich schüchterner. Heute kann ich schon einmal auf den Tisch hauen. Aber bevor ich richtig explodiere, gehe ich in den Keller hinunter, damit ich mit keinem richtig zusammenrumple. Manche meinen ja, ich sei ›kalt wie eine Hundeschnauze‹. Vielleicht gebe ich mich manchmal so, von außen. Aber die mich kennen, wissen: harte Schale, weicher Kern.

Oder das mit der ›grauen Maus‹. Ich bin keine graue Maus, nur hab ich's nicht mehr nötig aufzutrumpfen oder anzugeben. Ich weiß, wer ich bin und was ich kann.

Berufskrankheiten? Filialleiter sind nicht krank, oder wenn, dann richtig. Geschwollene Füße, das ist kein Krankheitsbild für uns, das ist Teil des Berufsbildes.

Ausländer? Da hatten wir welche aus aller Herren Länder, momentan haben wir nur zwei. Wir hatten auch etwas im Schaufenster gegen Ausländerhaß.

Längere Öffnungszeiten? Das ist ein ganz heikles Thema. Wir, wo wir sowieso kaum geschultes Personal bekommen wegen der langen Arbeitszeiten. Das ist bei uns doch wie vor hundert Jahren. Und dann noch bis 22 Uhr aufhaben? Also ich kann mir das nur mit Automaten vorstellen, weil wir schon fast auf siebzig Wochenstunden drauf sind. Und meist älteres Personal haben, die halbtags arbeiten. Die jüngeren schreckt die lange Arbeitszeit.

Und einen Arbeitslosen, der wo nicht richtig arbeiten kann, der nutzt mir auch nichts: er muß ja auch eine Wurst bedienen können, ein Fleisch und die Kasse.

Was auffällt: die Eßgewohnheiten haben sich verändert, es wird weniger Fleisch und Wurst, mehr Gemüse und Obst gegessen. Im Sommer mehr Saft und Milch getrunken. Aber wenn der Fasching ins Haus steht, da kommen wir nicht mehr nach mit dem Regale-Auffüllen. Alkohol wird hier gern und viel gekauft.

Was mir die Türkenstaße bedeutet? Da hab' ich mir jetzt noch keine Gedanken gemacht. Ich geh' sie ja auch nur da kurze Stück zwischen Schelling und dem Geschäft, das hat man gar keine Zeit, sich über sowas Gedanken zu machen.«

Günter Suckfüll
geb. 1932 · Eisenwaren

Beste Frequenz

»1937 war es sehr unsicher, ob wir dableiben konnten. Denn die DAF, die deutsche Arbeitsfront, eine Art Gewerkschaft unter den Nazis, hatte bereits Häuser in der Straße aufgekauft. Den ganzen Block praktisch, außer dem Haus vom Metzger Fleischer. Das ganze Areal sollte abgerissen und große Plätze sollten angelegt werden als Sammelgebiet für die großen Aufmärsche am Königsplatz. Eine Schneise sollte zur Ludwigstraße durchgeschlagen werden. Das waren die gigantischen Baupläne der Nazis.«
1955 kauft Vater Karl Suckfüll das Haus, in dem sich seit 1932 das Geschäft befand vom Bayerischen Staat, der Rechtsnachfolgerin der DAF.
»Wahrscheinlich haben die Suckfülls ein gemeinsames Nest am Rande der Rhön, im Unterfränkischen, in der Gegend um Bad Kissingen. Der Großvater war Dorfkrämer und nach dem Müller der wohlhabendste Mann im Dorf, wiewohl noch immer ein armer Mann. Auch wenn er eine kleine Landwirtschaft dabei hatte.
Im Laden stand der Zucker neben dem Petroleum und er schmeckte auch danach. Daran erinnere ich mich, weil wir im Krieg dort evakuiert waren.
Die Rhön war eine bitterarme Gegend, viele Sandhügel und kinderreiche Familien. Von den Kindern konnte immer nur einer zu Hause bleiben, die anderen mußten hinaus, wurden in die Welt hinausgetrieben. Mein Vater hatte acht Geschwister. Er ist Eisenhändler geworden, weil sich 1916 eine Lehrstelle in der Branche anbot.
1932 eröffnete er mit einem seiner Brüder das Geschäft in der Türkenstraße, das noch heute ›Gebrüder Suckfüll‹ heißt, obwohl der Bruder 1937 ausge-

schieden ist. Sich selbständig gemacht hat. 1932 war Geschäftseröffnung und Hochzeit.
Die Mutter stammte aus einem Landkaufhaus im Fränkischen. Sie war die einzige, die ein bißchen mehr Geld gehabt hat, sonst wäre das alles nicht gegangen.
Der Vater war der ausgesprochene Patriarch, der Beherrscher der Familie. Meine Mutter war eine eher stille Frau, ich bin mehr nach ihr geraten.
Sie haben drei Söhne, ich bin der Erstgeborene, und alle drei sind dem Wunsch des Vaters gemäß Eisenhändler geworden. Einer hat sein Geschäft am Ostbahnhof und der andere hatte seines in Waldkraiburg. Er hat's aber liquidiert aus Mangel an Nachfolge. Denn: wenn der Nachwuchs fehlt, fehlt die Motivation.«
Günter Suckfüll hat zwei Kinder, die Tochter ist Chemikerin und der Sohn arbeitet als gelernter Eisenhändler im Geschäft mit. Er wohnt auch im Haus, während die Eltern draußen in Lochham wohnen.
»Eisenwarenhändler sind durch Einkaufsverbände zusammengehalten, um dem Übermächtig-Werden der Kaufhäuser etwas entgegenzusetzen. 1963 haben wir uns dem ›Nürnberger Bund‹ angeschlossen, der seit der Vereinigung 2100 Mitglieder zählt, die in Landesgruppen unterteilt sind. Es gibt noch zwei oder drei andere, aber er ist der größte. Im Landesverband Südbayern bilden die Eisenhändler eine große Familie. Das geht in Richtung Zünfte oder Innungen. Da werden dann die Kinder zu Kollegenfirmen geschickt. Wie ich es mit dem Sohn gemacht habe. Wie es mein Vater mit mir gemacht hatte.«
1888 war das Haus von einem Herrn Spring gebaut worden. »Der hat eigentlich Sperrholz gehabt. Aber zu seinem Holz haben die Leute eben Schrauben und Nägel verlangt. Da hat er Eisen dazu aufgenommen. Der Gehring, vom ›Holz-Gehring‹ gegenüber, war zuerst Angestellter beim Spring, dann hat er sein Sperrholz übernommen und der Spring hat sich ganz auf Eisen spezialisiert.
Er hat eine Sohn gehabt, der ziemlich verzogen war, erzählen die Handwerker, und der hat dann das Geschäft heruntergewirtschaftet. Er hat sogar, erzählen die Handwerker, noch eine ›Zirkusprinzessin‹ hergezogen und zwei große Autos, Marke Horch, gefahren, die ein Vermögen gekostet haben. Und als das Geld aus war, war die ›Zirkusprinzessin‹ auch weg. Dann ging das Haus an die Bank, die das Geld geliehen hatte, die Süddeutsche Bodenkreditbank. Das war 1929.«
Der Vater war im Dritten Reich u.k. gestellt:
»Aufgrund von Wehrmachtslieferungen, zum Beispiel hatte er an Schreiner Beschläge geliefert, die für Wehrmachtsspinde waren.« Er fuhr viel herum, die Mutter führte das Geschäft mit lauter Frauen und einem Tschechen, »der die schweren Kisten schleppen mußte.«
In den letzten Kriegsjahren wurden vor allem Nägel und Schrauben benötigt, die der Vater aus dem Ruhrgebiet, »unserer Haupt-Zuliefererindustrie« organisierte. Meist im Tausch Lebensmittel gegen Eisen. Die Leute

standen dann Schlange vor dem Geschäft, jeder bekam abgepackt ein halbes Kilo Nägel.
Der Vater fuhr, als es keinen Treibstoff mehr gab, mit dem Holzgaser durch die Lande. »Damals liefen fast alle Lastwägen mit Holzvergasern, die man auch auf Personenwägen hängen konnte. Die mußten in der Früh' angeheizt werden. Ein Teil der Ladefläche des Lastwagens war voller Holz. In kleine Würfel gespalten und in Säcken verpackt. Das zog wahnsinnig schlecht. Wenn der kleinste Berg kam, gingen die Schwierigkeiten los. Da sind dann die Leute abgesprungen und haben geschoben. Es war schon eine abenteuerliche Art des Reisens.«
Der Vater wird im Januar 1945 von einer Luftmine schwer verletzt. »Das war in Lochham draußen, wo der Vater mit dem Nachbar gemeinsam einen Bunker gebaut hatte. Als die Mine einschlug, starb der Nachbar. Aber die übrigen sieben im Bunker sind mit heiler Haut davongekommen.«
Im Haus in der Stadt gab es einen ausgebauten Keller als Bunkerersatz. »Da hat man abends die Kleider genau der Ordnung nach hingelegt, daß man sie, wenn Alarm war, sofort im Dunklen anziehen konnte.« Pause. »Meine Kleide liegen heute noch so.«
Der kleine Günter bekam Klavierunterricht. »Ein Vermögen hat der Vater für mein Klavierspiel ausgegeben, leider umsonst. Gern habe ich Beethoven, Liszt und Schubert gespielt, streng klassisch eben. Ein Wiener Walzer war gerade noch drin, mehr nicht. Die Klavierlehrerin wohnte Ecke Amalien-Gabelsbergerstraße und hatte einen wunderschönen schwarzen Flügel. Normalerweise wurde auf dem Klavier gespielt, auf dem Flügel nur zu besonderen Anlässen.
Da schlug eine Luftmine in das Haus ein. Es war kaputt, aber der Flügel stand davor, auf der Straße, heruntergesprungen vom dritten Stock, unversehrt, außer daß ein Stück am Bein fehlte. Man kann sich so ein Wunder gar nicht vorstellen.«
Auch nicht vorstellen kann sich Günter Suckfüll, daß im elterlichen Geschäft ein Schild im Schaufenster gestanden haben soll: Hier werden Juden nicht bedient.
»Weil da gab es eine gewisse Dankbarkeit in der Familie. Mit zwei Jahren begann ich, Kinderlähmung zu bekommen: ich zog den einen Fuß schon nach. Der Hausarzt konnte nicht helfen, da kam ich auf Empfehlung zu einem Dr. Hermann in Schwabing. Der Mann war Jude und ich mußte sechs Wochen lang zu ihm zum Essen gehen. Nach sechs Wochen war's vorbei. Wenn ich denke, der Schlosser Strittmater, der hat zur gleichen Zeit das Gleiche gehabt und der zieht sein Leben lang sein Bein nach.«
Nach der Lehre beim Vater geht Günter Suckfüll Anfang der 50er Jahre in die Fremde. Nein, nicht richtig in die Fremde, sondern in die Firma, in der sein Vater schon 35 Jahre zuvor ausgebildet wurde. »Lehr- und Wanderjahre« nennt er die Zeit. 1955, als das Haus »in erbärmlichem Zustand« vom Bayerischen Staat für 200000 Mark gekauft wird, ist Günter wieder zur Stelle. »Gegenüber gab es Ruinengrundstücke für 7000 Mark, aber der

Vater hatte, was er brauchte, um sicher zu sein. Er war nicht von der Art, dauernd weiterraffen zu müssen.«

1963 heiratet Günter Suckfüll. »Wir haben beide vorher bei unseren Eltern gewohnt. Etwas anderes gab es nicht. Noch mit 18 habe ich meine Eltern fragen müssen, ob ich ins Kino durfte oder nicht. Manchmal hieß es ›ja‹, manchmal ›nein‹. Später hatte ich ein Motorrad und durfte auch das Geschäftsauto benutzen. Da war ich der einzige im Freundeskreis und das Auto war natürlich immer voll.«

Nach der Währungsreform geht es mit der Firma stetig aufwärts. Heute führt sie 44 500 Artikel. »Früher hatten wir zu 60 bis 70 Prozent Handwerker als Kunden. Das ist weniger geworden. Früher gab es doch hier in einem Umkreis von einem Kilometer 37 oder 38 Schreinereien, heute sind es noch vier. Entweder gibt es sie nicht mehr, oder sie sind hinausgezogen. Wegen der vielen Auflagen, die ihnen gemacht wurden. Mit denen haben wir viele Tauschgeschäfte gemacht: Wenn du mir ein paar Türen machst, brauchst du deine Rechnungen nicht zu zahlen.

Wir haben einen hohen Prozentsatz an Stammkunden, die ihren täglichen Bedarf bei uns decken. Wir kennen die meisten namentlich oder vom Gesicht her. Die großen Geschäfte machen wir mit denen, die von außerhalb kommen: Schreinereien, Werkstätten, Architekten oder Bauherren. Und die sind nicht mit öffentlichen Verkehrsmitteln herzulocken.

Die brauchen Parkplätze und daran mangelt's mehr und mehr in der Türkenstraße. Dreimal ist der Teil der Straße sowieso durch Lastwägen blockiert, die den Holz-Gehring, den Tengelmann und uns beliefern.

Wir leben von der Erreichbarkeit. Und wenn die einmal nicht mehr gegeben ist, wir wundern uns sowieso, wie viele Leute trotz aller Schwierigkeiten noch zu uns kommen, dann wird es uns an dieser Stelle auch nicht mehr geben. Dann werden wir uns auch an den Stadtrand verziehen. Und nicht mehr im Bereich der Stadt München.

Überhaupt werden den Geschäftsleuten viel zu viele Auflagen gemacht: Entlüftung-Filter-Schallschutzanlagen. Und der Müll wird auch immer teurer. Dann wandern die Betriebe ab, und die Straßen verlieren ihr Gesicht.

Diese Straße hat noch etwas Gewachsenes, da ist noch alt und neu nebeneinander. Als Wohn- und Geschäftsstraße hatte sie schon immer eine Bedeutung. Da sind ein Haufen Leute da. Sonst läßt sich ja auch kein Geschäft machen.

Das hat der Vater schon festgestellt, bevor er 1931 hierher kam: er hat eine Frequenzmessung bei eingeführten Eisenwarengeschäften in Süddeutschland gemacht. Wie viele Kunden in welcher Zeit Geschäfte besuchten. Und was kam heraus? Daß in der Türkenstraße die beste Frequenz herrschte.«

Heinrich Jüngling
vor einem Bild von Stan Horváth · geb. 1939 · Druckerei

Glashartes Geschäft

»Die zweite Generation ist schon nicht mehr ganz so verrückt, schon etwas bequemer. Sie hat sich ja auch praktisch in ein gemachtes Nest setzen können. Sie ist vom Finanziellen her besser gesegnet, da ist es dann auch leichter mit der Toleranz.

Im Grunde genommen hab' ich keine spinnerten Träume. Mir reicht's, wenn ich ein schönes Paar Ski habe, einen guten Tennisschläger und mir ein vernünftiges Sakko kaufen kann. Ich habe keine teuren Hobbies.

Ich bin ein alter CSUler. Ich engagier' mich eben im Kreis meiner Mitarbeiter. Der Chef[1] verjubelt nichts in Bad Wiessee, er schaut immer, daß moderne Maschinen da sind, daß Arbeit hereinkommt. Es geht ja nicht nur um mich, mein Schnitzel kann ich mir immer kaufen, sondern darum, daß man über seinen Schatten springen kann.«

Um die Jahrhundertwende kauft Vater Johann Jüngling eine Druckerei, »eine Klitschn, so einen Ein-Mann-Betrieb« im Hinterhof von Nummer 31, dem späteren Suckfüllhaus. Ein Jahr später zieht er in Nummer 54 um, wo der Sohn heute noch seine Druckerei betreibt.

»Der Vater hat die Firma allein geführt. Er machte selber Werbung bei den Nachbarn für Handzettel und Visitenkarten. Er war gelernter Schriftsetzer, das Drucken hat er sich selber angeeignet. Sein Wunsch war es immer, selbständig zu sein.«

Der Vater war – wie die Mutter und die Großmutter – in München geboren. Der Großvater kam aus dem Elsaß.

[1] er selbst

»Er hat beim Militär in München gedient. Hatte eine Musikkapelle und war so etwas wie Tambourmajor. Er war in der Infanterie-Regimentskaserne in der Schwere-Reiter-Straße stationiert und immer mit den Musikern unterwegs. Die Familie der Großmutter hatte ein Milchgeschäft in der Schnorrstraße. Erst ist sie da in der Tür gestanden, dann ist er zum Einkaufen gekommen, dann hat er um ihre Hand angehalten und sie haben geheiratet. Zu den Elsässern hab' ich auch ein gutes Verhältnis: sie essen gern und sie trinken gern. Französischer Wein ist mir genauso sympathisch wie bayerisches Bier.«

Die Großeltern hatten vier Söhne: Hans, den Drucker, den Vater von Heinrich; Wilhelm, der später Verleger wurde; Georg, der nach dem Krieg das »Stempel-Jüngling«-Geschäft im Vorderhaus aufmachte, der Dichter; und Heinrich, der bereits, »er war der Intelligenteste der Familie«, mit 22 Jahren im Gebirge, an den Ruchenköpfen abstürzte.

1939 werden die Brüder einberufen, Heinrichs Vater tut als Zöllner im Ötztal Dienst. Vorher waren die Druckmaschinen demontiert und in einer Scheune auf dem Land untergestellt worden. Nach sechs Jahren war der Krieg zu Ende, die Brüder kommen gesund nach Hause, holen die Maschinen zurück, kratzen den Rost ab und bauen sie wieder zusammen. Auch die Räume der Druckerei und der Pavillon im Hof des Formularverlags von Wilhelm müssen hergerichtet werden.

»Der Großvater hatte ihm das Geld dafür gegeben, ungefähr 2 000 Mark, weil er es körperlich im Bergbau im Elsaß nicht ausgehalten hatte.« Der Großvater übergibt Vater Hans die Druckerei und Wilhelm den Verlag.

»Dafür ist er dann in der ganzen Gegend herumgefahren mit dem Motorradl, hat die Landratsämter besucht und gefragt, ob sie nicht Formulare bräuchten.« Der Vater druckt die Aufträge, Onkel Wilhelm packt sie ein und schreibt die Rechnung. So lief es vor dem Krieg.

Inzwischen ist nur noch Heinrich im Geschäft: das Stempelgeschäft und der Formularverlag der beiden Onkel sind mitsamt Firmennamen verkauft.

»Nach dem Krieg war das größte Problem die Papierbeschaffung. Die Lizenz haben die Amerikaner erteilt. Und weil es da eine Abteilung in der Königstraße gab, die immer wieder Einladungszetteln für ihre Festivitäten brauchten, hat man sich irgendwie geeinigt. Weil sonst, Papier gab's nur über den schwarzen Markt! Die Entnazifizierung war für uns kein Problem, weder Vater noch Onkel waren Nazis, der Vater vielleicht ein bißchen störrischer, der Wilhelm ein bißchen beweglicher.

Die Nachkriegszeit wurde ja dann eine gute Zeit für Druckereien. Als Kind war ich manchmal bei den Amerikanern eingeladen, da gab es Tüten mit Schokolade und Orangen. Das Verhältnis mit den Amerikanern war überhaupt recht positiv. Sie waren sehr kooperativ.«

Die Druckerei hat 600 Quadratmeter. Der Eingang im Hof ist unter der Uhr mit der Glocke. »Das haben die Hausbesitzer, die Kapfers, Ende der 80er Jahre machen lassen. Die Glocke ist ganz leise gestellt, trotzdem, finde ich, klingt sie ein bißchen wie ein Totenglöckerl.« (lacht)

Anfang der 70er Jahre begann die technische Umstellung im Druckereibereich. »Es war eine Revolution. Der Bleisatz wurde weniger, Fotosatz und Offset kamen auf und die altgedienten Setzer und Drucker mußten plötzlich umlernen. Am Anfang waren wir 28 Leute, jetzt sind wir nur noch 17. Die Umsätze haben sich verzwanzigfacht. Die Menschen sind weniger, die Maschinen mehr geworden, die Druckmaschine schneller und was früher mit der Hand gefalzt wurde, macht jetzt eine Maschine. Die alten Setzer und Drucker haben sich mit Händen und Füßen gegen die Umstellung gewehrt. Auch mit dem Vater hatte ich die größeren Diskussionen. Das hat uns so gehemmt, daß wir den modernen Trend fast verschlafen haben.
Früher waren 98 Prozent Buchdruck, heute vielleicht noch 0,2 Prozent. Der Rest ist Offset. Die Buchdruckmaschinen, die noch da sind, werden hauptsächlich zum Stanzen, Rillen und Prägen verwendet. Gedruckt wird an Offsetmaschinen in Verbindung mit Fotosatz. Die Bleibuchstaben liegen hier mehr zur Dekoration herum. Die Mitarbeiter aus der Zeit, zwei oder drei, haben es besonders schwer, sich jetzt noch im pensionsfähigen Alter umstellen zu müssen.
Es ist auch nicht mehr wichtig, ob du dich in den verschiedenen Schriften auskennst, Hauptsache ist: man kann es lesen und es schaut gut aus. Die Gestaltung ist schlechter geworden mit der Zeit, weil man sich keine Zeit mehr dafür nimmt. Das ganze Geschäft ist heute glashart. Da gibt's keine Diskussionen, da geht man nicht mehr wie früher auf einen Kaffee, da schaffst du den Auftrag oder nicht. Der Kunde steht ja selber unter Druck.
Die Kapazität ist gigantisch gewachsen. Was wir heute bewältigen, dazu hätte man früher 100 Mitarbeiter gebraucht. Wir schaffen es heute mit 17 in einer $37^1/_2$-Stunden-Woche.
Visitenkarten und so kleine Sachen machen wir nicht mehr, wir haben uns mehr der Industrie zugewandt, weil es da doch die größeren Auflagen gibt und die größere Konstanz.
Die fachliche Qualifikation vom Geschäftsleiter bis zum Mitarbeiter ist sehr wichtig. Das Sich-Kümmern um einen Auftrag, ob für 80 Mark oder 10 000, der Service eben.
Dann die Pünktlichkeit, die Druckqualität wird stillschweigend vorausgesetzt. Dazu braucht es Organisation und Motivation der Mitarbeiter. Ersteinmal eine einigermaßen vernünftige Bezahlung, daß er keine Lust hat, wegen jedem Pfennig woanders hinzugehen. Die Tarife sind in der Druckindustrie nach der chemischen Industrie sowieso die höchsten: 13. Monatsgehalt, Urlaubsgeld, längerer Urlaub.
Der Mitarbeiter braucht eigentlich dauernd Betreuung, nicht nur das Geschenk an Weihnachten. Und er braucht einen Chef zum Anfassen, der die Probleme nicht wegdrückt, sondern anpackt. Wir haben keinen Betriebsrat, die Mitarbeiter wollten nicht mehr. Sie können jederzeit einen Betriebs-Obmann bringen, das ist einer für Betriebe unter zwanzig Leuten.
Kleinbetriebe haben zwei bis vier Leute, Mittelbetriebe ab zehn, Groß-

betriebe um 50, 60 und die ganz großen haben ein paar 100, aber das sind wenige.
Bei mir ist die Schallmauer erreicht: ich müßte jetzt mit 15, 16 Leuten arbeiten, damit sich das Ganze trägt. Es muß ein Einklang sein zwischen der räumlichen Größe, den Maschinen und den Menschen.
Die letzten Jahre waren sehr gut, aber seit 1993 ist es zusehends schlechter geworden, ich hoffe aber, daß es wieder aufwärts geht. Ich bin ein Mensch, der positiv denkt.
Wir müssen jetzt zum Beispiel dasselbe Produkt in drei Monaten dreimal drucken, früher haben wir es in einem halben Jahr einmal gedruckt. Das nennt man ›Printing on demand‹ und das kostet uns mehr Zeit und Logistik und ist für den Kunden teurer.
Die Türkenstraße ist für mich die zweite Heimat, die erste ist Schwabing. Der Vater, der auch gemalt hat, saß abends mit seinen Malerfreunden gern im Muttibräu oder in der Seerose. Mit Künstlern hatten wir immer zu tun. Seit ich Kind war, habe ich Künstler gekannt. Den Lothar Dietz, den Bruder vom Elmar, der für München mehrere Brunnen gemacht hat. Oder die Leute vom Seerosen- und Tukankreis. Wenn kein Geld da war, haben sie mit Bildern gezahlt. Der Stani Horváth, ein Maler, hat hinten bei mir ein Atelier. Ich male auch, aber ganz wenig.
Was ich täte, wenn ich mehr Zeit oder Geld hätte? Ich glaube, alles so weitermachen wie bisher. Fairness, Anständigkeit, Toleranz und Gerechtigkeit in der Firma. In der Familie. Das ist's.« Heinrich Jünglings Frau Andrea führt seit 1986 die Adalbert-Apotheke in der Türkenstraße 80.

Klaus und Margit Schrenk
geb. 1932 geb. 1939
Bavaria-Drogerie

Hergezogen und nicht mehr weg

»Wir, die Schrenks, sind ja so etwas von konservativ, so was gibt's in ganz München nicht! Mein ganzes Leben war ich eigentlich in der Türkenstraße. Herzogn und nimmer weg!«
Die Familie stammt aus dem Bayerischen Wald, der Vater war Chemiker bei Wacker in Burghausen, lernt dort die Mutter kennen. Sie ziehen nach München, 1922, übernehmen die Drogerie Knäblein in der Türkenstraße.
»Der Knäblein war mehr so ein Philosoph, er ist mehr herum gesessen und hat Bücher geschrieben. Und wenn dann Kunden gekommen sind und er zum Bedienen hat herausmüssen, da ist er ganz weggetreten gewesen und man hat ihm angekannt, daß er mit der Kundschaft eigentlich nicht so viel am Hut hatte, daß er froh war, wenn sie wieder weg waren.«
Klaus Schrenk macht das Abitur. »Der Beruf war keine Frage: Da machst halt weiter! Und dann hat man weitergemacht. Ich muß gestehen, ich hab immer ein bißchen Angst vor den Kunden gehabt. Das ganze Milieu war ein bißchen einfach und man hat über ganz normale Sachen reden müssen, während man in der Schule doch mehr hochgeistig gesprochen hat.«
Margit »Da ist das Abitur doch idiotisch mit Latein und Griechisch, wenn nachher einer in den Laden gestellt wird!
Klaus Da hat's schon viel Zeit gebraucht, bis man sich da hinein gewöhnt hat. Und wenn viele Leute da waren, bin ich oft hinten hinaus, daß ich nicht hab' bedienen müssen. Also, ein bißchen Angst war das schon. Aber inzwischen habe ich schon das Gefühl, daß einem das Geschäft gehört.

Margit Ganz allein gehört's dir aber erst seit zehn Jahren!
Klaus Aber herin bin ich seit vierzig Jahren! 1980 ist die Mutter gestorben. Wir waren eine Kommanditgesellschaft, die Mutter Teilhaberin und ich Komplementär.
Margit Also reich werden kann man mit so einer Drogerie nicht. Früher haben zwei Familien davon leben müssen, die Schwiegereltern und wir. Aber durch die blöde K.G., wo mein Mann nie als Angestellter geführt worden ist, hat er jetzt keine Rente. Deshalb haben wir eine hohe Lebensversicherung abgeschlossen. So haben wir eben auch eine hohe Belastung. Wir müssen jetzt die letzten Jahre noch zu etwas kommen.
Klaus Der Hausherr war ja auch immer anständig mit der Miete. Sonst könnte man so eine Drogerie gar nicht führen. Wir sind praktisch die einzige in der Art in München, praktisch die letzte. Unsere Stärke ist, daß wir fast alles haben.
Margit Ja, da kommen die Leute und sagen: Toll, ihr habt wirklich alles! Dabei gibt es Sachen, die nur ein- oder zweimal im Jahr gehen. Aber daß die Ware sich nicht verzinst, sehen die Leute nicht.
Klaus Man kann sich nur über Wasser halten, wenn man eben alles hat. Und weil wir einen gewissen Ruf haben und eben auch einen gewissen Bekanntheitsgrad, kommen die Leute von weither.
Bei meiner Mutter waren's die Eingesessenen, die Stammkunden, da gab es direkt ein freundschaftliches Verhältnis. Da waren – ich will mir ja nichts einbilden – auch viel Barone drunter und Grafen. Die sind natürlich nach halb sieben noch gekommen und oft bis acht geblieben.
Margit Und dann wurde noch am Sonntag gearbeitet. Nicht nur am Samstag, sondern auch am Sonntag. Bis 1964.
Klaus Das war mir als Jungem überhaupt nicht recht. Aber Widerspruch hat die Mutter da keinen geduldet. Wie der Vater verkaufe ich Chemikalien, ich habe die Chemieprüfung. Zum Beispiel Wassersuperoxyd, Benzin, Xylol, Ameisensäure, Kaliumpermanganat, Pflanzenschutzgifte. Die muß man meist selber holen in kleinen Mengen und muß sie in Gläser abfüllen. Die Arbeit machen sich die anderen nicht mehr. Das könnten auch Apotheker machen, aber die haben meist nicht viel Chemikalien. Vor dem Drogisten Knäblein war hier übrigens eine Apotheke drin, die Bauer hieß. Wir haben noch so Flaschenetiketten gefunden. Aber seit jetzt über siebzig Jahren wird die Bavaria-Drogerie von uns geführt.
Margit Seither ist auch nicht mehr renoviert worden. Aber da gibt's genug Leute, die sagen: Wenn Sie renovieren, kommen wir nicht mehr!
Klaus Mei, ich hab's halt so übernommen. Die Eltern haben nicht renoviert und inzwischen mögen die Leute so etwas wieder. Es hat sich nie nachteilig aufs Geschäft ausgewirkt, daß nicht renoviert war.
Margit Eine Drogerie ist ja keine Boutique, wo es mehrere hundert Prozent gibt. Bei uns sind es so um sechzig herum, also sollten es sein. Meist sind es vierzig bis fünfzig und das ist zu wenig. Am Vogelfutter hast du vielleicht zehn bis fünfzehn Prozent und an Windeln verdienst du ja gleich gar nichts.

Klaus Früher hat es ja noch Festpreise gegeben. Das war noch ehrlich. Heute müssen wir Sachen billiger hergeben, Sonderpreise machen wie die Kaufhäuser. Die Kundschaft erwartet das von uns. Wir machen so eine Art Mischkalkulation. Früher, da hat man vielleicht bei zwei bis drei Firmen bestellt, man wußte ja ungefähr, welche Menge. Kaloderma, Mouson und Uralt Lavendel – das war damals die ganze Kosmetik. Nivea und Camelia für den Schaukasten draußen und Dextropur für den Automaten. Im Frühjahr sind dann die Vertreter gekommen, die man schon ewig kannte, mit denen man alt geworden ist. Und dann ist man auf einen Kaffee gegangen und hat die Bestellung aufgegeben.
Heute hat man am Tag vielleicht zehn Rechnungen. Und man muß mehr kaufen, um den billigeren Preis zu kriegen. Und die Verkaufspreise sind frei, nicht wie früher, wo eine Tube Zahnpaste in ganz Deutschland eine Mark fünfzig gekostet hat. Es ist alles viel schwieriger geworden.
Margit Bis vor kurzem haben viele Frauen sich die Sachen geholt, um selber Cremes zu machen.
Klaus Da hab' ich alles dagehabt: Alkohol, Glyzerin, Eucerin und Öle, aber das hat auch schon abgenommen. Früher haben wir sogar Weine verkauft, hatten Alkohol im Keller. Und als der Krieg vorbei war, war auch plötzlich unser Alkohol nicht mehr da. Ich kenne ein paar mit Namen, die waren total besoffen von unseren Weinen.
Margit Erzähl' doch einmal die Geschichte vom Hemmeter!
Klaus Das war die Schnapsfirma auf 57 und die ist ausgebombt worden. Da haben die Leute so viel getrunken, daß zum Schluß zwei Tote in den Schnapslachen lagen, gestorben an Alkoholvergiftung.
Aber sonst war die Nachkriegszeit eine schöne Zeit, weil alle zusammengehalten haben. Jedes zweite Haus in der Straße war kaputt. Aber man hat sich eben ein Zelt oder so in der Art in die Trümmer gestellt und da gehaust. Die früheren Nazis, die haben in gelben Uniformen den Schutt wegräumen müssen, den dann die Bockerlbahn auf den Schuttberg hinaus gefahren hat. Wenn's kalt war, haben sie einen Balken hergenommen und auf der Straße angezündet und sich einen Tee gekocht und sich gewärmt. Alle waren sie da freundlich miteinander, die Menschen. Und wenn wir flüssige Seife bekommen haben in Tonnen, dann standen die Leute Schlange bis zur Straße hinaus. Da hat dann jeder einen Löffel Schmierseife bekommen, Verpackungen hat's da noch keine gegeben.
Oder das Glücksgefühl, wenn richtige Seifen kamen! Was heißt ›richtige‹: Da gab's Seifen für Erwachsene mit Sand, die waren schwer wie ein Stein und Seifen für Kinder, die auf dem Wasser geschwommen sind wie ein Schwamm. Oder die Dankbarkeit, wenn der Malzextrakt von Diamalt angekommen war. In den Blechdosen. Für die Kinder.
In der Möhlstraße war so ein Schwarzmarktzentrum. Da ist die Mutter hingefahren und hat für eine Kernseife ein halbes Pfund Butter bekommen. Bei der Heimreise gab's aber viele Kontrollen. Wer erwischt wurde, mußte das Gehamsterte wieder abgeben. Dann war er halt umsonst gefahren. 1948

gab's dann die neue Währung. Da sind die Leute zur Türkenschule und haben sich das neue Geld abgeholt, von dem es hieß, die Amerikaner hätten es gedruckt. Die Versicherungen waren eins zu zehn abgewertet. Mein Vater hat statt 100 000 nur 10 000 bekommen.
Mit dem neuen Geld haben sie dann wieder die Häuser aufgebaut. Wer eine Wohnung wollte, mußte Mietkostenzuschuß zahlen.«
Schrenks bekommen eine Wohnung im gleichen Haus, in dem sich ihre Drogerie befindet und in dem bis zur ›Kristallnacht‹ die Neuburgers ihr Textilgeschäft hatten.
Klaus »Die Neuburgers waren wirklich sehr angenehme Juden, solche, die sich als Deutsche gefühlt und so gelebt haben. Und in der Kristallnacht waren plötzlich ihre Scheiben eingeschlagen. Ich sehe noch den Pflasterstein, der da im Geschäft lag. Wir waren mit den Neuburgers gut befreundet. Wenn man sich so zwanzig bis dreißig Jahre kennt! Und obwohl wir ein Schild im Fenster hatten ›Juden unerwünscht!‹, das war Pflicht mit dem Schild, das mußte jeder machen, das war Gesetz, wir haben halt das Schild ein bißchen an die Seite gestellt, kamen die Juden und andere Regimegegner abends hinten vom Hof her und haben ihre Sachen abgeholt. Das hat die Mutter getan und geredet wurde auch nicht drüber. Wir hatten da so einen Vertreter, der hat meine Mutter verpfiffen, der hat das gemeldet, daß wir an Juden verkauft haben. Gott sei Dank hatten wir einen in der Ortsgruppe, der uns gewogen war, der hat das dann niedergeschlagen. Und nach dem Krieg wollte ausgerechnet dieser Vertreter ein Schreiben, daß er nicht so ein Nazi war. ›Schleich dich!‹ haben wir dem nur gesagt.«

Er war eine Institution in der Straße, der Klaus Schrenk, seine Bavaria-Drogerie und die beiden Verkäuferinnen, Karola und Liselotte Felizitas.
Bis Anfang 1995 ein gelber Zettel im Schaufenster hing des Inhalts: Nach 72 Jahren verabschiede er sich von seiner Kundschaft, weil der Hausherr ihm den Mietvertrag nicht verlängere. Der Hausherr, Professor Lang, Chirurg und früherer Chef des Bayerischen Roten Kreuzes, sagte, es handele sich um den alten Parkettboden im Geschäft, den der Schrenk nicht bereit sei, neu einzulassen, obwohl er sich mit der Hälfte daran beteiligen wollte. Wie auch immer, der Streit eskalierte, es gab böses Blut. Und als der Mietvertrag abgelaufen war, wurde er nicht verlängert. Klaus Schrenk mußte aufhören, obwohl er noch gerne ein bis zwei Jahre weitergemacht hätte.
Im Frühjahr hing ein neues Schild im Schaufenster der Bavaria-Drogerie: daß Karola, die frühere Verkäuferin, jetzt als Geschäftsinhaberin in Kürze wieder für die Kundschaft da sei. Sie ließ den verrotteten Boden wieder richten. Nur zögerlich stellten sich die alten Kunden wieder ein.

Miriam Golde
geb. 1938 · gest. 1997 · Jeans im Klohäusl

Kleinheit und Intimität

»Mein Mann und ich kamen aus Israel und suchten eine Existenz. Im Sechs-Tage-Krieg waren ein Cousin und ein Freund von uns gefallen, und die beiden Söhne hätten zum Militär gemußt. Ich mag mein Land sehr, aber meine Söhne eben noch viel mehr. Ich weiß, es ist unfair denen gegenüber, die unten bleiben und deren Söhne in den Krieg müssen.«
Das kleine Geschäft im östlichen Teil des früheren Klohäusl's Ecke Türken-Schelling gehört der Stadt.
»Wir haben es 1978 übernommen, mein Mann und ich. Früher war es eine Fußpflege. Es lief immer auf meinen Namen, 1986 habe ich es voll übernommen, mein Mann und ich haben uns getrennt. Ich hatte von nichts eine Ahnung: nicht vom Einkauf, nicht vom Verkauf, nicht von der Kalkulation. Ich hatte schlaflose Nächte.
Gott sei Dank gab es das Stammpublikum. Das sind zwei Generationen, ›mein Vater hat auch schon hier gekauft!‹ oder: ›mein Sohn kauft auch bei Ihnen!‹ Meistens sind es Schüler und Studenten.
Wenn sie das erste Mal hereinkommen und sehen, wie eng es ist, es sind achteinhalb Quadratmeter, dann lachen sie. Und ich lache mit. Es ist das kleinste Geschäft Münchens, vielleicht sogar Deutschlands.
›Meinst du nicht, es ist zu klein?‹ hatte ich meinen Mann gefragt. ›Aber der Platz ist gut!‹ hat er gesagt. Und recht behalten. Der Platz ist sehr gut.
›Sie gehören ins Buch der Rekorde!‹ hat ein Kunde einmal gesagt. Oder ›Sie verdienen pro Quadratmeter sicher mehr als jedes Kaufhaus!‹ Es könnte sein.
Am Anfang haben wir in der Hauptsache Armeekleidung verkauft, von der US-Army und der Bundeswehr. Dann waren es Campingartikel, heute sind es Jeans. Wobei es die anderen Sachen noch gibt, nur das Schwergewicht hat sich verlagert.
Die Kleinheit schafft sofort Intimität. Wem die Kabine zu eng ist, der kann sich im Geschäft an- und ausziehen. Wer mag, kann auch rauchen. Oder sich hinsetzen. Man fängt schnell an, miteinander zu reden. Es liegt vielleicht auch daran, daß ich keine Geschäftsfrau bin. Im allgemeinen sind Geschäftsleute, erfolgreiche noch dazu, ja nicht die sympathischsten. Ein Kunde, der nicht kauft, auf den sind sie richtig böse, auch wenn sie's verstecken.
Bei mir ist das anders. Ich werde keinem einreden, das und das steht dir, wenn es ihm nicht steht. Wenn er sich aber einredet, es stehe ihm und er fühle sich wohl darin, dann widerspreche ich auch nicht. Ich bin ja nicht doof. Jeder hat eben seinen Geschmack. Und was das Raffinierte bei der Werbung

ist, daß es ihr gelingt, die Käufer zu überzeugen, daß es ihre ureigene individuelle Entscheidung sei, ihr eigener Geschmack, gerade diese Jeans zu kaufen. Vor zwei Jahren noch weite, heute enge, gestern kurze, heute lange. Es wird ja keine Ware mehr gekauft, nur noch ein Name. Die Ware ist nicht schlecht, aber das Beste an ihr ist doch die Werbung.
Wir haben einen großen Bekanntheitsgrad als ›Uni-Moden‹ oder ›Toilettegeschäft‹. Wir machen keine Werbung, das ist alles Mundpropaganda. Unsere Preise sind etwas günstiger als in anderen Geschäften. Andere Geschäfte spüren vielleicht die Rezession, ich nicht.
›Erinnern Sie sich noch vor ein paar Wochen?‹ hat mich da neulich einer gefragt. Natürlich erinnerte ich mich. Er war mit einem Mädchen rausgegangen und jetzt sind sie befreundet.
Früher hat man noch mehr über Sorgen geredet, jetzt kaum noch. Man hat mehr zu tun. Aber wenn jemand Arbeit sucht oder eine Wohnung, da werde ich schon gefragt.
Am Anfang stand ich dem Mathias, dem Obdachlosen der Straße, ziemlich distanziert gegenüber. Aber dann merkte ich, daß er kein dummer Mensch ist. Und daß so etwas jedem von uns passieren kann. Auf die Gedanken bringt er einen.
Die Obdachlosen kaufen bei mir Schlafsäcke, Kocher und Rucksäcke. Da gibt es einen, der war früher sauber gekleidet und hat ein normales Leben geführt, sah gut aus, hatte alles, was er brauchte, und jetzt gehört er zu denen. Das gibt zu denken.
Wenn ich morgens komme und der Mathias liegt vor dem Eingang, da bitte ich ihn wegzugehen, was er auch immer tut.
Plötzlich, vor vielleicht zwei Jahren, hat er die Damentoilette entdeckt und sich dort häuslich niedergelassen. Da ist wohl außer mir keine mehr hineingegangen, weil man über ihn hinwegsteigen mußte. Ich kannte seinen Geruch und hatte eben auch keine Angst vor ihm.
Nebenan, in der Herrentoilette, wo sich die Kunden schon auch einmal hineinverirrten, da ging es abends immer lustig zu. Die Homosexuellen und ihre Spielchen.
Meine Türkenstraße geht von der Adalbert- zur Theresien, weil es dort an der Ecke das jüdische Restaurant ›Maon‹ gibt. Die Frau von Jacques, dem jungen Cohen, ist eine Freundin von mir. Wir kennen uns aus der Zeit, wo sie auch einen Armeeladen hatten. Im Tal. Am Viktualienmarkt.
Sonst gibt es hier wenig jüdische Familien. ›Unsere Leute‹ finden sich meist unter der Konkurrenz, das ›California‹, ›401‹, ›Liberty‹ und ›Panorama‹, wobei die beiden letzteren zusammengehören. Wir haben ein gutes Verhältnis, vielleicht ein bißchen distanziert. Aber froh war ich, als einmal ein Betrunkener mit einer zerbrochenen Flasche ins Geschäft kam und nicht mehr gehen wollte, daß den mir die Leute von ›Liberty‹ abgenommen haben.
Im Gegensatz zu Bücher- und Gemüsegeschäften dürfen wir nichts an den Seiten der Tür aufhängen und draußen. Da habe ich sogar schon einmal Strafe gezahlt. Deshalb ist dann unser kleines Schaufenster so voll.

Der Laden ist ausgefüllt von unten bis oben und von rechts bis links. Da ist kein freier Raum, da gibt es keine unnötige Stecknadel, keine Telefonbücher, keine Rechnungen. Alles wird nach Hause genommen. Ich habe auch keine Rechenmaschine, hier wird alles mit der Hand geschrieben, ganz exotisch. Visitenkarten haben wir auch keine, nur Aufkleber.

Das Lager hat dafür achtzig Quadratmeter und liegt im Haus der Adalbert-Apotheke in der Türkenstraße. Wenn wir zu zweit sind, ist einer immer im Geschäft, der andere im Lager. Der jüngere Sohn hilft manchmal aus. Ob er das Geschäft einmal übernehmen wird, ich weiß es nicht.

Wieviel Personen so ein Geschäft ernährt? In Indien vielleicht zwanzig. Ich bin nicht anspruchsvoll. Für Reisen bleibt gar keine Zeit.

Was die Gegend hier von anderen unterscheidet? Ihre Atmosphäre, dieses gewisse Lockere, die Ungezwungenheit. Die Leute kommen herein und kaufen oder kaufen nicht.

Der Krach der Kinder in der Türkenschule stört mich überhaupt nicht. Jugendliche machen doch immer Lärm. Das freut mich eher. Und den Lärmgegnern kann eigentlich nur sagen: ›Im Grab könnt ihr noch genug Ruhe haben!‹

Neulich kam eine Kindergruppe zu mir herein und wollte ausmessen, wie viele Kinder dicht gedrängt hier herein paßten. Und stellen Sie sich vor, es waren 35! Aneinandergeklebt.

Die Ausländerpogrome der letzten Zeit nehmen wir sehr ernst. Die Frage ist doch nur: Wo ist die Grenze? Ängste gibt es da bei uns und Überlegungen. Das ist keine neue Sache, das gab es eigentlich schon immer. Mich beunruhigt nur, daß so wenig dagegen passiert. Oder daß einiges verschwiegen wird. Denn wenn es untergründig weiterschwelt, wird es eines Tages sehr explodieren.

Mir haben sie noch kein Hakenkreuz ans Geschäft geschmiert, ich persönlich spüre nichts vom Ausländerhaß.

Aber komisch, wenn ich heute etwas anschaffe, nehme ich nur das Billigste. Ich weiß auch nicht ...«

Miriam Golde hatte gehofft, die andere Hälfte des Klohäuschens mitübernehmen zu können, als es geschlossen wurde. Aber die Stadt entschied sich für den Bezirksausschuß. Am Dienstag findet dort die Bürgersprechstunde statt. Miriam Goldes Geschäft bleibt das kleinste Münchens, vielleicht Deutschlands. In allerbester Lage. Mit einem extremen Standortvorteil. Im Herbst 1997 stirbt Miriam Golde unerwartet.

Monika Erben
geb. 1939 · ›hab und gut‹ Inneneinrichtung

Casablanca, die Erfolgsstory

»Wirklich, manchmal komm' ich mir vor wie ein alter Esel, der seinen Stall sucht. Wenn ich vom Parzivalplatz irgendwohin muß, lande ich immer in der Türkenstraße.»
Monika Erben ist gelernte Auslandskorrespondentin. Hat geheiratet, Kinder bekommen, dem Mann im Büro geholfen. »Dann hat er sich vergrößert und gemeint, ich solle doch ganz im Haus bleiben, die Sekretärin könne das eh' besser.«
Durch ihn lernt sie eine batikende Kunststudentin kennen, die den Laden in der Türkenstraße entdeckt und eine Partnerin sucht. Gemeinsam gehen sie zum Vermieter Egon Weller. »Ein sehr ungewöhnlicher Mann. Ohne lang zu fragen, hat er uns erlaubt, ihn die erste Zeit unterzuvermieten: 20 Quadratmeter für ungefähr 200 Mark. Ohne Wasser allerdings und ohne Toilette. Metzgerhaken hingen von der Decke, die wir gelassen haben. Vor dem Milchgeschäft gab es hier nämlich einen Metzger.«
Gute vier Jahre vermieten sie den Laden: an die Buchhandlung ›Libresso‹, die dann weiter nach Süden in der Straße umzieht und dort zu einem der linken, intellektuellen Zentren der Stadt wird; und an die ›Galerie 1900‹, aus der ein Jugendstilschmuckgeschäft mit Namen ›Osiris‹ wird, das Lilo Kraft und ihren ›Japan-China-Laden‹ verdrängen wird.
Die batikende Kunststudentin hat nach Berlin geheiratet: einen filmemachenden Revolutionär. Mit einer neuen Partnerin aus dem Einrichtungsbereich, »ich war der Lehrling vom Dienst, ich hatte zwei linke Hände, aber dafür ein bißchen Kapital, das mir mein Mann zur Verfügung gestellt hat«

fängt Monika an: zu renovieren, Ware einzukaufen – handgetöpferte, handbemalte Keramik aus Sizilien, die mit dem Auto herangeschafft wird – und zu verkaufen.
»In einer Straße, die voll ist mit Geschäften unserer Art, muß man sich abheben. Uns unterscheidet eine klare Linie: die Sauberkeit in Angebot und Präsentation. Was nicht dazu paßt, wird nicht bestellt. Auch wenn Kunden schon mal danach fragen.«
Irgendwie entschwindet dann ihr Mann und auch die Geschäftspartnerin aus ihrem Leben. »Die Scheidung als Tor zur Eigenständigkeit und Freiheit, das war sie für mich. Ich war früher so etwas von brav und ordentlich, so in Richtung ›die Erfindung der Langsamkeit‹. Das hat sich durch die Trennung und durch das Geschäft gegeben. Ich habe völlig neue Seiten an mir entdeckt.«
Die Kunden kommen zuerst aus der näheren Umgebung, dann nach Veröffentlichungen in ›Brigitte‹ und ›Schöner Wohnen‹ aus der ganzen Stadt. Vorwiegend Intellektuelle, Rechtsanwälte, Psychologen.
»Aus den Studenten von früher sind gutsituierte Leute in Haidhausen und Bogenhausen geworden, aus unserer Bekanntschaft eine richtige Freundschaft. Da kommen dann auch schon die Kinder zum Einkaufen. Tja, wenn man über ein Vierteljahrhundert hier ist!«
Yuppies, »die abends im Simpl rumhängen, kaufen etwas, nicht weil sie es brauchen oder schön finden, sondern weil es ein Prestigeobjekt ist. Ein Statussymbol. Das nennt man dann ›Erlebniskauf‹.
Erlebniskauf heißt, sie dürfen alles: herumschnüffeln, alles umdrehen und auseinandernehmen, auch wenn der Kaffeesatz der Espressomaschine dann herumspritzt. ›Lassen Sie das!‹ sage ich dann. – ›Wieso, ich will ja nur mal schauen, wie das geht!‹ sagen sie.
Sie tun gerade so, als dürften sie sich in meinem Laden genauso schlecht benehmen wie zu Hause, nicht ›Grüß Gott‹ sagen und ›Auf Wiedersehen‹, nicht ›bitte‹ und ›danke‹.
Bei Rucksäcken krieg' ich ja gleich Todesangst. ›Passen Sie doch bitte auf!‹ Manche nehmen ja dann den Rucksack herunter, andere reagieren überhaupt nicht. Wo doch alles voller Glas ist. Wo alle meinen, ich hätte da eine Versicherung. So eine gibt es gar nicht. Der Kunde hat schließlich meist eine Haftversicherung.
Die stehen dann im Laden herum, den Walkman auf den Ohren und wollen überhaupt nicht angesprochen werden. Normalerweise wird in einem Geschäft wie dem unsrigen zehn Prozent geklaut. Bei uns ist es nur ein Prozent. Trotzdem bin ich nachher gekränkt, richtig beleidigt: Für wie blöd halten die mich eigentlich? Wirklich, die Leute würden alles, was nicht niet- und nagelfest ist, hinaustragen, wenn man sie ließe. Und zwar immer dieselbe Spezies: Die, die es nicht nötig hat. Einfach so, als Sport.
›Was machen Sie denn da mit der Lampe?‹ frage ich einen. – ›Sie hinaustragen!‹ – ›Ohne zu zahlen?‹ – ›Mei, wenn sie's nicht merken!‹ sagt der cool und stellt die Lampe wieder hin. Oder die eine dicke Frau mit der Riesenta-

sche, die offenstand. ›Machen Sie bitte Ihre Tasche zu!‹ sagte ich zu ihr, ›bei uns wird geklaut!‹ Oder es gibt Leute, die kommen zu dritt. Zwei lenken mich ab und einer klaut. Aber da habe ich inzwischen eine erhöhte Aufmerksamkeit entwickelt. Wenn sie fragen: ›Wieviel Stück haben Sie da noch davon?‹ da steige ich eben nicht mehr auf die Leiter und verliere sie aus den Augen, sondern ich schätze einfach von unten. Nämlich die, die klauen, kaufen nicht.

Wir haben jetzt etwas Böses gemacht: teure Artikel haben wir mit einem Nylonfaden an das Regal gebunden. ›Ist das jetzt schon nötig bei Ihnen?‹ fragen die Stammkunden dann ganz entsetzt.« Mit dem Klauen hat Monika Erben eine eigene durchschlagende Erfahrung gemacht: »Das letzte Geschenk meines Mannes war ein teurer Mantel. Ein Trenchcoat. Von dem hab' ich eine Schlaufe verloren und ging zu Loden-Frey, um mir eine zu beschaffen. Ganz scheinheilig probierte ich einen um den anderen Mantel und wollte mir eine Schlaufe abreißen. Weil ich der Meinung war, so etwas könne man nicht bestellen. In Schweiß gebadet stand ich da zitternd in der Kabine und wußte nicht, wie ich das anstellen sollte. Ich gab dann alle Mäntel mit den Schlaufen wieder ab, und war erleichtert, aber klatschnaß. Ein Freund überredete mich, noch einmal dorthin zu gehen und einfach nach Schlaufen zu fragen. ›Aber natürlich‹, sagte die Verkäuferin, und zog eine Schublade mit hunderten von Schlaufen auf, ›Bitte. Das gehört zum Service!‹«

Seit Anfang der 70er Jahre hat sie vom selben Vermieter ihre Lagerräume im ersten und zweiten Hof des gegenüberliegenden Hauses bekommen. »Man könnte das Geschäft wirklich alleine führen, außer in Stoßzeiten. Wenn das Lager nebenan wäre. Aber so, über die Straße mit der Sackkarre, da muß das Geschäft schon abgeschlossen werden.

Es ist schön, in den Hinterhof zu kommen. Eine Vertrautheit ist sofort da, etwas Gewachsenes in den letzten 25 Jahren. Und wenn wir Hilfe brauchen, helfen uns die Männer jederzeit. Der Martin, der Polsterer, der Erich, der Münzenmacher und der Heini, der Maler. Der hat bei uns schon einmal ein Schaufenster gestaltet, einfach, weil er Lust darauf hatte. Oder ich hab' Rosas Recyclinglüster, also einer, den sie aus Glasscherben, Blech von Espressodosen und Drähten gebastelt hat, ausgestellt und 1200 Mark verlangt. Da steckt nämlich unheimlich viel Arbeit drinnen. Und keiner hat ihn gekauft. So etwas könnten sie selber machen, haben sie gesagt. Meine Kunden. Da war ich ihnen stockbeleidigt.

Es hat eine Weile gebraucht, bis ich die soziale Rang- und Hackordnung in diesem Hinterhof durchschaut habe: das Vorderhaus hat null zu sagen, da läßt sich auch kaum einer sehen, das Hinterhaus alles und der Mittelbau darf hie und da etwas einwerfen. Das alles auf nur zehn Meter Luftlinie. Nicht zu fassen.

Früher bin ich ja noch zu den Hinterhoffesten gekommen mit meiner Partnerin, wo es dann hieß ›Grüß Gott, Frau Hab'‹ und ›Grüß Gott, Frau Gut!‹, aber jetzt habe ich keine Zeit mehr. Ich meditiere, gehe in Yoga und Gymnastik, mache argentinischen Tango.

1994 werden wir auf Weltreise gehen, mein zweiter Mann und ich. Ein ganzes Jahr lang. Er ist Lehrer, Physiker und hat sich ein Jahr beurlauben lassen und ich habe mir freigegeben.
Mir wird die Türkenstraße fehlen. Nicht wegen der Maloche, sondern wegen der Anteilnahme. Ich gehe furchtbar gern weg, aber dann habe ich Zeitlang. Nicht nur nach der Straße, sondern nach Bayern allgemein. Nach den Biergärten. Nach den Bergen. Ich mache gern lange Bergwanderungen, in letzter Zeit habe ich das Skiwandern mit Fellen entdeckt.
Mir geht jedesmal das Herz auf, wenn ich nach Bayern komme. Nach Oberbayern, nicht nach Niederbayern. Da krieg' ich Kopfweh. Die Türkenstraße ist Heimat, ja. Ein erweitertes Kleid, in dem ich mich sehr wohlfühle. Ein Vierteljahrhundert, da findest du heraus, ob du einen haßt oder liebst oder ob er dich langweilt. Langeweile, nein, Haß auch nicht, dann muß ich sie wohl lieben. Die Straße hält für jeden verschiedene Rollen bereit, die du annehmen kannst oder nicht. Zur Beichtstelle zu werden für frustrierte Frauen und geschiedene Männer, nein, oder all' die Krankheiten, die es gibt, nein, das ist nicht meine Rolle. Päckchenannahme fürs ganze Haus und den ›Türkendolch‹ nebenan, gern; Wechselstube oder Hort für die Kinder der Türkenschule, auch gern. Sogar Auskunftei: ›Ist hier nicht irgendwo der ›2001?‹
Nur ist das Frustrierende, daß du sagst: ›Gegenüber!‹ und neun von zehn Leuten gehen in die falsche Richtung. Sie hören scheint's nicht. Man müßte sie glatt bei der Hand nehmen. Aber die Rolle paßt mir dann auch wieder nicht.
Wir haben eine Stufe in den Laden, der Michael Kuhr nebenan drei. Das ist beim richtigen Einkaufen egal, aber für Auskünfte sind wir geeigneter. Auch für die alten Leute, an denen mir sehr viel liegt, ist die Hemmschwelle hereinzukommen geringer. Es besteht ja kein Kaufzwang.
Abends, wenn das Geschäft zu ist, liegt der Mathias gern in unserem Eingang, weil er dann die Kinogänger abkassieren kann. Oder am Samstag ab nachmittag.
Ich sei seine Stammkundin, sagt er immer wieder. Er läßt uns Nachricht zukommen, wenn er wieder einmal ›verschollen‹ ist, wir schreiben ihm Karten, er schreibt aus der Klinik Karten zurück: ›Liebes Hab und Gut!‹ Wir haben eine gute Kommunikation mit ihm. Nur einmal, als er absolut nicht vor dem Eingang weg ist und rumgegröhlt hat, daß die Leute einen weiten Bogen ums Geschäft machten, da habe ich die Polizei gerufen. ›Guten Abend, Herr Lechner!‹ haben die gesagt. Da habe eine Frau angerufen und er müsse weg. ›Aber doch nicht meine Freundin Monika!‹ hat er sich empört, ›die tut so was nicht!‹ Ich stand ziemlich blöde da, wirklich.
Was mir an der Straße besonders gefällt: wenn es nach den ersten Föhntagen aufreißt und wieder anfängt zu riechen. Wenn die Rauchschwalben wieder im Hauseingang nisten und die Italiener vom ›Adria‹ zurück sind und es nach Cappuccino duftet.«

Überhaupt die Düfte der Straße: der leicht modrige Eisengeruch beim ›Suckfüll‹, die Räucherstäbchen und Zigaretten der Lilo Kraft im ›Japan-China-Laden‹ damals, die Duftkomposition von Druckerschwärze, Tabak, warmem Gasofen und aufgewärmtem Essen bei der Frau Nießl. Läden, die gar nicht riechen, mag ich nicht. Vielleicht arbeite ich deshalb auch so gerne mit Holzwolle und Karton, gehe so gern in die Ateliers der Künstler, weil sie mit Holz heizen und schnuppere in Martins Werkstatt den Leim.«
Was Kunden kaufen, »Männer eher abends und am Wochenende, die Frauen unter der Woche oder in der Mittagspause, immer ganz abgehetzt,« hängt viel mit der Jahreszeit zusammen: »Im Frühjahr und im Herbst gern Lampen, im Sommer eher Ventilatoren, Gläser und Eismaschinen. Im Herbst und im Winter Espressomaschinen. Oder am Ende des Sommers, wenn sie gerade aus dem Urlaub kommen von einem Espressoland.«
Apropos ›Ventilator‹: nichts über ›hab und gut‹ wäre gesagt, wenn die Geschichte von ›Casablanca‹ fehlen würde. Sie taufte ihn ›Casablanca‹, weil er sie an Szenen mit Humphrey Bogart erinnerte im gleichnamigen Film. Oder an eigene Reisen in exotische Länder. »Der Ventilator hat uns 1982 entdeckt und wir ihn. Da kam ein Vertreter und bot mir hundert Ventilatoren an zu einem Superpreis. Sofort zu zahlen. Sonst habe ich vielleicht fünf oder zehn im Jahr verkauft.
Ich stieg also ein, obwohl ich am Anfang Mordsbammel hatte, macht wahnsinnig Werbung, entdeckte, daß ich ein unglaublich kreativer Mensch bin, und tatsächlich, nach drei Monaten waren die ersten hundert verkauft. Für 198 Mark. Am Anfang haben ihn nur Männer gekauft, so als eine Art Spielzeug. In zwölf Jahren haben wir 7000 Stück verkauft. In einem Sommer saßen wir auf dem Trockenen, weil das Schiff mit 2000 Ventilatoren, die aus Hongkong kamen, abgesoffen war.
Also, ›Casablanca‹ ist mein größtes emotionales und geschäftliches Erfolgserlebnis.«

Gnadenlos gutgelaunt

Film, Theater, Kabarett, Zirkus

Ein richtiges Theater hatte die Straße nie, wenn man von den »Kaim-Sälen«, auch »Tonhalle« genannt, einmal absieht, einem massiven Jugendstilbau, in dem fast fünfzig Jahre lang E- und U-Musik, Kabarett, Faschingsbälle, politische Veranstaltungen und Vorträge stattfanden. Dort war die Idee für die »Elf Scharfrichter« geboren worden, und gleich ein paar Häuser weiter in die Tat umgesetzt. Dort wurden 1924 aus dem »Kaim-Orchester« die »Münchner Philharmoniker«, die vierzehn Jahre später den bombastischen Titel »Orchester der Hauptstadt der Bewegung« erhielten.

1944 war die Tonhalle bombardiert und nach dem Krieg nicht mehr aufgebaut worden. Auch der andere Konzertsaal, das »Odeon«, stand nach dem Krieg nicht mehr zur Verfügung: es war ganz einfach dachlos als Durchgangshof dem bayerischen Innenministerium am Odeonsplatz einverleibt worden. Die Philharmoniker besannen sich wieder auf ihren alten Namen und suchten nach einer neuen Bleibe.

Ein Theater hatte die Straße nie, wenn man von Rainer Werner Faßbinders in der heutigen Amalienpassage gelegenen »Antitheater« absieht. Er spielte mit seiner Truppe in einem ehemaligen Pferdestall im Hof hinter der Wirtschaft »Neue Akademie« und erholte sich im »Aquariumsstüberl« in der Türkenstraße: flippernd und kiffend. Hanna Schygulla war zu der Zeit, Anfang der 70er Jahre, nur noch selten bei den Romanisten an der Universität zu sichten, bei denen sie eigentlich eingeschrieben war.

Kein richtiges Theater, wenn man die beiden Kinos, ARRI und Türkendolch ausklammert, in denen schon manchmal mehr als Filmvorführungen stattfanden, auf die sich die »alten« Kinos in der Türkenstraße beschränkt hatten: das »Scala« auf Nummer 24 und das »Capitol« auf 89 A, die es beide seit 1926 gegeben hatte. In den »neuen« fanden Diskussionen statt, Theater und das Spiel: der Zuschauer als Akteur. Im »ARRI« bei den Eddy-Constantine-Spätvorstellungen und im »Türkendolch« seit Fritz Falter das »Türkenkino« 1962 übernommen und umgetauft hatte: da wurden unfreiwillig komische Filme gezeigt, bei denen der Zuschauer kräftig mitmischen sollte. Es auch tat, bis dieses Genre sich schlicht erschöpfte: so viele Filme davon gab es einfach nicht.

Ein Teil Theater gehörte auch zum Zirkus Roncalli, bevor sich die beiden Gründerväter André Heller und Bernhard Paul auf just diesem Zirkusplatz zerstritten. Gleichwohl, meint Paul, hätten sie hier die »Ehre des Zirkus wiederhergestellt«. Kein Wunder, daß er den Namen »Roncalliplatz« trage. Zwar nicht offiziell und gerade einmal zwanzig Jahre – aber immerhin. Das Zirkuszelt gleichwohl als Dach, unter dem Theater stattfand: die gespielte Verlobung des Magiers David Copperfield mit dem Modell Claudia Schiffer ... bis die

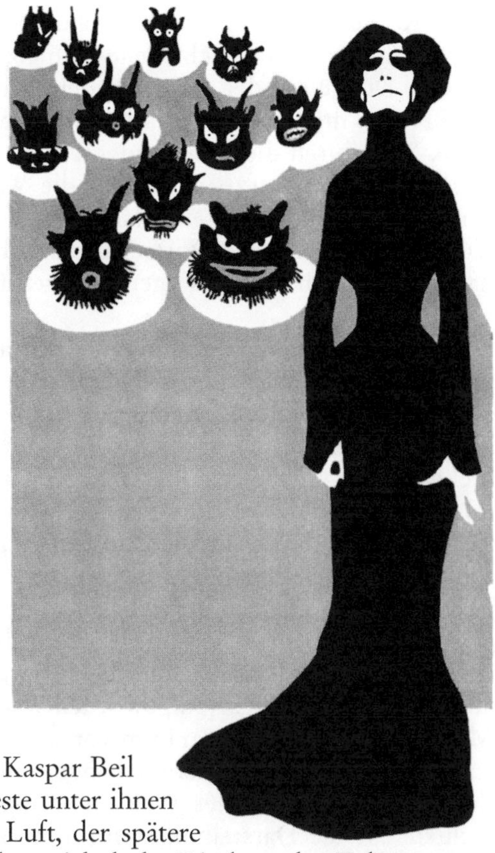

Wirklichkeit sie einholte und die Verlobung tatsächlich stattfinden ließ. Die Türkenstraße hatte also kein Theater, war aber voller Orte, an denen Kunst entstand oder dargeboten wurde.

Im Jahr 1903 gab es in der Straße drei Adressen, die für hohe Kultur standen: die Tonhalle, der »Simplicissimus« und die »Elf Scharfrichter« (auf Nummer 5, 57 und 28).

Die Kabarettisten hatten sich im Hof der Wirtschaft »Goldener Hirsch« ein kleines Theater eingerichtet: in den ehemaligen Räumen eines Paukbodens, auf dem Verbindungsstudenten sich säbelschlagend ihren Mut zu beweisen suchten und – eines Sargschreiners. Was nicht übel zu den »Elf Scharfrichtern« paßte, die so phantastische Namen trugen wie Till Blut, Frigidius Strang, Kaspar Beil oder Dionysius Tod. Der bekannteste unter ihnen war Otto Falckenberg, alias Peter Luft, der spätere Gründer der Falckenberg'schen Schauspielschule. Direktor des Kabaretts war Marc Henry; Star, weißgeschminkt in engem Schwarzen: seine Freundin Marya Delvard. Weil es um Themen ging wie Zensur, Behördenwillkür und Muffigkeit im Kaiserreich, Themen, die gerade dieser Zensur zum Opfer gefallen wären, mußte sich die Truppe etwas ausdenken. So wurde denn nur in »geschlossenen Veranstaltungen« gespielt, das Publikum zu einer Art Verein, der Eintritt über die Garderobengebühr erhoben. Zuerst fanden die »Exekutionen« dreimal wöchentlich statt, dann täglich, das Programm wechselte monatlich – da wurde es schwer, neue Themen zu finden. Der Kreis des intellektuellen Publikums war begrenzt, es gab immer wieder Probleme mit den Finanzen, kurz – nach zwei Jahren schloß das halb private Theater 1903 seine Pforten in der Türkenstraße. Im selben Jahr fand bei Kathi Kobus der Umzug statt: von der »Dichtelei« in das zunächst »Neue Dichtelei« genannte, später in »Künstlerkneipe Simplicissimus« umgetaufte Lokal, in dessen Hinterzimmer sich neben dem Hausdichter Ringelnatz jeder produzieren durfte, der es sich zutraute. Das waren dann die berühmtesten Leute der Zeit: Frank Wedekind, Karl Valentin, Max Dauthendey, Erich Mühsam, die Zeichner und Texter des »Simplicissimus«, bis zum Ersten Weltkrieg das führende Satireblatt Deutschlands, Ludwig Thoma, Oskar Maria Graf, die Reventlow.

Kathi Kobus führte mit Unterbrechung das Künstlerlokal bis zu ihrem Tod 1929. Später trug es verschiedene Namen, ertrug verschiedene Wirte, behielt die rote Dogge mit der zerbrochenen Kette. Bis 1968 fand unter der Wirtin Toni Netzle im hinteren Raum noch Kabarett statt, bis es sich auch überlebt hatte. Weil durch die 68er Studenten ein frischerer, frecherer Wind zu wehen begann, der kurze Zeit sogar die Wirtin anzustecken vermochte. Die Wirte nach ihr wechselten, Name und Emblem blieben. Aus Nummer 57 wurde eine bayerische Wirtschaft tagsüber, ein In-Lokal von abends bis nachts. Nichts mehr von wegen Kabarett und Künstlerflair – die finden jetzt woanders statt.

Die Orte, an denen in der und um die Straße öffentlich Kunst stattfand, hatten meist eines gemeinsam: es durfte dabei getrunken und gegessen werden: Während Veranstaltungen in der Tonhalle, bei den Film-Freiluftvorführungen im Garten der Wirtschaft »Blüte« in der Blütenstraße, bei »Papa Steinicke« in der Adalbertstraße, natürlich im »Alten Simpl«; nach dem Krieg im Jazzkeller in der zerbombten Türkenkaserne, im Jazzlokal »Allotria«, im »Antitheater«. Sogar in die Kinos wurden Bierflaschen mit Schnappverschlüssen mitgebracht.

Die Grenzen verwischten sich: entweder war das Programm die Haupt- und das Kulinarische die Nebensache, oder man traf sich an einem Ort wie dem »Alten Simpl« und nahm das Programm als Beigabe mit. Wenn Gäste allerdings zu Stammgästen geworden waren, konnte man ihnen nicht einen Monat lang dasselbe Programm vor die Nase setzen. Da galt es sich zu entscheiden zwischen rascherem Programmwechsel, Programmverzicht oder den Stammgästen, wie es 1968 im »Simpl« der Fall war. Toni Netzle verzichtete auf die Darstellungen im hinteren Raum, »wo von zehn acht sowieso schlecht waren«, wie sie im nachhinein feststellte.

Weder getrunken noch gegessen werden konnte allerdings bei den Konzerten des Münchener Bachchores unter seinem Dirigenten und Organisten Karl Richter in der Markuskirche Ecke Gabelsbergerstraße. In dreißig Jahren von Anfang der 50er an machte er Bachchor und Bachorchester weltweit bekannt und die Münchner zu eingeschworenen Bachfans.

Das Kirchenschiff als Konzerthalle – damals noch keine Selbstverständlichkeit.

Neben privaten Räumen für Kunst – wie die Hauskonzerte bei Sahms, den Photographen; Vernissagen in Privatateliers oder Aufführungen im eigenen Theater im Von-Steiner-Haus – gab es die halb-öffentlichen: Schülertheater in der Türkenschule, Happenings und Installationen in der und um die Akademie der Bildenden Künste: politische, agitatorische, satirische. Da begannen Idee und Realität zu verschmelzen, der Park, die Straße wurde zur Szene, man inszenierte sich selbst und seine Anliegen. Von der Akademie ging 1967 die Bewegung der revoltierenden Studenten aus, mehr theatralisch als theoriefixiert. Orte der Kunst haben auch heute meist mit Kneipen zu tun, wo sich zum Beispiel Künstler treffen, um zu reden oder Texte zu verfassen, während sie bekocht werden und ein Bier neben sich haben: wie der

Müller, der Polt und die Gisela Schneeberger im »Stefanie« in der Schellingstraße. Sie filmten dann gern auch gleich um die Ecke, frühere Szenen aus »Fast wie im richtigen Leben« im Hof von Nummer 61 zum Beispiel. Oder Klaus Peter Schreiner, der Texter der »Lach- und Schießgesellschaft«, der oberhalb von »Rosario« in der Amalienpassage wohnt und gern einmal vorbeischaut, um etwas von dieser »Nachrichtenbörse« abzubekommen.
Oder der »Blaubart«, der die Türkenstraße sein »Getto« nennt und nicht weiß, wie er hinein, aber hofft, bald wieder herauszukommen, Robin Page, Akademieprofessor, hält seine Treffen und Seminare, auch da sind die Grenzen fließend, gern im »Türkenhof« ab. Natürlich nicht auf dem Trockenen. Oder selten ohne Hut. Klaus Lea, der alternative Galerist mit oder ohne Hut sieht seine Vernissagen in der Galeriewohnung auch gern von Literarischem und Alkoholischem begleitet.
Burkhard Backe mit seinem Atelier am Ende des Türkenhofes, stellte daselbst – als die Idee des »Kunsthofes im Türkenhof« noch existierte – oder über die Straße im italienischen Eiscafé »Adria« aus. Irgendwie spielen Café und Kneipen als Vermittler für Kunst keine kleine Rolle in der Straße. Und als Treff für Künstler und potentielle Kunden. Oder einfach so. Wo bestimmte Künstler in bestimmten Kneipen herumsitzen und sich nicht präzise sagen läßt, welche Idee zu welchem Kunstwerk sich dort vielleicht entwickelt hat. Oder wenn jemand ein Gesamtkunstwerk ist oder sich als solches verkleidet: Nina von Kikodze, die einst schöne Russin und Akademiemodell, wenn sie mit Riesenhut und kleinem Hund im Straßencafé saß und aussah, als wäre sie eben einem der Bilder entsprungen, zu dem sie gerade Modell gestanden hatte. Oder Luis Trenker, wenn er mit geschwindem Berglerschritt bis kurz vor seinem Tod die Straße durchmaß auf dem Weg zum ARRI.
Oder Georg Lehn, der Schauspieler aus dem »Türkendolch«-Haus, der am Abend im Fernsehen einen Betrunkenen gemimt hatte und sich am nächsten Tag, einem Sonntag, in der Ludwigskirche vorwurfsvoll fragen lassen mußte: »Na, endlich wieder nüchtern?« Es geht merklich-unmerklich durcheinander, die Realität und die Rolle. Nicht nur für Schauspieler.
Claudia Buthenuth wohnt wie Johannes Schaaf, der Regisseur, im »Highlight« der Straße: zwischen Schelling und Adalbert. Genau dort hat auch David Esrig seine Zelte aufgeschlagen, zwei Zelte: eines die Wohnung und das andere das Büro für seine Theatergruppe »Athanor«. Er ist Regisseur und kommt aus Rumänien. Wohl deshalb hat er sich einen klaren Außenblick auf die Straße bewahrt. Direkt spießig sei sie nicht, aber auch nicht anti-spießig. Eigentlich direkt banal. Wenn es da nicht »diese Gelassenheit« gäbe, »einen Witz und eine höhere Dosis an individueller Freiheit«, die sie nie langweilig werden lasse. Diese Straße habe nichts mit dem ordentlichen Alltag der Deutschen zu tun. »Hier ist ein Ort, wo man träumt.«
Hanns Christian Müller, Autor und Regisseur, Freund von Gerhard Polt, ist in der Amalienstraße aufgewachsen. Ihrer beider Familien kennen sich schon eine Generation länger, so hat sich ihre Zusammenarbeit miteinander

und mit Gisela Schneeberger ganz einfach so ergeben. Hanns Christian kennt das Viertel wie seine Hosentasche. Ihm fällt der neue »Hochleistungsmief« auf, dieses »Tach Uwe, auch schon einjelebt?«, dieses ganze »gnadenlos Gutgelaunte« und es graust ihm.
Auch Ottfried Fischer wurde Anfang der 90er Jahre häufig in der Türkenstraße gesichtet; welche Typen ihn zu welcher Persiflage auf die »Bussi«-Gesellschaft angeregt haben, geben Insider vor zu wissen.
Franz Geiger, Drehbuchautor und Anouilh-Übersetzer, ist im Eckhaus Rambergstraße aufgewachsen. In den letzten Kriegsjahren vor das oberste Militärgericht gestellt wegen Kontakten zu den Geschwistern Scholl und anderen anti-nazistischen Aktionen, gelingt ihm in Augsburg die Flucht. Nach dem Krieg beginnt sein Leben für Theater, für Film und Fernsehen. Für ihn hat die Türkenstraße etwas von der Portobello-Road in London, etwas Swingendes, Zum-Flanieren-Einladendes. Die Straße als Bühne.
Gern benutzt von Filmern und Regisseuren als Drehort: Schon Arnold und Richter hatten im Hof des ARRI-Anwesens Abenteuerfilme mit Harry Piel gedreht. Noch heute werden in den Studios im Hof ganze Serien für Privatsender abgedreht. Das ARRI-Kino ist fester Bestandteil des Münchner Filmfestes. Hie und da werden dort auch Preise verliehen. Szenen aus dem »Mädchen Rosemarie«, wo Georg Lehn einen Zuhälter spielte, aus einem »Schulmädchenreport« im leeren Pfefferlehaus vor dem Abriß, aus der Fernsehserie »Der Alte« und der »Heimat II« wurden in der Türkenstraße gedreht. Genauso wie »Zur Sache, Schätzchen« und »Georg Elser – ein deutsches Schicksal«, Klaus Maria Brandauers Film über den Bürgerbräuattentäter, dem 1997 der Platz gegenüber vom Drehort des Filmes gewidmet wurde: Georg-Elser-Platz. Sein und Schein, Träume, vorhandene und geplatzte, das Leben als Realsatire – wer kann sie hier präzise auseinanderhalten? Oder wer will das gar?

Hanns Christian Müller
geb. 1949 · Regisseur, Intendant

Etwas gnadenlos Gutgelauntes

Gisela Schneeberger »Ich habe hier eingeheiratet. Unser Sohn ist schon die vierte Generation im Haus. Ich würde es nicht mögen, auch noch am Wochenende im Viertel eingesperrt zu sein, aber in der Woche mag ich das Gewurle. Ob sich das jetzt Schwabing nennt oder Maxvorstadt, ist mir eigentlich egal.

Christian Ich fühle mich sauwohl in unserer Wohnung beim Hueber in der Amalienstraße. Auch wenn mir die Entwicklung des Viertels manchmal zu denken gibt. Also, die Türkenstraße war früher mehr Wohnzimmer und ist heute mehr Boutique. Mit allen Vor- und Nachteilen. Es ist ja nicht nur Scheiße, daß es einen Laden neben dem anderen gibt und ein Kaffeehaus neben dem anderen. Ich gehe gern in Kaffeehäuser, ich bin ein alter Kaffeehaushocker, für mich ist die Situation nicht schlechter geworden. Aber es ist so ein gewisser Hochleistungslebensqualitätsmief hereingekommen, so von wegen Freizeitwert von München: ›Tach Uwe, auch schon einjelebt?‹ Es ist die Art, wie da sich amüsiert wird, so etwas gnadenlos Gutgelauntes, das mir manchmal schon auf den Zacken geht.

Dann gibt es ein Phänomen, das mich fasziniert, wo ich nicht dahinterkomm', woran's liegt: es gibt Plätze, da laufen die Kneipen wie die Sau und an anderen kümmern sie dahin, die Leute können sich anstrengen, wie sie wollen. Zum Beispiel die ›Oase‹ in der Amalienpassage: voll. Das Café schräg gegenüber, na ja; außer die Sonnenverhältnisse im Frühjahr und Herbst ziehen mal ein paar Studenten hinüber. Und ich sitz' dann da und grübel, warum ich selber da nicht sitz' und komm' nicht drauf.

Zum ›Rosario‹ gehen wir manchmal, wir kennen ihn, seit er aufgemacht hat, ein skurriler Typ, ich habe ihn auch schon ein paarmal eingesetzt beim Drehen, aber da muß man dann vorsichtig sein, wenn man auf einen Espresso kommt und um ein paar Gerüchte aufzuschnappen und wenn man dann am nächsten Tag in der Zeitung liest, man sei beim Rosario gewesen und habe einen Espresso getrunken, dann mag ich das nicht. Das ist zweimal passiert und dann waren wir eben ein Jahr lang praktisch nicht mehr dort. Das hat er geschnallt und verschont uns jetzt mit seinen Spielchen. Er möcht' halt gern in die Zeitung kommen und macht das eben, indem er an irgendwelchen Namen zutzelt.

Aber Stammlokal, das ist er nicht. Ich hock' oft beim ›Mario‹ rum, den kenn ich schon seit 1965, der ist fast so etwas wie eine Kantine. Oder ich geh' ins ›Bohème‹ oder zum ›Atzinger‹, zum ›Steirer‹ oder zum ›Georgenhof‹, zum ›Schultz‹ in der Barerstraße oder in die ›Osteria‹ in der Schellingstraße.

Das ›Lohengrin‹ kannst du vergessen, ist jetzt ein ›Bella Italia[1]‹ drin und im ›Grünen Inn‹ ein Grieche, der ist auch nichts. Wo früher das ›Allotria‹ war, da ist jetzt etwas, wo man Freizeitwert demonstriert, dieses ›Café Puck‹ und das langweilt mich schon von Haus aus.

Früher gab es ja das ›Stefanie‹, in der Schellingstraße, wo heute die ›Suppenküche[2]‹ ist, da waren wir oft. Danach kam ein Italiener rein, der vorher beim ›Mario‹ Oberkellner war. Wir haben den immer ›Pfau‹ genannt, weil er mit seinem Tablett mit so geschliffenen Bewegungen um die Ecke jongliert ist. Wir waren gern bei ihm, weil er auch nachmittags auf hatte, da haben wir dann geschrieben. Und er hat uns nebenbei gekocht. Das Essen war sehr gut bis zu dieser SZ-Kolumne, wo sie ihm sein Essen verrissen haben. Du wirst lachen, nachher wurd's schlecht. Immer schlechter. Das ist für mich ein Rätsel. Dann sind ein paar Leute weggeblieben und statt daß er sich dann mehr Mühe gibt, hat er versucht zu sparen, was das Allerfalscheste ist und dann ist er irgendwann Pleite gegangen. Dann haben es diese ›Wendy's‹, oder wie die heißen, versucht, diese Hamburgerbuden. Eine davon in der Schellingstraße. Da möchtst doch glauben, wo da überall Studenten rumsausen und sich ihre Jeans kaufen, daß so was wie Hamburger geht. Aber nein, alle haben sie einen Bogen darum gemacht. Auch so ein Phänomen.

Unsere Familie wohnt hier seit 1922. Die Hueber-Buchandlung war da noch eine kleine Klitsche. Der hat damals nur katholische Literatur gehabt. Dann hat er während des Dritten Reiches nur Naziliteratur gehabt, dann wieder nur katholische, bis der Boom mit der Uni losgegangen ist. Da hat er dann erweitert, hat expandiert und metastasiert, hat dem Ignaz Scherr seine Kurzwaren dazugenommen, alles, was irgendwie aufgehört hat, hat er dazuverschmatzt, weil der Wissensdurst nach dem Krieg anscheinend immer größer geworden ist. Aber inhuman sind sie nie gewesen, die Huebers. Wo

1 danach ›Sausalitos‹, mexikanisch
2 Danach ›Papas Kebab Haus‹, seit 1998 ›Mexx‹

der Ernstl ja auch mit meinem Vater in die Schule gegangen ist. Die schmeißen keinen raus, wie beim Bau der Amalienpassage. Wenn einer geht, wird die Wohnung halt Büro, Praxis oder an die Schmidtschule[1] vermietet, die Sprachenschule hier im Haus. Der Schmidt war ja dem Hitler sein Dolmetscher. Muß ein tüchtiger Mann gewesen sein. Es gibt Eltern, die ihre Kinder ausgerechnet deswegen herschicken.

Auch das Fräulein Annie, die Annie Wehrmann, mit ihren neunzig Jahren haben sie nicht hinausgeschmissen. Sie hat im Erdgeschoß gewohnt und ihr Leben lang gedient. Zum Schluß zwei Schwestern, auch so alten Schachteln, bis die gestorben sind und das Sprach- und Dolmetscherinstitut hineingekommen ist. Das Fräulein Annie ist in seinem Kammerl geblieben oder wie eine Maus durch die Scharen der Studenten mit Afrofrisur gehuscht, die da einfach so auf den Boden geascht haben. Auf ihren Boden, den sie ihr Leben lang gewienert hatte! Aschen die jungen Leute da so einfach drauf! Sie hat die Welt nimmer verstanden und eines Tages angefangen, den Kopf zu schütteln. Dann ist sie nur noch mit einem Wackelkopf herumgelaufen, bis sie gestorben ist.

Unser Haus wurde von der Natusius Hausverwaltung verwaltet. Die hatte einen Hausmeister, unseren Hausmeister, der Spangler bei Löwenbräu war und jeden Tag mindestens ein Tragl Bier gesoffen hat. Den haben wir als Kinder gern getratzt. Wir haben Fußball gespielt und er hat geschimpft: ›Da Natusius hats verboten!‹ und ›Da wird nix gschpuit!‹. So Leute findest du ja heute gar nicht mehr, wo es sich lohnt zu tratzen, wie der alte Koch mit seiner Glatze. Wenn wir Fußball gespielt haben, kam er herunter, um uns zu schimpfen. Wir haben seine Glatze kommen sehen durch die Gangfenster im dritten, im zweiten Stock und wenn sie vor dem ersten Stock auftauchte, sind wir mit dem Ball davongerannt. Er war dann unten und hat gesehen, daß nichts mehr los war und ist wieder hinauf. Wenn die Glatze dann hinter den Fenstern des dritten Stockes auftauchte, haben wir den Ball wieder herausgeholt und weitergespielt.

Das Hueberhaus sollte eigentlich abgerissen werden. Der Hueber hatte schon die Genehmigung. Er hatte einen Verlag gegründet und baute in Ismaning gerade das Verlagsgebäude, das aber sauteuer wurde. Da hat er nicht genug Geld gehabt, gleichzeitig zu bauen und abzureißen. Überhaupt, als die Olympiade vorbei war, haben sich alle am Kopf gekratzt und gefragt: ja, wo ist es denn unser gemütliches München? Das Roman-Mayr-Haus am Marienplatz abgerissen und der Kaufhof hingebaut, obwohl sie der Stadt angeboten hatten, die Fassade zu erhalten! Da wurde dann gejammert und geklagt und umgekehrt getümmelt. Plötzlich gab es einen Bestandsschutz für unser Haus und es wurde renoviert.

Es war so zur Olympiazeit, als der Gerhard Polt aus Schweden zurückkam. Wir kannten uns schon als Kinder, er ist vor Stalingrad und ich nach der

1 Dr. Paul Schmidt, Dolmetscher von Adolf Hitler, Gründer der Schmidtschule, seit Ende der 60er: Sprachen- und Dolmetscher-Institut in der Amalienstraße

Währungsreform geboren, also sieben Jahre ist er älter. Er gehörte zur Amalienstraßenbande, wir waren für diese paramilitärisch-infantilen Spiele noch zu jung, das Dribbeln haben sie uns beigebracht. Sie spielten eher so eine Art Vaterrolle für uns, die Älteren.

Irgendwie haben unsere Mütter und Großmütter schon zusammengewohnt, dem Gerhard seine Mutter war irgendwie mit meinem Vater befreundet, die sind als Kinder schon zusammen aufgewachsen und von daher waren wir praktisch zwei befreundete Familien, jeder hat jeden gekannt. Dem Gerhard seine Großeltern waren Kunstmaler und Opernsängerin, er war zum Studieren in Schweden. Dann haben wir uns eines Tages im ›Hahnhof‹ zusammengesetzt, so 70/71 war das, während der größten Bauboomzeit, U-Bahn und Amalienpassage, und weil der Gerhard fünf Jahre weg war, hat er alles viel genauer gesehen. Wer ist eigentlich noch da, wer ist weggekommen und warum. Wir haben beschlossen, machen wir ein Buch, einfach so, Episoden aus der Zeit, fangen wir an mit der Stoffsammlung.

Da sind jedem ein Haufen Geschichten eingefallen: die vom Ignaz Scherr, vom Feinkost-Altmann, vom Kohlen-Schaab, aus der Schule oder von der Vertreibung der Mieter, die der Amalienpassage weichen mußten. Da ist dann ein Hörspiel draus geworden: ›Als wenn man ein Dachs wär' in seinem Bau.‹

Ich entsinn' mich noch, so 1953 muß das gewesen sein, da haben wir noch auf der Straße gespielt, weil eigentlich nur Lieferwägen gefahren sind. Wie der vom Schaab, dem Kohlenhändler. Da war noch viel mit Kohleheizung und der Schaab, das vergeß' ich nicht, wie der mit einem Schlauch im Hof nebenan, wie der wie ein Vergifteter die Kohlen gespritzt hat, damit aus vierzig Kilo ein Zentner wird. Er hat sie jeden Morgen unter Wasser gesetzt, das saugt sich ja voll wie ein Schwamm, hat sie dann abgewogen, verpackt und ausgefahren.

Nebenan, in der Amalienstraße 81, waren seine Riesenkohlenhalden, wo jetzt eine Druckerei, ein Aerobic-Studio und auch die Schmidtschule ist.

Oder der Altmann in der Türkenstraße, so ein kleiner jüdischer Gewerbetreibender mit dem schlaffen Spruch: ›Bei Altmann hier gibt's auch Bier‹ mit seinem Spirituosenladen und dem hinreißenden jiddischen Akzent. Er war neben dem Wurstmax, so hatte ich ihn getauft, einem Mehlteiglein, einem käsigen, und seiner großen Frau mit hochtoupierten Haaren, so einer absurden Nuttenfrisur und stark geschminkt. ›Lankes‹ hieß das Geschäft, glaube ich, Fränkische Wurstwaren. Der Wurstmax hat immer so einen Kleinbetrug gemacht, nichts Großes, mal ein Zehnerl oder so, oder ein paar Gramm weniger. Zu seinen Gunsten eben, nie den großen Deal. Irgendwo durchschaubar und irgendwo in Ordnung. Bei dem hab' ich viel eingekauft.

Einmal hab' ich meinen Geldbeutel auf dem Tresen liegenlassen, ein Fünfziger war vielleicht drin. Daheim hab' ich's gespannt, da bin ich wieder rüber. Da ist ihm, diesem blassen Typ, so ein zartes Rosa unter die Haar gekrochen, da hast du gleich gewußt, warum. ›Ich hab' meinen Geldbeutel vorhin liegenlassen‹, hab' ich gesagt, und wenn er ihn beim Putzen findet. Und in

der Art, wie ich ihn angeschaut hab' und wie er geschaut hat, also, da hat jeder Bescheid gewußt. Er hat gemerkt, daß ich weiß, daß er mir einen faulen Fisch verkauft.
Mir ging's mehr um den Geldbeutel, das war so ein kleiner, die gab es damals selten, für die Hosentasche, und der war dann eben weg. Ich bin weiter zu dem Wurstmax, ich war weiter ein guter Kunde und er war immer besonders aufgeräumt zu mir. Als ob er ein schlechtes Gewissen hätte.
Oder die Geschichte vom Ignaz Scherr mit seinen Kurzwaren. Der war, wo jetzt der Hueber seine Taschenbuchabteilung hat. Der hatte so ein Läutspiel an der Tür, blimblimblim, und wir Kinder haben halt oft die Tür nur einfach aufgemacht, um es zu hören. Maria hieß seine Zugehfrau, er war ein alleinstehender alter Mann, auch einer von diesen jüdischen Kleingewerbetreibenden, harmlos wie eine Stubenfliege, wie man diese Leute überhaupt hat so verteufeln können, also irgendwie müssen die Geschäfte nicht mehr so gegangen sein, da fand die Maria auf dem Ladentisch einen Zettel: Liebe Maria, bitte erschreck' nicht, ich hänge im Kammerl!
Die Maria hat dann den Zettel genommen, umgedreht und draufgeschrieben: Wegen Todesfall heute geschlossen! und hat ihn an die Tür gehängt.
Solche kleinen Läden sind mit der Zeit fast völlig verschwunden, wurden regelrecht ausgeräuchert, oder die Mieter vertrieben. Wie die Familie Halter, die im Haus wohnte, wo unten die ›Neue Akademie‹ war, so hieß das Lokal in der Amalienstraße, was jetzt Passage ist. Hinten war eine Kegelbahn und das Anti-Theater vom Fassbinder. Am Abend vor der Vorstellung ist er immer so in der Hauseinfahrt gelehnt und hat geschaut. Und jeder, der dann nicht in seinen Schuppen ging, der war ein Arschloch. Und es gab viele Arschlöcher, es waren fast nur Arschlöcher unterwegs, weil nur ganz wenige da reingingen. Die Halters hatten zwei Buben, den Karl-Heinz und den Robby. Mit welchen Methoden sie die rausgeräuchert haben, irre. Da wurde übler Terror gemacht mit Türen aushängen, Stiegenhaus anzünden, Dach aufreißen. Vorher hatten sie noch vier Kündigungen bekommen, weil das Haus viermal den Besitzer gewechselt hatte, war halt so ein Spekulationsobjekt. Aber alle haben sie aufgegeben, weil sie gemerkt haben, die kriegen sie so schnell nicht heraus. Dann haben sie es weiterverhökert und dem nächsten gesagt: ›Da sind nur noch ein paar Krattler drin, die kriegen'S spielend raus!‹ Und als es so ein Mailänder Industrieller gekauft hat und anscheinend eine Prämie ausgesetzt, da haben sich dann vier Kanzleien darum gerauft, wer die als erste hinauskriegt.
Das waren wirklich die letzten Indianer und da hat sich so eine Bunkermentalität entwickelt. Das war ja keine tolle Wohnung mehr, da hat ja nichts mehr funktioniert am Schluß, war alles restlos verwahrlost. Furchtbar. Die wurden dann halt auch geräumt am Schluß. Wegen der Passage.
In der Türkenstraße läuft ja dasselbe Spiel. Da wird schön hergerichtet und den Leuten wird gesagt: entweder ihr zahlt das Doppelte oder ihr müßt gehen. Und die neuen Leute, die man gerade anzieht damit, daß es hier so viele originelle Leute gäbe, so eine bunte Mischung, sie damit herlockt, die

finden von der bunten Mischung gar nichts mehr, weil die schon längst rausgeschmissen ist, die Mischung. So geht das zeitversetzt überall. Ein Sanierungskonzept, das auf immer demselben Prinzip beruht.
Meine Großmutter, mein Vater und ich sind in München geboren. Philip, Giselas und mein Sohn, ist schon die vierte Generation im Maxgymnasium. Der Urgroßvater, der Vater meiner Urgroßmutter, war ein großer Bauunternehmer, der hat praktisch die ganze Franz-Joseph-Straße gebaut und die ganzen Jahrhundertwendehäuser in Schwabing. Viele von denen haben ihm auch gehört.
Beim Baugeschäft hast du ja viel Vorfinanzierung, bis zum Zahlungseingang kann es ja bis zu einem Jahr dauern. Und da müssen sich, und das ist das Kindheitstrauma meiner Großmutter, die Bankiers untereinander abgesprochen haben mit der Rückzahlung von Krediten und sind alle miteinander auf den Urgroßvater los und haben ihm so relativ günstig die Franz-Joseph-Straße abgenommen. Die Baufirma hat ›Schneider‹ geheißen und die Bankiers waren jüdisch. Und so hat die Großmutter einen sozialen Abstieg erlebt. Kein Personal mehr, alles wurde plötzlich knapp. Der Urgroßvater, den die neuen Eigentümer als Bauleiter übernommen hatten, ist von einem Baugerüst gefallen und man weiß nichts Genaues. Hat er sich umbringen wollen, er war in den letzten Monaten stark schwermütig, oder haben sie ihn gestoßen oder ist er wirklich nur gefallen? Seither jedenfalls datiert Großmutters Haß auf die Juden. Obwohl sie persönlich, sie turnte auf allen Schwabinger Faschingsfesten herum, auf Künstlerfesten mit jüdischen Intellektuellen, sie kannte persönlich nur sympathische Juden, was aber an ihrem Pauschalurteil nicht das Geringste änderte. Wie so etwas funktioniert, so eine Übertragungskiste, das ist ja das gleiche beim Ausländerhaß: beim Türken einkaufen, aber alle Ausländer rausschmeißen wollen. So etwas kann zur Pogromstimmung doch nur führen, wenn die persönliche Erfahrung abgetrennt wird.
Der Großvater war eigentlich ein Maler, er hat einige wirklich gute Bilder gemalt und ist nachts praktisch nie vor vier ins Bett gegangen. Da ist er oben bei den Schachspielern rumgesessen, oder bei den Malern oder in literarischen Zirkeln. Dann hat er seinen Büroschlaf angetreten in der Bank, total übernächtigt, weil das war sein ›Familienversorgjob‹. Gestorben ist er relativ früh, im Februar 1929. Da hat er einen Selbstmörder aus der Isar geholt, ist ihm nachgehupft, hat ihn herausgezogen, sich aber dabei verkältet. Es war eine üble Wirtschaftskrise damals und er, kleiner Bankangestellter, kein Kündigungsschutz und nichts, er hat sich nicht getraut, zu Hause zu bleiben, halb gesund ist er zur Bank, da hat es ihn zusammengehaut, Lungenentzündung und er war tot. Mit 45 Jahren.
Das hat heroische, aber irgendwo auch komische Züge: Dadurch hat meine Großmutter 62 Jahre lang Rente gekriegt. Ich kenn' kaum einen, der so lang, die Vereinsbank hatte eine Pensionskasse, der so lang Rente gekriegt hat, wie sie. Vom zweiunddreißigsten Lebensjahr an. Großvaters bester Freund war ein Arzt. Dem wird er wohl vor dem Tod nahegelegt haben,

sich ein bißchen um die Witwe zu kümmern. Das muß er sehr ernst genommen haben, das Witwentrösten. Er stellte sie nicht nur als Sprechstundenhilfe ein, sondern betreute sie auch privat. Die Großmutter war aber gleichzeitig auch mit seiner Frau befreundet, es war ein merkwürdiges Dreiecksverhältnis. Ich habe den Arzt noch als tollen Mann in Erinnerung und sehr diskret. Auch als er tot war, blieben die beiden Frauen befreundet.
Geheiratet hat die Großmutter nicht mehr, obwohl noch mit sechzig, wo sie am Ammersee draußen war, ihr ein Haufen Verehrer nachgesaust sind. Sie war eine interessante Frau, wirklich vorbildhaft für mich. Mit einer positiven Ausstrahlung. Zu jedem ist sie freundlich gewesen. Auch wenn Freunde von mir kamen mit noch längeren Haaren, da gab es nicht diese Grabenkriege, da hat sie Kaffee gemacht und keinen schief angeschaut. Und deshalb war es besonders absurd mit diesem Antisemitismus. Sonst hat sie mich ziemlich beeindruckt.
Ich bin ja auch, von Haus aus, im positiven Sinne ein naiver Mensch, direkt harmlos. Ich geh' auf jeden zu, es ist mir wurst, was einer ist, ich habe auch keine schlechten Erfahrungen damit gemacht. Also, auch wenn du mit so einer Haltung einmal hereingelegt wirst oder auf die Fresse fällst, lebst du im Ganzen gesehen trotzdem gesünder, als wenn du hinter jeder Ecke einen Hinterhalt witterst.
Ich war ein unauffällig guter Schüler, zwar saufrech, aber ich hab' mich irrsinnig leichtgetan. Über die Schule kam ich nie ins Grübeln. Im Jahresbericht stand da immer: Beruf des Vaters. Mein Vater war Ingenieur. Erst im nachhinein ist mir klargeworden, daß sie bei uns am ›Max‹ bis zur Mittleren Reife alle Handwerker- und Arbeiterkinder rausgesiebt hatten. Wir waren nur noch Akademikerkinder oder Kinder von Studierten bis zum Abitur. Das ist ja nicht nur Begabung, ob du reden kannst oder nicht, das ist dein Umfeld, durch das du argumentieren lernst oder das dir sagt: ›Halt's Maul!‹
1943/44, als die Fliegerangriffe in München enorm zugenommen hatten, ist meine Großmutter, sie hat es nämlich gehaßt, in den Luftschutzkeller zu gehen, an den Ammersee umgezogen. Die Großeltern von Gerhard und seine Mutter sind nach Altötting evakuiert worden. Sie hatten im Mittelbau gewohnt, der eine fette Bombenbrotzeit abbekommen hatte.
Das Vorderhaus hatte bei den Bombenangriffen einen Phosphorspritzer abgekriegt und wäre abgebrannt, wenn es der Vater nicht gelöscht hätte. Er war nämlich als siebzigprozentiger Invalide nach Hause geschickt worden. Gipsfuß, Kopfverband, drei steife Finger, aber daheim war er und löschen hat er können. Wie er den Transport von Rußland nach Hause überlebt hat, ist auch so eine Abenteuergeschichte: er lag mit ungefähr hundert Verwundeten in vier Bahren übereinander in einem Doppeldecker. Er lag oben, die Russen schossen von unten und außer ihm und dem Piloten hat keiner überlebt. Die Russen wußten nämlich, daß die Rotkreuzflieger zwar Verwundete heraus-, aber auch Waffen hineinflogen. Beide haben sich also nicht an die Rotkreuzkonvention gehalten.
Nach dem Krieg haben meine Eltern geheiratet und sind dann hier eingezo-

gen, ’46 oder ’47. Da gab es aber noch andere: einen Onkel mit Frau und Kind und zwei Nonnen. Wir wohnten zu neunt, wo wir heute zu dritt wohnen.
Der Vater hatte eigentlich studieren wollen, aber er hatte einen Granatsplitter im Kopf, so daß er beim Lernen immer Kopfweh gekriegt hat. Deshalb machte er eine Maurerlehre. Er hat mitgeholfen, das zerstörte Münchner Rathaus wieder aufzubauen und hat nebenher einen florierenden Scheißhausbau geführt, (lacht), also er hat bei Privaten Toiletten und Bäder eingerichtet. Ein Scheißhaus brachte achtzig Mark, das war damals viel Geld. Für die Bohlen hat er das Parkett vom Rathaus gut brauchen können. Bis in die ersten Semester hinein hat er den Nebenjob betrieben. Es war allmählich besser geworden mit dem Kopfweh, er hat an der TU ein Ingenieurstudium angefangen.
An meinem ersten Schultag hat er mich gefragt: ›Was willst denn mit einer Schultüte? Ist doch ein Schmarrn! Komm’, ich schenk’ dir ein schönes Taschenmeser!‹ Dann sind wir zum Dossi, dem Scherenschleifergeschäft in der Türkenstraße und ich hab’ ein Taschenmesser mit zwei Klingen und Korkenzieher und Perlmutt bekommen. Und während mich die anderen mitleidig anschauten, weil ich keine Schultüte hatte, habe ich gewußt, was ich in der Hosentasche hatte. Also ich habe gelernt, daß man nicht immer alles herzeigen muß. Die Türkenschule war ein merkwürdiger Laden. Ich war dort von ’55 bis ’59, also das Winterhalbjahr. Das Sommerhalbjahr war ich am Ammersee. Es waren acht Klassen, gemischt, aber getrennt nach Konfessionen. Wir waren eine evangelische Klasse, die D; A, B und C waren katholisch, A und B, glaub’ ich, getrennt, Buben und Madeln, und die C gemischt. Damals wurde gerade die Prügelstrafe abgeschafft, das heißt in Bayern, der Hundhammer war Kultusminister, hat man sich erbittert gewehrt, daß die Prügelstrafe abgeschafft werden sollte. Aber sie konnten es nicht verhindern. Es war ja auch nicht der Lehrkörper ausgewechselt worden, die haben vorher gewatscht und nachher auch, aber eben subkutan. Das heißt, so nebenbei hast du eines hinter die Löffel gekriegt, ohne daß der dich auch nur angeschaut hätte.
In der dritten und vierten Klasse war der Direktor Türk unser Klassenlehrer. Da hat mich einer in der Pause so getratzt, ich glaub’, es war einer von den Lichtblau-Buben, der Rudi, der ging mir bloß bis zur Schulter, aber rotzfrech war er und hat nicht auslassn, bis ich ihn gepackt hab’, ich war ja wirklich ein gutmütiger Mensch und es hat lange gebraucht, aber da hab’ ich ihm satt eine gescheuert und er ist davongeflogen. Der Direktor Türk, der mich nicht gekannt, aber nach dem für einen üblen Raufbold gehalten hat, zitierte mich in sein Zimmer. Lächerlich, ein winziges Kabuff, ein schmaler Schlauch mit einem kleinen Fenster, in dem gerade ein Schreibtisch Platz hatte und ein Stuhl gegenüber. Er hat mich ’reingewunken und hinter mir die Türe abgesperrt. So blieb die Sache unter uns. Er hat seinen Stock aus dem Gummibaum gezogen und hat mir den Hintern verhaut. So richtig: Tsch, tsch, tsch!

Der Direktor Türk war ja an sich kein unguter Mensch. Das hat er gemacht in seiner Not, denn wenn er mir öffentlich eine gepfiffen hätte im Schulhof, wäre er vielleicht angezeigt worden. Dann diese Vollzugsangst, das hätte ja seine Karriere beenden können! So war das eine Sache unter uns. Aussage gegen Aussage, wenn's hart auf hart ging.
Der Wimmer, der Heimatkundelehrer, der war toll, der ist mit uns überall hingegangen, in alle Kirchen und Museen der Stadt während des Unterrichts. Wenn er mich jetzt sieht, kennt er mich nicht mehr. Total vertrottelt. Am stärksten war es aber mit dem Hobelsberger und seinem Vollgebiß. Er hatte eine kleine Zahnpastafabrik, ›Kruzilan‹ hieß die Zahnpasta, und er fragte uns immer, ob wir auch unsere Zähne schön geputzt hätten. Er war einer von denen, die immer so heimlich ihre Kopfnüsse verteilten. Einmal hat er uns furchtbar ausgeschimpft und dabei ist ihm das Oberteil vom Gebiß herausgefallen. Da war er unten durch.
Später, so ab vierzehn, hatte ich auch jüdische Freundinnen. Aber weil ich so grenzenlos harmlos war, hab' ich zuerst gar nicht gemerkt, daß die zwar zu mir haben kommen dürfen, sie mich aber nie heimgenommen haben. Das haben nämlich ihre Eltern nicht wissen dürfen, daß sie einen deutschen Freund hatten. Das merkst du erst allmählich, wie es da ungeschriebene und unausgesprochene, aber Wände gibt.
1966 hab' ich die Gisela kennengelernt, stimmt nicht, gekannt haben wir uns schon früher, nämlich von der Schulbühne her. Weil im ›Max‹ nur Buben waren, haben wir uns zum Theaterspielen die Madeln ausgeliehen vom Luisengymnasium. Und da hat mir die Gisela schon immer als Gestalt imponiert, wie sie so gespielt hat.
Kurz nach ihrem achtzehnten Geburtstag gab es eine Fete. Ich war irgendwie schon sauer, weil eine Freundin, mit der ich Schluß gemacht hatte, das wieder aufwärmen wollte. Man war auch viel extremer damals, man hat es krachen lassen, es gab praktisch keine Droge, die man nicht ausprobiert hat. Was wir uns da nicht alles reingezogen haben!
Ich hab' alles getan, mich so schlecht aufzuführen wie möglich. Ich kam mit drei Typen an, bin in den Weinkeller von Giselas Eltern eingebrochen, das waren so Latten mit einem billigen Schloß, ruckzuck bist du drin. Die Gisela saß mit ihrem damaligen Freund zusammen, der mußte aber immer früh heim. Irgendwann bin ich dann neben ihr gehockt. Ich weiß nicht mehr viel von dem Abend, außer daß wir die letzten waren und sauber besoffen. Seither sind wir befreundet. Bald an die dreißig Jahre. Wahnsinn!«
Mitte der 90er zieht er zu seiner neuen Lebensgefährtin, auch einer Schauspielerin. 1997 wird er Intendant des Volkstheaters und Gisela Schneeberger erhält den »Kaleidoskop«-Preis für ihre schauspielerischen Leistungen.
»Weggegangen bin ich schon immer viel. Angefangen habe ich mit vierzehn, mit fünfzehn hab' ich mir mein Geld verdient mit Musikmachen. Ich habe Baß gespielt, Gitarre, Keyboard, was man eben gerade so gebraucht hat. Ich war in einer Band, die erst ›Prowlers Rhythm and Blues‹ hieß, dann ›Funny Figures‹, schließlich ›Kaleidoskop‹. Wir waren so eine Art Lokalmatadore,

wir waren gut im Geschäft. Und haben hie und da auch im Jazzkeller in der Türkenkaserne gespielt.
Da ist es gerade losgegangen, Theateraufführungen mit Rockmusik, wir waren immer dabei: Residenztheater, im Deutschen Theater. Dann kamen die Fernsehanstalten. In zig Fernsehfilmen gab es plötzlich Parties mit Rockmusik.
Ich hatte eigentlich Geschichte und Psychologie studiert, aber gelebt habe ich vom Müncher Rationaltheater. ›Täglich außer Montag‹ bin ich dort aufgetreten. Dauernd warst du da mit diesen Cliquen zusammen, politisches Kabarett und so. Da hat man dann philosophiert und politisiert, diese ganze Terminologie hat man ja schnell drauf, das sind ein paar Kürzel, kommt bloß darauf an, wie du sie zusammensetzt. Für mich war dieses ganze 68er Getue eher eine Attitude. Eine Aufbruchstimmung schon, aber eher Kasperltheater und Gaudi, mehr Happening als Revolution. Die Eddy-Nachtvorstellungen im ARRI oder die Feten in der Giselastraßenkommune, wo der Langhans und die Uschi Obermeier rumgeturnt sind – mit Politik hat das nur am Rande zu tun gehabt. Im Grunde genommen war es das, was die Punks fünfzehn Jahre später gemacht haben: einfach die Sau rauszulassen. Nur damals mit politischem Anspruch.
1971, nach der Zeit am Rationaltheater, haben der Gerhard und ich eine Tourneetruppe gebildet, die MTM hieß, Montage Theater München. Das erste Stück war: ›Wer beschiß Salvatore G.?‹
Da ging es um Gastarbeiter und wie sie ausgebeutet wurden, das fing nämlich damals an. Beim ersten leisen Hauch von Rezession ging die Überlegung los: Wie kriege ich sie wieder los? Neulich hab' ich das Stück wieder in der Hand gehabt, grauenhaft, das reine Traktat, so richtige Agitationsscheiße. Wo der Betroffene, der Salvatore, gar nicht mehr selber zu Wort kommt. Den hätte der Gerhard spielen sollen. Gut, das war nichts, dafür hat die Gisela den Gerhard kennengelernt auf seiner Hochzeit am Ödenturm im Bayerischen Wald, wo die Fini herkommt, seine Frau.
Ich habe damals mit dem Helmut Brasch so ein Mitternachtstheater gemacht, daraus sollte eine Nachtrevue werden, im Sommer, am Wochenende, nach der normalen Vorstellung in der ›Kleinen Freiheit‹. Die Gisela und der Jochen Busse – als Rahmen hatten wir so einen Kitschroman – sollten das Liebespaar spielen, da ging der Busse ans ›Kommödchen‹ und die Gisela sagte: ›Du, der Gerhard war doch so lustig, meinst nicht, frag' ihn doch mal‹. Da hab' ich ihn gefragt und er hat eine Gaudi gehabt und seitdem arbeiten wir zusammen.
Also nicht immer und ständig. Der Gerhard geht ja mit den Biermösl Blosn schon jahrelang auf Tournee, ohne daß ich mitdackel' oder die Gisela dabei ist. Ich mache Musik für Filme, die mit ihm nichts zu tun haben. Jetzt haben wir gerade die ›Tschurangrati‹-Geschichte zusammen gemacht. In den Kammerspielen. Also wir sind befreundet, siamesische Zwillinge sind wir nicht. Das ist auch gesünder.«

Claudia Butenuth
geb. 1945 · Schauspielerin

Mediterran

»Jeder kann Schauspieler sein, wenn er das Selbstwertgefühl hat. Im Menschen ist alles vorhanden. Er ist eine Schatzkammer. Andere müssen Therapien machen, ich kann in der Schauspielerei viel abspielen. Wir können schreien, einen Ehekrach spielen, eine Mörderin sein. Es gibt Rollen, mit denen man sich identifizieren kann, und welche, hinter denen man sich versteckt. Es sind wunderbare Therapieerfahrungen.
Ich habe jede meiner Rollen gern gespielt. Von den vielen Rollen als junges Mädchen aus gutem Hause, ich hatte ellenlange blonde Haare, war so ein Gretchen-Verschnitt, über die Nutte zur frustrierten Sekretärin. Was ich unbedingt noch spielen will, ist eine Ärztin. Das wäre ich nämlich gern geworden, Kinderärztin. Wenn ich nicht Schauspielerin geworden wäre.«
Claudia Butenuth kommt aus der Nähe von Köln, geht in Frankreich zur Schule, lebt 1968 sowohl in Paris als auch in München. »Ich habe München gewählt, weil es mich an Paris erinnerte und weil ich ein Stipendium an der Schauspielschule hatte. Alle in der Schauspielschule waren politisch engagiert, alle Studenten. Wir hatten Kontakt mit Uni und Akademie, weil wir dort Vorlesungen hörten, an Happenings teilnahmen.
Zwischen uns und den Professoren klaffte ein Abgrund, keiner von ihnen hat je an Demonstrationen teilgenommen. Interessiert hat uns nur die Gerechtigkeit. Wir wollten Veränderungen. Kommunen haben mich nicht interessiert und die Abspaltungen zum Linksradikalismus auch nicht.
Ich war hochschwanger, als wir vor der Bildzeitung demonstrierten. ›Paß bloß auf, daß dein Baby keinen Stein abkriegt! Geh' doch endlich nach

Hause!‹ sagten die Freunde. Ich war mitten auf der Balustrade. So gedankenlos war man damals.
1968 ist mein Sohn geboren. Ich hatte ihn von meiner Sandkastenliebe und wir waren nicht verheiratet.
Die sexuelle Befreiung der Frau war durch die Pille gekommen. Ich hatte an einem Film mitgewirkt, der »Die goldene Pille« hieß und von dem wir uns viel erwarteten. Er lief aber dann doch nicht so gut.
Irgendwann beim Drehen hab' ich die Toni Netzle kennengelernt. ›Kommen Sie doch einmal zu mir‹ hat sie gesagt und den ›Simpl‹ gemeint. ›Was, abends allein? Ohne Mann?‹ hab' ich zurückgefragt. – ›Bei mir werden Frauen nicht belästigt!‹ hat sie gesagt. Dann bin ich einmal vorbei und blieb praktisch fünf Jahre. Bis Mitte der 70er. Ich saß am Stammtisch, und um mich tobte das Leben bis nachts um drei. Dann sind wir oft noch zum Viktualienmarkt und anschließend zum Drehen. Oder wir hatten Touren gemacht durch Schwabinger Lokale und landeten automatisch zum Schluß im ›Simpl‹. Es war wie ein Magnet. Außer Samstag und Sonntag gehörte ich die ganze Woche dem Etablissement an. Ich habe nie Alkohol getrunken, nur Wasser. Ich gehörte allmählich dazu wie die Bestuhlung.
Toni beschaffte mir immer einen Sitzplatz. Es war wie eine große Familie. Luggi Waldleitner und Karli Spies hatten ihre festen Plätze, wo man sich niederlassen durfte, bis sie kamen, dann aber sofort aufstehen mußte. Der Wendland war da, der Arnold, der Horst Jüssen. Es waren mehr als intime Freundschaften, man kümmerte sich umeinander. ›Warum ist der denn nicht da? Was hat er denn?‹
Wenn gefragt wurde: ›Wo gehst du anschließend hin?‹ und es hieß ›Ins Wohnzimmer‹, wußte man, daß der ›Simpl‹ gemeint war, Tonis Wohnzimmer. Die Leute der Lach- und Schießgesellschaft kamen nach der Vorstellung, wer als Schauspieler und Sänger in München war, kam zu ihr. Als ob es nach Mitternacht in ganz München kein anderes Lokal gegeben hätte! Zu einem Fest kam der Udo Jürgens einmal mit einem Schwein an, überhaupt die großen ›Simpl-Feste‹! Wer da nicht eingeladen war, hat darunter gelitten. Die Sachsens kamen, Brigitte Bardot und Gina Lollobrigida. Und wo Künstler sind, treibt es ja gern die Politiker hin. Der Peter Gauweiler war da, beinahe täglich und sehr lustig, den F.J. Strauß hab' ich dort gesehen und den Ehmke mit seiner tschechischen Frau. Der Teufel und der Kunzelmann waren auch eine bestimmte Zeit mal da, aber die haben mich nicht so interessiert.
Ich wohnte nur ein paar Häuser weiter, und bevor ich nach Hause ging, mußte ich einen Blick in den ›Simpl‹ werfen: Wer sitzt da? Was verpasse ich eventuell?
Es war wie ein Sog. Der Schauspieler ist ein Ego-Beruf, natürlich, er möchte bekannt sein und in der Öffentlichkeit stehen. Und dafür war der ›Simpl‹ das ideale Pflaster.«
Claudia Butenuth wird krank. Überdenkt ihr Leben. Beschließt, daß es sich ändern muß.

»Es war ein positiver Einbruch, der manchmal nur über eine Krankheit geht. Ich habe viel gelesen und gemalt, Aquarell und in Öl.«

1980 hat sie eine Ausstellung bei Dallmayr und verkauft alle Bilder an einem Abend. Danach hört sie mit dem Malen auf.

Seit 1983 setzt sie sich für krebskranke Kinder ein, gründet die Künstlerhilfe ›Künstler für krebskranke Kinder‹. Inzwischen gehören ihr 4 bis 500 Mitglieder an, auch Thomas Gottschalk. »Das hat Millionen eingebracht. Dadurch ist die erste Modell-Tagesklinik für Kinder entstanden. In München gibt es jetzt vier Kinderkrebsstationen und es expandiert. Wie die Erkrankungen nach Tschernobyl. Vor allem sind es Leukämie und Tumore, denen man zu sechzig Prozent mit Chemotherapie beikommen kann.«

Sie engagiert sich auch im Altenheim Kieferngarten. »Das mach' ich gerne. Das erdet.«

In Indien endlich findet sie etwas, was sie nicht in Worte fassen kann. »Was hinter den Worten steht. Was meiner Seele gut tut.

Jetzt könnte ich zum ersten Mal die Türkenstraße verlassen. Früher hat mir allein beim Gedanken, wegziehen zu müssen, das Herz wehgetan. Und sei es nur nach Grünwald. Die Türkenstraße, das ist Künstlerviertel und Dorf in einem. Es ist offen und gemischt. Viel weniger aggressiv als in anderen Vierteln. Wie oft radle ich auf dem Trottoir und niemand sagt etwas. Es ist dieses südländische ›Laisser faire‹ und der blaue Himmel darüber. Es ist, als wäre man woanders. Ich brauche keinen Urlaub außerhalb zu machen, ich mach' ihn zu Hause.

Zwischen Schelling- und Adalbertstraße hat sie ihr Highlight, da passiert Unglaubliches, da ist es mediterran. Weiter unten wird es bieder und deutsch und ganz am Ende, das ist ja wie ein Wurmfortsatz, den könnte man ruhig abschneiden. Lauter Banken und Leute, die dich maßregeln. Das gehört nicht zur Straße.«

Georg Lehn
vor dem Türkendolch · geb. 1915 · gest. 1996 · Schauspieler

Hauptmensch, Nebenmensch

»Ich stamme aus einer stockkatholischen Familie und sollte eigentlich Geistlicher werden. Das hatte die Familie beschlossen, und ich habe es auch einmal gewollt. Ich war ja schließlich bis zum achtzehnten Lebensjahr Meßdiener. Bis die Schul' zu Ende war. Als ich dann in die Schauspielschule ging, brach das große Donnerwetter aus. Schauspieler – das war doch kein Beruf! Niemand hat's mir zugetraut, sie haben sich lustig über mich gemacht, ich habe schwer kämpfen müssen.«
Die Großeltern haben ein Abonnement im Landestheater Darmstadt. Und der Bub', um »gebildet« zu werden, darf sie begleiten. »Komm' doch einmal mit«, sagt ihm ein Freund, der Komparserie machte, »kannst dir ein paar Mark verdienen!«
Im ›Lohengrin‹ und der ›Aida‹ tritt Georg Lehn als Komparse auf, überlegt sich: Das kannst du eigentlich auch! Schauspielern! Lernt zwei Rollen auswendig, den Leon aus ›Weh dem, der lügt‹ und den Gobo aus dem ›Kaufmann von Venedig‹, spricht sie einem alten Schauspieler vor. ›Daß Sie ein großer Schauspieler werden, kann ich Ihnen nicht versprechen‹, sagt er, ›aber tun Sie's richtig studieren. Gehen Sie an eine Schule!‹
Georg Lehn geht nach Frankfurt ans Konservatorium, macht die Eignungsprüfung. Ergebnis: Völlig unbegabt.
»Ich wußte nicht, was ich machen sollte. Der Freund riet mir, es doch einmal in Mannheim zu versuchte, A1 bis A3, die haben da doch so komische Straßennummern, dort würden auch Prüfungen gemacht. Ich nahm also mein Fahrrad und machte die Prüfung in Mannheim. Ich bestand sie und

bekam sogar ein Stipendium.« Das war 1936, an der Schauspielschule des Stadttheaters.

Er studiert in Darmstadt, macht eine weitere Prüfung: »Bei der Reichstheaterkammer. Man konnte nur arbeiten, weil ja alles staatlich war, wenn man diesen offiziellen Betätigungsschein hatte.«

Arbeitsdienst, ein Jahr Volontariat am Landestheater in Darmstadt, ein Jahr Wanderbühne Hannover.

»Ich bin nicht in die Partei gegangen, weil ich sie nicht habe ausstehen können, diese Nazis. Da war ich von meinem Elternhaus her geprägt. Nach jeder Premiere kam ein Gauleiter und hat sich die Ballettmädchen vortanzen lassen. Abends war dann eine große Fete und immer dieselbe Frage: Ja, Herr Lehn, sind Sie denn immer noch nicht in der Partei? – Ich habe keine Zeit, wirklich! hab' ich dann immer gesagt und mich so durchgemogelt.«

In Hannover erkrankt er schwer, lymphale Leukämie, liegt auf Leben und Tod. Was ihn für die Wehrmacht untauglich macht: er bekommt den rosa Ausmusterungsschein. Sein Glück. Spielt weiter, als er wieder gesund ist, jugendliche Komiker. Diesmal mehr im Osten: in Schneidemühl und Bromberg.

Es ist 1945. »Die Russen standen vor der Tür, der Intendant von Bromberg, Vogt, war schon abgehauen. Mein polnischer Garderobier, Georg Arndt hieß der, so richtig deutsch, Arndtchen sagte immer zu mir: Ach Herr Lehn, bleiben Sie doch da! – Nee, sagte ich, nichts da!

Dann liefen wir, bei vierzig Grad Kälte, zwischen Flüchtlingen und Soldaten, zwischen allem, was sich da zurückzog, die achtzig bis neunzig Kilometer nach Schneidemühl und dann noch einmal soviel bis fast nach Berlin. Zu Fuß!« Georg Lehn, seine Frau, seine Schwester, zwei Schauspielerinnen und ein Schauspieler.

»Später habe ich eine Kollegin getroffen, die in Bromberg geblieben war. Furchtbar! Die Haare haben sie ihr abgeschoren und vergewaltigt ist sie worden!«

Stroux ist am Darmstädter Theater Intendant, er engagiert Georg Lehn, nimmt ihn sogar mit, als er nach Heidelberg übersiedelt. »Damals war ich so ein bißchen Revoluzzer.« Er wirft dem Stroux-Nachfolger Köhler vor, er ziehe die Opernleute den Schauspielern vor: »Die Oper bekam immer die schönsten Kostüme, die schönsten Bühnenbilder und wir Schauspieler mußten mit dem Rest vorlieb nehmen.« Das erzählt er einer Zeitung und bekommt flugs die fristlose Kündigung. »Sie konnten mir aber gar nicht kündigen, weil ich in jedem Stück drin war.« Inzwischen bereits als Charakterdarsteller, z. B. als Wurm in ›Kabale und Liebe‹. Er blieb bis zum Ende der Spielzeit 1947.

»Eines Abends sagt ein Kollege: ›Du, der Intendant vom ›Münchner Jungen Theater‹ ist da und sucht einen jugendlichen Komiker! Es war abends und Carfew, Ausgangssperre. ›Sprich ihm doch einfach einmal vor! Er hat kein Hotel mehr bekommen und ist bei mir.‹ Ich lag schon im Bett. ›Ich kann doch so nicht!‹ sagte ich. Aber dann hab' ich doch den Mantel über den Schlafanzug gezogen und bin 'rüber, hab' ihm vorgesprochen und er hat mich sofort engagiert.«

Von Uslar nimmt Georg Lehn mit nach München. Zwei Jahre lang wird in der Aula des Anna-Gymnasiums in der Liebigstraße gespielt. Bis die Währungsreform kommt und das ›Münchner Junge Theater‹ kein Geld mehr hat.
»Es war pleite und wir Schauspieler standen auf der Straße. Ich hab' ein Jahr lang nur noch Funk gemacht. Nach Baden-Baden und Essen bin ich zurückgekommen nach München, zum Staatstheater.«
1957 ziehen die Lehns ins Haus des ›Türkenkinos‹: 73 Quadratmeter für 125 Mark. Inzwischen kostet es zehnmal mehr. Berndi, der Sohn, der später einmal ins Haus heiraten wird, ist gerade vier und Barbara, die Tochter, wird im gleichen Jahr geboren.
Nach dreizehn Jahren stirbt Georg Lehns Frau.
»Ich habe am Beerdigungstag frei bekommen. Wir drehten gerade mit Schlöndorff den ›Plötzlichen Reichtum der armen Leute von Krombach‹. Das war meine Lieblingsrolle: der Vater von den Burschen, die den Geldtransport des Herzogs überfallen haben und dann zum Tod durch den Strang verurteilt werden. Ich auch, ja.«
Inzwischen hat Georg Lehn über 200 Fernsehrollen gespielt, war bei 23 Spielfilmen dabei, »die Theaterrollen kann ich nicht zählen.«
Er tritt auf: im Münchner Residenztheater, im Thalia und im Staatstheater in Hamburg, in der Komödie in Berlin, im Raimund und im Volkstheater in Frankfurt und manch anderen. Wenn er dreht, essen die Kinder oben im Haus vom ›Türkenhof‹ bei der Hausmeisterin, Frau Konrad, die auch die Wohnung in Ordnung hält. »Eigentlich bin ich ein sehr häuslicher Mensch. Wenn wir im Ausland drehen und die Kollegen sagen, ach, bleib doch mit uns noch da, da bleib' ich dann nicht. Mich zieht es nach Hause. Zu Hause möchte ich sein!
Ich koche gern und ich glaube, ich koche auch gut. Spargel mit Omelett und Schinken, mmmhhh. Ich könnte mir mich als Koch vorstellen. Oder als Hausmann. Im Haushalt kann ich praktisch alles.«
In der Türkenstraße wird der Film »Das Mädchen Rosemarie« gedreht. »Belinda Lee, eine amerikanische Sexbombe, spielte die Rosemarie. Und ich war ihr Zuhälter. Gedreht haben wir im Treppenhaus neben dem ARRI, einem alten Haus, das es nicht mehr gibt.«
Immer wieder geht Kunst und Leben durcheinander, verquickt sich, gibt Anlaß für Mißverständnisse.
»An einem Samstag abend habe ich im Fernsehen einen Arbeiter gespielt, der am Schluß besoffen auf einer Mistkarre weggefahren wird. Am Sonntag früh in der Ludwigskirche werde ich von einer Frau streng gefragt: ›Na, endlich wieder nüchtern?‹ Oder als wir in Lanzarote landen und aus dem Bus steigen, schreit da einer: ›Schau, der nackte Mann aus dem Fernsehen!‹ Das war aus der Serie ›Ein Chirurg erinnert sich‹ mit Claus Biederstaedt, in der ich einen Patienten mit Hämorrhoiden spielte, der aus Angst vom Operationstisch springt und nackt durch die Frauensäle rennt, sich in der Toilette einschließt und wartet, bis die Feuerwehr kommt.

Mit dieser Szene als nackter Mann werde ich am meisten identifiziert, daran erinnern sich die Leute. Nicht so sehr daran, daß ich während der Untersuchung im Film zum Doktor gesagt hatte: ›Ach, wissen Sie, ich bin ein Nebenmensch, ein Niemand. Keiner kennt mich.‹ Und nach der Operation liege ich im Bett und sage: ›Und jetzt bin ich ein Hauptmensch!‹ Weil alle mich kannten. Als nackter Mann.
Bei Faßbinder hab' ich auch gespielt: im ›Alexanderplatz‹, einen Irren. War eine tolle Arbeit und er ein toller Typ. Alle hatten mich vorher gewarnt: ›Mit dem kannste nich'! Ist aber alles prima gelaufen. Gleich als ich ankam, sagte er: ›So, Herr Lehn, jetzt können Sie erst einmal frühstücken!‹ Da gab's Weißwürste, die er sich hat aus München einfliegen lassen. ›Wollense vielleicht einen Joint?‹ fragte er noch. ›Danke, danke,‹ sagte ich.
Ich bin eher ein konservativer Mensch. Ich bin bei keiner Partei, aber zum Jour fixe des CSU-Kulturkreises für Künstler geh' ich schon mal öfter hin. Es kommt eigentlich nie vor, daß mich gar keiner grüßt. Das ist eben der Bekanntheitsgrad, der vom Fernsehen kommt. Für mich ist die Türkenstraße eine der schönsten Straßen Münchens, das Karree Amalien-Schelling-Adalbert-Türkenstraße eine der schönsten Gegenden Münchens. Das ist auch mein Trottelweg.
Mit Filmen aufhören? Ich? Solange ich noch lernen kann und fit bin? Nee. Andere müssen mit 65 aufhören und ich bin heute 77 und kann noch arbeiten. Das ist das Schöne an unserem Beruf.«
Vier Jahre später stirbt Georg Lehn.

Fritz Falter
geb. 1919 · Filmkunstpionier

Schwamm drüber!

»Freien Eintritt hatten: Minister, Abgeordnete, Leute über 80 und Geburtstagskinder. Mit Partner. Von den Politikern kam keiner.«
Das war 1962 und galt für das in »Türkendolch« umgetaufte »Türkenkino«, das Fritz Falter gerade zum »Isabella« und dem »Occamstudio« übernommen hatte.
»Der alte Haudegen Fritz Falter«, schrieb der »Münchner Merkur«, »hat sich eine neue Waffe zugelegt, ein Wafferl: den Türkendolch in der Türkenstraße. Dort will er auf 130 Plätzen seinem Renommee getreu weiter auf dem schmalen Pfad seines geliebten Metiers wandeln. Bei einer sympathisch verwurstelten Einweihungsfeier, ›Taufakt‹ genannt, wurde auf einem Samttuch gebettet, der Türkendolch leibhaftig hereingetragen ...« Es gab auch eine »Gebrauchsanweisung« zur richtigen Handhabung des »Türkendolchs«: daß man nämlich keineswegs still sitzen bleiben solle, sondern nur kräftig mittun.
Vorbild war das ARRI mit seinen Eddy-Nachtvorstellungen, in denen Eddy Constantine eher eine Nebenrolle, das Publikum aber die Hauptrolle spielte. »Jetzt mach' ich ganz was Verrücktes«, sagte sich Fritz Falter, »wenn's nicht klappt, geb' ich das Kino zurück.« Er setzte auf unfreiwillig komische Filme. »Filme, Filmchen und sonstiges Zelluloid, aufgespießt und fein gewürzt vom Türkendolch, Schwabings kleinstem und respektlosestem Kino«, war der Slogan der Zeit.
»Persiflagen, Satiren, Ungereimtes, Sündenpfuhliges, Pulverdampfiges, herzhafte Klamotten« werden versprochen, ein »kritisches Publikum« erwartet.

Das ging ein Vierteljahr gut. »Ich dachte, das Kino bricht auseinander, ausverkauft, ausverkauft, ausverkauft.« Doch dann ging der Stoff aus und die ersten Klagen trafen ein: u. a. von Herrn Brummer, dem Produzenten von krachledernem Bayernsex, daß man seine ernstgemeinten Filme nicht so durch den Kakao ziehen dürfe.

Eigentlich hatte Fritz Falter das kleine, häßliche Kino gar nicht gewollt, als es ihm von Frau Adler angeboten wurde, die 1954 die Kinoeinbauten in der Türkenstraße 74 hatte vornehmen lassen. Sie war von ihrem Pächter »nach Strich und Faden betrogen worden.«

Einerseits war das Kino zu klein »egal, wie groß es ist, du brauchst eine Kassendame, einen Vorführer, eine Putzerin und damals noch eine Platzanweiserin«, andererseits würde es ihm mehr Freiheit in der Auswahl und kürzere Wartezeiten garantieren. »Das war damals noch ganz streng mit den Rechten für Erst-, Zweit- und Drittaufführungen.«

Wenn man einen wichtigen Film zeigen wollte, mußte man oft einen anderen dazunehmen. Dann die Geschichte mit der Werbung! »Ich habe lange Jahre keine Werbefilme fürs Rauchen gezeigt. Weil ich Nichtraucher bin. Weil ich es nicht mag, daß jemand in meiner Gegenwart raucht. Jahrelang habe ich mir damit Einnahmen von 500 bis 1 000 Mark im Monat entgehen lassen. Bis ich halt nicht mehr konnte, das Geld regelrecht brauchte. Dann hab' ich Bauchweh gekriegt, wenn ich die Werbung sah.« Weil, eigentlich wollte der Fritz Falter auch im »Türkendolch« nur Filme zeigen, in die er Freunde und Bekannte mit Kindern schicken konnte. Gewalttätiges verabscheute er, Seichtes, Verlogenes und Kitsch. Er fühlte so etwas wie einen pädagogischen Auftrag: »Wenn die anderen ›Rambo‹ vorführten und sagten, ›bin ich etwa für das Seelenheil meiner Besucher verantwortlich?‹ so meinte ich immer, daß man doch erzieherisch irgendwie tätig sein muß, daß man eine Verantwortung hat. Wie ein gutes Bekleidungsgeschäft, das auch keinen Ramsch anbietet, so muß das doch auch beim Film möglich sein. Ist es nicht. Es war eine Schnapsidee. Geschäft ist Geschäft. Das habe ich viel zu spät kapiert. Ich war angesteckt von einem Idealismus, aber letztendlich scheitern viele Dinge an der Realität. Ich habe die Hürden gerade noch gekriegt. Ich habe keine Schulden, das nicht. Was bleibt, ist die menschliche Enttäuschung.«

Er hatte nämlich die Idee, den »Türkendolch« von jungen Leuten, von Studenten, eigenständig bewirtschaften zu lassen, »mitsamt dem Gewinn für den Süßwarenverkauf«, was rechtlich eigentlich gar nicht ging. Sie sollten bei der Programmgestaltung mitwirken, »ich wollte mir so Nachfolger heranziehen.«

Es lief eine Weile recht und schlecht, bis kurz vor den Filmkunstwochen im Sommer 1978 seine Mitarbeiter ihm ein Ultimatum stellten: entweder sie bekommen völlige Freiheit in allem, Einnahmen, Ausgaben, Personal und Programm oder …

»Sie wollten es mir aus der Hand nehmen, mich völlig unter Kuratel stellen. ›Seid ihr verrückt geworden?‹ habe ich sie gefragt. Da haben sie alle gekün-

digt, so ein Dutzend Leute, viele Aushilfen darunter. Die dachten, ich stünde jetzt vor einem Chaos. ›Ihr könnt alle gehen, von mir aus‹, sagte ich, zwei haben mich noch vor dem Arbeitsgericht verklagt, daß ich sie entlassen hätte. So eine Unverschämtheit! Dabei war das Ganze Nötigung, Erpressung! Ich war einfach zu gutmütig, ich habe denen zu viel Freiheit gelassen! Ich habe ihnen eine Chance gegeben und sie haben so darauf reagiert! Das hat mich sehr bedrückt und wahnsinnig enttäuscht.«
Zwei Jahre später bietet Falter den »Türkendolch« zum Verkauf an. Louis Anschütz behält den Namen »Gut Licht, gut Ton, und volle Kassen« bei, nimmt das »Isabella« gleich dazu.
»Dann kam noch die Stadt. Grundmann hieß der Kämmerer damals, und es ging um die Grundsteuer. ›Die stunden wir Ihnen‹, hat er gesagt, ›das bringen wir unbürokratisch weg!‹
Von wegen. Nie und nimmer habe er so etwas behauptet. Die städtischen Behörden und der Kulturreferent zuckten mit den Schultern: ›Gegen den Stadtkämmerer können wir nichts machen!‹ Sprüche, nichts als Sprüche!«
Er erinnert sich ans Ende des »Occamstudios für Filmkunst«: »›Wir werden Ihnen helfen! Wir sorgen für ein anderes Lokal!‹ versprach mir die Stadt und nahm allein 400 Mark Miete für einen Schuppen, in dem ich meine Stühle gelagert hatte. ›Ja, haben Sie das denn schriftlich?‹ hieß es wenig später. ›Ich dachte, es hätte sich um ein Ehrenwort gehandelt!‹, ich. Man war so blöd zu glauben, daß das Wort eines Politikers wahr wäre. Ha, erstunken und erlogen!
Als mich meine Partnerin heute fragte, warum ich so mißmutig wäre, als ich die alten Ordner durchblätterte, das war eben, weil alles wieder hochgekommen ist, der ganze negative Kram! Ich möchte ihn endlich weghaben, ad acta legen, es war so scheußlich!
Und was hast du daraus gelernt, hat mich meine Partnerin weiter gefragt. Ich: Daß der Idealismus, Gutes tun zu wollen, ein Privatvergnügen ist und daß man nicht damit rechnen soll, daß so etwas honoriert wird. Auf der einen Seite steht die gute Sache, auf der anderen das Geschäft. Absolut das Geschäft und nichts anderes. Ich sag' ja nicht, daß alle Filmleute Schlawiner sind, aber der Film ist schon ein wahnsinniges Geschäft und wenn ich mir die Privatsender so anschau', ich kenn' die Hintergründe, ich kenne den Herrn Kirch, also das waren solche Erzschlawiner!
Und ich habe gemeint, ich könne da einen neuen Touch hereinbringen! Da gibt es die Gilde der deutschen Filmkunsttheater, die ich mitgegründet habe und die gerade ihr 40jähriges Jubiläum feiert. Das sind Leute, die mit einem gewissen Idealismus an die Sache herangegangen sind. Eine Minderheit, natürlich: das Theatiner, das Maxim, das Cinema, die Lupe und meine drei Kinos: das Occam, das Isabella und der Türkendolch.
In der Mehrheit wird es so gemacht: da hat einer drei, vier Kinos, die Tod und Teufel spielen, Sex und Crime, und dann hängt er sich so ein kleines Kunsttheaterchen an und behauptet: Ich bin für den guten Film! Es wird alles pervertiert.

Der Geschmack hat sich gewandelt, was Freizügigkeit und Gewalt angeht. Das bin ich nicht gewohnt, dafür bin ich vielleicht auch zu brav. Wenn ich höre, was im Fernsehen für Mist geboten wird! Deshalb habe ich auch keinen Apparat.« Er geht auch nicht mehr gern ins Kino, obwohl er doch in seinen früheren Kinos freien Eintritt hätte (auch ohne Politiker zu sein, Geburtstag zu haben oder über 80 zu sein). Da kommt die Erinnerung hoch und mit ihr die Enttäuschung: »als mich die Spatenbrauerei 1970 aus dem Occam rausgeschmissen hat. Das war ein großer Saal auf einem Brauereigrundstück in der Occamstraße. ›Wir verkaufen mit Ihrer Filmkunst kein Bier‹, haben sie gesagt, ›das hier ist eine Kneipengegend. Aber wenn Sie Bier verkaufen wollen, soll's uns recht sein. Wenn nicht ...‹ Dann haben sie ein Nachtlokal hineingemacht.«

An die zwanzig Jahre zuvor hatte alles begonnen: »1948 habe ich ein konkursfreies Occamkino übernommen. ›Was wollen Sie denn mit Filmkunst?‹ hat mich ein Radiojournalist gefragt. ›Wenn Sie das mal ein Jahr durchhalten!‹

So etwas gab es in Deutschland nicht, ach was, in ganz Europa nicht. Außer der Cinémathèque in Paris und den einzelnen Filmclubs, die aber nur an einem Tag in der Woche in einem Kino oder Lokal spielten. Das war alles in kleinem Rahmen. Ich habe gleich groß aufgedreht: nur Filmkunst! Damals gab es das Filmmuseum noch nicht. Später hat es uns dann schon Kopfzerbrechen gemacht.

Die Eintrittskarte kostete 1951, als es richtig losging, zwischen 80 Pfennig und 1,30 Mark. Darauf 20 Prozent Vergnügungssteuer. Ich habe ja viele Filme gespielt, die gar nicht durch die Filmbewertungsstelle der Länder gegangen waren, die also kein Prädikat hatten, nicht ›wertvoll‹ oder ›besonders wertvoll‹, was steuermindernd bis -befreiend gewirkt hätte.

Unter den ersten Filmen waren viele französische: ›Les enfants du paradis‹, ›Sous les toits de Paris‹, ›Orfée‹. Ich hatte einen Mitarbeiter, der französisch sprach und gute Kontakte hatte, wir kamen an Sachen, von denen andere nur träumen konnten: viele Originalfassungen, mit oder ohne Untertitel.

Ins Occam kam die ›Crème de la crème‹, wer eben was von Kino verstand. Auch die Regisseure besuchten uns: der Käutner, der Fellini, der Jean Cocteau. Für jeden der Filmleute, der nach München kam, war es eine Ehrensache, im Occam vorbeizuschauen. Am Anfang hatten wir noch Holzstühle und die Kasse im Freien. Da sind sie oft angestanden, in Schlangen, bei Regen und Hagel. Am Ausgang konnte man dann mit der Eintrittskarte abstimmen, ob man den Film ›gut‹, ›mittelmäßig‹ oder ›schlecht‹ gefunden hatte.

Die Resonanz war toll. Es war wohl auch die richtige Zeit. Ich habe x Preise bekommen, darunter den Schwabinger Kunstpreis. Ich habe noch ganze Aktenordner voller Artikel aus der Zeit.« Der Haken beim Vertrag mit der Brauerei war die Laufzeit: jeweils nur ein Jahr.

»Ich traute mich nicht zu investieren, weil ich immer Angst hatte, sie würden mich eines Tages an die Luft setzen. Aber nein, hieß es, wir haben kein

Interesse, Sie hinauszubugsieren, wir machen nun einmal keine längeren Verträge. Ich wollte ja vieles verbessern, neue Anlagen, neue Maschinen, ich wollte die Holzstühle gegen Polstersessel austauschen und den Hof begrünen. Ich habe es dann getan und ein Jahr darauf wurde ich rausgeschmissen. Das Management in der Brauerei hatte gewechselt. Alles, was mündlich abgemacht worden war, galt nicht mehr. ›Haben Sie das im Vertrag stehen?‹ fragten sie eiskalt. Hatte ich nicht.
Für diesen Fall hatte ich mir vorher schon das ›Isabella‹ und das ›Türkenkino‹ angelacht. Das heißt, sie waren mir angeboten worden.
Das ›Isabella‹ von der Frau Kronberger mit einer 5jährigen Laufzeit, immerhin human. Am Anfang zahlte ich 400 Mark, am Schluß 3 000. Im Monat. Im Occam hatte ich mit 800 angefangen.
Die gewagteren, spinnerteren, experimentelleren Filme gab's im Occam, mit seinen 400 Sitzen, die braveren Filme und die Reprisen im ›Isabella‹ mit 200 Sitzen für ein bürgerliches Publikum.
Oder die 16 mm Therapiefilme über Gruppensitzungen und ähnliches mit berühmten Leuten, großen Namen, die gab's nur im ›Isabella‹ oder in den Uni-Instituten. Wir waren ein richtiges Therapiezentrum. Damit hielt ich mich über Wasser, das mir das ›Mamorhaus‹ mit seinen sechs Kinos gerade abzugraben begann.
Im ›Türkendolch‹ mit 130 Sitzen gab es jeden Donnerstag um 18 und 20.30 Uhr Filme nur für Frauen. Sie wurden von einem Team ausgesucht, den Frauen der Frauenbuchhandlung vor allem. Das ging, bis ich die Kinos aufgegeben habe, ungefähr zwei Jahre lang. Obwohl es immer Differenzen gab: ein Kino, das an einer solchen Laufstraße liegt, schließt am Donnerstag die Männer aus. ›Gerade mein Mann sollte sich den anschauen!‹ sagten manche Frauen. – ›Könnt ihr nicht wenigstens eine Vorstellung auch für Männer offenhalten?‹ fragte ich sie. Nein, das wollten sie nicht, sie wollten nachher noch diskutieren und das trauten sie sich damals noch nicht, wenn Männer dabei waren. Es war jedenfalls ziemlich hart, die Männer an der Kasse abzuwehren. ›Das ist ja schlimmer als …‹ sagten sie, ›bei den Nazis!‹ Tatsächlich! Also, wenn ich ja nicht Diplomkaufmann studiert hätte, hätte ich diese Quadratur des Kreises nicht fertiggebracht: anständige Filme und trotzdem Überleben. Ich bin kein Träumer, ich stehe schon mit beiden Beinen auf dem Boden.
Meine Lieblingsregisseure sind die alten: René Clair, Marcel Carné, Tati – da wird nicht so viel gequasselt – Fellini, de Sica. Bei Pasolini da wird's mir schon ein bißchen abartig und so etwas wie ›Das große Fressen‹ kann ich überhaupt nicht verkraften. Alles, was zu verrückt war, wollte ich nicht. Die Filme sollten einigermaßen glaubhaft sein, nachvollziehbar. Wie im richtigen Leben.«
1967 hatte Falter im Filmkunststudio Occamstraße eine Publikumsbefragung durchgeführt: 10 000 Fragebögen hatte er verschickt, an Stammkunden, ein Viertel davon war zurückgekommen. Er wollte Aufschluß über Kinogewohnheiten und soziale Struktur seines Publikums: Jeder dritte war

Student oder Schüler, 54 Prozent waren zwischen 21 und 30 Jahren, fast 18 Prozent kamen aus kaufmännischen Berufen, 12 Prozent aus technischen; Künstler, Ärzte, Lehrer und Hausfrauen bildeten den Rest. »Ein anspruchsvolles Publikum.«

Im Schnitt gingen sie dreimal im Monat ins Kino. Unterhaltung suchten sie (45 %), unbeschwerte Entspannung (25 %) und Anregung zu geistiger Auseinandersetzung. Ein verschwindender Rest wollte Liebesfilme sehen. Jeder vierte stand auf Bühnen- und Romanverfilmungen, jeder dritte wurde wiederum vom langen Anmarschweg oder der Parkplatznot abgeschreckt (damals gab's noch keine U-Bahn).

Falter saß tagelang über der Auswertung, war stolz auf das Ergebnis. »Mit Menschen habe ich da weniger Geduld.«

Überhaupt, verrät er, sei er stark jungfraubetont. Mars und Venus in einer Konjunktion, der Saturn im zweiten Haus.

Er wohnt mit seiner jetzigen Partnerin »uns verbindet das Geradlinige« im väterlichen Häuschen in Berg am Laim, vier auf acht Meter; das Gartenhaus, sieben auf zehn Meter, wird vermietet an Psycho-Gruppen und nennt sich »Meditationszentrum«. »Für psychologische Fragen habe ich mich schon immer interessiert. Wenn ich nicht auch Kaufmann gewesen wäre, wäre ich mit meinem Idealismus schon längst den Bach hinunter geschwommen.

Aber wenn ich an die alten Sachen denke, nein, da gibt's nur eines: Schwamm drüber, Schwamm drüber, Schwamm drüber!«

Bertram Verhaag
geb. 1945 · Filmemacher

Oase der Ruhe

Im Februar 1981 war eine Anzeige in der SZ erschienen: »Bestlage Schwabing, Türkenstraße/Uni, volle 7b-Abschreibung, grunderwerbsteuerfrei, Finanzierung bis 90 Prozent, Traumwohnungen in einer Oase der Ruhe«. Annonciert hatte eine Müller GmbH, als Eigentümerin schien eine Frau Aida Freifrau von dem Busche-Streithorst aus Pöcking auf, die Verwertungsgesellschaft hieß »Kirchheimer Immobilien«.
Die Mieter von 68 A, zwischen Türkenschule und Türkenbad, darunter der Filmemacher Bertram Verhaag, trauten ihren Augen nicht, als sie ihre Wohnungen so einfach zum Verkauf ausgeschrieben sahen. »Kommen Sie zu einer unverbindlichen Besichtigung direkt zum Objekt.« 135 000 sollte eine Einzimmer-, 735 000 Mark eine Sechszimmerwohnung kosten. Die Nummer 68 A war zum Spekulationsobjekt geworden. Die Mieter waren empört und beschlossen, da zu bleiben.
»Ich bin 1972 hier eingezogen, ich wollte mit mehreren Leuten zusammenleben. Für 650 Mark bekamen wir die Wohnung im Hochparterre mit der Fensterseite zur Spielstraße[1] und anderen Fenstern in einen dritten Hinterhof der Amalienstraße.
Wir probierten Verschiedenes aus in Gruppentherapien und Gruppensitzungen. Es war also eher eine Zweck- als eine Wohngemeinschaft. Über uns war die Frauenkommune, unter uns machte der Saß, der Psychologe seine Schreitherapien mit Brüllen und Schlagen. Anita Albus, die Malerin und

[1] seit 1997 Georg-Elser-Platz

Schriftstellerin wohnte auch im Haus. Sonst ein paar ältere Leute, die schon 30 und mehr Jahre hier waren.

Als ich einzog, gehörte die Wohnung Hassan, einem Armenier, der es an die Frau von dem Busche verkaufte, von der es aber hieß, sie wolle es wieder verkaufen. Vage hatten wir überlegt, ob wir 16 Parteien es nicht einfach übernehmen sollten. Aber wie dann aufteilen? Wir kannten uns doch kaum.«

Dreißig Jahre lang war am Haus nichts gemacht worden, die Mieter hatten alles selber eingebaut: Bäder, Böden, Leitungen, Heizungen.

Mitte 1980 kursierte das erste Verkaufsgerücht, im Oktober wurden Mieterhöhungen bis zu 90 Prozent verlangt. Im Januar 1981 war das Haus an Serge Boyko für Kirchheimer Immobilien verkauft worden. Sofort zogen die Handwerker ein, bauten eine Musterwohnung aus, mit der dann im Februar in der Süddeutschen Zeitung Käufer für die »Oase der Ruhe« geködert werden sollten.

›Wir gehen nicht raus! Wir lassen uns nicht verwerten! Wir fordern die Anwendung der Erhaltungssatzung!‹ wehrten sich die Mieter.

»Die Kirchheimer Immobilien hatten das Haus für drei Millionen gekauft und wollten es nach 14 Tagen für acht Millionen wieder verkaufen. Der Verkäufer Müller ging durch die Wohnungen und jagte den Leuten Angst ein: Sie haben ja gar keinen Mietvertrag! Hatten die auch nicht, weil sie nach dem Krieg hier eingewiesen wurden. Sie müßten gehen, sagte der Müller, innerhalb der nächsten zwei bis drei Monate und er würde ihnen sogar noch eine Abfindung zahlen. Einige hat er bestochen, andere erpreßt.

Da haben wir eine Mietergemeinschaft gegründet, eine sehr schlagkräftige. Unser Anwalt war Christian Ude, der jetzige Oberbürgermeister und der hat die ganzen Verträge innerhalb von ein paar Tagen rückgängig gemacht. Das war unser erster Erfolg, der uns sehr Mut gemacht hat.

Außer dem Saß haben sie niemanden von uns rausgebracht, aber er gehörte auch nicht zur Mietergemeinschaft, er wollte seinen eigenen Kampf kämpfen. Wir hatten in die Fenster gehängt: ›Wir bleiben hier!‹, was vom Gericht als Meinungsäußerung und nicht als Kündigungsgrund gesehen wurde, als nicht-vertragsgemäße Nutzung der Wohnung zu Werbezwecken. Der Saß hatte im Fenster seiner Wohnung im Ergeschoß: ›Unrecht Gut gedeihet nicht!‹ und das sahen die Richter als Kündigungsgrund.

Wer weiß, wenn er mit uns zusammengearbeitet hätte, vielleicht wären er und seine Frau Joyce noch drin. Sie haben jedenfalls ihre Therapiegruppen aktiviert und die standen dann jeden Tag an der Straße und haben Flugblätter verteilt über den Stand der Dinge. Daraus ist dann die ‹Aktion Lebensqualität‹ geworden.

Von 1981 bis 1987 gab es immer wieder Versuche, uns rauszuekeln: das Haus wurde renoviert, sinnlos. Die Wand mußte wieder aufgeschlagen werden, weil die Farbe falsch war, die Feuchtigkeit nicht hinauskonnte. Das Haus hatte nämlich Schwamm. Also mußte eine Schwamm-Sanierung gemacht werden. Das dauerte. Das Haus blieb eine Baustelle.

Mich als Mietersprecher hatte der Boyko besonders auf dem Kieker. ›Ziehen Sie doch aufs Land!‹ schlug er vor, er habe da etwas. Als das nicht klappte, schickte er mir drei fristlose Kündigungen, die wir aber abschmettern konnten. Jede Woche kam etwas anderes: Tun Sie das und lassen Sie das! Permanent wurdest du in Atem gehalten, du solltest nicht in Ruhe wohnen können. Dann war das Licht kaputt oder das Schloß. Und überall die Bretter, auf denen du über Schutt und Wasserlachen steigen mußtest.
Das hat zweifellos das Leben der Älteren stark beeinflußt. Von den beiden älteren Damen im Erdgeschoß ist eine gestorben, die andere ins Altersheim gezogen. Der Roth ist gestorben mit seinen 72 und die Frau Schöffmann mit ihren 73: beide hatten sie 36 Jahre im Haus gelebt.
Die freien Wohnungen wurden renoviert, dann einzeln verkauft. Anno 1990 waren bis auf drei Wohnungen alle weg. Da wurde dann vermehrt Druck gemacht: sie führten immer neue Käufer in die Wohnungen, oft bis zu zehn. Von der Aktion Maxvorstadt sind auch welche als angebliche Käufer aufgetreten. Wir brauchten schließlich Zeugen.
Wer als echte Käuferin kam, war die Maria von Welser, die mit ihrer Frauensendung im ZDF. Ich schilderte ihr die Situation, normalerweise habe ich damit immer die Leute abgeschreckt. Was Sie da in Ihren Sendungen anprangern, können Sie doch unmöglich selber praktizieren! habe ich ihr gesagt. Andere aus ihren Wohnungen zu drängeln! Daraufhin bekam ich eine Kündigung wegen Geschäftsschädigung. Weil die von Welser so unbedingt meine Wohnung wollte. Ich hätte ihr mit Rufmord gedroht.
1990 kamen die letzten drei Wohnungen unter Zwangsverwaltung, weil dieser Boyko 1,5 Millionen Zinsschulden hatte. Das Ganze war jedenfalls kein Geschäft für ihn geworden.«
Der bestrafte Spekulant, ein Lehrstück.
»Irgendwann Mitte 1991 hat Dornier die restlichen drei Wohnungen gekauft, angeblich für die Kinder. Da besteht im Augenblick keine Gefahr. Ich wohne in einer dieser Dornier-Wohnungen, einer großen: 180 Quadratmeter, offiziell 1200 Mark, aber ich habe eine Mietminderung durchgesetzt, weil beim Umbau des ›Türkenbades‹ bei mir die Wände naß wurden. Die Arbeiter haben ja falsch gemacht, was möglich war. Jetzt ist das ›Türkenbad‹ ekelhaft modern hergerichtet mit komischen Wandlampen und einem goldprotzenden Brunnen im Hof.
Die Idee wegzugehen ist mir eigentlich nie gekommen. Ich wußte, daß ich im Recht war. Ich brauche irgendwie die Stadt. Da kenn' ich die Infrastruktur, da ist mir alles vertraut: Geschäfte, Kneipen, Kinos, Leute.
Bei mir gibt es auch keine Trennung zwischen Leben und Arbeit.«
Mit Claus Striegel dreht er Filme.
»Einer hieß ›Oase der Ruhe‹ und handelte von unserem Haus. Der war von Lojewski für ›Report München‹ in Auftrag gegeben worden, ist aber nie gesendet worden. Boyko hatte interveniert: ich würde die Mieter für meine Zwecke instrumentalisieren. Ein Jahr später hat ›Report Baden-Baden‹ den Film dann doch gesendet.«

Verhaag dreht weiter: Filme »Was heißt denn hier Liebe?« über ein Stück des Kindertheaters Rote Grütze, »Mama, Papa, Auto« über die Vorteile des Radfahrens, Dokumentationen über Mietervertreibung, Heimatverlust, Gewalt gegen Kinder.

»Dinge, die uns selber betroffen machten. Partner war da immer das Fernsehen.«

1985 fiel die Entscheidung, Wackersdorf zu bauen. »Wir wollten zehn Jahre lang beobachten. Niemand wollte das Projekt finanzieren. Wir griffen dann eben auf Gespartes zurück.« »Spaltprozesse« entsteht, wird ein großer Erfolg, bekommt viele Preise.

»Es zeigt den Widerstand gegen das Atomkraftwerk und wie aus frommen Bürgern plötzlich welche werden, die Steine für die sogenannten Chaoten sammelten, weil sie denen mehr vertrauten als den Politikern. Es zeigt, wie sich Leute verändern: die, die einen dieser Schwarzgekleideten nie mit einer Pinzette angefaßt hätten, luden sie jetzt in ihr Haus ein zum Duschen, Essen, Schlafen. Frauen, die nie allein außer Haus oder in Kneipen gegangen wären, fanden plötzlich nichts mehr dabei.«

»Restrisiko oder die Arroganz der Macht« hieß der nächste Film über das Anhörungsverfahren zum AKW Wackersdorf. »Die wollten uns die Drehgenehmigung entziehen, weil wir immer da waren. Jeden Tag mußten wir neu darum kämpfen.«

»Das achte Gebot« wurde der dritte Teil der Trilogie betitelt.

»Wir hatten Pech: zwei Jahre hatten wir gedreht, dann kam das Aus für das AKW Wackersdorf. Der Film ist nicht mehr verwertbar. Kein Hahn kräht mehr danach.«

Was ihnen als Atomkraftgegner recht, aber als Filmer eben doch nicht so billig ist. Die beiden drehen weiter. Filme wie: »Angst, Tor zur Freiheit«, »Das innere Ausland«, »Grenzgänger« und »Blue eyed« ...

1998 zieht Bertram Verhaag aus seiner nur von Dornier ihm überlassenen Wohnung im geschichtsträchtigen Haus 68a am Georg-Elser-Platz.

Klaus Peter Schreiner
geb. 1930 · Autor und Kabarettist, »Lach- und Schießgesellschaft«

Satire, Realsatire

»Eine Prolope und eine Antilope
trafen sich eines Tages am Kap of good Hope
bei einem Tiertransport von Hagenbeck
nachmittags auf dem Promenadendeck.

Kaum hatten sie sich gesehen, da begann auch schon
eine überaus heftige Diskussion
über das Allgemeine und Spezielle
des Phänomens ›Lope‹.

Nachmittags um vier am Kap of good Hope.
Gestern erst erzählte mir eine Bisamratte,
daß weder die Prolope noch die Antilope
Lope de Vega
überhaupt jemals
gelesen hatte.«

Das ist eines der (bisher) ungeschriebenen satirischen Gedichte, die der Student der Zeitungs-Theaterwissenschaft und Germanistik, Klaus Peter Schreiner, in den 50er Jahren in München verfaßte und in den einschlägigen Kneipen dem illustren Publikum vortrug. Im »Siegesgarten« an der Siegesstraße (ein Schnitzel und ein Bier umsonst), in der »Seerose« und der »Katakombe«.
»Die ›Katakombe‹ befand sich damals im Stachus-Untergeschoß, wo heute der Kaufhof ist. Das war ein Riesengewölbe, man mußte endlos laufen, auf

Brettern über Wasserlachen balancieren, bis man zum Gewölbe kam, wo Tische und Stühle standen. Am Donnerstag, glaube ich, gab es Kleinkunst: Lyrik und Chansons.
Am Montag wurde in der ›Seerose‹ frische Gulaschsuppe gekocht, die dann die ganze restliche Woche über aufgewärmt wurde. Ein großer Teller kostete 80 Pfennig, ein kleiner 40, eine Semmel fünf und ein kleines Bier 25 Pfennig. Mit einer kleinen Gulaschsuppe, einer Semmel und einem kleinen Bier warst du satt.
Ich bin eigentlich schnell im ›Seerosenkreis‹ aufgenommen worden, weil Peter Paul Althaus mich für einen ›jungen vielversprechenden hoffnungsvollen‹ – oder so – Autor hielt. Ich habe ihm ein bißchen nachempfunden. Nachgeeifert, ja. Am Montag traf man sich in der ›Seerose‹ und trug seine Sachen vor. Da kamen dann auch der Erich Kästner, der Kolbenhoff und Wolfgang Drews, der damalige Feuilletonchef der ›Neuen Zeitung‹, die von den Amerikanern herausgegeben wurde und die erste nach dem Krieg war. Überhaupt diese ganzen Münchner Kreise! Tukankreis, Seerosenkreis, Kutscherkreis, der Kreis der Theaterwissenschaftler um Professor Arthur Kutscher, zu dem ich auch gehörte. Wie sie doch alle verwoben und vernetzt waren! Wo keiner den anderen ausschloß.
1951 bin ich nach München gekommen. Ich hatte vorher zwei Semester Chemie in Mainz studiert, dort aber den Hans Dieter Hüsch gesehen. ›Was der macht, möchtest du auch!‹ Ich habe auf Theaterwissenschaft umgesattelt und begann, mich für Kabarett zu interessieren. In München gab es ›Die kleine Freiheit‹, die Nachfolgerin der ›Schaubude‹. Über die hatte ich eine gute Kritik gelesen und mir gesagt: ›Hoppla, da mußt du hin!‹
Ich habe mir jedes Programm zehnmal angeschaut und ungeheuer viel gelernt. Da schrieb ja noch der Erich Kästner und der Martin Morlock. ›Die kleine Freiheit‹ befand sich in der Pacellistraße im ersten Stock, gegenüber von der Maxburg. Erst später zog sie in die Maximilianstraße um, in die Nähe der Post, in die ersten Arkaden am Schluß. Oben war das Operncafé und unten im Keller ›Die kleine Freiheit‹.
Man ist viel ins Theater gegangen, in die Kammerspiele, ins Residenztheater. Die Karte kostete 1,05: eine Mark die Karte und fünf Pfennig die Wohnungsbauabgabe. Oder wir gingen ins Filmkunststudio in der Occcamstraße, wo Fritz Falter jeden Tag einen anderen Film aufführte. Im Fasching gab es Vorstellungen, wo das Publikum im Kostüm erscheinen mußte. Die besten wurden prämiert. Sie bekamen Freikarten. Einmal wurde ich auch prämiert: als ›Bip‹ von Marcel Marceau.
In einem Jahr hieß das Thema: ›Jahrhundertwende‹. Da stand der Falter mit Schnauzer, Zwicker und Melone todernst an der Kasse und verkaufte seine Karten, als ob nichts los wäre, als ob diese verrückten Kostüme total normal wären. Diesem Falter sah man bei der ersten Begegnung ja gar nicht an, was für eine tolle Rolle er in Schwabing spielte. Er sah so bürgerlich, so normal, fast ein bißchen unbedarft aus.
Wir sind meist in Gruppen losgezogen. Am Montag, wenn die ›Seerose‹

schloß, und manchmal herrschte da schon ein bißchen Endzeitstimmung: Schwabing gibt's nicht mehr, wir sind die letzten, es wird sich wohl nie mehr aus der Asche erheben, also irgendwie war es schon manchmal krampfhaft, dieses Am-Leben-Erhalten der Schwabingidee, nach der ›Seerose‹ sind wir in die ›Schwabinger Sieben‹ oder ins ›Gunez‹ gegangen. Das war ein altes Bauernhaus, das dem Anton Sailer, dem Maler, gehörte und wo er im ersten Stock eine Kneipe aufgemacht hatte. Nicht direkt öffentlich, normale Leute kamen da eigentlich nicht hinein, wir tranken dort Bier und Wein.

Trotzdem schimpfte er immer wieder: Woanders laßt ihr euch vollaufen und bei mir führt ihr tiefsinnige Gespräche!

Der ›Simpl‹ war dann die Endstation: man kam irgendwoher und wollte noch nicht ins Bett. Noch einen Schoppen oder zwei. Oder, wenn Freunde da waren, drei oder vier: der Helmut Fischer, der Schauspieler, der Helmut Stegmann von der tz und der Karsten Peters von der AZ. Dann saß man eben und hat gequatscht. Manchmal kam auch etwas heraus, dann war es eine nützliche Nacht. Selbst wenn einmal keiner da war, war immer die Toni da, mit der meine gestorbene Frau gut befreundet war. Der ›Simpl‹ war eben die letzte Oase einer Kommunikation, wie es sie kaum noch gibt.

Wenn ich da an den Einheitsstil der neu eröffneten Bistros denke, kahl und nüchtern. Wird aber angenommen von der Jugend. Leben ist da, ob es uns nun sympathisch ist oder nicht. Da ist schon eine gewisse Nostalgie dabei, wenn man den Zeiten und Dingen nachtrauert.

Ich war an der Gründung eines Studentenkabaretts beteiligt, das sich die ›Seminarren‹ nannte. Wir hatten einigen Erfolg, durften sogar zwei Wochen im Düsseldorfer ›Kommödchen‹ spielen. Die Trude Kollmann, die damals die ›Kleine Freiheit‹ leitete, hatte von uns gehört und weil die Helen Vita gerade wegen Filmens ausfiel, durften wir einspringen.

Obwohl es uns eigentlich schon gar nicht mehr gab. Obwohl wir uns schon aufgelöst hatten. Diese Chance wollten wir uns dann doch nicht entgehen lassen.

In der ›Kleinen Freiheit‹ war der Dieter Hildebrandt Platzanweiser. Also, Mädchen für alles. Er hatte ja auch Theaterwissenschaft studiert und ihm gefiel, war wir da so spielten. Das war 1953.

Zwei Jahre später wollte der Professor Hederer von den Theaterwissenschaftlern ein Kabarettprogramm fürs Faschingsfest. Er beauftragte den Dieter und er schlug mich auch vor.

Das Programm haben wir in der ›Alten Laterne‹, Ecke Leopold-Hohenzollernstraße aufgeführt, wo heute eine Bank ist. Das hat denen gut gefallen. ›Kommt doch öfter‹, sagten sie, ›ein- oder zweimal die Woche, ihr kriegt auch was zu essen und ein Bier.‹ Es schlug ein, wir haben tolle Kritiken bekommen. ›Ihr seid toll!‹ sagte auch der Sammy Drechsel und gehörte plötzlich dazu. Jetzt wurde es professionell. Er machte Regie und das dritte Programm spielten wir schon da, wo wir heute sind, Ecke Haimhauser/Ursulastraße in der Lach- und Schießgesellschaft. ›Pfälzer Hof‹ hatte es eine

Zeit geheißen, ›Muttibräu‹ und ›Stachelschweine‹. Seither sind wir eigentlich zusammen, wenn's ging. Privat halten wir eher ein bißchen Distanz. Der Dieter schreibt seine Nummern selber, am liebsten im Café, ich bin für Dialoge und Sketches verantwortlich.
Mitte der 60er Jahre hatte sich eine gewisse Routine eingeschlichen: es fing mit dem Opening an und hörte mit der Schlußnummer auf. Dazwischen Soli, eine musikalische Nummer und der Dialog zwischen Dieter und Ditsch, dem Hildebrandt und dem Dietrich. Dieter und ich rebellierten vorsichtig, weil Sammy ein kommerziell denkender Mensch war: Was gut ist, soll so bleiben! Als die 68er kamen, gehörten wir eigentlich schon zum Establishment, sie hatten mit uns nicht viel am Hut. Ich habe sie beneidet, mein Herz war bei ihnen, ich habe die ganze Bewegung mit großer Sympathie verfolgt. Wenn wir in dem Alter so lebendig gewesen wären und so offensiv kritisch! ›Da ist etwas an uns vorbeigelaufen!‹ sagte ich im Theater. Diese Realsatire! Wie der Satz von Fritz Teufel, wo er vorm Gericht aufgefordert wird, sich zu erheben und er meint: ›Wenn's der Wahrheitsfindung dient!‹ Das ist Satire, die über das Kabarett hinausgeht. Dafür habe ich ihn beneidet. Wir machten dazu etwas Neues, weg vom Nummernkabarett hin zum Kabarett mit Stückcharakter: ›Der Mohr ist uns noch etwas schuldig!‹
Das war quasi die Fortsetzung von Schillers ›Räubern‹. Was passiert, wenn der Satz: ›Dem Manne kann geholfen werden!‹ gefallen ist? Karl Mohr trifft auf Johanna von Orléans und weil gerade auch in Paris die Mairevolte ausgebrochen war, unterhalten sich die beiden darüber.
Unsere Berührung mit, unser Kontakt zu den 68ern lief über Gaston Salvatore, der auch bei den Autorensitzungen dabei war. Ansonsten war ich auf dem Land, am Ammersee, und habe das Ganze mehr aus der Ferne verfolgt. Nach dem ›Mohr‹-Stück haben wir mehr Programme mit Stückcharakter gemacht. 1970 ›Wir werden uns schon schaffen!‹, über den Umweltschutz und ›Abel verpflichtet‹ über Verhaltensforschung.
Das Kabarett ist nie am Ende, es geht weiter, weil's immer neue Dinge gibt, mit denen man nicht gerechnet hat. Wer hat vor zwanzig Jahren an Gentechnologie gedacht oder an Mikro-Elektronik? Damit müssen wir uns auseinandersetzen. Die Tagespolitik haben wir schon längst ad acta gelegt. Es gibt Wichtigeres.
In ›Der Abfall Bayerns‹ spielten wir die Möglichkeiten durch: Was wäre, wenn sich Bayern vom Bund trennen würde? Natürlich mit der ganzen Doppeldeutigkeit von ›Abfall‹ auch gleich Müll. In ›Mustermann‹ geht es um Gentechnologie, bis alle wie Mustermänner herumlaufen. Dann gab es noch Programme zum ›Aussteigen‹ und zur Geschichte: im Keller des Hauses der Geschichte, eines imaginären Hauses, stehen Abfalltonnen, in die hineingeschmissen wird, was die Leute meinen, nicht mehr von der deutschen Geschichte zu brauchen.
1972 hatten wir das alte Ensemble aufgelöst, 1976 fingen wir mit der Neugründung an. Wir hatten schon immer das Bestreben, bekannte Kollegen aufzunehmen, nicht junge auszubilden. Der erste Kreative, der schrieb und

auf der Bühne stand, war der Bruno Jonas. Vorher war er Einzelkabarettist, für uns hat er vier Programme gemacht.
Das Programm läuft von April bis Ende Juli in Schwabing, dann Ferien, dann Tournee bis ungefähr Weihnachten.
Das Fernsehen war schon sehr früh da. Die ersten Programme liefen noch in schwarz-weiß. Außer dem 80er Programm und dem von '92 liefen eigentlich alle im Fernsehen. ›Es sei nicht gut, nicht scharf genug‹, hieß es und wir dachten: Oje, jetzt wollen sie uns nicht mehr! Jetzt ist es endgültig aus! Stimmte nicht. Das jetzige Programm ›Requiem für einen Wurstel‹ nahmen sie wieder.
Was man an mir schätzt? Meine Verläßlichkeit, glaube ich, daß ich immer wieder etwas Vernünftiges zustande bringe. Daß die Lach- und Schießgesellschaft ohne mich nicht denkbar wäre oder zumindest in eine Krise geriete.
Zum Umdenken haben wir noch keinen Politiker gebracht, dazu kriegt man die nicht. Prozesse haben wir noch keine gehabt, weil was wir sagen, immer gestimmt hat.
Da gab es doch diesen ›Rhein-Main-Donaukanal-Scheibenwischer‹ mit dem Gerhard Polt und der hatte Auswirkungen.
Jahrelang hatte ich für den Triumphator-Starkbieranstich im Löwenbräukeller am Stiglmaierplatz ein Satireprogramm zusammengestellt, geschrieben und Regie gemacht. Es war kürzer als auf dem Nockherberg und unterhaltender. Politiker waren auch da, aber sie wurden weniger ›derbleckt‹. Es war eher ein Dialog zwischen Maxl Graf und Gustl Bayrhammer, die Lisa Fitz war auch dabei.
Irgendwann hat es dann geheißen: wir wollen auch mehr Politik. Da kam die Idee: der Polt soll mitmachen. Er machte auch mit und es schlug riesig ein. Dann kam die Scheibenwischersendung über den Rhein-Main-Donaukanal und der nächste Starkbieranstich stand vor der Tür. ›Was machen wir?‹ fragten sich die Leute vom Löwenbräu. ›Wenn der Polt kommt, bleiben die Politiker weg, der Strauß, der Jaumann, der Streibl.‹ Also, sie haben den Polt praktisch ausgeschlossen. Da sagten wir Autoren: wenn der Polt nicht mitmacht, schreiben wir auch nicht! Da ist der Starkbieranstich ins Wasser gefallen. Seitdem gibt's ihn nicht mehr. Das Ergebnis eines ›Scheibenwischers‹.
Seitdem die Amalienpassage fertig ist, wohne ich dort. Habe dort meinen Zweitwohnsitz, ein Einzimmer-Apartment, interessant geschnitten mit Blick auf die Terrasse von ›Rosario‹. Da bin ich manchmal, wenn ich vom Land komme. Er ist eine wichtige Nachrichtenbörse.
Das Univiertel ist zu meiner zweiten Heimat geworden. Damals fand ich den Preis 125 000 Mark, 2 500 pro Quadratmeter, auch gigantisch hoch. Inzwischen kostet so eine Wohnung über 300 000 Mark. Und da denkst du dann schon: Warum hast du damals nicht zwei gekauft, eine davon später verkauft, dann hättest du deine umsonst gehabt.
Zur Amalienpassage habe ich zweispältige Gefühle: da standen ja vorher

auch Häuser, wo Leute drin waren. Alte Leute, ärmere Leute. Daß das alles wegmußte wegen dieser Wohn- und Geschäftsanlage! Die Geschäfte gehören ja alle den Bullmers. Und wie er bei der Übergabe der Passage gejammert hat! Ich bin ein bißchen unglücklich über die Entwicklung der Passage. Am Anfang war da noch so ein Pioniergeist, die ersten Eigentümer haben sich vorgestellt und viel zusammen unternommen, Sommerfeste in der Passage zum Beispiel.

Das war immer sehr schön, hat sich aber irgendwie verlaufen. Die Preise sind gestiegen, verschiedene haben ihre Wohnungen verkauft, andere sind weggezogen. Durch die Studenten ist immer eine starke Fluktuation hier. Es ist total anonym geworden. Zu den Eigentümerversammlungen erscheint kaum mehr jemand, sie sind regelmäßig beschlußunfähig.

Das Klima ist nicht besser geworden, trotzdem lebe ich immer noch gerne dort. Auch stört es mich nicht, wenn im Sommer die Leute draußen sitzen und sich unterhalten, oder nachts ein bellender Hund oder ein gröhlender Betrunkener. Ansonsten herrscht hier eine himmlische Ruhe, vom Verkehrslärm hört man überhaupt nichts.

Ich glaube, daß im Univiertel das erhaltenswert Alte und das notgedrungen Neue eine gewisse Spannung ergeben, die das Viertel lebendig läßt. Ich glaube, die Türkenstraße ist stark genug, sich gegen Nivellierungstendenzen zur Wehr zu setzen.«

David Esrig
geb. 1935 · Theatermann · Professor

Chaos als höchste Ordnung

»1984 sind wir hergezogen, meine Frau und ich, in die Türkenstraße, nachdem ich schon seit 1966 immer wieder Inszenierungen außerhalb Rumäniens gemacht habe.

Die Straße hat uns nicht enttäuscht, sie ist sympathisch und die Leute scheinen gern hier zu leben. Es ist der längste Aufenthalt, den ich je in Deutschland hatte. Eins vertragen meine Frau und ich nämlich nicht: Langeweile. Dann hauen wir ab.

Hier hat man den Eindruck, die Erinnerung an die literarischen Cafés, die Sehnsucht danach existiert noch. Der ›Simpl‹ war doch in seiner guten Zeit eine inoffizielle Kulturinstitution, eine Art freier Akademie.

Eigentlich ist die Straße ja unspektakulär, direkt banal. Da gibt es Leute, die es eilig haben und andere, die nicht wissen, was anzufangen mit ihrer Zeit. Trödeln herum, sitzen auf einem Stuhl an der Straße, geben vor zu lesen, scheinbar sinnlos. Wobei die Frage ist, ob die Tätigkeit der Fleißigen sehr viel sinnvoller ist.

Im Norden Deutschlands ist die Atmosphäre sehr von kaufmännischem Denken geprägt. Hier im Süden ist es musischer. Ein Freund von mir, ein Musikkritiker, hat es einmal so ausgedrückt: ›Die große Tugend von München ist, daß es sogar Kunst toleriert, solange die Künstler Bier trinken und Brezn essen.‹ Die Kultur, die ich hier sehe, liegt in der Kultur des Alltags, in der Lässigkeit der Leute, in der Atmosphäre, in den Gesprächen, in den Witzen. Das ist plötzlich ein Ort, wo man Witze machen kann, der nicht die aggressive Selbstdarstellung der Stammtische hat, die oft primitiv ist und politisch nicht gerade schmackhaft.

Die Straße hat etwas. Einen geheimen Charme, von dem ich nicht weiß, ob wir ihn definieren können. Eine Freundin, eine Ärztin, erzählte mir einmal, daß wenn ihr Vater, ein Professor, sie und ihre Schwester zum Spazierengehen mitgenommen hat, daß es jedesmal dieselben Auseinandersetzungen gab: der Vater wollte in der Leopoldstraße promenieren, die Kinder in der Türkenstraße. Das war vor fünfzig Jahren schon so.

Irgendwie erinnert mich dieses Karree zwischen Amalien- und Türkenstraße an gewisse Stadtteile in Paris, als Paris noch nicht die veraltete Hure war.

Was sich da abspielt, das ist irgendwie südländisch: kokett, aber nicht sich und den anderen etwas vormachend; gelassen und untouristisch.

Ganz anders als in der Ledererstraße, wo wir am Anfang wohnten und wo die Nutten sind, in der Nähe des Viktualienmarktes: da gibt es dieses aufgesetzte Hysterisch-Folkloristische.

Nein, die Türkenstraße hat etwas Echtes. Hier gibt es überall Phantasie, in den Lokalen und Geschäften, weil ein junges, unkonventionelles Publikum angesprochen werden soll. Auch hinter den Verkäufern spürt man die Menschen: da steht einer hinter der Theke und hat eine eigene Meinung. Und er äußert sie, auch wenn er weiß, es ist nicht deine. Niemand hat hier Lust, eine Maske zu tragen.

Kein Wunder, daß sich der Mathias hier angesiedelt hat und nirgendwo anders. Hier sind nicht die reichsten Leute mit dem schlechtesten Gewissen. Meine Tochter konnte nicht mit ihrem Hund vorbei, ohne daß er ihn streichelte. Vielleicht ist das ja ein Indiz für die Straße.

Was Politik angeht, ist die Straße ziemlich gleichgültig, sie hat Wichtigeres als Politik.

Typen aus der Commedia dell'arte kann ich mir hier gut vorstellen: vom spitzbübischen Diener oder Kellner zum alten, geilen Pantalone, einem Professor zum Beispiel. Die Szene selber ist weniger Commedia-dell' artehaft, das ist eher Wiener Theater vom Ende des 19. Jahrhunderts. Nicht die Avantgarde, aber Schnitzler oder Maupassant oder Tschechow.

Es ist hier weniger Folklore als aufgeklärte Kleinbürgerlichkeit, aristokratisch und proletarisch im Sinn von Georges Bataille.

In die Commedia paßt keine Spießigkeit, sie würde sie sprengen. Damit meine ich nicht, daß die Straße spießig ist – ist sie nicht! – aber sie ist auch nicht anti-spießig. Es ist diese schöne Gelassenheit, der Witz und die höhere Dosis an individueller Freiheit. Die Türkenstraße hat noch einen Hauch von Jahrhundertwende. Wen könnte ich mir als Maler vorstellen? Eher Klimt als Max Ernst. Kandinsky kaum, obwohl er hier war.

In anderen Städten, bei anderen Straßen wurde mir gern doktoral erklärt, warum die Straße so hieße. Hier weiß man es nicht, nimmt es hin, oder versucht sich in abenteuerlichen Erklärungen: das komme von der Türkenkaserne, in der Türken gefangen gehalten worden wären.

Hier herrscht eine subtile, menschliche Ordnung, die spontan ist und etwas charmant Zufälliges hat. Mein beruhigender Eindruck ist auch, daß die kleinen Ratten, die hier im Straßenbild auftauchen, um sich wichtig zu machen,

daß die ein amüsantes, unmaßgebliches Detail der Atmosphäre bleiben. Daß die Straße zu stark ist, als daß man ihr etwas wirklich Fundamentales antun könnte. So etwas wie Fremdenhaß habe ich hier noch nie gespürt.
Die Straße ist ein Ort, wo man träumt, manchmal mit Erfolg, manchmal ohne. Wenn dieser Ruf von Schwabing noch irgendwo einen Inhalt hat, dann hier im Karree. Im richtigen Schwabing wollte niemand etwas Spezielles. Man war einfach. Hier ist man.
In meinem Büro wohnte früher ein Musiker, ein lauter, Schlagzeuger oder so. Die Witwe Brandl, die neben uns wohnte, war im totalen Krieg mit ihm. Sie, die viel erlebt hatte und einmal pro Woche ins ›Allotria‹ ging, oder einmal im Monat, um Jazz zu hören, da putzte sie sich heraus mit ihren 80 Jahren und ging zum Jazzhören. ›Scheußlich‹, sagte sie, ›was dieser Musiker macht! Nicht daß er nachts um zwei noch Musik macht, das ist mir egal, ich schlafe sowieso nicht, aber daß er so schlechte macht!‹
Oder in der Wohnung, als wir unser Einweihungsfest machten, erzählten die Freunde, daß hier früher ein berühmter Schneider gewohnt habe, der aber Bankrott gemacht und nach Amerika gegangen sei.
Solche Geschichten gefallen mir, weil sie eigentlich mit dem ordentlichen Alltag der Deutschen so wenig zu tun haben.
Da meinen die Leute doch, Lenbach mache ordentliche Malerei und die Leute des ›Blauen Reiter‹ unordentliche, der Marc, der Kandinsky, der Jawlensky. Und schaut man genauer hin, merkt man, daß der Lenbach gar keine Ordnung, die Chaoten aber die größte Ordnung haben.
Das Mittelmaß glaubt, Chaos sei Unordnung. Grundverkehrt! Freiheit ist eine höhere Form der innerlichen Organisation. Chaos ist das ganz hoch organisierte, Chaos ist Kreativität, ist die höchste Ordnung. Und Stil ist die höchste Form des ordnenden Chaos. Man kann doch heute kein Theater mehr machen ohne Elemente der Commedia dell'arte, des Clownesken, Sakralen und Expressionistischen.
Die Musiker sind da viel weiter als wir. Da gibt es keinen großen, modernen Musiker, der nicht die ganze Entwicklung der Musik kennt, spürt und unterscheidet. Schönberg, Stockhausen und Alban Berg haben die Musik weitergebracht stilistisch.
In München hat die moderne Revolution des Theaters begonnen. Das hat man vergessen.
Ein französischer Philosoph hat einmal gesagt: Die Kultur eines Menschen setzt sich zusammen aus der Summe der von ihm vergessenen Dinge. Dann ist die Theaterkultur in Deutschland sehr hoch: man hat sehr viel vergessen. Zum Beispiel den Georg Fuchs, der Professor in München war und die Kammerspiele geleitet hat. Der hat zu Beginn des Jahrhunderts, so um 1909, ein Buch geschrieben mit dem Titel: ›La revolution du théâtre‹, das ich übrigens gern herausgeben und kommentieren würde. Darin fordert er: ›Befreit das Theater vom Joch der Literatur!‹ Er hatte enormen Einfluß auf die Avantgarde vor und nach dem Ersten Weltkrieg. Das bürgerliche Theater hatte den Sinn des Theaters sehr verzerrt, weil es gern alles auf eines

zurückgeführt hat: das Wort. Weil das Wort verständlich, berechenbar und kontrollierbar war. Man konnte darüber befinden, ob es anständig war oder ob man es verbieten mußte.
Der Gestus ist eine andere Sache, eine eher suspekte. Da kann man etwas sehr Anständiges sagen und im selben Moment mit einer obszönen Geste alles kaputtmachen. Das Wort ist dann plötzlich nicht mehr wichtig.
In Literatur und Malerei sieht man die Werke, im Theater sind sie versteckt, man findet nur Indizien.«
»Eine Altbauwohnung in München?« hatten die Freunde der Esrigs gesagt, »die findet ihr nie! Alles überfüllt!« Aber wie es so geht, Frau Esrig entdeckt eine Anzeige, sie bewerben sich, bekommen in einem Hinterhof der Türkenstraße nicht nur eine Wohnung, sondern zwei, gleich übereinander. Eine wird zum Büro. 110 Quadratmeter zu 1100 Mark. Inzwischen ist es fast doppelt so viel.
»Da hat sich's allmählich ausgereizt, da werden die Grenzen überschritten, sagen wir mal der sozialen Gerechtigkeit. Es gibt eine erträgliche und eine unerträgliche Ungerechtigkeit. Weil, Gerechtigkeit gibt es sowieso nicht, das ist eine Abstraktion. Vielleicht ist ja diese Krise nicht nur negativ. Vielleicht ist dieser Stop auf dem Wohlstandsmarsch nach vorne auch Anregung für eine etwas menschlichere Lebensart.«
Auf der Klingel unterhalb der von Esrigs steht »Athanor«. »So nannten wir uns, eine Gruppe von Freunden. Athanor ist der Schmelztiegel der Alchimisten. Heißt auf aramäisch ›Ofen‹. Das taucht im Alten Testament auf, findet sich aber auch in anderen arabischen Sprachen. ›Hatanur‹ heißt auf hebräisch der Ofen, in dem Brot gebacken wird. Heute noch. Die Alchimisten hatten dieses Wort genommen als Symbol für den Schmelzkessel, in dem sich die Brennprozesse des Kosmos nachahmen ließen. Ein Labor. Und für uns wiederum war Athanor ein Symbol für das, was die Bühne sein könnte: ein Schmelztiegel unter Laborbedingungen.«
Die Gruppe zieht aufs Land, in bayerische Dörfer, führt einen Theaterabend über die Kunst des Theaters auf: mit Spielszenen, Diaprojektionen, Erklärungen, Diskussionen, was das so sei, die Commedia dell'arte. »Es war ein bißchen provokativ, aber die Leute machten mir. Stellten Vergleiche an mit ihrem fast vergessenen, degradierten oder verzerrten Bauerntheater.«
David Esrig schreibt ein Buch über sein Spezialgebiet, die Commedia dell'arte. »Ich habe mit 10, 15 Verlegern geredet, keiner hatte den Mut. ›Theaterbücher gehen nicht‹, sagten sie. Ein Klischee, wie vieles, was ich hier erlebe. Nur Greno hat es gewagt. Im Dezember 1985 ist es herausgekommen, im April 1986 rief mich Greno an: ›Ab jetzt bin ich im Gewinn mit dir!‹ Kurz danach hat er den Verlag verkauft, hatte aber vor der Pleite schon 30000 Exemplare verkauft. Also an mir lag es nicht.«
Sie spielen im Gasteig den Golem, einen alten jüdischen Mythos. »Der Gasteig ist ein Puff, kein lebendiger Theaterort. Wir haben auch in Lauchstädt gespielt bei Halle, in einem Theater, das Goethe 1802 bauen ließ, perfekt erhalten, ein Wahnsinn von Atmosphäre. Ich habe das Stück geschrieben, in-

szeniert, habe das Bühnenbild gemacht und die Elektronik-Installationen – das ist experimentelles Theater.«
Der Golem liegt ihm sehr am Herzen: »Der Faust ist eher ein Erkenntnis-, ein Wissens- ein Machtmythos. Der Golem-Mythos geht der Frage: Wer sind wir eigentlich? viel brutaler auf den Grund. Ich benutze die Prager Variante: der Rabbi, der den Golem erschuf, einen künstlichen Menschen, wird verrückt. Der Golem wird wütend und zerstört Prag. Der Rabbi kämpft mit ihm, tötet ihn und entnimmt ihm das Lebendige. Seine Reste werden auf dem Boden der Prager Synagoge, die nicht einmal die Nazis zu schänden wagten, versteckt. Und Egon Erwin Kisch, der ›rasende Reporter‹ ist sogar auf den Dachboden geklettert und hat nachgeschaut, ob diese Reste noch da waren.«
Denis Diderot, der französische Schriftsteller des 18. Jahrhunderts, liegt ihm ebenfalls am Herzen, vor allem das Stück: »Le neveu de Rameau«, Rameau's Neffe. Über 500 Mal hat er ihn in Bukarest aufgeführt. Und als er in München seine Promotion und seine Habilitation nachmachen mußte, hat er sich für den zweiten Professor die »Trausnitzer Narrentreppe« ausgesucht, eine Treppe auf der Burg Trausnitz, auf der Commedia dell'arte aufgeführt wurde, wobei Orlando di Lasso, »der genialste Musiker des 16. Jahrhunderts« mitspielte; und für den zweiten Doktor die »Theatralität der Diderot'schen Philosophie.« »Das ist eine wahnsinnige Geschichte der deutsch-französischen Kultur. Klinger, einer der deutschen ›Stümer und Dränger‹ kam als General der Zarin nach Rußland. Entdeckt in einer Bibliothek in St. Petersburg das Manuskript des ›Neffen von Rameau‹, das Diderot, der ja Chefbibliothekar der Zarin war, in einer Schublade versteckt hatte. Er hatte Angst, er war schon vorher wegen eines Textes im Gefängnis gesessen. Klinger schickt es dem todkranken Schiller, der es begeistert an Goethe weiterleitet, der es ›mit Ehrfurcht‹ und schnell übersetzt. Der erste gedruckte Text war also deutsch, der wiederum ins Französische übersetzt wurde, bis Diderots Urtext im 19. Jahrhundert bei einem Bouquinisten auftauchte.
Als Napoleon Deutschland überfiel, hatte kein Mensch mehr Interesse an französischen Texten. Außer einem armen Philosophiedozenten: Hegel. Er las und schrieb seine ›Phänomenologie des Geistes‹, eigentlich ein Kommentar zu ›Rameau's Neffe‹ – darüber würde ich jetzt gern eine Kulturdokumentation machen. Von der Kultur hätte man so viel lernen können, man tut es nur nicht.
Während sich Franzosen und Deutsche niedermetzeln, übersetzt Goethe Diderot und hat überhaupt kein Problem damit! Das ist der Anfang der modernen Literatur, damit schließt Goethe die Klassik ab. ›Zum ersten Mal‹, stellt Michel Foucault fest, ›daß in die Literatur Verrücktheit kommt‹.«
David Esrig, in Israel geboren, ist mit einer Deutschen aus der Bukowina verheiratet. Er war in Rumänien Professor für Regie und Schauspielkunst, bis er verboten wurde.

»Ich war Schauspieldirektor am Nationaltheater in Bukarest und Ceaucescu wollte ein Theater mundtot machen, das sehr grotesk, überhaupt nicht elegisch oder staatserhaltend war. Es paßte ihm nicht, daß da so viele Leute kamen. Während wir ›Warten auf Godot‹ probten, wurde das Stück plötzlich verboten. Während wir Shakespeares ›Sturm‹ probten, zog sich das durch Repressalien zwei Jahre lang hin: ich mußte das Konzept vorlegen, dann die Übersetzung, ob sie nicht gefälscht war, dann waren sie immer bei den Proben dabei und es gab unendliche Prozesse.

Es kamen auch antisemitistische Töne, weil ich ja Jude bin und damit ließ sich trefflich hantieren. Das war eingefleischt, das war erprobt, das funktionierte.

Ich ging dann freiwillig, nachdem mich Jacques Lang, der damals noch Theaterdirektor war, nach Frankreich eingeladen hatte.«

Er erlebt 1968 in verschiedener Form in Bukarest, Paris und Bonn. Bukarest: »Es war ein gutes Jahr in Rumänien. Ceaucescu hatte sich gegen den Einmarsch der Russen in die Tschechoslowakei gestellt. In einer berühmten Rede hatte er alles auf eine Karte gesetzt, was ihm eine Welle der Sympathie einbrachte. Und weitere Jahre an der Macht. Hitler hat es nur auf 12 gebracht, Ceaucescu auf 25 Jahre. Der Mann hat das Volk gepackt, um es wieder ausbeuten zu können, wie's ihm gefiel. Zack, zack, zack. Er war schon eine einmalige Figur, halb Analphabet und in der Politik von einem bösen Genie. Grob, vulgär und effizient. Und dieser schlechte Geschmack! Und dieses Monster von Weib! Kurz und gut, ich wurde verboten.«

In Bonn verlegt er die Proben, um die tägliche Fernsehsendung über die Maiereignisse in Paris nicht zu verpassen. »Wir demonstrierten gegen die Notstandsgesetze, wir diskutierten in den Kneipen.« In Prag lernt er im selben Jahr Vaclav Havel kennen. »Es war eine lebendige Zeit. Auch wenn sie an den Bürgern spurlos vorbeigegangen ist. Im Vergleich dazu ist das jetzt direkt fad.«

1972 wird er von Kurt Meisel nach München geholt, er soll für die Olympischen Spiele inszenieren. Er wählt »Troilus und Cressida«. In München stehen ihm gleich zwei Schocks ins Haus: Als er merkt, wie hierarchisch die Struktur im Residenztheater und woanders noch war; und wie dürftig das Angebot in Theaterwissenschaft, wo er eine Weile dozierte, an die Studenten war. Und als ihm noch die Aufführung seines Stücks »Mandragola« unmöglich gemacht wird, verläßt er die Theaterwissenschaft in München.

Denkt nach. Über die Universitäten: »Nur noch große Schlachthöfe. Wo man den Studenten ein Minimum an Wissen verpaßt.« Übers Theater: »Kulturell kann ich mich mit der Münchner Szene nur schwer identifizieren. München ist ein Wasserkopf geworden, der sich selber auffrißt. Das Kulturangebot ist undifferenziert und übergroß. Größer als das Publikumspotential. Dazu noch unüberschaubar.

Es ist wie in einem Bahnhof: man kommt, man geht, es sind nette Leute da, gute Mitarbeiter, aber man fühlt sich eher wie auf der Station einer Tournee.«

Über Subventionen: »Hier in Deutschland ist es doch so, da wird Theater subventioniert, damit es nicht ist, was es sein soll. Wenn Theater Erfolge haben, braucht man keine Subventionen. Subventionen hindern die Theater daran, experimentell zu arbeiten. Das ist doch eine Verschwendung von Steuergeldern. Das Theater muß sich wieder selber finden wie Georg Fuchs schrieb: weg vom Kommerziellen, von den Kritikermeinungen, von allen Maschen. Wenn dieser Gang nicht gewagt wird, ist das Theater tot. Das Theater hängt nicht davon ab, ob es mehrheitlich angenommen wird. Sondern wie brisant es ist. Wenn auch nur für eine Minderheit.«

Nach Inszenierungen in Berlin, Bonn, Essen, Bern und Bremen läßt sich David Esrig 1984 mit seiner Familie in München, in der Türkenstraße, nieder. Arbeitet am Projekt einer Theaterakademie.

»Als ich Rumänien verließ, habe ich mir nicht viel vom Westen versprochen, ach nee. Ich hatte keine Illusionen, diese deutschsprachige Kultur war ja auch die meine. Ich habe in Rumänien schwer gekämpft, hier tu' ich dasselbe. Wenn ich an Freiheit und Unfreiheit denke, fällt mir das Gesetz der kommunizierenden Röhren ein: letztlich bleibt der Pegel der Abhängigkeiten ungefähr der gleiche.

Ich muß meine Ideen gegen tausend Hindernisse durchsetzen, bis ich erreiche, was ich will: das Theater zu einem Labor der Menschlichkeit zu machen.«

1995 hat er es erreicht: allen bürokratischen Widrigkeiten zum Trotz ist er Direktor der Theaterakademie auf Schluß Burghausen geworden, einer Fachakademie mit demselben Status wie die Falckenbergschule nur unter privater Trägerschaft.

»Nein, wenn Sie mich fragen, zufrieden bin ich nie.«

Er ist nach seiner Ernennung nach Burghausen gezogen, hat aber eine Wohnung in der Türkenstraße behalten. »Athanor« steht an der Klingel.

Franz Geiger
geb. 1921 · Übersetzer, Autor

Das Ideal und die Wirklichkeit

»Als Siebenjähriger hatte ich einen schönen großen Maikäfer, dem ich dank beharrlicher Überredungskünste einer tierliebenden Tante die Freiheit wiedergeben sollte. Er saß auf meinem Zeigefinger und pumpte und pumpte, bevor er optimistisch die Flügel ausbreitete und besagter Freiheit entgegenflog.
Er kam keine drei Meter weit, da wurde er von einem Spatzen im Sturzflug aufgespießt und verspeist.
Die Tante war betreten und ich politisch geprägt: Ich hatte einem tödlichen Beispiel beigewohnt für die Diskrepanz zwischen Ideal und Wirklichkeit,« schreibt er in einem Programmheft. Geboren und aufgewachsen ist Franz Geiger im Eckhaus Türken-Rambergstraße, das heute zum ARRI-Komplex gehört. Unten eine Studentenverbindung, im Hinterhaus ein Polsterer, Vater Geiger war Maler und führte ein offenes Haus.
Die Geigers waren eine uralte Münchner Familie, bis zurück zu den Urgroßeltern beiderseits und streng katholisch. Nur die beiden Buben wurden nicht getauft: »die können sich später taufen lassen, wenn sie wollen. Das tue ich ihnen jetzt noch nicht an« meinte der Vater zum Erstaunen der Familie.
»Dieses offene Haus«, sagt der Sohn, »hat eine gewisse Sensibilisierung bewirkt gegenüber dem ganzen Militärquatsch der Nazis.«
Doch noch waren sie nicht da, die Nazis. Die Kinder spielten im Akademiegarten – der Vater hatte auch ein Atelier in der Akademie gegenüber – »eine besondere Mutprobe war es, mit dem Radl das breite Marmorgeländer

der Auffahrt hinunterzufahren. Und was sehe ich doch neulich? Buben, die dasselbe machen.

Im hinteren Teil des Akademiegartens gab es einen kleinen Stall, da waren Kühe und Pferde drin, für die Akademieschüler als Modelle zum Malen. Da stand dann eine Kuh im Akademiegarten angepflockt, hat dumm geschaut und zwanzig brave Malschüler saßen drumherum mit ihren Skizzenblöcken.«

In den 20er Jahren hatte Arnold und Richter, ARRI, seine Kopierwerkstätten und eine Filmproduktion im Haus. »Wir haben dann als Buben immer zugeschaut, wenn der Harry Piel, der Sensationsdarsteller, bei der Flucht über die Dächer gefilmt wurde. Hinten war so ein flaches Werkstattdach und der Kameramann hat noch mit der Hand die Kurbel gedreht!«

Es war ziemlich ländlich zu dieser Zeit. Wenn der Gaslaternenanzünder die Laternen einzeln anzündete, war es für die Kinder Zeit, ins Bett zu gehen. »Wenn man dann die Blasmusik vom Englischen Garten gehört hat, dann war Ostwind, dann war schönes Wetter und würde es auch bleiben.« Wenn die Wiesen im Englischen Garten frisch gemäht waren, drang der Duft bis zur Rambergstraße herüber.

Fast jeden Tag durften die Kinder vom Kindergarten in der Türkenschule im Park des Wittelsbacher Palais, das der ›Krongutsverwaltung‹ unterstand, spielen. »Das weiß ich deshalb so gut, weil ich dann später bei der Gestapo dort ein paar ungute Verhöre hatte. Und wenn ich hinausgeschaut habe, justament, war das der Ort, wo ich im Park gespielt habe als Kind.«

1927 kommt Franz Geiger in die Türkenschule. »Dieser Geruch nach Bodenöl und Kinderpipi, wie halt so Volksschulen immer riechen. Damals hat's in der Schule ja noch keine elektrische Beleuchtung gegeben, sondern Gas. Da mußte der Lehrer dann bei einem Schüler auf die Bank steigen und an einer Pendelschnur ziehen, die Leuchtstrümpfe anziehen, das gab dann so ein grünliches Licht.«

Die Erziehung war derb: wer die Hausaufgaben nicht gemacht hatte, bekam fünf Schläge mit dem Rohrstecken auf den Hintern. »Da hab' ich eine Kalkulation angestellt: zwei Stunden Hausaufgaben bei diesem schönen Wetter, da geh' ich doch lieber mit dem Radl in die Isarauen und halt' dem dann meinen Hintern hin. Das hat zwar auch wehgetan, aber nur zehn Minuten. War eigentlich gar kein so schlechtes Geschäft. (lacht)

Watschen gab's, Kopfnüsse und Tatzen, aber wir waren eigentlich ziemlich robust. Wir haben uns ja auch selber nichts geschenkt, Brennesseln haben wir uns um die Goschn gehaut und dann die Kriege zwischen Türken- und Amalienstraßlern! Da gab es richtige Schlachten, das war anders als das Rowdytum heute. Da hat man Holzschwerter gehabt und sich Helme gebastelt aus Teetöpfen. Es gab Kriegserklärungen und Friedensverhandlungen. Und wenn Krieg war mit der Amalienschule, war es keineswegs ratsam, allein durch die Amalienstraße zu laufen.

Meine Mutter, die in diesen Dingen ganz ahnungslos war, das gehörte zum Ehrenkodex, daheim durfte nichts gesagt werden, wunderte sich dann immer, daß ich so ungern irgendwohin einkaufen ging. Einmal hab' ich tatsächlich eine auf den Hinterkopf gekriegt, daß es blutete. Und die Mutter hat es erst am nächsten Morgen am Kopfkissen gemerkt. Das gab dann einen Riesenaufstand natürlich.«

Die Buben spielten in den Höfen. Aber »der Krieg mit den Hausmeistern der Türkenstraße war unerbittlich. ›Hausmeister Tratzn‹ war eine der schönsten Sachen. Der Zitzelberger, kurz vor dem Bäcker Huber, war ein besonders gemeiner Hund und der wurde besonders getratzt.« Im Winter wurden ihm Packen Schnee ins offene Parterrefenster geworfen. Wenn er einen der Buben fing, schmierte er ihm eine oder zog ihm die Ohren lang. »Ohrenwatschlrennets« hieß das dann. Fein säuberlich nach Geschlechtern getrennt wie auch die Klassen der Schule, »die Interessen waren einfach zu verschieden und heute beginnt die Pädagogik ja wieder darüber nachzusinnieren, ob es nicht doch wieder besser wäre, getrennte Klassen einzuführen«, spielten die Buben ihre Spiele: da wurden Steinschleudern geschnitzt und Sprengungen vorbereitet.

»Im Radlgeschäft haben wir Karbid gekauft – damals haben die Radln doch alle noch Karbidlampen gehabt – und es mit Wasser in eine Maggibüchse gegeben. Die großen roten Blechbüchsen mit ›Maggi‹ drauf, für die losen Maggiwürfel, die waren sehr begehrt als Explosionskörper. Sie wurden vorne mit Draht zugeschnürt, daß es den Deckel nicht hinaushaute. Da bildete sich dann Methylgas und es gab irgendwann eine Riesenexplosion. Ungeheuer.«

Diese Explosionen fanden mit Vorliebe in den Hinterhöfen statt, was die Hausmeister wieder auf die Palme brachte und die Mieter zum Schimpfen: »Schmeißen'S gefälligst die Buben raus, die gehören ja gar nicht hierher!«

»Es war alles viel geordneter, viel strenger, ein bißchen fader. Was Schule und Elternhaus anging, wurden wir in größerer Disziplin gehalten, aber in der freien Zeit war alles viel heftiger. Man hat viel verrücktere Sachen gemacht. Damals war ja alles ziemlich militant, alle Parteien hatten ihre Kampforganisationen, die Kommunisten die ›Rotfront‹, die SPD ihre ›Eiserne Front‹ mit den drei Pfeilen, die Rechtsnationalen den ›Stahlhelm‹, die Schwarzen waren da und die Nazis. Da ist dann jeden Tag geprügelt worden, fast mit militärischer Präzision. Als Versammlungsort für Demonstrationen hat sich die Akademiestraße geradezu angeboten, damals mit den beiden halbmondförmigen Plätzen. Da gab es das Nachtcafé ›Serenissimus‹, ein heißer Schuppen, mit Schönheitstänzern und einer gläsernen Tanzfläche, die von unten angestrahlt wurde. Wenn vormittags gelüftet wurde, haben wir uns angeschlichen und die Fotos mit den ›nackerten Weibern‹ angeschaut.

Das war eine Ausnahme für die brave Türkenstraßengegend. Kleinbürgerlich war sie schon immer mit diesem kleinen Schuß Schwabinger Bohème. Eine Marktstraße, Münchens Portobello-Road. Mehr zum Flanieren, als gezielt und schnell von einem Punkt zu einem anderen zu gelangen.

Vor der Akademie haben sich die Kampforganisationen gern gesammelt, um über die Ludwigstraße, den Marienplatz, das Sendlinger Tor zur Oktober-

festwiesn zu ziehen. Wir Kinder haben uns da immer ein Taschengeld verdient: wir haben einen Packen Flugblätter bekommen und sie während des Marsches verteilt. Wir waren 8, 9, 10 Jahre alt und total charakterlos. Wir haben für die Sozis verteilt und für die Kommunisten. Nur für die Nazis nicht. Bärendreck haben wir uns dann für das Fünfzigerl gekauft oder Warschauer beim Bäcker Huber.
In der Türkenschule, die eine Simultanschule war, das heißt da gab's Katholiken, Protestanten, Juden und Freireligiöse – was das Schöne für mich war, ich hatte immer frei, wenn die anderen Religion hatten – hatten wir den Hauptlehrer Bürkle. Das war so einer von den netten SPD-Lehrern, so ein Linker war das, das hat man gleich gespannt, der Lehrer Bürkle hat uns eines Tages gerufen. ›Buam, kommt's und schaugt's amal obe!‹ unsere Fenster gingen auf die Türkenstraße, ›wer da kimmt! Seght's eahm? Do unt' geht er!‹ Und da ging der Hitler mit seinem Schäferhund, zum ›Völkischen Beobachter‹ denk' ich, in so einem Trachtenjanker mit Bart. Ausgeschaut hat er wie ein verpatzter Postbeamter. ›Buam, schaut's eahm o! Wenn ihr net leants, nacha kimmt der und hunzt euch a so, daß ihr koa g'scheits Leb'n mehr habt's! Also auf die Plätze und jetzt wird gleant!‹
Als ich 1932 ins Maxgymnasium kam, gehörte es zum guten Ton, bei den Pfadfindern zu sein. Es gab ja die verschiedensten Schattierungen von Jugendorganisationen, die Hitlerjugend gab es auch schon, in denen sich genau das politische Deutschland der Zeit spiegelte. Die einen mehr paramilitärisch, die anderen mehr mit Geländespielen und Fahrtenromantik. Wir haben irre Wanderungen gemacht, von Lindau nach Bregenz oder quer durch die Alpen.
Das Maxgymnasium war den Nazis immer ein Dorn im Auge. Das war so eine Schule, bayerisch-pfäffisch-königstreu, so ein feiner Katholizismus, nicht der Altöttinger, eher der Ettaler, in der es praktisch bis zur sogenannten ›Reichskristallnacht‹ keinen Antisemitismus gab.
Als ich in der heftigsten Pubertät war, so mit 15 oder 16, also angefangen hab' ich schon früher, unsere Aufklärung hatte schon ganz früh an der Türkenschule stattgefunden: ›Wenn's d' mir a Zehnerl gibst, darfst mei' Schwesta von unten sehn!‹ so ging das, da hab' ich eine jüdische Freundin gehabt. ›Mußt du denn nicht zum BdM?‹ hab' ich sie einmal gefragt. – ›Ich darf doch nicht!‹ sagte sie. Da erfuhr ich erst, daß sie Jüdin war.
Als die Pfadfinder verboten wurden, es ihnen aber freigestellt wurde, geschlossen in die Hitlerjugend überzutreten, hab' ich das nicht getan. Obwohl es Pflicht war. Ich bin einfach nicht hingegangen. Und wenn sie mir schrieben, oder mich fragten, hab' ich gesagt, jaja, ich komm' dann schon! Oder dem Gefolgschaftsführer, dem Fleischmann Helmut, einem aus meiner Klasse hab' ich gesagt: ›Brauchst nicht meinen, daß ich zu deinem Verein komm!‹ – ›Ja, was mach' ich denn da?‹ hat er zurückgefragt. – ›Laß dir was einfallen, schwindel, mach', was du willst!‹ hab' ich gesagt, ›bloß laß' mich in Ruh'!‹
Da hab' ich komischerweise viele andere gekannt, die es ähnlich machten. Das ist Teil gewesen dieser Münchner Schlamperei, die auch so ihr Gutes hat.«

Es gab noch eine andere Möglichkeit, den Nazis aus dem Weg zu gehen: die Musik. »Mit 15, 16 hab' ich die Jazzmusik entdeckt. Komischerweise konnte man die kaufen. Auch so eine der Inkonsequenzen des Dritten Reiches. Man traf sich zum Beispiel bei Papa Steinicke in der Adalbertstraße, wo heute der ›Mario‹ ist. Da war vorn eine Buchhandlung und hinten ein Saal für 200 bis 300 Leute. Da gab es Veranstaltungen von Sekten und Wiedertäufern, aber auch von ernstzunehmenden Pianisten und Jazzgruppen. Der Papa Steinicke ist irgendwann in den 30ern gestorben, das Lokal ist bei einem der großen Bombenangriffe 43 oder 44 in Schutt und Asche gelegt worden.

Wie wir 17, 18 waren, hat man gleichgesinnte Jazzer gesucht. Davon gab's aber nicht viele. Da ist man dann auf der Straße gegangen, am liebsten nachts und hat den ›St. Louis-Blues‹ vor sich hin gepfiffen. (pfeift) Wenn dann einer geantwortet hat, hat man gewußt, aha. Dann stand man sich gegenüber und hat sich angepfiffen, bevor man gefragt hat: ›Wo hast du das jetzt her? Wo sind deine Leute? Wo trifft sich deine Clique?‹ So ging das. Und weil die Nazis keinen St. Louis-Blues gekannt haben, die haben ja gar nicht gewußt, daß es das gab, wurde das auch gar nicht verfolgt. Es ist doch immer das gleiche, wie schnell sich auch in Diktaturen Gleichgesinnte finden können!

Musik hab' ich keine gemacht, aber verrückte Texte geschrieben für einen Freund, der Klavier spielte. Ich war viel zu disziplinlos, um ein Instrument ernsthaft zu lernen. Ich hab' zwar auf dem Klavier herumgeackert, aber spielen konnte man das nicht nennen.

Was das Verhältnis zu den Mädchen anging, das war eigentlich kaum anders als heute. Halt ein bißchen verschwitzter. Die Mädchen mußten früher nach Hause und kannten keine Pille. Propaganda für Kondome wäre undenkbar gewesen, obwohl die Automaten in allen Herrenklos standen.

Schon früh hat man in der Tanzstunde erfahren, daß man alles machen kann, wenn man der Mutter einen Blumenstrauß bringt und fragt: ›Gnädige Frau, darf ich dort- und dorthin mit Ihrer Tochter? Ich bin der und der.‹ Dann war eigentlich alles klar.

Man ging im Englischen Garten spazieren, knutschte auf den Anlagenbänken auf Teufel komm raus, logisch, ging in den Tanzkurs, ins Kino. Es war halt auch eine Geldfrage. Da gab es die Tanztees im Seehaus. Die Mutter einer Freundin hat mir dann einmal einen Zehner in die Hand gedrückt: ›Daß du mir die Irene auch anständig ausführst!‹

Wenn ich so denke, haben wir eigentlich recht früh unsere ersten sexuellen Erfahrungen gemacht. Mit mehr Ach und Weh als heute, das schon.

Andererseits habe ich immer viele Leute gekannt, die zusammenlebten, ohne verheiratet zu sein. Gut, das mag auch Schwabing gewesen sein, das in diesen Dingen schon immer toleranter war. Aber so einfach ein Doppelzimmer miteinander nehmen, das ging nicht. Wenn man aufs Land fuhr, hat man halt zu einem Bauern gehen müssen und sagen: Das ist meine Schwester ... In den 60er Jahren hat sich das allmählich verändert, aber nicht aus

moralischen, eher aus kapitalistischen Gründen. Also eigentlich war es genauso früher, nur mit ein paar äußerlichen Schwierigkeiten, die die Sache um so interessanter machten. Man fragte eben nicht nach zweimal Tanzen: Gehen wir jetzt zu mir oder zu dir? Gemeint war's auch in den Augen, aber es hat gewisser Rituale bedurft, die gar nicht reizlos waren, deren Fehlen ich heute eher beklage, weil's die Phantasie angeregt hat. Und wenn man wirklich einmal zusammen war, war das anders als heute, wo's eigentlich ist, als ob du einen Hamburger verspeist.
Durch die Nazis mit ihrer antikirchlichen Haltung: dem jungen deutschen Mann steht eine junge deutsche Frau zu! war plötzlich eine Sittenlockerung da. Man roch, es würde Krieg geben, und da meinten sie wohl: Dann laß sie halt wursteln, die jungen Leute! Wer weiß, was da sonst noch passiert! Das ist eingesickert, zuerst ganz unmerklich. Eine Art Aufweichung in ungutem Sinn. Was ich beklage ist, daß das zu wenig Beachtung bei den Historikern findet.
1936 wurde der Druck auf die katholische Kirche immer stärker, viele Leute sind ausgetreten, wurden irgendwie ›deutschgläubig‹. ›Jetzt gehen wir hinein!‹ sagte der Vater. In der Sondertaufe in der Ludwigskirche wurden mein Bruder und ich katholisch. Wir wollten uns nicht in die Nähe dieser Wotangläubigen bringen lassen.
Nach dem Krieg bin ich dann wieder ausgetreten. Ich bin der katholischen Kirche nicht übel gesonnen, obwohl ich diesen Papst eine grauenvolle Figur finde, der in seiner Beschränktheit viel Unheil anrichtet auf dieser Welt.«
Bevor Franz Geiger einberufen wird, hat er noch zwei besondere Erlebnisse: mit einem Freund hatte er sich mit dem Radl in Richtung Marseille aufgemacht, um sich bei der Fremdenlegion zu melden. ›Kommt nächstes Jahr wieder!‹ wurden sie beschieden. Sie seien noch zu jung. Radelten sie also wieder nach München zurück.
1939 flieht die Familie von Inge, seiner jüdischen Freundin, in die Schweiz. Franz setzt sich aufs Rad und transportiert Familienschmuck samt Geld hinterher nach Luzern. »Damals war das ganz normal, so lange Radltouren.«
Franz Geiger kommt an die Ostfront, erhält einen Granatsplitter in den Rücken, erkrankt an Typhus, wiegt nur noch 95 Pfund. »Da haben sie gesagt: Der wird entlassen! Ich habe mich schon gefreut. Bis sie herausgekriegt haben, daß ich französisch fast wie deutsch spreche, dann hieß es: Der kommt zur Dolmetscherkompanie! Zu der berühmten Dolko, die in den letzten Kriegswochen die Freiheitsaktion Bayern gemacht hat, zur Kapitulation aufgerufen, den Sender besetzt und ein ganz nennenswertes Gefecht mit der SS im Erdinger Moos geliefert hat. Im April 1945 war das.«
Geiger kommt als Dolmetscher für Französisch nach Hohenfels zwischen Nürnberg und Regensburg. »Ich war gleichzeitig Betreuer der Kriegsgefangenen, mußte das Schwedische Rote Kreuz durchs Lager führen, damit sie sich die Beschwerden anhören konnten. Es gab in München einen Ring, der Franzosen, die von der französischen Widerstandsbewegung angefordert wurden, zurück nach Frankreich schleuste. Da war der Dr. Steidle, ein

hoher Militärarzt, der hat sie zuerst krankgeschrieben und später waren sie eben verschwunden. Das war alles sehr gut organisiert und mit der Zeit war ich da eben auch drin. Ansonsten sind die französischen Gefangenen im Lager eigentlich ziemlich korrekt behandelt worden.

Ich bin jedenfalls 1943 verhaftet worden, weil ich mit den Geschwistern Scholl befreundet war. Ich wohnte damals in der Franz-Joseph-Straße 3, die Scholls auf 7 im Hinterhaus. Im Atelier meines Patenonkels, beim Eikemeyer, sind die Flugblätter gedruckt worden. Wir haben viel miteinander geredet, aber wir waren unterschiedlicher Meinung. Die Scholls haben gedacht, es sei wichtig, überhaupt zu dokumentieren, daß es einen Widerstand gab. Denen ging es mehr darum, Zeugnis abzulegen, eine sehr christliche Denkweise.

Während wir mehr praktisch dachten: Es hat wenig Sinn, an der Uni Flugblätter zu verteilen, die sich an Gleichgesinnte wandten. Denn die philosophische Fakultät, die Romanisten, die Anglisten, die Theaterwissenschaftler, das waren keine Nazis. Die Nazis saßen in der Technischen Hochschule, die Flugzeugbauer oder bei den Betriebs- und Volkswirten und bei den Juristen. Diese Aufsplitterung nach Fakultäten ließ sich klimatisch deutlich spüren.

Wir dachten da praktischer: lieber mal einen erschießen oder so. Da gab es ja bereits Pläne, in denen der Ochsensepp, der Abwehrchef, eine wichtige Rolle spielte. Da sollten die französischen und britischen Gefangenen bewaffnet werden, um die Brücken zu bewachen, damit die Versorgungsleitungen nicht unterbrochen würden und alles ohne Blutvergießen den Amerikanern übergeben werden könnte. Während die Nazis ja einen Widerstand bis zum letzten Mann gefordert hatten.

Als die Geschwister Scholl gefaßt worden waren, gab es einen Pflichtappell im Audimax der Uni. Es war eine entsetzliche Kundgebung. In die ersten Reihen hatten die Nazis lauter Schwer-Kriegsverletzte gesetzt, die Proteste gegen das Verhalten der Scholls vorlesen mußten. ›Und wozu haben wir unsere Knochen hingehalten?‹ Grauenvoll. Natürlich war allen klar, daß dieses Regime sie zum Tode verurteilen mußte wegen Hoch- und Landesverrats und Zersetzung der Wehrkraft und wie das alles hieß. Wir waren zutiefst deprimiert und voller Mitleid. Andererseits haben wir uns gesagt: Das war aber doch unklug! Da war auch viel jugendlicher Übermut dabei, ein bißchen Indianerspiel, der Kitzel: Geht's gut, geht's nicht gut? Das war überhaupt nicht so transusig-heilig, wie es später dargestellt wurde.

Dann haben sie einen nach dem anderen aus meinem Bekanntenkreis verhaftet, mich dann auch. 1943. Was auf mich wartete, war keine Pamperlverhandlung, sondern eine vor dem Reichskriegsgericht, dem höchsten Militärgericht Deutschlands. Zu der Zeit war das Militär-Strafrecht schon eher ein Schutz als das Zivilrecht, das man unter Berufung auf das gesunde Volksempfinden für alles hernehmen konnte. Wie es der Freisler vorexerzierte. Die Gestapo hätte gewollt, daß ich unehrenhaft aus der Armee entlassen würde und dann der zivilen Gerichtsbarkeit unterstellt – wie sie es mit den Geschwistern Scholl gemacht hatten. Aber das Militär hat sich mit

Händen und Füßen gewehrt, weil es ziemlich klar war, daß ich unter der Folter der Gestapo alles gesagt hätte und da waren zu viele eigene Leute dabei: der Ochsensepp, der Hauptmann Hörmann, welche, die ehrlich dagegen waren. Deshalb hat sich das Militär so gewehrt, mich zu entlassen.

Ich war zuerst in Berlin, Witzlebenstraße, dann wurde das Reichskriegsgericht zerbombt und ich kam nach Torgau an der Elbe, in die Festung. Da war ich ein Jahr und habe viel gelernt. Trotz meiner Einzelhaft: wie man mit einer Zahnbürste Feuer macht, wie man mit Klopfzeichen Schach spielt, oder wie man Papiere und Siegel fälscht. Man hatte ja Zeit. Einmal hat mich meine Mutter besucht und mir die ›Antigone‹ von Anouilh gebracht. Weil es mir langweilig war, habe ich es übersetzt. Inzwischen habe ich den ganzen Anouilh übersetzt. Aber davon später.

Von Torgau wurden wir Häftlinge immer weiter in den Süden verlegt, weil die Alliierten vorrücken. So schnell kamen die Akten überhaupt nicht nach. Ich hätte der Räuber Kneißl sein können oder ein Briefmarkenfälscher. Im Winter 44/45 war ich in Augsburg angekommen. Da mußten wir Trümmer schippen und Bomben entschärfen. Und auf einmal sah ich ein Postamt, das noch ganz war. Ich hatte zwar kein Geld, ich war ja Häftling, aber ich bin ins Postamt und da war ein nettes Telefonmädel. ›Bitte keine Fragen‹, sagte ich zu ihr, ›verbinden Sie mich mit München!‹ Das hat sie getan und ich konnte mit meinem Onkel, einem Major bei den Gebirgsjägern sprechen: ›Nichts sagen, Onkel‹, hab' ich gesagt, ›häng alle Orden um, die du hast, hupf' in dein Auto und hol' mich hier ab!‹

Nach zwei Stunden ›dieser Häftling wird mir überstellt!‹ saß ich in seinem Auto und wir fuhren heim nach München. Dort kannte ich noch, von meiner Zeit als Dolmetscher, ein Büro in der Destouchesstraße, das die besten falschen Papiere machte. Dort ließ ich mir auf den Namen Oskar Schütz, der Oskar war ein Schulkamerad von mir, aber schon früh gefallen, einen Wehrpaß, ein Soldbuch und diverse andere Papiere machen. Damit ging ich zu meinem alten Freund, Jim Greenwood, einem Militär und Unterarzt am Schwabinger Krankenhaus. ›Du kommst zu mir ins Krankenhaus, da untersuch' ich deine Typhusnachwirkungen, dann verleg' ich dich nach Garmisch, in den ›Roten Hahn‹, der zu einem Lazarett umfunktioniert worden ist,‹ sagte er. Da könnte ich das Kriegsende abwarten. Und ich fuhr mit dem Lazarettzug, liegend, nach Garmisch.

Blieb eine Zeit im ›Roten Hahn‹, mußte dort sogar den Geburtstag von Oskar Schütz feiern, an den ich gar nicht gedacht hatte, der aber offiziell doch meiner war.

Weil die Krankenhäuser und Lazarette hoffnungslos überbelegt waren, gab es immer wieder Appelle an die Bevölkerung, doch leichter Verwundete bei sich aufzunehmen.

So kam ich ins Haus eines Top-Nazis nach Murnau, dessen Tochter, die Mücke, meine Freundin war. Das Bild dort oben ist übrigens von ihr!

So verlebte ich die letzte Kriegszeit in Sicherheit und Glück. Es war wunderbar, wir haben die Nächte miteinander verbracht und auf die Amerikaner gewartet.

Als sie da waren, ging ich zum Captain: ›Schauen Sie, meine Papiere! Aber das bin ich nicht, das auch nicht und das auch nicht. Alles gefälscht!‹ – ›Ich kann Sie nicht einfach laufen lassen. So gute Papiere haben sonst nur Nazis, die untertauchen wollen! Ich muß das prüfen. Gehen Sie einstweilen in die Zelle im Amtsgericht in Murnau und warten sie ab. Wenn alles okay ist, bekommen Sie einen Jeep und können hinfahren, wo Sie mögen. Wenn nicht, hau ich Sie tot. Einverstanden?‹ – ›Einverstanden‹, sagte ich.

Das waren noch einmal drei wundervolle Tage im Gefängnis: Mücke hat mich jeden Tag besucht, und wir haben mit den Amerikanern herumgealbert, bis der Jeep kam. Ich hatte nur einen Gedanken: Zum Theater! Aber München war eine Trümmerlandschaft.«

Irgendwie gelingt es ihm, das Theaterbüro im »Bayerischen Hof« zu finden und auch gleich eine Anstellung zu bekommen als Bote, weil er auf die Frage: »Hams a Radl?« nicken konnte.

Irgendwann ist er dann auch Dramaturg beim Bayerischen Staatstheater, wo der Vorschlag gemacht wird, doch Anouilhs »Antigone« zu inszenieren. Nur schade, heißt es, daß es noch keine deutsche Übersetzung gebe. »Doch, doch«, sagt Franz Geiger, er habe die »Antigone« auf der Festung in Torgau übersetzt und die Übersetzung befinde sich bei der Mutter. Großes Erstaunen. Wie es denn mit den Rechten sei, wird gefragt. Das freilich wußte Franz Geiger nicht. Er könne ja nach Paris zu Anouilh fahren, schlägt er vor, und ihn nach den Rechten fragen.

Über seine Verbindungen aus der Zeit in der Dolmetscherkompagnie, wo sie schon einmal französische Gefangene auf Wunsch der Résistance heimgeschickt hatten, bekommt Franz Geiger noch einmal falsche Papiere, diesmal die eines französischen Kriegsgefangenen auf dem Weg nach Hause. So kommt er mit dem Zug in Paris an, hat aber kein Geld, vom Bahnhof zur weit entfernten Wohnung Anouilhs zu fahren. Er läuft also, bringt zwanzig Kilometer hinter sich, fällt Anouilh ins Haus, der ihn gleich ins Bett bringen läßt, wo er einen Tag und eine Nacht durchschläft. »Ich kann zwar kein deutsch«, sagt Anouilh, »aber ich glaube, Ihre Übersetzung ist gut. Sie bekommen die Aufführungsrechte.« Dann schlägt er ihm noch vor, auch die weiteren Stücke zu übersetzen. So wird aus Geiger der Übersetzer des Gesamtwerkes von Jean Anouilh. »Aber nur von ihm. Sonst habe ich keinen anderen Autor übersetzt.«

In München konnte also die »Antigone« in Geigers Übersetzung aufgeführt werden.

»Die Nachkriegszeit war eigentlich die schönste Zeit. Nicht nur, weil man jung war, sondern weil die Zeit vor und kurz nach der Währungsreform die Zeit der irrwitzigsten Hoffnungen war. Man hat gedacht, jetzt kommt das goldene Zeitalter der Gerechtigkeit, der Weltoffenheit, der Vereinigten Staaten von Europa.

Man fühlte sich wie einer, der am Ersticken war und dem man weit ein Fenster aufstößt und der die Sonne sieht. Geld hatten wir nicht, das war egal, den Hunger haben wir nicht gespürt, egal ob du rechts einen schwarzen

oder links einen gelben Schuh anhattest. Die Leute waren herzlich zueinander, hatten Zeit. Es gab keine Autos und keine Telephone. Wenn einer zu Besuch kam, blieb er ein paar Stunden.
Diese Aufbruch- leider nicht Umbruch-Zeit war die intensivste. So intensiv war das Leben nie wieder.«
Trotzdem ging Franz Geigers Leben ziemlich intensiv weiter. 1948/49 zieht es ihn nach Paris, er studiert an der Sorbonne und wird, ein bißchen unter der Protektion Anouilhs Regieassistent am »Théâtre de l'Atelier«. Er schreibt für deutsche Tageszeitungen in Paris, ist aber bereits 1951 wieder in München als freier Autor. Er schreibt mit Max Ophüls das Drehbuch zu »Lola Montez«. Vom Geld kauft er sich eine Finca auf Mallorca, macht ein Patent für die kleine Küstenseefahrt, schippert mit seinem Fischkutter die Küsten entlang. Nach fünfzehn Jahren zieht es ihn wieder nach Hause. Gerade angekommen trifft er – zufällig? – den Helmut Dietl, und der braucht gerade – zufällig? – Drehbücher. Geiger schreibt einige Folgen für Fernsehserien wie »Monaco Franze« und den »Millionenbauer«. Er wird Professor an der Münchner Film- und Fernsehhochschule, lehrt, wie man Drehbücher schreibt und tut es selber ständig. Einige werden verfilmt, andere nicht.
Das österreichische Fernsehen nimmt seine »Nacht mit Adolf«. Adolf ist Hitler und eine Nacht mit der Anna Sedlacek findet zwar statt, aber nicht mit ihm, sondern ... schwarzer Humor, der für Franz Geiger entlarvender ist als gutgemeint Moralisches.
»Die Philosophie der Geschichte hat die Einfachheit einer Parabel: Ob bei Hitler, Stalin, Ceaucescu oder Mao, jede Diktatur setzt zwangsläufig alle Gesetze und Regeln des gesunden Menschenverstandes außer Kraft. Am Ende regiert nur noch der Irrsinn ... gut wird böse und böse wird gut. Man lebt auf dem Kopf stehend in einer irrealen Welt.«
Die Diskrepanz zwischen Ideal und Wirklichkeit, der Autor als sein eigener Antipode. Da schleicht sich etwas vom Schelmenroman hinein, etwas Don-Quijoteskes, etwas von einem, der auszog ... und dem die ganze Boshaftigkeit der Welt letztlich nichts anhaben kann.
Franz Geiger erhält 1996 den Ernst-Hoferichter-Preis.

Bernhard Paul
geb. 1947 · Zirkusdirektor, Clown, Graphiker · Zirkus ›Roncalli‹

Zirkusgeschichte in der Türkenstraße

1993: Der Zirkus Roncalli besteht seit 17 Jahren, ist zum 8. Mal in München, 50 000 Besucher in 35 Vorstellungen, wie immer: Verlängerung. Der Gag: die gespielte Trauung des Magiers David Copperfield mit dem Modell Claudia Schiffer im Zirkuszelt. Danach erst: die reale Verlobung. An der Gala, deren Erlös einer Musiktherapie für kranke Kinder zukommen wird, nehmen teil: Peter Maffey, Udo Lindenberg, Otto, Marius Müller-Westernhagen, die Skorpions, die Bee Gees u. a.

»Es freut uns, daß wir die Ehre des Zirkus auf diesem Platz haben wiederherstellen können. Trotzdem wird der Platz ein für allemal für den Zirkus verloren sein. An ein Museum. Obwohl es doch viel mehr Museen als Zirkusse gibt. Museen werden subventioniert, wir nicht. Seit dem Dritten Reich gilt ja Zirkus nicht als Kunst, sondern als Gewerbe. Das kostet uns ein paar hundertausend Mark Strafe jährlich. Es gibt schlechte Zirkusse, ja, aber es gibt auch schlechte Theaterinszenierungen. Zirkus ist Kultur. In Italien, in Frankreich, nur bei uns nicht.
Theater werden mit unheimlich viel Geld subventioniert, aber es gibt Regisseure, die eindeutig nicht fürs Publikum inszenieren. Obwohl sie es mit Steuergeldern tun. Kein Wunder, daß da Theater zugesperrt werden! Man kann nicht wahllos mit der vollen Hose stinken! Irgendwann muß man auch etwas essen.
Dieses: ›nur indirekt vom Publikum abhängen‹, macht sie etwas hoffärtig, die Kollegen vom Theater, die ja auch einmal mit uns auf den Jahrmärkten

gestanden haben. Wir hängen direkt vom Publikum ab, und wenn wir im nächsten Jahrtausend den Kindern noch einen Zirkus zeigen wollen, dann muß schon langsam etwas passieren, sonst wird es eng mit dem Zirkus. Also die Situation des Zirkus' ist nicht so gut. Wir sind da eine Ausnahme.

Zirkus ist einer der härtesten Berufe, die es gibt. Der Normalbürger hat ja im Lauf der Zeit immer mehr Freizeit bekommen, wir dagegen mehr Bürokratie. Wir haben mehr Sekretärinnen und mehr Bürowagen. Wer da meint, durch die EG würde sich da was vereinfachen, der täuscht sich. Es gibt immer mehr hinter den Kulissen zu tun. Das Publikum wird auch immer anspruchsvoller. Stellen Sie sich doch vor, wie die Kinder heute aufwachsen! Fernbedienung und 24 Kanäle und dann geswitcht oder wie das heißt.

Wenn wir da mit etwas kommen, langsam und poetisch, dann fangen sie schnell an, sich zu langweilen. Also müssen wir beim Programm ein bißerl mehr Gas geben, mehr Tempo. Auch beim Timing muß man das merken.

Wir müssen die Jungen auch in den Zirkus kriegen. Die Gruppe von 16 bis 25, das sind ja die Problemkinder für den Zirkus, die gehen gewöhnlich in die Disco. Die müssen wir erreichen, auch wenn es dann wieder Leute gibt, die sich beschweren, daß wir früher ruhiger und poetischer gewesen seien.

In Wien habe ich gerade die Aufgabe, ein alteingeführtes Zirkusfestival, das seit 30 Jahren besteht, so zu verändern, daß es ein neues Publikum erreicht. Weil sie das Problem haben, daß ihr Publikum allmählich wegstirbt.

Also nicht nur schneller, auch frecher müssen wir werden! Allerdings nicht wie in Frankreich, wo welche mit Motor-Ketten sägend durchs Publikum laufen, oder Autos von einem Kran in die Manege geworfen werden oder einer am Musikpodium onaniert und dabei einen Handstand macht, das ist nicht jedermanns Geschmack. Meiner auch nicht. Aber das ist dort Kultur und wird subventioniert. Nur eines sollte man nicht machen: daß man Leute, die vorher im Theater erfolglos waren, daß man die dann auf den Zirkus losläßt.

Der Zirkus verlangt allen viel ab. Wir leben hier in Wagen am Platz und wenn das Wasser einfriert, friert es bei allen ein, das ist sehr demokratisch. Es ist sicherlich ein größeres Komfortdenken da als früher und das äußert sich in mehr Wagen. Früher war es ganz normal, daß drei in einem Wagen geschlafen haben. Bei uns ist es eben wie auf einem Schiff, was den Platz angeht: er wird nicht mehr. Wir haben von Anfang an auf die Tierschau verzichtet und dafür lieber Leute einzeln untergebracht.

Wir spielen jeden Tag, meist sogar zwei Vorstellungen. Das ist manchmal anstrengend, aber wir sind es gewöhnt. Das ist halt Zirkus! Und Zirkus ist nicht so wehleidig wie Theater. Dafür ehrlicher. Er wünsche sich, hat der Max Reinhard einmal gesagt, daß es einem Schauspieler ruhig so gehen solle wie einem Trapezkünstler: daß er abstürzt, wenn er sich verspricht.

Es gibt ja heute, vor allem beim Fernsehen, so viele Möglichkeiten zu schwindeln! Wenn ich da an die Lachbänder im Hintergrund denke, bei Golden Girls oder anderen Serien, die angeblich komisch sind, wo ich absolut nichts zum Lachen finde, das ist doch wirklich nicht normal! Das ist doch krank! Bei uns im Zirkus müssen die Leute noch selber lachen. Ein Zirkus kann sehr schnell seinen guten Ruf verlieren. Wenn er sich gehenläßt, wenn es heißt: Ist nicht mehr das!, dann kriegt er die Rechnung ziemlich schnell präsentiert. Dann kommen die Leute nicht mehr.

Ob wir, nein, um Gottes willen, da muß ich sofort auf Holz klopfen, ich bin ja so abergläubisch, wir sind im 17. Jahr und bisher hat alles gut funktioniert.

In welcher Stadt wir am liebsten spielen? Das kann man so nicht fragen, das ist wie: welches Kind ist dir am liebsten? Ein bisserl abgeschmackt. Man ist am liebsten in der Stadt, in der man gerade ist, da spielt die Musik, da geht's ums Ganze, da kämpft man ums Publikum.

Und einer muß eben entscheiden, welches die nächste Stadt sein wird, wie das Programm aussehen wird und wie die Plakate. Das mache dann ich, das hängt mit der Kapitänsfunktion auf unserem Schiff zusammen. Wohin wir steuern. Aber sonst ist alles viel weniger hierarchisch, als man denkt. Man kann mich ganz normal ansprechen, man kann an meinem Wohnwagen klopfen, wenn einen irgendwo der Schuh drückt. Oder ich kann mich bei einem Clownkollegen ausweinen. Oder ich bin so etwas wie Klassensprecher oder Beichtvater. Unsere Gemeinschaft ist eine gute Schule fürs Leben. Es wird wahrscheinlich weniger gestritten als anderswo, man ist rücksichtsvoller, man kennt sich, man mag sich.

Das sind die Vorteile von diesem Wagendorf, in dem wir leben. Diesem Zirkodrom.

Unsere Musiker spielen in der Nacht noch in Jazzlokalen, weil sie Musik lieben, weil sie gerne spielen! Während die Musiker der Oper, es ist doch so: was dem Beamten sein Schreibgerät, ist dem seine Geige. Die legt er gern und oft ab. Wie ich bei Proben im Ronnacher-Theater in Wien gesehen habe, zu meinem großen Erstaunen: eine Viertelstunde, bevor die Probe fertig war, sind die gegangen. So etwas können wir gar nicht verstehen: du bist fertig, wenn es sitzt, nicht wenn die Uhr es sagt.

Die Geschichte des Zirkus Roncalli ist mehrfach geschrieben worden.

Ich habe als Kind schon immer Zirkus geliebt, ich wollte mit Zirkus zu tun haben, da hab' ich eben den Zirkus Roncalli gegründet. Also am Anfang war der Name nicht da, das war auch nicht so wichtig, dafür der erste Wagen.

Also diese Gerüchte von wegen Ron Hubbard und Scientologen, das lassen wir lieber weg, das hat schon ganz viele Leute Geld gekostet! Da gab's einen Journalisten, den gibt's heute noch, den Peter Hajek, der immer ›A propos Film‹ macht, ein Freund von uns, der hatte gerade ein Drehbuch geschrieben ›Sara Roncalli, Tochter des Mondes‹. Roncalli hat der Heller gesagt, das ist gut. Und ich fand auch, daß es klang wie ein alter Zirkusname, wie Giniselli, Sarasani, jedenfalls auch mit ›i‹. Insofern hat es schon gepaßt. Aber daß da Assoziationen aufkamen mit dem Roncalli-Papst, Papst und Zirkus, das sind ja schon zwei Welten, das hat mich am Anfang ein bißerl gestört. Aber das hat sich gegeben. Das war dann halt ›der Roncalli‹.

Aber die Leute haben sich den Namen nicht merken können, sie haben Ronzali gesagt und Rankoli und so. Ist etwas Willkürliches mit so Namen. Der André Heller, als er gehört hat, ich wolle einen Zirkus machen, kam und sagte, er wolle da gern mitmachen. Das war in Wien. ›Dann mußt du aber löhnen!‹ habe ich gesagt.
Es gab eine klare Arbeitsteilung: Ich habe die Nummern rausgesucht und arrangiert und er hat die Texte geschrieben für die Ansager und einige wichtige Ideen eingebracht. Das muß man ihm lassen. Aber es gab eine grundsätzliche Diskrepanz: Er wollte bestürzen und ich erfreuen. Ich habe noch das Regiebuch von dem, was er vorgehabt hatte: Liliputaner mit Ku-Klux-Klan-Kostümen gehen mit brennenden Kerzen in die Manege oder zwei Wahnsinnige sitzen auf einem Pferd und stürzen sich zu Tode. Ich habe schon damals gesagt: Wenn ich heute die Nachrichten höre, bin ich bestürzt genug, ich will erfreuen und ich will überleben. Ich will nicht, daß dieser Zirkus schnell pleite geht.
Ich habe von Kind an Zirkus geliebt, ich habe die Großen des Zirkus vergöttert, den Grog, den Rastelli, die Cutonas, ich wollte Zirkus machen. Während der Heller Kardinal werden wollte. Und beide sind wir geworden, was wir wollten. (Lacht) Auf diesem Platz an der Türkenstraße haben wir uns verkracht. Wir waren uns 15 Jahre lang böse. Jetzt sind wir wieder versöhnt, arbeiten sogar zusammen.
Eigentlich bin ich ja Graphiker. Aber seit 1976 habe ich den Zirkus. Es begann in Bonn mit einem Riesenerfolg: alles ausverkauft. Dann kam Wiesbaden: ein Fiasko. Dann Köln: so halb und halb. Es war ein heißer Sommer. Es war überhaupt der heißeste Sommer nach 100 Jahren. Der Zirkus Krone spielte nicht, die Artisten kamen alle zu uns rüber und besuchten uns, was uns damals als Neulinge sehr gefreut hat. Dann gingen wir nach München und haben uns diesen Platz ausgesucht.
Der hat mir einen besonderen Eindruck gemacht: weil da früher eine Kaserne stand und weil vor uns noch kein Zirkus dort gespielt hat.
Überhaupt hatte vorher fast jeder Zirkus einen weiten Bogen um München geschlagen, weil der Zirkus Krone so mächtig war. Das Hausmonopol hatte. Für die Münchner eben ›Unser Zirkus Krone‹ war. Da hat jeder gesagt: ›Nach München brauchst gar nicht erst hin, da machst kein Geschäft!‹ Wir haben das durchbrochen. Der Karl Sembach vom Krone hat auch alles Mögliche versucht, uns am Spielen oder zumindest an einer Verlängerung zu hindern, da kamen Feuerwehrleute und mußten die Ringleitungen kontrollieren, lauter so Zeug.
Aber als der dann sagte, in einem Rundfunkinterview: ›Wenn der Roncalli noch einmal verlängert, sind wir ruiniert!‹ dann war das wirklich Zirkusgeschichte.
Trotzdem ist er mit seiner Frau in die Vorstellung gekommen, sie sind nachher auch bei mir im Wohnwagen gesessen und haben mir von ihrer Tochter erzählt. Das war für mich sehr beeindruckend, denn der Zirkus Krone war der Zirkus meiner Kindheit, als Kinder haben mein Bruder und ich den Zir-

kus Krone als Modell gebastelt. Da haben wir dem Herrn Sembach geschrieben, wie groß denn das Zelt sei und lauter so Fragen. Er hat uns immer zurückgeschrieben. Er war eine Respektsperson für mich und ist es heute noch. Ein guter Mensch, ein guter Zirkusdirektor und ein Tierfachmann.
Daß ich ihn so beeindruckt habe und er diesen Satz gesagt hat, das war ungeheuer wichtig für mich.
Damals gingen ja die Zirkusuhren noch anders. Als wir angefangen haben, hat es geheißen: ›In drei Wochen sind die kaputt!‹ Dann: ›In zwei Monaten!‹ Dann: ›Noch sechs Monate, aber dann ...‹ inzwischen sind 17 Jahre draus geworden.
Es hatte uns niemand ein langes Leben zugetraut, weil es noch nie passiert war, daß Außenseiter einen Zirkus gemacht haben. Die kamen alle aus Zirkusdynastien.«
Inzwischen ist er vielleicht sogar dabei, eine eigene zu gründen: seine Frau kommt aus einer dieser Dynastien und ein Kind ist auch schon da.
»Bei uns war auch sonst alles umgekehrt: in den Hausordnungen der anderen Zirkusse steht: Artisten dürfen sich während des Einlasses nicht im vorderen Bereich aufhalten! Bei uns müssen sie das. Und zwar im Kostüm, Konfetti streuend und die Leute begrüßend. München war also der ganz große Erfolg.
Und das schönste Prädikat ist doch, daß dieser Platz unseren Namen bekommen hat. Der hieß früher: Ecke Türken-/Gabelsbergerstraße bei der Pinakothek, so hat man schreiben müssen. Durch unser Gastspiel, das so unheimlich präsent in den Medien war, vielleicht auch durch unseren Streit, jedenfalls die Leute, wenn sie drüber gesprochen haben, sie sind ja auch faul, die Leute, statt diesen ganzen Wust zu sagen, haben sie halt gesagt: Der Platz, wo der Roncalli gestanden ist. Dann wurde im Lauf der Zeit Roncalliplatz daraus, so im Volksmund, haben mir die Taxifahrer erzählt. Heute steht es sogar im Stadtplan unter ›Roncalli‹.«
Das stimmt so nicht ganz. Zwar hatte es in den Medien gern »sogenannter Roncalliplatz« oder einfach »Roncalliplatz« (in Anführungszeichen, was irgendwo an Axel Caesar Springers »DDR« erinnerte) geheißen, aber im offiziellen Stadtplan war nichts dergleichen zu finden.
»Die haben ja noch nicht einmal einen Antrag gestellt!« kam es vom Baureferat verwundert.
Im September 1996 hatte der erste Spatenstich für die »Pinakothek der Moderne« stattgefunden, kurz zuvor hätte der Zirkus Roncalli gern noch einmal auf dem Platz gastiert – es wurde nicht erlaubt. Ein riesiges Bauloch auf dem Gelände der ehemaligen Türkenkaserne hat den Roncalliplatz verschluckt. Vorstellbar wäre, einen Platz innerhalb des Museumsbaus der »Dritten Pinakothek« Roncalliplatz zu nennen. Um eine Volks-Etymologie – wie »Stachus«, wie »Türkengraben« – weiterleben zu lassen.

ARRIbuben, ARRIbosse

ARRI ist zweifellos der bekannteste Name, den die Türkenstraße hervorgebracht hat. ARRI von Arnold und Richter, den beiden Gründern der Firma, die sich technisch um alles kümmert, was Film und Kino betrifft. ARRI Cine Technik, Mutterhaus Türkenstraße 89, umfaßt fast den ganzen Block zwischen Ramberg- Kurfürsten- Adalbert- und Türkenstraße. ARRI – eine bisher achtzigjährige Erfolgsgeschichte mit up's und down's, Gewinnen, Verlusten und Krisen, wirtschaftlichen und persönlichen.

Angefangen hatte alles schon sehr früh. Die beiden Schulkameraden August Arnold und Robert Richter interessierten sich brennend für das neue Medium Film, damals noch schwarzweiß und stumm. Zum Filmen gehörte Entwickeln und Kopieren. 1913 hatten die beiden bereits ein altes Kinovorführgerät umgebaut, 1916 aus Teilen, die sie auf der Auer Dult erstanden hatten, eine Kopiermaschine gebastelt und ein Jahr später ihren kleinen Laden südlich des »Capitol«-Kinos in der Türkenstraße eröffnet.

Sie machten etwas ganz Modernes: Service und Leasing. Sie übernahmen Auftragsarbeiten oder liehen ihre Geräte aus: Kameras, Stative, später auch Kohle-Scheinwerfer auf fahrbaren Stromaggregaten. Sie filmten, entwickelten, kopierten und spielten schon auch selber mit.

Ihr erster Auftraggeber war Fred Stranz, Hauptdarsteller und Regisseur des Streifens »Der schwarze Jack« für die Münchner Sportfilm A. Stranz-Produktion. Zur Premiere 1918 hatten sich die beiden, der »Kleine« (Arnold) und der »Große« (Richter) einen Gag ausgedacht: sie hatten die Premierenbesucher beim Eintreten ins Kino gefilmt, waren mit dem Material in die Türkenstraße geradelt, hatten dort auf die Schnelle entwickelt, fixiert, kopiert, waren zurückgeradelt und hatten dem erstaunten Publikum sich selber auf der Leinwand präsentiert, nachdem der Film zu Ende war.

Es war die Zeit zwischen dem Ende des Ersten Weltkrieges und der Inflation 1923, eine Zeit der Desillusion, eine Zeit der Improvisation, in der die beiden Meister waren. Die bei der Filmproduktion Mitwirkenden bekamen damals kein Geld, sondern wurden an den Einnahmen beteiligt. Sicherheiten gab es so gut wie keine, Pioniergeist war gefragt, Wildwest-Mentalität beliebt. Die ersten Filme waren Klamauk: Schmuggler-Banditen-Sensationsfilme mit so sprechenden Namen wie: »Der Todescowboy« (1919), »Die Eisenbahnräuber« (1920), »Der gelbe Würger« (1920), aus dem auf polizeiliche Anordnung einige Gewaltszenen herausgeschnitten werden mußten, und die »Flammenfahrt des Pacific-Express« mit der Simpl-Wirtin Kathi Kobus.

Seit 1920, dem Jahr, in dem ein Brand im Obergeschoß des ARRI-Geschäftes die gesamte Kopier- und Entwicklungsabteilung vernichtete, hatten die beiden für ihre »Wildwest-Film-Compagnie« gearbeitet. Jetzt tat sich ein neues Betätigungsfeld auf: Verkehrslehrfilme im Auftrag der Polizeidirektion, die im Anschluß an die Wochenschau im Kino gezeigt wurden. 1928 waren über 2000 Radler in München verunglückt. Seit 1926 gab es in der Türkenstraße zwei Kinos: das »Scala« auf Nummer 24 und das bereits erwähnte »Capitol« auf 89.

Nach der Inflation war Harry Piel bei ARRI aufgetaucht, Regisseur und Sensationsdarsteller seines Zeichens. Zehn seiner Tierfilme drehte er mit ARRI-Ausrüstung, einige Szenen gleich praktischerweise im Hof von 89.

Es kam die Zeit der tönenden Heimatfilme: »Der Grenzjäger« (1930) und »Grenzfeuer« (1934). »Hochlanddramen« nannte sie das dazugehörige Kinoprogramm in braun-beige und einmal gefaltet, »Hochgebirgsfilme aus dem Schmuggler- und Grenzpolizeimilieu«. Das widersprach zumindest nicht der von den Nazis propagierten Blut- und Boden-Mentalität.

»Grenzfeuer« wurde nach dem Krieg von der alliierten Militärregierung für Deutschland verboten. Genauso wie Leni Riefenstahls zweiteilige Olympiahymne »Fest der Völker«, »Fest der Schönheit«. Die Nazis hatten den Film als Mittel der Propaganda entdeckt, systematisch jüdische Künstler mundtot gemacht, ins Exil getrieben, in Konzentrationslager gesteckt, die Filmlandschaft so gut wie »judenfrei« gemacht. Eigene Leute wie Leni Riefenstahl, die aus ihrer Hitlerverehrung kein Hehl machten, bekamen die großen Aufträge. Nicht ganz so lieb Kind bei den Nazis war der Schauspieler und Regisseur Luis Trenker, dem verübelt wurde, daß er sich als Tiroler erst spät für die Option, Deutscher zu sein, entschied und seinen Eltern 1940 geraten hatte, doch lieber für Italien zu votieren. »Deutschfeindlich« stand dann auch in einigen Bewertungen zu lesen. Trenker und Riefenstahl waren eine Zeitlang das Traum-Liebespaar der deutschen Heimatfilme, bis sie sich zerstritten. Beide waren im Dritten Reich und danach häufig bei ARRI anzutreffen.

1924 hatte Arnold die »Kinarri 35« entwickelt, eine Amateurkamera in runder Box mit Handkurbel, 1928 wurde die »Kinarri 16« präsentiert, 1937 war die »Arriflex 35«, die welterste industriell gefertigte Spiegelreflex-Filmkamera die Sensation der Leipziger Messe. Erfinder: Erich Kästner, der dafür seinen ersten »Oscar« erhielt. Nicht der Schriftsteller, sondern der Konstrukteur.

Die »Arriflex«, mit der im Prinzip heute noch 80 Prozent der Spielfilme auf der Welt gedreht werden, war leichter als die herkömmlichen Kameras, beweglich und parallaxenfrei, eine ideale Kamera für Filmreportagen. Das merkten die Nazis schnell und setzten sie für ihre »Wochenschau« ein.

Für ARRI boomte das Geschäft. Seit 1937 sind mehr als 15000 Spiegelreflexkameras gebaut worden. 1938 wurde die Arriflex nach Istanbul, Bombay, New York geliefert. Meist an Verleihe oder Kameramänner. Aber auch: an die Erprobungsstelle der Luftwaffe in Travemünde, das Reichsministerium für Volksaufklärung und Propaganda in Berlin, an den Reichsautozug

Deutschland in München. 1939: Arriflexkameras werden nach Rio, Buenos Aires, Bukarest, Kopenhagen, New York und Bombay geliefert, aber auch an: das Nationalsozialistische Fliegercorps in Berlin, an die Reichsstelle für Unterrichtsfilm, Berlin, an das Reichspropagandaamt in Nürnberg und die Heeresfilmstelle Berlin.
1941, bevor die Nazis in Rußland einmarschieren, wird sogar noch eine Kamera nach Moskau verkauft.
Richter hatte sich nach seinem Amerikaaufenthalt 1925 mit der Weiterentwicklung von Kopier- und Filmentwicklungsmaschinen beschäftigt und Verkaufserfolge damit erzielt. Er war überhaupt mehr der Geschäftsmann, während Arnold mehr der Tüftler war, der den späteren Chefkonstrukteur Kästner entdeckte, bei sich behielt und ihm eine Wohnung im ARRIblock zur Verfügung stellte, wo er 1998 noch, gebückt und verbittert nach dem Tod seiner Lebensgefährtin, anzutreffen ist.
Arnold und Richter filmten Zeitgeschichte: 1931 den Brand des Glaspalastes im heutigen Alten Botanischen Garten, im gleichen Jahr die Eröffnung des Flughafens Riem. Richter flog und Arnold filmte aus dem Flugzeug heraus: die kühnen Loopings des Richterfreundes Ernst Udet und 1936 den Zeppelin über München.
1942 zieht die Firma ARRI (Arnold und Richter waren u.k. gestellt) ins vom Reichsarbeitsdienst geräumte Schloß Brannenburg am Inn um. In Bergwerkstollen werden die Filmgeräte versteckt, auch nicht nach dem Krieg den Alliierten übergeben, wie es offiziell hätte sein müssen. US-Kamerakorps müssen ihre Arri-Kameras selber kaufen.
Die »ARRIbuam« sind die Woche über in Brannenburg, dort wird gearbeitet und gefeiert, man hat seine Freundinnen und Tanzpartnerinnen, am Wochenende geht's brav zur Familie nach München heim. Richter ist dort kaum zu sehen, Arnold ist der Übervater, der Chef im Arbeitskittel, keinesfalls immer zartbesaitet, aber immer für seine Leute zu sprechen.
Im nachhinein waren es schöne Jahre, man kannte sich und vertraute einander, sagen Willibald Hack, der Fräser, Werner Schittko vom Kameraverleih, und Erich Kästner, der Erfinder.
Im Juli 1944 wird der ARRIkomplex zerbombt, nach dem Krieg aber als »förderungswürdiges Wiederaufbauprojekt« (›Materialentnahme strengstens verboten!‹) schnell wieder in Angriff genommen. 1948 steht das Vordergebäude, Ende der 50er Jahre auch die Studios im Hof. 1946 waren bereits wieder 70 Stück der Arriflex gebaut worden.
Seit 1950 gibt es das Werk in Stephanskirchen bei Rosenheim, das sich auf optische Linsen spezialisiert hat. Gleichzeitig dient das Grundstück als Aufnahmefreigelände. Beide Teile von »08/15« sind dort entstanden.
1952 kommt die erste professionelle 16 mm Spiegelreflex-Filmkamera auf den Markt, speziell für Fernsehberichterstattung. Sie schlägt ein, über 20000 Stück werden von ihr hergestellt. Außerdem wird »Fox Tönende Wochenschau«, die früher vor jedem Hauptfilm lief, im Türkenstraßenkomplex zusammengestellt. Immer montags.

Nachkriegsbilder:
Die Bockerlbahn vor dem zerbombten ARRI-Gebäude.

Gleise der Bockerlbahn Ecke Amalien-Adalbertstraße vor der Akademie.

1972 stirbt Richter, 1983 Arnold. Die Mitarbeiter haben das Gefühl, eine Ära sei zu Ende gegangen.
Nachfolger des Dr. h.c. Arnold war schon 1977 sein Sohn Robert, genannt »Bobby« geworden, der mit Gerhard Polt in die Schule gehen sollte. Zuerst war er, wie Polt, Teil der Amalienstraßenbande, nach dem Umzug gehörte er dann zur Türkenstraßenbande, den vormals erklärten Feinden. Nachfolger von Dr. Richter war sein Schwiegersohn Dr. Walter Stahl geworden.
ARRI ist nach wie vor ein Familienunternehmen: 50 Prozent für die Arnolds, 50 Prozent für die Richterfamilie. Geschäftsführer: Bobby Arnold und Walter Stahl. Immer wieder kommt es zu Zerwürfnissen zwischen den beiden.
Es gibt Gerüchte, ARRI habe verpaßt, auf den Video-Zug aufzuspringen, habe den ganzen Markt den Japanern überlassen und so würden ihm allmählich die Felle davonschwimmen.
Im August 1994 teilt ARRI der Presse durch den Mund von Walter Stahl mit, daß die Trendwende geschafft und mit einem Umsatzsprung von 20 Prozent zu rechnen sei. Man habe die hohen Fertigungskosten gesenkt, die rückläufigen Absatzzahlen gestoppt und 100 Arbeitsplätze eingespart, »vorwiegend durch Fluktuation«.
Man peile einen »konsolidierten Gruppenumsatz« von 266 Millionen DM an. Im Vorjahr waren es 222 Millionen.
Von den 950 Mitarbeitern arbeiteten 650 im Stammhaus in der Türkenstraße, das einen Umsatz von 140 Millionen gemacht hatte.
Zwei Jahre später präsentiert sich ARRI als weltweit größte Kameraherstellerfirma mit 1 000 Mitarbeitern, 14 Tochtergesellschaften, 70 Auslandsvertretungen, zwei Werken in München und einem in Stephanskirchen. Im eigenen Verleih stehen 80 Kameras und 500 Objektive zur Verfügung. Das aktuelle Modell der Arriflex ist komplett computergesteuert und kostet eine halbe Millionen Mark.
Filme wie »Schindlers Liste«, »Dracula«, »Little Buddha«, »Die unendliche Geschichte« sind mit ARRI-Kameras gedreht, »Die Blechtrommel« total von ARRI ausgestattet.
Bobby Arnold holt sich den siebenten Oscar in Hollywood ab, Erich Kästner hatte 1993 seinen zweiten verliehen bekommen: für die Erfindung der 16 mm Spiegelreflex-Filmkamera. ARRI – Hort von neun Oscars in der Türkenstraße.
Erich Kästner auf die sich jedem aufdrängende Frage, ob er etwas mit dem anderen zu tun habe, dem Dichter, wehrt ungeduldig ab. Nein, Zeit, Bücher zu lesen, habe er keine. Den anderen kenne er nicht, obwohl, er lächelt verschmitzt, ihm einmal dessen Steuerbescheid zugegangen sei. Versehentlich, versteht sich. Sein Leben sei mehr die Technik. Und da wird er ganz fuchtig, wenn Grundbegriffe wie »parallaxenfrei« oder »gebimpt« nicht sofort verstanden werden.
Überhaupt Namen, Bedeutungen, Synonyme, Verständnisse, Mißverständnisse! Hatte da doch die RFFU-Verbandsgruppe bei ARRI sich getraut, im

Dezember 1979 eine Betriebszeitung herauszugeben mit dem Titel »Der kleine Bobby«. Schon auf der ersten Seite wird darauf hingewiesen, daß Bobby eine Filmspule sei, es gebe kleinere und größere davon. »Selbst bei vorsichtigem Anfassen oder bei geringstem Widerstand kann der Bobby aus der Rolle fallen und der Film mit ihm durchgehen«, schreibt Heinz Koderer vom Kopierwerk im »Eingangsbefund«. Kein Wunder, daß Bobby, dem Boß, dieses nicht gefiel. Es gab Versetzungen, Prozesse, Kündigungen. »Der kleine Bobby« erschien im Dezember 1980 zum letzten Mal. Die Betriebsgruppe gab es fortan nicht mehr.

Willibald Hack
geb. 1910 · Fräser bei ARRI

Herrliche Jahre in Brannenburg

»Sie, Sie könnt' ich schon brauchen. Wenn'S bei Siemens waren, müssen'S schon was können. Kommen'S in acht Tagen wieder, da schauen wir, ob wir hineinfahren können!«
Das war anno 1945 und der das sagte, war ein kleiner Mann und sprach mit hoher Stimme: August Arnold, »der alte Arri« genannt, im zerbombten Arrikomplex in der Türkenstraße, von dem gerade noch ein Verkaufsbüro geöffnet war. Er sagte es zu Willibald Hack, der zehn Jahre als Werkzeugmacher bei Siemens gearbeitet hatte in der Hofmannstraße: Flugabwehrgeräte wurden dort hergestellt, Flugzeuge, die ohne Piloten nur mit Kurssteuerung flogen. Willi Hack war bei der Kontrolle, war vereidigt worden, nichts über die geheime Kriegsforschung weiterzugeben, hatte einen Stempel von der Luftfahrtbehörde bekommen und war u.k. gestellt worden, »unabkömmlich«, durfte nicht eingezogen werden.
»Am Anfang hat man ja nicht gewußt, daß da Kriegsmaterial hergestellt wurde, aber ab 1937 schon. Protestiert hat da keiner von uns, das war nicht drin.«
Zu Kriegsende: tagsüber Arbeit, nachts Luftschutz, produziert wurde eh' nichts mehr, »da haben wir gewußt: wenn der Feind nach München kommt, dann hauen wir ab, weil erwischen hätte man sich nicht lassen dürfen!« In Moosburg, bei der evakuierten Familie wartet Willi Hack auf das Ende des Krieges. Durch die Vermittlung des Arbeitsamtes in der Thalkircherstraße hört er, daß bei ARRI gerade ein Fräser gesucht wird. ›Eine gute, alte Firma‹, denkt er, ›mit ihren Kameras!‹ Hört, daß der Chef am Montag vormittag zwischen acht und elf in München sei, sonst die ganze Woche über in Brannenburg, im Schloß, wo seit 1942 die Firma ARRI evakuiert war.
Das hatte er auch mit ›hineinfahren‹ gemeint. Erst in der fünften Woche bekommt Arnold die Genehmigung von der amerikanischen Militärregierung

für eine Fahrt mit dem Holzvergaser von München nach Brannenburg, 76 Kilometer entfernt. »Wir waren acht oder zehn Leute, jeder mit seinem Radl. Mit dem sind wir später auch öfter heimgefahren, wenn es nichts anderes gab.«

»Ich bin ja bloß der Chauffeur vom ARRI«, soll ›der alte Arnold‹ nach dem Krieg gesagt haben, erzählt Werner Schittko, Feinmechaniker bei ARRI, »weil nach dem Krieg ein Treuhänder eingesetzt worden war für ein paar Jahre. Das war ein Schwager vom ›alten Arri‹, der war Treuhänder für die Firma. Der Arnold durfte keine Geschäfte allein abwickeln, unterschreiben mußte der andere. Weil er Parteimitglied gewesen war, ich glaube, Nazi war er keiner, aber ohne das hätte er vom Goebbels nichts gekriegt, keine Aufträge.

Zu Anfang des Krieges ist die Arriflex 35 fertig gewesen, das ist dem Dr. Goebbels zu Ohren gekommen und der hat den Ingenieur Arnold zu sich nach Berlin kommen lassen zur Vorführung dieser Kamera. Und laut Worten von Herrn Arnold hat er dann gesagt: Das ist unsere Frontberichterstattungskamera! Und dann, denk' ich, haben die ein paar Mark gekriegt, um diese Kamera serienmäßig herzustellen. Das war der Beginn. ›Die Neue Deutsche Wochenschau‹ mit den Frontberichten war alles auf 35 mm. Anfänglich gab es nur 60-m-Kassetten, später dann auch 120-m-Kassetten, das waren dann 12 bis 14 Minuten.

Aber die 60 m waren leichter, um die sieben Kilo, mit noch ein paar Kilo Filmmaterial. Das war besser, wenn man, die Kamera in der Hand, mit den Soldaten mit Rucksack und Gewehr an der Front herumhopsen mußte. Außerdem hatte man 60 m leichter voll, konnte sie schneller wegschicken zum Entwickeln. Weil so eine Wochenschau hat ja nicht warten können.

Schloß Brannenburg: Als ARRI Gefahr lief, in der Stadt ausgebombt zu werden, und der Arbeitsdienst in ein eigenes Lager umgezogen war, war das Schloß frei für die Kamerafirma, die von 1942 bis 1949 dort produzierte.

Um elf Uhr sind wir in München weg, um halb zwei waren wir in Brannenburg. Weil der Arnold in Kirchseeon noch hat halten müssen, weil da war eine Person, bei der er immer seine Milch aufgeladen hat und seine Butter.

Der Dr. Richter war nie bei uns draußen, der Arnold war die ganze Woche da und hat auch im Schloß gewohnt. Räume gab es eigentlich nicht genug, wir haben in sogenannten Behelfsheimen geschlafen, zu dritt in zwei Zimmern.

Insgesamt gab es vier solcher Behelfsheime. Eine Kantine war für uns eingerichtet worden, aber das Essen war nicht besonders. Ich habe mir da lieber Griessuppe und Griesmus gemacht.

In der Früh um sieben gingen wir vor zum Portier. Da gab es einen Stempelkasten und Stempelkarten. Um fünf Uhr nachmittags waren wir fertig. Am Freitag fuhren wir nach Hause. Es gab aber auch welche, die mit ihren Familien in einem der großen Zimmer im Schloß wohnten.

Einmal in den vierzehn Tagen zwischen den Jahren ist in unserem Behelfsheim das Wasser eingefroren und das Rohr geplatzt. Als ich aus dem Weih-

nachtsurlaub wieder draußen war, konnte ich die Tür nicht aufbekommen, weil der Boden von Eis bedeckt war. Ich habe also das Fenster aus den Angeln gehoben und bin hineingehupft, aber gleich ausgerutscht. Mit Pickel und Schaufel bin ich auf das Eis los und habe gleichzeitig eingeschürt. Einen Kübel Kohlen habe ich verbraucht und stundenlang hingearbeitet.
Unsere Fräserei war in einem Kellergewölbe untergebracht, daneben war die Dreherei. Die Schlosserei, der Entwicklungsmaschinenbau und der Kamerabau waren in Extrazimmern im 1. und 2. Stock.
Wir in Brannenburg haben die 16 mm-Kamera hergestellt, in München produzierten sie die 35 mm.
Am Anfang wußten wir nicht, was wir treiben sollten in Brannenburg. Dann sind wir aber nach Tegerndorf, da hat sich mehr gerührt. Wir sind zur Wirtschaft ›Kiermeier‹, die haben uns auch ohne Essensmarken versorgt. Da waren junge Musiker da, ›Die blaue Fünf‹ haben sie sich genannt, die nur fürs Essen aufspielten. Da haben wir beschlossen: Wir machen einen Tanzabend! Bloß wo nehmen wir die Frauen her? – Nehmt's halt die Einheimischen, hat's geheißen, in Tegerndorf gibt's doch genug!
In der Schloßwirtschaft unten hat es einen großen Saal gegeben, wo ein Ehepaar aus Rosenheim Tanzkurse gegeben hat. Zwei Drittel waren Mädchen und die brauchten halt Tänzer. Und wir, die wir nicht gewußt haben was treiben, haben gesagt: Da schauen wir hinein, in den Tanzkurs! Und gleich hat der Tanzlehrer gesagt: Wenn ihr mitmacht, braucht ihr nichts zahlen, die Damen sollen ja lernen, richtig zu tanzen und nicht nur miteinander.
Wir waren dann sechs ARRI-Buben, die den Tanzkurs mitmachten. Vom Walzer über English Waltz, Tango, Foxtrott, die ganzen klassischen Tänze haben wir gelernt. Das war immer dienstags. Die Mädchen mußten zahlen und wir nicht.
Wir haben die Mädchen also übers Tanzen kennengelernt, das waren keine Bauernmädchen, die gingen zur Arbeit. Und bald hat jeder von uns eine Freundin gehabt. Meine hieß Rita und war Verkäuferin.
Als ihre Schwester geheiratet hat, sind die ganzen ARRI-Buben aus dem Tanzkurs eingeladen worden. Und wir haben kein Mahlgeld zahlen müssen. Das ist Geld, das man in einem Umschlag den Eltern der Braut zusteckt. Das waren damals vielleicht zwanzig bis fünfundzwanzig Mark. Heute sind es hundert. Unter einem Fünfziger geht jedenfalls nichts mehr.
Am Wochenende sind wir mit dem Zug, als wieder Züge gingen, von der Bahnstation Tegerndorf heimgefahren. Zur Frau, zur Familie. Wir hatten Rucksäcke dabei, die waren fast zwei Meter hoch: mit Wurst und Fleisch von der Metzgerei Kiermeier und Äpfeln oder Zwetschgen. Das Obst haben nicht die Bauern uns verkauft oder getauscht, nein, die haben nichts herausgerückt, auch wenn wir gebettelt haben. Die haben uns direkt zum Stehlen gezwungen.
War sowieso ein besonderer Schlag, die Bauern da draußen. Alles Obst haben sie zu Schnaps gemacht.

Da hat einmal ein Flüchtlingsbub', vierzehn war er oder fünfzehn, für sich und seine Mutter ein paar Äpfel vom Baum gestohlen, daraufhin hat ihn der Bauer mit dem Schlegel praktisch erschlagen. Am nächsten Tag war kein einziger Apfel mehr auf seinen Bäumen. Zur Strafe. Also die Bauern draußen waren ein besonderer Schlag. Für die waren wir Zugereiste, sie haben uns nichts freiwillig gegeben. Und froh waren die, wenn wir am Freitag wieder abgefahren sind!
Eine Tante meiner Frau hat in Aßling gelebt, das lag an der Strecke. Die hatte einen Hund, so einen Foxterrier, der hieß Arri und war sehr schlau. Wenn sie zum ihm sagte: ›Jetzt kommt der Willi!‹ dann ist der Hund runter den Berg zum Bahnhof, hat einen Satz gemacht und war bei uns im Wagen. Manchmal ist er erst wieder fort, wenn der Zug schon angefahren ist. Dabei hat er gar nichts gekriegt aus dem Rucksack, wo sie daheim schon sehnsüchtig darauf gewartet haben!
In Tegerndorf gab es ein kleines Radiogeschäft, in dem es Platten zu kaufen gab. Die 78er Schellackplatten für vier Mark. Immer die neuesten Schlager. Und weil ich auch selber Musik gemacht habe ... jedenfalls hat er nicht schlecht mit uns ARRIbuben verdient. Ich weiß noch, wie ich einmal von meiner Frau geschimpft worden bin, weil ich das Geld für ein Kostüm für sie in einen Musikschrank investiert habe. (lacht)
Es waren herrliche Jahre in Brannenburg, wir haben getanzt, Fußball gespielt und einen Schlitten aus Stahl geschweißt, mit dem wir bei stockfinsterer Nacht zum Schwarzlack, so hieß der Berg, am Rande einer Schlucht hinuntergefahren sind. Das war unser Zeitlang. Es waren herrliche Jahre, aber vier waren genug!
Der Arnold war immer sehr human zu uns. Er war in Brannenburg überhaupt viel gelöster als in München, weil Brannenburg war ja sein Ding. Auch in Stephanskirchen, dem Zweigwerk für Scheinwerfer und Kassettenbau war er immer gut aufgelegt.
Ziesler hieß der Hausmeister in Brannenburg, der hatte alle möglichen Tiere: Hennen, Hasen, Gänse, Enten. Die Hälfte der Tiere hat ihm gehört und die andere dem Arnold.
Der alte Arri hatte eine Alm, den Geigelstein. Aber weil man die nur betreiben durfte mit landwirtschaftlicher Nutzung, hat er sich das auch angeeignet. Er hat sich sogar ein kleines Kraftwerk dort gebaut für den eigenen Strom. Das existiert heute noch. Dort wuchs Arnika, den hat er gesammelt und hat Schnaps daraus gemacht. Wenn einer von uns krank war, ist er gekommen: ›Geh', nehmt's mein Arnika, dann werdet's wieder gesund!‹ (imitiert Arnolds hohe Stimme). Ein Flaschel hat er immer bei sich gehabt. Wenn er und der Richter sich wieder einmal zerkriegt hatten, hat er gemeint: ›Gell, du baust deine Scheißhäusl und ich mach' meine Kameras!‹
Weil der Dr. Richter, der hatte doch auch das große Sanitärgeschäft ›Richter und Frenzel‹ in der Landsbergerstraße. Dann sind sie sich aber bald wieder gut geworden, weil sie haben ja miteinander auskommen müssen.
Als wir nach München kamen, war die ruhige Zeit vorbei. Die Belegschaft ist ständig vergrößert worden. In Brannenburg waren wir drei Fräser, in

München bald 28. Heute sind es nurmehr acht. In Brannenburg hatten wir drei Fräsmaschinen, in München sind wir auf die FB 1, eine Deckelfräsmaschine umgestiegen, mit der wir die ganzen Teile für die Kameragehäuse gefräst haben. Die war dem Arnold sein ganzer Stolz.

Ich habe die Fräserei im ganzen 31 Jahre geleitet, bis 1976. Zuerst war sie in der Türkenstraße im Parterre, Mitte, dann mußte sie der Dreherei weichen und wir zogen in den ersten Stock mit unseren Maschinen.

Um neun Uhr morgens wurde der Lehrbub zum Brotzeitholen zum Bäcker Huber geschickt mit einem Korb. Einmal hat einer in einem Warschauer einen Verschluß von einem Wasserhahn gefunden, ein anderes Mal einen Zigarrenstumpen. Warschauer, das war das Zusammengekratzte von Brot und Kuchen.

Das Haus vom Bäcker Huber hat der alte Arri immer gern haben wollen, aber nicht bekommen.

Früher sind ja bei ARRI noch die Rentner eingeladen worden. Jedes Jahr. Aber jetzt leiht's es nicht mehr, weil sie in den roten Zahlen stecken. Weil die Japaner den ganzen Videomarkt fest im Griff haben. Und die Kameras, die ARRI baut, nur für große Ateliers und Spielfilme sind. Die kann sich sowieso keiner leisten, weil die kosten so eine halbe Million.

Unsere Abteilung war überhaupt etwas besonderes, wir haben als einzige Weihnachten gefeiert. Und zwar von dem Geld, das sich das Jahr über in einer Kasse angesammelt hatte, wo jeder hineinzahlen mußte, der einen Pfusch gemacht hatte. Das waren so 800 bis 1 000 Mark. Damit sind wir weggegangen mit den Frauen und den Damen vom Lohnbüro, und jeder durfte soviel essen und trinken wie er wollte.

Der alte Arnold war eigentlich immer sehr anständig zu uns, er hat keinen entlassen, egal wie alt er war. Und wenn einer wirklich mit 65 in Rente ging, dann sagte er, er sei doch noch ein ›junger Hupferer‹ und warum er nicht genauso lange arbeiten könne wie er. Der Geisler, einer der ersten, hat bei ihm gearbeitet bis über 80.

Jaja, er war schon ein Genie, der Arnold.«

Werner Schittko
geb. 1928 · Kameraverleih bei ARRI

Nur auf der Welt, um für ARRI zu arbeiten?

»Kann grad' sowieso an' Lehrling brauchen! Fangst gleich an!« Der das sagte, war ein Herr mit auffallend hoher Stimme und er sagte es zum 17jährigen Werner Schittko, der gerade dem Krieg lebend entkommen war. Über HJ und Jungvolk paramilitärisch vorgebildet, meldete er sich als 16jähriger zur Luftwaffe, Pilot wollte er werden, kam dann aber zu den Panzern. Bei Berlin feuerte er eine Panzerfaust auf einen russischen Panzer ab, bevor er sich am nächsten Tag einen Zeh brach, was sein großes Glück wurde. Dort, wo er hätte stehen sollen, ging eine Panzerverriegelungsmine in die Luft: Neun Tote, 42 Schwerverletzte.

Die Verletzten wurden im Zug ins Erholungsheim Neustift am Brenner gebracht. ›Da fährst gleich mit!‹ sagte der Spieß, und als der Zug in Brannenburg hielt, stieg Werner Schittko aus: die Mutter war eh' schon dort bei Schwester und Schwager. Nach zwei Tagen meldete er sich bei der Dienststelle in Innsbruck, »um nicht als Fahnenflüchtiger dazustehen«. Und was sagten ihm die Leute dort? »Was willst denn hier noch? Hau' bloß ab und tauch' unter!« Das war im April 1945. Also nichts wie zurück zur Mutter nach Brannenburg. Er meldete sich auch nicht in Bad Aibling, wo das Lager für deutsche Kriegsgefangene war. Man wußte, sie kamen nach Frankreich. ›Das mußt du nicht haben mit 16‹, sagte er sich. Er meldet sich nicht und ihm passiert auch nichts.

Er macht eine Lehre in der Verwaltung, arbeitet als Hilfsarbeiter bei der Sanitärfirma Stiefelhofer aus München, die ausgebombt auch in Brannenburg saß, bis er von einem Dreher erfährt, daß ARRI im Schloß immer mal wieder Fräser, Feinmechaniker und Dreher suchte. Also ging er hin, stellte sich vor, und der Herr mit der hohen Stimme, August Arnold, stellte ihn auf der Stelle als Lehrling in der Versuchsabteilung ein. Das war im Oktober 1945.

»Er war einer, der mit einfachen Mitteln eine Idee entwickelt hat. Während des Ersten Weltkrieges wurde am Rathaus in München ein Film gedreht, wo er Kameraassistent war. Plötzlich blieb die Kamera stehen. Da nahm er einen Federkiel, tauchte ihn in Öl, hat damit die Kamera geschmiert und sie lief wieder. ›Magst es net glaub'n, an Tropfen Öl wirkt Wunder!‹ sagte er immer wieder zu uns. Das wurde zu einem geflügelten Wort.

Für mich war er eher eine Art Vaterfigur, vor der man Respekt hatte, aber nicht übermäßigen. Er hat uns immer menschlich behandelt. Beim Dr. Richter brauchte man immer einen Termin, wenn man ihn sprechen wollte, beim Arnold nie. Im Gegenteil. Er war stocksauer, wenn man vorher angerufen hat. ›Kommen'S doch einfach!‹ hat er immer gesagt. Und wenn man dann ins Büro im ersten Stock im Schloß kam und sah einen Fremden am Tisch sitzen, wollte man gleich die Tür wieder zumachen. ›Schaun'S net so lang! Kommen'S doch rei'!‹ hat er dann gerufen. Weil, da hat er sogar die Kundschaft sitzen lassen, wenn einer von uns etwas gebraucht hat.

Aber in seiner Wortwahl hat er sich keinen Zwang angetan. Da konnte er schon einmal vor Kunden sagen: ›Sie sind doch Deutschlands Dümmster!‹ So dumm kann ich dann doch nicht sein, hab' ich gedacht, solang ich noch einen Posten bei ARRI hab'! Aber gesagt hab' ich nichts. Er war ein bißchen wie der Valentin, so trocken und g'spaßig. Jaja, er war beliebt. Es war ein angenehmes Arbeitsverhältnis.

Der Dr. Richter, der hat sich seine Sporen in Amerika verdient. Als Schuhputzer und Tellerwäscher. Aber er ist nicht aus Armutsgründen hinüber, sondern um zu lernen. Seine Familie war schon immer gut ausgestattet, der Vater war ja auch General-Konsul und Mitbesitzer von Richter und Frenzel, der Sanitärfirma. Der Sohn wurde es dann auch.

Der Arnold und der Dr. Richter hatten sich 1917 als Schulspezln zusammengetan und die Firma gegründet. Das Anfangsgeld kam vom Richter-Vater. Die beiden haben sich sehr gut verstanden in den Zeiten des Aufbaus. Nachher gab's öfter Meinungsverschiedenheiten.

Der Arnold war klein, der Dr. Richter ist auf 1,90 gegangen. Er war Sportler, Vizeweltmeister im Motorbootrennen, Faschingsprinz in München, hatte eine stattliche Figur, sah gut aus, so in Richtung Frauenheld. Er war mehr der Kaufmann, während der Arnold der Tüftler war.

Als der Dr. Richter 1972 starb, war das nicht so schlimm für uns. Wir hatten immer noch den Arnold als Ansprechpartner, der hat ja auch in der Firma gewohnt. Aber als der 1983 starb, da ging es einem schon ans Herz. Da hat man gewußt: Jetzt geht eine Ära zu Ende!

Als Nachfolge vom Dr. Richter war der Dr. Stahl da, der Schwiegersohn und als Nachfolger vom Arnold der Sohn Bobby, für den ich 1947 schon seine erste elektrische Eisenbahn gebaut habe.

Er war um so viel jünger wie sein Vater älter war als ich. Und jetzt war er auf einmal der Chef und durfte mich blöd anreden. Ich hab' dann versucht, es mehr ins Lustige umzumünzen, einen Kalauer draus zu machen. ›Das ist wieder ein echter Schittko!‹ hat er dann gesagt, ›kommen'S vorbei, das gibt fünf Mark für die Kasse!‹ Also einen guten Humor hat er schon, außer er rastet aus.

Über die ›roten Zahlen‹ von ARRI ist schon viel geschrieben worden. Auch viel dementiert. Bisher ist es jedenfalls noch nicht so schlimm gekommen, wie's vorhergesagt worden ist. Ich jedenfalls gebe die Hoffnung nicht auf. ARRI ist eine Betriebs K.G., nach wie vor ein Familienunternehmen.

Und wenn einer aufhört, wie ich nach 46 Jahren – der Erfinder Erich Kästner hat es über 50 Jahre geschafft – dann geht er mit einem weinenden Auge. Früher hab' ich gesagt: ›Ich arbeite hier, bis sie mich hinaustragen!‹ Aber dann bin ich klüger geworden: ›Bin ich nur auf der Welt, um für ARRI zu arbeiten?‹ hab ich mich gefragt.

Aber Knall auf Fall mich zu trennen, konnt' ich doch nicht. Ich bin mit der Firma verwachsen wie mit meiner Frau. Deshalb geh' ich solange rein, solange der Pförtner mich noch läßt. Hier in der Türkenstraße. Ich gehe halt hinein, als wär' ich noch einer von ihnen. Zum lange Ratschen ist keine Zeit, ich möcht' ja die Kollegen auch nicht aufhalten, ein paar Wort von dem und jenem und du hast wieder das Gefühl: Du hast nicht alles aufgegeben!
Zu Hause hab' ich jetzt all' das zu tun, was ich in den letzten Jahren versäumt habe: Dias rahmen, Bänder und Videos aufnehmen und löschen. Ich wüßte heute nicht, wo ich die Zeit hernehmen sollte, um in die Arbeit zu gehen. Ich bin total beschäftigt, ich hätte keine Zeit mehr für eine Arbeit. Wie ich im Beruf war, bin ich jetzt zu Hause. Ich kann aus jeder herumliegenden Schraube etwas machen, ich schmeiße keinen Draht weg, weil übermorgen brauch' ich ihn.
Das ist für meine Frau ein Dorn im Auge, weil für sie nichts Sichtbares herauskommt. Sie sitzt zum Beispiel im Wohnzimmer vor dem Fernseher und sieht und hört mich zwei Stunden lang nicht, weil ich am Basteln bin. ›Was tust du da eigentlich?‹ fragt sie mich dann. Abends muß ich immer zusammenräumen, sonst krieg' ich Krach, weil das unser Eßstüberl ist, aber nur wenn Gäste da sind, sonst essen wir in der Küche.
Neulich, beim Urlaub in Spanien hab' ich mir etwas gebastelt mit einer Spezialklammer mit 3/8-Zollgewinde und einem Holzstab: jetzt kann ich das Fernglas ewig halten, wenn ich aufs Meer hinausschau' und es strengt überhaupt nicht an.
Also direkt eine Erfindung ist das ja nicht, ich bringe halt nur einen Holzstecken und eine Schraube zusammen und dann gibt's etwas Praktisches.«
46 Jahre und zwei Monate, und wenn er sich erinnert an Brannenburg und die erste Zeit in München kommen ihm Bilder wie: Bauern, die ihm und dem Meister der Versuchsabteilung Milch und Butter brachten, weil die auch kein Geld hatten und weil sie ihnen ihre kaputten Uhren repariert hatten. Tauschhandel. Der Schlüssel, den er vom Bruder, der bei der Bahn arbeitete, geliehen bekommen hatte und mit dessen Hilfe er und ein Spezl ab Rosenheim gepolstert in der 2. Klasse fuhren, obwohl sie eine Wochenkarte 3. Klasse hatten.
Das war zwischen 1945 und 1947, als sie zur Berufsschule nach München fuhren, aber nicht immer dort ankamen.
Alternativen waren: umsteigen nach Prien und den ganzen Tag auf dem Chiemsee Boot fahren oder ankommen in München, aber doch lieber in die Kinos gehen: das Gabriel fing um halb zehn an, die Museums-Lichtspiele um zwölf.
Oder das Zimmer in Brannenburg, wo er, Frau und drei Kinder in einem Gasthof hausten, bis sie endlich über die Neue Heimat eine Wohnung in Bogenhausen fanden.
Oder der eine Raum im ARRI-Gebäude in der Türkenstraße, wo sie zu zweit schliefen, aber morgens alles aufgeräumt haben mußten, weil der

Raum als Büro an eine Film-Firma vermietet war: ab sieben Uhr früh. Nachmittags ab fünf Uhr durften sie wieder rein und kochen, essen und schlafen.

Oder die täglichen Mittagspausen, die sie beim Suckfüll oder daneben im Fahrradgeschäft verbrachten: Prozente waren selbstverständlich und Ratenzahlung auch, »die haben nur grad' den Namen aufgeschrieben, das hat genügt, wir waren vom ARRI, aus, Äpfel, Amen.« Die ARRIbuam eben.

Oder es fallen ihm Namen ein: Die Leni Riefenstahl, der Luis Trenker, der schon 90 Prozent seiner Vorkriegsproduktionen mit Arriflex gedreht hat, die ganzen Bergfilme. »Unter der Nazizeit hat der Herr Arnold die Leni Riefenstahl kennengelernt, sie war öfters hier. Sie hat ihre ganzen Nachkriegsproduktionen hier gemacht. Also ich persönlich fand sie ganz sympathisch.«

Seit 1960 Chef des Kameraverleihs, trifft er auf: Rainer Werner Faßbinder, Doris Dörrie, Volker Schlöndorff, Margarethe von Trotha und Uschi Glas. »Die war ja mal mit unserem Juniorchef liiert, das war eine ganz große Freundschaft.« Oder die Elfie Pertramer, deren Mann Sprecher bei »Fox Tönender Wochenschau« war, die immer am Montag synchronisiert wurde. Oder der Hans Ertl, Kameramann von der Riefenstahl und Dokumentarfilmer, von dem Erich Kästner, der Erfinder bei ARRI, große Stücke gehalten hat: »Er war ein ausgesprochener Sportler. Er hat uns einmal in Brannenburg besucht, als gerade die Beerdigung meines Vaters war. Nachher ist er nach Bolivien gegangen.«

Von wo aus seine Tochter Monika, mit der er im bolivianischen Urwald gern gefilmt hat, nach Hamburg zurückkehrt, dort den bolivianischen Generalkonsul Quintanilla erschießt, einen der Mitverantwortlichen am Tode Che Guevaras, sich der studentischen Guerilla anschließt, und 1972 in Bolivien selber erschossen wird von den Agenten des Geheimdienstes, der zu der Zeit Klaus Barbie-Altmann untersteht, dem Nazischergen, genannt »Henker von Lyon« – das ist eine andere Geschichte. Nicht erwähnenswert, wenn sie nicht von einem verfilmt worden wäre, der zu der Zeit in der Türkenstraße 61 lebte: Christian Baudissin mit »Gesucht: Monika Ertl – Deutsche Geschichte auf fremden Boden« von 1988.

Erich Kästner
im Jahr 1980
geb. 1911 · Chefkonstrukteur ARRI

Von Oscars kannst nicht runterbeißen

»›Also, fangen's dann nächste Woche an!‹ hat der alte Arnold gesagt, ohne irgendwelche Grübes-grabes.
Das war 1932, und 1924 war ich mit meinem Vater aus Jena nach München gekommen. Er war bei Zeiss Werkmeister. Meinen Vorgänger bei ARRI wollten sie nicht gehen lassen, bevor er nicht Ersatz hergebracht hatte. Das war dann ich.
Als ich zur Firma kam, hatte sie ungefähr 35 Leute, davon sechs in der Kopieranstalt. ARRI war im Hinterhof, im Ziegelgebäude, wo heute die Kopieranstalt ist. Vorne war das Capitolkino und eine Garage. Das Kino hatte mit uns nichts zu tun. Es gab hinten ein paar Beratungsräume für die Kunden und einen Vorführraum, das war alles.
Ich hab' praktisch angefangen, als der Tonfilm losging. Ich war bei den Kopierautomaten. Bild und Ton wurden auf getrennten Streifen aufgenommen, dann auf einer Ton-Bild-Kopiermaschine auf einen Streifen abgelichtet. Also ich hab' die Kopiermaschine verbessert, einen Zusatz drangebaut, daß auch der Ton kopiert werden konnte.
In Berlin die Firmen, die hatten das alles schon: französische Kameras und Filmbearbeitungsmaschinen, beherrschend war die Firma Debrie. Patentiert war das alles bei ›Tobis‹.
Als ich kam, gab es bei ARRI eine einzige Entwicklungsmaschine, eher ein Amateurgerät, die heute im Museum steht. Sie war bei ARRI entwickelt

worden für die eigene Filmproduktion. Sie haben da vor meiner Zeit auf eigenes Risiko Filme gedreht. Cowboyfilme und Western. Das hat sich aber nicht so gelohnt.
Mitte der dreißiger Jahre haben wir auch einen eigenen Tonfilm produziert: ›Die Frauen vom Tannhof‹, eine Bauernkomödie. Aber damit hatte ich direkt nichts zu tun.
Das letzte, was mein Vorgänger zu machen hatte, waren Patentumgehungen von Tonfilmen, die ›Tobis‹ hatte ja alles mit Patenten vollgepflastert. Und so ein Patent gilt 18 Jahre. Es war eine undankbare Sache. Und wie sich ARRI vorgestellt hatte, sich mit patentfreien Tonfilmen auf eigene Füße zu stellen, das hat nicht geklappt.
Man hat sich dann irgendwie geeinigt: die Maschinen wurden von der ›Tobis‹ gekauft oder gemietet.«
Der gerichtliche Vergleich sah so aus: ARRI mußte die eigene Tonkamera an ›Tobis‹ abliefern und sich verpflichten, keine derartigen Geräte mehr zu bauen; dafür durfte ARRI mit der Tobis-Klangfilmapparatur lizenzfrei arbeiten – als einzige Firma in Deutschland. Sie produzierten erfolgreich Beifilmprogramme, die prämiert wurden und sich auszahlten.
»Nach den Kopier- und Entwicklungsmaschinen kam ich zu den Kameras, die mich sowieso am meisten interessierten. 1932 haben wir angefangen, an einer Spiegelreflexkamera zu arbeiten. Aber wir haben nach einem halben Jahr aufgegeben, es haute einfach nicht hin. Fotoapparate mit Spiegelreflex gab's schon lange. In Amerika gab es auch schon einen Haufen Patentanmeldungen, aber keine ist zur Reife gekommen. Wenn du es nur auf dem Papier hast, wenn du es nicht in die Tat umgesetzt hast, kannst du nicht sagen, du hättest es erfunden.
Also erfunden war alles schon lang, nur nicht zusammengebracht. 1936 haben wir die Idee wieder aufgegriffen und 1937 war dann das Modell fertig: die 35-mm-Spiegelreflexkamera, die Arriflex: Revolverkopf mit drei Objektiven, Handgriff für den Motor und 60 Meter Film. Sie kostete 2 500 Reichsmark. Dafür hab' ich dann 1983 den ersten Oscar bekommen.«
Die Kamera war für damalige Verhältnisse eine Sensation. Sie wog mit Zubehör 4,3 Kilo und war eine große Erleichterung für die Kameramänner: sie war parallaxenfrei, das heißt der Blick durch den Sucher war derselbe wie der durch das Objektiv, was durch das Spiegelreflexsystem ermöglicht wurde: »Hier wird das Sucherbild durch eine Lupe siebenfach vergrößert. Das Bild von der Spiegelblende wird erst auf eine Mattscheibe geworfen, die man mit der Lupe anschaut. Was sich als Bildinhalt auf der Mattscheibe abspielt, ist identisch mit dem, was auf den Film kommt. Das nennt man parallaxenfrei,« erklärt Erich Kästner streng.
Aber weil es eine Film- und nicht nur eine Fotokamera war, mußte die Blende sich drehen. »24 Mal in der Sekunde – das ist die genormte Bildsequenz – wird der Film um ein Bild weitergeschoben und 24 Mal bleibt er während der Belichtungszeit eine Zeitlang stehen. Während er durch den Greifer, den Transportmechanismus, weitergeschoben wird, muß die

Blende abgedeckt werden, damit das Licht, das durch das Objektiv auf den Film fällt, nicht während der Bewegung drauffällt, sondern während des Stillstandes. Während der Transportphase muß also eine rotierende Blende das Bild abdecken. Diese Blende ist hier in der Kamera unter 45 Grad gestellt und verspiegelt. Diese Spiegelblende hat zwei Funktionen: das Licht über den Spiegel in die Betrachtungslupe zu werfen und den Film 24 Mal in der Sekunde abzudecken, während er weitergeschaltet wird. Das ist der ganze Zauber. Verstehen Sie?« Pause. Er, entsetzt: »Omeiomei, da muß man ja bei Adam und Eva anfangen! Also, deshalb sind sie auch so laut diese Kameras: 24 Mal in der Sekunde beschleunigen, das macht einen Spektakel mit den Haufen Zahnrädern, so an die 50 Dezibel.
Die Kamera, als wir sie entwickelten, war ja gedacht für Wochenschau-Reportagen. Eine Handkamera für Reportagen: schnell mußte die sein, handlich und gute Bilder machen.
Eine Studiokamera braucht das nicht. Sie sollte möglichst geräuschfrei sein, was sie so sündhaft teuer macht. ARRI hat dann auch Studiokameras gebaut. Das war dieselbe Kamera, die in einem Gehäuse steht mit Wänden aus verschiedenen Schichten und vor dem Objektiv ein dickes Glas, daß kein Geräusch rauskommt. Blimp nennt man das, eine geblimpte Kamera, verstehen Sie?« Er schaut zweifelnd.
1942 nach den ersten Bombenangriffen zieht die Firma ARRI mit Mann und Maus, Personal und Maschinen nach Brannenburg am Inn. Später sollten noch die Werke in Stephanskirchen und Buch am Ammersee dazukommen.
»Als wir dort waren, hat's uns nicht gefallen. Daß es uns aber doch gefallen hat, haben wir erst gemerkt, als wir wieder herin waren. Draußen war mehr Kollegialität, hier fühlt sich doch keiner mehr für den anderen verantwortlich. Das Verhältnis zu den Bauern draußen war gut, solange du nichts von denen wollen hast.«
Produziert wird die eine Kamera, die 35 mm »mit Zierat«: Zuerst mit Blech- dann mit Kunststoff- und zum Schluß mit Spritzkassette. »Der Verkauf ging schleppend im Krieg, das Material ist ja nicht mehr hergekommen. Für das, was nicht für den Staat war, brauchte man eine Genehmigung. Die Bürokratie hat uns da mehr Arbeit gemacht als die Produktion.«
Obwohl die Kameras sehr wohl »dem Staat«, also den Nazis nutzten. In der Gedenkschrift zum 50jährigen Bestehen von ARRI »Vom Hobby zur Weltfirma« heißt es: »Dipl.-Ing. Dr. Richter wird zunächst von der Luftwaffe als Unteroffizier und Flugzeugführer eingezogen, dann jedoch, da der Kamerabau für die Kriegsberichterstattung und für Sonderaufgaben der Luftwaffe unerläßlich ist, bald zur eigenen Firma abkommandiert.«
Erich Kästner geht in seiner freien Zeit in Brannenburg nicht zum Tanzkurs, er weiß gar nichts davon, er zieht Bergwandern und Kajakfahren vor. Für Politik interessiert er sich nicht, sagt er. »Wenn Sie etwas aus der Zeit erfahren wollen, müssen Sie einen Verantwortlichen aus der Firma fragen! Da misch' ich mich nicht ein!«

Frauen kommen in seinen Erzählungen nicht vor.
Endlich ist auch in Brannenburg das Kriegsende da, die Soldaten räumen die Kaserne, die Bauern räumen sie aus. »Ganz unspektakulär« sind plötzlich die Amerikaner da. »Mit denen ist das Organisieren besser gegangen als mit den Bauern. Die hatten immer etwas zu Reparieren gegen eine Büchse Kaffee oder eine Stange Zigaretten.«
Das ARRIwerk in der Türkenstraße war 1944 völlig zerstört worden. Als »förderungswürdiges Aufbauprojekt« deklariert, wird, schneller als bei Privathäusern, der Schutt weggeräumt. Praktischerweise fährt die ›Bockerlbahn‹, der ›Trümmerexpress‹, in der Türkenstraße direkt an der Baustelle vorbei. Schwierigkeiten machte die Beschaffung des Baumaterials, der Eisenträger, der Ziegel, weshalb sich der Wiederaufbau an die zehn Jahre hinzieht.
Von 1948 bis 1954 werden nach und nach die verschiedenen Abteilungen aus Brannenburg in das wiederaufgebaute Werk zurückgeholt.
Mit seinen amerikanischen Verbindungen schafft es Robert Richter, einen Dauerauftrag für das Kopieren von ›Fox Tönender Wochenschau‹ zu bekommen. Entwicklungs- und Kopiermaschinen werden exportiert, die Nachfrage nach der 35-mm-Arriflex steigt.
Und: »Dann haben wir eben die 16-mm-Schmalfilmkamera gemacht. Eine selbstgeblimpte, die jahrelang das Fernsehen benutzt hat. Können Sie sich vorstellen, was ›selbstgeblimpt‹ ist? Hat Ihnen das schon jemand erklärt? Nein? Dann bin ich also der Leidtragende!« Er findet sich darein, führt aus: »Also, die Kamera hat kein doppeltes Gehäuse, sondern da ist das Werk im Gehäuse in Gummi aufgehängt. Ums Objektiv ist eine Hülle und davor eine Glasscheibe. Das macht sie so leise. Alle Schmalfilmkameras, die wir gebaut haben, sind maßgebend für die Tagesschau verwendet worden, die 35-mm für die Wochenschauen und ein paar wenige für die Ateliers. Das war die Existenz dieser Firma nach dem Krieg.
Kameras gehen immer noch, aber nicht in dem Maß, um den Betrieb aufrecht zu erhalten wie er war. Von Vergrößern keine Rede. Eher werden Leute ausgestellt, einfach weil es nicht mehr geht. Keine unserer Kameras wird mehr fürs Fernsehen gebraucht, da gibt es nur noch Video.
Nein, ich glaube nicht, daß ARRI den Aufsprung auf die Technik verschlafen hat. Das ist eine ganz andere Technik in ganz anderen Händen, in denen der Großindustrie. Da könnte unsere Firma gar nicht mitspielen. Was in Zukunft sein wird, ist die große Frage. Da müssen sie sich was einfallen lassen.«
Wie hatte doch der Werner Schittko gesagt: »ARRI hat seine Finger jetzt auch im Videogeschäft, man muß mit der Zeit gehen. Mit großem finanziellen Aufwand sind die beiden Studios für Video umgebaut worden. Unsere hauptsächlichen Kunden sind: RTL, Tele 5, SAT 1. Sie produzieren ihre Quizsendungen bei uns. Im Hof der Türkenstraße.
Ansonsten sind unsere Hauptkunden Verleihfirmen in Los Angeles und New York, da gibt es Tagessätze und Pauschalpreise für Kameras und Be-

leuchtung. Weil sich unsere Kameras keine Produktion leisten kann: die beste, allein das Gehäuse kostet 500 000 Mark, der Aku dazu 1 000, das Ladegerät noch einmal 850, von den Objektiven ganz zu schweigen.«
»So richtig aufwärts ging's nach dem Krieg mit der ersten Fotokina-Ausstellung«, erzählt Erich Kästner, »da tauchte ein junger Mann auf, Paul Klingenstein, den hatte der Richter aufgerissen. Der hat unsere amerikanische Vertretung übernommen.
Nach dem Krieg war der Richter öfter im Geschäft, ich hatte mehr mit ihm als mit dem Arnold zu tun. Die beiden waren wirklich grundverschieden, genauso grundverschieden, wie die gegenwärtigen Chefs: der Robert Arnold, wir nennen ihn Bobby, und der Dr. Stahl.«
Richter hatte 1930 an der Universität in Würzburg den Dr. rer.pol. gemacht, Arnold wurde der Ehrendoktor 1961 von der Münchner Technischen Universität verliehen – neben vielen anderen Auszeichnungen und Oscars.
Kästner: »1993 bekam ich den zweiten Oscar für mein Gesamtwerk. Das ist für Leute, die sich für ein Ding opfern. Ja, opfern. Ich habe für die Kameras gelebt, für ARRI. Heute noch träume ich manchmal davon, was ich beim Bau der Kameras hätte anders machen können. Aber es ist alles zu spät. Ich habe ja schon 1983 aufgehört.
Natürlich hat ARRI gut an meinen Kameras verdient. Trotzdem fühle ich mich nicht ausgenutzt. Aber einen Profit können Sie vergessen und von den Oscars kannst du auch nicht runterbeißen. Die sind ja nur vergoldet. Und verkaufen darfst du sie ja auch nicht.
Einerseits kann ich mich natürlich nicht beklagen, ich wohne hier im ARRI-Gebäude, andererseits reicht das Geld auch nicht, um eine Eigentumswohnung zu kaufen, damit ich hier rauskomme. Ja, ich möchte raus! Hier zu wohnen ist eine Strafe!
Am schlimmsten ist der Lärm im Hof, dagegen ist der Verkehrslärm von vorn gerade noch erträglich. Der Lärm und der Gestank von hinten, wenn sie Tag oder Nacht mit Gabelstaplern die Kulissen abräumen. Und der Dieselgestank dazu! Da kann man nicht einmal die Fenster aufmachen.
Dann diese Straße: die banalste Straße, die ich mir vorstellen kann! Schauen'S doch bloß den Verkehr an und das Parken in der dritten Reihe und dann der Dreck. Der Gammler da breitet sich schon auf dem halben Gehsteig aus. Furchtbar! Der ist schon so gut wie heimisch hier.
Haben Sie eine Ahnung von denen, die da in der Akademie drin existieren? Die Kunststudenten? Haben Sie schon einmal gesehen, was die da auf den Wiesen aufbauen? Ihrer Meinung nach Kunstwerke. Da kann man nur sagen: Weit haben wir's gebracht!
Vielleicht war der Charakter der Straße früher weniger banal, mag sein. Ich wohne hier seit 60 Jahren und habe eigentlich keine Freunde.«

Robert Arnold
gen. Bobby · geb. 1943 · Wirtschaftsingenieur und Sohn des ›alten Arri‹

Machbar ist alles

»In der Amalienstraße bin ich aufgewachsen. Als ich acht war, zogen wir in die Türkenstraße um, in die 89. So wurde ich vom Amalienstraßler zum Türkenstraßler, hab' also praktisch die Bande wechseln müssen. Weil zwischen den beiden gab's immer den großen Kampf. Es ging eigentlich um nichts, es war reines ›Räuber und Gendarm‹-Spielen. Als ich vor zehn, fünfzehn Jahren einmal in ein Lokal komm', schreit plötzlich einer von hinten: ›Du mieser Türkenstraßler du!‹ Und wer war's? Der Polt, der Gerhard Polt. Wir waren zusammen in der Amalienschule. Aber er ist immer Amalienstraßler geblieben, während ich 25 Jahre in der Türkenstraße gewohnt hab'.«
Wenn sich Gerhard Polt an die Zeit erinnert, fällt ihm eine Szene ein: vor der Türkenkaserne haben er und andere Amalienstraßler einen Türkenstraßler festgenommen. Und weil er gerade ein Brennglas zum Geburtstag geschenkt bekommen hatte und weil die Sonne so schön schien, haben sie ihr Brennglas auf die Zehen ihres Gefangenen gerichtet, bis die zu rauchen anfingen.
»Als ich klein war, war die Akademie unser Treffpunkt: da wurde Fußball und Völkerball gespielt oder wir stiegen in den Tunnel, der ungefähr einen Kilometer lang war und zur Pumpstation am Kleinhesseloher See führte, von der aus die beiden Brunnen an der Universität bedient wurden. Den Tunnel haben wir ausgeforscht in Stiefeln und mit Taschenlampen. Heute würde ich den Einstieg nicht mehr finden.
Die 50er und 60er Jahre waren die große Metallzeit. Wenn man eine Kupfer-Dachrinne fand oder einen Kupferkessel, war man der König, weil Alt-

kupfer 3,60 Mark gebracht hat das Kilo, bei einem Kupferkessel waren das 36 Mark. Für Eisen gab es 20 Pfennig, das waren vier Brezn damals und für Zink 1,20. Ich war immer auf der Suche nach so etwas. Das war dann mein Taschengeld. Insofern hab' ich eigentlich immer ein Geld gehabt wegen meiner Nebengeschäfte. Eineinhalb Pfennig hab' ich gekriegt vom Vater für einen abgeklopften Ziegel beim Wiederaufbau. Da hab' ich einen richtigen Trupp aufgestellt von lauter Freunden, die alle Ziegel geklopft haben. Dann haben wir eine Riesenerfindung gemacht: eine Rutsche, wo die Ziegel beim Hinterunterrutschen ihren Mörtel verloren haben. Das Geld haben wir dann unter allen aufgeteilt.
Das ging so, bis ich fünfzehn war, nachher hat es sich nicht mehr rentiert. Vorher war es ja in unserer Ecke wie auf dem Land. Bis zur Uni vor war praktisch alles zerbombt, es fuhren fast nur die Pferdefuhrwerke der Brauereien, um die Kneipen zu beliefern. Und wenn denen eine Stange Eis herunterfiel, war es das Höchste für uns, das Eis zu schlecken. Am Georgenhof war die Weiche der Bockerlbahn. Eines unserer liebsten Spiele war es, von den Loren das Fett runterzuschmieren, wenn die standen. Und wenn der Lokführer dann auf die Weiche zufuhr, ist der ganze Zug gerutscht. Einmal hat er uns erwischt und einen ganzen Kübel Ruß über uns gekippt.
Für den Vater gab's nur eines: die Firma. Er lief auch immer im weißen Arbeitskittel herum, die Werkzeugmacher trugen dunkelblaue. Mein Vater war technisch irrsinnig begabt, kaufmännisch eher weniger. Dem hätte man die Bilanz auch umgekehrt hinlegen können, er hätte zugestimmt.
Der Vater hat dieselbe Größe gehabt wie ich, 1,68, nicht mehr. Sitzriese könnte man vielleicht sagen. (lacht)
Aber von Haus aus war ich konträrer Meinung zu meinem Vater. Wir haben richtige Kämpfe geführt, egal, ob über die Firma oder sonstwas, immer ist der Rauch aufgegangen.
Er hat gern viele Leute um sich gehabt, und wenn er gesagt hat: es regnet! obwohl die Sonne schien, haben die Leute genickt und gesagt: jaja, es regnet. So etwas hab' ich nicht brauchen können, ich hab' ihm nie nach dem Mund geredet. Sein Wille war uneingeschränkt, meiner auch. Was der Unterschied ist: mich kann jeder überzeugen, wenn er mit guten Argumenten kommt.
›Der Kleine‹ und ›der Große‹ hieß es, wenn vom Vater und dem Doktor Richter gesprochen wurde. Weil der war nur nachmittags da, vormittags in seinem Sanitärgeschäft, und Vater war von früh bis aufd' Nacht dort. Gewohnt haben wir ja auch im Haus.
Ob ich in der Firma bleiben würde, war nicht klar. Ich hab' erst mal an der TU Betriebswirtschaftslehre studiert, war einer der ersten Wirtschaftsingenieure. Dann hab' ich hier bei ARRI ein Jahr meines Praktikums als Werkzeugmacher verbracht, danach war ich für ein Jahr in Amerika, ein weiteres Jahr bei Agfa. Dann meinte der Vater, ich solle in die Firma kommen, ich hätte auch ein Büro. ›Und Kompetenzen?‹ hab' ich gefragt. ›Kannst mich ja um alles fragen!‹ hat er gemeint. Das hab' ich mir ein halbes Jahr ange-

schaut, dann hab' ich gesagt: ›Danke! Nicht mir mir!‹ Da war ich 26, 27, der Vater 45, 46. Da hab' ich dann mit meinen eigenen Firmen angefangen.« Zusammen mit einem Studienfreund in Rosenheim eine Sonnenschirmfirma ›Weißhäupl‹ mit den großen Sonnenschirmen für die Gärten der Restaurants. »Heute sind wir die größten in Europa.«
Oder MHS, der Münchner Helikopter-Service: 24 Stunden am Tag, Verlegungen, Transport von Transplantaten. »Weil es in Europa damals keine richtige Hubschrauber-Aufhängung gegeben hat, damit der Hubschrauber für Werbung und so erschütterungsfrei ist, habe ich das aus Amerika nach Europa gebracht.« Oder Bobby Arnolds eigene Filmproduktion. 1969, nach dreimaligem Anlauf beim Notar kommt eine Vereinbarung zwischen Vater und Sohn zustande: der Sohn bekommt 25 Prozent der Arnold-Anteile.
»Der Vater war kein Nazi, nein. Er hat ja nicht einmal die Hitlerfahnen hinausgehängt: ›Wir haben keine Zeit für sowas!‹ hat er immer gesagt. Und: ›Den Schmarrn brauch' ich nicht!‹ Mit dem Valentin hat er an die hundert Filme[1] gemacht, mit dem war er sehr speziell. Wenn der keine Lust hatte, ist er nicht zum Drehen gekommen und die ganze Crew hat gewartet. Darum hat er keine größere Karriere gemacht, weil er zu oft gesagt hat: ›Ich mag nicht!‹ Dann ist er weggeblieben und niemand hat ihn finden können.
Weil sich zu der Zeit mein Vater so über die Kameras geärgert hat, die nicht perfekt waren, hat er gesagt: ›Machen wir halt selber eine!‹ Die ist dann 1936 entwickelt worden; zu den Olympischen Spielen in Berlin war sie noch nicht fertig, da gab es erst die Prototypen. Die Riefenstahl hat zu 90 Prozent keine Arrikameras verwandt. Sie war öfters im Werk, immer ziemlich nervig, aber diese Power in diesem Alter!
Der Luis Trenker war auch ständig da. Früher waren sie einmal das Traumpaar, bis sie sich in die Haare gerieten. Das muß 38/39 gewesen sein. Seither haben sie kein Wort mehr miteinander gesprochen.
Die Amerikaner waren schon während des Krieges interessiert an unserer Kamera. Sie haben sie bis auf die Schraube genau nachgebaut. Sie nannten sie ›Dorriflex‹, ich besitze eine davon. Überhaupt habe ich eine der größten Kamerasammlungen, so an die 150 Stück. Wo immer ich auf der Welt war, und oft bin ich fünfmal im Jahr rund um den Globus geflogen mit dem Verkaufschef oder einem Team, hab ich mir eine ›alte Kiste‹ schenken lassen. Ich hab' bloß bisher nicht die Zeit gehabt, sie in einem extra Raum auszustellen.
Was mich am Film fasziniert? Daß unmöglich Scheinendes dort täglich Brot ist. Als ›Stalingrad‹ gedreht wurde und der Hauptdarsteller verunglückt ist bei den Dreharbeiten, gebrochener Lendenwirbel, sechs Wochen Krankenhaus und als er wieder rauskam, war der Schnee weg. Und Panzerketten klingen auf Kunsteis etwas blöd. Was tun? Entweder Totalschaden für die Versicherung, es ging um zehn Millionen Mark, oder dorthin, wo Schnee liegt. Sagen wir Lappland. Aber wie bringt man vier Panzer und hundert-

[1] es waren ungefähr ein Dutzend

fünfzig Tonnen Kriegsmaterial innerhalb von 48 Stunden nach Lappland? Da gab's nur eins: ich hab' die russische Antonow gechartert, den Großraumtransporter und ab in den Norden. Zehn Tage haben wir dann dort gedreht.
Oder bei den Olympischen Spielen 1972 in München, wo wir das ganze Licht gemacht haben. Bei der Eröffnungszeremonie am Königsplatz, im ganzen Olympiadorf und bei den Abendveranstaltungen. Ich hatte einen Passierschein für alle Orte und alle Veranstaltungen. Dann kam die Geschichte mit den Palästinensern und der Ermordung der israelischen Sportler. Da hatten der Polizeichef und wir einen Plan: wir fahren nach Fürstenfeldbruck mit einem Lichtzug mit Aggregat. Dann machen wir dort auf einen Schlag das ganze Licht an, dann sind die Terroristen geblendet und die Scharfschützen können sie sich dann rauspicken.« Irgendwieg scheint dann der Plan doch nicht aufgegangen zu sein. Es kam zu dem wohl verhinderbaren Blutbad.
1992 »macht« ARRI die Olympischen Spiele in Pamplona.
Allmählich sammeln sich die »Oscars« an. »Mit denen von 1993 dürften es jetzt so ungefähr acht[1] sein. Alle für Verdienste der Firma ARRI, unser Chefkonstrukteur, der Erich Kästner, hat auch zwei.
Ob ARRI in der Krise steckt? No comment! Krise gab es keine, gibt es keine, ob es allerdings nie eine geben wird, wird sich in den nächsten zehn Jahren entscheiden. In den nächsten zehn Jahren, sag' ich mal keß, werden unsere Kameras nicht durch Videokameras ersetzt werden, weil die Auflösung vom Filmmaterial ein Fünffaches ist wie beim Videoband. Ein Video hat heute eine 625-Zeilen-Auflösung, ein Film über 3 000. Das ist der Qualitätsunterschied. Deshalb werden heute auch Werbesports oder Spielfilme, die haltbar und wiederverwendbar sein sollen, mit Film gemacht. Alles, was News ist, ex und hopp, heute gesendet und morgen im Papierkorb, das ist Video.
Wir sind die größte Post-Produktion Deutschlands bei Video: Nachbearbeitung, Überspielen.
Videokameras bauen, nein, da haben sich schon andere die Finger verbrannt. Die Japaner haben da eine Entwicklung voraus, die sich nicht mehr einholen läßt. Früher waren wir ein reines Kamerageschäft, seit 20 bis 25 Jahren haben wir mehr auf Dienstleistung gesetzt. Weil sich ja heute keiner mehr die Kamera für einen Film kauft für eine halbe Million. Die wird ausgeliehen, basta. Dienstleistung sind 40 Prozent des Gesamtumsatzes, 60 Prozent sind Licht-, Medizin- und Kameratechnik.
Die Jungfilmer, die ja inzwischen Altfilmer sind, haben alle unsere Serviceleistungen benützt: Der Herzog, der Schlöndorff, die Trotha, der Kluge. Auch die Filme vom Polt haben wir technisch ausgestattet.
Vor sieben Jahren haben mich alle für verrückt erklärt, als ich begonnen habe, das Kino umzubauen. Heute ist es Standard geworden, daß ein Kino

[1] 1996 bekam ARRI den siebenten Oskar

eben nicht bloß zum Filmevorführen da ist, sondern auch ein Treffpunkt im Foyer, wo man trinkt und redet. Der Hauff[1] von der Münchner Filmwoche hat es seit dem Umbau gepachtet. Und wie es läuft! Gigantisch.
ARRI hat 100prozentige Töchter in England und Amerika, sonst weltweit Vertretungen mit ungefähr 1 000 Angestellten. Hier arbeiten ungefähr 700, in Stephanskirchen knapp hundert.« In der besten Zeit waren es bis zu 1 700 im Geviert: Kurfürsten-Ramberg-Türken-Adalbertstraße, in dem trotzig das Eckhaus der Bäckerfamilie Huber dem Expansionsdrang ARRI's widerstand.
»Meine Leidenschaft: Wenn einer sagt: ›Das geht nicht!‹ dann wird es für mich erst interessant. Machbar ist alles. Es ist nur eine Frage der Kohle und der Möglichkeiten. Und bis zu einer gewissen Grenze sind die Leute ja käuflich.
Ich bin kein Spieler, nein. Aber auch keine Buchhalternatur. Ich hab' ein eisernes Pflichtgefühl, bin aber risikofreudig. Alles Neue interessiert mich von Haus aus.
Vor 30 Jahren war ich deutscher Meister im Wasserski. Tauchen geh' ich, jagen auch. Weil, sitzt du draußen, fällt dir oft die Lösung ein für etwas, wo du in der Stadt schon wochenlang gegrübelt hast.
Natur, wenn sie gebirgig ist, gefällt mir mehr. Da mit einem Oldtimer fahren und genießen. Der Oskar muß aber dabei sein, mein Hund. Sein Vorgänger ist gestorben, wie er die Schwimmbadabdeckung weggeschoben hat, hineingesprungen und ertrunken ist. Da bin ich sechs Wochen herumgelaufen wie Falschgeld.
In Rosenheim haben wir noch einen Beo. Der spricht, singt, alles. Den hat mir ein guter Freund geschenkt. ›Wenn du heiratest, mußt du einen Vogel haben‹ hat er gesagt. (lacht)
Ich habe trotzdem geheiratet und habe eine kleine Tochter. Vorher sind meine eheähnlichen Verhältnisse so an die fünf Jahre gegangen: selbständig mußten die Freundinnen sein und lustig. Mit der Uschi Glas ist's sogar sechs Jahre gegangen in der Schellingstraße.
Meine Lieblingsgerichte sind bayerisch oder italienisch, eine gute, gehobene Küche. Mein Verhältnis zur Politik ist ja amtskundig durch einen Freund aus der Simpl-Zeit, den Peter Gauweiler, ja. Wir haben uns immer gerauft da drin. ›Du rotes Schwein!‹ hat er öfter zu mir gesagt. Aber am Stammtisch sind wir beide gesessen.
Religiös bin ich eher nicht, obwohl ich zweimal getauft wurde: katholisch notgetauft in dem Entbindungsheim und evangelisch mit sechs in der Markuskirche, bevor ich eingeschult wurde: der Vater war nämlich evangelisch. Ich bin Stier mit Aszedent Jungfrau. Das ist das Schlimmste, was es gibt. Meine Mutter war Jungfrau, mein Vater auch und meine Tochter ist Jungfrau. Ich bin jungfrauengeschädigt.
Geschäftlich sehe ich meine Zukunft eher positiv. In Wirklichkeit weiß doch kein Mensch, welche Entwicklungen im elektronischen Bereich auf uns

[1] Inzwischen ist Bernd Eichingers ›Neue Constantin‹ der Pächter.

zukommen. Und da hat der Film was, was Zukunft ist. Ich tippe sogar auf eine Renaissance.
Wer lange bei uns war, fühlt sich klar als ARRianer. Aber auch die Jungen, die mit nichts herkamen und alles hier gelernt haben, die vom ARRI-TV, die fast 90 Prozent ihrer Zeit hier verbringen, auch die spüren irgendwie ein Zusammengehörigkeitsgefühl.
Kritik an der Türkenstraße? Da fällt mir nichts ein. Die Geschäfte, die hier nicht hergehören, verschwinden von selber. Toll finde ich das ›Café Puck‹, super, von den Bedienungen angefangen. Das ist wieder eine echte Türkenstraßenpinte.« Spricht's und enteilt zum Franziskaner: Weißwurstzeit.

Heinz Koderer
geb. 1940 · Musiker, Sänger, Filmtechniker

»Der kleine Bobby«

»Freilich habe ich mich auch als ARRIaner gefühlt, war stolz darauf, ein Teil dieser Weltfirma zu sein.«
Heinz Koderer hatte 1967 als Meisterschüler von Professor Geitlinger sein Studium an der Akademie der Bildenden Künste abgeschlossen, als er wie andere beschloß, die Kunst an den Nagel zu hängen, um sich der Verbreitung revolutionärer Ideen zu widmen. »Wir müssen an die Arbeiter ran!« hieß die Parole, »Die müssen ja schließlich die Revolution machen!« Also: »Hinein in die Betriebe!«
»Nach dem Zusammenbruch der ApO sind die vielen K-Gruppen entstanden, die Arbeiterbasisgruppen, die Roten Zellen und die kommunistischen Parteien. Ich war bei der KPD und beschloß, in einen Betrieb zu gehen.«

Er macht eine dreijährige Ausbildung als Filmtechniker in Unterhaching, bewirbt sich dann bei ARRI und wird »mit Handkuß« genommen.
»Es hat nicht lange gedauert, da haben sich vier Leute zusammengetan und eine gewerkschaftliche Zeitung herausgegeben. Sie hieß ›Der kleine Bobby‹ und ist unheimlich gut eingeschlagen. Alle waren sie voll begeister, außer dem Bobby Arnold, der war stocksauer. Weil ›Bobby‹ und ›klein‹, das bezog er auf sich, wo doch jeder weiß, daß der ›Bobby‹ eine Filmspule ist und daß es davon kleine und große gibt. Aber so eine Übereinstimmung gibt es nur alle hundert Jahre und wir haben die Gelegenheit am Schopf ergriffen.
Er hat getobt und wollte uns alle sofort rausschmeißen. Schon nach der ersten Nummer gab es Änderungskündigungen und es wurde nur darauf gewartet, uns etwas nachweisen zu können: daß wir zu spät kamen oder daß wir Ausschuß produzierten. Aber wir kamen nicht zu spät und produzierten auch keinen Ausschuß.
Die Zeitung war sehr locker gemacht, was ja sonst bei Gewerkschaftszeitungen nicht so üblich ist. Mit Fotos, Kreuzworträtseln und den Hirnbeißfiguren. Es wurden einfach die Mängel angesprochen, die da waren, ohne ein Blatt vor den Mund zu nehmen: Entlassungen kurz nach Neueinstellungen, der Gestank und die Dämpfe in der Kopieranstalt, die fehlende Meinungsfreiheit und Mitbestimmung. Das haben wir angeprangert und ich hab' das dann bei Betriebsversammlungen noch einmal wiederholt. Ich war einer der bestgehaßten von der Betriebsleitung. Sie haben nur eine Gelegenheit abgewartet, mich zu erwischen. Ein Artikel über ARRI in HFF, Hörfunk, Fernsehen, Film, der Zeitschrift der RFFU-Gewerkschaft hat mir den Hals gebrochen. ›Der schreibt über ARRI!‹ hieß es. ›Geschäftsschädigung!‹ Sie haben mich sofort rausgeschmissen. Ich hab' natürlich Widerspruch eingelegt. Was mich am meisten gerührt hat, war die Unterschriftenaktion der Kollegen, die sich eingesetzt hatten für die sofortige Rücknahme meiner Kündigung.
Ja, der alte Arri, was über den Geschichten im Umlauf waren! Bei einem ARRI-Skirennen hat mir ein Kollege die erzählt: ›An diesem Weihnachtsfest bekamen wir vom alten Arri als Gratifikation gerade mal fünf Mark. Ein Kollege von der Technik hat sie vor ihm auf den Tisch geknallt: Kannst behalten, dein Almosen! Da hat der Arnold gemeint: ›Tu's nur her, kann ich gut brauchen!‹
Er war ein Unikum, Geizkragen, Original und Genie in einem.
Der junge war da ganz anders. Er hatte keinen besonders guten Ruf bei den Arbeitern. Weil er nicht viel von Filmtechnik verstand und sich in unserer Gegenwart mit dem Leiter des Kopierwerkes gestritten hat, wo jeder wußte, daß der Bobby nicht recht haben konnte. Und wie er sich immer als Stenz aufgespielt hat mit seinen alten Autos und jungen Frauen. So richtig Schicki-Micki, schon damals.«
So hatte es am 17. Februar 1996 in der SZ (»Der Mann, der sich an Oscars gewöhnt hat«) geheißen: »Der Chef (Bobby Arnold) schillert, zweifellos.«

Akademie:
Tradition, Widerspruch, Tradition

Die Akademie der Bildenden Künste neben dem Siegestor an der Grenze zu Schwabing, aber noch in der Maxvorstadt: Was war sie, was ist sie, was wird aus ihr?
Ist sie ein Freiraum innerhalb oder außerhalb der Gesellschaft? Was ist ihr Selbstverständnis und ihre Rolle, was sind ihre Rechte und Pflichten?
Ist sie ein Reservat, ein Refugium, ein Biotop, eine Brutstätte für Aufmüpfiges? Oder ein ganz normaler Organismus, ein Spiegelbild der Gesellschaft, nur ein bißchen exzentrischer?
Im Juli 1983 war eine Woche lang gefeiert worden. Mit Konzerten, Theater, Performances, mit Reden, Ausstellungen, Happenings und einem von Daniel Spoerri, dem Professor für Malerei und Graphik im Park der Akademie gestalteten »Astro-Gastro-Fest« (jedem Sternzeichen die ihm entsprechenden Speisen) war des 175jährigen Bestehens gedacht worden. »175 Jahre Kunstakademie München« hieß dann auch der zu diesem Anlaß erschienene gewichtige Band, und, im Untertitel: »Tradition und Widerspruch.« Verantwortlich zeichnete Professor Thomas Zacharias.
Wobei die Zeiten der Tradition die weit längeren waren und Widerspruch (mit Ausnahme der Räterepublik und der Studentenrevolte) sich meist außerhalb der Akademie artikulierte. Wie die Beispiele des »Blauen Reiter«, der Künstlergruppen »Spur«, »Kobra«, »Wir«, »Geflecht«, »Kollektiv Herzogstraße«, »Weibsbilder« zeigen, die, gegen den starren Akademismus entstanden, in Richtung Situationismus gingen und Leben und Arbeit zu einem Gesamtkunstwerk gestalten wollten.
175 Jahre Kunstakademie und fast hundert Jahre der dazugehörige Bau des Architekten Neureuther, erbaut mit »Franzosengeldern«, Reparationszahlungen, die Frankreich nach dem verlorenen 70er Krieg zu entrichten hatte. Obwohl sich bereits Ludwig I (»Die Münchner Kunst bin ich!«) mit dem Gedanken an einen Akademieneubau getragen hatte, war es weder ihm noch Max II noch Ludwig II gelungen, die Idee in die Tat umzusetzen. Vielleicht war ja auch das Interesse an Kunst, die keine Garantie bot, staatstragend zu sein, nicht so besonders stark.
Ein Jahrzehnt war an dem fast 200 Meter langen Gebäude im Stil der Renaissance gebaut worden, draußen in der »Einöde«, wie die Städter klagten, bis es 1886 eingeweiht werden konnte, westlich vom 1850 beendeten Siegestor. Damit begann das Künstlerviertel vom Stadtzentrum um Neuhauser- und Schwanthalerstraße sich allmählich in den Norden zu verlagern.
1770 hatte Kurfürst Max III Joseph beschlossen, die vier Jahre zuvor gegründete private Zeichenschule zu unterstützen, die sich ab 1774 »Zeichnungsakademie« und ab 1801 »Akademie der Bildenden Künste« nannte.

Sie befand sich zu der Zeit im »Wilhelminum«, dem ehemaligen Jesuitenkolleg neben der Michaelskirche in der Neuhauserstraße.
Die ersten Direktoren waren die bekanntesten Künstler der Zeit: Peter von Cornelius, Friedrich von Gärtner, Wilhelm von Kaulbach. Der Philosoph Friedrich Wilhelm Schelling hatte 1808 eine liberale Verfassung ausgearbeitet, in der die Akademie als »Lehranstalt und Kunstgesellschaft« definiert wurde, die in vier »Hauptschulen« gegliedert war: Malerei, Bildhauer-, Bau- und Kupferstecherkunst.
Bayern war seit 1806 Königreich und somit die Akademie eine »königliche«. Womit sich die Frage erhob: inwieweit darf der Gönner seiner Institution dreinreden? Der König, die Regierung »ihren« Universitäten und Akademien? Wo beginnt und wo endet die Freiheit der Kunst, wenn Fördermittel nicht versiegen sollen?
1813 hatte Minister Montgelas die Akademie angewiesen »über ein ruhiges und sittliches Betragen der Eleven der Akademie sorgfältig zu wachen«. Schnurr- und Knebelbärte waren abzunehmen, lange Haare zu kürzen. Anständig sollten sie aussehen, die königlichen Eleven, der Institution keine Schande machen. Wobei manche von ihnen noch Kinder gewesen waren: 1828 wurde das Eintrittsalter von 13 auf 14 Jahre angehoben und die höchste Studiendauer auf sechs Jahre.
1836 erläßt die Direktion der bayerischen Gemäldegalerien Bestimmungen für die Akademiestudenten, wie die Sammlungen nicht »auf schädliche Art mißbraucht« und der Besuch nicht in »blos müßigen Zeitvertreib« ausarte.
Das war schon Gängelung. Andererseits gab es auch freiwillige Ergebenheitsadressen wie das »König-Ludwig-Album«. Da hatten Münchner Künstler 1850, zwei Jahre nach der Abdankung Ludwigs I unter starker Beteiligung der Akademie dem Ex-König eine Kunstmappe mit 177 Blättern gewidmet. Aber das war politisch gesehen ziemlich harmlos.
Zu richtigen Auseinandersetzungen kam es in »kritischen Phasen« (Zacharias): der Räterepublik, wenn Studenten die alten Professoren suspendierten und neue vorschlugen; dem Dritten Reich, wo ein verhinderter Künstler darüber entschied, was Kunst war und was nicht, welcher Professor lehren und ausstellen durfte und welcher nicht. Und während der Studentenrevolte, wo Professoren als Teil des »Establishments« der maroden kapitalistischen Gesellschaft betrachtet und angegriffen wurden.
Der Hauptvorwurf war der nach ihrem Verhalten im Dritten Reich. Und da hatte sich die Akademie verhalten wie die Mehrheit der Deutschen: da wurde verdrängt, solange es ging. Getan, als ob nichts (oder nichts Besonderes) los gewesen wäre.
Symptomatisch für das Verhalten der Akademie vor dem, während des und nach dem Dritten Reich: die Geschichte der beiden Professoren mit Namen Kaspar.
Das heißt, der eine schrieb sich mit C, Karl Caspar (1879–1956), war 1922 als »Hecht im Karpfenteich« (Kultusministerium) an die Akademie berufen worden auf den freigewordenen Slevogt-Lehrstuhl, aber bereits 1937 von den

Nazis entlassen. Seine gemäßigt moderne religiöse Malerei war als »entartet« eingestuft worden.
Mit dazu beigetragen hatte vielleicht eine Szene, als Adolf Hitler Anfang 1933 die Akademie besuchte und sich abfällig über die Bilder Caspars ausließ. »Davon verstehen Sie nichts, Exzellenz«, soll der Künstler geantwortet haben.
Seine Bilder tauchen dann auch in der Ausstellung »Entartete Kunst« 1937 auf, während Bilder seines Schülers und Nachfolgers Hermann Kaspar (1904–1986) im selben Jahr die Wände der »Großen Deutschen Kunstausstellung« im neuerbauten »Haus der Deutschen Kunst« zieren. Kaspar legt sich nach seiner Ernennung gleich voll ins Zeug: er, der Günstling Albert Speers, darf bis hin zum Schreibtisch Adolf Hitlers die Reichskanzlei dekorieren. Zusammen mit Professor Knecht wirkt er maßgeblich an der Ausstattung der Münchner Fest- und Militärumzüge von 1937 bis 1938 zum »Tag der Deutschen Kunst« mit, sitzt auch schon einmal auf der Ehrentribüne neben dem Führer, hilft mit, das Grauen zu dekorieren.
Hitler hatte ja München für alle Zeiten zur »Kunststadt des Deutschen Reiches« erklärt und damit die Mehrheit der Kunstprofessoren im Sturm erobert. Das versprach Ruhm und Brot.
Dafür mußte freilich der »Ariernachweis« erbracht werden oder die Bereitschaft gezeigt, sich von einer jüdischen Ehefrau zu trennen.
1936 war der zwei Jahre zuvor zum Akademieprofessor ernannte Hitler-Günstling Adolf Ziegler Präsident der »Reichskammer der Bildenden Künste« geworden; ein Jahr später wird er ermächtigt, »Verfallskunst seit 1910« aus deutschen Museen zu entfernen. Damit wird er zum Zensor dessen, was »deutsche« und was »entartete« Kunst ist. Caspar fiel unter die »Entarteten«. Hatte er doch schon am Anfang die Verleihung der Ehrenmedaille in Gold an Hitler wegen seiner Verdienste um die deutsche Kunst nicht gutgeheißen und den Ergebenheitsbrief von Knappertsbusch dem Dirigenten, in dem Thomas Mann denunziert wurde, aber die »nationale Erhebung Deutschlands« begrüßt, nicht unterschrieben. Als einziger der Münchner Akademieprofessoren. Nachdem sein eifriger Nachfolger die Studenten, die sich für Caspar eingesetzt hatten, relegieren ließ und sein Vorgänger kaltgestellt war, hatte einer wie Hermann Kaspar im Dritten Reich freie Fahrt.
Diese Geschichte ist an und für sich nichts Besonderes. Zum Skandal wird sie, als nach dem Krieg und dem Ende der Hitlerei natürlich Caspar wieder eingestellt, aber Kaspar nicht – wie 13 andere Professoren der Akademie – entlassen, sondern übernommen wird. Er lehrt mit kurzer Pause weiter, von 1947 bis 1972. Stellt sogar acht Jahre lang den Vizepräsidenten.
Winfried Nerdinger[1] nennt es den »dunkelsten Punkt der 175jährigen Akademiegeschichte«.
Kein Wunder, daß die ApO-Studenten – 1967 hatte sich der HSK, die »Hochschulgruppe sozialistischer Kunststudenten« gebildet – 1968 eine Ausstellung zum »Fall Hermann Kaspar« zusammenstellten.

[1] Tradition und Widerspruch, 175 Jahre Kunstakademie München, München 1985

Widerstand wie den der Geschwister Scholl an der Universität gab es an der Akademie nicht. Wer nicht mitmachte, ging in die innere Emigration.

1944 wird die Akamie von Bomben getroffen, brennt aus.

Nach dem Krieg wird die Zusammenlegung von einstiger Kunstgewerbeschule mit der Akademie zur »Hochschule der Bildenden Künste« beschlossen. »Reine Kunst« und »angewandte Kunst« stehen sich lange gegenüber wie feindliche Brüder.

1947 beginnt der Wiederaufbau, ab 1949 kehren die ersten Klassen zurück. 1953 wird die »Hochschule der Bildenden Künste« wieder in »Akademie der Bildenden Künste« zurückgetauft, wiewohl die angewandten Künste im Haus verbleiben.

Die Studenten beginnen Forderungen zu stellen, allerdings im Rahmen der Hochschulpolitik: ab 1957 existiert der ASTA.

Erst zwanzig Jahre später fordert er ein Studentenparlament.

1968 wird gegen die eben verabschiedeten Notstandsgesetze gestreikt, werden Vorlesungen gesprengt, die Kaspar-Dokumentation ausgestellt, Mal- und Plakat-Aktionen organisiert, die »Antiheldengedenktafel« im Treppenhaus der Akademie aufgestellt – die »wilden Jahre« mit der ihnen eigenen Dynamik bestimmen das Geschehen an der Akademie.

Präsident Paolo Nestler tritt 1968 zurück wegen »dirigistischer Eingriffe des Kultusministeriums« und »Weisungen, die die Freiheit von Lehre und Forschung im Bereich der Kunst in Frage stellen.«

Von oben wird weiter domestiziert. Mit Erfolg. Der ASTA wird zugunsten einer schwächeren Studentenvertretung aufgelöst, neue Bestimmungen und Prüfungsordnungen werden erlassen, die in Richtung Verschulung gehen. Es wird – wie in der übrigen Gesellschaft – auch an der Akademie ruhig. Nichts mehr mit den Utopien des Situationismus und der kollektiven Kunst, es wird wieder vor sich hingewurstelt. Der einzelne Künstler ist auf dem Kunstmarkt schließlich leichter anzubieten.

Die alten Fragestellungen drängten sich wieder in den Vordergrund:

L'art pour l'art oder engagierte Kunst? Dogma oder Utopie? Wahre Kunst oder Kunst als Ware? Naturalistisch oder abstrakt? Weibliche oder männliche Kunst? Seit 1872 durften Mädchen als Zeichenlehrerinnen ausgebildet werden, aber erst seit 1919 gleichberechtigt an der Akademie studieren.

Welche Funktion hatte nach 1968 der Professor? Wie stand die Öffentlichkeit zur Akademie? Welche Freiheiten erlaubten Regierung und Kultusministerium den Studenten, nachdem sie 1969 zweimal die Akademie geschlossen hatten?

Existentielle Fragen für Studenten und Studentinnen, die – wenn sie nicht Zeichenlehrer werden – wissen, daß später einmal gerade fünf Prozent von ihrer Kunst werden leben können. Die Kunst und das Leben – die Frage stellt sich für Kunststudenten drängender als für andere. Wie überleben mit der Kunst? Die Kunst, über die der Bürger so gern herzieht, vor allem wenn sie »modern« ist. Die dann erst die nächste Generation anerkennt.

Der Künstler und der Bürger, da schleichen sich oft Mißverständnisse ein.

1834 hatte ein Student geschrieben: »Ich berichte ihnen heute gar nicht aus München, sondern, wenn sie wollen, aus einer in München angelegten Kolonie von Norddeutschen, Franken, Schwaben, einigen Franzosen, Engländern, Italienern«.
Ausländer als Lehrer und Schüler waren es immer wieder, die den Provinzmief aus Ateliers und Wohnungen bliesen.
Zur Jahrhundertwende: die Russen des »Blauen Reiter«, Kandinsky, Jawlensky und die Werefkin; der Slowene Anton Ažbè mit seiner Malschule, der Schotte Eduardo Paolozzi, der Däne Robert Jakobsen, der Norweger Olaf Gulbransson (er auch ein gutes Beispiel für das Einknicken vor den Nazis) oder der Engländer Robin Page. Oder die Russin Nina von Kikodze. Ganz zu schweigen von den übrigen Polen, Ungarn und Franzosen.
Als München eine richtige Kunststadt war, leicht angeberisch »Isar-Athen« getauft, verdankte sie Ausländern viel. Sie zog sie an und ließ sie zu Hochformen auflaufen. Neue Sicht- und Malweisen brachen sich Bahn, beeinflußten die Malerei der Welt.
Davon ist am Ende des Jahrtausends wenig mehr zu spüren. Da erhebt sich eher die bange Frage: Was wird aus einer Akademie, in deren Speicherschränken noch die Talare der Professoren mit Namensschild hängen und deren Haustechnik steinzeitlich ist? Wo die frechen und teilweise obszönen Wandmalereien übertüncht sind und die Aula um Teppiche herum gebaut wurde?
Das mit den Teppichen war so: König Max I hatte »seiner« königlichen Akademie riesige französische Gobelins nach Motiven aus den Stanzen Raffaels geschenkt. Die hatte jedoch keinen Raum, zeigte sich aber mit der Zeit bereit, einen zu schaffen. Sie baute einfach in den Park hinaus. 1912 konnte die Aula eingeweiht werden, deren Maße sich nach denen der Teppiche gerichtet hatten. Das ist an sich schon ziemlich skurril. Aber die Gobelins sind nicht zu sehen, sie sind nämlich von weißen Tüchern verhängt, müssen trotzdem immer wieder gereinigt werden, obwohl sie niemand sieht.
Das hat etwas Kafkaeskes, aber auch wieder Anrührendes an sich. Wie die Zeichen vergangener Pracht: die langen Gänge und die geschwungene Auffahrtsrampe, gegenüber von Baugerüsten und Provisorien. 1998 soll für 36,5 Millionen mit der Sanierung der Akademie begonnen werden. Der Neubau auf dem Barackengelände bleibt vorerst verschoben.
Wie stellen Kunststudenten sich ihre Zukunft vor? Im Sommersemester 1996 haben sie eine Umfrage an der Akademie gestartet mit dem Ergebnis: »Die Mehrheit der Befragten hat ihren Entschluß, Kunst zu studieren, nicht gegen familäre Widerstände durchsetzen müssen. 60 Prozent der Befragten werden finanziell von den Eltern unterstützt und leben in einer festen Beziehung. Bei der Wahl des Studienorts herrschte Pragmatismus vor. Nicht die Qualität der Ausbildung oder ein bestimmter Professor waren ausschlaggebend für das Studium in München, sondern persönliche Bindungen wie die Nähe zu Freunden und zur Familie.
Sie selbst beschreiben sich als ›sensible‹, ›empfindungsstarke‹ Persönlichkeiten mit einem Hang zum Erfinden und Experimentieren. Als Motivation

der eigenen künstlerischen Arbeit wurden ›Spaß‹, ›Neugierde‹ oder ›ästhetische Befriedigung‹ genannt. An politischen Fragen sind nur wenige interessiert. Die inhaltlichen Schwerpunkte liegen vielmehr in der ›Selbstverwirklichung‹ und ›Selbstreflexion‹. Die Erwartungen an die Professoren sind hingegen hochgesteckt und reichen von ›väterlicher Zuwendung‹ bis zur ›Wegbereitung in den Kunstmarkt‹. Einer von ihnen wünscht sich sogar den Professor als ›Geburtshelfer der Identität‹. Was die eigene Karriere angeht, sehen die Studenten ihre Zukunft hingegen rosig. Etwa zehn Prozent der Befragten glauben, im Jahr 2000 als Professoren tätig zu sein – ›am liebsten in Berlin oder New York‹, wie eine Studentin hinzufügt.« (SZ, 6.8.96)
Widerstand ist von dieser Studentengeneration zur Beruhigung von Eltern, Professoren und Kultusministerium kaum zu erwarten. Amtsrat Hausner, Professor Kern und Professor Seitz werfen einen Blick zurück: auf Studienbedingungen vergangener Generationen von Kunststudenten, ihr Verhältnis zu den Professoren und umgekehrt und auf die wechselvolle Geschichte der »Baracke« an der Türkenstraße, »einem astreinen Schwarzbau« (Hausner). »Alles was Künstler machen, machen sie ganz. Mit Herzblut und Engagement« verteidigt Ex-Präsident Seitz seine Studierenden. »Sie sind chaotischer, weil erst aus Chaos Disziplin entstehen kann.« Und: »es ist ein höherer Grad des Ausgeliefert-Seins«. Professor Maria Friedrich hakt gerade da ein: ihre Studenten sollen einmal »zu Potte kommen«, das heißt nach dem Ende des Studiums auch einen Job finden. Im Verlagsgeschäft, zu dem sie beste Beziehungen unterhält: war sie doch Verlegerin von »dtv junior«, dem Jugendverlag des Deutschen Taschenbuchverlages und ihr Mann Hugo Geschäftsführer bei dtv und Präsident der Akademie der Schönen Künste.

Hauptsächlich in der Blütenstraße spielt sich die Geschichte der Künstlerfamilie Hirsch ab: Peter Hirsch, der »Maler der vier Päpste« und seine Frau Francis, von den Nazis als »ultramontan« und »entartet« abqualifiziert, werden von ihrem Sohn Fritjoff beschrieben. Er, Fritjoff, eine musikalische Begabung, läßt sich von den Eltern (»Lern' erst was Richtiges!«) überreden, anständige Berufe auszuüben: er wird Chemiker und Richter, dann Autor und Archivar der Hinterlassenschaft des Vaters; er kommt auf über 4700 Werke. Seine beiden Söhne werden, wovon er geträumt hatte: beide Musiker und Komponisten, Regisseure und Schriftsteller, Michael und Cornelius, denen das unveränderte Atelier des Großvaters in der Blütenstraße jetzt gehört. Irgendwie hat sich auch das Ehepaar Johanna Schmals und Alfons Ostermeier, sie Fotografin und er Bühnenbild-Maler über die Hirschs kennengelernt. Sie wohnen in der Türkenstraße, in der ehemaligen Wohnung des Schnapsbrenners Hemmeter und lange Zeit bestimmten zwei ägyptische Katzen Tagesablauf und Urlaubsplanung.

Der Bildhauer Hans Osel, Sohn des BVP-Abgeordneten, der 1919 im Landtag erschossen wurde, lebte in Pasing, in der Oselstraße nicht weit weg von der Oselschule mit dem Ziegelbrennerbrunnen, gestaltet von Hans Osel. Er machte zwei Karrieren: als Brunnenbauer und als Skilehrer bei Sport

Scheck. Und eines Tages tauchte ein leibhaftiger Gönner auf, ein Graf, für dessen Schlösser und Parks Osel nicht genug schnitzen und bilden konnte. Auch Burkhard Backe mit seinem Atelier hinten im »Türkenhof« auf Nummer 78 hat so einen Gönner, der dem Bronzebildhauer existentielle Sicherheit gibt. Die Kunst und ihre Sponsoren – ein weites Feld. Was heute Banken und Versicherungen sind, waren früher einzelne Mäzene. »Ich bin eigentlich nie sehr autoritär mit mir umgegangen, ich habe mich eher fließen lassen. Glückhaft sind mir Dinge begegnet und ich habe sie angenommen«, sagt Backe. Ein ganz anderer Typ ist der Steinbildhauer Nikolaus Gerhart, der auf Nummer 68 A wohnt. »Ich hau die Form nicht in den Stein, der Stein gibt mir seine innere Struktur. Ich dringe in ihn ein und klappe ihn auf. Ich mache den Stein ja nicht kaputt, ich lege ihn frei.«
So verschieden wie ihre Materialien, Bronze und Granit, sind auch die beiden Bildhauer, die an der Münchner Akademie studiert haben.
Ein dritter, der auch zu den fünf Prozent gehört, die von ihrer Kunst leben können, ist Ugo Dossi, Sohn einer Messerschleiferfamilie aus Madonna di Campiglio am Fuß der Brenta und Maler. Verfrüht durch die Druckwelle einer Bombendetonation, die seine Mutter schwanger im Keller von 61 erlebte, auf die Welt gekommen, war die Türkenstraße und Umgebung seine Heimat: Kinderbanden, Doktorspiele, Ministrant in St. Ludwig, erste Motorradbegeisterung. Doch jetzt liege eine Art Verbotszone drauf. »Als ob ich Berührungsängste hätte.« Er bringt die Straße der Kindheit mit der Türkenstraße heute nicht mehr zur Deckung. Kein Wunder, befindet er sich im ständigen Spagat zwischen München und Mailand, wo praktischerweise Madonna di Campiglio genau in der Mitte liegt.
Modellstehen hatte früher einen anderen Stellenwert als heute, wo Aktzeichnen nicht mehr unbedingt zur Grundausbildung eines Künstlers gehört. Modellmärkte hatte es an der Akademie gegeben, Modellbälle fanden in der Wirtschaft »Zur Blüte« statt, auf Künstlerfesten – wie denen von Peter Hirsch – waren immer Modelle anwesend, Meisterschüler bekamen Aktgeld für ihre Modelle.
Marie Thim, die später ihre Berufung als Tai-Chi-Lehrerin in Indonesien gefunden hat, ist eine Weile Modell gestanden, Johanna Schmals-Ostermeier ebenfalls.
»Wenn ein Modell keine persönliche Ausstrahlung hat und keine bestimmte Intelligenz, wird es nie ein gutes Modell«, sagt Rudi Seitz.
»Gute Modelle«, zweifellos die bekanntesten der Akademie, waren Nina von Kikodze und Oskar Hensel, denen Hans Baschang 1981 eine eigene Ausstellung »Nina und Hensel« widmete.
Nina, die Russin mit Hündchen und den abenteuerlichen Geschichten mit ihren drei (oder vier?) Männern, Georgierin, »so sind die Georgier: zur Zeit des Zaren um den Zaren, zur Zeit der Kommunisten um die Kommunisten und wenn dann ein Kommunistenzar kommt, der Georgier ist, freilich der Stalin, dann sind sie auch um den!« Verehrt und verlacht, Hochstaplerin oder einfach Geschichtenerzählerin, die sich selber jeden Augenblick neu

erfand. Nina hatte ihrer Umgebung gegenüber stets eine Drohung in der Hand: Eines Tages würde sie ihre Memoiren schreiben, aber dann Gnade Gott!

Ihr männliches Pendant mit Tonnenbauch und langnasigem Träumergesicht, der Hensel, könnte genauso wie sie als Romanfigur durchgehen. Er ist glücklich über sein Leben, »ich war nämlich viel schlauer als der Bing Crosby und der John Wayne, weil die mußten immer wieder zum Alltag zurückkehren.« Er kann in seinen Träumen weiterleben. Und zum Träumen – vom silbernen Meer und Hawaiimädchen – eignet sich Modellstehen hervorragend. Er liebt die Freiheit und läßt sie auch seiner Umgebung zukommen: »Ich zum Beispiel bügle nie eine Hose. Ich hab' immer Hosen an, denke aber nicht daran, sie zu bügeln. Die sollen auch frei sein! Frei! Da wirst du doch ganz anders anerkannt vom Wind, vom Regen ...«

Werner Hausner und Professor Herbert Kern
geb. 1942 — geb. 1912, gest. 1998
Amtsrat — Honorarprofessor

Stiefkind Baracke

Hausner »Die Baracke im Park der Akademie an der Türkenstraße wurde gebaut im Februar 1948. Und zwar vom Staatsministerium des Inneren als Behelfsunterkünfte für die Studenten der Maximilianeumsstiftung. Es gibt da keinen Bauantrag und keine Baugenehmigung. Es handelt sich hier um einen astreinen Schwarzbau. Der aber, durchs Innenministerium getragen, Bestandskraft hat. 1950 begann die Renovierung der Akademie nach dem Krieg. Die Flügel waren beschädigt, von der Decke bis zum Keller, zum Teil standen nur noch die Außenmauern. 60 bis 70 Prozent waren zerstört. Die

Akademie übernahm die Baracke von der Maximilianeumsstiftung als Ausweiche und zum Verlagern. Die Baracke war immer ein Stiefkind.

Kern Vor der Steinbaracke gab's ja eine Holzbaracke. Die ist 46/47 gebaut worden und stand zwischen See und Alpinum. Daneben war eine Kalkgrube für die Freskomaler, wunderbarer alter Kalk. In der Holzbaracke gab es eine Zeitlang eine Art Schulspeisung, aber sonst ist da nicht viel geschehen, außer daß sich die Mäuse und Ratten stark vermehrt haben, bis man sie abgerissen hat.

In der Steinbaracke sind dann Studenten eingezogen, Meisterschüler. Die Räume waren ziemlich klein und es gab meines Wissens noch keine Heizung. In den Räumen entlang der Türkenstraße war die Tanzschule ›Metz‹, die bis 67 dort geblieben ist, bis es mit den Studenten losging und sie die Räume für ihren antiautoritären Kindergarten forderten. Und bekamen.

In der Steinbaracke gab es auch Brauseräume, die für die Maximilianeumsstudenten gedacht waren. Warum die nicht eingezogen sind in der Zeit, ob sie sich geweigert haben, ich weiß nicht.

›Baracke‹ bedeutete schließlich immer einen Notbehelf. Nichts Endgültiges. Trotzdem steht sie jetzt 45 Jahre.

Hausner Und leer war sie nie. Dadurch, daß die Kunsterzieher zu uns gekommen waren und immer mehr wurden, wurden auch die Klassen mehr. Zuerst gab es nur zwei Lehrstühle, den Zacharias und den Sauerbruch, ja, den Enkel vom Chirurgen, mit ihren Klassen. Dann wurden Betreuungslehrkräfte eingestellt, die keine eigenen Klassen hatten wie der Dengler und der Sturm, die heute beide Professoren sind, und die wurden in der Baracke ausgelagert. Daneben war bis in die 70er Jahre die Mensa in der Baracke untergebracht.

Kern Am Anfang kam das Essen noch von der allgemeinen Schulspeisung in die Holzbaracke und die Studenten mußten mit ihrem Blechgeschirr antreten zum Essenfassen. Später in der Steinbaracke wurde das Essen per Handwagen von der Mensa in der Veterinärstraße geholt.

Hausner Eselswagen hat man den genannt, obwohl er von den Hausangestellten gezogen wurde. Zwei Kübel, Thermobehälter, wurden hierher gekarrt und das Essen in der Baracke verzehrt. Dort wurde nie gekocht.

Kern Der Beck und der Eibl haben den zweirädrigen Wagen immer rübergeschoben, bis sie sich weigerten aus verkehrstechnischen Gründen. Das war mit der Grund für das Ende der Mensa in der Baracke. Die Mensa ist dann im Haus, in der Akademie eingerichtet worden, in der Cafeteria, ein blöder Ausdruck. Als sie noch in der Baracke war, gab es daneben Wohnungen für die Hausangestellten, es haben vielleicht einmal zehn drin gewohnt. Es war alles ziemlich verwinkelt. So groß wie die Baracke innen, war auch der Garten außen, der von einem Holzzaun umgeben war. Dort haben die Bewohner der Baracke und der Tiermalschule einen schönen Gemüsegarten angelegt.

Hausner Der Garten war ja von Anfang an als Landschaftsgarten geplant vom Architekten Neureuther. So ein bißchen wie der Englische Garten.

Schloßartiger Charakter mit kreisrunden Rosenbeeten. Das war in den 80er Jahren des letzten Jahrhunderts. In den 20er Jahren unseres Jahrhunderts hat der Kolb dann den Garten so angelegt, wie er heute ist: mit Teich, einem Wasserfall und dem Hügel mit Steingarten – alles sehr romantisch.

Kern Der Garten war ja seit Akademieplanung als Studienplatz gedacht, als Landschaftsbild für die Maler. Der See wurde gespeist vom Alpinum her, also mit Wasser aus der Wasserleitung. Auf dem See schwamm ein Kahn. Das ist im Krieg alles zerstört und nur notdürftig restauriert worden.

Ja, und dann kam zur Zeit des antiautotären Kindergartens die Forderung: der Garten solle für die Öffentlichkeit geöffnet werden. Wo es doch den Englischen Garten für die Öffentlichkeit gibt. Und unser Park ein Studienraum ist, eine Art Freiluftatelier, wo im Sommer Akt gezeichnet wird und die Werkstätten sich hinaus ins Freie verlagern. Wenn da Leute durchlatschen würden, könnte das für sie gefährlich werden. Jedenfalls uns würde es gewaltig stören.

Hausner Die Öffnung wurde verhindert. Der Professor Seitz hat an die Stadt geschrieben und die haben geantwortet, sie würden eine ›Unter-Schutz-Stellung‹ machen. So sind wir zum Biotop aufgestiegen, was auch Probleme mit sich bringt. Da darf zum Beispiel der Rasen nicht mehr gemäht werden und so Zeug. Im Gartenhaus hat früher einmal der Gärtner gewohnt.

Kern Mit seinem Esel, der Jackl hieß. Weil der Gärtner auch Jackl geheißen hat, der ihn hat verköstigen müssen. Der Esel hat einen Platz eingezäunt bekommen, und war ziemlich bösartig, weil die Studenten ihn immer so traktiert haben.

Ursprünglich war das Gartenhaus aber die Tiermalschule mit Stallungen für Schafe, Kühe und ein Pferd. An der Ostseite waren Glashäuser davor gebaut, um darin zu zeichnen und zu modellieren.

Nach dem Krieg hatte der damalige Syndikus Bernhard, ein Regierungsrat, sein Büro im Gartenhaus und seine Werkstatt. Er hat dort viele Münzen entworfen, er war ein großer Numismatiker. Später ist dann die Verwaltung hineingekommen und dann der Professor Brenninger, der gerade damit beschäftigt war, die Figuren für den Giebel des Nationaltheaters zu modellieren. Danach wurde der Glaspavillon abgerissen.

Hausner Ich weiß, daß Anfang der 70er Jahre der Bote mit seinen elf Kindern ins Gartenhaus zog. Da gab es den Esel noch. Jetzt wohnt der Professor Robin Page drin, mit seiner Frau und seinen Hunden. So setzt er praktisch die Tradition fort. (lacht) Seit der Gründung Ende des letzten Jahrhunderts hat sich eigentlich außer den Studentenzahlen praktisch kaum etwas geändert.

Damals waren es vielleicht 30 Professoren, heute sind es 40, Assistenten gibt es allerdings fünfmal so viele, ungefähr 20. Die Studentenzahl hat sich seit Jahren auf 700 eingependelt. Mehr geht auch nicht. Ideal wären 200 bis 300. Dann würden die Ateliers ausreichen. Aber so platzt die Akademie aus allen Nähten. Darum der Wunsch nach einem Neubau. Da bietet sich doch der Platz der Baracke geradezu an.

Die Grundfläche sind an die 1600 qm. Die Traufenhöhe des Altbaus beträgt 20 Meter, so hoch könnte auch der Neubau werden. Jedenfalls wenn man an die zweieinhalb oder drei Stockwerke denkt, dann ist man schon bei über 3000 qm Nutzfläche. Genau soviel haben wir bewilligt gekriegt.
Kern Hier ist schon soviel geplant und soviel verworfen worden! Da war der Entwurf vom Sep Ruf ...
Hausner Der aber nie in die Phase des Planungsverfahrens eingetreten ist. Der ist letztlich an der Revolution der Studenten gescheitert. Aber auch im Haus war der Neubau umstritten.
Kern Ich war immer gegen einen Neubau. Wir haben doch Ausweichquartiere, die wir sanieren können.
Hausner In der Domagkstraße, die ehemalige Funkkaserne, ja. Der Entwurf von Sep Ruf ist gescheitert an den Spannungen zwischen Professoren und Studenten an der Frage: Was soll in den Neubau? Da gab es kein überlegtes Raumprogramm und deshalb viele Querelen.
Kern Schon in den 60er Jahren hatte ich vorgeschlagen: Baut statt der Baracke doch eine große Halle mit nichts drin außer lauter Anschlüssen für Strom, Preßluft, Abzug, Ventilation! Da kann sich dann jeder einbauen, was er braucht. Und das kann man immer wieder verändern, weil so etwas ja auch der Mode unterworfen ist und sich alle fünf oder zehn Jahre ändert.
Die Lunte ist gelegt worden durch die Zusammenlegung: Kunsterziehung und freie Kunst. Die unter einen Hut zu bringen, ist nicht zu machen. Denn: Was ist Kunst?
Da gibt es keine klare Definition. Jahrelang habe ich den Professor Seitz statt ›Grüß Gott!‹ oder ›Guten Morgen!‹ immer gefragt: ›Was ist Kunst? Ab wann ist was Kunst?‹ Darüber haben wir uns fast zerstritten.
Hausner Nachdem das Ruf-Projekt gestorben war und Anfang der 70er Jahre die großen Rotstiftstreichorchester einsetzten, nachdem die Dringlichkeit eines Neubaus auf Stufe 3 bis 4 abgerutscht war und sich die Akademie auch nicht dahintergeklemmt hatte, hieß es: Wir benützen die Baracke einfach, bis sie zusammenfällt!
Da gab es dann kleinere Sanierungen: 100000 Mark wurden in die Heizung verbaut: statt der Bulleröfen, die die heutigen Studenten gar nicht mehr anzünden können, wurden Gasheizungskörper eingebaut. Ganz unwirtschaftlich! Die Klassen Dengler und Sturm bekamen Oberlicht. Das waren die äußersten Zugeständnisse.
Dann dämmerte die Akademie wieder vor sich hin, hielt ihren Dornröschenschlaf bis Ende der 80er Jahre. Bis die Diskussion begann, die wir angeleiert haben: den Neubau.
Das Haus war einfach am Ende. Alle Betriebssysteme: Telefon, Strom, Heizung.
Kern Im Akademiekeller war die Heizung: zwei Kessel, groß wie Lokomotiven. Die mußten die Schlosser bedienen. Das war eine ziemliche Sklavenarbeit für eine Zentralheizung. Die Fernheizung kam erst in den 60ern.
Hausner Und da wurde die große Chance vertan, auf Warmwasserheizung

umzustellen. Wir haben hier das uralte System der Dampfheizung, mit dem wir heute noch kämpfen. Da brauchen wir ständig einen Mann, der sie auf- und zudreht. Eine Stunde Heizung in der Aula kostet 25 Mark, weil die Warmluftheizung über Dampf läuft. Total verkorkst, das Ganze.

Die Stromleitungen sind mit Teerpapier umwickelt in die Mauern eingebaut. Daß es hier noch nicht gebrannt hat, grenzt sowieso an ein Wunder. Wir haben an die 80 Nebenstellen beim Telefon, was bei weitem nicht reicht. Es lassen sich aber keine neuen Leitungen mehr verlegen: wenn man eine verlegt, reißt man zehn alte ab. Deshalb können wir neue Leitungen nur an die Wände nageln, was hier seit Jahren gemacht wurde. Provisorisch.

Das Nachkriegs-Baumaterial ist schlecht. Die Dachziegel stammen aus Restbeständen, eigentlich sind es ganz normale Pfannenziegel, die es aber heute nicht mehr gibt.

Nach dem Krieg wurden die Dächer ja ganz anders konstruiert, einfacher, billiger. Man verzichtete auf die Kuppeldächer über den Ecktürmen, baute eine Glas-Kupfer-Blech-Konstruktion, ähnlich wie beim Justizpalast.

Die alte zu rekonstruieren und draufzusetzen hätte an die 14 Millionen Mark gekostet. Das wäre zwar schön gewesen, hätte uns in unserer Raumnot aber auch nicht geholfen. Deshalb kam die Diskussion zurück auf den Neubau an der Stelle der Baracke. Da wurde dann ein Architekturwettbewerb ausgeschrieben, bundesweit, an dem 380 Architekten teilgenommen haben. Fünf kamen in die engere Wahl und gesiegt hat schließlich Coop Himmelblau aus Wien.

Die Sanierung soll dann in zwei Phasen ablaufen: Abriß der Baracke und Neubau. Auslagerung der Akademie in den Neubau, bis die Renovierungen am Altbau abgeschlossen sind. Dann werden Bereiche, die zusammengehören, fest in den Neubau gebracht wie: Verwaltung, Druckwerkstätten, Lithographie und Kunststoff. Die Renovierung kostet mit Sicherheit mehr als der Neubau, der vielleicht mit 20 Millionen machbar ist.

Kern Ich entsinne mich noch an die Zeit, als in den Gängen der Akademie Schutt geräumt wurde vom großen Brand 1944. Jeder Student, der hier studieren wollte, mußte erst einmal Schutt räumen. Da gab es eine Bahn mit Loren, die von Studenten geschoben wurden, von den Gängen bis zur Auffahrt. Das hatte mit der Bockerlbahn gar nichts zu tun.

Ich bin 1935 in die damalige Staatsschule für angewandte Kunst eingetreten zu Professor Preetorius und habe nach drei Semestern gekündigt. ›Bleiben Sie!‹ sagte der Professor, da bin ich geblieben. Bis heute. Über 45 Jahre.

1938 wurde ich eingestellt als Hilfslehrkraft für die Bühnenbildner- und Illustrationsklasse. 1941/42 bin ich mit dem Professor an die Akademie umgesiedelt. Da habe ich die Werkstätten Fotografie und Siebdruck ins Leben gerufen. ›Der Kern hat Zeit‹, hieß es, ›der kann das machen!‹ Geld war so gut wie keines da und der Kern hatte von Siebdruck keine Ahnung. Hab' ich mir alles selber beigebracht, hab' angefangen zu basteln mit Siebdruck. Ich hab' dann noch den Schriftkurs dazugenommen. Immer noch Hilfslehrkraft. Im Dritten Reich wollte ich eigentlich in die Reichskulturkammer, um

billige Theaterkarten zu bekommen. Sie haben mich aber nicht genommen, weil ich kein Künstler sei. In die Partei wäre ich nie eingetreten. An der Treppe zu meinem Atelier hing ein Schild: ›Vorsicht bei Begehen der Treppe! Lebensgefahr!‹ Da ist nie einer gekommen, kein Blockwart und keiner von der Partei. (kichert)
Nach dem Krieg wurde ich Vertragslehrer, dann Studienrat, Oberstudienrat, Studiendirektor und schließlich ›hon‹.
Hausner Honorarprofessor
Kern Das bedeutet Professur ohne Honorar. Es ist ein Hohn! Inzwischen bin ich Beamter. Nach dem Preetorius hat der Kern noch drei weitere Professoren überlebt. Immer wieder hatte er sich um den Lehrstuhl beworben, immer wieder hat man ihn unter den Tisch fallen lassen.
Eine meiner Schülerinnen in der Bühnenklasse war die Sabine Csampai, die dritte Bürgermeisterin, danach Fraktionsvorsitzende der Grünen im Stadtrat. Sie war lieb und nett und begabt.
Ansonsten ist der Beruf des Bühnenbildners ein ziemlich mieser. Ich habe das am eigenen Leib gespürt. Wie mein Meister immer sagte: Der Bühnenbildner ist die Hure des Regisseurs! und: Die Kunst des Bühnenbildens ist eine Afterkunst! Trotzdem tut es mir leid um die schönen Kostümsammlungen, die wie die ganze Bibliothek unter der Freitreppe ausgelagert worden waren und dort alle verschimmelt und vergammelt sind.
Nazikunst hatten wir keine im Keller und Tunnels gab es auch nicht.
Hausner Ich weiß aber von einer Frau, die mir erzählt hat, daß sie in den 60er Jahren durch einen Tunnel bis zur Ludwigskirche gekrochen ist als Kind.
Kern Hier gab es nur den Luftschutzraum und die Luftschutzgräben.
Hausner Sie hat aber von einem Tunnelsystem erzählt, das bis zum Maximilianeum gegangen sein soll. Natürlich hat der U-Bahnbau das alles zugeschüttet. Ich weiß nur von Kellern, die nach dem Krieg zugeschüttet worden sind im West- und Ostteil des Hauptbaus, der jetzt so dringend zur Renovierung ansteht. Neulich ist ein Deckenteil in der Aula heruntergestürzt, während die Putzfrau am Arbeiten war. Das ist jetzt notdürftig renoviert. Die Aula hat eine Innen- und eine Außenkonstruktion. Ihr Anbau fand statt, weil die Akademie die Teppiche geschenkt bekommen hat. Die sind zum Teil 5 x 8 Meter, Gobelins, Seidenwebtechnik aus der berühmten Manufaktur Lefèbvre aus Paris, der von Ludwig XIV. Sie hingen als Wandteppiche in Nymphenburg und Schleißheim. Die dachten dort, sie hätten bessere, schönere, wertvollere Teppiche und haben sie auf den Boden gelegt. Man stelle sich vor: Auf das geputzte, noch feuchte Parkett hat man unsere Teppiche gelegt! Da waren sie allerdings noch nicht unsere. Wir bekamen sie vom König geschenkt. Ein Danaergeschenk, das niemand wollte! Sie lagen in Rollen verpackt irgendwo im Keller, bis der Anbau der Aula 1915 fertig war. Deshalb waren sie auch in so schlechtem Zustand. Inzwischen haben sie leicht eine Million verschluckt an Reinigungs- und Renovierungskosten.
Die Maße der Teppiche wurden das Maß für den Grundriß der Aula. ›Einer

der schönsten Säle Münchens‹ schrieb dann die Presse und lobte die besondere Ausstrahlung.
Das ging bis in die 60er Jahre, bis die Revolution sich anbahnte und niemand mehr das Zeug wollte. Da wurden sie verhängt, auch um sie zu schonen und sind es bis heute. Neulich wurden sie wieder für 20 000 Mark gereinigt und erneut von Tüchern bedeckt. Schon absurd.
Bis 1969 waren die Professoren noch in Talaren und trugen ihre Amtsketten. Zu den Semestereröffnungs- und Jahresfeiern in der Aula.
Dann kam die Zeit der Empörung, der Verunsicherung und schließlich der Solidarisierung. Bei einigen. Die anderen hielten sich zurück. Da sah man die Professoren dann plötzlich Jeans und Lederjacke tragen.
Die Talare hängen jetzt auf dem Speicher, zum Teil noch mit den Namen drin und dem Hut dazu. Sie werden wohl nie mehr getragen werden«.

Rudi Seitz
geb. 1934 · Künstler · Ex-Präsident der Akademie · Schöpfer der ›Schule der Phantasie‹

Biotop Akademie

»München lebt vom Flair ›Kunststadt‹, dabei ist das eher eine Leichenfledderei. Das liegt nicht am Kulturreferat, die haben den besten Willen, das liegt am fehlenden Geld. Wir suchen immer nach Sponsoren, finden auch hie und da welche, die ein paar tausend Mark zahlen, aber im Großen und Ganzen hat unsere Kunst wenig Sponsoren.
Im Gegensatz zur Kunst renommierter Künstler in renommierten Banken – das ist kein Risiko.

Aber daß einmal jemand auf Hoffnung setzt, auf einen jungen Künstler, von dem man noch nicht weiß, was aus ihm wird, ob er einmal Preise gewinnt, das ist sehr, sehr selten.
Die Berufsaussichten für Künstler sind hundsmiserabel, von unseren Studenten können vielleicht fünf Prozent von ihrer Kunst leben. Trotzdem sind sie kein akademisches Proletariat. Viele haben einen Beruf, in den sie zurückkehren und ihr Geld verdienen. Andere sind sehr erfindungsreich, Jobs zu finden, mit denen sie überleben können. Zwei bis vier Tage in der Woche Geld verdienen und den Rest tun können, was sie wollen.
Die Schwierigkeit für Künstler besteht doch darin: ein normaler Student hat eine Bude, dahin zieht er sich mit seinen Büchern zurück, büffelt auch am Wochenende. Unsere Studenten haben ihren Arbeitsplatz hier in der Akademie. Sie können zu Hause ja gar nicht arbeiten, können nicht mit ihren Plastiken herumziehen. Aber unser Haus ist von Samstag mittag bis Montag früh zu. Das ist eine echte Studienbehinderung.
Die andere ist die: die Studenten müssen ihr ganzes Material selber zahlen. Jetzt ist das Wohnen hier schon irrsinnig teuer, dann kosten die Farben noch viel und die Leinwand. Alles zusammengezählt, läßt wenig für das Leben übrig. Viele hungern tatsächlich für ihre Kunst. Das kann man uneingeschränkt sagen.
Dann kommen die neuen Richtungen dazu: Rauminstallationen, Medien, Videokunst, die sehr kostenintensiv sind. Wieviel so etwas kostet, merken wir an den Anträgen für die Zuschüsse.
Dann sind sie fertig, die Künstler und verdienen kaum, weil unsere Gesellschaft für Künstler wenig Platz hat und weil sie zum Arbeiten ein Atelier brauchen. Der Künstler braucht einen Raum mehr als ein ›normaler‹ Mensch. Die Stadt hat ein paar Ateliers zur Verfügung gestellt, in früheren Fabriken, in Riem, das ist prima – müßte aber in größerem Umfang geschehen.
1969 war die Akademie zweimal geschlossen und die Gefahr bestand, daß sie überhaupt geschlossen bliebe. Das hat gezeigt, wie so oft in Bayern, daß man mit der Kunst und den Künstlern nicht so richtig umgehen kann.
Ich bin 1974 an die Akademie gekommen, vorher war ich an der Uni in der Lehrerbildung. Als ich dann Präsident war, und auch jetzt noch als stellvertretender, werden mir immer dieselben Fragen gestellt: Ist die Akademie jetzt sauber? Arbeiten die Studenten endlich?
Immer diese Kollektivbeschuldigungen! Die heutigen Studenten waren 1968 noch gar nicht auf der Welt.
Und was damals ›Geschmiere‹ genannt wurde, waren große Wandgemälde mit politischen Persiflagen. Die übrigens unter der Farbe noch erhalten sind. Auch heute noch haben die Studenten die gleichen Probleme wie damals, wenn sie ihren Eltern erzählen, sie wollten Kunst studieren. ›Studier' erst einmal etwas Gescheites!‹ heißt es. Etwas, wo man Geld verdienen kann und nicht so anarchistisch und bürgerfremd lebt.
Der Künstler versucht aber die Welt, in der er lebt, zu interpretieren. Das sind neue Sehweisen. Er ist ja Spezialist. Er arbeitet Monate, Jahre an sei-

nem Thema. Und wenn der Bürger dann daherkommt, unvorbereitet, und auf diese Welt stößt und wenn sie ihm nicht liegt, oder er sie nicht versteht, empfindet er sie als Provokation und reagiert entsprechend.
Seit den Impressionisten weiß man ja, daß es ungefähr eine Generation dauert, bis Kunst geschätzt wird, Allgemeingut wird, und in den Lesebüchern landet.
Wer sich nicht mit Kunst beschäftigt, weiß das nicht. Und ärgert sich ganz konkret.
Bei Ausstellungen im Freien kommt es zu regelrechtem Vandalismus: Kunstwerke werden beschmiert und zerstört. Bei moderner Musik ist das anders: da gehen die Leute eben hin oder sie bleiben weg. Bei Kunst ist das anders: wenn sie herumsteht, steht sie auch zur Verfügung. Eine der Aufgaben der Akademie ist darum immer wieder: die Türen aufzumachen, die Leute einzuladen, damit sie merken: hier sind junge Leute, die sehr ernsthaft, sehr fleißig ihren Weg ausprobieren, hie und da in Sackgassen landen, aber dann auch wieder herauskommen.
Unsere Studenten müssen ihren Weg selber finden. Der geht oft Umwege, führt durch Nebel, durch Unterholz, an Klippen vorbei. Bei uns gibt's keine Grenzen, außer denen, die sich einer selber zieht. Daher sind unsere Studenten chaotischer, weil erst aus Chaos Disziplin entstehen kann. Sie sind emotionaler und existenzieller. Es ist ein höherer Grad des Ausgeliefert-Seins. Weil ich nichts habe, an dem ich mich festhalten kann, außer der Überzeugung, daß das mein Weg ist.
Alles, was Künstler einmal machen, machen sie heftig. Mit Herzblut und Engagement. Ohne Rücksicht. Weder auf sich noch auf andere.
Andererseits hat eine Gruppe von uns einmal bei BMW in den Fertigungshallen gearbeitet, da wurden große Bilder gemalt. Und die Arbeiter, die da ganztägig schwer schuften, in einer Umgebung, die sehr laut und unübersichtlich ist, haben gestaunt, daß auch Künstler die Bilder nicht so einfach hinwerfen, sondern daß das harte Arbeit ist. Sie sind auseinandergegangen mit Hochachtung. Es kam sogar zu gegenseitigen Freundschaften.
In unser Haus mit seiner Opernfassade und seiner hochherrschaftlichen Auffahrt, wo früher Studenten und Professoren mit Kutschen vorfuhren, traut sich doch ein normaler Mensch gar nicht herein. Und wenn doch, steht er in den langen, weißen Gängen und weiß nicht, was tun.
Wir sind bestrebt, in den Jahresausstellungen, den Vorträgen und Veranstaltungen die Leute in die Akademie zu locken. Oder wir gehen hinaus mit der U-Bahn-Galerie in die U-Bahn-Station Universität und zeigen, was wir so tun. 60 000 Menschen gehen da täglich vorbei.
Offiziell gibt's die Akademie seit 1808, inoffiziell seit 1780. Max Josef I, als er 1806 König wurde, wußte: Künste sind wichtig für die Gesellschaft. Also hat er eine Akademie in Auftrag gegeben und den Schelling beauftragt, eine Satzung zu verfassen, die unglaublich modern war und heute noch richtungweisend ist.

Demnach hat die Akademie drei Aufgaben: die Ausbildung des künstlerischen Nachwuchses; als Kunstgesellschaft: das Nachdenken über Kunst; als Bildungsstätte: das Hineinwirken in die Gesellschaft, ›damit die Kunst im Volk ein Dasein habe‹.
Konkret hieß das: Kunstschulen gründen, Künstler unterstützen, bei Jurys mitwirken und an Schulbüchern.
Als zum Beispiel die Landschaftsmalerei aufkam, gab es große Auseinandersetzungen mit der Akademie, die damals noch historisierend dachte. Deshalb wurde 1823 der Münchner Kunstverein gegründet, um die Landschaftsmalerei dort anzusiedeln.
Das wird immer so sein: auf der einen Seite die Tradition, auf der anderen die Künstler, die wider den Stachel löcken und sich dann durchsetzen – oder nicht.
Ein Professor, der 10 bis 15 Jahre auf seinem Stuhl sitzt, denkt nun einmal in einer Richtung. In der Zeit kann keine andere Richtung Fuß fassen, weil sie durch ihn blockiert wird.
Die Akademie in Düsseldorf war lange führend in der Moderne, aber die werden jetzt auch älter. Wir haben in letzter Zeit Berufungen, die uns wieder in die vorderste Front bringen.
Es war auch Zeit. Das Verhältnis Studentinnen/Studenten ist halbe-halbe und bei den Professoren sieht es so aus: von 35 sind gerade drei Frauen. Das ist lächerlich, wird sich aber ändern.
Es gibt viele bekannte Künstler, die aus unserer Akademie kommen: de Chirico und die Leute vom Blauen Reiter: Kandinsky, Klee, Macke, Marc, die Werefkin und die Münter.
Der Stuck muß ein ausnehmend toleranter Lehrer gewesen sein, daß er sie als seine Schüler nicht in seinem Sinn beeinflußt hat.
Die meisten Künstler haben für den Ausbruch des Ersten Weltkrieges nur ein Minimum an Verständnis aufgebracht. Viele sind in die Schweiz gegangen, nach Zürich und haben im ›Cabaret Voltaire‹ den Dadaismus gegründet. Als Widerstand gegen die Bourgeoisie, die mit ihrem Gerede von den so angeblich hehren Werten den Krieg vom Zaun gebrochen hatte.
Es gab Zeiten, da war die Akademie hochpolitisch: im Dritten Reich, einer Zeit, für die wir uns heute noch schämen. Da stand München im Rampenlicht, weil sich Hitler entschlossen hatte, hier nicht nur das neueste, sondern auch das schönste Museum zu bauen: das Haus der Deutschen Kunst.
In der Akademie hat er seinen Liebling, den Ziegler, als Präsidenten 'reingedrückt. Der war zugleich Präsident der Reichskunstkammer. Die Ausstellung ›Entartete Kunst‹ ging maßgeblich auf ihn zurück. Da wurden dann Briefe geschrieben an Professoren, die eine jüdische Frau hatten, sie mögen sich von ihr trennen, andernfalls gäbe es Malverbot. Oder Schlimmeres. Manche haben das Haus verlassen, wie der Teutsch und der Caspar.
Offenen Widerstand hat die Akademie nicht geleistet, sie zog es vor, in die innere oder äußere Emigration zu gehen. Das ist keine Zeit, auf die wir stolz sind.

1943/44 kam die große Zerstörung, vom Haus blieben fast nur die Außenmauern. Wir fingen am absoluten Nullpunkt an: da gab es wieder klassizistische Ansätze, Expressionistisches, Surreales – typisch münchnerisch vielleicht. Das wurde zusammengekocht zum Gebräu des Wiederbeginns.
Die Kunstgewerbeschule hinter der Lenbachgalerie, die genauso groß und genauso zerstört war wie die Akademie, wurde mit ihr zusammengelegt. Da waren auf einmal zwei Schulen nebeneinander: neben der ›reinen Kunst‹ gab es plötzlich Bühnenbildner, Goldschmiede, Keramiker und Leute für angewandte Grafik und Glasfensterkunst. Plötzlich gab es 14 Werkstätten für alle Materialien – das hätte eine ungemeine Möglichkeit sein können. Aber es hat Spannungen gegeben, die zum Teil heute noch nicht ausgetragen sind.
Das Haus ist genauso groß wie damals, nur sind jetzt zwei Schulen drin. Und es ist völlig marode.
Die Bausubstanz ist inzwischen durch Alter und Abgase so morbid geworden – wo man hinfaßt, hat man Trümmer in der Hand. Wir sind in dauernder Brandgefahr: teerummantelte Elektroleitungen und Heizungen, die sich nicht abschalten lassen. Bei mir zum Beispiel: wenn es draußen nicht kalt ist, ist es hier sehr warm, wenn's aber draußen sehr kalt ist, ist's hier auch sehr kalt. Das System hab' ich noch nicht kapiert. Es muß aber damit zu tun haben, daß sich der Druck in der Warmwasser-Zentralheizung nicht mehr ausgleichen läßt.
Wir sind froh, daß ein Erweiterungsbau in Sicht ist. Nach langen Jahren hat das jetzt auch die Politik verstanden, daß die Akademie restauriert werden muß. Das wird an die 25 Millionen kosten. Der Neubau von Coop Himmelblau vielleicht noch fünf Millionen mehr.
Die Grundfläche wird dieselbe sein wie die der Baracke, es wird also kein einziger Raum verloren gehen. Ich finde, diese Bauskulptur des Neubaus, diese Architektur des ausgehenden 20. Jahrhunderts wird sich sehr gut neben dem Neureutherbau halten können. Das wird ein neuer Akzent für die Türkenstraße, in sich sehr funktional angelegt, der die Bürger auch nicht optisch vom Park abdrängt.
Im Augenblick erlebt der Park eher Tragisches: nach jedem Sturm fällt ein Baum um. Das ist das Alter, über hundert Jahre. Am schönsten ist der Park Ende März, wenn die Scilla[1] blüht, eine Art blaues Schneeglöckchen. Da gibt es einen Hügel, der ganz blau ist. Eine botanische Rarität. Da kommen Leute aus ganz München, sich das anzusehen.
Man kann ja in den Park, wenn man will. Aber ihn für die Öffentlichkeit freizugeben, praktisch, dem haben wir uns immer widersetzt. Nicht weil wir bürgerfeindlich sind, sondern weil das unser Freiluftatelier ist, wo die Öffentlichkeit nur stören würde.
Das Haus, die Akademie, macht natürlich einen, sagen wir mal, ›benutzten‹ Eindruck, keinen ›aufgegebenen‹. Das ist die Arbeitsatmosphäre. Wo ge-

[1] nicht Leberblümchen, sondern Blaustern oder Meerzwiebel

arbeitet wird, fallen Abfälle an. Produzieren und aufräumen ist für Künstler nicht immer identisch.
Unsere Studenten haben eine große Freiheit, den Lehrer zu finden, der sie unterstützt und begleitet.
Ich bin jetzt 18 Jahre hier und habe verschiedene Studentengenerationen mitbekommen. Welche, die total sozial gedacht haben, am liebsten vor der Akademie gearbeitet hätten, um ihre sozialen Kontakte zu haben und andere, die wie Mönche und Nonnen sich in ihre Zellen zurückziehen und konzentriert arbeiten. Liebe und Leidenschaft spielen natürlich eine große Rolle im Leben des Einzelnen. Darunter leidet die Akademie eher.
Heute müssen die Studenten zielstrebiger sein, weil die Konkurrenz zugenommen hat und der Druck. Wir hatten den Luxus: wir hatten mehr Zeit. Wir konnten auch noch andere Fächer mitstudieren. Heute müssen sie stromlinienförmiger werden. Da können sie meist selber gar nichts dafür. Aber Rücksichtslosigkeit, die gibt's in zunehmenden Maße.
Interessant ist, daß Drogen hier keine große Rolle spielen. Unsere Studenten haben andere Ventile als Drogen. Über ihre Arbeit, ihre Visionen, ihre Phantasiewelten haben sie einen direkten Zugang zu Welten, die andere indirekt via Drogen suchen. Das heißt nicht, daß es keine Drogen gibt oder Alkoholprobleme oder psychische Gefährdungen. Wenn wir davon erfahren, verlassen wir unsere Leute nicht. Kümmern wir uns um sie. Begleiten sie da wirklich. Manchem Lehrer liegt das weniger, manchem mehr, aber keinem im Haus ist das gleichgültig.
Das liegt daran, daß ja niemand ›an der Akademie‹ studiert, sondern ›bei einem Professor‹. Er geht in eine Familie und die ist überschaubar. Von 20, 26 Studenten merkt man schnell, wenn einer abdriftet. Das sieht man an seinen Arbeiten oder seiner Abwesenheit. Wo ist der denn? heißt es dann, wer kümmert sich um ihn? Unsere Eltern und Großeltern waren diesen Dingen nicht so ausgesetzt. Die Zunahme von Allergien und Krebskranken ist erschreckend hoch. Da hatten wir einige Fälle in den letzten Jahren. Kommen sie da so voller Hoffnung an, zwei Jahre später fangen sie an zu kämpfen und dann plötzlich sterben sie. Das nimmt einen immer schrecklich mit.
Auch Gruppen, die zusammenarbeiten, gibt es viel seltener als früher. Das liegt vielleicht am Schulsystem, das stark individualisiert, wo Gruppenarbeit keine Rolle spielt, weil man sie nicht benoten kann. Was ich für eine Katastrophe halte, weil Kooperation etwas ganz Wichtiges ist. Einzelkämpfer kann man eben leichter vermarkten. Gruppen, die eine Eigendynamik haben, kann man nicht leicht einschätzen. Man weiß nicht, was sie morgen wieder machen werden. Das ist das Problem des Marktes. Gruppen mit Namen gibt es im Augenblick nicht, nur Studenten, die zusammenarbeiten.
Ich war zum Beispiel bei einer Gruppe, die nannte sich ›Holzweg‹. Wir hatten den schönen Spruch: ›Der Holzweg ist kein Weg. Wer's dennoch tut, ist auf der Spur‹. Das war 1958/59. Die Zeit der Gruppe ›Spur‹. Und ›Holzwege‹, das stammte von Heidegger. Wir waren ein paar Maler beim Berg-

steigen. Wir haben Gebirgsbilder beim Klettern gemacht. Zur Gaudi. Irgendwann gab es dann aber die Entscheidung: Zeichnen oder klettern. Da hab' ich mich fürs Zeichnen entschieden. Ich bin beim Bergsteigen geblieben, aber das Klettern habe ich gelassen. Wenn man in der Felswand hängt, das kann schon schön sein, aber zeichnen kann man dabei nicht.

Früher konnte man sich mehr Zeit für andere Dinge leisten. All' diese Ideen von Studienzeitverkürzung, die sind ja ganz vernünftig und einsichtig, aber wenn dann diese ganze Fauna und Flora verlorengeht, dann geht für später sehr viel Fundus verloren, wo man sein eigenes schmales Fach rechts und links anbinden konnte. Relativieren konnte. Dann wird es gefährlich.

Sehr viele Akademien bieten weniger Freiheiten als unser Haus. Da gibt es welche mit Anwesenheitspflicht, wo man in der Akademie arbeiten und bestimmte Begleitstunden machen muß. Wir haben Lehrer, die sehr stark auf einem Naturstudium aufbauen: die einen gehen von der Figur aus, die anderen von Objekten oder Landschaften. Es gibt auch viele Klassen, die vom Abstrakten ausgehen. Aktzeichnen braucht man dazu nicht unbedingt, aber gutes Aktzeichnen schadet nie. Früher war das ja noch selbstverständliche Voraussetzung: daß erst nach Gips gezeichnet wurde, dann Kopf, dann Figur.

Bei uns kann jeder individuell seinen Weg suchen. Es gibt Lehrer, die regelmäßig, andere die unregelmäßig korrigieren; da kommen die Studenten einmal in der Woche dran oder einmal im Semester, dann aber ausführlich. Noten gibt's bei uns nur im Staatsexamen für Kunsterziehung. Das ist ein Eingangsexamen für die Laufbahn, kein Abschlußexamen.

Unsere Studenten schließen gern mit einem Diplom ab. Vielleicht ist das eine Verneigung vor den Eltern, die bisher gezahlt haben, oder daß einer, der ein Diplom hat, mehr Chancen bei Wettbewerben hat oder eine höhere Sozialhilfe bekommt als einer ohne.

Dreizehn Prozent unserer Studenten sind Ausländer, da sind wir eher stolz darauf. Auch unter den Lehrern gibt es einige, ich weiß es nicht so genau, das war bei uns nie Thema, sie waren immer selbstverständlich Teil der Akademie. Das liegt wahrscheinlich an der Internationalität der Kunst überhaupt. Die Akademie ist ein Biotop[1]. Das merken vor allem die Ausländer, wenn sie zu deutschen Behörden müssen. Da werden sie dann behandelt wie Flüchtlinge oder Bettler, wo sie zum Teil große Künstler sind.

Bei uns werden sie gleichbehandelt. Nicht so vom bayerischen Staat. Da bekommen am Ende des Jahres drei Studenten ein Debutantenstipendium, einen Zuschuß zum Katalog. Den bekommen aber nur deutsche Studenten. Da haben wir uns nie drangehalten, haben notfalls über Sponsoren Geld erbettelt. Da sollte der Staat zulernen. Er weiß es wohl. Wir haben es oft genug vorgetragen.

[1] Auch Titel von Band 3 der Schriftenreihe der Akademie, hrsg. Thomas Zacharias, München 1991.

Studenten, die von auswärts kommen, suchen hier vor allem den Freizeitwert der Stadt. Hier kann man relativ gut leben, und München ist es gewöhnt, mit Studenten zu leben. Sie auch leben zu lassen. Wir haben jedes Jahr so viel Bewerbungen, wie wir Studenten haben. Da gibt es dann sechs Jurys, die über die eingesandten Mappen entscheiden, vergleichen, diskutieren. Dann wird festgelegt, wer für die Aufnahmeprüfung zugelassen wird. Das ist die Hauptklippe. In den zwei Tagen geht es vor allem darum zu beweisen, daß die Mappe tatsächlich von einem selber ist.
Im Augenblick spielt das Modell, ein Lieblingsthema der bürgerlichen Gesellschaft, eher eine untergeordnete Rolle. Wir hatten sehr berühmte Modelle: den Altmann, der beim Stuck noch Modell gestanden hat und wenn man ihn seine Lieblingsposen machen ließ, immer die ganz großen machte: Speerwerfer und so. Er ist das Vorbild für den Neptun im Brunnen des Alten Botanischen Gartens.
Der Altmann war Modell und Nachtwächter. Die Modelle verdienen ja wirklich wenig. Als er gestorben ist, hat er 30 000 Mark für arme Studenten hinterlassen. In jeder Stunde, wo er Modell gestanden hat, hat er etwas zurückgelegt. Die Altmann-Stiftung gibt's heute noch: da bekommt ein Student einmal hundert Mark, das hat eher Symbolwert.
Dann hatten wir das berühmte Paar: Nina und Hensel. Auf der einen Seite repräsentieren sie eine ganz verschrobene Welt, auf der anderen gehören sie zum Haus. Seit über 30 Jahren. Wir haben eine berühmte Ausstellung über sie gemacht: den Hensel mit seinem theatralischen Temperament und die Nina, eine hochgebildete russische Gräfin. Über die lassen wir nichts kommen! Die ist prima! Und als sie es einmal am Herz hatte, hat der Sohn unseres früheren Präsidenten Henselmann sie kostenlos operiert. Wir haben alle etwas dazugegeben, damit es möglich war. Ende der 40er Jahre war es die Hartmann, die für unser 50-Pfennig-Stück Modell gestanden oder eher gekniet hat.
Oder die Sophie, die so theatralisch vor der Akademie verunglückt ist. Wo sie vor einem Auto zurückgetreten und über die Mauer hinuntergefallen ist, hochtragisch für die ganze Akademie.
Modell wird man nicht wegen des Geldes, da verdient man viel zu wenig. Und es ist harte Arbeit, wirklich mühsam. Wenn ein Modell keine persönliche Ausstrahlung hat und keine bestimmte Intelligenz, dann wird es nie ein gutes Modell. Die Vorstellung ›Maler und Modell‹ stammt noch aus der Zeit, als Nacktsein etwas Laszives und Geheimnisvolles war, gar etwas Unsittliches. Heute hat man ein ganz anderes Verhältnis dazu. Da gibt es Modelle, die es einfach gern haben, gezeichnet zu werden. Ein bißchen Exhibitionismus, vielleicht. Aber es ist einfach interessant, sich hinzustellen, gezeichnet zu werden und zu erleben, wie andere dich sehen.
Feste, ja dafür war München immer bekannt. Im Künstlerhaus, im Allotria, im Max Emanuel. Oder im Regina, die Schwabylon-Feste. Wo der Chef vom Regina immer ein paar Meisterschüler mit der Dekoration betraute. Die haben wochenlang geschuftet, dann aber so viel verdient, daß sie das ganze Jahr

davon leben konnten. Rauschende Feste waren das mit Masken und Bands. Dann kamen die Studentenunruhen und all' das hat aufgehört. Da wurden die Akzente verschoben. Da gab's politische Happenings, Go-Ins, Sit-Ins, da wurden Professoren eingesperrt und mit Motorrädern durch die Gänge gefahren. Alles im Sinne von ›Epater le bourgeois‹ des Dadaismus: den Spießer tratzn. Den Spießbürger erschrecken.

Dann wird es aber gefährlich. Weil, ein Laie tut sich oft schwer mit zeitgenössischer Kunst. Und mit junger erst recht. Er weiß hingegen ganz genau, was man auf einer Akademie wie lernen müßte. Was die Akademie aber nicht tut, weil sie ein chaotisches Durcheinander ist.

Von daher hat die Akademie immer wenig Freunde unter Nicht-Fachleuten gehabt. Unter Laien nicht und unter Politikern auch nicht. Die, selbst wenn sie neutral und tolerant sind, oft nicht einsehen, daß man für Kunst Geld ausgeben sollte. Die Folge der 68er Revolution war ein Zurückschlagen der Bourgeoisie. Weil die Universitäten nicht zu fassen waren, hat man sich an die Akademie gehalten. Da hat man den Hebel angezogen und einfach zugemacht.

Es gab einen Aufschrei. Einen Aufstand. Die Akademie wurde wieder geöffnet. Und noch einmal zugemacht. Und Gott sei Dank dann endgültig offengelassen. Die Gefahr bestand tatsächlich, sie abzuschaffen.

Nach 68 hat sich eigentlich niemand vorstellen können, daß überhaupt noch jemals etwas in Richtung Feste gehen würde, in Richtung Umzüge, wo wir spontan im Stadtviertel herumgezogen sind und die Leute sich uns angeschlossen haben. Wir hatten Schubladen ausgebaut und sie als Trommeln verwendet, wir hatten Tücher umgehängt und sind durchs Gelände gezogen.

Sie waren ja etwas humorlos, die 68er. Sie nahmen alles sehr ernst, die Kunststudenten. Weil sie alles, was sie machen, ernst nehmen. Ihre Kunst. Die Kunst, Feste zu feiern. Zum 175jährigen hat der Spoerri ein Astro-Gastro-Fest organisiert. 6 000 Leute waren nachts im Park. Mit sehr viel Disziplin. Für alle Sternbilder gab es entsprechende Stände mit entsprechenden kulinarischen Leckerbissen. ›Ein Jahrhundertfest‹ schrieb die Presse.

Beim Kongreß der Filmhochschulen, bei der Filmkunstwoche stellen wir schon mal die Aula zur Verfügung. Mit ARRI haben wir eine ausgezeichnete Nachbarschaft, die durchaus manchmal etwas Mäzenatisches hat: da werden auch Ankäufe gemacht. Einer der Direktoren von ARRI war mein Schüler am Gymnasium. ARRI ist uns sehr wohlgesonnen. Es unterstützt uns mit Licht bei Aufführungen in der Aula. Ich gehe gern zu Fuß durch die Türkenstraße, weil ich sie mag. Lieber als die Amalienstraße, wo einen auf der einen Seite die Institutsgebäude so wegdrängen.

Die Türkenstraße hat Läden, die hochgefährlich sind. Buchläden, Antiquariate. Da habe ich sogar schon eine Rembrandtradierung gefunden. Ganz billig. Das freut einen dann. Die Straße ist nicht, um feierlich essen zu gehen, sondern um mit jemandem zu ratschen, ein Bier zu trinken und die Welt zu verbessern.

Es ist doch sehr schön, daß diese Bürgerstraße hinten und vorn von Kunst umrandet sein wird. Die dritte Pinakothek an der einen und der Neubau der Akademie an der anderen Seite. Nur müßte die Einbahnstraße verkehrt herum sein: sie müßte von der Akademie zur Pinakothek führen. Der Braunfelsbau: ich höre, daß die Pläne, über die jetzt diskutiert wird, gar nicht mehr die ursprünglichen seien. Ich sage: es tut dem Bau ganz gut, wenn er verändert wird. Der Platz vor der Akademie müßte von einer Straße wieder in einen Platz verwandelt werden, wie er früher einmal war: zwei Rondelle, die einander gegenüberliegen. Die Gegenseite der Akademie ist ja an Langweiligkeit nicht zu übertreffen. Der Gegensatz zwischen den beiden Straßenhälften ist nirgendwo in München so stark wie hier.
Wir brauchen diesen Platz vor der Akademie, wo man Feste feiern und Plastiken aufstellen kann und der weitgehend von Autos frei sein soll.
Wir als Akademie tragen doch ziemlich zum Flair der Maxvorstadt, zum Flair Münchens als Kunststadt bei – oder?« (lacht)
»Förderer der Phantasie« nannte die SZ (29. 11. 96) Professor Rudolf Seitz, als er die Akademie aus gesundheitlichen Gründen verlassen mußte, »mit ihm geht auch ein Stück Menschlichkeit und Toleranz«. 1997 erhält er den »Poetentaler« der Turmschreiber.

Hans Osel
geb. 1907 · gest. 1996 · Bildhauer

Wie ich Brunnenbauer geworden bin

»Es war am 21. 2. 1919 im Bayerischen Landtag. Als Antwort auf die Erschießung Eisners sind die Spartakisten in den Landtag gestürmt und wollten den Ministerpräsidenten Auer ermorden. Der Jahreis stand neben ihm und wollte ihn schützen. Meinen Vater, einen Abgeordneten der BVP[1], traf ein Schuß, den Auer fünf Schüsse. Der Auer hat überlebt, aber mein Vater ist an dem Herzschuß gestorben. Er war 56. Er hatte auch gemalt als junger Mann. Er war sehr bayerisch und wir sind alle sehr katholisch erzogen worden. Heute geh' ich nicht mehr in die Kirche, aber gläubig bin ich schon. Ich denke an den lieben Gott nicht nur, wenn's mir schlecht geht.
Ich hatte vier Geschwister und war das Nesthockerl.
Als der Vater ermordet wurde, war ich zwölf. Ich stand gerade im Pausenhof des Pasinger Gymnasiums, als mich der Direktor rufen ließ: Ich könne nach Hause, mein Vater sei verwundet. Da lag er aber schon auf der Gerichtsmedizinischen.
Meine Mutter bekam fünfzig Mark ›Aufruhr-Pension‹.
Für mich waren damals alle, die nicht BVP waren, Feinde. Vor allem die von der Räterepublik. Ich ging dann später auch zum ›Stahlhelm‹. Aber als ich anfing, politisch zu denken und das war schon vor 1933, hielt ich mich aus allem heraus.
Mit 24 kam ich an die Akademie, anno 1931. Ich habe ein Atelier gehabt, das vom Professor Killer unter der Aula, das heute eine Werkstätte ist. Der

[1] Bayerische Volkspartei

Professor Killer hat den Schönen Brunnen gemacht am Isartor und in seiner Klasse konnten sich keine Nazis halten.
Bis 1934 trugen die Weihnachtswettbewerbe Titel wie: Alternde oder Mutter mit Kind. Von da an gab es nur noch Themen, die mit Kampf zu tun hatten. Aus Gaudi machte ich zwei kämpfende Hähne aus Holz und bekam einen Preis.
Die Zieglerleute haben Schlachtenbilder gemalt. Da war aber der Bestelmeyer noch Präsident.
Ich bin um sieben aufgestanden, mit dem Zug von Pasing zum Starnberger Bahnhof gefahren, nachdem ich daheim eine Tasse Märzenkaffee getrunken hatte. Das war Kornkaffee mit viel Milch. Vormittags war ich in der Naturklasse, mittags bin ich in die Mensa in der Theresienstraße und habe für zehn Pfennige gegessen. Nachmittags gab's Komponieren in der freien Klasse und abends den Abendakt beim alten Mayrshofer. Danach bin ich im Laufschritt wieder zum Bahnhof und heimgefahren.
Das war die glücklichste Zeit meines Lebens. Ich trug genagelte Schuhe, die sich nicht so leicht abtreten ließen. Aus den Fenstern meines Ateliers sah ich den Park und den Weiher, wo manche Professoren gern mit ihren Schülern waren. Ich sah die Modelle im Wasser stehen und die Schüler sie malen. Wenn ich meine Brotzeit machen wollte, saß aber manchmal schon ein anderer auf meiner Bank: der Gulbransson. Von dem hat mir ein Student erzählt, daß er einmal bei ihm am Tegernsee eingeladen war und daß der Gastgeber nichts anhatte als einen grünen Schurz, wo hinten der Po nackt war. Und wo er sich scheints wohlgefühlt hat damit. Beim Gulbransson waren immer viele Studentinnen. Wir anderen waren damals zu schüchtern. Mädchen hätten Umstände bedeutet und ich wollte meine Freiheit. Meine ganze Freude war meine Arbeit. Und schön langsam kamen auch die ersten Aufträge.
Als die Nazis kamen, hat sich eigentlich für mich nichts geändert. Ich habe in Holz gearbeitet, aber auch in Stein. Meine erste Steinarbeit war das Pasinger Kriegerdenkmal, viereinhalb Meter hoch. Wo der Bürgermeister immer gewollt hat, daß ich den Hitler hineinnehmen soll, ich habe aber das Pasinger und das bayerische Wappen hineingehaut.
Einmal bekam der Professor Goldschmidt den Auftrag, hundert weibliche und männliche Masken zu schnitzen für eine Tanzveranstaltung der Mary Wigwam. Er konnte aber nicht schnitzen, so bekamen wir den Auftrag. Es waren drei schöne Monate.
Die Mary Wigwam kam gern zu mir ins Atelier. Sie war 56 und hatte den Körper einer 15jährigen und das Gesicht einer 60jährigen. ›Mensch, laß mich bei dir ausruhen!‹ hat sie dann gesagt, ›da geht's wenigstens noch vernünftig zu!‹
Bei dem Masken-Auftrag konnte ich 3000 Mark sparen. Ab da ging mir's finanziell besser.
Wenn ich zu der Zeit aus den Fenstern des Ateliers schaute, sah ich Studenten im Park exerzieren. Von uns 200 Studenten waren immer 60, 70 am Exerzieren. Ich machte dann Fenster und Türen zu, damit ich nichts hörte.

Für die Umzüge der Nazis zum ›Tag der Deutschen Kunst‹ hab' ich auch einmal Wägen gemacht: die ›Wissenschaft‹ und die ›Renaissance‹ hab' ich gestaltet.
Sonst war ich Sportler: Skifahrer, Bergsteiger, Hockeyspieler, Angler. Ich habe einmal einen Huchen gefangen mit über 50 Pfund, der heute in der Jagd- und Fischereiausstellung zu sehen ist. Jagen allerdings war mir in der Seele zuwider.
Wir waren vier, fünf Spezln, die gegen Hitler waren. Aber mehr privat. Eher so eine Biertisch-Opposition. Ich habe immer gedacht: Das geht nicht lang! Und hab' mir lieber ein Motorrad gekauft, eine 350er BMW.
Im August 1939 kam ich in den Krieg: ich wurde Kradmelder mit meiner Maschine. Dann Funker. Ich war sechs Jahre im Krieg: am Westwall, in den Benelux-Staaten, in Polen, Rußland, Südfrankreich. Da erwischte mich die Gelbsucht. ›Iß Obst und trink Rotwein‹, sagte mein Bruder, der Arzt. Das tat ich auch und wurde gesund. Das war eigentlich die einzige Zeit in meinem Leben, wo ich wirklich gesoffen habe. Um zu vergessen.
Ich war bis zum Kriegsende Feldwebel, den Offizier habe ich immer abgelehnt. 1945 bin ich in Aibling in ein Gefangenenlager gekommen, im Juni war ich wieder daheim. Das Haus war kaputt, weil sich daneben ein Umspannwerk befunden hatte, das bombardiert worden ist.
Nach dem Krieg ist plötzlich ein Gönner aufgetaucht, der Graf von Schlitz, genannt von Görtz. Der kam zum Professor Killer und wollte noch bis Weihnachten eine Krippe, der hatte aber keine Zeit. Ich begann, Lindenholz in der Umgebung aufzukaufen und haute die Figuren heraus. Ich wurde fertig und der Graf zahlte mir sogar 500 Mark mehr.
Er war ein guter Mann. Er besaß vier Gutshöfe und fünf Schlösser in Schlitz in Hessen bei Fulda.
Ich machte eine Menge Figuren für ihn. Fast alle sind aus dem Holz eines alten Dachstuhls von einem seiner Schlösser. ›Wenn ich nicht so viel um die Ohren hätte‹, hat er gesagt, ›hätten Sie jedes Jahr für 50 000 Mark Aufträge!‹
Den Grafen hätte man für einen Engländer halten können: graugescheiteltes Haar, ein ausgezeichnetes Gesicht und gute Bewegungen. Ein großartiger Mann, den ich sehr geliebt habe.
Er hatte einen Tierpark rings ums Haus, riesengroß, man brauchte eine halbe Stunde mit dem Motorrad, um hindurchzufahren. Da hatte er Flamingos, Störche und Hirsche.
Ich habe ein Tierdenkmal gemacht für ihn mit der Familie. ›Eines fehlt‹, sagte er, ›eine Eule!‹ – ›Ist doch ein Nachttier!‹ sagte ich. Der Graf hat zum Schluß seine Schlösser verschenkt, eines wurde ein Altersheim, eines ein Gymnasium, eines hat die Max-Planck-Gesellschaft bekommen. Flüchtlingen aus Schlesien und Sudetendeutschland hat er 1 500 Morgen Land geschenkt.
Er hatte eine Tochter, die hieß Esmeralda und war Einfliegerin bei der Bundeswehr.
Alles, was mit ihm zu tun hatte, war irgendwie unglaublich und märchenhaft.

Als ich 1948 zurückkam, hab' ich beim Sport Scheck die Skischule aufgebaut. Ich habe unterrichtet, wir waren bis zu tausend Lehrer, an die 300 000 Münchner haben bei mir skifahren gelernt. Wir sind mit dem Holzgaser nach Berchtesgaden gefahren und jeder mußte ein Scheit Holz mitbringen, es war köstlich.
Ich bin jetzt Ehrenpräsident vom deutschen Skilehrerverband.
Nach der Arbeit beim Sport Scheck habe ich nur noch modelliert, ich habe 15,16 Stunden am Tag gearbeitet. Ich bin Brunnenbauer geworden: im ganzen habe ich 18 Brunnen gebaut, zehn allein für München: den Roider Jackl und die Liesl Karlstadt am Viktualienmarkt, den Brunnen vor dem Rathaus und den Christopherusbrunnen.
Für die Liesl Karlstadt habe ich 5 000 Mark von der Stadt bekommen, für die anderen so um 15 000.
1961 bin ich einmal eingeladen worden beim Beck am Rathauseck. Da waren 40 bis 50 Leute. Was die gegessen und getrunken haben in ein paar Stunden, das war ein Vielfaches von dem, was ich für meinen Brunnen gekriegt habe!
Ich habe vorgesorgt: mein Grabstein ist ein 2,10 Meter hohes Kreuz mit Vögeln darauf, die nach oben fliegen. Sonst ist er ganz beschriftet. Daß man eben auch lesen muß. Der Großvater liegt drin, die Eltern, meine erste Frau, die an Krebs gestorben ist, drei meiner Geschwister und zwei Schwägerinnen seit 1919. Jetzt kommen noch vier Namen dazu, dann ist es gar.
Meine zweite Frau und ich wohnen hier in der Oselstraße. Nein, das ist kein Zufall. 1938, als Pasing nach München eingemeindet wurde, hieß die Straße Richard-Wagner-Straße. Aber weil es so eine Straße schon in München gab, wurde sie zu Ehren meines Vaters in Oselstraße umgenannt. Das hat der Pasinger Stadtrat entschieden. Aber davon weiß keiner etwas.
Mein letzter Brunnen – ich hatte eine Herzgeschichte nach einem Autounfall und seither schlägt das Herz unregelmäßig – war der Ziegelbrennerbrunnen. Er steht in der Oselschule in der Oselstraße 15–17, einer Volksschule. Der Stadtrat hat Schilder anbringen lassen: gestaltet von Hans Osel.
So sind wir verewigt worden, der Vater und ich.«
Einige Monate später stirbt Hans Osel.

Maria Friedrich
geb. 1922 · Jugendbuchverlegerin · Professorin an der Akademie

Bild und Buch

»Mein Mann Hugo Friedrich und ich sind derselbe Jahrgang. Sein Gymnasium führte jedes Jahr ein griechisches Trauerspiel auf. Für die ›Perser‹, ein Lehrstück gegen den Krieg, fehlte ihnen ein Mädchen. Da lieh mich unsere Mädchenschule aus. Ich war 17 und spielte die Atossa, die Frau des Dareios, des Perserkönigs. Ihn spielte mein Mann. So haben wir uns kennengelernt, auf der Bühne. Es wurde eine große Freundschaft, wir haben viele Briefe gewechselt. Meine hat er im Feld verloren, seine habe ich noch. Dann hörte ich lange Zeit nichts von ihm, bis er schwer verwundet zurückgekommen ist. Ich habe ihn in seinem Heimatdorf bei Darmstadt besucht und ein paar Monate später haben wir geheiratet. Das war der Beginn eines Riesenabenteuers.
Mein Mann und ich sind sehr verschieden. Wenn wir in einem Heiratsinstitut unsere Daten, Vorlieben und Abneigungen eingeben müßten, Essen, Trinken, Freizeit, dann würden wir nie zusammenkommen.
Es ist eine übergeordnete Gefühls- und Geisteshaltung, die uns zusammenführt und das Tägliche bewältigen läßt. Eine geistige und seelische Bindung, die alles möglich macht. Oft hilft nur Abenteuerlust und Phantasie. Aber daß ich mich durchgelitten hätte, die letzten dreißig Jahre, kann ich auch nicht sagen. Eher nicht.
Ich bin keine Heldin, ich hab' viel zu viel Angst. Aber ich habe eben auch nie etwas unterlassen aus Angst. Ich trag' dann die Angst einfach mit. Insofern bin ich vielleicht doch eine Heldin. (lacht)
Meine Kinder und ich wohnten in Neu-Isenburg bei Frankfurt. Mein Mann arbeitete beim Hessischen Rundfunk, im Fischer-Verlag, als Programmdirektor bei Radio Bremen. Dann kam die Münchensache: er solle Geschäftsführer und Mitgesellschafter des neuen dtv-Verlages werden. Des deutschen Taschenbuchverlages. Das lockte ihn. Obwohl noch nichts da war, keine Räume, kein Bleistift. Die ersten drei Jahre wohnten wir getrennt, bis wir eine Wohnung in Nymphenburg fanden, in der wir dann 30 Jahre lebten. Dreißig harte dtv-Jahre. Es lief mit einem Rieseneinsatz, indem wir alles Persönliche hintanstellten.
Für mich war es der zweite Aufenthalt in München. Ich hatte Anfang der 40er Jahre drei Trimester in München studiert: Theaterwissenschaft, Germanistik, Geschichte. Ich war Kutscherschülerin und als Kutscherschüler war man ja privilegiert: wir gingen wahnsinnig viel ins Theater, zu Generalproben, zu Aufführungen. Der Arthur Kutscher durfte viel gegen die Nazis sagen und tat es auch. Sonst haben wir von der Politik um uns herum so gut wie nichts wahrgenommen. Wir haben nichts mitbekommen von den Geschwistern Scholl. Nur durch die Hanne Märtens, eine temperamentvolle,

große Frau, bei der wir auf der Schauspielschule waren und die mit dem Falckenberg immer im Clinch lag, haben wir eine Ahnung bekommen. Sie riet uns manchmal, bei Aufführungen Buh! zu rufen. Das tat man nicht bei den Nazis. Wir haben es einmal getan, ich nur mit halbem Herzen. Hanne Märtens ist am Schluß noch festgenommen worden als Anti-Nationalsozialistin und umgebracht.
Als ich zum zweiten Mal nach München kam, habe ich es nicht mehr wiedererkannt. Nicht mehr wiedergefunden. Alles hatte sich verändert.
Im ersten Planjahr war ich ganz die Gesprächspartnerin meines Mannes, dann mit dem Mehr-Werden der Mitarbeiter habe ich mich zurückgenommen und versucht, wieder bei meiner journalistischen Arbeit anzuknüpfen. Ich hatte, so um die Zeit der Kinder herum, für Zeitungen und Rundfunk gearbeitet. Aber ich war lange raus und als ich wieder reinwollte, war keiner mehr da, der mich kannte. Ich habe zwar ein paar Bücher herausgegeben, aber es hat mich nicht besonders ausgefüllt.
Dann kam die Geschichte mit dtv-Junior: zehn Verleger hatten sich an dtv gewandt, ob er nicht eine Jugendbuchreihe mithereinnehmen könne. Das wurde zunächst negativ beschieden.
Aber bei der folgenden Buchmesse 1970, auf einer außerordentlichen Sitzung mit Jugendbuchverlegern wurde die Entscheidung revidiert. Es gab eine Bedingung: im April sollten die ersten Bücher erscheinen. Es war Mitte Oktober.
Ich hatte mich, veranlaßt schon durch meine Töchter, mit Kinder- und Jugendliteratur beschäftigt. Und weil ich alles gründlich mache, habe ich mich da durch die Jahrhunderte gefressen. Das klassische Jugendbuch gibt es erst so 150 bis 200 Jahre. Geschrieben immer so recht aus dem Zeitgeist heraus. Rousseau hat ja gesagt, Kinder sollten überhaupt nicht lesen, das würde sie verderben. Außer dem Robinson Crusoe. (lacht)
›Könntest du nicht mal einspringen?‹ fragte mich mein Mann. Zunächst ging's ja nur um die Programmauswahl. Ich habe also an die hundert Bücher gelesen. Und die Fragen stellten sich: Wie soll die Jugendbuchreihe aussehen? Wie soll sie heißen? Wer stellt sie den Vertretern vor und den Gesellschaftern?
Plötzlich war ich mitten drin im ›dtv-Junior‹, es lief gut, ich hatte alles in der Hand. Warum sollten wir jetzt jemand anderen holen? fragten alle. Im Hause selber war ich Abteilungsleiterin, nach außen Verlegerin. Was mir eine Menge Möglichkeiten bot, mich zu entfalten. Kinder- und Jugendliteratur ist ein ganz anderes Gebiet als Erwachsenenliteratur. Junge Menschen ab 12 kann man ja leichter packen als Kinder.
Die Pocketreihe war aus der 68er Bewegung entstanden, das gab's vorher nicht, diese sozialkritischen Bücher. Aber das Sozialkritische bis ins Bilderbuch hineinzutragen, die Notwendigkeit sehe ich nicht. Ich finde: die Kleinen sollen erst stabilisiert werden, bevor sie konfrontiert werden.
Ich habe eine Reihe ›Lesebär‹ ins Leben gerufen, Texte fürs erste Lebensalter. Ein Kind will ja ein sinnliches Erlebnis haben, wenn es ein Buch aufschlägt:

es will fühlen, schmecken, beißen. Ein Taschenbuch ergibt kein sinnliches Verhältnis. Es ist eigentlich eine abstrakte Buchform, die schon Leseerfahrung verlangt.
Wir haben in der dtv-Juniorreihe viele Taschenbuchtabus durchbrochen, von denen man glaubte, sie wären für immer und machten das Taschenbuch billig.
Ich bin weg vom stereotypen Aussehen der Reihen, wir haben die Größe, die Schrift verändert. Für Kinder müssen je nach Alter verschiedene Schriftgrößen her.
Es ging eben auch alles ganz anders, aber nur mit vermehrtem Einsatz. Wir haben zunehmend auch andere Graphiker als den Piatti beschäftigt, den Celestino Piatti. Er stand für den Seriencharakter und in diesem Rahmen konnten sich dann die anderen entwickeln. Er hat sicher entscheidend zum Riesenerfolg der Pocketreihe beigetragen.
Der dtv-Junior zog dann in die Friedrichstraße im Haus gegenüber ein. Auf Nummer 2. Und wenn ich manchmal ein Taxi bestellte in die Friedrichstraße und die Fahrer fragten nach dem Namen und ich sagte ›Friedrich‹, sagten sie: Nein, nein, Ihren Namen! und ich sagte: Friedrich! und die fragten: Und wohin den Wagen? – In die Friedrichstraße! sagte ich. Uih! meinten die dann und kamen ziemlich schnell, weil sie vielleicht dachten … (lacht)
Mein Mann war mit Böll sehr befreundet, kannte Siegfried Lenz gut, Wolf-Dietrich Schnurre und Hans Werner Richter. Mit ihnen allen, auch mit Janosch, ist er gern in den heutigen ›Georgenhof‹ gegangen, als er noch ganz schwarz und ziemlich elitär war.
Am Anfang von dtv hat mein Mann eine Goethe-Ausgabe gemacht, was ganz neu war. Daß man so etwas in Taschenbuch machte. Ich kann mich noch gut erinnern, es war die Zeit unseres ersten Oktoberfestes hier, als er mich hereinrief und mir so eine Goethe-Ausgabe in die Hand gab. Ich hab' sie aufgemacht, da fiel mir das letzte Fünftel aus der Bindung. Eine ganze Auflage, 40 000 Stück, eine Fehlbindung. Es war furchtbar!
Die ersten zehn Jahre hatten wir im Verlag immer ein Faschingsfest mit Kostümierung, Herrenballett, Vorführungen und Tanz. Es war ein Riesengedränge. Auch die Jahresfeiern: 10 Jahre, 15, 20, 25 Jahre waren große Feste, zu denen ganz Schwabing gekommen ist.
Zur Nikolauszeit gab's ein Kasperltheater, auch fast 30 Jahre lang. Ich habe immer die Regie gemacht und die Stücke geschrieben. Am Anfang habe ich auch mitgespielt. Das war für die Frauen der dtv-Mitarbeiter und ihre Kinder. Ideal waren die drei ineinandergehenden Konferenzräume in der Georgenstraße, die auf den Akademiepark hinausgingen: in einem wurde Kasperl gespielt, in den anderen war aufgedeckt für Mütter und Kinder. Der Ole hat den Kasper gespielt und der Lutz Wolff den Räuber.
Bis Dezember 1990 war ich bei dtv-Junior, bis ich den Ruf an die Akademie bekam. Ich bin da jeden Tag morgens hin und abends wieder zurück, in die Friedrichstraße, aus der Friedrichstraße. Wenn ich eine Sache mache, bin ich regelrecht von ihr besessen.

Ich war eine Weile Vorsitzende der Arbeitsgemeinschaft von Jugendbuchverlegern und da ging es vor allem um die Frage nach dem Nachwuchs. Wie bekommen wir ihn und wie ziehen wir ihn zu wirklichen Führungskräften heran?
Ich hatte ja schon immer Volontäre in den Verlag genommen, so viel nur ging. Ich hatte nämlich gesehen, daß bei uns viele Graphiker verschlissen wurden.
Auf einem Fest der Akademie der Schönen Künste lernte ich den Professor Seitz kennen, damals Präsident der hiesigen Akademie. Ich schlug ihm ein Seminar vor, das die Arbeitsgemeinschaft von Jugendbuchverlegern ausrichten wollte.
›Aber da reicht doch ein Wochenende nicht!‹ meinte er. Das hätte doch nur Sinn, wenn daraus ein Lehrauftrag würde.
Zwei Wochen später rief er an: er hätte eine Lehrstelle leer und zu vergeben. ›Hätten Sie nicht Lust?‹ Ich dürfte aber nur einen Tag überlegen. Da habe ich zugesagt. Das war 86/87. Der Lehrstuhl heißt: ›Bild und Buch‹, vor ein paar Wochen wurde sogar ein richtige Professur daraus. Auf meine alten Tage!
Es sind vier Stunden in der Woche, aber es nimmt viel mehr Zeit in Anspruch. Ich habe wenige Studenten, ich will auch nie mehr als 15. Inzwischen bringe ich eine Menge Wettbewerbe hier herein, die von den Verlegern veranstaltet werden, daß sie vor richtigen Profiaufgaben stehen. Die Begabten habe ich alle mit der Zeit in den Beruf gebracht. Ich bin eine Praktikerin, ich will auch einen Erfolg sehen. Mir macht es keinen Spaß, wenn ich hinausgehe und habe sie nur berieselt. Es hat für mich nur Sinn, wenn ein paar Leute auch zu Potte kommen. Es ist natürlich eine Riesenverantwortung, Leute zu veranlassen in diesen Beruf zu gehen – reich wird man nicht davon.
Meine beiden Töchter, als könnte es nicht anders sein, haben auch mit Büchern zu tun. Die Ältere hat die Jugendbuchabteilung bei Lehmkuhl aufgebaut, die Jüngere hat ihren Weg zum sozialkritischen Buch über ihr sozialkritisches Engagement gefunden. Die Ältere hat ihren Mann, der bei uns, bei dtv als Lektor arbeitete, den Ole, der den Kasper spielte, den hat sie geheiratet und ihre Schwester Oles Freund. Dieser zweite Schwiegersohn arbeitet beim Rundfunk, macht viel in Kultur, darunter viele Buchbesprechungen. Sie bereitet da vieles für ihn vor.
Beide Töcher haben eine starke Zuwendung zum Theater, sie haben dort schließlich ihre Männer kennengelernt. – Wie ich ja auch.
Inzwischen spielen die Enkel bereits Schultheater, spielen und singen.
Ich habe immer versucht, Abenteuer in Realität umzumünzen. Das sieht dann nach außen ziemlich seriös aus, aber die Anfänge waren immer Abenteuer. Sowohl im Verlag als auch an der Akademie.«

Fritjoff Hirsch
im Atelier des Vaters
geb. 1921 · Musiker, Chemiker, Richter, Sohn des Malers Peter Hirsch

Der Maler der vier Päpste

»Gleich nach der Machtübernahme hat der ›Völkische Beobachter‹ geschrieben: ›Jetzt ist es aus mit dem Zigarrenkistlmaler Peter Hirsch! Soll er doch nach Rom gehen, dieser Ultramontane und dort weiter Päpste malen! Bei uns herrscht jetzt die neue Zeit!‹

Immer haben die Eltern in der Blütenstraße gewohnt, auf 12, 14, 17 und 21. Weil das die Straße der Atelierwohnungen war, weil jedes Dach nach Norden ein Atelier hatte.

Mein Vater hat den ganzen Tag gemalt, er hat unheimlich rasch gemalt. Er hat früh um sechs angefangen und erst aufgehört, wenn die Mutter gesagt hat: ›Geh, Peter, du siehst ja nichts mehr!‹ Dann hat er mit mir gespielt.

Entweder Tischbillard, oder Traller oder selber erfundene Spiele. Zum Beispiel das Handwerkerspiel: da waren wir Handwerksburschen und zogen durch die Lande. Wir saßen nebeneinander und haben dabei sehr viel erlebt. Es war ein ganz komisches Spiel, aber dem Vater gefiel es. Wir mußten es immer wieder spielen. Obwohl er nie selber auf der Walz gewesen war. Oder vielleicht gerade deswegen.

Hirsch ist ein Name, der aus dem Bayerischen Wald stammt. Seit Jahrhunderten gibt es dort Glasbläserfamilien, die so heißen und ziemlich katholisch sind. Das Haus meiner Urgroßeltern lag an der Grenze zu Böhmen, es lag direkt darauf, also die Grenze ging quer durchs Haus. Das Schlafzimmer war Böhmen, und weil man annahm, daß Kinder im Schlafzimmer gezeugt wurden, mußte er, der Großvater, für Österreich einrücken und in Bosnien-Her-

zegowina einmarschieren. Später zog er nach München, wo er sich aber erst naturalisieren lassen mußte. Er fand eine Arbeit bei Krauss-Maffei und hat dort als Maschinenmeister an den Lokomotiven mitgebaut. Die Großmutter war Zugehfrau, um die vier Kinder ernähren zu können. Sie wohnten am Bavariaring, aber weil die Pferdebahn in der Nymphenburgerstraße zu teuer war, ist er jeden Tag zu Fuß in den Englischen Garten und zurück.
Mein Vater hat sich wegen des Berufs ›Maschinenmeister‹ immer ein bißchen geniert. Er hat dann auch beim Eintrag von ›Who is who‹ bei ›Beruf des Vaters‹ geschrieben ›Ingenieur‹. Es stimmt, er war ziemlich klein, vielleicht hat er auch darum Komplexe gehabt.
Seit der zweiten Volksschulklasse hat er gewußt, daß er eine künstlerische Begabung hatte. ›Bübchen, aus dir wird mal was!‹ hat sein Lehrer Kerschensteiner gesagt als er eine Zeichnung von ihm angeschaut hat, ›ein großer Künstler!‹ ›Wenn's so ist‹, sagte der Großvater, ›kannst privat Unterricht nehmen.‹ Er ist dann zum Maler Hölzl gekommen, dem mit dem einen Auge. Das andere hatte er verloren, als er beim Malen in der Kirche vom Gerüst gefallen ist. Der Hölzl hat ihm so die Grundbegriffe beigebracht. Er hat billig gemalt, also mit billigen Materialien: Petroleum und Ruß.
1889 ist der Vater geboren und vor 1914, als junger Mann, hat er sich entschlossen, den König zu besuchen. Er ging zu Ludwig III ins Wittelsbacher Palais und hat ihm eine Radierung gebracht. Die muß ihm gut gefallen haben, weil er ihm ein Goldstück dafür in die Hand hat geben lassen. Dann hat er sich beschwert, daß ihn die Eltern nicht Maler werden ließen. Er solle etwas Gescheites lernen. ›Recht haben sie‹, sagte der König, ›was willst denn als Maler, wenn's einen Krieg gibt? Werd' halt Graphiker oder so was!‹ Das hat der Vater dann gemacht. Er hat Lithograph gelernt in der Kunstanstalt in der Müllerstraße, die die Luitpold-Briefmarke vom Kaulbach gedruckt hat. Sie haben auch Landkarten hergestellt. Da hat er den Gesellen gemacht und den Meister. Dann ist er als Reklamezeichner zum Kustermann. Weil damals hat man ja Öfen nicht fotografiert, sondern gezeichnet.
Eines Tages geht er so in der Sporerstraße spazieren und was entdeckt er im Schaufenster eines Tandlers? Ein Jugendbild von ihm ›Röhrende Hirsche‹. ›Das ist von mir‹, sagt er. ›Kann schon sein‹, sagt der andere, ›wie wär's, wenn sie mal meine Schwester ausführten?‹
So ging das, so haben meine Eltern es mir erzählt. 1919 haben sie geheiratet, zwei Jahre später bin ich gekommen.
Der Vater dachte nur in Bildern. Er konnte keine Preise machen und er wollte die Bilder auch eigentlich gar nicht weggeben. Wenn's ihm besonders schwer fiel, malte er noch schnell eine Replik. Ohne meine Mutter wäre er aufgeschmissen gewesen. Sie machte die Preise, organisierte die Ausstellungen, verhandelte mit dem Finanzamt. Sie war auch bei den Porträtsitzungen von Anfang bis Ende dabei, weil der Vater wollte, daß die Modelle lebhaft blieben. Da hat sie sich mit ihnen unterhalten, mit Franzosen, Geistlichen, Industriellen und Militärs und ist dadurch sehr gebildet geworden. So daß sie zum Schluß gemeint hat, sie wisse alles.

Sie war jedenfalls eine gute Unterhalterin und eine gute Geschäftsfrau. Durch meinen Vater ist sie selber zum Malen gekommen. Sie hat naturalistisch gemalt: Blumen und Madonnen. Sie war sehr religiös, wirklich bis zum Aberglauben.

Sie hat zum Beispiel ein Gelübde abgelegt: wenn ich keinen Menschen erschießen müsse im Krieg, dann würde sie zeitlebens kein Buch mehr anrühren. Ich habe keinen erschießen müssen und so hat sie kein Buch mehr angerührt. Dabei war sie eine Büchernärrin. Später hat sie das Gelübde erleichtert gekriegt: sie durfte religiöse Bücher lesen.

›Künstlerfrau‹, hat sie immer gesagt, ›ist einer der schwersten Berufe. Wenn's ihm gut geht, hat er überhaupt keine Zeit für mich und wenn's ihm schlecht geht, mußt du ihn noch aufrichten.‹

Aber sie hat die Kraft gehabt, war selbständig und kühn.

Gut ist's ihnen in den 20er Jahren gegangen und Anfang der 30er, bis die Nazis kamen. Sie haben ihn dann in die ›Entarteten‹ eingereiht. Weniger wegen seiner Malweise, die eher an Slevogt erinnerte, als wegen seines Namens. ›Hirsch‹ klang denen jüdisch. Erst nach 1945 hat er sich wieder frei entfalten können. Normalerweise hat die Mutter pro Porträt 3 bis 4 000 Mark genommen. Sie wollte nicht viel weiter hinaufgehen, weil sie nicht eines Tages heruntergehen wollte. Gut, die Kreuzigung war schon so 20 000 Mark wert und das Konkordatsbild mit elf Porträtierten hatte auch einen guten Preis.

Aber es gab auch Jahre ohne Porträts: wo die Mutter angefangen hat Teller zu bemalen oder zusammen mit mit der Haushälterin Jopperl zu stricken und der Vater Fotos zu kolorieren.

Er hatte an der Akademie studieren dürfen, wenn auch mit Sondergenehmigung. ›Der ist doch schon viel zu alt!‹ hatte es geheißen. Er war dreißig und mußte Arbeiten vorlegen. ›Was wollen Sie denn bei uns?‹ hat der Professor gesagt, der Karl von Marr, ›Sie können doch viel mehr als wir!‹

Er hat nebenher plastische Anatomie studiert und spanische Kunstgeschichte. Er war schon sehr ehrgeizig, der Vater. Dann kam dieser seltsame Auftrag. Wie's dazu gekommen ist, weiß ich gar nicht. Da war das letzte bayerische Königspaar 1921 gestorben, der Ludwig III und die Maria Theresia. Sie waren getrennt gestorben, einer in Ungarn, einer hier in der Gegend, aber sie lagen beide aufgebahrt in der Ludwigskirche, bewacht von Reichswehrsoldaten und Klosterschwestern. ›Wenn du die ganze Nacht drinbleibst‹, hat man ihm gesagt, ›kannst du sie malen!‹

Das hat er getan und war ganz begeistert von seinem Bild. Er hat dann auch noch den Leichenzug gemalt von der Blindenanstalt[1] aus gesehen, Ecke Ludwig-Schellingstraße.

Ohne ihm etwas zu sagen, hat die Mutter die beiden Bilder einem Kunsthändler in die Maximilianstraße gebracht und der hat sie ausgestellt. Dann ging es ganz schnell. Bald hing die Aufbahrung im König-Ludwig-Saal im

1 heute: Institute für Romanistik, Theaterwissenschaft und Volkskunde

Armeemuseum. Dann haben die Amerikaner sie wohl mitgenommen. Sie wurde mir nach dem Krieg vom ›Collecting Point‹ wieder zurückgegeben. Ich habe das Bild dem Armeemuseum in Ingolstadt gestiftet. Da hängt es jetzt.

Mein Vater hatte zwei Ateliers: das eine für Unterricht und Ausstellung, das zweite für die Porträtsitzungen. Durchschnittlich hat er ein bis zwei Porträtsitzungen am Tag gehabt. Es gab aber auch Tage, wo Maria, die Haushälterin, 14 Mal frischen Tee aufbrühen mußte.

Der Vater hatte bis zu dreißig Schüler. In den 20er Jahren ist er auf die Idee gekommen, im Bayerischen Volksbildungsverband Zeichnen und Malen einzuführen. Dafür hat er dann den Bayerischen Verdienstorden und das Bundesverdienstkreuz bekommen.

Ich bin in der Blütenstraße auf Nr. 17 großgeworden, im Gartenhaus im ersten Stock. Hinten war das Rahmengeschäft Oberndorfer, ganz berühmt und teuer. Er hat viel mit afrikanischen und asiatischen Hölzern gearbeitet. Und immer wenn eine neue Ladung Holz kam, war das für uns Kinder ungeheuer spannend, weil manchmal fremdartige Tiere drin waren: Skorpione und Schlangen. ›Geht bloß weg!‹ schrie er dann, ›die sind giftig!‹

Wir von der Amalienschule waren ziemlich neidisch auf die von der Türkenschule, weil bei denen die Madeln ›besser grochn ham‹. Wir Buben badeten nicht gern. Weder in der Zinkbadewanne daheim noch im Türkenbad, wo die Familie einmal die Woche geschlossen hinging, bewaffnet mit Seife und Handtüchern. Die Räume im Türkenbad waren gekachelt und es gab Fichtennadelessenz und Fichtennadelsalz.

Ich gehörte zu einer Bande, das war fast automatisch. Unsere Feinde waren nicht die Türkenstraßler, sondern die von der Nordendstraße. Da hieß es dann einfach: Heute geht's gegen die Nordendstraßler! Dann gab's plötzlich Latten, woher weiß ich nicht, und man ist mit Gebrüll auf die anderen losgestürmt. Ich war sehr lange ein geprügeltes Kind, bis ich meine Jähzornsanfälle gekriegt und mir damit Respekt verschafft habe. Wir haben aber auch viel Indianer gespielt, Komantschen gegen Apatschen. Ich habe den ganzen Karl May gekannt. Wir haben ihn nachgespielt, nachgelebt.

Ich war der Friedenshäuptling der Apatschen, der Guten. Aber es war selten Friede bei uns.

In der Klasse saß neben mir ein Halbrusse, sein Vater war ein weißrussischer General und der Berater Hitlers im Rußlandfeldzug, Wassili von Biskuwsky. Wir beiden waren keine großen Lichter in der Schule, er schrieb bei mir Naturwissenschaftliches, ich bei ihm Geisteswissenschaftliches ab. Von ihm hab' ich kyrillisch gelernt, das war unsere Spickmethode. Wenn wir erwischt wurden, hieß es: ›Ist Brief an Mütterchen!‹

In unserer Klasse gab es einen jüdischen Jungen, der Hirsch hieß. ›Aufstehen!‹ sagte eines Tages einer von der SS, der uns Rassenkunde beibringen sollte. ›Seht euch die beiden an! Der eine blond, aufrecht und tapfer, der kleine verlogen und feige, wie es die Angehörigen der jüdischen Rasse nun einmal sind.‹ Der Kleine war ich. Die Klasse hat vor sich hingegrinst und

ihn ausreden lassen. Dann ist einer, es war sogar ein HJ-Führer, aufgestanden und hat gesagt, daß es sich da um eine Verwechslung handeln müsse: der Verdruckste sei der Arier! Ich!
Meinen Eltern wurden im Dritten Reich ihre Verbindungen zu klerikalen Kreisen ziemlich übelgenommen. Gegenüber wohnte ein Ortsgruppenleiter, der sie zu überwachen hatte. Da kamen nämlich aus der Kirche ausgetretene Priester, die von den Nazis sehr honoriert und hoffiert wurden, mit hohen kirchlichen Würdenträgern zusammen. Weil beide Seiten den Kontakt nicht völlig aufgeben wollten, obwohl die Nazis das untersagt hatten. Das war nicht ungefährlich und sie trafen sich bei uns im Atelier.
Einmal fanden wir die Klingel mit Kot verschmiert, ein anderes Mal rief einer aus dem Braunen Haus an, ob der Pater Schmitz schon da wäre. Nein, sagte mein Vater, dabei saß er bereits da. Pater Schmitz war Steyler Missionar. ›Er predigt doch am Sonntag in der Michaelskirche!‹ sagte die Stimme aus dem Braunen Haus, ›er soll aufpasssen, wir werden da sein!‹ Der Pater Schmitz hat dann gepredigt und gleich zu Anfang gesagt: ›Wenn einer von der Gestapo da ist, soll er nachher in die Sakristei kommen, da bekommt er die Predigt schriftlich. Dann braucht er nicht mitzuschreiben.‹
Das Restaurant ›Die Blüte‹ war bekannt wegen zwei Dingen: dem Modellball, wo die Modelle der Akademie maskiert die Künstler einluden. Es soll sehr echt und urig gewesen sein. Das war da, wo heute die Nr. 18 ist in der Blütenstraße. Dann hatte das Restaurant einen großen Saal, in dem abends Filme vorgeführt wurden. Da konnte man während des Essens Kino schauen, unglaublich für die Zeit. Bei schönem Wetter wurden auf der Leinwand in dem großen, kastanienbestandenen Garten Filme vorgeführt, während die Hunde bellten und die Leute: ›Prosit, Prosit!‹ riefen. Da ging es ungeheuer lebhaft zu.
Dann kam der erste Tonfilm. Das war schlecht für uns, weil wir alles hörten, Ton für Ton. Statt zu schlafen, haben wir eben Tonfilme auswendig gelernt. Wie die Geschichte vom Weiß Ferdl und dem Hund, die kannte ich komplett auswendig, weil da alle Hunde der Umgebung angefangen haben mitzuheulen.
Damals hat man ja noch das Bier im Krug geholt. Ich stellte mich an der Schänke an, habe aber immer alle anderen vorgelassen, weil ich zuschauen wollte bei diesen für Kinder so verruchten Filmen. Alle haben sich gewundert, daß der Zöttl Karl und ich auf einmal so höflich waren. Über den Lärm hat sich eigentlich niemand erregt. Das war halt Kino.
Aufgeregt haben sie sich auch nicht, als ich anfing, Klavier zu üben. Bei den Atelierfesten der Eltern waren immer mehr Musiker da als andere.
Als ich noch nicht selbst Musik spielen oder Notenlesen konnte, habe ich meiner Mutter ein Osterhasenlied diktiert. Das hat sie dem Beer Wallbrunn gezeigt, dem, der Liederbücher für Volksschulen geschrieben hat, und der hat gemeint: ›Der sollte mal Harmonielehre lernen.‹ So ging das schon früh bei mir los mit Harmonielehre und Kontrapunkt. Am Samstag gingen wir immer in die Konzerte der Münchner Philharmoniker in der Tonhalle.

Malen wollte ich auf gar keinen Fall. Es war immer eine Strafe für mich, wenn es hieß: ›Jetzt ist gleich Weihnachten, geh' mal' dem Papa ein Bild!‹ Wo bei uns doch schon alles voll war von Bildern! Dann noch eines malen! Das hat den Vater sehr gekränkt. Maler hätte ich werden dürfen, Geistlicher auch, aber Musiker nicht.
Dafür sind jetzt meine beiden Söhne Musiker: der eine mehr Musikschriftsteller, Regisseur und Schauspieler, der Jüngere, Michael, ist in Berlin. Das ist der Supermoderne. Cornelius ist hier, komponiert moderne Musik und dichtet. Beiden gehört die Atelierwohnung meines Vaters jetzt als Eigentumswohnung.
Mein Vater hatte viele Kostüme gesammelt, die in einer Truhe aufbewahrt waren, chinesische, japanische, orientalische. Da bin ich oft mit meinen Schulkameraden gekommen, wir haben darin gewühlt und uns verkleidet. Wir haben Theater gespielt, zum Beispiel besonders gern den ›Sterbenden Beethoven‹. Wir hatten eine Beethoven-Maske, die wurde grün beleuchtet und ein Trauermarsch dazu gespielt.
Der Jazz war uns ja im Dritten Reich als verderbliche Negermusik dargestellt worden, trotzdem hatte ich für Strawinsky schon früh eine Schwäche. Es war bloß schwierig, da 'ranzukommen.
Meine Kompositionen waren eher altmodisch, Auftragsarbeiten. Einmal hatte ich ein Offertorium komponiert und es sollte aufgeführt werden. Stand in der Zeitung. Da hat es der Organist doch fertiggebracht, die Noten verkehrt herum, auf den Kopf zu stellen und abzuspielen. Bis er es merkte, zusammenzuckte, die Schwänze stimmten nicht, der muß wohl besoffen gewesen sein, als er das komponierte, aber er spielte es zu Ende. Es war gräßlich! Darunter stand mein Name. Das war das Ende meiner steilen Komponistenkarriere. (lacht) Vorher war ich im Kirchenchor von St. Sylvester in Schwabing. Da bin ich aufgestiegen vom zweiten Trompeter zum ersten. Die Mozart-Trompeterei ist ja recht einfach, weil das alles nur Naturtöne sind. Klavier spiele ich heute noch, zwei Stunden am Tag, Chopin, Liszt.
Meine Tante, die Else Schmidt, eine Kusine meiner Mutter, wohnte gegenüber in der Blütenstraße. Sie war verheiratet mit dem Joseph Schmidt, der die Spielefabrik gegründet hat ›Spiele-Schmidt‹ mit ihrem bekanntesten Spiel: ›Mensch ärgere dich nicht!‹
Das kam so: Sein Vater hatte das Spiel auf seiner Alm in den Tisch geritzt. Darauf haben sie gespielt. ›Das geben wir jetzt als Spiel raus!‹ beschlossen sie. Es war eine totale Pleite. Da haben sie die letzten hundert Spiele an die Front geschickt, für die Soldaten des Ersten Weltkrieges, für die Verwundeten in den Lazaretten. Die Soldaten müssen ganz verrückt danach gewesen sein. Das hat sogar der Kronprinz mitbekommen, als er sie einmal besuchte. ›Wo kommt das her?‹ hat er gefragt. ›Aus der Blütenstraße in München‹, haben sie gesagt.
Auf der Nr. 21 Blütenstraße ist dann die Fabrik entstanden: hinten war so eine Halle, da waren die Arbeiter. Da sind die Spiele produziert worden.

Das meiste Geld haben sie mit Lizenzen verdient in die ganze Welt. Und wer es schwarz verkauft hatte und geschnappt wurde, der mußte eine Strafe zahlen wegen Verletzung des Urheberrechts. Das brachte auch etwas.
Zu Tante Else mußte ich immer zum Gratulieren hinüber, obwohl ich das gar nicht gern gemacht habe. Sie war so vornehm und streng, die Tante. Aber wenn man sagte: Ich gratuliere dir! bekam man ein Fünfmarkstück.
Es gab einen Pförtner bei ihnen und einen Wintergarten mit elektrischem Klavier. Da spielte ich aber schon selber.
Im Abiturbericht stand noch, ich würde Musiker werden. Ich hätte sogar ein Stipendium bekommen. Vorher hätte ich aber eine Erklärung unterschreiben müssen: daß ich allzeit für Adolf Hitler … Da habe ich dann drauf verzichtet. Unsere ganze Familie war nicht für ihn, weil wir wußten, Hitler bedeutet Krieg.
›Du hast doch früher so gern mit deinem Chemiekasten gespielt‹, haben die Eltern vorgeschlagen, ›wie wär's? Willst nicht Chemiker werden?‹ Das stimmte. Ich hatte gern Nitroglycerin hergestellt und die Frage war dann immer: wohin damit? Ich füllte es in ein kleines Reagenzglas, steckte das in den Syphon vom Klo, verlängerte die Schnur zum Treppenhaus hinaus und zog von dort aus an. Pscht! Das war jedenfalls etwas anderes als diese harmlosen Spielereien mit Karbid. Als ich einmal Viscose herstellen wollte, haben die Vorhänge gebrannt. Maria, unsere Haushälterin, hat das aber vertuscht.
Daran erinnerte ich mich und beschloß also, aus meinem Hobby meinen Beruf zu machen.
Ich habe auch Bücher geschrieben: eines über Keratin und, als ich Richter war am Patentgericht ›Chemie – Erfindungen und ihr Schutz‹, das erscheint jetzt in dritter Auflage und ist – worauf ich sehr stolz bin – das meistgestohlene Buch am Europäischen Patentamt. Jetzt habe ich gerade ein Buch fertig, das mir niemand abnehmen will, kein Verlag. Es handelt von der Entwicklung der Chemiemonopole in Deutschland.
Doch zurück zum Vater: er malte impressionistisch, etwa in der Art von Max Slevogt. Er ist immer heller und farbiger geworden, vor allem, wenn er aus Paris zurückkam. Da ist dann plötzlich das Weiß aufgetreten. Er ist viel herumgekommen, auch nach Amerika. Er hat fast die ganze Welt gesehen, auch wenn er nicht gern reiste. Später ist er fast expressionistisch und abstrakt geworden. Nur nicht bei den Porträts. Die Leute wollen sich ja noch erkennen. Die Schüler hat er, jeden, in seinem eigenen Stil unterrichtet. Denen hat er sogar abstrakt und kubistisch vorgemalt.
Zwischendurch hat er auch mal ›süße Mädeln‹ gemalt, so Genrebilder in der Art Stucks und Lenbachs. Im großen und ganzen ist er aber gegenständlich geblieben. Ich bin gerade dabei, ein Werksverzeichnis zu machen und komme auf die Zahl 4708. So viele Bilder hat er gemalt. Er malte ungeheuer schnell. In Berlin hat er einmal in 11 Tagen 14 Porträts gemalt.
Vater hat in seinem Leben vier Päpste gemalt. Wie das kam? Er sollte ein großes Bild malen: Die Gründung Pasings und da wollte er dem Abt, der Pasing gestiftet hatte, das Gesicht des Kardinal Faulhaber geben.

Er habe keine Zeit zum Sitzen, ließ der Kardinal ihn wissen. Nur eine Dreiviertelstunde, sagte der Vater. Das war so seine Zeit. Nach einer Dreiviertelstunde sagte er: Fertig! – In Kohle? fragte der Kardinal. Nein, nein, sagte der Vater, ganz. Nur den Hintergrund und das Gewand muß ich noch fertigmalen! Da war der Kardinal dann ganz Feuer und Flamme und hat sich insgesamt achtmal vom Vater malen lassen. Ich durfte als Kind zum Osterhasen-Suchen in seine Wohnung im Palais in der Pacellistraße. Ich hab damals zu allen Leuten ›du‹ gesagt. ›Nicht zum Kardinal!‹ hieß es daheim, ›der kommt gleich nach dem lieben Gott!‹ Ich hatte mir einen Osterhasen eingebildet, der in einem Ei Auto fährt, den hatte ich irgendwo gesehen.
Der Kardinal führte mich in sein Schlafzimmer. ›Ich seh' nichts‹, sagte ich. ›Mußt dich halt schon ein bißchen bücken!‹, meinte er. ›Ja, weißt du denn nicht, daß ich nicht Knierutschen darf mit den weißen Strümpfen, die ich hab extra für dich anziehen müssen?‹ Da hat er gelacht.
Aber sonst war es schon unglaublich naiv, wie sich Faulhaber und andere im Dritten Reich verhielten. Da glaubten sie doch, Hitler würde sich ans Konkordat halten. Eben ein bißchen Ordnung schaffen und dann verschwinden. Erst später sind ihm die Augen aufgegangen und er hat Predigten gegen Intoleranz und Rassenhaß gehalten.
Durch den Faulhaber ist der Vater nach Rom gekommen, um Papst Pius XI zu malen. Das wäre fast schiefgelaufen, irgendwo gab's da eine Intrige, vierzehn Tage haben die Eltern dort gewartet, bis sie vorgelassen wurden. Das war Ostern 1924. ›Papa tedesco‹ hat man diesen Papst genannt, weil er so deutschfreundlich war. Mein Vater hat ihn in einer Dreiviertelstunde gemalt, während er Briefe in sechs Sprachen diktiert hat.
Der nächste Papst war Pius XII, der Pacelli, den der Vater schon gemalt hatte, als er päpstlicher Nuntius in München war. Und zwar bei der Unterzeichnung des Bayerischen Konkordats mit Rom. Das war ein Monumentalgemälde, das verschwunden ist, mit Nuntius Pacelli für den Vatikan und den Mitgliedern der Regierung Held. Bayern hatte ja seit der Räterepublik ein eigenes Außenministerium als Freistaat.
Der Papst Johannes XXIII hat ihm am meisten Mühe gemacht, der sieht ja aus wie ein Bauer, dachte er, und den soll ich als Papst malen? Er ist dann auch in der Zeit nicht fertiggeworden. ›Ich predige heute abend in der Peterskirche‹, sagte ihm Johannes XXIII, ›setzen Sie sich doch einfach auf den Stuhl vom Kardinal‹ – er nannte einen Namen – ›und malen Sie weiter‹. Das sahen die Kardinäle gar nicht gern. Sie stürzten sich auf meinen Vater, wollten schon die Polizei holen, wenn sich nicht der Kardinal von Danzig für ihn eingesetzt hätte. Da gibt es ein Pressefoto, das aber nicht veröffentlicht werden darf, wo der Papst predigt und mein Vater ihn zeichnet.
Es ist dann auch sein schwächstes Bild geworden. Daheim hat er ihn noch einmal gemalt. Ganz heilig, mit römischer Nase, die Tiara auf. ›Aber Vater!‹, hab ich gesagt, ›wie kannst du ihn mit Tiara malen, wo er sie doch verkauft und das Geld den Armen gegeben hat?‹ Also mit diesem Papst konnte er am wenigsten anfangen, was man den Bildern auch ansieht.

Bei Papst Paul VI gab's weniger Schwierigkeiten. Nur hat der dauernd das Gesicht verändert, weshalb man ihn auch den ›Hamlet-Papst‹ genannt hat: mal sah er wie ein Heiliger aus, mal wie ein brutaler Scherge, mal wie ein Asket, dann wieder ganz normal, wie er ihm noch lange nachgewinkt hat.
Jeder Papst hat sein Porträt gekriegt. Aber als ich neulich im Vatikan anrief, hieß es: keines existierte dort mehr. Also gibt es nur noch die Repliken, die ich dem Diözesanmuseum in Freising gestiftet habe. Mit Auflagen. Die sie nicht erfüllten, dafür aber die Bilder verschwinden ließen. Erst der jetzige Finanzkämmerer hat sie gefunden, auf dem Dach der Heilig-Geistkirche in München. Jetzt hängen Sie in der Maxburg, im Treppenhaus der Erzbischöflichen Finanzkammer. Da kann man sie heute sehen.
Das, woran ich mich am liebsten erinnere, waren die Atelierfeste meiner Eltern, die bis 1934 stattgefunden haben. Da gab's keine Einladungen, da hat man einfach erfahren, daß es bei Peter und Francis ein Fest gäbe, dann sind sie alle gekommen. Zwischen 40 und 50 Leuten. Jeder bekam zu essen. Der Bäcker Luschmann aus der Blütenstraße hatte eine Semmel in Tischgröße gebacken, die wurde in der Mitte auseinandergeschnitten und belegt. In Ringen belegt. Das Teuerste, Kaviar und Lachs innen, das Billigere außen. So daß jeder auf seinem ›Kuchenstück‹ alles hatte.
Die Leute waren nicht maskiert, aber furchtbar lustig. Manchmal wurde auch getanzt, es gab ein Grammophon mit großem Trichter und Geschrei bis in die Früh'. Der Blütewirt hatte ein Faß Bier heraufgebracht, Onkel Franz eine Bowle gemacht. Die Leute saßen auf Kissen auf dem Boden um die Tischtücher herum. Die Bilder waren mit Luftschlangen verhängt, in der Ecke stand ein Kamelhaarzelt, ein echtes arabisches mit Guckfenstern. Es war sehr romantisch. Der Onkel Franz, Vaters Bruder, ein Ziseleur, war das Unterhaltungsgenie. Er entschied, wer lustig war und wer nicht. Wer nicht lustig war, wurde hinausgeekelt. Onkel Franz war ein Meister im Hinausekeln.
Die Damen waren die Ehefrauen oder die Modelle. Da kam einmal ein norddeutsches Ehepaar, das schon in ganz Schwabing herumgefragt hatte, wo es denn ein Atelierfest gäbe, hatte sich kaum gesetzt, da fragte es schon: ›Wo sind denn jetzt die Modelle?‹ Sie hatten sich da scheint's etwas Nacktes erwartet.
Die wurden ganz schnell vom Onkel Franz hinausgeekelt. Vater ging auch immer zum ›Modellmarkt‹ in die Akademie. Da sind sie herumgesessen in der Halle, Kopfmodelle, Charaktermodelle, Aktmodelle. Sie waren eingeteilt wie Schauspieler in ein Rollenfach. Sie bekamen wenig Geld, 80 Pfennig die Stunde. Am liebsten waren ihm aber die Modelle, die er sich selber aussuchte wie den Schnaps-Wastl vom Hemmeter mit seinem verwüsteten Gesicht. Oder die Maria, unsere Haushälterin und mein Kindermädchen als Modelle für Kostüme.
Der Schauspieler Seibold vom Gärtnerplatztheater war ständiger Gast bei uns. Den hat der Vater so echt gemalt, daß bei der Enthüllung sein Schäferhund ihm geradewegs auf den Schoß springen wollte.

Bis er 85 Jahre alt war, hat er gemalt. 1978 ist er gestorben. Die Zeit vorher war schlimm. Da hat er seltsame Bilder gemalt, furchtbar traurige: wie er den Weg nicht mehr findet ins Elternhaus, wie er durch die Büsche nicht durchkommt. Oder er hat das Jüngste Gericht gemalt, ganz abstrakt, aber wenn man's umdrehte, war es gegenständlich. Dann hat er nur noch verkehrt herum gemalt. Zum Schluß hat er sich eingebildet, daß alle Bilder gefälscht wären. Daß man ihn bestohlen hätte. Er wurde furchtbar mißtrauisch. Nachts sind ihm die Indianer erschienen, die er in Amerika gemalt hatte oder seine toten Eltern.
Die Mutter hat dann dasselbe bekommen. Sekundäres Syndrom nennt man das. Sie haben sich beide ziemlich fertiggemacht. Er hat dann noch Parkinson bekommen und war praktisch unter dem Bett nicht mehr herauszukriegen. Traurig, traurig.
Zur Türkenstraße fällt mir ein: die Tonhalle mit den Philharmonikern, die Fronleichnamskapelle gegenüber und der Rahmen-Pfefferle, der uns auch schon einmal Rahmen geliefert hat, obwohl man ihn ›Apotheke‹ nannte, weil er so teuer war. Überhaupt gab es eine Zeit, wo der Vater keine Rahmen für seine Bilder wollte. Wo er die Leinwand mit einem Holzklotz an der Wand befestigte. Oder nur einen Teil des Bildes mit Rahmen versah, so als Kompromißlösung.
Im Palais Dürckheim befand sich das Landeskriminalamt. Da war ich ein paarmal und habe als Chemiker Messungen an Haaren gemacht. Von Moorleichen oder ägyptischen Mumien. Bei jedem Haar ging es mir um 15 Werte, die ich untersuchte. Die Kriminalen wollten von mir wissen, inwieweit das Haar einen physikalischen Fingerabdruck abgibt, inwieweit man es bei der Überführung eines Gewalttäters, eines Vergewaltigers als Beweismittel einsetzen kann.
An der TH war ich Materialverwalter und Luftschutzgruppenführer in der Zeit der großen Bombardements. Die TH hat ja während des Krieges den Strom für Schwabing geliefert und wir im Röhrenkeller mußten entscheiden: lassen wir den Dampf in den Rohren ab, dann hatte Schwabing zwei bis drei Tage keinen Strom oder lassen wir ihn drin und laufen Gefahr, daß, wenn uns eine Bombe trifft, alle im Keller verbrüht werden.
Wir kannten die unterirdischen Gänge unter den ›Führerbauten‹. Wir hielten uns manchmal im Bunker Nr. 13, zehn Meter unter der Erde, Ecke Gabelsberger/Arcisstraße auf, da hatten wir einen Riesensaal für uns allein, weil die Abergläubischen sich da nicht hineintrauten.
Wie damals der Kirchenchor von St. Sylvester die Möglichkeit bot, offen auf Hitler zu schimpfen, so waren wir im Röhrenkeller auch ein Haufen von ›Antis‹. Wir sind einmal hinauf aufs Dach und haben auf einen Balken geschrieben: ›Hitler verrecke!‹ Das war für die Flugzeuge.
In der Nacht der 2000 Bomben haben HJ-ler auf dem Turm der TH ein Abwehrgeschütz installiert. Sie wurden natürlich alle abgeschossen, alle sind sie tot. Ich habe beim Löschen geholfen, als der Physiksaal brannte und die Alte Pinakothek. Es war hoffnungslos, aber wunderschön: Wie durch

die Fensterhöhlen die Tapeten mit den Metall-Ornamenten glühten. Ein Schloß in Flammen mit glühenden Blumen.

1944 arbeitete ich als Materialverwalter am organisch-chemischen Institut des Nobelpreisträgers Hans Fischer in Freising. Er hatte den Nobelpreis bekommen für seine Formel des Chlorophyll. Insgeheim forschte er weiter an der Synthese des Chlorophyll, obwohl das nicht ›kriegswichtig‹ war, während seine Assistenten für ›Kriegswichtiges‹ eingesetzt wurden. Für einen neuen Kampfstoff, der die verheerende Wirkung von Blaukreuz und Gelbkreuz gehabt hätte.

Ich habe Blausäure und Zyankali verwaltet. Als ich in Osterurlaub ging, fragte ich den Geheimrat Fischer: ›Was soll ich tun? Die verrückten Weiber wollen alle Blausäure haben, weil sie Angst haben, die Russen kommen‹. – ›Geben Sie's ihnen doch, ich habe ja auch immer meine Kapsel dabei!‹

Dann haben wir noch lange gestritten, ob das ein schöner Tod sei. Er meinte ja, ich nein, weil das Herz da nämlich noch eine halbe Stunde weiterschlägt.

Als er sich dann tatsächlich umgebracht hat, hat er es in der Badewanne gemacht. Sich zusätzlich die Pulsadern aufgeschnitten. Um auf Nummer sicher zu gehen. Er hatte gesagt, er wolle es nicht noch einmal erleben wie nach dem Ersten Weltkrieg, daß Chemiker in Aschentonnen nach Gläsern suchten, um ihre Versuche machen zu können. Das hatte ich ihm damals nicht abgenommen. Als die Amerikaner einmarschierten, haben sie sofort nach Fischer gesucht, um ihn nach Amerika zu nehmen. Zu spät.

Über unser Institut in Freising sind sich der Göring und der Himmler immer in die Haare geraten, haben uns mit Dringlichkeitsstufen bombadiert: von Stufe D bis DDD. ›Wenn Ihr uns in vierzehn Tagen das und das erfindet ...‹ Zum Beispiel Insulin. Dazu haben sie uns eine berühmte holländische Insulinforscherin geschickt. Die sagte, sie brauche zehn Hasen für Versuche. Wir bekamen die zehn Hasen, haben sie geschlachtet und es wurde ein rauschendes Fest. Zugang zu Alkohol, den wir hätten vergällen sollen, hatten wir sowieso. (lacht)

Über eine Möglichkeit, daß ich keinen Helden spielen mußte, bin ich sehr froh: ich war als Gefreiter bei der Sanitätstruppe in Bad Wörrishofen, als wir hörten, daß die Geschwister Scholl gefangen waren, daß sie aber den Alexander Schmorell noch suchten. Obwohl ich kein Unteroffizier war, wurde ich beauftragt, eine Streife zusammenzustellen, um den ›Hochverräter‹ zu suchen. Damit wollte mir der Hauptfeldwebel eine draufgeben. Ich suchte mir einen Benediktinerpater aus und den Kunstmaler Buchenau. ›Wenn wir ihn finden‹, haben wir uns geschworen, ›helfen wir ihm weiter!‹ Es wäre natürlich schrecklich geworden, wenn wir hätten Helden spielen müssen. Andererseits, der Maucher vom Mineralogiegeschäft in der Schellingstraße, gegenüber vom Schelling-Salon, wo sie sich immer getroffen haben, die Geschwister Scholl, das war einer der Treffpunkte der ›Weißen Rose‹, dem ist auch nichts passiert. Man konnte also auch im Dritten Reich ruhig einmal mutig sein.«

Johanna Schmals-Ostermeier und Alfons Ostermeier
beide geb. 1929 · Fotografin · Bühnenbild-Maler

Bühne und Bild

Alfons »Die Türkenstraße ist die einzige Straße, in der im Verkehr offen Anarchie herrscht. Sie ist ein Muster für internationales Zusammenleben: Italiener, Griechen, der irische Poet, das sind ja keine Touristen, sondern schon lange Bestandteil der Straße. Du siehst hier noch Köpfe. Es ist eine Straße, die man so nicht erfindet: verrückt, originell und phantasievoll. Es ist Stimmung da, besonders in den Hinterhöfen.
Johanna Als ich einzog mit meinen fünf Kindern und der Katze, war die Wohnung auf Nummer 57 gerade richtig für uns: 110 qm. Mein Mann hatte uns verlassen. Er war Maler, Musiker und liebte alle Frauen. Er verbrauchte sein Geld für die Freundinnen. Ich stand jetzt also da und mußte die Kinder mit meiner Hände Arbeit durchbringen. Ich habe in einer Fabrik abends Mäntel geschweißt, Wettermäntel, wenn sonst nichts lief. Ich habe Faschingsdekorationen gemacht im Deutschen Theater und im Bayerischen Hof. Am Anfang gab es gar nichts, kein Wohngeld, keine Sozialhilfe. Es gab auch eine Zeit, wo ich Mietschulden beim Hemmeter hatte. Da waren schon die Existenzängste da.
In unserer Wohnung hatte einmal der Hemmeter gewohnt, der Schnapsfabrikant, dessen Fabrik im Hinterhof war. Das war ein Duft, wenn die Lastwägen beladen mit Enzianwurzeln in unseren Hof fuhren! Der wehte durch beide Häuser. Der alte Hemmeter war ein Arbeitstier, sein Sohn eher das Gegenteil. Ich sehe noch, wie der rothaarige Schorsch, der Fahrer, zu arbeiten aufhörte, er stand auf dem Wagen mit den Enzianwurzeln und wie der

alte Hemmeter nur den Kopf schüttelte, wenn der Sohn mit seinem Porsche, all' halbes Jahr hatte er einen neuen, in den Hof geflitzt kam. Der hat dann auch das Geld durchgebracht. Als es verkauft wurde, ist er nach Andorra.
In der Wohnung neben uns, die wohl einmal Teil der Hemmeterwohnung war, lebte der Hemmeterbruder, Otto Hemmeter[1], der Chemiker. Er sah aus wie ein junger Gott, eine elegante Erscheinung, ein Frauenheld. Wenn er da mit Handschuhen und Spazierstock in den Englischen Garten zu einem Rendez-vous ging, das war schon beeindruckend.
Oder wenn er mittags auf dem Balkon gesessen ist, früher hatten wir ja noch diese bildschönen Balkons, die 1973 alle abgerissen wurden, seine Zeitung gelesen, seinen Wein getrunken und sein Sonnenbad genommen hat, das hatte schon Stil. Damals wohnte hinten noch eine sehr aparte Frau. Die beiden haben miteinander geflirtet, manchmal kam sie auch 'rauf zu ihm.
Ich habe die Haushälterin immer mit großen Taschen voller leerer Flaschen hinausgehen sehen und werde den Gedanken nicht los, daß er sich damals als Chemiker vielleicht selber etwas gebraut hat.
Der Stehausschank im Haus war hochinteressant, da fanden sich viele Künstler ein. Zum Beispiel der Arno Schiffers, der Maler, der sich zu Tod gesoffen hat, der kam immer zu mir hoch: ›Leihst mir fünf Mark für einen Schnaps?‹ Dafür hat er dann auf dem Klavier gespielt.
Hier hat es überhaupt schon wunderschöne Feste gegeben. Feste mit 100, 150 Leuten. Alle Möbel waren ausgeräumt und die Leute saßen auf dem Boden. So um 1960 muß es gewesen sein, als auch die Marya Delvard da war, der Star der ›Elf Scharfrichter‹, dem Kabarett der Jahrhundertwende. Wir hatten sie aus Paris einfliegen lassen, sie war schon über neunzig. Ich habe viel gearbeitet in der Zeit, aber abends ging man auch gern aus: In ›Meine Schwester und ich‹, da war die Sowa die Wirtin, oder in den ›Haifisch‹ in der Blütenstraße, ein Kellerlokal, oder in die ›Katakombe‹, anfangs noch unter dem Mathäser am Stachus oder die ›Seerose‹ in Schwabing. Da habe ich den Erich Kästner kennengelernt.
1958 war die 800-Jahrfeier der Stadt München. Durch den Hannes König bin ich dorthin gekommen. Ein ganzes Jahr habe ich an dem Festzug gearbeitet. Dort war auch die Franzl Hirsch, die Frau des Malers Peter Hirsch.
Alfons Ich habe Peter Hirsch 1946 kennengelernt. Ich war drei Jahre lang sein Schüler. Das lief über die Volkshochschule. Er hatte einen Kurs dort und hat die Schüler herausgenommen, die er für begabt hielt und die er privat unterrichten wollte. Wir haben uns Modelle gesucht und gemalt und er hat uns korrigiert. Für einen großen Maler halte ich ihn nicht, da ist der Liebermann schon eine andere Qualität, aber für einen guten Maler und einen vorzüglichen Lehrer. Er hat uns die Augen geöffnet für die Proportionen, so daß man es begriffen hat und umsetzen konnte. Er war ein lieber Mensch, nur etwas zu klein gewachsen.

[1] Verfasser von: ›Goldene Brücken zur Gesundheit‹, Drei-Eichen-Verlag 1961, wo es heißt: ›Geehrter Leser, ich helfe dir denken‹

Johanna Sie auch, beide waren vielleicht so um 1,55 groß. Aber sie war ein richtiger Dragoner. Schon am ersten Tag unserer Zusammenarbeit wollte sie mich herumkommandieren. Ich habe mich zur Wehr gesetzt, dann hat sie es unterlassen. Sie hat mich zum Schluß sogar sehr gern gehabt. Durch die Bekanntschaft mit ihr kam ich dazu, in der Blütenstraße Modell zu sitzen. Oder beim Maler Franz Hauber. Oder in der Volkshochschule. Meist samstags oder sonntags, so nebenher.
Durch sie habe ich auch Arbeit an den Kammerspielen gefunden. Sie mußte immer eine Arbeit außer Haus finden, weil sie sich mit der Haushälterin nicht verstand. Seine Bilder, also die von Peter Hirsch, habe ich nie gemocht.
Alfons Zu trocken
Johanna Zu starr
Alfons Aber gekonnt
Johanna Ausgesprochen düster
Alfons Und irgendwo fragmentarisch. Aber was er mir vermittelt hat so in der Porträtrichtung, dafür bin ich ihm heute noch dankbar.
Johanna In den Kammerspielen habe ich dann dich kennengelernt. Du hast mich immer mal wieder zur Arbeit geholt. Oder ich war in der Verwaltung der Kammerspiele oder am Konservatorium. Du warst ja damals noch verheiratet, das war 1970. Sieben Jahre später sind wir zusammengezogen, 1981 haben wir geheiratet. Das Verhältnis zu deinen beiden Töchtern ist nicht so gut, weil sie meinen, ich sei die Böse, die ihnen den Vater weggenommen hat. Während meine fünf schon immer mal vorbeischauen. Mein Sohn Rainer hatte vom Anraths, als er starb, das Theater ›k‹ in der Kurfürstenstraße übernommen, das Kellerlokal, und hat es hochgebracht, bis es ihm keinen Spaß mehr gemacht hat. Dann ist er nach Landshut und hat dort das ›Kunsthaus‹ übernommen, wo er auch Kabarett macht. Ein anderer ist Architekt und Stadtsoziologe in Dortmund, eine der Töchter ist Fotografin.
Alfons Architekt hätte ich gern werden wollen oder Bildhauer, jetzt arbeite ich als freier Maler im Team vom Bühnenbildner Jürgen Rose. Ein anspruchsvolles Team.
Johanna Die beiden sind wie zwei Brüder
Alfons Wir verstehen uns gut, ja. Wir zanken uns auch, aber es ist immer ergiebig. Wir kennen uns jetzt seit dreißig Jahren. Uns verbindet das Gefühl für etwas, die Sensibilität, mit der man etwas sieht. Ich bin da spezialisierter, er ist verantwortlich für alles: Kostüm, Beleuchtung, Maske.
Da geht es um Fragen wie: welches Licht wird verwendet? Wie hart oder wie weich muß das gemalt werden?
Übrigens habe ich auch für Filmproduktionen von ARRI gearbeitet. Alle heiligen Zeiten mal als Filmkunstmaler. Auch zur Akademie hatte ich Verbindungen: zum Professor Jürgens, zum Professor Heinrich, zum Kern, der damals ja noch Dozent war.
Zur Zeit bin ich gerade voll im Umbruch, ich zeichne mehr für mich. Nein, vom Hirsch ist nichts mehr dabei. Für mich geht es jetzt darum, etwas so zu

zeigen, wie es ist. Ohne bewußte Zutaten. Mich interessieren Landschaften genauso wie Gesichter. Ich mag, was schön ist. Ich beziehe mich dabei auch gern auf Fotos von Hanna, meiner Frau, die ich sehr stark finde. Sie geht einfach irgendwo hin und sagt: Das ist ein gutes Motiv! Ich sehe das gar nicht. Aber inzwischen denke ich: Ist sicher ein gutes Motiv!

Johanna Wir empfinden dasselbe, wir lieben das Geheimnisvolle in der Landschaft, in Blumen, die Spiele des Lichts. Den Zauber. Wie die Szene im Schaufenster des kleinen Japan-China-Ladens, der früher in der Straße war. Wo der Hund, kurzbeinig mit langen Haaren, verdeckten Augen, grau-weiß mit Schleife, in der Morgensonne zwischen all' dem wertvollen Porzellan lag und schlief. Da ging ein Zauber davon aus!

Alfons Wie du das nur machst! Bei dir sieht es immer aus, als ob du gar nicht arbeiten würdest. Das stimmt aber gar nicht. Bei dir ist alles so gradlinig, so ohne Kompromisse. Da ist Leben und Arbeit eins, während ich immer so herumprobiere, unzufrieden bin.

Johanna Meine Kraft ziehe ich aus meiner geistigen Arbeit. Wichtig für mich sind Ruhe und Stille. Seit 1988 habe ich mich anders orientiert. In einer Gruppe mit geistiger Ausrichtung. Mit Ärzten, Heilpraktikern, Psychologen. Wir treffen uns regelmäßig und arbeiten fleißig: Vorträge, Meditation. Die Gruppe heißt ›Der einfache Weg‹ und hat ein schönes Haus mit Garten in Harlaching. Findest du, daß ich mich durch meine neuen Freunde verändert habe?

Alfons Als Persönlichkeit schon irgendwo. In deiner Arbeit nicht, nur eben, was die Auswahl der Motive angeht. Das machst du aber intuitiv, nicht aus Berechnung.

Johanna Neulich bei der Ausstellung im Pavillon im Alten Botanischen Garten habe ich zwei große Bilder verkauft, eines hieß ›Abgehoben‹. Das ist natürlich immer eine Bestätigung, wenn man etwas verkauft. Man muß aber auch abgeben können. An nichts hängen. Das habe ich gelernt. Mein geistiger Meister hat gesagt: In dem Moment, in dem ich etwas liebe, soll ich es weggeben. Sofort verschenken. Das habe ich auch getan. Auch mit den Bildern ist es so: Sie sind entstanden, ich war zufrieden, jetzt können sie weiter.

Deshalb macht es mir Sorge, daß ich so an den Katzen hänge. Wir wollten eigentlich an die Riviera, um zu arbeiten …

Alfons Und uns zu erholen

Johanna Nebenbei zu erholen. Wir wollten die Katzen mitnehmen, aber die Reise wäre viel zu strapaziös, 8 bis 10 Stunden. Mit ihm ginge es ja, er rollt sich auf meinen Schoß und ist zufrieden. Aber sie! Sie dreht sich wie ein Kreisel in ihrem Korb, sobald das Auto anfährt. Man muß wieder anhalten, damit sie sich beruhigt. Sie muß einmal etwas Fürchterliches in einem Auto erlebt haben. Und auch er muß einmal einen Schock erlebt haben. Er darf nur kleine Portionen fressen, fünfmal am Tag, sonst bricht er.

Alfons Das sind äußerst sensible, hochgezüchtete Tiere. Lieb und intelligent, auch wenn sie gestört sind.

Johanna Wir haben sie aus einem Tierheim. Eine Freundin rief uns an, da seien zwei wunderschöne Katzen. Nein, sagten wir, wir wollen sie gar nicht sehen. Unsere alte Katze war gerade an Krebs gestorben. Sie seien aber so zauberhaft, sagte die Freundin und hat geredet, geredet. Bis wir hin sind. Und sie gesehen haben, wie sie da in einem Sonderraum immer nur am Weinen waren. Das Bild der Katzen hat uns nicht mehr losgelassen, sie haben uns so leidgetan. Wir hatten sechs Wochen Theaterferien, nach drei Wochen haben wir sie schon abgeholt. Seitdem haben wir keinen Urlaub mehr gehabt.
Alfons Wenn ich mit ihnen spiele, ist das für mich Erholung. Mehr als in die Kneipe zu gehen. Sie sind sehr elegant, sehr drahtig, ein schöner Anblick. Aber es darf nicht so weit gehen, daß sie alles bestimmen!
Johanna Aber das tun sie doch! Die Tiere bestimmen alles!
Alfons Immer erhebt sich die Frage: Wo gibst du sie hin, wenn du mal weg willst? Es gibt ja auch Tierheime.
Johanna Du kannst doch Tiere, die aus dem Tierheim kommen, nicht wieder dahinbringen!
Alfons Tierhotel nennt man das.
Johanna Nein, das geht nicht. Dann sind sie erledigt, die Katzen. Entweder kann nur einer von uns weg, oder jemand kommt, sie hier zu betreuen. Dann können wir nach Tirol fahren. Sonst nicht.«

(Inzwischen ist der Kater im Winter 1996 gestorben.)

Nina von Kikodze
geb. zw. 1910 und 1915 · gest. 1996 · Modell

Extravagant

Die Türkenstraße sei eine »Straße wie Nina« hatte Frau von Dall'Armi gesagt und Heini Weld, der Künstler, Nina sei ein sich selber reproduzierendes Kunstwerk; Rudi Seitz, Ex-Präsident der Akademie hält sie für eine »hochgebildete russische Gräfin, über die wir nichts kommen lassen«, andere meinten lapidar: »die spinnt doch!« wenn sie mehr als ein Jahrzehnt lang in Hut und Wallekleidern, auf der Kippe zwischen Grande Dame, Film- und Halbwelt, begleitet von ihrem Dackel Chali, die Strecke zwischen Akademie und der Nr. 61 durchmaß.
Zweifellos eine auffallende Erscheinung.

»Die Leute haben mich immer angeschaut, weil ich so wunderbar angezogen war, so extravagant, schon nach dem Krieg, wo hier noch alle in Lumpen herumliefen. Ich habe da Leute in Paris, die schicken mir so etwas. Also angeschaut werde ich immer, manchmal auch ausgelacht: hahaha! Ich kann aber auch frech sein, dann schaue ich den Leuten in die Augen und sage: ›Warum starren Sie mich so an? Sagen Sie es mir!‹
Inzwischen, da wo ich jetzt wohne, in der Friedmann-Stiftung am Viktualienmarkt, kann ich anziehen, was ich will, niemand macht sich mehr lustig. Ist auch ein feineres Viertel hier als in der Türkenstraße. Da kommen die Damen mit ihren Hausmädchen zum Einkaufen.
Zur Zeit wohnt ein russischer Regisseur bei mir, der mir gerne hilft. Und Anton, der Pudel aus Moskau, wo der Nachfolger ist von meinem Chali.

Chali hatte ich von einem persischen Studenten bekommen, der den Hund nicht nach Persien hat nehmen können. Ein Dackelchen, sehr hübsch. Sehr reizend. Da hatte ich einmal einen Geliebten, einen Russen. Der sang sehr schön. Chali ist eifersüchtig geworden und legte sich zwischen uns. Da mußte ich ihn einsperren. Er ist später überfahren worden. Ich war sehr traurig. Da ist er mir eines Nachts erschienen: ›Sei nicht traurig!‹ sagte er, ›ich gehe, aber ein anderer kommt!‹ Nach anderthalb Jahren kam dieser. Auch von dort. Auch geschenkt. Antoschka auf russisch. Alle lieben ihn.
Über einen Reporter der AZ habe ich erfahren, daß man hier einen Platz für mich hätte, hier im Friedmann-Haus. Vorher anschauen, sagte ich mir. Nur Journalisten und Schauspieler wohnen hier. Welche, die nicht ins Altersheim wollen. Und weil ich beides war, Journalistin und Schauspielerin, bin ich hier auch berechtigt. Das ist eine zweistöckige Wohnung mit einer Treppe und Blick auf den Viktualienmarkt. Ich fühle mich wohl hier. Ich war die allererste. Ich bin mit jedem nett. Da gibt es allerdings eine Baroneß, die spinnt, weil sie Hunde nicht mag. Auch eine ›von‹ wie ich. Wenn sich das nicht ändert, schreibe ich der AZ, daß sie raus muß. Bin schließlich schon über acht Jahre hier. Manchmal kommt mich auch die Kyra besuchen, die Mutter von Prinz Louis Ferdinand von Preußen. Sie ist Russin. Dann plaudern wir ein bißchen. Der Louis Ferdinand hat mich auch einmal in einem Schloß empfangen. Welchem, weiß ich nicht. Er war sehr liebenswürdig.
Ich male ein bißchen, aber schreiben kann ich sehr gut. Meine Memoiren? Jaja, ich schreibe daran mit der Hand. Ich weiß noch nicht, ob ich sie deutsch oder russisch machen soll, ob ich mir eine deutsche oder eine russische Schreibmaschine beschaffen soll.
Wie ich von Rußland nach München gekommen bin? Das ist eine lange Geschichte ... (Von der es verschiedene Varianten gibt)
Meine Familie kommt aus Georgien, Intellektuelle, Adlige aus Tiflis. Da sind sie sehr bekannt, die ›von Kikodze‹. Meine Mutter war Ärztin, Balneologin. Ich bin in Petersburg geboren und aufgewachsen, weil mein Vater dort eine gute Anstellung hatte und mein Onkel auch. So sind die Georgier! Zur Zeit des Zaren sind sie um den Zaren, zur Zeit der Kommunisten um die Kommunisten, und wenn dann ein Kommunistenzar kommt, der auch noch Georgier ist! Freilich Stalin! Dann sind sie um den. War auch ein schöner Mann!
Ich war dreimal verheiratet. Das erste Mal hieß ich Schratkiewitsch[1], ein polnischer Name. Der zweite, immerhin ein Adjudant von Marschall Tuschjatschewski, der damals schon erschossen war, aber später rehabilitiert wurde, Stalin hatte Angst gehabt, daß er sich gegen ihn erhebt, hieß Blinoff, das heißt auf russisch ›Pfannkuchen‹. ›Hör' zu‹, sagte ich, ›da behalte ich lieber meinen alten Namen.‹ Das verstand er, er war sehr tolerant. Er war auch sehr klug. Er war (längeres Nachdenken) wissenschaftlicher Mitarbeiter vom Landwirtschaftsministerium.

[1] Es war Ninas Art, Namen feucht, undeutlich und ohne weitere Erklärung in den Raum zu stellen. Die Autorin versuchte sich phonetisch anzunähern.

Der dritte, das war in Pitigorsk, einem berühmten Kurort. Das war zu der Zeit, wo man nicht nach Moskau oder Petersburg reisen durfte. Mir war es sehr langweilig. So ging ich auf die Straße und beschloß zu heiraten. Irgendeinen. Den Pfannkuchen hatte ich zu der Zeit schon stehengelassen, wie meine Mutter meinen Vater stehengelassen hatte.

Ich gehe also in Pitigorsk auf der Straße, da sagt jemand von hinten: ›Entschuldigen Sie bitte! Sie gefallen mir aber! Können wir nicht Bekanntschaft schließen! Ich habe niemanden, der das übernehmen kann!‹

›Aber, aber!‹ sagte ich, ›belästigen Sie Damen in der Straße immer so?‹

›Nein‹, sagte er, ›das ist das zweite Mal. Nach der ersten Belästigung wurde die Dame meine Frau. Passen Sie also auf!‹

Nach einer Weile sitzen wir auf einer Bank und reden. Er war Parteigenosse, sie hatten ihn aber aus der Partei geschmissen.

Wir einigten uns auf ein Probejahr. Nachher, versprach er, würde er mir die Scheidung geben. Er wurde mir aber bald langweilig. Er war ein Zivilist. Er hat nur geheiratet, um aus Rußland rauszukommen. Und als ich dann die Scheidung wollte, sagte er: ›Nein!‹ Der blöde Hund!

Als ich dann wieder nach Rußland fuhr, traf ich meinen dritten[1] Mann. Der wollte mich heiraten, aber ich war schließlich schon verheiratet. Eigentlich mit drei Männern gleichzeitig. (lacht)

Dann haben wir es aber so gedreht, daß wir die Scheidung bekamen: irgendwie stand dann da, ich sei Witwe oder geschieden. Der Schratkiewitsch hatte sich tatsächlich von mir scheiden lassen, weil er sagte, mein Benehmen richte ihn zugrunde. Weil ich junge Obdachlose, 14 und 16, die nach Sibirien geschickt worden waren, auf der Straße herumhungerten und froren, weil ich die ins Haus nahm zum Aufwärmen.

Im dritten Stock wohnte aber eine Frau, eine Kommissarin, die hat einen Eimer Wasser auf die Kinder geschüttet. Die haben dann aus Rache unser Haus angezündet. Das war in Rostow, in der Donkosakenstadt. ›Sie sind eine verrückte Frau‹, sagten dann die Militärs zu mir, ›Wasser auf die Kinder zu schütten!‹ Als ob ich jemals ...!

Ja, das war die Zeit mit den drei Männern.

Der dritte[2] ist jetzt sehr reich. Er ist Konterrevolutionär und hat eine Schokoladen- und Pralinenfabrik in Odessa. Den habe ich auch stehengelassen.

Ich habe auch deutsche Männer kennengelernt, auch Liebesgeschichten gehabt, ja. Aber ich bin mehr an Russen gewöhnt. Georgier sind schöne Männer, aber sie bilden sich viel ein. Sie sind eher südländisch, nicht wie die Deutschen. Vielleicht ein bißchen wie die Bayern. Sie sind keine Russen, sie haben eine eigene Sprache, eine eigene Schrift. Es heißt auch, sie kämen aus Spanien. Schön-Sein allein genügt mir nicht. Die Männer müssen auch etwas vorstellen.

Mich hat ein deutscher Gestapo-Offizier aus der DDR, wo meine Mutter

[1] vierten?
[2] vierte?

Ärztin war, hierhergebracht. Die georgischen Emigranten waren nämlich auf der Seite der Nazis.
Die Nazis hatten ja den Georgiern ihre Selbständigkeit versprochen und die glaubten es. Ich hätte einen Plan ausführen sollen: Zu Berija gehen und ihm sagen, er solle den Kaukasus den Deutschen übergeben und so Georgien retten. ›Der empfängt mich doch gar nicht!‹ sagte ich. ›O doch, der Berija liebt schöne Frauen!‹
Ich dachte, weil mein Mann ja Flieger war und ich ein bißchen Fallschirmspringen konnte … so brauchte ich bloß ein bißchen üben und könnte dann bei Berija abspringen.
Dann entschloß ich mich aber doch, mit den Deutschen zurückzugehen. Sie waren sowieso auf dem Rückzug. Ich wollte bloß weg. Berija wurde dann auch erschossen, weil er Beziehungen zum Ausland hatte.
Ich kam nach Berlin und nach Salzburg. Ich sollte mit den Wlassows nach Amerika, bin aber in München gelandet. Nach all' dem war München richtig langweilig. Eine richtige Provinzstadt. Und ich mußte Geld verdienen.
Womit sollte ich hier mein Geld verdienen? In Berlin war ich ja Journalistin gewesen, in russischer Sprache. ›Geh' doch zur Akademie!‹ sagte mir einer. ›Aber da muß man doch Figur haben!‹ sagte ich. ›Ach was‹, sagte er. Da ging ich hin.
Da war da ein altes, berühmtes Modell, der Hensel. ›Du bist für alles gut‹, sagte er mir, ›für Porträts mit deiner schönen Haut und für Akte. Aber jetzt geh' hinter den Paravent und zieh' dich aus! Der Professor wartet schon!‹
Wie ich dann nackt herauskomme, starren mich zwanzig Leute an, eine ganze Klasse. Und du stehst hier nackt vor einem Padre und seinen Schülern für zwei Mark die Stunde. Ohne Spaß, mir war zum Heulen. Ich, eine verheiratete Frau! Für zwei Mark! Und war in Georgien verheiratet mit einem Adjudanten von Marschall Tuschjatschewski!
Dann kam der Professor Nagel und schaute mich an. Mein Gott, schaute der mich lange an! Jetzt wird er wohl sagen, er braucht mich nicht! Sie ist nicht schön genug für die Akademie! Er schaute immer noch und sagte dann nur: ›Wunderbar! Ich engagiere Sie! Sie sind vergriffen!‹
›Wirklich?‹ schrie ich, ›ich bin also nicht häßlich? Sie nehmen mich wirklich?‹ Ich wurde sein Lieblingsmodell.
Man muß viel stehen. Öfter auch auf einem Bein. Mir wurde schlecht. ›Ja, waren Sie denn vorher nie Modell?‹ fragte er. So wurde ich eines.
Der, der mich engagierte, war Professor für christliche Kunst, ein Mönch. Erst bekam ich zwei, dann fünf, dann zehn Mark. Er hat mich sogar als Heilige dargestellt. Als heilige Elisabeth und in einer Kirche ausgestellt.
Ich mußte immer schon um neun da sein und stand bis sieben Uhr abends. Der Professor verlangte immer, daß dann die Dampfheizung angestellt würde und ich einen extra Heizofen bekam.
Nur meine Landsleute waren entsetzt. Eine Journalistin! Eine ›von‹! Aus so guter Familie! Und dieses verrückte Weib steht nackt Modell! Na Gott, die

reden viel! Mußte schließlich Geld verdienen und hing, davon abgesehen, ich hing in einer Kirche! Als Heilige. Die nicht.

Es hat lange gedauert, bis ich mich daran gewöhnt habe, nackt herumzustehen. Aber als heilige Elisabeth, je nun! Oder auch als andere Heilige. Nicht der Körper, natürlich, nur der Kopf. Mit anderen Modellen hatte ich eigentlich nichts zu tun. Die sind meist dumm und ungebildet, bei denen galt ich als arrogant. Der Hensel, der ist ja eine Berühmtheit als Modell, er ist nicht schön, aber er hat einen guten Kopf. Auch spinnt er ein bißchen. Er erzählt immer, amerikanische Präsidenten hätten ihn zu sich nach Hause eingeladen.

Zu den Professoren war ich nie unterwürfig und mit den Studenten und Studentinnen habe ich mich immer gut verstanden. ›Mach auch mal mit Revolte!‹ haben sie 1968 zu mir gesagt und haben mich fotografiert, als ich die Treppe hinaufgegangen bin.

Es gibt viele Bilder von mir. War schließlich auch mindestens zwanzig Jahre an der Akademie. Aufgehört habe ich, als ich krank wurde, obwohl sie mich immer sehr geschont haben. Ich habe auch viel gefilmt, der Johannes Schaaf war ein Duzfreund von mir. Aber was ich dick hatte beim Film: alle wollen sie sofort mit dir schlafen! Das ist anders beim Modell-Stehen. Da belästigt dich keiner.

Am Anfang wohnte ich bei einer alten Dame in einem wunderschönen Haus. Sie ist gestorben und ein Herr Weller hat das Haus gekauft mit mir im dritten Stock. Weil er renovieren wollte, hat er mir andere Wohnungen in seinen vielen Häusern angeboten. Ich habe dann das in der Türkenstraße 61 genommen, obwohl ich damit nicht zufrieden war. Er hat es zwar ausgebaut, es war aber immer noch sehr feucht: im Durchgang vom ersten zum zweiten Hof.

Das ›von‹ in meinem Namen hat ihm sehr gefallen. Er war gegen die Nazis – deswegen ist er nach Argentinien ausgewandert – und für den Adel. Er spinnt auf das ›von‹ und auf das Geld. Ob er Freimaurer sei, habe ich ihn einmal gefragt. Nein, sagte er, er habe so eine Gesellschaft, oder er gehöre zu einer Gesellschaft, die später einmal alles erben werde.

Er ging immer fürchterlich angezogen. Auch wenn der Häuser kaufen ging. Daß er nicht so viel zahlen mußte. Aber am Samstag, wenn er nach Starnberg fuhr in seine Villa, da trug er einen weichen Hut und einen eleganten Anzug, ich habe ihn kaum erkannt.

Als ich auszog, um hier einzuziehen, war er ganz bedrückt. ›Warum verläßt du mich? Warum ziehst du weg von mir?‹ hat er gefragt. Er könne mir auch eine Wohnung im zweiten Stock anbieten. Je nun, hier bin ich auch im zweiten Stock und habe Lift. Ich weiß, daß er von einer Studentin, der Vera Kratzer, ein Bild abgekauft hat, wo ich Modell stehe. Wo er doch sonst richtig geizig ist. Aber er steht nun einmal auf Adel.«

1996 starb Nina, in ihrem Nachruf in der SZ hieß es, daß niemand ihr Alter und ihr Leben genau kannte, wahrscheinlich nicht einmal sie selber.

Über sie und Hensel steht im Katalog der 1981er Ausstellung: »sie (die Ausstellung) gruppiert aufgefundenes Material um zwei Personen, die zum

Leben der Hochschule, wenn auch nicht zu ihrem offiziellen Personal gehören. Nina liegt, sitzt, steht, geht seit rund dreißig, Hensel seit rund fünfundzwanzig Jahren im Haus … Beide wurden gewählt, weil sie unverwechselbar erscheinen, gegensätzlich weit über den Begriff des weiblichen und männlichen Modells hinaus. Schon aus ihrer körperlichen Erscheinung geht hervor, was in der klassischen Ästhetik das Charakteristische im Gegensatz zum Ideal-Schönen genannt wurde … Die beiden Modelle bilden den gemeinsamen Schnittpunkt von Bewegungen junger Künstler, die sonst oft wenig gemeinsam haben.«

Oskar Hensel
geb. 1934 · Modell

Träumer

»Ich bin der Oskar von Schwabing. Mich kennen hier viele Leute. Ungefähr wie den Polt. Den kenn' ich auch persönlich. Ich bin auch Schauspieler, aber vor allem bin ich Lebenskünstler. Ich hab' der Akademie ein bißchen gedient wie die Nina, die ja auch bekannt ist.
Ich hab' sie zum Fernsehen gebracht, obwohl sie behauptet, es wäre umgekehrt. Wir haben auch schon Filme zusammen gedreht. Das ist halt immer so ein Kampf zwischen uns zweien. Aber sie ist goldig.
Wir hatten die große Ausstellung zusammen: Nina und Hensel. Die berühmtesten Modelle der Akademie.
Modell mach' ich seit meinem 19. Lebensjahr. In privaten Malschulen kennt man mich auch überall.
Ich bin zur Akademie gekommen, als es noch den Modellmarkt gab. Der

war vormittags in der Akademie in einem extra Raum. Da haben die Professoren die Modelle rausgesucht.

Ich bin eigentlich zur Akademie gegangen, weil ich hab' gedacht, dort könne ich singen oder Theater machen. Auf Modell war ich gar nicht so erpicht. Aber ich habe gleich Aufträge gekriegt von den Malern und Bildhauern. Und weil ich als Kind schon immer mit Künstlern in Berührung kommen wollte ... Wo ich zum ersten Mal hab' die Kleider ausziehen müssen, das war schon ein Durcheinander und eine Verwirrung. Wie man da so steht allein vor die viele Leut!

Aber dann, man gewöhnt sich schnell an die Leute. Die sind ruhig, arbeiten und sind Künstler. Ich bin ja auch Künstler. Da hab' ich mich gleich ganz gut mit denen verstanden. Es hat auch keiner ein blödes Wort gesagt.

So ging bei mir das Geschäft mit 19 los. Da gab's noch den Altmann als Modell und die Hartmann, die war Berlinerin. Die Nina kam erst später.

Mein Vater war ein geborener Berliner. Daß ich in München geboren wurde, war reiner Zufall. Meiner Mutter war zu der Zeit Berlin zu hektisch. Der Vater war Arzt. Meine Mutter ein bißchen abenteuerlich. Sie war Polin aus Kattowitz und hieß Marion Potika Hensel. Der Mädchenname war irgendwie adlig. Ich selber kenne Polen nicht, aber die haben da doch so adlige Sachen. Sie war von einer ganz tollen Familie, hat aber nicht viel Geld gehabt. Verarmter Adel eben. Sie hat den Papa geheiratet und mit ihm drei Töchter gehabt. Meine Stiefschwestern, die jetzt 71, 69 und 64 sind. Mein Vater war ihr Freund und man weiß ja, wie die Berliner sind. Ein rastloses Geschlecht! Als meine Mutter mich geboren hat, hat's gleich gesagt: ›Du bist ein Wunderkind, du schaffst das schon auf deine Art!‹ Ich war auch ein Wunderbaby. Ich hab' mich nie den anderen Kindern angeschlossen. Ich wollte Pfarrer werden und Sologeigenspieler im Caféhaus. Dafür hab' ich die Ziehharmonika mit 32 Knöpfen richtig gelernt. Gelesen hab' ich weniger. Ich hab' meine eigene Phantasie, ich stelle mir mein eigenes Leben vor. Im Sommer hab' ich die Kühe mit Marmelade gefüttert. Das fanden die toll! Ich hab's getan, weil es sonst niemand getan hat.

Ich war schon immer ein Sonderling.

Mit den Amerikanern habe ich mich gut verstanden, weil die auch ein bißchen leichtlebig sind. Wir haben immer Cowboylieder gesungen. Ich hatte ein nettes Cowboyhemd und einen Hut. Während meine Schwestern schon in den Jeeps mitfahren durften, bekam ich von den Sergeants einen Kaugummi. Das war für mich ein Riesenerlebnis, die Amerikaner.

Schule hab' ich normal gemacht, acht Jahre Volksschule, war ja Krieg damals. Ich habe mehrere Berufe gemacht: Ich war Schlosser, Schweißer, hab' Goldschmied gelernt, war auch einmal in einem Büro, bei einer Versicherung.

Ich bin aber ein bissel ein Träumer.

Ich kann zum Beispiel englisch singen und würd' gern einmal eine Show mit dem Frank Sinatra machen. Ich war zwar noch nicht in Amerika, aber ...

Mit dem Helmut Fischer hab' ich gespielt vor zweieinhalb Jahren, ich als

Gammler und er als Hauptgammler. Da hat er mir gleich das ›du‹ angeboten. Ich war so ein Typ, wie er ihn sich gewunschen hat. Bei ›Derrick‹ hab' ich mitgespielt, beim ›Alten‹ und beim ›Tatort‹. Irgendwie war ich immer so ein Außenseiter, ein Schreckensbaby.

Beim ›Dr. Faustus‹ im Winter in der Bavaria drauß', da haben wir die Hüllen fallen lassen, die Nina und ich.

Der Künstlerdienst, das war ja früher das Fressen. In der Faßbinderzeit hab' ich viel zu drehen gehabt. Getroffen hab' ich den Faßbinder mit seinem großen Hut in den Bavariastudios. Er war ja schon sehr ausgeflippt. ›Hör mal‹, hab' ich ganz ruhig zu ihm gesagt, ›ich brauch unbedingt einen Dreh!‹ – ›Hast denn schon mal gedreht?‹ – ›Schon oft!‹ – ›Dann geh' hinter und laß dir eine kleine Rolle geben!‹ hat er gesagt. Dann hab' ich eine kleine Rolle gekriegt mit der Schygulla. Das war, da muß ich mal zurückrechnen, das dürfte so 13 Jahre her sein. So um 1980. Jaja.

Dem Lamprecht verehr' ich sehr. Ich würde gern mal einen ›Tatort‹ mit ihm drehen. Ich hab' schon einen gedreht. In einer Zwangsjacke in der Irrenanstalt. Das hat mir großen Spaß gemacht.

Obwohl, die alten Gebäude, die geschlossenen Fenster und die Medikamente, das war schon wie im Mittelalter.

Ich selber bin sehr gesund. Der John Wayne hatte auch Übergewicht. Oder der Gene Kelly. Ich bin 1,86 groß und wiege über zwei, vielleicht drei Zentner.

Mein Liebling ist ja die Streisand. Da müßte man mal nach Amerika und perfekt Anschluß finden. Der Mario Adorf könnte das wohl machen. Obwohl er nicht viel redet, menschlich eher schwierig ist. Der hat sich mal für mich interessiert als Hilfssheriff, aber das hat dann nicht geklappt.

Zweimal hab' ich mit dem Sedlmayr gedreht. Er war ein großer Abenteurer, eine richtige Nachteule.

Beim Faßbinder hab' ich am Tag über 300 Mark verdient. Beim ›Alexanderplatz‹ war ich dabei: einmal als Irrer und das andere mal als Holzausfahrer. Der Faßbinder, hundertprozentig, wenn er nicht gestorben wäre, hätte er mich nach Hollywood gebracht.

Ich war schlauer als die anderen, der Bing Crosby oder der John Wayne, weil – die mußten immer wieder zum Alltag zurück. Ich nicht.

Ich könnt heute einen perfekten Oberinspektor spielen, wenn ich einen Regisseur find! Oder das Gegenteil: einen kranken Mörder. Aber das ist sehr, sehr schwer heute. Ich kenne die Filmbranche. Ich habe in 150 Filmen gespielt mit prominenten Stars.

Was ich mir noch vorstellen könnte: mit dem Polt einmal einen großen Film zu machen. Er zum Beispiel als Direktor einer Wirtschaft und ich als Kellner. Ich hoffe, daß die Regisseure schlau genug sind, bald wieder etwas mit mir zu machen. Weil die Geldprobleme kommen immer wieder. Ich hab' nicht soviel Geld, leider. Bin dann aber auch wieder zufrieden, wenn Aufträge kommen. Im Augenblick ist's ziemlich ruhig beim Fernsehen. Ich muß da mal wieder eine Produktion anrufen. Ich kenne ja viele.

Ich bin ein Mensch, wo in seiner Träumerei lebt und der wahren Wirklichkeit aus dem Wege geht.
Natürlich zahle ich meine Miete, sonst hast du keine Wohnung und bist verloren. Man muß auch mal was fürs Gewand tun. Und die Wohnung muß so eingerichtet sein, wie die Leute sich das vorstellen. Ich hab' einen Sessel, ein paar alte Stühle und ein neues Bett. Von der Sozialsteuer hab' ich mir ein neues Bett geben lassen. Sollen auch was für mich tun! Meine Wohnung in Neuhausen hab' ich vom Kronawitter bekommen. 40 qm für 500 Mark, das ist doch geschenkt. Das ist, weil er mich oft im Fernsehen gesehen hat, sagen die Leute. Immer, wenn er mich sieht, verbeugt er sich. Weil ich einfach das Original für München bin, sagen die Leute.
Als Modell mußt du ein Träumer sein. Aber abends ist dann dein Körper kaputt. Deshalb bin ich auch nicht mehr ganz gesund. Es ist das Bein, ein offenes Bein, eine Durchblutungsstörung. Vom Modellstehen. Eine Art Berufskrankheit und zum Glück chronisch. Da muß ich ein bis zweimal die Woche zum Arzt.
Ich war immer ein Einzelgänger und bin gut durchgekommen. Wenn ich Modell gestanden bin, hab' ich geträumt, ich wäre irgendwo in Hawaii, mit Hawaii-Mädchen, die mir etwas kochten. Ich bin hundertprozentig überzeugt, daß mein Leben Geschichte macht. In der Kunst. Und ich lebe schön. Das macht mir so leicht keiner nach. Ein Abteilungsleiter ist ein armer Hund gegen mich.
Wichtig für mich ist Freiheit und Humor. Das Alltägliche hasse ich. Ich hasse es zum Beispiel, nach dem Frühstück aufzuräumen. Ich lebe in einer Traumwelt wie all' die Klavierspieler, die bekannten oder die Künstler, die bekannten: der Schubert, der Frank Sinatra, der Elvis Presley oder der Louis Armstrong, den ich mal in München getroffen habe.
Und so zu leben, so Leute zu kennen, das ist doch ganz toll! Nicht jeden Tag aufstehen und in die Arbeit gehen. Die Langeweile würde mich töten.
Also wirklich, Filmen und Tanzen ist mein Leben. Und singen! (Singt) ›Ich möcht von dir träumen, am silbernen Meer, unter blühenden Bäumen, wie herrlich das wär! Dann nehm' ich zärtlich deine Hand und geh' mit dir ins Zauberland!‹
Da kann ich mich direkt hineinsteigern! Oder der Elvis hat auch so schöne Lieder gehabt! (Singt) ›Are you lonesome tonight, do you miss me tonight, are you sorry we drifted apart‹. Ich hab' ihn ja so geliebt, den Elvis, leider hab' ich ihn nicht gesehen, als er hier war.
Ist alles ganz anders geworden. Gearbeitet hab' ich an der Akademie bis jetzt, angefangen hab' ich bei dem Professor Henselmann. Genau der, der mit meinem Namen anfängt. Die Atmosphäre ist anders geworden, die Studenten. Die Professoren sind ja noch die alten. Früher war die Akademie ein Abenteuer, jetzt geh' ich nur noch so hin, zum Reden. Die Nina wollte einmal ein großes Fest machen in Paris. Da würde sie mich mitnehmen, hat sie gesagt. Das war noch nicht und wird wahrscheinlich überhaupt nie etwas werden.

Ja, wir Modelle sind alle Träumer. Wir sind hundertprozentig so eingestellt, daß wir die Leute irgendwie brauchen als Halt. Wir sind dann das Maskottchen für die Klasse. Ich hab' keine Universität, kein Abitur, bin aber auf diese Weise immer wunderbar durchgekommen.
Die Hälfte meines Lebens hab' ich an der Akademie verbracht. Als großer Mann, kann ich sagen. Die Studenten lieben mich, weil ich anders bin, und mit den Professoren bin ich auf du und du. Hier jedenfalls werde ich groß anerkannt.
Ich war zweimal verheiratet. Die erste Frau war Polin und schön. Sie hat mich immer in die wahre Wirklichkeit hineinstellen wollen. Aber ich lebe niemals so, daß ich mich dem Alltag anschließ'.
Wir haben eine Tochter, die Krankenschwester macht. Ist ein bißchen eigenartig, wie sie da so lebt an der holländischen Grenze. Sie sagt zum Beispiel, München sei ein kaltes Pflaster.
Die zweite Ehe war eher eine Gaudi. Sie war sehr jung und wollte ein Kind. Ich hatte aber schon eines und wollte nicht so viel Blabla mit Kindern machen. Ich wollte nicht angenagelt sein, nicht abhängig. Dann kam die Mutter dazwischen. Die hatten so ein Haus, das ich gar nicht wollte. Weißt ja, wie solche Leute sind: die gehen aufs Ganze! Da hieß es auf einmal: ›Du ißt bloß den ganzen Tag und tust kein Holz machen!‹ – ›Ich kann doch nicht gleichzeitig essen und Holz machen!‹ Da haben wir uns getrennt.
Heute war meine Schwester da und hat ein paar Hackfleische gemacht. Sie sagt immer: ›Du tust zu wenig, du schläfst zu viel!‹ Oder: ›Schau, daß du die Brösel aufkehrst!‹ oder: ›Räum die Bierfilzl zusammen!‹
Oder sie sagt, daß alles teurer würde und sie mir nurmehr weniger geben könne. ›Dann muß mir halt ein anderer mehr geben!‹ sage ich dann. Früher hat sie sogar wollen, daß ich Soldat werden. Blöd! Die versteht mich nicht. Die andere Schwester auch nicht. Die können mir doch beide nicht die Hand reichen. Auch nicht die Träume wegnehmen.
Ich zum Beispiel bügle nie eine Hose. Ich hab' immer Hosen an, denk' aber nicht daran, sie zu bügeln. Die sollen auch frei leben. Frei! Da wirst du doch ganz anders anerkannt vom Wind, vom Himmel! Ich kann meine Wäsche so lieben, daß ich sie nicht bügeln brauch'!
Schmarrn ist das alles, was die Spießer so denken.«

Marie Thim
geb. 1933 · Tai Chi Lehrerin

25 Jahre danach

»An der Akademie habe ich zwei Henselmann-Schülerinnen kennengelernt, die Ule und die Ida. Die Ule war die Freundin von Romano und mit der Ida hat er die Wohnung geteilt. Ein ausgebauter Trockenspeicher, Türkenstraße 61, hinten oben. Möbliert vermietet von einem Egon Weller für 250 Mark: zwei Zimmer, aber mit Küche und Bad – ein Luxus! Aber nur einem Ofen, einem Kohleofen. Das war Anfang der 60er. Wir trafen uns oft dort: eine Engländerin, ein Inder, viele Italiener und wir Deutschen. Weil wir alle ziemlich gleich arm waren, waren wir uns sehr nah. Wenn einer ein bißchen Geld hatte, kam er und brachte es. Dann kochten wir wieder Spaghetti, also Romano kochte und servierte, im Sommer mit nacktem Oberkörper und schwarzer Fliege. Richtig vornehm.
Wir hatten uns immer viel zu erzählen, wir haben Wein getrunken und viel gelacht.
Darüber haben sich dann die Hausbewohner beim Vermieter beschwert, daß es bei uns immer so laut zuginge. Dabei hatten wir nicht einmal Musik. Als Ida einmal für zwei Monate nach Amerika ging, überließ sie mir das Zimmer. Ich habe auch die Miete bezahlt, aber immer, wenn ich kam, lag schon jemand in meinem Bett. Romano hatte es großzügig seinen Gästen überlassen. Ich war damals sehr schüchtern und wagte nichts zu sagen.
Ich war dann immer wieder im Ausland, vor allem in Indonesien, wo ich meinen Meister für Tai-Chi und Ausdruckstanz fand. Wenn ich zurückkam, hatte ich kein Geld und keine Wohnung. Und der Herr Weller, obwohl er

immer so knickrig tat, hat mir immer wieder etwas Zahlbares verschafft in seinen 50 Häusern in München. So sagt man jedenfalls. Ich habe dann auch immer mal wieder kleinere Arbeiten für ihn verrichtet. Ich brachte ihm die Miete immer persönlich nach Hause, in seine total vollgestellte Riesenwohnung in der Martiusstraße. Er sieht immer schlechter, ist auch schon über 90, trotzdem beten wir alle darum, daß er noch lange leben möge.
Als ich dann das letzte Mal nach München zurückkam, hat der Herr Weller gesagt, er habe etwas ganz Besonderes für mich. Auf 61, einen ausgebauten Speicher.
Er hat neben der Wohnung, die inzwischen das Doppelte kostete, ein großes Zimmer ausgebaut, in das ich einzog. Ich habe eine eigene Toilette, baden kann ich bei der Nachbarin.
Und so sitze ich 25 Jahre später wieder in derselben Wohnung und genieße es und schau mir Romanos Zeichnungen auf der Küchentür an, sehne mich aber schon wieder nach Indien.
Wie lange ich es hier aushalten werde dieses Mal, weiß ich nicht. Aber daß mir der Herr Weller, wenn ich zurückkomme ohne Geld, wieder ein Zimmer in einem seiner 50 Häuser verschaffen wird, das weiß ich sicher. Er hat eben so seine zwei Seiten, unser Herr Weller.«

1990 ging Marie Thim nach Indien und lebt seither dort. Sie schrieb 1997: »Ich bin immer am Umziehen von einem Haus zu einem anderen. So ist es, wenn du kein eigenes Haus hast, aber vermutlich ist das auch mein Schicksal. Ich bin eben nur ein Gast in dieser seltsamen Welt.«

Im Winter 1997 starb Hausbesitzer Egon Weller.

Ugo Dossi
geb. 1943 · Maler

Mailand, Madonna, München, Madonna, Mailand

»Wenn ich von Mailand nach München komme, meide ich eigentlich die Türkenstraße. Da liegt so eine Verbotszone drauf. Als ob ich Berührungsängste hätte. Was ich sehe, bringe ich nicht zur Deckung mit dem Bild, das ich noch habe von der Straße meiner Kindheit.

Ich bin hier geboren, im Keller von Nummer 61 während eines Bombenangriffs.

Mein Vater ist schon in München geboren. Mein Großvater ist nach München gezogen und hat gegenüber der Türkenkaserne einen Messerschmiedeladen aufgemacht. Das war ein günstiger Ort, weil da die feschen Gardeoffiziere waren und die Kocherl von überallher kamen, um ihrem Schatz beim Ausreiten zuzuschauen. Die haben dann ihre Messer zum Schleifen gebracht oder neue gekauft.

Unsere Familie stammt aus Südtirol, vom Fuß der Brenta, aus Madonna di Campiglio. Das ist so ein Tal, wo Korund gebrochen wurde, was in reiner Form Edelstein ist, Saphir, Rubin, und in verunreinigter ein ideales Schleifmittel. Dort wurde auch der erste Schleifkarren gebaut. Und weil das Tal schmal und die Familien groß waren, hieß es für die Kinder früh: ›Raus!‹

Da sind sie dann herumgezogen, damals noch mit österreichischem Paß, zu Fuß, europaweit. Der Vater meiner Mutter sogar bis in die Türkei im Sommer.

Mein anderer Großvater – also es war so, mit sechs Jahren sind die Kinder zum Arbeiten gegeben worden. Da ging dann ein Erwachsener aus dem Dorf weg mit Schleifkarren und fünf, sechs Kindern dabei. Die haben ihm geholfen, waren praktisch Subunternehmer. Nach drei Jahren sind sie ausbezahlt worden und bekamen jeder einen Schleifkarren.
Die meisten sind dann in den Norden gezogen, Schweiz, Österreich, Bayern, mein Großvater zog gen Süden, nach Sardinien. Die Messerschleiferfamilien aus unserem Tal sind überall auf der Welt verteilt. Wenn ich in Amerika bin oder in Australien, schau ich gleich in die Branchenverzeichnisse unter ›Messergeschäfte‹. Und da finde ich dann meist die Namen, die nur von uns kommen können: Borzaghini, Lorenzi, Colini, Masari, Chesi, ja und Dossi.
Nordafrika war ein traditionelles italienisches Auswanderergebiet. Und weil sie ungern auf ihren Käse verzichteten, gab es diese Käseschiffe zwischen Sardinien und Tunesien, Algerien. Der sardische Schafskäse wurde auf dem Schiff portioniert und dazu brauchte man Messer. Da war er gut aufgehoben, der Großvater, er blieb auf dem Schiff und fuhr so jahrelang übers Meer. Mit elf hatte er sein erstes Geschäft in Sétif, heute Algerien, das er dann aber seinem Bruder verkauft hat. Er zog gen Norden, zwischen München und Prag hin und her. Das war seine Schiene, da hat's ihm gefallen.
Mit 50 hat er eine 17jährige geheiratet und wurde seßhaft in München, gegenüber der Türkenkaserne, Großvater Elias. 1903 ist mein Vater Arturo geboren.
Der wurde in der Schule im Ersten Weltkrieg als ›Italiener‹ und als ›Verräter‹ beschimpft, weil sich Italien gerade aus dem Krieg zurückgezogen hatte. 1917 hat der Großvater gesagt: ›Der Krieg dauert nimmer lang!‹ Und wieso? Weil er gesehen hatte, wie im Englischen Garten Kolonnen von Soldaten die Eisenteile zum Schutz des Rasens herausgerissen hatten für die Front. ›Wenn man das nötig hat‹, hat der Großvater gemeint, ›kann man den Krieg nicht mehr gewinnen!‹ Kurz darauf starb er an Grippe.
Vater mußte dann Großvaters Laden, Werkstatt und Familie übernehmen, als er 15 war. Im Laden waren noch zwei Leute beschäftigt. Dabei wäre er so gern Maler geworden. Er war ein guter Hobbymaler und wenn ich mir heute seine Sachen so anschaue: gar nicht übel! Viele Landschaften, viele Berge. Der Vater hatte ein doppelschneidiges Verhältnis zur Malerei: ihm imponierte sie sehr, er hätte sie gern betrieben, wenn der Großvater nicht so früh gestorben wäre, aber der hielt sie für eine brotlose Kunst. Deshalb wollte er mich auch unbedingt davon abhalten, was mich nur darin bestärkte, daß ich's machen mußte. Ich hatte da eher die existentialistische Haltung: Das mach' ich für mich. Das leiste ich mir!
Momentan schaut es sogar ganz gut aus finanziell. In Mailand habe ich mein Atelier, meine Wohnung und meine Galerieverbindungen, in Madonna di Campiglio ein Haus, was ganz praktisch ist, weil es in der Mitte zwischen Mailand und München liegt und ich mich zwischen diesen beiden Städten im Spagat befinde.

Daheim hatte man mir immer vorgemacht, wie man spart und spart und spart. Wir waren nicht reich, aber auch nicht leidend. Wovor mein Vater wahrscheinlich Angst hatte, als ich mich entschieden hatte, Maler zu werden, war: daß er mich verlieren würde, wenn ich in eine andere Gesellschaftsschicht käme. Einen Klassensprung machte. Das ist aber nicht passiert.

Mein Vater war 39 und meine Mutter 40, als sie heirateten. Beide stammten sie aus Madonna di Campiglio. Mutter ist in Zürich aufgewachsen, weil ihr Vater dort ein Geschäft hatte, ein Messergeschäft natürlich. Das er wieder verkaufte, um in einem Nachbardorf eine Messermanufaktur zu eröffnen. Diese Messer wurden dann im Geschäft des Vaters in der Türkenstraße verkauft. Mutter wohnte nach der Hochzeit noch in Südtirol.

Im September 1943 hatte es in Italien einen Putsch gegen Mussolini gegeben; sie wollten aus dem Krieg heraus.

Deshalb war in Deutschland jeder, der einen italienischen Paß hatte wie mein Vater verdächtig. Die anderen Messerschleifer, die in München waren, haben sich aus dem Staub gemacht und sind mit dem Fahrrad nach Hause gefahren. Über die Alpen.

So erfuhr meine Mutter, daß die Nazis meinen Vater in Dachau interniert hatten. Als ›politisch unzuverlässig‹. Dabei war er der unpolitischste Mensch, den ich kenne. Nach einer Woche haben sie ihn wieder heimgeschickt. Das wußte aber meine Mutter nicht, sie war schon mit dickem Bauch im Zug unterwegs nach München. Ab Rosenheim gab's keine Schienen mehr. Da ist sie eben das letzte Stück zu Fuß gelaufen, mit mir im siebten Monat schwanger.

Kaum war sie zwei Tage hier, passierte es: sie saßen im Keller in der Türkenstraße 61, als eine Bombe das Haus traf und der Druck ihr die Fruchtblase zerriß. So wurde meine Geburt eingeleitet. Sie ist dann durch andere Keller, weil das Haus auf den Eingang gestürzt war, da gab es so Sollbruchstellen zwischen den Kellern, die man aufschlagen konnte zum Fliehen. Sie kam dann in der Blütenstraße heraus und wurde in die Klinik in der Schackstraße gebracht.

Die Geburt muß ziemlich mühselig gewesen sein, weil keine Wehen kamen, weil es ja viel zu früh war und die Mutter müde und gestreßt. Nicht einfach sei's gewesen, hat sie gesagt, und sie ist nicht wehleidig.

Ich bin der Einzige geblieben.

Meine Mutter ist jetzt neunzig und wohnt in Madonna di Campiglio. Ich besuche sie gern. Während der ganzen dreißig Jahre, die sie in der Türkenstraße gewohnt hat, hat sie sich immer zurückgesehnt in ihr Dorf.

Obwohl sie doch glücklich war mit ihrem Mann. Meine Eltern haben das gemacht, was ich nie für möglich gehalten habe: sie haben eine Ehe gehabt, händchenhaltend bis ins hohe Alter. Sie haben sich immer so verliebt angeschaut.

Was für mich die Pest war. Ich hatte scheint's eine Überdosis von Liebe, so daß alle meine Beziehungen chaotisch waren und sich in kürzester Zeit auflösten. Auflösen mußten.

Zu meiner erotischen Entwicklung gehört das Waschhaus im ersten Hof im Keller, gegenüber von den Aschentonnen. Dort haben mir die kleinen Mädchen gezeigt, wie's bei ihnen und ich habe ihnen stolz gezeigt, wie's bei mir aussieht. Das war unser Doktorspielplatz. Wenn ich mit den beiden Mädchen unten war und es war zu lange still, ist immer jemand von den Erwachsenen gekommen, um nachzuschauen. Deshalb mußte immer eine Schmiere stehen.
Neben dem Schlößchen, das sich da einer Ecke Türken-Adalbertstraße hingebaut hatte, gab es eine oder zwei, die dem Gewerbe nachgingen. Das hat uns ungemein interessiert und wenn einer gesehen hat, daß die mit jemandem in die Ruinen ging, also in die Baracke, die im Hof der Ruine stand, haben wir uns informiert und dann nichts wie hoch, von wo man etwas sehen konnte und denen beim Vögeln zuschauen.
Ich bin katholisch aufgewachsen, bin es aber nicht mehr. Der Forsthuber war mein Religionslehrer und gleichzeitig Pfarrer von St. Ludwig. Deshalb war ich auch dort im Chor und nebenher Ministrant. Da gab es den berühmten Guardini, Philosoph und Universitätsprediger, bei dessen Predigten ich immer eingeschlafen bin. Aber zwei Mark fürs Ministrieren, das war viel Geld damals. Ja, und dann die Maiandachten. Das hieß: länger aufbleiben, später heimkommen und ›Stinkefinger‹ machen.
Im Hollerbusch hinter der Kirche. Das waren die ersten fleischlichen Annäherungen und das war für mich das Hauptmotiv gewesen, Ministrant zu werden. Da war ich so neun oder zehn. Da stand die Entscheidung an, ob ich ins Gymnasium sollte oder nicht. Ich wollte nicht. Ich wollte Motorradrennfahrer werden. Was sollte ich da meine wertvolle Zeit auf der Schulbank vertrödeln? Dann traf ich aber den Guardini im Hausgang bei uns. Er kam tatsächlich von meinen Eltern und hatte sie überredet, ihren begabten Sohn doch aufs Gymnasium zu schicken, nicht Rennfahrer werden zu lassen.
Schuld ist da der Bertl Kattaloher, der Polsterer vom Hinterhof, der hatte ein Motorrad, einen DKW, mit dem er mich ein paarmal zur Amalienschule gefahren hat. Das war das Allertollste. Der Bertl hat mich auf dem Gewissen! Seither sammle ich Motorräder. Ich hab fast ein Museum davon. Nächste Woche kommt wieder was Neues, eine Bugatti. Sicher ist da eine Sexkomponente dabei, klar.
Oben im Haus, in einem ausgebauten Trockenspeicher, den der Vermieter für unsägliche 250 Mark möbliert vermietet hatte, wohnte ein italienischer Maler, Gaetano Pompa, der sich irgendwo zwischen Kunstgewerbe und Kunst bewegte und der mir sehr imponierte, weil durch ihn endlich einmal schöne Frauen ins Haus kamen.
Laß das Rennfahren, sagte ich mir, kannst du immer noch privat machen, werde Maler! Dann kannst du auch all' diese langbeinigen Blonden ficken! Was sich in den letzten dreißig Jahren als richtig erwiesen hat. (lacht)
Die ganze Stadt war ein einziger Abenteuerspielplatz. Als die letzte Ruine weggeräumt wurde, stand ich davor und heulte. Die Bandenkriege, ich war

aktives Mitglied der Türkenstraßenbande und habe den Gerhard Polt von den Amalienstraßlern einmal von seinem Damenrad gerissen, wo er wie ein Verrückter herumgefahren war, waren für uns sicher eine Art Identitätsfindung: das sind meine, das sind unsere Ruinen, da dürft ihr nicht rein, sonst!
Kurz nach dem Krieg hatten wir anstelle von Scheiben, die alle durch die Druckwellen der Bombenangriffe kaputtgegangen waren, geöltes Papier in den Fensterrahmen, dickes Packpapier.
Aber wir fühlten uns aufgehoben. Ich kannte alle Handwerker, alle Läden. Wenn es kalt war oder regnete, hat man sich mit den Freunden wo reingestellt. Und wenn es Zeit war für die Brotzeit, haben wir immer etwas bekommen. Für den Durst gab es die Wasserleitung.
Zum alten Obexer, dem Polsterer, kam ich gern in die Werkstatt im 2. Hinterhof. Er hatte einen weißen Bart und war ein lustiger Mann. Er hatte in der Werkstatt stapelweise Illustrierte aus dem Dritten Reich, in denen ich gern blätterte. Als ich ihn einmal fragte: ›Und wer ist das?‹ schaute er nur kurz und sagte: ›Das ist der Teufel!‹ Ich habe dem dann das ganze Gesicht voller Kringel gemalt. Es war der Hitler.
Den hat der alte Obexer nicht so leiden können. Im Gegensatz zum Hartmann, der war schnell Parteigenosse und Hausmeister. Ein ganz Brauner! Und nach dem Krieg, flugs, im Kirchenchor. Wir waren drei Kinder im Haus: der Hartmannsohn Karli, der Josef, der Sohn vom Gürtler Gerricht, der ihn aber verstoßen hatte und der im Keller unten hauste, und ich.
Bei der Kleidung stellte sich nur die Frage: Warm oder nicht warm genug, also: kurze oder lange Hosen. Die kurzen mit Leibchen und gestrickten Strümpfen. Ich hab mich geschämt, als ich das mit neun noch tragen mußte, wo die anderen schon lange Hosen hatten.
Mein Zimmer in unserer Drei-Zimmer-Wohnung, in der auch Vaters Bruder, Marino, lebte, war das Wohnzimmer, wenn es nicht als solches gebraucht wurde. Weil, aufgehalten hat man sich ja in der Küche mit ihrem Herdofen. Dem einzigen Raum, in dem es warm war. Weil das Fräulein Stock, die Vermieterin, die Kamine nach dem Krieg nicht hatte richten lassen. Am Samstag wurden die Wannen vom Speicher geholt, in der Küche aufgestellt, mit kaltem Wasser gefüllt und mit Gas, das man von der Leitung abzapfte, aufgeheizt.
Eines Tages hieß es dann: ›das Fräulein Stock hat an den Weller verkauft!‹ Für'n Appel und 'n Ei, also auf Rentenbasis hat er die drei Häuser auf 61 bekommen. Er war auch irgendwie ein Tandler. Ich habe nie einen Menschen gesehen, der so verkommen aussah wie er. So ärmlich und heruntergekommen, als wolle er sich selbst bestrafen. Wo er doch mehrfacher Millionär ist. Er hat also jedes Eckchen ausbauen lassen. Und in den früheren Trockenspeicher ist der Gaetano eingezogen. Und da kamen dann die Mädchen von der Akademie.
Überhaupt die Akademie! Ohne zu wissen, daß ich da später einmal studieren würde, hat es mich da immer magisch hingezogen. Die Keller standen unter Wasser und im Winter konnte man da Schlittschuh fahren. Genauso

wie auf dem gefrorenen Weiher im Park. Ich durfte ja überall hin, weil ich mit den Kindern des italienischen Gießers, der ein Freund meines Vaters war, befreundet war. Die kamen an alle Schlüssel.
Als ich drei war, bin ich durch ein wildes Erlebnis wachgerüttelt worden: auf der Grünfläche vor der Akademie, rechts und links vom Haupteingang, gab es zwei kleine Beobachtungsbunker. Das waren kleine Zementeimer mit einem Hut drauf. Ich bin in einen hineingekrochen und der Deckel ist zugefallen. Erst habe ich noch geschrien, aber niemand hat mich gehört. Dann wurde ich apathisch, blieb aber hellwach. Ich habe die ganze Nacht dort verbracht, erst am Morgen haben sie mich gefunden.
Eine andere frühe Erinnerung sind die Sträflinge in ihren gestreiften Anzügen, die durch die Türkenstraße zogen, weil mein Vater sie angefordert hatte, um den Schutt im Geschäft gegenüber der Kaserne wegzuräumen. Mutter hat ihnen immer etwas zugesteckt, und sie revanchierten sich, indem sie uns große Käseräder zukommen ließen. Der Käse hat abscheulich gestunken, aber er mußte gegessen werden.
Oder die Geschichte von den russischen Ex-Sträflingen, die ich allerdings bloß vom Erzählen kenne: Die beim Hemmeter, der Spirituosenfirma, die Fässer eingeschlagen haben und von denen ungefähr zehn, im Weinkeller ertrunken sind.[1]
Zwischen der Akademie und dem ARRI ist die Bockerlbahn durchgefahren mit den Trümmern zum Schuttberg. Man hat sie der ›Rasende Gauleiter‹ genannt und sie hatte zwei Wagen: einen vollen und einen leeren. Im vollen standen die Ziegelputzerinnen: Frauen in Trainingshosen und langen Schürzen darüber und großen Handschuhen. Sie putzten die Ziegel und warfen sie in den leeren Wagen. Der fuhr mit ihnen wieder zur Stadt zurück, da wurden sie für den Wiederaufbau gebraucht. Ein ideales Recyling. Als Kinder sind wir da oft mitgefahren. Zum Oberwiesenfeld, wo früher der Flughafen war und wo am Boden noch zersprengte Flugzeugteile herumlagen. Da waren jetzt die Amerikaner und das erste, was wir lernten, war: ›Give me cigarettes!‹
Am Amiraplatz war ein PX-Laden nur für Amerikaner. Da stand ich einmal davor, als ich plötzlich hochgehoben wurde. Von einem Schwarzen! Das war's also, dachte ich. Ein Schwarzer! Ich kannte die nur von den Münchner Bilderbögen. Da gab es nur Mohren und Menschenfresser. Ich tippte auf letzteres. Dabei hat er mich nur hineingenommen und mir eine Tüte mit Bonbons gekauft. Die ersten Bonbons meines Lebens. Als er mich wieder herunterließ, bin ich gesaust wie vorm Teufel, aber die Tüte habe ich festgehalten.
Bis 1965 bin ich hier gewesen, habe die wilden Jahre der Akademie gar nicht mehr miterlebt. Und wenn ich jetzt komme, gehe ich der Türkenstraße aus dem Weg. Seltsam.
Das Gräßlichste, was dieser Straße passieren könnte, wäre, sie in eine Fußgängerzone zu verwandeln.
Man muß sie einfach ungeplant wuchern lassen.«

[1] die Angaben über die Zahl der Toten variieren

Burkhard Backe
geb. 1936 · Bildhauer, Maler

Frei sein und ein Stück verloren …

»Ich bin ganz und gar kein Steinbildhauer wie der Nikolaus Gerhart. Meine Natur ist es nicht, aus einer Form, einem Stein etwa, etwas wegzunehmen, sondern etwas hinzuzufügen. Beim Bronzeguß kann man eine großzügige, flächige Form mit feinen, sensiblen Details verschmelzen. Da ist die Möglichkeit des Fließens drin, die etwas Musikalisches ist und die dem Metall wesentlich angemessener ist als irgendwelchen anderen Materialien.
Freiheit fällt mir dazu ein, Sensibilität, Großzügigkeit, Selbstverständlichkeit. Ich bin eigentlich nie sehr autoritär mit mir umgegangen, ich habe mich eher fließen lassen. Glückhaft sind mir Dinge begegnet und ich habe sie angenommen, habe mich mit ihnen identifiziert.
Die Weiterführung einer Zeichnung, das Bearbeiten von Licht und das Herausführen aus einer zweidimensionalen Fläche, das langsame Herausarbeiten der Form, das ist für mich immer ein wahnsinniges, sehr sinnliches, fast erotisches Vergnügen.
Frauen und Erotik spielen eine riesenhafte Rolle für mich, sie haben meine Arbeiten sehr stark beeinflußt. Ich habe ganz selten männliche Formen gemacht, ich war immer stärker orientiert an der Weiblichkeit. Die Frauen sind bei mir die großen Aufrechten und Vollständigen, während die Männer immer gestürzt sind in die Waagerechte.
Im Leben habe ich Frauen dann oft zu dem gemacht, was ich brauchte. Das waren immer sehr kraftvolle Frauen, Frauen, die ihren eigenen Weg verfolgten und in ihrer selbständigen Denkweise und Gefühlswelt maßgebend für mich wurden. An ihnen und ihrer Einstellung zum Leben, zum Alltag, zur

Umgebung habe ich mich stark orientiert. Weil sie von realistischer Handfestigkeit war.
Ich habe ihnen nie erlaubt, Einfluß auf meine Arbeit zu nehmen, aber ihre Wirkung kommt indirekt und verschwiegen in meiner Arbeit zum Ausdruck.
Ich habe Frauen immer empfunden als Zentrum der Welt, was sie ja wirklich sind. Wir Männer sind nicht die Krone der Schöpfung. Wir können nur auf Kurzstrecken das Maß angeben, auf Langstrecken siegt die Urnatürlichkeit der Frau. Auch wenn ihr das nicht immer unbedingt bewußt ist. Sie ist die Verkörperung von dem, wo's in Wirklichkeit langgeht.
In ihnen passiert das Leben und wir müssen über Kopf gebären. Beneidet habe ich sie dafür nicht, eher bewundert.
Geheiratet habe ich nicht, ich war also niemals wirklich fest gebunden, obwohl ich die meiste Zeit meines Lebens mit Frauen verbunden war. Intensiv verbunden war. Auch treu, ja. (lacht) Ich habe eine Tochter, die Tätowierungen macht. Von der habe ich viel über Kalligraphie gelernt. Sie hat einen Teil ihrer Kindheit hier bei mir im Atelier im Hof in der Türkenstraße 78 verbracht.
Seit 1960 bin ich in München, seit 1966 hab' ich das Atelier, beim ›Türkenhof‹ hinten. Ich habe es von einem Kirchnerschüler übernommen – der Heinrich Kirchner war Professor an der Akademie und lehrte Bronzeguß – und habe es Gott sei Dank immer noch, obwohl auf eine Brauereiinitiative hin oder eigentlich mehr auf die persönliche Initiative von Ferdinand Schmid hin, im Hof ein ›Kunsthof‹ entstanden ist. Das war 1994. Ich hatte Angst, hinaussaniert zu werden, aber ich konnte bleiben, Gott sei Dank. Ich hatte dort sogar eine Ausstellung in mehreren Räumen und verkaufen konnte ich auch.
Als ich das Atelier übernommen habe, war es wahnsinnig dreckig. Wir haben darin tief verrußt den Bronzeguß gemacht. Bronzeguß ist eine schwierige und nicht saubere Angelegenheit. Da gab's sehr viel Dreck und viel Anstrengung im Raum, in dem der Brenn- und der Schmelzofen stand.
Seit zwanzig Jahren lasse ich jetzt gießen. Aber weil ich die Feinheiten genau kenne, bin ich, wenn's drauf ankommt, auch dabei in Neuötting. Man geht ja eine gewisse Verwandtschaft ein mit dem Gießer, daß der genau weiß, was man haben will und daß die Natürlichkeit des Gusses erhalten bleibt. Für mich ist der Bronzegießer der Ersatzmann, der die Sache in Bronze verwandelt, dann arbeite ich erst die Plastik zuende.
Wenn ich an München denke, denke ich an die Türkenstraße. Ich denke ja, sie ist so lebendig, weil sie so benachbart der Akademie ist.
Dadurch, daß ich zwei Jahre von 66 bis 68, Werkstattleiter der Metallwerkstatt war, konnte ich ziemlich gleichmäßig und ohne große Probleme aus der Akademie hinauswachsen und selbständig werden.
Ich brauche keinen Luxus. Ich denke, man kann auch im größten Dreckstall gute Arbeit machen. Ich habe seit Jahren kein fließendes Wasser im Atelier gehabt und brauch' mir diese Ansprüche auch nicht angewöhnen.
Freiheit ist wichtig und Unabhängigkeit. Aber auch Freiheit von eigenen Ansprüchen.

In Bayern bin ich mehr oder weniger zufällig. Eigentlich bin ich eine Zigeunernatur. So ein Heimatgefühl, das entwickelt man doch in seiner Jugend, das hat doch mit Sprache zu tun und das habe ich eher in Berlin und Hamburg. Wo die Eltern herkommen. Später ist die ganze Familie kreuz und quer durch Deutschland gereist. Ich habe mich, höchstwahrscheinlich durch Krieg und Flucht, immer empfunden als jemand, der keine Bodenständigkeit hat, der ganz ungebunden ist und ganz frei, aber ein Stück verloren.
Ich war die größte Zeit meines Lebens in der Türkenstraße ansässig, aber ein wirkliches Heimatgefühl entwickeln kann ich nicht. Die Straße ist mir ein Stück Eigentum geworden als der Ort, an dem ich diverse künstlerische Erlebnisse gehabt habe. Dieses Atelier ist mir so wichtig, weil darin die verschiedensten Arbeiten entstanden sind – die große Sitzende zum Beispiel, an der ich sieben Jahre gearbeitet habe. Hier habe ich größere und kleinere Siege mir gegenüber errungen. Durch derartige Erlebnisse wächst die Straße dir zu, wird zu deinem Eigentum.
Mit dem Reisen und der Beweglichkeit ist es bei mir nicht weit her. Ich könnte eigentlich mein Leben lang auf einem Fleck sitzen, ohne groß an Ideenmangel zu leiden. Das ist eine innere Entwicklung, da brauch' ich keine äußeren Einflüsse. Natürlich empfinde ich jedesmal nach einer Reise eine Erfrischung und einen Zuwachs, aber wirklich nötig habe ich das nicht.
Wenn man mir allerdings das Atelier kündigen würde, wäre mir der Boden entzogen. Das wäre ganz schlimm, das würde mir sehr mißfallen.
Mein Mäzen, der Kennewig, dem Besitzer der ›Quick‹, wollte mir einmal ein Atelier bauen, draußen irgendwo, das habe ich naiverweise – vielleicht – abgelehnt. Weil ich vollkommen zufrieden war mit der Werkstatt. Es immer noch bin.
Wenn ich Geld hätte, vielleicht wäre es schön, so ein Wechsel zwischen Stadt und Land, aber irgendwie kann ich mir nicht vorstellen, daß ich draußen ganz zufrieden wäre. Vielleicht eher mit jemandem zusammen eine kleine Werkstatt in Berlin und dann zwischen den beiden Städten pendeln. Das wäre diskutabel. Ich bin ja mehr ein Stadtmensch.
Eigentlich hätte ich das gleiche studieren sollen wie mein Vater, nämlich Architektur. Er war Baurat in Hanau am Main, einer der zerstörtesten Städte nach dem Krieg und hat dort die Staatsbauten wieder aufgebaut.
Ich habe mich allerdings schon mit 15, 16 entschlossen, Bildhauerei zu machen. Wir waren fünf Kinder und irgendwie müssen mich die Zeichnungen meines älteren Bruders – er ist dann auch Graphiker geworden – die er aus dem Zoo mitgebracht hat, Zebus, Elefanten, so inspiriert haben. Eine jüngere Schwester ist auch Graphikerin geworden. Bei uns zu Hause waren lebendige Gespräche über Kunst an der Tagesordnung. Meine Elten haben uns, wo sie konnten, die Wege geebnet und keine Vorschriften gemacht. Das war schon eine praktische Erziehung zur Selbständigkeit.
Ich habe mir schon früh eine Werkstatt auf dem Dachboden eingerichtet: ich hab' einfach einen Stab in den Tisch gerammt und angefangen zu mo-

dellieren. Ohne irgendwelche technischen Kenntnisse. Zuerst habe ich Hände modelliert in Ton, dann Köpfe, Gesichter, Gestalten.
Die erste Plastik, das war ein kleiner Ton-Torso, den ich in der Physikstunde modelliert habe aus Begeisterung für eine Freundin. Eigentlich für Frauen überhaupt.
Meine Arbeit, also die geistige, wenn ich nicht gerade an einer Bronze bin, besteht viel aus Ungebundenheit, Spiel und Beobachtung. Sich selber wachsam beim Spiel zu beobachten, daß man merkt: was ist jetzt wichtig? Dazu bedarf es einer ziemlichen Gegenwärtigkeit, sich selbst mit Abstand beobachten zu können. Diesen Gegensatz zwischen meinem Hinterhof und der quirligen Straße, der Stille und dem unverkrampft-unverbindlichen Cafe-Trinken mit Freunden und Bekannten, genieße ich sehr. Oft geht es mir natürlich auch so, daß ich überhaupt keine Lust habe und überhaupt nichts zusammenkriege – dann muß man eben Geduld mit sich selber haben. Keine großen Programme machen, aufmerksam bleiben, abwarten, bis plötzlich aus einer Lockerheit heraus, wo Gedanken und Gefühle frei laufen, wie da auf einmal eine Intensität entsteht, daß man überhaupt nicht mehr weiß, ob Sonntag oder Montag ist oder wo du dich überhaupt befindest.
Das entsteht dann aus diesem Nebeneinander der Welten, dieser Hinterhofgeborgenheit und dem Betrieb der Straße, dem Austausch mit anderen.
Wie immer die Straße sich entwickelt, und Veränderung gehört ja zum Leben, ich akzeptiere es. Mir geht dabei nichts ab. Ich will mich nicht davon abhängig machen, daß etwas so weiterexistiert, wie ich es kenne.
Ich bin ein perfekter Anti-Alkoholiker, ich brauch' sowas nicht, ich habe nie getrunken: Aus Spaß habe ich mich auch mal vollaufen lassen, um zu sehen, wie das ist. Aber das ist mir nicht angemessen, da krieg' ich höchstens Kopfschmerzen. Außerdem schmeckt er mir nicht, der Alkohol.
1958 habe ich in Hamburg die Bildhauerei angefangen bei Professor Gustav Seitz.
Ich kam von Michelangelo und Rodin und wollte eigentlich bei Gerhard Marcks studieren. Aber der hatte gerade seine Professur aufgegeben und arbeitete in Köln, wo die Stadt ihm ein Haus gestellt hatte. Am allerliebsten hätte ich ja bei Lehmbruck studiert, aber der hatte ja schon 1919 Selbstmord begangen. Ich halte ihn immer noch für den größten deutschen Bildhauer dieses Jahrhunderts.
So kam ich zu Gustav Seitz und die vier Semester waren wirklich fundiertes Lernen. ›Kauft euch ein Lot und einen Winkel‹, sagte er, ›damit ihr lernt, was Statik bedeutet!‹ Da habe ich vermittelt bekommen, was die Fundamente von Plastik überhaupt sind: Statische Gesetze und Proportionen.
Daneben gab es die großen Karnevalsfeten und alle möglichen Liebesgeschichten. Der Vater der einen großen Liebesgeschichte mit Christa hat gesagt: ›Sie kriegen meine Tochter nicht, wenn Sie nicht einen richtigen handfesten Beruf, ein Handwerk nachweisen!‹ Da war ich natürlich im Dilemma. So jung wie man damals war und voller Aggressionen: wer will mir meine Bildhauerei verwehren! Aber der Mann hatte recht. Ich schaute mich

um und kam auf den Bronzeguß. Den gab es in Düsseldorf und München und ich hab' mich – charakteristisch übrigens – für München entschieden. Beim Scheißen auf der Toilette. (lacht)
Der Seitz hat dann einen Brief geschrieben an den Heinrich Kirchner in München. Der hatte schon in der nationalsozialistischen Zeit im Geheimen Bronzegüsse gemacht für die sogenannten ›Entarteten‹. Der war erst Werkmeister in der Bronzegießerei und ist dann Professor geworden. Er hat mich zuerst in seine Klasse, dann auch in sein Haus aufgenommen. In diesem behüteten Nest der Akademie habe ich dann das Handwerk des Bronzegießens gelernt. Die Christa habe ich nachkommen lassen, sie hat Goldschmiedin an der Akademie studiert. Das war schön, wenn wir gemeinsam gezeichnet und Schmuck entworfen haben. Der Vater war inzwischen mit allem einverstanden, auch daß ich auf den Gesellenbrief verzichtet hatte.
Dann passierte die Geschichte mit dem Mäzen. Es hatte einen Wettbewerb gegeben und ich hatte ein schönes Relief gegossen, das von Wolfgang Christlieb, dem AZ-Kunstkritiker aus der Akademiestraße sehr gelobt worden war: Max Ernst hätte seine Freude gehabt an der kleinen phantasievollen Reliefarbeit des jungen Künstlers B. B... es hat mich sehr gefreut. Und dann kam der Herr Kennewig, Eigentümer der ›Quick‹, des ›twen‹ und einer Fußballzeitung, er kam mit dem Kirchner in die Zieselierwerkstätte und machte mir gleich ein großes Kompliment. Er und seine Tochter stammten aus Worpswede aus einer alten Bremer Familie und er beschloß, mich richtig zu fördern. Das war 1963. Er sagte, ich könnte gießen, was ich wollte und wenn ich Geld brauchte, sollte ich nur zu ihm kommen.
Aus diesem Mäzenatentum hat sich eine echte Freundschaft entwickelt. Und diese Freundschaft und diese Mäzenatentum besteht auch nach seinem Tod mit der Tochter weiter. Wenn ich wirklich große Unternehmen vorhabe, kann ich ohne weiteres zu ihr hingehen und sie hilft mir dann.
Das ist ein unglaubliches Glück, also wirklich, ich kann da nicht zwischen Zufall und Verdienst unterscheiden.
Der Kirchner war der Vertreter des vollkommen natürlichen Bronzegusses, das heißt, er akzeptierte die Bronze so, wie sie aus dem Guß kam: die Gußhaut, die ganze Patina und der Erkaltungsprozeß sollten die Schönheit der Plastik zum Ausdruck bringen.
Ich hab' da eine oppositionelle Stellung dazu. Um die Intensität der Bronze zu erhöhen, bearbeite ich sie nach dem Guß noch scharf. So daß sie ganz oder teilweise den Gußcharakter verliert und nackt zum Ausdruck kommt. Polierte Bronze und mit verschiedenen Farben und Techniken behandelte Bronze. Ich will experimentieren, ich will sehen, was in der Bronze steckt.
Ich möchte meine inneren Bilder gegen die Welt setzen. Das ist nicht realistisch, das ist wohl eher idealistisch. Dazu muß man beweglich und offen sein, auf die Gefahr hin, daß man sich verliert. Dieses Risiko muß man unbedingt immer wieder eingehen, aber man schafft es, wenn man stark genug ist.«

Nikolaus Gerhart
geb. 1944 · Bildhauer, seit 1998 Akademieprofessor

Ist ja alles Stein im Leben

Kritiker reißen Gerharts Steinskulpturen zu immer neuen Metaphern hin: Seine Kunst sei »die zeitgenössische Antwort auf die Herausforderung des plastischen Raums«, da wird von der »Dialektik des Innen und Außen« als »Angebot an den Betrachter« geschrieben, von der »kosmischen Dimension der Öffnungen und Schnitte«, von der »Selbstbezüglichkeit des Steins«, seiner »Sprache«, seiner »Psychologie«, die Gerhart zu entziffern suche. Mit der »konzentrierten meditativen Form außen und der dramatischen (Selbst) Erfahrung innen« würde er »die Natur zwingen, ihre Menschlichkeit zu entfalten«, womit das »Durchschreiten« zu einer »existentiellen Erfahrung« würde.

»Ich seh' meine Aufgabe darin, den Stein und die Tradition in eine Zeit zu bringen, die nicht steingerecht ist. Der Stein ist in Verruf geraten durch die Architektur. Diese Plattenarchitektur! Wo der Stein in Scheiben geschnitten wird und einfach vor die Fassade gehängt wie eine Tapete. Banken und Versicherungen neigen zu polierten Steinen. Ein polierter Stein kriegt eine optische Härte, die sie für eine spezielle Aussage nutzen.
Dabei hat der Stein so wunderbare Möglichkeiten, einen Raum zu eröffnen, in einen Raum zu führen. Mich fordert der Stein.
Mein Vater war Bauingenieur. Wir waren fünf Kinder, vier Buben und ein Mädchen. Der älteste Bruder hat das Büro des Vaters im ehemaligen British Council, Ecke Amalien-/Akademiestraße übernommen.

›Wenn du was mit Kunst machen willst‹, hat der Vater gesagt, ›sollst erst was Gescheites lernen!‹ So eine handwerkliche Ausbildung schadet ja überhaupt nicht. Ach wo! Da hab' ich Steinbildhauer gemacht. Nach der Gesellenprüfung bin ich an die Akademie gegangen 1969. Da waren die wilden Jahre praktisch schon vorbei.
Eigentlich wollte ich ja Architektur studieren. Aber dann nicht mehr, weil es mir nicht schnell genug gegangen ist. Dann hättest du ja in einem Büro sitzen müssen! Da bin ich beim Stein geblieben. Weil mit einem Stein kann man ja alles sagen.
Ich war beim Brenninger. Der Professor war Traditionalist, aber bei dem hast was lernen können. Es war die Zeit, wo er gerade die Figuren gemacht hat für den Giebel der Oper. Die Modelle sind zum Teil in der Akademie aufgebaut worden und dann zum Punktieren in die Steinbetriebe gekommen. Punktieren, das heißt: 1 : 1 das Gipsmodell in Stein umzusetzen. Eine rein handwerkliche Vervielfältigung, die die geschickten Italiener heute schon elektronisch machen.
Da jedenfalls ist es losgegangen mit der Auseinandersetzung: Was haben eigentlich diese Figuren mit dem Denken dieses Menschen zu tun? Was haben eine Daphne und ein Apoll mit ihm zu tun? Das ist doch nur ein Reiten auf schönen Formen. Wobei gar nicht sicher ist, ob alle tatsächlich schön sind. Darum haut der Klassizismus ja auch nicht hin, obwohl sie ja alle Maße von der Antike übernommen haben, aber der Geist fehlt, die Seele. Nachgemacht ist alles. Diese Figuren haben mit unserer Zeit wirklich nichts mehr zu tun. Da mußt du dich dann selber anders orientieren. Über dich nachdenken und fragen: Was willst du eigentlich?
Gewachsen in der Natur sind ja nur Holz und Stein, alles andere sind Gußmaterialien: Metall, Beton, Kunststoff. Beim Stein gibt's auch Umsetzungen: wenn erst Modelle gebaut und dann Skulpturen draus gemacht werden.
Aber man kann den Stein auch als direktes Sprachelement nehmen, wie ich es tue. Wo es interessant ist, daß der Stein selber eine Sprache entwickelt, indem er sich verformt, indem er ermüdet und sich biegt. Wenn ich ihm einen Einschnitt gebe, wenn ich ihm eine Spannung nehme, dann wird die Molekularstruktur verändert. Also das tut auch die Natur, das machen auch Wind und Wasser. Wenn ich ihn also aufmache, habe ich eine Schnittstärke von 7 mm. Danach wird er müde, macht sozusagen sein Maul wieder zu und nimmt seine Ursprungsform an.
Ich hau' die Form nicht in den Stein, sondern der Stein gibt mir seine innere Struktur zurück, indem er sich verformt. Ich denke die Form und er hat als Material zu dienen. Ich dringe in ihn ein und klappe ihn auf – er hat ja schon verschiedene Formen in sich drin.
Ich mache den Stein ja nicht kaputt. Ich lege ihn nur frei. Denke ich eine Form, muß sie auch einen Sinn haben. Man muß auf den Ursprung zurück: was hat so ein Stein gemacht und wie verhalte ich mich zu ihm? Mich interessiert, wie mir der Stein erscheint, wo er breiter wird, wo er schmäler

wird, wo er glatt werden kann. Wenn er eine Form bekommt, macht er ja etwas. Und ich muß darauf kommen, was er machen soll.
Mich interessieren die Dinge an sich. Der Stein an sich. Ist ja alles Stein im Leben vom Kieselstein bis zu den Alpen. Es gibt nur bestimmte Möglichkeiten mit dem Stein. Was man nicht kann: ihn als Briefbeschwerer hernehmen, als Aschenbecher oder als aufklappbare Steinbücher.
Also es wird schon gemacht, aber das ist nicht mein Ding. Da habe ich viel zu viel Respekt vor dem Stein. Mein Gebiet ist der Freiraum: wo der Stein zum Zuge kommt.
Du mußt ihn ja durch und durch kennen, den Stein, damit man nicht resigniert. Bevor die erste Steinplastik entsteht, muß man sich ja auskennen im Umgang mit ihm: man muß die Angst verloren haben vor der Schwere. Man muß wissen, wie er bewegt, wie er transportiert und bearbeitet wird.
Ich habe da einen kleinen Steinbetrieb in Ulm entdeckt, Berschin heißt er, da kann ich in Ruhe arbeiten. Ich arbeite mit einem Stahlseil und mit Wasser. Inzwischen gibt es aber raffiniertere Dinge: Stahlsand mit Wasser und einem gedrehten Seil. Man kann mit dem Seil nicht schneiden, man wetzt. Das haben die alten Ägypter schon so gemacht.
Bei jeder Steingewinnung wird erst durchbohrt. Das Loch nütze ich aus, um mit dem Seil, das ja heute diamantbestückt ist, hineinzufahren und den Kern herauszunehmen. Manchmal lasse ich ihn auch drin. Das ergibt ganz verschiedene Gewichtsverlagerungen. Manchmal öffne ich auch zweimal und verschließe danach einen Teil wieder. Aus den Formen mache ich dann ein Ensemble. Das ergibt jeweils eine vollkommen andere Erzählung. Der Betrachter kann immer andere Assoziationen hereinbringen. Es darf ruhig etwas brutal sein, aber nicht so, daß man Angst bekommt. Es muß die Phantasie anregen, es muß einen aufregen.
Wenn ich bloß Würfel in der Gegend herumstreue, passiert überhaupt nichts. Wenn ich einen Stein spalte, habe ich noch lange keine Linie. Ich will den Stein erfahrbar machen, indem ich ihn von der Tradition löse, wobei mich der figürliche Bereich nicht interessiert. Ich komme zwar von der Figur her, mich interessiert aber mehr die Nicht-Symbolik, das, was der andere in die Skulptur hineintut.
Das passiert mir oft mit meinen Steinen: daß phantasiereiche Menschen etwas hineintun, was ich gar nicht gedacht hatte. Wenn ich eine Figur mache, lege ich mich ja fest. Dann mache ich eine Aussage mit dem Material Stein. Ich will aber den Stein mit hinein in das Geschehen bringen.
Da sagen dann die Leute: ›entweder der spinnt oder‹ … und dann hören sie zu, wenn ich ihnen etwas über die technischen Details erzähle. Dann merken sie: das haben wir ja gar nicht gesehen! Oder sie sagen: ›das gibt's doch nicht, daß das Teil da hineinpaßt!‹ Dann fängt die Faszination an und das Nachdenken.
Man will ja kein Schulmeister sein, aber ein genaues Hinschauen könnte man doch erwarten. Die Leute schauen nicht genau hin. Genau so wie sie schnell über Leute urteilen, ohne sie zu kennen.

Wenn sie genau hingeschaut haben, dann können sie immer noch sagen: ›So ein Schmarrn, ein Schund, blödes Zeug!‹ Das tun sie aber dann nicht mehr.
Was ich mache: ich arbeite mit Perspektiven, die eine völlig andere Inhaltlichkeit ergeben. Auch Vorurteile beseitigen. Darin sehe ich die Aufgabe der Kunst: zum genauen Hinschauen zu verleiten und die Kritikfähigkeit zu fördern. Bei der Hitlerkunst gab es das nicht. Da gab es nur den Saugeschmack der Typen, die darüber befanden ob ›entartet‹ oder nicht.
Politisch ist man immer, wenn man im öffentlichen Raum arbeitet. Da müssen Dinge hochsensibel behandelt werden, weil die Provokation allein mir zu wenig ist. Ich bin kein Aktionskünstler. Solche Aktionen wie den Rasen am Königsplatz abbrennen, um an die Bücherverbrennung zu erinnern[1], sind mir zu spektakulär. Die Leute haben genügend Spektakel um die Ohren. Wenn ich da an unsere Fernsehkrankheit denke. Denen ist es doch wurst, was da an Bildern kommt, wer da blutet oder gefoltert wird.
Ich meine wenn ich anfange, genauer hinzuschauen, fange ich auch an, mich besser zu informieren. Dann lese ich nicht nur einen Artikel zu einem Thema, sondern mehrere.
Meine Arbeit ist ein Angebot zur Auseinandersetzung. Nur der Denkprozeß ist wichtig. Welche Erinnerungen an erfahrbare Gegenstände sich beim Betrachter einstellen.
Mode war ich nie. Mir geht's nicht schlecht, aber ich ärgere mich immer über den Kunstmarkt, weil der so tendenziös ist: zwei Jahre reißen sie dir die Sachen aus der Hand und zack, plötzlich mußt du wieder zwei Jahre kurztreten.
Schwierig wird's, wenn dir der Markt entgleitet. Ich habe einen Galeristen und gute Ausstellungen gemacht in Düsseldorf, in Münster, in Hannover, in Berlin. Symposien im Ausland: Verona, Bordeaux, Helsinki. Und Wettbewerbe.
In Ausstellungen wird ja nicht gut verkauft. Sie ermöglichen nur einen späteren Verkauf. Aber bis diese städtischen Gremien sich entscheiden! Da werden immer neue gebildet, bis sich am Schluß gar nichts mehr entscheidet!
Da gibt es ein Art Consulting – schreckliches Wort! – die rufen dich an und sagen, sie hätten da und da ein Projekt. Sie sind es dann, die mit den Gremien herumwirtschaften und von denen dann ihre Prozente kriegen.
Meine Sachen kosten zwischen 80 000 und 150 000 Mark, kleinere Ausstellungsstücke zwischen 35 000 und 40 000 – wobei ein großer Materialeinsatz dabei ist. Die achtteilige Skulptur am Patentamt in der Bayerstraße hat 280 000 gekostet, aber da habe ich auch ein gutes halbes Jahr dran gearbeitet. Den Stein hole ich in der Oberpfalz. Die Konzepte, Berechnungen und Zeichnungen mache ich in meiner Werkstatt im Westend. Ausgeführt wird in Ulm, gelagert in der Neußerstraße und bei einem Bauern in Ismaning. Da stehen die ganz schweren Sachen, die man nur mit einem Tieflader oder einem Kran bewegen kann.

[1] Aktion von Wolfram Kastner

Wohnen tu' ich in der Türkenstraße, wo ich auch mein Archiv habe.
Ich hole meinen Granit also in der Oberpfalz und da ist mir aufgefallen, wie viele Leute es dort mit Rheuma gibt. Warum Rheuma? Weil dort die ganzen Keller und Fundamente aus Granit sind. Und der zieht Feuchtigkeit an. Der wird nie mehr trocken wie in südlichen Ländern, wo er sich erwärmt und vollständig austrocknet.
Es gibt verschiedene Granite: der eine hat mehr Glimmer, der andere mehr Farbigkeit, der dritte mehr Quarz. Der Granit bringt's, weil der die wenigste optische Belastbarkeit hat. Randsteine sind ja auch aus Granit und die sind vollkommen neutral. Der Granit ist von der Edelkeit her nicht sehr auffallend. Da gibt es den schwarzen, den Syanit, der lenkt überhaupt nicht ab, weil der nur schwarz ist. Ganz hart und ganz homogen. Fossilien lenken ab. Sie sind zwar ganz schön, aber sie interessieren mich nicht. Mich interessiert die Form. Und wenn ich eine Hohlkehle mache und da ist ein Archäopterix drin, dann hab' ich letztlich nur ein schönes Pult für den Archäopterix gemacht.
Wichtig ist die konkrete Situation wie bei diesem Eingangstor beim Kloster St. Michael in Berg am Laim. Da war das alte Kloster abgerissen und ein neues gebaut worden. Der Architekt hatte den Torbogen des Eingangs zum Kloster, dann zum Sammellager, durch den die Juden durchmußten, um von dort aus in ein KZ deportiert zu werden, diese schreckliche Geschichte, den hatte er freigestellt und hat gemeint, das sei schon ein künstlerischer Akt. Dann hat er noch ein Gittertürl dazu gemacht, durch das Leute ein- und ausgegangen sind.
Ich habe gesagt: Das ist ein tragischer Ort. Die Tragik war schon da, ich habe sie nur aufgenommen. Dann habe ich den Granit genommen und durchgestanzt und den Eingang damit verschlossen. Mit zehn Tonnen Granit, damit da nie mehr einer durchmüsse. Da steht das Portal jetzt frei und ist verschlossen.
Das ist ja dasselbe Problem wie mit dem Holocaust-Denkmal in Berlin: daß ich die Brutalität gar nicht fassen und darstellen kann. Daß der Granit dazu nicht unbedingt taugt.
Oder diese andere Lösung entlang des Leidensweges der KZ-Gefangenen nach Garmisch, ganz furchtbar, da stellt jede Gemeinde so Figurengruppen am Weg auf. Zehn sind es bisher. Das kann man doch nicht machen! Das ist doch wie ein Kasperltheater, das zeigt doch die Tragik nicht.
Eine andere Tragik ist die von Georg Elser, dem Bürgerbräu-Attentäter, der ja mit der Türkenstraße zu tun hat. Weil er hier gewohnt hat und weil endlich etwas hier zu seinen Ehren geschehen muß. Da bietet sich die Bucht vor der Türkenschule direkt an, die ihre Fortsetzung in der sogenannten Spielstraße findet. Da steht der Kastanienbaum mit seiner über hundertjährigen Geschichte, schon selber ein Naturdenkmal, eine Naturarchitektur, die man mit einer menschlichen Gestaltung ergänzen könnte, die Bezug auf Elser nimmt. Also kein Denkmal, sondern eine Situation, die einmal sein wird in der Straße und wo man Elser begegnen kann. Nichts Reißerisches, eher

etwas Dezentes, aber etwas, wo man Respekt vor dem Elser kriegt. Elser muß von vornherein als das Wichtigste begriffen werden, als Teil der Straße. Im Januar 1997 wurde der Georg-Elser-Platz eingeweiht. Da darf man keinen Kompromiß eingehen. Der Platz ist ausreichend, die Architektur der Türkenschule ganz anständig und die Treppe, die dahinter in die Schule führt, ein schönes architektonisches Moment.
Nur die Bepflanzung und das Gitter müssen dann verschwinden und die Spielstraße neu aufgepflastert werden. Der Baum wird der wichtigste Bestandteil sein, ein augenfälliges Zeichen, das auf Elser und seine Geschichte, seine Tragik hinweist. Ihm dürfte nichts passieren. Wenn er aber doch sterben würde, müßte er in ähnlicher Größe ersetzt werden.
Bevor ich 1989 hierhergezogen bin, hatte ich schon Kontakte zur Türkenstraße. Ich war mit dem Ugo Dossi befreundet, wir waren zusammen in der Schule und haben immer Modelle gebaut von Häusern und Fliegern.
Seit 1954 haben wir am Biederstein gewohnt. Dort wohnte auch der Hemmeter mit seiner Schnapsdestille in der Türkenstraße. Die hab' ich mir dann einmal angeschaut und war ganz fasziniert – das hat nicht jede Straße!
Die Türkenstraße war schon immer sehr lebendig in ihrem Handel und Wandel. In allen Ecken und Spalten versteckten sich Künstler. Für den Künstler ist es hier nicht das Beste: da gibt es zu viele Ablenkungen und Schrulligkeiten.
Trotzdem ist sie nicht totzukriegen, die Straße, obwohl ja sämtliche Anstalten gemacht werden. Wenn ich an den Katastrophenbau da denke vom früheren Türkenbad mit seinem Brunnen – ein Negativbeispiel von Spießigkeit.
Das Besondere an der Straße sind Institutionen auch der kleinsten Art, die sich durch ihre starke Individualität gehalten haben. Die Türkenschule liefert einen großen Beitrag, daß so ein Areal nicht kaputtgemacht werden kann und dort weiter ein Mordsleben herrscht.«

Die Akademie: Wilde Jahre

Geschichte ist, was tradiert wird. Was in Wort, Bild und Ton festgehalten ist und an Schulen und Universitäten gelehrt wird. Geschichte ist nicht, was nicht in ernstzunehmender Form den Weg in die Gegenwart gefunden hat. Geschichte ist geklittert, wenn sie nur bruchstückhaft bei uns angekommen ist, umgedeutet, verfälscht. Da stellt sich die Frage: Welche Interessen stecken dahinter?

Die Geschichte der Studentenrevolte Ende der 68er Jahre scheint zur dritten Kategorie zu gehören. »Da wird verschwiegen, ausgelassen, gelogen, da werden falsche Bezüge hergestellt und Schuldzuweisungen aus dem Ärmel geschüttelt«, sagt Heinz Koderer, der Apo-Archivar. »Als ob ein Prinzip dahinterstünde, als sei es abgemacht.«

25 Jahre danach, im Jahr 1993, klingt das dann so: Minister Schäuble wirft »den 68ern« einen »Abbau sämtlicher Tabus« vor, Professor Sontheimer schreibt in der »Zeit« am 8.4.93, sie hätten den Wertekonsens der Demokratie und Gesellschaft der Bundesrepublik geschwächt, das »Fehlen einer moralischen Substanz in der deutschen Gesellschaft« sei Nachwirkung »der 68er Revolte«, Ignatz Bubis wirft ihnen gar eine »Mitverantwortung für den Rechtsextremismus« vor, Bundesinnenminister Kanther behauptet, die Ursachen für Gewalt und Kriminalität seien »nicht zuletzt in der Revolte der 68er Generation zu suchen, die in einem erheblichen Maß den politischen und moralischen Grundkonsens beeinträchtigt hat«. Der Schuldige schien ausgemacht. »Statt den Begriff ›APO‹ zu verwenden, Außerparlamentarische Opposition, das war es nämlich, eine eminent politische Bewegung, wird nur noch von den 68ern gesprochen oder gar den Alt-68ern, als ob sich alles nur auf ein Jahr bezogen hätte! Da wird ›68er‹ dann gleichgesetzt mit ›Utopist‹ und ›Weltverbesserer‹ und beides hat einen negativen, wenn nicht gar lächerlichen Beigeschmack«, sagt Koderer. »Oder die Zeit wird dargestellt als eine von ›Sex, Drugs and Rock n'Roll‹, die totale Spaßzeit, die mit Politik rein gar nichts am Hut hatte. Es wird entpolitisiert oder ganz einfach unter den Tisch gekehrt.« Das sollte sich im Jubiläumsjahr 1998 ändern.

Wie ein Virus hatte 30 Jahre zuvor der Geist der Insubordination und des Alles-in-Frage-Stellens die Studenten angesteckt.

Sie stellten in Frage: die Außenpolitik des eigenen Landes und des ›großen Bruders‹ Amerika, der mit seinem Vietnamkrieg jeden moralischen Kredit verspielt hatte; die griechischen und sonstigen Diktatoren dieser Welt und ihre Repressionsmaschinerien; die Unterdrückung und Ausbeutung der Arbeiter im eigenen Land und auf der ganzen Welt. Man dachte international, man solidarisierte sich mit den kämpfenden Völkern der Dritten Welt, man nahm Che Guevara als revolutionäres Vorbild. Hängte ihn an die Wand oder trug ihn am Aufschlag. Die Vergangenheit von Institutionen, Professoren und den eigenen Eltern wurde aufs Korn genommen. Wie hatten sie sich im Dritten Reich verhalten? Waren sie inzwischen einsichtig geworden? Moralische Rigorosität war ein Kennzeichen dieser Studenten und Studentinnen.

Sie forderten Mitbestimmung an Universitäten und Schulen: Drittelparität und Mitspracherecht bei Berufungen.

Um alles in Frage stellen zu können: Politik, Politiker, neue Gesetze wie die Notstandsgesetze, mußte man informiert sein. Es wurde gelesen, diskutiert, zu Vorträgen gegangen, diskutiert, zwischendurch gejobt, gelesen, diskutiert ... es war wie in einem Rausch, man war ständig unterwegs, ständig beschäftigt. Freiwillig unterzog man sich den Bildungsritualen, um mitreden zu können: Politisches, beginnend mit Marxens ›Kommunistischem Manifest‹, Soziologisches, Psychologisches. Die Akademiestudenten organisierten neben originellen Aktionen Vorlesungen für Soziologie und Politologie.

Man hatte das Gefühl, aufgeweckt worden zu sein und selber die Pflicht zu haben, andere aus dem Schlaf zu reißen. Man sah alles mit neuen Augen. Man wollte alles anders haben und war bereit, etwas dafür zu tun: Plakate malen und Spruchbänder, Siebdrucke machen, bei Sit-Ins, Go-Ins und Demonstrationen dabei zu sein.

Es herrschte Aufbruchstimmung, wie sie keine Studentengeneration nach dem Krieg je erlebt hatte.

Das In-Frage-Stellen machte auch vor der eigenen Person nicht halt. Man wollte sich in Richtung auf den ›neuen Menschen‹ hin entwickeln, kühn, neugierig und offen sein. Man wollte sich anders kleiden, anders reden, anders leben als die Bürger. Alles sollte ausprobiert werden. Am eigenen Leib. In Wohngemeinschaften, deren Existenz die Bürgerphantasien heißlaufen ließ, im Bett mit wechselnden Partnern.

»Wir haben herumgekifft und herumgevögelt«, erzählt die Künstlerin Rita Mühlbauer stellvertretend für viele. Und weil die Zeitungen voll waren mit Berichten über ihre Aktionen »fühlten wir uns wie der Nabel der Welt«. Der Virus der Freiheit hatte alle angefallen: zunächst Studenten und Künstler, dann auch Schauspieler, Schriftsteller, Journalisten, vereinzelt auch schon Politiker und Professoren. Man duzte sich selbstverständlich. »›Sie‹ sage ich nur zu meinen Feinden«, hieß es. Und Feinde standen rechts. Weil alles politisch war. Wenn auch mit Witz gepaart. Es ging um den Abbau der Zwänge, um die Diskussion, ob das Wesen des Menschen mehr durch Vererbung oder durch Erziehung bestimmt sei. Da waren die Sprüche auch mal verbal gewalttätig: ›Haut den Huber in den Zuber / Haut dem Maier in die Eier / Haut dem Springer auf die Finger!‹

Happenings und Demonstrationen bekamen eine neue Dimension: sie wurden bunter, schneller und witziger: »Bürger, laß das Glotzen sein, komm' herunter, reih' dich ein!« und Gerichtsverhandlungen einen bis dato unbekannten Unterhaltungswert: wenn von den Zuschauerbänken gesungen wurde: ›Jo so san's, die oiden Richtersleit!‹ oder Mädchen ihre Busen entblößten oder Fritz Teufel in Berlin den klassischen Satz prägte, als er vom Gericht zum Aufstehen aufgefordert wurde: »Wenn's der Wahrheitsfindung dient!« – Realsatire, um die Kabarettisten die Studenten geradezu beneideten.

Die Autoritäten hatten ihre Glaubwürdigkeit verloren, sie waren im Erklärungsnotstand, die Grundfesten der Gesellschaft waren, wenn nicht erschüttert, so doch angeknaxt.

Nach anfänglichem Stutzen, das schnell in Bestürzung überging, reagierte die Gesellschaft prompt: sie überzog die Aktivisten mit Prozessen: wegen Haus- und Landfriedensbruchs, Beleidigung und Teilnahme an verbotenen Demonstrationen. Ende 1969 waren laut Spiegel[1] 10000 Ermittlungsverfahren eingeleitet. Und die Strafen waren happig. Konrad Kittl, der Münchner Anwalt, der einige der Angeklagten verteidigte, meinte damals: »Für diesen Tarif könnte man im volltrunkenen Zustand einen Menschen totfahren und dann Fahrerflucht begehen.«[1]

Die Justiz suchte immer nach ›Rädelsführern‹ und wollte nicht begreifen, daß der Virus schon alle infiziert hatte, daß oft leicht einer durch einen anderen ersetzt werden konnte, ohne daß sich etwas änderte. Sie zog es vor zu strafen.

Trotz der seit den »Schwabinger Krawallen« von der Polizei und ihren Psychologen propagierten weichen »Münchner Linie« waren die Polizisten im Umgang mit den protestierenden Studenten keineswegs zimperlich. Sie sahen in ihnen Ruhestörer und wollten sie auf ihre Art und Weise zur Räson bringen, um damit die anderen einzuschüchtern.

Auch die Presse mit wenigen Ausnahmen (pardon, konkret, die Münchner Abendzeitung) verwandelte die sich mit persönlichem Einsatz gegen Notstände wehrenden Studenten in Prügelknaben. Am bösartigsten Springers Bildzeitung. Von »langhaarigen Affen« war da die Rede, von »Kommunistenbanden« und »Linksfaschisten«, von »Schmarotzern«, die endlich einmal arbeiten sollten oder dahin gehen, von wo sie bezahlt würden: in den Osten, je nachdem, nach Moskau oder in die »sogenannte DDR«.

Als ob die Studenten nicht klar genug gesagt hätten, worum es ihnen ging, warum sie eine Veränderung der Gesellschaft für nötig hielten und was sie selber bereit waren, dafür zu tun, wurde bei Demonstrationen die Zahl der Teilnehmer gern um die Hälfte gekürzt, dafür aber die Anzahl der eingeschlagenen Scheiben exakt kolportiert. Das wurde von der Mehrzahl der Zeitungsleser und Fernsehzuschauer gern gelesen und gehört, da konnte man sich so richtig aufregen und energisch fordern, daß diesem wilden Treiben endlich Einhalt geboten würde!

Denn wenn Scheiben klirrten und Autos umstürzten, ging's ans Eingemachte: um das Selbstwertgefühl einer sich mühsam aus enttäuschter Nachkriegs- in selbstgefällige Wohlstandsgesellschaft verwandelt habenden Gemeinschaft, in der das Eigentum der Fetisch war.

[1] Spiegel 45/69

Da ergab sich bei den Studenten, schon bevor die RAF, die Gruppe um Bader und Meinhof mit ihren gewalttätigen Aktionen von sich reden machte, die Diskussion um das, was Gewalt sei und wann man zu ihr greifen dürfe und ob Gewalt gegen Sachen akzeptiert, die gegen Personen aber nicht geduldet werden könne.
»Was ist der Raub einer Bank gegen die Gründung einer Bank?« hatte schon Heinrich Böll, Brecht zitierend, listig gefragt.
Den Studenten ging es um Verhältnismäßigkeit: Was ist eine zerbrochene Scheibe gegen die Bombardierung Vietnams mit dem Gift Agent Orange?
Sie wollten aufrütteln, Entscheidungen herbeiführen: für den Frieden, gegen die Notstandsgesetze, für mehr Gerechtigkeit und Freiheit vor Ort und auf der Welt. Für die Lohnabhängigen und gegen das Establishment, dessen häßliche Verkörperung sie in Franz Josef Strauß sahen, seinen Freunden und seinem Treiben. Für das Recht der Frauen auf Abtreibung, für einen Sozialismus mit humanem Antlitz, für – jedenfalls so etwas wie – eine Revolution, jedenfalls die »Umwertung aller Werte«. Die Gesellschaft hörte damals nicht richtig zu, sie wollte sich schlicht nicht in Frage stellen lassen und heute – wo die Jungen kaum mehr eine Ahnung haben – wird die ganze Epoche am liebsten (siehe Anfang) totgeschwiegen, verharmlost oder, am infamsten, beschuldigt. Oder wie 1998 pflichtschuldig »aufgearbeitet«, ohne daß der zündende Funke auch nur im entferntesten spürbar wird.
Dabei waren sie so gewalttätig gar nicht, wie sie gern dargestellt wurden, so gefährlich – obwohl sie maßgeblich daran beteiligt waren, daß in Frankreich de Gaulle zurückgetreten und in Deutschland Willy Brandt an die Macht gekommen war, der sich dann auch gleich den Slogan »mehr Demokratie wagen« bei der APO ausgeborgt hatte. Nichtsdestotrotz bald darauf den »Radikalenerlaß« einführte. Das Gefährliche war, was in den Köpfen und Herzen ausgelöst worden war und zum Teil noch heute anhält: das In-Frage-Stellen aller Institutionen und Dogmen, die sich als un-hinterfragbar präsentierten. Die Demokratie samt ihrer Gerichtsbarkeit, ihrer Presse und Polizei; die Kirche, ihre Machtstrukturen, Verdummungsmechanismen, Verflechtungen mit Mafia und obskuren Geheimlogen; das »soziale Marktwirtschaft« genannte System, in dem der Mensch nur als Produzent und Konsument zählte; die verlogene und verschwitzte Sexualmoral; die »Entwicklungspolitik«, mit deren Hilfe die Länder der Dritten Welt weiterhin wie Kolonien ausgebeutet werden durften; die Geringschätzung der Frau, die Verachtung der Randgruppen der Gesellschaft, schlicht: die Herrschaft der wenigen über die vielen.
Das zu erkennen, Gegenmodelle zu entwerfen, ja zu versuchen, sie zu leben – das war der Verdienst der APO.
Kein Wunder, daß keine dieser Institutionen gesteigerten Wert darauf legt, diese Zeit einer humorvollen Unerbittlichkeit noch einmal wiederaufleben zu lassen.
Deshalb müssen die Beteiligten, die Aktivisten der ersten Stunde es tun. »Wie der Stein ins Rollen kam …«

Heinz Koderer
geb. 1940 · Maler, Sänger, Apo-Aktivist und -Archivar

Exempel statuiert

»Es war ein irres Wohnen auf Nummer 33 im Hinterhof der Türkenstraße. Da ist man beim Allotria rein, an der Kegelbahn vorbei und neben der Werkstatt vom Schreiner Brandl ins Haus. Es waren praktisch zwei ineinander gehende Zimmer mit einem Ofen, aber ohne fließendes Wasser, in dem ich mit dem ›Boxer‹, so nannte man ihn, auch ein Schüler aus der Geitlinger[1]-Klasse an der Akademie wohnte.
Man mußte sich schon gut verstehen, wenn man so hautnah aufeinander wohnte. Aber eigentlich ›wohnte‹ man eher nicht. Gleich nach der Akademie sind wir in die Kneipen, haben das Studentenessen bestellt, so um 2,50 oder 3,50. Zu dem einen ging man, wenn der ein Lüngerl hatte, zum anderen wegen seinen Spaghetti. Da hat man sich dann den Magen vollgeschlagen, weil es ja meist das Brot umsonst dazu gab. Brot mit Senf haben wir oft gegessen. Gern gegessen.
Morgens hat uns der Krach vom Schreiner Brandl geweckt. Unsere Vermieterin kam einmal die Woche und hat saubergemacht, einmal im Monat hat sie die Miete kassiert. Persönlich. So um die fünfzig Mark rum jeder von uns. 1961 hab' ich den Alois Aschenbrenner kennengelernt, der später auch eine Rolle in der Münchner Studentenbewegung spielen sollte.
Wir waren immer zusammen. Er ging oft mit mir in die Akademie, in die Geitlingerklasse, so daß alle dachten, er gehörte dazu. Dabei hat er gar nichts gemalt, sondern Gedichte geschrieben. Und eigentlich Jura studiert, was ich ihm aber ausgeredet habe. Er hat dann mit Germanistik angefangen.
Wir haben jedenfalls mitbekommen, das heißt, wir waren dabei, als es mit der Studentenbewegung so richtig losging. Hier in München an der Akademie.
Da hatte es zwar schon 1964 eine Aktion gegeben, die aber noch nicht so richtig politisch war: für die Studenten hatte es mittags in der Akademiemensa in der Baracke an der Türkenstraße Essen gegeben.
Das Essen wurde auf einem Karren von der Unimensa an der Veterinärstraße über die Ludwigstraße zu uns geschoben. Plötzlich weigerten sich die Angestellten der Akademie, weiter das Essen herzukarren: das sei zu gefährlich, sagten sie, die Überquerung der Ludwigstraße. Und daß man da ja überfahren werden könne.
Ein Semester oder gar ein ganzes Jahr gab es für uns kein Mensaessen in der Baracke. Bis es der Asta selber in die Hand nahm: Studenten in Malerkitteln und farbverschmierten Schuhen holten das Mensaessen selber ab. Ein ge-

[1] Professor Ernst Geitlinger

fundenes Fressen für die Presse, schöne Fotos wurden da veröffentlicht. Plötzlich war der Essenstransport doch wieder organisiert.
1964 hatte es auch die erste Demonstration gegen den Vietnamkrieg gegeben, 1966 war ich das erste Mal dabei. In München hatte es ja überhaupt die ersten Vietnamdemos gegeben, vor Berlin und vor Frankfurt. Mitveranstalter war da auch der SDS, der Sozialistische Deutsche Studentenbund in Organisationseinheit mit oft noch zwanzig anderen Gruppen wie der Kampagne für Abrüstung und der Deutschen Friedensgesellschaft.
Wie alles anfing? Irgendwie allmählich. Da gab's den Wieprsek, der sich jetzt Bärmichel nennt und der jahrelang mit dem Zirkuswagen durch die Lande gezogen ist, der hatte Verbindungen zu Frank Böckelmann von der ›Subversiven Aktion‹ hier in München. Da war der Dieter Kunzelmann dabei und irgendwo am Rande auch der Hans Werner Saß.
In Berlin gab es den Rabehl und den Dutschke, zu denen Kontakte bestanden. Die ›Subversive Aktion‹ gab Anzeigen auf, um Mitglieder zu werben, um schlagkräftiger zu werden. Auf Plakaten in Stuttgart, Tübingen, Frankfurt, Berlin und Hamburg. Dann wurden sogenannte ›Konzilien‹ veranstaltet, jedes in einer anderen Stadt. Das war eher eine Verhohnepiepelung der katholischen Veranstaltungen.
Wir haben angefangen, Adorno und Horkheimer zu lesen. In meinem Meisterschüleratelier gab es Schulungen. Was haben wir theoretisiert und diskutiert und uns Ratschläge gegeben, was man unbedingt lesen müsse!
Im Juni 1967 haben wir die HSK gegründet, die Hochschulgruppe Sozialistischer Kunststudenten. Im gleichen Jahr sind wir geschlossen in den Münchner SDS eingetreten, um nicht in einem kleinen Zirkel zu bleiben, um wirksamer zu sein und die Angebote des SDS ausnutzen zu können, weil der ja bundesweit organisiert war. Wir hatten schnell kapiert, daß es sich hier um eine gesellschaftliche Sache handelte, die weit über Uni und Akademie hinausging. Von da an überstürzten sich die Ereignisse.
Da war zum Beispiel die Geschichte von der Rektoratsübergabe im November 1967.
Das gab's überall, wenn der alte Rektor dem neuen die Amtskette überreichte, dann gab es eine Feier: die Professoren rauschten bei Beethovenmusik mit ihren Talaren herein und die Studenten durften von der Galerie aus zuschauen. Sie durften nicht unten sitzen.
Wir hatten nun beschlossen, diese Feier – der Spruch ›Muff von tausend Jahren unter den Talaren‹ kam übrigens aus Hamburg von den Studenten – lächerlich zu machen. Wir hatten Konfetti, Luftschlangen und Spruchbänder dabei. Und wie die Professoren da so feierlich hereinschritten, haben wir das Konfetti runtergeschmissen: ›Wir begrüßen den närrischen Elferrat der Universität!‹ Die haben angefangen zu schwitzen da unten, der Goppel, die Dekane, die Rektoren und die Profs. Wir haben Seifenblasen heruntergelassen und Zwischenrufe gemacht.
Es war so etwas von peinlich für die. Sie waren darauf nicht gefaßt und haben auch noch nicht die Polizei geholt. Damit werden wir allein fertig,

haben sie wohl gedacht und haben nur die Ordner von der Univerwaltung geholt. Die sollten einzelne von uns herausgreifen so nach dem Rädelsführerprinzip. Aber das ging nicht, wir haben denen auf die Finger gehaut. Ich mußte an diesem Tag früher gehen, weil ich nach Memmingen wollte zu meiner Band. Ich hab' mir ja damals das Studium mit Musikmachen verdient, also Tanzmusik: von Rock n'Roll zu Dixieland und Tango, von den Beatles zu den Stones und zu Credence Clearwater. Alles, was heute unter ›Oldies‹ läuft, war damals total neu.
Jeder von uns hat verschiedene Instrumente gespielt. Ich Rhythmusgitarre, Banjo, Akkordeon und Percussionsinstrumente. Außerdem war ich der Hauptsänger der Gruppe ›Moonchaps‹, auf allgäuerisch: Mau-Buam, also Mondknaben.
Das geht auf eine Geschichte zurück, die du bei uns in jedem Lesebuch findest, die vom Memminger ›Mau‹ und den Ratsherren: da stand zu der Zeit auf dem Marktplatz immer ein mit Wasser gefüllter Zuber, falls irgendwo ein Feuer ausbricht. Und als die betrunkenen Ratsherren zum Marktplatz kamen und den Mond sich so schön im Zuber spiegeln sahen, wollten sie ihn mit Netzen fangen.
Zu dieser Gruppe wollte ich also nach Memmingen und mußte die Rektoratsfeier frühzeitig verlassen. Draußen waren aber welche, die nur darauf gelauert hatten und mich sofort packten. Da war der Spörl dabei, der Verwaltungsdirektor der Uni, der 1934 eingetreten war und erst vor kurzem gestorben. Beim Nachruf hatte es geheißen ›Studentenvater‹ gestorben. Daß ich nicht lache! Der war wohl genauso gegen die Geschwister Scholl, wie er gegen uns Studenten war. ›Studentenvater!‹ Der war also ungeheuer aggressiv und hat versucht, mich die Treppe hinunterzustoßen, wo dann schon die Politische Polizei, die Popo, wartete.
1967 gab es einen persischen Studenten, den Farazi. Der gehörte zur Opposition gegen den Schah Reza Pahlewi und dem hätte bei Abschiebung zurück in den Iran die Todesstrafe gedroht. Er hatte schon die Ausweisung bekommen und wir wollten das unbedingt verhindern.
Farazi war einer von denen, die beschlossen hatten, beim Schahbesuch Ende Mai 1967 in München zu bleiben, obwohl er wie die anderen persischen Studenten die Auflage bekommen hatte, München drei Tage zu verlassen. Viele hatten das nicht getan und bei unseren Schahdemos mitgemacht. Wir mußten sie immer speziell schützen, weil der Savak, der persische Geheimdienst immer versucht hat, sie zu schnappen.
Von der ersten Minute an, wo der Schah da war, gab es Demos. Wenn er in die Oper ging, wenn er zur Pinakothek ging, immer gab es hinter den Polizeikordons hunderte, die skandierten ›Nieder mit dem Schah!‹ Es war riesig. Nachher fuhr er nach Berlin und da gab's dann die Geschichte mit dem erschossenen Studenten Benno Ohnesorg. Was dann ganz sicher zur Radikalisierung der Studentenbewegung beigetragen hat.
Den Protest gegen den Schah wollte man hier nicht: wir haben ja sein Öl bekommen und er hat uns unseren Dreck abgenommen.

Kurz vor Weihnachten haben wir in einem Teach-In einen von der Popo entdeckt, in Zivil. Hartmann hieß der. Wir schleppten ihn zum Rektor: ›Was tut der bei uns? Der hat hier nichts verloren!‹
Damals war die Uni ja noch so etwas wie exterritoriales Gebiet, wo die Polizei eigentlich nichts zu suchen hatte, außer auf ausdrücklichen Wunsch des Rektors.
Er sei vom Polizeipräsidenten Schreiber persönlich geschickt worden, hat der Hartmann gesagt. Das hat der Schreiber auch gar nicht geleugnet, im Gegenteil, er hat gesagt, er schicke Polizisten, wann es ihm richtig erscheine.
Daraufhin haben wir die Polizistenaktion gemacht, 1968. Sechs SDS-Mitglieder, ich darunter, haben sich bei einem Kostümverleih Polizeiuniformen geliehen, um das Thema ›Polizei an der Uni‹ zur Diskussion zu stellen.
Wir hatten uns die Vorlesung von Professor Helmut Kuhn ausgesucht, weil der eben in ›Christ und Welt‹ einen diskriminierenden Artikel gegen die Studentenbewegung verfaßt hatte.
Er wollte also gerade seine Vorlesung beginnen, da kommen wir sechs ›Polizisten› herein und stellen uns vor ihm auf. ›Was wollen Sie? Wer hat sie geschickt?‹ – ›Wir sind hier, um sie vor linksradikalen Elementen zu schützen‹!
Das hat er irgendwie dann doch nicht geglaubt und hat nach dem Hausmeister rufen lassen. Gekommen ist dann wieder dieser Spörl.
Wir waren aber schon weiter, quer durch die Uni, zum Hörsaal, wo gerade der Professor Maurach las, Staatsrechtler mit Nazivergangenheit. ›Die gehören nicht hierher!‹ ist der Spörl uns schnaufend nachgerannt, ›das sind keine echten Polizisten!‹
Und der Maurach hat ganz cool zu uns gesagt: ›Ich zähle bis drei, und wenn Sie bis dahin nicht weg sind, werden meine Studenten das erledigen!‹
In der Vorlesung saßen keine Freunde von uns, das war ein echtes Rechtskartell! Er hat bis drei gezählt, wir sind stehengeblieben und seine Studenten haben sich auf uns gestürzt, uns angegriffen und hinausgeschmissen. Teilweise haben sie auch geprügelt. Da war dann der Schattenfroh schon da, der Syndikus und hat uns im Sekretariat festgehalten. Bis die Polizei da war, blieben wir eingesperrt und wurden fotografiert. Wir waren nur fünf, weil einer von uns gerade auf dem Klo war. Ich bin der mit der Polizeimütze ganz rechts.
Ziemlich schnell kam dann eine Anzeige wegen unbefugten Uniformtragens und schweren Hausfriedensbruchs. Im Mai 1967 hatten wir einen Sitzstreik gegen den Vietnamkrieg gemacht zwischen Prinz-Carl-Palais und US-Konsulat. Da hatten wir 5 oder 10 Minuten den Verkehr aufgehalten, das war dann schwerer Landfriedensbruch. Es kamen noch ein paar Hausfriedensbrüche und Widerstände gegen die Staatsgewalt dazu, so daß ich neun Monate bekam. Ohne Bewährung. Mit Handschellen haben sie mich aus dem Gerichtssaal nach Stadelheim ins Gefängnis gebracht. Ich war eine Woche drin.
Das war U-Haft bis zum nächsten Prozeß, zur Berufung. Aber eigentlich gibt's U-Haft nur bei Flucht- und Verdunklungsgefahr. Verdunkelung war

nicht, weil wir ja alles zugegeben und dabei politisch argumentiert hatten, Fluchtgefahr auch nicht, weil wir ja einen festen Wohnsitz hatten.
Aber der Richter hat einen Trick angewendet. Er behauptete, ich sei nicht in der Türkenstraße gemeldet, also kein fester Wohnsitz, also U-Haft. Wahrscheinlich hatte er einen Hinweis von oben bekommen: Exempel statuieren! Es war nämlich die Zeit nach Ostern 1968, als es in München die beiden Toten beim Buchgewerbehaus gegeben hatte. Da wollten die hart durchgreifen. Haben einfach Dinge erfunden, die ihnen in den Kram paßten.
Eine Woche hat es gedauert, bis die Genossen das Gegenteil bewiesen hatten und ich rauskam.
Eigentlich hatte ich den Rolf Pohle oder den Hark Bohm als Verteidiger gewollt, aber beide wurden sie abgelehnt. Ich bekam einen Pflichtverteidiger, den Wagner, aber verteidigt habe ich mich eigentlich selber. Der Wagner saß inzwischen auf der Pressebank.
Der Prozeß gegen den Aschenbrenner und mich war einer der frühesten. Er war wie ich eine Woche drin. Aber er war in einem anderen Stock, daß wir ja nicht zusammenkamen. Auch nicht beim Hofgang! Wir waren den ganzen Tag jeder allein in seiner Zelle.
Nur beim Kirchgang, wo man hingeht, nicht der Pfaffen wegen, sondern weil man dort Tabak tauschen konnte und am Schluß noch ein Kreuzwortheftel vom Pfarrer bekam, da sah man sich kurz. Beim Hofgang gab's Zweiergruppen und da habe ich mir einmal erlaubt, andersherum zu gehen. Einfach so. Einfach, um es einmal auszuprobieren. ›Können Sie denn nicht so gehen wie die anderen?‹ – ›Wieso, ist die Richtung denn vorgeschrieben?‹ Oder wenn man gepfiffen hat, das konnten sie überhaupt nicht leiden. ›Hören Sie gefälligst mit dem Pfeifen auf!‹ – ›Wieso denn?‹ – ›Weil's mir nicht paßt!‹
Im Juli war dann die Berufung, ich habe sieben Monate bekommen. Mit Bewährung. Der Konrad Kittl war mein Anwalt und ich bin in die Berufungsverhandlung gegangen, die Zahnbürste gut sichtbar in der Hemdentasche. Falls sie mich wieder einlochen wollten.
Dann kam die Amnestie. Alle Straftaten unter einem Jahr fielen darunter, so daß wir jetzt auch nicht mehr vorbestraft sind. Aber die Amnestie war kein Geschenk an die Studenten. Tausende von Polizisten waren angezeigt wegen Beleidigung, Körperverletzung und Freiheitsberaubung. Diese Prozesse alle hätten den Justizapparat in ganz Deutschland lahmgelegt. Das war der Grund für die Amnestie.
Für mich war der Knast interessant. Ich wollte immer schon einmal ein Gefängnis von innen sehen. Und eine Woche hat gerade gereicht, finde ich.
Ostern 1968 ging es dann richtig los: am Gründonnerstag war in Berlin das Attentat auf Dutschke verübt worden. Man hat sich dann schnell verständigt und abends war Treffpunkt beim Hertie-Hochhaus an der Münchener Freiheit. Man hat beschlossen – und das kam aus Berlin – jetzt geht's gegen Springer! Die Auslieferung der Bildzeitung sollte verhindert werden.
Unser Demonstrationszug bewegte sich also zum Buchgewerbehaus zwi-

schen Barer- und Schellingstraße. Wir wußten, daß dort die ›Bild‹ gedruckt und ausgeliefert wurde. Wir sind dann in den Hof von der Barerstraße her, wo die LKW's ein- und ausfuhren. Wir sind in die Hallen, wo die Arbeiter waren und haben mit denen diskutiert, während die Redaktionen fluchtartig verlassen worden waren. Was wir dort noch gefunden haben, haben wir durchs Fenster in den Hof geworfen. Wie sie heruntersegelten, die Blätter und Fotos!

Die Polizei hat sich an dem Tag ziemlich zurückgehalten und das war gut so. Wir waren nämlich geladen, weil wir am Anfang nicht wußten, ob Dutschke tot war. Die Polizei war vielleicht 200 Meter weg und sie haben uns zwei Stunden richtig austoben lassen.

Erst ab Karfreitag gingen sie richtig ran. Da kam auch keiner mehr in den Hof, da fand das Remmidemmi draußen statt. Wir bauten Barrikaden und sie kamen mit ihren Wasserwerfern. Das ging bis Ostermontag. An dem Tag hat's die beiden Toten gegeben: Rüdiger Schreck, der war Student und Klaus Frings, Fotoreporter von AP. Bei beiden hat die Polizei behauptet, die Demonstranten seien schuld, sie hätten mit Holzbohlen und Steinen geworfen. Das ist zumindest bei Schreck unmöglich: da hätte eine Holzbohle schon 25 Meter durch die Luft segeln müssen und das schafft keiner. Die Polizei hat sich geweigert, ihre Filme herauszurücken. Selbst der Bruder von Frings bekam sie nicht zu sehen und der Wallraff auch nicht, der sich da einschaltete.

Bei uns war das wiederum ein Auslöser für die Diskussion: Gewalt gegen Sachen, ja, Gewalt gegen Personen, nein? Das war etwas ganz und gar Unfruchtbares. Weil die Relation nicht stimmte. Die Bundesregierung hatte den Vietnamkrieg jährlich mit vielen Millionen unterstützt, für Napalm und Bomben, gegen Frauen und Kinder, was war dagegen die zerbrochene Fensterscheibe einer Bank? Lächerlich, überhaupt nicht zu vergleichen!

Dann die Prügelorgien der Polizei, die es seit den Schwabinger Krawallen 1962 regelmäßig gab und wo richtig Blut floß. Aber die Filme darüber gibt weder die Polizei noch der BR heraus.

Bei der Polizei wurde dann der Schreiber Präsident und den Umbach haben sie als Polizeipsychologen eingestellt. 1968 wurde der Sieber sein Nachfolger, der früher im SDS gewesen war. Schon als er den Job hatte, ist er noch einmal zum SDS gegangen. Da haben sie ihn aber hinausgeworfen. Klar. Das war die Zeit, wo aus Haß und Verbitterung vereinzelt Gewaltbereitschaft kam. Und weil die Steine an den Wasserwerfern wie Bonbons abprallten, da warf man eben auch einmal einen ›Mollie‹. Da gab es ja Bücher, wie die herzustellen waren, kein Problem also, die Molotowcocktails.

Wenn man den getränkten Lappen, der heraushing, angezündet und die Flasche geworfen hatte, entzündete sich das Gemisch beim Zusammentreffen mit Sauerstoff sofort. Das fängt brutal das Brennen an.

Die Stimmung war doch so: selbst die, die nicht selber zu Gewalt bereit waren, hätten Biertragl mit Mollies in der Wohnung untergestellt oder später RAF-Leute auf der Flucht daheim versteckt.

Weil es ja nur zwei Fronten gab: die Polizei und die Apo. Es gab ein paar Apo-Treffpunkte, in oder nicht weit von der Türkenstraße weg: Der kleine Bungalow, wo der Faßbinder immer an der Jukebox stand; der Café-Bücher-Laden von Trikont in der Schellingstraße, wo wir oft auf dem Gehsteig unsere Plakate malten; das Libresso, um in Ruhe zu lesen, auch wenn man nachher kein Buch kaufte.

Dort durfte im Winter auch der Mischa hinein, der bekannte Obdachlose mit dem roten Schal, der uns immer auf den Demos mit der Fahne vorauszog. Er war auch dabei bei der Warner-Kaserne, wo wir die G.I.'s zum Desertieren aufgefordert haben. Er trug immer die Fahne. Man durfte sie ihm nicht nehmen.

Oder das Stop In für abends, weniger den Simpl, weil man da immer die Mäntel an der Garderobe abgeben mußte, sonst schmiß einen die Toni raus. Oder das Café Minon, Ecke Nordend-, Georgenstraße, wo wir mit der Wirtin zusammen einen Versuch gestartet hatten: billiges Essen für die Apo. Das kostete dann ein oder zwei Mark und war doch ein richtiger Teller voll. Wir haben selber eingekauft, manchmal auch selber gekocht. Das Billigste war ein Brot mit Griebenschmalz und Salz für 20 oder 30 Pfennig. Die hat man in eine Schale gegeben. Manche haben aber auch nichts gegeben, weil sie nichts hatten. Andere haben nur getrunken und sind rausgegangen, ohne zu zahlen. Andere haben sogar noch etwas mitgehen lassen. Er ist gescheitert, dieser Versuch, aber es war trotzdem eine tolle Zeit!

Dann diese wichtige Sitzung im Lohengrin, als sich der Münchner SDS spaltete. Das muß 1968 gewesen sein: wir haben die Internationale gesungen, wir, das war der Aktionistenflügel mit Böckelmann und Subversiver Aktion und die, die später DKP wurden, sind beleidigt rausgegangen.

Wirklich, die wichtigsten Dinge passierten damals in Gruppen und in Kneipen.«

Günther Gerstenberg
geb. 1948 · Bildender Künstler, Autor, Ausstellungsmacher

Die Verhältnisse zum Tanzen bringen

»Der Staat nahm die zarte Erschütterung ›68‹ gekränkt zum Anlaß, repressiver zu werden. Das neue Bayerische Hochschulgesetz eliminierte die politischen Allgemeinen Studentenausschüsse und ersetzte sie durch zahme Sprecherräte. Mitte der 70er Jahre versickerte die Studentenbewegung, so daß mancher Professor sich verwundert die Augen rieb und sich heute gar beklagt über die Willfährigkeit angepaßter studentischer Jasager.
Damals aber waren wir gut drauf. Wir fragten uns: Inwieweit konnte ein Establishment mit seiner kompakten Mehrheit ohne autoritäre Dogmatik bewegt wenn nicht aufgehoben werden? Wie konnten wir die versteinerten Verhältnisse zum Tanzen bringen? Revolution oder Gegenmilieu? Und wenn Milieu, wo schlug das progressive ins regressive um? Um hinter diese und andere Geheimnisse zu kommen, haben wir gelesen Wilhelm Reich, Georg Lukacz' ›Ästhetik‹ und ›Geschichte und Klassenbewußtsein‹, Walter Benjamin, Herbert Marcuses ›Eindimensionaler Mensch‹ und ›Versuch über die Befreiung‹, Horkheimer/Adornos ›Dialektik der Aufklärung‹, die ProKla[1], das Kursbuch und Mao Tse-tung, eigentlich noch viel mehr! Und es gab an der Kunstakademie diverse politische Zirkel.
Unser Studium verdienten wir mit Taxifahren oder bei BMW, wir besuchten Seminare und Vorlesungen, leisteten unsere Praktika ab und verteilten zu Spät- und Frühschichten Flugblätter. Während andere schliefen oder vor der Glotze saßen, machten wir Politik und verstanden nicht, wieso diese

[1] ›Probleme des Klassenkampfes‹, Zeitschrift

malochenden BILD-Zeitungs-verblödeten Minifaschisten uns immer mit dem Ruf ›Geht doch erst mal arbeiten‹ anpöbelten. Wir waren halt gut drauf.
An der Kunstakademie war in den Jahren nach 1968 so etwas wie Ernüchterung eingekehrt, Resignation war das nicht, aber die Überzeugung wuchs, daß in der Gummizelle BRD mit nur spontanen Aktionen zumindest im Augenblick nichts zu verändern war. Die Kommilitonen und Kommilitoninnen sprengten zwar hin und wieder die undemokratischen Senatssitzungen; Polizeieinsätze waren die Antwort. Fast jedes Semester reihten sich mindestens einmal die Kolonnen der Wannen die ganze Akademiestraße entlang von der Ludwigs- bis zur Türkenstraße.«

Rita Mühlbauer
geb. 1941 · Malerin, Graphikerin

Nabel der Welt

»Als ich aus der Türkenstraße in die Adelheidstraße zog, hatte ich das Gefühl, vertrieben zu werden. Ausgetrieben, ausgesetzt. Das hat lange angehalten.«
Rita Mühlbauer kommt 1959 aus dem Allgäu nach München.
»Ich wollte einfach Künstlerin werden. Gott sei Dank hab' ich das Studium bezahlt gekriegt, vom Staat, weil mein Vater nicht mehr aus dem Krieg nach Hause gekommen ist.«
Erst einmal macht sie Gebrauchsgraphik, landet in einer Werbeagentur: ›Das war nichts, gar nichts, ein Drama.‹ Sie geht zur Akademie und steht ratlos vor den verschiedenen Kunstauffassungen. ›Wenn man aus der Pro-

vinz kommt und so ein junges Ding ist, dazu noch aus einfachen Verhältnissen, da weiß man überhaupt nicht, wo es langgeht. Es war im Grunde ein unheimlich verschnarchter Haufen, diese ganze Akademie.
Ganz akademisch gaben sich die Abstrakten und gleichzeitig rabiat, wegen ihres langen Kampfes gegen den Historizismus. Ich hatte mehr eine Neigung zum Naturalistischen, ich habe gesucht, gesucht, gesucht.«
Sie hat Glück, findet ihren Professor: Xaver Fuhr. »Er war ein Expressionist, der viel berühmter hätte werden können, wenn er nicht das beschissene Malverbot im Dritten Reich gehabt hätte. Er hat uns viel darüber erzählt, auch über Hintergründe: welche Maler welchen Minister wie geschmiert haben, damit das Malverbot aufgehoben wird. Er war ganz verbittert. Er ist aber nicht abgehauen, sondern in die innere Emigration gegangen. Seine Frau hat ihn irgendwie durchbringen müssen.«
Zwölf Semester studiert sie an der Akademie bis 1969. »Ich bin immer noch dankbar, daß ich die Zeit hatte und diesen Spielraum, um herauszukriegen, was ich eigentlich wollte und was möglich war. Daß ich nicht sofort ins Berufsleben gedrängt wurde und gar nicht mehr nachdenken konnte.«
In dieses Vakuum stieß die Studentenbewegung »und wir mit Karacho hinein. Ich habe noch ganz dramatisch das letzte Bild schwarz gemalt und dann ab in die Ecke damit. Wir hatten ja jetzt wichtigere Dinge zu tun als individualistisch vor uns hinzumalen. Es ging schließlich um die Revolution. (lacht) Wir machten Plakate und Agitationskunst. Wir waren es, die die Akademie ausgestaltet haben mit Raten, Raben und Bullen. Da gab es ganz Findige, die haben Stempel aus Schaumgummi gemacht und damit die Wände verziert.
Es gab eine Zeit nach der Gründung der HSK, der Hochschulgruppe Sozialistischer Kunststudenten, heute klingt das dogmatisch, war aber zu der Zeit eher anarchistisch, da hatten wir die Akademie praktisch fest im Griff.
Und wie wir gelernt haben, gelesen und diskutiert! In Arbeitskreisen und zu Hause. Eigentlich überall. Wir hatten so einen Hunger und so eine Neugierde. Es war ein ungeheurer Nachholbedarf da und wir haben uns gegenseitig viel beigebracht.
Um uns herum war das Wirtschaftswunder-Deutschland mit seinen überkommenen und verknöcherten Werten. Verblödet alles und verbiestert. Wir suchten Vorbilder, linke Vorbilder, die wir für unseren Aufbruch brauchen konnten. Marx für Politik, Reich für Psychoanalyse, die Frankfurter Schule. Wir waren so geprägt von der Studentenrevolte, die sich wie ein Lauffeuer ausgebreitet hatte, daß wir uns anders benahmen als die anderen, anders redeten, uns anders bewegten, anders angezogen waren. Wir waren unter Gleichaltrigen und diese Gruppen waren für mich die Welt.
Damals hat man ja praktisch die Wohnung nach außen verlagert. In den Kneipen hat man gewohnt und zu Hause gerade geschlafen.
Man zog herum. Im Prinzip waren wir eigentlich Hippies, das war das Lustige und Schöne. Wir hingen herum, hier einen Joint, dort einen, hier spielen, da schlafen, wir lebten in den Tag hinein. Alles ausprobieren.

Man wollte ja der neue Mensch sein, kühn, offen und neugierig, nicht so hinterfotzig-verquast, bigott und verlogen wie das Establishment.
Von eigenen Leichen im Keller wollte man nichts wissen, die Sehnsucht nach Archaischem galt als reaktionär, das durfte man nicht zugeben, dagegen hat man gekämpft.
Und so gleich das Kind mit dem Bade ausgeschüttet. Wie die Alten nur auf ›Vererbtes‹ als Bestimmendes im Menschen setzten, so wir nur auf ›Erziehung und gesellschaftliches Umfeld‹. Wir wollen dem Modernismus aus dem Weg gehen, dieser ganzen bescheuerten Konsummentalität. Wir haben eine eigene Ästhetik entwickelt: entweder trug man Sachen aus dem Trödel oder aus fremden Kulturen. Da hat sich keiner Gedanken gemacht, daß das vielleicht auch eine Werteausbeutung war. Man fand es einfach wunderschön, vor allem, weil es anders war.
Man hat sich bewußt abgesetzt von der Gesellschaft. Ich habe Kleider aus dem Trödel, die ich heute noch trage. Das Wichtigste war tatsächlich in dieser wilden Zeit: wir waren ständig auf der Suche, ständig unterwegs. Wir hatten das Gefühl, überall gibt es plötzlich neue Ideen, da mußt du hin, da mußt du zuhören.
Im privaten Bereich, im gestalterischen, was die Musik anging, den Sex, die Feste, alles war bunt durcheinandergewürfelt.
Wir haben herumgekifft und herumgevögelt, einfach so, aus Neugierde und weil man es tat, auch wenn man nicht so richtig selig dabei wurde wie ich.
Die Wohngemeinschaften waren gemischt, bis 1978 habe ich nie privat gewohnt. Ich habe viel dabei gelernt, vor allem haben sie mir geholfen, meinen Minderwertigkeitskomplex zu überwinden.
Was ganz wichtig war: man durfte schmuddeln! Man mußte sich an keine Regeln halten außer denen, die man sich selber gegeben hatte oder von denen man annahm, man hätte sie sich gegeben.
Die Männer waren in ihren Dritte-Welt-Arbeitskreisen und die Frauen waren eher so dabei. ›Mädele‹ sagt man bei uns, ›darfst auch dabei sein und Publikum spielen‹.
Bis die Frauen aufgewacht sind. Anregungen kamen auch aus Berlin, von den Kommunen 1 und 2. Dann haben sie sich um Matriarchatsforschung gekümmert und andere psychologische Themen. Die Ergebnisse sind dann nach innen gegangen, in die Freundschaften, in die Beziehungen, die das gerade bitter nötig hatten.
Meist war der Anlaß, sich in so einer Frauengruppe zu engagieren, die gravierende Untreue eines Partners wie bei mir. Am Anfang waren wir 10, 15 Akademiefrauen, dann kamen die Kunsthistorikerinnen der Uni dazu, es gab richtige Metastasen. Und da hat jede plötzlich ihre Bettdecke gelüpft und erzählt was bei ihr so los war. Man hat Erfahrungen ausgetauscht und vor anderen zum ersten Mal so richtig ausgepackt. Das hat man üben müssen, richtig üben.
Bei der § 218-Geschichte war ich auch wieder dabei, ich war eine der Initiatorinnen und wohnte damals in der Türkenstraße, auf 68 A.

Ich habe Unterschriften gesammelt für ›Ich habe abgetrieben‹ und da hat fast die ganze Straße unterschrieben. Außer vielleicht ein paar alten Weiberln.
Das Thema Malerei hatte ich beiseite geschoben, die Frage, was das für mich gesellschaftlich bedeuten könnte.
Ich hatte zwar beim Situationismus irgendwie mitgemacht, aber eher ideell. Es war nicht mein Weg zum Malen. Ich habe mich auch dann langsam zurückgezogen.
Schon bevor es die Studentenbewegung gab, habe ich mich manchmal betrunken, um abstrakt malen zu können. Aber es hat beim besten Willen nicht geklappt. Ich hab' ekstatisch gemalt, mich aber dabei unglücklich gefühlt. Und wußte nicht weshalb. Wußte nicht, welche gesellschaftliche Ursache das hatte, welcher Haupt- oder Nebenwiderspruch dafür verantwortlich war.
Ich habe eine eher kontemplative Art mit Bildern umzugehen. Mit Hanno Rink habe ich mich zusammengetan und die Flucht nach vorne angetreten. Gleich Pop-Art und gleich in die Auftragskunst. Der Gestus des bürgerlichen Individualismus kam nicht mehr in Frage.
Viele meiner Freunde sind geprägt worden durch Gruppen wie ›Cobra‹, ›Spur‹, ›Geflecht‹, ›Wir‹ und dem ›Kollektiv Herzogstraße‹, da war eine geistige Verwandtschaft da.
Mit Hanno konnte ich Bilder zusammen malen. Aber es blieb sein Gestus.
Was ich getan habe: ich habe Miniaturen gemalt in der Zeit, winzigklein, um sie gegen diese großen Revolutionsgesten zu setzen.
Jeder probierte alles aus, stellte alles in Frage, provozierte, wo er konnte. Die Zeitungen waren voll von uns und wir hielten uns für den Nabel der Welt.
Die Akademie war unsere engere Heimat, zur weiteren gehörten Amalien- und Türkenstraße. Die Akademiefeste waren phantastisch. Sogar die Nacht in der Ettstraße, eingesperrt, war ungeheuer aufregend und schön. In den Kneipen spielten wir unsere Musik: Amon Düül, Pink Floyd, die Stones. Bei Parties gab es Pornofilme und dann kursierte ein Foto: Germaine Greer's Möse.
Man hat sich etwas getraut damals. Da waren die Weiber genauso frech wie die Typen. Heute ist so etwas undenkbar, das wäre direkt abgefuckt. Damals war es neu. Man hat mit ganz neuen Augen geschaut, man hat das Gefühl gehabt, man sei tatsächlich neugeboren.
Dann ging es los mit dem Dogmatismus und der Rechthaberei. Die Niederschlagung des Prager Frühlings, die mich sehr erschüttert hat, soll plötzlich richtig gewesen sein, weil da irgendwie der US-Imperialismus seine Hände mit im Spiel gehabt haben soll.
Die K-Gruppen entstanden, diese ganzen kommunistischen Zersplitterungen und schon war der Spaß weg. Wenn da so einer mit seinem ganzen revolutionären Pathos daherkam, habe ich mich immer gefragt: Wo kommt der her? Wo verdient der sein Geld? Kriegt er es etwa von Zuhause? Ich wußte bei mir: ich erbe nichts, ich bin für alles verantwortlich, was ich mache.

Und da habe ich eben oft festgestellt: gerade die dogmatischen Knochen waren richtige Bürgersöhnchen. Hatten ein Erbe zu erwarten. Und änderten oft ihr Leben radikal, wenn sie es bekamen.
Mit Hanno habe ich viele Geschichten für Zeitschriften und viele Bücher gemacht, Kinder- und Jugendbücher mache ich jetzt alleine.
Die Nina, das Akademiemodell hab' ich gerne gemalt. Schön war sie, aber eine Nervensäge. Hat immer von Stalin erzählt, ihrem Landsmann, einem Georgier und was er doch für ein toller Mann gewesen sei. Als wir in unserem revolutionären Impetus die Aktmalerei abgeschafft haben: ›Um uns brennt die Welt und wir sollen individualistisch Aktzeichnen? Unmöglich!‹ da haben wir natürlich auch ihr geschadet.
Der Helmut Sturm, Professor an der Akademie, hat eine wichtige Rolle in der ganzen Bewegung gespielt. Er war eine Art grauer Eminenz, von uns allen anerkannt, von den anderen gefürchtet. Er war auch ein rabiater Hund.
Als wir einmal Plakate und Buttons verkauften, es gab ja einen ganzen linken Markt mit Büchern und T-Shirts, von irgendetwas mußt du ja auch leben schließlich, da kam er einmal vorbei, hat vor uns auf den Boden gespuckt und hat gesagt: ›Da würd' ich ja lieber putzen gehen!‹
Lieber putzen gehen als unsere Siebdrucke zu verkaufen! Da haben wir uns überlegt: Ganze Nächte schwätzt der durch von Revolution und so, radikal, kompromißlos und was tut seine Frau? Sie putzt tatsächlich.
Das war dieser eifernde Purismus: Kunst als Ware, pfui!, der damals viel kaputt gemacht hat.
Inzwischen ist auch der Sturm milder geworden.«

Roswitha Wolff
geb. 1942 · Rechtsanwältin

Der Akademiekindergarten und das Antiautoritäre

»Den Kindern ging es im Akademiekindergarten so gut, sie waren richtig glücklich. Da wurden Freundschaften geschlossen, die heute noch anhalten, sowohl zwischen den Eltern als auch zwischen den Kindern. Wir Eltern haben ja nicht nur unsere Kinder an der Tür abgegeben, wir waren mitverantwortlich für das Bestehen des Kindergartens. Wir haben mitfinanziert, mitgeputzt, mitgekocht und vor allem mitdiskutiert.
Während die Kinder miteinander nach Hause gingen und auch mal bei ihren Freunden und Freundinnen übernachteten, was damals sehr unüblich war.«
1969 waren die Wolffs mit ihrer vierjährigen Tochter aus Tübingen nach München gezogen. Sie fanden eine Wohnung in der Theresienstraße, im ersten Stock »direkt auf Höhe der Oberleitung der Straßenbahn, die damals durch die Theresienstraße in die Ludwigstraße fuhr und einen unglaublichen Lärm machte.« Bis die U-Bahn Anfang der 70er Jahre fertiggebaut war. Die Kleine bekam einen Platz im Kindergarten der Türkenschule.
»Da ging es für meine Begriffe ziemlich paramilitärisch zu: mittags mußten die Kinder schlafen, eine Stunde in ihren Bettchen, alle den Kopf in die gleiche Richtung gedreht. Sie durften sich nicht anschauen, sie durften nicht lachen, nicht miteinander reden. Es war alles stark auf Gehorsam ausgerichtet.
Als ich meine Tochter einmal um drei Uhr abholte, die Kinder spielten im Sandkasten im Hof, war doch eine der Kindergärtnerinnen noch dabei, zwei

Stunden nach der Mittagspause, meiner Tochter das eiskalte Essen hineinzuwürgen.

Das lag gar nicht so sehr an den Kindergärtnerinnen, die waren gar nicht schlecht, es lag an ihren Arbeitsbedingungen, mit denen sie selber unzufrieden waren: Sie hatten zu viele Kinder und konnten deshalb nicht mit ihnen machen, was sie gerne gemacht hätten. Deshalb streikten sie und wir haben diesen Streik auch unterstützt. Aber einschneidende Verbesserungen hat er nicht gebracht.«

Auf dem Weg zu seiner Arbeit als Lektor im dtv-Verlag in der Friedrichstraße kommt Lutz Wolff in der Türkenstraße an einer Baracke vorbei »wo immer viele Kinder spielten, die laut waren, manchmal nackig, aber immer unglaublich dreckig. Sie machten einen glücklichen Eindruck und weil wir mit dem städtischen Kindergarten so gar nicht glücklich waren, faßte er sich mal ein Herz und ging hinein.

Unvorsichtigerweise in seiner Arbeitskluft mit Anzug und Krawatte. Niemand trug dort so etwas und sie dachten gleich, daß er ein Spitzel wäre. Auch unsere Berufe erschienen ihnen ziemlich bürgerlich und somit suspekt. Trotzdem nahmen sie uns, wohl auch, weil wir einen recht hohen Beitrag zu zahlen gewillt waren. Vielleicht hatten sie auch nicht genug eigene Kinder. Jedenfalls sind wir vorher geprüft worden auf unsere politische Zuverlässigkeit. Wir hatten schließlich unsere Politschulungen aus Tübingen noch voll drauf.

Der Kindergarten im Park der Akademie war ursprünglich für die Kinder der Kunststudenten und -studentinnen gedacht gewesen. Die ersten Kindergärtnerinnen, die man ›Bezugspersonen‹ nannte, waren Studentinnen.

Mit denen waren aber die Eltern der Kindergartenkinder nicht so zufrieden und es kamen ›Ausgebildete‹, mit denen aber die Studentinnen nicht zufrieden waren, weil sie meinten, sie kämen mit der antiautoritären Erziehung nicht zurecht.

Denn das war der Knackpunkt: antiautoritäre Erziehung. Da gab es dann abstruse Geschichten: Wenn Kleinkinder den ganzen Tag mit vollen Windeln herumliefen und abends ganz wund waren, aber eine Diskussion angesetzt wurde, in der es hieß: wie schädlich es doch sei, den Kindern die Scheiße aus der Hose zu nehmen, weil das ja eine autoritäre Wegnahme ihrer ureigensten Produkte wäre.

Wir hatten den Argwohn, daß es denen nur zu unangenehm und widerlich war, die Kleinen trockenzulegen. Die Eltern dieser Kleinen zogen es dann auch vor, ihre Kinder da rauszunehmen.

Die übrigen, so ab drei Jahren, waren mächtig glücklich und frei. Ihr Spielplatz war die Baracke, der Park und die Ateliers der Studenten. Ab und zu tauchten sie auch in den Vorlesungen von Professoren auf. Es kam öfters vor, daß ein Kind abhaute, aber es ist nie etwas Ernsthaftes passiert.

Wir hatten eigentlich nur Angst, daß das Stadtschulreferat, so hieß, glaube ich, die zuständige Stelle, davon erfahren könnte und uns die Zuschüsse streichen. So von wegen mangelnder Aufsichtspflicht.

Wenn es also hieß, es käme eine Inspektion von der Stadt, fingen wir an mit dem Großreinemachen. Trotzdem waren die Kontrolleure noch ziemlich schockiert und es gab immer wieder Probleme mit den Zuschüssen.
Irgendwann tauchte sogar der Vorwurf der Indoktrination auf, weil im Kindergarten natürlich auch politische Plakate und Zeitungsartikel aushingen. Mit den Kindern wurde über Politisches gesprochen, soweit sie es eben schon verstehen konnten. Zu Demonstrationen wurden sie mitgenommen und die Eltern sagten ihnen, warum es auch für sie wichtig wäre.
Trotzdem war der Akademiekindergarten für die Leute vom Uni-Kindergarten im Leopoldpark nicht politisch genug. Irgendwie eben zu anarchisch und chaotisch. Die Kinder durften alles bemalen, nicht nur ein Blatt Papier, sie haben Ton geformt und gebildhauert. Da wurde großzügig mit den Materialien umgegangen. Es mußte nicht etwas herauskommen, was man ausstellen konnte und was perfekt war, damit sich die Kindergärtnerinnen selber profilieren konnten. Da wurde einfach Kreativität geweckt und mit Sachverstand begleitet. Das gefiel den Kindern.
Manchmal allerdings war die Stimmung irgendwie freudlos, da ging's den Bezugspersonen selber schlecht und sie machten ein Gesicht wie ›in dieser schrecklichen Welt kann man doch nicht glücklich sein‹ oder ›wer lacht, gehört schon zum Establishment‹.
Was ihnen an uns suspekt war: wir waren verheiratet und lebten auch noch zusammen. Manchmal hatte man den Eindruck, es sei ihr erklärtes Ziel, die Eltern auseinanderzubringen. Tatsächlich sind in dieser Zeit eine Menge Ehen auseinandergegangen. Unsere nicht, damals nicht, das hat sie eher stabilisiert.
Unsere Tochter blieb ein Jahr im Akademiekindergarten, dann machte in München eine antiautoritäre Schule auf mit einer Vorschulklasse, die sie mit fünfeinhalb besuchte und ab sechseinhalb in der ersten Klasse war.
Unsere Freunde und Verwandte waren immer sehr beeindruckt, wenn unsere Tochter erzählte, sie müßten nur in den Unterricht, wenn sie wollten. Oder daß sie die Lehrerin irgendwo in einem Café gefunden hätten, weil die gerade keine Lust gehabt hätte. Also, wenn die Kinder nicht schon vorher zum Lernen motiviert waren, durch diese Schule wurden sie es nicht. Nach drei Jahren hat sie dann auch wieder geschlossen. Manche Eltern haben ihre Kinder herausgenommen, weil sie meinten, sie lernten nicht genug. Oder weil sie allmählich Zweifel am antiautoritären Konzept bekommen hatten, oder weil sie meinten, schon antiautoritär erziehen, aber nebenbei auch was lernen. Oder weil die Eltern selber nicht bereit waren, so viel zu machen, wie so eine Schule braucht.
Viele hatten auch Angst vor den Schwierigkeiten beim Übergang in die staatlichen Schulen. Meiner Tochter und ihrer Freundin hat es nichts ausgemacht. Wer Lust hat zu lernen, lernt so oder so.
Und solange es kein durchgehend antiautoritäres Lernsystem gab, bis zum Hochschulabschluß, war es ja sowieso nur Stückwerk.
Trotzdem hat das Projekt ›Antiautoritäre Erziehung‹ Kreise gezogen. Bis hinein in die städtischen Kindergärten. Fünf Jahre später gab es das schon nicht

mehr, daß die Kinder sich beim Schlafen in eine Richtung ausrichten mußten. Auch daß Autorität nicht das Wichtigste ist bei der Kindererziehung, sondern daß Kinder Freiraum brauchen und ihre Bedürfnisse respektiert werden – das alles hat die antiautoritäre Bewegung in der Erziehung durchgesetzt. Im Hinterkopf hatten wir da immer das Modell von ›Summerhill‹.
Der Akademiekindergarten wäre ja ohne die Studentenrevolte nicht denkbar gewesen. Den hatten sich die Studenten ab 1968 erkämpft. Ich habe mit der Nacharbeit der Osterunruhen zu tun bekommen als Rechtsreferendarin bei der Rechtshilfe.
Da ging es um die beiden Toten am Buchgewerbehaus und wir haben untersucht, ob es möglich war, daß die Studenten die Bretter so weit durch die Luft schleudern konnten oder was es sonst für Todesursachen geben könnte. Und da gab es ziemliche Anhaltspunkte dafür, daß im Fall Schreck es nicht die Studenten waren, sondern die Polizei, die diese Bohlen geworfen hatte. Das ist nie eindeutig geklärt worden.
Später habe ich den Rolf Pohle und den Fritz Teufel verteidigt.
Heute bin ich mehr mit Familienrecht und Sorgerecht beschäftigt und da helfen mir die Erfahrungen von damals immer noch. Diese intensive Beschäftigung mit Erziehungsfragen, das war mehr, als sonst Eltern machten, um ihr Kind anständig zu erziehen, das hat mir Wissen gegeben, Sensibilität und Gespür für Alarmzeichen, die Kinder aussenden. Noch heute habe ich eine ganz starke Abneigung gegen gewalttätiges oder auch nur autoritäres Verhalten gegenüber Frauen und Kindern.
Durch die Studentenbewegung bin ich ein politischer Mensch geworden. Sie hat mich, wie viele andere auch, sehr weitgehend und sehr radikal von unseren Eltern und deren Werten entfernt. Sie hat uns geholfen, unseren Zorn auf die Eltern abzureagieren wegen ihres Schweigens oder ihrer Mitschuld im Dritten Reich. Das war für viele von uns die Hauptfrage. Aber der Versuch, Geschichte neu zu schreiben, macht auch davor nicht halt: die starke linke und antiautoritäre Bewegung in Deutschland – weil ja die DDR kaputtgegangen ist – soll ausgelöscht werden. So nach dem Motto: Was links war, muß falsch gewesen sein. Oder: die Linken sind schuld, daß es die DDR überhaupt gegeben hat.
Übrigens: meine Tochter ist Ärztin geworden und ihre Freundin Journalistin. Beide haben immer noch engen Kontakt, sind erfolgreich und politisch engagiert. Trotz dieser antiautoritären Erziehung.« (lacht)

Wieland Sternagel
1968 bei der Weihnachtsfeier im Juli
geb. 1938 · Ex-AStA-Vorsitzender · »freischwebender Graphicus«

Revolution ist herrlich, alles andere ist Quark!

»Nach unsagbaren Mühen und einem vierteljährlichen Aussitzen im Senat – wir haben sie regelrecht weichgekocht, bis wir ihr ›ja‹ hatten – haben wir den Akademiekindergarten durchgesetzt: ein Teil der Räume der Baracke wurde dafür freigegeben. Das war im Sommer 1969.
Nur war die Durchführung des Kindergartens kein Ruhmesblatt. Diese falschverstandene antiautoritäre Kiste, dieses totale Laissez faire, das war es nicht. Mich haben sie als ›Sauberkeitsfaschisten‹ tituliert, als ich einem Buben mit meinem Taschentuch eine Rotzglocke von zehn Zentimetern, ein richtiges Gebirge, abgenommen habe. Da haben sie mich richtig niedergemacht. (lacht)
Immerhin hat das ein paar Jährchen gedauert und hat den Eltern genützt.
Ein paarmal haben wir auch im Kindergarten genächtigt. Oder einen Original Mac Zimmermann, den wir vorher im ›Alten Simpl‹ abgehängt hatten, dort versteckt. Nachher war er allerdings verschwunden.«
Im zweiten Anlauf hatte es Wieland Sternagel geschafft: er wurde in der Akademie aufgenommen, ging zu Mac Zimmermann in die Klasse, wurde im Sommersemester 1967 als Asta-Vorsitzender gewählt und als einer der vier studentischen Sprecher im Senat. Blieb es drei Semester lang – die drei folgenschwersten und turbulentesten Semester der Akademie der Bildenden Künste seit ihrer Gründung. »So ein Protest an einer Akademie trägt natür-

lich andere Züge als an einer theologischen Hochschule. Wir haben eine ganz eigene Entwicklung gehabt, unser Protest trug eine besondere Note. Das ging ja schon lange vor 1968 los und hatte zunächst hausinterne Gründe: der total vergreiste Lehrkörper, die absolut reaktionäre Berufungspolitik und die oft semesterlangen Absenzen der Professoren.

Der Paolo Nestler ließ sich oft semesterweise nicht sehen, weil er Geld scheffeln mußte. Der Hundertwasser hat sogar seinen Studenten in Wien Tonkassetten aus Neuseeland geschickt, was zu einer kleinen Revolte führte.

Wir hatten verdiente Leute wie den Kirchner und den Henselmann für christliche Kunst – genau der, der den Christus im Dom geschnitzt hat – den Fruhtrunk für moderne Kunst und den Geitlinger, einen abstrakten Maler, aus dessen Klasse die meisten Revoluzzer hervorgegangen sind, der Koderer zum Beispiel.

Aber wir hatten auch den Nazi-Kaspar, die Spitze des Eisbergs. Er hatte praktisch als Designer die Münchner Festumzüge ab 1937 im Zeichen des Hakenkreuzes entworfen, hatte enge Verbindungen zu Speer und der Reichskanzlei, hatte die Intarsien für Hitlers Schreibtisch und die Fresken im Kongreßsaal des Deutschen Museums gemacht und saß auf dem Lehrstuhl des anderen Caspar, eines christlichen Expressionisten, den die Nazis als ›entartet‹ eingestuft und ihm die Professur entzogen hatten.

Nach 1945 bekam der zwar seinen Lehrstuhl zurück, der mit C, der andere mit K konnte aber den seinen behalten. Ein Lehrstück für das Deutschland nach 45.

Wir vom Asta haben jedenfalls nach Ost-Berlin geschrieben und einen Packen Fotokopien bekommen: Der Briefwechsel Hermann Kaspar – Reichsrüstungsminister Speer, der in Nürnberg zu 20 Jahren verurteilt, aber viel früher wieder freigekommen ist.

Wir haben diese Briefe fein säuberlich hinter Glas im Astaraum ausgestellt, der heutigen Caféteria. Das gab ein ungeheures Aufsehen. Die Bürokratie wollte einschreiten, hat sich aber nicht getraut. Das war 1968.

Leider haben die Studenten die Caféteria seither aus ihrer Selbstverwaltung weggegeben. Ein großer Fehler. Weil aus dieser Kneipe – oben war eine Art Bühne, da war das Büro und unten gab es Kaffee, Bier und was zu essen – ganz viele Aktionen ausgegangen sind. Weil sie das räumliche Zentrum unserer Revolte war und wir die Schlüsselgewalt hatten, also auch mal nachts tagen konnten.

Ich bin nicht durch 68 erst politisiert worden, ich hatte als Pennäler schon Kontakte, das heißt, ich habe in einer Kriegsdienstverweigerungsgruppe in Fürstenfeldbruck mitgemacht. Einer großen mit 40 Mitgliedern. Weil ja der NATO-Flugplatz Fürstenfeldbruck so richtig dazu einlud.

Also für mich war 68 nicht die Stunde Null wie für viele. Und losgegangen ist es an der Akademie ja schon 67, als plötzlich eine ganz neue Generation in den Asta und die Studentenvertretungen gewählt wurde.

Früher war der Asta ja mehr eine Art Veranstaltungsagentur. Ab da hat er sich mehr und mehr politisiert, in dem Maße, wie sich auch die Studenten politisiert haben. Da war die Bewegung gegen die Notstandsgesetze und die der Ostermarschierer, die damals zusammengekommen sind und auf unsere Aufbruchsstimmung trafen. Eine Riesenaufbruchsstimmung und der Wille, aus der Akademie, diesem toten Haus, vielleicht doch noch etwas Vernünftiges zu machen. Das war die Utopie.

Da war die Forderung nach Drittelparität und die Debatte um die Hochschulreform. Eine wichtige Forderung war auch, Psychologie und Soziologie an die Akademie zu holen. Dazu haben wir vom Asta Vorlesungsreihen organisiert, fürchterliche Vorlesungen zur Soziologie, die im Astacafé oder in den Vortragssälen stattfanden, aber immer gut besucht waren.

Wir machten auch Vorschläge, wen die Akademie als nächsten berufen sollte. Diese Aktivitäten hat man uns eigentlich nicht übelgenommen, das konnte man noch unter die traditionellen Aufgaben einer Studentenvertretung fassen.

Doch dann kam der Schah Ende Mai 1967 nach München.«

Er kam mit Farah Diba und in kugelsicherer Weste. Wo immer er auftrat, traf er auf die Proteste der Studenten. Persische Studenten legten am Platz der Opfer des Nationalsozialismus einen Kranz für die Opfer des Schahregimes nieder. Am 1. Juni wollte er das Nationaltheater besuchen.

»Wir haben wohl eine Stunde vor der Oper gewartet, es war absolut friedlich, wir haben mit den Bereitschaftspolizisten diskutiert, bis so ein Feldwebel kam und diese Verbrüderung verbot. Dann kam er die Maximilianstraße hoch, der Schah, die Jubelperser waren auch schon da mit ihren Latten, und auf einmal gab's auch bei uns Prügeleien.

Und ausgerechnet mich haben sie geschnappt und eine Nacht in eine kalte Zelle in der Ettstraße gesteckt. Ich hab' gefroren wie ein Schneider und einen Anwalt haben sie mich auch nicht anrufen lassen, diese Hundskrüppel! Für einen braven Bürger und Familienvater hat so eine Nacht allein in der Zelle einen gewissen Erlebniswert.«

Der Schah fliegt nach Berlin, die Studenten demonstrieren weiter, am 2. Juni wird Benno Ohnesorg dort erschossen. Zum Protest kommen Ohnmacht und Wut.

»Der Schuß auf Benno Ohnesorg war nur der Funken, der das Faß zum Explodieren brachte. Wir verlangten eine außerordentliche Versammlung der Studenten, die der alte Astaboß abgeblockt hat.«

Man bekniet Wieland Sternagel, er stellt sich zur Wahl, gewinnt.

»Da fing die neue Ära der Studentenvertretung an. Das war am Anfang nur ein kleiner Haufen: das kritische Atelier und der HSK. Mehrheitlich eine Männerclique, dann war es nicht mehr geschlechtsspezifisch. Es gab ja eine riesige Emanzipationsbewegung an der Akademie.

Das Café war das Kommunikationszentrum, wo die Leute auch abends vorbeikamen. Wir haben eine Art Kulturprogramm gemacht, Jazz und Film. Der Faßbinder hat da auch mal ein Stück aufgeführt, weil sein Anti-Theater gerade dicht war. Er hat die Stühle bekommen und den Eintritt kassiert.

Wir haben dort Aktionen vorbereitet, normale und subversive: Demo-Vorbereitungen und Bemalungen. Nie hat die Siebdruckwerkstatt einen derartigen Zulauf gehabt. Die Bemalung der Wände der Akademie war ja einerseits ein Tabubruch, andererseits geradezu einladend für uns, diese leeren weißen Flächen, ideal für Agitation, zu bearbeiten. Das geschah auch oft nachts. Das waren dann Comics und Graffitis, aber auch richtige Fresken in den Rotunden. Die Leute haben sich echt Mühe gegeben und es sind richtig gute Sachen darunter. In den Semesterferien 69, wo keine Sau da war, wurde alles übertüncht. Für 50 000 Mark Steuergelder! Also, Restauratoren könnten alles freilegen, es ist noch alles da. Nicht abgewaschen, nur übermalt.
Es ging uns einfach darum, den normalen Alltag der Akademie zu stören, den Nimbus zu entweihen und das Establishment einzuschüchtern.
Wenn ich da an diese Vereidigung der Erstsemester denke! (lacht) 1966 hatte ich so eine Zeremonie zur Vereidigung auf die Verfassung der Akademie miterlebt, wo die Typen in beigefarbenen Gewändern in die Akademie geschritten kamen. Da haben wir dann ein lustiges Happening draus gemacht. Wir hatten in der Verwaltung eine Freundin, die uns die Adressen sämtlicher Erstsemester rausgeschrieben hat. Die haben wir angeschrieben und eingeladen zur Vereidigungsfeier. ›Nur Krankheit oder Tod im nächsten Verwandtenkreis gilt als Entschuldigung‹, hieß es. Es gab dann tatsächlich vier Entschuldigungen.
Ich habe mir von meiner Schwägerin so zehn violettfarbene Talare schneidern lassen, dazu haben wir uns Doktorhüte gemacht aus Pappdeckel. Die Zeremonie sollte in der Aula stattfinden, ich habe den Flügel schon vom Hausl reinfahren lassen, da kam so ein Verwaltungsfritze und sagte: keine Aula und kein Flügel! Da haben wir es eben vorn im Vestibül gemacht, wo alle Leute vorbeimußten. So hatten wir ein Publikum von ungefähr 400 Leuten. Wir hatten inzwischen das Pianohaus Lang angerufen, ob sie ein Klavier zum Verkauf hätten. Sie hatten und transportierten es gleich her für 75 Mark! Klavier und Transport! Von der Musikakademie hatten wir einen Geiger und eine Klavierspielerin, die spielten dann zusammen das Deutschlandlied und wir haben die Erstsemester vereidigt, so mit Schwurhand und allem drum und dran.«
Wieland Sternagel als ›Magnifizenz‹ ließ die Studenten auf die Revolution schwören: »Revolution ist herrlich, alles andere ist Quark!«[1] (Dreimal) oder »Laßt euch während der Probesemester nicht das Rückgrat rausnehmen!« oder »Schaut den Kunstbeamten in die Pupille!«
Er hielt im lila Talar die Festansprache über ›Kunst und Revolution‹. Zum feierlichen Abschluß wurde das ›ganze Deutschlandlied‹ gesungen. Das war im Februar 1969.
»Die Professoren haben nichts gemacht. Da waren sie schon eingeschüchtert. Wir haben ja mit den gleichen Mitteln wie sie gearbeitet, nur eben ironisch. Da bekamen sie plötzlich Schiß vor den Studenten.«

[1] Rosa-Luxemburg-Zitat

Genau einen Monat später organisierte Sternagel den ›Tag des Zweirads‹. »Normalerweise wurden die Themen meist kollektiv ausgeklügelt, aber der ›Tag des Zweirads‹ war meine Idee. Eine Wahnsinnsidee! Es ging darum, das Establishment einzuschüchtern und die Akademie zu entweihen. Bei uns hatte sich nämlich eine unheimliche Wut gegen das Establishment der Akademie angesammelt, gegen diese Anhäufung von Opportunismus in der Professorenschaft, die nur beschwichtigen konnte, um einigermaßen heil aus der Sache rauszukommen. Unsere Thematik hat sie einen Dreck interessiert!
Es waren Motorräder verschiedensten Kalibers, die da in den Gängen der Akademie herumfuhren und einen Riesenradau machten. Ich hatte ein Fahrrad mit Hilfsmotor von der Firma Sachs, das war die erste Motorisierung nach der Währungsreform und dem hatte ich den Auspuff abgeschraubt.
Die Firma Continental hatten wir angeschrieben, ob sie das nicht sponsern möchte. Leider nein, schrieben sie zurück, Geld gäbe es keines, aber dafür ein Start- und Zieltransparent und einen Straßenatlas. Sie dachten eben, wir würden von der Akademie aus irgendwohin starten.
Es war schon brutal, die schweren Maschinen in den Gängen! Während der ganzen Zeit standen ja zwei Hundertschaften Polizei vor der Akademie. Das wäre hart geworden, wenn die gekommen wären! Aber der Brenninger Schorsch[1], das muß man ihm zugute halten, der war damals der Interimpräsident, und hat sich geweigert, die Bullen hereinzuholen.« Gewonnen haben schließlich der Karbacher Bruno und der Ott Erich.
1969 wird die Akademie zweimal geschlossen: im Februar und im Juli. Die Februar-Schließung muß rückgängig gemacht werden, weil es einen Formfehler gegeben hatte.
Vor der zweiten Schließung treten der Präsident der Akademie, Nestler und der Vizepräsident Brenninger aus Protest gegen die Eingriffe des Kultusministeriums zurück.
Weil mit der Akademie auch der neueröffnete Kindergarten geschlossen werden soll, brechen die Eltern das Torschloß auf und besetzen mit ihren Kindern die Baracke. Die Studenten halten Protestversammlungen auf der Freitreppe ab und installieren dort eine ›Exil-Akademie‹.
»Bei der zweiten Schließung der Akademie gab es einen großen Bulleneinsatz: sie haben die Glastür eingeschlagen und sind gewaltsam einmarschiert. Sie haben ungefähr achtzig Leute festgenommen – das war ihr Großreinemachen. Wir haben ihre Rache zu spüren bekommen, dieser Einsatz-Hundertschaften, die sie besonders scharf gehalten haben. Mir haben sie den kleinen Finger, krx, so richtig gebrochen und den Schädel an die Wand gehauen. Wir kamen dann eine Nacht in die Ettstraße. Das war insofern nicht schlimm, weil wir ein lustiger Haufen waren, wenn auch in einer total überbelegten Zelle.
Bei der Verhandlung in der Maxburg habe ich dann gesehen, wie die Bullen falsch ausgesagt haben: die hatten nämlich einen Zettel in der Hand!«

1 Professor, gestaltete Figuren im Giebel des Nationaltheaters

Raumnot war das große Problem der Akademie. Sep Rufs Entwurf für einen Erweiterungsbau an der Stelle des Kindergartens war bereits angenommen worden.

»Da haben wir uns eingeschaltet. Sein Modell stand im ersten Stock im Vestibül und da haben wir eine Vollversammlung einberufen und den Entwurf abgelehnt. Das wäre ein Brutalo-Schinken geworden, der wäre bis zum Trottoir der Türkenstraße vorgegangen. Die Kastanien hätten alle verschwinden müssen.

Und im gesamten Neubau wären in erster Linie Professoren-Ateliers hineingekommen. Das war schon absolut empörend für uns. Und die Mensa hätte er noch als eigenen Baukörper in den Garten gesetzt, den schönen Garten also völlig zersiedelt. Dann lieber gleich für die Öffentlichkeit zugänglich machen, haben wir vorgeschlagen und: Wenn Raumnot herrscht, könnte man doch auch ein Zelt aufstellen.

Wir haben den Ruf zu einem Teach-In eingeladen und ihn derart in die Enge getrieben, daß er mit hochrotem Kopf zu seinem Modell gegangen ist, den Neubau rausgezupft und ihn auf den Boden geschmissen hat. Er ist dann darauf rumgetrampelt und danach abgehauen. Damit war der Neubau gestorben. Das war eines der wenigen greifbaren Ergebnisse unserer Aktivitäten. Daß jetzt ein Erweiterungsbau nötig ist, ist fast einzusehen. Und wenn jetzt die Coop Himmelblau ihren dekonstruktivistischen Scheiß hinbauen, kann man eben nichts mehr machen.«

Sternagel fühlte sich immer als Aktivist. Er gehörte nicht zu denen, die sich etwas davon versprachen, morgens vor den Fabriktoren Flugblätter zu verteilen, um das Proletariat zu agitieren. Er hielt auch nichts von Kunstverweigerung und Pinsel-an-den-Nagel-Hängen.

»Da gab es ja Leute, die ihre ganzen Bibliotheken verschrotteten, weil man die Kunst als Überbauphänomen abzulehnen hatte. Ich hab da billig viele Kunstbücher gekauft.

Aus der 68er Zeit sind ja eine Menge hervorragender Kunstpädagogen hervorgegangen, die heute noch in den Schulen ihr Unwesen treiben.«

Sternagel nicht. Er wurde nicht in den Staatsdienst übernommen. »Das war ein Betrug vom Kultusministerium, da haben sie mich beschissen, sonst wäre ich schon Pauker geworden.« Er arbeitet zehn Jahre in der GEW, gibt die ›Demokratische Schule‹ heraus. Um »aber nicht als Gewerkschaftsfunktionär in die Grube zu fallen«, wird er »freischwebender Graphicus«, wie er sagt. »Ich produziere Kunst.«

Zur Türkenstraße fällt ihm ein:

»Glasaugen, die ich mir für ein Objekt beim Puppendoktor in der Türkenstraße besorgt habe …

Die Versammlungen des Asta in der ›Engelsburg‹. Den Ude habe ich da nicht gesehen, die Doris Schmidt war da, die Bildzeitung wollte immer kommen, aber wir ließen sie nicht rein. Die nette Wirtin, bei der man den Nachschlag immer umsonst bekam. Wenn ich zurückdenke, dann war dort Heimat …

Der Gummiknüppel, den mir der Wirt vom ›Türkenhof‹ übergezogen hat und der den eigenen Kopf plötzlich klingen läßt wie eine Kirchenglocke ...
Die WG-Bewegung, die ganz stark war in der Türkenstraße, wo man sich hehrer Ziele wegen zusammengetan und wegen einem Radl Salami wieder getrennt hat ...
Ansonsten: frißt sich die Rendite immer mehr raus und das normale Leben wird verdrängt. Statt Beizen gibt es nur noch Zeitgeist-Institutionen und da wird nicht mehr durcheinandergesessen, Volk und Studenten.«

Wilde Jahre

Kneipen und Kunst

Einmal ins Rollen gekommen, löste der Stein des Aufbegehrens einen Erdrutsch aus: alles war auf einmal fragwürdig geworden. Auch die tradierte Rolle von Mann und Frau.

Für die SDS-Genossen, die lautstark an Megaphonen und Mikrophonen hingen, die nächtelang in Kneipen und Kommunen herumhingen und diskutierten, waren die Kommilitoninnen zunächst das erste und dankbare Publikum. Es wurde von der Befreiung der Völker der Dritten Welt geredet und von der Befreiung der Frau, aber gern im Tenor des »Nebenwiderspruchs«, was soviel hieß, daß sich nach dem Sieg der Revolution – der Hauptwiderspruch war der von Lohn und Kapital – die Gleichberechtigung von selber ergeben würde.

Wie nicht nur die vergangenen Jahrzehnte gezeigt haben, war dem keineswegs so: da setzten sich die ehemaligen Befreiungskämpfer nicht nur aus der Dritten Welt gern in die noch warmen Sessel der Macht und schickten die Frauen, die an ihrer Seite wie sie ihr Leben eingesetzt hatten, wieder zurück an den Herd und ins Bett.

Ob das auch die revoltierenden Studenten getan hätten, bleibt offen, weil sie nie als Gruppe an die Macht kamen, aber es ist eher unwahrscheinlich. Denn sie hatten gern Frauen um sich, bei politischen Auftritten, in den ersten Reihen der Demonstrationen und natürlich, in Kneipen und Wohngemeinschaften.

Die Studentinnen fühlten sich zunächst vielleicht geschmeichelt: bei allen wichtigen Aktionen dabei zu sein, bis sie merkten: sie waren nur Staffage, Publikum, Claqueusen. Es ging gar nicht um sie. Die Männer emanzipierten sich auf ihre Kosten.

Da gab es die ersten völlig unerwarteten Protestaktionen: die schwadronierenden Studentenführer wurden mit Tomaten oder rosa Schweinchen beworfen, die Frauen versuchten sogar, einem die Hosen herunterzuziehen. Wie der Protest der Studenten die Gesellschaft, so verwirrte diese weibliche Insubordination zunächst einmal die Männer innerhalb dieser Protestbewegung. Die Mehrheit der politisierten Studentinnen ging noch in Sack und Asche, »Blaustrümpfe« nannten die Eltern das, als einige plötzlich eine neue Mode kreierten: Jugendstilig-mondän oder rockerhaft in schwarzem Leder. Sie traten in Gruppen auf und fanden sofort das Interesse der Medien. Sie waren dabei bei der Rektoratsbesetzung der Universität, klauten unter ihrem Pelz ein Megaphon und drückten – ein Akt der Befreiung von den Zwängen der Gesellschaft – ihre Zigaretten auf den Sesseln des Rektors aus. Sie kamen auch ins Gefängnis, was ganz lustig war, wenn gefangene Genossen ihnen Liebes-Kassiber zukommen ließen. Es war weniger lustig, wenn sie merkten, daß die Gesellschaft ernst machte und ihre Umgebung allmählich kriminalisierte, was sie bei ihrer Arbeit in der Frauen-Rechtshilfe mitbekamen.

Diese Frauen wohnten in der Zeit gern in Wohngemeinschaften. Es war die Zeit des Experiments. Experiri, lateinisch: versuchen, erproben. Man experimentierte mit sich, man setzte sich neuen Erfahrungen aus, man begab sich in Gefahr – freiwillig und neugierig. Es ging um den eigenen Körper, den des anderen, um neue Zärtlichkeit, neue Wohn- und Lebensformen, das Aufbrechen der alten Tabus, um Veränderung auf der ganzen Linie. In fast allen W.G.'s hatten Männer das Sagen, in München kristallisierte sich eine der ersten Frauenwohngemeinschaften heraus: In der Türkenstraße 68 A.

Da lebten nebeneinander Studentinnen, junge Mütter mit Kindern und »assoziierte Männer« (so nannte man das). Da mußten die jungen Frauen ihre revolutionäre Gesinnung beweisen, indem sie nichts dabei fanden, wenn ihr Freund mit einer anderen in ihrem Bette lag. Sie rächten sich, wenn sie die Kraft fanden, indem sie ihn auch nur mit einem anderen »verglichen«. Aber es war mehr eine Retourkutsche. Sie waren verantwortlich für die Finanzen der Frauenkommune, in der immer wieder etwas mitgenommen wurde. »Vergesellschaften« nannte man das. »Entindividualisieren« war auch ungeheuer wichtig. Die Mädchen, weil hübsch, bekamen Jobs bei Werbung und Film, als Model oder Stewardeß. Sie waren es, die die Männer aushielten. Die Yellow Press und die ihr »assoziierten« Verlage schwelgten in primitivpornographischen Phantasien. Ein Beispiel[1]:

»In dem Bewußtsein, daß es schwierig ist, einen Traum zu beschreiben … will ich versuchen, über eine Kommune zu berichten, die aus Frauen bestand, und sich damit beschäftigt hat, auf die Suche nach der Erotik zu gehen …

Lisa merkte, daß für ihre Stimulanz die Situation wichtig war, in der sie sich gerade befand. So gewöhnte sie sich an, außergewöhnliche Momente herbeizuführen, um sich anzufassen. So fuhr sie eines Tages vor die Stadt, um einen Wald zu suchen. Während der Fahrt schon dachte sie bereits daran, daß sie sich später befriedigen würde. Der Gedanke daran versetzte sie bereits in Erregung. An einem Waldrand parkte sie den Wagen und schlenderte zwischen den Bäumen hindurch.

Ab und zu streiften Äste ihre Brüste, sie empfand es wie eine Berührung. Der Geruch von Pilzen und Tannenboden steigerte noch ihre Empfindsamkeit, und sie spürte ein Kribbeln zwischen ihren Schenkeln. Bewußt zögerte sie den Moment immer weiter hinaus, um die Erregung noch zu verstärken. Endlich öffnete sie den Verschluß ihrer Hose und gab sich mit wenigen Bewegungen die erwünschte Entspannung. Sie konnte sich vorher so lange auf die Folter spannen, daß sie nach dem Höhepunkt wie aus einer Trance aufwachte.«

[1] Wolf Mein/Lisa Wegen: »Die Popkommune, ein Report«, Heyne 1971; zweiter Teil: »Frauen-Kommune«

Und so weiter.
In 68 A lebten eine gewisse Zeit auch Uschi Obermeier und Rainer Langhans, sicher das bekannteste Kommunardenpaar Deutschlands und das am besten vermarktete. Kommunen besuchten sich untereinander, von der Stadt aufs Land, von München nach Frankfurt und Berlin. Kommunen wurden gern von Gästen heimgesucht – vor allem die bekannten, keineswegs ärmlichen – die über Nacht, übers Wochenende oder sogar ein paar Tage lang blieben, daß manchmal den ursprünglichen Bewohnern Atem und Erotik wegblieben.
Zwei der früheren Bewohnerinnen, Katrin Seybold und Mona Winter erinnerten sich fast 25 Jahre später an dieses prägende Jahr in der Frauenkommune und wollten es nicht mehr vermissen. Katrins kurz nach dem Ende des Experiments geschriebene Erinnerungen sind freilich noch voller Bitterkeit.
Hautnah miterlebt hat auch Aki Ahrens die Zeit des Aufruhrs und des Übergangs zur Esoterik. Er gehörte zur Anarchogruppe, die mit dem revolutionären Sender »Radio Bundschuh« wochenlang die Post narrte. Von einem alten VW aus gelang es ihnen, subversive Meldungen ins ARD-Netz zur besten Tagesschauzeit einzuspeisen. Er machte beim Pamphletverlag mit und bei der alternativen Stadtzeitung »blatt«, als Graphiker, Texter und Verkäufer. Dann ging's aufs Land, an den Starnberger See, auf die Reise nach innen und hinaus ins Weltall via Computer. Andere flüchteten zu Baghwan oder zu den K-Gruppen und wurden rechthaberisch. Heute wohnt Aki mit Frau Sabine und Sohn Hieronimus in der Türkenstraße, arbeitet als freier Unternehmer am Computer, in der Landschaftsgärtnerei und als Astrologe, als der er allerdings »zwischen allen Stühlen« sitzt. Obwohl er eigentlich ausgebildeter Organist ist und als Korrepetitor gearbeitet hat. »Wachsen«, meint er, »sich verändern und nicht stehenbleiben«. Für ihn ist die Türkenstraße ein Kraftfeld, ein Humus, auf dem viel entstehen kann und entsteht.
Seit über 25 Jahren hat Heini Weld sein Atelier im Hinterhof der Türkenstraße 61. Auch er wurde von der APO-Zeit geprägt, was das Mitmachen bei anti-autoritären Aktionen bedeutete, das Neu-Definieren des Begriffs ›Kunst‹ und das Weitergeben einer phantasievollen Praxis im vom Galeristen van de Loo gestifteten »Kinderforum«. Er gehört zum »harten Kern« des Hinterhofes, hat die Mauer zum Nachbarhof, dem ehemaligen Kohlenhändler Soller bemalt, stapelt in kunstvoller Weise das Holz für den Winter, malt, bildhauert, baut Möbel. Kann fast alles. Fühlt sich dem abstrakten Expressionismus zugehörig, hat die Ideen des »Situationismus« in die Tat umgesetzt, war Mitglied des »Kollektiv Herzogstraße« und hat sich konsequent einer Karriere verweigert. Er genießt es, im Atelier unter dem Hinterhof am selbergebauten Kamin Ideen zu gebären, um sie dann in die Welt zu setzen. Nur fehlen ihm Aufgaben, an denen er wachsen könne, sagt er.
Klaus Lea, Galerist der alternativen Szene in der Blütenstraße, ist abgestiegen und hat sich heraufgearbeitet: er war Kumpel im Bergbau und hat im Haus in der Blütenstraße zunächst im Keller geschlafen. Er ist in WG's her-

umgezogen und durch Europa getingelt. Er hat eine Zeitschrift »Mama« herausgebracht, an Drehbüchern geschrieben und fast eine große Oper inszeniert. Er hat es sich zur Aufgabe gemacht, junge Künstler auszustellen, die noch nicht bekannt sind. Er liebt »das Bayerische, das Barocke und das Bacchantische«. Man kennt ihn, im dunklen Hut durch die Türkenstraße eilend. 1995 hat ihn den Schwabinger Kunstpreis erwischt, der anschließend mit Ringo Prätorius und Paul Smith im »Atzinger« gebührend gefeiert wurde.
Wolfram Kastner provoziert, inszeniert Aktionen »gegen das Vergessen« – vor allem der Schandtaten des Dritten Reiches wie der Pogromnacht 1938 und der Bücherverbrennung 1933. Er hat eine Ausstellung über die Dachauerstraße gemacht, den Weg, den die Gefangenen von der Ettstraße zum KZ Dachau genommen hatten. Er beunruhigt Jahr für Jahr die SS-Traditionsverbände, die sich auf dem Friedhof in Salzburg einstellen, um sich, ihre Ideologie und die toten Kameraden zu feiern. Manchmal unterscheidet die Polizei nicht genau, was kriminell und was Kunst ist, und da wird Wolfram Kastner auch schon einmal festgenommen.
»Kunst«, erinnert er sich, hatte es früher geheißen, »ist der Zuckerguß auf dem Scheißhaufen des Kapitalismus«.
Kräftige Ausdrücke »Jesus hatte Glück, er war nur 40 Tage in der Wüste, ich bin aber schon zwölf Jahre in dieser Scheißstadt« liebt auch Robin Page, allen bekannt als »Blaubart«. »Scheißstraße« nennt er die Türkenstraße, in der er gleichwohl tagtäglich an bestimmten Orten mit Bar anzutreffen ist, München ein »kleines Dorf voller Arschlöcher« und Kunstkritiker mag er schon gleich gar nicht.
Robin hat: eine Professur an der Akademie der Bildenden Künste; eine Frau und vier gutmütig-schwarze Riesenhunde, mit denen er im Häuschen, der früheren Tiermalschule im Akademiepark lebt; Sehnsucht nach der »Fluxus«-Zeit der 60er Jahre, die er in seinen Bildern hinüberretten will.
Robin ist wie seine Helden: Subversiv und schrill, nicht der Typ für München; frank und frei und frech, gemein und nachdenklich – sagt er jedenfalls. Das soll der blaugefärbte Bart auch ausdrücken. »Die böse Erinnerung an den Frauenkiller ist ein Anfangspunkt gegen das Gute. Ich hasse das Gute. Ich erlaube das Böse als Möglichkeit von Freiheit.« Und daß er solche Hintergedanken liebe und daß Humor für ihn der größte Ausdruck von Weisheit sei sagt er auch noch, steht auf und geht wiegenden Schrittes durch sein »Getto«, die Türkenstraße, zurück zu seinem »Slum« im Park der Akademie.
»Ansonsten« hieß es in einem SZ-Artikel über die »dürftige Bilanz der Jahresausstellung«, »scheint der einzige Akademielehrer, der in seiner Klasse auf Malkultur und handwerkliche Fundamentierung Wert liegt, Robin Page zu sein … und dabei kommen, wie immer bei Page, weder Lebensklugheit noch Humor zu kurz«. (30.7.96)

Katrin Seybold und Mona Winter
geb. 1943 und 1946 · Filmemacherin · Dramatikerin, Schriftstellerin

Frauenkommune: Angstlust der Männer

(Aus Katrins unveröffentlichten Erinnerungen)
»Ich kenne einige der unendlich vielen Wohngemeinschaften in Berlin. Es ist immer das gleiche: Die Männer bestimmen was gemacht wird.
Wir zogen nach München. Ich bin in die Frauenkommune gegangen, weil ich nicht mehr Gerd's Launen ausgesetzt sein wollte, weil ich eine Gruppe brauchte, um meine Verhaltensweisen weiter kontrollieren zu können.
Es war eine sehr berühmte Wohnung in der Türkenstraße 68A. Ein Kassenschlager[1] der einzigen Jungfilmerin Deutschlands war darin gedreht worden. Die Türkenstraße war nicht nur das Zentrum der Jungfilmer, sie lag irgendwie immer in der Nähe von Orten, wo etwas los war ... Uni, Akademie, TH, Astahaus. Immer schon auf dem Weg dahin traf man Leute, die einem Auskunft geben konnten über das, was lief. Der einzige linke Buchladen war um die Ecke links, der wichtigste Kleidertrödler um die Ecke rechts. Eine Pizzeria war schräg über die Straße[2] ...
Die Türkenstraße lag auch im Brennpunkt der wichtigsten Lokale der Stadt: dem ›Bungalow‹, dem ›Chez Margot‹, dem ›Minon‹ und dem ›Europa‹. Traf man dort niemanden ... mußte man eben die Nacht im ›Simpl‹ oder im ›Short Stop‹ überleben. An der Ecke war das Kino, in das man täglich gehen mußte, um in Western-Krimi- und Actionsfilmen zu lernen, wie man über-

[1] ›Zur Sache Schätzchen‹ von May Spils
[2] Uni, Akademie, TH, Astahaus

lebte. Aber die Helden waren Männer. Wir identifizierten uns mit ihnen, um bei unseren ›Helden‹ nicht draufgehen zu müssen. …

Der Gang war mit königsblauem Teppichboden ausgelegt und alle Türen waren in derselben Farbe gestrichen. Von dort aus konnte man in jedes Zimmer gehen, außer in das von Mona. Im Gang stand das Telefon. Man konnte aber nur telefonieren, wenn man zwanzig Pfennig einwarf. Die Kasse war aber meist aufgebrochen … so war das Telefon oft abgestellt. Peter hielt es für wichtig, sich für seine Emanzipation zu kriminalisieren. So hatte er kühn bei unserer Telefonkasse angefangen … Peter bolzte hin und her. Er bumste nicht nur Frauen, er bumste alles, was irgendwie in seine Nähe kam …

Das Küchenproblem stellte sich jeden Tag neu. Wir nahmen es nicht hin, daß wir den Besuchern und Männern als eine Art Hausgehilfin schöne Stunden machen sollten. Bei Peter blitzten wir meistens ab, für ihn waren die Unappetitlichkeiten, mit denen er die Wohnung überzog, ein bewährtes Repressionsmittel, um uns einen ›bourgeoisen Putzfimmel‹ anzuhängen. Er verließ immer ostentativ die Küche, wenn wir anfingen aufzuräumen oder zu kochen. Er war sofort wieder drin, wenn das Essen fertig war. Wenn er merkte, daß es nichts mehr zu tun gab, griff er sogar zum Handtuch und trocknete den allerletzten Topf ab, aber nur, wenn er merkte, daß sein Stern gerade im Sinken war. Dann wurde er sanft und friedlich, redete über die Black Panther und daß wir uns doch alle schwarz anziehen sollten …

Er war sicher der schönste Kommunarde Deutschlands. Bei ihm war alles schwarz und aggressiv … Einmal fragte er mich vor allen in der Küche, ob Gerd oder er der schönere sei …

Zur Ökonomie in der Türkenstraße trug er nur etwas bei, wenn er wollte. Meist wollte er nicht, denn er hatte fast nie Geld. Wenn doch, knallte er es auf den Tisch. Wie alles, was er produzierte: Aggressionen, Einfälle, Theorieansätze, alles wurde uns einfach so vor die Fresse geknallt …

Konrad trägt Sachen, die eigentlich nicht zusammenpassen, grünen Samt und rotweißgepunktete Seide. Er meint, er mache das absichtlich, um nachzuweisen, daß er kein bürgerlicher Dandy sei. In Wirklichkeit ist er das durch und durch. Er fühlt sich erst wohl in Kleidungsstücken, die seine tragische Heldenrolle unterstreichen. Er mußte immer Dinge erledigen, meist unwichtige wie Kabel für die Lautsprecher besorgen … Beim Schlichten von Streitigkeiten oder dem Beschaffen von Geld war er sehr unorthodox …

Es gab überhaupt nur ganz vage Ansätze von gemeinsamer Ökonomie. Man benutzte das Bad gemeinsam, auch die Waschmaschine. Man teilte die Strom- und Telefonrechnung durch die Anzahl der Bewohner, aber zahlen tat nur, der wollte. Meist erledigten das Heidi, Mona und ich … Sehr oft nahmen dafür Besucher einen Hunderter mit. Es fühlte sich niemand verantwortlich … Mona und ich zogen oft gemeinsam los, versetzten Kleider und Bücher, wurden wegen der geringen Summen aber in der Kommune verlacht, obwohl sie wieder für Tage den Kühlschrank füllten … Männer, die von außen kamen, wollten vögeln oder sie bemitleideten die Männer, die bei uns wohnten. Sie meinten, wir wären ein unkoordinierter Haufen, dafür waren sie es, die Terror machten

und Chaos stifteten. Wir brachten es nur ganz selten fertig, uns dagegen zu wehren, wir waren zu gutmütig ... Wir schafften es nicht, die Schmarotzer zum Arbeiten zu bewegen ... Überall setzten sie sich mit ihrem Theoriegeschwätz fett in den Mittelpunkt und wenn man sie auf schmutziges Geschirr ansprach, schrieen sie etwas von Ausbeutung. Sie meinten damit, wir würden sie geistig ausbeuten und gleichzeitig mit unseren repressiven Aktivitäten kaputtmachen. In Wirklichkeit sahnten sie nur ab ...
Ich habe von keiner Gruppe je soviel über Solidarität und Revolution gehört und so wenig dabei verwirklicht gesehen. Trotzdem war ich sehr gern in der Kommune. Konrad konnte dort nicht so einfach mit mir umgehen, wie er wollte. In der früheren Wohnung hatte er mich oft beschimpft. Ich hatte mich dann verkrochen, Haferflocken mit Milch und Erdbeeren in mich hineingestopft und gelitten.
In der Türkenstraßenkommune hatte sich das Verhältnis umgedreht: ich hatte immer jemanden auf meiner Seite, manchmal sogar die Frauen der ganzen Wohnung, und er stand allein da. Denn Peter kannte das Wort Solidarität nicht. Er war ein psychisch kaputter Frauenbumser, der Konrad nur zum Intrigieren brauchte.
Wenn Konrad die Lage der Kommune nicht paßte, muffelte er. Das war seine Methode, sich in den Mittelpunkt zu spielen. Er heftete Zeitungsausschnitte an den großen Schnörkelspiegel im Gang und war sehr verletzt, wenn niemand darauf einging ... er wollte immer verstanden, toleriert und geliebt werden. Er war selten zärtlich zu mir, weil er niemanden sah, der es so machte. Die Stimmung in der Kommune war oft so unerotisch, daß ich mich erst in unserem Zimmer davon erholen mußte ...«

Katrin »Ich glaube, daß ich durch die Zeit um 68 und die Frauenkommune die Kraft gekriegt hab' oder sie entwickelt hab', gegen den Strom zu schwimmen, zum Beispiel seit 1979 Filme über den deutschen Faschismus zu machen, die eigentlich keiner sehen will.
Oder die Kraft, anders zu sein, gegen Herrschaftsideologien anzugehen, seinen eigenen Kopf zu haben, nach den eigenen Gefühlen zu gehen und zu wissen, daß das, was man tut, richtig ist. Auch wenn es keinen schnellen Erfolg verspricht.
Mona Ich hab' mich immer als Antiautoritäre bezeichnet. Ich bin stolz darauf, in keiner der Roten Zellen oder K-Gruppen gewesen zu sein.
Katrin Kannst du das Sticheln nicht lassen?
Mona Mir waren politische Parteien schon immer suspekt, das ist vielleicht ein Relikt anarchistischen Behauptungswillens oder einfach Eigensinn. Anti-autoritär, ja. Gegen wechselnde Autoritäten, gegen verkrustete Strukturen. In der Politik und im Privatleben. Die man spielerisch auflösen sollte. Das hat auch was Politisches. Da ist Spiel dann eine Form von Politik.
Katrin Ich habe mich sowohl als anti-autoritär bezeichnet als auch als Teil der außerparlamentarischen Opposition gesehen. Ich denke, daß Opposition zu herrschenden Strukturen gerade in Deutschland und gerade jetzt,

wo die Neonazis wieder die Bühne betreten, außerordentlich nötig ist. Weil bei uns der Faschismus ja noch im Kopf, im Herzen und in den Gefühlen steckt. Es müßte endlich mal in den Familien ehrlich über den Faschismus geredet werden. Diese total unpolitische Erziehung der Jugendlichen heute, das kommt mir vor wie ein extra inszeniertes Spiel.
Mona Genau. Und wo wird gekürzt? Im Bildungs- und Erziehungsbereich. Dabei kommen wir nur so an die Leute ran. Nur so können wir ihnen was vorleben oder gemeinsam mit ihnen neue Gesellschaftsvisionen entwickeln. Es gibt nämlich keine Utopie mehr von der Gesellschaft, das ist die Crux. Die Leute laufen – so ganz utopielos – ihrem Geld oder ihrer Arbeit hinterher, wenn sie denn eine haben«.
Im Winter 68/69 hatten sich Katrin und Mona in der Rechtshilfe kennengelernt, kurz darauf zieht Mona in die Frauenkommune in der Türkenstraße 68A ein. Im Sommer 69 folgt Katrin. Fast ein Jahr leben sie mit vier anderen Frauen, deren Kindern und Freunden zusammen, ohne Programm, ohne Hausordnung. Sie sind heute noch befreundet und halten diese Zeit für die vielleicht wichtigste ihres Lebens.
Katrin »Das Emanzipatorische war für die damalige Zeit etwas Ungeheuerliches. Daß sich Frauen zusammentaten und Spaß hatten. Die Frauenkommune war in keiner Weise dogmatisch.
Mona Die Diskussion ging eher nach innen.
Katrin Was manchmal durchaus in Selbstzerfleischung enden konnte.
Mona Ja, aber wir lernten so, uns in Frage zu stellen. Die Männer waren ja damals wie heute berufs- und studienorientiert, während wir unsere Lebensformen gelebt und diskutiert haben. Die Männer haben sich da immer rausgehalten.
Wenn man jetzt so zurückschaut, nach 25 Jahren, sieht man, daß viele Männer leider auf der Ebene des psychischen Analphabetentums stehengeblieben sind, das heißt gesellschaftlich auf der Strecke geblieben. Während wir doch gelernt haben, Beruf und Lebenswelt, innere und äußere Emanzipation auch kritisch zu diskutieren.
Katrin Was wir heute noch tun.
Mona Ja. Wir haben ja schließlich auch das Bedürfnis, hin und wieder mit einem Mann zusammenzusein und damit werden wir unmittelbar zu Betroffenen. Was ich sagen will: Wir sind nicht die besseren Menschen, aber wir sind die, die sich bei allem mehr in Frage stellen.
Katrin Die Frauenkommune war die Reaktion auf die Doppelmoral der 50er Jahre, dieses unpolitische ›Schaffe, schaffe, Häusle baue‹ und die Reste der faschistischen Kleinfamilienideologie: Frau zuhause, gebiert, ist folgsam, Mann hat in der Welt was zu tun.
Daß da auf einmal Frauen waren, die studiert haben, selbständig sein wollten, aber keinen Widerspruch sahen zu seiner Frau mit Kindern, das war im klassisch anti-autoritären Sinn ein Aufbrechen des Althergebrachten. Daß jede normale Hausfrau das nachmachen konnte, das war das Gefährliche an unserem Modell.

Mona Daß man nicht mehr zynisch Beruf und Leben trennte, sondern versuchte, für eine Zeit zumindest, es zusammenzutun. Das Alltägliche: Reden, Schlafen, Aufstehen, Beziehungen Anknüpfen mit dem Beruf zu verbinden, das führte zu neuen Lebensformen in wechselseitigen Verschränkungen.

Vorgeschichte

Katrin Mein Vater war Bauunternehmer, hat sich aber sofort nach dem Krieg von meiner Mutter getrennt und mit einer anderen Frau zusammengelebt. Meine Mutter war Lehrerin und wir wohnten in einer Sozialwohnung. Alle vierzehn Tage mußte ich zu meinem reichen Vater nach Stuttgart. So habe ich also mitgekriegt, wie leicht ein Mann seine Frau sitzenlassen kann und wie wichtig es ist, selbständig zu sein. Ich begann die Jagdgesellschaften des Vaters zu hassen wie alles, was mit Geld zusammenhing. Aus Protest trug ich Jeans und las, was herging. Düpierte meinen Vater mit meinem Wissen. Meine Mutter hatte mit vielen Künstlern Kontakt. Wir sind immer ins Theater gegangen und daher bezog ich auch meine Vorbilder.
Als ich in Tübingen begann, Kunstgeschichte zu studieren, gab es noch einige Naziprofessoren, aber es gab auch einen Ernst Bloch. Das war der Widerspruch. Ich ging also zu Bloch.
Und wurde politisch aktiv: Demonstrationen gegen die Notstandsgesetze und das Betreiben des Studentenkinos. Da gab es den einen verbotenen Film ›Besonders wertvoll‹, den wir immer wieder illegal zeigten. Das waren so erste zaghafte Formen des Protestes.
Ich bin erst im Herbst 68 nach München gekommen, aus Berlin, um hier das große Latinum nachzumachen, das ich gebraucht hätte für meine Doktorarbeit. Daraus wurde aber nichts.
Mona Wofür ich meiner Schule in Nordrhein-Westfalen immer noch dankbar bin: wir wurden durch sie politisiert. Wir machten Bildzeitungsanalysen, lasen Marx und andere Theoretiker. Ich hatte also schon Voraussetzungen, die es mir erleichterten, hier in München aktiv zu werden.
Durch meine Mutter, eine Bildhauerin, bin ich schon früh feministisch anpolitisiert worden. Es war für mich nie eine Frage, ob ich mich in Frauensachen engagieren sollte. Das war klar. Daß eine Frau selbständig zu sein hat, auch. Mein Vater war Bankkaufmann und zwischen seiner gesicherten Stellung und der relativ ungesicherten meiner Mutter entstanden immer Konflikte. Ich habe bis heute Schwierigkeiten mit dem Geld, auch wenn ich immer einen relativ gesicherten finanziellen Hintergrund hatte.
Katrin Wir haben schließlich auch gejobt. Ich machte Gelegenheitsarbeiten bei Fotografen und Filmleuten.
Mona Ich war in einer Nachtbar an der Garderobe, auf dem Flughafen als Bodenhostess und habe Werbefilmchen gemacht.
Über den Studentenschnelldienst hatten wir unheimlich viele Möglichkeiten an gute Jobs, auch beim Film, ranzukommen.
Katrin Ich habe meine ganze Bibliothek verkauft. Die Frauenkommune war

nämlich wahnsinnig teuer. Weil so viele Leute kamen und geschnorrt haben.
Mona Da kamen dann manchmal ganze Busladungen an, aus Berlin oder Hamburg. Lauter fremde Leute gaben sich die Klinke in die Hand, es ging zu wie in einem Bienenstock. Wir waren oft dem Nervenzusammenbruch nahe. Alles, weil wir so bekannt waren.
Katrin Eine der ersten Frauenkommunen Deutschlands, wenn nicht gar die erste. Die Presse hat sich richtig auf uns gestürzt, ›Twen‹, ›Newsweek‹.
Am Ende der Kommunenzeit war bei mir jedenfalls die Hälfte weg von meinem Besitz: Platten, Kleider ... wir Frauen waren ein beliebtes Objekt zum Bestehlen.
Mona Weil wir normalerweise alles geteilt haben. Es wurde alles vergesellschaftet, so nannte man das, Geld, Männer weniger, aber Kleider und Mobiliar.
Katrin Weißt du noch, als die Uschi Obermeier und der Rainer Langhans bei uns gewohnt haben? Richtig niedergelassen hatten sie sich bei uns, residiert. Und wo wir normalerweise zwanzig Joghurt kauften, für alle, wer eben gerade Geld hatte, da kauften die sich gerade mal zwei und zogen sich damit in ihr Zimmer zurück. Wie das Modell des kleinbürgerlichen Spießerpaares innerhalb der Kommune. Sie waren kein bißchen großzügig.
Mona Erzähl' doch mal von dem Buch, das der Ferenczy von uns wollte.
Katrin Das er auch bekommen hat.
Mona Aber nicht veröffentlicht.
Katrin Trotz aller Ghostwriter.
Mona Weil es nicht schlüpfrig genug war. Der wollte Sexualerlebnisse von morgens bis abends, anders konnte er sich eine Frauenkommune offenbar nicht vorstellen.
Katrin Und wir hatten uns ein paar Wochen zurückgezogen und unsere Erlebnisse mit höchsten theoretischen Ansprüchen niedergeschrieben.
Mona Aus diesem Fachchinesisch sollte bei Ferenczy, nach dem Oswald Kolle etwas Griffig-Schlüpfriges werden. Klappte aber nicht. Drei Ghostwriterinnen hat er dabei aufgebraucht.« (lachen)
Die erste Rate von 5000 Mark hatten sie bekommen, die zweite dann nicht mehr.

Wie alles anfing: Umorientieren

Mona »Ich kam 66 nach München und wohnte in der Amalienstraße. Seither kenne ich das Viertel hier. Wir trieben uns hauptsächlich auf der Straße herum, auf dem Weg von Kneipe zu Kneipe. Im Perkeokeller in der Elisabethstraße bin ich zum ersten Mal mit der sogenannten Subkultur, mit selbst- oder fremdernannten Revoluzzern in Berührung gekommen. Ich hatte vier Semester Theatergeschichte studiert, bin dann aber auf Soziologie umgestiegen, weil das andere zu unpolitisch war.
Ich war dabei, mich umzuorientieren, bin dann auch beim SDS gelandet, mehr so am Rande als Frau, die Schwierigkeiten hatte, sich da zu integrieren, mitzudiskutieren, mitzumarschieren.

Eine SDS-Splittergruppe hatte einen Keller in der Georgenstraße gemietet, um politische Strategien zu diskutieren. Da kam auf einmal eine Frauentruppe herein: die Adelheid Schuster-Opfermann, die Traudl Göschel, vielleicht auch die Gabi Ferscht, ganz selbstbewußt traten sie da auf und bewarfen die vor sich hinschwadronierenden Genossen mit rosa Plastikschweinchen. Das hat mich sehr begeistert, ich war total berührt und affiziert von diesen Frauen, die sich um diesen hermetischen Riegel der Männergemeinschaft nicht zu kümmern schienen und einfach durch aktionistisches Verhalten auf sich aufmerksam machten.
Die Adelheid fiel mir durch ihr Äußeres auf: lange, dünne Figur, Minirock, schwarze Lackstiefel und feuerrote Haare, dazu stark geschminkt. Die sonstigen politischen Frauen hatten lange, strähnige Haare und Schlabberhosen.
Mir gefiel das Auffallende, Selbstbewußte besser. Ich besuchte die Frauen in der Kommune und zog selber im Winter 68/69 dort ein.
Katrin Ich kam im Juni 1969. Da kannten wir uns aber schon von verschiedenen Aktionen her.
Ich war 68 nach München gekommen. Vorher hatte ich nur meinen Freund besucht, der in der Türkenstraße ein enges Zimmerchen im Studentenheim hatte, wo ich manchmal heimlich übernachtete. Da konnte man abends ab zehn Uhr nicht mehr aufs Klo und dann erst wieder mittags. Und die ganze Zeit mußte man ziemlich heimlich tun.
Einmal haben wir beschlossen, gegenüber, in der Pension Stefanie zu übernachten und haben uns als verheiratet eingetragen. Damals gab es ja noch den Kuppelparagraphen und ich erinnere mich, wie die Frau uns am nächsten Tag angeschrieen hat und Theater gemacht, daß wir ja gar nicht verheiratet seien und sie die Polizei rufen würde.
Das hat man sich damals noch gefallen lassen. Später nicht mehr.
Wir waren jedenfalls bei drei wichtigen Besetzungen dabei: Der Rektoratsbesetzung, der Besetzung des Zeitungswissenschaftlichen Instituts und der der Kunstakademie. Bei der Rektoratsbesetzung tauchte die Frauenkommune auf, die Adelheid und die Mona. Die Mona war jedenfalls wahnsinnig gutaussehend, alle Männer waren hinter ihr her.
Mona Wie hinter dir! Katrin kam jedenfalls in die Rektoratsbesetzung mit wehenden blonden Locken und einem Rotfuchs um die Schulter, das vergesse ich nie. Weil dieses Bild der mondänen, ins Rektorat einbrechenden Frauen und der um die Tische herumlungernden Revoluzzer, das war schon ein krasser Widerspruch.

Kleidung

Katrin Du warst immer in schwarz und hattest diese tolle Lederjacke!
Mona Das war ein abgeschnittener Ledermantel. In Abständen griffen wir aber auch in die Klamottenkiste mit diesen Kleidern aus den 20er und 30er Jahren, diesen voluminösen alten Kleidern, um die wir dann Pelze und wehende Tücher legten.

Die Kleidermode war sehr unorthodox. Sie wechselte von militärisch-stramm zu barock-ausufernd. Wir waren alle sehr gutaussehende Frauen, nicht das klassische Betschwester-Jungfrau-Maria-Blaustrumpfmodell. Die Katrin tendierte in ihrem Aussehen in Richtung Großfürstin.
Katrin Quatsch! Wenn, dann in Richtung Schauspielerin aus den 20er Jahren, ein bißchen Bohème, aber nicht Großfürstin. Außerdem waren wir auch manchmal Bürgerschreck mit unseren alten Motorrad-Lederjacken – heut' trägt ja jeder Depp so etwas! – oder den Nietenjacken. Das trugen Frauen damals nicht.

Männer

Katrin Ich bin jedenfalls in die Frauenkommune, als ich meinen Freund mit dieser Rosi-Rosi, diesem Busenmodell da ...
Mona Die sich immer gern an unsere Aktionen rangewanzt hat mit ihren durchsichtigen Blusen.
Katrin Genau, als ich die beiden zusammen im Bett fand. Da hab' ich sie rausgeschmissen und bin in die Türkenstraße gezogen.
Mona Ja, jeder hatte so seine früheren Erfahrungen. Im allgemeinen hatten die Männer große Angst vor uns. Angst, gepaart mit Respekt und der Lust, mit uns zusammenzusein. Ein merkwürdiges Gemisch, eine Art Angstlust, sozusagen. Aber ernstgenommen wurden wir schon.
Katrin Was mir geblieben ist, ist meine Freundschaft zu Frauen, daß es viele Frauen gibt, die mich unterstützen und mir helfen. Es gibt andere, die mich total ablehnen. Das ist nicht allein aufs Geschlecht bezogen. Daß Frauen gut und Männer schlecht seien, darum ging es uns nicht.
Mona Der erste Mann kam über mich in die Kommune, der Peter, einer der bestaussehendsten Männer der Szene, in den ich mich unsterblich verliebt hatte und mit dem ich locker-revolutionär liiert war. Er hatte schwarze Haare, schwarze Augen und ein schwarzes Auftreten.
Er lief in schwarzen Stiefeln umher, in engen schwarzen Jeans und mit einem Pistolenhalfter unter der Achsel. Ohne Pistole. Dieser Mann hat es irgendwie geschafft, in unsere Frauenkommune einzuziehen, was mir gar nicht recht war, weil ich mir schon dachte, daß das eine Menge Konflikte bringen würde.
Katrin Hat es auch.
Mona Wieso?
Katrin Nur so.
Mona Wir übten uns jedenfalls damals in Offenheit. Einmal versuchten Hanne, Peter und ich eine offene Dreierbeziehung: wir lagen zu dritt im Bett, schliefen aber nicht miteinander. Dann ging mir aber diese Form des Näherrückens auf den Keks, mein bürgerliches Herz schlug wieder durch. Ich flüchtete mich in mein Zimmer, bald darauf kam der Peter und wir lebten dann in den engen beiden Zimmern, die ich hatte. Aber nicht als enge Zweierbeziehung, sondern eher in einer offenen Gemeinschaft.

Der Peter brachte hin und wieder Mädels mit von der Straße und ich bewies meinen Mut, in einer Art von ideologischen Freiheitsrausch dadurch, daß ich sie akzeptierte.
Das waren durchaus ernstzunehmende Versuche, die nur nicht lange gutgehen konnten, weil sich dann doch das Besitzdenken in Liebesdingen nicht auflösen ließ, Gott sei Dank. Aber es waren Versuche, die zeigten, es ging auch anders.
Katrin Die Frauenkommune war jedenfalls ein selbständiges Projekt von Frauen, nicht ohne Männer, aber wir bestimmten. Es lief unter unserer Leitung. Wie hatte das eigentlich angefangen?
Mona Ursprünglich war das ja die Wohnung der Gabi Ferscht, deren Mann, ein Architekt, ausgezogen war. Es war eine große Wohnung, 180 qm, so im Brigittestil eingerichtet, überall mit blauen Teppichen. Und blauem Velours. Ziemlich mondän, fand ich, für jemanden, der praktisch zwischen Apfelsinenkisten hauste. Die Traudl Göschel hatte ihren Mann verlassen, die Hanne lebte mit einem Studenten zusammen und die Adelheid stieß praktisch als Intellektuelle dazu. Dann ich. Dann du.
Ich entschloß mich peu à peu, meinen Privatbereich, meine sichere 15 qm-Wohnung in der Amalienstraße aufzugeben, mich zu ›vergesellschaften‹, zu ›entprivatisieren‹, das war ja damals ein ideologisches Konzept und zog dann mit meinen Möbeln in diese hochelegante Wohnung.
Katrin Ich hatte vorher in Berlin schon in Kommunen gewohnt: der Kommune 1, Anfang 69 und der Kommune 2. Später 1970, nach der Zeit in der Frauenkommune, in der ›Wieland-Terrorkommune‹, wo der Bommi Baumann gerade ausgezogen war, also da wohnte ich mit meinem damaligen Freund, dem Gerd, einem Arbeiter und dem Georg von Rauch.
In der Frauenkommune hatte ich jedenfalls einen festen Freund. Der mich aber unbedingt immer mit anderen Frauen vergleichen wollte, deshalb präsentierte er mir immer wieder welche im Bett. Ich nahm das auf die leichte Schulter, habe mir dann eben einen anderen geholt. Vergalt gleiches mit gleichem.
Aber hinterher hatte ich einen Kater. Merkte, daß ich doch ungeheuer unter der Untreue meines Freundes gelitten hatte. Beschloß, das nicht mehr weiterzumachen. Was aber das Wichtigste war: daß man eine neue Offenheit für die Männer gekriegt hat. Für die, denen auch klar war, daß etwas an unserer Gesellschaft faul war und die es total chic fanden, auf männliche Privilegien zu verzichten. Aber in Wirklichkeit haben sie doch ihre Selbsterfahrung auf unsere Kosten gemacht.
Mona Da denk' ich auch an das Matratzenlager-Experiment: alle Wohngemeinschaftsmitglieder und assoziierte Männer, so hieß das, das waren die, die sich unorganisiert und unregelmäßig dazugruppierten, sollten auf diesem Matratzenlager eine Zeitlang leben, nicht miteinander schlafen, aber sich berühren. Neue Zärtlichkeit nannte man das, viel Berührung, viel Nähe. Das schlug aber schnell in Haß und Aggression um.

Aktionen

Mona Die ersten Aktivitäten der Frauenkommune waren Rechtshilfeaktionen für eingesperrte Frauen, Prozeßvorbereitung. Da haben wir mit dem Rolf Pohle zusammengearbeitet, der damals Rechtsreferendar war, da haben wir die Prozesse, die vor allem am Münchner Amtsgericht liefern vorbereitet. Da wurden Unmengen von Flugblättern und Bildmaterial verteilt.
Katrin Weißt du noch das Flugblatt …
Mona Zur Befreiung der Richter? Das ging davon aus, daß die Richter sexuell frustriert seien und sie deshalb so strenge Urteile gegen Frauen aussprechen würden. Wir hatten natürlich Reich gelesen und Marcuse. Im Flugblatt haben wir die Richter dann ausgezogen: nackte Richter sprechen Frauen frei.
Katrin Aber wir haben auch die eigenen Freunde und Genossen als ›sexuell frustriert‹ angegriffen. Es gehörte schon Mut dazu, gegen die Männer aufzumucken. Und den hatten wir.
Mona Da war in Frankfurt die große SDS-Delegiertenkonferenz. Das war nach der Schweinchenaktion. Da haben Frauen wie die Helge Sanders und die Mona Steffens, die haben den Krahl, so einen Unendlich-Bramarbasierer, mit faulen Tomaten beworfen. Da wurde zum ersten Mal richtig öffentlich nonverbal darauf reagiert, daß die Frauen immer und überall in die Statistenrolle gedrängt wurden und daß auch Sprache eine Grenze hat. Das hat bei mir und anderen Frauen viel ausgelöst.
Katrin Die Geschichte mit Skotch. Wo es um eine Aktion ging und die Männer im Astagebäude stundenlang herumquatschten, ohne zu einer Meinungsbildung zu kommen. Wir wären nie auf die Rednerliste gekommen. Oder wenn eine Frau etwas sagte, guckten alle in die Luft. Einfach so, weg. Andere Frauen versuchten, sich Gehör zu verschaffen, wurden aber nicht angehört. Da haben wir uns gesagt: So, jetzt werden wir es denen mal zeigen, wie wir uns Respekt verschaffen! Dann sind wir auf Skotch los und haben versucht, ihm die Hosen herunterzuziehen.
Mona Der lief im Kreis, ich weiß es noch wie heute, wir hinter ihm her, er wollte sich ja auch nicht so einfach die Hosen herunterziehen lassen. Es ging da mehr um eine symbolische Aktion. Er war ziemlich geschockt und seine damalige Freundin Linda de Voss auch.
Katrin Frauen galten da nämlich mehr als debattierender Weiberhaufen, der über Rezepte redete, und den man nach Belieben vögeln konnte.
Bei der Rektoratsbesetzung jedenfalls, ich in der Fuchspelzjacke für 5 Mark aus Istanbul, hat plötzlich einer im Schrank des Rektors, Scheuermann hieß der …
Mona Nomen est omen, wirklich.
Katrin ein Megaphon entdeckt. Ich hab es in meinen Fuchs gewickelt und bin damit raus. Es hat uns später noch gute Dienste geleistet.
Mona Ich hab' da noch eine spezielle Aktion gemacht, eine, die mich innerlich befreit, aber nach außen hin ziemlich Empörung hervorgerufen hat: ich

Auf dem Amtsgericht 1969: aufbegehrende junge Frauen
(Katrin: 4. von links, Mona: 2. von rechts)

habe genüßlich auf den Sesseln des Rektors einige Zigaretten ausgedrückt. Die bürgerlichen Genossen waren aber noch nicht so weit, dieses Eigentum demoliert sehen zu wollen. Dabei ging es da nicht um einen speziellen Zweck, sondern um Tabuverletzung.
Katrin Es ging um die Symbole der Herrschaft, und die wollte man zerstören. Die Rektoratsbesetzung war ja ein Protest gegen die geplante Hochschulreform …
Mona gegen Verschulung und Technokratisierung. Was heutzutage Realität ist, dagegen wehrten wir uns damals. Die Professoren standen etwas ambivalent auf unserer Seite, weil es ja schließlich um ihre Pfründe ging. Und der Glotz – war der damals Syndikus? – der Peter Glotz tauchte immer wieder auf und versuchte zu vermitteln.

Knasterfahrung

Katrin Dann kam die Besetzung des Zeitungswissenschaftlichen Instituts, dann die Frauenkommune und die Prozesse und auf einmal waren wir alle kriminalisiert. Nach der ZWI-Besetzung, Hausfriedensbruch war damals noch ein irrsinniges Vergehen, wurden wir, 120 Leute, in die Ettstraße gekarrt und die ganze Nacht eingesperrt. Ich war in einer Zelle mit der Brigitte Mohnhaupt und einer anderen, die später auch bei der RAF landete. Ich kann mich des Eindrucks nicht erwehren, daß die Behandlung durch die Polizisten diese Nacht nicht unerheblich dazu beigetragen hat.
Mona Da finde ich, übertreibst du aber! Mich hätte nichts jemals in die Richtung RAF gebracht, trotz aller Zuspitzungen. Bei der Akademiebesetzung bin ich ja als erste inhaftiert worden und auch die ganze Nacht in

der Ettstraße festgehalten. Ich habe das eher als einziges Happening betrachtet, es war total spannend. Ich hab' nichts Besseres zu tun gehabt, als gleich die Wände zu bemalen. Dann kam aber die Wärterin und hat gedroht, mich in Einzelhaft zu stecken, da hab' ich schon Muffensausen bekommen. Ansonsten bekam ich Liebesbriefe, Kassiber, vom Knast darunter, vom Männerknast. Auf Klopapier. Das war doch alles wahnsinnig spannend, oder?
Katrin Ich kann das nicht alles so spielerisch sehen wie du. Wenn ich denke, wie sie mir meinen Freund, wir standen da bloß so rum am Buchgewerbehaus Ostern 68 und sahen, wie die Polizisten Latten und Gegenstände auf das Publikum schleuderten. Ich hab' es mit eigenen Augen gesehen. Und meinen Freund, den Dietrich, wahrscheinlich weil er eine Lederjacke anhatte, er war nämlich total unpolitisch, den haben sie gegrabscht und in einem Polizeiwagen weggefahren. Das war der Tag, wo der Fotograf gestorben ist.
Oder findest du das ungeheuer spannend, wenn sie dir einen anderen Freund, den Konrad, einer der 18, die von der Uni Berlin relegiert wurden, für 3 Wochen in den Knast stecken, einfach weil er bei dir lebt?
Mona Da hast du recht. Ich hab' ja auch mal mit dem Reinhard Wetter zusammengewohnt, dem Politclown, den haben sie acht Monate nach Ebrach gesteckt in den Knast. Als er zurückkam, hatte er eine totale Angstpsychose, traute sich nicht mehr auf die Straße. Da hört der Spaß auf.
Katrin Wo die Polizei nach der Besetzung des ZWI, in derselben Nacht um sechs Uhr früh vor der Wohnung meiner Mutter in Stuttgart steht und sie unter dem Gejohle der ganzen Straße abgeführt wird? Wo sie mich anhand eines Fotos identifizieren muß? Ich fand' das eine Provokation.
Mona Meine Mutter hat auch ganz schön gegen die Polizei gewettert.
Katrin Meine Mutter hat jedenfalls total zu mir gehalten. ›Was wollen Sie denn? Ist doch alles Theater!‹ hat sie zu den Polizisten gesagt, ›außerdem kann meine Tochter tun und lassen was sie will!‹ Da war ich so 24, 25.
Also wirklich, unsere Mütter, das ist unsere Stärke!

Konsequenzen

Mona Trotzdem haben wir uns gegen eine eigene Familie entschieden.
Katrin Wir hatten in der Frauenkommune ja viel mit Kindern zu tun.
Mona Wir nehmen unsere ganzen Erfahrungen hinein in unsere Arbeit. Du mit deinen Filmen, ich mit meinen Theaterstücken, wo es ja nicht um vulgär-feministische Standpunkte geht …
Katrin Weißt du noch, als die Alice Schwarzer uns besuchte und so rein gar nichts wußte von neuen Lebensformen, kollektivem Denken und Handeln?
Mona Ja … sondern um die Auflösung verhärteter Modelle und Strukturen. Wenn du mit Randgruppen arbeitest, sogenannten …
Katrin Ich mach' nichts mit Randgruppen.
Mona Sogenannten sag' ich doch!

Katrin Ich mach' was mit Minderheiten!
Mona Insofern fühle ich mich auch als Minderheit.
Katrin Meine Art von Filmen ist jedenfalls, auf Mißstände hinzuweisen und im kleinen Bereich etwas zu verändern. Seit Jahren mache ich Filme gegen Rassismus und Fremdenhaß, die immer irgendeine Botschaft in Richtung Emanzipation transportieren. Und da war die Frauenkommune ein wichtiger Punkt meiner Entwicklung. Ich finde, die Entwicklung, die Veränderung, die wir in die Welt gebracht haben, war größer als die jeder anderen Generation.
Mona Ich würde sogar sagen: wir haben einen gewaltigen Sprung nach vorn getan, was die Veränderung des Selbstbewußtseins der Frauen angeht. Junge Mädchen, so um 20, die von Studenten- und Frauenbewegung eher nichts wissen, operieren ganz selbstverständlich mit unseren Erfahrungen, bauen ihre eigenen auf den unsrigen auf. Insofern waren wir kleine Rädchen, aber wichtige Teile der Frauenbewegung. Wir und die anderen Frauen.
Katrin Und wenn der Reich-Ranicki sagt, es gebe anständige Künstler, die wollten Geld und Karriere machen und unanständige, die wollten die Welt verändern, dann kann ich nur sagen: ›Ich gehöre zu den unanständigen.‹«

Klaus Baedekerl
geb. 1947 · Autor

Zu den Bullen hart, in den Betten zart

»Zu der Zeit, so um 68, gab es keine Trennung zwischen Kunst, Vergnügen, Arbeit, Politik, Leben. Es war alles eins. Viel der Erinnerung ist in einem schwarzen Loch, ist im Nebel versackt, weil ich ein bißchen mehr getrunken habe als heute.
Hauptanziehungspunkt war der ›Kleine Bungalow‹, der Anfang der 70er der Amalienpassage zum Opfer gefallen ist. Das war für mich die Zäsur. Das hat mir unheimlich gestunken, daß sie mir meine Lieblingskneipe kaputt gemacht haben.
Es mag eine gute städtebauliche Lösung sein, aber es kamen plötzlich ganz andere Leute, Leute, die sich die Eigentumswohnungen leisten konnten: die Besserverdienenden, die höheren Angestellten und Freischaffenden. Mit ihnen kamen die Modeboutiquen und Antiquitätengeschäfte.
Der ›Bungalow‹ war der Treff der Filmszene, all' derer, die noch keinen Film gemacht hatten. Der Faßbinder war schon weg, aber der Klaus Lemke war da. Der dann später den Film ›Der Brandstifter‹ gemacht hat. Der Wim Wenders, nachdem sie ihn bei den Osterunruhen 68 gefaßt hatten, drehte den ›Polizeifilm‹, so hieß der. Da sind also schon politische Filme entstanden, in der Zeit. Vorne war ein kleiner Raum mit einer Theke, ein paar Tischen und einer

Musicbox, hinten standen die Flipperautomaten. Wir tranken Bier aus der Flasche für eine Mark oder einsfünfzig und gingen nach hinten zum Flippern. Vorne saßen auch schon mal die Zuhälter am Tresen. Überhaupt war München vor der Olympiade lange nicht so clean wie jetzt.

Wenn der ›Bungalow‹ dann um ein Uhr zumachte, sind wir ins ›Stop In‹ oder ins ›Chez Margot‹; in den ›Simpl‹ weniger, da saßen für uns die Arrivierten, das Establishment und ins ›Charivari‹ auch weniger, weil es ein bißchen trostlos war. Also das ›Stop In‹, das heute noch den beiden Brüdern Monie und Schlomo gehört, Israelis, auch wenn es jetzt ›La Bohème‹ heißt, war am Anfang ziemlich bieder. Dann hat es sich geändert, wurde praktisch zur ›Bahnhofsgaststätte der ganzen Gegend‹ weil es bis drei Uhr aufhatte.

Ich war fast jede Nacht drin. Mit gefiel die Mischung von Filmern, Künstlern, Studenten und K-Gruppen. Obwohl die K-Gruppen brav und fleißig waren im Gegensatz zu uns.

Hinten, im Türkenbad gab es eine Teestube, wo sich die Hippie-Haschszene traf. Aber das große Laster fand da auch nicht statt. Eher in den Wohnungen. Ich wohnte in einer Wohngemeinschaft in der Georgenstraße, wo einmal ein KP-Pärchen eingezogen ist, das an die Decke in ihrem Zimmer geschrieben hat: Zu den Bullen hart, in den Betten zart! Das waren sie dann aber auch nicht, und ich bin ausgezogen.

Am Anfang fand ich trotz meines Widerwillens gegen die Amalienpassage das Café ›Oase‹ recht angenehm, jetzt ist es aber heruntergekommen und ich sitze lieber im ›Etcetera‹, obwohl es eigentlich ›Usw‹ heißt, sagt jeder noch ›Etcetera‹. Was für das Café spricht: daß man es nicht einordnen kann. Ein paar Studenten, ein paar Professoren von der Akademie, Schachspieler, Alkoholiker – querbeet. Gerade in der Trinkerszene gibt es viele mit geplatzten Träumen: große Maler, Musiker, Schriftsteller, Filmer hatten sie werden wollen. Und jetzt? Wovon sie leben? Von Jobs, von der Mutter, vom Partner. Oder man bekommt es nicht heraus.

Wir gingen viel ins Kino, damals. Zu den Eddie-Constantine-Filmen im Arri. Einmal, hat man mir erzählt, war der Eddie in München, saß hinten im Arri und sah sich seinen Film an und was die Leute daraus machten. Es muß ihm nicht ganz geheuer gewesen sein, daß sein Film rein nur dazu diente, Krawall zu machen. Wenn die Leute rauchten, wurde der Film unterbrochen und ein Dia auf die Wand geworfen: Nicht rauchen! oder es wurde die Drohung ausgestoßen, daß die ganze Vorstellung abgebrochen würde, wenn weitergeraucht würde.

Dann haben sie den Eddie Constantine dazu bewegt, daß er vorging auf die Bühne und dem Publikum sagen sollte, sie mögen gefälligst aufhören mit Rauchen. Das tat er und die Leute müssen ziemlich verblüfft gewesen sein, als da auf einmal der wahre Eddie vor ihnen stand.

Eigentlich habe ich immer diese Gegend zwischen Adalbert- und Schellingstraße gesucht, ganz automatisch hat es mich ein paarmal am Tag hierhergezogen. Hier ist flanieren wichtig, du bist zu Fuß überall. Es ist etwas etablierter geworden, aber du findest die Poesie noch: in den Hinterhöfen.«

Aki Ahrens
geb. 1947
Organist, Astrologe, Programmierer

Sabine Ahrens
geb. 1958
Prokuristin

Spur in der Zeit

Aki »1967 kam ich als Student von Freiburg nach München. Ich studierte Philosophie, Kunstgeschichte, Archäologie und Germanistik. Dann noch Romanistik und ein paar andere Sprachen. Aber dann kam sozusagen die Revolution und ich habe aufgehört zu studieren.

Den ersten Eindruck vom ›wilden München‹ bekam ich im ›Kleinen Bungalow‹: da lief viel mit Haschisch, es lagen schon Fixer in den Ecken rum und es wurde schwer gesoffen. Geflippert natürlich auch.

Anlaufstelle war immer die Kneipe, gewohnt wurde in Kommunen. Ich war in der Kommune in der Metzstraße, dann gab es noch die in der Einsteinstraße, in der Sckell- und in der Giselastraße.

Nachts ging ich oft zu Fuß von der Türkenstraße nach Hause. Oder ich zog mit dem Hut durchs ›Stop In‹: ›Eine kleine Spende, ich muß mit dem Taxi heim!‹ Es drehte sich so um zehn Mark, ein Wahnsinnsgeld, aber ich bekam den Hut immer voll.

So ging das zu, damals. Jeder hatte irgendwie Mut und war gut drauf, daß er sich solche Sachen leistete. Und die anderen honorierten das, ließen sich selber ermutigen. Da gab es Schüchterne, die von außen kamen, die aber nach einiger Zeit bei uns lebendiger und kräftiger wurden sozusagen. Das Thema der Zeit war der Sex. Viele politische Theorien wurden nur aus diesem Grunde verfochten. Da war viel los, wie soll ich sagen, da gab es Mischgeschichten und Zweierkisten, man war einfach vielseitig interessiert.

›Wer zweimal mit derselben pennt, gehört schon zum Establishment.‹ So war es nicht ganz, aber immerhin (lacht) …
Wir waren ein politischer Kreis, der sich am Anfang gar nicht definierte. Dann gab's die Streitereien und Spaltereien und dann waren da plötzlich Anarchisten und Kommunisten, die sich immer wieder spalteten, bis sie sich die eigenen Abkürzungen nicht mehr merken konnten.
Die Mitläufernaturen gingen eher zu den Kommunisten, da bewegten sie sich auf sicherem Boden, da gab es Literatur und Geschichte, während so Anarchisten – die sind eben nicht zu fassen.
Bei der Rektoratsbesetzung war ich auch dabei. Ich habe meine Füße auf den Schreibtisch des Rektors gelegt. Dann hat die Polizei alles abgesperrt, wir haben aber noch ein Loch in der Tür gefunden, die anderen wurden verhaftet.
Auch die privaten Verhältnisse wuchsen sich aus. Wohnte ich einmal mit einer Freundin zusammen, kamen da plötzlich politische Kader, so nannte man das, aus der K1-Kommune in Berlin an und richteten sich für eine Zeit ein. Oder man hatte eine Freundin und die hatte einen Freund. Den brachte die dann mit und es entstanden so Dinger (lacht).
Politisch und privat waren wir ganz schön frech und haben immer angenommen: Das bleibt so. Progressiv und lebendig. Das kann keiner mehr rückgängig machen.
Wir haben Anfang der 70er Jahre viele Dinge neu und zum ersten Mal gemacht: wir haben Rockkonzerte organisiert und mit der Stadtzeitung ›blatt‹ angefangen. Wir haben eine Jugendkneipe in Sendling eröffnet, wo früher ein Puff war. Da habe ich ein halbes Jahr gekocht.
Wir haben uns um Jugendliche in Heimen und Gefängnissen gekümmert. Flugblätter vor den Fabriktoren zu verteilen, das waren die Kommunisten. Wir haben uns nie angemaßt, proletarisch zu denken. Wir waren schließlich keine Proletarier.
Im ›Pamphletverlag‹ haben wir Bakunin herausgebracht und das Apo-Adreßbuch mit den Namen und Adressen aller linken Gruppen und Organisationen. Eigentlich hatte ich nur nach einem Schlafplatz gefragt und war plötzlich im Verlagsgeschäft. So lief das damals.
Dann kam die Zeit, wo der bewaffnete Kampf, die RAF und der ›2. Juli‹ eine Rolle zu spielen begannen. Ich war da nie in Gefahr mitzumachen. Ich kannte die alle, und wußte, wer was machte und warum. Die Motive waren anders, als sie sich anhörten, und ganz anders, als sie in der Zeitung standen. Da kursierten laufend Spitzelgerüchte, schon wegen der Drogenszene, jeder zweite nahm da doch Haschisch, und plötzlich breitete sich Paranoia aus – auch ein Schlagwort der Zeit. Überall wurde Polizei, wurden ›agents provocateurs‹ gewittert. Irgendwo waren auch Waffen aufgetaucht, dann aber wieder verschwunden. Die ersten Banküberfälle hatten bereits stattgefunden – es war eine wilde Szene. Niemand wußte etwas Genaues. Das waren eigentlich lauter hysterische Leute, die dann tatsächlich zur RAF gingen; die so richtig gar nicht wußten, was sie wollten, sich aber ziemlich weit vorwagten, unter Druck gerieten und dann Paranoia bekamen.

1970 wurde ich an der Münchener Freiheit verhaftet und drei Stunden lang verhört. Die Polizisten legten mir Photos vor, ich sollte einen gewissen ›Aki‹ identifizieren. Sie suchten mich! Und kamen nicht drauf, daß ich ihnen gegenübersaß. Sie ließen mich wieder laufen. Es war schon recht skurril.
Dann haben wir einen Geheimsender betrieben. ›Radio Bundschuh ist nicht zu fassen‹ hatte die AZ getitelt. Wir konnten in die Abendsendungen rein, akustisch. Da haben wir dann zur besten Tagesschau-Zeit Bänder eingespielt von Frauengruppen oder von der ›Aktion Maxvorstadt‹: ›Achtung, Achtung, hier spricht Radio Bundschuh‹, tamtamtam, Erkennungsmelodie, dann kamen unsere direkt aus dem Leben gegriffenen Nachrichten. Der Sender war klein, er paßte ins Handschuhfach eines VW-Käfers, wir bauten ihn in immer andere Autos ein. Die Post verfolgte uns, stand manchmal direkt hinter uns, konnte sich aber nicht vorstellen, daß die ›Störung‹ aus so einem kleinen Wagen kam. Sie vermuteten eine Riesen-Sendeanlage. Das war eine Technik, die der Feltrinelli zum Teil gezahlt hat. Das Ganze lief ein paar Monate. Allerdings nicht jeden Tag, aber immer ein bißchen vor oder ein bißchen nach der Tagesschau im Ersten. Wir machten vielleicht zweimal Standortwechsel – die Reichweite betrug so 500 Meter – weil es ungeheuer mühsam war, von erhöhten Standorten aus die richtige Einstellung zu finden. Danach war uns die Post wieder auf den Fersen, dann machten wir Schluß.
Eingestellt haben wir das Ganze, als die Südamerikaner kamen. Kaum hatten wir Kontakt mit der MIR in Chile aufgenommen, standen da plötzlich so komische Typen herum, sahen aus wie vom CIA. Da haben wir Angst gekriegt und eingepackt.
Erst war alles politisch, dann driftete es langsam ab in Hasch und Hippie, Love and Peace. In Berlin gab es bereits die ›Umherschweifenden Haschrebellen‹, die Hausbesetzerszene wuchs an, und in München fand der letzte Versuch statt, die zerstreute Linke doch noch zu einigen. Ein Treffen fand statt, aber es gab nichts mehr zu einigen.
Bei Reinhard Hauff hatte ich in Filmen mitgespielt, bis ich einen Regieauftrag bekam: ich sollte einen Film über Drogen machen. Er dauerte der Bavaria zu lange und war zu teuer, aber richtig schlimm war eines: daß es in dem Film hieß, Bier gehöre zu den Alkoholika. Da hatte der bayerische Brauereiverband gedroht zu prozessieren, weil Bier nämlich ein Nahrungsmittel sei. ›Streichen Sie das weg!‹ sagte daraufhin die Bavaria, ›so einen Prozeß können wir uns nicht leisten!‹
Dann wurde ich krank. Lebensbedrohlich. Alles war ausgelöscht, was mich früher bewegt hatte. Ich wandelte mich vom politischen Menschen zum Esoteriker. Wie manch anderer in der Zeit. Ich habe keine Zeitungen mehr gelesen, ich habe Schreibmaschine und Fernseher aus dem Fenster der Kommune in die Schönfeldstraße geschmissen und ging barfuß.
Wir sind in den Englischen Garten gegangen mit unseren Trommeln, haben uns an den Fuß des Monopteros gesetzt – oben waren die Junkies – und haben getrommelt, dann nackt im Eisbach gebadet, was sich damals noch keiner traute, und hatten heiße Affairen.

Eines Tages ließen sich alte Freunde aus der Politecke wieder sehen: ›Du, wir haben eine Druckmaschine! Wir machen eine Zeitung. Machst du mit?‹ Also fingen wir am nächsten Tag mit dem ›blatt‹ an. Ich las zwar keine Zeitungen mehr, machte aber eine! Wir haben die Fotos selber gemacht, die Artikel geschrieben, das Layout geklebt. Wo eine Lücke war, habe ich eine Karikatur hineingemalt. Dann wurde das Ganze gedruckt.

Anno 1973 habe ich die Nummer 10 ganz alleine gemacht, weil die anderen entweder im Urlaub oder zerstritten waren. Ich hab' sie auch ausgeliefert und kassiert. Aber Ärger gekriegt: ein schnell zusammengetrommeltes Kollektiv, von denen einige gar nichts mit dem ›blatt‹ zu tun hatten, wählte mich ab. Ich ging. Trotzdem hat es das ›blatt‹ noch zehn weitere Jahre gegeben. Es war nach dem Berliner ›tip‹ die zweite deutsche Stadtzeitung mit unzensierter Gegenmeinung.

Nach diesem letzten Rückfall ins Politische vollzog sich jetzt endgültig die Wandlung zum Spirituellen.

Es war die Zeit der Landkommunen. Zu dritt waren wir auf den Mandelhof am Starnberger See gezogen, bald waren wir zu siebt, an schönen Tagen zwanzig bis dreißig. Wir betrieben Ackerbau und praktizierten so etwas wie Gruppentherapie mit Drogengeschädigten oder sonstwie Ausgeflippten.

Wir fragten uns: Welche Werte wollten wir positiv, welche Inhalte? Es war ein ernsthaftes Ringen mit vielen Experimenten: Fasten, lesen, anderen helfen.

Eigentlich bin ich ja Organist, das war meine erste Berufsausbildung, mein erstes Geld hab' ich verdient beim Einstudieren des Balletts am Stadttheater Hildesheim, als Korrepetitor. Aber ich habe auch Plakate gemacht und Grafiken. Denn die Vorstellung, jetzt nur noch eines zu machen, hätte mich traurig gemacht. Weiterlesen, weiterwachsen, nicht stehenbleiben, nicht sich wo festhängen – darum ging's.

Der Hof hatte zuerst kein Dach, keinen Keller, keine Treppen, keine Fenster, das habe ich alles gemacht. Ich war der ›Herr im Haus‹, also der, der die Nägel einschlug, die Leute einlud und schauen konnte, wie er sie wieder loswurde. Der Mandelhof war ein Platz, wo viel passiert ist, viel durchgemacht wurde. Im nachhinein waren sie paradiesisch, diese neun Jahre. Da draußen hab' ich auch angefangen zu computern mit Texas Instruments, einem der ersten PCs, den ein Freund in seinen LKW eingebaut hatte, in dem er bei uns wohnte.

Das war die Zeit, in der immer mehr umkippten und orange wurden. Sie trugen Baghwans Mandala um den Hals, wußten über alles Bescheid, waren voll auf Egotrip und benahmen sich wie die Säue.

›Du weißt ja nicht, was Liebe ist!‹ sagten sie mit einer Arroganz und Kälte, daß es einem kalt den Rücken hinunterlief. Das war traurig. Wie das Ende der Mandelhofzeit. Wo diese Handwerker kamen, die einen Platz, einen Anlegeplatz für ihre Yachten suchten und sich ausgerechnet unser Ufer ausgeguckt hatten. Sie kamen mit Gewalt, haben mit einem Bulldozer den Garten planiert, sind eingebrochen und haben unsere Sachen verbrannt, unglaublich diese Boshaftigkeit, wir fielen von einer Ohnmacht in die andere,

sie waren immer noch boshafter, als wir uns vorstellen konnten, daß Menschen sein könnten. Sie hatten es sich in den Kopf gesetzt, da einzuziehen und haben es geschafft. Juristisch haben wir zwar Recht bekommen, aber das Haus war weg. Wir krochen dann bei Freunden in München unter, bis wir 1983 die Wohnung hier bekamen.«
Erika Gertis, Kostümbildnerin, ist zu Gast aus Italien.
Erika »Weißt du noch, damals im ›Stop In‹, wie du da gesagt hast: ›Da oben möchte ich wohnen?‹ Und jetzt wohnst du da.
Aki Das war in dem Jahr, wo ich praktisch keine Wohnung hatte, wo ich mal hier, mal da schlief. Und da saß ich vor meinem Weißbier, traurig, melancholisch oder auch neidisch, sah die Lichter in dem Haus und dachte: Wie schön, wenn du jetzt unter so einem Licht säßest! Diese Heimelichkeit, die so etwas ausstrahlt. Da kann man sich ganz schön kräftig danach sehnen. So erklärt es sich auch für mich, daß ich jetzt hier bin.
Erika Zu der Zeit war es auch, als ich aus Italien kam und der Roman mich fragte: ›Wo soll ich dich absetzen?‹ ›Schwabing‹, sagte ich, ›Türkenstraße meinetwegen‹. Es war früh am Morgen und ich setzte mich an den Brunnen der Amalienpassage, wollte warten, bis die Bäcker aufmachten. Dachte an die Zeit, wo ich stundenlang nachts barfuß durch die Stadt gelaufen bin, alle Antennen außen und doch voller Zweifel, wie es weitergehen sollte, bis ich mein Thema gefunden habe, zu einem Entschluß gekommen bin. Und das war dann meist im Karree Amalien-Adalbert-Barer-Schelling mit der Türkenstraße in der Mitte. Und wenn dann die ersten Lichter angingen, fragte ich mich: ›Mit wem wirst du zusammen frühstücken?‹
Das war es immer, was mich auch jetzt nach zehn Jahren Italien mit der Straße verbindet: Das Persönliche, das Freundliche, das Freundesmäßige, die Nähe. Die Atmosphäre von Sich-Heimelig-Fühlen. Hier sein Kraftfeld haben. Die Türkenstraße als ein vertrauensvolles Wesen, das immer genauso alt ist wie ich.
Sitze ich da also am Brunnen früh morgens, kommt der Axel vorbei, fragt: ›Weißt du denn nicht, daß der Aki hier wohnt und die Sabine?‹ Wollt ich erst gar nicht glauben. Dann seh' ich an der Klingel ›Ahrens‹, hole Brötchen, klingele, dann steht da am Eingang: Salve. SALVE. Ich war ganz gerührt.
Aki Also, da hat sich seither einiges verändert. Verwässert. Dieses Cafèhausgedudele von der Amalienpassage her, dieses Gedisco und Getue, das ist inzwischen zum Kennzeichen der Gegend geworden.
Dann die schlechten Sachen, die überall ausgeschenkt werden! Nehmen wir mal den Rotwein. Wenn ich durch die Lokale der Türkenstraße gehen würde und überall einen Rotwein trinken, wäre ich auf der Stelle tot. Dann die Wirte, schlimm. Quereinsteiger, Yuppies. Die wollen nur Kohle machen. Müssen sie ja auch wegen der Mieten. Aber die kommen ja eigens hierher, weil sie es hier machen können: billige Weine für schlechtes Geld. Du merkst nicht mehr, daß es ihnen vielleicht Spaß macht, Gäste zu haben, sie liebzuhaben und ihnen etwas Gutes zu tun. Damit sie eben auch wiederkommen.

Erika Also, immer wenn ich hierherkomme, muß ich einfach die Straße einmal ablaufen, riechen, was so da ist. Bekanntes, Unbekanntes. Die Vibration spüren. Es ist nun einmal meine Lieblingsstraße. Und wenn ich wieder in die Stadt ziehen würde, dann nur in eine, wo dieser Kontakt, ›Mensch, Mensch, wir‹ da ist. Wo man jederzeit überall klingeln kann, wenn einem etwas ausgegangen ist.
Da war ich doch einmal mit meinem Hund, Babone hieß er und war erst ein halbes Jahr alt, hier, als gerade ein Straßenfest lief. Alles war abgesperrt und es war eine nette Stimmung, bis auf einmal, zack, war der Hund weg. Ich machte mich auf, ihn zu suchen. Bloß, wo fängst du hier an? Besser: Vertrauen haben, er findet schon zurück. Da bin ich wieder an meinen Tisch und siehe da, da lag er schon. Ist die ganze Nacht nicht verlorengegangen. Das meine ich mit der Atmosphäre, der familiären hier.
Aki Das ist mehr so ein Humus, ein speziell bayerischer Humus, auf dem viel gedeiht, Aktivitäten, die von außen kommen, Menschen, die vom Norden kommen und München sofort in ihr Herz schließen und sich dann hier in der Gegend niederlassen.
Vorhin habe ich drei typische Türkenstraßler nebeneinander im Café gesehen: der eine, Autor von Drehbüchern und Krimis, der sich gerade so mühsam über Wasser hält und immer noch alles ausdiskutieren muß; der Zweite, Sänger und Alkoholpoet, und der Dritte: ein entrückter Mystiker und Ekstatiker, der sich zu ›Stop-In‹-Zeiten schon immer als Apoll bekränzt hat.
Das zeigt viel von der Türkenstraße: man weiß voneinander, sitzt nebeneinander, leidet gemeinsam, ist sich seelisch nah. Auch die, die sich nicht leiden können, es gibt viele alte Feindschaften hier, selbst die brauchen sich. Wenn der heute nicht da drüben sitzt, ist die Welt nicht in Ordnung.
Erika Vorhin habe ich den Robin Page getroffen mit seinem blauen Bart und da fiel mir die Szene ein, wo es darum ging, wie weit die Stühle vom Café etcetera auf dem Trottoir stehen durften. Da hat er dann einen Balkon aufs Trottoir gemalt, so weit durften die Stühle stehen, weiter nicht. Natürlich entstand dann ein Engpaß. Wie der Engpaß vorm Adria. Aber die bringen's dann auch, die Engpässe. (lacht)
Aki Was der Straße schadet, ist die ständige Fluktuation, die geht an die Essenz, die macht viel kaputt, weil sie die Preise nach oben treibt und Abschreibungsideen entstehen läßt. Dann wechseln ständig die Geschäfte, die Form kocht weiter, auch wenn der Inhalt nicht mehr da ist.
Sabine Was ich vermisse, ist ein Schutz für die Türkenstraße. Sie ist zu einem Durchgang verkommen. Ich habe oft den Eindruck, sie ist überlastet. Trotzdem ist es hier noch ländlicher als anderswo. Wenn ich in die Stadt gehe, gehe ich in die Stadt. Hier lebe ich in der Vorstadt.
Aki Wer eine wichtige Figur hier ist, ist der Mathias. Er ist ein Katalysator. Er genießt von allen Schutz, er kriegt alles, er muß nicht einmal betteln.
Sabine Da gibt es durchaus Geschäftsleute, die ihm Geld geben, daß er nicht vor ihrem Geschäft sitzt. Dadurch, daß er sich so öffentlich macht, ist er auch ein bißchen Inventar geworden. Immer dieselben Fragen, die hier ge-

stellt werden: ›Weißt du, wo der Mathias ist? Hast du ihn wo sitzen sehen oder ist er in der Klinik? Oder wieder in Haar?‹
Wenn er nicht da ist, geht er einem ab, wenn er da ist, geht er einem auf den Geist. Die meisten mögen ihn jedenfalls.
Aki Ein anderer wichtiger Begriff für die Türkenstraße war ›Lokalverbot‹. Es gab immer einen von uns, der irgendwo Lokalverbot hatte. Im Simpl waren ja sowieso nur Leute erwünscht, die in der Zeitung standen. Diese Art von Nestléwärme eher als Nestwärme strahlte die berühmte Toni Netzle aus. Lokalverbot bekam, wer sich ungeschickt benahm: wer mit Haschisch dealte und dabei gesehen wurde oder wer so besoffen war, daß er nicht mehr cool war.
Wenn man dann hier so herumzog zu mehreren, da kamen ein Haufen Lokalverbote zusammen und dann blieb meist nur das ›Charivari‹, das wir ›Hölle‹ nannten. Weil, wenn wir hingingen, alle schon zuviel getrunken hatten, die Kellnerinnen oft grob und böse waren und genervt vom harten Kern der Alkoholiker, der sich da aufhielt und wo sie immer wieder welche rausschmeißen mußten.
Sabine Ich fand das ›Stop In‹ richtig aufregend. Das war so ein Brodelkessel mit Tischen noch zum Abwischen wie bei ›McDonald's‹ heute, irgendwie amerikanisch und abgeteilt.
Aki Dann gab's diesen ständigen Pizzaverkehr: die Leute standen Schlange bis zur Straße hinaus, holten sich erst eine Pizza und checkten dann, was los war. Wer da war. Fanden sie einen Bekannten, setzten sie sich an den Tisch. Hinten waren die Stammgäste, also wir, von zwölf bis zwei, da war praktisch kein Durchkommen.
Sabine Ich kam mit 18 hierher und habe meinen Bruder besucht. Ich sollte eigentlich wieder zurück nach Mannheim, Krankenschwester werden. Aber ich sagte: ›Ich bleibe hier. Ich möchte erwachsen werden‹.
Den Aki habe ich in Italien kennengelernt, dann 1978 in München wiedergesehen. Wir suchten eine Wohnung, eine Freundin und ich. ›Geh' doch zum Aki‹, hieß es, ›vielleicht weiß der was. Er wohnt über dem Türkendolch. Bei Sophie‹.
Da bin ich dann hoch und sah ihn in der Küche. Da saß er ganz durchgeistigt und die Sonne fiel auf seine Locken und von außen schienen die Bäume rein – ein schönes Bild. Seit 1979 sind wir zusammen.
Aki Neulich haben wir geheiratet, haben schließlich schon einen großen Sohn.
Irgendwann kam dann die Wende von der äußeren Politik zur inneren Entwicklung. Vom Mystiker zum Okkultisten, vom Idealisten zum Wissenschaftler könnte man sagen. Die Astrologie begegnete mir zunächst in der Gestalt einer Freundin, die mir die ersten Bücher besorgte und das erste Horoskop stellte.
Damals war ich der Auffassung, man müsse das Leben sehen können, wie es ist, und wenn nicht, würde einem die Astrologie auch nichts nützen. Es war für mich keine Frage des Glaubens, ich hielt die Astrologie nicht für geeignet,

zu Erkenntnissen zu kommen, zu denen man ohne sie nicht gekommen wäre. Ich hatte Kenntnisse in esoterischer Psychologie, hatte mystische Erfahrungen gemacht, kannte mich aus in schwierigen Situationen wie Rausch, Trance, der Nähe zum Tod oder der Erkenntnis, schlecht zu sein. Situationen, durch die ein Mystiker geht.

›Könnte man nicht auch die Astrologie therapeutisch einsetzen?‹ fragte ich mich. Die Astrologie, wie sie bisher betrieben wurde, war ja ein ziemlicher Quatsch und Humbug. Der Astrologe entweder unbotmäßig bewundert oder abgrundtief als Depp verachtet.

Ich fand es eine interessante Aufgabe, diese Wissenschaft, diese fünftausendjährige Wissenschaft anders einzusetzen als bisher. Ich wollte, typisch für mich, den ganzen Laden einmal aufmischen. (lacht)

Also nicht: Nimm das Alter der Großmutter und zähle es mit dem Stand der Sonne zusammen und teile es durch drei, dann weißt du, welchen Kuchen es am nächsten Sonntag gibt. Sondern ganz sachlich: Nimm die Reaktionen eines Menschen, eines Klienten und vergleiche sie mit seinem Horoskop. Normalerweise wird es umgekehrt gemacht: da wird aus dem Horoskop auf das Verhalten des Menschen geschlossen.

Konkret: der normale Astrologe sagt: Weil es morgen regnen wird, wirst du naß werden. Ich sage: Obwohl ich dir sagte, daß es morgen regnen wird, bist du ohne Schirm rausgegangen. Daran, daß du naß geworden bist, sehe ich, daß dein Umgang mit dem Element Regen noch nicht optimal ist. Da kannst du noch etwas tun. Du selber. Im vorhinein.

Wenn ich zurückdenke: schon auf dem Mandelhof haben Rainer und ich im Lastwagen auf dem PC astrologische Programme geschrieben. Gusto, ein anderer Freund, hat die Umlaufbahn der Planeten in Töne umgesetzt, in Schwingungen, für die er eigens Stimmgabeln konstruiert hat, die er heute noch verkauft. Ich fand das sehr anregend.

Ich habe gerechnet, zwei Jahre lang, und habe eine Mondformel entdeckt, aus der sich die Monatslänge als Doppler-Effekt aus der Erdrotation und dem Erdumlauf ergibt.

Ich habe Harmonien gefunden, die unser Sonnensystem kennzeichnen. Mit einem definitiven Grundton, der den unserer Erde bestimmt und den du überall in der Natur wiederfinden kannst.

Im Zuge dieser harmonikalen Entdeckungsreise geriet ich an die astrologische Methodik, und fand eine Methode, die mir geeignet schien, banale, alltägliche Ereignisse exakt nachzuzeichnen. Das hat mir Mut gegeben zu sagen: ›Jetzt mache ich statistische Beobachtungen an Menschen und vergleiche sie mit der gerade entdeckten astrologischen Methode‹. Die Verifizierung dieser Methode ist mir tatsächlich gelungen. Nur interessiert sich bisher noch kaum einer dafür.

Sabine Konkret: wir und zwei andere Eltern haben von ihren Kindern Daten gesammelt: Zeit der Geburt, erste Impfungen, erstes Drehen, erstes Wort, erster Sturz. Was an einem normalen Tag wie eine Spitze herausragt, Schmerz oder Freude.

Bei Hieronimus, unserem Sohn, haben wir 600 Daten gesammelt. Das ergab eine Datenreihe, eine von den dreien. Auf jedes Datum haben wir das progressive Horoskop gerechnet.
Aki Jeder Mensch hat eine Rhythmusstruktur. Das Kind im Mutterleib die seiner Mutter, ab dem ersten Atemzug seine eigene. Es erlebt alles in diesem Rhythmus. Er ist das Maß dessen, was ihm wann und wo passiert und wie es sich entwickelt. Er ist auch das Kennzeichen seines Charakters.
Ein Kind kann nur zu dieser Zeit geboren sein, um die Ereignisse an diesem Ort und zu dieser Zeit so zu erleben, wie es sie erlebt. Das hat absolut singulären Charakter. Ich nenne es in meinem Buch ›Spur in der Zeit‹.
Wenn ich also mit meiner astrologischen Methode, der von mir verifizierten, all' diese Ereignisse, erstes Lächeln, erster Zahn, erster Sturz, berechne, dann fallen die Phasen der Zeitstruktur so genau aufeinander, daß sich die wirkliche Spur dieses Lebewesens in der Zeit ergibt. Das stelle ich statistisch-grafisch dar.
Der Mensch meint immer, die Zeit sei etwas Äußeres, Lineares, Vektorielles. Dabei ist sie ein Rhythmus, eine Frequenz, ein Ton. Dein Ton. Deine Realität ist ein Symbol deiner inneren Wirklichkeit.
Sabine Da gibt es Leute, die zu uns kommen und um Rat fragen, weil sie in bestimmten Phasen immer Depressionen bekommen.
Aki Nicht, daß ich ihnen die Zukunft voraussagen sollte, da schicke ich sie sowieso gleich weiter, ich helfe nur, wenn sie tatsächlich in seelischen Nöten sind.
Sabine Die sagen dann: ›Mir passiert immer das Gleiche. Ich will da raus, ich will mich verändern!‹
Dann rechnet Aki ihnen ›ihren‹ Kalender aus, das heißt ihre persönlichen astralen Resonanzphasen, an denen sie sehen können, wann welche Planeten wie stehen. Die Leute machen sich zu Hause Notizen, wann ihnen was passiert und schauen auf den Kalender. Dann sehen sie, daß ihre Erlebnisse sehr oft mit einem bestimmten Planeten zu tun haben. Ihnen wird bewußt, was ihnen blühen kann, und sie können sich danach verhalten. Der Kalender praktisch als ›Hilfe zur Selbsthilfe‹.
Aki Also ich sage den Leute nicht: ›Mach' dies oder das!‹ Sondern ich sage: ›Schau genau hin, wie was funktioniert und wenn du's weißt, entscheide!‹
Sabine Da gibt es Leute, die schon seit über zehn Jahren mit dem Kalender leben.
Aki Und die die Probleme nicht mehr haben, deretwegen sie zu uns gekommen sind: Depressionen, Aktionismus, Klaustrophobie. Sie haben sie im Griff, sie können die Weichen selber stellen. Fast alle.
Aber davon kann natürlich kein Mensch leben. Es ist ja doch so, daß Leute, die seelische Probleme haben, auch in finanziellen Krisen stecken. Ich lebe im Augenblick vom Programmieren, Oberflächendesign, und von Gartengestaltung.
Aber wirklich interessiert mich der astrale Aspekt des Unterbewußtseins, das Emotionelle, Blaßblaue, weihnächtlich Glitzernde, die Seele.

Daß ich mich ihr mit astrologischen Methoden nähere, ist sekundär.
Sabine Eigentlich ist es ja unglaublich, wie mit dem Thema Astrologie umgegangen wird, immerhin einer der ältesten Wissenschaften.
Statt daß man sagt: ›Jetzt ist der Zeitpunkt gekommen, jetzt schauen wir mal, was wirklich dahintersteckt. Wenn es Mist ist, lassen wir es und wenn es etwas taugt, dann können wir fragen, was wir damit anfangen können‹. Statt es an der Uni zu lehren, was allen künftigen Ärzten und Psychologen guttäte, wird auf oberflächlichste Weise dagegen gewettert.
Aki Astrologie wird zu einer Frage des Glaubens reduziert. Wenn der eine, Mensch oder Staat, den Glauben des anderen in Frage stellt, gibt es Haß, gibt es Kriege. Das ist wie eine Polarisation, wie ein Magnetismus, der jeden zwingt, auf eine Seite des Pols zu gehen.
Die Frage: ›Glaubst du an Astrologie oder nicht?‹ ist völlig falsch gestellt. Wir können es doch prüfen, und wenn es der Prüfung nicht standhält, ad acta legen. Es gibt doch Computer massenweise, man kann es doch einfach austesten. Seit Gauss gibt es Kriterien, wo man sagt: ›Wir müssen nicht weitertesten, das ist es!‹ Aber nein, gegen die Astrologie gibt es eine breite Feindesfront.
Zum Beispiel die Leute, die diese Märchen verbreiten von der Jungfrauengeburt und dem lieben Jesulein und damit die Völker in Kriege stürzen, gerade die fühlen sich kompetent und sagen: ›Astrologie ist Aberglaube!‹
Als ob kein Mensch Interesse daran hätte, das Thema sachlich zu behandelt: die Astrologen nicht, die Gegner nicht und die Wissenschaft zeigt sich peinlich berührt.
Ich habe die Daten meines Buches einem Diplom-Statistiker von der Uni zum Überprüfen gegeben. ›Es stimmt alles‹, sagte er, ›aber ich bin überzeugt, es ist falsch, was Sie da machen. Ich kann es Ihnen nur noch nicht beweisen.‹
Er hat sich nicht getraut, weil sonst die Kollegen gesagt hätten: ›Aha, das ist der, der die Astrologen bestätigt! Der muß ja einen Haken haben!‹
Ich habe festgestellt, daß viele Leute, die an Astrologie glauben, Angst vor ihr haben. Einfach nur Angst, daß es wahr sein könnte. ›Astrologie kann man nicht wissenschaftlich fassen‹, sagen die einen und sind deshalb entschiedener Gegner jeder Untersuchung. ›Astrologie ist ein Mysterium‹, sagen sie, ein System, das auf geheimnisvolle Weise intuitiv Wahrheiten vermittelt. Notfalls sogar mit Kaffeesatz. Dabei kann man alles wissenschaftlich betrachten, wie man alles emotionell betrachten kann oder künstlerisch – eben auch die Astrologie.
Die anderen, die Orthodoxen, arbeiten mit ähnlichen Methoden wie die christliche Kirche. Sie behaupten: die Astrologie habe es nicht nötig, sich mit der Wissenschaft zu messen. Für sie ist das ein Gegensatz. Sie identifizieren sich mit ihren Vorgängern der letzten Jahrtausende, gehören so zu den Wissenden.
Ich habe sowohl bei den einen wie bei den anderen mehr Feinde als Freunde. Ich sitze so ziemlich zwischen allen Stühlen.« (lacht)

Heini Weld
geb. 1943 · Künstler

»Rhizom« – Geflechte

»Vor mehr als dreißig Jahren kam ich hierher. Weil ich an der Akademie studieren und in Österreich keinen Militärdienst machen wollte. Zivildienst gab's damals noch nicht. In meinem Atelier auf 61, im zweiten Hinterhof, waren vorher auch Bildhauer, meistens aus der Henselmannklasse. Wenn einer wegzog oder heiratete, hat er es einem anderen Bildhauer weitergegeben.
Hier die Häuser stammen aus der Jahrhundertwende, einer Zeit, in der Leben und Arbeiten gemeinsam konzipiert war. Die Werkstätten waren für Handwerker gedacht, aber die Kellerräume waren zu feucht für ein Lager, deshalb hat sie der Weller an Künstler vermietet. Ein Glücksfall für uns.
Wir machten also einen Vertrag, einen Gewerbevertrag, das heißt, er ist innerhalb eines Monats kündbar. Nach Jahren hat er die Miete dann um 100 Prozent erhöht. Dafür sei es dann für länger, hat er gemeint. Seither zahle ich diese Miete.
Es war ziemlich feucht, der Putz war von den Wänden gefallen, ich habe das allmählich saniert. Am Anfang gab es eine Ölheizung, wo man sich das Öl kannenweise von einem Brennstoffhändler in der Adalbertstraße holen mußte. Fünf Mark teuer und zwanzig Kilo schwer. Da habe ich oft lieber im Kalten gearbeitet.
Nein, Rheuma habe ich noch nicht. Nur Gicht.
Irgendwann habe ich mir einen Ofen gebaut, den man mit Abfallholz heizen konnte: was an Möbeln abfiel, was an der Straße herum war, was ich an Brettern wo vorzog, damit wurde geheizt. Inzwischen sind wir in unserem

Hinterhofverbund, da ist Martin, der Polsterer mit seinem gußeisernen Ofen, der Erich, auch ein diplomierter Bildhauer, mit seinem selbergebrannten und gebauten Kachelofen und ich, also inzwischen sind wir schon so vornehm, daß wir gemeinsam Holz kaufen, es zersägen und aufschichten. Zehn Ster. Wir heizen dann ganz herrschaftlich mit Holz aus dem Nymphenburger Schloßpark.

Mein Ofen ist im Prinzip eine Teertonne, die ausgemauert ist und ein Feuerloch hat. Darüber ist eine Kuppel gemauert. Er steht auf einer Art Säule aus zwei Autofelgen. Das Ofenrohr hat spezielle Windungen, daß die Hitze nicht so schnell abpfeift, es sieht aus wie eine Riesenschlange, die sich windet. Dazu gibt es ein Funkengitter und einen Bratrost, daß man nicht nur heizen, sondern auch braten kann.

Der Anblick des offenen Feuers, der Rauch und der Geruch, das sind emotionale Qualitäten.

Es gab schon viele Feste hier, welche, wo wild getanzt wurde oder welche, wo alle ins Feuer gestarrt haben.

Die Feste haben sich überhaupt verändert in der Wohlstandsgesellschaft. Mei, wir sind keine Studenten mehr. Früher hat einer ein Tragl Bier gespendet, dann war das ein herausragendes Ereignis und alle haben sich gefreut. Oder es hieß: dort gibt es ein Atelierfest! Und alle sind hingeströmt. Auch wenn es bloß Bier gab und Brot und Schmalz. Heute muß man ja schon fast mit verschiedenen Speisefolgen locken.

Unsere großen Hinterhoffeste gibt es nicht mehr, wo alle Hausbewohner kamen und Werkstätten und Ateliers offen waren. Kleinere schon noch. Heute borgt sich auch niemand mehr mein Atelier aus für eine Geburtstagsfeier oder ein Faschingsfest. Sicher war es früher schöner. (lacht)

Die Mieter waren auch andere: echte Hinterhöfler, bescheidene Leute wie die drei alten Schwestern.

Jetzt wohnt hier mehr das akademische Proletariat, also ich will sagen, auch noch bescheidene Leute, aber nicht mehr so naiv. Die sind ja früher aus ihren vier Wänden nicht herausgekommen, außer bis zur Ludwigskirche oder zum Friedhof. Die haben auch nie Urlaub gemacht. Da gab es welche, die hingen den ganzen Tag am Fenster und beobachteten, wer hinein- und herausging.

Als ich hier einzog, vor gut 25 Jahren, war die Stimmung im Hinterhof ziemlich repressiv. Die Mauer war total rußschwarz, es gab kein einziges Gräschen, auf der grauen Betondecke durfte kein Blatt liegen. Jeder lebte irgendwie einzeln und verschreckt vor sich hin, noch ganz in der Nachkriegssituation. Es gab keine Kommunikation, irgendwie beobachtete man einander mißtrauisch.

Niemand wollte mit jemandem etwas zu tun haben, weil das Schlechte ja von außen kam. Deshalb hat man sich eingeigelt. Als dann der Brandauer[1] den Elserfilm[2] bei uns gedreht hat, im Hof, im Hauseingang, in Martins La-

1 Klaus Maria Brandauer, Schauspieler und Regisseur
2 Johann Georg Elser, der Bürgerbräuattentäter von 1939

Klaus Maria Brandauer beim Drehen des Films »Georg Elser, ein deutsches Schicksal« 1989 im Hinterhaus der Türkenstraße 61

ger und Werkstatt und in Erichs und meinem Atelier, als er das Jahr 1939 nachgestellt hat, da hat mich die Stimmung stark daran erinnert, wie es war, als ich einzog.

Das hat sich über die Jahre stark verändert, vor allem auch durch die Hinterhoffeste. Da konnte man merken, als man miteinander geredet hat, daß alle ganz freundlich und umgänglich waren. Trotzdem prallten da zwei verschiedene Auffassungen von Leben und Fest aufeinander.

Da gab es einmal ein Fest bei mir im Atelier, so in Richtung Happening und Performance; Fleisch wurde im Kamin gebraten, jeder hatte sein Stück mitgebracht. Ein Freund hatte ein Riesenrinderherz dabei und der bildete sich so eine Aztekenzeremonie ein, so ein Herzopfer. Er hat sich also das Herz in Bratfolie um den Leib gebunden und sich auf den Boden gelegt. Es wurde wüst getrommelt und er war gerade dabei, das Herz aus der Bratfolie herauszuholen, als eine der Pollerer-Schwester hereinkam und bat, wir mögen doch ein bißchen leiser sein, weil ihre Schwester im Sterben liege. Das war eine ganz makabre Situation.

Passiert ist hier alles, was sich aus Spaß entwickelt hat. Nicht so konzipierte Schweinereien wie beim Nitsch. Wenn einer nacket herumgehüpft wäre, hätte niemand was gesagt, aber es war nicht das Konzept von vornherein.

Nach der Gründung der HSK an der Akademie, die sich am Anfang eher wie ein Geheimbund verstand, wurde viel Theorie gemacht in Arbeitsgruppen. Die tagten dann in den Meisterschüierateliers oder im Astaraum. Es gab ein

Bildungsbedürfnis, das nicht vom Lehrplan gedeckt wurde. Die Frage, wo man als Künstler in der Gesellschaft stand, gab's gar nicht. Die Gruppe ›Spur‹ brachte dann über den Situationismus ganz andere Ideen herein, frischere Luft: Daß man eben Kunst direkt ins Leben tragen müsse.

Weil ich in dieser turbulenten Zeit nicht oft in meinem Atelier arbeitete, habe ich es manchmal auch für Arbeitsgruppen zur Verfügung gestellt. Da ist schon einmal der Philosoph Böckelmann hereinmarschiert und die Hanna Schygulla. Der Faßbinder lief sowieso die ganze Zeit in der Gegend herum. Da gab es dann eine Fluktuation von wildfremden Leuten im Hinterhof, was den Hausbewohnern allmählich unheimlich wurde, zumal weil ich nicht immer dabei war. Da wurde mir angedroht: Wenn das nicht aufhört, fliegst du raus!

Zum ›Situationismus‹, der eigentlich aus Frankreich kam, dann aber zu einer internationalen Bewegung wurde. Da ging es um ›Kunst und Leben‹: Daß die Künstler nicht mehr nur produzieren sollten, sondern direkt in der Gesellschaft arbeiten. In spielerischer Form, als Happening. Es ging um die Aufhebung der Arbeitsteilung: daß es keine Berufe mehr gibt, daß jeder alles sein konnte.

Daß menschenunwürdige Arbeit von Robotern gemacht würde und der Mensch frei wäre für kreative. Daß alle Leute Künstler sind. Im Max Emanuel hat der Heimrad Prem von der Gruppe ›Spur‹ die ›weißen Feste‹ initiiert. Die waren schon anarchisch konzipiert, da ging's auch um sexuelle Befreiung. Dahinter stand die Idee, daß eigentlich das ganze Leben ein Fest sein sollte.

Wer nackt erschien, hat hundert Mark bekommen, ein Wahnsinnsgeld damals. Richtig nackt waren sie aber gar nicht, nur weiß angemalt. Die Feste waren sehr ausgelassen und erlangten Berühmtheit weit über die Stadtgrenzen hinaus. Es gab acht weiße und ein schwarzes Fest. Was danach kam, trug zwar noch den Namen, war aber total durchkommerzialisiert.

Der Prem hat sich dann umgebracht. Mit seiner Freundin. Er wollte irgendwie auf der Höhe seines Lebens sterben. Das waren so Kamasutra-Ideen. Da haben sich die beiden so quasi im Liebesakt vergiftet. Ganz exzessiv leben und dann freiwillig abtreten.

An der Akademie war es damals muffig und eng. Deshalb ging ich mit meinem damaligen Freund Gilly nach England. Jetzt ist er weltberühmt, Gilbert and George aus Südtirol. Die englischen Lehrmethoden schienen uns viel sinnvoller als unser Klassensystem hier mit seinen Hierarchien, Hackordnungen und daraus resultierend, diesem Duckmäusertum.

In den englischen privaten Kunstschulen gingen freie Künstler herum und unterhielten sich nur mit Studenten, mit deren Arbeiten sie etwas anfangen konnten. Alles war viel einleuchtender und demokratischer als bei uns. Bei uns waren die Klassen abgeschottet, die Disziplinen hatten nichts miteinander zu tun, außer ein Bildhauer fing etwas mit einer Malerin an.

Die Akademie war eine Ideenküche, in der viel herumschwirrte. Der Henselmann war mit der konventionellste Bildhauer, aber wenn er merkte, daß irgendwie Energie und Streben dahintersteckte, dann ließ er einen machen.

Ich habe an der Akademie einiges gelernt, wenn auch nicht notgedrungen von meinem Professor.

Im Faschismus galten die modernen Künstler ja als ›entartet‹, sie bekamen Berufsverbot oder mußten auswandern. Viele gingen nach Amerika. Von dort ist dann der abstrakte Expressionismus wieder zu uns zurückgekommen. Die, die zurückkamen, gingen nicht gerade an die Akademie.

Bei uns war die Tradition der Moderne abgebrochen. Jeden Vormittag gab's bei uns noch Modellieren mit Modell. Früher sogar noch nach alten Gipsmodellen. Wir Studenten mußten praktisch das Bügeleisen noch einmal erfinden. Wir kämpften darum, abstrakte Kunst machen zu dürfen, und vielleicht war's ja im nachhinein gar nicht so schlecht, daß man sich gegen etwas durchsetzen mußte. Es war eine harte, aber vielleicht gute Schule: daß man sich hineinkniet in etwas, sich nicht drausbringen läßt, gegen Widerstände etwas durchsetzen lernt.

Es ist eigentlich immer das gleiche: wenn Kunst gelehrt wird, gerät sie leicht in Gefahr, formalisiert zu werden, zum Akademismus zu erstarren. Dann gibt es die anderen, die dem Zeitgeist auf der Spur sind und ganz andere Sachen machen, die gesellschaftlich nicht so akzeptiert sind.

Und meist ist es dann so: daß die gesellschaftlich akzeptierten nach einiger Zeit vergessen sind und die anderen, die vorher eine auf die Finger gekriegt hatten, plötzlich ausgepackt werden.

Als junge Künstler haben wir nie gedacht, daß wir unser Zeug einmal verkaufen könnten. Man dachte nur an hehre Kunst und daß man sich nie prostituieren wollte damit. Irgendwann hat man aber dann doch Interesse, daß man seine Kunst verkauft. Es gibt Künstler, die betrachten ihre Werke als Kinder, die sie nicht weggeben können.

Bei mir ist das eine andere Sache: ich muß manchmal Plastiken kaputtmachen, weil ich sie nicht mehr lagern kann. Oder daß ich sie umarbeite. Oder Bilder übermale. Das ist doch wie bei einer Überpopulation von Ratten, die ihre Jungen zusammenbeißen, um selber überleben zu können. (Lacht)

Wovon ich überlebe? Zu einem Teil von meinen Bildern, zu einem anderen von Auftragsarbeiten, Brunnen, Skulpturen, Möbel und dann vom freien Kunstunterricht.

Da gibt es das Kinderforum der Galerie van de Loo, das auf die Ideen der 68er zurückgeht: Kunst und Leben, wie kann sich der Künstler in die Gesellschaft einbringen. Der sinnvollste Weg geht da über die Kinder. Nicht, daß sie indoktriniert werden, sondern daß sie den Prozeß des Kunst-Machens lernen. Dazu gehört ein Moment von Freiheit und viele Momente von Leidenschaft und Liebe. Zu Dingen und Ideen. Daß vielleicht einmal eine demokratischere Gesellschaft entsteht oder der Widerspruch gegen Zwang, autoritäres Verhalten und Intoleranz wächst.

Die Jugendlichen aus dem Kinderforum sind alle Kriegsdienstverweigerer geworden, haben mit Schwerbehinderten gearbeitet. Die Räume des Kinderforums waren früher eine Galerie für Happenings: da hat es eine ›Fluxus‹-Ausstellung gegeben und da hat der Nitsch einmal sein Orgien- und

Mysterientheater aufgeführt. Die Kunst war voller Aktionen. Nichts, um an die Wand zu nageln. Sie war vergänglich.

Als das mit den Aktionen weniger wurde, hat der van de Loo die Galerie den Kindern zur Verfügung gestellt.

Da gab es Künstler, die in der Baracke der Akademie einen Kindergarten aufgezogen hatten, einen antiautoritären. Von denen waren welche dabei. Andere kamen später, die sich für Gesellschaftsproblematik interessierten, politischer, soziologischer, psychologischer Art.

Kinderforum hieß es, weil die Kinder dort machen durften und sollten, was sie wollten. Wo man mit den Möglichkeiten der Stadt spielte, künstlich Erlebnisse herstellte: gezielt Feuer legte, was für Stadtkinder ziemlich fremd war, Sachen mit Wasser machte, mit Farbe, mit Ton. Das Programm wurde gemeinsam von Erwachsenen und Kindern gemacht. Die Betreuer hatten fürs Material zu sorgen, daß alles gruppendynamisch ablief und didaktisch aufbereitet war.

Viel lief über den bildnerischen Bereich, das Erlernen von Maltechniken.

Da gab es Kinder, die mit sechs reinkamen und mit 24 rausgingen. So gut hat es ihnen gefallen.

Deshalb haben wir es umgetauft in Forum für Kinder und Jugendliche. Mühelos konnten wir zwanzig Jahre immer etwas Neues bringen oder gleiches auf einer schwierigeren Ebene. Da haben wir Filme gemacht, Theater gespielt und Überraschungsaktionen inszeniert. Wie die auf dem Marienplatz.

Es war wunderschönes Wetter und wir sind mit einer Gruppe von Kindern mit Farbkreiden auf den Marienplatz. Da haben wir angefangen, auf dem Pflaster zu malen und haben die Leute aufgefordert, doch mitzumachen. Viele haben sich anstiften lassen. Da war plötzlich der ganze westliche Marienplatz ein Riesenfeld, das Haufen von Leuten bemalt haben. Das war eine Stimmung, das kann man sich gar nicht vorstellen.

Die Polizisten sind rumgegangen und haben keinen Ton gesagt, weil es außerhalb ihres Denkens war, daß so eine Aktion nicht angemeldet sein könnte. War sie aber nicht.

Wir sind nur die ganze Zeit zum Kaufhof gelaufen und haben neue Kreiden geholt und verteilt.

Oder die andere Aktion auch auf dem Marienplatz: da haben die Kinder vom Forum die Leute gefragt, ob sie ihnen nicht Modell sitzen würden, sie hätten kein Modell. ›Wenn's sein muß!‹ haben dann die Leute gesagt und sich hingesetzt. Dann haben die Kinder angefangen zu malen, jeder eine andere Stilrichtung, das war ausgemacht. Sie waren von einem Wust von Zuschauern umgeben und der, der die Modelle nackt zeichnete, hat am meisten Anklang gefunden.

Wie es zum ›Kollektiv Herzogstraße‹ kam? Das hieß am Anfang gar nicht und war eigentlich als Diskussionsforum für Kunstschaffende aller Sparten gedacht. Anno 1967. Als dann 72/73 vollkommen klar war, daß es in Deutschland keine Revolution geben würde, kam die Idee des Marsches durch die Institutionen. Da mußte sich also die Theorie in der Praxis beweisen und manches ist ja auch kläglich gescheitert. Da hat jeder seine eigenen Erfahrungen gemacht.

Und da gab es ein paar Künstler, die sich formierten und sagten: Die Gesellschaft ist noch nicht so weit, daß die Kunst nahtlos ins Leben übergeht. Die Künstler stehen wieder als Fachidioten da. Darüber wollten wir diskutieren. Und weil die meisten Maler waren, wurde die Diskussion mit dem Pinsel weitergeführt.

1977 machten wir einen Malaufenthalt in Schweden, beim Bruder von Asger Jorn, Jörgen Nash. Der hatte ein Riesenatelier in einem Bauernhof und uns war klar, daß wir gemeinsam Bilder malen würden. Wir gingen das zunächst einmal theoretisch an, mit Büchern. Wir wollten ganz demokratisch malen. Wir waren 15, die da zusammen lebten, kochten, malten. Da sagte ein Galerist: Ihr seid ein Kollektiv! Und weil wir unser erstes Atelier in der Herzogstraße hatten, hieß es dann ›Kollektiv Herzogstraße‹.

Die Maler, die später auf den Bauernhof kamen, scherten sich einen Dreck um unsere Diskussionen und fingen einfach das Malen an. Das hat sich dann ganz urwüchsig entwickelt.

Jeder hatte sein Malzeug dabei. Große Bilder haben wir gemeinsam entwickelt, kleine allein gemalt. Oder man hat einfach den Platz gewechselt und beim anderen weitergemalt. Da hat sich dieser besondere Stil entwickelt. Daß es da einfache Elemente gibt wie Fläche und Pinselstriche, daß da aber die Farbe läuft, sich frei entfaltet oder lasierend wirkt.

Am Anfang ist's einfach: da ist viel Weiß und viel Platz. Doch dann gibt's einen Punkt, wo es in verschiedene Richtungen weitergehen kann. Das wurde dann diskutiert: der eine wollte so, der andere so. Da hat man dann zum Beispiel Gegenstände angemalt, eine Latte, zum Beispiel, hat sie ins Bild gestellt und weiterdiskutiert. Da hat man sie auf einmal nicht mehr gesehen, weil sie im Bild verschwunden war. Nur wenn du entlanggegangen bist, bist du darüber gestolpert.

Mich hat immer der Raum interessiert, der reale Raum und der Farbraum: gelb springt nach vorn, blau geht zurück. Dann gibt es den illusionistischen Farbraum: obwohl flach, meinst du, das Bild hat Tiefe. Den realen Raum mit dem Farbraum zu kombinieren hat mich immer interessiert. So bin ich als Bildhauer immer mehr zum Malen gekommen.

Das Kollektiv Herzogstraße hatte eine Ausstellung in der Amalienpassage, als nach dem Bau noch nicht alle Läden vermietet waren, weil sie zu teuer waren. Ich hatte Plastiken in weiß aus Latten gemacht, damit man sie später einmal bemalen könnte. Wir wollten dort die erste Stadtteilgalerie machen, aber obwohl der Kulturreferent zur Eröffnung kam, hat es nicht geklappt.

Wir sind dann zu mir ins Atelier, Mitglieder vom Kollektiv, und haben den ganzen Sommer über im Hinterhof weitergemacht. Bis der ganze Hinterhof mit Plastiken zugestellt war.

Dann mußten die Leute eben darübersteigen. Das wurde nicht nur akzeptiert, sondern hat den Leuten sogar Freude gemacht. Weil sie dachten: aha, das ist der Heini. Der macht das halt. Der spinnt ja nicht. Das wird schon einen Sinn haben.

Die Berta Kattaloher, die Frau vom Bert, dem Polsterer, hat da etwas Lustiges gesagt: Sie würde mich im Testament bedenken, weil es ihr so leid tut, daß ich immer über die Bildränder hinausmalen würde.

Das waren die gestischen Bilder und sie hat gemeint, ich hätte eine Störung in der Feinmechanik. (lacht)

Das ist eben die Tradition des abstrakten Expressionismus, der inzwischen seinen Platz in der Münchner Kunstgeschichte hat. Viele gute Besprechungen, viel Ehr' und wenig Geld.

Unsere Sachen sind irgendwie auf Hilfe angewiesen. Ein Künstler auf freier Wildbahn ist ja einer, den die Gesellschaft nicht zu brauchen scheint. Dazu braucht er einzelne oder Institutionen, die ihn fördern. Damit er sein Publikum findet. Wir haben uns ja zu einer Zeit der Karriere verweigert, wo andere strebsam draufzugegangen sind. Wir haben etwas gemacht, wir waren an der Spitze, wir haben eine Richtung geprägt.

Andere, die zu langweilig und zu ängstlich waren, die immer nach der Ecke eines Podiums schielten, um sich daransetzen zu können, diese ganzen Arschkriecher sind heute Professoren. Uns war es egal, was mit uns passierte.

So ist es eben: die einen halten den Kopf hin und kriegen eine drauf, bringen aber das Ganze weiter, und die anderen suchen die Pöstchen, finden sie, sahnen ab und bremsen alles.

Aber vielleicht ist das nicht so wichtig. Klar hätte man inzwischen auch gern die Aussicht auf ein Einkommen oder eine Pension.

Was mir aber geblieben ist: Immer das zu tun, was einem das Gewissen sagt. Was man für richtig hält. Dann findet man auch immer Wege zum Überleben. Ich kann mich ja wirklich nicht beklagen: ich habe Galerien, die mit meinen Arbeiten auf Messen gehen, ich habe Kataloge von vielen Ausstellungen, es wird über mich publiziert.

Ich habe mich in eine Richtung begeben und kann jetzt nicht einfach aus dem Zug aussteigen. Das hat man sich selber eingebrockt. Da kann man mit über fünfzig nicht mehr heraus. Wahrscheinlich will man auch gar nicht.

Das Interessante der Studentenbewegung war ja, daß da alle zur gleichen Zeit den gleichen Wissens- und Diskussionsstand hatten. Und die Polizei dachte immer im Rädelsführerprinzip: einer mußte der Verantwortliche sein! Da hat es keinen Oberpapa gegeben, der dir gesagt hat: jetzt mußt du das so machen! Es war eher ein kollektives Denken, Fühlen und Handeln.

Wie auch in der Kunst. Das Kollektiv Herzogstraße machte einmal eine Ausstellung ›Rhizom‹. Rhizom, das ist eine Art Geflecht wie ein Schwammerl, wo in jedem Teil die gleiche Information steckt. Da kannst du etwas wegschneiden, da wächst dasselbe wieder heraus. Jeder wußte dasselbe und jeder konnte es machen.

So weit war die Gesellschaft aber damals noch nicht. Der Geniebegriff geisterte da noch herum, und kollektive Kunst konnte per se gar nichts sein. Nur ein Individuum konnte es schaffen. Und ich sehe die Aufgabe des Künstlers,

je verwalteter und technisierter das Leben wird, darin, die Verbindung zum alten Stammhirn wiederherzustellen: daß Herz und Hirn zusammengehen. Dazu male ich kleine Bilder, die wie Fenster sind und Einblicke in geistige Welten verschaffen. Oder begehbare Plastiken, die Ausblicke verschaffen auf die Gefühle der Zeit. Man muß nicht immer kritische Kunst machen. Gerade das Schöne kann ein Protest sein, weil es im Widerspruch zur Realität steht.
Jedesmal, wenn ich von einer Reise zurückkomme, aus einem anderen Kulturkreis, empfinde ich es hier als Heimat, die man plötzlich mit neuen Augen sieht. Dabei sind das hier doch völlig schlichte Häuser und belebte Kreuzungen. Aber irgendwie hängt das Herz daran. Ganz eigenartig.
Man projiziert seine Stimmung gern auf die Straße. Sie könnte aber ihren Charme verlieren, wenn sie ausschließlich zum Vergnügungsviertel verkäme. Wo jetzt Autos mit Landsberger Nummern nicht mehr in die Feilitschstraße oder zum Bahnhof fahren, sondern hierher, weil's hier noch persönliche Kommunikation gibt.
In den Semesterferien kann man jedes Mal erfahren, was die Türkenstraße sein könnte. Da lichtet sich's, da entdeckt man wieder Leute und die eigenartigsten Querverbindungen. Man grüßt sich, redet, winkt sich zu.
Es ist wie ein kleines Dorf, wo man die gleichen Leute trifft, mit denen man etwas anfangen kann.
Ich bin gegen Entmischung. Wenn du in ein Lokal gehst und siehst nur junge Leute, die alle dieselben Kleidung und Sprachregelung haben, dann wird's langweilig. Auswechselbar.
Ich kann ein Talent mitbekommen haben, das unter anderen Umständen vielleicht unterdrückt worden wäre. Ich könnte mir aber auch vorstellen, etwas ganz anderes zu machen. Verschiedene Leben zu leben. Wenn ich Lust habe auf etwas Naturalistisches, eine Figur, ein Bild, dann mache ich es einfach.
Oder die Idee mit den Segelplastiken, die mir in Schweden gekommen war. Eine Ausstellung im Freien mit farbigen Tüchern in der Luft. Daß das Bild räumlich entsteht, so ein Farb-Form-Gewebe. Die Farbe ist lichtdurchlässig, leuchtet, hat eine Transparenz wie ein Kirchenfenster. Inzwischen haben wir, der Armin Saub und ich schon mehrere Installationen gemacht. In München und außerhalb.
Was mir abgeht? Daß ich nicht genügend vor Aufgaben gestellt werde, an denen ich wachsen kann. Daß ich auf Lösungen komme, aus denen dann wieder neue Ideen entstehen. Bewähren können müßte man sich. Man kann nicht alles allein im Kämmerchen erfinden, die Aufforderungen müßten von außen kommen.
Es ist schön, im Atelier zu meditieren, zu nichts verpflichtet zu sein als nur sich selber und seinen Ideen. Aber das Spannende ist dann, sie wieder aussetzen zu können.
Ich bin für mein Leben dankbar, daß ich als Augenmensch so viel sehe, in unserer und fremden Kulturen. Das, was früher Theorie war, wandelt sich zum gelebten Wissen. Die schnelle Lösbarkeit, das gibt es nicht mehr. Alles ist viel längerfristiger. Ein Thema ist eigentlich nie erledigt.«

Klaus Lea
geb. 1937 · Galerist

Einzelgänger

»Ich wollte nicht weiter zur Schule gehen. Außerdem wollte ich meine Mutter entlasten und ehrlich gesagt, habe ich auch den Weiberhaushalt nicht mehr ausgehalten: da waren die Mutter, meine vier Schwestern, die Großmutter und die Urgroßmutter. Keine Mannsperson weit und breit.
Im Bergbau haben sie gerade Leute gesucht, in der Steinkohle. Da bin ich mit fünfzehn hin, in die Zeche ›Rosenblumen-Delle‹ und habe dort eine richtige dreijährige Ausbildung zum Knappen gemacht.
Der Name Lea stammt ursprünglich aus Oberschlesien. Im 17. Jahrhundert hieß es noch Glea. Meine Vorfahren waren Handwerker: Schuster, Schreiner, Zimmerleute, die über Thüringen und Sachsen nach Pommern gekommen waren. Dort bin ich geboren. 1945 kam dann die Flucht nach Westen. Wir sind in Teufelsmoor bei Worpswede gelandet.
Nach dem Bergbau wollte ich eigentlich zur See fahren, aber irgendwie brauchten sie da keinen. Zur Bundeswehr hätte ich können, aber ich war dagegen, daß Deutschland wieder militarisiert wurde. Da bin ich dann zu einer Spedition und habe dort noch zwei Jahre gelernt.
Danach bin ich auf Wanderschaft, wie meine Vorfahren: Schweiz, Frankreich. Hier einen Job, da einen Job. Ich wollte eigentlich gar nicht nach Deutschland zurück, mir paßte die ganze Nachkriegsmentalität nicht. Da sah ich zu wenig Aufarbeitung von psychischen und politischen Konflikten aus der Nazizeit.
Heute bedaure ich es noch manchmal, daß ich mit 19 nicht nach Kanada gegangen bin. Ich hatte eigentlich nie Probleme, mich zu ernähren. Da gab's

immer Hochs und Tiefs, aber die Existenzängste, die andere befallen, hab' ich nicht. Man kriegt so eine gewisse Hornhaut gegenüber der Angst. Es entwickelt sich ein Automatismus, der einen immun gegen Angst macht. Weil man ja nie in Sicherheit gelebt hat.
In Paris riet mir ein amerikanischer Gitarrist, ich solle doch nach München gehen. Das tat ich dann auch und lernte bald ein paar Leute kennen: Studenten, Maler, Schriftsteller, Musiker. Dieser Kreis gefiel mir, München allerdings weniger. Ich hatte Eingewöhnungsschwierigkeiten, weil die meisten so ganz andere Interessen hatten als wir. In Basel hatte ich eine vergleichsweise heilere Kulturwelt vorgefunden. Da bin ich dann zwischen München und Basel hin- und hergependelt.
Ich habe immer gezeichnet und geschrieben: Gedichte und Kurzgeschichten. Im Grunde bin ich ein Einzelgänger. Manchmal beteilige ich mich an Gruppen, klinke mich aber auch wieder aus. Wenn wie bei Bürgerinitiativen ein Ziel erreicht ist, oder wenn ich mich verändere oder die Gruppe.
Diese Bürgerinitiativen sind für mich das Wichtigste, was 1968 hervorgebracht hat. Ich habe bei der vom Nikolaiplatz mitgemacht, aus der schließlich die Seidlvilla hervorgegangen ist, bei der Aktion Maxvorstadt, die ja auch einiges gestoppt hat, bei der von der Münchener Freiheit, die die Bebauung verhindert hat. Alle sind sie in Schwabing oder der Maxvorstadt entstanden und haben etwas bewirkt. Gruppen, in denen sich viele Einzelgänger fanden wie der Ali Mitgutsch, der Kinderbuchautor, oder ich.
Von 64 bis 69 habe ich hier in München eine Zeitschrift herausgegeben, ›Mama‹. Sie war hektografiert mit Beiträgen von gleichaltrigen Künstlern: Schriftstellern, Malern, Musikern. Ich habe selber auch Beiträge gezeichnet. Seither kennen wir uns intensiver. Eine Zeitschrift hat ja durchaus Ähnlichkeit mit einer Galerie.
Ein paar Monate war ich in Berlin, im Literarischen Kolloquium am Wannsee. Zu der Zeit war auch das Living Theatre in Berlin, es war eine heiße Zeit! Dann habe ich mit dem George Moorse Drehbücher geschrieben: ›Der Griller‹, ›Kuckucksjahre‹, ›Liebe und so weiter‹. In der Zeit, so in den Jahren 67/68, hat mir ein Herr vom Einwohnermeldeamt vorgerechnet, bin ich vierzig Mal umgezogen. Innerhalb von Schwabing und der Maxvorstadt.
Politisches Bewußtsein habe ich immer gehabt, das lernt man schon untertage, aber daß man sich 68 schon gleich so festlegen mußte, hat mir nicht gefallen. In den 70er Jahren ging ich in Richtung ›Trikont‹, wählte aber SPD. Eine Zeitlang war ich sogar Parteimitglied. Später habe ich mehr grün gewählt.
Als ich hier in die Blütenstraße 1 einzog, wohnte ich erst illegal im Keller. Der Keller gehörte der Katja von ›Osiris‹. Als dann im ersten Stock die beiden Räume frei wurden, habe ich die bekommen. Gleichzeitig lernte ich eine Frau mit Wohnung kennen. Da zog ich zu ihr und aus den beiden Räumen wurde eine Galerie. Sie hieß ›Alternativgalerie‹ und wurde am 7.7.1977 eröffnet. Jetzt heißt sie Galerie Klaus Lea, seit acht Jahren.
Die Idee war: Münchner Maler auszustellen, die bisher keine Chance hatten. Davon gab's ja genügend.

Geld war keines da. Ich habe aber mit Wändeweißeln soviel verdient, daß ich das finanzieren konnte. Es waren Ausstellungen in Kommission. Wenn nichts verkauft wurde, hat der Künstler seine Sachen nachher wieder mitgenommen. Daß ich ein Bild behielt, war keine Bedingung.
Über die Jahre wurde dann der eine und andere Raum frei und ich hatte schließlich die ganzen vier Zimmer. Das war ursprünglich eine Wohnung, eine ziemlich verwahrloste nach dem Krieg: ohne Heizung mit uralten Fenstern.
Als die Amalienpassage fertig war, ich hatte gerade in der ›Oase‹ den Architekten von Gagern kennengelernt, und der hatte mich gefragt, ob ich nicht die leerstehenden Ladenräume wollte, da hatte ich auf einmal 240 qm Ausstellungsfläche im Neubau. Da habe ich das Kollektiv Herzogstraße ausgestellt. Riesenverkäufe waren es nicht, aber ein bißchen ist doch gegangen. Man nannte es abstrakten Expressionismus. Von den Künstlergruppen und Kollektiven ist eigentlich nur noch ›King Kong‹ übriggeblieben, ›Kollektiv Herzogstraße‹ und ›Weibsbilder‹ gibt es nicht mehr. Aber es ist eben auch nicht mehr die Zeit, als Gruppe in die Gesellschaft hineinwirken zu wollen, sie verändern zu wollen. Da sind die ökonomischen Zwänge zu groß.
Früher hat man ja auch in WGs gelebt, ich mit der Gruppe ›Embryo‹, mit denen ich auch zwei Jahre bis 1977 durch Europa getingelt bin. Heute muß ich nicht mehr unbedingt reisen. Geheiratet habe ich nicht, aber ich habe einen Sohn. Einen ausländischen Sohn, der bei seinen Großeltern in Italien lebt und in den Ferien hierherkommt. Er ist lieber in München als in Mailand. Ich hätte auch geheiratet, wenn es nicht vorher gekracht hätte. Triff doch heute noch ein Paar, das länger als fünf, zehn Jahre zusammen ist! Überall erlebt man, daß es kracht und bröselt. Deshalb auch die allgemeine Desillusionierung. Ist 'ne Zeiterscheinung. Hat vielleicht etwas mit der Emanzipation der Frau zu tun und der Erleichterung im Haushalt.
Also wenn's die Akademie nicht gäbe, gäbe es auch diese Galerie nicht. Ich hatte immer Freunde und Bekannte an der Akademie. Ich bin da ein- und ausgegangen als gehörte ich dazu.
Jetzt spürt man nichts mehr von progressivem Geist. Das liegt aber nicht an den Studenten, sondern an den Professoren. Also aufregende Künstler nehmen sie schon gleich gar nicht. Daß der Robin Page da ist und die Professur bekommen hat – also er sei dazugekommen wie die Jungfrau zum Kind, sagt er selber. Er war an 5. oder 6. Stelle, aber die anderen alle sind abgesprungen. Er schimpft zwar immer auf die Deutschen, aber andererseits hat es ja was für sich, jeden Monat einen Scheck zu bekommen. Und das Bier schmeckt ihm hier auch besser als anderswo.
Alkohol gehört zum Maurer, zum Bergmann, zum Seemann genauso wie zum Künstler. In der Regel trinke ich nur Bier und Wein, früher habe ich auch Schnaps getrunken. Ich trinke nicht jeden Tag. Aber man kommt ja ums Trinken nicht herum. Ich trinke, wenn's mir gutgeht. Da werde ich dann leichtsinnig. Da kann es schon mal sein, daß ich zwei Tage ausfalle.
Früher ist man tage- und wochenlang in Kneipen herumgehangen: in grünem Anorak mit Mädchen, die nach Patchouli rochen.

Und die Leute, die früher Poster gekauft haben, sind heute meine Käufer, also das geht quer durch die Bevölkerung. Besserverdienende wie Ärzte, Anwälte, Selbständige. Daß sich aber auch eine Verkäuferin einmal ein Bild kauft, hat es früher nicht gegeben. Aber klar, je mehr Menschen auf der Welt, desto mehr Künstler und desto mehr Käufer. Vor zwanzig Jahren gab es vielleicht 30 Galerien in München, heute sind es 300. In der Türkenstraße gab es die Frau von Laar, die ganz still neben dem Türkendolch moderne Kunst ausstellte. Sie hatte viele Adelige unter ihren Kunden, mußte aber nach ein paar Jahren aufgeben.

Dann gibt es die Kunstbuchhandlung Goltz mit ihren Originalen zwischen den Katalogen und früher gab es noch den Antiquitätenhändler Gunzenhauser in der Türkenstraße, der ist aber in die Maximilianstraße gezogen. Sonst gibt's hier nichts an Galerien. Ich war nie in einer Preislage, die unbezahlbar war. Ich spüre nichts von Rezession wie die Galerien in der Maximilianstraße. Meine Bilder kosten zwischen 150 und 15 000 Mark, wobei die über 10 000 eine große Ausnahme sind.

Ich kenne nur wenige Künstler, die alleine von ihrer Kunst leben können. Eigentlich gar keinen (lacht) in meiner näheren Umgebung. Künstler sind oft Lehrer oder haben eine Lehrerin zur Frau.

Die meisten Künstler haben ja schon 20, 30 Jahre an ihrer Kunst gearbeitet, bevor sie berühmt werden. Steile Aufsteiger gibt es da wenige wie den Baselitz, der irgendwann aus Ostdeutschland rübergemacht hat und dann im Westen gleich in die Arme genommen und hochgejubelt wurde.

Für mich ist die Türkenstraße wie meine gute Stube. Das geht so weit, daß der Ringo sagt, wenn der Lea am Siegestor vorbei muß, braucht er ein Visum. (lacht) So ein Lokalpatriot bin ich. Ach ja, der Ringo Prätorius und ich, wir hatten mal vor, eine Oper zu schreiben, die den Titel gehabt hätte: ›Die Mädels von der Türkenstraße mit den blankgewetzten Oberschenkeln‹ aber irgendwie (lacht) sind wir mit dem Konzept nicht weitergekommen. Das hätte ein Riesending werden müssen, ein richtiges Musical.

Nach meinen ersten Assimilationsschwierigkeiten habe ich eigentlich die bayerische Mentalität sehr gern gehabt: Bayern sind Kneipengänger, während sich die Norddeutschen eher zu Hause bedröhnen. Das hat mir zugesagt, das Bacchantische, die Lust am Augenblick, dann die Möglichkeit des leichten Überlebens: an den Gassenschänken bekam man eine Suppe für achtzig Pfennig und in manchen Kneipen war das Brot umsonst.

Das hat sich aber stark geändert: die Bayern sind ja fast noch rigoroser im Geldscheffeln und Reichwerden als die Preußen. Statt ›Ramadamma‹ heißt's jetzt: ›Raffadamma‹.

Trotzdem ist die Gegend hier die, in der ich meine Träume verwirkliche. Das sieht man an der Galerie. Daß, was dort begonnen wurde, sich in die ganze Gesellschaft fortgesetzt hat.«

Klaus Lea erhielt 1995 den Schwabinger Kunstpreis.

Wolfram Kastner
mit Kulturbeutel aus Bronze
geb. 1947 · Aktionskünstler

Gebeutelte Kultur

»Ich habe es nie in meinem Leben verstanden, mich lieb Kind zu machen, Meisterschüler zu werden, ein eigenes Atelier zu bekommen. Aber vielleicht brauchte ich ja auch keinen Meister. Geboren bin ich mehr durch Zufall in München, hinter der Lenbachgalerie. Aufgewachsen in der Arcisstraße, wo heute die Frauenbuchhandlung ist. Dort hatte mein Vater ein Zigarettenlager der Firma Kosmos mit den ersten Nachkriegszigaretten ›Supra‹ mit und ›Roxy‹ ohne Filter. Weil damals die Zigaretten praktisch eine Art Zweitwährung waren, wurde regelmäßig bei uns eingebrochen. Wir hatten Silberstreifen um die Fenster, das war unsere Alarmanlage und einmal die Woche hat sie gejault. Dann kam die Polizei in der Hoffnung, den Zigarettendieb zu erwischen.
Die Zigaretten waren für Einzelhändler, mein Vater hat sie in einem ockerfarbenen Auto mit ›Roxy‹ in roter Schrift ausgefahren. Die Zigarette hat damals viereinhalb Pfennig gekostet. Mein Vater hat kräftig geraucht, o ja. Meine Eltern führte eine Mischehe, was von der Umgebung nicht so gern gesehen wurde. Meine Mutter hat es aber durchgesetzt, daß wir drei Buben evangelisch getauft wurden.
Ich kam 1953 in die Türkenschule, da war sie gerade wiederaufgebaut worden, sie roch noch ganz frisch. Während die Amalienschule, wo mein älterer Bruder als eine Art evangelischer Outsider hingekommen war, düster war und stark nach Linol, Harz und Öl stank. Dort war er unter lauter Kindern, die nach dem Beten ein Kreuz schlugen. Das tat er dann auch,

bis meine Mutter aufgebracht zum Lehrer kam und es untersagte, daß ihr Sohn, ihr evangelischer Sohn, ein katholisches Kreuz schlagen müsse. (lacht) Wir wohnten damals in der Schönfeldstraße. Mein Schulweg ging über den Zebrastreifen an der Ludwigskirche durch die Trümmergrundstücke der Schellingstraße am Kiosk im Klohäusl vorbei. Dort hat es immer kräftig rausgestunken, aber ich habe mir am Kiosk manchmal eine Wundertüte für 5 Pfennig geholt. Auf einem dieser Ruinengrundstücke ist einer der Schüler in einen rostigen Draht oder so etwas gefallen und dann an Blutvergiftung gestorben. Die ganze Schule ist zur Beerdigung gegangen.
Samstag war ein besonderer Tag. Waschtag. Da mußten wir Seifenschachtel, Waschlappen und Handtuch mitbringen. Zuerst kamen die Mädchen dran, dann wir. Wenn sie nach einer Dreiviertelstunde wieder da waren, wurden wir in den Keller geführt. Da waren im Boden so Vertiefungen von vielleicht dreißig Zentimetern eingelassen, so eine Art Wannen. Da hat man sich an den Rand gesetzt. Irgendwo gab's einen Wasserhahn und eine Dusche. Und dann wurde man von der Lehrerin mit einem Seifenlappen gewaschen. Also an Stellen, wo man nicht so hinkam. Das war die Abfertigung. Und sie schritt von Knabe zu Knabe und seifte und seifte. (lacht)
Natürlich haben wir uns ein bißchen geniert, aber das wurde nicht diskutiert, das war eben so. Und Lehrer waren die absoluten Autoritätspersonen. Zur Belohnung, wenn wir uns hatten brav waschen lassen und das Wetter schön war, durften wir auf den Dachgarten. Da war ein Brunnen, wir haben uns hingesetzt und es wurde uns vorgelesen. Oder wir durften eine Art szenischer Lesung machen mit: ›Zeigt her eure Füße, zeigt her eure Schuh' und schauet den fleißigen Waschfrauen zu!‹
Äußerlich gereinigt und innerlich geläutert durften wir dann wieder nach Hause.
Einmal während des Reigens habe ich meine Nachbarin angerempelt, sie hat sich beschwert und ich mußte 20 Mal schreiben: Ich darf meine Nachbarin nicht anrempeln. Für das Zwicken eines Mädchens unter der Schulbank gab es 100 Mal schreiben: Ich darf keine Mädchen zwicken! Das habe ich seither nie mehr versucht.
Ich war in den zwei Jahren Türkenschule auch verliebt. Sie hieß Birgit und hatte blonde Haare, keine Zöpfe. Ich mochte keine Zöpfe. Sie war immer sehr leise und sehr schüchtern in der Schule. Da blieb mir nur übrig nach der Schule, wenn sie von ihrer Mutter abgeholt wurde, ihr sehnsüchtig nachzuschleichen, obwohl es gar nicht meine Richtung war. Sie einfach so aus der Ferne zu bewundern.
Zu einer Bande habe ich nie gehört. Aber als ich einmal einen Tomahawk geschenkt bekam, aus Hartholz geschnitzt, lackiert und bemalt, den habe ich schon einmal auf dem Kopf von einem von der Neureutherblasn, das waren die ganz argen, ausprobiert. Dann ist er hingefallen und ich bin weggelaufen. Das war mir alles zuviel, diese blutigen Kräftemessereien.
An der Uni hab ich angefangen mit Germanistik und Psychologie, dann bin ich zur Akademie. Dort gab's dann aber auch wieder Politik und Pädagogik.

Die Engelsburg war unsere Kneipe, da wurden die Aktionen besprochen: die öffentliche Weihnachtsfeier im Juli, das Motorradrennen, die Umtaufe der Uni in ›Franz-Gans-Universität‹ mit anschließendem Fußballspiel im Lichthof und die Einmauerung der Professoren.
Der Senat tagte gerade im Erdgeschoß der Akademie, ganz rechts außen. Wir hatten nicht die Drittelparität gefordert, sondern die Parität, also 50:50 sollten Entscheidungen fallen, in allen Gremien sollten Studenten die Hälfte der Entscheidungsträger stellen. Es sah so aus, als ob der Senat nicht bereit war, unsere Forderungen zu erfüllen. Da haben wir sie eingemauert. Wir haben alte Gipsfiguren früherer Studenten vom Speicher geholt und sie vor die Tür geschmissen. Wir haben sie dann mit Steinen und Mörtel regelrecht von der Umwelt abgeschnitten. Sie konnten nicht mehr raus, die Polizei mußte sie befreien.
Wir haben viel studiert, viel gelesen. Damals. Als wir forderten, wir wollten im Aktsaal Hegels Ästhetik lesen, waren sie zuerst von den Socken. Das waren sie nicht gewöhnt, in ihrem ruhigen Akademiebetrieb. Das hat sie aus der Ruhe gebracht. Der Künstler spann, das ja, soff und hurte, aber zwischen 9.00 und 9.45, zwischen 10.00 und 10.45 und 11.00 und 11.45 mußte er eingesperrt im großen Aktsaal Aktzeichnen. Dann war jeweils eine Viertelstunde frei, und die Tür wurde aufgesperrt.
Ich habe zwei Semester Akt gezeichnet. Nur Frauen und nicht sehr fleißig. Die Nina zum Beispiel hatte einen großen Unterhaltungswert. Sie kam herein, hat sich ausgezogen und schon einmal einen Studenten gebeten, ihr die violetten, pinkfarbenen oder grünen Strümpfe auszuziehen.
›Bitte nicht zeichnen von hinten herum, da schaue ich aus wie Birne!‹ hat sie immer gesagt.
Sie sah immer gleich aus: blond bis rötlich gefärbt, großer gemalter Mund, grüne Augen, großer Hut, entsprechend farbige Gewandung. Schon toll, stark. Sie stach hervor und war einfach zu malen: oben schmal, dann ausladend, alles irgendwie auf zwei Beinen. Sie hatte immer etwas zwischen großer Welt und Verruchtheit. Während andere Modelle schwiegen, hat sie immer Geschichten erzählt: Von ihrer russischen Offiziersfamilie, oder georgischen? Von Stalin, ihrem Landsmann, von ihren adligen Ehemännern.
Dann hat sie immer laut angedroht, daß sie ihre Biographie schreiben würde, daß sie über jeden Professor Bescheid wüßte und daß eigentlich keiner ein Recht habe, auf seinem Posten zu sitzen. Aber es blieb vage, ihre Andeutungen hatten etwas geheimnisvoll Schauriges. Das war Ninas Kunst, alles im Unklaren zu lassen. In der Schwebe.
Vielleicht hatten die Professoren sogar ein bißchen Angst vor ihr, sie haben sie aber als zuverlässiges Modell geschätzt. Ihr Leben spielte sich zwischen Akademie und Schellingstraße ab. Man konnte sie oft im Café Schmidt oder im Eiscafé Adria sitzen sehen. Mit Hündchen.
Nach der Akademie wollte ich auf keinen Fall das Leben eines Künstlers fristen. So eine nutzlose Existenz im Atelier. Brotlos, überflüssig. Kunst war für uns der Zuckerguß auf dem Scheißhaufen des Kapitalismus. Wow! (lacht)

Ich komme ja aus einer Arbeiterfamilie und habe schon während der Akademiezeit in der Jugendgruppe der I.G. Druck und Papier gearbeitet. Habe dort Marx und Engels ausprobiert. Ich konnte mit den Jungen reden, während diese ganzen Theoretiker unter den Studentenführern immer nur ›über‹ reden konnten. Über den Arbeiter und seine Bedürfnisse.
Da waren die ganz erfreut bei der Gewerkschaft. Ab 1973 war ich Bildungssekretär beim DGB-Kreis München. Da war ich dann für alles zuständig, was die Gewerkschaft nicht will: Kultur, Hochschule, Bildung, Ausländer.
Das hab' ich sechs Jahre gemacht, habe viel dabei gelernt: über die Zähigkeit des Apparates, die Verknöcherung und die Granitköpfe. Über Verhandlungs- und Bespitzelungsmethoden. Über Recht und Gerechtigkeit.
Ich habe viele Erfahrungen gemacht und viele Illusionen verloren. Sechs Jahre waren genug, sechs Jahre Zwischenspiel zwischen Akademie und dem Leben als freischaffender Künstler. Es freut mich, daß eines geblieben ist, was ich eingeführt hatte: Lesungen.
Ein Künstler im Elfenbeinturm wollte ich auch nicht sein, deshalb mag mich der Kunstbetrieb nicht so besonders. Weil, wenn Kunst politisch ist, kann sie keine echte sein. Nehmen wir hier doch mal diesen Kulturbeutel aus Bronze, den ich habe gießen lassen.
Schon allein der Begriff ›Kulturbeutel‹ ist wunderbar, keine Ahnung, wo der herkommt. Im Wahrig[1] steht er, Tengelmann und KD-Markt nennen ihn auch so, die Schilder habe ich sichergestellt. Andere reden von Waschbeutel oder Badtascherl.
Aber Kulturbeutel sagt so viel: Wer beutelt die Kultur? Oder beutelt die Kultur jemanden? Oder wie schaut der Mensch als Kulturbeutel aus?
Beutel ist eigentlich ein banaler Behälter für etwas. Wäschebeutel, Geldbeutel – aber Kulturbeutel? Ist im Kulturbeutel Kultur oder wo ist sie sonst?
Mein Kulturbeutel ist jedenfalls leer, er heischt danach, daß etwas hineinkommt. Gedankenfülle oder Geld. Was auch immer. Ich habe ein Konzept für alle 16 Bundesländer, in denen meine Kulturbeutel an die staatlichen Kunstsammlungen verschenkt werden sollen. Natürlich schenkt der Künstler dem Staat Kultur, weil er schließlich etwas zu geben hat, während der Staat kaum Kultur hat und kein Geld. Schon komisch.
Ich habe also den Kulturbeutel allen wichtigen Museen angeboten und habe auch Antworten gekriegt, die ich dann in einem Kulturbeutel-Handbuch veröffentlichen will: ob so ein Kulturbeutel nicht eher in ein Design- oder ein Hygienemuseum passe oder ob nicht alles überhaupt viel zu kulturpolitisch sei, daß eine andere Ebene als die des Museums dafür in Frage käme. Ist schon oft kabarettistisch, die Wirklichkeit. Kunst muß ja nicht immer eine todernste Geschichte sein!
Ich habe zum Beispiel, obwohl ich kein Geld hatte, die Kurt-Eisner-Kulturstiftung gegründet, die auch Preise verleiht. Wir haben eine Grafikmappe

[1] Wahrig's Deutsches Wörterbuch

gemacht zum 70. Gründungstag des Freistaates Bayern. Weil der Begriff Freistaat stammt ja aus der Räterepublik. Und der Eisner hat als einziger jemals eine Rede im bayerischen Landtag über Kunst gehalten. Vorher keiner und nachher keiner. Als Ministerpräsident. Da hat er gesagt: der Künstler muß Anarchist sein.

Bei meinen Aktionen, die ich mache, stoße ich immer auf Politiker und merke, daß das Verhältnis Politik-Kunst außerordentlich schwierig ist, weil Politik so humorlos ist. Der Kurt Eisner hat auch gesagt: ein Politiker, der im Verdacht steht, ein Gedicht schreiben zu können, ist hierzulande verdächtig, nichts von Politik zu verstehen. Danach verhalten sich Politiker wie Künstler: sie meiden sich wie der Teufel das Weihwasser.

Einmal haben wir ein Denkmal vergraben in München, ein Kurt-Eisner-Denkmal. Ein Denkmal neuen Typs, eines, das man nicht sieht, wo man aber drübergehen kann, weil es unter dem Pflaster liegt.

Wir haben das Pflaster aufgehackt und ein Bild von Eisner mit Blut und Kreisen in Plastikfolie in die Erde gelegt und den Schutt wieder drübergetan. Es sollte so eine Art Denkloch sein. Dann kam die Polizei und eine Anzeige wegen Sachbeschädigung – das war der zerhackte Pflasterstein. Und eine wegen Verstoßes gegen die Straßenverkehrsordnung, weil wir den freien Fluß der Fußgänger am Sonntag vormittag erheblich behindert hätten.

Oder die Aktion im Justizgebäude. Anlaß war die Verurteilung der Geschwister Scholl, der ›Weißen Rose‹ durch den eigens eingeflogenen Freisler hier im Münchner Justizgebäude. Da gab es bisher keine Gedenktafel, nichts.

Wir haben also Flugbätter in diese wunderbare Halle hinuntergeworfen, u. a. das letzte Flugblatt der Geschwister Scholl, auf das hin sie ja gefaßt wurden. Um an die Kontinuität der deutschen Rechtsprechung von damals bis heute zu erinnern. Da kam dann nicht nur ein Pedell, da kamen gleich zehn Justizvollzugsbeamte, die uns die Flugblätter wegrissen. Das Dumme war nur, daß die Presse dabei war.

Da haben sie dann den obersten Justizbeamten oder Richter geholt und der hat gemeint, er fände das eigentlich ganz gut. Warum wir das nicht vorher gesagt hätten, sie hätten die Aktion zweifelsfrei genehmigt!

Inzwischen hängt zwar ein Taferl dort, genauso braun wie die Säule dahinter mit einem Zitat vom Professor Huber, aber keinem Hinweis darauf, daß hier schon der Freisler Unrecht gesprochen hat. Das macht man dann doch lieber nicht.

Mein Kunstprojekt zur Befreiung der KZs Dachau und Auschwitz ist gescheitert. Das Comité international de Dachau machte da nicht mit. Sie wollen bestimmen, was dort passiert und was nicht. Deshalb machen wir jetzt etwas zur Dachauerstraße. Fotografiert ist alles schon und da ist es erstaunlich zu sehen, was alles an dieser Straße liegt: Deutsche Bank, BMW, MTU, MAN, Goetheinstitut, Autobahn, Asylbewerberlager hinter Maschendraht und ganz am Ende erst der Hinweis auf die Gedenkstätte.

Eine deutsche Straße. 20 Kilometer von der Ettstraße bis zum KZ. Diese Strecke sind die Häftlinge gebracht worden, die fahren wir ab.
Dann werde ich demnächst etwas machen zur Pogromnacht von 1938 in der Fußgängerzone und zur Bücherverbrennung am Königsplatz.
Ganz München wird ja poliert, ich hoffe, daß der Türkenstraße nicht alle Ecken und Kanten weggeschliffen werden. Für die Straße spricht, daß sie sich den Mathias hält. Erstaunlich, wie lange der sich da schon gehalten hat. Sie hat noch was Vitales. Auch was Häßliches. Ich liebe ja Häßliches mehr als Schönes, Glattes. Sie ist keine Monokultur, eher so etwas wie durchwachsener Speck.«
1993 hatte sich Kastner mit vier Begleitern, den Davidstern auf der Brust, von Männern in SA-Uniform durch die Münchner Innenstadt treiben lassen, um an den Beginn der Judenverfolgung in der sogenannten »Reichskristallnacht« 55 Jahre zuvor zu erinnern. 1995 hatte er ein großes, rundes Loch in den Rasen vor der Antikensammlung am Königsplatz gebrannt, um die Bücherverbrennung der Nazis 1933 an dieser Stelle nicht dem Vergessen anheimfallen zu lassen. In Nürnberg hatte ein runder Teerfleck auf dem Markt im Mai 1998 dieselbe Aufgabe: er war schon nach einem Tag entfernt.
Für den 9. November 1998 denkt Kastner an den Beginn einer permanenten Diainstallation in den Arkaden unter dem Alten Rathaus, um alle, die nach Einbruch der Dunkelheit dort vorbeigehen, daran zu erinnern, daß dort von der Naziführung »Reichskristallnacht« und Judenverfolgung und -vernichtung beschlossen worden waren.

Robin Page
geb. 1933 · Künstler · Professor an der Akademie · ›Blaubart‹

Eingekrempelter Krempel

»Vor vier oder fünf Jahren ist er entstanden, der Blaubart. Mein Bart war weiß, aber es gibt keine Zukunft für einen weißen Bart. Mit einem blauen Bart hat man einen Regenbogen vor sich. Ich liebe das, das wirkt intellektuell und sehr aggressiv.
Ich habe da meinen Punker, der besorgt es für mich. Wenn ein junger Mann so viel Spaß damit haben kann, warum nur ein junger? Ich habe diesen Mut kopiert. Ich habe auch von meinen Studenten gelernt. Wir treffen uns in der Straße: Ein Päckchen Farbe gefällig? Wir machen Spaß damit. Für mich ist es das Wichtigste: hier den Spaß, den Humor nicht zu verlieren.
Da gibt es den historischen Mythos von Gilles du Rais aus dem 15. Jahrhundert, einem Marschall, der hingerichtet wurde, weil er der schwarzen Magie verfallen und zum Kindesmörder geworden war. Barbe bleue, blau, das ist so eine unechte Farbe, gemischt mit Mythologischem: jeder weiß etwas darüber und weiß es doch nicht. Die böse Erinnerung an den Frauenkiller ist ein guter Anfangspunkt gegen das Gute. Ich hasse das Gute. Ich erlaube das Böse als Möglichkeit von Freiheit. Ich liebe diese Hintergedanken.
Ich liebe auch die Sufis, die Mystiker im Islam. Sie feiern da einen Heldenpriester, Nasreddin Hoça, der macht lauter Witze. Ein Held, der Witze macht! So bin ich vielleicht Nasreddin Page.
Das sind meine Helden, subversiv, witzig, auch aggressiv. Das ist auch mein Modell für das Konzept von Blaubart – weil ohne Konzept bist du ein romantisches Arschloch. Blaubart ist frank und frei und gemein. Er sagt, was er will. Er ist frech und nachdenklich.

Jede Generation braucht eine neue Figur, als Ausdruck von etwas Uraltem. Sonst könnten sie ja alles nur historisch sehen, und das wäre bedrückend.
Ich habe Performances gemacht, Happenings in der Fluxuszeit der 60er Jahre in Leeds, England mit vielen Leuten. Ich war da Professor für klassische Kunst an der Akademie, es war eine tolle Zeit! Aber ich war auch oft enttäuscht, daß nach so schönen Abenden nichts blieb als ein paar Bananenschalen auf dem Fußboden. Ich habe den Geist dieser Zeit so geliebt, ich wollte sozusagen eine permanent performance machen. Und zwar in meinen Bildern. So steige ich in meine Bilder als Schauspieler. Das Bild wird zu einer permanenten Bühne für meine Gedanken, für meine Ideen. Bis ich nach 10, 15 Jahren gemerkt habe, daß ich nur noch das Modell für mein Super-Ego, für meinen Superhelden bin. Daß er mich benutzt. Daß Blaubart mich benutzt.
Ich muß eine klare Linie finden, eine, die gewaltig und frei ist. Die meine Meinung ausdrückt, aber kein Futter liefert für Galeristen, Kritiker und andere Kulturarschlöcher, die nur in Typen katalogisieren können. Ich blockiere das. So schneide ich der Priesterklasse die Eier ab. Sie haben nichts zu tun mit meinen Bildern. Sie hassen mich, sie können mich nicht interpretieren, ich mache sie arbeitslos. Weil – die Leute können doch selber Bilder lesen.
Leider beherrsche ich das Deutsche nicht gut genug, um mich gemein genug ausdrücken zu können. Das ist ein Kulturproblem. Ich war zu alt, als ich nach Europa kam, um noch wirklich interessiert an der Sprache zu sein.
Ich kämpfe sozusagen gegen die letzten hundert Jahre Visualkunst, seit dem Impressionismus. Das ist alles vorbei und ich versuche den nächsten Schritt zu tun, Möglichkeiten visuellen Ausdrucks, die nicht mehr nur befriedigen, nicht mehr nur Blumen für die Augen produzieren. Sondern fragen: Wie ist etwas und wie sieht es aus?
Ich probiere, nicht Professor zu spielen. Ich bin ein Profi und ich habe einen Job, durch den ich zwei Dinge bekommen: Kohle und Freiheit. Ich behalte die Kohle und gebe die Freiheit an die Studenten weiter.
Es sind nicht ›meine‹ Studenten, sie sind weder mein Nachwuchs noch meine Neger. Ich habe keine Schule. Alles, was ich zu tun habe, ist meine Studenten gut zu behandeln, ihnen so viel Freiheit wie möglich zu lassen. Sie malen von realistisch bis abstrakt. Ich lehre nicht. Ich unterstütze ihre Freiheit. Die Wenigen, denen ich trauen kann, suche ich mir selber aus – wie die Sufimeister. Nur Weise wissen, wer besser lernen kann. Mehrere von ihnen habe ich in Kneipen getroffen.
Auch wenn ich dann manchmal enttäuscht bin, da können sie ja nichts dafür. Du kannst nicht schimpfen gegen Schwache. Du sollst sie nicht brechen, du sollst sie unterstützen, solange sie unter deinem Einfluß sind. Sie aufbauen. Ich benütze kein Zuckerbrot und keine Peitsche.
Wir treffen uns ganz normal, privat, wir trinken und wir reden miteinander. Sie nennen mich Robin. Es ist ein bißchen wie eine Familie, aber ich bin nicht die Mitte meiner Klasse. Ich probiere, die Mitte leer zu halten. Wir

brauchen auch keinen anderen in der Mitte des Kreises. Ich habe großen Einfluß: ich habe sie in diesen Kreis gebracht. Aber ich versuche, die Macht in Freiheit zu verwandeln. Die Form dieses Kreises ist immer in Bewegung. Sie wechselt mit jedem, der neu kommt.
Ich bin nicht schlecht, in dem, was ich tue: die Studenten sind zufrieden über ihren Erfolg, nicht über mein Wohlwollen. They realize, they can't please me, so they start to please themselves.
Das ist das Beste, was du tun kannst in dieser undisziplinierten, undifferenzierten Welt. Sie sollen die Könige sein, die Studenten, die Starken und die Wissenden.
Jeder soll tun, was er am besten kann.
Ich baue keine lebenslange Beziehung auf zu den Studenten. Man ist sich eine Zeit sehr nahe, sehr close, sehr intim. Aber dann, nach dem Diplom: Bye, bye, Baby! Ich will sie später nicht mehr sehen.
Seit über zwölf Jahren bin ich jetzt Teil dieser Gegend, dieser Straße. Das ist aber eher ein Zufall, ein peinlicher. Hier habe ich mit 48 die erste feste Anstellung meines Lebens bekommen. Den Lehrstuhl. Ich hatte mich in Wien beworben mit dem Arnulf Rainer und dem Spoerri. Der Rainer hat hoch gepokert und hat gewonnen. Ich habe dann hier den Job bekommen. Ich mache ihn noch ein paar Jahre, wenn die Blindheit mich nicht einholt. Es wird immer schlechter mit dem Sehen. In der Mitte der Pupille ist alles grau und trüb. Deshalb erkenne ich oft Leute auf die Entfernung nicht mehr.
Geboren bin ich in England, war bis sieben in Hollywood, dann ging's nach Vancouver. Mein Vater war Cartoonist und ich ab 27 on the road. Und dieser Weg endete in dieser Scheißstraße hier. Das ist mein Getto zwischen Ludwigstraße und der Straßenbahn, zwischen Georgen- und Theresienstraße. The end of the road, the end of the world! Wie aus einem Beatnik ein Hippie wird. Yeah!
Vielleicht bin ich ja auch ein alter Cowboy und ein alter Hippie, aber ich verändere mich nicht mehr.
Statt hier zu sein, wäre ich lieber in einem Gefängnis in Nordafrika wegen Esel-Schmuggels.
Ich bin hier durch die Hölle gelaufen. Jesus hatte Glück und Moses und Mohammed und wer noch alles – sie waren nur vierzig Tage in der Wüste und ich jetzt schon über zwölf Jahre in München.
Wenn man behauptet, die Gegend hier sei besonders locker, daraus läßt sich ja schließen, wie verklemmt die übrige Stadt sein muß!
Ich habe einen Job gebraucht, damals, ich war pleite und habe nun diesen, glücklicher – oder unglücklicherweise.
Ich habe vorher alles Mögliche gemacht: Cartoons, Ausstellungen, Fernsehen, an die 65 Jobs. Dazwischen bin ich getrampt. Das erste Mal, als ich nach München kam, war ich zehn Tage hier. Aber nur im Bett. Ausschließlich im Bett. Das ist natürlich eine andere Perspektive als nach zehn Jahren.
Jetzt wohne ich mit meiner zweiten Frau und den Hunden in diesem kleinen, häßlichen Slum mit Garten hinter der Akademie, der aussieht wie ein

Flugzeugträger. Wo früher ein Gestörter mit neun Kindern ohne Bad gewohnt hat und wo die Tiermalschule war. Für die Hunde ein Paradies. Vier Hunde, Neufundländer, gemischt. Wenn sie in den Teich springen, ist der voll.
End of the road: hier ist man konservativ und sehr zufrieden. Vor allem mit sich selber. Ich glaube, sie hassen Ausländer. Am liebsten würden sie schon am Flughafen ein Schild aufstellen: Ausländer verboten! Also so jemand wie Tina Turner dürfte schon ein Konzert geben, am nächsten Tag müßte sie aber wieder weg sein.
Am liebsten möchte ich raus aus dieser Stadt! Sie ist so doof!
Lauter eingekrempelter Krempel! Dumm, eingebildet und total konservativ! Und erst die Münchner Kultur: kleinkariert und inzestuös! Ich habe immer gedacht, zur Kunst gehöre Freiheit und Spaß. Aber nicht hier. Ich hasse zum Beispiel Künstlerkolonien. Die Akademie ist eine Künstlerkolonie. Und die letzte Generation von Künstlern sind lauter Bunny Rabbits geworden, lauter Kaninchen: brav, rückwärtsgewandt und feig. Keiner mehr, der sich irgendwo engagiert. Keine Courage haben sie mehr, feig sind sie! Nicht nur in München, in ganz Deutschland.
Ich will weg von diesen Idioten! Ich will nicht einmal mit ihnen kämpfen, das wäre ein verlorener Krieg!
Ich bin nicht der Typ für München! Sie brauchen diesen Typ nicht in München, sie brauchen andere Typen. Von denen haben sie zwar schon genug, aber trotzdem.
Da hat mich doch neulich dieses Arschloch, dieser Redakteur der Süddeutschen, mit einem stadtbekannten Penner verglichen! Das ist eine totale Beleidigung, ein Angriff auf mich persönlich. In Amerika würdest du eine halbe Million bekommen für die Beleidigung, aber hier dürfen sie ja alles schreiben. Fucking man.
Das einzige, was künstlerisch hier entstanden ist, ist die Blaubartserie. Aber sie interessiert sie nicht. Sie interessiert die Leute nicht. Ich habe manchmal das Gefühl, sie hassen mich hier.
Ausstellungen habe ich in den letzten acht Jahren keine gemacht, nur in Venedig war ich bei der Biennale.
›Du bist Ausländer, was willst du denn? Was erlaubst du dir?‹ Das ist so die Mentalität. ›Das ist schließlich unsere Stadt, unsere Kultur!‹
Aber sie schmücken sich gern mit einer Ausnahme. Ich fühle, wenn ich weggehe, wird es heißen: ›Wir haben einen bunten Vogel gehabt, haha, an der Akademie! Wir sind also eine freie Akademie!‹
Ich bin zu groß für diese Stadt! Meine Seele ist zu überdimensional und mein Geschmack! Diese kleinkarierten Künstler kotzen mich ja so an! Das ist Logopipikram, was hier passiert! Sie nennen sich eine Weltstadt mit Herz und sind nur ein kleines Dorf voller Arschlöcher!
Ich bin durch Job und Armut hier festgenagelt. Sonst interessiert mich die Straße null. Man könnte sie umpflügen, zum Kanal machen, ein paar Gondeln darauf fahren lassen.

Sonst ist sie gut nur um einzukaufen und in den Kneipen zu sitzen. Ein paar Leute zu treffen. Da gibt es welche, die treffe ich so oft, daß ich schon meine, ich kenne sie.
Damals vor ein paar Jahren, das war eine coole Zeit im ›Etcetera‹: da wurde Klavier gespielt und der Paul hat seine verrückten Gedichte vorgetragen und alle haben gequatscht und gelacht und geredet. Es war toll. Aber es dauerte nicht lange. Jetzt ist es vorbei.
Ich habe hier viele nette Leute getroffen, viele persönliche Geschichten erlebt, das ist nicht schlecht. Ich habe immer Leute um mich, ich interessiere mich für sie. Ich bin neugierig in Menschen. Wenn sie mich aber nicht in Ruhe lassen, wenn sie immer picken, dann sag ich: ›Laß das, sonst schlag' ich dich in die Fresse!‹
Ich liebe normale Kneipen und ich hasse es, wenn sie von jungen, blöden Typen übernommen werden. Die könnte man wahrscheinlich bloß mit dem Gewehr stoppen. Eine schnelle Lösung, obwohl ich gegen Gewalt bin.
Ich schätze sehr die Arbeit von ›Greenpeace‹ und ›amnesty international‹. Und so etwas ähnliches versuche ich auch zu machen. Ich habe meinen Mut, wütend zu sein. Den will ich auch behalten. Ich habe kein Prinzip entwickelt, keinen universellen Anspruch auf Jesus oder Marx oder Baghwan. Ich will nicht über Gott sprechen, sondern über eine Person. Die Person ist nicht weniger wert als die Idee. Und meine Idee ist: ich will eine reiche, vielfältige Welt gegen eine Monokultur setzen. Die Monokultur dieser Konsum-Society, was den letzten Versuch darstellt, die Welt heil zu sehen. Sie ist es aber nicht. Sie ist am Arsch. Deutschland geht da auch nicht vorwärts, es bleibt stehen, wird so mit der Welt untergehen.
Ich will jedenfalls nicht hier sein, wenn es passiert!
Die Fluxuszeit war voller Humor. Und ich versuche mit meiner Arbeit, den Ernst zu brechen, Spaß und Humor leben zu lassen. Weil für mich Humor der größte Ausdruck von Weisheit ist, den es gibt.«
Nach der Jahresausstellung im Juli 98 verläßt Robin mit Frau und Hunden sein »Getto« für immer und zieht in ein blaues Holzhaus in Nova Scotia, Kanada.

Das Buch, der Druck

München und das Buch, München und die Schriftsteller, München und die Leser – ein eigenes Kapitel.
München ist tatsächlich nach New York die zweitgrößte Verlagsstadt der Welt, damit die bedeutendste Verlagsmetropole Europas, gefolgt von Berlin, Hamburg, Stuttgart und Frankfurt.
Von den 299 Verlagen widmen sich 102 Kunst und Musik, 66 Zeitgeschichte und Politik, 54 Medizin und 53 den Reisen. (SZ, 7.11.97) Wovon die restlichen 24 handeln, wird nicht verraten. 1996 jedenfalls wurden in München 13527 Titel als Erst- oder Neuauflage publiziert. – Soweit die beeindruckende Statistik.
Wie in Paris der Begriff ›Quartier Latin‹ für avantgardistisches Lebensgefühl stand, so war es in München ›Schwabing‹: Maler, Dichter, Revoluzzer, Musen, Lebenskünstler, Schwärmer, Naturapostel, Emanzipierte, Aufklärer, Genies. Schwabing als Zustand und Lebensgefühl, besonders vital seit 1896, dem Gründungsjahr von ›Jugend‹ und ›Simplicissimus‹ bis zum Ersten Weltkrieg, dann die 20er Jahre hindurch, bis die heranrückenden Schatten der braunen Machthaber den geistigen Horizont zu trüben begannen. Wiederbelebungsversuche des Kreises um Peter Paul Althaus in den 50ern, 60ern, die sich dann totliefen.
›Schwabing‹ wurde ohne größeres Federlesen nach Süden erweitert, die Akademie, die Universität, der ›Alte Simpl‹ eingemeindet. Erst seit 1971, dem Entstehen der »Aktion Maxvorstadt« scheint langsam das Bewußtsein gewachsen, daß die Maxvorstadt nicht das frühere Bauern- und Fischerdorf Schwabing ist (obwohl man sich nicht ungern mit dem damals noch verlockenden Begriff geschmückt hatte), sondern eine relativ junge, 1806 vor den Toren der Stadt geplante und gebaute Vorstadt. Maximiliansvorstadt eben. Der Maxvorstädter geht in die Stadt hinein, wie er sagt. Vieles von dem, was in Schwabing geschehen sein soll, hat sich tatsächlich in der Maxvorstadt abgespielt. Oft genug in der Türkenstraße.
An Personen der Zeitgeschichte haben in der Türkenstraße gewohnt[1]:
Auf Nr. 5 gab es 1908 ein ›Kleines Theater‹;
Nr. 7: Anton Ažbè, Maler, Leiter einer Malschule;
Nr. 23: Reinhard Heydrich, späterer Gestapo-Chef;
Nr. 28: Kabarett »Elf Scharfrichter«;

[1] Zusammengestellt aus Kristian Bäthe: »Wer wohnte wo in Schwabing?«, München 1965; Sepp Hödl: »Die Türkenstraße gestern und heute«, München 1990; Reinhard Bauer: »Die Maxvorstadt zwischen Münchens Altstadt und Schwabing«, München 1995; aus der Ausstellung: ›Schwabing-Kunst und Leben‹ 1998 im Münchner Stadtmuseum und eigenen Recherchen.

Nr. 30: Frank Wedekind, Schriftsteller, Theaterautor später auch auf Nr. 69:
Ecke Türken/Theresienstr.: Hans Carossa, Arzt, Schriftsteller und Wilhelm Bauer der Erfinder des U-Bootes in Deutschland;
Nr. 33: Pedell Jakob Schmied, der die Geschwister Scholl der Polizei auslieferte;
Nr. 35: Heinrich Mann, Schriftsteller, auch auf Nr. 68A:
Nr. 36: Ludwig Thoma, Rechtsanwalt, Schriftsteller;
Nr. 49: Max Halbe, Dramatiker;
Nr. 57: Weinwirtschaft ›Neue Dichtelei‹ später »Simplicissimus«, Kabarett; im 2. Stock: Wohnung von Joachim Ringelnatz, Dichter, Satiriker, Freund der Kathi Kobus, Wirtin des »Simpl«;
Nr. 69: Japanladen, Treff des »Blauen Reiter«.
Im Rückgebäude von Nr. 81 hatte Franziska zu Reventlow eine Zeitlang gewohnt, im Vorderhaus die Kathi Kobus als Bedienung in der »Dichtelei« ihre Karriere begonnen. Auf Nr. 89, als Studentinnen an der Akademie noch nicht zugelassen waren, hatte sich der »Künstlerinnen-Verein«, die »Damen Akademie« etabliert, bevor sie in die Barerstraße umgezogen war. Ausstellungen hatte es in der Türkenstraße 89 gegeben und die »Magidey-Malschule« für russische Studenten.
Knapp drei Monate hatte 1939 Johann Georg Elser zur Vorbereitung und Ausführung des Bürgerbräu-Attentats auf Nummer 94 gewohnt, ein halbes Zimmer, mit Blick auf den Hof.
Wo Kandinsky und Marc laut Erzählung von Oskar Maria Graf in der Türkenstraße ihr ebenerdiges Atelier gehabt haben sollen, war nicht herauszufinden, Martina Bochow-Goltz bezweifelt es rundweg.
Eine Wohnung in der Türkenstraße, in der sie zeitweise anzutreffen sind, haben auch die Malerin und Schriftstellerin Anita Albus auf 68 A und der Schauspieler und Regisseur Johannes Schaaf auf Nr. 59.
Als Joachim Ringelnatz 1930 München den Rücken zukehrte, dichtete er: »Nach Berlin, nach Berlin,/Nach Berlin umzuziehn/Aus der dümmsten Stadt der Welt–/Wie das lockt!! – Ich verdumpft,/Ich verstockt und verstumpft/Habe endlich mich auf den Kopf gestellt ...«
Das klang so erleichtert, München der Bauch, Berlin der Kopf. Ausdruck einer gewissen Haßliebe, die Künstler oft mit Bayern verband.
Dicht bestückt mit Buchhandlungen und Antiquariaten ist das Karree Barer-Schelling-Amalien-Adalbertstraße, in der Mitte die Türkenstraße. Wenn der Andrang bei BoooX und ›2001‹ als Maßstab für Lesen genommen werden kann, dann ist es in der Maxvorstadt nicht schlecht darum bestellt.

Verlage

Außer dem Heyne Verlag im südlichen Teil der Straße, dem Wurmfortsatz, auf Nummer 5–7, hat die Straße heute keinen weiteren Verlag mehr zu bieten. Heyne war 1934 in Dresden gegründet worden, 1948 waren die Heynes nach München gezogen und hatten sich am Franz Schneekluth Verlag beteiligt. Verlagssitz war von 1950 bis 1961 die zum Teil zerstörte Türkenkaserne, danach zogen sie in die Türkenstraße 24 um, 1969 in die jetzigen Verlagsräume. 1963 hat Ehefrau Roswitha Heyne das Kochbuchprogramm des Verlages übernommen. Sie hatte nach dem Krieg zu den auserwählten »Frollein« gehört, die ein Jahr lang in Amerika das deutsche »Fräuleinwunder« repräsentieren durften. 1970 wird der bisher zu Heyne gehörende Moewig Verlag an Bauer verkauft. Heyne produziert alles, was Profit verspricht, verkauft von 1958 bis 1988 350 Millionen Bücher.

Buchhandlungen

In der näheren Umgebung der Türkenstraße befinden sich: in der Amalienstraße die Hueber Buchhandlung mit Verlag in Ismaning; in der Friedrichstraße dtv, der Deutsche Taschenbuchverlag; in der Georgenstraße der Piper-Verlag.

›2001‹ in der Türkenstraße 65, gegründet als Versandbuchhandlung, hat auch einen eigenen Verlag im Kreuz, allerdings in Frankfurt.

Direkt an der Straße liegen: die Architekturbuchhandlung, die Goltz' mit ihren Kunstbüchern, Monika Schmidt[1] mit ihrem Kunstantiquariat, alten Stichen und Karten, die Hammersteins mit Literatur und Zeitschriften ab 1896 (dem »Simplicissimus«, der »Jugend«, den »Fliegenden Blättern«).

Da kann es sein, daß dem Spaziergänger die rote Bulldogge – mit oder ohne zerrissene Halskette oder Sektflasche – in geringem Abstand gleich viermal in der Straße begegnet: auf einer Simplicissimus-Ausgabe im Schaufenster der Hammersteins auf Nummer 37, am Eingang zum ›Alten Simpl‹ auf Nummer 57, auf Lampe und Speisekarte und als käuflich zu erwerbender Gegenstand (150 Mark) in einem Modegeschäft zwischen den beiden.

Auch auf Nummer 82, bei Heises ›Antiquitäten und Skurriles‹ (Pro Buch 'ne Mark) und bei Rietzschel und Russ an der Ecke zur Amalienpassage türmen sich bei gutem Wetter Bücherstapel zum Kauf. Aus Nachlässen und aufgelösten Bibliotheken.

Ansonsten ist hier die Meile der Buchhändler, der Antiquare und der Buchhandlungen mit angeschlossenem »modernen Antiquariat«, das sogar mehr einbringt als der »normale« Buchverkauf. Die meisten von ihnen haben – im Gegensatz zu den Bücherketten à la Hugendubel – sich ihr eigenes Gesicht bewahrt, was wohl damit zu tun hat, daß Buchhändler und Antiquare ein ganz eigener Schlag sind, der auf Nicht-Buchmenschen manchmal etwas skurril wirkt.

Die Grenze zur Kriminalität allerdings schien Antiquar Steutzger aus der Schellingstraße überschritten zu haben (»daß es ein grauer Markt ist, war mir klar«), als er einem drogensüchtigen Studenten seine bei der Konkurrenz geklauten Bücher wieder abkaufte. Der Fall flog 1995 auf, im Novem-

[1] ausgezogen 1996/97, hat aber ihren Schaukasten Ecke Türken-Adalbertstraße beibehalten.

ber 1997 begann der Prozeß (SZ, 11.11.97). Josef Steutzger hätte alle Chancen gehabt: 1994 war ihm angeboten worden, Nachfolger des alteingesessenen Antiquariats Hauser in der Schellingstraße zu werden. Er hatte angenommen und bereits seine Zelte unter dem Häuserdach aufgeschlagen, als er, wie er sagte, die Sparte »modernes Antiquariat« erst kennenlernte. Von da an ging's bergab. Der Schaden beträgt an die 120 000 Mark.

Steutzger hat zwei Ausstellungsvitrinen in der Türkenstraße: am Studentenwohnheim und am Futongeschäft.

Neben den der Öffentlichkeit nicht zugänglichen Bibliotheken der Akademie, der Universität und ihrer Institute sticht besonders die Schellingstraße als »Bücher-Ort« hervor.

Westlich der ehemaligen Blindenanstalt, die heute Romanistik, Theaterwissenschaften und Volkskunde versammelt, bieten Buchhandlungen Theologisches, Französisch- (»Librairie Française«) und Englischsprachiges (»Anglia English Bookshop« und »Word's Worth«).

Die – inzwischen getrennten – Antiquare Steutzger und Hauser sind nur einen Steinwurf voneinander entfernt, schräg gegenüber der naturwissenschaftlichen Buchhandlung Oehler. Nahe an der Kreuzung Schelling-Türkenstraße, direkt hinter der Bushaltestelle liegt »der Kitzinger«, das Buchantiquariat, das bereits in der vierten Generation am selben Ort besteht. Ausschließlich verbilligte Bücher führt BoooX mit zwei Filialen in der Schellingstraße. Weiter westlich gab es die Antiquariate Rainer Köbelin und Richard Hußlein. Letzteres hat Stadtteilforscher Reinhard Bauer übernommen nebst einem früheren Bildergeschäft, das er gleichfalls in ein Antiquariat verwandelt hat. An sich ein geniales Modell: ein Autor kauft sich Verlag und Antiquariat gleich dazu, um in Zukunft aller Sorgen ledig zu sein, was Herstellung, Vertrieb und Verkauf angeht.

Das Gesicht der Amalienstraße gegenüber der Hinterfront der Universität bestimmen die alteingesessenen Antiquariate Wölfle und Matthes, die Hueber Universitätsbuchhandlung und die Amalienbuchhandlungen mit ihren Veranstaltungen. Ohne »modernes Antiquariat« auch sie nicht mehr denkbar.

Genauso wie die Basis-Buchhandlung in der Adalbertstraße, der es immer noch gelingt, dem Ruf einer linken Buchhandlung gerecht zu werden.

Im Herzen des Bücher-Karrees: die Kinderbuchhandlung in der Blütenstraße. Am Rande, aber aus der Maxvorstadt nicht mehr wegzudenken: Rachel Salamanders Literaturhandlung in der Fürstenstraße (dem unteren Teil des ehemaligen ›Türkengrabens‹) mit jüdischer Literatur und Veranstaltungen gegen das Vergessen der Nazigreuel. Und: die Frauenbuchhandlung in der Arcisstraße, von der in den 70ern wichtige Impulse ausgegangen waren. Nicht aufgegangen war das Konzept von ›La Botica‹ in der Konradstraße: Lesung und Weinprobe zu vereinbaren; jetzt ist das Kellerlokal eine Versandbuchhandlung für »Hispano-America-Bücher«.

Wegen Mieterhöhung aufgegeben hatte die Esoterische Buchhandlung in der Amalienpassage. Aus der Amalienstraße weggezogen ist die »Arabische Buchhandlung«.

Literatur

Es gibt noch und noch Literatur zu München und zu Schwabing. Schriftsteller, die nach München kamen, landeten irgendwann in der Türkenstraße, die dann unter ihrem richtigen (meist) oder einem angenommenen Namen (selten) auftaucht.
Hermann Heimpel in seinem Buch »Die halbe Violine« beschreibt minutiös seine Kindheit und Jugend in der Maxvorstadt mit Türkenschule, Türkenkaserne und Markuskirche; Viktor Mann in »Wir waren fünf« läßt seine Kindheit und die Freundschaft mit den Hausmeisterbuben Ecke Rambergstraße wiederaufleben, Katja Mann in ihren »Ungeschriebenen Memoiren« beschreibt die Szene, in der Thomas Mann in der Straßenbahn auf sie aufmerksam wurde: an der Kreuzung Türken-Schellingstraße soll das stattgefunden haben, ist aber nicht möglich, weil dort keine Tram fuhr. Muß die Szene wohl eine Kreuzung weiter nach Süden versetzt werden: an die Kreuzung Türken-Theresienstraße.
Gunther Groll, alias Sebastian Grill, läßt die Kämpfe zwischen den Magiern des Guten und des Bösen in der und um die »Sarazenenstraße« (Türkenstraße), seine »Straße der Träume«, stattfinden und Walter Kolbenhoff, der von 1946-1949 Redakteur bei der »Neuen Zeitung« war und direkt gegenüber seine Wohnung hatte, nämlich in der »Schellingstraße 48«, wo sich die literarische Crème der Nachkriegszeit, die »Gruppe 47« gern traf, Walter Kolbenhoff erinnert sich an den ›Geruch dieser Jahre‹, der auch die Türkenstraße durchzog: der nach aufgewärmtem Sauerkraut.
Oskar Maria Graf erzählt in »A blau's Roß«: »Ich entsann mich der Vorkriegsjahre 1911 und 1912, als ich über den anarchistischen Kreis um Erich Mühsam und Gustav Landauer allmählich in die Bohème hineinglitt. Da hatten einmal zwei Maler in der Türkenstraße einen leeren Laden gemietet. Der eine hing seine Riesenleinwand auf die rechte und der andere die seine auf die linke Wandseite. Sie fingen zu malen an und kümmerten sich sonst um nichts. Leute, die an dem Laden vorüberkamen, blieben neugierig stehen und fixierten, was da gemalt wurde. Mehr und immer mehr Leute sammelten sich an. Gelacht, gespottet und geschimpft wurde.
›Ha, jetzt do schaut's ... A blau's Roß macht der, a blau's Roß!‹ rief einer hämisch: ›Schaugt's nur grad –. Der muaß ja faktisch farb'nblind sei, der Aff, der saudumme!‹
In derselben Anthologie »München – Dichter sehen eine Stadt« findet sich die Rede, die Thomas Mann am 30. November 1926 in der Tonhalle in der Türkenstraße zum Thema »Kampf um München als Kulturzentrum« gehalten hat und in der er warnte: »Erinnern wir uns, wie es in München war vorzeiten, an seine Atmosphäre, die sich von der Berlins so charakteristisch unterschied! Es war eine Atmosphäre der Menschlichkeit, des duldsamen Individualismus, der Maskenfreiheit sozusagen; eine Atmosphäre von heiterer Sinnlichkeit, von Künstlertum; eine Stimmung von Lebensfreundlichkeit, Jugend, Volkstümlichkeit, jener Volkstümlichkeit, auf deren gesunder,

derber Krume das Eigentümlichste, Zarteste, Kühnste, exotische Pflanzen manchmal, unter wahrhaft gutmütigen Umständen gedeihen konnte… Wir mußten es erleben, daß München in Deutschland und darüber hinaus als Hort der Reaktion, als Sitz aller Verstocktheit und Widerspenstigkeit gegen den Willen der Zeit verschrien war, mußten hören, daß man es eine dumme, die eigentlich dumme Stadt nannte …

Sieben Jahre später wurde es finster in der sogenannten »Hauptstadt der Bewegung«, ihre bekanntesten Schriftsteller verließen das Land: die Manns, Oskar Maria Graf, Lion Feuchtwanger, Bert Brecht, Ernst Toller, Stefan Zweig …

In den 50er, 60er Jahren versuchte München mühsam wieder an seinen Ruf als Kunststadt anzuknüpfen. Die Emigranten hatten eine Lücke hinterlassen, die sich nie mehr schließen sollte.

Das war in den 70er Jahren anders. Da wurden die Diskussionen der Zeit mit den Literaten der Zeit im Jargon der Zeit intensiv in der Türkenstraße geführt. Es gab dort nämlich zwei Institutionen, die sich freilich nicht grün waren: das »Libresso« und der »Trikont«, die Buchhandlung und der Verlag. Außerdem war der gemeinsame Feind gerade um die Ecke: Springers »Bild«-Zeitung.

»Libresso« lag mehr auf DKP-Linie, »Trikont« setzte mehr auf Freiheitlich-Anarchistisches; die einen machten Aufklärung und Büchertische, Unterschriftensammlungen und Lesungen, waren ein Zentrum politischer Agitation, aber eher brav, während die anderen, eher ausgeflippt, mit den Freiheitsbewegungen der Dritten Welt zu tun hatten, mit den eigenen Genossen im Knast und deren Rechtshilfe, mit Diskussionen, inwieweit Gewalt gegen Personen gerechtfertigt wäre und wieweit nicht. Daß sie es gegen Sachen war, war keine Frage. Die RAF war da nicht weit, aber sie war nicht da, davor hatten sie sich geschützt, die Trikontleute, wiewohl deren Gedanken eines bewaffneten Volkswiderstandes etwas Faszinierendes hatten. Diese romantischen Gedanken einer Revolution à la Fidel und Che!

Speziell die Springerpresse und speziell die Bildzeitung aus dem Buchgewerbehaus in der Schellingstraße fühlte sich berufen, das »gesunde Volksempfinden« zu artikulieren und Haß gegen die revoltierenden Studenten zu säen, die sie ohne Umschweife mit den RAF-Terroristen in einen Topf warfen. Wer statt »Bader-Meinhof-Bande« nur »Bader-Meinhof-Gruppe« sagte, galt sofort als »Sympathisant«. Väter des Terrorismus wurden ausgemacht: die gesamte Frankfurter Schule, Adorno, Horckheimer, der Schriftsteller Heinrich Böll, der Theologe Gollwitzer und natürlich der französische Philosoph Jean Paul Sartre, der es gewagt hatte, Andreas Bader in Stammheim zu besuchen und die Haftbedingungen als Folter zu bezeichnen.

Die Beschimpfung von Studenten, Intellektuellen und Literaten, die eine Veränderung des Systems forderten oder selber dabei mitwirkten, war nicht neu in Bayern. Da gab es den bekannt gewordenen Tiervergleich »Ratten und Schmeißfliegen« für engagierte Schriftsteller wie Böll und Grass aus der Bayerischen Staatskanzlei.

Was oft die Künste befruchtete, der Gegensatz Nord-Süd, Preußen und Bayern konnte sich aber auch zu bestimmten Zeiten zur Konfrontation auswachsen: die von den bayerischen Königen ins Land geholten ›Nordlichter‹, nicht-bayerische Künstler und Wissenschaftler von Rang, hatten es nicht leicht, in München Fuß zu fassen. Allein der Ausdruck ›Nordlichter‹ war pejorativ gemeint. Weil sie eben nicht bei ihrer Literatur blieben, sondern versuchten, nach dem Grauen des Ersten Weltkrieges und dem Verlust jeglichen Vertrauens in die alten Autoritäten eine neue Staatsform zu schaffen, den »Volksstaat« eben, in dem das Volk endlich einmal bestimmen sollte, wurden die Revolutionäre der Rätezeit von der bürgerlich-rechten Presse unflätig beschimpft. Da kehrten immer wieder die Adjektive: krummbeinig, krummnasig, plattfüßig – was als Synonym für »jüdisch« herhalten mußte wieder – oder »von Judas Stamm« die Substantive: Asphaltliterat, Sozialutopist, Anarchostrizzi, Schmierfink, Intellektueller, Sumpfliterat, Schwabinger Judenstämmling, Berliner Literaturschlingpflanze, Kaffeehausliterat und Bolschewist.
Wie später im Dritten Reich gingen die Beschimpfungen dem Morden voraus. Viele der Räte und ihrer »Sympathisanten« fanden ein grausames Ende[1]. Tatsächlich waren viele von ihnen Schriftsteller gewesen: Kurt Eisner, Erich Mühsam, Gustav Landauer, Ernst Toller, Eugen Leviné, Ret Marut, Ernst Niekisch und als »Sympathisant« Oskar Maria Graf.
Einer von ihnen, Erich Mühsam, hatte am 7. November 1918 vor der Türkenkaserne die »Leiber« dazu gebracht, sich den Revolutionären anzuschließen.
Einem Brief von Mühsam[2] zufolge, sogar, bevor Kurt Eisner auf der Theresienwiese den »Volksstaat« proklamierte. Eine Vor-Proklamation sozusagen. Zeitgeschichte in der Türkenstraße. Der Sitz der Räte war im Wittelsbacher Palais am Ende der Türkenstraße Ecke Briennerstraße.
Als 1975 der »Trikont«-Verleger Roettgen in der Türkenstraße das Buch »Wie alles anfing« von Bommi Baumann herausbrachte, die Geschichte eines RAF-Aussteigers, saß das Trikont-Kollektiv plötzlich zwischen allen Stühlen. In Bayern verbot die Staatsanwaltschaft das Buch, und der Kern der Roten Zellen, der Roten Hilfe, der Anarchogruppen und Hausbesetzer empfand es gar als »Verrat«, so etwas zu publizieren.
Roettgen verlagerte sein Interesse: in Richtung Ethnologie, Mystik, Dalai Lama und Tuareg, Kelten und Hopi.
Das wurde nun von den Linken kopfschüttelnd bis erregt zur Kenntnis genommen: da driftet einer ab, nach rechts gar, den kannst Du vergessen, ihn und seinen Verlag.

[1] Hansjörg Viesel, »Literaten an der Wand – die Münchner Räterepublik und die Schriftsteller«, Frankfurt 1980 und Friedrich Hitzer, »Der Mord im Hofbräuhaus«, Frankfurt 1981.
[2] Featuresendung von Carl Ludwig Reichert über die Münchner Räterpublik vom 14. 11. 1993

Der Verlag hatte kein Finanzpolster, er mußte Bankrott machen. Auf Nummer 55 in der Türkenstraße, oberhalb des »Cafés etc.«, wo die Verlagsräume waren. »Geplatzte Träume« für den Verleger.
Im inzwischen von »etcetera« in »usw.« umgetauften Café hatten sich auch die Autoren des »Laubacher Feuilleton« getroffen, einer literarischen Zeitschrift, deren letzte Nummer nach fünf Jahren im Dezember 1996 erschienen war. Im ›Adria‹-Eiscafé daneben treffen sich die Autoren der literarischen Zeitschrift ›Torso‹.
Daß derartige literarische Projekte in der Türkenstraße und ihrem Umfeld immer wieder in Angriff genommen werden, wie aussichtslos auch die Zukunft erscheinen mag, spricht für sie. Hier, wo sowieso jeder zweite malt, dichtet, musiziert, komponiert. Als Amateur oder als Profi oder als etwas zwischen den beiden.
Eine Straße, die zum Träumen einlädt, wie David Esrig meint, der Theatermann aus Rumänien, wobei es keine Garantie gibt, ob sich die Träume realisieren lassen oder ob sie platzen.
Eine starke Persönlichkeit mit einem eigenen Dialekt, dem »Türkenstraßlerischen« weiß Antiquar Kitzinger; eine, die früher eine »einsame, tolle, einmalige Persönlichkeit« war, jetzt aber, nach kosmetischen Operationen nur noch »chic« ist, meint Ali Mitgutsch, Zeichner und Kinderbuchautor, der lange Jahre als Prügelknabe der Klasse und einsamer Durchstreifer der Hinterhöfe in der Nachkriegszeit die Türkenstraße hautnah miterlebte. Noch immer dort wohnt, wenn er sich nicht auf seinen Hof in Niederbayern zurückzieht. »Einfach lassen« meint das Ehepaar Hammerstein zur Türkenstraße, während Monika Schmidt der Meinung ist, sie, die Straße, sei ein Aschenputtel, dem Verschönerung dringend nottue.
Nicht der Zeit voraus wie »Dianus-Trikont«, sondern voll im Trend liegt »2001« mit seinen Klassikern, Außenseitern, seinem Mystischen, Feministischen, Esoterischen, Ethnologischen, einfach Alternativen: über magische Kreise im Feld, das geheime Wissen der Frauen, über Hanf, Anbau und Nutzung, über die Gesänge der Wale.
Davor postiert sich der Mathias besonders gern.
Eine »geistige Heimat« war für Buchhändler und Kunden das »Libresso« in der Türkenstraße, ein »Glashaus« nennt Raimund Kitzinger das Karree, das vor Steinewerfern bewahrt werden müsse, und Ex-Verleger Roettgen spricht gar von einer Mutter, von der sich abzunabeln nicht leicht falle.
Eine Straße jedenfalls, die die Phantasie ihrer Bewohner erblühen läßt, daß ihnen die Bilder nur so von den Lippen fließen.

Ali Mitgutsch
geb. 1935 · Maler, Kinderbuchautor

Von der lockeren Lebbarkeit des Seins

»Ich habe so einen kleinen Balkon, von dem aus ich auf die Türkenstraße hinunterschauen kann. Da hab ich einen Holzrost zum Sitzen. Und da sitze ich oft, schaue mir das Leben an: ein unglaublich lebendiges Durcheinander. Ein Panoptikum.

Das fällt mir besonders auf, wenn ich von Reisen komme. Besonders aus Wüsten.

Der Reiz dieser Gegend lag immer in der Mischung. In der Kombination von Handwerkern, einfachen Leuten, gscherten Bayern, gscherten Münchnern, Professoren, Ausgeflippten, Künstlern und vielleicht ein paar leichten Mädchen. In dieser bunten Vielfalt, wie ein bunter Strauß, lag der große Reiz. Das war der Reiz des toleranten Miteinanders von Ausgeflippten und Normalen. Alle wurden sie an die breite Brust der Toleranz genommen. Einer Toleranz, die weit größer ist als in anderen Stadtvierteln. Oder auf dem Land. Oder in Niederbayern, Vilsbiburg.

Zum größten Teil ist er vorbei, der Charme. Reste sind noch da, aber sie wirken ein bißchen gestrig. Es ist jetzt nicht schlecht, aber es ist verwässert. Ähnlich wie mit Äpfeln: früher waren sie würzig und haben gut geschmeckt, heute sind sie größer und schöner und schmecken nach einem mehligen Etwas.

Oder: Früher war die Türkenstraße jemand, der eine zu große Nase und einen zu großen Mund hatte, aber eine tolle Ausstrahlung als Persönlichkeit. Jetzt haben's die Nase begradigt, den Mund verkleinert, ein paar Falten

am Hals gerafft. Jetzt sieht sie chic aus, sehr chic, aber eben so chic, so gutaussehend, wie viele andere aus Funk, Fernsehen und Illustrierten.
Früher war sie eine einsame, tolle, einmalige Persönlichkeit.
Geboren bin ich in der Schraudolphstraße. Aber weil die nie einen so hohen Kinderstand hatte, um eine eigene Bande zu gründen, mußten wir uns an eine kinderreiche Straße anschließen: die Amalien- oder die Türkenstraße. Wobei die Türkenstraße zerrissen war in einen oberen und unteren Teil. Grenze war die Schellingstraße.
Die gefährlichen Banden waren die von der Fallmerayer- und der Bauerstraße. Die Fallmerayerstraßler waren kurzgeschoren, hatten so eine Art Glatzkopf wie die türkischen Kinder. Wohl auch wegen des Lausbefalls. Da waren die Eltern einfache Leute, wo auch die Kinder rüder waren.
Bei uns war das so: Wenn ein Kampf geplant war, marschierte in einer Straße herüben die eine Bande auf, auf der anderen Seite die andere und sie versuchten, sich gegenseitig mit starken Reden und markigen Sprüchen in Angriffslaune zu bringen. Das waren die Sprüche der Eltern, die die Kinder übernommen hatten: ›Dich eß' ich jetzt aufs Butterbrot! Dich hau' ich in die Pfanne! oder Jetzt hagelt's Watschn knüppeldick!‹
Das fand ich unheimlich stark. Ich bin da immer nur mitgelaufen, ich war zu sensibel, von äußerst geringem Selbstvertrauen.
Wenn ein Krieg vorausgeplant war, ich wußte gar nicht wie, wahrscheinlich hatten sie das schon in der Schule ausgemacht, die Starken, also die, die eine Aura verbreiteten, daß sie stark und unbesiegbar wären und von den anderen auch als solche anerkannt wurden. Ich habe mich denen angeschlossen und bin mitgelaufen.
Man hat sich bewaffnet: mit Dachlatten oder Schwertern, die man sich aus irgendwelchen Hölzern geschnitzt hatte. Es gab auch welche, die richtige Studentensäbel hatten, die haben sie aber nur mitgetragen und in die Höhe gehalten.
Dann zog die eine Gruppe mit martialischem Gebrüll auf die andere zu.
Es war ja so: je weiter du von deinem eigenen Standpunkt weg warst, das war meist eine Ecke oder ein Lager, wo man sich getroffen hat, desto eher war die Horde bereit, sich vor dem Geschrei der anderen zurückzuziehen. Desto labiler wurde die ganze Konstruktion. Je näher man am eigenen Zentrum war, desto mutiger wurde man. Also der reine Konrad Lorenz: dieses Verteidigen der Nist- und Brutplätze.
Wenn die anderen Stellung bezogen zur Verteidigung, fluteten wir zurück. Ich hab' noch in Erinnerung, daß es mir eigentlich immer schlecht ging, weil ich nie gemerkt hab', wann sich das Schlachtenglück wendete. Ich lief mit, ich war im Schatten derer, die so tolle Sprüche machten und die so ganz tolle Kerle waren.
Und plötzlich, wenn ich mich umgeschaut hab', hab' ich gesehen, daß ich weit an vorderster Stelle war und sie auf mich zufluteten; ich ganz allein. Dann raste ich los, aber manchmal haben sie mich eben doch erwischt, gefesselt und an den Marterpfahl gebunden. Dann gab es Verhandlungen.

Nur weil es mir nicht gelungen ist herauszubringen: Wann ist die Schlacht vorbei und wann muß man zurückweichen? Die Großen sind eigentlich immer als erste zurück, während ich einer der letzten war. Oder der letzte.
Ich kam in die Amalienschule, weil meine Mutter eine überzeugte Katholikin war. Scheiß-Konfessionsschule dachte ich immer, Scheiß-Konfession, wenn ich an der Türkenschule vorbeilief, noch einmal fünf Minuten weiter! Ich war nämlich von einem eigenartigen Angstgefühl besessen: ich käme zu spät zur Schule. Mit dieser Angst bin ich immer nur gelaufen. Als dann im Krieg die Amalienschule zerbombt wurde, wurden wir im Gebäude der Türkenschule zusammengelegt.
Wie ich aus der Evakuierung zurückkomme, zuerst war es wie ein Traum: Wieder in München! Dann würde sicher alles wieder gut! Aber es war ein ganz anderes München und nichts wurde wieder gut. Die Stadt war zerbombt und die Kinder verroht.
Wir waren im Allgäu evakuiert und da ging's mir ganz schlecht, ich war so eine Art Prügelknabe in einer Zwergschule, acht Klassen in einem Zimmer und da hatte mich der Lehrer freigegeben zum Gespött.
Wenn einer einen hat aufgehen lassen, wenn es stank, ›Wer war das?‹ dann ist einer aufgestanden und hat gesagt: ›Der Mitgutsch!‹, dann kam einer und roch bei mir, ›ja, der Mitgutsch!‹ Dann mußte ich raus aufs Podest vor dem Pult, da mußte ich draufstehen, mit hochrotem Kopf, während die Klasse griente und gröhlte. Da habe ich die halbe Zeit des Unterrichts verbracht, am Pranger praktisch mit hochrotem Kopf.
Ich wurde schon rot, wenn ich nur roch, daß einer einen hat fahren lassen, da hab' ich gewußt: Jetzt mußt du wieder hinaus, ich war derjenige. Niemand anderer.
Das war der Sadismus des Lehrers.
In der Volksschulklasse in München gab es schon welche, die ihre Mütter an Neger verkuppelt haben oder für eine Tafel Schokolade einem farbigen Besatzungssoldaten einen abonaniert haben. Das war gang und gäbe.
Die lebten sehr gut dabei, mit Schwarzhandel und so und waren immer gut gekleidet. Der Stemmer Edi, der seine schwarzen Glacéhandschuhe immer anzog, bevor er uns prügelte.
In der Klassenhierarchie gab es die Großen Starken, die, deren Führerrolle akzeptiert war, und darunter die Hofnarren. Die mit der schnellen Zunge, die Kleinen, Agilen. Meist Norddeutsche. Dann die große Herde der Nobodies und darunter noch die allerunterste Stufe, sozusagen die Parias. Die Kleinen, Agilen hatten die Ideen und führten sie aus. Die Großen, Starken haben sich amüsiert und sie gedeckt. Die Kleinen, Agilen durften die auf der untersten Stufe der Hackordnung Stehenden schikanieren. Die hatten die Großen, Starken freigegeben zum Amusement. Die Kleinen mußten bloß witzig sein, damit die Großen darüber lachen konnten.
Die Nobodies haben mitgelacht, sie waren das Fußvolk und konnten, wenn sie gegen die Großen nichts taten, ihr ganz gesichertes Leben in gemäßigten Breiten führen. Während man von den Untersten, den Schwachen, wenig

Selbstsicheren wußte, daß man von denen alles verlangen konnte und sie mußten es tun.

Der Hasslinger zum Beispiel, der, weil er so groß war, immer von den Kleinen gezwungen wurde aufzustehen und die Lampe in der Klasse anzufassen. Das sah komisch aus und die Großen haben sich zu Tode gelacht, während es für ihn ungeheuer erniedrigend war.

Oder ich. Es war Schichtstunde, nachmittags um fünf, es wurde schon dämmrig und wir aßen unsere Brotzeit. Da sagte plötzlich der, der anstelle der Lehrerin für Ruhe und Ordnung zu sorgen hatte: ›Der Mitgutsch hat geschwätzt! – Überhaupt nicht! – Doch hast du! Du gehst jetzt mit zur Lehrerin!‹

Er packte mich, es war einer der Größeren, und schleppte mich zur Lehrerin. Ich erinnere mich, an dem Tag hatten alle etwas Gescheites zum Essen dabei, ein Butter- oder ein Marmeladenbrot. Nur ich hatte einen Kanten alten Brotes. Und mit dem, mit dieser Brotrinde habe ich versucht, dieser trockenen, abgelutschten Rinde habe ich versucht, ihn zu bestechen: ›Kannst mein Brot haben, wenn du mich nicht verklagst!‹

Das war lächerlich für ihn und vollkommen unwürdig für mich. Ich stand also in Tränen aufgelöst vor der Lehrerin. ›Wart' einen Moment, ich geh' auch gleich, da kannst dann mitgehen!‹ Dann hat sie ein bißel gefragt und mir eine Menge Würmer aus der Nase gezogen und sich dann freundlich verabschiedet: ich solle das nicht tragisch nehmen.

Am nächsten Tag hat sie mich gelobt, ich sei so gut in Rechnen. Dabei hatte ich da immer Vierer und Fünfer. Nach kurzer Zeit hatte ich jedenfalls einen Zweier. Als sie ging, fiel ich wieder auf meine Vierer und Fünfer zurück.

Das war ganz typisch. Meine Position in dieser Hackordnung, meine Leistungen in der Schule, alles hing mit meinem mangelnden Selbstbewußtsein zusammen.

Ich habe eigentlich nur in den Hinterhöfen gelebt. Ich war die ganze Zeit drunten, wenn's die Mutter erlaubt hat. Da gab es so Trockenspeicher auf halber Höhe vom Seitengebäude, da gingen Treppen hinauf, die schon etwas morsch waren. Mauern waren dazwischen mit Stacheldraht, der schon verrostet war und ich zigeunerte dazwischen herum.

Ich hatte eine schwarze Turnhose an, mit einer Tasche am Gesäß. Sonst war ich nackert und barfuß, dreckig und braungebrannt. Die Hinterhöfe waren ein El Dorado für Kinder. Aber ich war fast immer allein.

›Wasch dir die Finger!‹ hat die Mutter gesagt, aber irgendwie blieben die Hände immer ein bißchen dreckig und hatten die Nägel immer schwarze Ränder. Die Lehrerin hat uns dann die Hände aufs Pult legen lassen und dann hieß es: Müller Pauli, Huber, Mayer, Mitgutsch, raus! Dann haben wir automatisch sechs Tatzen gekriegt. Die Hände schwollen an, wurden prall und rot. Unter Tränen haben wir sie dann im Gang unter dem kalten Wasser gewaschen, ohne Seife. Und wenn wir zurückkamen und sie waren immer noch nicht sauber, haben wir noch einmal sechs Tatzen gekriegt.

Ich habe einfach zu wenig Zeit für die Sauberkeit aufgewendet. Dafür wurde ich geprügelt, dafür bekam ich meine Tatzen.

Ich hatte schwarze Locken, die immer ein bißchen länger waren, weil ich mich gesträubt habe, zum Friseur zu gehen. Und weil ich damals so braungebrannt war und weil es damals noch keine Türkenkinder hier gab, haben die Leute so zum Spaß gesagt: Jetzt kommt der Ali Baba und die vierzig Räuber! Und weil es mich geärgert hat, ist es mir geblieben. Eigentlich heiße ich Alfons.

Die Freundinnen meiner älteren Schwestern waren ungeheuer wichtig für mich. Eigentlich bin ich ja in einem Frauenhaushalt aufgewachsen. Der Vater, sehr konservativ, aber ein Idealist, war Beamter bei der Bahn. Aber eigentlich war er Bäcker und zwar ein Spitzenbäcker. Mit 21 war er schon Schießer, das heißt Vorarbeiter in einer Großbäckerei. Dann wurde er im Ersten Weltkrieg verwundet, an der Hand, und mußte den Beruf aufgeben. Er war dann ein kleiner Beamter und blieb ein kleiner Beamter, weil er immer seine Meinung gesagt und nicht nach oben gebuckelt hat. Zuerst als Idealist und Organisationstalent fand er die Nazis gut, dann doch nicht mehr, weigerte sich, in die Partei einzutreten und blieb was er war – ein kleiner Beamter.

Wir trugen als Knaben Wickelschürzchen. Das war ähnlich wie ein Kleid und wurde hinten geknöpft. Ich hatte noch ein Leiberl, wo die Strapse dran waren mit den Strümpfen. Dazu trug ich kurze Hosen, auch im Winter. Weil's im Krieg nichts gab, hatte man mir die Unterhosen von meinem älteren Bruder abgeschnitten. Die hingen an kleinen Schlaufen an den Hosenträgern und schauten unten immer raus. Ich hab' sie ständig hochgezogen und habe mich dabei furchtbar geschämt. Dann diese gestrickten Strümpfe, da haben sie im Krieg zum Teil Zuckersäcke aufgetrennt und Strümpfe draus gestrickt. Wie die gebissen haben!

Als ich auf dem Land evakuiert war, hatten die Bauernkinder so richtige Schaftstiefelchen. Meine waren oben aus Leinwand, Ferse und Absätze aus Plastik, die Holzsohle war zweimal eingesägt, daß sie sich bewegt hat. Mein Vater hat jeden Schwarzhandel abgelehnt, deshalb hatten wir nichts, und ich hätte meine Hand dafür gegeben, so honiggelbe Schaftstiefel zu besitzen. Die Bauern schlachteten immer schwarz und aus den gegerbten Häuten wurden diese Stiefel gemacht. Wenn ich groß und stark bin, habe ich mir gesagt, trägst du auch solche Stiefel. Das war mein Traum. Und als es die ersten Feldstiefel zu kaufen gab ... und seither (lacht) ... also Luxus in warmen Füßen. Nie mehr nasse, kalte Füße.

Wenn ich heute von meinem Balkon herunterschaue, sehe ich noch, wie die Leute damals im Fenster lagen. ›Im Fenster liegen‹, so hieß das. Mit und ohne Kissen. Dann schauten sie hinunter und unterhielten sich. Oder kam eine Frau mit ihrem Küchenstuhl und stellte ihn auf den Gehsteig und nähte und eine andere kam mit ihrem Stuhl dazu und setzte sich daneben. Und andere Leute blieben bei ihnen stehen und unterhielten sich.

Wenn der Vater Besuch hatte, mußte ich mit dem Bierkrug hinunter. Alle drei, vier Häuser war ja hier ein Wirtshaus. Und weil das Bier kühl sein mußte, mußte man es schnell holen. Wenn ich abends, wenn es dämmrig wurde, noch ohne Bierkrug auf der Straße war, haben die die Leute gefragt: ›Ja, was machst du denn noch so spät? Wo gehst denn hin?‹ Wenn ich keine plausible Antwort gewußt hätte, hätten sie mich gleich zu meinen Eltern zurück gebracht, so war ich Teil einer Gemeinschaft, die auf mich aufpaßte, mich notfalls auch beschützt hätte.

Intimfeinde waren die Hausmeister, die immer geschimpft und verboten haben. Denen wir Streiche gespielt haben und von denen wir, wenn wir erwischt wurden, eine saftige Watschn gekriegt haben. Die Eltern haben wir da nie mit hineingezogen.

Ein Bekannter meiner Mutter, also aus der gleichen Pfarrgemeinde, wohnte in der Engelsburg. Dessen Sohn ist beim Schwarzhören erwischt und hingerichtet worden. Nicht, daß er wegen so etwas verurteilt wurde, hat die Leute aufgeregt, sondern daß er hingerichtet wurde. So etwas Unehrenhaftes! Wenn er wenigstens im Feld gestorben wäre! Aber köpfen, nein, das tut man doch bloß Verbrecher!

Ich kam in die Berufsschule. Wir saßen so da, haben uns gegenseitig beschnüffelt und warteten auf den Lehrer. Gefühlsmäßig war ich noch in der alten Klassenhierarchie eingeordnet. Da ging plötzlich die Tür auf und der Schulze kam herein. Das war einer von den Hofnarren, die immer schikaniert haben. ›Ah, der Mitgutsch!‹ Er kam auf mich zu und wedelte so mit der Hand vor meiner Nase herum: ›Ja, der Mitgutsch!‹ Dann erwischte er mich an der Nase und das tat weh. Drumherum hat eigentlich niemand gelacht wie sonst. Da hab' ich so eine Aggression gekriegt, daß ich ihm eine geschallert habe, daß er über den Stuhl geflogen ist. Da saß er dann auf dem Boden und hat mich ungeheuer ungläubig angeschaut. Wie ich mir so etwas leisten konnte. Er dachte, jetzt würden ihm alle helfen gegen mich. Aber die Klasse hat nur gelacht, über ihn gelacht und den bestraften Versuch, mich lächerlich zu machen. Es war ein tolles Erlebnis, als ich plötzlich gemerkt habe, daß ich nicht mehr Teil dieser gepreßten Hierarchie war, daß die Karten neu gemischt waren und ich plötzlich die Möglichkeit hatte, mich zu wehren. Der Schulze ist während der ganzen Berufsschulzeit nie mehr so richtig auf die Beine gekommen, hat nie mehr eine Bedeutung in der Klasse gehabt, wo er doch früher so ein großer Macker war, während ich zu einer Art Leithammel wurde.

Lange danach, Mitte der 80er Jahre, gab es einmal ein Klassentreffen unserer Klasse der Türkenschule. Als ich hinfuhr, überlegte ich, wer wohl da sein würde. Einer von den ganz miesen Typen damals war der Stemmer Edi, dessen Eltern vom Schwarzhandel lebten und der immer rausgeputzt war wie ein Mafioso. Der, der immer die Handschuhe anzog, bevor er losprügelte. Ein bösartiger, sadistischer Kerl. Der hat mir eigentlich das Leben ziemlich versaut damals. Dem, wenn ich jetzt begegne, hab' ich mir gesagt, den mach' ich zur Schnecke. Den hau' ich in die Pfanne. Verbal. Das traute ich mir zu. Es war ein lustiger Abend in so einem Freizeitheim in Berg am Laim. Weil die, die früher wirklich keine Rolle gespielt haben, die haben sich inzwischen zu ganz netten Leuten entwickelt. Und die, die früher die große Rolle gespielt haben, aus denen ist so ein primitiver Bodensatz geworden. Der Stemmer Edi zum Beispiel saß da, ich habe ihn gar nicht erkannt, saß da vor sich hin und unterhielt sich mit keinem. Er war eine farblose, ausgewaschene Beamtenfigur geworden. Wie ich auf ihn zugegangen bin, um ihn zur Brust zu nehmen, ist zuerst dieser ganze angestaute Zorn und die Hilflosigkeit meiner Kindheit hochgekommen, dann fand ich aber die Situation zu blöd, diese Figur war kein Gegner mehr, mit dem ich mich hätte anlegen mögen, und ich bin einfach an ihm vorbeigegangen, ich habe ihn einfach ignoriert. Da war die ganze erduldete Erniedrigung meiner Kindheit plötzlich gegenstandslos geworden.

Was mir geblieben ist aus der Zeit: die Erinnerung an die Träume und Wunschvorstellungen meiner Kindheit. An die Welt, in der ich gern gelebt hätte, aber nicht gelebt habe, weil ich keine Freunde hatte, ein Prügelknabe war und eigentlich immer Objekt des Spotts und der Aggression von anderen. Meine ersten Freunde waren Traumfreunde. Ich hatte zwei: einen großen, dicken Starken und einen kleinen Cleveren. Da saß ich dann irgendwo in einem verrotteten Trockenspeicher und hab' mir Abenteuer mit meinen Freunden vorgeträumt. Aus dieser Erinnerung schöpfe ich heute noch. Kann beurteilen, was Kinder anspricht und was nicht. Das Herrliche an einer Kindheit ist doch, daß das Heute das Gestern verdrängt und das Morgen noch ganz weit weg ist. Weil Kinder den Moment in seiner ganzen Intensität, seinen Höhen und Tiefen erleben. Aber nachdem das Leben meiner Kindheit nicht im Heute, sondern in einer Traumvorstellung stattgefunden hat, hat es auch nicht das Gestern verdrängt. Die Träume haben sich stärker eingraviert, sind mir stärker geblieben. Ich glaube, meine beruflichen Qualifikationen kommen aus dieser beschissenen Zeit meiner Kindheit.

Meine ersten Bücher waren Geschichten von Kindern, die Schwierigkeiten hatten. Die dann durch eine außergewöhnliche Situation, durch eigene Leistung oder eine Fügung des Schicksals sich bewähren müssen und ihr Selbstbewußtsein finden. Und über das Selbstbewußtsein zu einer lockeren Lebbarkeit des Lebens kommen.

Jetzt ist es vielleicht nicht mehr ganz so stark, aber der Tenor ist geblieben: Kinder an die Hand zu nehmen und ihnen zu zeigen, wie sie die Probleme und das Leben meistern können. Wie klein und töricht die Welt doch ist, die man als Kind als so großartig und toll empfindet. Wodurch man sich blenden läßt, geblendet wird, selber zum Blender wird. Zum Angeber. Viele dieser Angeber sind eigentlich nur verblendete Blender.

Das ist das Anliegen, das ich gern in meinen Büchern behandle. Abgesehen von den Schulbüchern habe ich vielleicht 60, 70 gemacht.

Immer wieder kommen da Feministinnen mit dem Vorwurf der ›Frauenfeindlichkeit‹, weil es auf meinen Wimmelbildern mehr Knaben gibt als Mädchen und weil damit den Frauen unterschwellig der Komplex vermittelt werde, sie seien minderwertig, weil sie unterrepräsentiert sind. Das ist doch einfach ein Schmarrn.

Als Kinderbuchautor kannst du eigentlich nur gut sein, wenn du aus dem

Bauch arbeitest. Und mein Bauch ist eben der eines Ex-Knaben, nicht eines Ex-Mädchens. Deshalb finden sich auf meinen Wimmel-Bildern eben auch mehr Knaben. Da hat sich zehn Jahre lang niemand dran gestoßen und auf einmal ... Was mir die Diskussionen gebracht haben: Eigentlich nichts, außer daß ich versuche, jetzt die Dinge auszugleichen, optisch das Verhältnis Männlein – Weiblein und daß ich einige typische Männerberufe auch mit Frauen besetze. Das halte ich für sinnvoll.
So ist eigentlich nach einer verpfuschten Kindheit und einer versauten Jugend alles plötzlich äußerst positiv verlaufen. Die Mädchen haben eine wichtige Rolle dabei gespielt. In dem Moment, wo ich merkte, daß sie mich gernhatten, wuchs mein Selbstvertrauen. In dem Moment, wo ich die Kraft hatte, die Initiative für mein Leben selber in die Hand zu nehmen, lief alles sehr positiv. Ich kann mich nicht beklagen. Ich hatte ein volles, pralles Leben. Die wirklich nachhaltigen Frustrationen habe ich mit unserer Bürgerinitiative erlebt, der Aktion Maxvorstadt.
Durch einen Wohnungstausch – eine alte Dame hatte sich den Fuß gebrochen und brauchte eine Wohnung mit Lift, so kamen wir zu dieser Wohnung hier – zogen wir in die Türkenstraße.
Wir begannen, Bürger aus der Maxvorstadt, uns mit den Belangen unseres Viertels auseinanderzusetzen. Bei einer Bürgerinitiative ist es doch so: du mußt daran glauben. Daran glauben, daß du etwas verändern kannst. Du schmeißt dich rein, investierst alles, schlägst dich wacker und bewegst gerade mal ein bißchen was. Du kommst nie in Bereiche, die du dir vorgenommen hast. Du wirst immer frustriert, das tut sehr weh. Die Enttäuschung, nicht überzeugen zu können. Diese korrupten Politiker und Beamten, diese faulen Säcke und diese träge Masse, die keine Lust hat, für ihre Rechte einzutreten. In der Hauptsache kämpfst du ja für andere.
Und dann noch dastehen und freundlich sein beim Austeilen von Flugblättern oder dem Sammeln von Unterschriften. Wenn sie dich blöd anreden oder beleidigen, das mußt du alles schlucken und darfst nur in dem Maß zurückgeben, daß du sie nicht verstörst. Alles muß in einem freundlichen Rahmen passieren. Da kriege ich dann einen Stein in den Magen und wenn da nicht noch jemand anderes von der Bürgerinitiative da wäre, den man anschauen kann und wo beide dasselbe denken, was für ein Arschloch, wenn es wieder heißt, an allem seien schließlich die Juden schuld, dann wäre das nicht auszuhalten.
Ein klarer Erfolg für die Aktion Maxvorstadt und eine Belohnung für unsere Arbeit war, als mein Hausbesitzer zu mir kam und sagte: ›Ich wollte ja auch eine Passage bauen wie die Amalienpassage. Aber da gibt es ja jetzt so Bürgerinitiativen, die die Leute aufhetzen, so daß ich mindestens fünf Jahre brauche, bis ich die ganzen Mieter draußen hab'. Dann ist der Baupreis aber nicht mehr zu kalkulieren.‹
So hat er Individual-Renovierung betrieben: wenn einer wegzog oder starb, wurde die Wohnung renoviert. So verdanke ich unserem Kampf gegen die Amalienpassage letztlich, daß ich noch in meiner Wohnung bin.«

Raimund Kitzinger
geb. 1927 · Buchhändler, Antiquar

Das »Türkenstraßlerische«

»Sie wissen, daß es in München sieben Dialekte gibt? Nein? Den von Giesing, Pasing, Haidhausen, der Schwanthaler Höhe und der Au. Über die beiden letzten gibt's Dissertationen. Dann gibt's noch das Türkenstraßlerische, das ist eine härtere Abart des Schwabingerischen. Woher ich das weiß? Von einem Schüler von Professor Basler, einem Ordinarius für mittelhochdeutsche und neuere Literatur.
Ebenso wie das Türkenstraßlerische bedeutet: Handfest sein, kein Blatt vor den Mund nehmen und einen härteren Dialekt sprechen, als er typisch für diese Gegend ist. Für mich beginnt Schwabing am Siegestor, hier ist die Maxvorstadt.
Die Türkenstraße besteht ja aus vielen Segmenten, von denen jedes seinen eigenen Charakter hat.
Aber im Gegensatz zur Schellingstraße, die immer die Straße der Professoren, der Künstler, der Intellektuellen war und nach dem Krieg die der hohen Amerikaner, war die Türkenstraße mehr die Straße der Arbeiter und Handwerker. Mit ihren Hinterhöfen – so viele Hinterhöfe wie in der Türkenstraße gab es in der Schellingstraße nie – ihren abgefallenen Mauern, diesen Hinterhöfen, wo nie die Sonne hineinschien, schwarz und grauslig, und den Klos und Wasserhähnen im Treppenhaus, war die Türkenstraße für uns das Armenhaus. Am schlimmsten war es zwischen Gabelsberger- und Theresienstraße, gegenüber von der Türkenkaserne: da gab es bis zu vier Hinterhöfe. Wir haben da manchmal mit den Kindern vom Bäcker Strauß, dem unser Haus gehörte, Karten gespielt.

Wirklich, ein Armenhaus, bevor es Raiffeisen aufgekauft hat. Wir Schellingstraßler hielten uns immer für etwas Besseres.

Den Laden hier haben die Kitzingers seit 1892, mehr als hundert Jahre. Er ist aus einer Trödelei und Pfandnahme entstanden. Das war so: mein Großvater war Straubinger, der nach München kam. Das Münchner Bürgerrecht bekam man nicht automatisch, da mußte man schon in der 2. oder 3. Generation in München leben. Oder Handel treiben.

Kurze Zeit war die Pfandnahme für Private erlaubt, bis sich die Stadt anders besann: sie hat 15 bis 18 Pfandleihern nahegelegt, doch aufzuhören. Sie bekämen dann das Bürgerrecht und die Stadt würde alle Pfänder zum vollen Beleihungspreis auslösen.

Da hatte der Großvater Geld und zog mit den Büchern, die nicht pfandfähig waren, hierher auf Nr. 25, wo früher ein Farbgeschäft war. Daraus entstand ein Antiquariat. Großvater starb 1904, Großmutter stand da mit vier Buben und einer Tochter.

Die Tochter hat einen Kunstmaler geheiratet, die Söhne sind alle Antiquare geworden.

Wie ein Antiquar sein muß? Er muß Kaufmann sein und Idealist, ein Fachmann mit Sammlerneigung.

Die vier Brüder haben eine Art Filialsystem geschaffen, was es sonst im Antiquariat nicht gab.

1915 meldete sich der Vater freiwillig zum Militär, kam an die Front, anschließend in französische Kriegsgefangenschaft, aus der er 1919 zurückkam. Danach war er ein eifriger Revoluzzer, Räterepublik und so, sprach aber später so gut wie nie darüber.

1940 kamen wir nach München, weil der Bruder des Vaters, der dies Geschäft geführt hatte, gestorben war.

Wir waren reine Niederbayern, aber es gab in München auch jüdische Kitzingers: sieben Familien, lauter Intellektuelle, Apotheker, Notare, Rechtsanwälte, Handelsagenten. Wir waren zwei Familien: Antiquare und ein Mehlgroßhändler.

Ich ging ins Alte Realgymnasium. Im Winter fuhr ich für zwanzig Pfennig mit der Straßenbahn durch die Ludwigstraße zum Feilitschplatz, dann zu Fuß zur Siegfriedstraße. Wenn man einmal zwanzig Pfennig mehr hatte, ging man zum Bäcker und kaufte ›Warschauer‹. Das waren zusammengebackene Kuchen- und Tortenreste mit ein paar Weinbeerl, Zitronat und Orangeat in Form einer langen Wurst. Da kaufte man sich eine Scheibe davon.

Im Herbst, als Zubrot zum Taschengeld, haben wir Kastanien gesammelt. Wir wohnten am Schwabinger Krankenhaus, das war ein Kinderparadies damals, mit einem Reitplatz, wo wir dem Platzwart begeistert zur Hand gingen.

Ich bin später gern geritten, in der Reitschule Leopold/Karl-Theodor. Die verlangten keinen Akademikernachweis, wie im elitären ›Tattersaal‹, wo nur Akademiker und Söhne von Professoren reiten durften.

Für einen Zentner Kastanien, die schönsten gab es übrigens vor den ›Sonderbauten‹ des Schwabinger Krankenhauses, bekamen wir in Hellabrunn 2,50, und in der Hirschau für die Tiere des Englischen Gartens 2 Mark. Reichsmark. Sonderbauten waren die Isoliergebäude für ansteckende Krankheiten: Typhus, Cholera, Gelbsucht. Ich war in einer Jugendgruppe, einer richtig pfundigen bei den Jesuiten in der Kaulbachstraße. Das war so etwas wie mein geborgtes Zuhause.
Mein Elternhaus war nicht besonders fromm. Die Jesuiten haben das so gemacht: sie guckten sich jedes Jahr ein paar Jungen in den Schulen aus. Dann sind sie zu den Eltern nach Hause gegangen und haben gefragt: ›Ist es Ihnen recht, wenn Ihr Bub zu uns kommt?‹
Weil, das war auch gefährlich. Das war eine Konkurrenz zur Hitlerjugend. Und vor der HJ sich zu drücken war unmöglich. ›Geht zur HJ‹, haben uns die Jesuiten beigebracht, ›aber übernehmt keine Rangstellung!‹
Unser Stamm, das waren so an die 240 Knaben, war am Elisabethplatz. Im heutigen ›Türkendolch‹ war ein Schießstand der HJ. Da konnten wir schießen lernen. Da sagen sie einmal einem Buben, er solle da nicht hingehen! Überhaupt war es schwierig, in der HJ einen Unsinn zu sehen, von der Jugendführung her war das toll! Wenn nur nicht die Partei dahintergestanden wäre! Fürs Winterhilfswerk mußten wir Altpapier und Altmetall sammeln gehen oder Geld betteln. Das sei unsere Pflicht dem Volk gegenüber, hieß es, der Volksgemeinschaft gegenüber.
Als ›Pimpf‹ hatte ich zwei Einsätze: Einmal Spalierstehen, als Chamberlain, Daladier und Mussolini hier waren, um das ›Münchner Abkommen‹ zu unterschreiben. Das war anno 1938, nach dem Einmarsch in Österreich und vor dem in Polen. Ich stand vor dem Café Luitpold. Das zweite Mal stand ich an der Leopoldstraße. Es war Anfang Januar, eiskalt, 15 bis 20 Grad minus und wir mußten da stehen, zweieinhalb Stunden, in kurzen Hosen und langen Strümpfen. Schrecklich! Der Ludendorff war aufgebahrt im damaligen Kriegsministerium, Ecke Ludwig/Schönfeldstraße. Das war im Jahr zuvor.
Die Jesuiten, wir trafen uns ein- bis zweimal die Woche, weil sie ja auch mit Argusaugen überwacht wurden, zum Hausaufgaben machen, zur Unterweisung, zur religiösen Meditation, zum Spielen auf dem Bolzplatz – die Jesuiten setzten einfach ihre eigenen Werte gegen die der Nazis. Da habe ich Pünktlichkeit, Zucht und Ordnung gelernt. Bei den Jesuiten lernten wir, zwischen Dingen und Fakten zu unterscheiden und die Mittel zu kennen, die einen dazu befähigten. Das Wichtige war: sie haben uns die Freiheit gelassen, uns zu entscheiden, während bei der HJ befohlen wurde und du mußtest gehorchen. Der Gehorsam bei den Jesuiten war ein freiwilliger. Das eine erzeugt Widerstand, das andere spornt zu Leistung an. Meine Lateinkenntnisse haben sich in der Zeit bei den Jesuiten erheblich gebessert durch einen jungen Schweizer Frater.
Im März 1947 habe ich am Alten Realgymnasium Abitur gemacht. Vorher hatten ich und ein anderer Klassenkamerad noch einen harten Stand: wir

waren beide vom Direktor für die Napola vorgeschlagen worden, eine dieser national-politischen Erziehungsanstalten, in die gern Schüler mit guten Noten gesteckt wurden. Und beide haben wir abgelehnt. Deshalb wurden wir dann oft und viel für Nachtwachen im Luftschutzkeller eingeteilt. Wir waren da 1945 eine richtige eigene Feuerwehr: zwei Lehrer und sechs Schüler. Weil, im Luftschutzkeller war immerhin Platz für 1000 Leute, die aus der Nachbarschaft kamen. 1945 wurden wir Vier-Wochenweise zum Schutz abkommandiert. Da haben wir dann in der Schule übernachtet. Richtig passiert ist nie etwas, außer der einen Sprengbombe, die im Turm eingeschlagen hat und den Keller zum Wackeln brachte.

Unser Geschäft war zwischen 1938 und 1945 fast auf Null abgewürgt. Wir durften nichts mehr an die Stadt oder den Staat verkaufen, wir bekamen keine Import- und Exportlizenzen mehr, auf die Antiquare angewiesen sind. Es hatte drei Hausdurchsuchungen gegeben: 1936, 1938, 1940 wegen ›verbotener‹ Literatur. Bei der 36er Durchsuchung haben sie 50 Waschkörbe voller Bücher herausgeholt und beschlagnahmt. Ob sie die verbrannt haben? (lacht) Nein, nein, sie haben sie in die Schweiz verkauft, sie haben gute Geschäfte damit gemacht: Thomas Mann, Kurt Eisner, Heinrich Mann, Franz Kafka – alles, was man heute unter Exilliteratur versteht.

Von dem wenigen gesparten Geld haben wir uns ein Radio gekauft, um BBC zu hören, ganz leise und mit der Decke über dem Kopf. Der Vater war ein politischer Mensch und hat verurteilt, was die Nazis so gemacht haben. Wir hatten auch kein Schild im Fenster: Hier sind Juden unerwünscht! Das war vielleicht für Parteigenossen verpflichtend, der Normalbürger hat sich nicht darum gekümmert.

Wir haben alle den Schmied gekannt, einen grantigen Mann, den Hausmeister an der Uni. Den mit den Geschwistern Scholl. Gleich danach hat es hier geheißen: ›Das ist der, wo die Studenten verraten hat! Der hätte sie auch laufen lassen können!‹ So war die Stimmung hier. Er war ziemlich isoliert. Ist nach dem Krieg nicht weißgewaschen worden, sondern ist in ein Lager gekommen.

Nach Kriegende war der Neuanfang für uns ziemlich schwierig. Wir hatten unser Lager bei Feldkirchen verloren. Da hatten polnische und russische Kriegsgefangene die ganzen Bücher aufgerissen und mit Kondensmilch übergossen, aus reinem Haß. Wir konnten sie nicht mehr gebrauchen, kein Papiermüll hat sie genommen, wir mußten sie in eine Kiesgrube bei Feldkirchen geben.

Ich machte mein Abitur und ging beim Vater in die Lehre. Ja, hier, wo Sie jetzt auch schon meinen Sohn sehen, Antiquar in der vierten Generation. 1949 war ich fertig und hatte schon einen Volontär-Vertrag für Oxford Blackwells International Bookshop in der Tasche, da wurde mein Vater krank und alles fiel ins Wasser. Ich mußte das Geschäft übernehmen und (holt Luft) hart arbeiten.

Auf Nummer 53, Türkenstraße haben wir unser Lager. Da hat die himmlische Frau Brandl gewohnt, die immer ins Allotria vorgegangen ist. ›Wis-

sen'S‹, hat's immer zu mir gesagt, ›die Jazzmusiker san so nette Leit, ham aber alle ihre Probleme! Da geh' i vor, erstens, weil mir ihre Musi gfallt und zweitens, weil's jemand braucha, den's oredn kenna!‹ Sie war achtzig und hatte im Hof einen Garten angelegt mit Schlingpflanzen und wildem Wein. Jetzt hat die Hausverwaltung alles hergerichtet und gut schaut's aus!
Eigentlich gefällt mir die Straße ja nimmer, weil sie nur noch eine Schicki-Micki-Straße geworden ist. Wo die Neugierigen vom Land kommen, aus Rosenheim und Fürstenfeldbruck, ihre Autos recht protzig am Gehsteig abstellen und sich, die Hände in den Taschen, aufmachen, das vermeintliche Schwabing zu erleben.
Wenn man dann aber einmal zum Bahnhof geht oder auf die Schwanthaler Höhe oder in die Lindwurmstraße, da geht es einem plötzlich auf: Hoffentlich schmeißt niemand mit Steinen! Das hier ist ein Glashaus, das trotz allem wunderschön und äußerst verletztlich ist!«

Maria und Hans Hammerstein
geb. 1933 · Antiquare

Hemmungsloser Individualismus

Maria »Das ist die Tragik überhaupt beim Antiquariat, daß die Kunden wegsterben. Uns sind schon sehr viele liebe Kunden weggestorben. Da muß man dann schauen, daß man wieder neue bekommt, junge. Die holt man sich durch Katalog-Verschicken.
Wir haben sehr gute Kunden, vor allem von auswärts, Hamburg, Amerika. Von München allein könnten wir nicht leben, von der Türkenstraße schon gar nicht. Hier haben wir überhaupt keine Stammkunden. Die Türkenstraße ist eigentlich eine arme Straße, da wohnen keine reichen Kunden. Da gibt es viel Rentner und viel Studenten, beide kaufen unsere Bücher und Zeitschriften nicht. Die sind eher für Bibliotheken, für Universitäts- und Staatsbibliotheken. Oder als Geschenk für scheidende Direktoren.
Mein Mann und ich, wir sind beide Münchner. Wir kennen uns schon seitdem wir 18, 19 waren. Wir lieben unsere Bücher. Mein Mann hat schon damit gehandelt, als er ein Schulbub war. Wir sind keine ausgebildeten Antiquare. Zur Zeit haben wir drei Geschäfte: hier in der Türkenstraße, in der Görresstraße[1], wo mein Mann meistens ist, und am Ostbahnhof[2], wo die Tochter einen Laden hat. Sie hat sich auf Musik und Geschichte spezialisiert,

[1] danach: Augustenstraße
[2] aufgegeben

wir aufs 20. Jahrhundert: die Zeitschriften ›Jugend‹ und ›Simplicissimus‹ und illustrierte Bücher. Ich habe so das Kaufmännische übernommen. Es gibt nichts Vergleichbares heutzutage zu dieser Literatur und diesen Zeichnungen und Karikaturen. Wir haben so zwanzig Jahrgänge ›Simplicissimus‹, sechzig Bände ›Fliegende Blätter‹ und an die 3000 Bände Literatur, darunter auch Erotica, Sittengeschichte des 20. Jahrhunderts, eine Spezialität meines Mannes. Seit Ende der 60er Jahre haben wir das Antiquariat hier. Wir haben es von der Frau Miedamer übernommen, die es 1929 angefangen hat. Da war die Inflation und sie hatten kein Geld und da hat sie mit ihrer eigenen Bibliothek das Antiquariat eröffnet. Bis sie nicht mehr konnte. Da hat es mein Mann auf Leibrente übernommen: 400 Mark im Monat. Sie hat wohl noch fünf Jahre gelebt.

Das Haus gehört der Stadt. Die Mieten sind noch sehr sozial. Ich finde die Straße immer noch sehr charmant, man hat inzwischen ein richtiges Heimatgefühl entwickelt.

Das Antiquariat Kitzinger um die Ecke, das ist keine Konkurrenz, das belebt eher das Geschäft. Er ist sehr wichtig für München. Er beliefert uns sogar für die Auer Dult, die dreimal im Jahr stattfindet.

Hans Die Frau Miedamer war eine hinreißende Dame, ich hab' sie in wunderbarem Gedenken in meinem Herzen versenkt.

Man hat immer gesagt: Wen die Frau Miedamer auf einen Zwetschgenkuchen einlädt, der ist ein geliebtes Wesen des Hauses. Ich gehörte seitdem ich elf war dazu. Seit dieser Zeit hatte ich bei ihr Bücher gekauft. Zum Laden kam ich eher wie die Jungfrau zum Kind, nämlich als sie ins Krankenhaus kam. Da war sie um die 80 herum.

Der Herr Miedamer war Industrieller und Sammler von Büchern, als die Wirtschaftskrise in den zwanziger Jahren ausbrach. Um nicht pleite zu gehen, hat sie angefangen, diese Bücher zu verkaufen. Sie haben im Haus gelebt, auf Nr. 37, Türkenstraße. Der Herr Miedamer – da hinten hängt ein Bild von Max Halbe, das er ihm gewidmet hat – war auch Mundschenk vom Max-Halbe-Kreis, der sich in den Törggelstuben traf.

Ich bin in Nymphenburg geboren und in der Rosenstraße aufgewachsen, direkt neben dem Spöckmeier. Daher der ewige Durst. Der ist geblieben seither. (lacht)

Ich gehöre zu den Autodidakten. Ich habe mit Büchern zu tun gehabt, bevor ich lesen konnte. Da hab' ich eben die Bilder angeschaut. Leider stamme ich aus keiner betuchten Familie. Sehr leider. Mein Vater war bei der Paulaner-Thomas-Brauerei, die Mutter zu Hause. Ich bin das einzige Kind. Ich soll ein schönes Kind gewesen sein. Ich hoffe, daß da noch Spurenelemente übrig sind. (lacht in sich hinein) Mit meinem Davoser Mützerl und dem Kamelhaarmantel, darunter Leiberl und Straps. Sehr angenehm übrigens, sehr angenehm. Zwei- bis dreimal in der Woche war ich in den Nibelungensälen in der Residenz, bevor sie zusammengebombt worden sind. Das waren öffentlich zugängliche Säle. Vom Schnorr von Karolsfeld. ›Bist schon wieder da?‹ haben die Wärter gefragt und mich durchgelassen.

Angefangen zu sammeln habe ich Kunstpostkarten, Pigmentdrucke, die hab' ich mir gerade noch leisten können. Ich habe die Italiener geliebt: den Botticelli, den Fra Angelico, den Giotto ... Ich habe mir Leitz-Ordner angelegt und aus den Hanfstaengl-Katalogen die Biografien der Künstler dazugeschrieben. Mit meiner kraxeligen Kinderschrift.
Seitdem ich acht bin, verkehre ich im Hugendubel-Stammhaus in der Amirastraße, praktisch 55 Jahre. Vom Taschengeld habe ich mir Heldensagen gekauft, die Nibelungen und so. Oder Friedrich der Große in zwei Bänden.
Ich begann mit Büchern zu handeln: mit Langenscheidtbänden und Karl May mit geplatztem Rücken. So habe ich mich vorwärtsgewurstelt. Ich habe mein Hobby zu meinem Beruf gemacht.
Als ich zehn war, wurden wir ausgebombt und bekamen ein Zimmer in der Maxvorstadt zugewiesen. Zehn Jahre habe ich mit meinen Eltern in einem Zimmer gewohnt. Ich wurde Schwarzhändler: Von der Collie-Zigarette zur Chesterfield, von der goldenen Uhr zu gestopften Socken, Fleisch, Kaugummi und Goethe-Erstausgaben – alles konnte ich Ihnen beschaffen. Betttücher, Tischtennisbälle, nur die Bücher waren eher Altpapier.
Die härtesten Währungen waren: Schnaps, Zigaretten und – wie sagt doch Roda-Roda? – die ›verfluchte Liebe‹.
Ich bin von Händler zu Händler gerannt, um ein Buch zu bekommen, egal welches. Und wenn es ausgelesen war, bin ich wieder von Händler zu Händler gerannt, um es wieder zu verkaufen. Vom Gewinn beim Schwarzmarkt habe ich mir Bücher gekauft – was sonst? Unter Umständen auch einmal Naturalien. Direkt Hunger hat man nicht gehabt, aber karg war's schon.
Da gab es eine prominente Kunstbuchhandlung, von Theodor Heller, erst am Odeons- dann am Salvatorplatz. Der Theodor Heller hat mich sehr geliebt und ich hab' manchmal im Hofgarten mit ihm spazieren gehen dürfen. Oder der Otto Gauss, ein bekannter Kunsthändler, der mir die Liebe zum Jugendstil beigebracht hat, der hat immer gesagt: ›Gell, um elf treffen wir uns in den Pfälzer Weinstuben, Sie müssen mir den Käs' anmachen. Das kann keiner so wie Sie!‹ Da war ich 25 und hab' ihm einen Obatztn gemacht. Praktisch jeden Sonntag.
Eben, wo ich die Rosen gekauft hab' gegenüber, da hat mich der Blumenhändler gefragt, wann ich denn aufzuhören gedenke. Nur weil er schließt.
Ich wüßte nicht, was ich machten sollte ohne Bücher! Mein Wunschdenken ist folgendes: Gesund bleiben bis neunzig, viel Geld verdienen – aber da hapert's schon, ich habe kein Verhältnis zum Geld und ich kenne auch keinen Antiquar oder Antiquitätenhändler, also von den Feinen, der jemals an eine Rente gedacht hätte oder an eine Pension. Da ist jeder eingeschlafen mit einem Buch in der Hand oder einer Madonna im Arm.
Der Titel ›Antiquar‹ ist nicht geschützt, so kann sich jeder nennen. Ich halte den Antiquar für einen der wichtigsten Berufe überhaupt. Das ist wenigstens noch Wissensvermittlung, Kulturvermittlung. Wir sind so das Gegenteil von Computerfachleuten (lacht), das verleiht eine gewisse Souveränität, eine Unbestechlichkeit.

Es ist einfach schön, mit schönen Dingen umzugehen. Dann hat man manchmal Kunden, die auch keine Deppen sind. Diese acht Prozent der guten Sammler. Überhaupt Sammler! Da hat der Schopenhauer einmal gesagt: Jede Form des Sammelns sei eine gewisse Art der Hirnerweichung, aber Goethe hat gemeint: Sammler sind glückliche Menschen. Da geb' ich ihm Recht.

Frag' ich allerdings meinen Geldbeutel in der Nacht, bin ich um den Schlaf gebracht, hätt's der Heine formuliert. Andererseits hat mir mal einer gesagt: ›Du jammerst auf gehobener Ebene!‹ Okay, ich beschwere mich ja nicht! (klopft auf Holz) Mir langt die Zeit, die ich habe, da bin ich voll ausgelastet: 25 Stunden ohne Mittag. (lacht)

Ich handle von 1896 bis 1933. 1896 war das Gründungsjahr der Zeitschriften ›Jugend‹ im Hirthverlag und ›Simplicissimus‹ bei Albert Langen im Verlag.

Sie waren keine Konkurrenz, da tat keiner dem anderen weh. Der Hirth, er hatte übrigens das Telefon Nr. 1 in München, war genauso souverän wie der Albert Langen.

1933 kamen die Nazis, da nahm die Qualität rapide ab.

Diese Epoche von 1896 bis 1933 liegt mir einfach. Das ist Qualität. Da hast du den Jugendstil drin, den Expressionismus, die neue Sachlichkeit und die ganze Literatur der 20er Jahre, deren Zentrum ja Berlin war. Berlin als Weltstadt Nummer 1, noch vor Paris.

Nach 1945 war ja in München kulturell nichts mehr los. Da haben es die Stadtväter geschafft, die besten Leute zu vergraulen, so daß sie nach Berlin gegangen sind.

Es gibt übrigens drei ›Simpl‹: der ›Simplicissimus‹ von 1896 bis 1944; nach dem Einmarsch der Amerikaner hat ein Herr Freitag den ›Simplicissimus‹ neu herausgegeben, man nennt ihn auch ›Freitag-Simpl‹, der ist nach vier Jahrgängen eingegangen. In den 50er Jahren hat es der Olaf Iversen noch einmal probiert, das hat 12 Jahre gehalten.

Ich habe kein Abitur, weil sie mich in der achten Klasse rausgeschmissen haben. Wegen Renitenz. Ich behaupte aber, es war eher hemmungsloser Individualismus. Mir waren die Torpfosten wichtiger als die Naturwissenschaften.

Das Gute an dieser Zeit war: man war auf Phantasie angewiesen, man leistete sich, was man wollte und konnte. Wir waren zum Beispiel der ›Schrecken von Studio 15‹, dem Nachtlokal, wo der legendäre Freddy Brooksieper Musik gemacht und das Bier 1,80 gekostet hat. Wir hatten zu zweit 5 Mark in der Tasche, das waren dann eben zwei Bier, die so langsam getrunken wurden, bis sie kochten. Das war in der Leopoldstraße, gegenüber von der ›Arche Noah‹. Mädchen waren auch dabei, klar. Ein ›Muß‹. Da war ich sogar schon mit meiner Frau.

Nachdem ich von der Schule geflogen war, habe ich diverse Hilfsarbeitertätigkeiten ausgeübt, 111 im ganzen: vom Teppichklopfer bis zum Babysitter.

Ich bin ein Münchenfetischist. Es gibt böse Zungen, die sagen: ›für dich beginnt nach Pasing der Balkan!‹ Ich bin nicht sehr reiselustig.
Ich bin immer froh, wenn ich in der Türkenstraße sein kann, da ist man daheim. Mein Geschäft dort nenne ich ›Wolfsschanze‹, während das hier in der Görresstraße die Filiale ist. Hier wohnen wir auch.
Früher hatte aber die Türkenstraße noch einen Charme, einen Zauber, einen Flair. Das vergammelt zusehends. Es gibt kein Allotria mehr und keinen Lohengrin mit Lüngerl und Thonetstühlen.
Früher war das schönste Segment das zwischen Theresien- und Schellingstraße, jetzt ist es das zwischen Schelling- und Adalbert.
Trotzdem – man sollte sie einfach so lassen.«

Monika Schmidt
geb. 1941 – Antikes, Stiche, Karten

Aschenputtel

»Es ist spannend in den alten Karten vom Balkan nachzuschauen, wo welche Völker lebten und wo die Grenzen waren. Oder Israel und Palästina: da hat immer Judäa, Israel und Palästina nebeneinander existiert. Oder Polen: Schlesien mit Breslau war immer halb polnisch und halb deutsch. Die Geschichte spricht da Bände. Man müßte einfach den streitenden Nachbarn ihre alten Karten vorlegen und sagen: ›Schaut sie euch an und besinnt euch!‹
Meine Familie stammt aus Schlesien, mein Großvater war dort Kunstmaler, ein Schüler von Adolf Menzel. Meine Mutter hat Bildhauerei gelernt, aber durch den Krieg nicht ausgeübt. Viele meiner Verwandten sind Bildhauer, Maler oder früher auch Waffenschmiede gewesen.

Ende 1946 kamen meine Großmutter, meine Mutter, mein Bruder und ich nach München geflüchtet, zu einem Onkel. Ich weiß noch, wir kamen am Hauptbahnhof an, es war gespenstisch, da waren nur Ruinen, verschneite Ruinen. Und kalt war es. In den Ruinen eines Gebäudes, wo heute das Austrotel steht, wurde in den Kellern ein vorweihnachtliches Stück für Kinder gegeben. Mit Handpuppen oder Marionetten. Nachher gab es etwas Warmes und Süßes von der Heilsarmee.
Als Jugendliche wollte ich immer Archäologin werden, oder wie Sven Hedin die Wüsten durchqueren oder wie Schliemann Troja finden. Dazu gehörten alte Karten.
Ich habe früh geheiratet. Mein Mann sammelte alte Karten. Er ist Deutscher aus Rumänien und arbeitete am Radio Free Europe. Er hat sehr sehr gut verdient und wir hatten eine Dienstwohnung in Bogenhausen, gegenüber von Togal.
Unsere Sammlung quoll bald über und nachdem einer unserer Freunde, der Ramer, der lange das ›Raritätenkabinett‹ in der Türkenstraße hatte, und jetzt in der Fürstenstraße ist, nachdem er uns fragte, ob wir nicht sein kleines Geschäft übernehmen wollten, er wolle ein größeres aufmachen, da habe ich das kleine Lädchen im Bäcker-Huberhaus übernommen: 22 qm, geöffnet von 10 bis 14 Uhr – ich hatte ja noch die beiden Kinder. Und es sollte ja auch mehr ein Hobby sein, weil mein Mann immer so beschäftigt war.
Die alte Frau Huber, deren Vater ein Linzer Konditormeister war und die so gern reiste, gehörte zu den Kunden und die Herren Arnold und Richter, die haben eine ganze Menge gekauft. Ich kaufte wirklich wahnsinnig preiswert von Herbert List, dem bekannten Fotografen, zwei Mappen: Zeichnungen des 14. und 15. Jahrhunderts, Blätter, die ihm nicht mehr so gefielen. Das sprach sich herum. Da kamen dann auch die Sammler. Allmählich wurde das Angebot erweitert nach den Wünschen der Kunden. Man wächst ja mit ihnen.
Sammler sind für mich Menschen, die keinen Krieg anzetteln würden. Sie sammeln aus Spaß und aus Wissensdurst. Jeder, der einen großen Bestand von einem Thema hat, will immer mehr darüber wissen. So werden aus Sammlern oft Gelehrte, Spezialisten auf ihrem Gebiet. Wenn mehr Leute sammeln würden ... Mein Großvater hat gesammelt, ich bin eher keine Sammlerin. Meine Interessen sind zu weitgespannt. Ich sammle nicht gezielt, ich kaufe dies und kaufe das, fürs Geschäft, nicht um eine geschlossene Sammlung zu haben. Ich mache alle zwei bis drei Jahre Ausstellungen zu einem Thema, hier in den Räumen. Wenn ich etwas kaufe, weiß ich ja nicht, ob ich damit auch Geld verdienen kann.
Angefangen hat alles mit Jugendstil-Plakaten, die es damals noch haufenweise und äußerst preiswert gab. Da waren die traumhaften Flohmärkte in Brüssel, der Grand Sablon, der Petit Sablon oder der Marché aux puces in Paris. Da konnte man noch Jugendstilvasen für 3 bis 400 Mark bekommen, die ich dann neben die Jugendstilplakate gestellt und verkauft habe.

Später kamen die Ansichten, Landkarten oder ganz einfache Wallfahrtsbilder, Lithos, handkoloriert. Jetzt können Sie durch ganz Europa reisen, Sie finden keine mehr! Sie sind weg vom Markt. Die Sammler geben sie nicht mehr auf den Markt. Früher hab' ich auch alte Spielautomaten gekauft und alte Spielkarten, ganze Sortiments von vor 1880, die heute auf Auktionen 4 bis 5 000 Mark erbringen. Auch ein Kapitel, das vorbei ist.

Oder gibt es auf einmal Trends: Israelis aus aller Welt beginnen, alte Israelkarten zu sammeln. Die schnellen dann von 30 Mark auf 3 000 hinauf. Wir hatten 3 bis 400 Karten und haben sie weltweit verkauft.

Oder Japankarten: da habe ich ganze Sammlungen hier und in Japan damit aufgebaut. Als die plötzlich von 100 Mark auf 10 000 angestiegen sind.

Mich fasziniert die japanische Kultur, das japanische Kunsthandwerk, die große Materialkunde und die liebevolle, präzise Arbeit.

Wir befinden uns aber noch im kleinen Lädchen neben dem Zigarettengeschäft im Bäcker-Huberhaus, das schon ziemlich eng geworden war. Gegenüber, Ecke Türken/Adalbertstraße gab es einen Durchgang, der aus Pfosten, Bögen, einer Sandstreukiste und einer Gruppe Pennern bestand.

Als das Haus neu gebaut wurde, war das eine Auflage des Baureferats gewesen, daß die Ecke offenblieb, nicht zugebaut, wegen dem Durchblick. Weil die Türkenstraße Einbahnstraße war von Nord nach Süd, nicht wie heute.

Als dann die Fahrtrichtung geändert wurde, war das nicht mehr nötig mit dem Durchblick und ich habe die Besitzer gefragt, ob ich das nicht als Ausstellungsfläche dazubekommen könnte. Ich habe es bekommen, am Anfang hat es noch 25 Mark gekostet, ist aber heute noch ein Ausstellungsraum von uns.

1978 sind wir in den größeren Laden hierher umgezogen. Hier hatte es den Helmut Bolenz gegeben, einen Buchhändler und Antiquar, der wollte nach Kanada auswandern und hat verkauft. Es sah furchtbar aus: Da stand eine riesige Uraltpresse aus der Jahrhundertwende, Pappscheren, Werkzeuge – tagelang haben wir einen Transporter beschäftigt. Das hier sind 80 qm. Der hintere Teil wurde abgerissen, weil der Hausherr da gebaut hat, vorne wurde renoviert. Am Anfang hatten wir noch ein volles Serviceprogramm: Restaurieren, Passepartout, Rahmen. Dazu braucht man aber viel Platz. Jetzt rahmen wir nur noch für Kunden, die auch bei uns kaufen.

Als ich von Nummer 81 auf 48 umgezogen bin, habe ich ungefähr ein Drittel der Kunden verloren. Den Leuten von ARRI und denen aus der Georgenstraße war es plötzlich zu weit. Dafür habe ich genausoviel Kunden dazugewonnen, die aber nie über die Adalbertstraße hinausgehen. Dabei sind es gerade mal 800 Meter! (lacht)

Daß es hier, zwischen Universität und Pinakotheken, viele Antiquitätengeschäfte gibt, ist eigentlich klar. Nur – früher waren es mehr. Die Leute kommen gezielt hierher, Münchner allerdings immer weniger. Sie sagen, sie finden keinen Parkplatz. Das sind oft vielbeschäftigte Leute, Freiberufler, Anwälte. Die springen mal schnell rein. Viele von denen haben in den letzten

Jahren sicher hundert Mark und mehr Strafe zahlen müssen. Und Leute, die einmal weg sind, kommen nie wieder.
Ich habe viele Stammkunden, darunter welche aus Amerika, die einmal im Jahr vorbeikommen. Früher haben die Versicherungen viel bei mir gekauft, aber seitdem es das Gesetz gibt, daß Geschenke versteuert werden müssen, hat das enorm nachgelassen. So beschneidet der Gesetzgeber einen großen Teil unseres Verdienstes. In Amerika herrscht da Steuerfreiheit. Da stellen die Versicherungen ganze Kunstsammlungen zusammen, was bei uns nicht möglich ist.
Wenn die Banken wegfallen würden, könnten wir die ganzen Antiquariate schließen. Das sind meine letzten Großkunden. In letzter Zeit, da hatte ich Glück, haben die Banken viel renoviert und viele Graphiken gekauft. Weil die vergleichsweise preiswert und doch repräsentativ sind. Da haben sie ihre Wände und Sitzungssäle bestückt damit. Alle sieben Münchner Großbanken haben bei mir eingekauft.
Als es Siemens einmal nicht so gut ging, haben sie gleich die Geschenke reduziert. Genauso bei MAN. Früher hat jedes Vorstandsmitglied zum runden Geburtstag oder irgendeinem Jubiläum einen schönen Stich bekommen oder eine Ansicht zwischen 2 und 4000 Mark. Das ist abgeschafft worden. Gestrichen. Jetzt bekommen gerade noch Auslandskunden einen gerahmten Münchenstich für 5 bis 600 Mark.
Unter F. J. Strauß wurde viel bei uns eingekauft. Für die verschiedenen Präsidenten, wenn sie zu Besuch kamen. Dann erhielten sie oft einen Stich ihres Landes, gemacht von einem deutschen Stecher.
Unter Strauß gab es den Ministerialdirigenten Huber. Der war selber Sammler. Äußerst sparsam und gewissenhaft. Der kam immer zu Fuß oder mit dem Fahrrad. Der hat ein kleines Depot angelegt. Für Geschenke auf Vorrat.
Zu Zeiten von Streibl war es anders: er kam mit der großen Limousine vorgefahren und kaufte meist unsinnige Geschenke.
Von der Regierung Stoiber spüre ich gar nichts. Vielleicht ist ja das Huber-Depot noch vorhanden.
Ich glaube, ich habe international einen guten Ruf. Mein Name steht für Qualität. Und gute Sachen können nicht billig sein. Preiswert vielleicht einmal, billig nie. Wenn ich einen Katalog herausgebe, vergleiche ich ihn mit den zehn besten Kollegen weltweit. Wenn ich etwas für 10000 gekauft habe und der Katalogpreis liegt bei 12000, dann kann ich höchstens 13000 nehmen. Wenn ein Stück von privat gekauft und wieder an privat verkauft wird, kommt ja noch zweimal Mehrwertsteuer dazu.
Um schöne Dinge zu finden, die auch immer seltener werden, sind mein Mann und ich zwei bis drei Monate im Jahr unterwegs. Wir kaufen uns ja sonst nichts: keinen besonderen Schmuck, kein Haus, kein teures Auto. Auch unterwegs nicht: kein Nippes, keine Souvenirs. Wir haben Spaß, wenn wir schöne alte Stiche entdecken und kaufen. Hobby, Spaß und Beruf – das ist alles eins. Viele unserer Kollegen sind auch unsere Freunde. Da gibt es

keine Trennung zwischen Beruf und Leben. Wenn es mir eines Tages keinen Spaß mehr machen sollte, höre ich auf. Es ist schon schwierig manchmal. Überhaupt sehe ich die weitere Zukunft ziemlich schwarz.
Meine Kunden sind meist Intellektuelle und Künstler. Die Marianne Koch, die Kai Fischer, der Luis Trenker, der immer nach Südtiroler Gebirgsansichten gefragt hat. Davon gibt's aber nur wenige. Und der Staatsschauspieler Lieffen. Die Marianne Strauß war öfter hier und das Ehepaar Biedenkopf, die ja ein Haus am Chiemsee haben.
Schöne Sachen, wenn ich sie lang genug angeschaut habe, kann ich dann auch verkaufen. Dann hatte ich meinen Spaß. Aber es ist bitter, etwas zu verkaufen, von dem man sich noch nicht abgenabelt hat, das man aber verkaufen muß, weil es im Einkauf so teuer war. Dann bin ich schon mal unwirsch zu den Kunden. Einfach, weil ich innerlich noch nicht bereit bin, es weiterzugeben.
Oder die Geschichte mit dem Sternatlas. Da hat mein Mann in Italien bei einer Familie einen Sternatlas entdeckt: aus der Mitte des 16. Jahrhunderts, von Apian gestaltet mit Sternentafeln, einer Himmelstafel mit beweglichen Scheiben, Holzschnitt, altkoloriert. Ein prächtiges Buch. Wir haben es zu einer Buchmesse in Japan mitgenommen und es dort für 200 000 Mark verkauft. Wir haben es uns wirklich vom Herz reißen müssen. Aber ich hatte Schulden. Seither versuche ich, nicht mehr mit Krediten zu arbeiten. Aber ohne sie ist's sehr schwer, etwas Großes zu kaufen. Und ohne hie und da eine Trouvaille zu machen, ist das Leben doch nicht spaßig.
Es wird auch im Antiquariat immer schwieriger, beides zusammenzubringen: Freude und Verdienst. Je kleiner ein Objekt ist, sagen wir so um hundert Mark rum, da muß ich 100 bis 150 Prozent dran verdienen. Bei Sachen, wo ich weiß, ich verkaufe sie in den nächsten sechs Wochen, kann ich auch nur 10 bis 20 Prozent nehmen. Alles, was auf Lager gelegt wird, ist nicht unter 100 Prozent zu kalkulieren. Kollegen bekommen 10 bis 20 Prozent Rabatt, gute Kunden auch mal zehn, Nachbarn selbstverständlich auch. Aber Türkenstraßenrabatt, so allgemein, gibt's bei mir nicht.
Hier kommen viele Leute rein, die sich nur bedienen lassen, einem die Zeit stehlen und dann nichts kaufen. A propos stehlen! Das ist schlimm, da muß man sehr aufpassen. Vorne haben wir schon alles weggeräumt, die guten Sachen sind gar nicht im Geschäft. Wir haben Spiegel und Alarmanlage. Die internationalen Räuberbanden gibt es hier noch nicht, die in Italien, England, Amerika ganze Geschäfte total ausräumen. Gott sei Dank. Wir haben auch ein Warnsystem über den Verband, wo wir versuchen, uns gegenseitig Hinweise zu geben.
Einmal hatte ich einen dingfest gemacht und die Polizei geholt. Das Ende vom Lied war, daß ich stundenlang beim Protokoll festgehalten war und er nach zehn Minuten frei, weil er einen Wohnsitz hatte und unbescholten war. Jetzt tu ich nichts mehr, wenn geklaut wird. Was weg ist, ist weg. Wenn du es meldest, bekommst du doch bloß Schereien. Und aufgeklärt wird es sowieso nicht, weil es der Polizei an Leuten mit Insiderwissen fehlt.

Also, wenn da so junge Burschen kommen, ganz salopp, mit irgendeinem ausgefallenen Buch und es bei mir verhökern wollen und ich sehe kaum verlöschte Stempel drin, kann ich davon ausgehen, daß es geklaut ist. Oder seltsam gefaltete teure Blätter in Aktenmappen, die stammen meist aus Bibliotheken. Dann lehne ich einfach ab, ohne Angabe von Gründen.
Ich trage mich tatsächlich mit den Gedanken, an der Tür eine Klingel anzubringen, wie in anderen Ländern. Dann kann man die Leute vorher genau anschauen, bevor man aufmacht. Oder auch nicht.
Was mich hier aufregt, ist der Verkehr. Montag, Dienstag und Mittwoch ist der Teil der Straße ein einziger Lastwagenabstellplatz. Das ist anachronistisch! Mitten in der Stadt! Da wird der Preßspan für die Holzhandlung Gehring angeliefert und die Kunden holen sie dann mit ihrem Wagen ab. Dann fahren die Lastwägen ins Heizwerk hinein – das gehört auch nicht ins Zentrum einer Stadt! Dann die Lebensmittelanlieferer und die Brauereiwägen – wenn die wenigstens vor zehn Uhr fertig wären, aber nein! Dann diese idiotisch aufgepflasterte Kreuzung, die sich schon wieder senkt. Ein reiner Geldrausschmiß! Da hätten sie doch lieber anständige Asylantenheime bauen können! Überhaupt ist die Straße schmutzig! Der viele Hundedreck. Da stehen sie doch vor meinem Schaufenster, ganz interessiert, und ihr Hund hinterläßt dann Pipi und Scheiße. Wenn das nicht aufhört!
Wirklich, sie ist ein Aschenputtel, die Türkenstraße. Damit sie zur Prinzessin wird, muß noch viel getan werden. Von jedem einzelnen von uns.«

Martina Bochow-Goltz
geb. 1959 · Kunstbuchhandlung

Kein Pflaster für Modernes

»Ich bin die Frau von Thomas Goltz, dem Mitinhaber der Buchhandlung Goltz. Da gibt es noch die Mutter Johanna und die Schwester Monika. Der Großvater Hans Goltz war es, der die Maler des ›Blauen Reiter‹ hier entdeckte, förderte und verkaufte.
Ich bin praktisch auch verkauft worden. Mitverkauft. Das war so: Die Museumsstände der Alten und der Neuen Pinakothek wurden von der Buchhandlung Lehmkuhl aufgegeben und von Thomas Goltz übernommen. Das war so um 1980. Ich war Studentin der Kunstgeschichte und verkaufte am Wochenende bei Lehmkuhl Postkarten. Goltz hat die Stände und das Personal mit übernommen und irgendwann mußte ich ihm ja über den Weg laufen. 1986 haben wir geheiratet.
Das Ladengeschäft, das später in Goltz umbenannt wurde, gab es seit 1863 in der Briennerstraße. Es hieß ›Putze‹, und als den Ulrich Putze 1910 mitten

auf der Straße der Schlag trifft, meldet sich sein erster Sortimenter Hans Goltz und übernimmt den Laden.

Ursprünglich stammen die Goltzens aus Ostpreußen. Großvater hatte seine Buchhändlerlehre in Königsberg in einem Betrieb gemacht, der pleite ging. Da wird ihn wohl sein erster Sortimenter nach Bamberg oder Nürnberg mitgenommen haben. Irgendwann schließlich landete er bei ›Putze‹.

1912 eröffnet er mit einem Paukenschlag die Galerie ›Goltz‹ und zwar mit der Graphik des ›Blauen Reiter‹. Die erste Ausstellung hatte im Winter 1911 bei Thannhauser stattgefunden: Bilder und Gemälde. Da hatte es wohl ein bißchen Schwierigkeiten gegeben.

Die Galerie war am Odeonsplatz, da wo heute das Nymphenburger Porzellan ist. Wie plötzlich der Kontakt zu Klee und Kandinsky entstanden war, ist nicht klar, obwohl es eine Magisterarbeit dazu gibt.

Er war jedenfalls ein streitbarer Mann und hat Furore damit gemacht, was er am Odeonplatz ausstellte. Einmal sogar eine nackte Frau. Da gab es wüste Proteste. Es existiert sogar noch eine Akte im Staatsarchiv, ein Polizeiprotokoll, da mußten die Leute hingehen und feststellen, ob das jetzt anstößig war. Zum Brüllen komisch, diese Akten.

Anfangs gab es ein gutes Einvernehmen zwischen Großvater und Kandinsky. Großvater interessierte sich nie nur für die Kunst, auch immer für den Künstler. Wenn es jedenfalls längere Zeit keine Kandinsky-Ausstellung gab, konnte man davon ausgehen, daß die beiden verkracht waren.

In unserem Archiv gibt es Aktenordner voller Briefwechsel zwischen Großvater und den Künstlern.

Mit Ausstellungen über die Kunst des 19. Jahrhunderts wurde Geld verdient, aber eingesetzt hat er sich für die zeitgenössische Kunst. München war ja immer etwas konservativer, war eigentlich nie das ideale Pflaster für Modernes. Die wirklich spannenden Sachen sind ja in Berlin passiert. Hier gab es keine großartige Dada-Bewegung. Auch die Maler des ›Blauen Reiter‹ waren ja kaum Münchner. Es war eigentlich gar keine richtige Gruppe, es war mehr eine lose Übereinkunft von Künstlern, deren Programm war, daß sie keins hatten. Daß nichts dogmatisch lief, sondern locker und aufgeschlossen.

1915, in den Kriegswirren wurde die Galerie am Odeonsplatz aufgelöst und in Räumen im Luitpoldblock weitergeführt. Nicht mehr so opulent, mehr in kleinem Rahmen. Bei Buchvorstellungen kam eben eine Wand Schiele dazu oder Klee. Es gab auch größere Ausstellungen mit Postkarten und Katalogen, aber während des Ersten Weltkrieges war doch alles ziemlich reduziert. Unten war die Buchhandlung, oben waren die Galerieräume.

Großvater wurde 1916 für ein Dreivierteljahr an die Front abkommandiert. Seine Frau Gertrud mußte die Geschäfte leiten. Da gab es Extra-Aktionen für die Soldaten: ›Lesenot an der Front‹.

Reclambände wurden verschickt, Erbauliches, Beschauliches und Klassisches. Graphikmappen wurden verlegt, die, wenn man sie heute anschaut, unglaublich naiv wirken. Nicht einmal der Ansatz einer Kritik dem Krieg gegenüber, wie es sie in Frankreich gegeben hat.

Da gibt es wiederum Akten aus der Zeit, in der die Buchhandlung Goltz des öfteren belangt wurde wegen ›Verbreitung unzüchtiger Schriften‹.
Nach dem Krieg gab es dann einen Bruch: vorher waren die Expressionisten ausgestellt worden, nachher kam die ›Neue Sachlichkeit‹.
Als der Lehmbruck[1] nach dem Krieg Selbstmord machte, war der Großvater ganz verzweifelt. Er hing sehr an ihm.
Die Nazis mit ihrem ›Völkischen Beobachter‹ haben Hans Goltz nicht ungeschoren gelassen. Er war so richtig der Antityp dessen, was sie sich von ›deutscher Kunst‹ versprachen.
1927 starb er und sein Sohn Hans Joachim, Hajo, mußte das Geschäft übernehmen, das er eine Weile mit geringem Umsatz in einer Wohnung führte. Dann heiratete er 1934 und seine Frau, die dem Buchhandel sehr verbunden war, ermöglichte es ihm, ein Ladengeschäft am Amiraplatz zu eröffnen. Der Hajo verwendete seine Energie mehr darauf, daß das Geschäft erhalten blieb, als daß er Ausstellungen machte. Das ist ja immer ziemlich arbeitsintensiv. Und in schlechten Zeiten hat man eben für die Muse weniger Zeit. Man machte einfach keine Ausstellungen. ›Vanishing‹ nennt man das im Englischen. ›Goltz‹ war hauptsächlich Buchhandlung geworden.
Da war niemand bei uns, der in erster Linie stand und ›Heil Hitler!‹ rief, aber es war auch niemand da, der sich hätte verbrennen lassen, weil er lauter verbotene Bücher unter dem Ladentisch verkaufte.
1937 zogen wir hierher in die Liebfraustraße, damals noch Kaufingerstraße, 1982 wurde die Filiale in der Türkenstraße eröffnet. Es waren vorher zwei Läden: Bernd Lange-Irschl mit der Fotobuchhandlung und die Tyrolia-Buchhandlung.
Wie man früher zum Kunstblock in der Ottostraße ging, um zu schauen, was es an Kunst gab, so kann man heute in die Türkenstraße gehen und sehen, was es zum Thema: Kunst und Buch gibt. Auch die Architekturbuchhandlung Werner ist ja von der Residenzpassage in die Türkenstraße gezogen. Die Straße hat einen Flair, hat etwas Eigenwilliges.
Es ist die Spannung zwischen den Tante-Emma-Läden und den schnieken Antiquitäten, den miefigen Kneipen und den In-Lokalen. Diese seltsame Mischung zwischen dem Altherkömmlichen, Skurrilen, Pusseligen und der Attitude des Modernen und Aufgeschlossenen.«

[1] Wilhelm Lehmbruck, Bildhauer 1881-1919

Fritz Fehmeier
geb. 1915, gest. 1993
Buchhändler

Felicitas Erlach-Sack
geb. 1954
Sozialpädagogin

Otto Schmidl
geb. 1928
Verlagsbuchhändler

Institution »Libresso«

Fehmeier »Es hätte ein Büchercafé sein sollen, Libri und Espresso, was sich leider aus räumlichen Gründen nie hat verwirklichen lassen. Als der Brückenverlag, ein Verlag der DKP, 1967 die Buchhandlung in der Türkenstraße 66 übernahm, hatte sie bereits den Namen Libresso. Ich wurde Geschäftsführer. Ich war nie in der Partei, nur in der Deutschen Friedensunion. Die Eröffnung im August war ein rauschendes Fest. Es gab Listen und Empfehlungen von der Geschäftsleitung des Brückenverlages in Düsseldorf, es kam auch immer darauf an, in welcher Stimmung sie waren, aber im großen und ganzen hatte ich doch freie Hand, das Sortiment zu bestimmen. Unser Vorgänger Dr. Hans-Peter Hohn, der vorher eine Taschenbuchhandlung neben dem ›Türkendolch‹ hatte, und der dann ins Haus vom Bäcker Strauß, dem Otto Strauß, umgezogen war, hatte uns ein interessantes Sortiment hinterlassen: viel Filmliteratur. Aus dieser Zeit haben wir auch gute Kunden übernommen: den Faßbinder, den Wim Wenders, den Enno Patalas. Ich bin Buchhändler, war Geschäftsführer eines Verlages in Essen, betrieb dann von zu Hause aus eine kleine Versandbuchhandlung, bis ich das ›Libresso‹ übernahm. Wir waren das erste ›Libresso‹, nach uns haben noch andere den Namen übernommen. Die in Nürnberg und Regensburg gibt es noch. Das Münchner ›Libresso‹ hat 1990, im Frühjahr, als ›Akzente‹-Buchhandlung in der Amalienstraße aufgehört zu existieren.
Ich war Geschäftsführer von 1967 bis 1979. Es war eine bewegte Zeit, es herrschte eine ungeheure Aufbruchstimmung. Am Anfang wollte ich ja alles

hinschmeißen, es kam mir zu abenteuerlich vor im Vergleich mit einer normalen Buchhandlung. Von Filmliteratur verstand ich am Anfang ja rein gar nichts. Und ich war Neuling in Schwabing. Und ich fand die Gespräche unglaublich schwierig. Obwohl die Leute hier viel lockerer, freundlicher und höflicher waren als woanders. Es ging eigentlich ständig aufwärts, wir haben unseren Umsatz kontinuierlich gesteigert, bis auf eine Million. Das ist für eine Buchhandlung ganz gut.

Aber wir waren keine normale Buchhandlung: wir hatten nicht nur Bücher und Schallplatten, Folklore und Revolutionäres, wir machten auch Veranstaltungen, Lesungen, Konzerte. Wir organisierten Demonstrationen, zum Beispiel gegen die Notstandsgesetze und die Berufsverbote, sammelten für Vietnam, waren praktisch das Zentrum der ›Stoppt Strauß!‹-Kampagne und machten überall unsere Büchertische. Das wurde von der Geschäftsleitung des Brückenverlages gefördert, nicht unbedingt verlangt, aber doch gewünscht. Das mußten die Kollegen, wir hatten ungefähr ein halbes Dutzend, dann freiwillig tun.

Und sie taten es, was natürlich den Umsatz nicht unwesentlich gesteigert hat. Es war ein unglaublicher Einsatz, der aber für alle normal war, obwohl fast jeden Tag etwas los war.«

In den ersten Jahren wurde verstärkt von der Düsseldorfer Zentrale aus agitiert, wurden Listen empfohlener Bücher verschickt, Arbeitspläne erstellt, Strategien und Taktiken im Klassenkampf entwickelt. Da hieß es zum Beispiel 1981 in »betrifft: Literatur, Information für Vertriebsmitarbeiter der A.G. Sozialistischer und demokratischer Verleger und Buchhändler«: ›Was unterscheidet eine (bürgerliche) Buchhandlung von einer collektiv-Buchhandlung?‹

(1979 hatte die Arbeitsgemeinschaft ihr Zehnjähriges gefeiert. Ihr gehörten an: 14 Verlage und 36 collektiv-Buchhandlungen, die alle auf DKP-Linie lagen und Geld aus der DDR bekamen.)

- Hauptthema: Unterstützung der Friedensbewegung gegen die Stationierung von US-Atomraketen hier
- Wir wollen ein Element der Aufklärung sein
- Wir bekämpfen die neofaschistische Literatur
- Zurückdrängung der imperialistischen Ideologie, Entwicklung von Klassenbewußtsein
- Verbindung: geschriebenes Wort und politische Aktion
- Verbreitung sozialistischer und fortschrittlicher Ideen
- Kampf an der politischen, ökonomischen und ideologischen Front (Engels)
- der Marxismus-Leninismus ist die stärkste Kraft unserer Epoche
- Das Buch ist eine Waffe im ideologischen Kampf
- Literaturarbeit ist eine Aufgabe für alle!

(»Literaturarbeit« hieß so viel wie Büchertische machen.)

Schmidl »Das waren oft Seifenblasen, diese Papiere, Wunschvorstellungen. Das Wichtigste an ihnen war, daß sie verfaßt worden waren. Nicht so sehr, ob sie verwirklicht wurden. (lacht)

Wie Egon Erwin Kisch einmal gesagt hat: ›Selten kommt der Leser zum Buch, das Buch muß zum Leser kommen und die Zukunft des Buchhandels liegt auf der Straße.‹ Daran haben wir uns gehalten.

Fehmeier Die Miete im Straußhaus war anständig und preiswert, am Anfang 2500 Mark für die Buchhandlung und den Lagerraum, am Ende 3700. Als der 20jährige Mietvertrag abgelaufen war, wurde er nicht mehr verlängert, was sich mit einigem Geschick hätte abwenden lassen.

Felicitas Da gab es ja diese Anti-Strauß-Kampagne. Wo im Fenster ein Strauß-Clown hing, den man kaufen und selber zusammenbasteln konnte. Oder das Plakat von Guido Zingerl mit Strauß als Arschgesicht. Oder die Sprüche, die wir auf den Buttons an der Kasse hatten: Stoppt Strauß! Mehr Herz den Kindern, drum Strauß verhindern! ›Stoppt Strauß – aus Liebe zu Bayern. Strauß, der ist ein Hampelmann und die Bosse ziehn daran! Strauß, graus, raus, aus‹ ... Es gab das Schwarzbuch von Engelmann über Strauß, das sich gut verkauft hat. Wir dachten lange, unsere Strauß' wären mit F.J. Strauß verwandt. Wäre zu schön gewesen.

Schmidl Kommunisten bei Strauß! Dieser Strauß-Hampelmann im Schaufenster war es, der die Bäckerfamilie Strauß gegen uns aufgebracht hat, daß sie den Mietvertrag nicht verlängert haben. Weil wir uns sonst mit ihnen doch recht gut verstanden haben.

Fehmeier Wie auch mit den Nachbarn, dem Lange von der Fotobuchhandlung, dem Kitzinger, mit seinem Antiquariat, den Leuten vom Café Hölzl, was früher die Bäckerei Strauß war, und denen von der Crêperie in der Schellingstraße. Nur in der Hypobank gab es welche, die unsere Vermieter aufgehetzt haben: Wie konnten Sie nur solchen Leuten Ihren Laden vermieten, Kommunisten?!

In den ersten Jahren hatten wir die Lesungen im Lager hinten, das früher die Strauß'sche Backstube war. Später in der Buchhandlung vorn, wo es ein bißchen eng war und nicht viel mehr als fünfzig Leute Platz hatten.

Da haben dann gelesen: der August Kühn, der E. A. Rauter, der Roman Ritter, der Günter Herburger. Die 68er Zeit hat sich ja praktisch bei uns und um uns herum abgespielt. Die 68er Figuren waren ja alle mal bei uns: der Rainer Langhans, der Fritz Teufel, die Uschi Obermeier, der Rolf Pohle. Ach ja, der Teufel hat sogar einmal versucht, ein Buch mitgehen zu lassen, das ›Klau mich!‹ hieß. (lacht)

Ansonsten hielt das Klauen sich im Rahmen, wir wurden ein bißchen verschont. Außer dem einen Mal, wo sie den Spendenbehälter mit namhaften Beträgen für Vietnam direkt von der Kasse wegklauten.

Für die RAF-Leute hatten wir nicht viel Sympathien.

Wir verstanden ihre Hauptmotivation: ungerecht behandelt zu werden von den Staatsorganen und der Gesellschaft. Aber ihre Reaktion darauf war für uns zu abenteuerlich und zu unpolitisch. Das Sortiment war im großen und ganzen liberal, Fachbücher hatten wir zu meiner Zeit nur für die Bereiche Film, Theater und Germanistik. Dann kamen die DDR-Bücher dazu. Alles, was irgendwie fortschrittlich war, so nannten wir es, hatten wir.

Es gab eine Zeit, wo wir morgens einen Stapel Marx, das Kapital Band 1 aufbauten und abends war es weg. Es gehörte damals einfach zum guten Ton, wenigstens einen Band Marx im Bücherschrank stehen zu haben.
Wir fühlten uns nicht merklich vom Verfassungsschutz beobachtet. Ich habe mich auch nicht darum gekümmert, weil ja alles, was wir machten, legal war. Unser Publikum waren vor allem Studenten, Intellektuelle und politisch Interessierte von der Uni, dem Dolmetscherinstitut oder den Gewerkschaften. Die städtischen Bibliotheken waren unsere Lieblingskunden, dann kamen die Institute: für Kunstgeschichte, für Zeitgeschichte, für Germanistik.
Der Tankred Dorst kam zu uns, der Habermas, der Erich Kuby. Der Peter Zadek hat eine Filmszene mit dem Erich Fried bei uns im Laden gedreht, der Schönhuber, als er noch ein anerkannter Redakteur beim BR war, einen Film über Schwabing, wo wir auch vorkommen. Dann gab es diesen Dr. Günter Müller, ehemaliger Juso-Vorsitzender in München, der dann zur CSU abdriftete, einen unserer eifrigsten Kunden. Er hat alles gekauft, was es an linken Zeitschriften und Neuerscheinungen gab. Es hieß, er sei Straußens Fachmann für linke Publizistik gewesen.
Mit der Basisbuchhandlung hatten wir gute Kontakte, der Trikontverlag war gleich um die Ecke, in der Schellingstraße. Eine wilde Sache. Das Haus gehörte dem Murr, dem anscheinend das Treiben irgendwann unheimlich wurde und er sie rausekelte. Da haben sie sich gerächt: sie haben den Micha angeheuert, einen Gammler, geborenen Jugoslawen aus einer Zigeunersippe, der russisch sprach und russische Zeitungen las und sowieso bei ihnen verkehrte. Dem haben sie ein Plakat übergestülpt, so als Sandwichman, wo drauf stand: Murr's Würstchen-Scheiße! So promenierte er durch die Straßen, eine Art Anti-Werbung. (lacht)
Eigentlich wollte ich schon 1978 gehen, aber da kam die Geschichte mit meinem Stellvertreter dazwischen: er hat eine Kollegin geschwängert und behauptet, es sei ein anderer gewesen. Daraufhin wurde ihm von Düsseldorf gekündigt. Ein eklatanter Eingriff der Partei ins Privatleben. Meine Nachfolgerin wurde dann die Anne, die viel linientreuer war und das ganze Sortiment stark in feministische Richtung rückte. Sie hatte Pech: ihr Mann war mit der Kasse der DKP getürmt und die Ehe zerbrach. Sie hat dann die Tucholsky-Buchhandlung am Josephsplatz übernommen. Nach ihr kam der Otto Schmidl.
Schmidl Ich war bei ›Selecta‹ als Redakteur, einer medizinischen Zeitschrift, verdiente gut und war zufrieden. Dann kam eines Tages die, sagen wir mal, Empfehlung der Partei, man könne mich beim ›Kürbiskern‹ brauchen als Chefredakteur. Da fing ich erstmal mit fünfmal weniger Geld an anno 1975. Zu Libresso wollte ich eigentlich überhaupt nicht, wenn das sich nicht fast nach einem Parteibefehl angehört hätte. Also fing ich 1985 dort an und blieb bis Dezember 1988. 1986, im April, war der Umzug von der Türkenstraße in die Amalienstraße. Von da an ging's bergab.
Viele Kunden kamen nicht mehr, die Räume waren klein, höchstens 70 qm, die Kellerräume feucht, daß sogar das Telefon kaputtging. Das Reisebüro

›Hansatourist‹ war mit umgezogen und saß da im feuchten Keller. Wir hatten eine Staffelmiete, die mit 5 000 Mark begann und am Ende über 6 000 betrug, der Vermieter war der berüchtigte Dr. Renner, der wegen Schikanen der Mieter und Spekulation verurteilt wurde und ins Gefängnis kam. Lesungen gab es nur noch wenige, es kamen auch nicht mehr so viel Leute, der Postkartenumsatz war zum Teil höher als der Buchumsatz und der Gesamtumsatz war auf 300 000 zurückgegangen.

Zwar mußte sich die Buchhandlung nicht tragen, sie wurde über die DKP von der DDR finanziert, ihr Hauptzweck war die politische Propaganda, aber zu der Zeit kriselte es bereits im ganzen Sozialismus. Und besonders in der DDR.

Felicitas Wir sind dann ja auch beide ohne Angabe von Gründen aus der Partei ausgetreten. 1989. Aber es war schon ein Einschnitt. Du, Otto, bist ja nicht viel später in die SPD eingetreten, ich bin zu einer anderen Buchhandlung gewechselt.

Schmidl Trotzdem, das Libresso war eine Institution. Wenn ich an all' die Lesungen denke! Als der Bierbichler den Oskar Maria Graf las, war es rappelvoll oder als der Tschingis Aitmatow da war, da standen die Leute an einem regnerischen Nachmittag Schlange. Oder als der Kroetz kam, der Martin Walser, der Peter Chotjewitz …

Felicitas Die Ruth Rehmann, die Angelika Mechtel, die Erika Runge, die Monika Sperr …

Schmidl Der Günter Amendt mit seinem Sexbuch und der Günter Wallraff mit seinem Türkenbuch. Da hatten wir 500 Exemplare bestellt und sie waren an einem Tag weg. Das waren so die Highlights.

Felicitas Nicht zu vergessen die Gisela Elsner, die Sarah Camp, die Eva Strittmater, die Saliha Scheinhard und die Hella Schlumberger, die dreimal bei uns gelesen hat. Einmal sogar in ihrem Hof in der Türkenstraße, wo über achtzig Leute gekommen sind. Weißt du noch? (lacht) Aus der ›Kurdischen Reise‹?

Schmidl Einmal, als der Jürgen Pomerin aus seinem Buch über Neo-Nazis las, er hatte sich eingeschleust und dann darüber geschrieben, war eine Nazigruppe gekommen und es sah stark nach Zoff aus. Zum Schluß waren aber starke Männer der Partei gekommen und hatten die Leute einzeln hinausbegleitet.

Felicitas Anfang der 80er haben wir viele Fraueninitiativen ins Leben gerufen: einen Frauenstammtisch mit jour fixe mit DKP-Genossinnen, wir forderten frauenspezifische Gesichtspunkte und Frauenarbeitskreise, wir waren Teil der Frauenbewegung. Und was fiel den Genossen dazu ein? Wir wurden als ›Weiber‹, ›Emanzen‹ und ›Feministinnen‹ verteufelt. Da waren sie keinen Schritt weiter als ihre bürgerlichen Geschlechtsgenossen.

Schmidl Mehr als die Hälfte unseres Umsatzes haben wir mit nicht-DKP-Kunden gemacht. Das war normales bürgerliches Buchhandelspublikum.

Als die Margarete von Trotha ihren Rosa-Luxemburg-Film drehen wollte, hat sie sich sämtliche Literatur dazu bei uns geholt. Oder wenn die Bavaria

in Geiselgasteig etwas ›Kommunistisches‹ machte, kam sie zu uns, lieh sich Bücher und Leninbüsten, zahlte eine Gebühr und brachte sie wieder zurück. Oder der Fahrer von der Hanns-Seidel-Stiftung, der immer kam, wenn chinesische oder sonstige kommunistische Gäste anstanden, der hat dann für hunderte von Mark Bücher gekauft. ›Ich brauch mal wieder so richtig was Kommunistisches!‹ hat er immer gesagt.
Felicitas Und als es zu Ende war, hatten wir alle eine Heimat verloren, eine geistige.«

Christine Dombrowsky
geb. 1951 · Buchhändlerin, Archivarin · »Trikont«

Selbstverständlichkeit

»Trikont, die ›Arbeitersache‹ und die Siemens-Frauengruppe waren sicher die drei wichtigsten Ereignisse in meinem Leben. Der Trikontverlag, 1967 von Herbert Roettgen und Gisela Erler gegründet, hat 1986 in der Türkenstraße Bankrott gemacht. Über dem heutigen ›Café usw.‹ Als Dianus-Trikontverlag.
Ich war von 1972 an dabei.
Ich hatte in Augsburg meine Buchhändlerlehre gemacht und wollte entweder bei ›Wagenbach‹ oder bei ›Trikont‹ arbeiten. Aber die hatten nur begrenzt Stellen und überwiegend wurde da umsonst gearbeitet. Und gerade war eben keine Stelle frei.
In Augsburg hatten wir die Buchhändlergewerkschaft aufgebaut. Sonst gab es als politische Gruppen nur die DKP oder die KPD/ML, lauter Dogmatiker, Spontigruppen gab es keine. Keine wichtigen. So kam ich zu den

Marxisten-Leninisten. Ich wohnte in Augsburg und arbeitete in München in der Studentenbücherei in der Veterinärstraße, fuhr also immer hin und her.
Was mir in München gleich auffiel bei den Leuten des Verlages und der ›Arbeitersache‹ war ihre Freude am Feste-Feiern. Das hatten die ML-Dogmatiker nicht. Dann beeindruckten mich ihre Versammlungen. Da gab es Plenen mit 100 bis 150 Leuten aus 5 bis 6 verschiedenen Nationalitäten, die sich gut verstanden und voller Begeisterung Aktionen planten.
Am 1. Mai 1972 habe ich den Herbert Roettgen zum ersten Mal gesehen. Und als er mir einen Kaffee anbot, wußte ich: Da möchte ich bleiben!
Stelle hatten sie keine, Zimmer auch nicht, dafür ein Sofa im Trikont-Archiv. Dort wohnte ich ein halbes Jahr, bis sie ein Zimmer frei hatten. Es war normal, wenn nachts pausenlos das Telefon klingelte, bei Hausbesetzungen oder wilden Streiks – da waren wir die Notmannschaft, an die man sich wenden konnte. Ich fand das alles sehr aufregend und sehr interessant.
Mir gefiel auch der kollektive Ansatz des Verlages, der sich zuerst Trikont-Verlags-Kooperative, dann Trikont-Verlags-Kollektiv nannte. Es gab für alle den gleichen Lohn wie bei der taz in Berlin: 800 Mark. Der ganze Verlag war anders als linke oder gar bürgerliche Verlage: da konnte es vorkommen, daß tagelang niemand im Verlag anzutreffen war, weil alle an irgendwelchen Aktionen beteiligt waren. Trikont war einer der ersten linken Verlage, der sich nicht ausschließlich mit deutscher Geschichte beschäftigt hat, sondern Themen der Dritten Welt aufgriff.
Eines der ersten Bücher war von Ho-Chi-Minh und dann kam auch schon bald Che Guevaras ›Bolivianisches Tagebuch‹. Es erschien 1968 gleichzeitig in Italien, Frankreich, Kuba und Spanien. Ins Deutsche wurde es von sieben bis acht Übersetzern übertragen und doch ist die Sprache wie aus einem Guß. Das war ein tolles Beispiel kollektiver Zusammenarbeit, fanden wir. Wir haben es gut verkauft und es wird von Rowohlt immer noch gut verkauft als Taschenbuch.
1972 entstand die Siemens-Frauengruppe, wohl die dogmatischste Frauengruppe Münchens aus ein paar versprengten Frauen, die von der ›Arbeitersache‹ her kamen und nichts mit der bürgerlichen Frauenbewegung zu tun haben wollten.
Wir wollten dem Volk dienen und als Frauen am proletarischen Kampf teilnehmen. Das heißt, wir wollten von innen her in den Betrieben wirken.
Wir suchten den Siemens-Frauenbetrieb in der Martin- und Balanstraße in Giesing aus. Da arbeiteten ein paar ältere Deutsche, sonst nur junge Griechinnen und Türkinnen. Weil das Geld nicht reichte, obwohl die Arbeit hart und dreckig war, gingen manche nebenher noch putzen. Andere gingen auf den Strich. Und wir haben uns dann mit ihren Zuhältern angelegt. Wenn ich daran denke! Das war echt gefährlich, aber wir waren ja noch so naiv! (lacht)
Ich habe ein Jahr in der Fräserei gearbeitet, Akkord, für 800 Mark, bis bei Trikont eine Stelle frei wurde.

Wir waren ja so arrogant, wir haben niemanden akzeptiert, der nicht mindestens ein halbes Jahr in einem Betrieb gearbeitet hatte! Wer nicht gearbeitet hatte, war für uns ein Flippie. Wir waren so fixiert auf unsere Betriebsarbeit – die Auseinandersetzungen mit dem Meister, Proteste gegen das schlechte Kantinenessen, Sprachunterricht und Behördengänge für unsere ausländischen Kolleginnen – auf unsere Stadtteilarbeit – wir hatten ganz allein, ohne Hilfe des Kulturreferates ein Frauen-Stadtteilzentrum in der Zugspitzstraße eröffnet – und die Auseinandersetzungen mit Männergruppen, daß uns andere Frauengruppen und -kommunen gar nicht interessierten. Da gab es Gruppen, die meinten: Frauen sind stark, aber mit Männern sind wir stärker! Wir meinten: Wir machen alles allein! Wir waren ungefähr fünf Frauen im Betrieb und noch einmal so viele, die uns von außen unterstützten.

Da gab es die Ine, die sich heute Inea nennt, die Gründerin des Verlages ›Frauenoffensive‹, der aus dem Trikont hervorgegangen ist. Dann die Gudrun, die drei Jahre bei Siemens in der Bohrerei gearbeitet hat und die heute mit dem Siggi zusammen das Maximkino in der Landshuter Allee betreibt. Und die beiden Französinnen Marie-France und Monique.

Monique war eine der wichtigsten Frauen der Gruppe. Sie hatte eine Ausstrahlung und hat ungeheuer viele Aktionen initiiert. Bis zu dieser Geburt, wo sie monatelang nicht aus der Narkose aufgewacht ist.

Da haben wir angefangen, uns über Geburt und medizinische Versorgung zu informieren, was vorher überhaupt kein Thema war. Wir haben gemerkt, wie schlecht die Versorgung war, obwohl doch alle technischen Voraussetzungen gegeben waren, und wie riskant so eine Geburt noch Anfang der 70er Jahre sein konnte. Als sie dann endlich doch aufwachte, konnte sie lange nicht sprechen. Das erste Wort, das sie dann herausbrachte, war ›Trikont‹.

Heute noch geht es ihr so miserabel, daß sie ohne fremde Hilfe nicht leben kann.

Aus unserer Siemens-Frauengruppe hat sich dann eine Frauen-Wohngemeinschaft in der Gewürzmühlstraße entwickelt. Mit Felice habe ich das Zimmer geteilt, sie kam aus Kuba und war die Tochter einer Amerikanerin und eines polnischen Juden. Ende der 70er Jahre ging sie nach Mexiko, betreibt dort eine Wurstbude und ist glücklich dabei.

Unsere Gruppe agierte im Rahmen der Münchner Spontibewegung, setzte sich aber von der ›Arbeitersache‹ ab, weil die uns zu flippig war und von der Frauengruppe der ›Arbeitersache‹, weil die ständig mit ihnen kooperierte.

Wir haben viel mit der Frankfurter Gruppe ›RK‹, Revolutionärer Kampf, zu tun gehabt. Das war die Gruppe, aus der auch Joschka Fischer und Daniel Cohn-Bendit stammten. Die RK-Frauengruppe war ziemlich militant, sie legte sich jeden Tag mit ihren Männern an, vor allem mit Joschka, von dem es hieß, er verprügele seine Frauen. Da haben die Frauen ihn eines Nachts besucht und es ihm heimgezahlt.

Der Frauengruppe ›Brot und Rosen‹ aus Berlin, die das erste Frauenhandbuch herausgebracht hat, vorwiegend Künstlerinnen, ist etwas gelungen, was selten war in der Zeit: gute Texte zu schreiben, Texte, die Spaß machten zu lesen. Mit ihnen haben wir gern zusammengearbeitet, obwohl sie noch elitärer waren als die bürgerlichen Gruppen, die wir immer angegriffen haben.
1974 sind wir dann zu den anderen Frauengruppen gestoßen, die die § 218-Kampagne machten. Wir wollten den proletarischen Aspekt vertreten.
Manche dieser Frauen haben sich später im Frauenbuchladen oder im Frauenzentrum engagiert. Auch die Luisa Francia, die seit zehn Jahren mehr dem Mystischen und Hexischen auf der Spur ist, hat damals eine wichtige Rolle gespielt. Sie war in der ›Arbeitersache‹, kam dann aber auch, nach anfänglichen Schwierigkeiten, zu uns in die Siemensgruppe.
Ich wohnte bei ›Trikont‹ und war die einzige, die in einem Betrieb arbeitete und um fünf Uhr aufstehen mußte. Es war meine ureigene Entscheidung, aber nein, ich mußte die anderen angreifen, die da ›bloß‹ an der Uni 'rumhingen. Da war wohl auch Neid dabei und die Arroganz derer, die meinen, sie machten das einzig Richtige. Dafür schäme ich mich heute noch.
1974 haben wir endlich unseren Dünkel aufgegeben den bürgerlichen Frauengruppen gegenüber, als es um den Kampf gegen den Abtreibungsparagraphen ging. Wenn eine Frau schwanger war und das Kind nicht wollte, haben wir zusammengelegt und ihr eine Fahrt nach Holland finanziert.
Oder gab es irgendwo im Süden von München einen, der im Hinterhof für 500 Mark die Abtreibung machte. Obskur und furchtbar.
Was ich sagen wollte: wir haben immer zusammengelegt. Für das Frauenzentrum, für Flugblätter, für die Zeitung, die wir machten. Es war multinational, heute sagt man multi-kulti. Geld war für uns kein Thema.
Natürlich hatten wir auch mit Männern Kontakt. Mit der ›Arbeitersache‹ und der ›Projektgruppe Technologie München‹. Das waren mehr die Theoretiker, die ständig Texte und Bücher produzierten, die sich bereits seit 1975 für Ökologie interessierten und die ›Gesellschaft für ökologische Forschung‹ gründeten. Das waren Leute von der TU, die 1968 aktiv waren und eine eigene Druckmaschine hatten. Jetzt machen sie den ›Raben‹-Verlag, irgendwo im Norden von München in einer alten Fabrik.
Bei der ›Arbeitersache‹ gab es wenig Theoretiker, die lebten von Aktionen und dem Einfluß der italienischen ›Lotta continua‹. Die Praktiker eben.
Beide Richtungen lagen in ständigem Streit miteinander.
Plötzlich tauchten ›I clandestini‹ auf, versteckten sich in den WGs und bestimmten irgendwie das Klima. Sie hatten 1971 herausgebracht, in Bologna und Trient, wer von der Stadtverwaltung und den Bürgermeistern Faschist gewesen war, mit Mussolini kooperiert hatte. Die hatten sie entführt und dann mit einem Schild durch die Straßen geführt: Ich bin ein Faschist! Danach mußten sie natürlich massenweise verschwinden und versteckten sich bei uns. Auch in Frankfurt und Berlin. Das waren Genossen, ja. Wie wir uns untereinander ja auch als Genossinnen betitelten, um uns von den Bürgerlichen abzusetzen.

In Italien gab es die ›Lotta feminista‹, und wir fuhren in der Zeit viel nach Italien. Wir diskutierten über Ärzte, Medizin und Psychologie. Wir waren fasziniert von der Anti-Psychologie, deren Konzept es war, die Irrenhäuser zu öffnen und die gerade damit begannen.
Ansonsten standen wir den Ärzten äußerst kritisch gegenüber. Sollten wir uns nicht besser kennenlernen, vor allem den Unterleib, um dann möglichst viel selber machen zu können? Abtreibungen zum Beispiel?
Da gab's bei uns dieses ›Speculum‹, einen Spiegel, um den Unterleib zu sehen, heute finde ich's ja höchst kurios, weil man so gut wie gar nichts sieht (lacht), dieses ›Speculum‹ gab's also bei uns, aber nicht in Italien. Und wir betrachteten es als Geste der Solidarität, derartige ›Specula‹ nach Italien zu transportieren. Unsere Kontakte zur italienischen Frauenbewegung spielten sich über diese ›Specula‹ ab. So lernten wir anno 1975 alle möglichen norditalienischen Städte kennen.
Zur der Zeit 75/76 brach die Siemens-Frauengruppe auseinander: die einen drifteten zur Anti-Psychologie, die anderen zu Baghwan.
Ich hatte inzwischen eine Stelle bei ›Trikont‹ und erlebte drei Jahre lang das Theater um das Bommi-Baumann-Buch: ›Wie alles anfing‹ hautnah mit. Da ging es um einen, eben Bommi, wie er zur RAF kam, was er dort erlebte und wie er sich schließlich vom Terrorismus absetzte.
1975 wurde das Buch verboten. Ein Jahr danach erschien es wieder mit einer Liste von 400 Promis, die als Herausgeber zeichneten, es wurde wieder beschlagnahmt. Der Prozeß zog sich bis 1978, bis endlich der Bundesgerichtshof entschied, daß das Buch erscheinen dürfe.
Ich hatte bei Hausbesetzungen bereits den ersten Kontakt mit der Polizei hinter mir. Ab 1974 waren wir eigentlich nur noch von Leuten umgeben, die Prozesse hatten. Kaum einer, der keinen hatte. Dann tauchten im Verlag plötzlich Leute mit Waffen auf. Autoren von uns, die plötzlich bewaffnet waren: der Karl Heinz Roth zum Beispiel. Es gab Schießereien, Überfälle, Festnahmen, Gefängnisstrafen und nach Jahren die ersten Entlassungen: der Teufel zum Beispiel in Berlin, der in der neugebauten U-Bahn nicht wußte, wie man eine Fahrkarte löste. Oder die Margit Czenki bei uns, die, nachdem sie gut fünf Jahre für ihren Banküberfall abgesessen hatte, in die ›blatt‹-Kommune zog und ziemlich lange brauchte, um sich wieder einzugewöhnen.
Die Basisbuchhandlung – ich habe übrigens die Steffi Black als Lehrling ausgebildet – der Trikontverlag und das ›blatt‹ gehörten irgendwie zusammen. Die Basis war ein eigener Betrieb mit Axel und Steffi und das ›blatt‹ war ein gutes Forum für uns, obwohl die Leute dort viel flippiger waren. Wir, wie auch andere linke Verlage, schickten den politischen Gefangenen in den Knästen die Bücher, die sie sich wünschten. Oft kamen sie aber wieder zurück, weil sie von der Zensur, äh, der Gefängnisleitung abgelehnt wurden. Es war die Zeit, wo ständig über Gewalt diskutiert wurde und der Sog hin zur RAF, hin zum bewaffneten Kampf, ganz schön stark war. Wir fühlten uns so ohnmächtig und wütend, daß der Weg dorthin eigentlich nur konsequent gewesen wäre. Und über die Rote Hilfe überhaupt kein Problem.

Wir hatten ein Prinzip im Verlag: Wir distanzieren uns nicht vom bewaffneten Kampf! Wir diskutieren über alles, über Prospekte, Programme, Initiativen, Knastbesuche, nur nicht über die politische Linie.
Trotz allem sind in den fast 20 Jahren des Bestehens des Verlages über 200 Bücher erschienen, das waren mehr als zehn im Jahr.
Die Geschichte der Gertraud Will hat mich stark beschäftigt und fast in die Arme der RAF getrieben. Sie war befreundet mit Roland Otto, der mit dem Rolf Heißler und der Margit Czenki den Banküberfall gemacht hatte. Er hatte seine Haftstrafe schon fast abgesessen und bekam immer öfter Urlaub wegen guter Führung. Dann hat er etwas Dummes gemacht: er ist nicht mehr in den Knast zurück. Die Polizei suchte ihn bei Gertraud. Ihr wurde vorgeworfen, sie verstecke ihn und sei mit ihm verlobt. Weil das dann ein anderer juristischer Status ist. Wegen des Verdachts, Mitglied einer kriminellen Vereinigung zu sein, kam sie zunächst in München in U-Haft am Neudeck. Ich begann, sie öfter zu besuchen.
Man hatte auf dem Speicher ihrer Eltern einen Koffer gefunden mit einer Knarre und politischen Schriften der RAF – wie der dahingekommen ist, ist mir heute noch schleierhaft.
Die ganze Familie Will wurde plötzlich als kriminelle Vereinigung behandelt und es war eine große Familie. Alle sehr sozial und sehr engagiert und plötzlich kriminalisiert.
Gertraud erlebte so ziemlich alles, was andere Politische auch erlebten: Isolationshaft, Verlegung nach Nürnberg, um sie von ihrem Umfeld zu trennen, miese ärztliche Versorgung nach einem Hungerstreik. Die Anstaltsärzte, unqualifiziert und bösartig. Was habe ich gekämpft, daß sie eine Decke mehr bekam!
Wenn ich sie besuchte, mußten wir beide uns nackt ausziehen und von irgendwelchen Wachteln untersuchen lassen, weil die meinten, wir könnten irgendwo etwas versteckt haben.
Während der halben Stunde Besuchszeit waren immer zwei Beamte des Bundeskriminalamtes dabei. Sie sagten: ›Sprechen Sie lauter!‹ oder verkürzten beliebig die Besuchszeit. Du konntest nichts tun! Diese Ohnmacht!
Was mich letztlich abgehalten hat, militant zu werden, war die Arbeit im Verlag und der Herbert Roettgen. Der mich zu Prozessen und Gefängnisbesuchen gehen ließ. Oder für den ID, den Informationsdienst zur Verbreitung unterbliebener Nachrichten, schreiben ließ. Der mir das Gefühl gab, ich könne doch etwas tun. Er hat mich praktisch davon weggerettet, ja.
Inzwischen hatte Trikont zusammen mit dem Kramerverlag die ›Operation Menschenfresser‹ herausgebracht, ein ETA-Buch über das gelungende Attentat an Carrero Blanco, dem designierten Franco-Nachfolger. Das wurde erstaunlicherweise nicht verboten.
Als wir RAF-Texte herausgeben wollten und deshalb an die 400 Herausgeber des Baumann-Buches schrieben, ob sie nicht vielleicht noch einmal … da kamen wenige Antworten zurück und in den meisten hieß es: Ja, aber … Das waren diese drögen, unverständlichen Texte, die dann in Schweden erschienen.

Herbert hat sich immer als ›Geburtshelfer‹ des Verlages ›Frauenoffensive‹ bezeichnet, die aus dem Trikont hervorging und zum Teil aus der Siemens-Frauengruppe entstanden ist. Es ging um den selbständigen Frauenstandpunkt und der wurde von der Gisela Erler, wiewohl keine Feministin, unterstützt. Das erste Buch beschäftigte sich mit ›Lohn für Hausarbeit‹, ein Thema, das gerade in England und Italien diskutiert wurde, bei uns noch nicht.
Ziemlich viele Frauen trugen das Konzept der ›Frauenoffensive‹, ich bin aber nicht dazugestoßen, ich blieb im ›Trikont‹ mit Ine aus der Siemensgruppe.
Sie, die früher die Dogmatischste in der Frauengruppe war, die forderte, man müsse sich für Frauen und gegen Männer entscheiden, das heißt ›Bewegungs-Lesbe‹ werden (lacht), so hießen die, die aufgrund feministischer Erkenntnisse lesbisch wurden und nicht, weil es in ihnen angelegt ist, sie ist irgendwie sie selber geblieben: sie lebt heute mit dem umoperierten Sohn von Augstein, ihrer Freundin, in der Nähe von Starnberg zusammen.
Nach Verena Stefans ›Häutungen‹, das ein großer Erfolg wurde, trennte sich die Frauenoffensive im Knatsch von Trikont. Herbert tobte. Er tobte wie immer kurz und ging – was die Klärung nie viel weiterbrachte. Es gibt die Frauenoffensive noch irgendwo in Schwabing.
Auch die Trikont-Schallplatten, die der Achim Bergmann macht, gibt es noch. Er sitzt da so in der Kistlerstraße, macht keine Werbung, dafür aber wunderschöne Schallplatten. Er und die Gisela Erler waren lange zusammen und haben zwei Kinder. Von ihm stammt der Name ›Frauenoffensive‹.
Was mir aus dieser Zeit geblieben ist? Vielleicht die Erinnerung an die Selbstverständlichkeit, mit der wir uns über Jahre weg ausgebeutet haben, wenn wir ein Projekt gut fanden.
Daneben fällt mir die Selbstverständlichkeit auf, mit der die Jungen sich heute bewegen, diskutieren, ins Bett gehen miteinander. Und ich glaube, daß wir das in gewisser Weise miterkämpft haben.
Die Türkenstraße ist für mich der Zustand, in dem sich das alles kristallisiert.«

Herbert und Marianna Roettgen
geb. 1940 und ca. 1955 · Verleger »Trikont«, Autor · Journalistin

Mytho-Poetisches

Zu einem Zitat, das gerade [anno 1993] in der SZ erschienen war: »Was die 68er Generation verändert hat ... die Studentenbewegung auf der Suche nach einer in Europa vorzeigbaren deutschen Geschichte ... grub linke Traditionen aus und thematisierte sie ... man kann sie als eine Generation der Verlags- und Buchhandlungsgründer und Antiquariatsbesucher ansprechen ...«

Herbert »Da kann ich nur zustimmen. Die Verlage haben in der 68er Bewegung eine große Rolle gespielt, weil es sich um eine Intellektuellen-Bewegung handelte und viele der Protagonisten durch Bücher motiviert wurden. Die Verlage hatten aber nicht nur die Aufgabe, Bücher herzustellen, sondern sie waren auch, wie die Buchhandlungen, Zentren, Sammelplätze, eine Art Focus, wo man hinging und sich austauschte.

Verlage und Buchhandlungen hatten einen ähnlichen Charakter wie die Kneipen, wenn auch auf einer etwas seriöseren Ebene.

Die Kneipen, in die wir gingen, befanden sich in der Türkenstraße: ›Der kleine Bungalow‹, ›Charivari‹, ›Stop In‹, manchmal auch der ›Alte Simpl‹. Kneipen haben mich mein ganzes Leben intensiv begleitet. Die Türkenstraße war für mich die wichtigste Straße Münchens, obwohl ich nur zwei Jahre dort gewohnt und gearbeitet habe. Von 84 bis 86, auf Nummer 55, danach mußte der Verlag zumachen: Konkurs. Für mich ein Ereignis, das mich tief mit der Türkenstraße verbindet. Seit 1967 bedeutet sie mir viel: ganze Nächte habe ich in ihren Kneipen verbracht und zwei der in meinem Leben wichtigen Frauen dort getroffen.

Die Türkenstraße ist für mich stark emotional aufgeladen.
Es gab viele Orte, wo in München politische und subkulturelle Diskussionen gepflegt wurden: im SDS, im ›blatt‹, in den Buchhandlungen, im Verlag. Aber wenn es zehn Uhr wurde, begab man sich in die Türkenstraße, ins Kino oder direkt ins ›Stop In‹ oder ins ›Charivari‹. Dort wurde weitergeredet. Man trank und rauchte unendlich viel. Der Druck des Tages hatte abgenommen und die Emotionen brachen heraus. Man konnte sich lustig machen über die Situationen, die man tagsüber erlebt hatte. Es wurde ziemlich viel gelacht.
Dort sammelte sich das ganze subkulturelle Volk Münchens: die Linken, die Anarchisten, die kleinen Poeten, die Ausgeflippten, die Päderasten. Das war aber nicht das Feld, wo sie aktiv wurden, es war eher eine Art Rückzugsgebiet, um sich mit Freunden über ihr Milieu zu unterhalten. Oft kam man Tag für Tag erst um drei Uhr nachts ins Bett.
Es war aber auch ein kreatives Milieu. Neue Dinge, neue Aktionen entstehen ja oft in einem Zustand, in dem man enthemmt ist. Deshalb spielte die Türkenstraße so eine große Rolle: Besetzungen, Demonstrationen, Aktionen wurden hier entwickelt.
Sie war eine Art Hefe. Eine Hefe, die zum Vorschein brachte, was in uns steckte.
Die Straße war damals auch voller Spitzel. Voller Polizisten. Die waren da, tranken mit uns ein Bier und versuchten, etwas aus uns herauszubekommen. Aber es wirkte nicht bedrohlich, im Gegenteil, man nahm es als Teil der eigenen Identifikation.
Interessant war, daß das ›Stop In‹ von zwei sehr zionistisch orientierten Israelis geführt wurde, während wir uns zu der Zeit schon für die Palästinenser geschlagen hatten, aber das störte irgendwie keinen. Sie führten eine gewisse Regie, die notwendig war, damit dieser wilde Haufen nicht durchdrehte.
Eben komme ich aus dem ARRI, wo ich den Film ›Saison en enfer‹ über Rimbaud gesehen habe. Rimbaud, der seine poetische Dimension aufgekündigt hat, um ohne Rast und Ruh durch die Welt zu wandern. Tabak-, Elfenbein- und Sklavenhändler war er in Aden und Java, ist dauernd einer Sehnsucht nachgelaufen, die sich nie verwirklicht hat.
Da fiel mir die Türkenstraße ein: viele Figuren, die ich hier getroffen habe, ein Teil des Milieus, waren doch ständig einer Sehnsucht nachgelaufen, die sich nicht verwirklicht hatte: da hatte die Revolution nicht stattgefunden und die ersehnte Begegnung auch nicht. Da haben sie sich mit der Situation abgefunden und eine eigene Kultur gebildet. Sie haben sich eingerichtet in der Hölle, die keine Sehnsucht mehr kennt. Man kann sich da durchaus gemütlich einrichten. An einem Ort, von dem man eigentlich wegwollte. Aber nicht mehr konnte. Weil man wie gefesselt war und auch die Tür nicht mehr gefunden hat. Deshalb hat man sich abgefunden mit diesem Raum und dieser Kultur und etwas entwickelt, was zwar den Idealen nicht mehr entsprach, aber doch ganz lebbar, ja faszinierend war.

Der Peter Schult, zum Beispiel, der schwule Schriftsteller mit seinen Knabenlieben, der hat in einem Text ›Gefallene Engel‹ diesen Raum mythologisiert. Er hat sich dort ansässig gemacht. Er hat einen Lehnstuhl hineingestellt und eine Apotheose all' der Menschen gemacht, die aus der Gesellschaft herausgefallen sind.

In seinem Roman ›Sackgassen‹ hat er versucht nachzuweisen, daß Sackgassen etwas Interessantes sind, weil man sich dort seine eigene, neben der offiziellen Gesellschaft existierende Gesellschaft aufbaut.

Mich hat dieses auf den ersten Blick nicht sichtbare subkulturelle Milieu fasziniert. An die Straße gebunden. Obwohl sie für mich, psychologisch gesehen, eine Sackgasse war.

Wenn ich durch die Straße gehe, fühle ich mich immer noch wie 28. Die Leute, die aber in den Kneipen sitzen, sind Leute meiner Generation. Und sie werden immer älter. Ich fühle mich ihnen verbunden. Ich sehe an ihren Gesichtern, daß sie ihre Ideale nicht verwirklicht haben, daß sie sich aber trotzdem nicht in die Gesellschaft integriert haben. Daß sie aber nicht mehr die Kraft haben, ihre Kreativität am Schopf zu packen und etwas Neues zu machen. Das stimmt mich traurig.

Viele, die ich hier getroffen habe, sind gewaltsam umgekommen: der Andreas Bader und die Gudrun Ensslin, der Rudi Dutschke und der Schult, der ist ja irgendwie auch vor der Zeit abgetreten. Während die neue Generation, die sich hier ansiedelt, es zwar schafft, aber keine Ideale hat, innerhalb des Alltäglichen stehenbleibt und nichts mehr anstrebt, was darüber hinausgeht. Ich habe die Absicht, mich abzunabeln. Ich möchte diesen Raum verlassen, gerade weil er so wichtig für mich war. Weil ich ihn sehr geliebt habe. Irgendwo ist es für mich ein Endpunkt, ich wohne in der Georgenstraße, praktisch Ecke Türkenstraße. Und ich habe nie gewußt, was es mir unmöglich machte, die Georgenstraße zu verlassen: es war die Türkenstraße, die mich festhielt.

Jetzt möchte ich aufs Land und sehe in diesem Gespräch einen gewissen Abschluß. Ich möchte die Türkenstraße mit Ehre hinter mir lassen. Die Abnabelung empfinde ich als Verlust, aber auch als Chance für einen Neubeginn: Unbelastet zurückkommen, der Straße, den Menschen neu begegnen können.

Ich habe die Türkenstraße als Teil meines eigenen Selbst erkannt, die ich aber auf der Wanderung des Lebens wie eine Station hinter mir lassen muß. Die große Mutter der Enttäuschten und Verlorenen.

1967 war ich Mitglied im Kölner SDS und in einem Arbeitskreis aktiv, der sich mit den Themen der Dritten Welt beschäftigte. Die Gisela Erler auch, die Tochter von Fritz Erler, mit der ich damals zusammen war. Wir vertraten die Ideen der unterdrückten Völker und der Befreiungsbewegungen in ihrem Kampf gegen den Kolonialismus. Und verbreiteten sie.

Zum Beispiel eine Rede von Che Guevara, wo er sich kritisch mit dem russischen Kommunismus auseinandersetzte. Gar nicht orthodox. Irgendwie hat es sich dann ergeben, daß wir ein Verlagshaus um diese Idee gründeten.

In Kuba gab es einen ständig tagenden Kongreß der Befreiungsbewegungen, der sich ›Tricontinental‹ nannte. Das bezog sich auf die Dritte Welt und den Dritten Weg, den sie einschlagen wollte zwischen Kapitalismus und Kommunismus. Daher der Name ›Trikont‹.

Gleich am Anfang bekamen wir die Bibel des großen Vorsitzenden Mao Tse-tung in den Verlag. Sie bildete unser Finanzpolster. Es war ein kleines umfangreiches Büchlein, 400 Seiten auf Dünndruck, genau das Papier der Bibelseiten, mit rotem Plastikeinband, die ›Mao-Bibel‹. Wir haben viel davon verkauft.

Am Ende, nach fast zwanzig Jahren, habe ich ein Buch über den Dalai Lama veröffentlicht, der ja von Mao in schrecklicher Weise vertrieben worden war. Ich sah das nicht als Kontrapunkt, sondern eher als Ergänzung. Als ich es dem Dalai Lama erzählte, war er erst verdutzt, dann hat er gelacht.

Der Verlag hatte zwar eine Reihe von Gesellschaftern und Menschen, die ihm nahestanden, aber letztlich haben die Gisela Erler und ich das Programm bestimmt.

Wir sahen uns zunächst als Sprachrohr der studentischen Bewegung mit Büchern über die Studentenrevolte und die ›Aktivierung des Proletariats‹. Dabei waren wir aber nicht dogmatisch, wir waren das Sprachrohr der Sponti-Bewegung, einer Mischung aus Hippies, Anarchisten, neuer Linker und Einzelnen, die man nicht so genau definieren konnte, die zu einem Milieu gehörten, aber zu keiner Organisation.

Der Verlag war ein weiterlebender Korpus, der für die vielen, schnell zerfallenden Bewegungen immer der Bezugspunkt war. Deshalb auch die starke emotionale Bindung.

Wir haben oft sehr schnell als erste neue Ideen auf den Markt gebracht. Wir sahen uns als Schrittmacher der neuen Protestbewegungen, die nicht mehr nur das geknechtete Proletariat umfaßten, sondern auch die Grauen Panther, Homosexuelle, Frauen oder die regionalen Bewegungen in Spanien.

Wir brachten Themen auf und in zwei Jahren waren sie Teil der offiziellen Verlagspolitik. Die hatten dann die anderen Verlage aufgegriffen. Wir änderten dann meist das Programm, führten es mit neuen Themen fort. Aber am Schluß war die Vorlaufszeit so kurz geworden, es waren nur noch Monate, bis die anderen Verlage sich unserer Themen bemächtigt hatten, sie auf den Markt warfen. Da konnten wir nicht mehr mithalten. Und so billig produzieren wie sie konnten wir auch nicht. Zum Schluß gab es Hardcover, schöne Bücher, die an die dreißig Mark kosteten.

Im Trikont erschienen die ersten Frauenbücher. Folge war eine Spaltung des Verlages in Dianus-Trikont und die Frauenoffensive. Es war kein Aufstand, es war eine Hilfestellung von meiner Seite. Weil die Gisela sehr mit der Frauenbewegung sympathisierte. Über ein Jahr benutzte die Frauenoffensive, noch ohne eigenen Namen und juristische Selbständigkeit unseren ganzen Apparat, bis sie sich selbständig machte.

Als der Verlag aus Köln hierhergezogen war, existierte er zunächst in der Georgenstraße, in einer Wohnung. Dann sind wir in die Sandstraße gezogen,

dann in die Theresien-, die Josephsburg-, die Kistlerstraße, zurück in die Agnes-, dann, im August 1984 in die Türkenstraße.
Ich war froh, hier einzuziehen, in das schöne Büro neben dem ›Simpl‹, in ein Haus, auf dem die Jahreszahl 1881 stand. Ich nahm es für ein gutes Omen, war es aber nicht, weil letztlich der Verlag dort ins Totenbett kam.
Ich dachte zu der Zeit, ich könnte den Verlag von einem kleinen zu einem mittleren hochbringen. Weil die Thematik, die wir hatten, auf großes Interesse in der Öffentlichkeit stieß. Wir hatten die besten Rezensionen, aber die Bücher wurden trotzdem nicht gekauft. Finanziell ging es uns nicht so gut. Wir hatten zwar eine strahlende Wirkung, die sich aber nie in Gold und Geld umsetzte.
Ich hatte angefangen, über unsere Verhältnisse hinaus, das Programm aufzustocken: statt bisher 10 Bücher habe ich 20 gemacht. Das hat den Verlag völlig überfordert. In der Agnesstraße waren wir zwei Leute, hier in der Türkenstraße in kürzester Zeit 19. Ich habe damals den Kongreß mit den Dalai Lama und Carl Friedrich von Weizsäcker organisiert. Es war ein großes Spiel, ich habe alles auf eine Karte gesetzt und gewußt: wenn jetzt keine starke Resonanz kommt, haben wir keine Chance mehr. In dem Sinn habe ich das Spiel verloren. Wir waren einfach zu früh dran.
Aber der Konkurs war milde: die Autoren konnten zum Teil aus der Masse ausbezahlt werden. Im Grunde hatte der Verlag damit auch seine Schuldigkeit getan. Er hatte seine Initiationsfunktion sowieso schon verloren.
Nach diesem Konkurs konnte ich auch kein richtiges Programm mehr stricken. Ich wußte nicht mehr, wo's langging. Mir fiel die Sehnsucht der Türkenstraßler ein: immer etwas mehr zu wollen als zu können.
Dann die daraus resultierende Melancholie als Krankheit der Straße. Stehengeblieben sein, sich eingerichtet haben. Wie es noch Buchhandlungen und Kleinverlage gibt, die übriggeblieben sind und alle so einen kleinbürgerlichen Mief ausstrahlen mit ihren Restposten aus einer als ideal und heroisch empfundenen Vergangenheit. Wo noch Metaphern gehegt werden, die nie für eine Hinterstube gedacht waren, jetzt aber dort gelandet sind. Deshalb wirken sie besonders skurril.
Es war wichtig, daß ich mich dann zurückgezogen habe, um ohne Druck, etwas veröffentlichen zu müssen, mich mit der Welt, aus der ich herkam und die mich motiviert hat zu beschäftigen. Um tiefer in die Dinge hineinzuschauen und zu fragen: Wie komme ich da heraus? Welches sind Bilder und Motive, die aufs ›andere Ufer‹ verweisen?
Ich strebe nach dem Anderen. Ich fühle mich immer noch als Revolutionär (lacht), wenn auch mit anderen Mitteln, anderen Methoden. Ich habe immer noch die Hoffnung, ja die Gewißheit, daß sich was tut.
Ich glaube noch an das Wunder. Das Wunder war immer sehr wichtig für mich. Ich habe das Wunder immer sehr gern gemocht. Für mich war auch die linke Revolution mit dem Begriff ›Wunder‹ verbunden.
Das begegnet mir im Leben partiell immer wieder, dieses Einbrechen einer anderen Dimension.

Das erhält mich am Leben wie ein Elixier, das hält mich innerlich jung. Ich mag es einfach nicht, mich abzufinden.
Zwei große Themen hat die Linke sträflich vernachlässigt: die Natur und den Mythos.
Die Natur war für uns Linke, wie auch für jeden Christen, ein ganz normaler Ort der Ausbeutung. Dabei war Naturliebe immer ein Bestandteil meiner Lebensgeschichte. Bis fünf war ich in Kärnten, am Millstätter See, bis neun in der Eifel, bis wir nach Köln zogen. Als Kind war ich immer zusammen mit einer Schlange und einem Huhn und hab' aus demselben Topf mit ihnen gegessen. Nur das Schwein fehlte da noch laut Buddhismus. (lacht) Das gab es alles bei den Linken nicht. Das war zwar nicht tabu, aber man hat darüber gelacht. Auch die Anarchisten. Während es Naturliebe bei den Konservativen sehr wohl gab, was ich immer mit einem gewissen Neid betrachtet habe. Und mit Freude gesehen habe, daß es sie bei den Grünen wieder gibt.
Zum Mythos: Das Leugnen des Mythos war das Problem der gesamten Linken. Das hat Ernst Bloch als einziger erkannt. Die Hinwendung zum Mythos ist schon seine Überwindung. Man geht in einen leeren Raum und kommt zurück und schafft sich einen neuen Mythos, weil ohne Bilder der Mensch nicht leben kann. Die Frage ist nur: welche Bilder bestimmen das Bewußtsein der Gesellschaft? Seit dem 4. Jahrhundert nach Christus die Apokalypse des Johannes von Patmos, der die Lösung von Konflikten in der totalen Verteufelung und Vernichtung des Gegners sieht. In der Dualität, nicht in der Überwindung der Dualität.
Seit 1968 spielte die Gewaltdiskussion innerhalb der Linken eine große Rolle. Gewalt gegen Sachen habe ich immer unterstützt, keine Frage, daß militante Demonstrationen nötig waren. Was war eine Fensterscheibe gegen das Besprühen der vietnamesischen Wälder und Dörfer mit Agent Orange? Gewalt gegen Personen, das war ein Thema, wo ich mich nicht entschieden hatte, das bis 1976 in der offenen Diskussion blieb. Bis es sich von selber erledigte.
Anfang der 70er wurde uns ein Manuskript angeboten: Bommi Baumanns ›So fing es an‹, das sich wesentlich mit dem Thema Gewalt beschäftigte, die Gewalt der RAF, und das deshalb so glaubhaft war, weil der junge Arbeiter alle Phasen selbst mitdurchlaufen hatte und zunächst sehr begeistert vom bewaffneten Kampf war. Zum Schluß kommt er jedoch zur Überzeugung, daß Gewalt nach außen nichts bringt, weil sie sich schließlich nach innen wendet, auf die Beteiligten zurückschlägt, zu einer völligen Versteinerung der Herzen und einer Aggressivität gegeneinander führt. Im letzten Kapitel stellt er gegen die Gewalt die Liebe. Also eine grundsätzliche Absage an die Gewalt.
Es gab langwierige Diskussionen im Verlag, ob man das Buch überhaupt machen solle, weil ein Teil der Genossen ja bereits im Gefängnis saß, und ob man ihnen mit so einem Buch nicht in den Rücken fallen würde. Leuten, die man als Idealisten geschätzt hatte, wie die Ensslin oder die Ulrike Meinhof,

wenn uns auch ihre Aktionen nicht sinnvoll erschienen und wir sie nicht unterstützten.

Wir waren noch mitten in den Diskussionen, als eine Abordnung von RAF-Unterstützern aus Berlin kam und sich einmischte. Wir redeten und redeten und redeten. Es war Mitternacht vorbei, als einer von denen sagte: ›Jetzt ist aber Schluß!‹ und einen Revolver auf den Tisch warf. ›Wenn ihr das Buch rausbringt, knallen wir euch ab!‹

In dem Augenblick wurde mir klar, daß wir das Buch rausbringen mußten. Ich hatte keine Angst vor ihnen, aber für mich war damit die Diskussion zu Ende. Ich gab das Buch am nächsten Tag in Auftrag.

Und obwohl von Heinrich Böll und dem Innenministerium empfohlen, wurde es von der Bayerischen Staatsanwaltschaft verboten. 1 000 Exemplare waren aber schon verkauft. Das führte zu einer Kampagne weit über die Grenzen der Bundesrepublik hinaus, bis wir 350 Herausgeber gefunden hatten: Sartre war dabei, Simone de Beauvoir, ein Mitglied des englischen Oberhauses, und viele bekannte Schriftsteller und Organisationen. Die Ausgabe erschien dann nicht mehr unter unserem Namen, sie wurde in Frankfurt ausgeliefert unter den wohlwollenden Blicken der Frankfurter Staatsanwaltschaft. 80 000 Exemplare haben wir davon verkauft.

Dieser Baumann war für mich die Person, die letztlich dieser Bewegung den Garaus gemacht hat. Das konnte kein Intellektueller, die verhielten sich überhaupt ganz abstrakt zu den RAF-Leuten. Das konnte nur ein Arbeiter, der seine Finger in die Wunde legt: daß nämlich Gewalt auf die zurückwirkt, die sie anwenden und ihre Seelen verformt. Nach Bommi Baumann war das Gewaltproblem für mich gelöst. Während seiner Untergrundzeit hat er in einem Film mitgespielt, der in Italien gedreht wurde und keiner hat es gemerkt, hat ihn erkannt. Später mußte er seine Strafe absitzen, wurde danach zum gerngesehenen Gast in diversen Fernsehshows und hat heute eine Kneipe in Berlin. Er ist immer noch Mitglied der Subkultur, aber nicht der aggressiven. Ein pazifistischer Punk, würde ich sagen.

Das ARRI am Ende der Straße mit seinen vielen Jungfilmern hat sich in der Zeit wesentlich aus der Emotionswelt der Türkenstraße gespeist. Aus diesem Nachtmilieu, in dem die Aktionen entstanden. Nicht, daß es hier speziell ein Terroristenmilieu gegeben hätte, es war eine subkulturelle Mischung von allem Möglichen. Man kam nicht her, um terroristische Aktivitäten zu planen, sondern um Leute zu treffen, zu reden, in einer W.G. zu übernachten.

Diese Stimmung hat die Trotha in ihren Filmen eingefangen, der Werner Herzog die Sehnsucht nach Exotismus und der Faßbinder die Wut der Selbstzerstörung. Themen, die alle mit der Türkenstraße zu tun haben. Die wir viel emotionaler ausgetragen haben als die Jungfilmer selber, hatte mir der Schlöndorff bestätigt. Unsere Seelensubstanz wurde von ihnen künstlerisch verarbeitet, wir waren sozusagen die prima materia, aus der die Alchimisten von ARRI ihre Filme machten.

Das hatte durchaus einen vampiresken Zug, diese direkte Verarbeitung von Themen und Menschen.

Ganz am Anfang gab's Beziehungen zu ›Libresso‹, dann kaum noch: man ging sich aus dem Weg. Wir hielten sie mit ihrem literarischen Zirkel für völlig antiquiert und mit ihren Beziehungen zur DDR direkt für konterrevolutionär. Sie machten ihre offiziellen Besuche in der DDR und wenn wir rüberfuhren, besuchten wir die Leute im Untergrund, die Anarchoiden sozusagen, die später die wichtige Rolle bei der Vereinigung spielten.
Es gab eine Phase, wo wir uns intensiv mit Marx beschäftigten, aber nicht wie sie mit dem politisch-ökonomischen, eher mit dem philosophischen. Der Marx der ›Entfremdung‹, das war der, der uns interessierte, der animierend für unsere Aktionen war. Das Bewußtsein, nicht die materielle Seite. Das unterschied uns von ›Libresso‹ und der DKP.
Wir wollten Zwänge ablegen, Freiheit haben, um uns bewußtseinsmäßig weiterentwickeln zu können. Dann kamen die Einflüsse der Hippie-Bewegung und der Rockmusik dazu, die Aktionen der Gruppe ›Spur‹ mit Dieter Kunzelmann, die politischen Happenings. Es gab dauernd Überschneidungen zwischen moderner Kunst und politischen Aktionen durch die Happenings – das alles gab es bei den ›Libresso‹-Leuten nicht. Sie waren irgendwie ›alt‹, während wir uns ›jung‹ fühlten.
Deshalb hörte wohl auch die Türkenstraße für uns vor dem ›Libresso‹ auf.
Drei Liebesbeziehungen verbinden mich mit der Türkenstraße, vielleicht auch vier.
Mit der Gisela und dem Verlag bin ich hierher gezogen. Unsere Beziehung ging aber in den frühen 70er Jahren auseinander. Diesen Bruch habe ich in der Türkenstraße verarbeitet. Es hatte eine fürchterliche Eifersuchtsszene vor der ›Engelsburg‹ gegeben, die mich fast zum Zusammenbruch trieb. Ganz sicher aber ins Nachtleben.
Über die Jahre hat sich dann die Beziehung langsam abgebaut, weil wir uns ja tagtäglich im Verlag noch sahen, Projekte besprechen und realisieren mußten. Weil der Verlag so eine wichtige Rolle in der Linken und der Subkultur spielte, wollte keiner von uns den Verlag freigeben für den anderen.
Im ›Stop In‹ traf ich die Elisabeth. Sie hat mich herausgeholt aus dieser Kultur der Verzweiflung, dieser Akkumulation von Leuten mit Beziehungsschwierigkeiten.
Mit ihr konnte ich eine neue Begegnung gestalten, die auch zu einem Kind geführt hat. Wir waren beide Kinder dieses Milieus, die Elisabeth und ich, beide von der Sehnsucht beseelt, etwas zu verwirklichen, zu etwas anderem durchzubrechen. Zur Revolution (lacht) oder dazu, ein wirklicher Kulturträger zu werden. Wir haben es nicht geschafft. Die Beziehung zu ihr trägt den Stempel der Melancholie.
Es war schon seltsam: obwohl ich in aller Munde war, hatte ich nicht die Anerkennung der Stadt. Ich habe nie eine Subvention bekommen oder einen Platz für einen Auftritt.
Wir galten als gefährlich. Die Gefahr waren die Inhalte unserer Bücher. Und daß wir uns am Rande des bewaffneten Kampfes bewegten, das allein war Gefahr genug.

Die Gruppen, die wir vertraten, waren ja am Anfang geächtet: bewaffnete Befreiungsbewegungen. Und die Milieus, die wir repräsentierten, auch: Gastarbeiter, Dritte-Welt-Gruppen, Homosexuelle, emanzipierte Frauen. Sie alle galten in der starren Bundesrepublik als Gefahr. Wir haben den Kampf zwischen ihnen und der Gesellschaft ausgetragen, wir waren de facto der Schlüssel, der ihnen die Türen in die Gesellschaft öffnete. Wir haben sie eingeschleust. Wie den Rosa von Praunheim.
Meine spirituelle Entwicklung habe ich mit Christiane Thurn vollzogen, der Gräfin aus dem österreichischen Waldviertel. Sie kam einmal in den Verlag. Ich sah sie und sie repräsentierte so ideal das Bild, das ich mir in meiner Jugend von einer Frau gemacht hatte. Sie hatte Charaktereigenschaften, die mich bis ins Tiefste fasziniert haben: Politisch war sie links, sie war Französin – ich frankophil – sie war Jüdin – ich philosemitisch – sie war adelig – ich hatte schon immer ein Faible für Außergewöhnliches – sie war Schriftstellerin, eine in Frankreich recht bekannte und sie war extrem schön.
Mit ihr bin ich in einen Rausch hineingeraten.
Ich entsinne mich an eine Szene im Gericht. Wegen Bommi Baumann mußte ich fünfmal vor den Kadi. Christiane und ich saßen auf der Anklagebank. Ich habe mich um den Prozeß kaum gekümmert, weder um den Staatsanwalt noch um die versammelte Linke. Ich habe mit Christiane geflirtet, was sowohl den Staatsanwalt in Rage brachte als auch die Linke. Als der Staatsanwalt zum Schluß eine hohe Strafe forderte und sie auch damit begründete, daß er von meiner ›asozialen Arroganz‹ sprach, da hat die Linke geklatscht. Da gab es einen Konsens zwischen beiden. Ich war überhaupt eine extreme Enttäuschung für die Linke. Durch den Bommi-Baumann-Fall bin ich zu einer Art Verlagsheroen aufgestiegen, zu einer Integrationsfigur. Da sammelten sich um den Verlag Leute von der FDP über die DKP, Frauengruppen, Linke und Anarchisten – die größte Gruppierung vor der Friedensbewegung. Die sich für die Veröffentlichung des Baumannbuches und gegen den Paragraphen 88a, den Gewaltparagraphen, den sie auf das Buch angewendet hatten, engagierten. Das war 1976 und just in diesem Augenblick vollzog sich bei mir die Wende zur spirituellen Verlagspolitik hin. Man hat es mir sehr übelgenommen.
Ich habe es nicht als Bruch gesehen, sondern als neue Ausrichtung des Verlages. Ich habe versucht, es zu erklären, aber ich fand auf einmal keine offenen Ohren mehr. Da sind viele Enttäuschungen geblieben, Wunden, die heute noch nicht geheilt sind.
Ich weiß es von Christine Dombrowsky, die unser Archiv betreut: wenn sie Menschen aus der Zeit anspricht, ob sie noch Beiträge hätten fürs Archiv, wird sie oft schroff zurückgewiesen: ich hätte schließlich den Sozialismus verraten.
Obwohl das ganz falsch ist. Ich habe das politische Engagement ja nicht aufgekündigt, ich habe nur versucht, es mit dem Spirituellen zu koppeln. Ich habe zum Beispiel Bücher über den alternativen Nobelpreis herausgebracht: ich habe weiter engagierte Politik gemacht. Aber wer diesen Schritt nicht

ging, wer stehenblieb, ist leicht auf die Verleumdungskampagne hereingefallen. Ich als Verräter! Das Syndrom konnte sich nur entwickeln, weil für viele der Verlag eine Heimat war. Der so bleiben sollte, wie er war.

1976/77 suchte ich eine neue Identität für den Verlag: Trikont allein reichte mir nicht mehr. Da kam ich auf ›Dianus‹ mit seinen verschiedenen Bedeutungen. Janus, der Gott des Anfangs, der dem Januar seinen Namen gab, der Gott mit den zwei Gesichtern. Der alte italische Gott, der für die Römer auch das Bild des Paradieses darstellte, aber eines sinnlichen Paradieses hier auf Erden. Oder Dianus als Mann der Diana.

Und weil ich schon damals unter dem Drang, unter der Vision stand, daß die Begegnung von Mann und Frau eine zentrale Rolle bei der Entwicklung gesellschaftlicher Utopien spielen würde, wählte ich den Januskopf. Das war aber falsch. Weil sich Mann und Frau nämlich nicht anschauen, sondern aneinander vorbeisehen. Weil dieses Symbol falsch gewählt war, mußte der Verlag untergehen. Das war der entscheidende Fehler, den ich gemacht habe. (kichert) Trotzdem hat der Kopf in den letzten acht Jahren noch eine eigene Dynamik entwickelt: es gab viele Aktivitäten, Kongresse mit Schamanen oder über keltische Kultur im österreichischen Waldviertel; das Treffen des Dalai Lama mit Hopi-Indianern und andere Veranstaltungen mit Indianern. Von der Dynamik her gleichwertig mit den Dingen aus der politischen Zeit.

In der Zeit, als ich das Verlagsprogramm änderte, hatte ich Visionen, die mich aufgerüttelt haben: ich sah, wie die Begegnung von Mann und Frau in Harmonie gebracht wird; daß daraus etwas ausstrahlen kann, was eine politische Rolle in der Gesellschaft spielen kann. Und zwar mußte die Begegnung nicht nur auf körperlicher und seelischer Ebene stattfinden, sondern auch im religiösen Raum. Ich habe Bilder gesehen, an verschiedenen Orten der Welt, in dunklen Räumen. Erscheinungen, die andere vielleicht Halluzinationen nennen würden. Ich habe eine Hochzeit gesehen und Mann und Frau, die sich begegneten, Gott und Göttin. Das hat mich so erschüttert, da habe ich gefühlt, daß da, wo sich Gegensätze begegnen, etwas völlig Neues entsteht. Ich habe versucht, diese Vorstellung in die Politik zu denken: daß wenn sich rechts und links begegnen, etwas Neues entstehen könnte. Letztlich hat das irgendwie bei den Grünen ja auch einen Niederschlag gefunden. Ich habe also erkannt: wenn Dualismen in Polarität zueinander kommen, entsteht etwas Neues. Entwickelt sich eine neue Dimension der Lebensbewältigung. Ich habe angefangen, mich mit dem Geheimnis des Lebens zu beschäftigen, und das Märchen, das das Leben ist, sehr bewußt zu spielen. Die Wunder, die mir zunächst in Visionen erschienen waren, haben sich mehr und mehr mit dem Leben verbunden. Ich habe nicht gesagt: hier ist die Realität und darüber der spirituelle Raum, sondern es geht darum, auch diese Vereinigung zu finden. Etwas als Wunder zu erfassen, was vielleicht alltäglich ist.

Ich lebe zum Beispiel nicht mehr kausal im Sinn von Vergangenheit, Gegenwart, Zukunft, sondern ich lebe synchron. Wenn ich mich mit einem

Thema sehr beschäftige, gruppiert sich die Welt um dieses Thema: Freunde melden sich wegen dieses Themas, Manuskripte werden dazu geschickt, wenn ich in eine Buchhandlung gehe, fällt mir ein Buch zu dem Thema in die Hand. Diese Art des Sich-Wundern-Könnens ist eine neue Qualität. Ich habe auch versucht, sie aufs Geld anzuwenden, und siehe da, ich habe überlebt in dieser Zeit.

In der Begegnung mit Marianna, meiner Frau, mußte sich diese Art des Lebens erst entwickeln. Wir stammen aus völlig unterschiedlichen Kulturräumen, sie ist Bulgarin und getroffen haben wir uns im ARRI in der Türkenstraße. Sie hat mich da abgeholt, im Foyer. Mit ihr bin ich in eine Dimension eingetreten, wo sich das, was ich als ›Sehnsucht nach der Frau‹, als ›Sehnsucht nach einem Menschen‹, mit dem man gemeinsam etwas schaffen kann, bezeichnet habe, in gewisser Weise verwirklicht hat. Daß ich auf ein Wesen treffe, mit dem ich die Welt neu kreieren kann. Seine Welt aus einem Kern heraus neu zu schaffen, halte ich für revolutionär. Und das in einer Begegnung der beiden Polaritäten von Mann und Frau. Das ist nicht leicht. Das war immer das Hauptproblem meines Lebens und war mir bis dato nicht gelungen.

In der Zeit habe ich ein Buch über Fotografie geschrieben: ›Das dritte Auge‹. Wie man mit Hilfe der Fotografie die Welt hinter dem Sichtbaren sichtbar machen und den Erlebniswert des Fotografen im mystisch-metaphysisch-transpersonalen Raum mit einbeziehen kann. Oder das Kochbuch mit der Rahmengeschichte: ein Konditor verspricht seine schöne Tochter dem, der zwölf Rezepte aus der Welt herbeibringt. Zu jedem der zwölf Rezepte gibt es ein Märchen. Die Erlebnisse der Märchenfiguren waren meine eigenen, ich habe in ihnen viel verarbeitet.

Dann aber haben Marianna und ich ein Konzept der mytho-poetischen Reisen entwickelt, wir haben eine Technik entwickelt, wie wir in einen Mythos eintreten und ihn heilen. Im Spiel heilen.

Man geht an einen bestimmten Ort, an dem ein Mythos stattgefunden hat oder ein Märchen oder eine historische Geschichte. Nehmen wir mal den Undersberg bei Salzburg. Da wohnen, heißt es, eine Menge seltsamer Figuren: Drachen, Geister, eine weiße Frau und eben auch Barbarossa. Da sind verschiedene Schichten des Mythischen: die alte matriarchalische mit den Moosweibchen und der Perchta, der weißen Frau. Später sind dann die Germanen gekommen oder die Christen und haben ihre männliche Schicht darübergestülpt, die Barbarossa repräsentiert. Diese beiden Schichten begegnen sich nie. Das ist der Widerspruch im Berg.

Wir fangen also an, in Gesprächen, Szenen, Symbolen die Mythengeschichte des Berges nachzuspielen. Aber wir gehen weiter: wir lassen den Barbarossa mit der weißen Frau zusammentreffen. Die beiden Pole sich begegnen und sich aussöhnen. Da brauchen wir also eine Perchta und einen Kaiser, die sich dort oben auf dem Undersberg die Hand reichen.

Das klingt ganz lustig, soll es auch sein. Aber manchmal wird es schwierig. Es gelingt auch nicht immer.

Das ist der Raum, in dem wir uns begegnen, der nicht mehr von der Wirklichkeit bedrängt wird. Wir suchen Metaphern für die Möglichkeiten einer neuen kulturellen Betätigung.
Wir wissen, daß wer die Welt verändern will, die Mythen verändern muß. Die tiefen seelischen Urbilder. Sonst wird die nächste Generation wieder in dasselbe Syndrom hineinfallen und es wird sich alles wiederholen. Als wäre die Geschichte immer das gleiche Theaterstück, das in verschiedenen Kostümen aufgeführt wird. Um das zu verhindern, machen wir uns auf den Weg zum Mythos, um in ihn einzudringen und von innen zu verändern. Ihn zu überwinden. Zum Beispiel müßte man herauskriegen, wo der Kain den Abel erschlagen hat und dann die Szene von einem Juden und einem Palästinenser spielen lassen. Die sich am Ende versöhnen.
Es geht um die Erlösung der Welt. Aber die kann nur stattfinden, wenn man sich selber im Kern erlöst hat, wenn man sein ›du‹ gefunden hat, wenn die beiden Energien, die männliche und die weibliche, zusammengekommen sind.
Das ist ein Lernprozeß, den wir auch nach vier Jahren Ehe noch nicht abgeschlossen haben. In der Begegnung mit anderen Menschen, die sich oft überfordert fühlen, mußten wir lernen, wie wir uns präsentieren. Diese Eleganz, diese Leichtigkeit, die wir anstreben, wie wir sie auf sie übertragen. Es gibt noch Reste dogmatischer Härte abzubauen, aber es gelingt uns zunehmend.
Marianna Wie wir uns kennengelernt haben? Da hat die Türkenstraße eine wesentliche Rolle gespielt. Das Foyer des ARRI.
Es war so: ich wohnte seit zwanzig Jahren in Wien. Hatte dort gelebt, geliebt, gelitten, bin aufgeblüht und gestorben. Ich war in einem Tief nach einer unglücklichen Liebe und wollte nach Rußland. Bekam aber kein Visum, dafür einen Auftrag vom österreichischen Rundfunk, etwas über die Münchner Filmwochen zu machen.
Ich fuhr mit ziemlichem Widerwillen hierher, aber mit Empfehlungen von Christiane Thurn, mit der ich befreundet bin, an einen gewissen Herbert Roettgen. Er würde die Filmszene gut kennen und könne mir sicher weiterhelfen. Ich hatte ihn schon gesehen, beim Keltenkongreß im Waldviertel bei Christiane und er schien mir zurückhaltend, eher arrogant.
Ich hatte keine Lust, ihn zu treffen.
Seine Lovestory mit Christiane war schon ein paar Jahre vorbei. Alle hatten davon gewußt, nur ich nicht. Ich hatte sie auch allen gegenüber verteidigt, sie sei eine so wunderschöne Frau, eine Göttin, und führe so eine perfekte Ehe mit Giorgio, Herbert sei sicher nicht mehr als ein guter Freund. Alles andere hielt ich für Tratsch und Klatsch.
In München in der Georgenstraße besuchte ich eine Freundin, sah die Türschilder an und entdeckte den Namen Roettgen. Den sollst du also anrufen, dachte ich, aber genau das werde ich nicht tun.
Ein paar Stunden später geh' ich ins ARRI und wer steht da? Der Herbert Roettgen. Aber es war ein ganz anderer als der, den ich in Erinnerung hatte.

Er war völlig verwandelt. Er war erneuert, er sah aus wie wiedergeboren, ich sah sanfte Züge vor mir, ein inspiriertes Gesicht mit leichter Trauer. Einer, der einen Weg hinter sich gelassen und sich bereits auf eine innere Wanderung begeben hatte.
Dann tranken wir Kaffee und redeten: über Kunst und Spiritualität, über Erneuerung in der Kunst und wie man über Kunst und Symbole einen erneuernden Einfluß auf die Gesellschaft ausüben könne. Er sprach von Literatur, ich von Film, gemeinsam kamen wir auf erstaunliche Bilder und Gedanken.
Ich war Feuer und Flamme. Bis zu diesem Augenblick hatte ich nie jemanden, der mir so als Spiegel gedient hatte.
Plötzlich hörte ich eine Stimme wie aus einem anderen Raum, einem äußerlichen, einem innerlichen, eine laute Stimme, die aus dem Nichts kam und donnerte: ›Hebe diesen Mann aus dem Tode, setze ihn wieder zusammen und bring' ihn zum Leben!‹ Ich hörte mich laut schreien, sehr zum Erstaunen von Herbert: ›Nicht schon wieder! Ich will nicht mehr!‹
Ich war gerade aus einer schwierigen Beziehung gekommen und wollte mit einem Mann zu dieser Zeit nichts zu tun haben. Mein Geliebter sollte der Film sein. Deshalb wollte ich weit weg fliehen. Nach Rußland. Aber ich durfte nicht.
Als ich die Geschichte von Herberts Leben hörte, verstand ich die Aufgabe, die mir irgendeine Instanz aus dem Kosmos oder irgendein Stern eingeflüstert hatte: ich sollte die Rolle der Isis übernehmen. Ich hatte nämlich kurz vorher in der Türkenstraße ein Geschäft gesehen, das sich ›Isis und Osiris‹ nannte und ich hatte mich gefragt, was das zu bedeuten hatte. Hier hatte ich die Antwort.
Meine Wanderung mit Herbert begann. Und meine, ich hoffe, gelungene Zusammensetzung seiner verschiedenen, zerstückelten Körperteile. Am Anfang empfanden wir uns eigentlich nicht als die richtigen Partner. Das einzige, was uns verband, war die Vision einer neuen Welt, die Vision einer neuen Partnerschaft zwischen Mann und Frau, zwischen Weiblichem und Männlichem, die Vision eines neuen Gottesbildes und der Vereinigung von Frau und Mann als Göttin und Gott.
Keiner vorher in meinem Leben hatte diese Dimensionen so konkret angesprochen, mir die Bilder zurückgegeben, mit denen ich von eh und je gelaufen bin, aber allein.
Ich war schon immer ein sehr inspirierter Mensch, sehr intuitiv, ich ließ mich gern auf innere Leitungen ein, auf die Muse, die dich an bestimmte Orte dieser Welt führt. Obwohl wir Gegensätze waren, versuchten wir, unsere Wege zu verbinden. Als Isis und Osiris.
Wir fuhren in den Orient, zu den Pyramiden, 72 Tage und beschäftigten uns mit dem Mythos. Als wir zurückkamen, entdeckten wir in der Straße ein Schild, auf dem nur noch ›Osiris‹ stand. Ich hoffe, daß er wirklich auferstanden ist. Weil der Neuanfang hat nie ein Ende und das Liebeslied des Lebens und die Neuschöpfung hat ebenfalls kein Ende. Sie sind ewig.

Unser Leben gleicht einer phantastischen, wunderbaren Karawane, in der man viel lacht, viel tanzt, viel träumt. Manchmal ist es auch ernst, todernst. Aber man kommt immer voller Humor wieder heraus.
Das wünsche ich auch der Türkenstraße: daß sie ihre Höllenfahrt ebenfalls eines Tages vollendet und zu einer tänzerischen Straße wird.
Denn noch gibt es hier viele desillusionierte Gesichter: Frauen, die nach Rauch und Wein riechen, und Männer mit blauen Händen. Die Gesichter zerschrumpft, wie durchgefressen von den Jahren, aber in Turnschuhen. Die, die ihr Leben weggeschmissen haben mit ihren Illusionen und keinen Mut mehr haben für einen Neuanfang.
Da gibt es den Mathias mit seiner verlorenen Liebe. Der mir erzählt hat, wie ihre Familie ihn nicht fein genug fand und so ihre Liebe kaputt ging. Seither hat er sein Vermögen verloren und sein Leben verändert: er ist Penner geworden. Für mich ist er ein Märchenprinz, der seiner Prinzessin nachtrauert.
Herbert Aus dieser Straße entwickeln sich immer außergewöhnliche Dinge. Wenn ich denke, wie wir mit dem Chevrolet von Peter Steimer durchgefahren sind und Flugblätter verteilt haben. Wir saßen zu acht im großen, weißen Chevrolet, machten Propaganda für die Springer-Besetzung und hinten hatte sich der Henry angehängt mit seinem Rollstuhl, völlig skurril. Als wir dann Ecke Barer/Schellingstraße auf die Polizei trafen, geschah folgendes: sie richteten ihren Wasserwerfer auf uns und bevor wir das Coupé zumachen konnten, spritzen sie schon: wir saßen bis an die Brustwarzen im Wasser. (lacht) Oder die Pressekonferenz im ›Grünen Inn‹, die soviel Wirbel gemacht hat. Wir hatten angekündigt als Protest gegen den Vietnamkrieg einen Schäferhund zu verbrennen. Das waren dann die Headlines: Linke verbrennt Schäferhund! Aus der ganzen Bundesrepublik kamen die Presseleute angerannt, eine Bundeswehrdelegation von Fallschirmspringern wollte den Hund retten. Dabei wollten wir nur demonstrieren, welche Emotionen bei uns freigesetzt werden, wenn es um einen Hund geht, im Gegensatz zu dem, was in Vietnam passiert, was alle kalt läßt.
Wir machten also die Pressekonferenz, die ungewöhnlich gut besucht war, hatten auch einen Hund dabei, den wir aber streichelten und erklärten, natürlich läge es uns fern, diesen Hund zu verbrennen, aber wir wollten ein Fanal gegen diesen Völkermord in Vietnam setzen.
Der Verlag war also nie von politischen Aktivitäten getrennt. Ich selber habe zwei Jahre lang um sechs Uhr früh Flugblätter vor den Werktoren von BMW verteilt. Das gehörte zum Heroismus damals.
Arbeit, Politisches und Leben flossen ineinander. Jahrelang habe ich im Verlag geschlafen. Ich habe mein Bett neben dem Schreibtisch aufgeschlagen. Wer sonst noch im Verlag geschlafen hat, weiß ich nicht mehr. Es ging in die hunderte.
Wenn Leute von auswärts kamen oder wenn man jemanden aus einem der Lokale der Türkenstraße mitgenommen hat. Wie diesen Henry, der klein

und körperbehindert war und in einem alten Rollstuhl saß. Mit dem er an allen Protestaktionen gegen Springer teilgenommen hat.
Ich bin ja sehr eng mit der Frauenbewegung verwoben. Nicht nur, daß ich immer mit Frauen zusammengewesen bin und in einer Frauen-Wohngemeinschaft gelebt habe, eine Zeitlang, sondern auch, daß der Verlag Frauenoffensive aus dem Trikont hervorgegangen ist.
1972 wohnte ich mit drei Exponentinnen der Frauenbewegung in einer WG. Der Elisabeth Petersen, der Luisa Francia und der Susanne Kahn-Ackermann. Was uns verband, war die Arbeit in der Fabrik, ganz allgemein, die Arbeit am Proletariat.
Die Frauenbewegung ist ja entstanden aus Aktivitäten, die sich mit Frauen in der Fabrik beschäftigten. Nicht wie die Frauenkommune, die keine Ideologie hatte, eher eine durch Reich stark beeinflußte psychologische Dimension. Sie haben die Themen schon angeschnitten, aber eher aus einer emotionalen als intellektuellen Ebene heraus. Mit der Mona Winter hatte ich ein lustiges, offenes Verhältnis.
Richtig liiert war ich mit der Elisabeth. Dann passierte auf einmal in unserer WG etwas, was ich nur staunend verfolgen konnte: es fand eine rasend schnelle Bewegung weg von der Politik statt. Ich glaubte noch an soziale Aufstände und beschäftigte mich mit Nietzsche, da veränderte sich die Wohnung schlagartig: überall blitzte Gold und funkelten Monde. Sträucher und Kräuter standen herum, es wurde getrommelt und Sitzungen fanden statt, an denen ich nicht teilnehmen durfte. Es gab Rituale und Göttinen tauchten auf: die Isis, die Venus von Willendorf. Das alles lief unter dem Begriff ›Hexe‹.
Die Frauen wurden alle schwanger und bekamen Töchter, außer Elisabeth, die einen Sohn bekam, unseren Sohn. Da wurde sie plötzlich von den anderen angegriffen: sie, der die Wohnung gehörte, bekam plötzlich zu hören, daß sie störte. Die linke Literatur war schon längst auf dem Trödel gelandet, neue Bücher aus Amerika gekommen. Wie auch die Barbara Starrod, eine unserer Autorinnen, eine starke, intelligente Frau, eine in ihrem Archaismus völlig aufgehende Hexe, auf die sich die Luisa Francia als einzige Lehrerin beruft.
Kaum war sie in der Wohnung, passierte eine der wildesten Geschichten: nachts, als ich schlief, trat ich in einen Hexensabbat ein. Es war kein luzider Traum, ich bin einfach von meinem Körper weggenommen worden und landete in einem rauschenden Sabbat. Es war ein wilder Kreis, die meisten Figuren waren Tiere: Schweine, Hirsche, alles mögliche. Die wirbelten um einen Berg herum in einem riesigen Strom, das Ganze war extrem erotisch. Auf den Tieren saßen nackte Männer und Frauen, ich saß auch auf einem Tier, wirbelte herum, alles vermischte sich miteinander, wirklich wie bei Goethe beschrieben. Das dauerte so zwei Stunden.
Als ich mich mit Barbara darüber unterhielt, sagte sie: ›Du bist mein Ebenbild!‹ das hab' ich nie kapiert, obwohl ich schon gewisse magische Tendenzen hatte damals, so in Richtung Castaneda und bereits mein Buch ›Vulkantänze‹ geschrieben hatte.

Dann habe ich den Inquisitor in Luisa Francias Film ›Hexen‹, der schon fünfmal im Fernsehen gelaufen ist, gespielt. Ich wollte erst nicht, aber irgendwie fühlte ich mich dann doch geschmeichelt. Ahnte nicht, daß all' diese Frauen, die sich ›Hexen‹ nannten und mit der Szenerie identifizierten, ein Projektionsobjekt brauchten. Einen, auf den sie ihren Mist abladen konnten. Das war dann ich. Ich spürte die Haßenergie, die gegen mich gerichtet wurde. Ich war während der Dreharbeiten isoliert, ausgeschlossen. Und es passierten die merkwürdigsten Dinge: es war da ein Schloß in Tirol, eine frühere HJ-Stätte, wo gedreht wurde und ich den Fluch gegen die Hexen ausstoßen sollte. Wo plötzlich eine richtige Hexe auftauchte, mir acht Äpfel schenkte, die einzigen, die dort in dem Jahr gewachsen waren, mir ihr Heiligtum zeigte, einen Raum voller Schimmel, in dem sich das Kerzenlicht spiegelte, die aber von den anderen Hexen irgendwie verleumdet wurde.

Sie war es aber, die mich beschützt hat.

Die Türkenstraße hat etwas von einer Mutter, die einen beschützt, von einer Wohnung, in der man sich einrichten kann. Die Mutter zwingt einen aber auch in etwas, aus dem man sich selber nicht mehr befreien kann. Sie läßt dich nicht mehr los, sie zieht dich immer wieder zurück.

Deshalb, damit mir dieser weibliche Charakter der Türkenstraße nicht zum Verhängnis wird, ihre Schönheit und ihre Begrenztheit, muß ich mich abnabeln. Müssen wir in einem kleinen Mysterienspiel einen Geburtsakt und einen Abnabelungsakt vollziehen.

Damit ich frei sein kann von der Mutter, damit ich aus ihrem Bann treten kann, um wiederzukommen als Einer, der sich abgenabelt hat. In den Raum einer neuen Geburt eingetreten ist. Das war's. Amen.« (lacht)

Das kleine Mysterienspiel findet statt, ein Wollfaden wird durchschnitten, Roettgens ziehen aus der Maxvorstadt weg, auf ein Schloß. Der Kampf ums Trikont-Archiv entbrennt: was von Christine Dombrowsky aufgebaut und zusammengesammelt wurde, möchte Herbert Roettgen wieder haben. Anwälte werden eingeschaltet, Roettgen gewinnt. Christine Dombrowsky wird Geschäftsführerin der Gesellschaft der Bibliophilen.

Christian Engl
geb. 1957 · Geschäftsführer ›2001‹

Flutschen muß es!

»Wenn die Türkenstraße eine Person wäre? Liebenswert, aber unbedingt verrückt. Garantiert verrückt. Eine Schauspielerhochburg von Herumtreibern. Eine in Künstlerkreisen sehr beliebte Straße. Eine, in der jeden Monat einmal gefilmt wird. Das muß doch einen Grund haben.
Welche Straße hält sich schon einen Mathias? Oder hat eine Zigarettenfrau, bei der du eine Schachtel Zigaretten holen willst und auf einmal spielst du für fünfzig Mark Lotto, einfach weil sie dich zugequatscht hat? Oder diese vielen Werners, die angeblich alle nicht verwandt sind: der Friseur, das Spielwarengeschäft und ein Angestellter von ›Melody Maker‹? Das ist doch verrückt!
Also mein Verhältnis zur Straße ist ein komisches. Auch wenn ich nicht arbeite, nicht hier sein müßte, zieht's mich immer wieder hierher. Ich kaufe hier ein, obwohl es doch gar nicht viel Besonderes hier gibt. Oder ich schau nur in die Läden, es könnte ja sein ... Aber das passiert hier und nicht woanders.
Ich bin eigentlich ein abgehalfterter Germanistikstudent und stamme aus Garmisch. Vor 12 Jahren habe ich hier als Aushilfe angefangen, seit fünf Jahren bin ich Geschäftsführer von 2001. Ich bin hier einfach hängengeblieben.
Welche Eigenschaften ein Geschäftsführer haben muß? Menschenkenntnis, würde ich sagen. Du mußt halt wissen: was hat der im Kopf, wenn er so aussieht? Wenn du jemanden einstellst, mußt du dich fragen: Paßt der zu

den anderen? Einen Zurückgezogenen könnte man nicht so brauchen. Es müssen Mitmacher sein.
Ansonsten mußt du in der Lage sein, das Zeug, das du an den Mann bringen willst, auch zu vertreten. Das ist die berühmte Ehrlichkeit, die mußt du herbringen. Mit Unschuldsmine lächeln und lobpreisen und im Inneren denken: Das ist doch der größte Scheiß! das bringt es nicht. Das zahlt sich nicht aus. Der Mensch, dem du von etwas abrätst, der ist dir dankbar und kommt bestimmt wieder.
Wir sind hier zehn Leute, fünf feste, drei Studenten mit 70 Stunden und zwei Hilfskräfte. Die Leute bleiben lange hier. Sie werden gut bezahlt und die Stimmung ist in Ordnung. Wir waren die ersten, die die 35-Stunden-Woche mit vollem Lohnausgleich eingeführt haben. Die Arbeit ist bei uns sehr personalintensiv. Einmal in der Woche, am Montag, kommt die Lieferung. Dann stellen sich Stammkunden und Schnäppchenjäger ein, die die Preise auf dem Trödel kennen und die wissen, daß es am Montag immer noch ein paar besonders preisgünstige Sachen gibt, Bücher oder CDs, die nicht im Merkheft stehen.
Wir sind keine normale Buchhandlung. Bestellen kann man bei uns nichts. Bestellen kann man beim Versand in Hamburg. Dazu gibt's das Merkheft, das alle acht Wochen neu erscheint. Alle acht Wochen wechselt das Angebot. Nur unsere eigenen Bücher bleiben. Der Versand ist bei 2001 der Löwenanteil. Er bringt doppelt so viel, wie die zehn Filialen in Deutschland erwirtschaften.
Unser Prinzip ist: Große Mengen an Büchern und Tonträgern einkaufen, sie preiswert anbieten, preiswerter als jeder andere, dafür sorgen, daß sie schnell weiterkommen und das Programm wechseln.
Wir haben ein begrenztes Programm, das ist das Erfolgsrezept. Eine gescheite Werbung: Anzeigen in Zeitungen, Fernsehen ist zu teuer, und das Merkheft, nach dem bestellt werden kann. Wir haben Auflagen von 15 000 bis 20 000 Stück, extrem billig, die schnell weggehen. Man hat eben seinen großen Kundenstamm.
Als ich anfing, Anfang der 80er Jahre, waren achtzig Prozent der Kunden Studenten. Dann wurden es ehemalige Studenten, jetzt sind Studenten nur noch die Hälfte.
Das liegt auch am geänderten Programm: wir haben Klassik hereingenommen und mehr kommerzielle Tonträger, die auch ›normale‹ Leute interessieren. Die ganze Ökolinie ist mehr für die ganz jungen wie auch die eigenen Bücher über Aids, Ufos und Tschernobyl, weil die noch Ideale im Kopf haben.
Bei uns liegt im Schnitt das Alter unserer Kunden unter dreißig.
Im Programm findet sich eigentlich kein Scheiß. Kein Schrott. Da sind die verbilligten Restauflagen renommierter Verlage – sie verkaufen gern an uns, weil wir immer Cash zahlen – da gibt es unsere Bücher- und CD-Pakete, Foto- und Kunstbände, Naturwissenschaftliches, Ökologisches, Frauenliteratur, schon seit dem Anfang und attraktive Originalausgaben aus England oder Amerika.

Der Hauptreißer hat sich bereits überholt ›Global 2000‹, das Kultbuch schlechthin. Den Titel gibt's nicht mehr, weil sich vieles, was drinstand, bereits bewahrheitet hat. Oder ›Chemie in Lebensmitteln‹, 1982 von uns herausgebracht, erscheint immer wieder in aktualisierter Form. Demnächst in 50. Auflage. Die alten Reißer sind diese UFO-Geschichten, das Hanfbuch ist der neue Bestseller.

Der Anspruch des Verlegers Lutz Kroth ist schon immer gewesen: die Gedanken, die er sich um die Umwelt machte, auch unter die Leute zu bringen. Da scheut er keine Kosten. Da geht's nicht nur darum, Geld zu verdienen. Da nimmt er auch einmal einen Flop in Kauf. Oder er bietet sie so billig an, daß er fast nichts mehr daran verdient.

Entscheiden tut er. Seine Frau, die Eva Kroth, macht Ökologisches und Frauenliteratur. Er hat ihren Namen angenommen, um seine Sympathie für die Frauenbewegung zu demonstrieren. Früher hieß er Reinecke.

Entstanden ist 2001 in Frankfurt, irgendwie schon als Folge der 68er Zeit 1970. Da haben sich Leute Gedanken gemacht, ob man nicht auch mit anderen Büchern Geld machen kann. Da gab es die Bücher über linke Themen, die ein Schweinegeld kosteten. Also haben der Lutz Reinecke und der Walter Treumann, der jetzt noch Buchführung, Läden und Personal macht, einen kleinen Schuppen in Frankfurt aufgemacht, von wo aus sie Bücher verschickten. Per Post. Die Läden kamen später. Nach ein paar Jährchen haben sie Schallplatten dazugenommen.

Am Anfang gab's da noch einen Haufen linken Schnickschnack: T-Shirts, Buttons, Maobibeln. Die Branche lächelte. Bald kam das Restposten-Geschäft dazu und die ersten eigenen Verlagsbücher. Anfang, Mitte der 70er Jahre. Das war die große Zeit von 2001. Sämtliche Autoren, die bei uns angefangen haben, verdienen jetzt woanders ein gutes Geld: der Henscheid, der Wolf Wondratschek. Sie haben eingeschlagen wie eine Bombe.

Dadurch ist 2001 bekannt geworden. Und durch die billigen Schallplatten und billigen Bücher. Es gab keine Konkurrenz. Die Branche lächelte nicht mehr. Wir waren zum Rivalen geworden auf etwas pfadfinderhafte Weise.

Wir kennen das ja: erst fangen wir etwas an, dann ernten wir Kopfschütteln, plötzlich ist es ein Trend. Welche Buchhandlung hat heutzutage kein modernes Antiquariat? Na also!

Wir waren echt nicht gern gesehen in dieser Verlagslandschaft: unsere Themen waren nicht wohlgelitten, unsere Autoren genausowenig, die Underdogs wie Bukowski und Borroughs. Das gab's bei uns exclusiv, das hat sich kein anderer getraut, weil sie meinten, dafür gäbe es kein Publikum. Inzwischen haben sie die Rechte von uns gekauft. Denn als die Feuilletonisten begannen, die Feder zu spitzen und über unsere Bücher zu schreiben, da waren wir plötzlich Konkurrenz. Es gab auch ein paar Prozesse, aber unser Umsatz stieg. Wir sind nicht im Börsenverein. Das hat Nachteile: wir müssen mit dem Auszeichnen ob ›nur‹ oder ›statt‹ besser aufpassen als die anderen, dafür haben wir aber mehr Freiheiten: wir müssen uns von irgendwelchen Großverlagen nichts aufoktroyieren lassen.

Heute ist 2001 etabliert. Von einer Klitsche sind wir zu einem mittelständischen Unternehmen geworden. Wir arbeiten eng mit dem Verlag Rogner und Bernhard zusammen. Wir sind echt seriös geworden. Verglichen mit allen Buchhandlungen der Umgebung haben wir sicher am meisten Umsatz. Ist auch die ideale Verbindung: Bücher und Tonträger. Und ein paar Videos.
Wenn einer kommt, um CDs zu kaufen, kramt er so herum und entdeckt noch ein billiges Buch. Nimmt das auch noch mit. Das ist das Konzept. Oder er kommt wegen des Computerbuches zu Windows. Mit zehn Disketten nur 59 Mark, uih, echt Spitze! Und sieht, daß es auch Klassik-CDs gibt und nimmt da auch noch welche mit. Weil bei uns 15,90 kostet, was du woanders nicht unter 29 kriegst.
Wir haben vielleicht 400 Buchtitel, 8 Wochen lang, dann wechselt das. Das macht diesen Reibach aus.
Wir haben vielleicht 500 Kunden am Tag. In Spitzenzeiten, vor Weihnachten, stehen da schon fünfzig, wenn du aufsperrst. Da gibt es Tage mit 50 000 Mark Umsatz. Das ist für 70 qm Ladenfläche enorm viel.
Der Laden ist natürlich viel zu klein. Aber finde mal einen anderen in der Gegend, wo die meisten sich gerade für einen Stehimbiß oder einen Kinderbuchladen eignen! (lacht). Dann haben wir ja auch einen Zehnjahresvertrag und man weiß ja nie, wie's mit der Krise weitergeht. Bisher hat sie uns noch verschont. Aber wenn die Leute gar kein Geld mehr haben, kaufen sie auch keine billigen Bücher und CDs mehr. Wir warten lieber ab, wie sich diese ganze Wirtschaftsgeschichte entwickelt.
Der Lutz Kroth, der Verleger schlechthin, ist der Herr der Bücher. Er verhandelt mit Autoren und Verlagen. Er riecht praktisch, was die Leute haben wollen, er hat ein Gespür für die Marktsituation. Und er schafft es immer wieder, Bestseller an Land zu ziehen, oder Ideen zu haben, wie aus Büchern Bestseller werden. Zum Beispiel die ›Kreisrunden Zeichen‹ oder das Hanfbuch. Oder die Boris Vian-Bücher. Durch unsere Bücher ist die Fangemeinde praktisch erst entstanden.
Der Walter Treumann ist eher der große Übervater und der Wolfgang Müller ist zuständig für Tonträger und Verbindungen nach Amerika. Er hat schon einige goldene Schallplatten kassiert. Die Eva Kroth hat, wie gesagt, Ökologisches, Frauen- und Jugendliteratur und Esoterisches übernommen. So hat jeder seine Funktion im Verlag, niemand kann jemandem in die Quere kommen. Wahrscheinlich läuft's deshalb so gut. Sonst wär's vielleicht schon einmal zu einem großen Knatsch gekommen.
Einmal im Jahr gibt's eine Ladentagung in der Zentrale. Damit die Ladenleiter sich kennenlernen, sie wechseln schon mal. Da trifft man sich dann zwei oder drei Tage und ratscht. Ansonsten haben wir auch regen Kontakt über Telefon und Fax.
2001 hat die Preisbindung gebrochen: wenn wir es günstiger einkaufen, können wir es auch günstiger verkaufen. Darüber haben sich die anderen Verlage am Anfang mokiert. Jetzt machen sie dasselbe. Nur können wir es

effektiver machen, weil wir größer sind. Der Punkt ist, daß die Ware möglichst schnell weiterkommt. Es muß flutschen. Flutschen muß es.
Das ist lebenswichtig für uns. Weil der Kundenstamm sich ja im Prinzip gleichbleibt. Auch wenn aus den großen Veränderern in Richtung Politik jetzt die großen Veränderer in Richtung Umwelt geworden sind.
Wir haben Stammkunden, die kommen extra wegen uns vom Land angefahren. Mit Kind und Kegel. Respekt. Am Donnerstag abend oder am langen Samstag. Da dackeln oft ganze Familien herein, halten sich zwei Stunden im Laden auf und freuen sich köstlich. Da geht dann einer mal schnell einen Kaffee trinken und kommt wieder. Dann wird weitergekruschelt. Das kann man nämlich bei uns. Das macht Spaß. Und wenn sie Glück haben, finden sie auch etwas Schönes ›zu dem Preis!‹ Dann ist der Tag gerettet. Wir machen die Leute glücklich. Das heißt, sie machen sich mit unseren Sachen glücklich. Das ist doch voll in Ordnung, super, klar.
Die 2001-Kundschaft rekrutiert sich vorwiegend aus Männern. Zumindest in den Läden. Das fällt auf. Obwohl es bei uns doch wahnsinnig viel Frauenliteratur gibt. Aber es liegt an den Tonträgern: Männer hören mehr Musik als Frauen. Das ist immer noch so. Männer haben eher einen CD-Player, der sich bei Frauen nie so durchgesetzt hat. Die CDs kaufen Männer gleich stapelweise. Das sind die ›Verrückten‹. Die sich hier stundenlang aufhalten und dann zuschlagen. Es hat schon etwas von einer Sucht, bei uns rumzukruscheln.
Bei Büchern ist das Kaufverhalten zwischen Männern und Frauen ausgeglichen.
Wir kennen viele der Bücher, auch wenn wir die literarischen eher diagonal durchblättern. Sonst nehmen wir den Text vom Merkheft. Wir achten sehr auf Qualität und wenn es mal Musikaufnahmen gibt, die wir nicht für so gelungen halten, sagen wir es den Leuten. Sie hören auch auf uns, außer einer ist total versessen auf die Aufnahme. Da kannst du dann nichts machen. Geklaut wird bei uns auch. Je schlechter die Zeiten werden, desto mehr wird geklaut. Wenn du einen dabei erwischt, sagst du: Tu das Ding da raus! Dann fliegt er raus und kriegt Ladenverbot.
Zum Publikum gehören etliche, die in der Nähe arbeiten. Die Leute von ARRI zum Beispiel, die kommen pünktlich zwischen zwölf und zwei, in ihrer Mittagspause. Wann die essen, weiß ich nicht, die ARRI-Buben.
Die ganzen Kleidertandler scheinen keine Musik zu hören. Auch nicht zu lesen. Die kaufen nie was. Vielleicht ist es ja auch nicht ihr Geschmack.
Auch der Kunde darf sich bei uns nicht alles herausnehmen. Wenn er glaubt, er sei König, der wahnsinnige, und der Typ hinter der Theke müsse alles für ihn tun. Quatsch!
Wenn dir ein Arschloch gegenübersteht oder ein frecher Kerl, dann fliegt der schon mal raus. ›In diesem Ton nicht, lieber Herr, liebe Dame, beruhigen Sie sich und kommen Sie später wieder!‹ Derartige Szenen haben sich in letzter Zeit verstärkt. Die Leute werden unverschämter. So von wegen: ich hab's geschafft! Ich bin jetzt wer und ihr habt zu springen!

Da ist er aber bei uns im falschen Laden.
Jeder, der etwas mit Film, Bühne, Fernsehen zu tun hat, war schon bei uns. Ich seh' die dann abends im ›Simpl‹ sitzen. Oder der Achternbusch, wir haben ja seine Bücher und Videos exclusiv bei uns verkauft, der kommt immer mal wieder, kauft aber nur seine eigenen Sachen.
Wirklich, man müßte einmal eine Studie machen über das Verhalten der 2001-Kunden. Die bleiben nämlich irrsinnig lange hier, manche kommen auch jeden Tag.
Das würde ich gern schreiben fürs Jahr 2001.« (lacht)

Die Musik

Zu München als Musikstadt gehören Namen wie: Orlando di Lasso, Joseph Rheinberger, Richard Wagner, Richard Strauß, Carl Orff, Hans Werner Henze, Karl Richter, Lorin Maazel, Sergiu Celibidache, August Everding; gehören Philharmoniker, Symphoniker und Rundfunkorchester; gehören Orte wie Nationaltheater, Gasteig und Musikhochschule, Gärtnerplatz- und Cuvilliéstheater, das Hotel Bayerischer Hof und die »Unterfahrt« für Jazzmusik, Alabama- und Muffathalle für Bands aller Art und natürlich die BR-Studios für Aufnahme und Ausstrahlung von – noch immer gilt die dumme Unterscheidung – E- und U-Musik.
Kirchen und Schlösser (Residenz mit Herkulessaal, Schleißheim und Nymphenburg mit ihren Sommerkonzerten) sind beliebte Austragungsorte klassischer Musik, Innenhöfe (Brunnenhof, Alter Hof; Klassikfrühstück auf der Praterinsel) und Plätze (Klassik Open Air auf dem Königsplatz). Volksmusik, Schlager, Pop und Jazz werden im Sommer gern in Waldwirtschaften und Biergärten, das ganze Jahr über in Musikkneipen und Jazzlokalen gespielt. Der Marienplatz ist selten gänzlich ohne Musik: Petersturmmusik und Moriskenklänge von oben, Hochlandmusik der Anden und klassische russische Geige von unten. Musikgeschäfte dudeln ihre Weisen auf die Straße, kaum mehr ein Café oder Restaurant, das nicht meint, mit Hintergrundmusik aufwarten zu müssen.
Unterste Ebene bayerischer Volksmusik und aktueller »charts« stellen wahrscheinlich die Töne dar, die aus bayerischen Bierzelten während der Wiesnzeit dringen. Gegenprogramm: die Biermösl Blosn samt den Wellküren-Schwestern aus der Familie Well, denen eine offizielle Auszeichnung zu verleihen noch 1996 abgelehnt wurde.
Klassisches beschränkte sich bis zum Ende des 19. Jahrhunderts auf Hof- und Akademiekonzerte, Haus- und Militärmusik für ein bestimmtes Publikum.
Erst Dr. Franz Kaim, Vertreter der Kaim'schen Klavierfabrik in Stuttgart, begann in München 1891 mit seinen »Kaim-Konzerten«: »Volkssymphoniekonzerten« zu mäßigen Preisen im Abonnement. In den ersten Jahren noch im Saal des Odeon, danach im eigenen vom Jugendstilarchitekten Martin Dülfer erbauten »Kaim-Saal« Türkenstraße 5, Ecke Prinz-Ludwig-Straße. Dort musizierten ab 1895 Kaim-Chor und Kaim-Orchester, aus dem 1926 die »Münchner Philharmoniker« entstanden. Der Kaim-Saal, auch »Tonhalle« genannt, war neben dem Odeon bis zum Ende des Dritten Reiches die beliebteste Konzerthalle Münchens, brauchbar auch für Vorträge, Bälle, politische Veranstaltungen. Von Bomben zerstört, wurde sie nach dem Krieg einfach abgerissen.

Ein schmähliches Schicksal erwartete auch das Odeon: degradiert zu einem offenen Innenhof im Innenministerium, von Beamten und Sicherheitskräften mit Akten und Waffen durchquert, liegt seine vielgerühmte Akustik brach. (Vielleicht nicht mehr lange). Außer wenn am ›Tag der offenen Tür‹ Polizeichöre Volksweisen schluchzen und schmettern.

Musik gegeben (nur welche?) hatte es sicher auch im »Roten Palais« der Wittelsbacher, als sich Ludwig I nach der Abdankung um Lola grämte und ihr kess Zweideutiges schrieb. Oder als Ludwig III, der letzte bayerische König, bevor er die Koffer packte und vor seinem eigenen Volk, das gerade Kurt Eisner und seinem Volksstaat zujubelte, floh, noch dachte, die Monarchie in Bayern könne nichts erschüttern.

Ob die Vertreter von Volksstaat und Räterepubliken im Wittelsbacher Palais Musik hörten, Musik machten? Ob sie sich dafür Zeit nahmen? Wie auch immer, abgerissen auch dieser Palast, Symbol zuletzt einer menschenverachtenden und völkermordenden Diktatur, deren Hauptrepräsentant sich als begeisterter Wagnerverehrer und »Negermusik«-hasser aufführte.

Ebenfalls abgerissen, außer dem Eintrittsportal: die Türkenkaserne, wenn auch nicht gleich nach dem Krieg, sondern erst in den 70er Jahren. Auch hier hatte die Musik gespielt.

In der Türkenkaserne waren drei Regimenter stationiert: das Infanterie-Leib-Regiment (die »Leiber«), das 1. Infanterie Regiment König und das 2. Infanterie Regiment Kronprinz. Jedes hatte sein eigenes Musikkorps, das von königlich bayerischen Militärkapellmeistern geleitet wurde. Jede Kapelle umfaßte ungefähr fünfzig Musiker und Sänger, die auf Instrumenten wie Tuba, Posaune, Baßtrompete, Klarinette, Oboe, Waldhorn, Fagott und Trommel spielten. Für leisere Töne gab es Flöten, Lyra und Glockenspiel.

Max Högg – die Nummer 1 der Liste des Infanterie-Leib-Regiments – hatte es vom Militär Kapellmeister über den Königlichen Militärmusikdirigenten zum Königlichen Musikdirektor gebracht. Er arrangierte und komponierte: diverse Märsche wie den »Prinz-Arnulf-Marsch« und den Marsch »Weiß-blau«. Ihm ist ganz wesentlich die Popularisierung der Wagnerschen Opernmelodien zu verdanken.

Gespielt wurde innerhalb der Kaserne: zum Reveil und zum Zapfenstreich. Außerhalb: Beim Wachaufzug vor der Residenz, beim Besuch der jeweiligen Wittelsbacherprinzen als »Regimentsinhaber«, bei Paraden an Staatsfeiertagen, Siegesjubiläen, Fahnenweihen, Denkmalsenthüllungen, Veteranentreffen, Trauerzügen, aber auch zur »Tafelmusik bei den königlichen Hoftafeln«, wenn Staatsbesuche ausländischer Herrscher ins Haus standen. Oder wenn in der Kantine der Kaserne Feste und Bälle arrangiert wurden.

Für große Militärkonzerte, Serenaden und den großen Zapfenstreich vereinigten sich die Musikkorps der Garnison München, fanden sich die Sänger im Gemeinschaftschor zusammen. Es gab Konzertreisen im In- und Ausland, die von den Veranstaltern zu bezahlen waren.

Beim Besuch des Sultan-Kalifen in München erhielt Max Högg zu den

Auszeichnungen, die er bereits besaß, zwei türkische Orden. Der königliche Musikdirektor aus der Türkenkaserne mit zwei türkischen Orden ...
Wenn es also nicht in den Krieg ging wie in den 70er, den Ersten und Zweiten Weltkrieg, wenn die Musik also nicht dazu da war, den Soldaten das Marschieren leichter zu machen und die Angst wegzuspielen, dann hatten diese Musikkorps vor allem eine Funktion: die der Repräsentation der jeweiligen Herrschermacht.
Nach dem Ende des Zweiten Weltkrieges etablierte sich im Keller des südöstlichen Flügels der Kaserne der »Jazzkeller«, der in gewisser Weise die Rolle von »Papa Steinicke« in der Adalbertstraße (heute »Mario«) übernahm: zeitgenössischen und klassischen Jazz live zu spielen (Bier 1,35; Cola »mit Schuß« (!) ebenfalls).
Zum Magneten für Bachfans entwickelte sich ab den 50er Jahren die Markuskirche an der Ecke Gabelsbergerstraße, seitdem Karl Richter den Schützkreis übernommen, umgestaltet und in »Münchener Bachchor« umgetauft hatte. Er: Organist, Kantor, Professor an der Musikhochschule und Dirigent hat die Bachtradition im süddeutschen Raum begründet.
Nach seinem Tod 1981 sah es lange düster um die Bachpflege in München aus. Manager Heinz Geisel und Schülerin Hedwig Bilgram erinnern sich an den Mann, der »wie eine Kerze an beiden Enden brannte«.
Ein geduldiger Lehrer sei er nicht gewesen, bestätigt Luise Lanzenstiel, Witwe des Dekans von St. Markus, deren vier Kinder alle im Bachchor sangen, aber starkt beeindruckt habe er alle, wenn er Musik machte: »da ging ein Feuer von ihm aus«. Hedwig Bilgram, Richters Meisterschülerin, brauchte lange, um sich aus seinem Schatten zu lösen. Und als sie es wagte, wurde er direkt beleidigend und es dauerte Jahre, bis sich ihr Verhältnis wieder einrenkte.
Einer, der von Anfang an schützend seine Hand über den musikalischen Genius hielt, sein Manager wurde und sein Freund, obwohl sie sich ihr Leben lang siezten, war Heinz Geisel.
Er war zwar Architekt, aber eben auch Sachse wie Richter und hatte im Thomanerchor gesungen, Richter war Thomasorganist gewesen, das verband. Geisel verschaffte ihm eine Wohnung in München, hielt ihn nach fünf Jahren erfolgreich davon ab, als Thomaskantor zurück nach Leipzig zu gehen, er organisierte Konzerte und Reisen mit Chor und Orchester – Richter konnte sich ganz seiner Musik widmen. So wurde er zur Kultfigur, seine Musik (nicht nur Bach, auch Mozart, Haydn, Händel, Gluck) zum Kultgegenstand, München zur Bachstadt, geschüttelt vom Bachfieber. (SZ, 29.12.95) St. Markus, seine Heimatkirche, war stolz auf ihn. »Er war so rastlos, weil er immer meinte, er müsse jung sterben«, sagt Geisel. Er starb dann auch mit 54 Jahren, kurz nachdem er beim Sonntagsgottesdienst in St. Markus noch einmal Orgel gespielt hatte.
Geistliche Musik und Kirchenlieder hatte es wohl auch in der sogenannten »Fronleichnamskapelle« der »Barmherzigen Schwestern« nördlich des Wittelsbacher Palais gegeben, die nicht mehr steht. Gesungen und musiziert

hatten auch die Alt-Katholiken in ihrem »Döllingerhaus« nördlich vom Akademiepark in der Kapelle. Direkt gegenüber in der Kapelle des Studentinnenheims St. Michael singen noch heute die Franziskanerinnen ihre kirchlichen Litaneien. Doch davon hört die Öffentlichkeit nichts.
Von Serien und Musikshows, die in den ARRI-Studios in der Türkenstraße hergestellt wurden, erfährt sie via Bildschirm, ohne allerdings zu ahnen, wo sie aufgenommen wurden.
Musikfilme spielen – selten – die beiden Kinos in der Straße, Musik käuflich zu erwerben geht in zwei Geschäften: dem »2001« und dem »Melody Maker«: da steht die Tür im Sommer nicht nur einfach so zum Spaß auf.
Ecke Theresienstraße hält sich ein Geschäft mit alten Schallplatten »Second hand«.
Hinterhofsänger, denen in Papier gewickelte Münzen hinuntergeworfen wurden, gibt es nicht mehr, Straßenmusikanten nur vereinzelt im Sommer, wenn die Autos vor dem Adria Eiscafé in zweiter Reihe stehen bleiben und gegenüber am Obdachlosentreff Flaschen herumgehen und eine Art Maut erhoben wird.
Ganz unregelmäßig erscheint Peter Konrad mit blonden Löckchen unterm Zylinder, mit bösen Sprüchen und seiner Drehorgel. Er weiß zum Beispiel genau, wen er unter die Guillotine schicken würde, wenn er die Macht hätte, und spielt dabei: »Parlez-moi d'amour«.
Da wo heute die Jugend das »Café Puck« frequentiert, hatte Gerry Hayes über zehn Jahre lang sein »Allotria«, eine andere historische Kultstätte der Straße, eine Jazzkneipe.
Gerry, nach Lehr- und Wanderjahren in Amerika und Frankreich, »Hayes« kommt von »Hess«, eröffnete 1981 das erste Jazzlokal in München, machte von 1982 an aus der Studenten- und Amateuermusikerkneipe »Allotria« eine der ersten Jazzadressen Deutschlands. Dann kam das »Allotria II« und das »Allotria III«, aber nie mehr würde die Stimmung herrschen wie im ersten, der düsteren verqualmten Kneipe, in der eng gedrängt die Leute jeden Alters aus allen Schichten nicht nur während des Jazz-Frühstücks in der Türkenstraße nebeneinandersaßen.
Im selben Haus im Mittelbau singt eine ältere Dame gegen den bösen Geist in den Wänden an: in dieser Wohnung hatte Jakob Schmied gewohnt, der SA-Mann, Hausmeister auf 33 und in der Universität, der, als er die Flugblätter der »Weißen Rose« von der Galerie im Lichthof der Universität herunterflattern sah, die Türen verschlossen und die Polizei geholt hatte. Damit bewirkte er die Festnahme, Verurteilung und Hinrichtung der führenden Köpfe des studentischen Widerstandes, der Geschwister Scholl und ihrer Mitverschworenen. Nach dem Krieg wurde er zu fünf Jahren Arbeitslager verurteilt.
1945 zog Maria Ruth Nadolski, die Sängerin, mit ihrem Verlobten, dem Chorleiter in die Wohnung. Sie hatte eine Zeit im KZ Ravensbrück verbracht, wo es ihre größte Freude gewesen war, am Sonntag nachmittag am »Asozialenblock« mit »Zigeunerkindern« auf einer Tonne zu sitzen und gemeinsam Lieder zu singen.

Wenn Alexander Ramzews von »Melody Maker« sich Gedanken macht, welche Musik am besten zur Türkenstraße paßt, fällt ihm griechische Folklore ein, »kein Beethoven, kein Haydn« und siehe da, sein Wunsch war ein paar Jahre später bereits erfüllt: der Abschnitt zwischen Schelling- und Adalbertstraße ist fest in griechischer Hand, in Lokalen und Gemüsegeschäft wird griechische Musik gespielt, auf Straßenfesten tanzen griechische Jugendliche.

Ansonsten hat die Qualität von Livemusik ab- und die von synthetischer Musik eindeutig zugenommen. Sosehr, daß Musik zur Qual wird, wenn an lauen Sommernächten Firmen meinen, ihre Feste nur mehr in Discolautstärke mit plärrenden DJ's feiern zu können und ganze Hinterhöfe im Türkenstraßenkarree um Ruhe und Schlaf gebracht werden. Das habe dann nichts mehr mit »leben und leben lassen« zu tun, stellen die Türkenstraßler fest und wehren sich.

Maria Ruth Nadolski
geb. 1916 · Sängerin

Winterdirndl

»Ich bin zwei Stunden nach meinem Bruder geboren. Er, der Rolf, am 14. August um elf Uhr nachts, ich am 15., dem höchsten Marienfeiertag um ein Uhr in der Früh. So haben wir, obwohl Zwillinge, ein anderes Geburtsdatum.

Wir kamen in einem deutsch-polnischen Grenzort zur Welt, der immer mal wieder preußisch-deutsch oder polnisch war. Oder geteilt. Geboren sind wir im deutschen Teil, getauft wurden wir im polnischen. Katholisch.

Eigentlich hätten wir erst im September kommen sollen, weil wir nämlich an Weihnachten 1915 empfangen worden sind.

Der Vater war ein internationaler Spediteur und die Mutter ist gern mit ihm mitgefahren. Sie hat gehört, daß es in München so schön sein soll. Da hat er es in die Wege geleitet.

Wir sind nach Giesing gezogen, da waren wir bald bekannt wie bunte Hunde: der Rolf und die Ruth. Dabei habe ich nie etwas angestellt. Er hat immer etwas ausgefressen. Dann ging's nach Hause zur Mutter, die hat ihn dann verdroschen: tz, tz, tz.

Wir waren so verschieden, daß man es sich nicht vorstellen kann: er mußte immer stören, lügen, Leute ärgern, anders als die Norm sein. Er hat auch Naziversammlungen im Bürgerbräu gern gestört, so einer war er. Eigentlich war er ja hochintelligent, viel intelligenter als ich. Und schön gesungen hat er auch. Wir beide waren die besten der städtischen Singschule. Aber mit Rauchen und Saufen hat er alles kaputtgemacht.

Jetzt ist er in einem Altersheim im Sauerland. Vollkommen deppert.

Ich war eher ›dotsched‹, brav, ein bisserl zu doof zum Bösesein. Es war keine Pflicht für mich, eher eine Freude: Richtiges zu tun, Opfer zu bringen, wie es eben die Kirche will. Der christliche Glaube wurde schon in der Schule in uns fixiert und im Elternhaus. Aber Liebesbezeugungen gab es keine. Wir wurden sehr streng erzogen.

Der Vater war viel fort, kam wieder, ging wieder fort, bis er dann fortblieb und die Ehe geschieden wurde. Der Vater war eigentlich langmütig, aber das Wesen meiner Mutter hat ihn umgebracht. Er ist ihr zu Füßen gekrochen, das hat aber auch nichts geändert. Das Eheverhältnis hat nicht gestimmt, dauernd haben sie gestritten und geschimpft. Bis er den Hut genommen hat und gegangen ist. ›Du bist sogar zum Streiten zu bequem!‹ hatte sie ihm vorgeworfen.

Meine Mutter war eigentlich geistig sehr hoch, hatte als eine der ersten das Lyzeum in Berlin besucht und war Konvertitin. Durch meine Geburt am höchsten Marienfeiertag ist sie katholisch geworden, obwohl ihr Bruder Pastor war, protestantischer. Ihr hat mehr der katholische Glaube gefallen, wie ihn die Polen praktizieren, so mit Hinwerfen am Boden und so. Sie ist dann auch mit der Zeit päpstlicher als der Papst geworden. Mir ist gegen meine Mutter immer eine Furcht geblieben.

Wir waren arm. Auch als der Vater noch da war, weil er oft arbeitslos war, konnten wir die Miete nicht zahlen. Obwohl es bloß 70 Mark waren. Die mußten uns oft gestundet werden. Durch eine Lehrerin von der Volksschule her, eine Klosterfrau, also die hat das vermittelt, da gab es ein Kloster in Giesing und da durfte ich täglich das Klosteressen abholen. Nicht das, wie's die Bettler gekriegt haben, die an der Pforte gesessen sind, sondern das, wie's die Schwestern selber gegessen haben.

Für mich was das furchtbar: vom Gymnasium an die Klosterpforte, wo die Bettler waren und dann die Kannen abholen, die ich morgens vorbeigebracht hatte. In ganz Giesing haben's gewußt: jetzt trägt die Ruth in der Tasche das Essen heim vom Kloster.

Mein Bruder hat das nie gemacht. Und meine Mutter war so streng, daß sie zu mir gesagt hat: ›Dir treiben wir deinen Hochmut schon noch aus!‹

Sie hat halt gemeint, wenn man arm ist, müsse man sich ducken.

Meinen Bruder, wenn der mal wieder zwei Stück Torte in einem Lebensmittelgeschäft gestohlen hat und die haben es ihr gepetzt, dann hat sie ihn so geschlagen, daß ich gemeint hab: jetzt bringt's ihn um! Einmal wollte sie ihn sogar in der Badewanne ertränken. Aber er war schließlich mein Bruder, auch wenn er gelogen und betrogen hat!

Die Mutter war für mich eine Strafe, der Vater nicht. Wahrscheinlich weil er so gutmütig war, hat er diese Beziehung zu den beiden Jüdinnen gehabt.

Er ist angeklagt worden wegen Rassenschande und dann hat er sich nicht anders zu helfen gewußt, sie hatten ihn schon in Moabit eingesperrt, als zu sagen, daß es deshalb keine Rassenschande sei, weil er selber ein Halbjude sei und von einem Nebentritt seiner Mutter stammte. Das war für mich ganz schlecht. Ich war nach dem Abitur '36 gerade beim Arbeitsdienst und

brauchte meine arischen Papiere, damit ich überhaupt irgendwo arbeiten konnte. Vielleicht bei der Post oder so. An Studieren war nicht zu denken wegen dem Finanziellen. Und dann behauptete der Vater so etwas!
Ich habe mir von meiner Arbeitsdienstführerin die Erlaubnis und das Geld geben lassen, meinen Vater in Moabit zu besuchen. Vor den Wärtern hab' ich ihm dann gesagt: ›Schämst dich denn gar nicht, deine Mutter noch in Verruf zu bringen, sie hätte einen Nebentritt gemacht, wo doch dein Bruder katholischer Pfarrer ist!‹ Sein Bruder hat mir dann den Ariernachweis besorgt.
Also ich war völlig politiklos, ich war nur katholisch, ich war nicht rot, nicht braun, ich war einfach katholisch. Deshalb bin ich dann auch ins KZ gekommen. Ich hätte aus meinem Glauben heraus das Aufbauwerk des Führers sabotiert, hat es geheißen. Und das ist so gekommen:
Nach dem Arbeitsdienst bin ich auf die Lehrerhochschule in Pasing. Da hat eines Tages in einer religionspädagogischen Vorlesung in der Aula einer gemeint: ›Wer sagt denn, daß der Judenbengel Jesus der Christus ist?‹ Da bin ich aber aufgestanden: ›Ich verbitte mir, in solch einer häßlichen Weise zu sprechen über Dinge, die uns die heiligsten sind!‹ Da gab es Geschrei, Gejohle und Getrampel, und von da an war ich für die ein beschriebenes Blatt.
Ich war kein Nazi, aber auch unter denen, die Nazis waren, gab es welche mit gutem Charakter und gab es Waschlappen. Ich habe nach vier Semestern, 1938, das Examen gemacht und kam als Schulamtsanwärterin nach Hebertshausen bei Dachau. Mein Regierungsschulrat war der Joseph Streicher, der Bruder vom Julius Streicher vom ›Stürmer‹, ein SS-Mann. Eines Tages kam der Schulrat Eichstätter, auch ein SS-Mann zur Visitation in meinen Unterricht. Dem gefiel gar nicht, wie ich den Unterricht gehalten habe: am Anfang ein Gebet und am Schluß ein Gebet.
Es war im Juli 1941 und im November hätte ich den Staatskonkurs gehabt, die Abschlußprüfung, und plötzlich hieß es, ich müsse nach Polen. Nach Turek, einem kleinen Ort bei Litzmannstadt, den die Deutschen im Krieg erobert hatten. Dort sollte ich an der Volksschule unterrichten.
Obwohl ich schon den Eid auf den Führer abgelegt hatte, wollte ich nicht. Ich reichte meine Entlassung ein.
Da wurde ich auf einmal im September 1941 zur ›Einvernahme‹, so nannte man das, ins Wittelsbacher Palais geholt. Dort wurde mir mein Strafentlassungsbescheid vorgelesen und dann hieß es: Sie sind verhaftet! Da kam ich dann nimmer heim so schnell.
Singen war ja für mich immer der große Wunsch. Seit meinem zwölften Lebensjahr hab' ich gesungen. Aber nur aufs Singen zu setzen, war mir zu riskant. Hättst ja Kehlkopfkrebs kriegen können und dann wärst daghockt! Also hab' ich mir das kürzeste Studium ausgesucht, vier Semester Lehrerhochschule in Pasing. Ich wollte den Staatskonkurs machen um, wenn was mit dem Singen schiefgelaufen wäre, immer noch in den Schuldienst zurück zu können.

Ich war Schulamtsanwärterin und bin immer mit dem Radl nach München hineingefahren zum Singen zur Lena Wagner.
Dann wurde im September 1940 die Stelle der ersten Solistin von der Bonifaz-Basilika frei. Ich bin hin und habe dem Chorleiter zwei Liedl vorgesungen. ›Zwanzig Jahre bin ich jetzt schon in diesem Beruf‹, hat er gesagt, ›aber so eine schöne Stimme habe ich noch nie gehört!‹ Dann hat er mir was vorgelegt zum Vom-Blatt-Singen: die große Arie vom Brahms-Requiem. Ich hab's gesungen und hatte die Stelle der ersten Solistin. Ich bin Sopran.
Das war an einem Freitag vormittag, nachmittags hatte ich schon die erste Probe und am Sonntag habe ich Haydns ›Joan de Deo‹-Messe gesungen. Wie ich das Solo vom ›Benedictus‹ gesungen habe, haben die Musiker bloß noch aufs Pult geklopft vor Begeisterung und am Ausgang von St. Bonifaz stand ein Meer von Menschen, die sagten: ›Wir wollen den Engel sehen, der so schön gesungen hat!‹
Da ist mir's aufgegangen, daß Singen das Richtige ist für mich und daß mir der Herrgott zu unserer großen Armut diese Gnade geschenkt hat: die Stimme und die Musik. Ich hätte nur noch singen mögen.
Das ging so ein Jahr, bis diese ›Einvernahme‹ kam und ich im Wittelsbacher Palais festgehalten wurde. Abends hätte ich singen sollen und am nächsten Sonntag auch: Beethovens C-Dur-Messe. Aber ich tauchte nicht auf. Da hat der Chorleiter, Hubert Brehm hieß er, bei meiner Hausfrau angerufen: ›Nein‹, hat die gesagt, ›das Fräulein Ruth streunt nicht! Das tut die nicht! Da muß was Besonderes passiert sein!‹ und bei der Polizei. Die haben nur gelacht und gemeint: ›die kommt die nächste Zeit nicht!‹
Beim Verhör im Wittelsbacher Palais, wo ich unterschreiben mußte, daß ich nichts davon erzähl', hab' ich denen schließlich die Wahrheit gesagt: Daß ich nicht nach Polen ginge, weil ich ja in Wirklichkeit nur singen wollte. Das war dann ›das Aufbauwerk des Führers sabotieren‹.
Im Zeiserlwagen haben sie mich zur Ettstraße gebracht und in eine Zelle gesteckt. Das war im September 1941. Mit mir war eine amerikanische Schriftstellerin in der Zelle, Ruth Mitchell. Der Chorleiter durfte mich dort sogar besuchen. Und was hat er mir gebracht? Ein kleines polnisches Wörterbuch. ›Sag' denen halt, daß du gehst! Dann kommst auch wieder raus!‹ hat er gesagt und daß ich in der Zwischenzeit ruhig ein bißchen polnisch lernen könnte. Weil ich hätte in Polen Deutsch lehren sollen.
Ich bin ein paar Tage in der Ettstraße geblieben – der Chorleiter hat mir noch Wäsche, ein Handtuch und mein Zahnbürstel von der Hausfrau gebracht, bis der große Transport zusammengestellt war. Ich hatte mein selbergenähtes Winterdirndl an mit Stehkragen und Schößchen und fuhr mit lauter fremden Menschen, Deutschen und Ausländern über Regensburg, da haben wir im Gefängnis übernachtet, nach Berlin. Das Gefängnis in Moabit war total verwanzt, da kamen wir ins Gefängnis am Alexanderplatz und von dort mit dem Zug ins KZ nach Ravensbrück. Ravensbrück war das Frauen-KZ. Da gab es Frauen mit roten Winkeln wie wir, die Politischen, welche mit schwarzen, mit grünen, mit gelben: Dirnen, Jüdinnen, Zigeunerinnen,

Frauen, die abgetrieben hatten oder ›Rassenschande begangen‹. Ich wußte das alles ja gar nicht. Eine Holländerin, eine politische, hat mich erst aufgeklärt darüber, was ›Homosexualität‹ ist und wer es mit wem auf den Sandsäcken trieb. Das Wort ›Lesbe‹ war mir ganz fremd.
Davon hatten sie uns im Gymnasium nichts erzählt. Die griechischen Philosophen, mei, das war eine ganz andere Lebensweise, die waren schließlich Philosophen und es war die Zeit vor Christi Geburt.
Ich war eigentlich immer ziemlich ruhig, schon auf dem Transport: es wird vorbeigehen! Es muß vorbeigehen! Irgendwann, dachte ich.
Wo wir ins KZ kommen, müssen wir uns alle nackt ausziehen, pudelnackt, alle Sachen abgeben, brausen und die grau-blaugestreifte Anstaltskleidung anziehen. Dann wurden Frauen ausgesondert und kahlgeschoren. Um Gottes Willen, dachte ich, bloß nicht! Ich bin nicht geschoren worden, weil ich keine Läuse hatte.
Ich hatte dotschete, geflochtene Zöpfe nach hinten übergelegt. So hat's mir meine Mutter gemacht. Sie hat mich ganz und gar gegen die Eitelkeit erzogen. Weil Eitelsein, so im christlichen Sinne, das ist Sünde. Und ich war sehr eitel. Das heißt, ich wollte alles schön haben, sauber und schön. Sonst war es mir zum Ekeln. Aber Schleife durfte ich keine tragen, nicht einmal zur Erstkommunion.
Also, ich wurde nicht geschoren und blieb ein halbes Jahr in Ravensbrück. Es war ein eiskalter Winter und wir mußten in unseren Zebrakleidern, den gestrickten grauen Strümpfen und den Holzpantinen oft stundenlang im Freien stehen beim Appell. Dann durften wir in den Block zurück, einen langen Holzbau mit zwei Räumen: dem Aufenthalts- und dem Schlafraum.
Am Anfang waren wir vielleicht drei Wochen im ›Quarantäneblock‹, dann wurden wir nach unseren ›Verbrechen‹ zusammengelegt. Ich war die einzige Lehrerin, die aus Bayern im KZ war. Jeder wurde zu einer Arbeit eingeteilt: Ziegel abladen, im Steinbruch arbeiten, jeder war irgendwie tagsüber beschäftigt. Ich kam in die Schneiderei und durfte für die Männer die Kluft nähen.
Dann gab es immer wieder Aufseherinnen, die fragten, ob jemand nach Sachsenhausen oder Oranienburg wollte. Dafür gab es ein ganzes Kommißbrot extra. Wir Politischen haben uns nie gemeldet, die ›Asozialen‹ schon. Die wurden dann dahin gebracht, zu den Männerlagern und dort aufgeteilt, damit die Männer nicht überschnappten.
Wir waren ein riesiges Lager und auf der Lagerstraße waren wir alle gleich, alle Gefangene. Wenn die Bombenflugzeuge über uns flogen, hatten wir eigentlich keine Angst. Sie wußten ja, daß hier ein KZ war, sie würden keine Bomben werfen! Das war unsere Sicherheit.
Unsere größte Angst war, ins Revier zu kommen. Krank zu werden und ins Revier zu kommen. Weil, da konntest du ausgesondert werden für Versuche oder zur Vergasung. Da ist keine umsonst krank geworden. Dr. Sonntag hieß der Arzt.

Plötzlich, eines Tages hatte ich 39 Grad Fieber und war ganz damisch. Da brachten sie mich ins Revier und ich mußte zehn Tabletten ›Pyramidon‹ schlucken. Das war das Grippemittel zu der Zeit. Weiter ist nichts passiert. Ich brauchte eine Zeitlang nicht Appell stehen und kam dann in den Künstlerblock, den Kunstgewerbeblock. Da durften wir basteln. Ich machte Pappmaché-Puppen, die hab' ich angezogen, die waren dann für die Familien der SS-Leute zu Weihnachten. Im Künstlerblock war's eigentlich immer ganz tragbar.

Manchmal wurde ich zur Oberaufseherin gerufen, ich solle ihr was vorsingen, weil das stand in meinen Papieren: Solistin in St. Bonifaz. Ich hab' ihr dann die Pamina-Arie aus der Zauberflöte gesungen: (singt) ›Ach fühlt, es ist entschwunden ewig hin der Liebe Glück, nimmer kommt ihr Wonnestunden meinem Herzen je zurück‹ und das ›Ave Maria‹ von Gounod, obwohl ich das eigentlich nicht so leiden konnte, weil ich es immer bei Hochzeiten hatte singen müssen.

Am Sonntag war frei: kein Dienst, kein Appell.

Da bin ich immer zum Asozialenblock, so hieß das, da waren Zigeuner drin mit ihren Kindern. Aus Bulgarien und überall her. Die waren dunkelhäutig, aber so gut im Wesen, so gutmütig. Mit ihren Kindern bin ich sonntags auf einer Tonne gesessen hinter dem Block und wir haben gesungen. Sie haben mir ihre Lieder vorgesungen. Das war unsere schönste Sonntagsbeschäftigung.

Ravensbrück war eigentlich kein Todeslager. Auschwitz ja und Linz. Da wurde vergast. Das haben wir gewußt.

Aber wir konnten ja nichts ändern. Nichts ändern! Wir waren da eingekastelt und konnten uns gerade ein bißerl helfen gegenseitig. Oder, wenn eine Geburtstag hatte, dann haben wir uns was abgespart: die eine einen Löffel Marmelade, die andere einen Happen Brot, die dritte eine Kartoffel. Wenn's aber wer der Direktion verkrampelt hat, dann gab's am nächsten Tag eben nichts. Da haben sich besonders die Sudetendeutschen hervorgetan. Beim Verpetzen. Dann gab es dort noch die Bibelforscherinnen mit dem viereckigen Winkel. Denen hat die SS vertraut. Die durften aus dem KZ heraus, die Wohnungen der SS-Leute saubermachen. Die haben gewußt: die türmen nicht, die nehmen alles hin, schon von ihrem Glauben her.

Nur, als sie hätten die Angorakaninchen pflegen und scheren sollen, um daraus Handschuhe für die Soldaten zu stricken, was den Krieg verlängert hätte, da haben sie sich geweigert. Dann wurden sie in einen Extrablock gesteckt, der nicht geheizt war und wo's die Fenster ausgehängt hatten bei dieser Kälte. Trotzdem haben sie sich weiter geweigert. Da haben sie dann Berufsverbrecherinnen zu denen geschickt, die sie windelweich geprügelt haben. Mit den Peitschen, bis sie geblutet haben. Ich höre noch ihr Schreien. Aber sie haben nicht nachgegeben.

Wir haben Respekt vor ihnen gehabt, Respekt und auch Mitleid.

Dann hieß es plötzlich eines Tages für mich: ›Mitgehn! Keine Zeit zum Verabschieden!‹ Dann wurde ich untersucht im Revier, sogar in der Scheide, ob ich vielleicht einen Kassiber dabeihätte.

Dann bin ich entlassen worden. Ich hab mich zu meiner Mutter in Berlin entlassen lassen. Am Anhalter Bahnhof bin ich ausgestiegen und nur mit meinem Winterdirndl, Mantel hatte ich keinen, zu Fuß durchs Schneegestöber in die Breslauer Allee. Es war furchtbar kalt.
Als ich wieder zurück in München war, mußte ich mich alle acht Tage im Wittelsbacher Palais melden. Bei der Gestapo. Als entlassene Strafgefangene.
Vorher, bereits seit 1940, hatte ich ein Freistudium und das hatte ich dem Chorleiter zu verdanken. ›Du mußt studieren‹, hatte er gesagt, ›Harmonielehre, Musikgeschichte und was dazugehört. Sing doch einfach dem Trunk was vor und du wirst sehen, schon hast du dein Freistudium!‹
Der Richard Trunk war Präsident der Akademie der Tonkunst und normalerweise konnte man erst nach drei Jahren einen Antrag auf Freistudium stellen.
Ich hab' ihm also vorgesungen, das ›Heideröslein‹ und eine altitalienische Arie und schon hatte ich das Freistudium. Aber jetzt, im Februar 1942, wo ich aus dem KZ kam, war es wohl nichts mehr mit dem Freistudium. Ich durfte auch nur noch das Semester zu Ende studieren.
Danach habe ich Gesangsstunden genommen und mich 1943 zur Bühnenprüfung angemeldet, obwohl ich kein abgeschlossenes Studium hatte. Die Reichsmusikkammer war neben der Theatinerkirche. Dort war die theoretische Prüfung, die ich einwandfrei bestanden habe. Die praktische fand im Gärtnerplatztheater statt. Ich bin mit meinem Winterdirndl hin, wo alle anderen Abendkleider getragen haben und ich gespürt habe, wie die dachten: Was ist das denn für eine komische Sängerin? Was hat die denn für ein komisches Gwand?
Ich habe eine Arie aus der ›Cavalleria rusticana‹ gesungen und ein paar Takte aus der Agathenarie aus Webers ›Freischütz‹. Da haben sie gesagt, ich könne aufhören. Da dachte ich, ich wäre durchgefallen, weil ich all' die anderen noch lange hinter der Bühne habe singen hören.
Am selben Abend hatte ich Konzert in der Tonhalle in der Türkenstraße, wo ich die Aida gesungen habe. In der Pause kam der Korrepetitor, der mich vormittags im Gärtnerplatztheater begleitet hatte, und sagte unter der Korona meiner Leute: ›Ich gratuliere, Sie haben bestanden!‹
Von 60 sind nur 6 angenommen worden. Von da hab' ich singen dürfen mein Leben lang.
Ich habe gesungen im Rundfunkchor, mit dem Rundfunkorchester. Aber immer weiter in Bonifaz.
Nach dem Krieg kam ich als politisch Verfolgte zum bayerischen Landesentschädigungsamt. Dort hatte ich die große Freiheit: immer wenn ich zu einem Konzert mußte, durfte ich nacharbeiten.
1945 habe ich die Wohnung in der Türkenstraße gekriegt. Übers Wohnungsamt. Und weil damals eine Junggesellin nicht allein hat eine Wohnung mieten dürfen, bin ich mit dem Chorleiter eingezogen. Wir waren inzwischen verlobt, aber wir durften nicht heiraten, weil wir beide katholisch und

er geschieden war. Ein Benediktinerpater hat uns versprochen: ›Haltet's zsamm! Bleibt's beieinand, dann besorg' ich euch die Dispens. Und wenn ich bis zum Papst muß!‹ Der Chorleiter war zwanzig Jahre älter wie ich, er war wie ein väterlicher Freund. Er hatte so eine Verläßlichkeit, auch in musikalischen Dingen, wir haben so zusammengearbeitet, uns gegenseitig gefördert, das hat meine Sympathie zu ihm verstärkt.
Da ist 1948 die Mutter zu uns gezogen. Er hat ihr nicht gepaßt. Ihr hätte der Kaiser von China nicht gepaßt. Und sie hat gleich angefangen, uns auseinanderzubringen, obwohl sie von unserem Geld gelebt hat.
Sie ist zum Ordinariat gerannt, zu St. Ludwig und hat auch bei einem Mitglied des Pfarrgemeinderates gleich ein offenes Ohr gefunden: Was, der Chorleiter von St. Bonifaz und seine Solistin! Ein Verhältnis!
Da wurde ihm gedroht, daß er seine Stellung verliert, wenn er nicht bei mir auszieht. Das gab eine ziemliche Krise. Sonntag früh mußte er immer vor mir gehen, da war ich ganz in der Gewalt meiner Mutter. Da hat sie sich an die Wohnungstür gestellt und hat geplärrt, obwohl es doch in so primitiv bewohnten Häusern wie unserem um die Zeit ziemlich ruhig ist, Krach gibt's doch nur bei diesen sogenannten Vornehmen, stellt sich also an die Tür und schreit: ›Du bist doch bloß dem seine Hure!‹
›Entweder du schmeißt sie raus‹, sage ich zu meinem Verlobten, ›oder ich geh!‹ Er hat dann irgendwo ein Gartenhäusl gefunden, da ist sie dann eingezogen. Bis sie ins Altersheim gegangen ist. Mei, war halt auch ein armer Teufel! Erst jetzt, bei meinem Hund ist mir aufgegangen, daß mich meine Mutter wie einen Affen geliebt hat und niemandem vergönnt. Die wollte mich ganz allein haben.
Mein Verlobter, wo ja auch ein bißchen altmodisch war, weil er ja schon eine Ehe geschieden hatte, meinte dann zum Schluß: ›Man soll sich erst die Mutter anschauen von der Braut, dann weiß man, was auf einen zukommt!‹ Dann ist er gegangen. Das war 1948.
Seit 1954 läuft die Wohnung auf meinen Namen. War die Wohnung vom Pedell Schmied, der die Geschwister Scholl verraten hat. War seine Schuld, daß sie dann ziemlich schnell erschossen wurden.
Diese Wohnung ist mein erstes richtiges Daheim. Obwohl sie eine von denen war, die am meisten von Fliegern geschädigt waren. Weil direkt dahinter war ja der ›Völkische Beobachter‹ und den wollten's treffen. Durch den Luftdruck hat's viele Schäden gegeben: die Decke war mit Packpapier und Reißnägeln festgemacht, die Holzlatten haben durchgeschaut, man konnte von einem zum anderen Zimmer durchlangen. Ich habe mit meinen Händen gearbeitet, die größten Maurerarbeiten verrichtet, obwohl er zu der Zeit noch da war, mein Verlobter.
Von der Stelle, wo ich gesungen habe, habe ich Kalk und Sand gekriegt und habe den mit dem Radl oder dem Schubkarren hergefahren. Die Brauerei, der das Haus gehört, Spaten, hat jedenfalls nichts gemacht. Erst 25 Jahre nach dem Krieg wurde das Stiegenhaus repariert. Geheizt hab' ich mit den ›Hoblschoatn‹, die beim Hobeln in der Werkstatt vom Schreiner Brandl

abgefallen sind. Wo jetzt dem sein Maschinenraum ist, war früher eine Kastanie und ein Wirtsgarten und Pferde haben die Bierfässer nach hinten gebracht. Das war vor meiner Zeit.
Wie ich eingezogen bin, hat das Lokal vorn noch zwei Kegelbahnen gehabt, das ging wumm, wumm, wie ein Gewitter. Da war das ›Allotria‹ noch ein bürgerliches Lokal, noch kein Jazzkeller. Und wenn gespielt wurde, sind ganze Mäusefamilien zu mir gekommen. Weil hinten bei der Kegelbahn war auch der Lebensmittel-Vorratsraum. Einmal waren sechs in meinem Wasserkübel, die ich dann das Klo hinuntergespült hab'.
Ich hab dann jedenfalls das Fenster zubetonieren dürfen wegen dem Krach. Aber nach dem zweiten Umbau wurde es noch schlimmer: da haben sie ›Damen‹ und ›Herren‹ hinterverlegt zu mir, unter meinen Balkon. Das ist dann gegangen: Wuh, wamm! Die Klotüren waren so Falltüren, also die Klos waren tatsächlich schlimmer als die Kegelbahn!
Dem Gerry sein ›Allotria‹ hat mich gar nicht gestört, im Gegenteil, es war für viele von uns ein Daheim. Während das Café Puck eher eine unterhältliche Durchgangsstation ist. An den Stammtischen bei Gerry saßen nicht die Süfflinge und Tarocker, sondern ganz normale Leute, die auch eine Verpflichtung füreinander fühlten und fürs Lokal.
Die können sich heute ins Puck gar nicht hineinsetzen, die fallen ja da richtig auf. Weil dort darf man keine Bindungen haben, glaube ich. Aber so ganz ohne Verpflichtungen kann man doch auch nicht leben, oder?
Was die Türkenstraße für mich ist, wo ich schon fast fünfzig Jahre lebe? Eine Stütze würde ich sagen, daß ich nicht zusammenkrach', mein Korsett.«

Gerry Hayes
geb. 1934 · Musiker, Bandleader, Entertainer · Jazzkneipen »Allotria«

Das isses!

»Natürlich sollte ich kein Musiker werden. Musiker waren für meine Eltern so etwas wie Zigeuner. Und daß mit Musik Geld zu machen wäre, konnten sie sich schon gar nicht vorstellen. Obwohl mein Vater ein guter Pianist und Entertainer war. Aber er hatte eben auch eine Textilfirma.
Als ich fünfzehn war, wurde ich zu Onkel Karl nach New York geschickt. Onkel Karl hatte eine Elektronikfirma und dort sollte ich eigentlich bleiben. Aber Onkel Karl hatte nicht nur seine Firma, er war auch ein Jazzfan. Er nahm mich mit in verschiedene Jazzclubs. Und da merkte ich: Das isses! Wir hießen eigentlich ›Hess‹, aber Onkel Karl hatte sich in Amerika in ›Hayes‹ umgetauft. Und Gerry kommt von Gerhard. Also eigentlich bin ich Gerhard Heß.
Nach zwei Jahren kam ich wieder zurück. Bevor das 14jährige Schweigen zwischen den Eltern und mir ausbrach, hatten sie sich an die Hoffnung geklammert, daß es doch noch etwas werden würde mit mir und den Textilien. Ich habe sie enttäuscht.
In nahm Musikunterricht am Konservatorium in Frankfurt, lernte Vibraphon, Piano und Schlagzeug und fing mit 18 als Profi an aufzutreten. In Jazzkellern und amerikanischen Clubs. Piano ist eigentlich immer mein Nebeninstrument geblieben, leider. Als Pianist hat man mehr Chancen.
Die erste Tournee mit der Bob Azzam-Band ging nach Beirut. Ein Jahr lang spielten wir im Hotel Excelsior an der Promenade – ob es das noch gibt? Dann ging die erste politische Krise los. In Rom habe ich für den ägyptischen König Faruk den ›Club Number One‹ eröffnet. Als er ein paar

Monate später starb, war es natürlich zu Ende. Ich stieg aus der Band aus, ging allein nach Paris, gründete mein erstes Orchester: Gerry Hayes Swing Band. Wir waren eine internationale Besetzung, zehn Leute, darunter zwei Sängerinnen, die englisch, französisch und spanisch sangen.
Wir gingen auf Tournee: Tripolis, Holland, Azoren.
Dann kam das Angebot von Bob Azzam: ein Auftritt im Olympia, der legendären Pariser Music-Hall, und eine Schallplatte. Wir spielten danach drei Monate im Beachclub in Monte Carlo. In der Zeit entstanden die Welthits: ›Im Café Oriental‹, ›Luna caprese‹ und ›Mustafa‹. Wegen ›Mustafa‹ kam es sogar zu einem Prozeß: die Melodie war rein von einem ägyptischen Volkslied abgekupfert.
Ab 1966 war ich mit meiner zweiten Band jedes Jahr drei Monate in Skandinavien. 1968 mimte ich im Spielfilm ›Das Go-Go-Girl vom Blow Up‹ einen Bandleader. Meine Partnerin war Monika Lundi. Bis 1975 spielten wir nur noch in Skandinavien: in Schweden, Norwegen und Finnland. Die deutsche Musik zu der Zeit war eine Katastrophe. Wir spielten reinen Swing und Mainstream, das ist eine Richtung zwischen Swing und Bebop.
Gemanagt wurde ich von der Hazy Osterwald-Agentur in Basel, wo ich seit 1975 auch wohnte.
1979 kam ich nach München. Ich hatte München noch in Erinnerung anno 68, als es swingte.
Ich eröffnete ›Gerry's Music Corner‹ am Wedekindplatz. Es war ein toller Laden, rustikal, mit viel Holz. Aber als die Pacht um 10 000 Mark erhöht werden sollte, gab ich auf. ›Gerry's‹ im Lehel war ein bißchen eleganter, mehr so Livingroom-Atmosphäre in der Sternstraße.
Da kam 1982 das Angebot, das ›Allotria‹ in der Türkenstraße zu übernehmen. Ich kannte den Hermann Kügler gut, der dort lange Wirt war. Wenn ich denke, wie er da mit der Kochmütze am Schlagzeug saß, weil er gerade aus der Küche angerannt gekommen war, dann war das schon sehr lustig. Es war mehr eine Studentenkneipe mit Amateurmusikern in Richtung Dixieland. Für Amateure und Einsteiger. Ich machte daraus einen Profi-Jazzclub.
Eine Weile hatte ich beide Lokale nebeneinander, aber dann entschied ich mich fürs Allotria in der Türkenstraße, das nach einer Künstlervereinigung aus dem 19. Jahrhundert benannt war. Es war eine tolle Zeit! Weltklasse-Musiker, Weltklasse-Musik. Das Allotria war einer der führenden Jazzclubs Deutschlands. Ich habe mir mein Stammpublikum herangezogen, kann man sagen. Es gibt heute 60jährige, die mir seit 15 Jahren folgen.
Das Publikum war ein bunt gewürfelter Haufen: Studenten, Intellektuelle, Künstler und ganz normale Bürger. Wir waren eine Institution und der Jazz-Frühschoppen ein Ereignis. Es hätte ruhig so weitergehen können.
Plötzlich beschwerten sich Leute, die schon seit 17, 18 Jahren im Haus wohnten, über Lärmbelästigung. Sie machten eine Unterschriftensammlung und auf einmal wurde alles ziemlich ungemütlich.
Ich vermute ja, daß sie dadurch die allgemeine Mieterhöhung umgehen wollten, indem sie mich zum Sündenbock stempelten. In den letzten Jahren

klingelte immer wieder mal um halb elf das Telefon: Sie, Ihr Schlagzeuger ist zu laut! Dabei war gar keiner da. Das nervt auf die Dauer.

Dann kam die Spatenbrauerei, der die Nummer 33 gehört, noch mit einer überhöhten Mietforderung daher, so daß ich 1992 aufgegeben habe. Obwohl ich eigentlich eine recht gute Lobby hatte, mußte ich gehen.

Glücklicherweise fand sich schnell ein Lokal am Oskar-von-Miller-Ring. Ich nannte es auch ›Allotria‹ und fühlte mich immer noch wie in der Türkenstraße. Das Lokal war ganz anders: hell und frisch. Gäste von auswärts meinten: Ist ja ein dufter Laden! Der Trompeter Maynard Ferguson nannte uns die ›Number One‹ der Jazzclubs ›worldwide‹, aber die alten Gäste empfanden es als steril, verglichen es immer mit dem Allotria von früher, nahmen es einfach nicht an. Dazu kam der Sommer 1992: Hitze, Bierwetter, Tollwood und Olympiade, dagegen anzukämpfen waren wir nicht stark genug. Im September 1993 habe ich das Handtuch geworfen. Eine Disco zog ein. Ich war müde und gedemütigt, erholte mich erst ein Jahr, bis ich wieder Mensch war und ging auf Tournee.

Nach zwei Jahren habe ich mich plötzlich dabei ertappt, daß ich abends vor der Glotze saß. Das darf doch nicht wahr sein! sagte ich mir.

Und als ich dann in der Panzerkaserne spielte, ließ ich mich doch von meinem Publikum überreden, wieder etwas zu eröffnen. Seit März 1996 bin ich jetzt hier in der Domagkstraße. Es läuft prima. Keine Gefahr wegen Lärmbelästigung. Im Sommer gehört ein kleiner Biergarten dazu, bis zehn Uhr abends können wir draußen spielen. Die Konzession geht bis drei Uhr nachts. Die Küche ist vom Hotel, preiswert und bürgerlich, das Bier kostet 5,50 mit Musik. Namhafte Leute werden auftreten, internationale Stars. Das Hauptgewicht wird auf Jazz liegen, vielleicht wird es später Kleinkunst geben. Ich bin voller Energie, voller Power. Und mein Publikum fühlt sich hier im dritten Allotria[1] richtig wohl. ›Wir haben wieder einen Tempel‹, sagen sie. ›Es ist wie im alten Allotria!‹ Damit meinen sie das in der Türkenstraße.

Die Türkenstraße ist unglaublich schön. Obwohl sie ein einziger Stilbruch ist von vorn nach hinten, paßt doch alles zusammen. Sie erinnert mich an einen orientalischen Basar, da kommst nicht durch, ohne von allen angeredet zu werden.«

[1] Existierte 1996 nur drei Monate.

Alexander Ramzews
geb. 1954 · Inhaber, Geschäftsführer »Melody Maker«

Leben auf dem roten Strich

»Eigentlich wären wir Türkenstraße 98, sind wir aber nicht. Wir sind Adalbert 25, obwohl unser Eingang in der Türkenstraße liegt.
Das kommt daher, weil das früher zwei Geschäfte waren: eine Metzgerei, was man noch an den übertünchten Kacheln sieht, und ein Friseurgeschäft. Die Metzgerei hatte ihren Eingang in der Türkenstraße, der Friseurladen in der Adalbertstraße. Jetzt ist der eine Eingang zugemauert, aber wir haben die Adresse behalten. Mit uns der Gemüsehändler und Spielwaren Werner. Alle Adalbert 25, obwohl alle ihren Eingang in der Türkenstraße haben.
Die Fußböden in den beiden Geschäften waren verschieden hoch, deshalb gibt es die Stufe mitten im Laden.
Ich bin 1980 hergekommen, da existierte der Melody Maker bereits neun Jahre mit der Lore Kornasoff. Der Name kommt wahrscheinlich von der Musikzeitung. Der Laden ist klein, 55 bis 60 qm, und am Anfang gab's fast mehr Hörplätze als Platten drin. Da waren Bert Kempfert und James Last neben irgendwelchen neuen Jazzgruppen. Es war einfach ein Test: Was geht in der Gegend musikalisch?
Als erstes flogen die deutschen Schlager raus und das Gewicht wurde gelegt auf Jazz, Folklore und Klassik, das ist auch heute noch so. Natürlich auch Pop, also wenn du nicht den neusten Eric Clapton hast, brauchst du gar nicht aufzumachen.
Wir haben nur diesen Laden, sind ein Singlegeschäft und einmalig. Der Laden unterscheidet sich von allen anderen: ist alles Holz hier, alles selbergemacht, ein bißchen wacklig und brüchig, fast ein bißchen unmodern. Im

Gegensatz zum WOM, wo alles spiegelt und funkelt, Neonröhren und Lichteffekte. Das ist für die Kids. Das brauchen die für ihren Erlebniskauf. Wir haben keinen Hardrock und Teeniepop, zu uns kommen sie so ab 15, 20 Jahren.
Bei uns ist alles ein bißchen dunkel gehalten, wir wollten immer Wärme drinhaben.
Deshalb versuchen wir auch, daß sich nichts ändert. Der Kunde kriegt seine Kopfhörer in die Hand, seinen Titel vorgespielt. Man redet mit dem Kunden, okay, man versucht auch, ihn zu umgarnen, aber man geht auf seine Wünsche und Probleme ein. Deshalb kommt er ja hierher.
Es gibt keinen Großhändler, der das führt, was wir führen. Wir haben ein riesiges Programm, das in die Raritätenecke geht und in die Importschiene. Gute Folklore und guter Jazz werden ja in Deutschland gar nicht gepreßt, die kommen alle übers Ausland rein.
Wir verkaufen immer noch Schallplatten, obwohl es nicht mehr das große Geschäft ist. Obwohl die Industrie behauptet, das wolle kein Mensch mehr, was überhaupt nicht stimmt. Sie haben halt kein Interesse dran. Wenn wir von einem Tophit 50 CDs verkaufen, dann sind gerade mal fünf Platten darunter. Der Umsatz ist höher als früher, weil die Preise in die Höhe gegangen sind, aber das, was unter dem Strich rauskommt, ist weniger geworden. Weil die Einkaufspreise nicht mehr stimmen.
Wir haben ungefähr hundert Kunden am Tag, davon vielleicht 55 Frauen. Wir sind hier zwei Festangestellte und zwei Halbtagskräfte, manchmal hilft auch meine Frau mit. Aber bei drei Kindern …
Als Inhaber und Geschäftsführer – seit 1985 – ist man ja nicht irgendein stiller Teilhaber, der in der Prairie sitzt, sondern man trägt die Verantwortung, weil es ums eigene Geld, um die eigenen Zukunftsaussichten und die der Kinder geht. Zwanzig Jahre müßte der Laden noch gehen, bis die Kinder aus dem Haus sind. Dafür ist man in der Zeit nicht vor Selbstausbeutung geschützt. Einerseits ist man also Geschäftsmann, andererseits bin ich erzromantisch. Aber Geschäft hat für mich mit Romantik überhaupt nichts zu tun. Da ziehe ich einen dicken Strich. Wenn ich abends die Tür hinter mir zumache, ist der Mensch als Kunde für mich gestorben.
Zu Hause bin ich romantisch. Da hole ich eine meiner Gitarren und spiele. Oder komponiere. Oder schreibe. Weil ich meine, etwas zu sagen zu haben: wie Gefühle aussehen in meinem Inneren. Ich hab' schon 'ne ganze Bibliothek geschrieben. Aber ich habe auch Ordner voller Absagebriefe von Verlagen. Einmal habe ich einen dritten Preis in einem Literaturwettbewerb gewonnen. Da war ich dann einerseits ziemlich erstaunt, *daß* ich den Preis gewonnen hatte, aber andererseits auch entsetzt, daß es nicht der erste Preis war.
Also, ich bin einziges Kind und Zwilling. Ich habe eigentlich immer meinen Willen bekommen, das heißt im Endeffekt hab' ich immer gekriegt, was ich mir vorgestellt habe. Aber vielleicht hängt's am Zwilling, daß ich nicht immer alles unter einen Hut bekomme.

Meine Mutter ist Münchnerin, mein Vater Russe. Ich bin in Giesing geboren. Nach neun Jahren ist mein Vater verschwunden und die Mutter hat Arbeit gefunden in Belgien. Ich bin vom Gymnasium weg zu ihr geflüchtet. Es war eine schöne Zeit. Ich habe Sprachstudien getrieben, Romane geschrieben, den ersten als 19jähriger mit 500 Seiten, habe als Barmann gejobt und als Kellner in einem chinesischen Lokal. Von 20 an habe ich angefangen, Schallplatten zu sammeln. Heute habe ich eine Sammlung von 6 000 Platten.
Als ich mich bei Melody Maker beworben habe, haben die sich krank gelacht, als sie hörten, daß ich als Ober gearbeitet hatte in Belgien. Aber ein Ober muß schließlich mit Menschen umgehen können. Und weil die Lore in einer Notsituation war und keinen Angestellten hatte und sie auch keinen bekommen hätte, der zu dem Gehalt angenommen hätte, habe ich das Glück gehabt.
Ich habe mich in der Klassikriege ja schon gut ausgekannt und in die anderen Sachen, Pop, Folklore, habe ich mich schnell eingefunden. Ich habe mir praktisch selber angeeignet, was man in der Sparte wissen muß. Als Fachhändler. Und wenn man sich richtig reinhängt, dann geht die Kurve auch nach oben. Was mich von vielen Künstlern unterscheidet ist, daß ich durch dieses Geschäft keine finanziellen Sorgen habe. Aber ein Händler, der nur von Tonträgern lebt – abgesehen von den paar Büchern über Musikgeschichte, die wir haben – lebt immer auf dem roten Strich und kann froh sein, wenn er nicht auf den dunkelroten 'runtersinkt. Er ist praktisch auf der Abschußrampe, weil die CD nichts abwirft. Da kaufst du eine Neuheit für sagen wir mal 25 Mark im Einkauf und siehst sie in der Stadt für 19,95 angeboten, dann erübrigt sich jede Diskussion. Gäbe es noch eine Preisbindung – sie ist 1975 aufgehoben worden – dann täten die Leute dahin gehen, wo sie bedient werden, so gehen sie dahin, wo's billig ist. Oder wenn sie aus Treue doch zu uns kommen und sehen, die CD ist zehn Mark teurer, dann halten sie das für schlecht kalkuliert. Geht aber nicht anders.
Am Anfang hatten wir Bammel, als ›2001‹ hierher in die Türkenstraße zog. Wir dachten: wenn es zum Preiskampf kommt, überleben wir den nicht. Aber es kam ganz anders: der Umsatz stieg um zehn Prozent. ›2001‹ ist wirklich eine Bereicherung für die Straße mit den Originalausgaben, der alternativen und Undergroundliteratur. Und wenn Leute bei ihnen etwas Spezielles suchen, aber nicht finden, kommen sie zu uns.
Wir haben viele Studenten und ältere Leute als Kunden. Immer wieder auch welche aus Lores früherem Kreis: Schauspieler, Regisseure, die ganzen Leute aus diesem linken Zirkel. Da gibt es welche, die waren früher total verrückt und sind jetzt Weltstars oder doch ziemlich bekannt. Die hatten gewettert gegen Kapitalismus und Kommerz, was ja ganz gut ist, weil man kennen muß, was man bewettert. Die dann aber allmählich mit dem Wettern aufgehört haben und inzwischen ganz gut situiert dastehen. Villen in Starnberg haben. Aber die es auch verdient haben, weil sie schon immer kreativ gedacht haben. Im Gegensatz zu den Spießern, die früher gegen die 68er gewettert haben und jetzt gegen etwas anderes, die aber dabei im Sessel sitzen geblieben sind

und nichts erreicht haben. Aber '68 war '68 und jetzt gibt's ganz andere Sachen, für die man streiten kann. Das ist in Ordnung, man ändert sich ja auch. Wenn diese Evolution nicht wäre, könnten die Leute sich ja alle gleich in die Mülltonne werfen.
Wir haben einen kompakten Kundenstamm: da fehlt nichts, da ist jede Art von Typen, von Gehaltsgruppe, von Menschenschlag drin enthalten. Außer vielleicht den Yuppies, die vorgeben, keine Zeit zu haben und die sich am Flughafen schnell mal wo zwei CDs einstecken. Mit denen kann ich nichts anfangen, sie sind mir zu schnellebig, zu kurzfristig im Denken. Es mag altmodisch klingen, aber für mich zählen schon noch die Werte. Ohne Werte, glaub' ich, bringt doch das Ganze nichts.
Für mich ist Musik lebenswichtig. Da gehören auch die verschiedensten Geräusche dazu. Ich lege die Musik auf, nach der mir's ist gerade. Oder gar keine, weil ich der in meinem Inneren zuhöre.
Wir sind eine Ansprechstation. Da kann jeder so blöde fragen, wie er will, wir bemühen uns, ihm eine Antwort zu geben. Das zufriedene Gesicht der Kunden ist für uns das Wichtigste. Aber auch die Kasse muß stimmen. Mundpropaganda ist die beste Werbung. Da gibt es Österreicher, die immer im Pulk hierherfahren, wenn bei ihnen ein Feiertag ist und bei uns nicht. Da haben sie in der Zwischenzeit schön sparen können, fangen an in der Innenstadt einzukaufen, Kleidung und so, dann kommen sie zu uns und geben das Restgeld aus. Weil in Österreich Platten, Cassetten und CDs, die sind ja alle viel teurer. Und wenn jeder nur zwei CDs kauft. Die Gesichter merkt man sich dann, da kennt man schnell die Namen.
Zu uns kommen auch viel Ausländer, wir haben Verbindungen bis nach Australien. Aber das Wichtigste hier ist nicht die Laufkundschaft.
Wir haben in den 80er Jahren schon lange Keith Jarrett und Paolo Conte verkauft, bevor die Plattenindustrie draufkam. Wir haben Sachen verkauft, die noch kein Thema waren und dann plötzlich riesenaktuell.
In den 90ern ist das jetzt ganz anders geworden. Die Leute kaufen eigentlich nicht mehr, was sie kaufen wollen, sondern was sie in den Werbespots eingetrichtert kriegen. Es ist scheinbar keine Zeit mehr da, selber zu denken. Je mehr Erfolg, desto weniger Nachdenken über Musik.
Die kommen dann wie Roboter in den Laden rein und wollen die CD aus der Werbung von RTL. Rot soll sie sein. Also, daß früher wer bei uns eine Platte wegen der Werbung gekauft hat, das gab's nicht. Aber jetzt hat das beängstigende Ausmaße angenommen: zehn Prozent der Kunden sind jetzt so. Wir müssen die Titel haben, sonst verlieren wir sie.
Bei dieser Massenwerbung kommt offensichtlich der Geist nicht mehr mit: was war Film und was Werbung? Diese kurzgeschalteten Spots, da weiß der Kunde gerade noch: Ich *muß* jetzt irgendwas machen. Und rennt los. Und kauft. Das ist ein gewaltiger Trend. Parkt das Auto in zweiter Reihe und spurtet hier rein. Diese Hektik zerstört alles.
Oder die Meditationsmusik; Wiederfindungsmusik und Streßlösungsmusik für Manager. Das wird tatsächlich produziert. Und gekauft.

Wofür ich überhaupt kein Verständnis habe: wenn sich Leute Naturgeräusche nach Hause nehmen: Vogelgezwitscher, Waldesrauschen, Wasserfälle, Regen fest, Regen leise, Nieseln; Donner, Blitz und Wolkenbruch, gibt's alles auf Tonträgern. Die werden nach Hause genommen zum Vertonen des letzten Urlaubsvideos für den großen Abend mit allen Bekannten, wo sich dann alle furchtbar langweilen. (lacht)
Ich bin nicht besonders kontaktfreudig, ich hasse dieses ganze Nachbarschaftsgetue. Da habe ich schlechte Erfahrungen gemacht. Wir sind locker zueinander, aber nicht freundschaftlich. Rauszugehen und andere Leute kennenzulernen kommt mir nicht in den Sinn. Da kommen doch genügend in den Laden. Und wenn es sein muß, kann man ja auch einmal mit einem auf einen Kaffee gehen oder in den Biergarten.
Welche Musik zur Straße paßt? Nichts Schweres, kein Bruckner oder Beethoven. Auch kein Haydn. Es kommt auf die Stimmung an. Bei schönem Wetter, würde ich sagen, griechische Musik. Griechische Folklore, die ganze Straße runter. Wir lassen ja auch gern die Tür auf und spielen Musik nach draußen. Aber was wirklich hier fehlt, sind Straßenmusikanten. Wie in der Fußgängerzone. Bänke, Bäume und Musik. Die Autos raus, außer den Zulieferern. Hier sollte doch Kunst entstehen.
Im Sommer sehe ich die Straße in gelb, gelb mit roten Tupfen. Im Herbst: glitzergrün, hinterlegt mit dunkelgrau und roten und gelben Tupfern dazwischen, im Winter braun-weiß, im Frühjahr farblos.
Sie erinnert mich an einen fahrenden Händler aus alten Zeiten, der alles so an sich dranbaumeln hat. Der mehr Anerkennung fordert, mehr Beachtung und mehr Leute. Am Wochenende ist die Straße ja tot. Sie lebt nur durch die Geschäfte. Wenn das Herz nicht pumpt, kann die Lunge nicht atmen. Ich bin dafür, die Geschäfte länger aufzumachen. Ich würde gern abends arbeiten, bis zehn oder zwölf, oder zwei. Ich brauch wenig Schlaf.
Nur bei den anderen entdecke ich eine gewisse Laxität. Denen geht's anscheinend schon zu gut.«

Luise Lanzenstiel
mit ihrem Mann, dem Dekan 1969
geb. 1919, gest. 1997 · Pfarrfrau, St. Markus

Eisern im Bachchor

»Wir saßen immer auf der Empore in der Markuskirche und haben zugeschaut, wie sie ihren fliegenden Start machten, der Richter und die Hedl, die Frau Bilgram. Der Richter spielte noch, die Hedl rutschte schon hinauf und hinüber und übernahm, spielte weiter und der Richter ging. In der Kirche am Sonntag hat er am Anfang gespielt, die Lieder, die Liturgie und dann je nach Pfarrer, ›ich hab' schon so viele Pfarrer hören müssen‹ hat er immer gesagt, und ist gegangen, während die Hedl weiterspielte, nachdem sie quer in sein Spiel gerutscht war.
1951 war er für viele nur ein Organist, der aus der DDR rübergemacht hatte, wie man so sagte, und den der Dekan Heckel aufgenommen und bei sich angestellt hatte. Da gab es noch den Chor, den der Schneider geschaffen hatte, den Schützkreis. Aber der Richter hat seinen eigenen haben wollen und hat gnadenlos die alten Damen hinausgeworfen, weil er junge Stimmen wollte.
Wir sind 1954 zurück nach München gekommen. Mein Mann war Studentenpfarrer, am Dekanat angegliedert. Meine älteste Tochter – wir haben sechs Kinder – war damals dreizehneinhalb und ist gleich in den Bachchor gegangen. Sie hatte eine gute Stimme und das absolute Gehör. Sie hat eine Freundin mitgenommen und dann noch ihre beiden Schwestern nachgezogen. Der Bruder kam dann nach dem Stimmbruch auch dazu. Ich hatte jedenfalls vier Kinder, die eisern im Bachchor waren und mir viel Kummer erspart haben, weil sie immerzu beschäftigt waren und nicht auf dumme

Gedanken kamen. Zweimal in der Woche Probe und wenn Aufführungen waren noch zusätzlich in der Musikhochschule. ›1968‹ hat bei uns in der Familie so gut wie gar nicht stattgefunden: die einen waren schon zu alt, schon praktisch mit dem Studium fertig und die Mädchen hatten keine Zeit. Sie waren im Bachchor. Sie mußten singen und konnten nicht demonstrieren.
Der Richter lebte völlig in seiner Musik, da war er Feuer und Flamme. Alles andere hat ihn nicht interessiert, bildende Kunst oder Politik. Die Musik war sein Leben. Und nicht nur Bach, Richter war auch ein Wagnerfan. Aber mit dem Chor hat er vor allem Bach aufgeführt. Er hat mit der Bachpflege in München begonnen. Und mit welcher Begeisterung! Wenn Motetten oder Kantaten gesungen wurden, war die Markuskirche gesteckt voll. Die Studenten saßen im Altarraum auf den Stufen. Auch weil es kostenlos war. Das waren immer die Freitag- oder Samstagabende.
Er war nicht besonders schön oder attraktiv, der Richter, aber in dem Moment, wo er Musik machte, hatte er ein anderes Gesicht. Er war so ein schmaler Typ, blond, also nichtssagend fast, aber in dem Moment, wo er Musik machte, ging ein Feuer von ihm aus.
Meine Kinder waren wild von ihm begeistert und haben all' ihre Zeit für Richter und den Bachchor geopfert. Am Anfang waren es vielleicht 80, dann 100, dann noch mehr Sänger im Chor. Und es gab immer Mädchen, die ihn angebetet haben, natürlich. Es gab immer viele, die beim Richter haben vorsingen wollen, er hat sie auch angehört, also er hatte reichlich Auswahl. (lacht)
Es waren immer mehr Frauenstimmen im Chor als Männerstimmen. Aber auch die Männer haben sich gedrängt, bei ihm singen zu dürfen. Er selber hatte keine besondere Stimme. Aber er hat genau gehört, wenn einer falsch gesungen hat. Er hatte ein phänomenales Gehör. Er konnte alles auswendig spielen. Er hat Partituren gelesen wie andere Leute Bücher.
Ich weiß von seiner Frau, daß er in den Urlaub immer Partituren mitgenommen hat. Die Vorstellung, daß einer das hört, was er liest, finde ich toll. Ich sehe zwar die Noten, aber ich kann mir nicht vorstellen, wie das klingt. Gesungen hatte ich in Nördlingen, in München nicht mehr. Da hab' ich die Kinder singen lassen. Einer mußte schließlich daheimbleiben und die Stellung halten.
Die Gladys, Richters Frau, war Schweizerin von Haus aus. Dort haben sie sich auch ein Haus gebaut. Sie ist Designerin, sehr lustig, hat nicht viel von Musik verstanden und er nicht viel von bildender Kunst. Wahrscheinlich ist es deshalb gut gegangen. Sie haben zwei Kinder gehabt.
Ab 1954 würde ich sagen, ist es stetig aufwärts gegangen mit dem Bachchor. Ab 1956 wurden auch Schallplattenaufnahmen gemacht. Da hat dann der Chor sogar Honorar bekommen von der Deutschen Grammophon.
Das hat man alles erlebt und ist schon Geschichte. (Pause) Ein geduldiger Lehrer war er sicher nicht, aber die Hedwig Bilgram wurde seine beste Schülerin. Sie hat's weit gebracht, ist Professorin an der Musikhochschule

für Orgel, Klavier und Cembalo. Sie hat später viel mit dem Maurice André, dem Trompeter, zusammen gespielt.
Nach den Kantaten sind sie meist zu uns gekommen. Wir wohnten ja direkt hinter der Markuskirche. Also meine Kinder und ihre Freunde vom Chor. Manchmal war auch der Richter dabei. Es gab immer einen Kasten Apfelsaft und einen Kasten Bier und es war immer recht lustig und gemütlich. Meine Tochter hat dann auch einen aus dem Chor geheiratet. 25 Jahre ist das jetzt her.
Dann die Auslandsreisen! Moskau, Leningrad, Japan. Zweimal Amerika. Das hat meine jüngste Tochter so begeistert, daß sie nach ihrem Dolmetscherexamen zur Lufthansa ist und fünf Jahre als Stewardess geflogen ist. Das Fliegen machte ihr einfach großen Spaß und zum Fliegen ist sie gekommen durch den Bachchor, durch den Richter praktisch. Auch als die Kinder schon verheiratet waren, haben sie noch manchmal im Chor mitgesungen, bis sie fanden, daß ihre Stimmen nicht mehr so hinreißend waren. Der Richter hat's ja auch nicht leiden können, wenn die Leute zu alt waren. Zu alt zum Singen.
Der Richter hat immer gesagt: ›Ich sterb' einmal früh‹. Sein Vater ist auch früh gestorben an Herz-Kreislauf. Und er hat da auch schon immer Probleme damit gehabt. Aber er hat trotzdem aus dem Vollen gelebt und gearbeitet. Geraucht hat er nicht, aber gerne einen gehoben. Wein, ja, am liebsten Weißwein. Ansonsten lebte er voll und ganz in seiner Musik. Ging in ihr auf.«

Hedwig Bilgram
an der Orgel in St. Markus
geb. 1933 · Organistin · Professorin · Richter-Schülerin

Rutschen Sie!

»Karl Richter war sehr prägend für mich. Er war 1951 nach München gekommen, 25jährig, und hat einen unheimlichen Elan und Schwung in die Bachmusik gebracht. Früher hatte man so etwas wie Angst vor Bach, das war, o Gott, so weit weg und man hat sich kaum drangewagt. Bach war immer das Allerhöchste, und Richter hat uns Mut gemacht, Bach als Partner zu nehmen. Da kam dann eine große Begeisterung. Er war noch so jung und so voller Feuer und Begeisterung, daß man ihn einfach verehren mußte. Ich habe beschlossen: bei dem möcht' ich studieren! Ich habe 1952 angefangen und ab 1953 hatte ich dann bei ihm im Hauptfach Orgel. Es war ein eher unregelmäßiger Unterricht. Er kam halt, wenn er lustig war oder drei Stunden später. Das war draußen in der Larischvilla in Grünwald und da mußte man eben warten. Ich habe nicht so sehr durch den Unterricht bei ihm profitiert als durch das Mitsingen im Bachchor.
Er hat mich gleich in den Chor mitgenommen, da mußte ich nach kurzer Zeit schon repetieren. Dabei habe ich am allermeisten gelernt. Bei den ganzen Passionen, der Matthäuspassion, der Johannespassion, der H-Moll-Messe und den Kantaten ist ja immer Orchester dabei. Und wenn der Chor probt, zweimal in der Woche, abends, ist ja kein Orchester da. Das muß dann einer am Klavier machen. Es war eine harte Schule und er hat mich auch manchmal furchtbar fertig gemacht: ›Können'S denn nicht aufpassen!‹ oder ›Schlafmütze!‹ Ich habe mich nicht gewehrt, ich war zu schüchtern. Er war schließlich der große Meister und ich die kleine Studentin, obwohl er

nur ein paar Jahre älter war als ich. Richter hatte den Chor, der praktisch der Kirchenchor der Markuskirche war, von seinem Vorgänger Michael Schneider übernommen. Da hieß er noch Heinrich-Schütz-Kreis. 1953 hat Richter ihn in ›Münchener Bachchor‹ umgetauft.
Er war hochmusikalisch, sehr ehrgeizig und wußte genau, was er wollte. Das hat er dann auch durchgesetzt. Er hatte Humor, aber es war nicht meiner. Wenn er etwas nicht durchsetzen konnte, war er beleidigt. Er war ein absoluter Herrscher.
Andererseits, wenn es jemandem schlecht ging, wollte er immer gleich helfen. Und weinen konnte er schon gleich niemanden sehen.
Da gibt es die schöne Geschichte, wie Richter nach Markus kam: er hatte sich als Organist beworben und war aus Leipzig weggegangen. Er war ja Pfarrersohn und Cruzianer, ist also im Dresdner Kreuzchor aufgewachsen. Schon früh Waise, war dieser Chor sein geistiger Nährboden, in dem er von sieben ab sang. Später ist er dann Thomas-Organist geworden. 1951 hat er sich in München beworben.
Da saßen dann unten in der Kirche der Dekan, die Pfarrer, die Leute vom Landeskirchenrat, lauter ehrenwerte Leute und haben gehört, wie er da oben spielte. Damals gab es nur die eine Orgel, 1968 kam erst die Barockorgel dazu.
Richter spielte also und als er fertig war, ging er an die Brüstung und rief hinunter: ›Die nehm' ich!‹
Das fand ich herrlich, es war ihm überhaupt nicht wichtig, was die da unten meinten, er hatte entschieden: ›Die nehme ich!‹ Und der Dekan Heckel, eine imposante Figur damals, muß auch von seinem Spiel fasziniert gewesen sein. Er wollte ihn dann auch und die beiden haben sich sehr gut verstanden.
Ich war damals noch in Memmingen, wo ich auch auf die Welt gekommen bin. Ich bin in einem sehr religiösen Elternhaus aufgewachsen. Einmal am Tag wurde in die Kirche gegangen. Da kriegt man dann schon alles mit, die ganze Musik von Bach, die Kantaten, die Passionen. Ich finde, es ist einfach Voraussetzung, daß man eine Beziehung zur Religion hat, die sich in dieser Musik spiegelt. Sonst kann man sie nicht nachvollziehen. Und Richter, ich glaube schon, daß er in seinem tiefsten Inneren des Herzens religiös war, er hat's nur oft verdeckt. Zwei Onkel von mir waren Orgelbauer, meine Mutter war sehr musikalisch, hat aber damals kein Instrument lernen dürfen. Die Familie meines Vaters, eine Kaufmannsfamilie, lebte schon seit Jahrhunderten in Memmingen, zwischen München und Lindau. Vater hatte einen Großhandel für Glas und Porzellan.
Meine vier Brüder mußten alle Klavierstunden nehmen, ich betone *mußten*, weil das wirklich sehr mühsam war und der Klavierlehrer oft furchtbar fluchte, wenn sie sich wieder dumm angestellt haben, und sie haben sich oft dumm angestellt.
Ich hatte keinen Klavierunterricht, das Klavier war für mich, wie soll ich sagen, ich bin einfach ans Klavier geflogen und habe nach Gehör alles nachgespielt, was die gespielt haben. Und wenn die einen Fehler gemacht haben,

habe ich sie verbessert. Bis eines Tages der Klavierlehrer zu meiner Mutter sagte: ›Lassen'S doch die Buben aufhören und ihr Unterricht geben!‹ Da war ich fünf. Der Vater hat dem zugestimmt, das heißt, die Buben *mußten* und ich durfte. Klavierspielen. Blockflöte hat man noch nebenher gespielt und Geige und Cello, aber das waren nur Marginalien. Die Hauptsache war das Klavier. Und als Kind mit vierzehn schon mal die Orgel. Das war schwierig in Memmingen, weil, an die große Orgel durfte ich nicht und die kleine war mit Blasebalg. Also, ich mußte immer einen der Brüder zum Treten mitnehmen. Und wenn die sich über die Schwester geärgert hatten, haben sie einfach aufgehört mit Treten. Dann gab's keine Luft mehr und das Spiel war zu Ende. Mein Vater hat sie dann geschmiert mit fünfzig Pfennigen die Stunde, damit ich üben konnte.
Später, zu Feiertagen und besonderen Anlässen durfte ich auch auf der großen Orgel spielen. Orgel hat mich schon immer fasziniert. Wie da die Töne und Klänge von irgendwoher herunterkamen, diese Klangmischung, wie ein ganzes Orchester, mal ganz leise und mal richtig laut.
Beim Hermann Pauli habe ich dann Unterricht bekommen. Der war ein alter Schullehrer und ein eher strenger Typ. Ich hab' mich ein bißchen vor ihm gefürchtet. Damals war es ja noch so, daß der Volksschullehrer so nebenher auch die Orgel gespielt hat. Und es war eine Seltenheit, daß eine Frau Orgel spielte.
Ich habe noch im Rock gespielt damals. Es war halt so üblich. Das würde ich nie mehr tun. Man sieht ja die Pedale nicht, weil der Rock alles zudeckt. Seit Anfang der 60er Jahre spiele ich in Hosen.
Zu Hause hatten wir ein normales Klavier und irgendwann hat mein Vater mir dann einen Flügel gekauft.
Und daß ich das zum Beruf machen würde, war mir ganz klar. Ich hätte mir sonst nichts anderes gewußt. Die Mutter hat meine Begabung unterstützt, hat immer zu mir geholfen. Der Vater war noch vom alten Schlag: die Söhne müssen alles lernen und das Mädchen Haushalt, weil es ja sowieso heiratet. Es hat ihm schon zugesetzt, daß ich da in eine andere Richtung lief, aber ich habe es ihm sehr dezent und vorsichtig beigebracht. Der Musiklehrer hat auch mit ihm gesprochen, er solle mich doch studieren lassen. Dann hat der Vater endlich zugestimmt unter der Bedingung, daß ich Schulmusik mache, daß ich also in den Staatsdienst ginge. Das habe ich dann auch gemacht, Staatsexamen und zwei Jahre Referendarzeit in München.
Ich selber bin eigentlich nicht gerne zur Schule gegangen. Vor allem Handarbeit, da war ich miserabel. Meine Mutter mußte die Sachen zu Hause nähen. Aber ich hab' trotzdem eine gute Note gekriegt, weil die Lehrerin sehr musikbegeistert war. Sie hat mir die gute Note einfach fürs Klavierspielen gegeben und nicht für die Handarbeit.
Schon damals, schon in der Schule, hat mir die Musik geholfen. In Memmingen gab es die Mädchenschule bis zur 6. Klasse, also mittlere Reife nennt man das, dann mußte man auf die Bubenschule wechseln, wenn man Abitur machen wollte.

Unsere Klasse in der Mädchenschule war sehr musikalisch. Wir hatten ein Klassenorchester und haben Benefizkonzerte gemacht, Konzerte veranstaltet, um uns Reisen zu organisieren. Memmingen-München, zum Beispiel, das war eine große Reise. Daß man herkam, um in die Oper zu gehen und alles hatten wir uns selber zusammengespielt und zusammengesungen, das war eigentlich schon toll. Das hat die Klasse sehr zusammengehalten.

Mir hat der Wechsel in die Bubenschule nichts ausgemacht, weil ich vier Brüder hatte, die ja in den Flegeljahren sowieso alles an der Schwester auslassen. Also da konnte mir keiner was erzählen. Karl Richter ist umgekehrt von vier Schwestern erzogen worden.

Meine Stammschule als Musikreferendarin war das Wilhelmsgymnasium, eines der beiden rein humanistischen Gymnasien Münchens; von dort aus wurde ich ausgeliehen mal nach Pasing und mal ans Alte Realgymnasium, heute Oskar-von-Miller-Gymnasium.

Als ich 1952 hier angefangen habe zu studieren, war die Hochschule für Musik in der Stuckvilla und in der Larischvilla in Grünwald. Erst als das Amerikahaus aus dem ehemaligen Führerbau ausgezogen ist, weil es am Karolinenplatz einen Neubau bekommen hat, sind wir in die jetzige Musikhochschule in der Arcisstraße eingezogen. Zuerst mal in die Hälfte, weil in der anderen Hälfte noch die Handschriftensammlung war. Das war 1957. Mein jetziges Professorenzimmer war das Vorzimmer von Hitlers Büro. Die Organistenstelle an Markus war traditionellerweise gekoppelt mit einer Hochschullehrerstelle an der Musikakademie. Schon gleich am Anfang meines Studiums mußte ich Richter in Markus aushelfen, damit er nicht alle Gottesdienste spielen mußte. Es gab ja den Frühgottesdienst um acht und den Hauptgottesdienst um zehn. Den Frühgottesdienst liebte er überhaupt nicht. Und mir hat's nichts ausgemacht, also spielte ich die Orgel in der Früh'.

Dann hab' ich halt gewartet, ob er zum Hauptgottesdienst kam. Ich hab' durchs Fenster geschaut, ob sein Auto auf dem Parkplatz stand. Wenn es nicht da war, hab' ich angefangen, wenn die Glocken zu Ende waren, hab ich das Vorspiel gemacht und mit dem Lied angefangen. Manchmal kam er nicht, manchmal kam er dann mittendrin, hat sich einfach so eingeblendet. Ich habe also gespielt und er hat gesagt: ›Rutschen Sie mal!‹ und ich bin rausgerutscht und er ist reingerutscht und hat übernommen. Ich durfte aber danebenstehen und warten, wie lange er Lust hatte und sagte: ›Spielen Sie weiter!‹. Dann ist er wieder raus und ich bin wieder rein. Wir haben innerhalb einer Choralzeile gewechselt. Das ist schon etwas Besonderes. Aber er war eben der große Meister. Wir haben ihn verehrt und nur so lernt man was. Eine harte Schule.

Zum Beispiel richtete er es so ein, daß er beim Repetieren am Flügel hinter mir stand. Er war im Rücken und der Chor saß da und ich mußte schauen, wo's einen Einsatz gab, mußte also praktisch alles auswendig können. Dann ist er aber auch nicht an seinem Platz stehengeblieben, sondern ist herumgewandert, auch durch den Chor. Da hab ich gemeint, ob wir vielleicht das

Klavier einmal umdrehen könnten. Nee, hat er gesagt, er brauche es, wenn er mal schnell spielen müsse.
Oder die Johannespassion, das war das erste, was er einstudiert hat. Da hat er halt fünfzig Mal dieselbe Stelle geprobt. Daß wir's auch wirklich gelernt haben. Ich kann jetzt noch die ganze Passion auswendig spielen. Das war es eben, die erste Zeit war ganz toll, weil wir uns alles selber erarbeitet haben. Er hat unheimlich gearbeitet und wir mit ihm. Bis es so weit war, daß ›ganz München‹ zu Richter ging. Zu den Konzerten, die zu einem richtigen Bachfest wurden.
Früher war ja mit Bach in München nichts los. Es gab die starke Trennung zwischen katholischer und evangelischer Kirchenmusik. Ich weiß noch, Richter wollte ein Bachkonzert im Dom machen, das durfte er nicht, Bach in der katholischen Kirche, das ging nicht. Und umgekehrt durfte in der Zeit auch kein Mozartrequiem in Markus stattfinden. Das war noch eine totale Trennung.
Bis Richter mit seinem Feuer kam und den Boden bereitet hat für eine Bachbegeisterung, die unglaublich war: die Leute strömten, die Konzerte waren ausverkauft.
Meine Verbindung zu Richter fand auf dieser musikalischen Ebene statt, da habe ich ihm am allermeisten zu verdanken. Manchmal wollte ich ihm schon davonlaufen, aber ich habe es dann doch ausgehalten. Weil ich soviel davon profitiert habe. Er ließ mich continuo spielen bei seinen Aufführungen. Jedes Rezitativ wird ja immer von einem Cembalo oder einer Orgel begleitet, das nennt man continuo. Das habe ich über Jahre bei ihm gemacht, überall wo es Konzerte gab, in den Kirchen, im Saal des Deutschen Museums.
Ich hatte einen festen Vertrag, zweihundert Mark im Monat, aber wenn ich bei Richter continuo spielte, bekam ich soviel wie die Orchestermusiker.
Allmählich hat Richter immer mehr Konzerte außerhalb gehabt. Er ist viel gereist. Auch mit dem Bachchor. Ein paarmal Italien, Paris, Japan und Rußland. Da war ich dabei.
Und es war immer wieder aufregend für mich, auf diese fremden Instrumente zu treffen, weil man ja sein Cembalo und seine Orgel nicht mitnehmen konnte. Da mußte man sich erst einspielen. Oft kam das Instrument auch erst kurz vor dem Konzert, aber nehmen mußte man es. Ich denke da an eine Elektronenorgel in Paris, heute sind sie ja schon sehr gut, aber damals!, mehr eine Hammondorgel, mit der es ziemlich mühsam war, das continuo zu spielen.
In den letzten Jahren war Richter viel in Wien, er hatte da sein zweites Standbein, da hat er sich sehr wohl gefühlt im Gegensatz zu München, er wollte sogar ganz nach Wien gehen, hatte es geheißen. Aber vielleicht waren das Gerüchte. Er hat viel mit dem Musikverein gemacht, mit dem Chor, ganze Passionen.
Der Bachchor war da schon ein bißchen eifersüchtig. Mich hat er mitgenommen zum continuo spielen. Einmal durfte ich sogar Solo spielen, weil er

sich den Fuß gebrochen hatte. Er war hier in der Musikhochschule die Treppe runtergestürzt und konnte nicht mehr Orgel spielen.
Zum Schluß hätte er die Hochschule, den Unterricht, auch gar nicht mehr machen können, weil er so viel weg war.
Irgendwann wurde ich dann Kollegin von ihm an der Musikhochschule. Da haben sie jemanden gesucht für einen Lehrauftrag: Orgelunterricht für Schulmusiker. Eine kleine Stelle, wo man ganz unten anfangen mußte wie ein Schulbub. Da hat er sich sehr eingesetzt, daß ich die Stelle bekommen habe.
Irgendwann wird man aber auch älter und versucht, sich von seinem Lehrer abzunabeln. Eigenständig zu werden.
Ich habe also ein Arrangement gemacht mit der bayerischen Konzertdirektion, Goldbergvariationen, ohne ihm etwas davon zu erzählen. Er hat es dann irgendwo gelesen und mich zur Rede gestellt. ›Ich werd' jetzt 25‹, habe ich ihm gesagt, ›da muß ich sowas auch selber können!‹ Sonst hätt' ich ja gleich den Beruf wechseln können.
Und was sagt er? Etwas für mich ganz Schlimmes: ›Sie können gar nichts Besseres tun, als mich noch fünf Jahre zu kopieren!‹ Da war ich sauer und wahnsinnig fertig. Als ob ich ihn kopiert hätte!
Gut, wenn man bei jemandem studiert, muß man bereit sein anzunehmen, was er sagt; versuchen umzusetzen, was er verlangt. Wer das nicht kann, muß den Lehrer wechseln oder aufhören. Wenn man aber fertig ist, muß man seinen eigenen Weg gehen. Und er sagt, ich solle ihn nur weiterkopieren!
Ich war fertig, ich hab' das lange nicht verkraftet und habe mich zurückgezogen. Es gab ziemliche Spannungen. Wenn es Prüfungen gab an der Musikhochschule und wir aufeinandertrafen, da hat er jeden begrüßt, nur ich war für ihn Luft. Irgendwann ist er von der Hochschule weggegangen, er hat gekündigt, er hat sich wohl auch geärgert und hat es schließlich nicht mehr nötig gehabt.
Ich habe dann seine Stelle bekommen. Das war Anfang der 70er Jahre. Eine C4-Stelle für Orgel und Cembalo, wo die Studenten das künstlerische Diplom machen können, was wichtig ist für Orchestermusiker oder Leute, die privat Musikunterricht geben.
Die Hochschule hat so an die 800 Studenten. Ich glaube, sie hat auch einen guten Ruf. Das Schöne ist hier die Beziehung von Professor zu Student, von Mensch zu Mensch. Da geht man auch mal in die Cafeteria und trinkt einen Kaffee zusammen und redet. Wenn ich denke, mein Sohn, der studiert an der TU, der sieht seinen Professor während der Vorlesung und dann zur Prüfung.
Bei Instrumenten gibt es nur Einzelunterricht. Anders bei Kammermusik, da müssen sie zusammen musizieren. Was das Lebendige ist: jeder Student fordert einen neu; jeder hat eine andere Hand, eine andere Handgröße, eine andere Vorstellung von Klang und Legato.
Was ich ihnen beibringen möchte ist, daß sie musikalisch spielen, daß sie mit ihrer Musik ihre Seele ausdrücken. Jeder Mensch ist da anders. Man muß versuchen, aus jedem Menschen den Menschen herauszulocken, der sich in

Musik ausdrückt. Die Arbeit mit den Leuten macht mir immer wieder Spaß, aber allmählich macht Unterrichten auch mürb und müde. Wie nennt man das? ›Burned out‹. Ich mach's auch sicher nicht mehr lange.[1]

Was mich von Richter unterscheidet? Also, ich versuche ganz anders zu artikulieren. Musik ist ja wie Sprache, wo man Zeichen setzt, die Stimme senkt ober erhebt. Ich mach' das jetzt ganz anders, als ich es damals gelernt habe. Man muß sich weiterentwickeln. Die Zeiten ändern sich, auch er würde heute sicher anders musizieren.

Da spielt die ganze Aufführungspraxis der alten Musik herein. Die alte Musik kam aus der Romantik und mit dieser Schule ist Richter aus Leipzig gekommen. Aber er hat sich hier auch schon verändert; aber heute, zwölf Jahre nach seinem Tod, ist schon wieder alles anders. Die Stücke, die ich bei ihm gelernt habe, würde ich heute ganz anders artikulieren, phrasieren, aufbauen. Das ist ein immerwährender Prozeß.

Da gab es diese Orgelbewegung in den 50ern, 60ern, die in Norddeutschland begann und sich dann in den Süden auswuchs, wo man sich auf den alten Orgelbau zurückbesonnen hat. Wie man für die alte Musik wieder die originalen Instrumente verwendete, so wollte man auch die Orgelmusik aus der Zeit wieder auf Orgeln spielen, die so gebaut waren wie zur Zeit, als sie entstanden. In der Markuskirche gab es die große Orgel, die von Steinmeyer, über dem Eingang, gegenüber vom Altar. Der Anschlag ist auf elektrischer Basis und sie ist eher für romantische Musik geeignet: Max Reger, César Franck, Joseph Rheinberger. Aber Richter mußte eben auch Bach darauf spielen.

Dann wurde als Ergebnis dieser Orgelbewegung eine barocke Orgel gebaut für die alten Meister vor Bach und dann wieder von Bach bis Mozart. 1968 bekam St. Markus so eine barocke Orgel und jetzt kann man in der Kirche ein Orgelkonzert geben, wo man die alten Meister und Bach auf der Barockorgel von Ott spielt und die romantischen Werke auf der Steinmeyer-Orgel. Das ist das Tolle an Markus, daß es eben diese beiden Orgeln nebeneinander gibt, nicht daß man die eine für die andere hinausgeworfen hat.

Die Qualität der deutschen Orgelbauer ist ziemlich hoch. Es gibt deutsche Orgelbauer in Japan, obwohl dort auch allmählich angefangen wird, eigene Orgeln zu bauen.

Also Europa ist da führend, auch Italien, die haben einen ganz bestimmten Stil entwickelt. Eine italienische Orgel klingt anders als eine französische, eine norddeutsche anders als eine süddeutsche. Die norddeutsche ist heller, schärfer, herber, die süddeutsche weicher und gefälliger. Grob ausgedrückt. Das liegt in der Harmonik, in der Rhythmik, das ist schwer zu sagen. Bach ist immer das Zentrum für Orgelmusik, aber im Augenblick tendiere ich eher zur Romantik: Reger, César Franck.

Im Gottesdienst muß man ja alles improvisieren, im Konzert nicht. Im Gottesdienst hat man seine Vorlage, einen Choral, und da macht man ein

1 1997 wird Lars Ulrik Mortensen ihr Nachfolger als Professor für Cembalo an der Musikhochschule.

Vorspiel dazu, am Anfang ein größeres, in der Mitte ein kleineres und zum Schluß das Ausspiel: da kann man sich selber ein Thema suchen oder man nimmt den vorher gesungenen Choral oder man macht Überleitungen von der Liturgie zum Singen.

Aber ›Improvisieren‹ zu unterrichten ist ziemlich schwierig, wenn ein Student kein harmonisches Gespür hat, wenn er nicht merkt, das ist falsch hier, das paßt, das ist gut, aber das ist noch besser. Ich improvisiere gern.

Es war vielleicht fünf Jahre vor Richters Tod, da kam ein gemeinsamer Freund, der Diethard Hellmann, der hat gesagt, ›das geht doch nicht, daß ihr so aneinander vorbeilauft!‹ Und wir haben uns zu dritt zusammengesetzt und geredet. Und dann wurde es wieder ein ganz gutes Verhältnis, er hat mich oft angerufen, es war wunderbar. Wir waren ja auch nicht mehr Kollegen am gleichen Haus. Ich war sehr froh über die Versöhnung. Es hätte mich bedrückt, wenn er vorher gestorben wäre.

Am 15. Februar 1981 ist er dann gestorben. Ganz unerwartet. Es war ein Sonntag und in der Früh war er noch in der Kirche und hat mit seinem zweiten Organisten, einem Schüler von mir, ganz normal gesprochen. Dann ist er ins Hotel, hat den Portier angerufen, daß ihm schlecht sei, und war zehn Minuten später tot.

Er war einfach eine Kerze, die an beiden Enden brannte.«

Heinz Geisel
geb. 1916 · Diplom-Ingenieur · Manager von Karl Richter
Im Vorstand des Münchener Bachvereins

Karl Richter – rastlos

Heinz Geisels Energie ist atemberaubend: mit über 80 Jahren ist er noch Geschäftsführer des elitären Bundes deutscher Architekten, BdA. Achtzehn Jahre lang, bis 1969, war er der Organisator von Konzerten und Reisen des Bachchores, ein enger Vertrauter von Karl Richter.
1941 war er als Architekt nach München gekommen zum »Generalrat für die Hauptstadt der Bewegung«. Da hatte es sich der verhinderte Maler-Architekt Hitler in den Kopf gesetzt, München umzukrempeln, eine riese Ost-Westachse durch die Stadt zu schlagen mit Prachtstraße, Bahnhof, Hallen, Stalinallee-artig und den südlichen Teil der Türkenstraße mit seinem Mausoleum zu überbauen. Durch den Krieg bedingt kam es nicht mehr zur Ausführung. Heinz Geisel hat das riesige Modell – das im Münchner Stadtmuseum ausgestellt war – zerlegt und mit einem motorisierten Dreirad nach Bernried in Sicherheit gebracht.
Geisels Verhältnis zur Musik begann früh: als er sieben war, hatte ihn sein Großvater in Leipzig »mit sanfter Gewalt« zum Geigespielen gezwungen, ihn von einem Mitglied des Gewandhausorchesters unterrichten lassen, als aber die Schwester ein Klavier geschenkt bekam, schwenkte er um und stürzte sich aufs Klavierspiel. Er war Externer auf der Thomasschule in Leipzig und weil der Thomanerchor zur Schule gehörte, sang er dort mit. Als er 1951 auf Karl Richter traf und hörte, er sei Thomas-Organist »war

ich ganz platt. Ich konnte mir nicht vorstellen, daß aus diesem Mann eine so gewaltige Musik herauskam.« Auf ausdrücklichen Wunsch von Heinz Geisel hat er unser Gespräch auf seine Art umgeschrieben[1].

»Wie ich Karl Richter kennengelernt habe? Das verdanke ich – früher selbst Thomaner – dem Thomanerchor, der im Spätherbst 1951 mit dem Thomaskantor Günther Ramin nach München kam und einem früheren Klassenkameraden, der – obwohl mit seinem Studium schon fertig – auf Bitten von Ramin als Chortenor dabei war. Als Treffpunkt für ein abendliches Wiedersehen war das ›Bratwurstglöckl‹ am Dom ausgemacht und ich – seit 1941 bereits in München – hatte noch einige ehemalige Thomaner, die nach dem Krieg zugezogen waren, dazu eingeladen. Aber wer nicht kam, war er ... Es ging auf 22 Uhr zu, da erschien er endlich doch noch, schob einen unauffälligen jungen Mann vor sich her und entschuldigte sich achselzuckend: ›Der ist schuld!‹ und der ›der‹ war Thomasorganist Karl Richter – kaum zu glauben, weil es mit so jungen Jahren in der Thomas-Tradition wohl noch niemand in dieser bedeutenden Position gegeben hat.
›Sie sind auch aus Leibzsch‹ sächselte er mich an und fing an zu erzählen: Er habe eben dem Dekan Theodor Heckel vorgespielt für eine Stelle an der Markuskirche und auch Professor Robert Heger von der Musikhochschule für einen Lehrauftrag – beide hätten ihn sofort verpflichtet. Ich gratulierte ihm dazu, aber da kam seine verblüffende Anwort: ›Ach, wissen Sie, mir gefällt es aber trotzdem nicht in München – ich will wieder weg, weil ich hier ja so schlecht wohne.‹ Ich wollte ihm gern helfen und traf mich mit ihm ein paar Tage später bei seiner Vermieterin am Isartor. Er wohnte tatsächlich schlecht, finster und düster in einem langen Schlauch von Zimmer, mehr hoch als breit, die Couch mit einer schrecklichen roten Decke abgedeckt, an der Wand ein Dutzend Weihnachtsteller einer Porzellan-Manufaktur – das schrie direkt nach Abhilfe.
Nun war ich zu der Zeit in einer großen Baufirma tätig und als ich meinem Chef – er war sehr kunst- und musikliebend – davon berichtete, stellte er aus dem firmeneigenen Wohnungsbestand eine Zweieinhalb-Zimmer-Wohnung mit Ofenheizung in Untergiesing zur Verfügung – überzeugt von meinen Worten, daß es sich bei Richter offensichtlich um eine große musikalische Begabung handeln müsse.
So kam Karl Richter nach München und blieb – ich konnte damals nicht ahnen, was damit in München und für mich beginnen sollte – nicht auszudenken, wenn er München verlassen hätte ...
Ab November 1951 begann dann Richters rastlose Tätigkeit. Er übernahm den von Michael Schneider gegründeten Heinrich-Schütz-Kreis als Chor, den wir 1953 in ›Münchener Bach-Chor‹ umbenannten; für die organisatorischen und finanziellen Dinge war dann fortan ich verantwortlich – eine Arbeit, die mich mit Richter achtzehn Jahre lang in enger freundschaftlicher

[1] Das Originalgespräch ist wie alle anderen auf Cassette vorhanden.

Bindung halten sollte. Was Karl Richter sich in den Kopf setzte, mußte verwirklicht werden: Es begann mit monatlichen Freitags-Motetten in der Markuskirche, wechselnd mit Kantatenabenden und seinen Konzerten am Cembalo allein oder mit Solisten und an der Orgel. Seine Unerbittlichkeit der Interpretation bis in das kleinste Detail hat er auch auf die Arbeit mit dem Chor übertragen, was unzweifelhaft zu seinem Erfolg beitrug. Der Chor hat ihn ›angebetet‹, weil allen klar wurde, wie sensationell es war, mit ihm in München die Bach'schen Werke aufzuführen – allerdings wurde manchmal auch gemurrt, wenn es z. B. in einer Woche drei Proben gab.
Die Musikkritiker wurden sehr bald aufmerksam – unvergeßlich die Kritiken von Karl Schumann – und so kam es, daß nach St. Markus alles ›strömte‹, um Richter mit Bach-Chor und Bachorchester oder an der Orgel zu hören. Bald war der Kirchenraum zu klein und zwang uns zum Umzug in die großen Säle Münchens.
1956 bot der Rat der Stadt Leipzig die durch den Tod von Günther Ramin freigewordene Position des Thomaskantors völlig unerwartet Karl Richter an. Es kam in meiner Gegenwart zu einer Aussprache mit dem nach München entsandten Direktor des Leipziger Konservatoriums, der sich eine Zusage erhoffte. Richter bat um Bedenkzeit und besprach in den folgenden Tagen mit mir das Angebot eingehend, von dem ich ihm aber zum einem in Anbetracht der damaligen politischen Situation in der DDR und zum anderen im Hinblick auf seine erfolgreiche hiesige Arbeit, die nach fünf Jahren schon international bekannt geworden war, abriet. Er entschied sich dann doch für München – die Absagebriefe an den Rat der Stadt Leipzig und den Direktor des Konservatoriums habe ich daraufhin erleichtert geschrieben.
Die rastlose Arbeit setzte sich fort mit Plattenaufnahmen, mit den unvergeßlichen Ansbacher Bachwochen, aber auch mit Tourneen und Reisen von Chor, Orchester und Solisten in viele Länder. Wo sind wir doch in den 18 Jahren dank Richters wachsendem künstlerischen Ansehen nicht alles gewesen: Mit Italien begann es 1957/58 und '59 und dann ging es nach Frankreich, Schweiz, Finnland, Österreich, England, Kanada, USA und UdSSR – nicht gezählt die Reisen innerhalb der Bundesrepublik. Alles in allem waren es über 30 Reisen, für deren Organisation – Verträge, Finanzen und Reisetechnik des Ensembles – ich verantwortlich war.
1969 nach 18 Jahren mußte ich – bedingt durch meine vielfältige berufliche Tätigkeit – meine Arbeit für den Chor aufgeben; mein Nachfolger als Vorstand wurde wieder ein Architekt.
Es gäbe noch viel zu erzählen – mit zwei Episoden will ich schließen:
Die erste Johannespassion unter Richter fand in der evangelischen Kirche am Gollierplatz statt und die Hauptprobe litt dort stark unter der verstimmten Orgel, die alle Rezitative begleiten sollte. Eine Stunde vor dem Konzert holte ich Richter – der damals noch kein Auto besaß – ab und kaum saß er neben mir, zog er die Taschenpartitur aus seinem Mantel und sagte: ›Heute früh habe ich übrigens ein Cembalo bestellt, weil's mit der Orgel so nicht geht – ich mache das alles vom Cembalo aus.‹ Auf meine

erschreckte Frage: ›Ja, da müssen Sie ja dauernd umblättern?‹ kam die Antwort: ›Das geht schon.‹ Und es ging tatsächlich – wir alle waren völlig überrascht über die unerwartete Souveränität, mit der er vom Cembalo aus die Aufführung beherrschte und das Publikum war hingerissen von einer bislang unbekannten Interpretation.

Und zum Schluß die zweite ›Episode‹, die einen wohl einmaligen Fall von Konzertvorbereitung in der Markuskirche darstellt: Es war nicht vorauszusehen, daß ein Orgelkonzert von Richter ausgerechnet an einem tropisch heißen Sommertag stattfinden sollte und das ausgerechnet mit den Bachschen sechs Trio-Sonaten – ein anspruchsvolles Programm für Interpret und Hörer. Am Konzerttag ging ich mitttags in das Dekanat, um mich zu überzeugen, ob der Orgelstimmer dagewesen sei, was auch bestätigt wurde, aber es wäre doch nicht alles in Ordnung und der Herr Professor sei ganz besorgt. Ich: ›Ja, wie das denn?‹ und die Antwort: ›In der Kirche ist eine Taube.‹ Natürlich undenkbar – die ganze Konzentration im Konzert ist dahin, wenn die Taube umherflattert. Der betagte Diakon hatte mittags die Türen für einen gut gemeinten Luftdurchzug geöffnet und dabei kam die neugierige Taube ins Kirchenschiff. Mir bot sich ein unvergeßliches Bild: Er stand in der Mitte des Schiffs und versuchte, sie mit dem Werfen eines Tennisballes zu verjagen, was natürlich ohne Erfolg blieb. Zum ›Mord im Dom‹ war ich schnell entschlossen, eilte zu einem nahe wohnenden Freund, der ein Jäger war und mir auf meine Frage nach einem Luftgewehr dieses lachend überließ, als er von meinem Plan hörte. Mit dem Gewehr in der Hand ging ich dann in die Markuskirche zum völligen Erstaunen des Diakons, verbannte ihn unter die Empore und ›bejagte‹ die Taube, die von einem Säulenkapitell zum anderen flog und schließlich in der Orgel ihre Zuflucht suchte. Glücklicherweise war der Spieltisch offen und durch einen Akkord mit allen Registern samt Pedal konnte ich sie wieder daraus vertreiben, legte auf dem Spieltisch an und erlegte sie mit einem Blattschuß. Erleichtert ging ich wieder in das Dekanat, um vom Taubentod zu berichten, als mir ausgerechnet Dekan Theodor Heckel entgegenkam und mich samt Gewehr völlig erstaunt durch seine randlose Brille musterte. Meine Reaktion mit Zusammenschlagen der Hacken: ›Melde gehorsamst, habe soeben Heiligen Geist erschossen.‹ Nie wieder habe ich ihn so lachen gesehen wie damals. Als Richter zwei Stunden vor Konzertbeginn von meinem Jagdglück erfuhr, soll auch er sich vor Lachen gebogen haben.

Meine letzte Begegnung mit ihm war im Herbst 1980 in Zürich, zusammen mit Jewgeny Mrawinski, dem berühmten Chef der Leningrader Philharmoniker – beide verband seit langem eine Freundschaft.

Karl Richter ist, 54jährig, am 15. Februar 1981 in München gestorben. Es war für ihn schwer vorstellbar, an einem freien Sonntag nicht auf der Orgelbank zu sitzen. Obwohl er bereits in Zürich wohnte, flog er auch an diesem Wochenende nach München, spielte im Sonntagsgottesdienst von St. Markus, ging anschließend in sein Hotel – dort überraschte ihn der Tod. Es war das Ende einer Ära und einer tiefen Freundschaft.«

Die Religion

Die Evangelischen und der Markuskomplex

Anders als in der Freien Reichsstadt Nürnberg, wo die Bürger beschlossen hatten, evangelisch zu werden, war München noch gut zwei Jahrhunderte nach der beendeten Gegenreformation ein Bollwerk gegen den »neuen Glauben« geblieben. Erst 1801 erhielt der erste Protestant, ein Weinwirt und Pferdehändler, Bürgerrecht in München.

Wie fühlen sich die Protestanten heute in einer katholischen Stadt in einem katholischen Land unter einer sich katholisch gebenden Regierung als dritte Kraft (nach den Konfessionslosen)? Wie ist ihr Verhältnis zum Staat, der ja immerhin die Kirchensteuern eintreibt, andererseits aber ohne ihre Sozialdienste auch alt aussehen würde? Unterschied sich ihr Verhalten im Dritten Reich von dem der Katholiken? Wie wird die Zukunft der Protestanten aussehen, wenn der Trend der Kirchenaustritte, damit der sinkenden Finanzen anhält? Werden Fundamentalisten die Oberhand gewinnen oder wird sich die Kirche, den McKinsey-Ratschlägen folgend, mehr in Richtung Dienstleistungsunternehmen entwickeln? Werden die Kirchen – die katholische Kirche ist davon genauso betroffen – in ihrer herkömmlichen Form gar zu existieren aufhören?

Früher war es gefährlich, sich in München als »Lutherischer« zu bekennen.[1] 1517 hatte der Mönch Martin Luther seine 95 Thesen an die Schloßkirche zu Wittenberg genagelt, um die römisch-katholische Kirche zu einer Reform aufzufordern. Sie reagierte, indem sie ihn bannte, der Kaiser tat ein nämliches, Luther war vogelfrei und überlebte nur, weil ihn sein Landesherr auf der Wartburg versteckte.

Seine Gedanken und Schriften verbreiteten sich offenbar schnell, schon 1522 wurde in München das erste der Religionsedikte und -mandate erlassen: die Luther'sche Lehre ist verboten! Zensur und Ketzergerichte werden ins Leben gerufen, mit Einzug des Vermögens, Kerkerhaft und Bann bei Zuwiderhandlung gedroht. Und nicht nur gedroht. Es wird zur Jagd auf die lutherischen Wiedertäufer geblasen, Kopfprämien ausgesetzt, ein Pfarrer verbrannt. Viele flüchten: nach Augsburg, Regensburg, Ulm, wo sie ihre Gottesdienste mit dem Abendmahl in »beiderlei Gestalt« mit Brot und Wein feiern und ungestört ihre Lieder und Psalmen singen können. »Das Beste an München ist die Postkutsche nach Augsburg« hieß es damals. Die in München gebliebenen Lutheraner werden weiter bespitzelt, gefoltert, in den Falkenturm geworfen und enthauptet oder zum Widerruf oder zur Auswanderung gezwungen. Es sind Handwerker, Bürger, Gutsherren und

[1] cf. Armin Rudi Kitzmann, »Das offene Tor«, aus der Geschichte der Protestanten in München, München 1990; »Kleine Chronik der Protestanten in München«, hrsg. Evangel.-Luther. Dekanat, München 1993

Patrizier; der Hofkapellmeister, der Hoftrompeter und der Hofnarr darunter.

Zur gleichen Zeit wird ein protestantischer Adliger Hofmarschall und Berater des Herzogs Albrecht, ein Lutheraner gutbezahlter »Stadtpoet«. Dann allerdings setzt massiv die Gegenreformation ein, die den Jesuiten übertragen wird. Ihr Oberster sieht in München die »überaus schöne aber von Ketzern und schlechten Beispielen verdorbene Stadt«, die es gilt, mit scharfem Besen zu reinigen. Neigt da doch mehr als die Hälfte des Münchner Rates den Protestanten zu, leben da doch schon Pfarrer in aller Öffentlichkeit mit Frauen und Kindern zusammen, geht das Volk immer weniger zu Beichte und Kommunion und verlangt immer dreister nach dem »Kelch«! Inzwischen, 1570, sind sieben Zehntel der Einwohner Deutschland evangelisch, sie sind die Mehrheit im Reichstag.

Die Herzöge und die Jesuiten reißen in Bayern das Ruder herum. Ein kirchliches Spitzelsystem wird aufgebaut mit Denunziationen und Einschüchterungen; Durchsuchungen von Privathäusern und Pfarrereien folgen; der protestantische Adel wird aus dem Landtag ausgeschlossen, jeder Kontakt mit dem protestantischen »Ausland« untersagt, Nicht-Katholiken dürfen nicht in geweihter Erde beerdigt werden.

Da geht, wer vorher noch bleiben wollte, und wer bleibt, geht in die innere Emigration.

Schon 1575 ist Bayern so gut wie »protestantenfrei«. Die Jesuiten haben Prinzenerziehung und Schulwesen übernommen, die Kirche St. Michael in der Neuhauserstraße als Symbol für den Sieg der Gegenreformation errichtet. St. Michael, der Erzengel, Drachentöter, Sieger über das Böse und die »Ketzerei«.

Mehr als zweihundert Jahre bleibt München unter dem Diktat der »alleinseligmachenden« römisch-katholischen Kirche. Auch als im 30jährigen Krieg Gustav Adolf von Schweden, die protestantische Leitfigur 1632 in München einfällt, denkt er nicht ans Missionieren, o nein, sondern an Geld: 300 000 Reichstaler sollen die 42 000 Münchner aufbringen, damit er nicht ausraube und brandschatze. Dem Wunsch verleiht er durch Geiselnahme Nachdruck. Er bekommt dann zwar nur die Hälfte, läßt trotzdem München unzerstört, hält sich dafür an der Umgebung schadlos. Gerade mal einen evangelischen Gottesdienst hatte er halten lassen, er, der Verteidiger des Protestantismus!

Zum Dank für die Schonung der Stadt läßt Kurfürst Maximilian auf dem Schrannen-, dem heutigen Marienplatz die Mariensäule errichten, von der aus das Land vermessen wird. Katholischer Glaube und weltliche Herrschaft Hand in Hand.

Es bedurfte noch einiger Zeit (an die 150 Jahre), einer Hochzeit (des Kurfürsten Max Joseph mit Karoline von Baden), eines Hochzeitsvertrages (daß sie und ihr Hofstaat evangelisch bleiben dürften) und einer aufgeklärten Zeit (personifiziert in Graf Montgelas, der die bayerische Regierung führte), bis sich eine Wende im Verhältnis Evangelische-Katholische anbahnte. Karoline (sie war sehr beliebt im Volk: »Steht dir die Not bis obenhin, so gehst du zu der Karolin!«) war des Kurfürsten und späteren bayerischen Königs zweite Frau. Auch seine erste war evangelisch, wie sein Vater, der aber zum Katholizismus konvertiert war, um der Linie Pfalz-Zweibrücken den Weg nach München, den zur Macht freizumachen. Munich vaut bien une messe. Heinrich IV auf bayerisch. Wenn's um die Macht geht, darf man in Glaubensdingen offenbar nicht zimperlich sein.

1799 feierte Karoline mit 150 Gläubigen in Schloß Nymphenburg den ersten evangelischen Gottesdienst in München. Die Hofgemeinde vergrößerte sich schnell, zog in die Residenz, hatte einen eigenen Hofprediger, öffnete sich den vorhandenen, aber versteckt lebenden Evangelischen, wurde protegiert von Montgelas, der zusammen mit dem Kurfürsten Bayern zu einem Land der Toleranz, der Religionsfreiheit und des Fortschritts zu machen bemüht war. Die Zahl der Protestanten wuchs, auch mit dem Neuerwerb von Ländereien in Schwaben und Franken; mehr als ein Viertel der Einwohner des Kurfürstentums Bayern war jetzt protestantisch.

»Bei künftiger Besetzung der Staatsämter werden Wir nur auf die Würdigsten, ohne Unterschied der im deutschen Reiche eingeführten drei christlichen Religionen[1] den landesväterlichen Bedacht nehmen,« heißt es in einem Edikt von 1803. Aus der Hofgemeinde wird eine Stadtgemeinde, die ihre Gottesdienste weiter in der Hofkirche feiert, weil die ihnen zugewiesene Salvatorkirche zu klein ist. 1810 wird die Zahl der Protestanten in München auf 2000 geschätzt, darunter auch manche Intellektuelle, Protestanten aus dem Norden, »Nordlichter«, die nicht immer auf die Sympathie der Alteingesessenen stoßen. Im selben Jahr verkündet ein anonymes Plakat, »daß die Herren ... zwischen heute und dem ersten Mai an Mausgift krepieren werden.«

Ein Mordanschlag wird tatsächlich ausgeführt, die Polizei ermittelt ergebnislos, ein bekannter Adliger setzt sich aus München ab.

Der Angegriffene war Friedrich Wilhelm Thiersch, Philologe und Theologe, den Montgelas nach München berufen hatte, ein Evangelischer. Wie auch Anselm Feuerbach (der Vater des Malers), der im Auftrag Montgelas' die Strafrechtsreform durchführte und ein neues Zivilgesetz schuf; oder Friedrich Heinrich Jakobi, der Philosoph, und Friedrich Wilhelm Joseph Schelling, der als Direktor der Akademie der Künste nach München berufen worden war. Sie alle hatten Einfluß und erweckten Neid, setzten sich ab und galten als arrogant, sie stellten für die Alteingesessenen offenbar eine Bedrohung dar. Protestantisch, aufgeklärt und importiert – das war eines.

Die evangelische Gemeinde in München unterstand dem Innenministerium und – als »pontifex maximus«, als »Summus episcopus«, also oberstem Bischof – dem katholischen bayerischen König. Die Pfarrer und Diakone mußten schwören, dem König und der Regierung treu zu sein. Es war schon eine seltsame Situation und es gehörte Mut dazu, sich als Evangelischer zu bekennen.

[1] katholisch, evangelisch, reformiert

Nachfolger des seit 1806 bayerischen Königs Max Joseph wird Ludwig I, feuriger Freund der Architektur und der Künste, der trotz seiner evangelischen Frau Therese (der München die Theresienwiese und das Oktoberfest verdankt) nach liberalen Ansätzen alles daran setzt, die Montgelas'schen Reformen und die Folgen der Säkularisierung wieder rückgängig zu machen. Er stützt sich auf Konservative und Ultramontane, Kräfte, die den »Nordlichtern« kritisch bis feindselig gegenüberstehen. Er mag sie zwar auch nicht, die Evangelischen, aber er braucht sie, »damit keiner Teutschland kennt, wenn er nicht München gesehen hat.« Also beschäftigt er: den Dänen Thorvaldsen, einen bekannten Bildhauer, den Landschafts- und Schlachtenmaler Wilhelm von Kobell, Leo Klenze, seinen Hofarchitekten und -baumeister, den Gärtner-Schüler Friedrich Bürklein, den Erbauer von Hauptbahnhof und Maximilianstraße, den Maler Julius Schnorr von Carolsfeld und den Architekten Georg Friedrich Ziebland.

Wiewohl die liberal gesinnten Protestanten nicht mit der Protektion ihres »obersten Bischofs« Ludwig rechnen durften, ließ er sie trotzdem, wenn auch nach jahrzehntelangen Verzögerungen ihre erste Kirche bauen: St. Matthäus, am Beginn der Sonnenstraße in der Nähe des Stachus. 1833 wurde sie an des Königs Namens- und Geburtstag geweiht, wenn auch in Abwesenheit des »pontifex maximus«, aber in Anwesenheit seiner Stiefmutter Karoline. Ludwig hatte kein Geld aus seiner Privatschatulle gestiftet, dafür waren die evangelischen Damen Frau Therese und Stiefmutter Karoline für einen Teil der Innenausstattung aufgekommen. Die Hauptsumme war durch Spenden zusammengekommen, der Rest war von der Ständeversammlung finanziert worden. 1938 wird die nachklassizistische Rundkirche St. Matthäus genauso wie die jüdische Synagoge aus »verkehrstechnischen Gründen« von den Nazis abgerissen. Nach dem Krieg wird St. Matthäus am Sendlinger Tor-Platz »modern« wieder aufgebaut, vom selben Architekten, der auch St. Markus »erneuern« durfte: Gustav Gsaenger.

Wie vergiftet das Klima zwischen Katholiken und Protestanten während Ludwigs I Regierungszeit war, zeigen die harschen Auseinandersetzungen wegen »Mischehen« und Kindererziehung; (immerhin lebten drei Viertel aller Protestanten in sogenannten Mischehen) zeigt der sieben Jahre andauernde »Kniebeugestreit«, in dem protestantische Soldaten sich weigerten, während Militärgottesdiensten bei Segen und Wandlung niederzuknien; und zeigen die gräßlichen Szenen während der Beerdigung Karolines 1841 in der Theatinerkirche. Als müßten Evangelische immer noch für ihren »Abfall« gestraft werden.

Als Ludwig I 1848 zum Rücktritt gezwungen worden war, galt Bayern allgemein als kulturell hochstehend, aber wirtschaftlich und industriell zurückgeblieben.

Mit Ludwigs Sohn und Nachfolger Maximilian II brachen wieder protestantenfreundliche Zeiten an. Er hatte Marie von Preußen, eine protestantische Prinzessin geheiratet, die später zum Katholizismus übertreten sollte. Wohl als Sühne für ihre beiden am Geist kranken Söhne: Otto I und Lud-

wig II, die beide, wird die neuere Forschung nicht müde zu betonen, nicht von Max II stammen sollen.
Vater soll der Kammerherr Maries gewesen sein, ein Herr von der Tann, in dessen Familie Geisteskrankheit erblich gewesen sein soll. Wie auch immer, Max II war aufgeschlossen und umgab sich gern mit den Geistesgrößen der Zeit. Darunter, natürlich, vielen Protestanten wie den Dichtern Emanuel Geibel und Paul Heyse, dem Kunstsammler Graf von Schack, dem Naturwissenschaftler Justus von Liebig und anderen, weniger bekannten: bis 1856 allein 55 »Nordlichter«, die in der Hauptstadt immer wieder auf Mißfallen stießen, bestimmten sie doch maßgeblich die Politik, galten als »Preußengänger« und nahmen einträgliche Posten weg.
Das Verhältnis zum protestantischen Preußen war auch für die Regierungszeit Ludwigs II, des »Märchenkönigs« bestimmend. Da ging es erst mit Österreich gegen die Preußen, was in der Niederlage von Königgrätz endete; dann gezwungenermaßen mit Preußen gegen Frankreich, was mit dem Deutschen Reich endete und mit dem preußischen Kaisertum, der »kleindeutschen« Lösung. Bei der »großdeutschen« wäre Österreich mit dabei gewesen. Und für manchen frommen Katholiken, der lieber mit den Österreichern, und manchen frommen Protestanten, der lieber mit den Preußen ... hatten die Auseinandersetzungen der Zeit sowieso etwas mit Glaubenskriegen zu tun. »Wenn Österreich siegt, müßt Ihr alle katholisch werden!« sind Drohungen der katholischen Bauern aus Oberfranken an die Lutherischen überliefert. Österreich siegte nicht und Bayern wurde zum Steigbügelhalter des vom protestantischen Preußen beherrschten Deutschen Kaiserreiches. Bismarck hatte Ludwig II erkleckliche Summen Geldes für diesen Dienst zukommen lassen und Ludwig konnte seiner Bauleidenschaft weiter frönen. Seit seiner Zeit haben die Auseinandersetzungen zwischen Katholiken und Evangelischen allmählich an Heftigkeit verloren.
1877 war die »Zweite evangelische« Kirche gebaut worden, die ab 1885 den Namen »St. Markus« erhielt. (Nach Christus- und Erlöserkirche folgten 1896 St. Lukas und 1916 St. Johannes – damit war das Apostelquartett voll). Die Matthäuskirche war für die inzwischen 25 000 Gemeindemitglieder zu klein geworden. Die Markuskirche mit ihrem neugotischen Turm war durch Spenden, durch Gelder von Stadt (100 000 Gulden), König Ludwig II (250 000) und einer Lotterie, »Prämien-Collecte zum Ausbau der II. Prot. Kirche in München« genannt, (240 000) finanziert worden. Der Architekt hieß Gottgetreu. 1896 wurde sie Dekanatskriche, bekam 1951 Karl Richter als Kantor, der mit dem »Münchener Bachchor« und den Bachkonzerten weltweit eine Bach-Renaissance begründete. In den Sonntagsgottesdiensten predigen immer wieder Professoren der Universität.
Die Markuskirche – ein geistiges Zentrum am Rande der Türkenstraße. Dort setzen sich auseinander mit der beschämenden Vergangenheit der evangelischen Kirche im Dritten Reich und der ungewissen Zukunft (»Marktführer oder Nischenanbieter?«), mit dem, was für sie Sinn und Zweck ihres Evangelisch-Seins bedeutet: die Frau eines Dekans, Luise Lan-

zenstiel, zwei Dekane, Heimo Liebl und Helmut Ruhwandl, ein Pfarrer: Helmut Steinbauer und ein Diakon: Werner Simon.
Ihn beschämt am meisten das Verhalten seiner Kirche unter den Nazis, die lange mit Schweigen übergangenen Aktivitäten der beiden evangelischen Bischöfe Hans Meiser (nach dem der südliche Teil der Arcisstraße genannt wurde) und Theodor Heckel (den Gründer des Evangelischen Bildungswerks), deren nahtlose Weiterbeschäftigung nach dem Krieg, das feige Verhalten seiner Kirche zur Ausländerpolitik speziell des Landes Bayern, die Wahl von Innenminister Beckstein in die Synode. Und daß sie immer wieder »einem Staat die Füße leckt, der die einfachsten Menschenrechte mit eben diesen Füßen tritt«.
1996 waren von 1 384 696 Einwohnern Münchens 675 528 katholisch und 231 879 evangelisch, Tendenz: sinkend. (1990 waren es noch 315 000 Evangelische gewesen). Wer wird sich ändern, die Kirche oder ihre Gläubigen?

Luise Lanzenstiel
geb. 1919 · gest. 1997 · Pfarrfrau

Markuskranz

»Meinen Mann habe ich kennengelernt, als er Vikar an St. Lukas war. Dann sind wir 17 Jahre nach Nördlingen gegangen und kamen 1954 nach München zurück. Mein Mann war zehn Jahre Studentenpfarrer, dann wurde er Dekan und dann Oberkirchenrat.

Bevor er Oberkirchenrat wurde, wohnten wir in der Gabelsbergerstraße, direkt hinter der Kirche. Damals war es noch nicht so schön wie heute, das war ja alles ziemlich zerbombt da hinten und nur zum Teil gut wieder aufgebaut. Aber wir fanden's herrlich.

Wir hatten von meiner Schwester ein aufblasbares Schwimmbad bekommen, so ein Gummiding, und im Sommer war es die größte Gaudi für die Kinder, wenn der Vater da im Wasser herumplantschte. Obwohl man die Pforte bei der Kirche eigentlich nicht abschließen konnte, kam niemand nach hinten.

Als ich geheiratet habe, 1937, durfte eigentlich eine Frau gar keinen Beruf ausüben. Man hat einfach zu seinem Mann gestanden und hat da mitgearbeitet. Also ich fand es phantastisch, daß man weiß, was der treibt und daß man da mitmachen konnte.

Mein Mann hatte auch viel abends zu tun, Kirchenvorstandssitzungen und so Sachen, weil die Leute das ja meist zusätzlich machen nach der Arbeit. Da gab es einen ›Markuskranz‹, den hat mein Mann schon vom Heckel übernommen, da traf man sich, jede Woche reihum bei jemand anderem: Vier Pfarrer, vier Frauen dazu, meist noch ein Vikar. Da haben die Herren der Schöpfung dann ihr Programm durchgezogen und wir unseres, das heißt, wir haben auch mitgeredet, wir waren ja im gleichen Raum, wir saßen immer zusammen. Es war schön, wie man da menschlich so gut miteinander ausgekommen ist. Damals war es, wie soll ich sagen, einfach und ergreifend, heute ist alles mehr schön und schick.

Als wir noch in der Gabelsbergerstraße wohnten, war das Haus laufend voll, mittag, nachmittag, abend. Kein Wunder aber auch mit sechs Kindern. Wenn ich jetzt einmal hereinfahre, ist es lange nicht mehr so lustig. Die alten Bekannten sind weggezogen oder weggestorben.

Die Türkenstraße war für mich die Einkaufsstraße, es gab da so viele kleine Lädchen mit netten Leuten. Milch und Semmeln haben wir immer gegenüber von der Türkenkaserne geholt, was jetzt alles zur Raiffeisen gehört. Ich bin eigentlich nie in die Stadt gegangen zum Einkaufen, wir haben hier alles in der Straße gekriegt.

Ich bin hier zum Tengelmann, weil mit sechs Kindern geht man nicht in Feinkostläden. Und auch nicht aus zum Essen. Das ist mit sechs Kindern nicht drin. Mein Mann hat auch viel lieber daheim gegessen. Da ging's schneller und ich habe gekocht. Es gab, was soll ich sagen, Hausmannskost, einen schönen Schweinebraten, einen schönen Rindsbraten, Gemüse, Kartoffelsalat und Spätzle, bayerische und schwäbische. Oder nach dem Motto: unsere lieben Kleinen mögen die Sauce so, bekamen die die Sauce und der Vater das Fleisch. Nur am Sonntag gab's für jeden ein Schnitzel. Sonst eben viel Eintopf, Pichelsteiner und so.

Mein Mann ist öfter ins Gefängnis gegangen und so wurden wir nach und nach zu einer Anlaufstelle für entlassene Gefangene. Ich hab' die Leute dann in die Küche raufgeholt und hab ihnen was zum Essen angeboten und zum Trinken eine halbe Bier. Dann hat man ihnen gesagt, wo sie hinkönnen, zur Inneren Mission zum Beispiel. Das war eben das Hauptproblem: sie wußten nicht wohin, wußten nicht, wo eine Wohnung finden und Arbeit.

Da habe ich einen gehabt, einen rothaarigen Mann mit Schneckelhaar, der kam immer im Frühling. Er hat's meist so angestellt, daß er im Winter in den Knast kam. Und wenn er im Frühjahr raus kam, tauchte er bei uns auf und hat sich seine Kleider geholt: Strümpfe, Unterwäsche oder eine Hose von meinem Mann, auf die anderen schwarzen Sachen war er nicht so scharf.

Und weil mein Mann im Gefängnis immer sagte: ›Wer rauskommt und nicht weiß wohin, der kann ruhig bei mir vorbeikommen!‹ da hatten wir dann auch bald Zeichen am Haus: Kreuzchen, Kästchen, Striche. Damit die folgenden dann auch wußten, was sie bei uns zu erwarten hatten.«

Helmut Steinbauer
geb. 1927 · Pfarrer St. Markus

Ein halber Russ', ein halber Spanier

»Ich bin der Pfarrer von St. Markus, aber seit gestern im Ruhestand. Ich bin reiner Nur-Pfarrer und will auch nichts anderes sein. Die sechs Jahre Markus waren schön, aber ich habe in meinem Leben schon ganz andere Höhen und Tiefen erlebt. Wir waren auch, der Dekan und ich, total konträre Typen. Da konnte er nichts dazu und ich auch nicht. Man ging sich eher aus dem Weg.

Ich habe viel gemacht ohne Rücksicht auf den Dekan, der mehr übergemeindlich arbeitet. Mein Verständnis von der Kirche ist ein anderes als seins, meines ist unterschiedlicher zu seinem als zu dem eines katholischen Pfarrers an der Basis.

Was ich geworden wäre, wenn ich nicht Pfarrer geworden wäre? Ich weiß nicht, mir fällt nur Pfarrer ein. Katholischer? Eher nicht. Ich bin ein gerader Typ. Manche Dinge in der katholischen Kirche könnte ich von der Ratio her nicht mitmachen. Das Lutherische ist da gerader, wenn auch etwas spröde. Manchmal zu spröde. Ich habe viel von der orthodoxen Kirche aufgenommen. Das meditative Element liegt mir sehr, ich habe eher ein Kreisdenken als dieses lineare Denken. Ich liebe Poesie, die Kaschnitz und von Hesse das Gedicht: ›Stufen‹, wo es heißt:

›*Kaum sind wir heimisch einem Lebenskreise,*
Und traulich eingewohnt, so droht Erschlaffen;
Nur wer bereit zu Aufbruch ist und Reise,
Mag lähmender Gewöhnung sich entraffen.‹

Ich liebe auch die russische Philosophie und die spanische Literatur, die ich beide in der Ursprache gelesen habe. Ich bin ja sowieso ein halber Russ' und ein halber Spanier. Ich gehe gern fort. Ich schau mir gern die Welt an und dann möchte ich essen wie die, leben wie die und möglichst auch noch ihre Sprache sprechen. Ich bin es gewöhnt, in Übergängen zu leben.
Ich bin in Mittelfranken aufgewachsen, mein Vater war so ein richtiger Dorfschullehrer und ich habe mit den Bauernkindern gespielt. Dann kam der große Einschnitt Krieg: ich wurde Luftwaffenhelfer. Es folgte: Arbeitsdienst, Militär, vier Jahre Gefangenschaft, Entlassung. Ich war 21, war der jüngste Spätheimkehrer in Rothenburg ob der Tauber. Habe das Abitur nachgemacht und mit dem Theologiestudium begonnen. Mein Elternhaus war natürlich christlich geprägt, man hat einfach glauben können. Das war für mich entscheidender als all' diese Zeit beim Militär und in der Gefangenschaft. Ich lebte in einem NKWD-Lager, einem Lager der russischen geheimen Staatspolizei und war einer der wenigen, die überhaupt zurück nach Hause kamen. Die anderen starben an Lungen-TB.
Die wirklichen Werte, das hatte ich von meinem Elternhaus, liegen ja nicht darin, daß man einen Beruf hat und Geld verdienen kann, sondern daß man anderen Menschen helfen kann. Als Christ helfen kann.
Mein Vater war schon 1943 gestorben und als ich fünf Jahre später nach Hause zurückkam, mit diesem russisch-rollenden ›r‹, da fragte mich meine Mutter: ›Bist du überhaupt mein Sohn?‹ Ich hab' meine russische Prüfung gemacht, hätte auch heiraten können, aber ich wollte frei sein. Geheiratet habe ich erst im Bayerischen Wald, eine Lehrerin.
Nach zwei Jahren in einem Diakoniewerk in Neudettelsau, wo ich mit psychisch kranken Kindern gearbeitet habe, habe ich eine Diaspora-Pfarrei im Bayerischen Wald übernommen. In der Gegend von Waldmünchen und Rötz. Es war eine liebe Gemeinde, lauter Flüchtlinge. Von 650 kamen 630 zum Gottesdienst, den wir zuerst in Baracken, Schulhäusern, katholischen Jugendräumen abgehalten haben. Bis wir eine eigene Kirche gebaut haben. Für 50 000 Mark, zusammen mit den Leuten.
Nach fünf Jahren sagte ich mir: Das ist jetzt genug, du bist Pfarrer, wirst dir allmählich selbstgenügsam und kriegst schön langsam einen Bauch. Das ist nicht gut. Da ging ich dann mit meiner Familie, wir waren inzwischen fünf, nach Chile. Ich habe Spanisch gelernt und eine Gemeinde im Süden Chiles übernommen. Eine Gemeinde im Umbruch, Osorno. Es war eine große Gemeinde, von Nord nach Süd ein Durchmesser von 200 Kilometern. Es waren Deutsche, die um 1850 eingewandert waren. Sie waren zwar schon mehr Chilenen, aber sie wollten ihre deutsche Kultur behalten. Sie hatten eine deutsche Schule und waren ziemlich deutschnational. Dorthin ist der Franz Josef Strauß so gern zu Besuch gekommen. Das war mir gar nicht so recht. Ich wollte auf einer anderen Basis arbeiten.
Als ich hinkam, war im Pfarramt an der Wand noch ein weißer Fleck. Da hatte bis 1948 der Hitler gehangen. Ich hab' dann den Luther drübergehängt, aber es blieb ein weißer Rand.

Wir mußten jetzt anfangen, die deutsche evangelische Kirche darauf vorzubereiten, was eine evangelisch-lutherische Kirche für Chilenen war. Wir konnten viel machen. Wir haben ein Radio-Tonstudio eingerichtet mit Hilfe der Kirche und Reportagen und Gottesdienste gesendet. Ich habe immer gepredigt: ›Man kann sich doch nicht immer bedienen lassen, immer nur empfangen und für sich da sein. Man muß etwas tun!‹
Zum Beispiel ein Krankenhaus bauen. Für die, die Geld haben und für die, die keines haben. Und für die deutschstämmigen Mädchen, daß die Krankenschwestern werden können. Daß einer für den anderen da sein kann. ›Sammelt ihr eine Million Mark!‹ habe ich ihnen gesagt, ›dann versuche ich, aus Deutschland auch noch Geld zu bekommen!‹
Nach einem halben Jahr haben sie alle mitgemacht: der eine schenkte drei Hektar Land und fünf andere Deutschstämmige kamen, lauter Studierte, die sagten: ›Jetzt gründen wir einen Verein. Und bringen das Projekt vorwärts!‹ Der damalige Bundespräsident Lübke hätte zu Besuch kommen sollen, aber er ist krank geworden. Da kam an seiner Stelle der Außenminister Schröder. Mit dem haben wir das Projekt eingefädelt. Wir bauten das Krankenhaus und es funktioniert noch heute bestens: über 120 Betten, die Hälfte Reiche und die Hälfte Arme. Und die Reichen zahlen für die Armen mit. Es gibt keine Unterstützung aus Deutschland, es gab nur Aufbauhilfe. Es trägt sich selber. Und das ist für mich die bessere Entwicklungshilfe, wenn sie im Land selber passiert mit den Ideen und der Mitarbeit der Leute, die dort leben.
Ich war sechs Jahre in Chile, bis 1968. Nach sechs Jahren hat ein Pfarrer in Chile das Recht, wieder zu seiner Landeskirche zu kommen. Ich fragte, wo eine Pfarrei frei wäre. So kam ich nach Haar. Habe dort im Nervenkrankenhaus gearbeitet und in der Gemeinde.
Ich war über achtzehn Jahre dort, von 1968 bis 1987. Am Anfang war es recht schwer, da wurden diese schlimmen Dinge aus dem Dritten Reich ja noch alle verschwiegen. Das mit den Transporten nach Linz, das Totspritzen von Kindern oder das Verhungern, indem die Patienten nur Sauerkraut zu essen bekamen.
In den ersten Jahren gab es 3000 Patienten im Krankenhaus in 80 Abteilungen, von denen 60 bis 70 geschlossene Abteilungen waren. Einen Psychologen gab es und einen Sozialarbeiter. Das hat sich Gott sei Dank total verändert.
Am Anfang hatte ich noch keine Gemeinde, weil das Jagdfeld erst gebaut wurde. Ich hatte da ein Projekt: ein kirchliches Zentrum mitten in diesem Neubauprojekt mit Kinderhort, Kindergarten, Beratungs- und Gottesdiensträumen. Ich hatte das entworfen und war bei der Vorbereitung dabei. Zunächst wollten die beiden Kirchen da nicht so richtig einsteigen, aber dann haben wir es doch verwirklicht.
Im Krankenhaus Haar mußte die Krankenseelsorge aufgebaut werden. Das geschah nach der amerikanischen Methode des Pastoral Clinical Training, einer psychoanalytischen Methode. Da geht es um die Befindlichkeit des Patienten, um die Art der Krankheit und um die Gesprächsführung. Man

muß mit einem Schizophrenen eine andere Gesprächsmethode haben als mit einem Manisch-Depressiven.
Ich hatte in Heidelberg auch Psychologie studiert, was mir sehr geholfen hat. Für mich war eine psychische Krankheit eine normale Krankheit, aber ich mußte immer ankämpfen gegen das schlechte Image, gegen das Abqualifizierende des Satzes: ›Dann kommst du nach Haar!‹
Nicht die Kranken haben mich erschüttert, sondern die Art, wie sie untergebracht und behandelt wurden. Das hat mich wütend gemacht.
Nach und nach, auch als Folge von ›1968‹ wurden mehr Psychiater eingestellt, junge Psychiater, die ein ganz anderes Verständnis von psychischen Krankheiten hatten. Es wurde über die Öffnung der Anstalten diskutiert, über mehr Offenheit in der Therapie. Patienten wurden am Wochenende nach Hause entlassen. Weshalb sie dann in unseren Gottesdiensten fehlten.
Ich wollte nie etwas anderes sein als Gemeindepfarrer und Pfarrer im Krankenhaus. ›Machen Sie doch auch mal die Krankenseelsorge‹, sagte mir der Oberkirchenrat. So als ob man Seelsorge so einfach nebenbei machen könne.
Ich muß ein Konzept finden, sagte ich mir, daß die Gemeinde sich auch auf die Kranken einstellt, es mit als ihre Aufgabe betrachtet, sich um sie zu kümmern. Das hat lange gedauert. Wir haben Patientennachmittage gemacht mit Kaffee und Kuchen, die Jungen haben Singspiele eingeübt und sie im Krankenhaus vorgeführt. Wir haben einen Schizophrenen herausgebracht, der dann in der Gemeinde arbeitete – mit allen Niederlagen, die man halt so dabei erlebt. Bis die Gemeinde Haar akzeptiert hat, daß psychische Krankheiten Krankheiten sind wie andere auch, hat es zehn Jahre gedauert.
Früher, entsinne ich mich, trugen die Patienten noch Anstaltskleidung: fein grau gestreift. Die Männer locker geschnittene Hosen, derbe Schuhe und Schirmmützen, die Frauen gestreifte Kleider und Kopftücher. Das war zwar alles ungeheuer praktisch zu reinigen, aber für das Selbstwertgefühl der Patienten war es eine Katastrophe.
Ich habe dann mit der Gemeinde Kleider gesammelt für die Patienten, daß sie, wenn sie rauskamen, wenigstens etwas zum Anziehen hatten. Das Krankenhaus hat dann mitgezogen. Das ist das Schöne: daß man, ohne groß zu reden, einen Anstoß geben kann. Ich habe gern Anstöße gegeben.
Ich war unabhängig vom Bezirk, dem das Krankenhaus unterstellt ist, ich war Pfarrer der Landeskirche und hatte als einziger Mensch im Krankenhaus einen Schlüssel zu allen Zimmern. Ich war der Krankenhausleitung keine Rechenschaft schuldig, ich hatte die große Freiheit, zu den Patienten gehen zu können, mit ihnen zu sprechen. Ich war Tag und Nacht zu haben, wenn einer mich sprechen wollte. Und oft wurde aus einer Predigt ein Dialog.
Im Gottesdienst hab' ich mit den Patienten geredet. Sie sind ja sehr kommunikativ, diese Kranken, sie haben einen viel stärkeren Sensus für geistige Strömungen als die Leute draußen. Diese religiösen Bewegungen, dieser Aufbruch der Kirche, das war zwei Jahre vorher schon in Haar zu spüren.

Plötzlich wollten die Leute immer wieder das Abendmahl feiern. Und ›Herr Pfarrer, ziehen Sie doch wieder Ihr schönes weißes Kleid an! Mit der bunten Stola!‹ Sie wollten den schwarzen Talar nicht, sie wollten den weißen. Und eine Stola dazu in den Farben der jeweiligen kirchlichen Feste: grün, gelb, rot, violett und weiß. Das gefiel ihnen.

Es gab immer wieder Beerdigungen, ich habe allein 70 Tote auf dem Anstaltsfriedhof begraben. Und meist war ich allein. Die Angehörigen wollten nicht kommen, auch wenn ich sie eingeladen hatte, da hieß es immer ›Was die uns angetan haben!‹ und sie bedauerten sich richtig.

Hochzeiten und Taufen gab es wenige und wenn, haben wir uns richtig gefreut und richtig gefeiert. Konfirmanden gab es, kranke Kinder, die dann in die Heck'scher Klinik kamen. Das Schlimmste für mich war die geriatrische Abteilung: kranke Menschen, die auch in einem Pflegeheim nicht mehr geduldet wurden, kamen nach Haar ins Nervenkrankenhaus. Eine ganze Abteilung, riesig, rein zum Sterben.

Aus dieser Not heraus habe ich die Krankensalbung eingeführt. Wir Evangelischen waren ja so erzogen, daß wir den Kranken das Abendmahl brachten, Brot und Wein. Man kann natürlich auch die Hostie in den Wein eintauchen, aber manche Kranke können nicht mehr schlucken. Andere nicht mehr sehen, aber das Hören und das Fühlen sind noch vorhanden.

Im Jakobusbrief heißt es ja auch: ›Ist jemand krank, so bete man mit den Ältesten und man salbe sie mit Öl‹. Da habe ich sie dann gesalbt, als geistliche Zuwendung, als Vorbereitung nicht fürs Sterben, sondern fürs Leben. Ich habe auf der Stirn das Kreuzeszeichen gemacht. Da war mir ganz egal, ob das die Katholiken auch machten. Seelsorge ist für Menschen. Das geweihte Öl habe ich mir von der katholischen Kirche geben lassen. (lacht) Es hätte auch reines Olivenöl sein können.

Für die Angehörigen, wenn sie mal kamen, war es eine große Hilfe: das gemeinsame Beten, die Zuwendung durch Salben und Handauflegen. Das gemeinsame Abendmahl.

Letztlich mußte ich aber mehr Seelsorge an den Ärzten machen als an den Kranken. Wenn sie zwischen 100 und 150 Patienten haben, in so einem Apparat eingespannt sind, ständig unter Druck stehen und kein Gegenüber haben, wo Sie sich aussprechen können, da kommt es dann manchmal zu einem Zusammenbruch. Vor allem, wenn die Ärzte über 50 waren.

Auch die Schwestern waren total überlastet und unter seelischem Druck, da mußte der Pfarrer einfach für sie da sein, zumal wenn er ein freier Pfarrer war und die Leute wußten: da kannst du abladen, das wird nicht gegen dich verwendet. In Haar ging es immer wieder um Entmündigungen von Patienten. Ich konnte da nichts tun, als den Patienten jeden zweiten Tag zu besuchen. Das hat dann eine gewisse Verunsicherung gebracht. Wenn der Pfarrer ständig an seinem Bett saß.

Dann gab es draußen in Haar die sogenannte ›Burg‹, eine Art Gefängnis für psychisch kranke Gesetzesbrecher. Ich war dort gerne, muß ich sagen, ich habe dort Gottesdienste gehalten, man kannte ja alle.

Von 110 kamen an die 30, überwacht von Monitoren. Ich habe Zigaretten gebracht und mit ihnen geredet. Viele waren ja total von der Gesellschaft abgekoppelt, sie brauchten eine Bezugsperson. Einer zum Beispiel, um Liebe und Zuwendung zu erhalten, hat immer irgendwelche harten Teile geschluckt, Bettfedern und so. Dann kam er in die Krankenabteilung und wurde operiert. Dort haben sie ihn wie einen normalen Patienten behandelt. Das war ihm wichtig. Deshalb hat er fünf bis sechs Mal so Teile verschluckt. Dann haben wir lange miteinander geredet und es war wieder gut. Einmal bin ich zu ihm, da hat er gesagt: ›Bist zu spät gekommen, ich hab's schon gefressen!‹
Was es früher nicht gab: allmählich bekommen die Kranken auch außerhalb der Anstalt eine Lobby: vor allem die Suchtgefährdeten. Und Homosexuelle werden nicht mehr eingeliefert wie früher, wo man ihre Veranlagung als Krankheit betrachtet hat.
Nach 17 Jahren, merkte meine Frau, wurde ich unruhig. Ich bin ein Mensch, der unheimlich gern arbeitet, ich reibe mich auch gern auf, aber es war schon zu lange und manchmal zu schrecklich. Ich suchte eine neue Stelle und fand St. Markus.
St. Markus ist die zweitälteste Kirchengemeinde in München nach St. Matthäus. Die Kirche ist 1877 gebaut worden, im neugotischen Stil, ist aber bei den Menschen zuerst nicht gut angekommen. Sie war eine Garnisonskirche, nebenan war ja die Türkenkaserne. Da kamen jeden Sonntag die Soldaten mit ihrem Musikcorps in die Kirche und spielten. Da waren viele Soldaten aus dem Fränkischen und weil da die Offiziere auch kamen, kam bald viel junges Volk in die Gottesdienste. So hat sich die Gemeinde entwickelt.
Bevor die Markuskirche gebaut wurde, gab es gegenüber den äußerst rührigen CVJM in der Glücksstraße und in der Heßstraße bereits die Diakonissenanstalt der Schwestern aus Neudettelsau. Sie hatten Haushaltsschulen für junge Mädchen und ein Entbindungsheim. Inzwischen ist in der Diakonissenanstalt ein Belegkrankenhaus mit über 120 Betten, ein großes Altersheim und ein Pflegeheim mit etwa 30 Betten. Sie ist ein unabhängiger Verein mit einem Kuratorium, in dem ein Pfarrer Vorsitzender ist. Er muß nicht von St. Markus sein.
Wir haben einen Beratungsdienst in der Heßstraße: da kommen Mädchen und Frauen hin von der Straße oder aus dem Knast, die dürfen da dann ein bis zwei Jahre wohnen, geschützt vor den Zuhältern. Man findet auch Arbeit für sie.
Ich war also an St. Markus. Die Leute hatten sich allmählich an die Kirche gewöhnt, für einen, der dort getauft, konfirmiert und getraut wurde, war es eben ›seine‹ Kirche. Es ist ein Mischmasch von Stilen: die Säulen waren zuerst gußeißern, dann wurden sie mit Stein umkleidet. Die schöne, geschnitzte neugotische Kanzel fehlt, sie wurde 45/46 zu Brennholz verarbeitet. Im Krieg war ziemlich viel zerstört worden, aber schon bald danach wieder aufgebaut. Die Gemeinde war von 12000 auf 1000 runtergegangen. Heute hat sie um 6500 Mitglieder, von denen fünf bis acht Prozent zum Gottesdienst kommen.

Ich war also in einer Stadtgemeinde gelandet und mußte herausfinden, was die wichtigsten Dinge waren, was zu fördern war. Ich merkte: es war die ökumenische Arbeit, die Laienarbeit in der Gemeinde vor Ort, die diakonische Arbeit. Wir haben einen Gottesdienstkreis gebildet mit jungen Leuten, die die Sonntagabendgottesdienste selber gestalteten. Sie sind offen für neue Formen, für neue Lieder, bauen Elemente des Tanzes mit hinein. Das gibt es nicht viel in der evangelischen Kirche, vielleicht noch an der Lukas- und Johanneskirche.
Wir haben die Kindergartenarbeit intensiviert. Wir hatten 45 Kinder im Kindergarten in der Heßstraße und noch einmal 45 Anmeldungen. Wir haben Kindergruppen in den unteren Räumen des Gemeindehauses untergebracht und Mutter-Kind-Gruppen gebildet.
Wir haben eine Seniorengruppe gegründet, mit denen wir regelmäßig in die Pinakotheken gegangen sind, und wir haben aus St. Markus eine richtige Musikkirche gemacht. Wenn Bach gesungen und gespielt wurde, war die Kirche voll, bei den Modernen eben nur halbvoll.
Ich habe Ausstellungen organisiert von Malern der klassischen Moderne und der Moderne. Da kann man viel machen mit den Leuten. Einmal hatten wir eine Ausstellung zu Karl Richter: Dokumente, Programme, Fotografien. Innerhalb von fünf Minuten war alles geklaut. Da hilft keine christliche Sperre, wenn's um Richterfans geht.
Ja, der Richter, da gibt es viele köstliche Anekdoten. Auch über seinen Hang zu blonden Frauen. Oder wie ihm die Bilgram auf der Orgel ausgeholfen hat. Ich habe gehört, daß er ein unkomplizierter Mensch war, daß er sehr menschlich mit Gemeindemitgliedern und Kirchnern umgegangen ist. Als er hierherkam, soll er ganz abgerissen ausgesehen haben und der Heckel, der Dekan, soll ihn gegen alle Widerstände als Organist angestellt haben. Und dann hat man gemerkt: da oben sitzt ja ein Genie!
Er hat den Bachchor aufgebaut und ist weltberühmt geworden. Hat aber nie aufgehört, sich als Kantor von St. Markus zu fühlen.
Ich habe Reisen gemacht mit der Gemeinde: nach Rußland und Zypern, um die Ikonen vor Ort zu studieren. Nach Patmos und Samos, nach Straßburg und Santiago de Compostela. Ich bin ein barocker Mensch, liebe aber mehr die Romanik. Ausländerfeindlichkeit habe ich als Religionslehrer in den unteren Klassen der Türkenschule eigentlich nicht erlebt: ob das ein Negerkind war oder ein Türke, ein Jugoslawe oder ein Engländer, das hat eigentlich keinen interessiert. In Haar, da wurde ich fast intolerant, als ich hörte: ›Ausländer raus!‹ Das kam ja nicht von den Kindern, sondern von den Eltern. Das war in der 8. oder 9. Volksschulklasse. Diese Borniertheit, diese Radikalität, nicht zu fassen! Ich habe versucht, das abzubauen, eine meiner schwersten Aufgaben. Ich habe direkt gebrüllt, weil ich es nicht ertragen konnte, diese faschistischen Parolen: ›Mensch, dafür wurde ich eingesperrt, dafür hab' ich meine Gesundheit gelassen, daß du mir diesen Quatsch wieder aufbrühst!‹
So etwas trifft mich im Innersten. Vor allem, wenn es dann noch einer ist, dessen Vater aus Ägypten stammt und die Großeltern irgendwie Auslands-

deutsche sind, aus Siebenbürgen zum Beispiel. Einfache Menschen, die sich daheim seit 700 Jahren gegen Rumänen und Zigeuner abgegrenzt haben. Denen aber dabei so ein Hang zum Faschistischen geblieben ist.

Wir hatten viele Türken, Jugoslawen und Griechen. Und auch wenn sie Moslems waren, haben sie ihre Kinder in den Kindergottesdienst geschickt.

Wir evangelischen und katholischen Pfarrer haben gute Beziehungen untereinander. Wir verstehen uns gut, zum Beispiel mit dem Dekan Hempfer von St. Ludwig, weil wir wissen: so weit kannst du gehen. Wir kommen uns nicht ins Gehege. Wir gehen nicht auf Konfrontation, das wäre dumm, wir können nur voneinander lernen.

Das Amtsverständnis, das sie oben immer weiter fortführen, hat bei uns unten keine große Bedeutung.

Die katholische Kirche hat in ihrem Marienkult so etwas Mütterlich-Überbordendes. Aber solange es nicht das Christusbild verdeckt, was soll daran störend sein?

Ich kann die Marienvesper von Monteverdi bei ihnen hören oder bei uns aufführen lassen.

Wir müssen auch in der Schule, wo die Säkularisation weit fortgeschritten ist, miteinander einen Gottesdienst halten. Oder in St. Ludwig, da bereiten sie ihn vor und ich mache mit oder sie kommen zu mir nach St. Markus, wo ich vorbereite. Es gibt eigentlich nichts, wo wir nicht miteinander arbeiten könnten.

Und um die Ecke, in der Theresienstraße, gibt es die wunderbare jüdische Kneipe ›Maon‹[1], da sind wir immer gern reingegangen, der katholische Kollege und ich. Haben ›gefillte Fisch‹ gegessen und uns ausfragen lassen. Das sind ja sehr schlaue Juden dort. Innerhalb einer halben Stunde wissen die alles aus deinem Leben. So etwas gibt es auch nur in der Maxvorstadt.

Auch die alten Leute sind hier anders, sie sind vif, sie sind interessiert, sie reisen gern und gehen gern in Ausstellungen.

Natürlich sind die hohen Mieten auch ihr Hauptproblem. Aber sie zahlen sie, weil sie unbedingt hierbleiben wollen. Das ist ihr Viertel, hier kennt jeder jeden, hier grüßt man sich und redet miteinander. Auch für junge Familien mit Kindern ist das ein großes Problem.

Es gibt hier viele junge Intellektuelle und Künstler. Die haben ein besonderes Gespür dafür, was in der Luft liegt an religiösen Strömungen. Hier gibt es alles: New Age, aber bereits im Abflauen, die diversen Aschrams und ihre Erfahrungsgruppen, die Zeugen Jehovas, nicht besonders stark, Mormonen und Sieben-Tages-Adventisten. Dann gibt es noch welche, die schwarze Messen zelebrieren – und alles hier so im Karree.

Die Menschen sind Suchende, sie nehmen gern etwas Neues auf, lassen es aber nach einer Zeit auch wieder fallen.

Das Schöne für einen Pfarrer ist, daß er das Echo auf seine Predigt direkt an der Kirchentür bekommt. Die sagen: ›Das haben Sie gut gemacht!‹ oder nicht. Da ist St. Markus schon unwahrscheinlich offen.

[1] seit 1997 ›Cohens Jüdische Spezialitäten‹

In der Zeit vor Bismarck waren ja die Pfarrer auch Standesbeamte und mußten die Hochzeiten und Geburten standesamtlich beurkunden. Daher kommt das Pfarramtssiegel, das wir heute noch benutzen: für Tauf-, Konfirmations- und Trauscheine. Wenn Spendenquittungen gesiegelt sind, werden sie vom Finanzamt anerkannt. Alle Amtshandlungen werden gesiegelt. Für jede evangelisch-lutherische Kirchengemeinde wird vom Hauptmünzamt ein Siegel hergestellt. Da ist das Lamm Gottes drauf mit der Siegesfahne und die Beschriftung: ›Evangelisch-lutherische Kirchengemeinde St. Markus‹.
Wir haben zwei Kassen: die Kirchengemeindekasse und die Gabenkasse des Pfarrers. Für die Kirchengemeindekasse braucht die Kirchengemeindedirektorin die Zahlungsanweisung des Pfarrers für Gemeindezwecke. Er darf nicht auszahlen und sie auch nur, wenn eine Anweisung da ist. Das ist eine Art von gegenseitiger Kontrolle. Und ausgegeben kann nur das werden, was der Kirchenvorstand in seinem Haushaltsplan vorgesehen hat. Das sind 950 000 Mark pro Jahr, ohne die Gehälter der Pfarrer. Das Geld setzt sich aus Spenden, Gaben, Zuwendungen zusammen, auch aus Kirchensteuern, aber das ist ein kleiner Betrag, und aus Zuschüssen der Kirche für den Kindergarten.
Über die Gabenkasse hat der Pfarrer jährlich Rechenschaft abzulegen. Da fließen Spenden hinein und Kollekten, die meist zweckgebunden sind. Die muß er dann dorthin überweisen. Der Rest ist für das Kirchengemeindeleben und für den Erhalt der Kirche. Wenn die Kirchengemeindemittel nicht ausreichen, wird aus der Gabenkasse dazugenommen.
Bei Erbstreitigkeiten haben mich oft die Leute gefragt, weil sie ein großes Vertrauen zur Kirche haben. Mehr zur Kirche als zu anderen Institutionen. Es ist tatsächlich so, daß ältere Menschen ohne Angehörige der Kirche ihre Ersparnisse vermachen, das ist doch normal. Und wir können sie dann für die Diakonie verwenden. Sie wissen: die Kirche macht das richtig und das muß sie ja dann auch.
Stellen Sie sich vor, im Dezember 1992 wurden allein in St. Markus 52 000 Mark als Spende überwiesen. Dann noch 6 000 für ›Brot für die Welt‹, fast 60 000 in einem einzigen Monat. Ohne die Kollekten.
Kirchenaustritte gibt es natürlich auch, aber durch die natürliche Fluktuation wird das wieder aufgefangen. Leider haben wir keine Zeit, mit den Ausgetretenen noch einmal zu sprechen. Wir haben ungefähr fünfmal in der Woche mit Familien zu tun: wenn es um Begräbnisse geht. Das sind fünf längere Gespräche – bei mir waren sie es jedenfalls. Dasselbe bei Taufen, Konfirmationen, Hochzeiten.
Nebenher hat ja ein Pfarrer noch zehn Stunden Schulunterricht: Religionsunterricht an der Türkenschule. Ich fand das eine wunderschöne Arbeit in den Klassen 1 bis 4. Und über diese Kinder kam man unheimlich leicht an die Eltern ran, was ja sonst in der Anonymität der Großstadt ziemlich schwierig ist. Man kann ja nicht verlangen, daß die Eltern jeden Sonntag in den Gottesdienst kommen. Aber wenn sie über die Kinder eingeladen werden, zu Som-

merfesten oder einer Waldweihnacht, dann kommen sie gern und man redet miteinander. Dann erfahre ich, welche Mutter in Not ist. Und von den Spenden kann ich ihr helfen, ohne daß sie sich schämen muß. Ganz handfest. Bei der ganzen Arbeit muß man ja schließlich am Menschen bleiben.
Man kommt über Kirchenmusik an die Menschen ran oder über die Diakonie oder eben über die Kinder.
Die Probleme für die Lehrerinnen an der Türkenschule sind die vielen verhaltensgestörten Kinder und exzentrischen Eltern, die unheimliche Forderungen stellen. Das bringt sie oft an den Rand der psychischen Belastbarkeit. Besonders Geschiedene oder Alleinstehende. Wenn man selber ein bißchen seelisch angeknaxt ist, leidet man natürlich um so mehr. Ich hab mir dann ihren Frust angehört, egal ob sie aus der Kirche ausgetreten waren oder nicht.
Für mich war die Schule schön: diese unheimlich intelligenten Kinder, diese gescheiten Kerle, viele aus gestörten Familien, die ihren Verhaltensschlag weg hatten.
Und ich als gestandener Vogel habe dann den Vater abgegeben oder den Großvater. Ich bin sehr locker mit dem Lehrplan umgegangen, weil, wenn man Haar und das alles hinter sich hat, wenn man weiß, was diese Kinder alles aufarbeiten und abbauen müssen, dann geht man halt drauf ein.
Wenn die Kinder dich nach der Schule fragen: ›Wo soll ich bloß hingehen, zu meiner Mutter oder zu meinem Vater?‹, weil die gerade in Scheidung sind. Oder wenn ein Elternteil weggegangen ist und der andere einen neuen Freund hat, da kannst du schlecht vor den Kindern insistieren: ›Du sollst nicht ehebrechen!‹
Was soll so ein Tschapperl da machen? Man merkt doch sofort, wenn es aus einer gestörten Familie kommt.
Wir haben viel gemalt miteinander, gesungen, gebetet und ich habe Geschichten erzählt. Geschichten aus der Bibel, Moses, Joseph und Geschichten aus meinem Leben. Ich habe gesagt: Der Pfarrer ist der Geschichtenerzähler. Und die Kerle sind ganz anhänglich gewesen und wir haben gemeinsam vieles an Verhaltensstörungen beseitigen können. Es ist halt so: diese Kinder brauchen auch eine männliche Person und da ist der Großvater mit Abstand der geeignetste. Im Augenblick spiele ich Großvater bei meinen acht Enkeln. Das Schöne ist, da kann man wieder weggehen.
Und ich gehe nach einer Zeit immer gerne weg.«

Haimo Liebl
geb. 1937 · Dekan

Nordlichter und Lichterkette

»Hier in München sind die Protestanten die dritte Konfession. Die erste sind die Katholiken und die zweite die Konfessionslosen, die aus der Kirche Ausgetretenen.
Die Katholiken haben 58 oder 59 Prozent Anteil an der Bevölkerung, die Protestanten 20. Dafür spielt aber die evangelische Kirche eine zunehmende Rolle in dieser Stadt. Obwohl sie schon immer einen gewissen Einfluß hatte, seit es Evangelische gibt.
Sie können sich den modernen bayerischen Staat, wie der im 19. Jahrhundert entstanden ist, ohne die sogenannten Nordlichter, wie Ludwig I die Protestanten genannt hat, überhaupt nicht vorstellen. Der König hat nicht nur die Uni nach München geholt und sie durch evangelische Gelehrte zum Blühen gebracht, er hat die ganze politische Entwicklung, die Verfassung und ihre Umsetzung in die Wirklichkeit durch evangelische Leute vorangetrieben. Heute sind 65 Prozent des Lehrpersonals an der LMU evangelisch und das ist schon überproportional.
Aber um jetzt nicht eine stolzgeschwellte konfessionalistische Brust zu bekommen, muß man schon dazusagen, daß die Protestanten Individualisten sind und sich zurückhalten. Sich eher nicht laut dazu bekennen, protestantisch zu sein. Das ist eine Münchner Besonderheit.
Ich habe 18 Jahre in Nürnberg gearbeitet und vorher vier in Hof. Dort ist sowohl der Katholizismus als auch der Protestantismus anders als in München. In Franken ist der Katholizismus liberaler und die Protestanten sind

selbstbewußter. Das hängt sicher damit zusammen, daß Nürnberg eine Freie Reichsstadt gewesen ist, die nie einen König, einen Fürsten oder einen Bischof gehabt hat. Sie mußten sich immer selber um ihre Angelegenheiten kümmern. Die Reformation in Nürnberg ist durch einen Stadtratsbeschluß 1515 eingeführt worden, nicht durch den Beschluß eines Herrschers oder Bischofs. Das haben die Bürger entschieden. In München hatte es in der Reformationszeit von 1517 bis 1554 eine große evangelische Bewegung gegeben. Altbayern war zu 85 Prozent lutherisch – nicht im Sinn einer kirchlichen Struktur, dazu war es noch zu früh – was man daraus schließen konnte, daß das Abendmahl in ›beiderlei Gestalt‹ gefeiert wurde. Das hieß, die Gemeindemitglieder bekamen Brot und Wein, was das Kennzeichen der lutherischen Auffassung des christlichen Glaubens war.

Dann setzte die Gegenreformation ein, die in München damit begann, daß die bayerischen Herzöge sich Jesuiten als Prinzenerzieher an die Residenz holten. Damit wendete sich das Blatt.

Wer nach 1554 noch evangelisch war, mußte zur Ausübung seiner Religion ›aushäusig‹ werden: er mußte zu Fuß nach Augsburg gehen, um das Abendmahl zu empfangen. In München war es verboten.

Es gab einen Kryptoprotestantismus, vor allem unter Soldaten. Da hat sich eine Zeitlang sogar ein lutherischer Pfarrer als Militärseelsorger gehalten. In Haidhausen gab es einen evangelischen Soldatenfriedhof. Aber sonst war es fast 250 Jahre lang ziemlich still um die Protestanten in München. Das änderte sich erst, als Karoline nach Bayern einheiratete. Als die Pfälzer Linie der Wittelsbacher hier an die Macht kam, weil die hiesige ausgestorben war und sie als zweite Frau des späteren bayerischen Königs Max I Josef einen Ehevertrag verlangte und erhielt: daß sie als Protestantin ihren Gottesdienst feiern dürfe wie sie's gewohnt war; und weil es hier keinen Pfarrer gab, sie sich den ihrigen mitbringen dürfe.

Am 12. Mai 1799 hat der erste erlaubte lutherische Gottesdienst im Schloß Nymphenburg stattgefunden. Das war zunächst eine Hofgemeinde, die sich langsam in die Stadt ausgedehnt hat. 1801 gab's den ersten evangelischen Münchner mit Bürgerrecht und Hausrecht, er war Weinwirt und liegt im Alten Südlichen Friedhof begraben. Seitdem hat sich die evangelische Gemeinde in München entwickelt.

Augsburg war durch die Jahrhunderte eine evangelische Stadt und jetzt ist sie paritätisch. Die großen Daten der Reformationszeit sind jedenfalls alle mit Augsburg verbunden. Was mir ein Anliegen ist, was ich den Münchner Protestanten mit ihrer knapp zweihundertjährigen Geschichte unbedingt sagen möchte: ›Entwickelt ein Geschichtsbewußtsein! Tut nicht so, als seid ihr eben erst hier hereingeschneit, als fingt ihr gerade bei Null an!‹

Als Karoline im November 1841 gestorben war, gab es einen großen Leichenzug durch München, weil sie ja als Königinmutter und Witwe ziemlich beliebt im Volk war. Der Zug endete an der Theatinerkirche. Der evangelische Dekan mußte seine Leichenpredigt im Freien halten, danach ging die

Kirche auf und die katholischen Pfarrer traten heraus, zivil gekleidet, im Straßenanzug, packten den Sarg und trugen ihn durch die dunkle Kirche in die Gruft, stellten ihn ab und Ende. Ganz verhuscht, als müßte sie im Tod noch dafür gestraft werden, daß sie evangelisch war.

Übrigens waren die drei ersten bayerischen Königinnen alle protestantisch: auch Theresie und Marie Friederike.

Als ich anläßlich von Karolines 150. Todestag bei den Dominikanern der Theatinerkirche anfragte, ob ich einen Kranz am Sarg niederlegen dürfte, antworteten sie: Natürlich, die Gruft sei aber ein wenig eng und außer mir würden höchstens noch zwei andere Personen hineinpassen. Wenn ich mehr Leute dabeihaben wollte, müßte ich oben in der Kirche etwas machen. Ob ich eine Orgel dazu wolle und ein Geläut. ›Jaja‹, hab' ich gesagt und war ganz erstaunt, ›ich bringe dann unseren Organisten mit!‹ Eine Viertelstunde, bevor die Feier angegangen ist, haben die Glocken geläutet und die Leute sind geströmt und die Kirche war voll und ich habe einen evangelischen Gottesdienst gehalten. Wenn das nicht eine Entwicklung ist in 150 Jahren! Von den Dominikanern war Pater Klaus Obermeier gekommen, der Kirchenrektor von St. Kajetan. Ich bin kein Monarchist, mir geht es um die Königin, die Karoline und ihre Standhaftigkeit als Frau, der ich es verdanke, daß ich meinen Glauben leben kann und sich der Protestantismus in München hat entwickeln können. Das Haupthindernis in der Ökumene ist ja das Abendmahl, daß das evangelische Abendmahl von der katholischen Kirche nicht anerkannt wird. Es gibt natürlich Katholiken, die bei uns zum Abendmahl gehen und wir gehen manchmal auch zur Kommunion. Aber daß sich das Verhältnis zwischen Katholiken und Protestanten normalisiert, das schafft ein Dekan von München nicht allein. Da sind andere Leute nötig. Und Ansätze sind schon da. Das wächst von unten, das ist das Positive.

Wir haben überhaupt ein gutes Verhältnis gefunden zueinander: nicht nur mit den Katholiken, auch mit den Orthodoxen, den evangelischen Freikirchen und den Altkatholiken.

Wir Protestanten haben auch immer ein paar Minister in der Regierung, wobei die allerdings unsere Wünsche nicht so engagiert vertreten, wie wir es gerne hätten. Zum Beispiel das Jagdmuseum. Weil wir im Zentrum der Stadt keine einzige Kirche haben und weil die Augustinerkirche, in der das Jagdmuseum untergebracht ist, eine evangelische Kirche war, hätten wir sie gerne wieder vom Staat zurück. Aber was tut er? Er verlängert den Vertrag mit dem Jagdmuseum für weitere zehn Jahre. Haben eben doch eine stärkere Lobby in München, die Jäger und Fischer als die Protestanten und ihre Minister.

1835 ist die erste protestantische Kirche, die Matthäuskirche, die in der Sonnenstraße stand, eingeweiht worden. 1938 wurde sie auf Geheiß Hitlers abgerissen, zur gleichen Zeit wie die Synagoge und erst Anfang der 50er Jahre ist sie an ihrem jetzigen Standort am Sendlinger Tor wieder aufgebaut worden. Architekt war der Herr Gsaenger, der auch die Markuskirche nach dem Krieg wieder aufgebaut und neu gestaltet hat.

1877 ist die Markuskirche als zweite protestantische noch mit ihrem neugotischen Turm in München gebaut und geweiht worden. Seit 1896 ist sie Dekanatskriche. Seit 1968 haben wir die Prodekanatseinteilung, das heißt, das Dekanat ist in vier Teile geteilt und an vier Kirchen gibt es Prodekane. Ich war selber seit 1983 im Münchner Norden Prodekan, bis ich 1986 hierher nach St. Markus gekommen bin. Da war der Karl Richter schon fünf Jahre tot. Aber der Bachchor unter Hanns-Martin Schneidt gibt hier immer wieder Gastkonzerte. Außerdem finden während der Semester die evangelischen Universitätsgottesdienste hier statt.

Seit 34 Jahren sammelt die Evangelische Kirche Deutschlands über die Aktion ›Brot für die Welt‹ Gelder für Projekte in Entwicklungsländern: Landwirtschafts-, Bildungs-, Menschenrechts- und Gesundheitsprojekte.

Ungefähr genauso lange kümmert sie sich um Ausländer. Die ersten ›Gastarbeiter‹, so nannte man sie, waren Griechen. Das war den Kirchen und freien Wohlfahrtsverbänden von Anfang an klar: daß da nicht nur Arbeitssklaven kamen, sondern Menschen mit ihren Bedürfnissen, um die man sich kümmern mußte, weil sie in der Fremde lebten.

Die evangelische Kirche war für die orthodoxen Christen verantwortlich, die katholische Kirche für die Arbeiter aus katholischen Ländern, Italien, Spanien und um die Nicht-Christen kümmerte sich die Arbeiterwohlfahrt.

Das waren die Anfänge der Ausländerarbeit in den Kirchen und freien Wohlfahrtsverbänden. Inzwischen haben wir einen Arbeitskreis für Ausländerarbeit und einen hauptamtlichen Ausländerbeauftragten, den Herrn Simon. Wir haben ein griechisches Haus im Westend, in dem auch Kurden einen Verein haben. Ausländerarbeit gehört sozusagen konstitutiv zur Kirche dazu, denn die Christen waren, wo immer sie hingekommen sind, zunächst Ausländer.

Wie im Alten Testament schon proklamiert wird, ist es eine Art Dauerauftrag an die Kirchen, sich um Ausländer zu kümmern. Beim letzten Gottesdienst zur Aktion ›Brot für die Welt‹ waren ein Eritreer da und eine Frau aus Sarajewo. Ich habe gar nicht gefragt, ob sie Christin war, ich war nur einfach dankbar, daß sie bereit war, über ihr Schicksal zu berichten.

Wir haben auch die sommerlichen Gemeindefeste, wo wir auf meine Anregung eingeführt haben: daß nicht die Kinder für die Erwachsenen, sondern daß Pfarrer und hauptamtliche Gemeindemitglieder etwas für die Kinder spielen. Jedes Jahr gibt es ein Märchen: Heuer ›Der Wolf und die sieben Geißlein‹, früher ›Rumpelstilzchen‹ und die ›Bremer Stadtmusikanten‹.

Die Markusgemeinde gehört zu den großen Gemeinden mit ihren 6500 Mitgliedern. Es gibt noch größere mit 10000 Mitgliedern in München; die kleinste hat an die 1400. Von Süden sind wir nur qualvoll zu erreichen, von der Briennerstraße her. Außerdem wohnen dort auch nicht so viele Menschen. Das sind vorwiegend Versicherungen und Banken. Der Oskar-von-Miller-Ring stranguliert diesen Teil. Im Norden erstreckt sich die Gemeinde bis zur Georgenstraße, im Westen bis zur Winzerer- und im Osten bis zur Königinstraße am Englischen Garten. Die Markuskirche hat noch zwei andere kirchliche Stützpunkte: das Gemeindezentrum in der Arcisstraße,

wo sich das eigentliche Gemeindeleben abspielt, und den ›Weiße-Haus-Verein‹ in der Kaulbachstraße, ein Kinderheim und Wohnheim für junge Frauen.
Weshalb ich meine, daß die Evangelischen sich allmählich ihrer Geschichte stellen sollten, will ich einmal am Läuten der Kirchenglocken verdeutlichen: im Dritten Reich, wo die evangelische Kirche eine speziell üble Vergangenheit hatte, wurden die Glocken ja zu jedem Sieg geläutet, wie es der Hitler angeordnet hatte. Und die Kirche hat sich dran gehalten, ist nicht auf Distanz gegangen. Sie war schon immer eine Kirche, die dem Staat sehr nahestand, weil sie ihn als ihren Beschützer betrachtete. Aber das Glockenläuten im Dritten Reich ist der ohrenfällige Beweis, wie abhängig sie sich von ihm gemacht hatte.
Am Sonntag findet in München die Lichterkette statt. Nun haben die Organisatoren bei uns angefragt, ob wir nicht ein paar Glocken dazu läuten könnten, es sei doch ein guter Zweck. Nun kann ich das nicht anordnen, höchstens empfehlen, aber auch das wollte ich nicht, weil unsere fünf Glocken eigentlich nur zum Gottesdienst oder zum Gebet geläutet werden. Wir können nicht zu einer Demonstration, und sei sie nocht so gut, läuten, weil dann die Grenzen fließend werden.
Also haben wir uns geeinigt, der katholische Dekan von St. Ludwig und ich: daß wir vor der Lichterkette eine ökumenische Andacht machen und vor dieser Andacht natürlich die Glocken läuten lassen werden.
Die Türkenstraße weckt in mir immer die Assoziation: Was wäre München ohne Ausländer? Was aus Bayern geworden ist, wäre ohne Ausländer unmöglich gewesen. Die Bayern haben immer von Ausländern gelebt.«

Helmut Ruhwandl
geb. 1940 · Dekan

Banken – Kathedralen der modernen Welt

»Ich bin in der Heßstraße geboren und in Bogenhausen aufgewachsen. Die Ruhwandls stammen aus Oberbayern, aus dem Loisachtal und lassen sich bis 1415 zurückverfolgen. Der Name ist ein Mischwort aus dem deutschen und lateinischen und bedeutet soviel wie ›Rübenacker‹. Es war vorwiegend eine Familie von Akademikern. Ziemlich bodenständig. Ich reise schon gern, aber nicht so weit. Wenn ich zum Beispiel Kurpredigerdienste mache im Oberland und um den Chiemsee herum, weil da eben mehr Gottesdienste angeboten werden, habe ich manchmal sehr, sehr volle Kirchen. Weil im Urlaub offensichtlich die Bereitschaft, in einen Gottesdienst zu gehen, größer ist als zu Hause.

Dann plaudert man ein bißchen und kommt irgendwie immer auf die ›bayerische Lebensart‹. Weil die meisten der Leute ja doch aus dem Norden kommen.

Ich finde also, die bayerische Lebensart ist freier, man glaubt zwar, nimmt aber nicht alles so tierisch ernst. Diese ›Liberalitas Bavariae‹ hat gerade in München einiges möglich gemacht.

Zur Theologie kam ich durch die Jugendarbeit. Ich war sehr engagiert, ehrenamtlich, in der Jugendarbeit in Bogenhausen. Dreieinigkeitskirche. Und weil es in München noch keine Fakultät ›Evangelische Theologie‹ gab, habe ich zunächst katholische Theologie, Psychologie und Philosophie studiert. Dann sechs Semester evangelische Theologie in Erlangen, Berlin und Heidelberg. Danach begann mein kirchlicher Dienst in Nürnberg, ich ging als Ge-

meindepfarrer ins Fichtelgebirge, anschließend nach Regensburg, wo ich ein Erwachsenenbildungswerk aufgebaut habe.
Nicht mehr ganz so freiwillig kam ich dann in den Münchner Norden, ins Hasenbergl. Als Gemeindepfarrer und Prodekan. Es gibt in München vier Prodekane: für den Norden, den Süden, den Osten, den Westen. Zum Dekanatsbezirk München gehören 66 Gemeinden, um die sich die Prodekane kümmern.
1992 wurde ich Dekan, Nachfolger von Haimo Liebl. Ich muß schon sagen, wer zum Dekanatsamt ›ja‹ sagt, braucht schon einen gewissen Ehrgeiz. Die Aufgabe hat mich einfach gereizt, sie ist so vielfältig.
Mein besonderes Anliegen ist die stärkere Beteiligung der Laien im kirchlichen Leben. Schon die Kirchen der Reformation haben den Nichttheologen, den Laien, einen großen Einfluß gewährt. Besonders die reformierten. Nach dem urchristlichen Prinzip wurden ehrenwerte Gemeindemitglieder. damals nur Männer, in das Leitungsgremium der Gemeinde gewählt, die dann den Pfarrer beriefen, ihn aber auch wieder entlassen konnten.
Außerdem waren sie verantwortlich für die Moral der Gemeinde. Das war schon ziemlich rigide bei den Reformierten. Aber was mir gefällt, war, daß mehr Laien in der Gemeindearbeit waren als Theologen. Dahin möchte ich hier auch kommen. Meine These ist ja, daß sich aus diesem Wahlverfahren der Reformierten, wo es mehr um Qualifikation als um Stand ging, daß sich daraus die westliche Demokratie entwickelt hat.
Wir Lutheraner sind stark geprägt von der katholischen Kirche, weil Luther ja keine Neukirche, sondern nur eine Reform wollte. Deshalb wurde so viel Altes beibehalten wie zum Beispiel die Hierarchie. Nur ohne Papst.
Es muß eine Kirchenleitung geben, natürlich, aber als Verwaltungsaufgabe, nicht als Überordnung. Ich als Dekan bin verwaltungsmäßig Vorgesetzter von vielen Pfarrern, aber ich betrachte mich nicht als über ihnen stehend.
Mein Haupthobby ist die Beschäftigung mit der Evolution des Menschen: die biologische und die ethische Entwicklung. Wo hat der Mensch keine angeborenen Verhaltensweisen mehr, wo und wie entstehen ethische Muster?
Es bleiben die Grundbedürfnisse des Menschen: die Befriedigung von Hunger und Durst, vom Reproduktionstrieb und dem Willen zur Macht. Wie der Aggressionstrieb, das bleibt dem Menschen von früher. Aber ich meine, daß Aggressionen und Machtstreben erst mit der Seßhaftigkeit begannen. In dem Augenblick, wo's zur Eigentumsbildung kam. Da begann die Auseinandersetzung zwischen Seßhaften und Nomaden. Und der Ackerbauer erschlägt den Nomaden. Wie Kain den Abel.
Als ich hier in der Gabelsbergerstraße eingezogen bin, hat mich zunächst einmal die Breite der Straße und der rasende Verkehr erschreckt. Dann die Umgebung! Banken, wohin man schaut! Die Kathedralen der modernen Welt. Höher als die Kirchen selber, lassen sie sie ganz klein erscheinen, klein und in die Ecke gedrängt. Was ja vielleicht auch ein Symbol ihres schwindenden Einflusses ist. Wenn ich hinausschaue, sehe ich Sicherheitskräfte, die

Autos voller Geld bewachen, während sich die Fassade der Kirche im Landesbankkomplex spiegelt.

Ich will grundsätzlich nichts anders machen als mein Vorgänger. Man muß, was gut ist, fortführen, sich aber sonst fragen: ›Was brauchen die Leute hier?‹ Ich will nicht missionieren, ich will mich mit der Lebensauffassung, die sich die Leute hier gebildet haben, auseinandersetzen.

Gut, zwei Prozent Gottesdienstbesucher ist nicht viel, wenn man es mit Fußballspielen vergleicht. Aber sonst, im Verhältnis zu anderen Vereinen oder politischen Parteien, ist das doch ganz ansehnlich. Das sind Sonntag für Sonntag ein paar tausend in ganz München.

In St. Markus, beim ersten Gottesdienst um 9.30 Uhr, dem eigentlichen Gemeindegottesdienst, kommen ganz wenige, dreißig oder vierzig. Beim zweiten Gottesdienst um 11.15 Uhr, wo sehr häufig auch Professoren predigen, sind es schon leicht siebzig bis achtzig. Und wenn noch ein Kirchenchor da ist oder sonst ein musikalisches Programm, sind es gut und gern hundert.

Den Karl Richter habe ich nicht mehr gekannt, er war ja einmalig und Schöpfer der Bachrenaissance. Geblieben ist aber im Bewußtsein der Markuskirche, daß hier Richter und der Bachchor gewirkt haben und daß das eine gewisse Verantwortung für die Fortführung als Musikkirche bedeutet.

Musikalisch zu sein ist keine Voraussetzung für einen Pfarrer oder Dekan. Die meisten sind es, weil sie aus Pfarrhäusern oder der Jugendarbeit kommen, wo sowieso schon immer unkompliziert gesungen wurde. Ich höre gern Musik, bin selber aber unmusikalisch.

Meine Aufgabe als Dekan besteht zum größten Teil aus Bürokratie: ich habe die gesamtgemeindlichen Dinge zu regeln und die Werke und Dienste zu fördern. Ich bin in 50 Gremien, denen ich vorzustehen habe. Die evangelische Kirche betreibt allein 32 Kindergärten in München. Dann die Beratungsstellen: Erziehungsberatung, Sexualität und Schwangerschaftsberatung. Nicht nur für Protestanten oder Christen allgemein, sondern für jede Frau, die kommt. Die Beratungsstellen sind offen für alle. Wie der Gesetzgeber vorschreibt, muß der Berater die Frau zwei bis drei Seiten abfragen und ein Protokoll machen. Da bleibt gar keine Zeit mehr, daß Vertrauen entstehen kann. Und für eine wirkliche Beratung brauchen Sie Vertrauen.

Die größten Probleme in der Stadt sind depressive Erscheinungen: daß die Zahl derer, die nicht mehr weiterwissen und auch keine Lust mehr haben, zunimmt.

Da müßte die Kirche irgendwie Hoffnung verbreiten. Ich weiß nur auch nicht wie. Jedenfalls im Sinn von Luthers: ›Und wenn ich wüßte, daß morgen die Welt untergeht, würde ich heute trotzdem ein Apfelbäumchen pflanzen.‹ Die Sehnsucht nach Religiösem ist nämlich stark.

Das sieht man auch an den Kirchentagen, die mir wie eine Wallfahrt erscheinen. Da herrscht eine ganz eigene Stimmung, eine eigene Begeisterung. Da sind viele Leute da, Jugendliche, die von überall herkommen und sich hier treffen. Sie sind nicht zu Hause und können sich hier viel lockerer geben. Bei Konzerten des Posaunenchors war um 22 Uhr die Kirche einfach voll.

Daß sich diese Stimmung allerdings nicht auf die Ortsgemeinde übertragen läßt, ist schade, aber eine alte Erfahrung. In Baden-Württemberg hat die Kirche noch einen verhältnismäßig großen Einfluß, einen Vertrauensvorschuß bei den Ämtern.
Der Einfluß der Kirchen nimmt allgemein ab, die Sehnsucht nach Religiösem nimmt zu und die Erwartung, daß die traditionellen Kirchen auf die brennenden Fragen eine Antwort hätten, hat kaum noch jemand.
Die Protestanten hier in München fühlen sich nicht als Protestanten. Sie geben sich nicht als solche zu erkennen. München gilt als katholische Stadt. Punktum. Die evangelischen Gemeinden bestehen mehr und mehr aus Zugezogenen, nicht aus Einheimischen. Die kommen aus Norddeutschland, wo man die Zusammengehörigkeit und Geselligkeit, wie man sie in Bayern pflegt, nicht so kennt. Die haben einen anderen Lebensstil, sind nicht so an der Gemeinde orientiert, an der Gemeindearbeit interessiert. Aber sie haben einen hohen Bildungsgrad, was überhaupt an den Protestanten in München auffällt.
Über die Geschichte mit den Roma in Dachau 1993 sind wir noch am Reflektieren. Ich denke, daß wir als evangelische Kirche ziemlich viel getan haben: wir haben sie sieben Wochen lang versorgt, viel länger, als wir gedacht hatten. Wir reden nicht von Kirchenasyl, das gibt es ja juristisch nicht, sondern von ›Zuflucht‹. Ich nenne es ›Betreuung‹.
Also: die ersten, die da waren, waren eine kleine Gruppe und sehr friedlich. Die haben auch jeden Tag gut aufgeräumt. Die wollten eine Aufenthaltsgenehmigung oder eine Anerkennung als Flüchtling. Wie sie sich geäußert haben, würden sie auch gerne zurück nach Rumänien, wenn sie dort in Sicherheit leben könnten. Das können sie aber nicht. Deshalb wollten sie einen Flüchtlingsstatus.
Dann kam aber die größere Gruppe, die gleich von Kampf und Bleiberecht sprach. Wir haben gesagt, daß sie bis nach dem Kirchentag bleiben dürften, weil sie so die größtmögliche Öffentlichkeit erreichen könnten: Es war immer nur die Rede davon, daß sie eine Zeitlang bleiben würden, ich habe sie als Gäste betrachtet. Wir haben gewußt, daß es Schwierigkeiten geben würde, aber wir wollten ihnen die Gelegenheit geben, anläßlich des Kirchentages auf die Unsicherheit in ihren Heimatländern und einen geforderten Flüchtlingsstatus aufmerksam zu machen.
Sie haben aber mehr gefordert: Wiedergutmachung und Bleiberecht. Für mich ist das Roma-Problem ein europäisches. Die Roma sind ein Volk, das weiterzieht, und das müssen sie in Sicherheit tun können. Dazu braucht es eine europäische Lösung.
Wir fühlen uns, um ehrlich zu sein, von den Roma ein bißchen ausgenützt. Beleidigt bin ich nicht, da müßte man ja ständig beleidigt sein. Unsere Aufgabe ist, anderen zu helfen, und man hilft.
Die Türkenstraße ist eine bunte Straße. Meine Frau ist ganz begeistert über die Geschäfte. Daß sie nicht in die Stadt muß zum Einkaufen. Die Straße ist eine, die Zeit braucht, um sich mit ihren versteckten Schönheiten, ihren Hinterhöfen zu erschließen.«

Werner Simon
geb. 1933, gest. 1997 · Diakon · Ausländerbeauftragter des Dekanats bis 1996

Zweite Bekehrung

»Die Markuskirche symbolisiert für mich einen wichtigen Abschnitt meiner Münchner Lebensgeschichte. Da war ich beim CVJM, dem Christlichen Verein junger Männer, ganz in der Nähe, angrenzend an den Park des Wittelsbacher Palais. In der Markuskirche hatte ich Konfirmandenunterricht, dort bin ich konfirmiert worden. Dort habe ich die Pfarrer gekannt, dort bin ich zum Gottesdienst gegangen, dort waren die Dienstbesprechungen mit den Dekanen und dort trifft sich seit 1974 der Arbeitskreis Ausländerfragen.
Seit 1980 bin ich der Beauftragte für Ausländerfragen des evangelischen Dekanats. Die ersten fünf Jahre waren eine konstruktive Zeit, ich habe einiges aufgebaut. Man schätzte mich als Fachmann, ich habe Vorträge gehalten, die Kirchenvorstände besucht, mich in die Problematik eingearbeitet.
Ich habe von Anfang an die Ausländerarbeit politisch verstanden. In meiner Dienstanweisung steht ein interessanter Satz: Ich hätte die Aufgabe, Gruppen und Kirchengemeinden auf die Not aufmerksam zu machen und entsprechend bewußtseinsbildend und verändernd einzugreifen. Das habe ich gemacht und das war ja in der ersten Zeit auch gefragt. Da gab es ja die Entschließung der EKD, daß die Kirche eine gesellschaftsverändernde Kraft darstellen solle.
Aber plötzlich wurde das anders, die Kirche ist nur noch auf totalem Rückzug ins Innere. Ich bin auf einmal das enfant terrible, für viele gar ein Verrückter, der nicht mehr auf dem Boden des Evangeliums steht.

Dem Ruhwandl, dem Dekan, habe ich neulich gesagt: Für mich das Schlimmste ist, daß Sie die Bibel lesen und daß ich die Bibel lese und wir kommen zu ganz verschiedenen Nutzanwendungen. Der eine sagt: ›Lieber Gott, mach mich fromm, daß ich in den Himmel komm!‹ und der andere liest heraus, daß die Kirche eine Kirche für andere zu sein hat.

Ich habe drei Schwerpunkte gesetzt: Erstens haben wir uns gefragt: Wie sieht es bei den Ausländern zu Hause aus? Warum sind sie hergekommen? Wichtig für Informations- und Öffentlichkeitsarbeit. Zweitens: Kontakte, Begegnungen auch mit nichtchristlichen Gruppen, Moslems zum Beispiel. Es gibt heute noch Türken, die mich ›Vater der Türken‹ nennen, blöd, gell, aber das sagen sie halt. Drittens: Die Kirche muß eine Lobby entwickeln für Ausländer. Sie haben nämlich keine. Sie muß sich öffentlich zu Wort melden und Forderungen stellen: als Landeskirche, als Dekanatsbezirk, als Kirchengemeinde.

Und genau mit diesen Zielvorstellungen bin ich jetzt in der Kirche am Ende. Das will niemand mehr. Man hat sich inzwischen so stark mit dem Staat arrangiert, daß man alles, was der Staat tut, und gerade im Bereich Ausländer, Flüchtlinge, Asylbewerber, da handelt er ja besonders unmenschlich, daß man das als rechtsstaatlich betrachtet. Daß vielleicht hie und da Einwände laut werden, aber kein wirklicher Widerstand stattfindet. Das war nie die Stärke der Protestanten in Bayern. Weder im Dritten Reich noch heute. Also, die Markuskirche ist für mich – und ich stelle sie mir immer noch vor mit dem alten, neugotischen Turm, mit dem neuen bin ich nie warm geworden – zum Symbol einer Ausgrenzung geworden. Für mich steht jetzt die Markuskirche mit ihrem Dekanat für eine Kirche, die sich verabschiedet hat von der wirklichen Not der Menschen.

Wie ich so geworden bin? Der CVJM hat mich gelehrt, die Bibel ›praktisch‹ zu lesen und im eigenen Leben Konsequenzen daraus zu ziehen. Ich wurde von der radikalen Liebesbotschaft Jesu infiziert. Zum Schlüsselerlebnis wurde mir 1953 das Buch ›Die Heiligen gehen in die Hölle‹ von Gilbert Gersbronn. Diese konsequente Solidarität der französischen Arbeiterpriester mit den Arbeitern, dieser Einsatz in der Fabrik, Schulter an Schulter, diese Anteilnahme am politischen Kampf, ihr Mit-Lieben, Mit-Leiden, Mit-Kämpfen bis fast zur Selbstzerstörung und schließlich dann ihr Ausgestoßen-Werden von der offiziellen Kirche hatte mich gepackt.

Wie es zu meiner zweiten Bekehrung, der politischen, kam? Das war 1968 in Nürnberg, ich war aktiv in der Friedensbewegung, im Kampf gegen die Berufsverbote, ich habe in Lehrlingsarbeitskreisen mitgemacht, ich habe viel Kommunisten kennengelernt. Tolle Leute! Und ich habe das problemlos auf die Reihe gekriegt mit meinem Glauben. Ich hatte eine Zeitlang einen Vietnamesen in meiner Wohnung versteckt, ich war Diskjockey in einer Cafeteria, in der sich die wildesten Leute trafen. Ich habe da keine Bibelstunden gehalten, einfach so, durch meinen Umgang mit ihnen, sie haben schon gewußt, daß ich Christ war und Diakon, habe ich ihnen anscheinend etwas vorgelebt, was sie nicht vergessen haben.

Sie treffen sich heute noch und vor zwei Jahren haben sie mich auch eingeladen. Da muß etwas auf fruchtbaren Boden gefallen sein.
In Nürnberg kam dann das Angebot, als Dekanatsbeauftragter für ausländische Arbeitnehmer nach München zu gehen. Ich bin dort so selbstbewußt aufgetreten wie nie zuvor: ich brauche also einen Haushalt, eine Sekretärin, ein gescheites Büro und vor allem eine gescheite Wohnung! Ich war nämlich inzwischen verheiratet, wir hatten drei Kinder. Ich habe alles bekommen und konnte anfangen zu arbeiten.
Meine Prägung kam vom Elternhaus, ich hatte ein sehr liebes Elternhaus. Vater und Mutter stammten zwar aus christlichen Häusern, aber eher formal christlichen und sie haben eine richtige Bekehrung erlebt. Das haben sie ihr Leben lang durchgehalten. Sie haben versucht, das Gebot der Liebe umzusetzen, obwohl mein Vater ein ›alter Patriarch‹ war. Er hat ihr keinerlei Einblick in seine Finanzen gelassen, er war oft über Wochen beleidigt und sprach kein Wort mit ihr. Aber immer wieder haben sie sich zusammengesetzt, haben die Karten auf den Tisch gelegt und gesagt: ›Wir stehen gemeinsam vor Gott‹. Dann haben sie sich gegenseitig die Schuld vergeben, haben zusammen gebetet und dann ist es weiter gegangen. Eine großartige Geschichte, finde ich.
Ich war das älteste von vier Geschwistern und das schwächlichste. Ich war immer wieder krank, hatte Asthma, konnte nicht zur Schule gehen.
Wir wohnten in Ramersdorf, in der Mustersiedlung, die der Hitler gebaut hat und die nach Toten des 23er Putsches benannt war. Wir wohnten in der Bauriedlstraße, die nach dem Krieg in Bernauerstraße umbenannt wurde. Noch heute wohnt meine Schwester dort, die als Jugend- und Sozialarbeiterin arbeitete. Diese Siedlung gibt's heute noch, sie steht unter Ensembleschutz. Das ist, wo's in die Autobahn Salzburg geht, wo früher die Wendeschleife der Straßenbahn war, gegenüber von der Kirche. 19 000 Mark hat so ein Einfamilienhaus gekostet. Mein Vater war Beamter, bei der Polizei, hat 280 Mark verdient, ist dann zur SA und später als Verwaltungsoffizier zur Luftwaffe. Er wollte auch einmal zur Gestapo, hat es dann aber doch nicht gemacht. Wie ich auch in eine der Nazi-Eliteschulen hätte gehen sollen, es dann aber doch nicht passierte. Letztlich war ihm das Christliche wichtiger als das Nationalsozialistische. Das kam sicher auch aus seinem Engagement für den CVJM.
Der CVJM war 1844 in London gegründet worden, YMCA[1], ursprünglich zur Betreuung herumirrender Kaufleute. Neulich hat der Münchner CVJM 110jähriges Bestehen gefeiert. Er ist jetzt in der Landwehr- und war früher in der Glücksstraße, die heute zum Siemens-Areal gehört. Der CVJM grenzte an den Park des Wittelsbacher Palais.
Seit 1919, nach dem Ersten Weltkrieg, lag die ganze Jugendarbeit der evangelischen Kirche in den Händen des CVJM. 1933 kam sie zur Hitlerjugend. Der CVJM existierte zwar noch, seine Jugendarbeit war aber in die HJ integriert. Das war nicht verwunderlich, weil der CVJM die Vorstellungen

[1] Young Men's Christian Association

bündischer Jugendarbeit aufgenommen hatte, so mit Fahnen und Kluft und deutschnational ausgerichtet.
Ich entsinne mich heute noch voller Schaudern an Lieder, die wir damals als ›Jungenschaftler‹ gesungen haben:

›*Heiß das Blut, das die Adern durchrauscht,*
kalt der Wind, der das Fahnentuch bauscht,
heiß oder kalt, ja oder nein,
Sieger müssen bei Christus sein.‹

Dieser ganze Geist kam von den Gründern des CVJM, alten Militärs, aber bekehrten Christen. Das Nationale hat da immer eine große Rolle gespielt, obwohl ja der CVJM als weltweite Organisation angelegt war, überkonfessionell, ökumenisch, wo es darum ging, junge Menschen zu Jesus zu führen, sie zu bekehren, sie zu einer Veränderung ihres Lebens zu bringen. Das war neben dem deutschnationalen der missionarisch-pietistische Aspekt.
In diesem Denken bin ich groß geworden.
Die Eltern haben sich darauf beschränkt, uns Kinder biblisch-christlich zu erziehen. Jeden Tag in der Früh gab es die Hausandacht, wir haben gemeinsam gebetet und sind am Sonntag zum Gottesdienst nach St. Markus gegangen.
Über die Judenproblematik wurde nicht diskutiert, Hitler als Fügung Gottes betrachtet und die HJ war für junge Leute schon anziehend. Es war selbstverständlich, daß man hingegangen ist, man hat ja auch die Kluft gekriegt, Braunhemd, Riemen und Gürtel. Schon im März, April wurde marschiert und es gab die großen Aufmärsche. Die Hitlerjungen in kurzen Hosen.
Und ich, kränkelndes Kind mit meinem Bronchialasthma, sollte nach dem Willen der Mutter die langen, warmen Strümpfe anziehen, die mit Strapsen an einem Leibchen befestigt waren. Das war für mich ein Horror, ich habe mich so furchtbar geniert, wenn die anderen mit ihren kurzen Hosen dahergekommen sind.
Mein Vater war Mitbegründer der Jugendabteilung des CVJM Neuhausen. Er ist immer noch zu den Versammlungen gegangen, wenn auch die Jugendarbeit von der HJ gekascht worden war.
Dort ist die Post abgegangen: Motor-HJ, Flieger-HJ, Marine-HJ. Und weil ja auch die Pfadfinder aufgelöst worden sind, sind all' diese Erfahrungen in die HJ eingeflossen: wie Knoten gemacht, Geländespiele organisiert werden. Wie im Freien gekocht und gezeltet wird. Ich entsinne mich, der Krieg war schon ausgebrochen, da hat irgendeiner die Idee gehabt: im Giesinger Glasscherbenviertel, da wohnen doch die Juden! Das waren einfache jüdische Familien, und wir sind aufgebrochen, in Uniform, und haben denen die Fenster eingeschmissen. Das war wie ein Jungenstreich für uns, das war alles erlaubt. Und wir wußten nichts anderes, haben natürlich keine Fremdsender gehört. Wir führten uns auf wie Rocker. Auch nach dem Krieg. Da gab es die Banden, ich war bei den Ramersdorfern, der Ramersdorfer Blasn, und

wir haben uns große Gefechte mit den Ober- und Untergiesingern geliefert. Für solche Schlägereien wirst du heute eingesperrt.
Wir hatten ein Lied, das ›Münchner Buam‹ hieß und das ging so:

›Müncher Buam samma und lass'n uns nix g'falln,
ja wenn's uns a scho morg'n auf'n Gottesacker trag'n.
Drei und viere fürcht' ma net, fünfe, sechse a no net,
neilich hamma zehne g'haut und alle Leit ham g'schaut.

In der Früh um fünfe schleich ma umanand,
Revolver in der Tasch'n, 's Messer in der Hand.
Und wenn dann d'Leit uns frag'n, woher habt ihr die Kraft?
Dann sag'n mir ganz einfach: von Bier und Gerstensaft.‹

So ähnlich jedenfalls hieß es, und man merkt, wie sich das eingeprägt hat. Weil ich als Kind so oft krank war, war ich auch nicht gut in der Schule. Ich machte eine Gärtnerlehre bis zur Gehilfenprüfung. Wollte aber unbedingt das Abitur nachmachen. Das habe ich nicht geschafft, da hat's mich vorher derbröselt. Daher wahrscheinlich der antiakademische Virus, den ich in mir trage. Da habe ich eigentlich nur noch meinen Glauben gehabt und verspürte in mir den Ruf, in die kirchliche Arbeit zu gehen. Heute sehe ich das natürlich ein bißchen kritischer. 1955 bin ich jedenfalls nach Rummelsberg und habe mit meiner sechsjährigen Ausbildung als Diakon begonnen.
Bevor wir evakuiert wurden, die Mutter mit den Geschwistern nach Ruhpolding, ich mit der Klasse nach Garmisch, da hat es diese wahnsinnigen Bombenangriffe gegeben. Da hat eine Mine im Nebenhaus unser Dach abgedeckt. Und wir Buben, weil ja Flak überall herumgestanden ist, haben »geballert«,, wenn wir am Himmel irgend etwas gesehen hatten. Da gab es die Riesenscheinwerfer, richtige Lichtarme, die den Himmel nachts nach Flugzeugen abgesucht haben. Nach jedem Fliegeralarm haben wir Buben Bombensplitter gesucht, das war eine Rarität, und damit konnte man gut tauschen.
1945 war alles zu Ende und das große Verdrängen begann. Auch bei meinen Eltern. Mein Vater war bis 1947 als Kriegsgefangener in Kornwestheim interniert und danach entnazifiziert worden. Als meine Mutter mit uns wieder in unser Haus in Ramersdorf ziehen wollte, saßen da schon Leute drin. Wildfremde Leute, die sagten: »Ihr warts Nazi, euch gehört das Haus nicht mehr!« Die Mutter hat uns gepackt und wir sind auf den Speicher gezogen: zwei Jahre lang haben wir zu fünft auf dem Speicher gewohnt. Unten hatten sich die anderen breitgemacht. Bis 1947 die Amerikaner kamen und die ganze Siedlung mit Stacheldraht einzäunten, die Leute rausschmissen, um ihre Offiziere hineinzusetzen. Bei Nacht und Nebel haben wir mit Bekannten einen Großteil unserer zerlegten Möbel durch den Stacheldraht gezogen und in die Kiesgrube geworfen. Von dort aus haben wir die Stücke dann auf einem Handwagerl weggefahren. Andere Möbel haben wir heimlich, unter Kohlen versteckt, in einem LKW abtransportiert.

Mein Vater hat durch einen Freund vom CVJM, der beim Landeskirchenrat – in der damals noch Arcisstraße – arbeitete, schräg gegenüber vom Verwaltungsbau der Nazis, dem heutigen Zentralinstitut für Kunstgeschichte, einen Arbeitsplatz gefunden. Er hat als Verwaltungsbeamter den Wiederaufbau des Landeskirchenrats geleitet und sich um die ganzen Liegenschaften gekümmert. Wir haben dort eine Wohnung gekriegt, im Hinterflügel des Erdgeschosses. Darüber hat der Landesbischof gewohnt, der Hans Meiser, nach dem dieser Teil der Arcisstraße dann benannt wurde.

Und da kommen wir jetzt zum Thema: Widerstand der Lutheraner in Bayern. Wo lange so getan wurde, als hätte es Widerstand gegeben. Die Bekennende Kirche, ja, Bonhoeffer, aber das war in Berlin. Oder Niemöller. Hier in Bayern, da ging's nur ums Bekenntnis und daß die Kirche nicht zerschlagen wurde. Dafür waren sie dann zu jedem Kompromiß bereit. Da wurde sich mehr oder weniger durchlaviert. Oder sich angepaßt. Oder lauthals mitgejubelt und den Führer in ihre Gebete eingeschlossen.

Nehmen wir einmal den Hans Meiser: 1933 wird er Nachfolger des evangelischen Kirchenpräsidenten. Schon bald ändert die Synode den ›Präsidenten‹ in einen ›Bischof‹. Bereits vor dem Amtsantritt ruft Bischof Meiser die Pfarrer auf, Hitler von der Kanzel zu huldigen. Zu seiner Amtseinführung in Nürnberg gibt es einen Festzug mit SA, SS und Nazigrößen. Das ›Horst-Wessel-Lied‹ wird angestimmt. Seit 1938 müssen Pfarrer einen Eid auf Hitler ablegen; 1939, zum Erntedankfest, bekommen die Pfarrer von Bischof Meiser eine ›Kanzelabkündigung‹, so nannte man das, zum Verkünden von der Kanzel während des Gottesdienstes, in der Gott gedankt wird für die ›reiche Ernte‹ und den ›schnellen Sieg der Waffen‹ in Polen. Da steht etwas von ›uraltem deutschem Boden‹ und der ›neuen Ordnung der Völker‹. Gleichzeitig wird dem Führer und seinen Generälen gedankt für die ›gewaltige Wende‹.

Von Meiser kommt nicht wie von Theophil Wurm, seinem Amtsbruder in Baden-Württemberg, Protest gegen Euthanasie, Rassismus und Judenverfolgung. Wurm ist übrigens bis zum Ende des Dritten Reiches im Amt geblieben. Für Meiser war Dietrich Bonhoeffer, der im April 1945 von den Nazis ermordet wurde, kein christlicher Märtyrer, weil er ja aus ›politischen Gründen‹ gehandelt hätte.

Auch nach 1945 blieb Meiser Landesbischof. Bis 1954. Als die Amerikaner von ihm eine Liste politisch verläßlicher Personen verlangen, befinden sich auf seiner Liste keine Sozialdemokraten oder Kommunisten. Da waren sich die Evangelischen und die Katholischen einig: keine Linken und keine Atheisten sollten in politisch verantwortungsvolle Positionen kommen. Außerdem war man gerade stark damit beschäftigt, die alten Nazis wieder zu rehabilitieren. Da paßte eine demokratische Erneuerung nicht richtig in den Kram. Für mich war dieser Landesbischof nichts anderes als ein Lakai Hitlers.

Oder nehmen wird den Theodor Heckel: Der ist vom bayerischen Pfarrer hinaufgerutscht zur rechten Hand des Reichsbischofs Müller. 1934 wird er von Müller zum Leiter des kirchlichen Amtes für auswärtige Angelegenheiten berufen und zum Auslandsbischof ernannt. Er ist damit der Chef für die Auslandskirchen und Vorgesetzter Dietrich Bonhoeffers. Bonhoeffer ist Pfarrer in Berlin und sehr engagiert in der Betreuung von Auslandskirchen, im Knüpfen ökumenischer Kontakte, vor allem nach England. Er ist ein anerkannter Theologe, aber gefährlich für Heckel, weil es in seiner Hand lag, die evangelischen Gemeinden im Ausland über die wahre Lage der Kirchen in Nazi-Deutschland zu informieren. Heckel betreibt die Zwangseingliederung aller evangelisch-lutherischen und reformierten Landeskirchen in die Reichskirche. Er unterstützt den Arierparagraphen, will, daß er in die Reichskirche eingeführt wird. Er liegt voll auf der Linie der Judenpolitik der Nazis – und er diffamiert Bonhoeffer.

1934, in einem Schreiben an den ökumenischen Ausschuß, bezeichnet er ihn als ›Pazifisten und Staatsfeind‹, 1936 entzieht er ihm die theologische Lehrbefugnis. 1943 wird Bonhoeffer inhaftiert, verurteilt und im April 1945 von den Nazis ermordet. Er ist übrigens immer noch nicht rehabilitiert[1].

Nach 1945 wird Heckel von Meiser rehabilitiert und 1950 als Dekan nach München berufen. Er führt seinen Bischof-Titel weiter. Er baut ein Hilfswerk auf für Kriegsgefangene, aber wohlgemerkt, nur für deutsche Kriegsgefangene. Er baut ein Bildungswerk auf, das Theodor-Heckel-Bildungswerk, aus dem das Evangelische Forum hervorgeht. In dem bis vor kurzem noch seine Büste zu bestaunen war.

Für mich ist dieser Heckel eindeutig ein Nazibischof.

Von Anfang bis zum Ende hat die offizielle Amtskirche zum faschistischen Staat gehalten. Auch heute noch macht sie sich zum Handlanger des Staates, der ihr die Kirchensteuer einzieht und der ohne ihre Sozialarbeit alt aussehen würde. Beide scheinen untrennbar miteinander verfilzt. Immer, wenn der Staat massiv auftrat, ist sie in die Knie gegangen. Sie scheut die Auseinandersetzung, sie hat keinen politischen Anspruch mehr, wie es in der Akademie Tutzing als Folge von '68 formuliert worden war: als Erneuerung. Aber seit Mitte der 80er Jahre ist vieles wieder zurückgenommen worden. Die wirkliche Zerreißprobe wird die sein zwischen der traditionellen evangelischen Kirche und ihrer Hierarchie und den evangelikalen und charismatischen Gruppen, die bewußt die Trennung von der Kirche anstreben. Diese Fundamentalisten wollen ein neues Wahlsystem in der Synode einführen, daß die Synodalen direkt von den Gläubigen gewählt werden, nicht mehr von den Kirchenvorstehern. Da kann man sich dann vorstellen … also, die Massen, die sie mobilisieren können, da kann die Kirche nicht mit.

Wo gerade mal, wenn's hochkommt, fünf Prozent der Gemeindemitglieder zum Gottesdienst gehen. Bei Kirchentagen ist das anders. Das sind Massenveranstaltungen, in denen hervorragende Dinge angeboten werden, wo man sich ein paar Tage in dieser protestantischen Atmosphäre aalt, sich auftankt, was mit nach Hause nimmt. Dann ist es aber auf einmal aus, der Strom ver-

[1] was 1996 endlich geschieht

siegt, das Bachbett ist wieder trocken. Und es gibt fast keine Rückkoppelung in den Kirchengemeinden. Da werden meiner Meinung nach die Leute auch benutzt, obwohl die Kirchentage eigentlich aus einer Laienbewegung heraus entstanden sind, aus einem Aufbruch der Laien.

Inzwischen hat die verfaßte Kirche das kritische Potential gedämpft oder eingeebnet.

Nach dem Krieg ist jedenfalls die CVJM-Jugendarbeit neu entstanden, aber nach altem Muster. Mit den alten Liedern. Die evangelische Kirche hat aber eine eigene Jugendarbeit aufgebaut, parallel dazu. Das war die ›Junge Gemeinde‹. Die waren immer ein bißchen offener als wir im CVJM, die machten Tanzabende mit Mädchen, das war bei uns verpönt, das war Sünde. Und erst die Onanie! Das hat einen schwer mitgenommen, und ich hab' sogar einmal eine Beichte abgelegt, weil ich mir so Gewissensbisse mit der Onanie gemacht habe. Es war sexuell schon alles ziemlich verklemmt, obwohl ich eigentlich von zu Hause eine ganz gute Aufklärung mitbekommen habe.

Über die Nazis redete keiner mehr, die Amis waren da, und der Feind war der Kommunist. Und es ging aufwärts. Scheinbar unaufhaltsam. Das hat die Adenauer-Zeit in die Hirne geblasen. Wir als Sechzehn-, Siebzehnjährige trafen uns in der ›Feuerburg‹, dem Jugendheim des CVJM. Das waren die umgebauten Pferdeställe des inzwischen zerbombten Wittelsbacher Palais. Diese ›Feuerburg‹ haben wir 1949 in Eigenarbeit gebaut. Und weil wir einen der Bäume vom Wittelsbacher Park nicht fällen durften, haben wir einfach einen Flügel des Hauses um den Baum herum gebaut. Was früher der Exerzierplatz war, das wurde unser Sportplatz, wo wir Handball und Fußball spielten, bis Ende der 50er Jahre.

Ich hatte einen Freund, den Sohn vom Sprudel-Pachmayr, bei dem war ich oft zu Hause, Ecke Türken-/Theresienstraße. In Wirtschaften sind wir nicht gegangen, das war Sünde, Tanzen und Wirtshausgehen war alles Sünde. Es war ein sehr lustfeindliches Klima. Es gab zwar auch Mädchen im CVJM, aber erst in den 60er Jahren nannte er sich offiziell in ›Christlicher Verein junger Menschen‹ um. Es war halt ein traditioneller Jungmännerverein.

1955 bin ich in Rummelsberg, Mittelfranken eingetreten, um Diakon zu werden. Die Diakone sind in einer Brüderschaft zusammengeschlossen, der ich heute noch angehöre. Sechs Jahre Ausbildung, zweiundvierzig Fächer studieren. Dabei kaserniert im Brüderhaus, Alkoholverbot und die Frauen waren ›des Teufels‹. Also nicht ganz, eher so: Frauen dürfen euch erst interessieren, wenn ihr mit der Ausbildung fertig seid. Wer vorher schon eine geschwängert hatte, wurde gnadenlos entlassen.

Kein Wunder, daß man sich da schwergetan hat mit Frauen. Man war vom CVJM geprägt: Du bekommst deine Frau eines Tages von Gott in den Weg gestellt! Du brauchst dich gar nicht darum zu kümmern.

Das habe ich dann doch getan. Ein befreundeter Kirchenmusiker sagte mir einmal bei einem Bier, als ich gerade verliebt war – und ich war öfter verliebt: ›Also, wenn du glaubst, eine Frau kommt für dich in Frage, dann mußt du aufs Ganze gehen!‹ Das hat mir sehr eingeleuchtet. Das habe ich

dann auch mit meiner Frau getan. Die mir gleich ganz gut gefallen hat, weil sie nicht so g'spinnert wie die anderen war. Sie hat es mit mir nicht leicht gehabt. Nach eineinhalb Jahren haben wir uns verlobt, dann 1963 geheiratet. Da waren wir schon in Augsburg, wo unsere älteste Tochter geboren wurde. Ich war fest in der Jugendarbeit. Dann kam Weilheim, dann Nürnberg. Die wichtigste Zeit meiner zweiten Bekehrung. Meiner politischen Bekehrung.
Im Mai 1993 ereignete sich die Geschichte mit den Roma in Dachau. Zuerst war es eine Gruppe von 20 bis 25 Roma, die für begrenzte Zeit in der Versöhnungskirche in der KZ-Gedenkstätte Dachau aufgenommen werden sollten, weil sie von Abschiebung bedroht waren. Das hatten Diakon Klentzan und Pfarrer Bauer beschlossen. Die Kirche hat es nicht überrissen, daß das ein wahnsinniges Politikum war. Sie haben das rein humanitär gesehen, wobei die Roma von Anfang an vorhatten, ›Bleiberecht für Roma‹ zu fordern. Die Kirche ist wohl auch ein Stück überfahren worden, denn allmählich wurden es 80, dann 100, dann 150, die Wiedergutmachung forderten für das, was im Dritten Reich ihrem Volk angetan worden war. Sie campierten auf dem KZ-Gelände vor der evangelischen Versöhnungskirche. Das Bündnis gegen Rassismus hat ihre Forderungen aufgegriffen, von Kirche und Presse wurden sie als sogenannte ›Unterstützer und Chaoten‹ apostrophiert. Es kam zu Hungerstreik und Demonstrationen. Aber weil der Kirchentag 1993 ins Haus stand, hat man ihnen diese kleine Spielwiese für einige Zeit gelassen.
Zunächst war ich auf der Seite der verfaßten Kirche, das war ja auch mein Job als Ausländerbeauftragter, aber als ich gemerkt habe, wie sich die Kirche leise zurückzuziehen begann, wie sie sich allmählich wieder in den loyalen Erfüllungsgehilfen des Staates verwandelte, habe ich mich voll mit den Roma solidarisiert, mit ihrem Widerstand, mit ihren Forderungen. Dann hat die Kirche mich fallengelassen. Totgeschwiegen, mir keine Informationen mehr zukommen lassen, kaltgestellt. Ich hab' eine gewisse narrative Freiheit, ein Büro, eine Mitarbeiterin, ich lasse mir keinen Maulkorb umbinden, aber ich merke, ich passe nicht mehr ins Konzept. Sie warten nur darauf, daß ich endlich in Ruhestand gehe.
Die katholische Kirche hat sich bei der ganzen Romageschichte ziemlich bedeckt gehalten, die israelitische Kultusgemeinde hat sich voll mit der evangelischen Kirchenleitung abgesprochen.
Es ging hin und her, die Kirchenleitung war in ständigem Kontakt mit dem Innenministerium, Beckstein drohte: ›Wenn sie nicht sofort abziehen, wird das Lager geräumt.‹ Da hat sich dann die Kirche auf die verschlagene, scheinheilige Einzelfallprüfung eingelassen. So ist sie über den Tisch gezogen worden.
Die Roma sind dann freiwillig abgezogen, nach Straßburg, zurück nach Württemberg. 150 Leute, die keine Chance hatten, daß sie nach dem neuen, verschärften Asylrecht würden bleiben dürfen. Sie sind inzwischen abgeschoben. Eine schlimme Sache. Die Kirche hat ihre Chance der Wiedergutmachung des Unrechts, was im Dritten Reich eben auch wegen ihres

Schweigens entstehen konnte, nicht genutzt. Wenn sie sich voll dahinter gestellt hätte, hätte der Staat reagieren müssen. Aber nein! Sie sind wieder eingeknickt. Deshalb meine ich, die evangelische Kirche hat sich verabschiedet von der wirklichen Not der Menschen.

Wenn ich da an die Geschichte denke, die Jesus im Lukas-Evangelium erzählt; die Geschichte des Barmherzigen Samariters, meine Lieblingsgeschichte, eine Geschichte gegen Hochmut und Rassismus: die Juden verachteten nämlich die Leute aus Samaria. Und ausgerechnet einer von denen, ein Samariter, hilft selbstlos und selbstverständlich einem Überfallenen. Daran sollten sie sich ein Beispiel nehmen und nicht einem Staat die Füße lecken, der die einfachsten Menschenrechte mit eben diesen Füßen tritt.«

Die Katholischen

Schon die Herkunft von München, »zu den munichen«, den Mönchen, samt dem Wappen mit dem Münchner Kindl im koketten Mönchsgewand ist religiösen Ursprungs. Die engen Verbindungen des Erzbistums München-Freising nach Rom und tief hinein in die bayerische Staatsregierung, die von einer Partei mit einem »C« dominiert wird, der Christlich Sozialen Union, weist auf ihr gutes Verhältnis zu weltlicher Macht, den engen Beziehungen von Kirche und Staat in Bayern hin.
Da ist es dann auch nicht außergewöhnlich, wenn ehemalige (wie Peter Gauweiler) oder amtierende (wie Günter Beckstein) Minister evangelisch sind. Die Mehrzahl, weiß man, ist katholisch und konservativ. (Was nicht heißt, daß protestantisch »fortschrittlich« sein muß.) Literatur über Bayern und den Katholizismus gibt es in Menge, hier soll sich auf drei Häuser, drei Institutionen in der Türkenstraße bezogen werden, die für eine spezielle Ausrichtung des Glaubens und Lebens als überzeugter Katholik stehen.
Die farbentragende katholische Studentenverbindung »Aenania« auf Türkenstraße Nummer 38, die Dillinger Franziskanerinnen mit ihrem Studentenheim St. Michael auf 99/101 und die Alt-Katholiken, die vierzig Jahre lang im »Döllingerhaus« auf Nummer 104 ihr Zentrum hatten. Eine Frauengemeinschaft, ein Männerbund und eine junge Kirche. Die beiden ersteren tragen immer oder zu bestimmten Zeiten eine besondere Tracht, die untereinander verbindet und sie nach außen als Gemeinschaft erscheinen läßt. Für Andersdenkende in Zeiten von Intoleranz oft genug Grund für Hohn und Spott. Bei den Alt-Katholiken[1], einer »romfreien Kirche«, tragen Priester und Priesterinnen – die gibt es seit 1996 – nur während der Messe ihr Ornat. Sie betrachten sich als »Brückenkirche« bei der Vermittlung zwischen Römisch-Katholischen und Protestanten, als »Notkirche« bis zur erstrebten Wiedervereinigung aller Kirchen.
Die grundsätzlichen Unterschiede zwischen Protestanten und Katholiken sind geblieben, wenn auch immer wieder Ansätze zur Ökumene zu beobachten sind: wenn zum Beispiel im Fronleichnamszug 1993 in München Protestanten mitgehen. Das schmeichelt natürlich der katholischen Kirche, ist allerdings umgekehrt kaum vorstellbar.
Wobei die Grundfrage bestehen bleibt: wieviel Reform verträgt eine Kirche, wenn sie Kirche bleiben will? War Martin Luther doch angetreten, die katholische Kirche zu reformieren. Was geschah? Er wurde gebannt, mußte sich verstecken und eine eigene Kirche gründen.
Waren Laien und Theologen während des Ersten Vatikanischen Konzils in Rom 1869/70 doch angetreten, die Unfehlbarkeit des Papstes zu verhindern, was ihnen nicht gelang. Was geschah? Sie wurden exkommuniziert, mußten

[1] so schreiben sie sich

eine eigene Kirchen gründen, die sie »Notkirche« nannten und »alt-katholisch«.
Heute verbindet die beiden christlichen Großkirchen die Angst vor der Zukunft: wenngleich bei den Katholiken die Kirchenaustrittsrate nicht ganz so hoch ist und sie bei den Protestanten 1996 sogar etwas zu stagnieren schien. Doch was soll man sagen, wenn die katholische Kirche, ob ihrer Reformunwilligkeit angegriffen, ihren Kritikern erklärt: was sie forderten, gäbe es bei den reformierten Kirchen schon längst. Und denen liefen die Gläubigen schließlich noch mehr davon als ihnen.
Die McKinsey-Studie hatte den Protestanten gezeigt, wo sie ansetzen müßten, um ihr Kirchenschiff wieder flott zu bekommen. Im März 1997 veröffentlichte die katholische Kirche die Ergebnisse einer Untersuchung, die ähnlich unerfreulich waren: verkrustete Strukturen, mangelhafte Kommunikation, undurchsichtige Entscheidungsprozesse, ungeschickte Medienarbeit. Pfarrer sind überlastet und »demotiviert« – auch und vor allem wegen des immer noch aufrecht erhaltenen Zölibats – kurz: die Müncher Erzdiözese mit ihren 755 Pfarreien »hat ein Marketing-Problem« (SZ, 17.3.97).
Während die evangelische Kirche sich zu einem »totalen Kundenkontakt« aufraffen und ihre »Unternehmensziele klarer bestimmen« solle, wie auf dem Kongress »Unternehmen Kirche« im März 1997 in Hamburg gefordert worden war, wird der katholischen Kirche nahegelegt, in Zukunft die Freistellung vom Zölibat und die Laienordination zu erlauben. Die Präsidentin des Zentralkomitees der Katholiken forderte, man müsse weiter auch über das Priesteramt für Frauen diskutieren (SZ, 29.5.96).
Das ist der Knackpunkt überhaupt, das geht ans Eingemachte, das erschüttert die Tiefenstrukturen der patriarchalisch-monotheistischen Kirchen: das Verhältnis zur Frau.
Zwar hatten die Protestanten in ihrer Kirche die Hierarchie der katholischen Kirche bis auf den Papst übernommen, aber zumindest gleich von Anfang an den Zölibat negiert: Mönch Luther heiratet Nonne Katharina von Bora (die er in seinen Briefen gern mit einem männlichen Kosenamen tituliert). Aber mit der Frauenordination hatten sie sich auch ganz schön Zeit gelassen. Vor den Anglikanern zwar und den Alt-Katholiken, aber auch erst auf den wachsenden Druck von unten. Die katholische Kirche hält sich mit bewährter Doppelmoral bisher über Wasser: wenn ein Priester Liebe und Nachwuchs nicht offen bekennt, nicht an die große Glocke hängt, wird geduldet und gezahlt. Andernfalls wird entlassen, egal, wie stark die Proteste seiner Gemeinde ausfallen mögen. Manche dieser verheirateten Priester finden dann eine neue Heimat und ihren alten Job bei den Alt-Katholiken wieder.
Das gebrochene Verhältnis der katholischen Kirche zu Sex, Verhütung, Abtreibung und ähnlichem trifft eine Gruppe besonders stark: die Schwulen. Noch in jüngster Zeit wurde Homosexualität auf Bischofskonferenzen als »selbstverschuldet, krankhaft und umpolbar« (SZ, 18.3.97) bezeichnet, infizierte oder aidskranke Priester geradezu versteckt und alleingelassen. In der

alt-katholischen Kirche wiederum fühlen sie sich gut aufgehoben, betätigen sich im Vorstand.

Was die beiden Großkirchen neben der Sorge um die Zukunft noch verbindet, ist ihre gegenwärtige Praxis des Kirchenasyls, ein Akt des zivilen Ungehorsams: im März 1997 waren es 34 Gemeinden, die 136 Flüchtlingen Zuflucht gewährten, vor allem Kurden und Roma. (SZ, 22.3.97)

Vergleichbar bei Katholiken und Protestanten ist auch ihr Verhalten im Dritten Reich: keineswegs so heldenhaft, wie man es gern gehabt hätte. Um die Kirche zu retten, wurde sich angepaßt, wurde in vorauseilendem Gehorsam der Kotau vor den Nazis schon gemacht, bevor die ihn eingefordert hatten. Ließen sich – eventuell – zum Widerstand bereite Katholiken durch das »Reichskonkordat« zwischen Hitler und dem Papst die Hände binden. Doch hat jede Kirche auch ihre Widerstandskämpfer zu bieten: die Protestanten, die Mitglieder der »Bekennenden Kirche«, allen voran Dietrich Bonhoeffer; die Katholiken Pater Rupert Mayer, den sie 1987 seliggesprochen haben. Was beide verbindet: ihr persönlicher Mut, gegen den Naziterror anzukämpfen; das gegen beide verhängte Redeverbot, die Zwangsinternierung im Kloster Ettal und ihr Todesjahr: 1945. Bonhoeffer im KZ Flossenbürg erschossen, Rupert Mayer nach einem Gottesdienst in St. Michael an den Folgen seiner KZ-Haft gestorben.

Das Standgerichtsurteil gegen Bonhoeffer war erst 1996 aufgehoben worden, das Sondergerichtsurteil gegen Rupert Mayer wegen »Hetztiraden«, »fortgesetztem Vergehen gegen das Kanzleimißbrauchs- und das Heimtückegesetz« besteht fort[1]. (Otto Gritschneder in der SZ vom 4.11.96)

Im Kneipsaal des Aenanenhauses in der Türkenstraße 38 hängt an der Stirnseite ein Bild des Jesuiten und »Münchner Männerapostels« Rupert Mayer. Er war einer der ihren, wie es Otto Gritschneder heute noch ist. Mayer war Vorsitzender der »Marianischen Männerkongregation«, einer Vereinigung katholischer Gläubiger, denen Marienverehrung besonders am Herzen liegt und die seit dem 16. Jahrhundert mit den Jesuiten eng verbunden sind. Welches Frauenbild aus dieser Marienanbetung resultiert, zeigt die Praxis: das der unterwürfigen Frau.

Die Idee männlicher Überlegenheit ist in Männerbünden wie Studentenverbindungen, zumal wenn sie katholisch sind, noch fest verankert: Wesentliches tut der Mann, Lebensfreundschaften schließt der Mann, Frauen stören nur, außer man braucht sie für Feste. Oder zum Heiraten wegen der Nachkommenschaft. Ansonsten ist die Verbindung die Familie.

»Wahrlich, es gebührt, majestätischer Aenus, eine Aenania dir!« soll der Gründer der farbentragenden, aber nicht-schlagenden Verbindung Franz Lorenz Gerbl aus einer Brauerfamilie in Wasserburg am Inn (lat. »Aenus«) 1848 enthusiastisch ausgerufen haben. Somit war der Name der späteren Verbindung gefunden: Aenania, die »Zum Inn gehörige«. Deshalb auch bis in die 80er Jahre der Name der Wirtschaft im Aenanenhaus »Zum Grünen Inn«.

[1] Erst im Mai 1998 werden pauschal alle Urteile des Dritten Reiches als Unrecht aufgehoben.

Der Ton der Schriften der Verbindung aus der zweiten Hälfte des 19. Jahrhunderts ist schwülstig-nationalistisch, schwärmerisch-ekstatisch, naiv-rassistisch. Und oft einfach ungewollt komisch.

Gerbl, den melancholisch dreinblickenden Jung-Konservativen, zieht es als Missionar nach Afrika. Vorher freilich muß er sich prüfen, ob er »berufen sei, als Bote des Kreuzes seine Sohlen in den glühenden Sand Afrikas zu drücken[1]«. Er geht in den Sudan, nicht ahnend, daß schon gut ein Jahr später »seine Gebeine im heißen Sand Afrikas modern« würden. Wo er doch so gern mit Freunden zusammengesessen und mit ihnen »von seiner lieben Aenania und von seinen Negern« geredet hatte.

Angetreten beim Wartburgfest 1817 als Kämpfer gegen Reaktion und Zensur für Freiheit, Liberalismus und Demokratie, waren die Burschenschaften schon gleich als »gefährlich« erkannt worden. Sie wurden zum Auslöser für Demagogenverfolgung und Karlsbader Beschlüsse. Vergleichbar der Gegenreformation gab sich Metternichs Politik alle Mühe, die Flausen aus den Studentenköpfen zu treiben und die Uhr der Geschichte noch einmal anzuhalten. Die Burschenschaften werden verboten, aber bereits zwanzig Jahre später gründen sich Studentenverbindungen neu: 1840 der evangelische »Wingolf«, 1844 die katholische Studentenverbindung, 1851 in München die »Aenania«. »Wahrhaft edle nationale Charaktere will unser Verein bilden«, heißt es. Zunächst jedoch gehen die Bestrebungen dahin, dem Begriff »ultramontan«, den die »Nordlichter« so gerne verwenden, das Pejorative zu nehmen, zu beweisen, daß gerade korporierte Studenten Nationalgefühl und Vaterlandsliebe hatten!

Identitätsstiftend wurde der »Wichs«: Bänder, Schärpe, Mütze in den Farben und mit den Emblemen der Verbindung; Lieder und Sprüche. Seit den 60er Jahren des 19. Jahrhunderts promenieren Aenanen wie andere Verbindungen am Sonntag in »vollem Wichs« vor der Feldherrenhalle auf und ab. Im Dritten Reich verboten, treffen sich die alten Herren bei Stammtischen und auf Berghütten, nehmen schon 1945 die Wiedergründung der Aenania in Angriff. Für das enteignete, zurückgegebene und dann verkaufte Verbindungshaus in der Schellingstraße 44 wird das zerbombte Anwesen Türkenstraße 38 erstanden, wiederaufgebaut, bezogen. 1956 wird es von Kardinal Wendel geweiht.

Zur Zeit ihrer Gründung von weltlicher und geistlicher Macht als Protestpotential kritisch beäugt, zeigt die Geschichte der Verbindungen, daß sie zumindest seit 1848 fast so etwas wie staatstragend wurden. Zum hundertjährigen Stiftungsfest der Aenania schreibt der Papst einen Brief und hält Kardinal Faulhaber den Festgottesdienst.

In den 50er Jahren begannen die farbentragenden Studenten langsam von den Straßen zu verschwinden, zur Zeit der Studentenrevolte trauten sie sich kaum noch aus ihren Häusern, weil sie als reaktionäres Relikt der Vergangenheit verspottet wurden. Nachwuchs fehlte, »Keilerfolge« blieben aus,

[1] aus »Aenania 1851-1976«, München 1976

ihre Sprache wurde kritisch unter die Lupe genommen: Füxe, Leibfüxe, Bundesbrüder, Jubelsenioren, Philister und »Salamander reiben«, Kneipen und Kommerse – wen interessierte das noch?

Die Studentenverbindungen, Corps, schlagende und nicht-schlagende, Burschenschaften, Landsmannschaften, Turner- und Sängerschaften in Verbänden, Kartellen und Dachverbänden warteten ab. Und siehe da, das Blatt wendete sich, die ›Wende‹ trat ein. Schon mit dem Beitritt der österreichischen Burschenschaften 1971 in die Deutsche Burschenschaft hatten sich die Rechtstendenzen verstärkt, seit der deutschen Vereinigung und der Neugründung von Studentenverbindungen in den neuen Bundesländern haben Rechtsradikalismus und Neonazitum im Dachverband zugenommen. Da wird dann gern wieder von einer »großdeutschen Lösung« geredet, der »Wiedervereinigung« mit Österreich und der Begriff »Vaterland« herausgestrichen: gegen »nationale Selbstpreisgabe« müsse man sein und für eine »gemeinsame Identität aller Deutschen«. Da wird mit der Reichskriegsflagge gewedelt, die Vergrößerung Deutschlands nach Osten gefordert und die beiden ersten Strophen des Deutschlandliedes abgesungen. Ansonsten füllte sich das – bei Studentenverbindungen sowieso nicht besonders reichhaltige – Vokabular mit rassistischen, militaristischen, fremdenfeindlichen, speziell antisemitischen Tönen.

Im Januar 1996 verlassen acht von 120 Korporationen den Dachverband der Burschenschaften, mit 2200 von 26000 Mitgliedern und gründen einen neuen. Sie betrachten sich als »liberalen Flügel der farbentragenden Studenten«, nehmen schließlich auch Ausländer und Zivildienstleistende auf.

Im Mai 1996 legen sechs Marburger Verbindungen eine »Marburger Erklärung« vor, in der vor wachsendem Rechtsradikalismus gewarnt wird. Das ist lobenswert, betrifft aber nur eine verschwindende Minderheit der Verbindungsstudenten. Überhaupt sind nur zwei Prozent aller Studierenden in Verbindungen organisiert.

Was tut sich speziell hinter den Fassaden des Aenanenhauses in der Türkenstraße? Haben Rechtsradikalismus und Frauenverachtung dort noch einen Platz, haben derartige Ansichten vielleicht mit den verschiedenen Generationen zu tun oder ist die Verbindung auf dem Weg, eher eine Art Club zu werden? Lassen sich Prinzipien halten, aber dem Zeitgeist anpassen?

Und wie sieht's mit der viel zitierten »Lebensfreundschaft« aus?

Fast am nördlichen Ende der Türkenstraße steht noch ein frommes Haus (auf 99/101, dem Doppelhaus): das Studentinnenheim St. Michael, geführt von den Dillinger Franziskanerinnen, einer Kongregation päpstlichen Rechts.

St. Michael, der Erzengel und Kämpfer gegen Drachen und Teufel – er schwingt sein Schwert an der Hauptfassade der gleichnamigen Kirche in der Neuhauserstraße, die von den Jesuiten als Symbol für die gelungene Gegenreformation errichtet wurde, woraus sich schließen läßt, daß damals die Protestanten »des Teufels« waren – hat dem Heim seinen Namen gegeben. Warum?

Da habe es im früheren Hinterhaus eine Loge gegeben (nicht von den Freimaurern, wie sie glaubhaft versichern) mit dem Namen »Luzifer« erzählt Schwester Evita, die Oberin. Dort hätten sich gräßliche Dinge zugetragen, zum Schluß hätten sich sogar zwei Logenbrüder gegenseitig erschossen. Das machte den Nonnen mächtig Angst und sie suchten nach einem Schutzheiligen und verfielen auf den heiligen Michael. Wer sonst hätte diesem Luzifer Paroli bieten können? 1958 segnete der Stadtpfarrer das wiederhergestellte Vorderhaus und das neue Rückgebäude.

Als die Dillinger Franziskanerinnen ihr 750jähriges Bestehen feiern, gratuliert mit einem Bild des Papstes nur sein Kardinal – Staatssekretär Casaroli. Beim 100-Jährigen der Aenanen hatte der Papst selber gratuliert. Ob das ein Hinweis sein könnte zur Stellung eines weiblichen Ordens innerhalb der männlichen Kirchenhierarchie?

»Noch lange«, meint die Oberin, werde der Orden wohl »männerbestimmt« bleiben: Predigen dürfen die Schwestern nicht, die Beichte abnehmen auch nicht. Und »Dienen« und »Gehorsam« kombiniert mit »Armut« und »Ehelosigkeit« ist eine der Rollen, die Männer Frauen gern überlassen. Es ist wohl ein Unterschied, Franziskaner oder Franziskanerin zu sein.

Das zeigt sich in der Geschichte des Ordens: 1226 war Franziskus von Assisi gestorben, 1241 bekamen die ersten Franziskanerinnen in Dillingen – wohl angeregt durch seine missionierenden Brüder – vom Grafen, dessen Sohn später Bischof werden sollte, Haus und Hof, Krautgarten und Wiese geschenkt.

Gut fünfzig Jahre später – sie waren zunächst eine freie Schwestervereinigung – wurden sie vom Bischof an einen anderen Orden angeschlossen: an die Straßburger Minderbrüder. Der Papst verordnet ihnen die Dritt-Ordensregel des Heiligen Franziskus: sie sind jetzt Terziarinnen. Ein Kardinal verschafft ihnen das Allerheiligste für die Hauskapelle.

Ab 1615 wird der weiße Schleier eingeführt, der später von einem schwarzen bedeckt, bis er zur völligen schwarz-weißen Schmucklosigkeit von heute reduziert wird.

1629: ein Bischof »verordnet«[1] den Schwestern Klausur, (»Sie fügten sich, obwohl ...«) 1774 »befiehlt« ein Fürstbischof die Übernahme einer Mädchenschule. So wurde – durch männliche Befehle – aus dem kontemplativen Orden ein »tätiger«.

In der Säkularisation fällt ihr Kloster an Kurbayern. Gnädig dürfen die Schwestern noch darin wohnen. König Ludwig I unterschreibt 1827 die Restaurationsurkunde. Auflage: neben der Mädchenschule müssen die Schwestern im Kloster noch eine weitere Erziehungsanstalt für Töchter aus Dillingen und Umgebung einrichten. (Was bleibt ihnen übrig?) Sollten sie schließlich »Musterlehrerinnen« werden!

Der Bischof visitiert das Kloster, gibt Genehmigung zur Einkleidung und Einweisung der Novizinnen, bestimmt den Beichtvater. Zwei der künftigen

[1] Zitate aus der Festbroschüre, München 1991

Nonnen ändern ihren Namen: die eine in »Ludovika« die andere in »Theresia« – als Dank an König Ludwig I und seine Frau Therese, auch wenn sie eine Evangelische war! – für die Rückgabe des Klosters.

Ab 1837 kommt zu den Schulen eine »Kleinkinder-Bewahranstalt«. Ein Stadtpfarrer meint, die Schwestern sollten sich gefälligst der Krankenpflege widmen. Sie sagen »nein«, tun es (warum?) aber dann doch. (Wie selbständig waren zu welcher Zeit die Klöster?) Ein Seminarinspektor meint, sie sollten auch noch ein paar Taubstummenlehrerinnen stellen. Sie tun es. Bald haben sie zwölf Behindertenanstalten in ganz Bayern, diverse Schulfilialen und das Kloster Maria Medingen dazu.

1855 hat der Orden 51 Schwestern, 1968 2 306, Tendenz fallend. 1913 werden 24 Schwestern nach Amerika geschickt, um die Wirtschaftsführung einer Benediktinerabtei zu übernehmen, ab 1928 missionieren sie selber in Nord-Dakota.

Der Papst erläßt neue Statuten, die Nazis (Männer) verbieten klösterliche Schulen, Dillinger Franziskanerinnen gehen nach Brasilien, gründen zwei Niederlassungen.

Der Papst beschließt, die Kongregation in »Provinzen« und »Kommissariate« aufzuteilen. Es geschieht.

Missionare in Spanien »rufen« die Schwestern, um ihnen die Wirtschaft zu führen, sie kommen; ein Bischof »ruft« die Schwestern in den Tessin an eine Klinik für Rekonvaleszenten und Dauerpensionäre (!), sie kommen und dienen. (Um Gottes Lohn).

Indien bietet sich zum Missionieren an: 14 Inderinnen werden ausgebildet und zum Missionieren nach Hause zurück geschickt. Die Generalleitung wird (wieso?) von Dillingen nach Rom verlegt. 1982 erhalten die Schwestern den besonderen Segen des Papstes in einer Privataudienz. Beim »Franziskanischen Kongreß« in Rom sind die Dillingerinnen von 200 000 Teilnehmern die älteste Gemeinschaft. 1986: die Indianer-Mission (bei den Tirio-Indianern im Amazonasgebiet) beginnt. (Wovon die im ausgehenden 20. Jahrhundert wohl noch überzeugt werden sollen?)

Das sei mehr praktische Hilfe, meint Schwester Evita und arbeitet weiter am Computer.

Die Frage, was »Missionär« Gerbl im Sudan und die Franziskanerinnen in Indien, Brasilien und Amerika verloren haben, läßt sich mit gläubigen Katholiken nicht diskutieren.

Auch im Ausland gilt das Schema: die Frauen dienen und helfen bei praktischer Arbeit, die Männer predigen und verkünden das Evangelium. Somit bleibt das katholisch-patriarchale Weltbild gewahrt.

Pfeilgerade gegenüber vom Anwesen der Franziskanerinnen befand sich auf Nummer 104 das »Ignaz-Döllinger-Haus« der Alt-Katholiken. Vierzig Jahre lang bis 1991, bis sie aus finanziellen Gründen den vierstöckigen neubarocken Bau verkauften und in die Adalbertstraße 32 umzogen. Dort haben sie jetzt die Pfarrei, den Gemeindesaal und die Wohnung des Pfarrers. Und trauern trotzdem noch ihrem »Döllinger-Haus« nach am Rand des Aka-

demieparkes, in dem im März die Wiesen über und über himmelblau leuchten vor lauter Scillas, auch Blaustern oder Meerzwiebel genannt, einem Liliengewächs, einem raren.
Ignaz Döllinger und die Alt-Katholiken, der Theologieprofessor und die »Ketzer«, eine eigene Geschichte. War der Theologe doch einer der eifrigsten »Ultramontanen« gewesen, zusammen mit Ludwigs I Minister von Abel die Protestanten ab 1837 zu verfolgen. Ob das angesteckt hatte? Gut dreißig Jahre später geriet er in die Schußlinie des Vatikans: als einer der Anführer derer, die gegen das Dogma der Unfehlbarkeit des Papstes protestierten. Es war 1869/70 und es war in Rom während des Ersten Vatikanischen Konzils. Es gab Aufruhr, Diskussionen, Proteste, Bischöfe verließen das Konzil, fuhren nach Hause zurück, die verbliebene Minderheit stimmte ab: für die neu geschaffene Allmacht des Papstes Pius IX. Die deutschen Bischöfe lenkten ein, nicht so der Theologe Döllinger und die um ihn versammelten aufrechten Kämpfer. Sie wurden exkommuniziert und gründeten die alt-katholische Kirche. Alt-katholisch soll heißen: zurück zu den Ursprüngen.
Die Alt-Katholiken sind eine bischöflich-synodal verfaßte Kirche, das heißt, Laien können auf allen Ebenen mitbestimmen. Sie hatten seit 1888 das Pflicht-Zölibat abgeschafft, der Papst ist für sie nicht mehr als ein »primus inter pares«, der Erste unter gleichberechtigten Bischöfen.
Am Anfang hatten die Alt-Katholiken mächtigen Zulauf, sie trafen anscheinend den Nerv der Zeit: 75 000 waren es in ganz Deutschland, heute sind es noch 20 000, aber: Tendenz steigend, vor allem seit der Weihe zweier Priesterinnen Pfingsten 1996 in Konstanz.
Sogar in Bayern waren ganze Brauereigeschlechter und Universitäten altkatholisch, bis nach Döllingers Tod die römisch-katholische Kirche zurückschlug: den alt-katholischen Priestern wurde verboten, die Sakramente auszuteilen. Das saß. Keine Taufe, keine Kommunion, keine Hochzeit, keine Beerdigung mehr – das machte selbst den überzeugtesten Gläubigen schwanken. Wo nach neueren Umfragen über achtzig Prozent derer, die Kirchensteuer zahlen, vor allem Wert legen auf die Anwesenheit der Kirche bei derartigen Familienfesten. Das Evangelium als solches rangiert viel weiter hinten.
Die Alt-Katholiken schienen eine aufrechte Schar, eine Kirche der Unkorrumpierbaren, jedoch zum Untergang verurteilt. 1889 schlossen sie sich in der »Utrechter Erklärung« mit anderen romfreien Kirchen wie der anglikanischen zusammen. Nach dem heiligen Willibrord, einem Apostel der Friesen aus dem 7. Jahrhundert und erstem Bischof von Utrecht ist denn auch ihre Kirche in der Blumenstraße 36, nahe dem Marionettentheater genannt. Heute gehören sie zur weltumspannenden Gemeinschaft der anglikanischen und romfreien Kirchen.
»Die Evangelischen stehen uns gewaltig nahe«, sagt Pfarrer Harrer von den Alt-Katholiken, kein Wunder auch, halfen sie immer wieder mit Kirchen, Pfarrern oder Geldern aus, natürlich um den Römisch-Katholischen eins auszuwischen, aber egal.

Ganz im Sinne Döllingers sehen sich die Alt-Katholiken als »Brückenkirche« zur Einheit der Kirchen, als »Pikkoloflöte« im Konzert der Großkirchen. Sie sind eine Kleinkirche – für die gleichwohl der Staat die Kirchensteuer einzieht wie für Katholiken, Protestanten und jüdische Gemeinde – deren Aufgabe es nicht sei, meint der Pfarrer, Reichtümer zu horten, sonst verlören sie ihre Glaubwürdigkeit.
Sie haben keine Probleme mit verheirateten, kinderreichen Priesterfamilien, mit Schwulen, mit Aidskranken – sie haben eine eigene »Lazaruslegion«, die sich um Infizierte und Aidskranke kümmert – oder mit Ausländerhaß. »Gott liebt die Fremden, darum sollt auch ihr die Fremden lieben« – »Solidarität mit Ausländern« wehte auf einem Transparent an St. Willibrord – prompt wurde im Oktober 1991 in die Kirche eingebrochen und der Altar verwüstet.
Die Alt-Katholiken neigen durchaus ganzheitlichem Denken zu: dem fraulich-emotionalen Element soll der gleiche Wert eingeräumt werden wie dem männlich-rationalen. Sie bemühen sich, ein »evangeliumgemäßes, jesuanisches« Leben zu führen. Sie respektieren die Freiheit der anderen Kirchen, »Einheit in der Vielfalt« nennen sie es und hoffen, daß sich doch irgendwann die Kirchen wiedervereinigen mögen, ohne Unfehlbarkeit freilich und Jurisdiktionsprimat, was soviel hieß wie daß der Papst der Rechtsträger aller christlich getauften Gläubigen sei. Deshalb seien sie beim jetzigen Papst auch »out«, meint der Pfarrer.
Das mit dem »evangeliumgemäßen Leben« ist freilich auch leichter gesagt als getan: da gibt es gerade in kleinen christlichen Gemeinschaften einen Spaltervirus, der leicht eine Art Sektenform annehmen kann, was mit einer sogenannten »Andreasbruderschaft« auch in der Türkenstraße passiert war. Einer der Vorgänger des Pfarrers hatte unter seinen alt-katholischen Gläubigen Jünger um sich geschart, die sich in besonderer Kleidung zeigten, in einer gesondert eingerichteten Kapelle ihre Gottesdienste abhielten und drauf und dran waren, die Gemeinde zu spalten. Das ist wohl die Grundfrage aller Kirchen: wieviel an Neuerungen ist sie bereit aufzunehmen (Technomusik in der Kirche?), ohne ihre Seele zu verlieren? Wieviel Reform nützt und ab wann schadet sie?
Sie hätten ja nicht nur die »neuen Dogmen« des Ersten Vatikanischen Konzils und das »Petrusamt« als solches kritisiert, ihr Protest beinhalte auch Positives. Pro-testari, da sei ein »pro« drin, für etwas sein, meint der Pfarrer. Und sie seien für: die Gleichberechtigung der Frau, die Freistellung vom Zölibat, den freieren Umgang mit Geschiedenen und die Berufung auf das Gewissen als höchste Instanz menschlichen Handelns. Damit erfüllten sie praktisch alle Forderungen des Kirchen-Volksbegehrens (1996 von kritischen Katholiken in Österreich und Deutschland veranstaltet).
»Ecclesia sempre reformanda«, meinen sie, die Kirche müsse immer für Reformen bereit sein. »Frauen waren«, heißt es in der Broschüre »Geh zu meinen Brüdern – vom priesterlichen Auftrag der Frauen in der Kirche« von 1996, »... durchaus apostolisch, d. h. in der Verkündigung des Evangeli-

ums, in der Diakonie, in der Gründung und Leitung von Gemeinden und christlichen Hausgemeinschaften tätig.«
Nur konsequent war dann auch 1996 ihre Weihe der beiden Priesterinnen, die beide dem römisch-katholischen Umfeld entstammten, wie viele der neuen Priester der Alt-Katholiken. Und weil Rom die Alt-Katholiken – wiewohl zähneknirschend, sind sie doch für sie Ketzer – als »katholisch« anerkannt hatte, ihre Bischöfe in der Nachfolge der Apostel sah, bleibt ihr auch nichts anderes übrig, als die Priesterinnen zu akzeptieren.
»Botschafterinnen um Gottes willen« wurden sie von ihren Glaubensbrüdern genannt.

»Aenanen«	Dr. Hermann Strebl geb. 1913 Ex-Vizepräsident der DB	Jürgen Künzel geb. 1958 Archivar

Katholisch, »treu und frei«

Strebl »Wir Aenanen sind sehr sangesfreudig. Auf der Kneipe wird nicht nur getrunken, da werden auch die schönen alten Studentenlieder gesungen: ›Gaudeamus igitur, iuvenes dum sumus‹; ›Student sein, wenn die Veilchen blüh'n‹, oder die ›Alte Burschenherrlichkeit‹, in die unsere Farbenstrophe eingebaut ist:

›*Wenn der Lenz in grünem Kleide*
Sangesfroh die Welt durchzieht
Schmück' ich dich mit weißen Blüten
Und sing dir mein Hochzeitslied.
Gold-gelocktes Liebchen jauchze
Keine Sorgen mehr es gibt
Wenn dich treu und frei auf ewig
ein Aenanenbursche liebt.‹

Das war eben die Sprache der Zeit, da wurde Freundschaft, Freiheit und Liebe besungen. Und in dem Lied enthalten sind unsere Farben, die Farben der Aenania: grün-weiß-gold. Wir sind eine farbentragende nicht-schlagende katholische Studentenverbindung.
Künzel Die meisten Lieder stammen aus der Zeit der Freiheitsbewegungen. Da hatte es 1817 das Wartburgfest gegeben, eine Feier zum Jahrestag der Leipziger Völkerschlacht, die von der Burschenschaft aus Jena für alle Studenten organisiert worden war. Da war es zu Protesten gegen die Reaktion gekommen: Die Studenten hatten die Symbole der alten Zeit, Schnürbrust, Zopf und Korporalstock verbrannt. 1832, am Jahrestag der Bayerischen Verfassung, hatte auf Schloß Hambach eine demokratisch-republikanische Volksversammlung mit 30 000 Teilnehmern stattgefunden, das sogenannte Hambacher Fest. Dort wurde die Einigung Deutschlands und eine Konföderation der europäischen Freistaaten gefordert.
Was passierte? Die bayerische Regierung ließ die Redner verhaften, Metternich schränkte Rede- und Versammlungsfreiheit ein. 1848 trat in der Paulskirche das Frankfurter Parlament zusammen, die Nationalversammlung, die gewählte verfassungsgebende Volksversammlung, die die liberal-revolutionären Ideen in die Verfassung hätte einbauen sollen. Und wenn man genau hinschaute, waren die Leute in Frankfurt, der Kern der Menschen dieselben wie in Hambach: Studenten, Professoren und freiheitlich gesinnte Patrioten – das waren die Fortschrittlichen damals. Und viele von ihnen waren Mitglieder von Studentenverbindungen.

Ihre Feinde zu der Zeit waren Kleinstaaterei und Metternichs reaktionäres System. Die Burschenschaften waren einerseits fortschrittlich und demokratisch gesonnen, andererseits natürlich auch national und patriotisch. Deshalb haben viele, wir auch, den Begriff »patria« unter unseren Prinzipien. Denn damals war der äußere Feind Frankreich, weil viele im Lützow'schen Freicorps in den Befreiungskriegen gegen die Franzosen gekämpft hatten und Frankreich immer noch Ansprüche auf deutsches Gebiet am Rhein erhob. Soweit der historische Rückblick. (lacht) Jetzt zum linguistischen:
In den Burschenschaften steckt der Begriff ›Bursch‹. Das geht aufs Mittelalter zurück, wo es für Studenten gemeinschaftliche Wohn- und Kosthäuser gab, eine Art Kommunen, die meist auf Stiftungen beruhten. Sie heißen lateinisch ›bursa[1]‹, was soviel wie ›Beutel‹ bedeutet und ›gemeinsame Kasse‹. Später wurden diese Studentenhäuser und ihre Bewohner als ›Burse‹ oder ›Bursch‹ bezeichnet. Im 19. Jahrhundert bildeten sich an den Universitäten die Burschenschaften, um die Trennung der Landsmannschaften zu überwinden, wo sich Studenten immer nur nach ihrer Herkunft, der Pfalz, Westfalen zum Beispiel zusammengetan hatten.
Strebl Die Aenania wurde im Februar 1851 als katholische Studentenverbindung von Franz Lorenz Gerbl aus Wasserburg gegründet. Der war Theologe und sein Bruder hatte die väterliche Brauerei, den Gerblbräu übernommen, den es heute nicht mehr gibt. Beim Abschied von der Schule haben sich der Franz Lorenz Gerbl und einige Schulfreunde Pfeifenköpfe geschenkt mit dem grün-weiß-goldenen Wappen Wasserburgs und einander versprochen, daß, wenn sie in München mit dem Studieren anfangen, sie eine Verbindung gründen wollten mit dem Namen Aenania.
Künzel ›Aenus‹ heißt nämlich der Inn. Und Gerbl hat einfach die ›Aenania‹ dazu erfunden. Deshalb auch lange Zeit der Name der Wirtschaft im Aenanenhaus: ›Zum grünen Inn‹. Jetzt ist ein Grieche drin.
Strebl Die Aenania wurde als Gegengewicht zu den schlagenden Verbindungen gegründet. Wir sind absolut gegen jede Mensur. Unsere Prinzipien sind: religio, scientia, amicitia; Religion – natürlich die katholische –, Wissenschaft und Freundschaft. Das sind die Säulen unseres Verbindungslebens. 1856 haben wir mit der Winfridia zusammen den CV, den Cartellverband gegründet, der heute mit 30 000 Mitgliedern in mehr als 120 katholischen Studentenverbindungen den größten Studentenverband Europas darstellt.
Künzel Unser Wahlspruch ist: ›Treu und frei‹. Er taucht auch in der Farbenstrophe auf. Als wir uns gründeten, in einer Zeit des extremen Liberalismus, war Katholisch-Sein nicht besonders aktuell.
Strebl ›Ultramontan‹ war das Stichwort. Wer sich damals offen zum Katholizismus bekannte, hatte Schwierigkeiten. Die höheren Stellen waren anderen vorbehalten. Die Aenania sollte zur Heimstatt für die werden, die sich als richtige Katholiken fühlten. Die Verbindung hat gleich einen richtigen

[1] bourse, frz., Stipendium

Aufschwung genommen. Wir nahmen Studenten aus Norddeutschland und dem Breslauer Raum auf.
Aus Bayern waren die wenigsten, aus München noch weniger, weil die ja ihre Familie und Verwandtschaft in der Nähe hatten. Die verspürten nicht so stark das Bedürfnis nach einer Art Familienheimstatt.
Aber man muß sich fragen, was der eigentliche Beweggrund war, eine katholische Verbindung ins Leben zu rufen in einem Land, Bayern, in dem die Katholiken nicht besonders unterdrückt waren: es ging um den Ehrenkodex von Akademikern und Offizieren. Jede Beleidigung mußte mit der Waffe ausgefochten werden, Duelle waren gang und gäbe. Die schlagenden Verbindungen hatten sich diesem Ehrenkodex unterworfen. Wer da mitspielen wollte, mußte sich ihm beugen. Sonst war man nicht satisfaktionsfähig.
Künzel Katholische Offiziere zum Beispiel, die sich aufgrund ihres Glaubens geweigert hatten, sich zu duellieren, wurden aus der Armee ausgeschlossen.
Strebl Als ob man Ehre mit der Waffe verteidigen könnte! Der eine ist ein prima Fechter und der andere, der vielleicht Recht hat, kriegt das Gesicht zerschlagen. Die haben ja damals gefochten mit schwerem scharfem Säbel und blankem Oberkörper. Da ging's wirklich um Leben und Tod. Und wenn etwas passiert ist, wurde es unter den Teppich gekehrt, weil ja alle führenden Kräfte des Staates zu diesen schlagenden Vereinen gehörten. Und dagegen hat der Theologe Gerbl gesagt: ›Es gibt eine andere Ehre als die, die man mit dem Säbel verteidigen muß. Deshalb wird jetzt diese katholische Verbindung gegründet!‹
In den ersten Jahren hatten wir erhebliche Schwierigkeiten. Die anderen Verbindungen haben es direkt für unverschämt gehalten, daß da plötzlich Katholiken, Theologen und junge Geistliche in Farben liefen, mit Mütze und Band. Jeden Sonntag vor der Feldherrnhalle. Da gab es oft Schlägereien, die erst um 1870 aufhörten, als es gemeinsam in den Krieg ging.
Künzel Die Schwierigkeiten mit den schlagenden Verbindungen, würde ich sagen, haben erst im Ersten Weltkrieg aufgehört. Erst dadurch, daß die Leute gemeinsam an der Front waren, gemeinsam im Dreck gelegen sind, hat sich dieser Unterschied verwischt. Man hat zu einem Modus vivendi gefunden. Allerdings nicht miteinander, eher nebeneinander.
Strebl Ich entsinne mich, als wir 1932 von Montag bis Freitag plenis coloribus, so nennt man das, in vollem Wichs in die Uni kamen, sind wir immer wieder angepöbelt worden.
Künzel Wie du schon richtig gesagt hast, ging es zunächst um die Ehre und wie man sie nicht verteidigt und zweitens um die Beziehung zwischen Kirche und Staat. Der Staat hatte sich gewisse Rechte gegenüber der Kirche vorbehalten, zum Beispiel die Mitsprache bei der Bischofseinsetzung und der Verkündigung von der Kanzel herab. Es ging auch um Ehescheidung, um Zivilehe, um Schulaufsicht, all' die Themen, die später im Bismarck'schen Kulturkampf eine Rolle spielen sollten. Dagegen hat sich der Kölner Erzbischof aufgelehnt und ist in der Folge verhaftet worden. Aus Protest

dagegen hat sich 1844 in Bonn die erste katholische Studentenverbindung gegründet.
Gegner waren zunächst natürlich die schlagenden Verbindungen, die sich gegen diese Konkurrenz gewehrt haben, die sie aufgrund der Ablehnung des Duells nicht als ebenbürtig angesehen haben. Gegner waren auch einige Professoren.
Strebl Wir sind lange nicht für voll genommen worden. Aber bald hat die Kirche doch angefangen, uns zu fördern, obwohl wir gegründet wurden, ohne daß man sie eingeschaltet hätte.
Künzel Seit den Jahren um 1860 ist es Tradition, daß der jeweilige Erzbischof von München-Freising das Ehrenprotektorat über die Verbindung übernimmt. Aber die gesellschaftliche Anerkennung kam erst um 1900, als sich auch einige Prinzen des Hauses Wittelsbach bei unseren Bällen blicken ließen.
Strebl Zu Beginn waren zwei Drittel unserer Mitglieder Theologen. Fast alle Münchner Erzbischöfe sind Ehrenmitglieder bei uns, wie auch die letzten drei Äbte von St. Bonifaz.
Künzel Ganz unpolitisch waren wir nie, allein durch das Eintreten für die katholischen Werte, die ja durchaus nicht immer mit den Regierungszielen übereinstimmten. Aber wir haben uns nie auf eine Partei festgelegt. Wie das der Gerbl schon propagiert hat: sich für die Kirche engagieren und ›auf die Sozietät einwirken‹. Also nicht nur gemütlich beieinandersitzen und Bier trinken, sondern sich überlegen, wo man sich für die Gesellschaft engagieren kann. Das muß allerdings jeder allein herausfinden. Wir haben da zwei Bundesbrüder, Jesuiten, in Zimbabwe, die wir seit Jahren mit bedeutenden Beträgen unterstützen.
Strebl Politisch haben wir wahrscheinlich seit 1851 bestehen können, weil wir uns nicht in die Tagespolitik eingemischt haben. Staatspositiv denken, ja, politisches Engagement, ja, aber keine Einmischung. Das war unser lebenserhaltendes Prinzip. Papsttreu, in den damaligen Verhältnissen mit Sicherheit ja.
Künzel Heutzutage hat aber die Autoritätshörigkeit abgenommen. Da gibt es schon auch mal Aenanen, die über die Amtsführung der katholischen Kirche schimpfen. Da ist aber ein Unterschied zwischen Amtskirche und Glauben. Wir waren nie ein kirchlicher Verein.
Wir sind zur Zeit 700 Aenanen, davon 600 Alte Herren und 100 Studenten. Es gibt 120 Verbindungen, die sich auf den Zusammenschluß von Aenania und der Breslauer Winfridia beziehen. Sie sind alle im CV, Cartellverband. Der ist politisch neutral, aber nicht indifferent. Er muß auf dem Boden christlicher Weltanschauung stehen und ein treuer Staatsdiener sein bei Regierungen, die diese Werte auch auf ihre Fahnen geschrieben haben. Wenn sie es nicht haben, hört die unpolitische Seite auf.
Im Dritten Reich, da waren wir als Studenten praktisch machtlos, da haben wir uns eingeigelt. Man kann sich das heute gar nicht mehr vorstellen, wie groß die Macht des nationalsozialistischen Studentenbundes und der dahinterstehenden NS-Formationen war, daß es gar nicht sinnvoll schien, nach außen Widerstand zu leisten. Da haben die von der ›Weißen Rose‹ Flug-

blätter in den Lichthof geworfen und ein paar Tage später waren sie tot. Das haben wir ja alles mitgekriegt. Aber feige, wie man war, hat man das Maul gehalten.

Künzel Eines sollte man noch ergänzen: der CV hat sich an den Beschlüssen der Bischofskonferenz orientiert. Und vor der Machtergreifung hatte es den Unvereinbarkeitsbeschluß gegeben: daß kein Mitglied des CV Mitglied in der NSDAP oder in einer ihrer Gliederungen sein durfte. Dann gab es die Konkordatsverhandlungen und 1933 das Konkordat zwischen den Nazis und dem Papst. Ab da war der Beschluß aufgehoben.

Strebl Am Anfang hatten wir ja noch das Verbindungshaus, damals in der Schellingstraße 44, bis wir es auf Druck der Nazis verkaufen mußten. Dort trafen sich die, die politisch oder persönlich miteinander reden wollten. Unter den damals hundert Aktiven hat es keinen einzigen gegeben, der nicht dicht gewesen wäre, das heißt, wir haben aufgepaßt, daß keiner reingeschleust wurde, der nicht hereinpaßte. Das Verbindungshaus war ein Refugium auch für die Alten Herren, die mitten im Berufsleben standen, ein ruhender Pol in einer Welt, in der es bereits von Haus- und Blockwarten nur so wimmelte. Dort konnte man noch denken und reden, was man wollte. Später, nach dem Verkauf, trafen sich einige von uns in unserer Hütte am Spitzingsee. Wir hatten zur Tarnung eine akademische Skiläufervereinigung gegründet, der offiziell die Hütte gehörte. Dort haben wir zu acht das 90jährige Bestehen gefeiert, anno 1941, oben auf dem Spitzingsattel. Die Bundesbrüder, die sich oben getroffen hatten, waren dann auch die, die 1946 die Neugründung in die Wege leiteten.

Wir hatten zwar kein Verbindungshaus und es war schwierig, Band und Mütze beizubringen, weil es die, die sie fabriziert hatten, nicht mehr gab, aber es gab ein starkes Bedürfnis, sich in dem zertrümmerten München wieder irgendwo zusammenzufinden. Alle anderen Organisationen waren kaputt oder verboten. So wurden wir zum Auffangbecken für alle, die sich einsam fühlten und der Kirche treugeblieben waren, was ja im Dritten Reich nicht immer der Fall war. 1956 haben wir dieses Haus hier in der Türkenstraße 38 gekauft, in dem jetzt 16 unserer Studenten untergebracht sind. Es war ein Ruinengrundstück, wir haben es preiswert erstanden, einzig mit der Auflage von Hacker, damals noch nicht Hacker-Pschorr, nur ihr Bier im ›Grünen Inn‹ auszuschenken. Wir hätten zwar unser altes Haus in der Schellingstraße zurückbekommen, aber wir haben es vorgezogen, mit der Entschädigung das neue Haus hier zu bauen. Heutzutage, wo es Sport jeder Art gibt, Veranstaltungen, Fernsehen, Kino, Freizeitgestaltungen, was es in der Art früher nie gegeben hat, hat das Haus fast den Charakter eines Clubhauses. Man trifft sich zu Veranstaltungen, zu Festen, zum ›Kommers‹, um Vorlesungsmanuskripte auszutauschen. Wir haben Studenten aus den verschiedensten Fakultäten.

Im großen Saal hängt ein Bild von Rupert Mayer, einem der mutigsten Aenanen, den es gab. Für mich ein Beispiel für einen, der seinen Mann gestanden hat.

Künzel Wir gehen nicht mit ihm hausieren, aber wir sind stolz auf ihn.
Strebl Ich habe ihn gekannt. Alle vierzehn Tage war er bei uns im Haus auf den Konventen. Als es um die Problematik des Katholizitätsprinzips ging, hat er heftig mitdebattiert. Er war als katholischer farbentragender Student von der Teutonia in Fribourg in der Schweiz nach München gegangen. Als Jesuit ist er dann zur Aenania gekommen, weil das der entsprechende Freundschaftsverband war. Es ist ja laut Kartellprinzip so: Wenn ein Student zu einer Verbindung gehört und die Universität wechselt, muß er sich am neuen Ort bei der entsprechenden Verbindung melden und dort aktiv werden.
Rupert Mayer war von Anfang an gegen den Nationalsozialismus und hat in der Bürgersaalkirche seine bekannten Predigten gehalten. Er hatte einen unbändigen Zulauf, er war eine Säule der Katholiken in München. Er hat sich nicht den Mund verbieten lassen und ist dafür auch von der Gestapo verhört und lange Jahre eingesperrt worden. Zum Schluß wurde er nach Ettal geschickt und dort praktisch bis Kriegsende unter Hausarrest gestellt. Als er wieder nach München zurückkam, er war ja schwer kriegsbeschädigt vom Ersten Weltkrieg her, er hatte ein Bein amputiert, hat er nicht mehr lange gelebt, weil er von der Haftzeit her schon zermürbt war.
Künzel Man sollte auch nicht vergessen, daß er die Bahnhofseelsorge in München eingeführt hat, und in der Caritas sehr engagiert war.
Strebl Die hohe Zeit der Studentenverbindungen war die Weimarer Republik, da war praktisch jeder Student bei einer Korporation. 60 000 waren in katholischen Verbindungen organisiert – das war ungefähr die Hälfte der Korporationsstudenten – und der Schwerpunkt lag in Bayern.
Wer allerdings im Wintersemester 1932/33 noch zu einer Verbindung ging, wurde von den Nazis bereits mißtrauisch beäugt. Da zogen sich auch schon manche Katholiken von der Kirche zurück, um keine Probleme in ihrem Beruf zu bekommen. Wer sich zu der Zeit bei einem katholischen Verband wie dem unsrigen organisierte, mußte Rückgrat haben und gegen die Nazis eingestellt sein.
Schon seit Anfang der dreißiger Jahre war der nationalsozialistische Studentenbund stetig gewachsen. Im Wintersemester 32/33 begann er mit seinen Aktivitäten gegen die Verbindungen. Und plötzlich, weil alle Verbindungen in dieselbe Bredouille kamen, wurde die Feindschaft zu den schlagenden Verbindungen stillschweigend ad acta gelegt. Es gab keine Differenzen mehr mit Burschenschaften, Corps und Landsmannschaften, wir waren fast so etwas wie eine Verteidigungsgemeinschaft geworden.
Die Nationalsozialisten bemühten sich, die Korporationen in den Griff zu bekommen, damit fast 70 Prozent der Studenten. Da hieß es plötzlich: Korporationen dürfe es nur geben, wenn auf den Verbindungshäusern, wo Burschen oder Studenten wohnten, Kameradschaften gebildet würden. Dazu brauchte es Kameradschaftsführer und die wurden zu Schulungen geschickt. Aber nach drei Semestern wurde der Versuch des ›Kameradschaftssystems‹ wieder eingestellt – er war gescheitert.

Wenn wir die Verbindungen nicht in den Griff bekommen, dachten sich dann die Nationalsozialisten, müssen wir sie eben verbieten! Das geschah 1936. Verboten wurden alle Vereinigungen, die ›weltanschaulich ausgerichtet‹ waren. Verboten wurde das Katholizitätsprinzip, dann wurden wir aufgelöst, die Verbindungshäuser beschlagnahmt und das Vermögen.
Wir haben unser Haus in der Schellingstraße verkauft und aus dem Vermögen jedem Mitglied hier hundert Mark gezahlt, einen Teil dem Ordinariat gegeben. Der Rest ist beschlagnahmt worden. Wir hatten also kein Haus mehr, kein Geld mehr und geben tat es uns auch nicht mehr.
Es existierte nur noch der nationalsozialistische Studentenbund und die SA-Studentenstürme. Seit 1933 mußte ja jeder Student – ausgenommen Theologen, Prüfungssemester und vom Arzt anerkannte körperlich Wehruntaugliche – in einer der ›Wehrorganisationen‹, so hieß das, sein: SA, SS oder eine der NS-Organisationen. Die einzige Nicht-NS-Organisation war der deutschnationale ›Stahlhelm‹. Wir sind alle, also der ganze Fuxenstall, und ich glaube, das sagt schon etwas aus, geschlossen in den ›Stahlhelm‹ eingetreten. Doch der wurde dann auch aufgelöst, die Mitglieder zwangsweise in die SA-Studentenstürme überführt. Die hatten zwei-, dreimal in der Woche Appell mit politischer Schulung, mußten Aufmärsche machen, wenn ausländische Staatsbesuche kamen oder wenn die erschossenen Putschisten von der Feldherrnhalle geehrt wurden, ein Anlaß ließ sich ja immer finden. Am Wochenende ging's ins Wehrsportlager.
Künzel Es wurde einfach alles unternommen, die Studenten geistig an die Kandare zu nehmen.
Strebl Wie es ja auch die SED in der DDR gemacht hat, damals. Dasselbe System, wenn auch andere Inhalte.
Dann fand der Machtkampf zwischen SS und SA statt. Ich war gerade mit meinem Vater im Hofbräuhaus am Stammtisch, als eine Lautsprecherdurchsage kam: alle SA-Leute müßten sich sofort in den Sturmlokalen melden. Da standen viele auf und gingen. Wir wußten nicht, was los war und daß das der Anfang eines Gemetzels war. Die Führungsköpfe der SA rollten, die SS hatte gesiegt, ab 1934 war die SA nur noch eine Landvolkorganisation.
1938 war auch unser Philister- das heißt Alte-Herren-Verband aufgelöst worden, die jüngeren Bundesbrüder mußten an die Front. Wer hiergeblieben war, traf sich mit anderen hiergebliebenen Aenanen im Café Victoria, im Schönfeldstüberl oder im Schellingsalon bei illegalen Stammtischen.
Die ersten Aenanen, die sich nach Krieg wieder trafen, waren die von der Hütte auf dem Spitzingsattel und die vom illegalen Stammtisch im Schönfeldstüberl. Es war im Spätsommer 1945 im Schellingsalon. Ich war auch dabei. Wir hatten den Krieg überstanden und unser Lebensfreundschaftsbund hatte gehalten. Trotz aller Gefahren hatten wir den Kontakt aufrecht erhalten. 1946 beschlossen wir, unsere Verbindung neu zu gründen.
1956 haben wir unser Haus in der Türkenstraße 38 bezogen.
Künzel Inzwischen sind wir wieder eine recht florierende Verbindung. In der ersten Zeit, wenn einer zu uns kommt, schauen wir uns eine Zeit an: ob

er zu uns paßt, ob wir zu ihm passen. Bevor er den Burscheneid geschworen hat, kann er jederzeit wieder austreten. Nachher nicht mehr. Sein Leben lang nicht. Vereinsrechtlich darf er es zwar, aber er gilt für uns gleich wie ein dauerhaft Ausgeschlossener, was die härteste Strafe ist, die wir verhängen.
Aber es gibt Vorstufen eines Rausschmisses, zum Beispiel: das freundschaftliche Gespräch, die Vorwarnung und dann, wenn es nicht mehr geht, wenn einer ein zu großer Störfaktor ist, dann wird ihm nahegelegt, doch freiwillig auszutreten.
Es geht nicht ums Privatleben, da wird niemandem nachspioniert, es geht darum, ob er unsere Prinzipien respektiert. Wenn einer auf einmal erklärt, er habe mit Religion nichts mehr am Hut, dann hat er bei uns nichts mehr zu suchen. Oder wenn er sich mit jemandem total zerstreitet, das geht gegen unser Prinzip der Lebensfreundschaft.
Oder wenn einer absolut nicht bereit ist, irgendwelche Aktivitäten zu entfalten, wenn er nur die Vorteile genießen will, dann gibt es Auflagen: daß er irgendetwas für die Gemeinschaft tun muß oder er für eine Zeit das Recht verliert, Farben zu tragen, dann ist das schon eine Strafe.
Strebl Es gibt genug am Haus zu tun oder auf der Skihütte. Wir und die ganze Activitas, haben unseren Hof begrünt, als die Stadt diese Aktion bekanntgegeben hat. Karteileichen können wir nicht brauchen.
Künzel Wir haben fünf Chargen, was Vorstandsämtern entspricht: der Höchste ist der Senior, der uns auch nach außen vertritt, und die Convente, die Mitgliederversammlungen leitet. Der Consenior ist für die geselligen, gesellschaftlichen Veranstaltungen zuständig, der Fuxmajor für Rekrutierung und Ausbildung des Nachwuchses. Dann gibt es noch den Kassier, den Schriftführer und ein paar kleinere Nebenämter, wie das der Zuständigkeit für unsere Hütte im Samerberggebiet – die im Spitzing haben wir nicht mehr.
Was Außenstehende immer interessiert, sind unsere Trinksitten und Rituale. Wir haben da keine speziellen. Das ›Salamander Reiben‹ stammt noch aus dem vorigen Jahrhundert, da werden auf Kommando die Gläser auf dem Tisch gerieben, ausgetrunken und nach einem kurzen Trommeln gleichzeitig wieder auf den Tisch gestellt. Früher war das ein Toast auf den Landesherrn, jetzt ist es einer auf die eigene Verbindung.
Strebl Das ist ein alter Ritus, der heute nicht mehr unbedingt sinnvoll sein muß. Das mag optisch den Eindruck eines Säuferclubs machen, hat aber objektiv nichts mit dem Verbindungsleben als solchem zu tun. Zu meiner Zeit gab es durchaus Bundesbrüder, die auf einer Kneipe Milch tranken.
Künzel Wir haben Bundesbrüder, die überhaupt keinen Alkohol trinken. Bei uns gibt es keinen Trinkzwang. Und wenn einer mehr trinkt als ihm guttut, dann tut er das garantiert auch ohne die Verbindung.
Strebl Die Gefahr, daß einer bei uns zum Säufer wird, ist praktisch gleich null. In der hohen Zeit der Verbindung, vor dem Dritten Reich, wenn da einer zu viel getrunken hat, hat der Consenior ihm auf die Schulter geklopft: ›Aus, du gehst jetzt heim!‹ Er bekam kein Bier mehr. Und durfte auch unterwegs in keine andere Kneipe mehr gehen. Ex-Kneipen war verboten. Wer erwischt

worden war, flog aus der Verbindung. Oder, wenn eine Veranstaltung zu Ende war, um zehn, elf oder zwölf Uhr, dann gab's kein Bier mehr, dann wurde das Licht ausgemacht und jeder mußte nach Hause, weil um sechs Uhr früh ja schon Fuxenstunde war. Und zwischen neun Uhr und neun Uhr fünfzehn fand der Steh-C statt, der Stehconvent, im Lichthof der Uni, in der TU und im Klinikviertel. Da mußte jeder hin, und wer nicht kam, mußte drei Mark Strafe zahlen. Das wären heute etwa fünfzehn Mark.

So haben wir eben versucht zu verhindern, daß das Studium, die sciencia, unter dem Verbindungsleben leidet. Wir haben einfach dafür gesorgt, daß nicht zu viel getrunken und daß in der Frühe aufgestanden wurde. Das sind Dinge, die heute nicht mehr so aktuell sind. Im Mittelpunkt steht die Lebensfreundschaft, und ich muß gestehen, ich habe nie das Bedürfnis gehabt, mir außerhalb der Verbindung Freundschaften zu suchen.

Das zweite Thema, das immer auftaucht, wenn von studentischen Verbindungen gesprochen wird, sind die Alten Herren und die Protektion. Das geschieht bei uns nicht weniger und nicht mehr als bei Lions und Rotary oder bei den Logen, den Sportvereinen oder in der Politik. Wenn zwei gleichwertig sind, dann nimmt man den Bundes- oder Cartellbruder. Aber wenn der schlechter ist, dann riskiert man selber erhebliche berufliche Schwierigkeiten, wenn man ihn einstellt. Diese Bevorzugung hat es bei uns nie in der Form gegeben.

Immer wieder taucht auch das Thema ›Männerbund‹ auf. Aber wenn ich die anderen Männerbünde, Kegelverein und ähnliche so anschaue, da ist doch keiner frauenfeindlich. Die sind doch alle verheiratet!

Bei uns kommt das daher: als die Korporationen gegründet wurden, gab es noch keine Studentinnen an den Unis. Als ich zu studieren anfing, 1932, hatten wir in Jura vielleicht drei Studentinnen.

Aber da gibt es ein Problem und das gibt es heute noch: Wenn, sagen wir, 50 bis 60 Studenten beisammen sind mit, sagen wir mal, 20 bis 30 Mädchen, dann ist das für den Freundschaftslebensbund nicht gut. Da poussiert der dann mit der und kriegt Krach, oder der andere mit der einen und dann streiten die miteinander, dann kommen die Eifersüchte. Deshalb gibt es die reinen Männerbünde. Das hat mit Frauenfeindlichkeit gar nichts zu tun, nur mit Liebe und Haß, wie es sie unter den Menschen gibt. Und da sind die Frauen schon ein Störfaktor.

Zu meiner Zeit, einer wirtschaftlichen Notzeit, war alles so teuer, daß alle Veranstaltungen, Konzerte, Tanz, im Haus stattfanden. Da waren dann die Ehefrauen der verheirateten Bundesbrüder dabei und die jüngeren mit Freundinnen oder Couleurdamen. Auf 100 Studenten kamen ungefähr 40 bis 50 Couleurdamen. Bei einer großen Anzahl von Veranstaltungen waren wir eben kein Männerclub mehr. Dann natürlich die Faschingsbälle, wo man die Frauen sowieso gebraucht hat.

Künzel In das Privatleben unserer Mitglieder mischen wir uns nicht ein. Es gibt zum Beispiel keine Verbote, daß die sechzehn Aenanen, die im Haus wohnen, keine Freundinnen aufs Zimmer nehmen dürften. Nur sind die

Zimmer so klein, daß da auf Dauer zwei sowieso nicht wohnen könnten. Aber heutzutage läßt sich so etwas nicht mehr vermeiden, geschweige denn verbieten. Wenn zwei zusammen auf unsere Hütte gehen oder in Hütten des Alpenvereins, da kann man nichts machen. Da ist die Gesellschaft großzügiger geworden.

Strebl Zu meiner Zeit, wenn ein Student mit achtzehn das Abitur gemacht hat, da konnte er noch lange nicht heiraten. Frühestens mit sechsundzwanzig, siebenundzwanzig Jahren, wenn er mit der Ausbildung fertig war. Als Referendar bekam er keinen Pfennig Geld. Es gab also keine Möglichkeit zu heiraten.

Wenn einer mit einem Mädchen länger liiert war, hat sie es eigentlich für selbstverständlich gehalten, daß es ernst war und irgendwann geheiratet würde. Weil so einfach öfter ins Kino oder ins Theater zu gehen, ohne daß eine Heiratsabsicht dahinterstand, das hätte Konsequenzen für den guten Ruf gehabt. Es gab ja noch den Kuppeleiparagraphen, der eifersüchtig von der Staatsanwaltschaft gehütet wurde: wenn eine Vermieterin gestattete, daß einer ihrer Studenten ein Mädchen mit aufs Zimmer nahm, wurde sie wegen Kuppelei verurteilt. Heute kann man sich das nicht mehr vorstellen.

Aus diesen ganzen Moralvorstellungen der Zeit heraus war das Verhältnis zwischen dem Studenten und seiner Dame ganz anders. Die Mädchen hatten einen anderen Ausbildungsgang: sie wurden auf die Frauenfachschule geschickt oder sie warteten in Internaten und Mädcheninstituten, in der Schweiz oder bei uns darauf, geheiratet zu werden. Das zwang sie auch zu einem gewissen Lebenswandel: wenn sie öfters mit verschiedenen gesehen wurden, hat sie keiner mehr nehmen wollen.

Künzel Interessant ist zur Zeit die Entwicklung in der früheren DDR: da gibt es viele Neugründungen, vor allem bei Burschenschaften und anderen schlagenden Verbindungen. Die sind dort aber überwiegend evangelisch. Nachdem die alten SED-Strukturen verschwunden sind, suchen sie eben einen Ersatz und finden ihn oft in den Studentenverbindungen.

Wir hier sind keiner politischen Partei verpflichtet, aber Rechtsradikale wie die Republikaner könnten sich bei uns nicht halten. Für uns ist Fremdenfeindlichkeit ein Fremdwort.«

Schwester Evita Hackl
geb. 1937 · Oberin der Franziskanerinnen, Studentinnenwohnheim »St. Michael«

Im Schutz des Drachentöters

»Ich habe es nie bereut, Schwester geworden zu sein. Mein Entschluß war mit 15 gekommen. Ich hatte zwei Klostertanten bei den Franziskanerinnen. Als sie einmal bei uns zu Besuch waren, hat mir das einen großen Auftrieb gegeben. Plötzlich dachte es in mir: Da möcht' ich auch sein, wo sie sind. Da ist es schön, wo sie sind. Da wird's mir auch gefallen!

Ich habe eine Ausbildung als Erzieherin gemacht. In den letzten Jahren wohnte ich schon im Kloster Maria Medingen zusammen mit den anderen Kandidatinnen, achtzig jungen Mädchen, die sich auf den Ordensberuf vorbereitet haben. Vielleicht 30 Prozent sind abgesprungen, aber das wurde akzeptiert. Wir waren ja noch so jung, halbe Kinder, da konnte man ja nicht immer wissen, was man später wollte. Ich habe während der Schulzeit auch einmal einen Koller bekommen: da wollte ich Weihnachten von zu Hause nicht mehr ins Kloster zurück. ›Ich mag nicht mehr!‹ habe ich gesagt. ›Was man angefangen hat, muß man auch fertig machen‹, hat meine Mutter gesagt, ›mach' die Schule fertig und wenn's dir dann immer noch nicht gefällt, kannst ja wiederkommen!‹ Ich bin wieder zurück und da sind die Flausen vergangen. In meiner Jugendzeit habe ich die Burschen schon auch gern gesehen, aber das andere war mir wichtiger. Dafür hatte ich mich entschieden.

Ich habe meinen Vater praktisch kaum erlebt. Als wir fünf waren, meine Zwillingsschwester und ich, mußte er in den Krieg und ist nicht mehr zurückgekommen. Meine Mutter mußte sich dann mit drei Kindern alleine durchschlagen.

Meine Zwillingsschwester ist ungefähr wie ich. Nur hat sie nie ins Kloster wollen. Sie ist Schneiderin und hat auch einen Schneider geheiratet. Heute wohnt sie bei Aschaffenburg und hat drei Kinder.
Sie ist die Zweitgeborene und war immer ein bißchen schwächlich. Sie war häufig krank, wollte nichts essen. Alles mußte man ihr reinbetteln. Sie hat die besten Sachen gekriegt, weil sie ja etwas werden mußte, und ich hab' mit Neid hingeschaut, weil ich das eigentlich auch gern gehabt hätte. Trotzdem verstehen wir uns prächtig. Wir schauen immer, daß wir den Urlaub zur gleichen Zeit nehmen, damit wir uns wieder begegnen können.
Unser Orden wurde 1241 in Dillingen an der Donau gegründet. 1991 haben wir 750jähriges Jubiläum gefeiert. 1226 war Franziskus von Assisi gestorben und die Brüder, die nach Dillingen kamen, werden ihn wohl persönlich gekannt haben.
Die ersten vierhundert Jahre gab es keine Tracht. Die Franziskanerinnen waren ein kontemplativer Orden, der nach der Regel des Heiligen Franziskus in Armut in der Nachfolge Christi lebte. Im 17. Jahrhundert führte eine holländische Meisterin einen weißen Schleier ein, danach gab es graue Kleider und schwarze Schleier, dann das ›Habit‹, aschgrau, mit Skapulier[1] und Strickgürtel.
Heute tragen wir ein einfaches, schwarzes Kleid am Sonntag und am Werktag schwarze Kleiderröcke mit Blusen oder Pullis, die wir uns selber kaufen. Früher hatten wir eine eigene Schneiderei. Hosen zu tragen ist nicht erlaubt. Außer bei Bergwanderungen eine Bundhose und statt der Haube auch einmal eine Mütze. Aber ich habe mich schon so daran gewöhnt, daß es mich wahrscheinlich am Kopf frieren würde, wenn ich sie absetzte. (lacht) Die Schwestern tragen alle Tracht, außer wenn sie bestimmte Arbeiten ausführen. Das Schwarz wird so schnell staubig. Schwester Nicole, die unsere Kapelle neu gestaltet hat, ging in weltlicher Kleidung zum Studieren an die Akademie. Im Dritten Reich durften die Schwestern nur im Weltkleid an die Uni. Und 1968 wurden Schwestern in Tracht von den Studenten ziemlich blöde angeredet, teilweise richtig diffamiert. Heute regt sich kein Mensch mehr drüber auf. Die Studenten sind entweder tolerant oder wurstig.
1774 hat der Fürstbischof Clemens Wenceslaus in Dillingen die erste Mädchenschule eingerichtet. In der Chronik steht ›befahl er die Übernahme der Mädchenschule. Vier Schwestern stellten sich zur Verfügung.‹ Also entweder: ihr übernehmt die Schule oder euer Kloster wird geschlossen! So begann unser Schulwesen.
Wir haben Tochterklöster, die sich irgendeinmal abgespalten haben und selbständig geworden sind. Wie Mitte des 19. Jahrhunderts nach der Säkularisation das Kloster Au am Inn. Da hat der Erzbischof Schwestern angefordert, ihnen aber nicht gesagt, daß er sie für die Klausur vorgesehen hatte. Die sind vom Bischof buchstäblich ›eingesperrt‹ worden, richtig eingemau-

1 Schultergewand katholischer Ordensleute, Tuchstreifen über Rücken und Brust

ert, worüber sie sehr traurig waren. Sie durften auch keinen Kontakt mehr zum Mutterhaus haben.

Immer wieder ›fügten sie sich‹, wenn auch ›unter großen Schmerzen‹, wie in der Chronik steht. Sie haben wohl immer gehofft, daß derartige künstlich herbeigeführte Trennungen rückgängig gemacht werden können. Aber nein, das haben die Bischöfe nicht geduldet. Sie hatten ihren Herrschaftsbereich abgesteckt und bestimmten, wer in welcher Form zu ihnen gehörte. Ob das Klausurklöster waren oder welchen sozialen Aufgaben die Schwestern sich zu widmen hatten.

Es gibt dreißig bis vierzig Konvente in unserer Provinz, die ihr Leben nach dem Heiligen Franziskus ausrichten. Unsere Provinz hat ihren Sitz in Maria Medingen; die zweite in Bamberg und die dritte in Dillingen. Unsere Filialen gehen von Bad Reichenhall bis Bamberg und von Würzburg über Kaiserslautern nach Oberstdorf. Heutzutage, weil der Nachwuchs abnimmt, sind wir knapp 2000 Schwestern im Orden, über die Hälfte davon in Deutschland. Die anderen in unseren Niederlassungen in Indien, Nordamerika und Brasilien.

Da wird nicht mehr im klassischen Sinn missioniert, da wird den Ärmsten der Armen, Slumbewohnern und Indianern vom Amazonasgebiet praktisch geholfen. Es gibt verschiedene Zweige: die einen widmen sich mehr der Krankenpflege, andere der Jugendarbeit, wir kümmern uns um Kranke, Behinderte, Obdachlose, um Kinder und erholungsbedürftige Familien. Wir haben uns von der Kontemplation weg auf die Nöte und Sorgen der Menschen zu entwickelt, sind ein tätiger Orden geworden.

Die Generaloberin mit dem Generalrat – lauter Rätinnen natürlich – hat ihren Sitz in Rom.

Die höchste koordinierende und beschlußfassende Instanz ist das Generalkapitel. Jede der drei deutschen und drei ausländischen Provinzen hat ein Provinzkapitel, die Region Indien ihr Regionalkapitel. Alles zusammen ist die Kongregation der Dillinger Franziskanerinnen, eine Kongregation päpstlichen Rechts.

Alle drei Jahre haben wir ein Generalkapitel, wo von jeder Provinz Vertreterinnen geschickt werden. Da werden dann Standortbestimmungen gemacht und Neuerungen in die Wege geleitet, die von der Generaloberin bestimmt oder gemeinsam erarbeitet werden.

Es gibt diesen Austausch innerhalb der franziskanischen Gemeinschaft, obwohl jeder Orden im Grunde für sich ist. Einmal im Jahr findet ein überregionales franziskanisches Treffen statt, wo Brüder und Schwestern Erfahrungen austauschen und über allgemeine Themen wie Ökumene und Umwelt diskutieren.

Jahrhundertelang sind wir von den Kapuzinern in Dillingen betreut worden. Die Kapuziner hatten sich schon im 16. Jahrhundert von den Franziskanern abgespalten, weil sie das Armutsideal des Heiligen Franziskus noch strenger befolgen wollten. Heute gibt es keine Kapuziner in Dillingen mehr. Die Schwestern gehen auswärts beichten, weil nach wie vor nur ein Priester

die Beichte abnehmen kann. Da sehe ich noch keine Ansätze einer Veränderung. Das wird noch lange männerbestimmt bleiben.
Wir haben unsere täglichen Gebetszeiten: am Morgen eine halbstündige Meditation, im eigenen Zimmer oder in der Kapelle. Dann treffen wir uns zur gemeinsamen Laudes, einem morgendlichen Lobgesang. Um sieben beginnt die Messe, die eine halbe Stunde dauert. Dann kommt das Frühstück. Zur Zeit haben wir einen Hausgeistlichen, einen Weltpriester, der sich an der Uni habilitiert und zwei Jahre bei uns wohnen wird. Das ist eine schöne Sache, weil wir so mit ihm daheim Gottesdienst feiern können. Wenn er am Wochenende nicht da ist, weil er da in einer Pfarrei tätig ist, gehen wir nach auswärts: nach St. Ludwig oder St. Josef, zu den Kapuzinern.
Unsere stärkste Gründerzeit waren die ersten drei Jahrzehnte dieses Jahrhunderts, da haben wir unheimlich viel Novizinnen bekommen. Die Aufnahme ins Noviziat findet einmal im Jahr statt und es gab Jahre, da waren es an die hundert Novizinnen. Die damalige Meisterin, heute sagt man Generaloberin, hat in der Zeit eine Gründung nach der anderen gemacht. Die Mädchen stammten meist aus kinderreichen Familien, aus Familien mit zehn bis zwölf Kindern. Und wenn sie noch dazu geistlich eingestellt waren, war es eine Ehre für die Eltern, wenn sie sich für den geistlichen Beruf entschieden haben.
Damals mußten die Eltern noch zahlen, so eine Art Schulgeld für die Ausbildung der Tochter. Bei mir war es auch so: meine Eltern mußten für meine weltliche Ausbildung als Erzieherin zahlen, bis ich in den Orden eingetreten war.
Früher, als das Kloster noch kontemplativ war, mußte, wer in den Orden eintrat, eine ›Mitgift‹ mitbringen. Das Kloster hatte ja sonst keine Einnahmen. Das hat sich seit dem Jahrhundert geändert, wo wir uns von einem kontemplativen zu einem tätigen Orden verwandelten. Wo wir uns öffneten für Krankenpflege und Erziehung in Kindergärten und Schulen und damit etwas verdienten, nicht mehr auf die ›Mitgift‹ angewiesen waren.
Im Mutterhaus in Dillingen existiert eine Chronik, die von Beginn an geführt wurde. Auch bei uns im Studentinnenheim St. Michael in der Türkenstraße schreibt die Oberin seit 1930 auf, was sie für richtig hält, daß es der Nachwelt überliefert wird. Zur Zeit ist die Reihe an mir. Ich bin 1985 hierher als Oberin gekommen. Ich bin eine der 120 Oberinnen unseres Ordens in Deutschland. Zur Oberin wird man ernannt, bleibt es einige Jahre, aber keineswegs ein Leben lang.
Ich muß hier sämtliche Büroarbeiten und die Buchführung beherrschen. Dazu haben wir einen Computer angeschafft. Ich muß Einstellungsgespräche mit dem Personal und Vorstellungsgespräche mit Studentinnen führen. Ich bin verantwortlich für die Einkäufe und die Renovierungen. Man braucht einfach Organisationstalent, daß der Laden läuft. (lacht)
Eine Oberin darf auch einmal einen Fehler machen, das ist für die anderen immer angenehm, sagen zu können: Die beherrscht aber auch nicht alles! Über Launen sollte man hinweg sein, das fördert eine Gemeinschaft nicht

gerade. Gemütsstimmungen kann man allerdings nicht immer beherrschen. Oft merkt man auch nicht, wenn man den anderen auf die Nerven geht oder sie unterbuttert. Wenn man so mit Arbeit eingedeckt ist, daß man die Bedürfnisse der anderen übersieht, dann gibt das Reibungen. Dann denken die Schwestern: Warum beachtet die meine Arbeit denn überhaupt nicht?

Verantwortung trägt jede Schwester für sich selber, die Oberin ist für die Leitung verantwortlich, hat sich aber auch um jede der Schwestern zu sorgen. Sie muß mit ihnen im Gespräch bleiben, ihnen mitteilen, was es Neues und Interessantes gibt und was gut ist für sie zu wissen.

Früher hat man zur Oberin noch ›Ehrwürdige Mutter‹ gesagt oder ›Mutter‹ und dann den Namen. Heute ist es kein Mutter-Tochter-Verhältnis mehr, sondern ein Mit-Schwesterliches. Wir sind hier neun Schwestern, von 27 bis 81 Jahren, die alle im Haus tätig sind.

Auf Nr. 99, der Doppelhaushälfte, die wir 1969 hinzugekauft haben, praktiziert eine unserer Schwestern Naturheilkunde.

Was Umbauten und Renovierungen angeht, sind wir zum Teil unabhängig und zum Teil abhängig vom Mutterhaus. Wenn ich unsere Schwestern so bezahlen müßte wie weltliche Angestellte, ginge das alles gar nicht. Wenn sie nicht so anspruchslos wären, könnten wir nichts renovieren. Sie bekommen Kleidung, Essen und zehn Mark Taschengeld im Monat.

Seit den 60er Jahren sind wir als Orden in die DAK[1] eingetreten, für die jüngeren Schwestern haben wir in den 70er Jahre nachgezahlt, daß die auch mal eine Rente bekommen. Jetzt können alle ganz normal zum Arzt gehen. Das gab es früher alles nicht. Wir haben viele ältere Schwestern, die gar nichts bekommen. Das heißt, die tätigen Schwestern müssen die älteren mitverhalten. Wir haben einige Altenheime, die rein von den tätigen Schwestern bezuschußt werden müssen. Obwohl die älteren auch ihr Leben lang gearbeitet haben.

Aber wir haben uns ja einem Orden verschrieben, der Arbeit und Armut fordert, ein armes und einfaches Leben auf freiwilliger Basis.

Es gibt bei uns auch das Generationsproblem, es gibt Verständigungsprobleme, es gibt sogar mitunter Zweifel. Aber das gibt es auch bei anderen Menschen, daß sie sich und ihr Leben einmal in Frage stellen.

Wenn es bei uns Probleme gibt, wird eine Hausversammlung einberufen. Das sind meist kleinere Probleme mit den Studentinnen: Rauchen auf dem Zimmer oder Unordnung in der Caféteria. In der Caféteria darf geraucht werden, aber ein Zimmer neu zu tünchen, kostet mehrere hundert Mark, was die Studenten nicht zahlen können. Also dürfen sie nicht rauchen.

Über das Thema: ›Herren auf dem Zimmer‹ sind wir uns noch nicht einig geworden. Da sind wir verschiedener Auffassung. Trotzdem – vor drei Jahren haben wir drei Kinder bekommen, (lacht), drei der Mädchen waren schwanger und hatten schreckliche Angst. Eine hat gleich gekündigt, weil sie glaubte, sie könne nicht mehr bei uns bleiben. Nach einem Monat bei

[1] Deutsche Angestellten Krankenkasse

der Großmutter kam sie wieder zu uns. ›Wer hat Sie denn 'nausgeschickt?‹ habe ich sie gefragt. ›Keiner.‹ – ›Warum sind'S denn gegangen?‹ – ›Ja, hätt' ich denn bleiben können?‹ – ›Freilich. Kommen'S halt zurück, das Zimmer ist noch frei!‹ Da ist sie mit Freude wiedergekommen. Die andere hat kurz darauf geheiratet und wir haben der Familie auf Nr. 99 eine Wohnung gegeben. Da wohnte sie dann mit dem Baby.
Am Anfang wurde das Haus ja gekauft, um unseren Schwestern die Ausbildung als Lehrerin, das Universitätsstudium zu erleichtern. Heute haben wir weltliche Studenten. Ich schaue im Vorstellungsgespräch darauf, daß wir zueinander passen: wer keine positive Einstellung zu Schwestern hat und nicht in einem christlichen Haus leben will, hat keinen Platz bei uns. Wir haben vier Studentinnen, die ohne Religion sind, bei uns sind evangelische und griechisch-orthodoxe, die nehme ich bewußt mit hinein. Aber ich achte darauf, daß es doch überwiegend katholische Mädchen sind, mit denen wir christliche Gottesdienste gemeinsam gestalten können. Dann gibt es noch das Sommerfest und die Weihnachtsfeier, für die sie Texte aussuchen und Plätzchen backen.
Sehr reich sind die Studenten hier nicht, auch wenn manche reiche Eltern haben. Von denen wollen sie aber nichts, sie wollen selbständig sein.
Wir Schwestern sind arm, wenngleich der Orden es nicht ist.
Das Essen ist bescheiden, wenn auch von Schwester Adelgisa schmackhaft zubereitet: heute abend gibt es zum Beispiel Pellkartoffeln und Kochkäse. Dazu Tee. Alkohol gibt's nur zu Festen und Jubiläen.
Am Freitag mögen wir einen Fisch nach Kärtner Art mit Tomaten-Rahmsauce, Fischfilet oder panierten Fisch. Fischstäbchen mögen wir nicht und Hummer gibt es nicht, weil das Luxus wäre. Luxusessen wäre teures Fleisch und teurer Fisch. Den gibt es nicht, auch wenn es ein Sonderangebot wäre. Wir wollen essen wie die normal Sterblichen. Torten gibt es bei hohen kirchlichen Festen, runden Geburtstagen oder Namenstagen.
Für die Studentinnen gibt's hier zwei Fernseher. Ich suche mir in meinem Programm aus, was mich interessiert und vorwärtsbringt: Klassische Musik, politische Sendungen und Jugendsendungen wie ›Live aus dem Schlachthof‹, weil ich so mitbekomme, was die jungen Menschen beschäftigt. Wir haben hier im Haus 10 Doppelzimmer und 40 bis 50 Einzelzimmer. Die Studentinnen – wir haben inzwischen auch Studenten – bleiben meist ihr ganzes Studium hindurch, drei bis sechs Jahre. Die Zimmer hier sind sehr begehrt, weil sie günstig und nahe an der Uni sind.
Die ersten Schwestern mit der Oberin wohnten in München zunächst in der Klenzestraße 100, ›einem lieben, sonnigen Häuschen[1]‹, aber viel zu weit von der Universität entfernt. Es gab nur fünf Zimmer, und ›so freuten wir uns riesig, als die Frau Meisterin bereit war, uns ein neues Heim zu erwerben.‹
Das neue Heim war das ›heruntergekommene Haus‹ in der Türkenstraße 101, eine Doppelhaushälfte mit Gartenhaus, zwischen 1880 und 1887

[1] Folgende Zitate aus der Chronik

von zwei verfeindeten Architektenbrüdern gebaut. Mit einer Brandmauer zwischen den beiden spiegelbildlich angelegten Haushälften.
Im Gartenhaus soll, steht in der Chronik, eine Freimaurerloge namens ›Luzifer‹ untergebracht gewesen sein.
Aber als Reaktion auf den schauerlichen Namen ›Luzifer‹ hat das Studentinnenheim nach dem Krieg den Namen ›St. Michael‹ bekommen, weil das der Erzengel ist, der den Drachen getötet hat.
Der Architekt des Gartenhauses, steht in der Chronik, soll in den Bergen abgestürzt sein und zwei Professorensöhne sich dort gegenseitig erschossen haben. Im Dritten Reich haben sich Hitler'sche Gaubeamte eingemietet, das Haus einfach enteignet. Dann fiel es Stabbrandbomben zum Opfer. Es hätte gerettet werden können, wenn die Brandwache sich nicht selber in einem Schutzkeller in Sicherheit gebracht hätte. Seit 1958 steht unser Neubau darauf mit 33 Einzelzimmern. Während der Kriegsjahre ist unser Haus immer wieder beschädigt worden. Es waren nur wenige Studentinnen da.
Von 1943 bis 1946/47 wohnten hier ältere und berufstätige Damen, über die die Schwestern sehr froh waren, weil sie so etwas eingenommen hatten und die Kriegsschäden ausbessern konnten. Viele Studentinnen haben sich auch nicht nach München getraut wegen der Bomben. Andere, steht in der Chronik, haben sich in nasse Tücher gehüllt und sind aus der brennenden Stadt geflohen.
Wir haben eine Kapelle im Haus, im ersten Stock, die inzwischen zum dritten Mal renoviert worden ist. Bis in die 50er Jahre stand da ein alter, großer Holzaltar. Den fanden die Studentinnen altmodisch und wollten etwas anderes. Sie fanden im Lager eines Akademieprofessors eine Kreuzigungsgruppe, ungefähr einen Meter hoch und aus Bronze. Sie haben dann die schwarzen Figuren vor die dunkelblaue Wand gestellt und fanden das schön. Die Decke war dunkelbraun bemalt und die Fenster farbig. Die Einweihung fand 1960 mit Stadtpfarrer Forsthuber von St. Ludwig statt.
Als ich 1985 kam, fragte ich die Schwestern: Wie lange wollt Ihr Euch die denn noch anschauen? Sie wollten eigentlich schon, sie hatten sich daran gewöhnt. Kaum habe ich sieben Jahre hingearbeitet, waren sie bereit zu sagen: Wir wollen etwas Neues!
Jetzt ist die Decke weiß und an den Wänden sind Malereien von Schwester Nicole. Sie hat einen eigenen Stil, nicht figürlich, eher abstrakt und in zarten Pastelltönen. Für die Kreuzigungsgruppe müssen wir noch einen neuen Platz finden. Sie war nämlich nicht billig. Wir haben auch die Gebetsrichtung verändert, von Westen nach Osten, wie es ja Tradition ist.
Wunder hat es hier im Haus noch nicht gegeben. Aber an Gebetserhörungen glaube ich. Daß ich, wenn ich mich ganz stark mit Gott verbinde, etwas erreichen kann.
Da waren wir zum Beispiel im Urlaub daheim, meine Zwillingsschwester und ich. Wir haben unserer alten Mutter, sie war 87, geholfen, das Haus wieder auf Vordermann zu bringen. Während wir ein bißchen spazierengehen, bricht sich die Mutter zu Hause den Arm. Ziemlich kompliziert. ›Der

wird nie mehr richtig!‹ sagte der Arzt im Krankenhaus, und sie schien auch ganz durcheinander. ›Mein Gott!‹ habe ich mich ganz geschockt gefragt, ›was ist, wenn sie Pflege braucht?‹ und plötzlich wurde ich kränker als sie. Innerhalb von acht Wochen war ihr Arm geheilt und ich litt immer noch unter Magenschmerzen. Ich habe das als Geschenk von Gott angesehen, daß sie nicht zum Pflegefall geworden ist, weil er mich dafür hat ein Stück leiden lassen. Dafür bin ich froh und dankbar.
Ich habe dem Herrgott den Fall übergeben: ›Du mußt für sie sorgen! Ich kann es nicht! Ich habe mich dem Orden übergeben. Mach' du das!‹ Und er hat's getan.«

Karl Harrer
geb. 1938 · Pfarrer der Alt-Katholiken · ehem. »Döllingerhaus«

Pressure-Group für Priesterinnen

»Vierzig Jahre lang bis 1991 hatten die Münchner Alt-Katholiken ihr Pfarrzentrum im ›Döllingerhaus‹, Türkenstraße 104. Ich war die letzten vier Jahre dort Pfarrer. Ohne mich hätte es den Umzug in die Adalbertstraße nicht gegeben. Ausschlaggebend waren finanzielle Gründe, außerdem ist es für unsere älteren Gemeindemitglieder hier praktischer, weil näher an der U-Bahn.
Aber was hier fehlt, sind Licht, Luft und Weite, ist die Sicht auf die schönen Nachbarhäuser. Das rote von-Steiner Haus und das prächtige Studentinnenheim St. Michael. Was abgeht, ist der Blick auf den Akademiepark und die gute Luft. Von hier in der Adalbertstraße aus gibt es nur diese Nachkriegsbruchläden zu besichtigen, diese Null-acht-fuffzehn-Bauten. Es ist auch viel lauter, es knallt und kracht die ganze Nacht, weil es eine Menge Wirtschaften gibt.

Drüben haben wir mit den Hauptfenstern in den Hof gewohnt, nach Süden. Die Fenster zur Türkenstraße blieben zu und die hinteren zum Park haben wir aufgemacht.

Die Räume waren groß und hoch – wir hatten die Pfarrei und die Wohnung im Parterre – im Wohnzimmer gab es Stuck, es war alles sehr schön und wir wären gern dort geblieben. Den Kindern hat natürlich der Akademiepark gefallen, sie sind gern über die Mauer und die Tür geklettert, um ihre Räuberspiele zu betreiben. Der Blaubart, der ja da im ›Hexenhäuschen‹, so haben wir es immer genannt, mitten im Park wohnte, war immer sehr gutmütig. Er liebte Kinder und Hunde. Und hatte überhaupt so eine lustige Art, mit Leuten umzugehen.

Ich war dort von September 1988 bis Dezember 1992. Dann mußten wir verkaufen, weil wir uns sonst mit Hypotheken die ganze Zukunft kaputt gemacht hätten. Bis weit ins nächste Jahrtausend. Wir hätten unsere Kirche nicht renovieren können, St. Willibrord in der Blumenstraße, wir hätten nichts unternehmen können, weil wir nur immer das Geld hätten zurückzahlen müssen. Das hätte auch niemand von den Gemeindemitgliedern verstanden. Die haben schließlich andere Nöte. Und ich bin der Meinung, daß wir als Kirche, wenn auch als Kleinkirche, keine Häuser brauchen, keine Immobilien anhäufen sollten, keine Schätze und Reichtümer, wie es die Großkirchen tun, sonst verlieren wir unsere Glaubwürdigkeit. Wir sollten möglichst wenig besitzen, eben gerade das, was wir brauchen.

Wir gehören zu den armen Kirchen, wir machen keine großen Sprünge. 1951 hat einer meiner Vorgänger das Haus günstig erstanden. Es war bis zum zweiten Stock bombengeschädigt und wurde mit den primitiven Mitteln der Nachkriegszeit wieder aufgebaut. Die Stadt hat Zuschüsse gezahlt mit der Auflage, daß Zimmer und Wohnungen ab dem zweiten Stock unter die Sozialbindung fallen.

Zunächst wurde eine Art alt-katholisches Altersheim daraus: Einzelzimmer an einem langen Gang mit gemeinschaftlichen Koch- und Waschgelegenheiten. Für heute untragbar, aber damals war man eben bereit, für billige Miete einiges hinzunehmen, vor allem, wenn man ausgebombt war. Das ging bis Ende der 50er Jahre: dann kamen mehr und mehr Studenten, für die war es eine feine Sache, so nahe an der Uni wohnen zu können. Und an der Akademie. Manche sind hiergeblieben, haben geheiratet und dann die Fehlbelegungsabgabe bezahlt.

1991 ist das Haus, das unter Denkmalschutz steht, aus der Sozialbindung herausgefallen. Wir bekamen die Auflage zu sanieren. Ein Schätzer hat schon gleich die Grundsanierung auf drei Millionen veranschlagt. Woher aber die nehmen und nicht stehlen? Aus dem Haus hatten wir nie etwas herausgewirtschaftet. Die minimalen Mieten haben kaum für die Reparaturen gereicht. Und jetzt war alles baufällig, die Treppe beinahe am Einstürzen. Es gab lange Diskussionen mit unserem Bischof und der Synodalvertretung, mit Oberbürgermeister Kronawitter und grünen Stadträten, die der Meinung waren, wir sollten das Haus behalten.

Wir haben es schließlich für dieselbe Summe, die die Sanierung gekostet hätte, an die Freifrau von Oefele verkauft. Für zwei Millionen haben wir uns in dem Neubau in der Adalbertstraße 32 eingekauft. So ist wenigstens das Umfeld erhalten geblieben. Mit dem restlichen Geld haben wir St. Willibrord restauriert. Ich halte diesen Umzug nach wie vor für die einzig vernünftige Lösung, was nicht ausschließt, daß ich manchmal dem Haus in der Türkenstraße nachtrauere.
Als ich 1988 aus Kaufbeuren hier ankam, war es die reine Katastrophe: das Haus in schrecklichem Zustand, die Gemeinde verhunzt, der Pfarrer geschaßt. Kirchenvorstand gab es auch keinen richtigen mehr. Der Vorgänger hatte Dinge getan oder unterlassen, die nicht tragbar waren: er hat die Idee verfolgt, sich loszumachen vom Bistum und eine eigene alt-katholische Kirche in Bayern zu gründen. Außerdem ist er ›fremdgegangen‹: zu einem freikatholischen Pfarrer in den Gottesdienst.
Die Vorschläge von unserem Bischof und der Synodalvertretung, doch wieder in die römisch-katholische Kirche zurückzukehren, hat er abgelehnt. Im Gegenteil, er hat gegen seinen Rausschmiß Prozesse angestrengt: gegen den Bischof, die Landessynode, die Gemeinde, gegen alle auf einmal. Er hat sie verloren und mußte den Offenbarungseid leisten.
Dann ging er nach Schongau, richtete sich im elterlichen Haus eine liberalkatholische Hauskirche ein, für die er in Tageszeitungen warb. Aber auch da war ihm kein Erfolg beschieden. Schließlich kehrte er reumütig in den Schoß der römisch-katholischen Kirche zurück. Ein tragischer Fall.
Dessen Erbe hatte ich also in der Türkenstraße anzutreten.
In der eigentlichen Pfarrwohnung im ersten Stock wohnte noch die Familie eines meiner Vorgänger, die man auch nicht so einfach hinausschmeißen konnte. Dieser Vorgänger kam von der hochkirchlichen Richtung innerhalb der evangelischen Kirche, aus denen gern dreidimensional Katholische werden. Er war Pfarrer, betrieb eine Heilpraxis und gründete die ›Andreasbruderschaft‹ innerhalb der alt-katholischen Gemeinde Münchens.
Ihm war, scheint's, der Andreas sympathisch, der Apostel und Bruder von Petrus. Ihm ließ er in den 60er Jahren eine Kapelle im Erdgeschoß des Hauses einbauen. Die Andreaskapelle.
Die Andreasbruderschaft, eine Art Kirche innerhalb unserer Kirche, hatte einen eigenen Chor und trug besondere Kleidung mit einer Vorliebe für Himmelblau. Es war eine Art Gurugemeinschaft, stark auf die Person des Leiters fixiert. Er vernachlässigte die Gemeinde mehr und mehr, für ihn zählten nur noch Heilpraxis und Bruderschaft.
Es kam zu einem Riesenkrach, der Bischof löste die ganze Sektion auf. Daraufhin verließ er mit seinen Anhängern die Kirche. Bald darauf war der ganze Spuk vorbei.
Ich richtete in der Andreaskapelle mein Büro und einen Mehrzweckraum für die Gemeinde ein. Dort hielten wir Kirchenvorstandssitzungen, Erwachsenenbildung, Frauen- und Bibelkreise ab und gaben Religionsunterricht.

Im übrigen Haus mit den billigen Mieten gab es einige seltsame Mieter: Einen, der von meinem Vorgänger eine Wohnung bekommen hatte, weil er alt-katholisch geworden war. Er hatte dann seine geschiedene Frau mit den Kindern einfach nachkommen lassen. Die wohnten dann da, ohne Mietvertrag, bauten ohne Erlaubnis die Wohnung um und fingen dann noch an zu prozessieren.
Es herrschte ein Ungeist im Haus, als ob jeder gegen jeden vorgehen wollte. Und erst, als bekannt wurde, daß wir verkaufen würden! Da gingen einige zur Presse und beschwerten sich, weil sie wußten, daß nach einer Sanierung die Mieten steigen würden. Die AZ hatte jedenfalls einen Aufmacher. Die Kirche will *unser* Haus verkaufen! – Ihr Haus!
Einige im Haus waren uns beleidigt, redeten nicht mehr mit uns, grüßten nicht, nahmen ihre Kinder aus der Kirche und meldeten sie in einer anderen Gemeinde wieder an. Es war kaum auszuhalten. Das sind die schlechten Erinnerungen, die ich mit dem ›Döllingerhaus‹ in der Türkenstraße verbinde.
Johann Joseph Ignaz Döllinger – der übrigens nie in diesem Haus gewohnt hat – ist der geistige Vater unserer Kirche. Er war katholischer Theologe und Historiker und hatte 1826 eine Professur in München bekommen. Er vertrat den liberalen Katholizismus gegen den streng römischen und lehnte die neuen Papstdogmen von 1870 ab. Das waren der Jurisdiktionsprimat, der den Papst ohne Zustimmung der Kirche zum Rechtsträger aller getauften Christen machte. Ein ›Ermächtigungsgesetz‹, untermauert durch das Unfehlbarkeitsdogma.
Diese beiden Dogmen lehnten Döllinger und seine Mitstreiter ab, wie auch einige der nordischen Bischöfe, die das Erste Vatikanische Konzil von 1870 frühzeitig verließen.
Anstatt sich mit dem Protest zu befassen, exkommunizierte Papst Pius IX Döllinger und Gleichgesinnte. Genauso wie Jahrhunderte zuvor die Reformatoren Luther, Zwingli und Calvin. Auch sie hatten zunächst gar nicht vorgehabt, eine eigene Kirche zu gründen, auch sie hatten als Reformbewegung begonnen.
Wir Alt-Katholiken sind eine Reform-, eine Protest- und eine Erneuerungsbewegung. Pro-testari heiß ja auf lateinisch nicht: gegen etwas sein, sondern für etwas Zeugnis ablegen. Und zwar tun wir es für die Freiheit der Kirchen, für mehr Toleranz, weg von Druck und Zwang, wie ihn Rom stets ausübt und hin zu einem evangeliumgemäßen, jesuanischen Leben. Ganz im Sinne der Urkirche.
In der Presse steht gern: Wir Alt-Katholiken hätten uns von Rom getrennt wegen des Unfehlbarkeitsdogmas des Papstes. Das stimmt so nicht: wir wurden losgetrennt von der römischen Mutterkirche, wir wurden ausgeschlossen, ausgestoßen. Exkommuniziert eben. Wir sind, obwohl wir klein sind, keine Sekte und auch keine Seitenlinie der römisch-katholischen Kirche. Sogar Rom hat nach intensiven Prüfungen festgestellt, daß wir katholisch sind und in der apostolischen Nachfolge stehen. Anders als die Anglikaner, mit denen wir ansonsten eng verbunden sind.

Wir sind eine der vier Kirchen, für die der Staat die Kirchensteuer einzieht. Er tut das für die Römisch-Katholischen, für die Evangelischen, für die jüdischen Glaubens und für uns. Was uns am meisten von den Römern trennt, ist natürlich die Stellung des Papstes. Für uns ist er nur ein primus inter pares, ein Erster unter Gleichen, wie Petrus als Sprecher des Apostelkollegiums. Nirgends in der Bibel steht und nirgendwo in der Tradition hat es das gegeben, daß irgendeiner, wie es der Papst für sich beansprucht, alle Machtfülle und dazuhin die Unfehlbarkeit in einer Person vereinigen und ausüben kann.
Döllinger hat sich bis zu seinem Tod die Wiedervereinigung der Kirchen gewünscht. Er sprach von der ›Brückenfunktion‹ der Alt-Katholiken, er nannte uns eine ›Brückenkirche‹, eine Kirche des Übergangs, das Werkzeug zur Einheit.
Das ist unser Traum, unser Wunsch und unsere Aufgabe.
Die Einheit der Kirche! Wenn wir so weitermachen wie bei der Ökumene, sind wir spätestens bei der Wiederkehr Christi eins. Wenn wir's nicht vorher schaffen, ist das ein trauriges Kapitel. Was sind doch für eine Menge Kriege aus der Uneinigkeit der Christen entstanden! Dadurch haben sie ja auch viel von ihrer Glaubwürdigkeit verspielt.
1883 entstand das ›Katholische Bistum der Alt-Katholiken in Deutschland‹, wie heute noch unser offizieller Name lautet. Wir haben ein Personalbistum, keine Gebietsbistümer wie die großen Kirchen: wie es nur einen Militärbischof für ganz Deutschland gibt, gibt es auch nur einen Bischof für alle Alt-Katholiken in Deutschland.
1889 schlossen sich romfreie Kirchen in Deutschland, der Schweiz, Österreich, Polen, den Niederlanden und der Tschechoslowakei in der ›Utrechter Union‹ zusammen. Heute sind das an die 500 000 Mitglieder. Aber es knallt und kracht immer wieder wegen der erzkonservativen alt-katholischen Bischöfe aus Polen. Vor allem, wenn es um die Frauenordination geht, um die Weihe von Frauen als Priesterinnen. Das paßt nicht zu ihrem Frauenbild, nicht zu ihrem Weltbild.
Wir liegen da voll auf der Linie der Anglikaner, die sich ja schon 1534 von Rom gelöst haben unter Heinrich VIII. Sie haben sich freigemacht, wir wurden freigeschossen.
Rom ist unfähig zu einer Reform, es ist zu schwerfällig, zu selbstgerecht. Statt zu diskutieren und zu reformieren, wird exkommuniziert. Hinaus mit den Meuterern!
Hans Küng, dem Theologieprofessor aus Tübingen, wurde ja auch wegen seiner kritischen Einstellung zum Papst die Lehrbefugnis entzogen. Seit Ende der 60er Jahre sagt er uns immer wieder: er sei innerkirchlich gebunden, weil er da mehr bewegen könne, aber wir, wir könnten von außen die weltanschauliche Umorientierung der Kirche bewirken. Er nennt das ›Paradigmenwechsel‹. Wir könnten zur Pressure-Group für die Frauenordination werden. Wir sind eine kleine Kirche, wir waren nie als Massenbewegung angelegt. Unser Bischof meint immer: Was auf den Wiesen und Feldern der großen

Kirchen wächst, brauchen wir nicht auch noch auf unserem kleinen Fensterbeet anbauen.

Oder er sagt: Wir seien die Piccoloflöte in einem Orchester. Mehr sind wir nicht, mehr wollen wir auch nicht sein. Wir sind eine Facette der Kirche Christi, nicht *die* Kirche Christi. Wir haben uns reformiert auf der Basis der alten Kirche, der altkirchlichen Strukturen, daher auch unser Name. Jeder Orden, jede Kirche, die sich reformieren will, muß zum Ursprung zurückkehren. So haben wir es gemacht: wir haben ein bischöflich-synodales System. Bischöfe, Geistliche und Laien kümmern sich gemeinsam um die Belange der Kirche.

Was alle angeht, wird von allen beraten und entschieden. Es ist ja nicht so, daß der Heilige Geist nur bei Bischöfen und Geistlichen ist, er ist auch bei Laien. Die Gemeinden wählen die Laien, die an den Bistumssynoden teilnehmen. Das sind immerhin zwei Drittel aller Teilnehmer.

Unser Bischof wird nicht von irgendeinem Erzbischof eingesetzt, er wird auf einer Synode gewählt und dann geweiht. Wir Alt-Katholiken sind eigentlich die einzige richtige katholische Kirche des Westens, ohne die Neuerungen, mit deren Hilfe Rom seine Machtfülle ständig vergrößert hat.

Zu Beginn waren die Altkatholiken an die 75 000 und meist aus dem Großbürgertum: Intellektuelle, Industrielle. Die großen Münchner Brauer waren durch die Bank alt-katholisch. Es herrschte ein liberales Klima. Als aber der Wind umschlug, ist ein großer Teil von ihnen umgefallen. Es blieben zunächst noch die Universitäten: ganze Fakultäten waren alt-katholisch. Man nannte uns spöttisch sogar ›Professorenkirche‹. In der Gegend des Bistums Konstanz sind ganze Dörfer alt-katholisch geblieben, wenn der Pfarrer mitzog. Alt-katholisch blieben auch Teile des liberalen Bürgertums, das sowieso mit dem Montanismus, dem ständigen Schielen nach Rom, nichts am Hut hatte.

Da fing Rom an, die Alt-Katholiken vehement unter Druck zu setzen: da durften keine Kinder mehr getauft, keine Ehen eingesegnet, keine Beerdigungen abgehalten werden. Da konnte man Anzeigen in den Tageszeitungen finden: ›Welcher vorvatikanisch gesinnte Priester ist bereit, unsere Kinder zu taufen?‹. Es war eine große Not, die viele nicht aushalten konnten, in den Schoß der Mutterkirche zurückkehrten und damit gezwungen waren, die neue Rolle des unfehlbaren Papstes anzuerkennen.

Übrig blieben die Standhaften. Heute hat unsere Gemeinde 700 Mitglieder, davon 450 in München. 3 000 sind es in Bayern, 20 000 in ganz Deutschland, meist aus dem mittleren und unteren Bürgertum. Tendenz: steigend. Vor allem in den Städten, wo mehr und mehr römisch-katholische Christen den Leidensdruck der Restauration nicht mehr aushalten können. In den USA und Kanada gibt es weitere 200 000, die sich aber nationalpolnische katholische Kirche nennen.

Mit der romfreien phillipinischen Kirche und ihren 4,6 Millionen Mitgliedern sind wir in voller kirchlicher Gemeinschaft wie auch seit 1931 mit

den Anglikanern und ihren ungefähr 50 Millionen Mitgliedern. Wir können gegenseitig an den Sakramenten teilnehmen.
Trotzdem soll die angestrebte kirchliche Einheit nicht in einem Einheitsbrei enden. Das Schlimmste wäre doch, wenn alle Kirchen unter irgendjemandes Fittichen stünden. Die Menschen sind verschieden, warum sollten es ihre Kirchen nicht sein? Sie sollten sich in ihnen zu Hause fühlen.
Einheit in der Vielfalt ist unser Leitfaden, Einheit in versöhnter Vielfalt nennt es der lutherische Weltbund: daß die Kirchen sich nicht ausschließen, sondern gegenseitig anerkennen.
Bis 1971 hatten sich ja die drei großen protestantischen Kirchen: die reformierte, die lutherische und die unierte noch gegenseitig vom Abendmahl ausgeschlossen. Doch da ist überall etwas in Bewegung geraten.
Die Evangelischen stehen uns gewaltig nahe. Sie haben sich uns gegenüber immer wohlwollend verhalten, schon um die Opposition gegen Rom zu stärken. Sie machen die Tore auf, sie stellen uns ihre Kirchen und Räumlichkeiten zur Verfügung, sie haben uns, wenn Not war, auch schon einmal finanziell unterstützt. Im Krieg hat es in Bayern sogar einen Austausch gegeben, ein Pastoralabkommen, daß evangelische und alt-katholische Pfarrer einander aushelfen bei Gottesdiensten und Beerdigungen.
Seit 1985 gibt es die Vereinbarung, daß wir uns gegenseitig zum Abendmahl einladen. Wir haben ein sehr freundliches Verhältnis zueinander.
Unser Bischof wurde 1985 in Karlsruhe nicht in der römisch-katholischen Stadtkirche geweiht, obwohl wir vom Dekan bereits eine Zusage hatten. Er mußte in der evangelischen Christuskirche geweiht werden, weil Rom die Zusage plötzlich zurückgezogen hatte.
Fast hundert Jahre, zwischen dem ersten und dem zweiten Vatikanischen Konzil, blieb das Verhältnis zwischen den Römisch-Katholischen und uns gespannt. Nachdem sie aber festgestellt hatten, daß wir doch katholisch waren, bereiteten wir ein Papier der gegenseitigen Anerkennung vor, die Züricher Nota von 1974. Die ging nach Rom. In Erwartung der unverzüglichen Unterschrift des Papstes unter die Nota hatte die römisch-katholische deutsche Bischofskonferenz bereits ein Pastoralabkommen mit uns vereinbart. Von Rom kam keine Antwort.
Beim Tod von Papst Paul VI lag die Nota ganz oben auf seinem Schreibtischstapel. Ununterschrieben. Beim jetzigen Papst sind wir ›out‹. Besonders seit den fast zwanzig Jahren der Diskussion um die Frauenordination und dem Votum der alt-katholischen Bistumssynode von 1989, Frauen zum Priesteramt zuzulassen. Frauenordination ist für uns keine Glaubensfrage, sonst könnten wir darüber gar nicht entscheiden, sondern eine Frage der Kirchenordnung. Deshalb tut sich die römisch-katholische Kirche ja auch mit uns so schwer.
Ihre Ablehnung der Priesterinnen basiert darauf, daß sie sie in den Rang einer Glaubensfrage erhoben haben, fast unumstößlich, aber trotzdem revidierbar.

Wir haben jedenfalls Theologinnen, die bereits in den Startlöchern stehen. Wir hoffen, sie bald weihen zu können. Auch wenn das zunächst im Alleingang passieren müßte.

Wir waren schließlich auch die ersten, die 1888 die Freistellung vom Zölibat beschlossen haben. Das heißt, daß unsere Priester heiraten konnten. Damals haben die Holländer zunächst noch nicht mitgemacht, da waren wir Deutschen die ersten.

Auch mit den Orthodoxen sind wir im Gespräch, aber es verläuft einseitig und schleppend. Wie bei den Römisch-Katholischen ist die Priesterinnenweihe der Knackpunkt.

Beliebt dagegen sind wir bei den Homosexuellen, einige von ihnen sitzen bei uns im Kirchenvorstand. Wir haben nämlich die ›Lazaruslegion‹, die sich um HIV-Infizierte und Aidskranke kümmert.

Toleranz, die Anglikaner nennen es ›Comprehensiveness‹, ist für uns ganz wichtig. Wir schließen niemanden aus. Wir exkommunizieren nicht. Das Recht hat keine Kirche. Das Recht hätte nur Gott und der tut's nicht.

1991, nach dem blutigen Neonazi-Anschlag in Hoyerswerda, haben wir vor unserer Kirche in der Blumenstraße eine Aktion gegen Ausländerfeindlichkeit gemacht mit einem Transparent: ›Gott liebt die Fremden‹.

Danach war unsere Kirche aufgebrochen und geschändet. Der wertvolle Silberkelch gestohlen, der Tabernakel mit einer Brechstange geöffnet. Bilder zerstört, Hostien verstreut, Kelche und Kerzen auf dem Boden zertrampelt und – tatsächlich – Kot auf dem Altar. Das waren keine Diebe, denen es ums Geld ging.

Wie ich die Zukunft der Alt-Katholiken sehe? Wenn wir uns auf unsere Aufgabe besinnen, ökumenisch zu wirken, Werkzeug der Einigung zu sein, dann habe ich keine Angst um uns. Dann haben wir eine Zukunft, auch wenn wir wenige sind. Wer aber meint, sich einigeln und abschotten zu müssen, der ist bei uns auf dem falschen Dampfer.«

›Stachel im Fleische Roms‹ – ›Mehr als Kirchenputzen‹ – ›Frauen als Botschafterinnen um Gottes willen‹ titelte die Presse, als am Pfingstmontag 1996 in Konstanz die ersten zwei alt-katholischen Priesterinnen unter großer Anteilnahme der Ökumene geweiht wurden. Als Folge wurde dem deutschen alt-katholischen Bischof innerhalb der Internationalen Bischofskonferenz das Stimmrecht entzogen zur Strafe für diesen Alleingang. Eine Theologenkonferenz sollte im Herbst 1996 in Salzburg klären, ob die Frauenordination nun rechtens war oder nicht. Nachdem nichts Gegenteiliges bekannt wurde, kann davon ausgegangen werden, daß gegen Priesterinnenweihe nichts mehr einzuwenden ist, auch wenn daraufhin, wie bei den Anglikanern 1994 diverse Gläubige, in der Mehrheit Männer, die Kirche verlassen.

An dieser Stelle war die Geschichte von Rainer Wiedemann eingeplant und bereits fertig, die allerdings weder etwas mit Evangelischen oder Katholischen zu tun hatte, dafür aber damit, was einer gern glaubt und wie es dazu kam, daß er sich zu den »Auserwählten« zählte. Die Geschichte hatte von einer politisch engagierten Gruppe gehandelt, alles übrigens Patienten des Psychologie-Ehepaares Saß, die 1981/82 vor der Türkenstraße Nummer 68 A am heutigen Georg-Elser-Platz mit Flugblättern und Broschüren gegen die Umwandlung des Mietshauses in ein Spekulationsobjekt mit Eigentumswohnungen protestierte. Wie aus ihnen allmählich die »Aktion Lebensqualität« wird, ein alternativ-kultureller Verein mit Laden und Veranstaltungen und Strukturen, die an eine Sekte erinnern. 1997 wird ein Verfahren wegen Kindesmißhandlung gegen sie angestrengt. Rainer Wiedemann hat seinen Beitrag mit dem Titel ›In Teufels Küche‹ zurückgezogen.

Gastgeber, Gäste, Hausherren, Hausherrinnen, Hausdamen, Hausfrauen

Gastgeber und Gast – ein verzwicktes Verhältnis, das von der Gesellschaft durch Normen und Regeln in friedliche Bahnen gelenkt werden soll.
Der Römer machte es sich einfach: er nannte einfach beide gleich: »hospes«. Als ob der Gastgeber und der Gast gleichberechtigt, ja austauschbar wären! Sich nichts nehmen würden. Dicht daneben gab es aber den »hostis«, den Feind, den Eindringling, den (bösen) Fremden. Da mußte man schon genau hinhören.
Unser »Gast« hat seine Wurzeln im gotischen, althochdeutschen, altenglischen »ghosti«, der Fremdling. Auch das russische »gospodin«, der Herr, stammt daher. Die Ursituation war doch die: Kommt ein Fremder daher und verlangt von einem Einheimischen Obdach und Atzung (bevor es Gasthäuser und Schlafplätze gab). Das bringt Scherereien und überhaupt – was tat der hier? Warum war er nicht daheim geblieben? Hatte er etwas angestellt, war er verstoßen worden oder war er ein Abenteurer, der sich bereichern wollte? Hatte er gar vor, ihn zu überfallen und seine Frau zu vergewaltigen? (dachte der als »Gastgeber« Auserwählte) Und begann, gezielt Fragen zu stellen (wobei ihn Bedenken, daß der Gast nicht die Wahrheit sagen könne, nie ganz verließen), nach Beweisen zu forschen.
Gesundes Mißtrauen schien allemal am Platze, zumal, wenn der Fremdling noch eine Sprache oder einen Dialekt artikulierte, der wie brrbrrbrr klang (woraus sich der Begriff »Barbar« bildete) und Angst einflößte. Im alten Tibet hatte es geheißen, daß Fremde von bösen Geistern begleitet würden, gegen die zunächst einmal etwas unternommen werden mußte. Umgekehrt dürften den »Gast« ganz ähnliche Gedanken heimgesucht haben: Konnte er denn sicher sein, daß der Hausherr ihn nicht nächtens überfiel, um ihm Wertsachen oder gar das Leben zu rauben? Dieses gegenseitige Mißtrauen mußte zunächst einmal zerstreut werden. Dafür eignete sich hervorragend ein Geschenk, ein Gastgeschenk.
Das besänftigte. Brachte den Gastgeber dazu, den Gast unter seinen Schutz zu stellen, ihm das Gastrecht angedeihen zu lassen. Der Gast jedenfalls ist auf das Wohlwollen des Gastgebers angewiesen. Er will etwas, er bittet darum, er nimmt, während der Gastgeber ganz einfach – gibt. (Wenn er mag).
Die Situation änderte sich nicht grundlegend, als öffentliche Quartiere (zunächst in Klöstern und von Ratsherren eingerichteten »Ratsstuben«) die privaten zu ersetzen begannen. Da galt im Prinzip: Ware gegen Geld, doch es gab auch immer wieder Ausnahmen: wenn Wirtinnen (seltener Wirte wie der alte Hawelka im gleichnamigen Wiener Kaffeehaus) anstelle von Geld auch Kunstwerke akzeptierten und manchmal gar nicht schlecht dabei fuhren (wie auch Kathi Kobus, die erste »Simpl«-Wirtin).

Aber die Rechnung zu begleichen war eines, noch etwas daraufzulegen, eine Art Geschenk, ein Trinkgeld, war ein anderes. Man wollte sich als Gast ja auch nicht lumpen lassen. Man war ja anständig bedient worden!
Wenn andererseits ein Gast einem Wirt nicht paßte, konnte er ihn ohne großes Federlesen hinauswerfen, ihn mit Lokal- ja, Hausverbot belegen. Wenn er sich weigerte, ihn von der Polizei holen lassen. Alle Ordnungskräfte dieser Welt sind zunächst einmal auf der Seite des Einheimischen gegen den Fremden. Und jeder Gast ist zunächst Fremder. Und solange ihn das Präfix »Gast« schmückt, solange ist er nicht einheimisch und genießt auch nicht dieselben Rechte. Erst seit dem ausgehenden Mittelalter ist der Begriff »Gast« positiv besetzt: gastlich, Gastfreundschaft, gastieren, Gastspiel, Gasthörer; Gasthaus, Gastwirtschaft, Gaststätte. Hotel, Hospital, Hospiz.
Dahinter steht der gesellschaftliche Konsens: Du Gast bekommst, was du brauchst, wenn du dich anständig aufführst und löhnst. Dafür stehst du unter meinem Schutz. Niemand darf dir ein Härchen krümmen. Du bist zwar nicht wie wir, aber wenn du mir gefällst, kann sein, ich behandle dich noch besser als die meinigen. (Kann ja auch sein, du bist ein als Bettler verkleideter Gott, man kennt sich ja aus in den Geschichten!) Es kann sogar sein, daß ich dich als »heilig« betrachte und daß aus einer »Nur«-Gastfreundschaft eine echte wird. Sind wir doch allemal nur Gäste hienieden!
»Ich bin ein Gast auf Erden«, heißt es im Psalm 119, im Epheserbrief 2 »Sind wir nicht mehr Gäste und Fremdlinge hinieden, sondern Mitbürger der Heiligen und Hausgenossen Gottes« und im Hebräerbrief 13: »Vergeßt die Gastfreundschaft nicht, denn so haben einige, ohne es zu wissen, Engel bei sich aufgenommen« – einerseits das Hohelied der Gastfreundschaft, geradezu eine Pflicht für Christen, andererseits das Wissen um das Fremd-Sein des Gastes, das Nicht-Zu-Hause-Sein, Nicht-Dazu-Gehören. Das Ambivalente, Janusköpfige des Verhältnisses von Gast und Gastgeber, das sich auch im Alltag, in einer Wirtschaft zeigen kann: wenn der Gast zu wenig bestellt und zu lange sitzen bleibt und es dann zu spüren bekommt.
Euphemistisch auch der Begriff »Gastarbeiter«: angeworben, ausgenutzt, am liebsten wieder abgeschoben. Eine der Hauptfragen, die die Gesellschaft der westlichen Länder zu beschäftigen scheinen: wie kriegen wir die lästigen ›Gäste‹ (im Dritten Reich »Fremdarbeiter«, in Wirklichkeit Zwangsarbeiter) wieder los und wie lassen wir andere gleich gar nicht mehr herein? (Selbst wenn wir dafür Grundrechte außer Kraft setzen müßten) Oder: wie kriegen wir die, die doch hierbleiben, dazu, sich wenigstens anzupassen? (Scheint auch nicht zu klappen: der »Gast« scheint sich zu sträuben, sich total assimilieren zu lassen) Wohl dem, der da kein »Gast« sein muß …
Schwabing und die Maxvorstadt waren immer Orte des Ausgehens, der Kneipen, Kabaretts, Wirtschaften, Biergärten. In letzter Zeit mehr und mehr der Bistros.
In der Vergangenheit gab es Restaurationen und Kleinkunstbühnen, die eng mit dem Namen des Wirts verquickt waren: »Papa Benz« in der Leopoldstraße und »Papa Steinicke« in der Adalbertstraße. Zum »Alten Simpl« gehörte von

1903 bis 1922 die Kathi Kobus, von 1960 bis 1992 die Toni Netzle, die von ihren Bedienungen »Mutter« genannt wurde. Beide waren sie starke Frauen, beide führten nicht nur ihr Etablissement (wobei die Kathi entschieden geschäftstüchtiger war), nein, sie regierten dort auch: sie bestimmten, wer dort saß, stand, sang, deklamierte und wer nicht. Sie bestimmten das Programm und den Ton, der im Lokal herrschte. Der Wirtsraum – ihr Wohnzimmer, sie selber eine Art Übermutter, Beichtvater, Seelentröster.

Passé, neiges d'antan. In den Bistros zählt der Gast als Kunde und möglichst als flotter: der bestellt, konsumiert und geht.

Das war anders, als vor gut hundert Jahren, seit den 90ern des 19. Jahrhunderts, als Schwabing (immer inclusive Maxvorstadt) begann, das zu werden, was es fast hundert Jahre blieb: Heimat der Bohème, Magnet für »Nordlichter« und andere Ausländer, Humus für neue, umstürzlerische Ideen, Ort von »Gegenregierungen« und eines »Freistaats Schwabing«, Gastgeber eben.

Aus diesen vor dem Ersten Weltkrieg zugezogenen Gästen wurden nie richtige Einheimische, sie bildeten eine Zwischenzone, die Bohème, die jenseits des bürgerlichen Lebens existierte und sich schon einmal der Illusion hingab, sie wäre so etwas wie autark.

Wie hatte es doch die Gräfin ausgedrückt, die 1895 zugezogene: »Schwabing ist kein Ort, sondern ein Zustand, eine geistige Bewegung, ein Niveau, eine Richtung, ein Protest, ein neuer Kult oder vielmehr der Versuch, aus uralten Kulturen wieder neue religiöse Möglichkeiten zu gewinnen.«

Der Begriff »Versuch« ist vielleicht der Wichtigste: Neues denken, in die Tat umsetzen, suchen, versuchen (Versuchung!), unterwegs sein – nicht ankommen. Der Nomade contra den Seßhaften. Der Fragende contra den Antwortenden.

Wer diesen Geist nicht in sich trug – für den der Begriff ›Schwabing‹ stand – konnte ihn auch außerhalb nicht finden, nicht begreifen.

Wie Fritz de Crignis es ausdrückte: auf die Frage, wo denn nun Schwabing zu finden sei: »Wenn Sie mit mir sprechen, sind Sie in Schwabing!«, oder noch prägnanter von Toni Netzle: »Wo ich bin, ist Schwabing«.

Oder René Prévot[1] im Mai 1932 zum »Geiste« Schwabings (weil man am »Simpl« nun einmal nicht vorbeikommt): »Schwabing! … Dieser Münchner

[1] in »München-Schwabing« als Vorwort zum Büchlein: »Dreißig Jahre Simpl, Künstler-Kneipe Simplicissimus« (Türkenstraße 57, Theodor Prosel, Telefon 25858), erschienen im Eigenverlag München 1932

Stadtteil hat die Weite, die Dehnbarkeit eines Kontinents. Er ist die ästhetische Experimentierstation der Kulturstadt München. Die wundersame Wahlheimat aller hergereisten Spleene; eine gastliche Freistatt für alle Outsider der Bürgerlichkeit ... Wahre Bohème aber stirbt niemals aus. Sie wird so alt werden wie ihr ewiges Gegenstück: Philistertum. Nur verzichet sie heute auf die prahlerische Pose; denn sie bedeutet Kampf und Not und Einsamkeit der Künstlerseele«.

Da standen die Nazis bereits vor der Tür (bei der 32er Kommunalwahl hatten sich die Türkenstraßler in überwiegender Mehrheit für die NSDAP entschieden), Joachim Ringelnatz wurde zur 30er Feier schon gar nicht mehr zugelassen, bekam 1933 Auftrittsverbot, 1934 störten »Studenten« Aufführungen im »Simpl«, weil sie angeblich »unter jüdischem Einfluß« standen. Die Simplicissimus-Mitarbeiter kippten, die Linie der Zeitschrift mit. Wie vor dem ersten Weltkrieg in Hurra-Patriotismus, so von 1933 an in Nazi-Ideologie. Da wurden keine Fragen mehr gestellt, da wurden Antworten gegeben. Der Anti-Geist hatte übernommen.

»Und doch regt sich Freiheitsgeist auch in dunkelster Zeit. Der junge Graf Schenk von Stauffenberg ist einer der spätesten George-Jünger; in einer Dokumentation ›Juden in München‹ wird sogar angedeutet, daß sein heroisches Attentat von 1944 ein Vermächtnis des 1933 verstorbenen Stefan George gewesen sei. In einem Atelier an der Leopoldstraße drucken die Geschwister Scholl ihre Flugblätter der ›Weißen Rose‹, der studentische Widerstand hat in Schwabing sein Asyl.«[1]

Und der nicht-studentische in der Maxvorstadt. In der Türkenstraße 94 hat Johann Georg Elser, der Schreiner, drei Monate lang von August bis Oktober 1939 gewohnt, während der er – nachts eingeschlossen im Bürgerbräukeller – seine Höllenmaschine in die Säule einbaute, vor der Adolf Hitler alljährlich zu reden pflegte. Schon 1938 war ihm klargeworden, daß Hitler auf Krieg zusteuerte und so ihm die Aufgabe zufiel, »die Führung« (Hitler, Goebbels, Göring) zu beseitigen. Ganz allein bereitete er das Attentat vor. Er war »Zimmerherr«, hatte ein halbes Zimmer gemietet für vier Mark in der Woche, das die Hausfrau und Polsterersgattin, Rosa Lehmann, putzte und das nicht abgeschlossen war. Eines Tages entdeckt sie einen Akkumulator und eine Uhr. »Der wird doch keine Höllenmaschine bauen«, sagt ihr Mann und beide lachen herzlich darüber.

Bis ihnen das Lachen vergeht. Rosa Lehmann kann auch heute noch nur mit Grauen an die Zeit zurückdenken, die ihr Leben und das ihrer Familie entscheidend geprägt hat. Die sie durch die mutige Tat des Johann Georg Elser aus Königsbronn bei Heidenheim in die Rolle einer Zeitzeugin katapultiert hat.

In der Zeit, als ein arbeitsloser Anstreicher namens Hitler sich durch Schwabing und die Maxvorstadt trieb und versuchte, Schwabinger Aquarel-

[1] Karl Stankiewitz: Der Geist, der Schwabing heißt. SZ, Münchner Stadtanzeiger, 23. 7. 1982

Stimmbezirk	Bayer. Volkspartei	Soz. P. D.	Bauernbund Mittelst.-Partei	Deutsch.-national. Volkspartei	N. S. D. A. P.	K. P. D.	Soz. A. P. D.	Christl. Volksdienst	Deutsche Vp. Wirtsch.-Partei
1. Bauerngirgl, Residenzstraße 20	425	108	27	96	394	31	1	21	30
2. Protestant. Volksschule, Herrnstraße 21	313	159	12	28	382	141	5	19	38
3. Schlicker, Tal 74	303	202	18	14	881	158	13	8	30
4. Hofbräuhaus, Platzl 9	309	141	17	21	324	101	2	8	24
5. Städt. Mädchenlyceum, Herrnstraße 19	278	134	20	44	311	64	2	9	37
6. Augustinerbräubierhallen, Neuhauser Straße 16	354	108	24	49	370	56	4	10	39
7. Kunstgewerbeverein, Pfandhausstraße 7	369	128	15	64	236	37	2	17	15
8. Museumstube, Promenadestraße 12	371	110	13	32	310	41	3	17	22
9. Schule an der Frauenstraße 25	368	164	25	41	469	133	7	8	49
10. Schule im Rosental 7	343	129	28	12	441	120	13	4	32
11. Frauenarbeitsschule, Oberer Anger 17	249	212	13	22	336	212	9	7	14
12. Schule an der Blumenstraße 61	291	130	7	20	250	73	18	13	28
13. Zum Königsbauer, Müllerstraße 28	312	154	23	25	387	82	7	6	37
14. Blumensäle, Blumenstraße 29	653	148	9	24	218	109	6	4	24
15. Schule an der Blumenstraße 61	298	95	19	14	237	72	8	4	31
16. Leistbräu, Sendlinger Straße 54	204	93	8	12	175	70	3	2	16
17. Burg Raueck, Fürstenfelder Straße 15	302	160	25	44	366	133	10	18	27
18. Kreuzbräu, Brunnstraße 7	402	162	23	22	384	74	6	12	25
19. Schule an der Herzog-Wilhelmstraße 30	509	118	16	46	302	45	8	10	30
20. Zum Jägergarten, Jägerstraße 5	340	112	37	66	392	50	1	18	32
21. Goldener Hirsch, Türkenstraße 28	239	229	10	44	241	41	3	7	18
22. Schule an der Amalienstraße 36	337	99	17	65	385	37	1	20	37
23. Wittelsbachergarten, Theresienstraße 38	361	83	20	64	460	51	2	13	50
24. Kammerer, Von-der-Tann-Straße 24	384	73	21	16	263	22	2	10	26
25. Gewerbeschule, Von-der-Tann-Straße 2	519	89	29	105	341	25	4	28	55
26. Amalienburg, Amalienstraße 39	385	146	19	45	465	91	8	20	44
27. Zum goldenen Stern, Türkenstraße 36	300	175	20	29	385	92	2	18	55
28. Allotria, Türkenstraße 33	290	152	17	82	498	97	7	26	46
29. Schule an der Türkenstraße 68	343	161	12	42	444	83	2	23	[illegible]
30. Zum grünen Eck, Amalienstraße 58	370	111	40	70	413	48	4	19	38
31. Zur Blüte, Blütenstraße 18	307	151	23	88	346	90	3	13	47

Kommunalwahl 1932, Wahlverhalten in 4 Lokalen der Türkenstraße: mehrheitlich NSDAP

le zu verkaufen, in der Zeit vor dem Ersten Weltkrieg, war die hohe Zeit des »Simpl«. Nächtliches Zentrum zunächst einmal der »Simplicissimus«-Crew mit ihren Malern und Dichtern unter der roten Dogge, die von Th. Th. Heine stammte und sämtlicher übriger Maler, Literaten, Revolutionäre und ihrem Anhang: Musen und Nachtschwärmer. Darunter emanzipierte Frauen wie Franziska zu Reventlow, Pamela Wedekind oder Zenzl Mühsam. Während sich die Bohème gern in Cafés und Kneipen traf, zog es die »Malweiber« mehr hinaus in die Natur, nach Dachau und Umgebung, die Mitglieder des »Blauen Reiter«, unter ihnen Gabriele Münter und Marianne Werefkin nach Murnau und ins Moos. Ihnen ist die größte künstlerische Revolution zu verdanken: der Sieg über den Muff von Klassizismus und Naturalismus. Ihre Anfänge lagen in der Maxvorstadt: an der Akademie als Stuck-Schüler und in der Malschule von Anton Ažbè in der Türkenstraße.

Auch in der Zeit zwischen den Kriegen ging es zwischen Akademie, Universität, Redaktionen und »Simpl« hoch her. Auf jedem Meter Türkenstraße konnte man auf Promis treffen. Wer im »Simpl« einen Auftritt hatte, soll sich, wird berichtet, gern noch vorher im »Türkenbad« erfrischt haben. (Es soll da noch ein Badebuch existieren ...)

Das Dritte Reich zog einen Schlußstrich unter diese Art von Künstlerleben. Nur eines verdient aus dieser Zeit erwähnt zu werden. Ort: der »Simpl«. Künstlerin: Lale Andersen. Programm: »Lied eines Wachtpostens«. Text: Hans Leip.

Hans Leip, ein Maler und Dichter, hatte diesen Text zur Erinnerung an zwei Mädchen, Lili und Marleen, als Gardegrenadier vor dem Ersten Weltkrieg

in Berlin in sein Notizbuch geschrieben. Später in seiner Gedichtsammlung »Die Hafenorgel« veröffentlicht. Nach Kunststudium und graphischer Ausbildung kam Leip nach München, wurde »Simplicissimus«-Mitarbeiter, damit automatisch Stammgast im »Simpl«. Lale Andersen sang seinen Text auf eine Musik von Rudolf Zink, einem Münchner Komponisten. Es wurde ein Flop.
Ein Mitglied des Studentenkabaretts »Die vier Nachrichter« kam mit einer neuen Vertonung, der von Norbert Schultze: die gefiel. Es war 1937 oder im Frühjahr 1938, als das Lied »Lili Marleen« seinen Siegeszug von der Türkenstraße aus in die Welt antrat. Der »Laternensong« mit seinem Hauch Defaitismus wurde zur völkerverbindenden Melodie, zum Mythos.
Seit 1941, allabendlich kurz vor zehn Uhr, spielte der Soldatensender Belgrad »Lili Marleen« in den Äther. (SZ, 22.9.93)
Statt Endsieg Kapitulation. Trümmer, Trümmerfrauen, Bockerlbahnen. Entnazifizierung und erste demokratische Gehversuche. Die von den Amerikanern lizensierte »Neue Zeitung« mit Erich Kästner als Chefredakteur in der Schellingstraße (im Gebäude des vormaligen »Völkischen Beobachter« und der nachmaligen »Bild«zeitung), wo die schrieben, die später die »Gruppe 47« bilden sollten[1].
Kneipen, Brettlbühnen und Kabaretts schießen in den 50er Jahren in Schwabing aus dem Boden: die »Gisela«, die »Lach- und Schießgesellschaft«, die »Kleine Freiheit«, die »Seerose«, der »Siegesgarten«, die »Schwabinger Laterne« und der »Monopteross«. München galt als die kabarettfreudigste Stadt Deutschlands.
Marietta, eine Zeitlang die Muse Klabunds, und Peter Paul Althaus schafften den Übergang von Vorkriegs- zu Nachkriegsauftritten, auch im »Simpl«, der »Kathi Kobus« geheißen hatte, »Paprika«, »Bunter Hund« und »Zum Kronprinz Rudolf«, bis Toni Netzle ihn 1960 wieder in »Alter Simpl« zurückgetauft hatte. Althaus wird zum Bürgermeister der »Traumstadt Schwabing« gekürt – wie die »Literarische Gegenregierung« von 1894 kabarettistisch-separatistisch – lebt und schreibt mit seinen Freunden Expressionistisch-Surreal-Visionäres.
Wie die »Schwabinger Unruhen« oder die Studentenrevolte von 1968 gegen den Spießer gerichtet und immer haarscharf am Bürger vorbei. Programmatisch der Anfang des »2. Simplicissimus-Liedes« vom Hausdichter Joachim Ringelnatz auf die Melodie: »Strömt herbei ihr Völkerscharen«: »Mitternacht ist's. Längst im Bette/liegt der Spießer steif und tot./Ja, dann winkt das traulich nette/Simpl-Glasglüh-Morgenrot./Und mich zieht's mit Geisterhänden/Ob ich will, ob nicht, ich muß/Nach den bildgeschmückten Wänden/In den Simplicissimus.«
Ringelnatz, dem die Kobus seine Auftritte mit weniger Geld, aber mehr Wein honorierte, bekennt im Lied »Kathi und die Freier«: »Und dem Verhältnis Nummer Sieben/Ist Kathi denn auch treu geblieben./Es ist – Kathi

[1] s. Kolbenhoff: Schellingstraße 48

verzeih mir's bitte,/Es ist ein Herr aus uns'rer Mitte –!/ Er pflegt sich täglich hier zu zeigen/wird sich auch heute hier verneigen/Und heißt auf diesem Tingelplatz:/Joachim Ringelnatz.«[1]
Wie aus dem Gast ein Hausdichter und aus der Gastgeberin eine Geliebte wird. (Wenn es stimmt, was er singt.)
Privates und Geschäftliches nicht zu vermischen – das geht im Gast- und Hotelgewerbe kaum, wenn Wirt und Gäste sich fast täglich treffen. Im »Simpl« die Toni mit ihrem Glas Tee, der Dieter Gütt, der Karsten Peters, der Johannes Schaaf, der Peter Gauweiler und die Claudia Buthenuth. Nach acht Jahren hatten sie die Stammgäste davon überzeugt, das Kabarett abzusetzen («zehn von zwölf Programmen waren mörderisch schlecht!«), weil sie sich unterhalten und nicht jeden Abend dieselbe Veranstaltung sehen wollten.
Wen Toni Netzle mochte, dem ging's im »Simpl« gut, wen nicht, der kam freiwillig nicht öfter. Ihr Aussortieren («Angeber und Nazis mag ich nicht!«) der ersten Jahre hatte Schwellenangst erzeugt. Wer sich nicht irgendwie für prominent hielt, traute sich oft nicht hinein.
So blieben Prominente, Pseudoprominente und extrem Selbstbewußte unter sich, wissend, daß via Toni nichts nach außen dringen würde.
Die Wellen des Studentenprotestes schlugen zwar im »Simpl« nicht extrem hoch, aber sie drangen doch durch die Türritzen. »Rote Toni« habe man sie genannt, erzählt die Wirtin, und bei jeder Demo sei sie die erste auf den Barrikaden gewesen. (Woran sich die Studentenführer allerdings nicht mehr erinnern können) Vor einem Wasserwerfer habe sie einige geschützt und Jungfilmer und Revoluzzer an ihrer Bar zusammengebracht.
Aber dann hätte sie enteignet werden sollen und ab da fielen die Studenten unter »Mob«. Den Peter Gauweiler hat sie immer besonders gemocht, weil er das konnte, was sie so schätzte: Streiten im Sinn der Toleranz.
Er durfte dann auch 1992 die Abschiedsrede halten, als Toni Netzle nach 32 Jahren aufhörte. Er sprach über sein damaliges Lieblingsthema: Das »Einkesseln« von Demonstranten durch die Polizei, was er vermutlich für humorvoll hielt. (Andere weniger.)
Als die Toni ging, war es gar mit der Atmosphäre des »Simpl«. Nach einem Zwischenspiel als Hausdame im »Seehaus« widmete sie sich wieder mehr der Schreiberei («Kochbuch für zwei linke Hände« 1995) und der Schauspielerei (Serien und Mitwirkung am Kathi Kobus-Film von 1993). Bruder, Tochter und Sohn sind inzwischen in ihre Fußstapfen getreten.
Wo in der Türkenstraße zwei Wirtinnen Gastraum und Gäste fest im Griff hatten: die Toni im »Simpl« und die Erika im »Türkenhof« spielen seit den 90er Jahren zwei griechische Brüder die Wirtsrolle eher dezent und unauffällig: Wassili im »Simpl« und Xenophon Galanopoulos im »Türkenhof«.
Ganz anders: Familie Cohen und ihre Gäste, Seniorchef Kurt Cohen und sein jüdischer Club »Maon« in der Theresienstraße nahe der Ecke zur Tür-

[1] Aus: »Kathi und die Freier« in: »30 Jahre Simpl«, München 1932.

kenstraße. Ihm hatte früher das »Café Pinakothek« gehört und in der Türkenstraße 30, wo heute Architekturgalerie und -buchhandlung sind, ein Laden mit Judaica. Im »Maon« gibt es jüdische Gerichte und anschließend ziehen sich die Herren zum Kartenspiel zurück. Kurt Cohen erzählt von seiner Flucht vor den Nazis, dem Überleben in Belgien, den von der Résistance gefälschten Papieren und wie er Rachel Salamander kennenlernte. Ihm stünde der Mund nicht nach bayerisch und er sei eigentlich nur aus Trägheit hiergeblieben. Die meisten Stammgäste sind Ostjuden, selten verirrt sich ein Einheimischer dorthin. Und wenn, wird er – wie Pfarrer Steinbauer von der Markuskirche – herzlich aufgenommen und gezielt ausgefragt.

Einer Hoteliersfamilie – inzwischen in der vierten Generation – entstammt Liselotte Gruber, der das einzige Hotel in der Türkenstraße gehört: das Stefanie, Betonung auf a (»ist schon immer so gewesen«): Stefánie. Eine Familienpension für mittleres und gehobenes Bürgertum. Früher haben dort gern Eltern übernachtet, die ihre Söhne in der Türkenkaserne besuchten.

Hotels, meint sie, Apotheken und Wirtschaften seien »Orte zum Beichten«. Sie hat Erfahrungen damit. Auch wie sie Privatleben und Arbeit unter einen Hut bekommt und wie ihr die Gäste dabei zu helfen versuchen.

Als Gäste und Gastgeber zugleich: Christian Ude und Peter Gauweiler, Münchner OB und Münchner CSU-Chef. Obwohl politische Welten sie trennen, gibt es rein äußerlich durchaus Vergleichspunkte, die aufzulisten sich das SZ-Magazin[1] vor der OB-Wahl angelegen sein ließ.

»Wenn Christian und Peter über früher reden, könnten sie Brüder sein« heißt es da. Für beide Politiker gilt, daß sie in München geboren und aufgewachsen sind, eine starke Mutter und eine sechs Jahre ältere Schwester hatten; ihr erstes Geld als Balljunge verdienten; im Gymnasium nie sitzengeblieben sind; meistens eine Eins in Deutsch, Geschichte und Erdkunde, meistens eine Fünf in Chemie hatten; einige Verweise erhielten, mehrfach Klassensprecher waren; beider Lieblingsbeschäftigung war Schreiben und Theaterspielen; häufig suchten sie den Jazzkeller in der Türkenstraße auf. Nach dem Abi konnten beide sofort ihr Jurastudium beginnen, ohne Wehr- oder Zivildienst leisten zu müssen.

Brüder? Eher feindliche. Anläßlich der 1997 im Münchner Rathaussaal gezeigten Ausstellung über die »Verbrechen der Wehrmacht« eskalierte der Konflikt. Gauweiler-Tenor: Wir lassen uns doch die Ehre unserer Väter nicht beschmutzen! Vor allem nicht von einem – Jan Philipp Reemtsma – der besser eine Ausstellung über die Opfer des Zigarettenrauchens machen sollte. Reemtsma war Erbe eines Zigarettenkonzerns. Ungewolltes Ergebnis der Kampagne: über 80 000 Besucher.

Gäste und Gastgeber: Gauweiler bei Toni im »Simpl« und Hausherr der Münchner CSU (die sich fast vollständig in der Wehrmachtsausstellungsfrage hinter ihn gestellt hatte. Ausnahme: Franz Forchheimer, der auch

[1] Jugendmagazin »Jetzt«, SZ, 6. 9. 1993

einmal Türhüter im »Simpl« gewesen war); Christian Ude als Gast im SDS-Laden in der Schellingstraße oder mit SDS-Leuten in der »Engelsburg«, seit 1993 Hausherr im Rathaus der bayerischen Landeshauptstadt.

Strom und Wärme, wie sie jedes Hotel, jede Gaststätte, jede Wohnung braucht, kommt von den Münchner Stadtwerken. Peter Löw ist Hausherr im Heizkraftwerk 3 zwischen Türken- und Theresienstraße, von dessen mit Alublech verkleidetem Turm die Aussicht atemberaubend ist. Er erklärt, wie Energie erzeugt, weitergegeben und gespeichert wird. Er erzählt vom »rauhen Betrieb« und wieso es so wenig Frauen bei ihnen gibt. Das Problem von wegen Privatisierung oder Teil-Privatisierung der Stadtwerke hatte sich damals noch nicht gestellt. Er gesteht ganz offen, daß er gegen Atomstrom ist, solange die Abfallbeseitigung nicht geklärt sei.

Bei der Bürgerversammlung 1996 hatte die Autorin einen Antrag gestellt, daß die Fassade des Heizkraftwerks verschönert werden solle, ein (58 m hoher) Turm im öffentlichen Raum habe »die Verpflichtung, schön zu sein«. Zumal in dem Ambiente demnächst dreier Pinakotheken. Sie hatte Hundertwasser vorgeschlagen (der bereits nördlich von Wien ein Heizwerk gestaltet hatte), einen deutschen Hundertwasser, oder, als Billiglösung, ortsansässige Sprayer und Graffitikünstler.

Nach einem halben Jahr kam die äußerst freundlich gehaltene Antwort der Stadtwerke, das träfe sich ja prima und man habe sowieso einen Umbau vor und da könnten sie sich eine kostengünstige farbliche Neugestaltung des Kesselhauses durchaus vorstellen. Später gingen sie so weit, sich sogar einen von Studenten der Akademie bemalten Turm samt einem Hochcafé vorstellen zu können. Die Stadtwerke als Gastgeber …

Seit Januar 1997 kann die Türkenstraße mit einem neuen Namen aufwarten: der baumumstandene Platz zwischen Türkendolch und Türkenschule trägt den Namen des Bürgerbräuattentäters Georg Elser. Zur Einweihung war seine Wirtin nicht erschienen (obwohl sie nur ein paar Häuser weiter wohnt), schien aber ihre Meinung über ihn geändert zu haben. Vom ›Häuslschleicher‹ war er zu einem ›sympathischen‹ Mann mutiert. (AZ, 27.1.97) Der Platz hatte vorher keinen Namen und schrie förmlich danach, den des Mannes zu tragen, der zwischen August und Oktober 1939 mit klopfendem Herzen des abends zum Bürgerbräu hin, wo er sich über dreißig Nächte lang einschließen ließ, um die Höllenmaschine einzubauen, und des morgens zurück am Platz vorbeigegangen war.

Wenn an diesem 8.11.1939 in München kein Nebel geherrscht hätte, weswegen Hitler nicht das Flugzeug sondern die Bahn nach Berlin bestieg, was der Grund war, daß er statt der üblichen zweieinhalb Stunden nur eineinhalb im Bürgerbräu redete, wenn also kein Nebel geherrscht hätte, hätte Elsers Attentat geklappt. Und Deutschland wäre einiges erspart geblieben. Immer wieder regt seine Tat zu Spekulationen an.

Elser wird am gleichen Abend an der Schweizer Grenze verhaftet, verhört, in Konzentrationslager gesteckt und im April 1945 in Dachau erschossen. Ohne Prozeß und ohne Urteil.

Sicher einer der frühesten, mutigsten und verschwiegensten Widerstandskämpfer des Dritten Reiches, dem erst allmählich die Ehrung zukommt, die er verdient. Er hat keine dunklen Flecke in seiner Biographie (wie die Geschwister Scholl oder die Männer des 20. Juli, die alle eine Zeit der Nazi-Ideologie erlegen waren) und er wurde vielleicht deshalb so lange verschwiegen und verleumdet, weil er der lebende Beweis dafür ist, daß man hätte kapieren können, wohin das Nazi-Kriegsschiff fuhr, daß man wissen und handeln konnte – wenn man nur gewollt hätte.
Und die Ausrede von wegen »nichts gewußt« ins Leere lief, wenn schon ein einfacher Handwerker von der Schwäbischen Alb das Regime durchschaute. Man mag nicht erinnert werden an die eigene Schwäche – weder in der Türkenstraße noch anderswo.
Dennoch hatte die Autorin nach fast dreijährigem Kampf – mit Unterschriftensammlungen, Fotoausstellungen, Briefaktionen, Telefonaten und Treffen – die zuständigen Referenten (Kultur und Bau), Ausschüsse, Kommissionen und den OB Ude überzeugt: der Georg-Elser-Platz mußte her, »heuer und hier!« Im Januar 1997 fand die Einweihung statt. Ehrengast: der Elsersohn Manfred Bühl, der drei Monate später starb.
»Aktion Maxvorstadt« und Bezirksausschuß hatten eine Dokumentation zum Leben Elsers herausgebracht, in der beim Kampf um die Benennung des Platzes freilich nur ihre beiden Organisationen erwähnt werden. »Der Erfolg hat viele Väter«, sagt der Volksmund. («Vor allem Väter«, die Autorin.)
Georg Elser hat jetzt neben der Bodenplatte am Gasteig, an der Stelle, wo die Säule gestanden hatte, in die er den Sprengstoff eingebaut hatte (die freilich kaum einer kennt), einen Platz im Herzen der Maxvorstadt, auf dem sich bei schönem Wetter die Kinder mit Eis vom »Adria« gegenüber tummeln und sommers es sich die angereisten Obdachlosen mit Bier und Wein unter der hundertjährigen Kastanie gemütlich machen und ihre ›Maut‹ fordern. Platzgestaltung und Elser-Denkmal harren noch ihrer Verwirklichung.
Im Winter 1997/1998 setzte sich die Türkenstraßlerin von Nr. 59, Helga Asenbaum, vehement dafür ein, daß die über 100jährige Kastanie am Georg-Elser-Platz nicht gefällt würde. Sie ließ ein Gegengutachten herstellen, für das Türkenstraßler und Sympathisanten an die 5 000 Mark spendeten. Der von Sepp Hödl bereits »Elser-Kastanie« getaufte Baum, in der Krone beschnitten und mit Plastikseilen vertäut, wird so mit Unterstützung der Stadt der Türkenstraße noch eine Zeit erhalten bleiben.
Im Mai 1998 wurde unter der blühenden Kastanie mit Freibier, Prosecco und Jazz die Rettung gefeiert.
Die Türkenstraßler spendeten Erlöse aus dem gleichzeitig stattfindenden Flohmarkt als »Anschubfinanzierung« für die Umgestaltung des Platzes. Elser, der Schreiner und die Kastanie. Der Name Elser kommt von Elsbeere, einem Rosengewächs-Baum mit extrem hartem Holz.

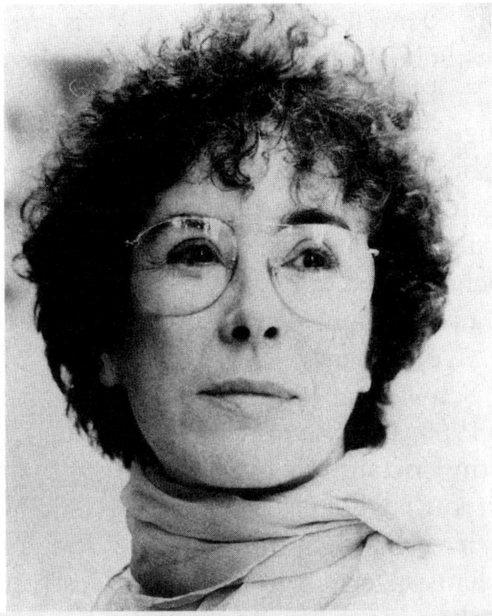

Toni Netzle
geb. 1930 · Ex-Wirtin vom »Alten Simpl« · Schauspielerin

Wo ich bin, ist Schwabing

»Was mir niemand glaubt: ich bin ein ungeheuer introvertierter, sehr zurückgezogener Mensch. Ich habe mich nie um Nachbarn gekümmert. Ich finde, jeder sollte so leben, wie er will. Nur wenn mich jemand um Hilfe gebeten hat, war ich da.
Ich hasse Feste von Haus aus, ich hasse Feste abgrundtief. Weil ich nicht weiß, was ich da soll, das ist doch nur vergeudete Zeit.
Die Feste im ›Simpl‹ waren etwas anderes, da habe ich ja gearbeitet. Ich gehe auch ungeheuer ungern irgendwo hin, wo ich eingeladen bin. Und wenn sich's nicht umgehen läßt, dann gehe ich lieber in die Küche und wasche ab. Diese Gespräche, dieses oberflächliche Geschwätz machen mich krank.
Ich bin eigentlich überhaupt kein Gemeinschaftsmensch. In dem Punkt bin ich direkt asozial. Ich bin am liebsten allein.
Meine Eltern waren so richtige Urschwabinger: mein Vater war Anwalt, er vertrat auch den Georg Hemmeter und seine Schnapsbrennerei, in dessen Haus der ›Alte Simpl‹ war. Meine Mutter war Philosophiedozentin, Malerin und Mitglied der Münchner ›Juryfreien‹. Ich bin zwischen Bildern und Malern aufgewachsen. Heute noch hängt meine Wohnung voller Bilder, darunter Max Ernst und Hundertwasser, die ich beide gut gekannt habe. Mit dem Hundertwasser war ich eine Zeitlang befreundet und den Max Ernst habe ich über den Peter Schamoni im ›Simpl‹ kennengelernt. Er war da mit seiner letzten Frau Dorothea, einer wunderbaren Malerin. Ich habe ihn durch Bayern kutschiert, meine übliche Kirchenreise, Dießen, Rottenbuch, Wesso-

brunn, die Wieskirche. Dann hat er mich nach Paris eingeladen, ich war auch ein paarmal dort. Wirklich ein toller Mann. Ich mag die meisten seiner Bilder. Nur solche wie die ›Einkleidung der Braut‹ machen mich ungeheuer traurig. In die Wohnung hänge ich mir nur Bilder, die mich fröhlich stimmen.
Zum Mythos ›Schwabing‹. Da sag' ich immer: und wenn's mich morgen nach Vancouver verschlagen würde, dann wäre eben dort Schwabing. Wo ich bin, ist Schwabing. Das ist mehr eine Geschichte im Kopf, das hat mit Stadtteilen nichts zu tun. Das Schönste ist ja sowieso, daß der ›Simpl‹ nie in seinem Leben in Schwabing war, immer in der Maxvorstadt. Aber er gilt als Inkarnation von Schwabing. Womit bewiesen ist, daß so ein Mythos gar nichts mit Grenzen zu tun hat. Schwabing beginnt ja bekanntlich am Siegestor.
Es war im Sommer 1960, ich war mit meinen beiden Kindern in Rom, ihr Vater hatte sich davongemacht, als ein Telegramm meines Vaters aus München ankam: ›Willst du, daß aus dem ›Simpl‹ ein Wienerwald oder ein Supermarkt wird? Wir verhandeln mit beiden!‹ Ob ich ihn nicht haben wolle. Ich war ja nun Schauspielerin und hatte von Gastronomie keine Ahnung. Dem einzigen Menschen, dem der Besitzer die Kneipe noch einmal geben würde, hieß es aus München, sei ich. Der Vorgänger war pleite gegangen. Also ging ich zum alten Hemmeter in München in die Türkenstraße und sagte: ›Wirklich, ich verstehe rein gar nichts von Gastronomie, ich verstehe nichts von Alkohol, ich habe noch nie einen getrunken, ich kann Rot- und Weißwein gerade nach der Farbe unterscheiden, mehr nicht‹.
›Weißt was‹, hat er gesagt, ›das kannst alles lernen! Weil ich weiß eines: Du kannst mit Leuten umgehen. Das ist für so ein Lokal das Wichtigste!‹
Und ich glaube sogar, er hatte recht: daß ich eine Wirtin im alten Sinn geworden bin, ein Mensch, der Leute bewirtet, in seinem ›Wohnzimmer‹ empfängt und sich um sie sorgt. Jemand, der etwas von Gastronomie versteht, bin ich nie geworden. Daß ich hätte kalkulieren können, niemals. Es war eine gschlamperte Buchhaltung, obwohl ich einen Steuerberater hatte. Richtig kommerziell geführt ist der ›Simpl‹ nie worden. Ich habe unheimlich viel hergeschenkt, das tut ein guter Geschäftsmann nie. Ich habe Geld verliehen, ich habe den Jungfilmern, die wirklich keine Kohle hatten, einen ausgegeben. Sie sind mit mir großgeworden. Ich habe nie viel verdient da drin, ich habe heute noch Schulden, aber das war's nicht. In schlechten Zeiten haben mir viele geholfen und in guten habe ich so viele tolle Menschen kennengelernt. Ich habe Karrieren gesehen und Abstürze.
Ich glaube, daß selten jemand so ein reichhaltiges und interessantes Leben mit Menschen hinter sich hat wie ich. Und ich würde alle Fehler wieder genauso machen. Ich dachte einfach: Was gut für mich war, war auch gut für die Gäste und damit für den ›Simpl‹. Was natürlich im Prinzip grundverkehrt war. Die Schauspielerei hatte ich aufgegeben, die Musik auch. Ich war Assistentin bei Bert Kämpfert. Man kann nicht verschiedenen Herren dienen.
Ich hatte den ›Simpl‹ also übernommen, um ihn nicht sterben zu lassen. Es kam mir als alleinerziehender Mutter zupaß, daß ich eine Arbeit hatte, wo ich tagsüber zu Hause war. Also ich kam gegen fünf Uhr früh zu Hause an

und schlief bis mittags. Wir hatten ein Kindermädel, und wenn die Kinder von der Schule kamen, haben wir zusammen gegessen: sie Mittag und ich Frühstück. Wenn ich gegen halb neun das Haus verließ, schliefen sie meist schon – eine geniale Lösung.

Als ich den ›Bunten Hund‹ aus der Konkursmasse gekauft hatte und das Lokal zum ersten Mal betrat, bewußt betrat, nach dem Krieg war ich ein paarmal mit den Eltern dort gewesen, hab' ich gesagt: ›So, das ist jetzt dein Wohnzimmer!‹ Und für sechzig bis siebzig Prozent der Gäste ist es das auch geworden.

Es gab immer Wellenbewegungen. Die ersten drei Jahre hab' ich mich irrsinnig schwergetan. Da ist gar nichts gegangen. Weil ich mehr Leute rausgeschmissen als reingelassen habe. Weil ich ganz genau wußte, welche Leute ich nicht haben wollte. Den Luxus habe ich mir geleistet und das war richtig so. Deshalb wurde das Lokal dann auch so aufregend und toll. Damit habe ich natürlich zu dieser wahnwitzigen Schwellenangst beigetragen, daß da zum Beispiel Leute kamen, die fragten, ob sie nur einmal hereinschauen dürften. ›Sie können sich auch hinsetzen und ein Bier trinken!‹ habe ich gesagt. ›Nein, nein, um Gottes Willen! Wir sind doch nicht prominent!‹

Dabei ging's mir gar nicht um Prominente, nie ist mir's darum gegangen, auf Menschen ist mir's angekommen, die vielleicht außergewöhnlich waren. Heute noch höre ich es von vielen, fast von jedem zweiten: ›Wir sind nie im ›Simpl‹ gewesen, wir haben uns nicht hineingetraut!‹

Mein Publikum, das waren nicht nur Literaten, wie am Anfang, es waren auch Schreiberlinge dabei, Journalisten und Drehbuchschreiber, sonst Maler, Zeichner und eben Filmemacher. Aber irgendwie war es doch ähnlich wie das Publikum um die Jahrhundertwende. Mit ein paar Paradiesvögeln dabei. Die ersten drei sauren Jahre waren nötig zur Klärung, waren nötig zur Festigung des Publikums: die, die ich nicht wollte, sind dann gar nicht mehr gekommen.

Unangenehme Personen waren für mich Angeber und Nazis. Wenn es hieß: ›Jetzt lassen wir mal den Schampus auffahren!‹, dann gab es halt plötzlich keinen Champagner mehr. Nazis flogen schon gleich raus. Viele gingen dann schräg über die Straße zur Erika in den ›Türkenhof‹.

Im Winter 1960, ich war gerade drei, vier Monate da, kam eines Nachts, so gegen zwei, ein Mensch aufgeregt hereingestürzt: Man hätte ihm seinen Vierzig-Tonner geklaut. Ich habe zuerst gar nicht verstanden. Seinen Lastwagen mit Anhänger, in dem sich vierzig Tonnen reiner Alkohol befanden. ›Wo waren Sie denn in der Zeit?‹ habe ich gefragt. ›Na, bei Ihnen!‹ sagte er, ›etwas trinken!‹

Was er mit dem Alkohol vorhatte? So erfuhr ich, daß sich im ersten Keller des Hemmeterhauses der Zollkeller von München für Alkohol befand. Wahrscheinlich war das Zollgebäude zerbombt und kriegsbedingt der Keller als Ersatz hergenommen worden. Wir saßen auf einem Pulverfaß! Da bin ich Amok gelaufen und nach einem halben Jahr hatte ich ihn draußen.

Hinten die Schnapsbrennerei und vorne der Alkoholkeller, das war zuviel!

Es gab zwei ältere Männer in der Türkenstraße, die als skurril verschrien, im Grund herzensgut waren: der alte Hemmeter und der alte Arnold, der August, der Mitbegründer von ARRI. Beide kannte ich gut.
Der alte Arnold hatte als Elektro-Lehrbub, hat er mir erzählt, so um 1905/1906 herum den Strom im Haus verlegt. Kein Wunder! Wenn man eine Fotolampe anmachte im ›Simpl‹, hat es gleich die Hauptsicherung hinausgehauen und man hat eine Dreiviertelstunde warten müssen, bis jemand vom E-Werk kam.
Bei Aufräumarbeiten im Keller habe ich einmal einen riesigen Scheinwerfer gefunden und ihn an die Decke montiert. Wir haben ja noch Kabarett gemacht damals. Der Scheinwerfer war unbeweglich.
Eines Abends kommt der Arnold und sieht ihn. ›Weißt, was da hängt?‹ – ›Ein Scheinwerfer.‹ – ›Aber ein ganz besonderer!‹ – ›Kann schon sein.‹ – ›Er gehört nämlich mir.‹ – ›Aber jetzt mir!‹ – ›Kannst verlangen, wasd magst‹ – ›Den geb' ich nicht her!‹ – ›Ich bau dir einen neuen, einen beweglichen‹ – ›Nein‹ – ›Ich bau ihn dir ein, was du willst!‹ – ›Nein‹.
Da kam ich dann drauf, daß das der erste Scheinwerfer war, den Arnold und Richter zusammen gebaut hatten. Ein Riesentrumm! Einen Zentner schwer. Wie der in den Keller kam, ist mir heute noch schleierhaft.
Auch als wir aufhörten, Kabarett zu spielen, blieb der Scheinwerfer hängen. Jedesmal, wenn der Arnold kam, sagte er: ›Weißt schon, daß er mir gehört!‹ Zu seinem achtzigsten Geburtstag habe ich ihn dann abmontiert, in Geschenkpapier gepackt und ins ARRI-Studio bringen lassen, wo er mit fünfhundert Leuten seinen Geburtstag gefeiert hat.
Als wir kamen, hat er gleich das Papier weggerissen und den Scheinwerfer umarmt. Mir sind die Tränen gekommen. Wie wenn ein verlorener Sohn nach Hause kommt. Er ist immer wieder zu dem Scheinwerfer hin, hat ihn angeschaut und gestreichelt, hat seinen Schraubenzieher, den er immer dabei hatte, genommen, ihn aufgeschraubt und hineingeschaut.
Anfang, Mitte der Siebziger war es, ich war gerade am etwas Reparieren, als ich ein Riesengeschrei höre: der alte Hemmeter mit seinen 84 lag tot über seinem Schreibtisch.
Das hat mich sehr getroffen. Als es Abend wurde, waren schon 15 bis 18 Familienmitglieder da und haben die Hand aufgehalten. Da ist dann ganz schnell das ganze Areal verkauft worden: die Wohnhäuser an die Firma Erl, die Schnapsfabrik an Riemerschmidt.
Aus dem Hemmeterbüro, von dem aus er die Warenein- und ausgänge kontrollierte, es gab zwei Einfahrten in die Höfe, eine groß genug für Lastwägen, die andere für normale Autos, sie ist jetzt zugemauert, da ist jetzt das Benettongeschäft, aus seinem Büro ist ein Café geworden. Irgendwie ist das seltsam vor sich gegangen: ich wurde gefragt, ob ich etwas dagegen hätte, daß dort ein Lokal hineinkäme, eine Pizzeria. Hatte ich nicht. Aber plötzlich war es ein Café, das bis ein, zwei Uhr nachts offen hatte. Wenn ich das gewußt hätte, hätte ich es nicht zugelassen.
Es ist ja so: Mieter beim Erl ist ein Herr Kreuzer, ein Bier-Verleger, eine Art Getränke-Großmarkt. Der hat von zehn der zwanzig Brauereien das Bier

und verkauft es weiter. Er vermietet auch weiter und dieser Mieter noch einmal. So zahlt der letzte eine dreimal so hohe Miete.
Mit denen gab es öfters Ärger. Wenn ich mich beschwert habe, hieß es immer: der Kreuzer wisse davon nichts. Konnte er auch gar nicht. Wenn sich Nachbarn beschwerten wegen dem Krach – die hatten bis zwei Uhr nachts ihre Stühle auf dem Trottoir stehen – dann kam die Polizei, aber sie kamen immer zuerst zu mir. War nicht angenehm, diese Nachbarschaft.
Ob die Kathi Kobus und ich etwas gemeinsam haben? Das ist lustig, eben habe ich mit dem Traugott Krischke einen Film über sie gedreht! Über die Kathi weiß man wenig, sie hat immer nichts rausgelassen. Was uns vielleicht verbindet: wir haben eine Anziehung auf die Menschen. Sie stammte ja aus ganz einfachen Verhältnissen aus Traunreuth, ein Bauernkind und gschert. Aber mit einem Riesenherzen.
Sie hat etwas gehabt, was ich nicht habe: sie hat kommerziell gedacht. Sie hat da Steinchen auf Steinchen gelegt, Pfennig um Pfennig gespart und dabei ihre Maler und Literaten ein bißchen ausgenommen. Nicht, daß sie direkt reich geworden wäre, aber sie hat sich eben die Zechen mit Bildern zahlen lassen. Sie muß eine hochintelligente Person gewesen sein, die unheimlich schnell gelernt hat: wer wird mal was von den Jungen? Von den einen hat sie Bilder angenommen, von den anderen nicht.
Wir haben kaum etwas Gemeinsames, die Kathi und ich, außer vielleicht, daß wir beide starke Frauen sind und ein strenges Regiment geführt haben. 1968 habe ich es drei Monate lang einmal mit einem Türsteher versucht, weil sie uns die Bude eingerannt haben. Der helle Wahnsinn! Da gab es einen kleinen Amerikaner, James, der kein Wort Deutsch sprach und keinen Fernseher hatte. Also kannte er Lorne Greene, den Weltstar, den Vater der Bonanzas nicht und ließ ihn, obwohl er einen Tisch reserviert hatte, mit seinen Leuten nicht herein. Genausowenig wie den französischen Schuhkönig Jourdain. Aber Teddy Staufer, den Bandleader kannte er, weil er Schallplatten von ihm hatte. Den ließ er hinein.
Eine Nacht hab' ich einmal die Tür gemacht. Es war furchtbar, ich hatte da so Assoziationen, daß ich auf der Rampe stünde, im KZ und aussortieren müßte: du nicht, Sie schon, der dritte dahinten auch! Ich bin nämlich Drittes-Reich-geschädigt. Ich hatte nie verstanden, warum meine Mutter meine Begeisterung für die HJ so dämpfte. In der Zeit saß nämlich mein Vater im Konzentrationslager. Wir Kinder wußten nichts davon. Dieses Selektieren, nein! Nach zwanzig Minuten habe ich die Tür aufgemacht. Dann gab es nie mehr Türsteher.
Die ersten acht Jahre haben wir im ›Simpl‹ Kabarett gemacht. Vorstellungen gab es jeden Tag und ich bin viel aufgetreten. Wir waren ein rein literarisches Kabarett: Mühsam, Ringelnatz, Tucholsky und die zwanziger Jahre eben: Brecht und Weill.
Ich habe das Kabarett nicht gekillt, weil ich es 1968 nicht mehr mochte, sondern weil wirklich von zwölf Programmen im Jahr zehn mörderisch schlecht waren. Das hat mich als Perfektionistin belastet.

Außerdem war der ›Simpl‹ gerade dabei, eine Stammkneipe zu werden. Viele Leute hatten ihre Zweitwohnung hier, da kannst du nicht 26 Tage – sonntags war damals zu – dasselbe Programm machen. Den letzten Tritt haben mir der Harald Leipnitz und der Günter Ungeheuer gegeben: ›Schmeiß doch das Kabarett raus und mach hinten einen langen Tresen!‹
Vorne, die kleine Bar, war ja das Zentrum der Apo, die sich dort mit den Jungfilmern vermischte. Das gab eine sehr schöne und sehr komische Mischung. Ich war ja damals auch fürchterlich links: keine Barrikade, die mir zu hoch und auf der ich nicht als erste oben war. Manche nannten mich sogar die ›Rote Toni‹ und den ›Simpl‹ eine ›Rote Zelle‹.
Bei den Osterdemonstrationen ‘68 gegen Springer war ich auch dabei. Aber da war die Sache schon am Kippen. Die Osterrevolution hat mir die Augen geöffnet. Das war nicht mehr mein Bier.
Wie da der Peter Steimer in seinem weißen Impala mit den roten Lederpolstern durchs Megaphon schrie: ›Der Dutschke ist tot!‹ Ich kämpfte mich dann zu ihm vor, obwohl ich einen Horror vor Massen habe, und habe gesagt: ›Wenn du das noch einmal behauptest, hol’ ich dich da runter! Der Dutschke lebt!‹ – ›Du verstehst aber auch gar nichts von Agitation!‹ Da habe ich ihm in die Knie geschlagen.
Früher war das Hemmeterhaus hinten noch nicht zugebaut, da konnte man noch durch die Hinterhöfe zur Schellingstraße. Wenn Wasserwerfer kamen, habe ich den Apo-Leuten den Weg gezeigt. Sie sind abgehauen, während der Wasserwerfer durchs Lokal gespritzt hat. Massen haben sich so in Sicherheit gebracht.
Ein paar Tage später wurde ich von denselben Leuten ›enteignet‹. Von diesem Mob kann ich nur sagen: sie haben mich aus dem Lokal geprügelt, haben gesagt, der Laden gehöre jetzt ihnen und das Bier koste nurmehr zehn Pfennige. Das ging ein paar Stunden so, dann ließ ich sie mit der Polizei räumen.
Die Apo, die war nämlich hier zu Hause. Sie wohnten hier gegenüber, ob der Langhans oder die Uschi, die waren jeden Tag hier.
Die angenehmen Gäste waren der Karsten Peters, der auch eine Weile mit einem Freund im ›Türkenbad‹ gewohnt hat, Feuilletonchef bei der AZ, und der Dieter Gütt vom Fernsehen. Die haben auch immer die wahnsinnigen Leute mitgebracht. Wir saßen dann am Stammtisch, eng beieinander und erzählten, während ich meinen Tee trank. Sie haben mich das Leben gelehrt, wir waren unendlich befreundet. Beide sind sie schon tot.
Einmal kam der Morris West, wir haben eine ganze Nacht geplaudert und dann hat er mir ein Gedicht gemacht und auf eine Stoffserviette geschrieben. Das war schon toll.
Obwohl wir den Ruf hatten, ›links‹ zu sein, hat das die guten Leute von FDP und CSU nicht abgeschreckt. Der Gauweiler zum Beispiel ist ja bei uns großgeworden und nie vor einer Diskussion zurückgeschreckt. Er war eben auch mit zwanzig schon gut. Er ist nur in eine andere Richtung gegangen wie die anderen.

Der Willy Brandt war auch einmal da. Und das war es eben, was mich gefreut hat, daß niemand sagte: Huch, da sitzt ein Rechter, ein Linker, ein Grüner, ein Gelber! Alle saßen sie am Tisch und redeten miteinander. Das ist überhaupt das Wichtigste: Miteinander zu reden.
Das habe ich auch einmal im ›Simpl‹ gesagt: Sogar mit dem Strauß müsse man einmal reden. Obwohl er für mich damals der Erzfeind war. Zwanzig Stunden später rief das Büro Strauß an: Wenn ich Zeit hätte, würde er gern einmal mit mir essen gehen. Vier Tage später war es so weit. Ich habe zwar meine Meinung nicht grundsätzlich geändert, aber er war schon ein Charmebolzen, gescheit und witzig. Weshalb ich ihn für noch gefährlicher hielt. Trotzdem hat sich im Lauf der Zeit sogar so etwas wie eine lockere Freundschaft entwickelt.
Das hatte auch damit zu tun, daß er – wie er mir erzählte – Hausverbot im Hemmeterhaus hatte, nicht nur Lokalverbot im ›Simpl‹. Weil er nämlich mit Spezln 1943 mit einem Tragl Bier in Theo Prosels Lokal, in dem Weinzwang herrschte, gekommen war, eine Flasche Wein bestellt und aus den Gläsern dann das Bier getrunken hatte. Nebenbei hatten sie mit ihren Schnappverschlüssen geschnalzt, daraufhin sind sie alle rausgeflogen. Hausverbot.
›Das ist verjährt‹, sagte ich. Er: ›Wieso, haben Sie inzwischen das Haus gekauft? Ich habe Hausverbot!‹
Ein paar Jahre später kam er mit Anwalt und Schwester. ›Sie haben Hausverbot!‹, ich. Sein Anwalt: ›Ist doch verjährt!‹
1968 war auch das Jahr, in dem Brigitte Bardot im ›Simpl‹ ein Fest feierte. Mich hatte ein Amerikaner angerufen, ob Brigitte bei uns ein Fest machen könne. Jaja, habe ich gesagt und gemeint, da schiebt mich jemand auf die Rolle. Vier Tage später rief die Columbiafilm an, der Termin gehe in Ordnung. Vier Tage später stieg das Fest. Sie hatte das Fest eigentlich nur gegeben, damit der Gunther Sachs käme. Aber er kam nicht. Es war trotzdem ein wunderschönes Fest, die Türkenpolizei hatte einen roten Teppich ausgerollt und sie war hinreißend. Am nächsten Tag ging es los: ›Ich möchte gern an den Tisch, wo Brigitte gesessen hat! Auf den Stuhl!‹ Sie hatte an dem großen runden Tisch gesessen und den hätte ich in den nächsten Wochen zwanzig Mal am Tag reservieren können. So verrückt waren die Leute darauf, da zu sitzen, wo Brigitte gesessen hatte. Sowohl Frauen wie Männer.
Es gab ein eisernes Gesetz im ›Simpl‹: daß nie nach außen getragen wurde, was herin passierte. Wer mit wem gekommen war, der Gatte mit Freundin, die Gattin mit Freund oder Freund mit einem anderen Freund. Nur einmal wurde das Gesetz durchbrochen: als die Eva Renzi einem eine gescheuert hat, es war irgendwie um Poona oder Baghwan gegangen, da stand das am nächsten Tag in der Bildzeitung. Das tut mir heute noch leid.
Unfälle gab es so gut wie keine, Morde, Selbstmorde, außer dem einen, der sich in den ersten acht Tagen in der Herrentoilette erhängt hatte.
Drogen gab es eigentlich nicht. Jetzt wird ein Aufschrei durch die Menge gehen, aber es gab wirklich keine Drogen, weil ich sie nicht mochte. Ich konnte nichts damit anfangen. Ich könnte heute noch als Haschischhund

gehen, ich rieche das Kraut und mir wird sofort schlecht. Dann habe ich es unterbunden. Dann hieß es zwar, ich sei spießig und ein Büttel der Polizei, aber das war mir egal. Ich meinte immer: macht Euch kaputt, wo Ihr wollt, aber nicht bei mir!
Tüten habe ich weggenommen und weggeschmissen, Haschischzigaretten auch. Der ›Simpl‹ war nie eine Hasch- oder Drogenbude. Es gibt Leute, die erzählen, daß mit Koks etwas gelaufen sei. Das habe ich nicht mitgekriegt, denn da war die große Angst vor mir. ›Das darf die Toni nie erfahren!‹ Nie hat jemand vor mir gekokst. Was sie allerdings im Klo machten, weiß ich nicht.
Zur Türkenstraße kann ich eigentlich nicht viel sagen, weil ich sie tagsüber ja garnicht gekannt habe. Ich ging abends hin und früh morgens wieder heim in die Hohenzollernstraße. Ich erinnere mich aber an die Dinge, die verschwunden sind: den ›Kleinen Bungalow‹, der aus lauter Automaten und schmutzigen Leuten bestanden hat, für mich eine Hölle, oder das ›Schwabinger Löchl‹, wo nur Abschaum verkehrte. Ich hatte immer Angst, daß ich von denen die Kakerlaken 'rüberbekomme.
Oder das ›Aquariumstüberl‹, das ich in den 50ern einmal besuchte. Da hieß die Wirtin Ilu und war eine frühere Schlagersängerin. Sie war sehr bodenständig, so eine Art Hella von Sinnen: groß, dick und sehr witzig. Wenn unsereins sagte, daß er aufs Klo müsse, sagte sie: ›Ich besuche jetzt den Donnerbalken!‹ Das hat mich beeindruckt.
Fasziniert hatten mich auch die zwei alten Damen, die im Fenster in der Türkenstraße saßen und Laufmaschen auffingen. Am Anfang hat die Laufmasche zehn Pfennig gekostet, am Schluß fünfunddreißig. Wie die davon haben leben können!
Als das ›Allotria‹ schließen mußte, kamen zwei alte Damen aus dem Haus zu mir: Sie könnten überhaupt nicht mehr schlafen, weil ihnen die Musik so fehlen würde. Sie hätten sich so ans ›Allotria‹ gewöhnt und seien gern dort gewesen.
Oder andere, Witwen, in ihren Fünf- bis Sechszimmerwohnungen, die gern ein paar Zimmer an Studenten vermietet hätten, die sie aber vorher gern kennengelernt hätten. Ob sie sie nicht probewohnen lassen könnten? ›Die kriegen Sie nach drei Monaten nicht mehr hinaus!‹ habe ich ihnen gesagt und so sind ein paar Zimmer leer geblieben. Leider.
Nachts saßen in der Straße gegenüber vom ›Simpl‹ die Penner. Das waren meine Freunde, die mich zum Teil sogar beschützt haben. Das Paar mit den Fahrrädern und den Plastiktüten klopfte immer an die Tür, wenn etwas los war. Wenn einer Autofahren wollte, der es gar nicht mehr konnte. Die beiden haben selber gar nicht getrunken, ich habe oft mit ihnen geredet. Die wollten so leben.
Oder der Mathias, der Oberpenner, mit dem ich über dreißig Jahre fast zusammengelebt habe. Ein äußerst gebildeter Mann und aus reicher Familie. Der Vater hat ihm ein Konto bei einem Anwalt eingerichtet. Wenn er etwas angestellt hatte, wurde jedenfalls immer prompt gezahlt. Ohne Probleme. Er war konstant betrunken, aber er kannte sich in den Gesetzen aus. Irgendwann einmal nachts in einem kalten Winter in den 70ern hatte er Zeitungen unter einen

Jaguar geschoben und wollte sie anzünden. Wir haben dann die Polizei geholt: er hat drei Monate bekommen. Dann war der Winter vorbei. Er wußte immer, was zu tun war, um entweder ins Gefängnis oder ins Krankenhaus zu kommen. Das war für mich eine neue Welt: daß Leute so leben wollten. Der Mathias war ein komischer Kauz. Manchmal lustig und manchmal böse. Böse nur, wenn er total blau war.

An eine Szene erinnere ich mich: da hatte er sich eine Ottomane vom Sperrmüll organisiert und lag da unter den Lampen des Jeansgeschäftes, hatte ein Radio mit klassischer Musik und er, Mathias, las laut aus Hölderlins ›Hyperion‹.

Kontakt hatte ich so gut wie keinen mit anderen Wirten oder Geschäftsleuten aus der Straße.

Da rief mich eines Tages der Zehetmeier an, als er noch Bürgermeister war: ob ich nicht zur Bürgerversammlung im ›Max Emanuel‹ ginge, ich sei schließlich ein Tagesordnungspunkt. Ich bin mit dem Karsten Peters hin, es war ziemlich voll. Ich kannte keinen einzigen und keiner kannte mich. Dann kam der Antrag: der ›Simpl‹ müsse geschlossen werden, weil der Jaguar der Frau Friedmann immer in zweiter Reihe parke. Erstens hatte sie gar keinen und zweitens wußte ich, wem der gehörte. Außerdem verkehrten dort nur prominente Arschlöcher, hieß es, die wollten sie nicht im Viertel und die parkten immer die Gehwege zu.

Ich bekam unerhört wilde Geschichten zu hören vom ›Simpl‹. Jaja, man würde mich kennen, man habe es auch schon zu mir gesagt, aber es habe eben nichts geholfen. Deshalb der Antrag. Eine Frau stand auf, eine Mutter von Zwillingen, die erzählte, daß sie um ein Uhr nachts mit ihrem Zwillingswagen fast nicht durchgekommen sei, weil so viele Leute vor der Tür des ›Simpl‹ gestanden und die Autos alle schräg geparkt hätten.

Und wie's so am Tage sei, wurde sie gefragt. Gut, sagte sie, nur eben nachts käme man nicht durch mit einem Zwillingswagen. Ob sie nachts oft mit dem Zwillingswagen unterwegs sei. Jetzt ja, sagte sie, sie müsse es doch beweisen. Es war eine ungeheure Hetzstimmung gegen mich im Saal. Ich bin dann gegangen, anonym. Der Antrag ist nicht durchgekommen. Das hat mich darin bestärkt, daß man sich von Leuten fernhalten soll, die nicht auf dem gleichen Level sind.

Die waren natürlich neidisch. Was ich verdienen würde! Der ›Simpl‹ sei eine Goldgrube! Und was ich für Schlitten führe! Ich fahr' immer nur winzige Autos. Und reich war ich noch nie. Lesen tu' ich viel. Am liebsten Mono- und Biographien, weil mich Menschen interessieren. Romane lese ich nur, wenn ich muß. Biographien fresse ich in mich hinein.

Nach 32 Jahren im ›Simpl‹ hörte ich auf. Ich hatte Angst, daß man mich eines Tages als Mumie dort findet. Der ›Simpl‹ kann nur über Junge weiterleben.

Danach warf ich mich voll in die Schauspielerei: Serien, Dokumentationen wie die über Kathi Kobus.

Bis der Anruf von Kofler kam: sie brauchten im ›Seehaus‹ jemanden zur VIP-Betreuung und für die Pressekonferenzen. Seither mache ich das und es gefällt mir unheimlich gut. Sonst schreibe ich viel: eine ganze Serie habe ich

schon geschrieben und zur Zeit arbeite ich an zwei Büchern gleichzeitig, was natürlich ein Irrsinn ist. Freunde haben mir einen Computer geschenkt, aber ich weiß noch nicht einmal, wie man ihn an- und ausschaltet.
Ich finde, daß ich ein ungeheuer schönes, aufregendes Leben habe: bis dreißig habe ich nur Theater gespielt, bis sechzig den ›Simpl‹ geführt und die nächsten dreißig werde ich wohl spielen, schreiben und Gäste betreuen.
Mit den Eltern sind wir eigentlich nie ausgegangen, weil wir eine eigene Köchin hatten.
Jetzt sind auch mein Bruder und meine Tochter in der Gastronomie: ihm gehört die Emmeransmühle, ihr der Mariannenhof. Eben hat sie das Asam Schlößl eröffnet, das schönste Lokal Münchens. Ob das mein Einfluß ist? Ehrlich, ich weiß es nicht.«

Peter Gauweiler
geb. 1949 · Jurist, Vorsitzender der CSU München

Stacheldrahtseite

»Seit 1968 war ich im ›Simpl‹, bei der Toni Netzle, das sind 22, 23, 24 Jahre. In letzter Zeit allerdings nicht mehr so oft. Es sind nicht mehr die alten Leute da und es gibt nichts mehr zu streiten. Worüber bitte, wollen Sie heute mit einem Linken streiten?
Man ging in den ›Simpl‹, weil's da noch spät etwas zu essen gab: Linsensuppe, Fleischpflanzl und Strammer Max, die klassischen Tonisachen. 1968, das war ja die Zeit der endlosen Teach-Ins, der Diskussionen über Gott und die Welt, aber irgendwann gab's Kohldampf. Dann ist man in den ›Simpl‹ – das müssen wir noch im ›Simpl‹ ausdiskutieren! hieß es – und hat sich wiedergetroffen und weiterdiskutiert.
Berührungsängste gab es keine. Das war ja das Positive der 68er Bewegung, dieser emanzipatorische Ansatz, nichts als vorgegeben hinzunehmen, immer nachzufragen: ›Ja, ist denn das richtig so?‹ Evolutionsmäßig war das ja auch ein richtiges Element, aber wenn ich heute die Apozeit anschaue, tu' ich das mit gemischten Gefühlen: einerseits war sie ein immerwährendes Fest und Happening, andererseits hat sie dazu beigetragen, Gulag und Stacheldraht um weitere zwei Jahrzehnte zu verlängern. Wer waren denn die Großen der Zeit? Mao, Che Guevara, Ho Chi Minh. Und wenn man den Apoleuten damals vorausgesagt hätte: in zehn Jahren wird's Boat People geben, die sich in winzigen Nußschalen vom vietnamesischen Gulag absetzen, dann hätten sie gesagt: ›Du bist verrückt!‹
Im letzten Jahr habe ich in Berlin mit einem Aktivisten von damals zu Abend gegessen: mit dem Fritz Teufel, der war ja immer ein Witziger. Aber als ich ihn gefragt habe: ›Fritz, war's das alles wert?‹, hat er nicht einmal ›ja‹ gesagt.

Was der nationalsozialistische Studentenbund an perfekter Agitation drauf hatte, ich würde das schon mit dem SDS vergleichen. Die Horst-Wessel-Generation war ja auch bewegt, Herz und Hirn und Beine zum Marschieren, das große Gemeinschaftserlebnis, die eindrucksvolle Agitation, Musik, Fahnen, gemeinsames Singen ... die Frage ist doch nur, ob man auf der Stacheldrahtseite ist oder nicht.

Ich war damals Vorsitzender des RCDS, des Ringes Christlich-Demokratischer Studenten. Ich habe als Kandidat meiner Fakultät – ich habe Jura studiert – die meisten Stimmen gehabt, trotz der linken Zeit.

Ich erinnere mich an ein Teach-In im Audi-Max der Uni, wo ich Versammlungsleiter war: ich hatte den ersten Botschafter Israels in der Bundesrepublik, Ascher Ben Nathan, eingeladen.

Die ersten drei Reihen kochten, da saß die Apo, der SDS, die Al Fatah, alle, die gegen Israel und für einen Palästinenserstaat waren. Das trennte ja damals rechts und links: Israel oder Palästina.

In der ersten Minute haben sie uns schon die Lautsprecherkabel durchschnitten gehabt. Wir hatten Megaphone dabei. Ascher Ben Nathan zieht ein Flugblatt heraus und sagt: ›In diesem Haus sind schon einmal Flugblätter geworfen worden. Vergeßt nicht, Studenten, was geschehen ist! Was sie uns Juden angetan haben! Und jetzt ist zum ersten Mal der Botschafter des Staates Israel bei euch und ihr behandelt ihn so!‹

Tödliches Schweigen. Sie waren ja nicht bösartig, die in den ersten drei Reihen, um Gottes Willen! Sie haben plötzlich den Bezug erkannt. Dann fing von hinten einer zu klatschen an und alle fielen ein. Es wurde ein Riesenbeifall.

Solche Veranstaltungen waren an der Tagesordnung, man konnte wunderbar streiten, dann kam der Kohldampf und dann der ›Simpl‹. Es gab eine Zeit, da war ein Kollege von mir, der jetzt der kulturpolitische Sprecher der CSU im Münchner Stadtrat ist, der Dr. Forchheimer, im ›Simpl‹ Schankkellner, Rauschmeißer und hat die Garderobe gemacht.

In der Zeit galt der RCDS innerhalb der Union ja als fürchterlich links, weil die Koordinaten verschoben waren.

Das Studentenparlament war der Konvent und der tagte in der Alten Mensa. Danach wurde immer pulkartig zum ›Simpl‹ aufgebrochen, denn der war immer auch eine Nachrichtenbörse für Kulturpolitisches. Da war die Anneliese Friedmann und der Karsten Peters von der AZ, der Luggi Waldleitner, der Kai Niemöller und die Carna Zacharias. Da wurde gestritten: über eine Aufführung, über ein Buch, ein bißchen auch über Politik. Es waren überhaupt viele Kritiker da: der Dieter Gütt, der Johannes Schaaf. Die Uschi Glas hat aber immer zu mir gehalten. Als ehrenamtlicher Pressereferent der CSU habe ich Presseabende und Einladungen oft in den ›Simpl‹ verlegt. Da wurde dann das Schild ›Geschlossene Gesellschaft‹ an die Tür gehängt. Während des OB-Wahlkampfes 1977 war der ›Simpl‹ eine Hochburg von uns, weil die Toni den Max von Heckel, dessen Wahlkampfmanager der Christian Ude war, so überhaupt nicht ausstehen konnte.

Richtigen Ärger hatte ich nie im ›Simpl‹, sonst wäre ich ja auch nicht immer wiedergekommen. Ich finde, jeder Abend hatte seinen Gewinn. Wenn ich an die herrlichen Feste und Faschingsbälle denke!
Die Mädchen, muß ich sagen, waren schon damals sehr aktiv. Der SDS hatte die aktivsten und hübschesten, muß ich neidvoll gestehen. Aber das hat sich dann gebessert bei uns.
Komischerweise gingen feste Freundinnen nicht gern in den ›Simpl‹. Die wollten lieber gut essen gehen und nicht in Lärm und Gauloises-geschwängerter Luft herumsitzen.
Auch wenn einer oder eine geheiratet hat, war er weg vom Fenster. Sie waren für den Dauerbesuch verloren. Weil der ›Simpl‹ das war, wie gesagt, das Lokal für nach einer Veranstaltung.
Er hat seine Drei-Uhr-Konzession schon seit endlosen Zeiten. Die Kathi Kobus hat sie schon gehabt. Der Erich Kiesl hat der Toni einmal eine Zusammenstellung gemacht, wie die Königliche Polizeidirektion in München dem ›Simpl‹ die Ausnahmegenehmigungen ausgestellt hat. Die waren immer nur auf Zeit, die konnten auch verloren werden, wenn zu viele Beschwerden kamen.
Die Lokalöffnungszeiten sind überhaupt ein wichtiger Punkt für München als Weltstadt, sonst kann es in fünf Jahren am Wettbewerb: ›Unser Dorf soll schöner werden‹ teilnehmen.
Was war München in den zwanziger Jahren für ein Biotop der schönen Künste! Wenn Sie das mit dem Gähnen von heute vergleichen. Was München in der ganzen Welt berühmt gemacht hat, war doch seine Bohème und sein Savoir Vivre. Das wird keine Chancen mehr haben, wenn die Lokale nicht länger aufhaben dürfen. Dann werden wir den multikulturellen amerikanischen Großstadteintopf bekommen, der keinen Hund mehr hinter dem Ofen hervorlockt.
Was die Türkenstraße für mich war? ›Simpl‹, Kino und Kopierer.«

Christian Ude
beim 1. Spatenstich für die Dritte Pinakothek
geb. 1947 · Jurist · Oberbürgermeister in München (SPD)

Janusköpfig

»Für mich ist die Türkenstraße die Erinnerung an das erste urbane Umfeld, das lebendiger und bunter war als alle Straßen, die ich sonst in Schwabing kennengelernt hatte, vitaler, belebter und aufsässiger durch all' die politischen Aktionen, die sich dort abgespielt haben.
Das Sinnbild der lebendigen Wohnstraße, wo sich nicht ein auswärtiges Publikum der Straße bemächtigt, wie es in Altschwabing ist oder in Haidhausen, sondern wo tatsächlich die ortsansässige Bevölkerung ein urbanes Leben auf der Straße vorlebt.
In meinem Leben gibt es drei Phasen, in denen ich eng mit der Türkenstraße verbunden war: Wir wohnten in der Bauerstraße, einer sehr stillen Wohnstraße. Das einzig belebte war die Kolbgarage, eine Kfz-Werkstatt mit vielen VWs und amerikanischen Jeeps. Dort habe ich auch die ersten farbigen Soldaten gesehen. Ansonsten war es eben sehr ruhig.
Ich hatte einen Freund, der in der Schellingstraße wohnte, und den ich manchmal nach Hause begleitete. Durch die Türkenstraße. Die erste Assoziation war: dralle Lebendigkeit, unterschiedlichste Welten. Da gab es Schreinergeschäfte, Gemüseläden, Rahmenhandlungen und Antiquariate. Mit alten Büchern und alten Bibliothekaren. Mit Leuten, die mit Ärmelschonern bedienten und aus der Jahrhundertwende zu stammen schienen. Es waren richtige Zeitreisen in die Vergangenheit. Die Türkenstraße war um vieles aufregender als das brave West-Schwabing.

Dann spielte die Straße wieder eine Rolle nach dem Abitur, nach 1967. Da war ich SZ-Reporter und zuständig für Schule, Hochschule und Jugendfragen. Der Verlag war froh, einen Zwanzigjährigen zu haben und nicht in die Rolle zu geraten, Opas über die Studentenunruhen schreiben zu lassen. Ich habe fast täglich ein, zwei, manchmal auch drei Artikel geschrieben. Es gab ja dicht hintereinander täglich eine Schülerdemo oder einen Hochschulprotest, ein Teach-In oder eine Pressekonferenz. Das spielte sich im Vorfeld immer irgendwie in der Türkenstraße ab: Pressekonferenzen von Studenten oder Assistenten fanden in Lokalen in der Türkenstraße statt und der SDS hat seine Aktionen in einem kleinen Ladengeschäft in der Schellingstraße vorbereitet. Da gab es Kaffee und Politik, Che Guevara- und Mao-Plakate hingen an den Wänden und Mao-Bibeln an Fäden in der Luft.
Dieses Café war für einen Hochschulreporter damals sehr wichtig. Dort hat man erfahren, was in den nächsten Tagen und Wochen los sein wird. Es hatte diese Mischung aus Karneval, Schwabinger Studentenulk und marxistischer Diskussion. Nie todernst, wie in Berlin an der FU, immer ein bißchen lustiger, sinnenfroher, aber auch mit ironischer Distanz.
Es lag einfach an den Leuten, daß kein Studentenprotest, kein Go-In, Sit-In, Teach-In zu einer rein marxistischen Belehrungsveranstaltung wurde. Da gab es den Reinhard Wetter – heute ein Anwaltskollege – als lustige und den Rolf Pohle, auch einen Juristen, als tragische Figur. Ein hochsensibler, nachdenklicher, todernster Mensch, der immer mehr hineingerutscht ist in die Konfrontation zwischen Protestpotential und Staatsautorität. Und der in einem Prozeß skandalös behandelt worden ist. Ein richtiges Willkür- und Abschreckungsurteil, das aller Rechtsstaatlichkeit Hohn sprach und das uns damals alle sehr empört hat. Aufgrund einer dummen Indizienkette ist er maßlos und ohne Bewährung bestraft worden, was ihn dann wohl endgültig vom legalen, von ihm ›legalistisch‹ genannten Weg abbrachte und ins Umfeld der Terroristenszene katapultierte. Was ich sehr bedauert habe.
In diesem Lokal in der Schellingstraße wurden also Demonstrationen vorbereitet und am Hinterausgang der Uni versammelte man sich, um zu einem Go-In oder Sit-In aufzubrechen.
Ich muß sagen, daß mich die Stimmung dieser Zeit voll erfaßt hatte: daß jetzt die alten Strukturen der Ära Adenauer und Erhard zu bröckeln begannen und daß nicht mehr alles für gut befunden wurde, was die Amerikaner machten. Das hatte die ganze Generation erfaßt, sogar die RCDS-Studenten.
Einige Forderungen habe ich voll unterstützt. Zum Beispiel: keine Zensur bei Schülerzeitungen. Ich war damals Landesvorsitzender der Schülerzeitungen und war dafür, daß die Schüler, das war noch nicht Apo, aber Vorfeld der Apo, daß sie über Politik schreiben durften, vom Sexatlas bis zum Vietnamkrieg. Ich war natürlich für ein demokratisches Hochschulgesetz mit politischem Mandat für die Studentenvertretung und für Mitbestimmung von Studenten und Assistenten in allen Gremien.
Das waren die Forderungen, die ich kommentierend in der SZ unterstützt

habe. Den Protest gegen die Notstandsgesetze hat ja praktisch die ganze liberale Öffentlichkeit mitgetragen.
Womit ich überhaupt nichts anfangen konnte, war der marxistische Dogmatismus. Wenn jedes noch so winzige Randproblem auf den Grundwiderspruch zwischen Lohnarbeit und Kapital zurückgeführt werden sollte und man diese Sprüche auch noch pausenlos vor sich herbeten mußte, um zu beweisen, daß man ein guter Linker war. Das hat mich abgestoßen. Ich habe Satiren geschrieben über die Bibelstunden der SDS-Heiligen und -Mönche und böse Kommentare über den Anspruch, daß man Gesetze brechen darf, wenn man das richtige politische Bewußtsein hat.
Ich hatte ja gerade mit meiner juristischen Ausbildung angefangen und da störte es mich, daß Spielregeln, die sich die Gesellschaft gegeben hatte und an die sich alle halten müssen, einfach so gebrochen werden sollten.
Das fing an als Strategie der Regelverletzung, die man begehen müsse, um überhaupt die Öffentlichkeit zu erreichen. Das ging dann weiter mit Gewalt gegen Sachen, die noch ›gut‹ sein sollte im Gegensatz zu Gewalt gegen Personen, die ›schlecht‹ sein sollte, wobei die Grenzziehung dazwischen unendlich schwierig war und nie eingehalten wurde. Das habe ich von Anfang an kritisiert. Aber bei den Forderungen: politische Meinungsfreiheit an den Schulen, Mitbestimmung an den Hochschulen, Verhinderung der Notstandsgesetze und Protest gegen den Vietnamkrieg habe ich mich als Sympathisant verstanden.
Die SDSler standen seltsam verquer zu mir. Bei Uni-Auftritten, vor vollbesetztem Hörsaal mußten sie sich natürlich über die ›bürgerliche Presse‹ und den ›liberalen SZ-Reporter‹ mokieren, das gehörte einfach zum guten Ton. Privat standen wir auf vertrautem Fuß, wenn wir nicht sogar befreundet waren. Mit denen jedenfalls, die später zur SPD gegangen sind.
Natürlich wurde ich auch benutzt, um Informationen an die Öffentlichkeit zu tragen. Dafür war ja die SZ das A und O. Also, abgesehen von diesen Lippenbekenntnissen gegen die bürgerliche Presse, die in Bausch und Bogen verurteilt werden mußte und wo auch keine Ausnahme gemacht werden durfte, war unser persönliches Verhältnis ganz gut.
Ich erinnere mich übrigens an keine Studentin, an überhaupt keine Frau, die bei den Teach-Ins das große Wort geführt hätte. Jedenfalls in den Jahren 1968/69 nicht. Frauen durften in den Cafés die Kaffeetassen spülen, sie durften Transparente malen und zusammennageln. Wenn die Rolle der Frau diskutiert wurde, dann immer im Zusammenhang mit ›sexueller Befreiung‹. Damit war aber ausschließlich die sexuelle Freiheit der Männer gemeint. Die Frauen sollten als Sexualobjekt verfügbar sein.
Es wäre eine nachträgliche Verklärung, wenn man die Frauenbewegung irgendwie mit den 68ern in Verbindung bringen wollte. Es hat sicher bei vielen Frauen Fragen ausgelöst und Impulse gegeben, die sie später auf den feministischen Trip brachten. Ansonsten hatte ›1968‹ überhaupt nichts mit Feminismus zu tun. Die Frauen waren Groupies, Applauskulisse und Lustobjekt – zumindest in der Phantasie der Männer.

Kommune hieß ja auch: die Frauen hatten für die Kommunarden zur Verfügung zu stehen, es hieß nicht, daß sich die Frauen kollektiv emanzipieren sollten. Insofern war die Bewegung schon ziemlich chauvinistisch und ein Kind ihrer Zeit und nicht, in feministischer Hinsicht, der Zeit weit voraus.
In dieser zweiten Phase war mein Verhältnis zur Türkenstraße sogar noch enger als in der Kindheitsphase. Die Türkenstraße war das lebendige Zentrum der Aktionen. Nicht unbedingt das wichtigste oder repräsentativste, aber eben das lebendigste.
Die dritte Phase war in den frühen 80er Jahren. Da hatte gerade die Umwandlungsspekulation begonnen: zunächst im Lehel, dann in Schwabing und war gerade dabei, die Maxvorstadt zu erfassen. Wegen dieser Uninähe wurde auch die Türkenstraße zum Spekulationsobjekt. Man konnte sich gut vorstellen, daß manch Professor oder Student aus gutem Haus hier unbedingt wohnen wollte. Auch wegen dieses vitalen Ambientes drumherum. So fingen immer mehr Immobilienfirmen an, Häuser in der Türkenstraße zu kaufen und die Mieter zu vertreiben, Wohnungen zu renovieren, um sie dann als Eigentumswohnungen zu verkaufen – oft genug fast zu demselben Preis, den der gesamte Altbau gekostet hatte.
Vielleicht gehörte es auch zu den Spätfolgen von '68, daß bedrohte Mieter sich rechtzeitig zusammengeschlossen und kollektiv gehandelt haben, anstatt sich einzeln in Isolation und Verzweiflung treiben zu lassen.
Es waren, ganz konkret in dem Haus Türkenstraße 68 A, Spät-68er, die die Initialzündung gegeben haben für die Gründung einer Mietergemeinschaft. Da war der Filmemacher Verhaag, die Malerin und Schriftstellerin Anita Albus, da waren ein paar ältere, alleinstehende Damen und ein älterer Herr, der selber aus der Baubranche kam und sehr kenntnisreich war.
Diese Mietergemeinschaft hat nun wirklich alles durchgemacht, was man auf dem Sektor Wohnungsmarkt durchmachen kann.
Sie wurden eingeschüchtert mit Anwaltschreiben und Kündigungen. Es gab auf einmal Wasserschäden, es tropfte durch das Dach, gerade ein paar Tage vor Weihnachten. Man hat auf einen Schlag alle Fenster im Treppenhaus ausgehängt, damit es recht kalt würde. Man hat die Haustür ausgehängt, damit die Penner ins Haus kämen. Das taten sie auch und pinkelten hinein. Man hat die Kellerfenster ausgehängt, damit es recht feucht würde. Das tat es auch. Gleichzeitig erfroren die Kartoffeln. Man hat mit Bauarbeiten angefangen, die sich über Jahre zogen. Man hat vor dem Eingang einen See geschaffen, daß das Haus lange Zeit nur über eine Holzbrücke zu erreichen war – wie in Venedig bei Überschwemmungen. Und immer wieder gab's Prozesse: mal wegen Mietererhöhung, mal wegen unzulässiger Untervermietung oder Tierhaltung, mal wegen Kündigung.
Dann haben die Mieter große Transparente aufgehängt: ›Wir bleiben hier!‹. Damit die Kaufinteressenten gleich merkten, daß das keine Baustelle war, obwohl es so ausschaute, sondern daß das ein bewohntes Haus war, aus dem die Mieter sich nicht vertreiben lassen wollten.

Dann haben die Spekulanten gegen diese Transparente prozessiert wegen Verunstaltung der Fassade.
Dann haben wir, ich war der Anwalt dieser Mietergemeinschaften, einen Musterprozeß geführt und durchgesetzt, daß derartige Plakate zulässig sind. Daß es zum Wohnen gehört, Kaufinteressenten mitzuteilen, daß man gewillt ist, weiter dort zu bleiben. Seitdem sind solche Plakate und Transparente zum Kennzeichen aller Spekulationshäuser geworden, in denen Mieter sich wehren. Uns ist es jedenfalls gelungen, die Vertreibung der Mieter zu verhindern. Nicht die Schikanen. Ein paar ältere Damen sind da tatsächlich herausgestorben. Nicht zur Mietergemeinschaft von 68 A gehörte der Psychologe Saß, der zusammen mit seinen Patienten den Preis für seine Ablöse hochgetrieben hat. Einen südlichen Hauch hat die Türkenstraße schon immer durch das Eiscafé ›Adria‹ gehabt, das, bevor es als zulässig erklärt wurde, bereits Tische und Stühle herausgestellt hat. Ich erinnere mich an die Eddie-Filme im Spätprogramm des ARRI, ein Kultereignis wie später die ›Rocky Horror Picture Show‹, wo ein Publikum zusammenkam, das den Film ausnahmslos schon kannte, wo der Film als Ereignis überhaupt keine Rolle mehr spielte, sondern nur noch der Auslöser für Publikumsreaktionen war. Es war ein soziales Ereignis, das junge Publikum hatte Bierflaschen dabei mit Schnappverschlüssen und pausenlos hörte man es knallen und glucksen.
Trotz aller Neuerungen, trotz allen Strukturwandels seither, gibt es in der Türkenstraße noch vieles, was die alte Identität repräsentiert: Lokale, Antiquare, Hinterhöfe mit Handwerksbetrieben. Was ich noch positiv finde: daß sich der ›Türkendolch‹ trotz aller Krisen gehalten hat; daß der Augustiner einen ›Kunsthof‹ im ›Türkenhof[1]‹ eröffnet hat, daß in dem hochattraktiven Ziegelbau die Architekturgalerie eingezogen ist; daß die Amalienpassage zum gelungenen Beispiel für Stadtreparatur und Schaffung neuer Erlebnisräume geworden ist. Und daß auf dem Roncalliplatz das Museum für moderne Kunst entstehen soll. Ich halte die Planung von Stefan Braunfels für sehr überzeugend. Diese Sicht- und Wegebeziehungen, diese Öffnung einerseits zur Innenstadt, andererseits zur Alten Pinakothek, das ist eine rundum überzeugende Planung.
Schon im Jahr 1906 hat ein Amtsvorgänger von mir, Bürgermeister Borscht, vorgeschlagen, auf diesem Areal ein Museum der modernen Kunst zu errichten. Fast ein Jahrhundert lang ist diese Idee auf die lange Bank geschoben worden. In den 80er Jahren haben andere Städte großartige Museumsbauten errichtet: Stuttgart, Frankfurt, Bonn, vorher Köln und Hamburg. München ist da ins Hintertreffen geraten, aber jetzt brauchen wir dieses Museum dringend. Es wird eine kulturelle Aufwertung der Türkenstraße mit sich bringen, einerseits; andererseits wird der kommerzielle Druck zunehmen und damit sicherlich Einrichtungen und damit Menschen verdrängen, die sich bisher behauptet haben und zum Reiz und der Attraktivität der Straße beigetragen haben.
Das ist das Janusköpfige.«

[1] hielt sich knapp zwei Jahre

Liselotte Gruber
geb. 1944 · Hotelfachfrau · »Hotel Stefanie«

Auffangkissen

»Meine Großeltern haben das Haus Nr. 35 1920 gepachtet. Da waren unten zwei Läden, eine Gaststätte mit Biergarten und eben das ›Fremdenheim Stefanie‹, Betonung auf dem ›a‹, Stefánie. Woher das kommt, weiß ich nicht, die Großeltern haben es übernommen, 1954 dann die Mutter. 1974 ich und in ein paar Jahren wohl meine Tochter. Sie ist die vierte Generation einer Gastronomiefamilie.
Großmutter Emilie war gelernte Köchin und Großvater Hans gelernter Konditor, kurzzeitig sogar in der Hofkonditorei. Er ist noch richtig auf die Walz gegangen und dabei bis zum Gardasee gekommen.
Als meine Mutter 1922 auf die Welt kam, haben die Großeltern die Gaststätte zugemacht. Der Hof, wo die Toiletten waren und der Wirtsgarten mit den Kastanien, wurde gepflastert. Da wurden Garagen und eine Tankstelle hingebaut. Zwischen meiner Familie und den Gästen gab es immer einen engen Kontakt. Sie hatten viele Dauermieter, darunter einige Künstler. Heute haben wir 34 Zimmer, zwischen 50 und 60 Betten. Großmutter hat erzählt, daß sie am Anfang das Bett für fünf Mark vermietet haben. Da hat man dann nach dem Beruf gefragt und geschaut, daß man eben einen Ingenieur möglichst zu einem Ingenieur legt oder einen Fahrer zu einem Fahrer. Daß sie vom Stand her zueinander gepaßt haben. Da gab es in einem Zimmer noch drei Betten, manchmal hat man auch noch eine Matratze hineingelegt. Es war im Schnitt gehobenes Bürgertum, viele Eltern, die ihre Söhne in der Türkenkaserne besuchten, oder Vertreter.

Lange Zeit hatte auch ein Hoffotograf, Sahm hieß er und wohnte im Pfefferle-Haus, sein Auto bei uns im Hof eingestellt. Er hat mich als kleines Mädchen fotografiert mit seiner besonderen Technik, dann bei der Kommunion und dann mit 18. Ich glaube, er wollte eine Serie daraus machen. Ich schau mir die Bilder gern an, sie sind sehr schön, man könnte sich direkt geschmeichelt fühlen.
Meine Mutter wuchs hier auf und wollte eigentlich Medizin studieren, kam dann aber durch den Arbeitsdienst zum Hopfen Zopfen. Später machte sie ein Praktikum am Schwabinger Krankenhaus und traf dort meinen Vater, der da als Patient lag. ›Mußte mir erst ein Ziegel auf den Kopf fallen‹, hat er gesagt, ›damit mir die Augen geöffnet werden!‹
Er arbeitete bei BMW, als Abteilungsleiter in der Betriebsmotorenforschung und war u.k. gestellt. Bei einem Sturm war ihm tatsächlich ein Ziegelstein auf den Kopf gefallen. Im November 1943 haben die Eltern geheiratet. Mein Vater hatte eine gute Position, er hat gut verdient. Deshalb haben sie sich auch eine eigene Wohnung im ›Türkenbad‹ gemietet, im ersten Stock.
Als ich vier Wochen alt war, im Juni 1944, hat eine Fliegerbombe das Haus getroffen. Wir saßen im Keller, ich lag im Waschkorb. Wir sind dann durch die Keller bis zur Amalienstraße geflüchtet und haben zweieinhalb Stunden gebraucht, bis wir wieder zurück in der Türkenstraße waren, durch Ruinen und Schutt.
Ich war dann mit der Mutter in Niederbayern evakuiert, im Elternhaus der Großmutter. 1949 kamen wir wieder zurück, zehn Jahre später haben wir das Rückgebäude gebaut. Die Genehmigung bekamen wir von den amerikanischen Behörden. Großmutter hat das Baumaterial organisiert: Holz war damals leichter zu bekommen. Für den Aufgang, die freie Treppe mit der Holzverkleidung brauchte es eine Extra-Genehmigung.
Das Haus selber schaute ab dem dritten Stock in den Himmel. Eine Bombe hatte es getroffen, aber weil diese Phosphorbombe nicht mit Sand, sondern mit Wasser gelöscht worden war, hatte es einen großen Wasserschaden gegeben: das Löschwasser war praktisch am Phosphorfeuer vorbei in den zweiten Stock hinunter gelaufen.
Der Vater war bis nach dem Krieg bei BMW, bis denen verboten wurde, Flugzeuge und Flugzeugmotoren zu bauen. Das bedeutete für ihn Berufsverbot. Er war in der Forschung und der Versuchsstation tätig, hat dort eigene Sachen entwickelt, konstruiert und Patente dafür bekommen, die ihm aber die Amerikaner entwendet haben. Sie wollten ihn mit nach Amerika nehmen, ursprünglich wollte er auch. Es hätte ihn schon gereizt, aber die Mutter kam nicht weg, weil die Großeltern ihr ja irgendwann das Hotel und das Haus übergeben wollten. So blieb er der Mutter und dem Haus zuliebe da. Er war Fachmann für Schwingungsberechnungen: Welches Material kann welche Schwingung aushalten und welche Geschwindigkeit? Das ging bereits in Richtung Überschallflugzeuge, in Richtung ›Starfighter‹.

Auch die Russen waren stark an seinen Forschungen interessiert. Vater hatte Angst, daß sie ihn eines Tages verschleppen könnten, wie es einigen seiner Kollegen passiert war, die dann nie mehr auftauchten.
Er war eigentlich Pazifist und durch und durch Wissenschaftler.
Ab 1954 hat er sich hier voll in den Betrieb gestürzt. Vater und Mutter hatten immer ein gutes Verhältnis, da war eine Harmonie. Sie haben sich wunderbar ergänzt: Vater war fürs Bürotechnische zuständig, fürs Kalkulatorische; Mutter für Personal, Rezeption und Küche.
Vater auch die Wäsche gemacht, weil er an seine Maschinen, die er auch gewartet hat, niemanden hinließ.
Die beiden kamen sich nie in die Quere. Vater war eher dominierend und die Mutter war es schon von der Großmutter her gewöhnt zu kuschen. Großmutter war Steinbock oder Widder, irgendetwas mit Hörnern, und Großvater war Waage, ruhig und gutmütig. Ich bin Stier (lacht). Mit mir kann man auskommen, ›wenn man dir nicht widerspricht‹, sagt mein Mann (lacht). Die Familie meines Vaters stammte von Hugenotten ab, die nach Deutschland gekommen waren, trotzdem waren Vater und Mutter katholisch. Ich wurde in der Klinik katholisch getauft, Kommunion war in St. Ludwig.
Meine besten Freundinnen wohnen heute noch im Suckfüllhaus. Früher als Kinder konnten wir noch pfeilgrad über ein Ruinengrundstück in die Amalienstraße. Da, wo heute das Heizwerk steht.
Ab der vierten Klasse bin ich in die Schule im Angererkloster gekommen, in die höhere Mädchenschule. Da war schon meine Mutter: ihre Klaßleiterin von damals war inzwischen Oberin und meine Erdkundelehrerin war ihre Mitschülerin. Ich war dort bis zur Mittleren Reife. Ja, jung und dumm. Ich hatte Tanzstunde gemacht und meinen späteren Mann kennengelernt, den Herrn Ring. Er hatte kein Abitur und wollte auf dem zweiten Bildungsweg Maschinenbau studieren. Ich war gerade 16, alle meine Freundinnen haben schon gearbeitet und Geld verdient. Was sollte ich da noch in der Schule?
Der Vater wollte mich in ein Internat in der Schweiz stecken, bis ich freiwillig sagte: ›Okay, ich mache die Hotelfachschule!‹
Die Eltern waren am Anfang total gegen unsere Freundschaft. Wir waren zu jung. Außerdem war ich ein wohlbehütetes Töchterchen, das man abends nicht allein hat weggehen lassen können. Wenn, dann mit Mutter zum Fünf-Uhr-Tanztee ins Parkcafé am Alten Botanischen Garten oder ins ›Regina‹.
In der Schweiz habe ich mein französisches Diplom gemacht in einem Viertel- statt in einem halben Jahr. Ich habe gebüffelt, um schneller nach Hause zu kommen.
Mit Hängen und Würgen habe ich durchgesetzt, daß wir heiraten durften, als ich 19 war und er 20. Wenn der Sohn nicht schon unterwegs gewesen wäre, wär's sicher nicht so schnell gegangen mit der Hochzeit. War trotzdem etwas früh, denke ich heute.
Mein Mann hat dann umgeschwenkt und die Hotelfachschule gemacht. Er hat in verschiedenen Berufen Erfahrungen gesammelt, während ich bei den Eltern arbeitete. Zweieinhalb Jahre hatten wir gemeinsam die Gaststätte

›Hahnweide‹ neben dem Segelflugplatz in Kirchheim/Teck, wo auch unsere Tochter geboren ist.
1971 sind wir in die Türkenstraße zurück und haben als Geschäftsführer-Ehepaar gearbeitet, weil Vater krank geworden war. 1973 ist er gestorben, 1974 hat die Mutter an mich übergeben, 1979 habe ich mich von meinem ersten Mann getrennt.
Die meisten Umbauten im Haus hatte mein Vater gemacht: Duschen, Bäder, Toiletten in die Zimmer und den Lift ins Treppenhaus einbauen; den fünften Stock ausbauen.
Viele Gäste sind gern mit meinem Vater bei einem Glas Wein zusammengesessen. Abends wird man zum Seelentröster. Da muß man sich viel mitanhören: Probleme im Beruf, mit der Freundin, der Frau, der Familie. Das muß man sich merken und das nächste Mal danach fragen.
Ich sage immer: Hotels, Apotheken, Gastwirtschaften, das sind die Orte zum Beichten. Wenn man mit dem letzten Gast sitzt, da wird man zu einer Art Auffangkissen, weil jeder meint, nur ihm ginge es so schlecht. Es tut den Leuten dann gut, wenn sie merken: da hört einer zu und erzählt auch von eigenen Erfahrungen. Ich höre dann richtig die Steine von der Seele plumpsen und das gefällt mir.
Als mein erster Mann nicht mehr da war, waren es schon die Stammgäste, die mich gefragt haben: ›Wie konnten Sie das überhaupt so lange aushalten?‹, andere, Männer, haben doch tatsächlich gedacht: Notstand! Muß man ausnutzen! Aber es gab auch Verständnis, daß ich in der Zeit nicht so lustig drauf war, wie sie es von mir gewohnt waren.
Ansonsten versuche ich streng zu trennen zwischen Privatem und Geschäft. Ich würde nie wieder hier im Haus wohnen, der Betrieb frißt dich auf, man hat kein Privatleben mehr. Mit meinem zweiten Mann fahre ich jeden Tag in die Gegend von Wasserburg, wo wir wohnen.
Mit dem Hotel liegen wir hier sehr günstig. Jeder, der von der Prinzregentenstraße kommt, und daher kommen selbst nach der Auflösung von Riem die meisten, die in die Stadt wollen, weil es der einfachste Weg ist, landet, wenn er richtig fährt, in der Türkenstraße und bei uns. Wir sind das einzige Hotel in der Straße, in der Nachbarschaft gibt es ein paar andere, mit denen wir teilweise zusammenarbeiten: wenn wir voll sind, schicken wir ihnen die Gäste oder wir teilen Reisegruppen auf.
Ich glaube, in der Gegend hier ist so viel Bedarf, daß jeder gut leben kann, ohne dem anderen etwas wegzunehmen.
Wir sind mittlere Kategorie, wir haben keine Sterne. Unsere Hauptkundschaft kommt von der Uni, der TU, der Allianz, dem VdK und von Siemens. Weil wir in einer Preisklasse liegen, die noch im Budget liegt: Die Leute wollen gut schlafen, sie wollen ihren Komfort in den Zimmern – inzwischen haben wir Schallschutzfenster und Isolierung, alles Eigenfinanzierung – sie wollen ein gutes Frühstück und vielleicht auch noch angesprochen werden. Das haben sie alles hier. Wir haben ein Frühstücksbuffet mit frisch gemachten Wurst- und Käseplatten, das ab halb sieben geöffnet ist.

Einmal habe ich zwei Jahre die Pension allein geführt, bis ich's nicht mehr geschafft habe. Aufstehen um fünf, Frühstück machen für die Gäste bis zehn. Kochen fürs Personal, Rezeption und Wäsche so nebenbei. Gemeinsames Mittagessen mit den drei Zimmermädchen und der halben Kraft. Danach Küche saubermachen. Sich der Wäsche widmen. Buchführung im Büro. Zum Nachtdienst von acht bis zwölf hatte ich einen Studenten. Ich bin um zehn ins Bett gefallen.
Dann habe ich das ›Stefanie‹ verpachtet, der Pächter hat sich aber nicht besonders darum gekümmert. Jetzt hat sich meine Tochter für diesen Beruf entschieden: sie hat die Hotelfachschule in Altötting besucht, hat eine Lehre als Hotelkauffrau gemacht und jetzt arbeiten wir beide herin. Ich versuche, es einmal so weit zu bringen, daß sie es allein führen kann.
Mit dem Denkmalschutz stehe ich auf Kriegsfuß: weil die alles immer anders verlangen, als es dem Haus und dem Betrieb zuträglich wäre. Ich würde zum Beispiel gern ein neues Treppenhaus reinmachen, in Holz und original, aber nein, ich darf nicht. Unseres fällt langsam auseinander, es hält gerade noch so mit Schrauben.
Das Haus besteht aus der Pension und den Läden, die uns Miete zahlen. Wo heute der Glasladen ist, war ein Lebensmittelgeschäft, dann Kurzwaren, dann ein Schuhgeschäft. Als ich 1963 geheiratet habe, hat mir die Dame vom Schuhgeschäft, die eigentlich Friseuse war, den Brautschleier gesteckt. Nach der Glasmenagerie von Herrn Liebl, einem Glasbläser aus Zwiesel, hat die Frau Jettinger das Geschäft übernommen und führt es in seinem Sinne weiter.
Als die Großeltern die Gaststätte geschlossen hatten, kam das Fahrradgeschäft Brugger herein, dann wurde ein Friseurgeschäft daraus, dann eine Parfümerie und dann die Signora-Schuhe. Die ›Flugbörse‹ kam später dazu. Im Grundstückspreis und damit bei den Mieten bin ich an der unteren Grenze. Ich möchte nicht, daß ständig die Läden wechseln, ich möchte Dauermieter haben. Die Mieter bekommen den Laden nackt und dürfen ihn dann gestalten, wie sie möchten. Wir haben die Wertsteigerungsklausel im Vertrag: da erhöhen sich zwar die Mieten, aber auch nicht mehr als die Lebenshaltungskosten.
Ich freu' mich immer, wenn ein Gast sich bedankt, wenn er sagt, es habe ihm gefallen und er komme gerne wieder. Das ist mein Trinkgeld. Oder wenn Stammgäste Geschenke mitbringen oder alte Rechnungen, daß sie schon bei den Großeltern oder Eltern hier übernachtet haben.
Unangenehm ist manchmal das Betragen von Gästen zur Oktoberfestzeit. Da gibt es öfter nasse Betten und verfehlte Toiletten. Oder Gäste, die sich herin so aufführen, als wären sie in den ›Vier Jahreszeiten‹: die sich gleich nach dem Pagen umschauen, der ihr Gepäck trägt. Das geht freilich nicht, dann müßten wir mehr Personal einstellen und die Preise würden steigen.
Mit gewalttätigen Gästen haben wir eigentlich nie Schwierigkeiten gehabt: ich bleibe immer höflich. Ich lehne es auch ab, eine Waffe zu tragen.
Obwohl, ich könnte es, ich bin nämlich Jäger.

Wie das kam? Ich habe meinen Fischereischein gemacht, weil ich gerne in der Natur bin und stundenlang am Wasser sitzen kann. Schon als Kind. Da habe ich gelernt, daß der böse Fischreiher uns die ganzen Fische aus dem Wasser holt, wir aber nichts dagegen tun können. Das könne nur der Jäger.

›Alsdann‹, habe ich zu mir gesagt, ›machst den Jagdschein!‹ Ich habe mich bei der Waidmannsgilde angemeldet und hab' meinen Jagdkurs gemacht. Da habe ich meinen zweiten Mann kennengelernt. Inzwischen haben wir eine Jagd bei Soyen. Bei uns gibt's nur Niederwild: Rehe, Hasen. Das Landratsamt sagt uns, wieviele wir abschießen dürfen. Dann gibt es einmal im Jahr eine Treibjagd. Oder wir fahren mit Jagdfreunden auf eine Jagdreise. Mit Promis haben wir wenig zu tun. Wir sind ganz normale Landjäger.

Nachdem ich meinen Jagdschein hatte, durfte ich auch meinen ersten Bock schießen. Mein zweiter Mann hat mich auf meinen ersten Bock geführt, weil er einen Begehungsschein hatte.

Das war ein Erlebnis nach eineinviertel Jahren Büffeln, fast einem Studium. Und dann die Krönung: der Bock! Es war ein ganz kleiner Bock, der sowieso 'rausmußte aus dem Bestand. Er hat inzwischen einen Ehrenplatz an der Wand. Inzwischen habe ich vielleicht hundert Rehe geschossen und zwei Hirsche. Abschußhirsche, die auch wegmußten.

Den Sinn der Jagd habe ich beim Lernen auf den Jagdschein begriffen: daß der Mensch nicht zuerst stark in die Natur eingreifen darf und dann nichts mehr tun will. Dem Wild den Lebensraum wegnehmen und es dann weiter wachsen und zunehmen lassen, daß es alles anknabbert, das geht nicht! Da machen schon die Bauern nicht mit!

Neben Jagd und Fischerei beschäftige ich mich in der wenigen Freizeit mit Malen und Bücher lesen. Vor zehn Jahren habe ich angefangen zu malen aus persönlichen und auch therapeutischen Gründen, um mich abzulenken. Zuerst Schützenscheiben – wir sind im Schützenverein, ich habe da ein paar Jahre aktiv mitgeschossen – mit Plakafarben, dann lackiert. Ich habe sie gut verkauft. Dann bin ich zum Öl übergegangen und habe Hundeporträts gemalt. Wir haben selber zwei deutsche Jagdterrier und lieben Hunde sehr. Aber ich male nach Vorlagen, das heißt, ich suche mir bei einem Jagd- oder Hundemaler ein Motiv aus und verändere es so, daß es auf den Hund paßt, den ich gerade porträtiere.

Wenn ich nur eine Stunde Zeit habe, dann setz' ich mich nicht hin zum Malen, dann nehm' ich ein Buch. Das kann ruhig einen geschichtlichen Hintergrund haben, muß aber leicht geschrieben sein. Die Angélique-Bände habe ich alle gelesen, auch den Konsalik mag ich gern.

Ansonsten arbeite ich jetzt zusammen mit meiner Tochter im Hotel, solange, bis sie es allein übernehmen kann.

Daß das ›Allotria‹ weg ist, darüber bin ich nicht böse. Wir hatten viele Beschwerden von Gästen aus Zimmern an dieser Seite. Aber daß ich deswegen geklagt hätte, nein! Ich bin kein Mensch, der vor Gericht geht.

Ich war nie im ›Allotria‹, wenn ich weggehe, dann woanders, hier ist man doch nicht privat.

Wenn wir Gruppen haben, gehen die in den ›Lohengrin‹ essen, da haben wir eine Abmachung. Ich kenne den ›Lohengrin‹ noch aus der Zeit, als er in einer Baracke im Hinterhof war. Vorne das Haus war eine Ruine. Wir hatten Möbel und antike Sachen dort im Keller deponiert, weil wir dachten, der sei sicherer als unserer. Er gehörte zum ›Hofbräu‹ und der zum Staat. Aber es kam anders: Unsere Sachen sind drüben alle verbrannt und unserem Haus ist nichts passiert. Die Großeltern haben im Keller überlebt.
Zur Zeit der Großeltern und Eltern hat ein Paar schon nachweisen müssen, daß es verheiratet war, sonst bekam es kein Doppelzimmer. Jeden Abend mußten wir die Meldezettel in der Ettstraße vorbeibringen. Sie wurden alle registriert. Dann gab es eine Zeit, in der die Meldezettel abgeholt wurden und jetzt kräht kein Hahn mehr danach. Jetzt sind nur noch wir verantwortlich.
Wenn man einen Gast nicht will, wenn man das Gefühl hat, er will das Hotel als Absteige benutzen, oder wenn er im Outfit nicht zu unseren Gästen paßt, dann ist einfach kein Zimmer mehr frei. Bei telefonischer Anmeldung ist es ein Risiko. Dann hab' ich ihn eben eine Nacht und schau', daß ich ihn weiterbring'. Und er kommt auf die schwarze Liste. Schwarze Listen machen sich die Hotels selber, da gibt's keinen Austausch.
Gegen den Hotelklau kann man nichts machen. Früher waren Kleiderbügel begehrt, Aschenbecher und Handtücher. Auch Silberlöffel mit ›Hotel Stefanie‹ drauf verschwinden und eingewebte Handtücher. Aber die schlimmsten Zeiten sind vorbei. Das Klauen hat nachgelassen.
Daß welche verschwinden, ohne zu zahlen, das gibt es in jedem Hotel. Zu meiner Zeit war es einer im Jahr, das läuft so mit. Am Anfang hab' ich noch Anzeigen gemacht, aber das bringt echt nichts. Die, die es machen, machen es notorisch und wenn sie gefaßt werden, haben's nichts zum Pfänden.
Für mich ist das Herz der Türkenstraße das Stück zwischen Theresien- und Schellingstraße. Da ist es wie ein kleines Dorf. Jeder kennt jeden, grüßt jeden, geht aber trotzdem seine eigenen Wege. Man weiß oft nicht, wie einer heißt und was er macht, aber man weiß, wo er wohnt. Man kennt das Gesicht, also grüßt man.
Eine Spielkameradin vom Nachbarhaus hat den jungen Schober geheiratet, sein jüngerer Bruder ist bei mir in die Klasse gegangen, so haben sich die Kreise geschlossen. Damals. Heute ist die Straße wie jede andere. Wenige, die noch miteinander reden, die Jungen schon gar nicht.
Die Türkenstraße ist mir fast fremd geworden. Sie ist nicht mehr *meine* Straße und wird es wohl auch nie mehr.«

Kurt Cohen
rechts, mit Bruder
geb. 1916 · Club »Maon« · seit 1997: »Cohens jüdische Spezialitäten«

Generationenlang Ostfriesen

»Vor vierzehn Tagen habe ich hier im Restaurant dem Fernsehen gesagt: ›Ich ärgere mich, daß ich in Deutschland bin!‹ – ›Sie würden also nicht mehr zurückkehren?‹ – ›Nein!‹ habe ich gesagt, ›ich bin in Hamburg geboren. Meine Vorväter sind Generationen lang Ostfriesen gewesen. Ich bin nie ein Bayer geworden.‹ Obwohl ich jetzt schon mehr als doppelt so lang in Bayern lebe wie in Hamburg. Diese ›liberalitas Bavariae‹ ist für mich nur ein Schlagwort, ich halte die Hanseaten für liberaler. Bayrisch reden kann ich auch nicht. Da steht mir der Mund nicht danach.
Im November 1938, zwei Wochen nach der Kristallnacht, ich war gerade 22, hat mich ein Schauermannsvize, so nennt man einen Vorarbeiter im Hamburger Hafen, auf ein Schiff geschmuggelt. Es hieß ›Glengarry‹ und brachte mich nach Antwerpen. Als blinden Passagier.
Dort habe ich schwarz gearbeitet, bis ich von den Belgiern, wie andere Deutsche auch, 1940 in St. Cyprien interniert wurde. Das Lager war am Mittelmeer an der spanischen Grenze und zum Wasser hin offen. Nach drei Monaten bis ich abgehauen über Perpignan nach Toulouse, wo mich zu allem hin noch die Malaria erwischt hat.
1942, als die Nazis in Belgien einrückten, haben sie mich als Juden in das Zwangsarbeiterlager nach Dannes-sur-mer eingeliefert. Wir mußten Bunker bauen. Nach zwei Wochen bin ich auch von dort getürmt, zurück nach Belgien. Aber ich bin noch einmal zurück, um drei anderen zur Flucht aus dem Lager zu verhelfen.

Wieder in Charleroi, habe ich wie 300 andere Juden auch bei der Firma ›Elbau‹ gearbeitet, Elsass-Lothringische Bau AG, die in Belgien Schienen und Schwellen demontierte, die für die deutsche Armee nach Rußland transportiert wurden.

1942 habe ich geheiratet. Meine Frau kam aus den tschechischen Karpaten, wie viele junge Mädchen von dort war sie als Köchin nach Belgien gekommen. Sie galt als die beste überhaupt. 1943 ist Annette geboren, 1945 Jacques. Mir hatte die belgische Résistance falsche Papiere auf den Namen ›Paul Driessens‹ ausgestellt. Es gab weiße Papiere für Ausländer mit sechsmonatigem Aufenthalt, gelbe für Ausländer mit unbegrenztem Aufenthalt und grüne für Belgier. Ich hatte grüne und war so ein Flame in Wallonien. Bis die Amerikaner 1944 einrückten, hat mich ein Ingenieur bei ›Elbau‹ – wie 11 bis 13 andere auch mit falschen Papieren der Résistance – versteckt arbeiten lassen.

In den neuen Papieren stand wieder mein richtiger Name und ›nationalité: allemande (non-ennemie)‹, also: Nationalität deutsch, aber nicht feindlich. Damit habe ich bei den Amerikanern als Trackman angefangen zu arbeiten. Trackman ist ein Aufseher an den Bahngleisen.

Dann stieg ich zum Dolmetscher auf, war zum Schluß sogar so etwas wie Stadtkommandant in Mons in der Provinz Hainaut. Als die Deutschen abgerückt waren – als erste die SS, motorisiert, dann die Wehrmacht zu Fuß oder Räder schiebend – hatten die Amerikaner die von ihnen belegten Häuser und Grundstücke übernommen. Ich hatte die Verträge mit den belgischen Besitzern auszuhandeln.

Für Schäden, die von den Amerikanern angerichtet worden waren, standen mir für die Reparatur dreihundert deutsche Kriegsgefangene zur Verfügung. Es war mir eine Genugtuung, als Jude ihr Vorgesetzter zu sein, aber ich habe sie nicht wie Nazis behandelt, ich habe meine Macht über sie nie mißbraucht.

1948 wollten wir, meine Familie und ich, nach Amerika auswandern. Da hieß es aber, DPs würden bevorzugt, displaced persons, Leute, die mit Gewalt irgendwohin deportiert worden waren, die meisten in KZs. Das waren wir nicht. Wir sollten noch warten, hieß es.

Also kehrten wir nach Deutschland zurück. Meine Frau hatte drei Brüder und zwei Schwestern als Überlebende in der Familie. Die Schwestern in einem DP-Lager, einem ehemaligen Kloster in Gabersee bei Wasserburg. Dorthin kamen wir zunächst auch. Dann nach Feldafing und Föhrenwald, anderen DP-Lagern. In Föhrenwald haben wir die Rachel Salamander kennengelernt, die eine Zeitlang mit unseren Kindern groß geworden ist. Heute hat sie die ›Literaturhandlung‹ in der Fürstenstraße und kommt gern zum Essen oder nach Veranstaltungen mit Gästen hierher.

Im Mai 1948 war der Staat Israel gegründet worden. Wir beschlossen, dorthin auszuwandern. Aber zunächst wollten sie nur Männer im wehrfähigen Alter, dann gab es nicht genug Wohnungen. Und wir hatten ja die beiden Kinder. So blieben wir eben hier.

Als meine Frau 1950 krank geworden ist, habe ich begonnen, zuerst in einem Büro, dann in der jüdischen Fürsorge zu arbeiten. Offiziell hieß das: ›Fürsorgeabteilung der Israelitischen Kultusgemeinde in München‹. Das war so etwas wie Caritas oder Arbeiterwohlfahrt. Es ging vor allem um monatliche Unterstützung oder um Hilfe für Leute, die aus dem Osten gekommen sind. Das waren keine großen Sachen. Da hat einer im Monat 50 Mark bekommen und ein Durchreisender 20. 1956 habe ich die jüdische Fürsorge für ganz Bayern geleitet.

Danach war ich einige Zeit im Vorstand der Israelitischen Kultusgemeinde. In München gab es vielleicht 4000 Juden, vor dem Krieg waren es 12000. In ganz Deutschland hatte es über 600000 Juden gegeben, jetzt sind es mit den russischen Juden 50000.

Ich hatte einen Rechtsanwalt, Dr. Kückelmann, den Bruder der Schauspielerin Gertrud Kückelmann, der meine Wiedergutmachung betrieben hat. Seine Eltern wohnten im Haus Nr. 60 in der Theresienstraße. Er machte mich darauf aufmerksam, daß man dort gut ein Lokal eröffnen könne, ein jüdisches Restaurant. Das wurde dann das ›Café Pinakothek‹. Da konnte jeder kommen, aber es war bekannt, daß es jüdische Küche gab. Die beste jüdische Küche Deutschlands.

In den 60er Jahren betrieb ich parallel zum Café ein Antiquitätengeschäft, das auf Judaica spezialisiert war in der Türkenstraße 30, dem Ziegelbau, in dem sich heute die Architekturgalerie befindet. Ich hatte in Silber gefaßte Pergamentrollen aus Toledo, der früheren Hauptstadt Spaniens mit ihren zwei Synagogen, siebenarmige Leuchter und silbernen Thoraschmuck.

15 Jahre lang bis 1976 habe ich das ›Café Pinakothek‹ geführt, in dem sich bekannte Leute wie Bernhard Wicki, Jürgen Roland, Karl Lieffen, Walter Giller und natürlich die Kückelmanns immer wieder trafen, diese ganze Schauspielerclique.

Seit 1987 sind wir jetzt im ›Maon‹ in der Theresienstraße. Sohn und Tochter führen das Lokal. Maon heißt ›Club‹, wir sind eine Art Gesellschaftsclub mit jüdischer Küche. Hierher kommen auch wieder nichtjüdische Gäste, die unsere Küche schätzen. Da gibt es am Wochenende ›Gefillte Fisch‹, das sind süß-gepfefferte Karpfen; Tschulend, ein Eintopf mit Bohnen, Kartoffeln und Fleisch; oder Kischke, das ist gefüllter Darm. Wir haben auch Bier, Wein und den besten Kaffee Münchens.

Mittags und am Wochenende kommen die Leute nur zum Essen. Nachmittags sind gern ältere Männer da, die Karten spielen. Sie gehen nach hinten und spielen Rommé und Derdl.

Gesellschaftlich sind wir meist unter uns. Ich bin der einzige deutsche Jude, alle anderen sind aus Osteuropa. Ich verstehe inzwischen jiddisch, aber ich verstehe auch noch plattdeutsch. Meine Vorväter sind schließlich generationenlang Ostfriesen gewesen. Daher auch meine Vorliebe fürs Teetrinken, speziell für Dallmayr's ostfriesische Mischung.

Cohen ist hebräisch und bedeutet ›Priester‹. Diese Priester geben bei uns an Feiertagen der Gemeinde den Segen. Das habe ich früher in München auch getan.

Was mich hier überhaupt hält? Ausschließlich meine Trägheit. Ich bin ja nicht nach Deutschland zurückgekehrt, sondern ich bin hergezogen, um auszuwandern. Nachdem Amerika und Israel nicht geklappt hat, sind wir eben hiergeblieben. Für mich bedeutet Jüdisch-Sein nicht unbedingt gläubig, aber schon nationalistisch, Israel-anhänglich zu sein.«

Peter Löw
geb. 1945 · Ingenieur, Stadtwerke

Der Müll, die Stadt und der Strom

»Heizkraftwerke hat man früher da hingebaut, wo man die Wärme gebraucht hat: weil man den Dampf in der Innenstadt gebraucht hat, wurden die Kraftwerke zentral in die Müllerstraße und in die Türken-/Theresienstraße gebaut.

Die Nazis hatten ja auch für die Führerbauten in der Arcisstraße ein eigenes Kraftwerk, das heute noch die Musikhochschule und das Zentralinstitut für Kunstgeschichte beheizt.

Heute tut man das nicht mehr. München hat sechs große Heizkraftwerke und jede Menge Heizwerke. Die Heizwerke sind für die Fernwärmeversorgung via Heizkessel da, die Heizkraftwerke liefern darüber hinaus noch Strom, der von Turbinen erzeugt wird.

Die Heizwerke sind dazu da, den Spitzenbedarf abzudecken, wenn's sehr kalt ist im Winter und die Heizkraftwerke nicht mehr ausreichen. Der Strom-Spitzenverbrauch wird Anfang Dezember erreicht, die Fernwärme-Spitzenwerte, wenn's draußen recht kalt ist. Bei minus zehn, minus fünfzehn Grad laufen bei uns alle Kessel.

Hier im Heizkraftwerk 3, das zwischen Amalien-, Theresien- und Türkenstraße liegt, haben wir drei Tore. Obwohl der Haupteingang mit Pförtner und Werkschutz in der Türkenstraße liegt, heißt das Werk ›Theresienstraße‹. Das war eben früher anders geplant. Den Werkschutz braucht man, daß nicht irgendjemand einfach so hineinspaziert. Sind doch immer potentiell attraktive Ziele für gewalttätige Anschläge. Telefonische Drohungen haben andere schon bekommen, passiert ist Gott sei Dank noch nichts.
Als das Werk Mitte der 50er Jahre gebaut wurde, galt es als groß. Heute ist es eher ein kleines, verglichen mit München-Nord. Früher hatten wir sogar Ambitionen, den Allianzblock Ecke Amalien/Theresienstraße dazuzukaufen, aber das haben wir bleibengelassen und im nachhinein war es gut so. 1989 ist die Anlage von Kohle auf Gasbrennstoff umgebaut worden. Seither gibt es die festen Staubteilchen nicht mehr. Für die gab es 33 Jahre lang Staubfilter, die nach Gebrauch bei der Zementherstellung beim Bau verwendet wurden, auf Deponien gelagert oder als Sondermüll eingegraben. Das war aber gefährlich, weil sie, wenn sie naß wurden, ins Grundwasser gehen und Schwefel und Stickoxyde abgeben konnten.
Früher konnte man die Stickoxyde nicht herausbringen, heute mit den modernen Anlagen hat man das besser im Griff.
Hier im Werk haben wir vier Dampfkessel und drei Turbinen, zwei Generatoren für den Strom, viele Leitungen, einige hundert Quadratmeter Rohre und die großen Dampfleitungen, mit denen die Fernwärme ins Netz eingespeist wird. Hier wird kein Müll mehr verbrannt, hier wird Strom erzeugt und Fernwärme. Etwa 50 Megawatt pro Stunde, das sind 50 000 Kilowattstunden, was bei Vollast für eine Bevölkerung von 40 bis 50 000 Leuten reicht.
Bei uns arbeiten hundert Leute, vorwiegend Männer und fünf Frauen: drei in der Kantine, eine Sekretärin, eine Technikerin in der Arbeitsvorbereitung, ach ja, und eine Meßtechnikerin, die erste, die es bei den Stadtwerken gibt. Also sechs. Früher hat es ja diesen blöden Ausspruch gegeben, daß die Stadtwerke keine Mädchen anstellen würden, weil sie einen zu kurzen Daumen hätten. Die Zeiten sind vorbei. Das war vor fünfzehn Jahren vielleicht.
Wir hatten nie Probleme mit Frauen. Es ist eben ein bißchen ein rauher Betrieb bei uns: die Hitze, der Schmutz, früher, als noch mit Kohle geheizt wurde, der Staub. Dann der Schichtdienst. Die Arbeit ist hier nicht gefährlicher als anderswo, aber 30 Jahre Schichtbetrieb bei diesen Temperaturen, das spürt der Körper schon. Bei uns wird 38½ Stunden gearbeitet, die Bezahlung ist nach BAT. Wer am wenigsten verdient, hat um die 2 000 Mark netto. Wenn wir mehr Frauen hätten, die das gleiche wie die Männer machen würden, würden sie auch das gleiche bezahlt bekommen.
Nachwuchsprobleme haben wir immer. Bei uns gibt es Arbeiter, Angestellte und Beamte. Nach dem Hilfsarbeiter kommt der Heizer, der beim TÜV einen Lehrgang gemacht und eine Prüfung abgelegt hat; dann der Kraftwerker, der eine dreijährige Metallhandwerker- und anschließend eine dreijährige Kraftwerkerausbildung mit Abschlußprüfung hinter sich gebracht haben

muß. Solche Leute sitzen in der zentralen Leitwarte und steuern die Vorgänge. Nach dem Kraftwerker kommt der Kraftwerksmeister, der nach seiner Praxis als Kraftwerker noch die Kraftwerksmeisterschule in Essen mit Erfolg besucht haben muß.
Ich bin Ingenieur, das ist das Ende der Leiter. Ich bin Betriebsleiter vom Innenstadtbereich.
Daß es Staublungen bei uns während der Kohlezeit gegeben haben soll, davon ist mir nichts bekannt. Aber wie in jedem Betrieb, in jedem Kraftwerk, gab's bei uns die Asbestproblematik. Da konnte schon etwas in die Lunge geraten. Aber es ist alles entfernt worden: es gibt keine Dichtungen mehr aus Asbest und keine Turbinenisolierungen.
Die Gebäude sind fensterlos errichtet worden, um Belästigungen der Anwohner zu vermeiden. Das sind Fallemissionen und Lärm. Wir müssen unter 45 Dezibel Schallemission bleiben, wir werden da streng überwacht von unseren vorgesetzten Behörden. Bis zu 90 Dezibel ist es innen laut und nur 45 dürfen nach außen dringen. Es gibt Arbeitsplätze, an denen 40 bis 50 Grad herrschen, wenn die Strahlungswärme dazukommt. Arbeitsunfälle gibt es wie überall auch bei uns. Das sind aber meist Hand- und Fußverletzungen, wenig Verbrennungen. Die heißen Leitungen sind schließlich alle isoliert.
Im Kessel selber herrschen 1000 bis 1200 Grad, die dann abgebaut werden bis zur Abgastemperatur von 120 bis 150 Grad. Mit dieser Temperatur tritt der Wasserdampf aus. Wenn er kühler wäre, würden Kondensate auftreten, die dann wieder über Aufbereitungsmaßnahmen beseitigt werden müßten. Wir hier haben normale Gegendruckturbinen, das heißt, der Dampf wird auf die Turbine gegeben, leistet dort Arbeit, wird abgebaut und dann als Abdampf ins Fernheiznetz geschickt. Dazu braucht man relativ wenig Kühlwasser.
Anders die Kondensationsturbinen in den Kraftwerken Süd und Nord: dort braucht man, um den Abdampf nach der Turbine niederzuschlagen, einen Riesenkondensator. Da fließt Kühlwasser durch und kondensiert den Dampf wieder zu Wasser. Dort werden Riesenmengen Wasser gebraucht.
Das Kühlwasser wird dem Isarkanal oder einem Tiefbrunnen entnommen. Hier auf dem Gelände haben wir einen zehn Meter tiefen Brunnen. Unser Kühlwasser geht durch unsere Systeme durch und fließt dann wieder zurück. Ein bißchen erwärmt hat sich's dabei freilich. Wir brauchen es hier zum Kühlen von Aggregaten, zum Beispiel von Pumpen.
Alternative Energie? Für Windenergie scheint mir München nicht geeignet und mit Atomstrom kann ich mich solange nicht anfreunden, wie die Abfallbeseitigung nicht geregelt ist. Und Altlasten für Generationen zurückzulassen, finde ich nicht gut. Außerdem wird bei dieser angeblichen Billigkeit des Atomstroms die Abfallbeseitigung gar nicht dazugerechnet.
Wir bei den Stadtwerken benützen verschiedene Brennstoffe: Kohle, Öl, Gas und Müll. Die härtesten Arbeitsbedingungen gibt es in Kraftwerken, in denen mit Kohle und Müll geheizt wird, wie im Kraftwerk Nord, wo ich

15 Jahre lang gearbeitet habe. Kohle staubt und Müll stinkt. Dazu kommt noch die Klärschlammverbrennung aus Großlappen.
Früher ist dieser Klärschlamm ja auf die Felder gegeben worden, jetzt wird er entwässert und verbrannt. Die Bezahlung in den verschiedenen Kraftwerken ist gleich, außer für einen, der direkt am Müllkran arbeitet. Er bekommt ein bis drei Prozent pro Stunde mehr. Bis vor ein paar Monaten hat es im Kraftwerk Nord, dem modernsten, das wir haben, noch die Klinikmüllverbrennungsanlage gegeben. Auch Sondermüll wird dort nicht mehr verbrannt.
In München Nord gibt's den Block 3 für Steinkohle, der aber auch mit Gas betrieben werden kann und vier Dampfkessel für die Müllverbrennung. Da sind für die Stromerzeugung die Turbinen nachgeschaltet.
Im Kraftwerk München Süd wird Strom und Wärme erzeugt und Müll verbrannt. Aber sie machen auch Essen und versorgen alle anderen Kraftwerke mit Essen für die Kantine. Ich esse es nicht, ich bin verwöhnt von zu Hause, von Frau und Mutter, ich will schließlich nicht dick werden und abends esse ich sowieso mit der Familie.
Das Dampfnetz der Innenstadt wird von allen Werken gespeist. Wenn's in einem Bereich Schwierigkeiten gibt, wenn der Druck im Leitungssystem sinkt, bekommt ein anderes Werk den Befehl, ans Netz zu gehen, um den Dampfdruck auszugleichen. Das nennen wir ›Netzschlechtpunkt‹. Selbst wenn einmal ein totaler Stromausfall wäre, haben wir einen Notstromdiesel, der die wichtigsten Aggregate mit Strom versorgt, so daß alle Sicherheitseinrichtungen weiterfunktionieren.
Speichern läßt sich Strom eigentlich nicht. Nur in Schwachlastzeiten, nachts, wenn nicht so viel Strom gebraucht wird, wie die Turbinen erzeugen, dann nimmt man den Strom dazu her, um Wasserturbinen zu betreiben. Die pumpen Wasser von einem tieferen Niveau in ein höheres Becken. Dort bleibt es als Speicher. Wenn man dann tagsüber wieder Strom braucht, läßt man das Wasser wieder herunterströmen. Das ist durchaus üblich in Wasserkraftwerken wie dem Walchenseewerk. Auch Dampf läßt sich eigentlich nicht speichern. Deshalb greift man zu folgendem Trick: man läßt den Dampf in Riesenbehälter mit Wasser strömen, das den Dampf bei bestimmter Temperatur und bestimmtem Druck aufnimmt. Eine bestimmte Menge, bis er geladen ist. Wenn man den Dampf wieder braucht, macht man einfach auf und läßt ihn frei.
Oder man speichert Wärme in Warmwasserspeichern wie in den Heizkraftwerken Freimann und Sendling. Wenn die Wärme benötigt wird, kann man die Speicher entleeren; zu Tiefzeiten werden sie wieder geladen, das funktioniert ähnlich wie bei einer Nachtspeicherheizung.
Was der Unterschied zwischen uns und den Isar-Amper-Werken ist? Ganz einfach, beide machen wir Strom und Fernwärme. Aber sie sind eine AG, ein privater Betrieb, während wir als Öffentlicher Dienst Teil der Stadtverwaltung München sind.
Wenn ich nicht hier bin, bin ich über Funkgerät zu erreichen. Wir haben Bereitschaftsdienst rund um die Uhr. Apropos ›Uhr‹: Einige der Beschäftig-

ten haben eine bestimmte Zahl in der Uhr und können über die verständigt werden, wenn man sie braucht. Nr. 9 ist zum Beispiel der Meister der Meßtechnik, Nr. 1 bin ich. Wenn wir gesucht werden, leuchtet in allen Uhren im Kraftwerk die Zahl auf und schnurrt gleichzeitig. Das ist unsere Such-Uhr.
Vor Jahren hatte es einmal den Plan gegeben, dieses Werk – und andere – stillzulegen, weil man nicht wußte, wie man es ins Energiekonzept der Stadt einbinden könnte. Deshalb wurden die lockeren Kacheln am Kesselhaus nicht ersetzt, sondern man hat eine Notreparatur gemacht mit blauem Putz. Die Kacheln können sich nämlich lockern und porös werden, weil es diesen großen Unterschied zwischen Außen- und Innentemperatur gibt. Da arbeitet die Kachelfläche bei 30, 40, 50 Grad Oberflächentemperatur und das kann dann gefährlich für die Leute werden. Wenn sie zum Beispiel von herunterfallenden Kacheln getroffen werden. In der Müllerstraße wird der Kachelbelag mit Riesen-Drehleitern kontrolliert, da wird Kachel für Kachel abgeklopft, ob sie schon hohl ist, oder ob es noch satt klingt.
Von den Gesamtfinanzen weiß ich nichts, aber ich weiß eines: Zuschußbetriebe sind wir nicht. Aber dafür ist die öffentliche Hand ja da, daß durch Überschußbetriebe wie wir Zuschußbetriebe wie Bäder und Kindergärten mitfinanziert werden können.«
1998 wird beschlossen, die Stadtwerke in eine GmbH zu verwandeln, die frei auf dem Energiemarkt operieren soll. Die Mitarbeiter befürchten das Schlimmste. (SZ, 10. 3. 98)

Rosa Lehmann
geb. 1909 · Wirtin des Bürgerbräu-Attentäters Elser

Eine Höllenmaschine und ihre Folgen

1909 als eines von acht Geschwistern in Lenggries geboren, kommt Rosa mit achtzehn nach München und lernt mit fünfundzwanzig ihren späteren Mann Alfons, »Fonsi«, einen Polsterer und Tapezierer, kennen.
»Ich bin immer eine alte Bergsteigerin gewesen. Das Wandern und die Natur waren mein ganzes Vergnügen. Und wie ich da wieder einmal allein auf die Seekarspitze geh', kommen ein paar Münchner und reden mich an, der Fonsi darunter. So haben wir uns kennengelernt und sind miteinander gegangen.«
In den folgenden Jahren ist der Mann die Hälfte der Zeit arbeitslos. Von vier Jahren zwei.
»Damals haben sie nur fünf Wochen Unterstützung bekommen, dann waren's ausgesteuert. Im Winter hat er sich fürs Schneeschaufeln angestellt, bis in die Früh um halb zwei und dann haben's oft keinen mehr gebraucht. Pitschpatschnaß ist er dann heimgekommen und Arbeit hat er auch keine gehabt. Das waren harte Zeiten.«
1938 heiraten sie, wohnen zuerst noch bei seinen Eltern in einer kleinen Kammer in der Amalienstraße, bis sie von einer Wohnung in der Türkenstraße 94 hören, wo die Mieter angeblich die Miete nicht mehr zahlen könnten.
»Das war wie heute, da hat man auch keine Wohnung gekriegt. Deshalb hat mein Mann mir gesagt: ›Gib der Frau, wo da wohnt, zwanzig Mark, daß sie schaut, daß wir die Wohnung kriegen. Und dem Hausmeister auch, glaube ich. Obwohl wir selber kein Geld hatten. Dann war's soweit, dann bin ich

zum Liebergesell in die Wohnung, das Haus hat der Baufirma Liebergesell gehört und hab' gesagt, daß wir die Wohnung möchten. ›Dann müssen's die aber nehmen, wie's ist‹, hat er gesagt, ›in dem Zustand. Ich hab' genug andere, die sie so nehmen. Ich bin nämlich zu gar nichts verpflichtet, wissen Sie, außer zum Desinfizieren.‹

Da hab ich schnell gesagt, daß wir sie so nehmen. Als mein Mann ein paar Freunden erzählt hat, wir hätten jetzt eine Wohnung, haben sie gefragt ›Wo?‹ - ›In der Türkenstraße‹ hat er gesagt, ›Was, in der Wanzenallee?‹ haben die zurückgefragt. Ja, so war das damals. Das hat jeder gewußt.

Dann sind wir vier Wochen auf der Leiter gestanden und haben alles hergerichtet. Weil, wir haben ja gleich mieten müssen.«

Dreieinhalb Zimmer hat die Wohnung. Sie kostet 72 Mark. Zweieinhalb Zimmer werden vermietet. Zwei Zimmer und die Kammer neben der Küche mit dem schmalen, hohen Fenster zum Hinterhof hinaus.

»Da hab ich dann das Taferl 'nausghängt, daß ab so und sovieltem was zu vermieten sei. Mein Mann hat noch gesagt: ›Schau' dir die Leut gut an.‹ Aber, mei, hineinschauen kann man in niemanden. Man hat die Leute genommen, wie sie gekommen sind. Man hat vermieten müssen. Man hat nicht sagen können, jetzt schau' ich mir erst zwanzig, dreißig an und dann nehm' ich einen. Sie können nicht hineinschauen in die Leute, was drin ist, was er macht und was er tut.

Da ist er gekommen, der Herr Elser, hat gesagt, er sei Kunstschreiner und Erfinder. Mei, da hab' ich ihn genommen. Da ist er bei uns eingezogen.

Einen Haufen Kisten hat er gehabt, schöne Kisten, wahrscheinlich selber gemacht. Und meinen Mann hat er gefragt, ob der ihm nicht helfen würde, die Kisten in den Keller zu tragen. Was nimmt denn der so ein kleines Zimmer, wenn der so einen Haufen Zeug hat, hat mein Mann gemeint und die Kisten hinuntergetragen.

Das war am 1. August 1939.

Mein Mann hat ihn immer einen ›Häuslschleicher‹ genannt, so einer, wo immer herumschleicht. Plötzlich ist er vor der Tür gestanden. Du hast nicht gewußt, ist der jetzt vom Boden heraufgekommen oder, zum Teufel, wo sonst her? Er hat die Kammer nah' der Wohnungstür gehabt und ist ganz leise gegangen. Fast drei Monate lang, mein Gott! Die Kammer war klein, da hat gerade ein Bett, ein Nachtkastl und ein Schreibtisch drin Platz gehabt. Dahinter hat er seine Sachen hängen gehabt. Vier Mark in der Woche hat er gezahlt. Ich habe mich nie um den Mann gekümmert. Ich bin keine von denen, wo den Leuten hinten nachschaut. Vielleicht wär' es besser gewesen. Ich hab's aber nicht gemacht. Alle Zimmer in der Wohnung waren offen, weil ich hab ja die Betten richten und die Zimmer saubermachen müssen. Darum hat man ja vermietet, darum hat man ja Geld bekommen.

Es war an einem Sonntag nachmittag, ich erinnere mich noch genau, wo mein Mann und ich heimgekommen sind und haben den Elser am Rand von so einem Holzkoffer mit gewölbten Deckel sitzen sehen, wie er da in einem Leitzordner studiert hat. Richtig erschrocken war er, als wir aufgesperrt hat-

ten, den Ordner hat er in den Koffer geschmissen und fort war er. Da haben wir uns aber noch nichts gedacht.
Eines schönen Tages, wo ich gerade die Kammer aufgeräumt hab', seh ich da einen Akkumulator am Fenster stehn. Was braucht der einen Akkumulator? Komisch ist's schon, hab' ich meinem Mann gesagt, geh' einmal 'rüber und schau's dir an! Und am Schreibtisch stand eine Uhr, die war irgendwie eingestellt. Mein Mann hat sich also den Akkumulator und die Uhr angeschaut, dann mich, dann hat er gemeint: ›Der wird doch nicht eine Höllenmaschine bauen!‹ Da haben wir beide recht gelacht und sind hinausgegangen. Damit war der Fall erledigt.
An einem anderen Tag, wo ich gerade in der Kammer aufräumen will, liegt der Elser noch im Bett. Der ist gut, denk ich mir, flackt am hellichten Tag noch im Bett. Einen Knieschwamm hätte er, hat er gesagt. Wahrscheinlich vom vielen Knieen in den Nächten, wo er das Dings im Bürgerbräukeller eingebaut hat. ›Was machen wir jetzt mit dem?‹ hab ich meinen Mann gefragt: ›Mei,‹ hat der gesagt, ›verhungern können wir ihn auch nicht lassen. Bring' ihm halt eine Suppe 'nüber!‹ Die hab' ich ihm dann gebracht und bald drauf ist er aufgestanden.
Am 12. Oktober bin ich ins Rote Kreuz zur Entbindung, da ist der Bub, der Peter, geboren. Es war eine schwere Geburt und ich hab' vierzehn Tage dortbleiben müssen. Da hat der Elser freilich freie Hand gehabt. Mein Mann war tagsüber im Geschäft, bis sechs Uhr abends und am Samstag bis zwei nachmittags.
Am 15. hat er mich besucht und gesagt: ›Stell' dir vor, der Elser hat gekündigt!‹ Damals hat man noch vom 15. auf den ersten kündigen können, umgekehrt nicht.
Das ist ja praktisch, dachte ich mir, ich da herinnen und kann niemanden suchen und der Elser zieht aus. ›Reg' dich nicht auf‹, sagte mein Mann, ›wir finden schon jemanden!‹ Das, wenn wir gewußt hätten, daß der bloß so kurz bleibt, da hätten wir ihn vielleicht gar nicht genommen. Aber so ist's, man kann nicht in die Leute hineinschauen!
Dann war noch die Geschichte mit der Abmeldung. Ich war gerade erst vom Krankenhaus daheim und konnt' vom Kind nicht weg. Da hab' ich zum Elser gesagt, ob er sich nicht selber abmelden könnte, er müsse nur das Formular bei der Polizei vorbeibringen. Wir haben es dann zusammen ausgefüllt und er ist gegangen. Abgemeldet hat er sich aber nicht. Später ist dann einer von der Polizei gekommen und hat mich furchtbar zusammengeschimpft, ob ich das Kleingedruckte nicht lesen würde? Da stünde doch, daß er mir das Abmeldeformular vorlegen müsse. Ja, und Strafe hab' ich dann auch noch zahlen müssen.
Am 1. November war er dann ausgezogen mit seinen vielen Kisten. Wohin, wußten wir nicht. Wir haben ja praktisch nie ein persönliches Wort miteinander gesprochen. Wir hatten unsere Sorgen und er den Kopf voll mit seinen Sachen. Ein paar Tage später, es war ein recht ein regnerischer Novembertag, schellte es um neun Uhr 'rum an der Tür. Der Elser stand drau-

ßen, klein und gedrungen, mit einem großen schwarzen Hut, der ihm das Gesicht verdeckte. Ich bin furchtbar erschrocken, er sah so unheimlich aus. Er wolle bloß fragen, ob Post für ihn gekommen sei. ›Nein‹, sagte ich, ›ist nichts da.‹ Da ging er wieder. Da habe ich ihn das letzte Mal gesehen. Dabei hat der überhaupt nur einmal Post bekommen, soviel ich weiß. Und Besuch nie einen.

Am 9. November[1] ist dann das Attentat passiert. Mein Mann ist gerade mit meiner Schwester und meiner kleinen Nichte im Tierpark gewesen, ich habe gekocht und Radio gehört; da haben sie es gebracht: daß sie einen gewissen Herrn Elser an der Schweizer Grenze erwischt und verhaftet hätten. Wegen dem Attentat auf den Hitler.

Um Gottes willen! Um Gottes Willen!

Als mein Mann kam, sagte ich: ›Du, es ist das Beste, du gehst zur Gestapo und meldest, daß der Elser bei uns gewohnt hat!‹ Da ist er vorgegangen zum Wittelsbacher Palais an der Briennerstraße und hat es gesagt. Da war die Sache für uns eigentlich erledigt.

Für die nicht. Ein paar Tage darauf läutet es um fünf, riesige SS-Männer stehen vor der Tür, auf der Straße der große Mercedes. ›Ist Ihr Mann da? Nein? Dann müssen wir warten!‹ Der Fonsi kam erst um sechs.

Und ich mit dem Kind und die SS im Haus! Und nicht wissen, was die wollten! Und das mit Dachau war ja auch bekannt. Um Gottes Willen, denk' ich mir, um Gottes Willen! Und wie der Fonsi kam, haben sie noch gemeint, daß er ruhig noch essen könne. Aber das Essen hat ihm nicht mehr geschmeckt. ›Richten Sie seine Sachen zusammen!‹ haben sie zu mir gesagt und ›Sie können Ihrem Mann dann auch schreiben. Sie können ihn auch besuchen!‹ Dann haben sie ihn mitgenommen, ins Wittelsbacher Palais.

Ich war ganz durcheinander, wollte das Kind stillen, aber kein Tropfen Milch ist gekommen. Da hat es die ganze Nacht geschrien.

Jeden Tag ist dann die Gestapo gekommen und hat mich befragt. Einmal haben sie mich sogar zur Vernehmung kommen lassen. Kaum laufen konnt' ich, so haben mir die Knie gezittert. Dabei hab' ich doch immer nur sagen können, daß er bei uns gewohnt hat, der Elser. Mehr hab' ich nicht gewußt.

Da war ein Freund von meinem Mann, alle Ehre, der ist jeden Tag gekommen und hat mir die Wäsche zum Wittelsbacher Palais vorgetragen. Also das war so: Du hast die frische Wäsche abgegeben und die schmutzige mitgenommen. Und wie ich den frage: ›Was meinst, wie lange muß der Fonsi noch drinnen bleiben?‹, hat er gesagt: ›Mei, das kann Wochen, das kann Monate, das kann auch Jahre dauern. Das hängt von Berlin ab!‹

Jeden Tag ist der Gestapo-Mercedes vor der Tür gestanden und haben sie von mir wissen wollen, was ich zum Attentat auf Hitler gesagt und gedacht hätte. Ich habe mich immer mit dem Neugeborenen rausgeredet. Wegen dem haben sie mich ja auch daheim gelassen. Draußen sind die Leute gestanden und haben auf unsere Wohnung gezeigt: ›Da hat er gewohnt!‹ Und der

[1] Es war am 8. November 1939; erfahren haben sie's am 9.11.

Hausmeister hat gesagt: ›Laßt doch die Leute in Ruhe, die machen sowieso genug mit zur Zeit.‹
Ich bin nicht mehr auf die Straße gegangen. Nur noch ins Gefängnis und wieder heim. Und drüben sind sie auf der Straße gestanden und haben heraufgedeutet.
Auch unsere Untermieter, drei waren es, im Elser seiner Kammer wohnte inzwischen ein Monteur, dann war da noch eine Angestellte bei der Bahn und eine Bedienung in der ›Osteria‹, auch unsere Untermieter wurden zur Vernehmung bestellt. Aber nicht alle. Die Bedienung nicht, weil der Hitler immer in der ›Osteria‹ in der Schellingstraße abgestiegen ist und sie ihn bedient hat.
Einmal waren welche da von der Gestapo mit einem Tippfräulein, einen ganzen Vormittag bis mittag. Da hat der Bub geschrien. ›Stillen Sie ihn doch endlich!‹ sagte einer zu mir. Vor dich hock' ich mich nicht hin zum Stillen! hab ich gedacht.
Wer gestillt hat, brauchte einen Schein, damit er Milch bekam. Und den stellte nur ein Frauenarzt aus. Meiner war in der Sophienstraße und dahin bin ich in der Tram gefahren.
Ich war furchtbar aufgeregt durch das alles und habe geheult. ›Mei, was ist denn los, Frau Lehmann‹, hat der Arzt gefragt und da hab' ich ihm alles erzählt. Helfen konnt' er mir aber auch nicht. Dann bin ich heimgefahren. Hab' in der Straßenbahn mit niemandem geredet. Kein Sterbenswörtchen.
Am nächsten Morgen kamen die von der Gestapo. ›Sie sind gestern Straßenbahn gefahren‹, sagten sie. ›Ja‹, sage ich, ›zu meinem Frauenarzt. Wegen dem Schein‹. ›Und Sie haben in der Straßenbahn vom Elser erzählt!‹ – ›Habe ich nicht!‹ Aber die haben es weiter behauptet. Ja, so war das. Sie behaupteten einfach irgendetwas und konnten mit dir machen, was sie wollten. Und du konntest nichts machen. Wahrscheinlich hat da jemand beim Frauenarzt gelauscht. Bei Schritt und Tritt bin ich beschattet worden.
Ich habe keinen Brief mehr geschrieben, gar nichts. Besucht hat mich auch keiner mehr. Ein einziges Mal war mein Bruder da. Alle hatten sie Angst, da hineingezogen zu werden.
Ich ging, so oft ich konnte, die Straße hinunter zum Wittelsbacher Palais, um Wäsche zu bringen, Essen oder Geld. Meinen Mann habe ich aber nicht sehen dürfen. Nur in den Keller hinunter, die Sachen abgeben.
Wenn man hineinging gab es so eine Art Aufnahme, da wurde ein Zettel ausgefüllt und unterschrieben. Dann mußte man quer durch den Hof, der ja ein Gefängnishof war und den Zettel abgeben. Da haben sie dann hingeschrieben auf die Minute, wann man angekommen ist. Man konnte sich also nicht aufhalten unterwegs.
Einmal, als ich zurückging durch den Hof, hat es hinter mir gepfiffen. Ich hab' mich umgedreht und hinaufgeschaut, hab' aber außer den Fensterschlitzen nichts gesehen. Es war aber der Fonsi. Auf die Matratzen war er gestiegen, die tagsüber an die Wände geschnürt wurden, und hatte mich per Zufall gesehen.

Er hatte einen Zellengenossen, einen älteren Mann. Der war vom Bau. Und warum haben sie den eingesperrt? Weil da einer einen Hitlerwitz erzählt und er darüber gelacht hat. Nach ein paar Wochen hab' ich mir gesagt: ›Ja, wovon willst du denn leben mit dem Kind?‹ Bisher haben wir vom Wochenlohn gelebt, den mein Mann vom Polstergeschäft in der Sonnenstraße, am Stachus, heimgebracht hat. ›Wovon soll ich denn jetzt leben mit dem Kind?‹ hab' ich den Gefängnisdirektor gefragt. Das war im Keller vom Wittelsbacher Palais. ›Gehen Sie aufs Wohlfahrtsamt, lassen Sie sich ein Geld geben, und wenn Ihr Mann wieder heimkommt, zahlen Sie es zurück‹.
Von was denn? Dann habe ich mich bedankt und bin gegangen. Zum Essen habe ich sowieso nichts gebraucht.
Ich bin jeden Tag dünner geworden.
Ja und dann, eines schönen Tages, wie lange er drinnen war, weiß ich garnicht, es war kurz vor Weihnachten, jedenfalls da stand er an einem Abend vor der Tür mit seiner Tasche. Ganz derdadert. Hat nichts gesagt. Rein garnichts. Der Fonsi.
Am nächsten Tag, wo wir gerade beim Frühstück sitzen, läutet es und ein paar baumlange SS-ler stehen vor der Tür. ›Ist Ihr Mann da?‹ haben sie geschrien und ich habe sie in die Küche gelassen. ›Haben Sie etwas gesagt?‹ haben sie meinen Mann angebrüllt. ›Nein‹, hat der gesagt.
›Kommen Sie mit, wir müssen Sie mitnehmen, wir haben gestern vergessen, Sie unterschreiben zu lassen!‹
Jetzt geht's wieder an, habe ich gedacht, um Gottes Willen, und schon waren sie fort. Hoffentlich kommt er bald wieder, hab' ich mir gedacht, und nach einiger Zeit war er auch wieder da.
Sie würden ihn erschießen, wenn er etwas sagen würde, was ihnen nicht paßte, hat er gesagt. Nach ein paar Tagen mußte ich dann auch vor zum Unterschreiben.
Ich hab' eine riesige Wut im Bauch gehabt, bloß weil der bei uns gewohnt hat die ganzen Scherereien!
Noch einmal mußten wir zur Gestapo vor, als mich einer von den ›Münchner Neuesten Nachrichten‹ befragen wollte, und mein Mann, um dem Elser gegenübergestellt zu werden. Dem Elser haben sie eine Zigarette angeboten, als mein Mann plötzlich hört: ›Ja, Fonsi, wo kommst denn Du her?‹ Es war der Solleder aus der Türkenstraße, der Schlosser, der mit meinem Mann in die Schule gegangen ist. ›Bei mir hat er gewohnt!‹ – ›Und mich hat er solange drangsaliert, bis ich ihn hab' in der Werkstatt was machen lassen!‹
Deshalb waren die beiden vorgeladen. Nichts wie Scherereien wegen dem!
Beide sind aus dem Krieg nicht mehr heimgekommen. Keiner hat mehr reden können, wie's wirklich war.
Weil, wenn du einmal unterschrieben hattest, dann hast du geschwiegen wie ein Grab. Kein Sterbenswörtchen. Zu niemandem. Erst nach dem Krieg hab' ich die Geschichte einmal den Kindern erzählt.
Ich hab' sie auch so erzogen, daß ich sie nicht hab' in fremde Wohnungen gehen lassen zum Ausfragen.«

Im Frühjahr 1940 wird Alfons Lehmann eingezogen. Er ist Funker bei der Infanterie, kommt an die Front in Rußland. Ein paarmal besucht er im Urlaub Frau und Kind in der Türkenstraße, später auf Bauernhöfen, wohin sie evakuiert wurden. Nie will er, daß Rosa ihn zum Abschied auf den Bahnhof begleitet, er wolle nicht ihr verheultes Gesicht in Erinnerung behalten. Im Mai 1944 bettelt sie so lange, bis er ja sagt: »Da sind wir am Hauptbahnhof gestanden und da ist der Zug gestanden und da hat mein Mann gesagt: ›Das Gescheiteste wäre, ich bliebe hier. Wir fahren in einen großen Dreck hinein. Aber‹, hat er gesagt, ›wenn ich bleibe, erschießen sie mich.‹ Dann ist er in den Zug eingestiegen und hat nicht mehr hinausgeschaut.«

Am Pfingstdienstag 1944 wird er beim Rückzug im Mittelabschnitt von russischen Partisanen getötet.

Rosa Lehmann ist wieder schwanger. Am 1. Februar 1945 wird ihre Tochter Rosemarie geboren, ohne daß sie etwas von ihrem Mann weiß. Im September 1946 erfährt sie es von einem Kriegskameraden, der Zeuge des Todes war.

»Ich hab' keine Rente gehabt, weil ich ja keinen Totenschein hatte. Deshalb bin ich mit dem Kriegskameraden zu einem Notar, wo der hat eidesstattlich versichern müssen, daß er den Fonsi tot gesehen hat. Das hat 23 Mark gekostet. Dann hab' ich erst eingeben können für die Rente. Vorher hab' ich Geld vom Wohlfahrtsamt bekommen, das ich dann aber zurückzahlen mußte, wo die Rentennachzahlung kam. Auf Heller und Pfennig.«

In den letzten Kriegsjahren war Rosa Lehmann bei Lengries und Rosenheim evakuiert. In Einödhöfen.

Wo es den Bauern gar nicht recht war, daß sie einen Buben hatte. Die seien so »suachert[1]«.

Mit einem Holzvergaser fährt sie nach München zurück, als es heißt, die Amerikaner seien da. Begibt sich in ihre Wohnung in der Türkenstraße 94.

»Es war natürlich alles hin. Keine Heizung, keine Scheiben, gegenüber beim Kaiser's Kaffeegeschäft war eine Bombe eingeschlagen, nur ein Elektrokocher war da, mit dem ich die Milch für die Kleine warm machte.

Jeden Tag sind wir zum Holzsammeln gegangen, hinten und vorne einen Rucksack und den Kinderwagen.«

Bald vermietete Rosa Lehmann wieder: an einen Herrn Schlesinger, der später Bundesbankpräsident werden sollte.

»Sein Vater hat ja in Penzberg ein schönes Haus, einen Geschirrladen und eine Glaserei. Er war selber Glasermeister. Da hat dann der Herr Schlesinger junior eine Scheibe mitgebracht, die wir unter der Woche eingeglast haben. Man hatte ja nichts. Es war alles kaputt.

Irgendwann kam auch ein Brief vom Bruder Elsers, ein langer Brief. Den hab' ich den Herrn Schlesinger lesen lassen und gefragt: ›Was soll ich jetzt tun? Ich hab' gar kein Interesse dran, dem zu schreiben!‹ – ›Dann tun Sie's nicht!‹ hat er gesagt. Dann hab' ich den Brief zerrissen. Kein Interesse! Mir hat alles so gereicht, ich kann es gar nicht sagen!

[1] unruhig, immer auf der Suche

Ruiniert hat er unser Leben, der Elser.
Als ich das gehört hab' von den Geschwistern Scholl, da ist sogar eine Schwägerin von mir dabeigewesen, in der Uni, wo sie die Flugblätter verteilt haben, die hat dann, als die Polizei kam, gar nicht gewußt, wohin mit dem Zettel, hab' ich gedacht: um Gottes Willen!
Und die Familie hat mir furchtbar leid getan. Ich hab' denen so nachfühlen können. Hab' ja selber gewußt, wie das ist.
Also Nazi sind wir nie gewesen, wir waren nirgends dabei. Mein Mann war beim katholischen Arbeiterverein und ich hab' vier Brüder gehabt und eine Schwester, die mußten fort, in den Krieg. Da soll man noch dafür sein. Nein, Nazi waren wir nie, eher Gegner. Vielleicht hat uns der Glaube geholfen. Kannt' scho' sei.
Wie der Krieg aus war, bin ich einmal vor zum Wittelsbacher Palais. Da hat es ausgeschaut! Treppen, Steine alles ist rumgelegen. Ich bin hinter zum Gefängnis.
Hab' die dicken Türen gesehen. Da hat keiner raus können, der einmal drin war. Unmöglich!
Wo also alles vorbei war, da hat man sich schon freier gefühlt, da war man irgendwie froh, obwohl man das Gefühl nicht hat abschütteln können, die Angst, man könnte etwas sagen, was nicht richtig ist. Wie der Hausmeister damals gesagt hatte: ›Ich trau' meinem eigenen Hemd nicht!‹
Das Gefühl, das ist genau wie jetzt. Da lesen Sie doch auch jeden Tag von den Nazi in der Zeitung. Erst gestern hab' ich zum Peter gesagt, meinem Sohn: ›Du, Peter meinst, ich soll das noch einmal erzählen? Mit diesen Neo-Nazis jetzt, da weiß man doch nicht, ob da nicht einer dann sagt: ›Was die da alles sagt, der hauen wir noch eine drauf!‹ – ›Das mußt du selber wissen, Mutti!‹ hat er gesagt.
Also ich versteh' die Jungen nicht! Daß die nicht kapieren, was da war. Daß die einfach sagen, das gab es nicht, das ist nicht wahr! Sollen sie doch hingehen und sich's anschauen! Dann merken sie selber, was das für eine furchtbare Zeit war. Die Angst, die Unsicherheit und das Finanzielle!
Das bleibt in einem drinnen. Das vergißt man nicht.«

Penner und Polizei

Im südlichen Teil der Türkenstraße, umgeben von Banken und Versicherungen, hat die Polizei seit 1983 ihre Inspektion. Der nördliche Teil, besonders der Georg-Elser-Platz, ist im Sommer ein beliebter Aufenthaltsort von Obdachlosen, Bettlern, Pennern. Es bleibt nicht aus, daß sie es hie und da miteinander zu tun bekommen. Obwohl sie auf den ersten Blick Welten zu trennen scheinen, haben sie doch auch ihre Gemeinsamkeiten: beide Berufe befinden sich auf der Beliebtheitsskala mehr im unteren Bereich, beide werden höchstwahrscheinlich nie besonders reich, beide halten sich viel im Freien auf, lernen die verschiedensten Leute kennen, haben ein eigenes Revier und sind bereits selber Teil der Öffentlichkeit. Die Chance, einem Verbrechen zum Opfer zu fallen, ist bei beiden größer als beim Durchschnitt der Bevölkerung.
Trotzdem wird niemand als Penner geboren. Auch nicht als Polizist, meint Gerhard Seitz, der malende (»das muß wohl an der Gegend hier liegen«) Chef der PI 12. Und wenn die älteren Kollegen ehrlich sind, hätten sie alle gern einen anderen Beruf, haben sie durchaus Anwandlungen, den »ganzen Bettel hinzuschmeißen« und ihre Söhne, um Gottes willen, kein einziger wird da ein Polizist!
Kein Sozialprestige, schlecht bezahlt und dann noch zwangsverpflichtet in die Stadt! Was Wunder, daß fast tausend Polizisten anno 1993 die Stadt verlassen wollten.
Seit 1965 gibt es Politessen, Damen, die für den »ruhenden Verkehr« zuständig sind. Sie hören eher Anzüglichkeiten als Freundlichkeiten. Blond, blöd und auf der Straße ihr Geld verdienen!
Am Haupteingang des Polizeipräsidiums an der Ettstraße steht der Spruch: »Nach seinem Sinn leben ist gemein/ der Edle strebt nach Ordnung und Gesetz«. Das ist von Goethe, aus der ›Natürlichen Tochter‹ und charakterisiert eigentlich genau, was der Unterschied zwischen Pennern und Polizei ist: die Freiheit, sich selber zu sein, die sich die einen nehmen und die anderen nicht dürfen. Weil sie für etwas stehen, für Ruhe, Ordnung und Sicherheit. Sie repräsentieren die staatliche Macht und das Gesetz.
Sie sind die Inhaber des Gewaltmonopols, ihre Individualität hat hinter der Uniform zu verschwinden. Sie dürfen, um Gefahren von der Gesellschaft abzuwenden, andere ihrer Freiheit berauben oder gar zum Prügel greifen. Aber seltsam, gerade sie fühlen sich als »Prügelknaben der Politiker«, als Watschnmänner der Nation. Und »Übermenschen« seien sie schon gleich gar keine.
›Polizei‹ geht auf die altgriechische ›polis‹ zurück, den Stadtstaat, in dem die Bürger das Sagen hatten, aber wohlgemerkt, nur die Vollbürger, nicht die Unfreien und ansässigen Fremden. ›Politeia‹ war die Gemeinschaft der Bürger; so nannte Plato seinen Idealstaat.

Seit Beginn der Neuzeit ist der Begriff ›Polizei‹ bezeugt: für Männer im Dienst der Regierung, der Politik, der Verfassung, die überwachen, verhindern und strafen dürfen. Gesetzesbrecher – aber auch aufmüpfiges Volk. Wie bei den Bierkrawallen, den Protesten gegen Lola Montez, den Hungerdemonstrationen, 1. Mai-Veranstaltungen, Schwabinger Krawallen, Studentenprotesten, Friedensmärschen ...

Sympathien für Gesetzesbrecher darf ein Polizist sich nicht leisten, auch wenn Hausbesetzer ihm aus dem Herzen sprechen sollten. Dafür gab es in München die erste Lichterkette gegen Ausländerfeindlichkeit, bei der es total friedlich zuging und viele Polizisten ihre Zustimmung bekundeten.

Andererseits dringt trotz des herrschenden Korpsgeistes immer wieder die Kunde von rechtsextremen Gedanken und gewalttätigen Verhören, vor allem von Ausländern aus Polizeirevieren. Nicht von ohngefähr ist denn auch »Fremdenfeindlichkeit abbauen« ein Teil des Lehrplans bei der Polizistenausbildung. Dabei zeigt die Geschichte der Polizei[1] in eigener Darstellung, daß sie keinesfalls von Anfang an auf der Seite der Saubermänner stand. Im Mittelalter hatten Stadtrichter und Pfändermeister ihre Begleiter: die Richter- und Pfänderknechte, mit denen sie unterwegs waren, um Verbrechen aufzudecken und Schulden einzutreiben. Sie standen auf derselben gesellschaftlichen Stufe wie Henker, Abdecker und Kerkermeister und bezogen einen Teil der Besoldung aus den Einkünften der Freudenmädchen, die neben der Spielhölle im Henkerhaus arbeiteten.

Ihre Kompetenzen erweiterten sich nach und nach: sie beaufsichtigten Lebensmittel und Märkte als Fleisch-Brot-Bierbeschauer und als Kornmesser. Sie wurden als Stadttrabanten und Stadtsöldner eingesetzt, als Bußstubenknechte und Schergen. Oder, wenn Bürger sich von nächtlichen Streifgängen freikauften als Schwarwächter und Zirker: Leute, die Recht und Gesetz Nachdruck und den Herrschenden Rückendeckung verschafften. Damit Friede herrschte und die Geschäfte liefen.

In der Dienstvorschrift für Schwarwächter aus der Hälfte des 15. Jahrhunderts heißt es: »Mit Bescheidenheit und guten Worten soviel möglich ist, sollen die Scharwächter und Richtersknecht die Rumorer zum Gehorsam bringen, nicht sie erst noch zu schlechtem Benehmen und Poltern reizen bei Vermeidung ernstlicher Ratsstraf.«

Das, heißt es in der Polizeibroschüre, weise gewissermaßen bereits auf die »Münchner Linie« hin.

Ab 1812 hatte das »Königlich-bayerische Gendarmeriekorps« für Ruhe, Ordnung und Sicherheit im »Inneren des Reiches« zu sorgen. 1868 scheidet die bayerische Gendarmerie aus dem Verband des Heeres aus und wird der inneren Verwaltung unterstellt. 1896 wird der »grüne Gendarm« vom »blauen Schutzmann« abgelöst. 1898 – und darauf bezieht sich die blaue Polizeibroschüre »75 Jahre Schutzpolizei« von 1973 – ruft Prinzregent Luit-

[1] »Partnerschaft gibt Sicherheit«, 75 Jahre Münchner Schutzpolizei, Aus der Chronik des Polizeipräsidiums, München 1973

pold die »Königliche Schutzmannschaft« ins Leben. Für sie galt: »Der Wachdienst dauerte 24 Stunden. Vorher und nachher hatte der Schutzmann jeweils dreistündige Streifen zu Fuß zu gehen und den anfallenden Schriftverkehr – es mußte noch alles sauber und gut leserlich mit der Hand geschrieben werden – zu erledigen. Die wöchentliche Arbeitszeit belief sich auf 70 bis 80 Stunden. Urlaub gab es nur in besonderen Fällen. Die Besoldung war unterschiedlich. Ein Münchener Schutzmann, ein Gendarm, ein Volksschullehrer und ein Leutnant der Infanterie hatten in etwa das gleiche Anfangsgehalt, zirka 90 Mark. Die Uniformen mußten aus eigenen Mitteln beschafft werden. Der unverheiratete Schutzmann erhielt im Ledigenzimmer seiner Wache Unterkunft. Dort standen ihm eine eiserne Bettstelle und ein hölzerner Rutschkoffer zur Unterbringung seiner Habseligkeiten zur Verfügung. Verheiratete Beamte konnten billige Dienstwohnungen beziehen«.

1914 bezieht die königliche Polizeidirektion das neuerrichtete Gebäude in der Ettstraße[1]. 80 Jahre später erscheint eine neue Hochglanzbroschüre[2]. Mithilfe dieser beiden Broschüren soll versucht werden, dem Selbstverständnis der Münchner Polizei auf die Spur zu kommen. Wie sieht sie sich und ihre Rolle in der Gesellschaft?

In der 75er Broschüre schreibt Polizeipräsident Schreiber »Zum Geleit«: »Gestalten treten aus dem Dunkel früherer Tage, gewinnen Farbe und Kontur und geben stummen Rat. Mag auf den ersten Blick auch manches …nachsichtig lächelnde Verwunderung hervorrufen… sie waren in ihrer Zeit nicht weniger bemüht, ihr Bestes zu geben…«

Im Vorwort zur 80er Broschüre schreibt Roland Koller, seit 1988 Polizeipräsident, über das Ettstraßengebäude: »Die alte Dame ist mittlerweile in Würden ergraut. ›Face lifting‹, wie es zuletzt der Flügel an der Ettstraße erhalten hat, ist notwendig geworden.«

Als ob es ein Naturgesetz wäre, daß »alte Damen«, die »in Würde ergraut« sind, ein »Face lifting« brauchten. Und »alte Herren« (wie zu Beispiel Polizeipräsidenten)? Da fragt sich der Leser und die Leserin schon, welch Frauenbild noch in den 90er Jahren dahintersteckt.

Abgesehen von manch unglücklicher Formulierung: »eine Reihe von Einsätzen bewältigen, in denen sie sich nicht gerade ein Ruhmesblatt verdiente« oder »ist ein weiteres Beispiel, aus Niederlagen langfristige Ziele zu machen« bestimmt ein Grundtenor die Hefte: »daß wir den gestellten Aufgaben immer gerecht geworden sind und daß wir mit Recht stolz auf uns sein können.«

Das soll nun in Bezug auf drei außergewöhnliche historische Situationen überprüft werden: die Rätezeit, das Dritte Reich und die Studentenunruhen. Beim Thema »Räte und Räterepublik« rasten die Schreiber so richtig aus:

1 benannt nach Johann Caspar Ett, Kirchenkomponist und Hoforganist von St. Michael im 19. Jahrhundert

2 »Ettstraße – 80 Jahre Münchner Polizeipräsidium«, München 1994

»Diese Zeit war chaotisch, geradezu irre!« Über Eisner, den Ministerpräsidenten steht: »Der ›landfremde‹ Schriftsteller und linksradikale Politiker.« Pauschal über die Zeit im Frühjahr 1919 heißt es: »die Revolutionäre trugen nicht nur ihre Politik auf die Straße, Raub und Plünderung gehörten zur Tagesordnung« und »setzte die Räteregierung ihrem Treiben mit den Geiselmorden im Luitpoldgymnasium die Krone auf (!)«.
Bis endlich München »unter Einsatz des Freikorps Epp vom roten Terror befreit« wurde. Danach »kam es noch zu zahlreichen Bluttaten... kamen etwa 1 100 völlig unbeteiligte Personen ums Leben.« Neutral formuliert kommt der Leser nicht auf die Idee, daß die Freikorps gar selber die Verursacher gewesen sein könnten. Denn schließlich hatte »die Schutzmannschaft (Polizei) noch während der Kämpfe ihre Stationen wieder besetzt und zur Säuberung der Stadt von radikalen Elementen beigetragen«.
Die Nennung der Berufe der an der Räterepublik (den Republiken) beteiligten Männer hat diffamierenden Charakter: »Lehrer Niekisch, Student Toller, Matrose Eglhofer, Drogist Dosch, Stadtreisender für Dauerwäsche Köberl ...«
Bis am 3. Mai ein Oberlandesgerichtsrat Pöhner zum Chef im Polizeipräsidium wird, war offensichtlich im April 1919 in den Straßen Münchens nur eine »brüllende Masse, eine Horde, eine entfesselte Bande« unterwegs.
Ähnlich beschrieben werden Studenten und Publikum während der »Schwabinger Krawalle«: »gröhlende Menge, tausende Krawallmacher, Unruhestifter, Aufrührer«.
Pöhner, der sich als Ex-Polizeipräsident am 23er Putsch Hitlers beteiligen sollte, wird in der Polizeibroschüre kritiklos als einer beschrieben, der »damals schon den Mut besaß, erst Deutscher und dann Beamter zu sein«.
Eine direkt perverse Situation: während die »Grünen« der Landespolizei Hitler und seine Putschisten an der Feldherrnhalle zu stoppen hatten, genossen die Nazis bereits Rückendeckung im Polizeipräsidium. Saßen dort Sympathisanten, die ihre Hand über »Herrn Hitler« hielten.
Zehn Jahre später »kam es« irgendwie zum Dritten Reich. Die Leiter der Polizeidirektion »standen vor der schweren Aufgabe, die Münchener Polizei in und durch (!) die nationalsozialistische Machtübernahme zu führen«.
Genauso schwer tut sich die Sprache mit dem Thema: Polizei im Dritten Reich. Da wird, ganz normal, vom Führer geschrieben, ganz ohne Anführungszeichen (der spätere Kanzleileiter des...der getreue Gefolgsmann des Führers) oder von der Riege der nordischen Herrenmenschen – auch ohne Anführungszeichen. Anführungszeichen tauchen auf beim »tausendjährigen Reich«.
Direkt Bewunderung schwingt mit, wenn von den Senkrechtstartern Heinrich Himmler (Polizeipräsident, Leiter der Politischen Polizei, Chef der Deutschen Polizei, Reichsführer SS, stellvertretender Reichspropagandaleiter) und Reinhard Heydrich (SS-Obergruppenführer, Chef der Sicherheitspolizei, der politischen und der Kriminalpolizei, Leiter der Gestapo-Dienststelle im Wittelsbacher Palais) berichtet wird.

Kein Wunder also wenn: »Der kleinere Teil der Beamten biederte sich bei Himmer...an und bildete eine eigene SA-Einheit, die Sonn- und Feiertags mit Gulaschkanonen und klingendem Spiel zu Übungen in die Wälder von München zog. Keiner dieser Polizisten wurde nach 1945 wieder in den Dienst aufgenommen.«
Warum, fragt sich der Leser verwundert, wenn sie nur in Münchens Wäldern spielten?
Was aber tat der »größere Teil« der Beamten? Erst Seiten später erfolgt die Auflösung: »...muß gesagt werden, daß die überwiegende Mehrheit der Beamten in den schwärzesten Jahren der Polizeigeschichte ihre Rechtsstaatlichkeit bewahrte...(indem) sie sich im Krieg an die Ostfront schicken ließen, weil sie nicht in die Partei eintreten wollten.« Wie es an der »Ostfront« zuging, ist seit der Ausstellung »Die Verbrechen der Wehrmacht« hinlänglich bekannt. Auch die Zusammenarbeit von Polizei, Wehrmacht und SS-Verbänden.
»Die Teilnahme von Münchener Schutzpolizisten an der Besetzung der CSSR und am Einzug der aus dem spanischen Bürgerkrieg nach Berlin zurückkehrenden ›Legion Condor‹ sollten die letzten ›friedlichen‹ Einsätze sein.«
Was ist eigentlich »friedlich« an der Besetzung eines fremden Landes?
»Am 13. März 1938 marschierten deutsche Truppen in Österreich ein. Die Münchener Schutzpolizei mußte zwei Polizeihundertschaften, die Reiterstaffel und den Musikzug abstellen. Unter dem Schutz der Polizei fand am 29. September 1938 die berühmt gewordene ›Münchener Konferenz‹ zwischen Hitler, Mussolini, Chamberlain und Daladier statt. Tags darauf ›befreiten‹ deutsche Truppen das Sudetenland. Die Münchener Schutzpolizei stellte ein Polizeibataillon ab ...«
Was war jetzt, wurde die CSSR besetzt oder das Sudetenland ›befreit‹? Die Polizei war offensichtlich immer dabei.
»Teile der Münchener SH-Abteilung waren bereits Ende Juli ins Protektorat Böhmen-Mähren und von dort Ende August an die polnische Grenze verlegt worden, und die Münchener Schutzpolizei hatte mit der Aufstellung der Polizeireservebataillone 72 und 73 angefangen, als am 1. September 1939 der Zweite Weltkrieg begann. Er brachte für die Münchener Polizei einerseits die Abstellung ihrer geschlossenen Einheiten und der Reiterstaffel an die Front und in die besetzten Gebiete ...«
Auffallend sind die neutralen Formulierungen wie »brachte für die Polizei«, »kamen zum Einsatz«, »verblieben«.
»Im April besetzten die deutschen Truppen Dänemark und Norwegen, am 10. Mai begann die Offensive im Westen. Im Herbst des gleichen Jahres kehrten die Polizeireservebataillone 72 und 73 nach München zurück. Ihre Unterführer kamen mit dem in Fürstenfeldbruck neu aufgestellten Polizeibataillon 253 und dem in den Münchener Hansaheimen zusammengestellten Polizei-Ski-Bataillon 302 zum Norwegeneinsatz. Während das Polizeibataillon 253 nach seiner Ablösung in Norwegen im Jahre 1943 zu ei-

nem neuen Einsatz in Italien gelangte, wo dessen Angehörige in englische und amerikanische Gefangenschaft gerieten, verblieb das Polizei-Ski-Bataillon bis zum Kriegsende in Norwegen. Die Reiterstaffel wurde während des Krieges bei den Kämpfen am Bug fest völlig aufgerieben. Angehörige der Münchener Polizei befanden sich aber auch noch bei einer Reihe von anderen Polizeitruppenverbänden, ...«
Polen, Italien, Norwegen, die Münchner Polizei war jedenfalls dabei. Anders als zuhause: »Wenige Wochen danach kam es zur »Reichskristallnacht«, zu der später festgestellt wurde: »Bei dem Judenpogrom 1938 war die Schutzpolizei wohl auf Bereitschaft, aber sie hatte die Anweisung, nicht dagegen einzuschreiten.«
Das ist die Crux jeder Polizei in einer Diktatur. Auch wenn der Einzelne noch so sehr dagegen ist, Befehl ist schließlich Befehl! Und es scheint auch heute noch schwerzufallen, wenn man den Hochglanzbroschüren Glauben schenken darf, sich eindeutig und klar von den damaligen Befehlen und Aktionen zu distanzieren.
Wenn Quantität als Zeichen von Wichtigkeit gedeutet werden kann, hat die Polizei am Widerstand gegen die Nazis wenig Interesse. Georg Elser, dem Bürgerbräuattentäter, der in der Türkenstraße wohnte und von der Gestapo im Wittelsbacher Palsis verhört wurde, sind in der 75er Broschüre gerade einmal vier Zeilen gewidmet, eingeklemmt zwischen dem ersten Fliegeralarm und einem Sittlichkeitsverbrechen. In der 80er Broschüre fehlt er ganz. Die »Freiheitsaktion Bayern« mit Rupprecht Gerngross kommt auf zehn Zeilen, die »Weiße Rose« der Geschwister Scholl und ihrer Freunde auf vier »während vor dem Volksgerichtshof der Prozeß (begann) ...ging die 6. Armee in Stalingrad unter«.
Der Widerstand des 20. Juli wird mit einer Zeile abgespeist: »In Deutschland kam es zum Widerstand vom 20. Juli«. (Zitate aus der 75er Broschüre).
In der 80er wird das Attentat auf das Altenheim der Israelitischen Kultusgemeinde mit $8^1/_2$ Zeilen bedacht, die 68er Studentenunruhen mit $7^1/_2$, dagegen die Geiselnahme in der Prinzregentenstraße mit 50 und das Olympiamassaker von 1972 mit 98 Zeilen. Soweit zur Gewichtung von Themen aus Polizeisicht: Reizthemen, negativ besetzt: Räte, Linke, Studenten. Das Dritte Reich: ein Naturereignis. Der Widerstand dagegen offenbar unwichtig.
Überhaupt nicht vorhanden: was mit Juden, Sinti und Roma, was mit Kommunisten, Gewerkschaftern, Zwangsarbeitern, Schwulen, was überhaupt mit Oppositionellen im Dritten Reich passiert ist. Die Nazis werden nie als »gröhlende Horde« dargestellt, ob wohl sie es wahrlich als erste verdient hätten.
1945: Ende von Krieg und Naziherrschaft. Die Polizei wird ihres »staatlichen Charakters entkleidet« und entnazifiziert.
1945 trat die von der amerikanischen Militärregierung genehmigte Schutzpolizei in »hechtgrüner« Uniform an, im Dezember desselben Jahres trug

sie wieder den »blauen Rock«, bis sie sich 1975 nach der Übernahme durch den Freistaat wieder in grün präsentierte. (Ein eigenes Kapitel wären Helme oder Mützen, Uniformjacken und -hosen, Symbole wie Hakenkreuz, Münchner Kindl oder Polizeistern).

Gefordert wurde die Münchner Polizei bei den Schwabinger Krawallen, den Osterunruhen 1968 mit den beiden Toten, den Geiselmorden während der Olympischen Spiele und dem Weltwirtschaftsgipfel in München – über Fehler und Pannen wurde von ihrer Seite gar nicht oder nur sehr wenig diskutiert. Da galt und gilt die Maxime, wie es in der 80er Broschüre heißt: »daß wir den gestellten Aufgaben immer gerecht geworden sind und daß wir mit Recht stolz auf uns sein können«.

Weniger pragmatisch und selbstgerecht sehen die Polizisten und Politessen vom Polizeirevier in der Türkenstraße ihren Beruf.

Und die Penner der Straße – wie sehen sie sich? Ist es ein Gesetz, daß, wenn Arbeitslosigkeit zunimmt, auch die Kriminalität steigt? Die Teufelskreise von »keine Arbeit – keine Wohnung – kein Geld – keine Freunde« sich vermehren und dem Einzelnen keine andere Chance mehr lassen als die Straße, den Alkohol, die Droge und die Bettelei? Für immer? Polizist ist man vielleicht acht Stunden am Tag und Penner soll man immer bleiben? Wieviel Entscheidungsfreiheit innerhalb seiner großen Freiheit hat ein Straßenmensch? Für Polizisten gilt: »ob wir einschreiten, bestimmt der Gesetzgeber, wie wir einschreiten, ist unsere eigene Entscheidung« (ein Satz des ehemaligen Polizeipräsidenten Schreiber, der sich gern als »obersten Gendarmen« sah). Was gilt für Obdachlose und Penner? Alles und nichts. Sie stehen, sitzen, liegen sowieso am Rande der Gesellschaft und haben eine gewisse Narrenfreiheit. Nur wenn sie gegen irgendwelche Gesetze oder Bestimmungen verstoßen, wenn Klagen kommen, dann kümmert sich die Polizei um sie. Allerdings mit der Schwierigkeit: wie sollen sie bestraft werden? Geldstrafe? Prügelstrafe? Ausweisung?

Es zeigt die Hilflosigkeit gegenüber den Aussteigern, Stadtstreichern, Wermutbrudern, Streunern, Bettlern, Berbern, die gerade mal soviel an gesellschaftlichen Regeln akzeptieren, wie sie zu brauchen meinen. Ansonsten stehen sie darüber – oder darunter. Wie die Polizisten keine »Übermenschen« sein wollen, wollen auch die Obdachlosen nicht wie »Leute von unten« behandelt werden.

Er sei nun einmal ein »nicht-arbeitender Mensch«, sagt der Mathias Lechner, der Türkenstraßen-Penner. Außerdem zahle er Steuern: für Zigaretten und für Alkohol. Und wie ganz normale Geschäftsleute würde er auch vom Geld anderer Leute leben.

»Penner« kommt nicht von pennen sondern von »bonne«, später »benne«, einfaches Nachtquartier, Schlafstelle, Herberge – aus der Gaunersprache des 18. Jahrhunderts. »Pennen« für Schlafen hat sich anschließend gebildet, wie im 20. Jahrhundert die Ausdrücke: Pennbruder, Penner.

»Bettler« läßt sich auf gotisch »bidjan«, bitten, fordern, verlangen zurückführen; betteln ist ein wiederholtes Bitten und steht in Verwandtschaft mit

»beten« (Fürbitte, Bittgang, Bittsteller.) »Vergelt's Gott!« sagt der Bettler und nimmt das Almosen, die »milde Gabe« und gibt – was? Den Dank, das Lächeln? Dem Geber die Chance, edel zu sein? Das Gefühl, die gute Tat des Tages getan zu haben?
Zu Beginn des 15. Jahrhunderts war Betteln auf den Straßen und Plätzen Münchens verboten, außer man besaß eine Bettelerlaubnis. Die Bettelmarke bekam man vom Bettelknecht ausgehändigt. Sie war nicht übertragbar und mußte nach dem Tod zurück an den Magistrat geschickt werden. Zuerst mußten aber peinliche Fragen beantwortet werden: Welcher Personenstand, warum ohne Arbeit, seit wann von Armut betroffen, ob ortsansässig oder »vagabundierend Leut'« (SZ, 3. 9. 92). Fremde hatten es immer schwerer.
Kinder ab neun waren anzuhalten, gefälligst eine eigene Arbeit anzunehmen, nicht mehr mitzubetteln. In und um die Kirche herum war Betteln verboten, nur bei Regen und Gewitter durften die Armen unterstehen. Sträflinge durften einmal im Jahr betteln.
Zu Beginn der Neuzeit, im 16. Jahrhundert nahm das »Bettel- und Vagantenwesen« schlagartig zu. Die Bettler standen mit den Henkern, Abdeckern und Folterknechten auf einer Stufe (wie im Mittelalte die Vorgänger der Polizisten auch). Sie hatten nur eine Chance: aufs Land zu gehen und als Knecht zu arbeiten.
Die Bettelordnung von 1748 ist da ziemlich rigide: »nach dem Erlaß dieses Ausgangs, sei es Manns- oder Weibsperson, Jungs oder Alts, sich auf dem Bettel allhier erwischen läßt, durch die patroullierende Miliz oder bestellte Gerichtsbedienstete arretieret und in das Zuchthaus geführt wird, um dort bis 30 Stock-Streiche so männlich, leibesconstitutionsmäßig, oder bis 15 so weiblich, zu empfangen. Handelt es sich um eine ansässige, erstmals beim Bettel aufgegriffene Person, soll diese auf ein halbes, das andermal auf ein ganzes Jahr, das Drittmal und all so weiter die jeweils doppelte Zeit darin verwahret werden. Die Auswärtigen aber, so nicht in München geboren, aber Inländer sind, soll man gleichfalls auf die verstandene Art traktieren, mit dem Unterschied, daß man sie im Übertretungsfall nicht auf ein halbes, sondern auf ein ganzes Jahr, des andermal zwei Jahr und folglich allemal das Duplum von der letzteren Zeit in dem Zuchthaus zu stecken habe.«
Dann: »Die Eltern werden gemahnet, daß sie auf ihre Kinder fleißig achten, selbe zu Hause halten, bei Zeiten zur Arbeit angewohnen, nicht aber auf den Bettel oder zum schädlichen Müßiggang herum vagieren lassen sollen, widrigenfalls man diese nicht nur mit scharfen Ruten züchtigen, sondern auch die Eltern selbst, samt ihren Kindern, in das Zuchthaus überbringen, und alldort obengenannte Zeit arbeiten zu lassen, mittlerweile aber ihre unmündigen Kinder anderen in Verpflegung geben und die Unterhaltskosten denen Eltern an ihrem Lohne abziehen werde...
Das öffentliche Singen und Beten auf der Strassen und in denen Häusern, wie auch alle andere dergleichen Gattungen von Betteleien, sollen hinfüro gleichfalls bei Vermeidung obiger Strafen ad § 2 verboten sein. Geistliche Bettelorden, mit einem Zeichen versehene Klausner, und die Sonder-Siechen

von Schwabing und auf dem Gasteigberg sollen bei ihren Quatemberlichen Sammlungen verbleiben dürfen...

Die türkischen Gefangenen hingegen und andere nur simulierende Bettler und Vaganten soll man aus der Almosenkasse mit einem Viatico schlechterdings abfertigen, und im Fall sie etwa gar keine oder nur falsche Attestata bei sich haben, nicht anders als ausländische Bettler und Vaganten nach dem § 4 traktieren...

Handwerkskerl sollen sich durchaus des Bettels und Müßiggangs allhier enthalten. Wann sie kein Arbeit bekommen, gibt man ihnen einen Zehrpfennig und expitiert sie schnellstens weiter...

Was nun die hiesigen Haus-Armen betrifft, sowie jene, welche entweder Alters oder anderer Leibes- und Gemütsgebrechen halber sich selbst oder ihre vielen Kinder mit Arbeit zu ernähren nicht im Stand seind, sollen sich zwar auch bei Vermeidung obiger Strafe des öffentlichen Bettels auf den Straßen und Häusern enthalten, hingegen aber das ihrige aus den monatlichen Armenbüchsl und dem Armensäckl und anderen, zu ihrem Unterhalt gewidmeten Fundis zu empfangen haben. Wer aber außerhalb der öffentlichen Sammlungen Almosen gibt, soll allzeit mit 10 Reichsthaler bestraft werden, wovon zwei Drittel der Almosenkasse und ein Drittel dem Aufbringer zugehet...

Weil der häufige Bettel hauptsächlich aus der unordentlichen Verehelichung liederlicher, unvermögender Leute entspringt, und solche daher fast in allen vormaligen Bettelmandaten zum wiederholtenmalen verboten worden, so wird dieses Verbot hiermit nochmals allen Ernstes dahin repetiert, daß sich die gemeinen Leut, worunter auch die herrschaftlichen Bedienten, Jäger, Kutscher, Stallknecht, Handwerksgesellen, Studenten und dergleichen begriffen seind, ab sofort niemand mehr ohne Consens des Hofrates allhier verheiraten, im widrigen Fall aber beide neue Eheleute auf 10 Jahr in das Zuchthause condemnieret werden und ihnen die Ausred, daß ihre Herrschaften in solche Verehelichung gewilligt haben, zu keiner Entschuldigung dienen soll[1].«

Damals wurde die Prügelstrafe noch ohne Skrupel angewandt: 30 Streiche für Männer, 15 für Frauen; beim ersten Aufgreifen: ein halbes Jahr Zuchthaus, beim zweiten ein ganzes, beim dritten zwei Jahre Zuchthaus, beim zweiten ein ganzes, beim dritten zwei Jahre Zuchthaus. Auswärtige Bettler fingen gleich mit einem Jahr an. Prinzip Abschreckung. Bettelnde Kinder wurden geprügelt und mitsamt den Eltern eingesperrt. »Türkische Gefangene« (wieviele gab's denn davon noch, wo doch seit dem Frieden von Karlowitz 1699 alle nachhause zurück durften?) mit Papieren bekamen etwas aus der Almosenkasse, ohne Papiere wurden sie traktiert wie Auswärtige. Handwerker durften gerade einmal einen »Zehrpfennig« erwarten und wurden weitergeschickt, während die »hiesigen Haus-Armen« Recht auf Gaben aus »Armenbüchsl« und »Armensäckl« hatten.

[1] Aus: Münchner Bettelordnung von 1748, SZ, Stadtanzeiger, 3. 9. 1992

Wer außerhalb der Sammlungen spendete, wurde hart bestraft: zehn Reichstaler. Zwei Drittel davon in die Almosenkassen, ein Drittel für den Denunzianten. Dasselbe Prinzip Abschreckung.
Geheiratet werden durfte von den »gemeinen Leuten« (zu denen auch Studenten gehörten, sonst Knechte und Bedienstete) – was lange Zeit auch für Polizisten galt – nur mit Einwilligung einer übergeordneten Behörde. Das Paar, das sich trotzdem traute, ohne Einwilligung zu heiraten, sollte – so drohte die Bettelordnung – für »zehn Jahre im Zuchthaus condemnieret werden.« Auch das sollte abschrecken.
Nomaden, Vagabundierende, Nicht-Seßhafte, Indianer, Zigeuner – das hatte den seßhaften Bürger schon immer erschreckt. Sie waren so unberechenbar, sie hielten nichts, oder nur wenig von Sitte, Anstand, Ordnung und Sicherheit. Man mußte sie abschieben, einsperren, oder, die Gutmütigen von ihnen, durch Almosen gefügig machen. Man braucht schließlich jemanden, auf den man hinunterschauen konnte, sich darin sonnen, ein »gerechter« und »anständiger Bürger« zu sein, eine Stütze der Gesellschaft.
Bundesweit gibt es ungefähr eine Million Obdachlose, in München leben 150 000 in Armut, 5 000 sind obdachlos, haben aber städtische Unterkünfte zur Verfügung. 600 Menschen, 532 Männer und 78 Frauen leben ständig auf der Straße, 500 Kinder wachsen ohne festen Wohnsitz auf. (SZ, 29. 10. 96) Tendenz steigend, wie Jugend- und Kinderkriminalität.
Die Stadt München zahlt jährlich 30 Millionen Mark für Unterbringung in Unterkünften, Pensionen und Wohnheimen und 18,4 Millionen für die städtischen Obdachloseneinrichtungen.
Nur – nicht jeder Obdachlose will dahin. Er zieht die Freiheit im Freien vor. Doch mehr Freiheit, mehr Gefahr. Da werden Penner in Parks umgebracht, Pennerinnen vergewaltigt, bedroht, beschimpft. Die Toleranz der globalisierten Gesellschaft ihren Randexistenzen gegenüber scheint zu sinken.
In Zeiten verschärften Kapitalismus' gilt Armut mehr und mehr als selbstverschuldet, zumindest als Verlust des Gesichtes. Deshalb weicht man dem Blick des Bettelnden auch gern aus. Man gibt etwas, oder nichts und eilt vorbei. ›HastemalneMark?‹-Typen: wie moderne Wegelagerer kommen sie auf dich zu, in der Straße, in der U-Bahn, »hastemalnkleingeld?« mußt richtig einen Bogen um sie schlagen, sie fordern ihren Zoll ein, ihre Maut. Wenn sie sich im Sommer seßhaft machen, zum Beispiel unter der Kastanie am Georg-Elser-Platz, manch einer weicht auf die andere Straßenseite aus.
Früher war Betteln ein Gewerbe und der Bettler ein durch hartes Schicksal in Not geratener Mitmensch. Wer ihm spendete, bekam das im Paradies belohnt, steht im Koran. Ähnliches verkündeten auch die Jesuiten. Geben sei schließlich seliger denn Nehmen. In München wurde schon immer, steht in Chroniken nachzulesen, viel gespendet. Zum Teil wohl aus echter Frömmigkeit, zum Teil aus praktischem Rückversicherungsdenken, zum allergrößten Teil wohl aus einer Kombination von beidem. »Do ut des«, das war zunächst, um die Götter milde zu stimmen: Gib, dann bekommst du was zurück.

Gibst du dem Bettler (in jeder Religion hat sich der Gott schon einmal in einen Bettler verwandelt, um die Menschen zu prüfen), schlägt das positiv auf dich zurück: Weniger Jahre im Fegefeuer. Geben und Nehmen scheint eindeutig, ist es aber keineswegs: was ist mit dem Dank, dem Lächeln des Bettlers für den Spender? Oder mit den S-Bahn- und Straßenmusikanten und -sängern? Die geben doch zuerst, dann nehmen sie.

Schauspieler Helmut Fischer als Werber für die Obdachlosen-Zeitung »BISS«

Oder der Mathias aus der Türkenstraße, der Mädchen und Frauen mit Sprüchen wie »Wann heiraten wir endlich, schöne Frau?« aufbaut. (So sagt er wenigstens). Oder genau weiß, wann wer wieder mit Spenden dran ist. »Fällig ist«. Es ist eine Art Gewohnheitsrecht, er wohnt schließlich schon seit Jahrzehnten in der Straße und braucht eigentlich kaum noch richtig zu betteln. Er nimmt entgegen. Er hat seine Stamm-Geber. Bekommt immer mal wieder etwas zugesteckt von Geschäftsinhabern, um seinen Platz ein wenig weiter entfernt zu verlegen. Andere haben sogenannte ›Mathias-Gitter‹ vor dem Ladeneingang angebracht, um ihn nicht am Morgen zusammengerollt davor schlafen zu finden. Es gab immer wieder Situationen, wo er zitternd und am Ende, vollgespukt und vollgebieselt, von den Anwohnern ins Schwabinger Krankenhaus verfrachtet wird.

Oft genug weigerte sich aber die Polizei, einen Krankenwagen zu rufen, es sei noch nicht schlimm genug. Ja, wenn er eine über den Kopf bekommen hätte und bewußtlos wäre, dann schon! Als die Autorin insistierte, hieß es: »Sie wollen doch bloß in die Bildzeitung kommen!«

Er war dann wieder für ein paar Monate verschwunden: Krankenhaus, Haar, Herzogsägmühle und Entzug. Wieder in der Straße zurück, schien er zunächst am »Jägermeister« keinen großen Gefallen zu finden. Was sich dann aber bald legte.

Wenn er bei schönem Wetter da so saß, freundlich vor sich hinbrabbelnd und am Bier nuckelnd (bevor er »zu« war und dann durchaus auch bösartig wurde), wenn er mit den Leuten redete und sie mit ihm oder er über die Zeitläufte monologisierte, dann konnte dies Bild durchaus Neidgefühle hervorrufen, die sich dann in Aggression Luft machten. Neid derer, die immer »mußten«, immer ihr »Bestes geben mußten« und da saß der »Faulenzer« und lebte »von unseren Geldern!«

»Müßiggang ist aller Laster Anfang« hieß es doch und schon früh wurde mit Muße Liederlichkeit assoziiert.
Da gibt es die schöne Geschichte, wie ein Bürger sich vor einem Bettler aufstellt und ihm Vorhaltungen macht, warum er nicht arbeite und was er sich von dem Geld alles leisten könne. Und wenn er noch mehr Geld habe, kann noch mehr. Und wenn er am Schluß ganz viel habe, könne er sich in der Sonne zur Ruhe setzen. »Aber das tu' ich ja schon!« sagt der Bettler.
Um den Circulus vitiosus von Geber und Nehmer zu entkommen, haben Obdachlose eine eigene Zeitung gemacht, BISS heißt sie hier und beschäftigt sich mit Themen, die ihnen unter den Nägeln brennen. Zum Beispiel dem Ausspionieren derer, die Sozialhilfe angeblich mißbrauchen. Und schon sind in der Satire des Chefredakteurs Honigschnabel Penner und Polizei sich wieder näher als ihnen lieb ist.
»Aufgeräumt gehört dieses Pack, das sich am Standort D. so unverschämt durchs Leben schmarotzlöffelt! Eine hervorragende Idee, für diesen Job pensionierte Polizeibeamte einzusetzen, wo die doch jedem Kriminellen knallhart auf die Schliche kommen. Auch ihren Schäferhunden, die vom Drogensuchen aufs Erschnüffeln von Sozialbetrug umtrainiert wurden, entgeht so schnell keiner. Und bei 610 Mark Monatsverdienst sind die auch gar nicht so teuer.« (BISS, Mai 1997)

Helmut Bayer
geb. 1937
Polizeihauptmeister

Franz Büch
geb. 1942
Polizeihauptmeister

Herbert Voest
geb. 1937
Polizeihauptmeister

Polizeiinspektion 12

Das Unrechtsbewußtsein schwindet

– »Der Bulle ist immer der Depp!
– Wirklich, der Gendarm ist immer der Prügelknabe! Deshalb will auch kein Mensch mehr zur Polizei gehen. Mit Recht. Ich habe drei Söhne und hab' jedem verboten, zur Polizei zu gehen. Und jeder ist froh, daß er woanders hingegangen ist und nicht zu uns.
– Die Polizisten sind einfach unterbezahlt. Wenn Sie sich einmal vorstellen, ein junger Polizist vom Land, zwangsverpflichtet nach München, der darüber entscheiden muß, ob einer nach Haar eingeliefert wird oder nicht, das ist doch eine gravierende Entscheidung und dann verdient so einer zwischen 2000 und 2500 Mark!
– Ja, wenn's die Leute anständig bezahlen würden! Wie in Hessen zum Beispiel. Dann herrschte bei uns nicht so ein Sicherheitsnotstand. Das kann man sagen parallel zum Pflegenotstand. Das betrifft alle, in den Kliniken fehlt das Pflegepersonal, beim MVV die Fahrer, bei der Feuerwehr und bei uns der Nachwuchs. Dabei schmeißt man für den Staat soviel Geld zum Fenster raus!
– Es ist nicht fünf vor zwölf, ich mein', es ist schon fünf nach zwölf. Wenn nicht schleunigst neues Personal rekrutiert wird, damit die fehlenden Stellen aufgefüllt werden können, wird die Sicherheit für den Bürger nicht mehr gewährleistet sein. Heute im Bundestag hat der Seiters wieder gesagt, daß man der Polizei bessere Einsatzmittel und bessere Gesetze an die Hand geben müsse.
– Ich finde, die Gesetze, die man hat, würden ausreichen, wenn man sie richtig anwenden würde. Wie die Justiz mit den Gesetzen umgeht, darüber sind wir gar nicht glücklich. Und wenn ich's überspitzt ausdrücken würde: der Untergang der Demokratie ist die Justiz.
– Wenn'S anschauen, wie da Molotowcocktails auf Asylantenlager fliegen und die Polizei Leute festnimmt, die dann am nächsten Tag wieder von der Staatsanwaltschaft freigelassen werden. Dann sind das meist Militante, die setzen sich dann ab und müssen wieder gesucht werden. Da meine ich ist die Justiz schon schuld, mitschuld daran.
– Wir müssen uns nur an die Gesetze halten. Wenn ich auf Streife bin, bin ich allein. Und muß alles selber verantworten: jeden Gewahrsam, jede Festnahme, jede Einweisung. Da ist niemand, der Ihnen die Entscheidung abnimmt.

– Das ist auch der Unterschied zur Bundeswehr ...
– Du bist ja nicht hin und ich auch nicht. (lachen)
– Zur Bundeswehr, daß die nur permanent üben und nie den Ernstfall haben, bisher jedenfalls nicht, und bei uns, wo ständig der Ernstfall ist. Die Polizei ist ein Einzelkämpfer und beim Bund mußt du warten, was der Vorgesetzte sagt.
– Allerdings, wenn ich zur Bundeswehr gegangen wäre 1956, dann wäre ich heute mit 52 bereits in Pension als Hauptfeldwebel oder Hauptmann. Bei der Polizei geht es bis 62. Während die Industrie runtergeht, geht die Polizei rauf, weil's keine Leute mehr kriegen.
– Ehrlich, lassen Sie einen Polizisten einmal mit sechzig nachts um drei mit dem Streifenwagen fahren die ganze Nacht durch. Wer hält das körperlich noch durch? Die Umstellung, der Magen, die Nerven, der ganze Körper – das hält der doch kaum bis zur Pensionierung durch. Und wenn er sich dann um drei eine Pizza holt und der Wirt sagt: ›Schleich dich, brauchst nicht zahlen!‹ dann kriegt er nachher eine auf den Deckel wegen Vorteilsnahme.
– Wenn wir einmal eine Schachtel Zigaretten annehmen, dann ist das gleich Bestechung. Aber wenn ein Minister wochenlang auf Kosten von anderen wegfährt, dann gehört das zum Image. Da setzt es doch aus!
– Mein Nachbar war Polizist, so ein älterer Herr nach dem Krieg, der war immer ein Vorbild für mich und da hab' ich gedacht: Das möcht' ich auch mal werden!
Dann bin ich zur Bereitschaftspolizei und dann hat das Schicksal seinen Lauf genommen. (Die anderen beiden lachen) Heute bin ich auch der Meinung, daß man den Jungen abraten muß, zur Polizei zu gehen. Da machst du doch bloß den Prügelknaben für die Herren in der Politik. Da ist es besser, er lernt einen gescheiten Beruf.
– Und dann mußt dich immer blöd anreden lassen.
– Das Übliche, was normal ist, wo man sich schon fast dran gewöhnt hat ist: ›Scheißbulle, hau ab, leck mich doch am Arsch, du Wichser, zu blöd zum Schreiben, deshalb bist zur Polizei!‹ und so Zeug.
– Das schlimmste find' ich immer, wenn sie mit ›Nazi‹- und ›Gestapo-Methoden‹ daherkommen.
– Da hab' ich eine Anekdote über einen jüdischen Wirt. Ich bin Gewerbebeamter und mach' die Gaststättenkontrolle. Da komm' ich in ein jüdisches Lokal. Es waren noch zwei Leute da und die Sperrstunde war schon um eine Stunde überschritten. ›Machen'S Feierabend, hab' ich zu ihm gesagt, machen'S dicht!‹ Da kommt der mit ›Nazimethoden‹. ›Wenn ich ein Nazi wär‹, hab' ich ihm dann gesagt, ›und Sie ein Jude, dann wären Sie heute nicht in diesem Lokal!‹ Dann gab ein Wort das andere, er wollte sich beschweren, wollte meinen Namen. ›Können'S haben‹, hab' ich dann gesagt, ›aber als der Krieg aus war, war ich sieben. Und wenn Sie behaupten, ich wär' ein Nazi, dann sag' ich, Sie sind schuld, daß der Christus ans Kreuz genagelt wurde!‹ So ging's dann mit der Kollektivschuld hin und her bis er

sagte: ›Wollen wir nicht einen trinken?‹ Und weil mein Dienst gerade vorbei war, hab' ich einen Wodka mit ihm getrunken. Seither verstehen wir uns.
– Man muß sich schließlich nicht alles gefallen lassen. Als ich neulich an der Uni vorbei bin, hat so ein Student gesagt: ›Eh, der Bulle ist wieder da!‹ Da hab ich geantwortet: ›Guten Morgen, Herr Eber!‹ – ›Wieso Eber?‹, er. Wenn ich ein Bulle bin‹, hab' ich gesagt, ›sind Sie eben ein Eber!‹ Man muß einfach versuchen, denen den Wind aus den Segeln zu nehmen.
– Manchmal möchtest aber auch echt aus der Haut fahren und das ganze Glump hinschmeißen. Wenn ich in Zivil eine Baustellenkontrolle mach'. Da schau' ich im Lohnbüro, ob so ein Schwarzarbeiter eingetragen ist, ob er einen Paß hat oder ob auf den Paß noch fünf andere laufen. Ob er und 16 andere auf den gleichen Namen beim Arzt und der Krankenkasse laufen. Dann kann ich einen Funkwagen herrufen und einen mitnehmen zur Überprüfung oder zu ihm in die Wohnung fahren, ins Baulager, wo er wohnt. Aber finden muß ich ihn erst.
Es nutzt nichts, wenn ich um 7.15 an der Baustelle bin, da find' ich noch keinen. Ich muß auf die Brotzeit warten, das ist meist zwischen 9.00 und 9.15. Da kann ich aber nicht die ganze Baustelle abklappern, ich muß sie vorher beobachtet haben, wo ist das Baulager, wo die Baubaracke. Dann muß ich mir vom Baupolier einen Helm geholt haben, weil ohne Helm darf ich nicht in den Bau hinein. Dann muß ich sehen, daß die Personen, die ich suche, Bauarbeiterkluft anhaben, ich muß sehen, daß der Mann Mörtel an der Hose hat und dreckige Hände, sonst sagt er mir wieder: ›Ich hab nur besucht Kamerad. Dabei meine Schuhe schmutzig!‹
Ich muß gesehen haben, daß er zum Arbeiten da ist und dreckig ist, sonst kann ich gar nichts machen. Dann geht die Kleinarbeit los, die Schreiberei. Die wird nachmittags gemacht.
– Wenn ich denk', früher, der Schutzmann um die Ecke, der hat nicht groß geschrieben. Bei besonderen Ereignissen vielleicht einmal einen Bericht, sonst hat er bloß ›aufgeschrieben‹. Und wir, wenn wir schreiben, das ist ja nicht nur ein Blatt, das ist ein ganzes Heft, ein ganzes Buch, wo alles berücksichtigt werden muß.
– Gerade bei den illegal Beschäftigten auf Baustellen ist es besonders kompliziert und frustrierend. Da gibt es von einer Baufirma verschiedene Baustellen in verschiedenen Städten, wo die Arbeiter hin- und hergeschoben werden können. Da geht eine Firma auf einmal pleite, da gibt es Arbeitsunfälle und wir müssen die Hinterbliebenen informieren. Dabei weiß kein Mensch von der Baustelle, wo der eigentlich hingehört und wer ihn hergelockt hat.
Wir erwischen lang nicht alle schwarzen Schafe. Wir können sie nicht erwischen, weil wir zu wenig sind. Für so eine Großbaustelle 50 Stock hoch, da brauchen Sie doch mindestens 30, 40 Leute, um die zu umzingeln. Und das sickert dann vorher durch. Dann heißt es wieder ›Nazi-Methoden‹ und wir sind schuld.
– Wenn'S zum Beispiel ein junges Mädchen haben, das im Kaufhaus er-

wischt worden ist, dann brauchen Sie alle Personalien: Eltern, Lehrer, welche Klasse, welche Lehrer? Oder bei einem Lehrmädel: Welche Firma, welcher Meister? Einzelkind, Geschwister? Hat's sowas schon öfters gemacht? Ist sie schon erfaßt? Und wenn's eine Ausländerin ist, dann brauchst einen Dolmetscher und der verlangt 70 Mark die Stunde. Und wenn du das ablehnst, weil du meinst, es ist zuviel, dann ist er beleidigt und kommt dir später nicht mehr, wenn du keinen anderen findest.
– Ich hab's persönlich immer wieder erlebt, daß ich in der Folge Schwierigkeiten hatte, wenn ich die gleiche Maßnahme an einem deutschen und einem jüdischen Mitbürger vollzogen habe. Da schwebt der Antisemitismus, den wir vom Dritten Reich mitbekommen haben, immer noch wie ein Damoklesschwert über uns.
Wehe, du gehst gegen Juden vor und ist die Maßnahme noch so gerechtfertigt, dann heißt es in der Presse: Jetzt gehen sie schon wieder gegen die armen Juden vor! Bei einem Deutschen heißt es: Sperrt den bloß ein, das darf doch nicht sein, daß der sowas macht!
Aber bei Juden und Asylanten, da kann jede Maßnahme zum Problemfall werden. Das ist, was wir nicht verstehen. Es heißt doch: Vor dem Gesetz sind alle gleich.
– Ich muß ehrlich sagen: einem jeden Beamten, der hier auf der Dienststelle Dienst hat, ist eine ordentliche Auseinandersetzung mit einem deutschen Rechtsbrecher lieber als mit einem ausländischen. Da passiert ihm wenigstens nichts. Da steht nicht dieser negative politische Touch dahinter.
– Wo ja überhaupt der Anteil von Ausländern an Straftaten erheblich höher liegt. Im Bundesdurchschnitt haben wir 7,4 Prozent Ausländer und der Anteil der Straftaten liegt bei 38 Prozent. Wenn's die Kaufhausdiebstähle anschauen, von zehn Dieben sind garantiert sieben Ausländer.
– Das ist auch wegen der verschiedenen Mentalität. Wenn ich heute einem Franzosen, einem Engländer oder einem Schweden gegenüberstehe, dann weiß ich aufgrund der Geschichte und der Staatsform, daß er annähernd die gleiche Rechtsauffassung und das gleiche Rechtsbewußtsein hat wie unsereiner. Aber wenn ich da einen Südländer oder Afrikaner nehme, dann reagiert der ganz anders, zwangsläufig anders schon aufgrund seiner Erziehung. Weil allein zur Gleichberechtigung der Frau hat er schon eine ganz andere Einstellung.
– Und beim Zugeben einer Straftat. Da wird gelogen, daß sich die Balken biegen. Da heißt es dann auch oft: Polizei hat mich geschlagen! Aber ich bitte sie: warum sollte ein Polizist auf einer Unfallaufnahme auf der Straße einen anderen schlagen? Das ist Idiotie, aber da gibt es welche, die das behaupten.
– Und inzwischen gilt auch das Wort eines Polizeibeamten nicht mehr bei Gericht als das eines Zivilbürgers.
Und das Gerücht, das sich seit Jahrzehnten hartnäckig hält, daß es bei der Polizei Sympathie für Rechtsradikale gebe, für die Republikaner, das glaube ich nicht. Bei uns älteren Kollegen nicht und bei uns an der Dienststelle

schon gleich gar nicht. Wenn es in Bayern zwölf Fälle gegeben hat, was ist das schon bei 18 000 Polizisten? Der jüngste Polizist, der von der Polizeischule kommt, weiß doch, daß er nur dem Gesetz verantwortlich ist. Und dahinter verschwinden dann private Gedankengänge. Nein, ich bin überzeugt, daß sich bei uns nichts Braunes einschleichen kann.
– Ich auch.
– Ich auch. Aber noch einmal zurück zu dem, was sich ein Polizist ständig gefallen lassen muß. Da fragt dich zum Beispiel ein Richter bei Gericht, ob man dieses Auto nur aufgeschrieben habe, weil es so ein dicker BMW sei? Als ob wir ihn aus Neid aufgeschrieben hätten und nicht weil er fünf Stunden im Halteverbot stand.
– Nach dreißig Jahren juckt einen das nicht mehr. Da kriegst ein dickes Fell.
– Aber als junger Beamter. Da hab' ich einmal einen Mercedes aufgeschrieben, der im absoluten Halteverbot stand. Drin saß eine Beifahrerin und die hat angefangen, mich zu beschimpfen. Am Schluß ihrer Tirade hat sie gesagt: ›Ich wünsch' Ihnen, daß alle ihre Kinder verrecken!‹ Da mußt schon schlucken.
– Einmal war ich auf Streife in Uniform an der Kreuzung vorn. Da kommt ein Auto daher, Ehepaar, die Frau ziemlich korpulent, mit einem vielleicht zweijährigen Kind auf dem Schoß. Sie war angegurtet. Ich klopf' an die Scheiben, sie kurbelt herunter und ich sagt: ›Wenn Sie Ihr Kind liebhaben, setzen Sie es auf den Rücksitz und setzen Sie sich am liebsten dazu. Denn wenn's einen Unfall haben, erdrücken's Ihr Kind an der Windschutzscheibe!‹ – ›Das geht Euch Bullen doch einen Dreck an, wo ich mein Kind hinsetz!‹ Da hab' ich gedacht: Hoffentlich knallt die jetzt frontal an die Mauer! Und: In Zukunft sag' ich nie mehr was! Aber ich werd's wieder sagen, ich weiß schon. Man ärgert sich, hat drei, vier Tage Magenweh und tut's dann wieder. Weil man ja schließlich auch helfen will.
– Die Bevölkerung und der Staat glauben immer, der Polizist ist ein Mensch über allem, er ist ein Übermensch und er könnte alles verkraften. Aber verkraften Sie mal so was: Ich bin auf Streife im Englischen Garten, da kommt ein Anruf: Mädchen geht ab! Ein 15jähriges Mädchen, hatte Rauschgift genommen und war im Delirium weggelaufen. Im ›Picnic‹ an der Leopoldstraße haben wir sie gefunden. Nicht mehr ansprechbar, bewußtlos. Wir rufen den Notarzt, den Sanka. Es ist Freitag nachmittag, keiner kommt. Verkehrsstau. Es dauert. Also mit dem Funkwagen und tatütata ins Schwabinger Krankenhaus. Kaum war der Arzt da, war das Mädel tot. Und du machst dir Gedanken: Bist zu langsam gefahren? So ein schönes, junges Mädchen und tot!
Und dann passiert irgendwas, ein Ärger, eine harmlose Sache mit irgendeinem Besoffenen und es gibt eine Schlägerei. Du kannst nicht abschalten, tagelang denkst du an so was. Der Chef sagt dann: ›Das mußt du wegstecken!‹ Aber man ist ja kein Übermensch!
– Oder wenn du den Eltern einer Fünfjährigen, die nach einem Verkehrsunfall gestorben ist, das mitteilen mußt. Kein Mensch glaubt, daß ein Polizist auch einmal abschalten muß.

– Mir fällt da eine Geschichte ein, wie eine 18jährige vom Land nach München gekommen ist und hat da einen Zuhälter kennengelernt. Das hat's aber nicht geschnallt in ihrer blauäugigen Weltanschauung. Der hat's auf den Strich schicken wollen, sie hat aber nicht mögen. Da hat er sie in ein Zimmer eingesperrt. Dann haben sie acht Türken gewaltsam genommen. Danach ist sie auf den Strich, wo wir sie aufgegriffen haben. Sie hat uns bei der Anhörung und Vernehmung alles geschildert und daraufhin haben wir den Zuhälter festgenommen.

Wir haben den Vater verständigt und er ist gekommen und hat den Zuhälter gesehen, der noch auf der Dienststelle war. Wie der ihn hämisch angegrinst hat. ›Lassen Sie mich den Mann töten!‹ hat der Vater geschrien. So etwas müssen Sie erst einmal verkraften. Der Typ hat ein paar Jahre gekriegt. Aber oftmals werden ja lächerlich geringe Strafen bei Vergewaltigungsprozessen ausgesprochen. Die Richter können sich wohl nicht vorstellen, was so ein Opfer mitgemacht hat. Sie machen sich da keine Gedanken drüber.

Ich war schon öfter bei solchen Prozessen, wo die Geschädigten, meist junge, unbedarfte Frauen vorher sagen: ›Heut' kriegt der sein Fett weg, der Dreckhammel!‹ Und nachher sind sie rausgekommen mit Tränen in den Augen, fix und fertig. Und das muß man als Polizist dann mitansehen, wie die von den Rechtsanwälten niedergemacht wurden. Als ob sie daran schuld wären.

– Das Schlimmste, was ich erlebt hab', war 1973 dieses Unglück am Löwenbräukeller, wo die Veranstaltung von dieser Jugendzeitschrift ›Bravo‹ war, ich war bei der Funkstreife. Da ist drin eine Panik ausgebrochen und alle haben rausgedrückt. Drei wurden tödlich, zwanzig leicht und schwer verletzt. Auf dem ganzen überdachten Vorplatz lagen die Jugendlichen herum und die Sanitäter haben bloß geschaut: Lebt der noch oder ist er tot? Der Ordnungsdienst hatte irgendwie bloß eine Flügeltür aufgemacht und von hinten haben sie hergedruckt und da sind die vorderen getötet worden. Furchtbar!

– Das Schlimmste für mich war der Flugzeugabsturz im Dezember 1960 in der Paul-Heyse-Straße, mit über 50 Toten. Da hat es lichterloh gebrannt, kein Mensch hat gewußt, was los war. Die Feuerwehr war schon nach Riem rausgefahren, weil es geheißen hatte: ›Notlandung!‹, aber der Flieger ist nicht mehr rübergekommen und neben der Kirche abgestürzt. Da hat alles zu brennen angefangen.

– Ich entsinn' mich, 1968, das Buchgewerbehaus in der Schellingstraße gehörte zu unserem Bereich.

– Ich war da eingesetzt, alle fünf Nächte hintereinander. Und ich muß sagen, Gott sei Dank gab es da die Toten, sonst wäre die Presse nicht umgeschwenkt. Vorher war sie auf der Seite der Studenten, nachher nicht mehr. Da sind nämlich Pflastersteine geflogen, aus dem verwilderten Gebüsch, wo heute die Neue Pinakothek steht, und viele Polizisten sind verletzt worden, weil es damals noch kein Schutzschild gab. Wasserwerfer hatten wir einen einzigen und der fuhr nur im Schneckentempo. Es ging alles drunter und drüber. Es war ein politisches Versagen, das auf dem Rücken der Polizei ausgetragen wurde.

– Das war eben das Aufmucken einer neuen Generation, wie schon bei den Schwabinger Krawallen.
– Diese Leute von damals, der Teufel, der Langhans, der Dutschke sind doch alle praktisch in der Versenkung verschwunden.
– Ich meine, die Jugendlichen heute legen mehr Wert darauf, ordentlich zu lernen und Karriere zu machen. Die Null-Bock-Generation ist zu Ende.
– Wie auch die anti-autoritäre Erziehung, die ist passé, die gibt's nimmer, man hat wieder andere Vorstellungen, andere Werte. Ich finde, daß die Werte wieder verrückt werden zum Positiven.
– Wenn ich da an die Demonstration gegen den Weltwirtschaftsgipfel denke, die Trillerpfeifen gegen die Staatsmänner der G7-Staaten. Es werden sich doch Politiker noch friedlich in München treffen und miteinander reden dürfen! Und andererseits 1992 an die Lichterkette gegen Ausländerfeindlichkeit. 40–50 000 Demonstrationsteilnehmer mit ihren Kerzen und Taschenlampen, eine der friedlichsten Demonstrationen, die ich in dieser Größenordnung mitgemacht habe. Und ich sage Ihnen, alle Kollegen, die dort Dienst gehabt haben, waren mit den Demonstrationsteilnehmern einer Meinung. Da hat es überhaupt keine Probleme gegeben.
– Das sind die Highlights. Aber die eigentliche polizeiliche Arbeit findet drunten auf der Wache und im Streifendienst statt. Die Kollegen machen Schichtdienst: in der Früh wird abgelöst, mittags und abends. Und nachts. Es gibt vier Schichten, um die 24 Stunden abzudecken. Die müssen die motorisierten Streifen stellen, die dann von der Einsatzzentrale zu ihren Einsätzen dirigiert werden. Wir haben 14 Autos, ein paar Motorräder und ein paar Dienstfahrräder.
– Privat fahr' ich sowieso meist Fahrrad und wenn das Wetter einigermaßen ist, auch die fünf Kilometer zur Dienststelle. Das machen viele andere Kollegen auch.
– Unser Bereich beginnt am Hauptbahnhof und geht bis zur Kennedybrücke.
– Der ganze interessante Teil des Englischen Gartens gehört dazu.
– Früher hieß es Polizeirevier 3 und war in der Heßstraße. Doch seit der Umorganisation 1977 sind die Reviere vergrößert worden, haben sich die Inspektionsgrenzen verändert. Früher gehörten wir zur Gemeinde, also zur Stadt und seit 1975 sind wir staatlich. Früher waren wir in Blau-Grau, heute sind wir grün wie Schnittlauch. Früher waren die Reviere kleiner und wir hatten mehr Beamte, heute müssen wir mit der gleichen Anzahl von Beamten ein dreimal größeres Gebiet kontrollieren.
– Das hat zur Folge, daß nicht mehr so viele Beamte zu Fuß unterwegs sind und die Kontakte zur Bevölkerung nicht mehr so wahrgenommen werden können. Früher, kann man sagen, war jeder Streifenpolizist gleichzeitig Kontaktbeamter – das ist auch so eine Erfindung, die aus dem Norden kommt. Da ist man seine Streife gegangen und hat mit den Leute geredet. Sogar die Schulkinder haben einen gekannt und gegrüßt, hui, da kommt der Schandi! Aber heute bist du anonym. Die alten Leute, die einen gekannt haben, sterben weg und die jungen kennen dich nicht mehr. Heute, wenn's hoch kommt, fährst du zweimal in der Woche durch dieselbe Straße. Fährst,

gehst nicht. Redest also nicht. Bist nicht mehr so gern gesehen. Bist nur noch ein notwendiges Übel.

– Wir haben auch das Problem mit dem ständigen Wechsel. Die jungen Kollegen werden vom Land hierher zwangsverpflichtet und gehen ungefähr nach fünf Jahren wieder weg. Es ist ein ständiger Wechsel, eine starke Fluktuation. Der gestandene Schutzmann an der Ecke, der ein gewisses Vertrauen einflößte, der fehlt heute. Man kann sagen, daß alle fünf Jahre die ganze Mannschaft einer Dienststelle, bei uns sind das 120, 130 Leute, einmal durchgewechselt wird.

– Ich bin der Älteste hier, ich bin seit 1960 dabei und wurde bei allen Versetzungen immer vergessen. (lacht) Ich habe Glück gehabt.

– Womit wir uns hier befassen müssen ist zu einem großen Teil bedingt durch die vielen Gaststätten im Schwabinger Milieu, Beschaffungskriminalität, auch ein bißchen Rauschgift und das, was wir unter Straßenkriminalität zusammenfassen: all' die Delikte ums Auto herum, Diebstähle, Einbrüche, Raubstraftaten, dann Büro-, Geschäfts- und Gaststätteneinbrüche, das alles hat in den letzten zehn Jahren zugenommen. Die Gewaltstraftaten haben sich zwar nicht vermehrt, sie sind nur brutaler geworden. Statt einer Ohrfeige ein ausgeschlagener Zahn. Aber amerikanische Verhältnisse haben wir noch lange nicht.

Ich meine auch, daß die Polizei in München, vom übrigen Bayern kann ich nicht reden, für Ernstfälle ganz gut gerüstet ist. Viel besser als in den neuen Bundesländern. Außerdem steht das Innenministerium voll hinter uns.

Außer der Personalmangelsituation, die überall herrscht, kann man eigentlich sagen, daß die Stimmung hier bei uns recht gut ist. Das hat nicht zuletzt mit unserem Chef zu tun.

– Der malt ...

– Wie der Kontaktbeamte Meyer ...

– Das muß an der Gegend liegen. (lachen)

– Seit 1983 sind wir hier in der Türkenstraße, vorher waren wir in der Karlstraße 40. Seit der Umorganisation 1977 gehört die ganze Türkenstraße zu uns. Aus der Karlstraße mußten wir heraus, es war ein städtisches Gebäude und da haben wir dem Herrn Bäumler vom Bezirksausschuß unsere Sorgen vorgetragen und der hat sich dafür eingesetzt, daß wir hierher gekommen sind. Das Haus war früher das Baubüro für den Bau der Landesbank gegenüber. Vier Stockwerke werden als Dienststelle genützt, im 5. Stock sind die Ledigenzimmer untergebracht, wie auch im Rückgebäude. Es dürften ungefähr zehn Kollegen sein, die hier vorübergehend übernachten, bis sie ein Zimmer gefunden haben. Sie zahlen ihre Miete wie wir die unsere an die Abteilung Versorgung.

Es ist nämlich nicht einfach für uns ein Haus zu finden, daß lagemäßig und finanziell in Ordnung ist. Nicht weil es für 120 Leute taugen soll, sondern weil jeder Beamte seine gesamte Ausrüstung unterbringen muß, das heißt, es müssen 120 Schränke da sein. Die nehmen natürlich schon Platz weg. Dieses Haus gehört der Barmenia, ist aus den 50er Jahren und wir zahlen so an die 17 bis 18 000 Mark Miete.

– Vielleicht sollten wir noch sagen, wie es kam, daß die Polizei verstaatlicht wurde. Also nach dem Ersten Weltkrieg hatte es doch geheißen, daß Deutschland nurmehr 100 000 Leute unter Waffen haben dürfe als Soldaten in der Wehrmacht. Da hat der Hitler dann Polizeieinheiten aufgestellt, die er zu gegebener Zeit in die Reichswehr überführt hat. Die Polizei war Staatspolizei und Himmler als Reichsführer SS der Chef der Polizei.
Nach dem Krieg 1945 wollte der Amerikaner nicht, daß sich so etwas noch einmal wiederholte: daß Polizisten in Soldaten umbenannt werden und losmarschieren. Deshalb wurde im Artikel 83 der bayerischen Verfassung festgelegt, daß jede Gemeinde ihre Polizei haben dürfe. Das wurde aber zu kostspielig und 1971 hat die Stadt München als letzte bayerische Kommune den Antrag an den Freistaat gestellt, daß er ihre Polizei übernehmen möge. Das ist dann auch 1975 passiert.
– Seither sind wir staatlich und grün.
– Und tragen diese Uniformen, die der Oestergard, der Modeschöpfer entworfen hat.[1]
– So sind sie auch. Wir hätten gern etwas Salopperes, etwas Praktischeres.
– Was willst denn mit einer Krawatte? Da kommst in eine Gaststätte und einer packt dich am Krawattl und zieht immer enger. Dann bist gefesselt.
– Genauso wie die Achselklappen, die zwar schön ausschauen, aber wenn du bei einer Demonstration bist und es kommt zu einer Eskalation und einer packt hin, dann reißt er dich nieder, weil die so fest sind.
– Oder der Mantel aus Plastik, der im Winter steif und hart ist und so etwas von behindernd und praxisfremd.
– Wozu man sagen muß, daß der Mantel inzwischen abgeschafft worden ist. Der wird nur noch aufgetragen.
– Ja, aber auch die helle Hose. Gehst einmal durch den Englischen Garten, weil es einen Verletzten gibt oder sich einer aufgehängt hat, durch die nassen Wiesen, bist gleich tropfnaß. Oder im Winter, wenn Schneematsch ist, da darfst du jeden dritten Tag die Hose reinigen lassen. Und mußt es selber zahlen.
– Wir kriegen im Jahr 360 Mark Bekleidungsgeld. Eine Uniformjacke kostet 180 Mark, ein Anorak 315, so daß du dir vom Geld gerade ein Kleidungsstück pro Jahr kaufen kannst.
– Ich hab' mir gerade eine Lederjacke gekauft, die hat 400 Mark gekostet.
– Wichtig ist auch, finde ich, daß all die Ausrüstungsgegenstände, die der Beamte, von seinem Dienstherren vorgeschrieben, mit sich zu führen hat, daß die praktisch untergebracht sind. Schnell hervorgeholt und schnell wieder weggesteckt.
– Wenn ich an die Amerikaner denke, die ich ja sonst nicht so besonders mag, wenn ich da sehe, wie der Polizeibeamte vor dem UN-Gebäude ganz offen seinen Schlagstock trägt und seine Handschellen, da könnt' man fast

[1] Inzwischen hat sich das Versandhaus ›Quelle‹ der Polizeiuniformen angenommen: sie können per Katalog bestellt werden. ›Cop's + Co‹ heißt der Second-Hand-Laden der Polizei.

neidisch werden. Weil bei uns muß der Schlagstock verdeckt getragen werden, um keine Aggressionen zu wecken bei der Bevölkerung, heißt es.
– Wenn ich also im Sommer, bei 28, 29, 30 Grad in den Alten Botanischen Garten gerufen werde wegen der Penner, ich bin im Hemd und habe ein Funkgerät, ein Handsprechfunkgerät, um Kontakt mit der Dienststelle zu halten, und dann gibt's einen Widerstand. Was machen? Das Funkgerät auf den Rasen legen, daß du beide Hände frei hast? Also hab ich Mitte der 70er Jahre einen Verbesserungsvorschlag eingereicht, ob man nicht eine Gürteltasche für das Funkgerät bekommen könne. Und was haben sie zurückgeschrieben? Für diesen Zweck solle man doch die KOB-Tasche nehmen.
– Das ist die Kontaktbeamtentasche, eine Art Koffer. Aber da bist genauso weit wieder wie mit dem Funkgerät. Wenn ein Widerstand kommt, wenn du mit einem raufen mußt, da bist mit der KOB-Tasche praktisch gefesselt. Oder du legst sie auf den Boden. Da kannst aber das Funkgerät auch so auf den Boden legen. Das sind eben die Bürokraten am grünen Tisch, die keine Ahnung von der Praxis haben.
– Am bequemsten ist halt das Hemd, weil einen da keine Uniformteile einzwicken. Im Innendienst trag' ich das Hemd und vielleicht eine Lederjacke drüber, eine von den bequemen, die wir seit Gauweilers Zeiten haben.
– Und die Polizeimütze, auf der neben dem Stern zu Münchner Zeiten noch ein Münchner Kindl drauf war. Jetzt haben wir neben dem Stern das bayerische Wappen.
– Die alten Uniformen kann man ja noch in den Isar-Polizeifilmen sehen.
– Wobei die neueren Folgen, also, ich weiß nicht, das ist reine Unterhaltung, das hat mit der Wirklichkeit wenig zu tun.
– Einmal hab' ich in einem mitgespielt, ›Zuckerbrot und Peitsche‹ hieß der und war mit dem Harald Leipnitz. Da hab' ich aus der Dienststelle rausgehen müssen, über die Straße und in ein Fenster hineinschauen, hinter dem der Leipnitz gesessen ist für zehn Mark Gage. (lacht) Das war so um 1967 rum.
– Was mich an so Filmen stört ist, daß die Sachen bringen, die man der Jugend nicht so zeigen sollte: Wie man ein Auto knackt in Großaufnahme oder wie man einbricht, indem man ein Fenster vorher mit Leim beschmiert, das ist doch nur ein Anreiz, es selber auszuprobieren.
– Dann diese gewalttätigen Filme, ich finde schon, daß die die Hemmschwelle herabsetzen, wenn die täglich kommen. Daß das Unrechtsbewußtsein schwindet.
– In Einzelfällen schon. Aber ich bin der Meinung, daß diese gewaltverherrlichenden Filme in den Köpfen der Jugendlichen als Fiktion weiterbestehen. Da sind die Jugendlichen manchmal noch kritischer als die Erwachsenen.
– Die Wirklichkeit ist doch so: im Monat haben wir 15 bis 30 Festnahmen. In der Dienststelle ist eine Ausnüchterungszelle, in der die Leute aber nur ein paar Stunden bleiben. Ich habe in meinen 36 Jahren Polizeidienst noch nicht einmal zur Pistole greifen müssen. Auch nicht zum Schlagstock.
– Ich auch nicht. Dafür hat mir mal einer das Nasenbein gebrochen.

– Auf uns hat einer einmal geschossen, ein Autoknacker, bei der Flucht hat er das ganze Magazin auf uns abgeschossen, aber Gott sei Dank keinen von uns getroffen. Ein Kollege hat von seiner Schußwaffe Gebrauch gemacht, ihn in die Milz getroffen. Er kam ins Krankenhaus und wurde dann zu acht Jahren verurteilt.
– Aber das sind die Ausnahmen, im Gegensatz zu dem, wie es die Polizeifilme zeigen. Wir sind da zur Erledigung der allgemeinen polizeilichen Aufgaben: von der Aufnahme von Verkehrsunfällen bis zur Festnahme von Straftätern, quer durch das ganze Strafgesetzbuch. Teils durch uniformierte, teils durch zivile Kräfte. Wir wären ja hinter dem Mond, wenn wir alles in Uniform machen würden. Verdeckte Ermittlungen, die großen Sachen, macht die Kripo, sprich das Landeskriminalamt.[1] Die Bekämpfung der Betäubungsmittelkriminalität zum Beispiel. Den Erstzugriff machen die Uniformierten, die folgende Sachbearbeitung die Kripo, die vernehmen auch, dann geht es zur Staatsanwaltschaft, die prüft, ob ein Haftbefehl zu beantragen ist. Ob einer eingesperrt wird, entscheidet dann ein Richter.
– Da fällt mir die Hausbesetzung anno 1981 ein, als das Haus Nr. 30 in der Türkenstraße besetzt wurde, aber nur kurz, es war kein großer Einsatz. Wir konnten halten, was unser Präsident versprochen hatte: daß in München kein Haus länger als 24 Stunden besetzt sein würde.
– Und da sagst dir dann, Herrschaft, hast selber keine Wohnung und das ist ein staatliches oder ein städtisches Gebäude und steht schon lange leer und Geldleute werden kommen und es runterwirtschaften und abreißen, da sagst dir, die haben Recht, die sollen das ruhig anprangern. Aber andererseits bist du Polizist und dem Gesetz verpflichtet und mußt dann die Räumung durchziehen.
– Da steht eben nicht bloß das Gesetz, sondern die ganze freie Marktwirtschaft im Raum. Dann mußt dich eben auch fragen: Willst diese Marktwirtschaft in der Demokratie mit ihren Nebenerscheinungen oder wärst du bereit, Abstriche an der Demokratie zu machen?
– Im Beamtenrecht steht, daß der Beamte gefordert ist, Widerspruch oder Beschwerde einzulegen, wenn er feststellt, daß etwas Ungesetzliches von den Vorgesetzten ausgeht.
– Das hat es allerdings bei uns noch nie gegeben.
– Eigentlich wäre ich gern Jäger oder Förster geworden, ich bin vom Land.
– Ich wollte eigentlich Orgelbauer werden. Aber damals gab's nur zwei Lehrstellen in Deutschland, in Stuttgart und in Köln, da haben mich die Eltern als 14jährigen nicht weggelassen. Dann hab' ich halt Schriftenmalerei und Grafik gelernt und als ich die Farbe nicht mehr vertragen habe, bin ich zur Polizei.
– Ich war Großhandelskaufmann in einer Mercedesvertretung. Und als die Alternative kam: Bund oder Polizei, bin ich wie der Kollege, auch zur Polizei.

[1] Von 1946 bis 1968 im Palais Dürckheim, Türkenstraße 4.

– Wie vorhin schon gesagt, gehört der ›interessante‹ Teil des Englischen Gartens zu uns: Der See, die Gaststätten, der Chinesische Turm, der Monopteros mit den Rauschgifthändlern, die Nackten, die Schwulen, gehört alles zu uns.
– Das mit den Nackerten ist zurückgegangen, das war bis 1985 stark. Da sind tausende von Nackten herumgelegen, nicht nur auf dem Reiteroval auf der Schönfeldwiese, wo es erlaubt war, sondern kreuz und quer. Wir haben da unsere Toleranzbereiche. Aber so viel Anhänger wie es gegeben hat, so viele Ankläger hat's auch gegeben. Dann sind wir gekommen und haben seinen Ausweis geprüft und ihn angezeigt wegen einer Ordnungswidrigkeit nach der Badeverordnung. Nicht wegen Erregung öffentlichen Ärgernisses, da hätte einer ja wirklich dran Anstoß nehmen müssen. Und wenn man ein hübsches Mädchen sieht, muß man ja nicht unbedingt Anstoß nehmen.
Das hat dann ein Bußgeld gegeben von 100 bis 250 Mark, je nachdem wie er gelegen ist. Wenn einer auf dem Rücken liegt, die Beine gespreizt und in sexuellem Erregungszustand, das ist was anderes, als wenn einer auf dem Bauch liegt und friedlich schläft.
– Unser ganzer Bereich ist Sperrbezirk, da ist also Prostitution verboten. Obwohl im Bereich des Hauptbahnhofs, das Stückerl Dachauer Straße, Lämmerstraße, Hirtenstraße, da treten immer wieder welche auf. Aber lange nicht so stark wie in den 60er oder 80er Jahren. Das Hauptmilieu hat sich auf die Ausfallstraßen verlagert, Ingolstädter, Freisinger Landstraße.
Bei uns, wenn eine dreimal erwischt wird, kommt sie in Unterbindungsgewahrsam. Da hockt sie dann in der Haftanstalt und verdient nichts.
– Und wenn sie einen Luden hat, der ihr die Hucke vollhaut, weil sie sich hat von den Scheißbullen erwischen lassen und keine Kohle heimbringt, dann geht sie halt in Zukunft woanders auf den Strich, wo sie zwar weniger verdient aber sicherer.
– Ob ich einen persönlichen Kontakt zur Türkenstraße habe? Nachdem ich seit 1983 hier bin, fühl' ich mich irgendwie dazugehörig. Ich habe nie das Gefühl gehabt, daß ich von der Bevölkerung irgendwie abgelehnt würde.
– Die Bevölkerung hier ist schon etwas Besonderes, würd' ich sagen, das ist keine x-beliebige, die ist besonders diffizil und sensibel. Da muß man aufpassen, da kann man nicht so frei von der Leber weg reden wie in anderen Stadtteilen.
– Wir haben viele Hochschulen hier, die Universität, die TU, die Akademie, dann viele Banken und Versicherungen, die nehmen auch keine Penner. Ich würde sagen, der Bildungsgrad ist hier sehr hoch.
– Der Dienst hier hat sicher seinen besonderen Reiz, aber einfacher wär' er auf dem Land.
– Für mich gehören zur Türkenstraße die Toni Netzle vom Simpl, der Mathias, der Penner, den wir neulich aus der Damentoilette haben vertreiben müssen und das Heizwerk.
– Mein Verhältnis zur Türkenstraße (die anderen lachen) kommt daher, daß meine erste Frau dort gewohnt hat und ich dann auch, zwei Jahre lang. Auf Nummer 40, im 4. Stock, in der Personalwohnung des Heizkraftwerks.

Ich war damals auf Funkstreife im Dienst. Es gab damals noch wenige Verkehrsampeln und ich hatte den Verkehr auf der Kreuzung Gabelsberger/Augusten zu regeln. Da war gegenüber ein kleines Blumengeschäft und da hat meine Ehemalige gearbeitet. Und wie sie einmal zum Einkaufen ist, hat sie so hergeblinzelt und ich blinzel zurück und da ist mir aufgefallen, daß sie öfter zum Einkaufen ging. Und wenn man dann zwei- bis dreimal in der Woche Verkehrsposten dort macht und sie schaut dich wieder an und du schaust zurück, na ja. Und dann hab' ich eines Tages meinen Regenmantel dort deponiert, weil es aufgehört hatte zu regnen und dann war das Gespräch geschehen und dann ging's halt weiter.
Zwei Jahre später war ich unter der Haube. Das erste Kind ist in der Türkenstraße geboren. Aber wir sind nicht mehr zusammen. Schuld daran ist der Nachtdienst, den ich da 1968 vor dem Buchgewerbehaus hatte. Dann ist da ein anderer gekommen, während ich im Dienst gekämpft habe die ganze Nacht, und dann war es geschehen.
Das Buchgewerbehaus war mitschuld daran, deshalb kann ich es auch nicht vergessen.«
Seit Ende 1997 genießen Helmut Bayer und Herbert Voest ihren Ruhestand.

Lilian Schwab (links) Helga Rasch (mitte)
geb. 1946 und 1948 · Politessen PI 12

Kein reines Honigschlecken

– »Wie man uns nennt? Parkhexe sagen sie
– oder noch schöner: Bordsteinschwalbe
– oder: das ist eine von denen, die ihr Geld auf der Straße verdienen
– Bullette hat auch schon mal wer gesagt
– Jaja, meist Männer.
– Es ist halt so: sie fühlen sich als Verkehrssünder ertappt, interpretieren das aber so um, daß man sie ohne Grund maßregelt und gängelt und brausen dann auf.
– Es hängt auch vom Wetter ab. An manchen Tagen hat jeder zweite etwas an dir zu meckern, an deiner Arbeit oder deiner Uniform. Das ist bei Föhn oder wenn das Wetter umschlägt. Dann lassen die Autofahrer ihre schlechte Laune oft an uns aus. Vor allem, wenn man eine Verwarnung nicht zurücknimmt.
– Dann kommen sie daher und lügen: Sie seien gerade einmal drei Minuten weggewesen, dabei stehen's zwei Stunden da. Und wenn ich schon die zweite Verwarnung angebracht habe, hab' ich natürlich auch keine Lust mehr, die zu stornieren.
– Dazu müßte man bei der Dienststelle nachfragen. Ich kann allerdings selbständig entscheiden, ob ich die schriftliche Verwarnung in eine mündliche umwandle. Daß ich sag': ›ich nehm Ihnen jetzt den Verwarnzettel zurück, ausnahmsweise, aber in Zukunft stellen Sie Ihren Wagen da nicht mehr hin. Oder nur mit Parkscheibe.‹

– Es gibt ein Gerücht, das sich hartnäckig hält: daß viele verteilte Strafzettel der Karriere förderlich seien. Das ist ein Quatsch. Wir werden nach BAT bezahlt und bei allen ungraden Geburtstagen gibt's eine Erhöhung. Wir sind Angestellte des Freistaates Bayern und nicht wie die Kollegen Beamte.
– Das spürt man schon auch manchmal an einem etwas herablassenden Ton.
– Aber nicht bei uns auf der Dienststelle.
– Nein, nicht bei uns. Da sind wir sehr glücklich mit unserem Chef. Wir haben ein prima Arbeitsverhältnis. Er läßt uns schalten und walten, nicht wie bei anderen Dienststellen, wo alles reglementiert ist. Wo der Leiterin der Politessen vorgeschrieben wird, wo sie die Kräfte am nächsten Tag einzuteilen hat.
– Dabei ist die PI 12 immer an erster Stelle mit Verwarnungen. Also im Hostessenbereich. Es kommt auf die Monate an, aber im Schnitt sind es so 6 000 Verwarnungen von 15 Hostessen.
– Man kann sagen von 10 oder 11, weil ja auch Urlaub dazukommt und Krankheit. Obwohl wir keinen hohen Krankenstand haben.
– ›Gute Monate‹ sind, wenn's warm ist, ab April bis Juli. August ist ganz schlecht, Ferienzeit bis Mitte September, dann wird's wieder gut, wenn die Studenten zurückkommen. Weil die Studenten sind sehr gute Falschparker.
– Am Freitagnachmittag ist fast überall, außer in der Amalien- und Türkenstraße tote Hose. Wenn du nicht viel zu tun hast, vergeht die Zeit langsamer. Unser Verkehrssachbearbeiter sagt dann immer: ›Meine Damen‹, sagt er, ›Präsenz ist alles!‹ Und es ginge ja nicht nur darum, daß man fünfzig bis hundert Verwarnungen bringe, sondern daß man von den Autofahrern gesehen werde.
– Außerdem gibt's ja die Schaufenster zum Hineinschauen und manchmal geht auch ein Ratsch her. Das gehört ja dazu. Nicht nur sturheil Verwarnungen ausstellen. Man ratscht mit den Gastwirten, den Geschäftsleuten, die man ja schon lange kennt, oder mit den Eltern der Kinder, für die man Schulwegsicherung macht. Die Kinder sagen dann ›Frau Polizei‹ oder ›Frau Polizistin‹ und freuen sich riesig.
– Wie mein Sohn am Anfang auch richtig stolz darauf war, daß seine Mutter bei der Polizei war. Später ist er allerdings kritischer geworden. Die Motivation bei mir kam eigentlich daher, daß ich, wenn ich in der Stadt bin, die Politessen gesehen und dabei gedacht habe: Mei, haben die es schön! Es war meist schönes Wetter und ich haben sie bei dem schönen Wetter herumspazieren sehen.
Dann hat mein Mann einmal eine Anzeige gelesen, wir waren gerade nach Ottobrunn umgezogen, aus dienstlichen Gründen, mein Mann arbeitet draußen in Pullach, und hat gesagt: ›Bewerb' dich halt!‹ – ›Ach, weißt, Polizei‹, hab ich gesagt, ›da hab ich eigentlich gar keine Lust!‹ Dann hab' ich die Bewerbung geschrieben, sie ist aber liegengeblieben bis nach dem Urlaub. Da hab' ich gedacht, es ist sowieso schon zu spät, aber ich hab' sie trotzdem weggeschickt. Postwendend ist dann die Antwort gekommen und ich bin zu einem Vorstellungsgespräch gebeten worden.

Die erste Frage war gleich: Haben Sie Kinder und ist gewährleistet, wenn eines krank wird, daß es auch versorgt ist? Und dann bin ich gefragt worden, was ich mir eigentlich unter der Arbeit einer Politesse vorstelle. Das sei nämlich kein reines Honigschlecken. Im Winter sei es kalt draußen und im Sommer heiß und den Hut müsse man immer aufbehalten. Dann mußte ich noch ein Diktat und einen Aufsatz schreiben, mußte zeigen, daß ich Kenntnisse im Maschineschreiben hatte und mich einigermaßen in München auskannte. Das war's dann.
– Ich bin seit 1971 im Polizeidienst. Bis 79 war ich Hostess bei der PI 11 im Außendienst, dann kam ich als Leiterin der Polizeihostessen zur PI 12, zuerst in die Karlstraße, dann 1983 in die Türkenstraße.
Ich bin geborene Münchnerin. Ich war gelernte Arzthelferin, bei einem Hals-Nasen-Ohrenarzt in München. 71 hab ich mich auf eine Zeitungsannonce beworben bei der Stadt – da war die Polizei ja noch nicht verstaatlicht – weil die Arbeitszeiten bei dem Arzt oft so lange gingen, daß ich abends um 9 oder 10 erst zu Hause war.
Da gab es dann auch einen Aufsatz und ein Diktat. Dann wurde man untersucht, ob die gesundheitliche Eignung auch gegeben war, weil man ja schließlich viel zu Fuß unterwegs sein und gute Augen haben muß. Mindestgröße 1,65. War ich nicht ganz, hat aber trotzdem hingehaut. Kenntnisse im Maschinenschreiben und Fremdsprachen, abgeschlossene Berufsausbildung, das waren die Grundvoraussetzungen.
Was mich an dem Beruf gereizt hat war, daß ich es wieder mit Menschen zu hatte wie in der Praxis. Dazwischen habe ich nämlich in einem Pressebetrieb gearbeitet, in einem Großraumbüro bei der Kontoführung. Also, das war nichts, was mich befriedigt hat.
Die Politessen gibt es seit 1965, da waren sie noch im Tal. 1975 sind sie auf die verschiedenen Inspektionen verteilt worden. Da hatten sie eigentlich keinen schlechten Ruf. Früher hat man mit dem Staatsbürger noch einen wesentlich besseren Kontakt gehabt. Da hat man gewußt, der gehört in das Geschäft rein, dann hat man eben aus Aufmerksamkeit gesagt: ›Jetzt fahren's besser weg!‹ Dann hat man am Samstag manchmal selber eine kleine Aufmerksamkeit gekriegt: einen Blumenstrauß, eine Pralinenschachtel, eine Flasche Wein. Das war keine Bestechung. So massive Schwierigkeiten, wie wir sie teilweise heute haben mit Beleidigungen aller Art, das hat es damals nicht gegeben. Das gibt es erst seit ein paar Jahren.
– Vielleicht weil damals das Bußgeld niederer war: fünf Mark, zehn Mark. Da haben Fahrer auch schon einmal vorher gefragt: ›Sie, was kost' das, wenn ich hier stehenbleib?‹ Und wenn's zehn Mark waren, habens gesagt: ›Das ist es mir wert‹, haben abgesperrt und sind gegangen. Aber heute, dreißig, mit Behinderung fünfzig bis 75 Mark, das stecken sie so leicht nicht mehr weg. Dann regen sie sich auf und sagen, wir wären die größten Raubritter aller Zeiten.
– Oder sie kommen mit Nazi- oder SS-Methoden. ›Das ist ja heute schlimmer wie damals!‹ schimpfen sie, wenn sie eine Verwarnung kriegen. Oder

sie behaupten, von der Presse zu sein oder persönlich bekannt mit dem Polizeipräsidenten.

– Am Anfang hat's da schon einmal Tränen gegeben. Dann hast du dich wieder geniert. Inzwischen haben wir ein dickeres Fell.

– Wir haben überhaupt eine größere Menschenkenntnis bekommen, ein größeres Fingerspitzengefühl.

– Wir haben gelernt zuzuhören. Vor allem bei älteren Leuten, die dir jedesmal die gleiche Geschichte erzählen: von Familientragödien oder Todesfällen. Da mußt halt auf die eingehen. Und wenn denen jemand zuhört, dann ist für sie der Tag schon gelaufen. Und dann bist du eigentlich zufrieden mit dem, was du hast, weil's den anderen viel dreckiger geht. Dann zwickt's dich, daß du denkst: ›Mensch, geht's mir gut!‹

– Du läßt dich weniger hinters Licht führen, wirklich da gibt es Leute, die dir die reinen Ammenmärchen erzählen.

– Ich muß sagen, ich bin erfahrener und ruhiger geworden.

– Zu jeder Neuen, die kommt, sag' ich immer, daß sie sich darauf einstellen soll, daß sie manchmal blöd angeredet wird. So in Richtung: Hast denn keine andere Arbeit? Oder: Geh' in die Kuchel, wo'd hinghörst! So Sachen.

– Von uns 15 sind zwei männliche Hostessen, Verkehrsdienstangestellte. Am Anfang war das uns gar nicht recht. Wir waren so ein eingeschworener Haufen, ein Frauenhaufen, wo man einfach lockerer spricht. Und da waren plötzlich die zwei älteren Männer, die von der kommunalen Verkehrsüberwachung gekommen sind, weil ihnen die Dienstzeiten zu lange gingen. Bis 23.30, während es bei uns nur bis 18 Uhr, in den Sommermonaten bis 20 Uhr geht. Wir arbeiten 38 ½ Stunden in der Woche, Samstag auf freiwilliger Basis.

Die beiden haben es am Anfang schon schwierig gehabt, so richtige Möchtegern-Polizisten. Wir haben sie nicht recht ernst genommen. Wir haben zwei Schichten, eine Früh- und eine Spätschicht, und jede Schicht hat einen Mann bekommen.

Bei uns geht es eigentlich recht locker zu, aber die Männer waren immer gleich beleidigt. Wenn du ihnen nicht gleich einen Kaffee angeboten hast oder gefragt hast, wie's ihnen heute geht. Man kann doch nicht jeden durchloben wie ein Kind. ›Du Sahnetörtchen‹ haben wir gesagt, ›du Mimose‹, aber beim ›Haubentaucher‹ war er gleich drei Tage beleidigt. Inzwischen haben wir sie uns gezogen. (lacht)

– Die Polizei ist für uns, wie soll man sagen, vielleicht so etwas wie eine Schwester oder eine Tante. Jemand, mit dem man sich auch einmal aussprechen kann. Familie halt, wo man offen miteinander redet, wo es kein Hintenrum gibt. Wo, wenn Differenzen aufkommen, man gleich miteinander spricht.

– Da gibt es also die Leiterin, den Verkehrssachbearbeiter, die Dienststellenleitung, die Direktion Nord, das Polizeipräsidium und ganz oben das Innenministerium. Die Vorgänger von Herrn Seitz haben sich eigentlich gar nicht um uns gekümmert. Er ist praktisch der erste, den man jeden Tag sieht. Ein Dienststellenleiter zum Anfassen. Nein, nein, richtig anfassen tun wir ihn nicht, das trauen wir uns nicht!

– Er malt in Öl, Landschaften und Stadtansichten. Zu Weihnachten verschickt das Präsidium Bilder von ihm als Glückwunschpostkarten. Wir können auch Bilder kaufen, wenn wir wollen. Zum Vorzugspreis. So mit Rahmen sind das um 1 200 Mark rum.

– Dann haben wir zwei Kontaktbeamte, die auch malen. Der eine Aquarelle, der andere Karikaturen. Ich muß noch einmal sagen, bei uns das Arbeitsklima ist ausgezeichnet und meine Tätigkeit füllt mich voll aus.

– Aber nicht noch einmal würde ich in den Polizeidienst gehen. Eher wieder Arzthelferin.

– Ich Krankenschwester.

– Aber als vor ein paar Jahren die ersten Polizistinnen eingestellt wurden, haben wir's uns schon überlegt, ob wir uns melden sollten. Aber da waren wir schon zu alt, da war das Höchstalter mit 30 festgesetzt.

– Wenn man mich heute fragen würde, würde ich sagen: Innendienst ja, Außendienst nein. Weil immer draußen, bei Wind und Wetter, fünfeinhalb Stunden am Tag ...

– Da kriegt's jede von uns mit der Bandscheibe. Rückenkrankheiten, Verspannungen sind so die typischen Hostessenkrankheiten.

– Wegen der schweren Tasche, die so drei bis vier Kilo wiegt, weil das Funkgerät drin ist. Neben vier Verwarnungsblöcken, dem Notizbuch, dem Stadtplan, der Mappe für die Abschleppberichte, Kugelschreibern, Tempotaschentüchern und Privatem.

Da gab es doch einmal die Idee, daß man die Strafzettel nicht mehr mit der Hand ausschreibt, sondern daß sie mit einem Datengerät erfaßt werden sollen. Da haben sie uns drei verschiedene Geräte zum Ausprobieren mitgegeben. Die mußten wir zum Funkgerät mit herumschleppen. Dann hieß es, wir sollten noch Fotoapparate kriegen.

– Echt unzumutbar, was sich die Herren am grünen Tisch da ausdenken!

– Das Funkgerät ist für den Kontakt mit der Dienststelle, um eventuell Verstärkung anzufordern oder fürs Abschleppen. Da gibt es eine Abschleppanordnung, wo festgelegt ist, wann wir abschleppen lassen dürfen und wann die Beamten. Wir, wenn ein konkrete Behinderung vorliegt: Feuerwehranfahrt, absolutes Halteverbot.

Wir funken dann in die Dienststelle. Ohne den Segen des Verkehrssachbearbeiters läuft gar nichts.

– Da gab es ja 1988 den Versuch ›Münchner Modell‹ genannt, wo bei uns in der PI 12 ausprobiert wurde, wie das mit Hostessen und Abschleppen geht. Es ging wunderbar und deshalb durften danach die Hostessen der anderen Inspektionen auch abschleppen lassen.

– Am Anfang waren wir ja nur für den ruhenden Verkehr zuständig. Dann haben sich peu à peu die Kompetenzen erweitert. Wie gesagt: Abschleppen, den roten Punkt bei Schrottfahrzeugen anbringen, die Personalien verlangen, das ist alles am Anfang gar nicht zur Debatte gestanden.

Dann war mal im Gespräch, daß wir auch Radarkontrolle machen sollten, bis sie drauf kamen, hoppla, das geht ja gar nicht, weil das Angestellte gar nicht dürfen. Dazu hätte der Tarifvertrag geändert werden müssen.

– Ich bin Mitglied in der Polizeigewerkschaft. Hingegangen bin ich, weil ich eine Wohnung gebraucht habe und es im Wohnungsamt geheißen hatte, es wäre leichter als Gewerkschaftsmitglied. Seither habe ich aber von denen nichts mehr gehört.

– Ich bin eingetreten, weil mein Einweisungsmitglied, die in der Gewerkschaft war, mir das Eintrittsformular einfach so hingeschoben hat. Und brav, wie ich war, hab' ich unterschrieben. Ausgetreten bin ich dann vor zwei Jahren, als der Streik war und wir überhaupt nicht erfahren haben, daß woanders schon gestreikt wurde. Da bin ich sauer geworden und ausgetreten.

– Zur Uniform: Da gibt es vielleicht auch welche, die meinen: Jetzt trag' ich eine Uniform, jetzt bin ich wer. Jetzt bin ich bei der Polizei, jetzt hab' ich Gewalt, jetzt müssen die anderen mir folgen. Aber für uns ist Politesse ein Beruf, egal ob mit oder ohne Uniform. Im Gegenteil, wenn man eine Uniform trägt, muß man noch mehr auf seine Kleidung achten als sonst: daß die Blusen sauber sind und schön gebügelt, daß man keine Laufmaschen hat und daß die Absätze nicht schiefgelaufen sind. Weil, wenn man ein bißchen im Rampenlicht steht, schauen dich die Leute schon an, wie du angezogen bist.

– Wir kriegen unsere Kleidung vom Polizeiverwaltungsamt in der Barbarastraße. ›Barbaraboutique‹ heißt das bei uns.[1] Dort können wir einkaufen. Wir bekommen wie die Beamten 360 Mark Kleidergeld im Jahr. Dazu jeden Monat zehn Mark für Reinigung, macht 480 Mark.

– Wir brauchen jedes Jahr mindestens drei neue Blusen, einen neuen Rock, eine neue Hose und eine neue Hosenjacke. Wir brauchen gescheite Schuhe und schauen Sie mal, wo Sie heute unter 200 Mark Schuhwerk finden! Der Lodenmantel kostet 360 Mark und das sollen Sie alles mit diesem Geld bestreiten! Wirklich, überbezahlt sind wir nicht!

– Die Uniformen könnten schon ein bißchen flotter sein! Ein bißchen pfiffiger. Sie könnten ja ruhig blau bleiben.

– Ich kann blau nicht ausstehen!

– Ich schon. Bei mir ist zuhause auch alles blau!

– Jedenfalls kann laut Kleiderbestimmungsordnung nichts an der Uniform modisch verändert werden. Die Schuhe müssen dunkelblau oder schwarz sein, möglichst ohne große Goldspangen. Die Höhe des Absatzes ist egal. In den ersten Jahren hab' ich noch Pumps getragen, aber da war abends dann immer ein Efasit-Fußbad fällig. Nachdem die Füße schon in Mitleidenschaft gezogen waren, bin ich auf flache Schuhe umgestiegen.

– Bei den Frisuren gibt es keine Vorschriften, außer daß lange Haare zusammengebunden oder hochgesteckt sein sollen. Wenn's ein bißchen stürmisch ist, sehen lange offene Haare nicht mehr gepflegt aus.

1 Seit 1997 laufen die Uniformbestellungen auch für Politessen über einen speziellen Quelle-Polizei-Katalog.

– Auch auffälliger Modeschmuck paßt nicht zur Uniform. Goldketterl, Perlohrringe schon. Schminken kann sich jede, wie sie mag.
– Tragen und kombinieren dürfen wir alles, was es in der Barbaraboutique gibt: Hosen, Rock, Jacke, Mantel.
– Was fehlt, ist einfach ein Kostüm mit einer längeren, lose geschnittenen Jacke und einem engen Rock, was jeder stehen würde. Und ein Übergangsmantel, wenn das Kostüm zu kalt ist.
– Abgeschafft gehörte längst der Hut. Im Sommer schaust aus wie eine getaufte Maus, weil du unter dem Hut schwitzt, und bei Sturm weht es ihn dir vom Kopf. Dann kannst du ihm auf der Straße nachrennen, dich immer wieder bücken, dann springt er ein Stück weiter und du immer hinterher, die reine Volksbelustigung.
– Die Männer haben Mützen, die fest sitzen.
– Ich könnte mir ein Schiffchen vorstellen, das man mit Klammern festmacht und wenn der Wind zu stark ist, einfach zusammenfaltet und in die Tasche steckt. Oder im Sommer einen kleinen Florentiner, vielleicht mit blauem Band.
– Weil die Uniform, wie sie ist, auch wenn sie vom Oestergard ist, entstellt ja die schönste Frau.
– Genau ...«

Gerhard Seitz
mit einem seiner Bilder
geb. 1952 · Dienststellenleiter PI 12

Attraktiv

»Es stimmt, es wollen viele Kollegen zu uns, zur PI 12, weil es sich herumspricht mit dem Betriebsklima und der Arbeitszufriedenheit. Da sind wir schon sehr attraktiv. Wir sind zwar ein Innenstadtrevier mit sämtlichen Problemen der Innenstadt, aber nicht so belastet wie die Innenstadt, wo enorm viel Arbeit auf die Kollegen zukommt. Bei uns gibt's zwar auch Streßzeiten, aber es gibt eben auch Zeiten, wo weniger los ist.

Menschliche Vorgesetzte sind beliebt. Wenn man irgendetwas aus seinem persönlichen Bereich herausläßt, macht das menschlich. Und nachdem Malen nicht mein Beruf ist, sondern mein Hobby, trägt das sicher dazu bei, beliebt zu sein. Bei uns sind 10 bis 12 Prozent der ganzen Belegschaft Frauen, die meisten Politessen. Auf meiner PI gibt es auch zwei Polizistinnen. Ja, das sagt man so, ›meine PI‹, obwohl das ja im Grunde gar nicht die meine ist, ich bin eben der Dienststellenleiter seit 1990.

Das erste Haus, das ich in der Türkenstraße bewußt wahrgenommen habe, war das Palais Dürckheim. Es hat mich fasziniert, diese südländische Bauweise. Es hat mir auch die Augen geöffnet, genauer die Fassaden anzuschauen und die Giebel. Und da gibt es Altes, Renoviertes und Modernes und alles gehört irgendwie zusammen. Hier in der Türkenstraße trifft sich die Moderne mit dem München des 19. Jahrhunderts.

Wenn ich an das künftige Ensemble denke: Alte Pinakothek, Neue Pinakothek und die Braunfels'sche Staatsgalerie für moderne Kunst, finde ich das toll.

Was mir an einigen Häusern nicht gefällt, ist, wenn sie aus einem alten Haus ein pseudo-modernes Gebäude machen, wenn sie das Haus vergewaltigen. Dann sagt es nichts über das Alte aus und nicht über das Neue, es sagt gar nichts mehr aus. Daß die Leute nicht merken, mit welcher Einfalt und Grausamkeit sie mit dem architektonischen Erbgut umgehen, das sie doch eigentlich schützen sollten und mit dem sie sorgfältig umgehen müßten. Wenn ich an die Fensterumrandungen denke oder die Unterteilung der Fassade durch Vorsprünge, kommt alles weg, dafür werden neue Fenster ohne Sprossen eingesetzt, entsetzlich.
Trotzdem bleibt der Straße ihr Flair, dieses gewisse Anheimelnde. Der Fortschritt oder wie man es nennen soll, wird auch vor der Türkenstraße nicht Halt machen. Der Zeitgeist ist schon angekommen.
Aber er macht mir keine Angst. Ich vertraue auf die Leute, die durch ihre Anwesenheit, ihre Vertrautheit mit der Straße und ihre gesunde Menschlichkeit Schlimmeres verhindern werden. Die Leute im Hintergrund, die stillen Genießer, die durch die Türkenstraße gehen, sich die Fassaden anschauen und Freude dabei haben, denen vertraue ich.«

Inzwischen ist die Kriminalstatistik für 1996 vom Bundesinnenministerium erschienen: Rauschgiftdelikte haben um 18 Prozent, Wirtschaftsstraftaten um 23,8 Prozent, die Kinderkriminalität hat um 12,3 Prozent zugenommen; um 10 Prozent stieg die Zahl der Opfer von Gewaltkriminalität, stiegen Bestechungsdelikte um 56,6 Prozent, Korruptionsfälle um 157,7 Prozent. (SZ, 12.5.97)
Aber das alles, wird von der PI 12 versichert, sei atypisch für die Maxvorstadt und die Türkenstraße: Hier gingen die Delikte »nicht über das übliche Maß hinaus«, das Verhältnis zur Bevölkerung sei »sehr gut«, nur die »Verkehrsmoral« gering. Es gelte eben der Satz: »mit zunehmender Nähe zum Stadtzentrum« steige auch die »Anzahl der Vergehen« (SZ, 9.3.95 »Polizeioberrat Seitz zieht günstige Bilanz«) Zweieinhalb Jahre später ist die Bilanz weniger positiv: die Kriminalitätsraten steigen vor allem im Bereich: Raub, Diebstahl, Drogenkriminalität. (SZ, 25.9.97) Täter sind mehr und mehr Kinder und Jugendliche.

Am 1. April 1998 ist Gerhard Seitz zum stellvertretenden Direktionsleiter der Polizeidirektion in der Landsberger Straße aufgestiegen.
Die Türkenstraße ist um einen Maler ärmer.

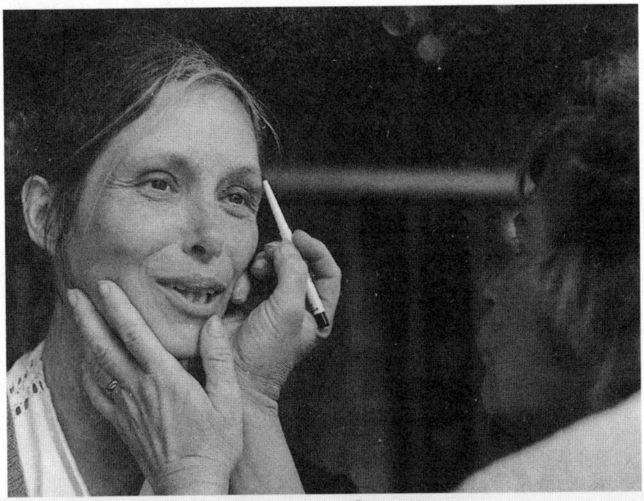

Christine Steuer

unter der Kastanie am Georg-Elser-Platz
geb. 1939 · Diplom-Physikerin, ehemalige

Kastanienhaus

Heute lud ich dich ein
In mein geliebtes, mein Haus,
Das ich schrieb.
Das Kastanienhaus mit den weiten Räumen,
Mit dem sich wölbenden Dach im Winde.
Das atmende Haus, das mich schützt
Ohne mich zu verbergen
Und der Wind,
Der das Neue bringt …

Christine mag den Ausdruck ›obdachlos‹ nicht, sie sagt lieber, sie »habe sich ausgesetzt«.
Dann sitzt sie unter der Kastanie, schreibt und meditiert. Spricht keinen um Geld an. Ist dann aber so plötzlich wie sie aufgetaucht war wieder verschwunden.

Mathias Lechner
geb. 1947 · Penner

Salz in der Suppe

»Ich habe viele Namen: Hurensohn, Penner, Wichser, Scheißpenner oder einfach ›Du gehörst vergast!‹ Da hat's schon Schläge gegeben, meist von welchen mit Springerstiefeln. Die wissen auch ganz genau, wohintreten, daß ein Nerv gelähmt wird, da kann es schon sein, daß ich auch einmal zurücktrete.

Aber oft kommen dann auch Leute und sagen: Das ist der Mathias! und daß sie mich in Ruhe lassen sollten. Dann lassen sie mich meist in Ruhe und entschuldigen sich auch. Dann ist die Sache vergessen. Ich bin schließlich großzügig.

Die Türkenstraße ist meine Heimat, mein Paradies. Seit den 60er Jahren, Anfang, Mitte[1]. Ich komm' aus Oberammergau und bin herumgestromert. Dann hat's sich so ergeben. Das Schicksal hat es gut mit mir gemeint. Hier sind lauter nette Leute, es gibt immer was zu trinken und genug Rattenlöcher, T'schuldigung, also Häuser, wo sie mich akzeptieren. Wo ich die Nacht über bleiben kann.

Ich kenn' so ziemlich alle Leute hier, nicht nur die von hier, auch die von auswärts. Die Türkenstraße ist ein Paradies, aber mitunter gibt's auch Horror. Wenn die Leute besoffen sind, dann blicken sie nicht mehr so durch. Da bin ich aber ausgebufft. Ich versuch' mein Bestes, daß ich durchkomm'. Ich grüße einen jeden, rede mit ihm und heitere ihn auf. Dann geht's schon wieder.

[1] eher Ende

Geld zu kriegen ist hier relativ einfach. Gott sei Dank kenn' ich genügend Leute, die jeden Tag etwas geben. Nur eben sehr unterschiedlich. Im Schnitt mache ich so fünfzig Mark am Tag, die brauch' ich dann auch: für Bier, Jägermeister und a bissel was zum Essen.
Die Leute haben schon oft gesagt: ›Der macht's nimmer lang! Der lebt keine 24 Stunden mehr!‹ Da war ich im Tran. Da hab' ich bereits deliriert. Da hatt' ich so 5,2 Promille. Ich bin ein lebendes medizinisches Wunder. Ein anderer wäre schon längst verreckt. Sagen auch die Ärzte immer wieder. (lacht dunkel-meckernd die Straße hinunter)
Ich bin hier in Schwabing gezeugt worden, deshalb ist das auch mein Revier. Revier ist vielleicht ein bissel hoch, aber ich sag' den Konkurrenten immer wieder, daß die Straße zu klein für uns alle ist. Das sehen auch die Geschäftsleute nicht so gern und die Polizei. Dann landet man eben wieder eine Nacht im Knast. Oder in Haar. Da war ich schon öfter. Würd' sagen die Hälfte meines Lebens im Knast oder in Haar. Die Hälfte kann ich abschreiben.
Obdachlosenheime, nein, da weißt nie, was für Vögel da drin sind. Da mußt deinen Ausweis abgeben und kriegst eine Marke. Und nachts, in den Stockbetten mußt aufpassen, daß sie dir nicht die Marke klauen. Deine Kleidung mußt ausziehen und kriegst so eine Art Anstaltskleidung. Außerdem gibt's nichts zu trinken und um sechs Uhr früh mußt du raus. Bleiben kannst auch bloß drei Tage, mal mehr, mal weniger, das hängt ganz vom Sozialarbeiter ab.
Mir würd' schon ein kleines Apartment reichen, was Sicheres, mit Toiletten und Kühlschrank, mit Wasch- und Kochgelegenheit. Dann ein paar Fressalien, Fertiggerichte, einen Kasten Bier, ein paar Jägermeister, ein paar Schachteln Zigaretten – und schon könnte ich Kojak[1] schauen.
Das Zimmer müßt halt bezahlt werden, das isses, und einen Ausweis brauchst auch. Meiner ist weg, ich hab' keinen mehr. Ich hatte schon mehrere, alle sind sie Gassi gegangen. Vielleicht sind's mir auch weggeschwommen. (lacht) Sterben? Mei, eine Person kommt unters Auto, eine andere kommt bei einem Feuergefecht um oder durch einen Amokläufer. Ich hab mir mein Plätzchen zum Sterben schon ausgesucht, da drüben, zwischen den Bäumen vor der Türkenschule.
Ich komme aus einer guten Familie. Als ich noch in Abrahams Wurstkessel war, hat die Großmutter meinen Großvater in Oberammergau geheiratet. Sie war eine Rommel[2] und so ist der Oberbürgermeister von Stuttgart mein Onkel Manfred.
Sie war der ruhende Pol der Familie und ich war ihr Lieblingsenkel. Mein Vater ist Arzt und wir sind im ganzen fünf Geschwister, ich bin der Älteste. Da gibt es noch einen Bruder aus erster Ehe und zwei Schwestern und einen Bruder aus zweiter Ehe. Die Familie ist zerrissen worden durch die Scheidung und so bin ich immer von einer Familie zur anderen gewandert. Mit 14 bin ich das erste Mal durchgebrannt zu meiner Oma. Wenn mich der Rap-

[1] Amerikan. Fernsehserie
[2] nicht nachgeprüft

pel gepackt hat, bin ich weg. Ich war immer schon ein Einzelgänger, immer ziemlich abgeschlossen. Mir ist der Sinn nach Freiheit.
Mit dem einen Bruder aus erster Ehe hab' ich so gut wie keinen Kontakt, die jüngeren Brüder habe ich gar nicht kennengelernt. Die eine, die Marion, aus zweiter Ehe hat mich heiß und innig geliebt. Sie hat mich überall rumgezogen wie eine Katze ihre Jungen. Hiasi, hat sie immer gesagt, das kommt von Mathias und ist ein Kosename, grüaß de Hiasi! Der Vater hat aber gefürchtet, daß ich schlechten Einfluß auf sie ausüben könnte, weil zu der Zeit hatte ich schon einiges erlebt mit mir selber, da hat er mir das gestrichen. Dann ist der Kontakt abgebrochen.
Einmal habe ich eine Freundin gehabt, auch aus Oberammergau, die hat einen Gehfehler gehabt. Das war die, wo später auf den Lafontaine los ist mit einem Messer und ihm die Gurgel durchschneiden wollte. Die, wo mit einem Blumenstrauß auf die Bühne ist. Da hab' ich ihr auch nicht mehr helfen können, da war ich schon auf der Straße. Die war ein ganz armes Schwein, aber eine dufte Frau.
Mein Vater hat mich immer salomonisch erziehen wollen. Ich bin in die besten Schulen des Landes gekommen, Kloster Ettal und auf den Obersalzberg, wo der Hitler war. Ins Realgymnasium. Abitur hab' ich nicht gemacht, da bin ich vorher abgesprungen. Weil die Großmutter hatte mich verhäppelt und verpäppelt, sie hat mir das Geld hinten und vorn reingesteckt. Da ist's mir besser gegangen als irgendwo. Da hab' ich gedacht, was soll ich noch groß lernen. Und was mich interessiert hat, mei, das meiste hab' ich eh gewußt oder ich hab's mir denken können. In Religion hatte ich immer eine Eins. Weil mit Pfarrern hab ich's immer gut verstanden. Was für mich die Bibel bedeutet? So was wie: Haltet alle zusammen, dann geht's euch besser!
In Deutsch habe ich auch immer Einser gehabt, im Rechnen war ich zwischen 2 und 3. Im Zeichnen und im Turnen war ich eine Flöte. In Biologie immer sehr gut.
1960 hab' ich im Passionspiel mitgespielt, ich gehörte zum jubelnden Volk. Da hab' ich halt mitgeschrien.
Ich hab' gern Kriminalromane gelesen, Jerry Cotton und so. Das hat der Vater nicht mögen. Er hat schon Zeiten zwischendurch gehabt, wo er recht puritanisch war. Da hat er eine gute Handschrift geschrieben. Er hat halt hingelangt, wenn er gemeint hat, ich sei zu vorlaut. Da hab' ich dann gesagt: ›Du kochst auch bloß mit Wasser! Du bist auch nicht der Größte und Stärkste!‹ Ja, so hab' ich seine Autorität angekratzt. Obwohl er damals schon etwas war, Medizinaldirektor oder Obermedizinaldirektor oder so, ein hohes Tier und Duzfreund vom Strauß und vom Kreisky[1].
Seine zweite Frau hat auch eine gute Handschrift gehabt. Aber eigentlich kann ich mich über sie nicht beklagen, hat mich eigentlich immer anständig behandelt. Einmal, ich war schon ein ziemlicher Wildfang, hab' ich ihr un-

[1] nicht nachgeprüft

ter den Rock geschaut. Da hab' ich keine Schellen gekriegt, hab' aber sofort ins Bett müssen. Da hab' ich dann onaniert.
Mit 14 bin ich in die Lehre gekommen für kaufmännischer Angestellter. Mein Vater hat mir das Schießen und das Messerwerfen beigebracht. In der Kiesgrube in Oberammergau. Auf so gemalte Böcke, auf Schießscheiben oder auf Dosen. ›Wenn du die runterholst, darfst ins Kino!‹ hat der Vater immer gesagt. Ich hab ja geschossen wie ein Weltmeister, ich hab' die Dosen alle runtergeholt. Manchmal hab' ich ihm noch eine lassen. Dann bin ich ins Kino, in einen Krimi.
Ich hab' in einem Supermarkt gearbeitet, so etwas wie Tengelmann. In der Alkoholabteilung, also der Getränkeabteilung. Da haben wir manchmal eine Party gefeiert. Wir waren zwei oder drei männliche Lehrlinge und 17 Frauen, Verkäuferinnen. Da hat sich immer ein Grund gefunden, ein Geburtstag, ein Namenstag, zum Feiern. Für das Finanzamt wurde das dann als Bruch abgeschrieben. Ich hab' zehn Mark in der Woche verdient und der Vater hat vierzig Mark im Monat verrechnet für Unterkunft und Verpflegung.
Drei Jahre hab' ich das ausgehalten, dann hab' ich den Fehler gemacht, ich bin zu schnell an der Kasse gestanden, mein Gott, wir haben da alle einmal zugelangt. Ganz schön zugelangt. Und wie das aufgeflogen ist, hab' ich furchtbar Prügel gekriegt von meinem Vater. Der hat zugeschlagen wie ein Hufschmied. Dann hab' ich mir die Freiheit genommen.
Ich hab' meinen schönen Anzug angezogen, hab' meine letzten zehn Mark abgeholt und noch ein Jubiläum mitgefeiert in der Filiale, dann hab' ich ein Taxi genommen zum Bahnhof und bin nach München abgedüst.
In einem Abteil erster Klasse war eine Dame drin, da hab' ich lange Finger gemacht. Das tut mir heute noch leid. Da hab' ich die Geldbörse genommen, die 40, 45 Mark rausgeholt und sie durch die Zugtoilette gespült. Sie ist weitergefahren und hat den Schaden zunächst nicht bemerkt.
Ich weiß nicht, wer's gesehen hat, aber ich war dann eine Nacht in der Ettstraße, auf einer Seegrasmatratze. Und wo die Vernehmung war, ich war ja gut angezogen, auch gut gepflegt, wie die Dame dann ankam in ihrem Leopardenmantel, hat sie den Inspektor gefragt: ›Ist das Ihr Sohn?‹ – ›Nein‹, hat der gesagt, ›das ist unser jüngster Rabe!‹ (lacht)
Ich hab' dann zwei Sonntage in der Residenz arbeiten müssen. Da habe ich einen Witz gehört: ›Angeklagter, sind Sie vorbestraft?‹ – ›Nein, immer erst hinterher!‹ (lacht)
Ja, und dann kam ich in die Türkenstraße und die ganze Umgebung. Aber die Türkenstraße ist die sympathischste. Die meisten Leute sind in Ordnung. Sie sind halt, sagen wir mal, mehr oder weniger gut aufgelegt und haben mehr oder weniger die Möglichkeit, in irgendeiner Form, finanzträchtig gesehen, was abzudrücken. Ich brauch sie manchmal, daß sie mir was aus Geschäften oder Wirtschaften holen, wo ich gerade nicht so gern gesehen werde. Aber immer kriegen sie das Geld von mir. Ehrensache. Normalerweise läßt man mich nicht an einen Wirtshaustisch sitzen, auch wenn er im Freien steht. Nur wenn es einmal ganz leer ist, heißt es: ›Hock' dich halt

her!‹ Dann gibt's ein, zwei Bier und zwei Kurze, eine Schachtel Zigaretten und dann heißt's: ›Schleich dich wieder!‹ Find' ich trotzdem ganz dufte. Quartier in der Straße hab' ich schon gehabt bei den Nonnen da vorn, da hat's ihnen aber nicht gefallen, wie ich eine Flasche durchs geschlossene Kellerfenster nach draußen geschmissen habe, und im Heizkeller vom Studentenheim, wo der Hausmeister, wenn's draußen recht kalt ist, einfach die Tür offenläßt.

Was jetzt da gelaufen ist mit der Damentoilette im Klohäusl in der Schellingstraße ist große Scheiße. Da hat jemand Mist gebaut. Das ist keine Toilette mehr, alles haben sie rausgerissen und mich so auf die Straße gesetzt. Da bin ich über ein Jahr dringewesen. Nicht in der Herrentoilette, nein, da waren sie auch grob zu mir. Schwule und Besoffene. Aber in der Damentoilette, wo ich dann auch übernachtet hab. Ich versteh' mich überhaupt besser mit Frauen wie mit gewalttätigen Männern. Ich bin im September geboren, ich bin Jungfrau und ein Jahr vor der Währungsreform. Deshalb hab' ich auch nie Geld.« (röhrt)

Szene: An einem Wirtshaustisch vor der »Engelsburg«, gegenüber von der Damentoilette, deren Verlust – der Bezirksausschuß wird dort einziehen – Mathias so nahegeht, sammeln sich einige Nachbarn und Stammgäste. Mathias, beim zweiten Bier, genießt es, Mittelpunkt zu sein. An einem Wirtshaustisch zu sitzen.

Frau 1 Könnte jedem von uns passieren. Über Nacht. Daß d' keine Wohnung mehr hast und aufd Straß muaßt. Keine Wohnung, keine Arbeit.

Sport-Helmut (der sein Geschäft daneben hat) Ich weiß aber, was das kost', wennst eingeliefert wirst. Wenn der Notarztwagen kommt und dich abholt zum Saubermachen. An die 700 Mark kostet das. Das ist es, was mir nicht gefällt.

Mathias Ich bin eben ein Mensch, ein nicht Arbeitender. Mein Erbe ist festverzinslich angelegt. Da wird alles davon abgezogen. Mein Vater überweist es dann.

Sport-Helmut Ja, aber was du uns kostest! Das ist doch nicht gerechtfertigt! Du lebst wie die Made im Speck. Jetzt bist wieder sauber gewaschen aufgrund der Steuerkosten!

Mathias Ich zahl auch Steuern. Die höchsten zahl ich: Tabak und Alkohol! Ich rauch jeden Tag meine drei Schachteln Zigaretten, sauf meine fünfzehn Bier und fünfzehn Jägermeister.

Sport-Helmut Und wenn des a jeder machen tat, was moanst wo ma da hikomma datn? Wenn a jeder so a Ansicht hätt? Ha? Was moanst, wo ma da war'n? Ha?

Mathias Im Himmel.

Sport-Helmut Oder im G'fängnis.

Mathias Meinst, da gäb's nichts zu trinken?

Sport-Helmut Hundertprozentig, do gibt's ois.

Freilich, du hast oft scho' gsagt, daß mir blöde san, weil mir arbeitn. Du kanntast a, du mogst bloß net. Obwohl intelligent warst ja. I versteh zum Beispiel, daß oaner in der Stadt vo' Haus aus net glücklich wern ko. Warum geht er dann net aufs Land und werd' Heilpraktiker oder Landwirt?

Mathias Ich bin verhäppelt und verpäppelt worden …

Sport-Helmut I bin nie verhäppelt und verpäppelt wordn. Du wollst bloß oafach von Haus aus nix oaboatn, des host jo bewies'n. Du bist ja net blöd. Aber du lebst von die andere, des muaßt dir merk'n.

Mathias: Du auch mit deim G'schäft.

Sport-Helmut Host Glück mitm Vata, der da no zohlt. Du sogst imma: Ist scho' gebongt! Abr gebongt hams die andere, dr' Vata, dr' Staat, die andere, wo Geld gem. Net du!

Hast dir scho mal überlegt, wem du da alles Schwierigkeiten machst? Hast nie! War dir im Kopf net eigfalln. Stolz kannst da drauf net sei!

Mathias Wieso nicht? Sonst würd' ich ja nicht weiterleben! Aber wenn ich was verkehrt gemacht hab', bin ich bereit, mich zu entschuldigen.

Sport-Helmut Das kamma machn, das ist die einfachste Möglichkeit. Obd' was verkehrt gmacht hast? Woast, wensst dich da vor der Türkenschul' nackt ausziagst, oder wennds bieselst oder an den Randstein scheißt, da brauchst net stolz drauf sei! Das host net gmacht, weil d'es wolln hast, sondern weil's oafach nimma anders geht. Do denkst dann net, was die andern empfindn oder die Leit in die Busse. I vergunn' dir jo dei Lebn', bloß sollst net no andere herziagn.

Frau vom Kiosk Ich kenn' ihn ganz gut, den Mathias. Ich hab' nichts dagegen, wenn er zum Kiosk kommt, ich geb' ihm dann auch immer was. Aber heimlich, weil ich nichts geben darf.

Wenn er nüchtern ist, ist er erträglich, ist sachlich und freundlich. Wenn er zu ist, ist er unmöglich und beleidigend. Es ist, wie man so sagt, ein Unterschied wie Tag und Nacht.

Mann 1 Ich find, der Mathias ist einer, der wo irgendwie herpaßt. Der ist schon lange da, der bleibt da, aus, Ende.

Mann 2 Der Mathias ist kein Bettler, der ist kein Depp, er ist halt ein Schwabinger Unikum. Der gehört zur Türkenstraße.

Mann 3 Von mir kriegt er nichts, der Mathias, außer hie und da einen Jägermeister, wenn er ganz abgebrannt ist. Ich geh in meine Arbeit, auch wenn ich besoffen bin wie ein Schwein. Da schmeißt mich niemand raus. Ich arbeit' im Schlachthof.

Frau 1 Der Mathias gehört zur Straße, und wenn er nicht da ist, fragt jeder: ›Ja, wo ist er denn?‹ Mal ist er im Krankenhaus, mal in Haar.

Mann 4 Ich würd sagen, der Mathias ist das Salz in der Suppe. Er gehört zu Schwabing, zur Maxvorstadt. Geld hab ich ihm noch keines gegeben, er hat mich aber auch nicht danach gefragt.

Frau 1 Das tut er auch nicht.

Mann 4 Wenn er eine schöne Frau sieht, dann sagt er immer ganz vornehm: ›Grüß Gott, schöne Frau!‹ Also er ist das Salz in der Suppe.

Frau 1 Ob er es überhaupt in einem Zimmer aushalten würde?

Mathias Ganz allein nicht, ich hab immer Leute um mich herum gehabt. Vor allem Damen, ich hab sie alle gern.
Frau 1 Wie lang schläfst denn morgens?
Mathias Unterschiedlich, kommt drauf an, wann ich ins Bett komm. Dann, wenn ich geweckt werde, oder wenn ich aufwach, wenn der Entzug kommt. In der Damentoilette hat mich immer das Reinigungspersonal geweckt.
Junge Frau 1 Seit fünf Jahren kenn' ich jetzt den Mathias. Ich mag ihn gern, ich unterhalt mich gern mit ihm.
Mathias Über das, was das Leben so mit sich bringt. (lacht)
Junge Frau 1 Das letzte Mal hat er mir erzählt, daß er in der Früh nichts essen kann, bevor er nichts getrunken hat und daß er da stark aufpassen müsse wegen dem Alkoholspiegel im Blut oder so.
Frau 2 Zu mir ist er immer ein bißchen ritterlich. Ich mag ihn gern, ich unterhalte mich gern mit ihm und ich finde, daß er schöne Augen hat. Schöne blaue Augen, das ist mir schon am Anfang aufgefallen. Und daß er nicht böse ist.
Mich interessiert's ganz einfach, wie man so auf der Straße leben kann. Wenn er länger weg war, hab ich mich immer gefragt, ob er schon tot ist. Ob es ihm so gefällt, nirgendwo zu wohnen, ob er die Straße unbedingt braucht.
Junge Frau 1 Ich würde meinen, daß ihm so ein Apartment schon guttäte. Er kennt doch so viele Leute. Was mich an ihm fasziniert, daß er so ein unwahrscheinlich netter Typ ist. Vorher hab ich eigentlich keinen Draht gehabt zu Leuten, die auf der Straße leben, weil die waren total aggressiv oder aufdringlich. Aber daß es so einen wie den Mathias gibt, der fest hier in der Straße lebt, und eine Persönlichkeit und so menschlich, das hätte ich mir früher nie vorgestellt. Normalerweise ist man ja von den Leuten auf der Straße gewöhnt, daß sie einen blöd anmachen und um Geld anhauen, aber der Mathias hat neulich gesagt: ›Mein Schatz‹, so sagt er halt, ›wenn du irgendwelche Probleme hast, kommst zu mir, die lös' ich dann schon!‹
Mathias Das käme eben auf die Umstände an!« (lacht)

Inzwischen, drei Jahre später, hat Mathias den Verlust des Damenklos immer noch nicht ganz verwunden. Er hat seit der Zeit ein schlimmes Bein. Fremde machen sich breit, jüngere, stärkere, die in Gruppen auftreten. Mathias weicht manchmal sogar in die Amalienpassage aus, in die Schelling- und Barerstraße. Dafür hat er ein Zimmer für die Nacht gefunden. In einer städtischen Unterkunft.
In den folgenden Jahren mausert er sich immer mehr heraus: er wurde sogar schon mit Krawatte gesichtet.
Ein harter Kern straßenfremder Penner hält im Sommer eisern die Tische und Bänke unter der Kastanie besetzt, hinterläßt Scherben und Notdurft und prügelt sich auch mal mit Mathias, wenn sie ihn erwischen.

Peter Konrad
geb. 1943 · Orgelmann in Hinterhöfen (kein Penner)

Böser Peter – braves Kind?

»Geboren bin ich in Ahlbeck, dem Seebad an der Ostsee. Dann gingen wir auf die Flucht. Sieben Jahre haben wir in einem Flüchtlingslager verbracht. Weil mir die Bücher der älteren Geschwister langweilig waren, fing ich an, die Bibel zu lesen. Da war ich sechs. Mit neun konnte ich sie auswendig. Meine Lebensvorbilder habe ich auch daher: in erster Linie Jesus Christus.
Deshalb tendiere ich auch heute noch eher zum Esel als zum Rolls Royce. (lacht)
Als Kind habe ich es nicht verkraftet, immer als ›Polack‹ angespuckt zu werden, nur weil wir Heimatvertriebene waren. Und gerade von Leuten, die sich anständig und Christen nannten, habe ich Schlimmes erlebt. In Wirklichkeit waren sie nichts anderes als spießige, selbstsüchtige Ärsche. Sie wollten dich auf ihre Seite ziehen, nur um billige Arbeitskräfte zu haben. Obwohl ich der Beste in Religion war, habe ich mich nicht konfirmieren lassen, weil ich die Diskrepanz zwischen dem geschriebenen Wort und der Realität im Umgang der Menschen miteinander gesehen habe. Da ging es immer wieder um Macht und darum, andere untertan zu machen. Mit 14, 15 habe ich mir gesagt: Ich will kein Herr sein, denn ein Herr muß sich Knechte halten. Knecht wollte ich aber auch keiner sein. Also blieb mir nur der Weg des Einzelgängers.
Entweder man stellt sich schon als Kind quer oder man lernt es nie mehr. Sie wollen aus uns angepaßte Wesen machen und vergessen doch das Animalische in uns. Das ist der Trugschluß der Kirche und der staatsführenden Verbrecherschichten.

Und wenn einer wie ich sich von klein auf nicht hat umerziehen lassen in diese Gesellschaft der doppelten Moral, der bleibt offen, der bleibt ehrlich und gilt dann bei den anderen als Böser, als Nestbeschmutzer. Der böse Peter Konrad.
Nach München trieb mich 1963 die Neugierde, nachdem ich vorher schon in ganz Westeuropa unterwegs gewesen war. München hatte etwas Besonderes, ein besonderes Flair. Hier lebten die Menschen miteinander, hier war es nicht so kaserniert wie in nördlichen Städten. Ich habe letztes Jahr in Brandenburg gelebt und weiß jetzt genau, warum man nicht nach Preußen gehen sollte. Der preußische Kaiser hat sein Volk von Anfang an abgerichtet, ihm die Mitte genommen, das Gefühlsleben. Die Kirche hat zwar auch viel Schaden angerichtet, aber sie hat den Menschen ihre Gefühle gelassen. In München hat man immer darauf geachtet, daß alle sozialen Schichten miteinander wohnten. Daß es durchmischt ist. Hier hat man den Herrgott noch nicht sterben lassen.
Als ich nach München kam, mußte ich alles, was ich vom Umgang mit Menschen wußte, wegschmeißen, ich mußte ganz neu anfangen. Zwar galten hier die gleichen Gesetze wie woanders auch, aber es war mehr unterschwellig. Hier mußte man seine Sensoren mehr aufstellen, um zu erfassen, mit wem oder was man es in Wirklichkeit zu tun hatte.
Ich geh' auch heute noch offen auf die Leute zu, obwohl ich als Kind immer wieder 'reingefallen bin, ihnen immer wieder ins offene Messer gelaufen bin. Wie mein Hund Giacoli. Er war ein fröhliches, unbeschwertes Hundekind. Bis ihm mit acht Monaten im Englischen Garten ein Schäferhund ins Bein gebissen hat. Das hat er sich gemerkt und gesagt: Das nächste Mal bist du schneller! Und jetzt beißt er jeden Hund, der ihm nicht koscher vorkommt. Ich wurde auch oft gebissen als Kind.
Dreimal mußte ich die Volksschule wechseln, weil ich immer zum Herrn Lehrer sagte: ›Ja gut, aber warum ist das so?‹ Wer läßt sich schon gern mit Grundsatzfragen quälen, wenn er bloß Lernstoff vermitteln will?
Ein Psychologe würde wohl sagen: ich bin ein Mensch, der gar keinen Erfolg haben darf. Weil, wenn ich Erfolg hätte, ich im Spiel drinne wäre und dann müßte ich aufhören mit der Ehrlichkeit. Weil man mit dem Erfolg automatisch in Spielabläufe hineinschlittert, wenn man nicht hellwach ist. Dann kommt die Eitelkeit dazu.
Es ist bei mir kein Masochismus, kein erzwungenes Originell-Sein wollen, es ist eine Art von Quertreiber-Sein; ich will eigene Wege gehen und dabei konkurrenzlos sein. Dabei gibt es immer die unterschwellige Angst, doch gefangen zu werden in dieser bürgerlichen Gesellschaft, Kompromisse machen zu müssen, sich selber zu belügen und es am Schluß gar nicht mehr zu merken.
Im Privatleben mache ich Kompromisse, natürlich, auch wenn sie schmerzen. Aber vielleicht müssen sie weh tun, damit man an sich arbeitet. Eines unserer größten gesellschaftlichen Probleme ist doch, daß wir zu früh beginnen, uns schmerzunempfindlich zu machen.

Ich bin also nach München gekommen und habe mit 19 begonnen, einen Jazzladen zu führen. Das war die Uni-Reitschule am Englischen Garten. Oben im Tanzlokal hat der Freddy Brooksieper mit seiner Combo gespielt und unten war das Jazzlokal, in dem jeden Abend eine andere Amateur-Jazzband auftrat. Ich war Geschäftsführer und habe bedient, war praktisch eine Art junge Mutter für alle.

1964 bin ich weg, zwei Jahre später kam ich wieder zurück und habe gleich in der ersten Woche meinen Wagen zu Schrott gefahren. Ich hatte nur noch, was ich auf dem Leibe trug. Da sagte ich mir: ›Jetzt fängste eben wieder von vorne an‹. Ich habe mir auch mächtig was einfallen lassen – das wären zwei Bücher für sich.

Ich habe zum Beispiel Schmuck gemacht in der Leopoldstraße und ihn abends in den teuersten Bars verkauft. Ich habe Bilder gemalt und sie verkauft. Gut verkauft. Obwohl ich eigentlich gar nicht malen konnte, es kam nur einfach so aus dem Gefühl heraus.

Dann habe ich fünf Jahre lang vergleichende Verhaltensforschung betrieben. Finanziert haben das meine beiden Modegeschäfte, die ich damals in München hatte. Ich hatte auch einen Verlag und nebenbei 150 Hunde. Ich habe geschuftet Tag und Nacht. Ich habe ein Buch geschrieben, das sogar der Hanserverlag drucken wollte: Über die Nöte der Menschen und wie sie sich zur jeweiligen Situation passend die Tiere züchten. Zum Beispiel der kleine Yorkshire als Grubenhund, der schon gleich die Grubengase schnüffelt und dessen kleines Herz einfach stehenbleibt, wenn sie zu stark sind.

Ich hätte Geld machen können, ich habe es nie getan. Ich wollte lieber anderen helfen, vor allem Kindern, besonders Waisenkindern. Und zwar helfen über das Gefühl, nicht über den Kopf. Das war für diese Technokraten aber nicht nachvollziehbar. Mir schwebte vor, Farmen einzurichten mit gesunden und neurotischen Tieren, wo Waisenkinder ihre eigenen Neurosen kennenlernen durften und einen Weg hätten finden können, sie zu heilen.

Als das nicht klappte, bin ich mit zwei Hunden für ein halbes Jahr nach Kreta. Ich habe dort einen Esel gekauft und bin mit ihm und den Hunden über die Insel. Da habe ich nachgedacht über mich und meinen Platz in der Gesellschaft: Willste dich totsaufen oder was? Mit einem Strick wär's schließlich einfacher! Ich fragte mich: Was hat dich als Kind am meisten beeindruckt? Und mir fiel der Orgelmann ein. Wenn er schon um die Ecke war, hat er immer noch viel zum Träumen hinter sich gelassen. Also faßte ich den Entschluß, Orgelmann zu werden.

Mit tausend Mark in der Tasche versuchte ich, eine Orgel zu erstehen. Die kostete aber damals auch schon 17000. Da bin ich nach Amsterdam und habe auf dem Schwarzmarkt eine gefunden.

Im ersten Jahr wollte ich sie mindestens dreißig Mal verbrennen oder kaputtschlagen. Ich sagte mir aber: Wenn du das nicht durchhältst, hältst du nichts mehr durch!

Das ist eine Notenorgel und das sind Faltkartons. Auf der einen Seite liegt ein Buch, die Blätter laufen durch die Orgel durch und falten sich auf der anderen Seite wieder zu einem Buch zusammen. Inzwischen habe ich ungefähr dreihundert Melodien, ich nehme aber nur ungefähr fünfzehn mit, weil sie sehr schwer sind und auch sehr wertvoll. Inzwischen kostet ein Lied zwischen 200 und 600 Mark. Sie werden in Frankreich gemacht, bei den Orgelbauern. Da gibt es ein paar gute Arrangeure drunter. Meine hat ein Orgelbauer gemacht, der ein waschechter Münchner war, der Herr Hopp. Der wohnt jetzt in Südfrankreich, baut Orgeln und hat in seinem Château ein Altersheim für Pferde.

Ich hatte also eine Orgel und sagte mir: Es wird ein schwerer Weg, okay, aber du bist kein Bettler, und du hast es mit Menschen zu tun. Du kannst Freude vermitteln und erreichst vielleicht das, was hundert Psychologen nicht erreichen werden. 'Ne Drehorgel ist ein ganz normales Instrument. Das ist wie ein Ladentisch, wo es nur darauf ankommt, wer dahintersteht und mit welcher Motivation. Mit welchem Anspruch für sich selbst und für seine Mitmenschen.

Ich sehe meine Arbeit darin, daß ich jeden Einzelnen wahrnehme. Daß ich aus seiner Mimik, seiner Gestik und seinem Augenausdruck schließe, worunter er gerade leidet. Und wenn ich gut drauf bin, habe ich auch für jeden ein liebes Wort, so daß sie plötzlich aufmachen. Das ist anstrengend, aber ohne diese Anstrengung wollte ich gar nicht mehr leben. Dann gibt es andererseits die, und ich gestehe, das ist meine größte Schwäche, mein größter Fehler, die ohne Seelenbildung. Und die würde ich am liebsten einfach vor die Kalaschnikoff holen und abschießen, abschießen, abschießen. (Pause)

Ich gehe mit offenen Augen durch die Welt und es ist wohl eine Art Haßliebe, die mich immer wieder in diese Gegend um die Türkenstraße treibt. Ich bete zu Gott, daß sie nicht wird wie andere. Sie hat ihr Flair und sie hat es behalten bis jetzt. Sie ist nicht unter die Gürtellinie abgerutscht. Das Primitive und Kriminelle hat hier nie richtig Fuß fassen können. Vielleicht weil es so gemischt ist, wo jeder jeden leben läßt. Wo es sich noch lohnt zu atmen. Obwohl, das fällt schon auf, früher gab es hier mehr Träumer, die es zu Hause in ihrer Provinz nicht mehr ausgehalten haben. Jetzt gibt es mehr Wohlstandskinder, Metzgerkinder, denen die Eltern hier Wohnungen kaufen, weil es ›in‹ ist. Die Kohle haben, aber sich nicht mehr einbringen können. Das ist der Zeitgeist, der sich breitmacht. Dabei muß man sich alles Wichtige erkämpfen, erkaufen kann man es nicht.

Ich spiele also in den Hinterhöfen. Am Anfang mußte ich eine halbe Stunde spielen, bis sich irgendwo ein Fenster geöffnet hat und die Leute, wie vor dem Krieg, 20 oder fünfzig Pfennig, in Zeitungspapier eingewickelt, herunterwarfen. Wenn ich morgens um acht anfing, hatte ich mittags oft nur 25 oder 30 Mark, das waren gerade mal die Anfahrts- und Abfahrtskosten. Aber ich hatte die Orgel ja nicht gekauft, um reich zu werden, sondern um mir treu zu bleiben. Dann bin ich drei- bis viermal im Jahr in die gleichen Höfe und die Leute spürten: Der ist echt. Der kommt nicht zum Betteln. Da kamen dann nach und nach die ersten Leute herunter und fingen ein Gespräch an. Inzwischen bin ich 18 Jahre mit der Orgel unterwegs in ›meinen‹

Höfen. Und zu mir kommen viele Leute, die zum Pfarrer kein Vertrauen mehr haben. Das gibt mir Mut und Kraft, auch die anderen zu ertragen, die nichts mehr an sich rankommen lassen. Denn eigentlich bin ich immer noch so ein verträumtes Kind, das meint, es könne die Menschheit retten. Ich träume immer von den Hutterern, bevor sie degeneriert und dekadent geworden sind. Ihr christliches Grundprinzip wäre für die ganze Gesellschaft ein gehbarer Weg. Wir bräuchten keinen Sozialstaat mehr, in den Kinderkliniken lägen keine verkrüppelten Kinder mehr und die Menschen bräuchten keinen Alkohol mehr zum Auftauen. Den ganzen Tag über der ängstliche, mit zusammengekniffenem Hintern um seine Existenz Bangende und abends der Freizeitfalko mit dem Glas in der Hand. Das ist auch eine Art von Ausbeutung. Wie ich überlebe? Das ist eine bürgerliche Frage, die ich so nicht beantworten kann. Es überleben in diesem Land Millionen Angepaßter, ohne je sich selber gewesen zu sein.Ich habe mir schon als Kind gesagt: Lieber jung sterben als wohlversorgt dahinzuvegetieren.

Das Leben auf der Straße ist mindestens dreimal so teuer wie in einer Wohnung. Dafür bin ich frei, verdiene mein Geld mit Musik, mache anderen Freude oder kann offen sagen, was ich von ihnen halte.

Seit 22 Jahre kenne ich eine Frau, meine große Liebe. Wir sind nicht verheiratet. Egal, was ich verbrochen habe, sie hält 150prozentig zu mir.

Kinder habe ich auch, aus der Zeit, als es noch keine Pille gab. Aber nie war ich so unfair, einer Frau mehr als eines anzuhängen. Dann hatte sie immer noch die Chance, einen anständigen Mann zu kriegen. Einen lieben, braven Ehegatten.

Ich habe viele Texte selber gemacht. So aus dem Stegreif, der Situation entsprechend. Ich habe da so eine göttliche Gabe, Bilder zu finden und Reime, ohne daß ich denken muß. Das hatte ich schon als junger Bursche, dieses druckreif Sprechen.

Zu meiner alten Orgel hatte ich die Melodie: Mamatschi, schenk' mir ein Pferdchen …

Dazu habe ich dann einen Text gemacht und ihn auf dem Künstler-Weihnachtsmarkt an der Münchener Freiheit gespielt. Es ging um diese Verlogenheit, den Kids keine Panzer und Kriegsspielzeuge mehr unter den Weihnachtsbaum zu legen. Dabei weiß die Industrie und wissen die Kids, daß man mit Panzern heute keinen Krieg mehr gewinnen kann.

Der Text war folgender:

›*Kind, wünsch' dir Panzer und Kanonen*
dann wird aus dir ein richt'ger Mann
laß dir Atomraketen schenken
und fange deinen Kleinkrieg an.
Mamatschi schenkt dir gar kein Pferdchen
das nur mit seinen Zähnen beißt
und sonst zu nichts mehr ist zu Nutze
weil es wie's Volk viel frißt und scheißt …‹

In der zweiten Strophe heißt es dann:

›*Und dann bekam der kleine Mann*
'ne Cruise Missiles mit 'ner Abschußrampe dran,
das Büblein drückt zart auf den Knopf
und trennt dem Elternpaar
vom Rumpf den Kopf.
Mamatschi, nun bin ich weise
und entscheide für mich allein,
wären viele Kinder so positiv,
würde irgendwann mal n' neuer Anfang sein.‹

Warum, hatte ich mich gefragt, sollen aus Lämmchen nicht auch mal richtige Schafböcke werden? (lacht)
Vielleicht, weil mein Leben so extrem verlaufen ist, mag ich weiche Melodien, harmonische, solche, die einfach ins Gefühl reingehen, die Seele ansprechen. Die Lieder der Piaf.
Ich leide, seitdem sie den elektronischen Baß eingeführt haben. Schlagzeug war schon schlimm. Aber der elektronische Baß ist für mich das beste Mittel der Faschisten und Gleichmacher, die Seelen zu zerstören.«

Drillen, Lehren, Lernen

Eine Kaserne, eine Schule, ein Studentenwohnheim, eine Unternehmensberatung und eine mineralogische Sammlung als Orte der Rezeption, des Aufnehmens von Wissen in der Türkenstraße.

Die Kaserne

Der Name Türkenstraße komme von der Türkenkaserne her, von der aus gefangene Türken am Türkengraben werkelten, wird immer wieder behauptet. Das sind nun gleich drei dicke Fehler: weder kommt der Name der Straße von der Kaserne, noch waren dort jemals gefangene Türken, noch werkelten die am Kanal: Residenz-Georgenschwaige, später »Türkengraben« genannt. Der Name der Straße existiert bereits auf Plänen von 1806, die Kaserne wurde 1823 angefangen zu bauen, nachdem die 13-Tagwerkwiese von den La Rosées erstanden worden war: zwischen Barer-, Gabelsberger-, Türken- und Theresienstraße. Der Bau sollte vierflügelig werden, Haupteingang: an der Türkenstraße. Christian Lankes hat sich in seiner Doktorarbeit[1] akribisch mit den Münchner Kasernen, darunter auch der Türkenkaserne, beschäftigt.
›Kaserne‹ kommt vom italienisch ›Casarma‹, Haus der Waffen; ›drillen‹ hat die Wurzel ›drehen‹ (wie auch ›drall‹ und ›drollig‹) und bedeutet seit dem 17. Jahrhundert in der Soldatensprache ›exerzieren‹, eigentlich ›herumwirbeln‹. Abgeleitet: der Drill, die Drillmaschine, der Drillbohrer.
Im 19. Jahrhundert hatte München die zweitgrößte Garnison im Deutschen Reich. 1824 zogen die ersten Soldaten in die neue Kaserne an der Türkenstraße ein, beschwerten sich aber bitter über die Feuchtigkeit. Sie waren benutzt worden zum »Trockenwohnen«.
»Kaserne am Türkengraben« hieß sie zunächst (obwohl der bereits zugeschüttete Türkengraben ein ganzes Stück weiter östlich verlief), dann »Kaserne an der Türkenstraße«, dann »Prinz-Arnulf[2]-Kaserne« (immer wieder taucht die falsche Variante »Prinz-Alfons-Kaserne« auf wie im Stadtanzeiger, SZ, vom 9.5.1986).
Aber letztlich blieb ihr das so beliebte Präfix »Türken«: Türkenkaserne.
Sie galt im Gegensatz zur Hofgartenkaserne als »gesund«. Vor den Fenstern prangten Blumen, aber im Inneren! »600 Blumen und 600 000 Wanzen« spottete ein zeitgenösscher Abgeordneter, weshalb die Türkenstraße auch den Beinamen »Wanzenallee« erhielt. Noch im Jahr 1939 gebrauchte Rosa Lehmann, die Wirtin des Bürgerbräuattentäters Georg Elser den Ausdruck.

1 Lankes: »München als Garnison im 19. Jahrhundert«, München 1993
2 Sohn von Prinzregent Luitpold, Bruder von Prinz Leopold

Die Kaserne war auf ungefähr 2 500 Mann angelegt, je nachdem, wieviele auf den Gängen schlafen mußten. Die Gänge waren breit, die Zimmer gingen nur nach einer Seite ab, damit waren sie leichter »polizeylich« zu überwachen.
Als erste wurden die beiden Infanterieregimenter »König« und »Kronprinz« einquartiert, die aber in ständiger Fehde lagen.
1825, die Kaserne war noch nicht fertig gebaut, kam es zu einem Eklat: Ludwig I, gerade König geworden, verfügte einen Baustopp. Hatte er doch seine Pinakothek bereits verplant und fürchtete durch die Nähe einer Kaserne Feuergefahr für seine Bilder. Kurz: der geplante Westflügel an der Barerstraße wurde gestrichen und die beiden Flügel an Gabelsberger- und Theresienstraße beschnitten. Leo von Klenze entwarf für die Westseite eine Allee von Lindenbäumen. Hatte Ludwig, damals noch Kronprinz, schon einmal das Militär gefoppt. Besser ausgetrixt. Der Königsplatz, so meinte der Vater König Max I und so meinten die Militärs, eigne sich hervorragend für ein militärisches Zentrum mit allem, was dazugehörte: Kadettenkorpsgebäude, Garnisonskirche und Invalidenhaus. Obwohl, dieses Invalidenhaus: ob dadurch nicht junge Soldaten- und Offiziersanwärter abgeschreckt werden könnten? Man diskutierte hin, man diskutierte her, der Kronprinz handelte. Ließ »seine« Glyptothek von Klenze nach Plänen von Karl von Fischer ab 1816 bauen. Kunst war ihm allemal wichtiger als Krieg.
Zu Baubeginn stand die Türkenkaserne tatsächlich im Freien, vor der Stadt, in der neuangelegten Maxvorstadt. Doch allmählich zog das zivile Leben dem militärischen hinterher: Handwerksbetriebe, Läden, Wirtschaften öffneten. Angeboten wurde alles, was die jungen Herren in des Königs Rock so brauchten, hatten sie auch nicht viel, so waren sie doch viele. Väter und Mütter fürchteten um die »Tugend« ihrer Töchter. Billets doux, Kärtchen, Briefe und Zettel fanden ihren Weg über Boten und Droschken. Besonders beliebt waren die kolorierten Postkarten.
Seit 1894 waren die »Leiber«, das Leibregiment der Wittelsbacher die alleinigen Herren in der Türkenkaserne. Die beiden anderen Regimenter waren hinauskomplimentiert worden. »Dem ruhmreichen Königlich-Bayerischen Infanterie-Leibregiment 1814–1919« ist denn auch auf der Tafel über dem Haupteingang der Kaserne an der Türkenstraße zu lesen. Die »Leiber« sind noch fest im Gedächtnis der Maxvorstadt verhaftet: wie sie da mit Tschingdarassabum zur Wachtablösung zur Residenz oder zum Exerzieren aufs Oberwiesenfeld zogen!
Der Vater von Rupprecht Gerngross, dem Anführer der »Freiheitsaktion Bayern«, hat zu den ›Leibern‹ gehört, war aber wegen »heftigen Grinsens« vorzeitig entlassen worden, erzählte der Sohn der Autorin 1995 in einem Interview. Sie hatte bei einer Bürgerversammlung 1994 den Antrag gestellt, die noch stehende Eingangshalle der Türkenkaserne zu einem »Museum des Widerstandes« auszubauen, in dem u. a. Georg Elser, die Freiheitsaktion Bayern und andere gewürdigt würden. Der Antrag ging durch, die Stadt zeigte Interesse, bis es wieder versandete. Er selber (Gerngross) habe das Geld für seine Dolmetscherkompanie beim Zahlmeister in der Türkenkaserne abgeholt.

Da gibt es die Geschichte des mutigen Hausmeisters der Türkenkaserne, der sich eine Extra-Zulage von sechs Gulden jährlich für Laternenanzünden und Uhraufziehen, wie sie die anderen Hausmeister auch bekamen, einklagte und erhielt. (SZ, Stadtanzeiger, 9.5.86)

1914, Beginn des Ersten Weltkrieges: Am 1. August wird die Mobilmachung von einer begeisterten Menge am Odeonsplatz gefeiert. Unter den Jubelnden: Adolf Hitler, am 25. Mai 1914, 24jährig, direkt aus einem Wiener Obdachlosenheim nach München gekommen. Er nennt sich »Architekturmaler aus Wien«, hält sich aber mit Postkarten kopieren und Plakate malen über Wasser. Er meldet sich am 3. August freiwillig zum Militär, macht die Grundausbildung an der Elisabethschule, wird dann Rekrut beim 2. Ersatzbataillon des Königlich-bayerischen 2. Infanterieregiments. Am 1. September wird er dem neuaufgestellten Königlich-bayerischen Infanterieregiment Nr. 16 unter Oberst Julius List (»List-Regiment«) zugeteilt. Bei der Vereidigung der Rekruten am 8. September 1914 auf den letzten bayerischen König Ludwig III und den letzten deutschen Kaiser Wilhelm II im Beisein des Königs, nimmt Hitler in der Türkenkaserne teil. (SZ, 25.5.1993)

Aus dem Krieg zurück, verwundet mit Auszeichnungen, aber immer noch Gefreiter, wird Hitler in die Kaserne des 2. Infanterie-Regiments in der Lothstraße eingewiesen. Im März 1920 wird er entlassen, »Demobilmachung« hieß das, Deutschland durfte nur noch ein Heer von 100 000 Soldaten besitzen. Im gleichen Jahr wird die Türkenkaserne der bayerischen Landespolizei übergeben.

Zwei Jahre zuvor hatte sich vor der Türkenkaserne eine historische Szene abgespielt. Nach der Massendemonstration der Mehrheitssozialisten und der Unabhängigen am 7. November 1918 ab 15 Uhr auf der Theresienwiese, an der zehntausende teilnahmen und durch Handaufheben eine Resolution billigten, in der gefordert wurde:

»Sofortiger Rücktritt des Kaisers und Thronverzicht des Kronprinzen, Vereidigung des deutsches Heeres auf die Verfassung, Ausschaltung aller reaktionären Elemente aus der politischen Verwaltung, völlige Demokratisierung der Verwaltungsorganisation, Annahme der Waffenstillstandsbedingungen, sofortige Ergreifung aller Maßnahmen, welche die Ordnung, Sicherheit und Ruhe bei der Heimbeförderung der Truppe verbürgen, umfassende soziale Fürsorge und Maßnahmen für die Notleidenden, Arbeitslosenversicherung und achtstündiger Arbeitstag[1]...«

... nach der Massendemonstration also formierten sich verschiedene Züge in die Stadt, einer mit der Absicht die »in den Kasernen zurückgehaltenen Soldaten zu befreien.« Die schließen sich denn auch schnell den Demonstranten an, nur in der Türkenkaserne wird »ernsterer Widerstand durch Werfen von Gasbomben geleistet« (Morenz). Doch dann redet Erich Mühsam: es ist inzwischen halb sechs Uhr nachmittags:

1 Ludwig Morenz: Revolution und Räteherrschaft in München. Aus der Stadtchronik 1918/19, München 1968

»Auch das will ich nicht verschweigen, daß ich der allererste war, der ... am 7. November vom Verdeck eines Militär-Lastautos aus vor der Türkenkaserne die Absetzung der Dynastie Wittelsbach und die bayerische Volksrepublik proklamiert hat.«[1]
Demnach wäre also die bayerische Volksrepublik in der Türkenstraße vor der Türkenkaserne proklamiert worden, nachdem ein paar Stunden zuvor die Resolution auf der Theresienwiese gebilligt worden war.
Erst abends gegen 19 Uhr im Mathäser bildet sich mit Kurt Eisner an der Spitze ein Arbeiter- und Soldatenrat. In den nächsten Stunden wird die Residenzwache entwaffnet, werden gefangene Soldaten aus den Militärgefängnissen befreit, alle wichtigen Punkte der Stadt vom Hauptbahnhof bis zum Landtag besetzt. Um 22.30 flieht König Ludwig III mit Familie aus dem Wittelsbacher Palais nach Schloß Wildenwart, dann über die Ramsau nach Anif bei Salzburg.
Eine neue Zeit beginnt, die ihren offiziell-inoffiziellen Anfang in der Türkenstraße nahm. Und ihr Ende mit dem Einmarsch der Freikorps 1919 fand. Von 1920 bis 1935 hielt sich die Polizei in der Türkenkaserne auf. 1934 wurde Friedrich Kastner dort gedrillt.
»Auf die Bäume, Ihr Affen!« hieß es jeden Morgen vor dem Frühstück und die künftigen Fernmelder mußten je ein Dutzend Kastanienbäume abklettern.
Der Hitlerputsch vom 8./9. November 1923 zeigte deutlich, wo die wirklichen Sympathien im Polizeipräsidium lagen: während die »Grünen« aus der Türkenkaserne sich den anmarschierenden Nazis vor der Feldherrnhalle entgegenwerfen mußten, bekannte 1924 während des Hitler-Prozesses Dr. Wilhelm Frick[2], Ex-Chef der Politischen Polizei und Leiter der Kriminalpolizei: »Wir hielten unsere schützende Hand über die Nationalsozialistische Partei und Herrn Hitler.« Mit »wir« meinte er auch Erich Pöhner, Ex-Polizeipräsident und Rat am Obersten Landesgericht in München.
»Herr Hitler« zeigte sich denn auch seinen bayerischen Protektoren gegenüber erkenntlich: Jurist Frick war zehn Jahre lang Reichsinnenminister, danach Reichsprotektor von Böhmen und Mähren; Jurist Frick kam 1925 weiterer Karriere der Tod zuvor.
Der »Röhm-Putsch« vom Juni 1934, die Ermordung des SA-Bosses Ernst Röhm und seiner Anhänger hatte Auswirkungen bis in die Türkenkaserne: plötzlich waren die 80 bis 100 SA-Leute, die im Barerstraßenflügel einquartiert waren, verschwunden, erzählt Friedrich Kastner.
War doch 1886, entgegen den Wünschen des damaligen Königs Ludwigs I an der Barerstraße doch noch ein Exerzierhaus gebaut worden.
Ideen, Vorschläge, Pläne und Entschlüsse für ein Museum auf dem »Bunker« (Türkenkasernen) gelände hatte es schon 1906 gegeben, 1910, 1914 und 1931. 1948 entwarf Archtitekt Elsässer einen riesigen Kunsttempelbezirk

[1] Erich Mühsam in einem Brief an Georg von Maassen vom 25.11.1918 in der Rundfunksendung »Der einsame Revolutionär« – Ein Porträt Erich Mühsams von Carl-Ludwig Reichert, 14.11.1993
[2] Gossweiler, Kurt, Kapital, Reichwehr und NSDAP 1919-1924, Köln 1982, S. 224

für Galerien, Oper, Schauspiel und Konzert, der die Alte Pinakothek miteingebaut und die Barerstraße abgesperrt hätte. Auch er blieb Makulatur[1]. Nach dem Krieg zogen in die teilweise zerstörte Kaserne Handwerker und Künstler, Verlage (Moewig, Heyne), das »Münchner Möbelhaus« und der Jazzkeller. Ganze Familien wohnten jahrelang darin. Aber allen war klar, daß dies nur eine Übergangslösung sein konnte. Kunst und Wissenschaft standen bereits auf der Matte, das Erbe des Militärs zu übernehmen.

Die Sammlung

Allmählich bekommt die TU Appetit auf das Gelände, es wird aber Anfang der 60er Jahre dann doch der LMU zugeschlagen. »Der Leibregimentskaserne geht's zu Leibe« titelte der Münchner Merkur (27. 5. 1960). Drei Gebäude werden schnell und sorglos hochgezogen, in denen naturwissenschaftliche Institute und Sammlungen, unter anderen das »Reich der Kristalle«, eine der größten deutschen mineralogischen Sammlungen, ihren Platz finden. Rupert Hochleitner ist der Kustos dieser Sammlung, deren Grundstock das »Leuchtenberg'sche Naturalienkabinett« war, das Eugène de Beauharnais gehörte, dem Sohn Josephines und Stiefsohn Napoleons, der in Bayern den Titel »Herzog von Leuchtenberg« verliehen bekommen hatte.
Doch das Gezerre um den Platz war noch nicht zu Ende: Anfang der 80er keimte wieder Hoffnung auf eine »Pinakothek der Moderne«, Mitte der 80er alles wieder retour, müsse doch »universitären Zwecken vorbehalten« werden, endlich, 1990 dann die Entscheidung für die Kunst, für den Braunfels-Entwurf. (SZ, 11.8.1990) 1996: Der erste Spatenstich auf dem weiland Türkenkasernengelände, das bis dahin den Namen »Roncalliplatz« getragen hatte.
Die von vier hohen Säulen gestützte Eingangshalle der Türkenkaserne stand anno 1997 immer noch irgendwie unorganisch und nutzlos in der Gegend herum. Ein Professor der Meteorologie hat einen Schlüssel zur Halle und parkt dort sein Auto. Das ist wohl nicht der Weisheit letzter Schluß.
Das »Reich der Kristalle« will nicht nur »das Schöne zeigen«, es will auch helfen, »das Gesetzmäßige zu erkennen«. Neben Ausstellungen über Achate, Jade, Diamanten, Meteoriten, Russische Meisterjuweliere und »500 Jahre Goldrausch« hat Hochleitner im Dezember 1995 eine Ausstellung über »Amulett und Zaubersteine« zusammengestellt. Er führt auch unregelmäßig durch die Ausstellungen. Lehrende und Lernende scheinen sich jedoch mit dem Gedanken abgefunden zu haben, nicht für ewig dort zu bleiben. (Wenn aus den 13 Tagwerk Kriegshandwerk 13 Tagwerk Kunst geworden sein werden.)

[1] SZ, 11.8.1990 basierend auf Studien von Gisela Goldstein

Das Studentenwerk

Von den Studenten der Naturwissenschaften auf dem ehemaligen Türkenkasernengelände zum Studentenwerk, das sich bundesweit um die sozialen und kulturellen Belange (Wohnen, Essen, Finanzierung) der Studenten kümmert. Heute mehr ein modernes Dienstleistungsunternehmen, stand es zu Beginn in der Tradition der Selbsthilfeinitiativen nach dem Ersten Weltkrieg, wo Studenten mit Hilfe der Wirtschaft Mensen, Wohnheime und Darlehenskassen ins Leben riefen. Finanziert wird das Studentenwerk – das aus 65 regionalen Studentenwerken besteht – durch Sozialabgaben der Studenten, Mieteinnahmen und Zuschüssen aus Land und Bund. Das Studentenwerk München kümmert sich um die mehr als 100 000 Studenten. Eines seiner Wohnheime steht in der Türkenstraße 58. Es ist eines der beliebtesten.

1920 gekauft, im Krieg zerstört, wiederaufgebaut, wieder abgerissen und ganz neu gebaut, leben dort fast hundert Studentinnen und Studenten (Helmut Gierke, Pressesprecher: »Das sieht man heute nicht mehr so eng!«), meist drei bis vier Jahre lang.

In dieser Zeit haben sie es zum größten Teil mit anderen Studierenden zu tun. Weniger mit dem, was Bürger »normales Leben« nennen. Sie sind eine »besondere Kaste« und leben ihr eigenes Leben, meint Helmut Gierke. Gerade deshalb will er eine Lanze für sie brechen. Nicht an allem seien die Studenten schuld. Zum Beispiel, wenn es keine Parkplätze gebe. Sie seien nicht mehr und nicht weniger als der »Spiegel der Gesellschaft«, die sich aber herzlich wenig um sie kümmere. Erst wenn sie zu spektakulären Aktionen griffen wie dem Campieren in Eisenbahnwaggons, um auf ihre Wohnraumnot aufmerksam zu machen. Er wirft der Stadt München eine »unrühmliche Rolle« bei der Lösung der Wohnprobleme der Studenten vor und stellt die Grundsatzfrage: »Welchen Stellenwert mißt die Stadt ihren Studenten zu?« Wo die 96er Shellstudie doch ergeben hatte: daß die »Jugend düster in die Zukunft« schaut, »Angst vor Arbeitslosigkeit und das Vertrauen in die Parteien verloren« (SZ, 14.5.1997), kurz, daß »die gesellschaftliche Krise die junge Generation erreicht« hat (SZ, 17.5.97). Und immer mehr Studenten das psychotherapeutische Angebot des Studentenwerks nutzen: Angst vor Versagen ist einer der meistgenannten Gründe.

Im Gegensatz zu den 68ern seien die Studenten von heute eher Nachreiter als Vorreiter einer gesellschaftlichen Veränderung, stellt Gierke fest.

Für Josef Niebl, den ehemaligen Leiter der Personalstelle des Studentenwerks ist der Unterschied zwischen »damals«, der Situation nach dem Krieg und heute die verschiedene Fragestellung. Damals hatte es geheißen: Was muß getan werden und wer tut es? und heute nur: Was springt für mich dabei heraus?

[1] In: »Unser Dachgarten«, Grundschule an der Türkenstraße, Juli 1994

Die Schule

Ein Gegenbeispiel haben die Eltern der Schüler an der Türkenstraße gegeben: zehn Jahre lang hatten sie um die Begrünung der 650 qm großen Dachterrasse gekämpft, bis es im Juli 1994 so weit war: das »grüne Klassenzimmer« konnte eingeweiht werden. Dazu gab's ein selbergemachtes Lied »An der Türkenschule[1]«.
1872–74 war an der »Simultanschule« gebaut worden, was soviel hieß, daß Knaben und Mädchen (die freilich einen verschiedenen Eingang benutzen mußten) evangelische, katholische, glaubenslose und »israelitische« Kinder dort unterrichtet wurden. (Im Gegensatz zur Amalienschule, die rein katholisch war.)
Vorher hatte an der Stelle ein »kleines Feuerhaus« gestanden. Das berichtet die Schulchronik, deren erster Teil (»Der Weltkrieg und die Schule«) von 1916 bis 1918 geht. Der zweite beginnt erst wieder 1951. So erfahren wir nie, was mit den »israelitischen Kindern« im Dritten Reich passiert ist.
Ab 1900 war der Erweiterungsbau mit der Turnhalle gebaut worden, im selben Jahr das Rückgebäude im Schulhof abgerissen. Aus den Erinnerungen von Georg Leo Weigand, einem Ex-Direktor der Türkenschule:

Unser Schulhaus: die Universität (1914 – 1918)
»Als im Herbst 1914 das neue Schuljahr begann, waren in zahlreiche Münchner Schulhäuser Soldaten eingezogen. Vor den beiden Eingängen der Türkenschule standen Posten mit Gewehr; im Schulhof exerzierten Soldaten. Hatten sie am Abend keinen Ausgang, so ließen sie aus den Fenstern an Stricken Körbchen herab; darin lag Geld, und sie riefen herunter, was wir Buben für sie besorgen sollten, meist Bier, Brot und Wurst. Sagten wir beim Schweinemetzger Zeller, daß die Brotzeit für die Soldaten gehöre, so legte er noch eine reichliche »Zuwaag« darauf.
Oft durften wir das Wechselgeld behalten. Ich kaufte mir davon Ausschneidebogen mit Soldaten, einer kostete 2 Pfennige; waren Reiter darauf oder ein Geschütz, ein Fünferl.
Uns Schulkindern wurden Räume in der Universität zugewiesen. Auch die Bubenklassen erhielten, damals ungewöhnlich, eine Lehrerin. Die Universität war viel ansehnlicher als die damals schon alte Türkenschule. Wenn man auf dem Steinboden ging, hallte es durch die Gänge. Säulen aus rotem Marmor schmückten die Eingänge. Von einem großen Lichthof führte eine breite Treppe nach oben; sie zu betreten, war streng verboten. Der Lehrerin machten wir es nicht leicht. Wir hatten anderes im Kopf als Lesen, Schreiben und Rechnen. Unter den Sitzreihen, die nach vorne mit Blenden geschlossen waren, ließ sich Unterseeboot spielen; in der Pause im grünen Innenhof der Universität führten wir Krieg, gut gedeckt hinter Hecken und Büschen, denn das Raufen war verboten. Dabei gab es immer Streit, welcher Haufen die Deutschen und welcher die unterlegenen Franzosen waren.«

»Liebesgaben« (1917)

»Der Krieg klopfte an die Schultüren. In den ersten Kriegswochen erfuhren wir von großen Siegen gegen die Russen und Franzosen, da gab es schulfrei. Später wurden solche Tage seltener. Die Lehrerin erzählte manchmal von den Gefahren, denen unsere Soldaten ausgesetzt waren, wenn sie in Kälte und Nässe, bei Tag und Nacht die Heimat beschützen. Sie zeichnete ein Bild an die Wandtafel, auf dem zu sehen war, was wir jetzt öfters hörten: Schützengraben, Unterstand, Vorposten, Drahtverhau. Das war für uns Achtjährige nicht leicht zu begreifen. Wir machten daraus kriegerische Spiele, auf dem Nachhauseweg oder im Englischen Garten, meist dort, wo das Betreten des Rasens verboten war. Aber es gab keine Aufseher mehr, auch sie waren bei den Soldaten.

Wir müssen jeden Tag dankbar an die Soldaten denken, sagte die Lehrerin, und ihnen helfen. Jeder von uns, der etwas übrig hat oder entbehren kann, soll ihnen einen Gruß schicken: ein Liebesgaben-Päckchen ohne Anschrift. Mehrmals im Jahr rief die Schule zum Sammeln dieser Gaben auf. Meine Mutter zertrennte eine alte Jacke, wusch die Wolle und strickte Strümpfe. »Die brauchen unsere Soldaten notwendig«, sagte sie, »denn in Rußland ist es kalt.« Manchmal backte sie aus Roggenmehl und Kunsthonig Plätzchen und legte einige Zigaretten und eine Rolle Pfefferminzbonbons dazu in das Päckchen.

Wer einen Gruß und seine Anschrift beifügte, konnte auf die Antwort eines unbekannten Soldaten hoffen. Solche Karten oder Briefe wurden dann in die Schule mitgenommen und vorgelesen.«

1943, bei Luftangriffen war das Schulhaus schwer beschädigt worden, 1952 wurde es in vereinfachter Form wieder aufgebaut.

Einer der ersten Schüler, der Aktionskünstler Wolfram Kastner, erinnert sich vergnügt, wie ihnen am Samstag im Keller der Türkenschule von der Lehrerin der Rücken gewaschen wurde.

Der erste Direktor nach dem Krieg hieß tatsächlich Türk. Ali Mitgutsch, der Zeichner und Kinderbuchautor, hatte durch ihn prägende Erlebnisse. Abgelöst wurde er 1960 von Direktor Weigand. Direktorin Urban (von der die Schüler zunächst vermuteten, daß der Bürgerverein ›Urbanes Wohnen‹ ihr gehöre) erklärt sich die Fassadenfarbe der Schule mit der Freude, »daß der Krieg vorbei war«.

Es ist schon eine besondere, schwer zu benennende Farbe: etwas dunkellachs-rosa-hellrot-Lehmfarbenes.

Neben Kindergarten und Volkshochschule befindet sich im Schulgebäude Türkenstraße 68 eine vierklassige Grundschule mit ungefähr 300 Kindern. »Israelitische Kinder« gibt es nur selten an der Schule, dafür aber 15 islamische. Das Problem des Kopftuch-Tragens islamischer Mädchen hat sich noch nicht gestellt. Wie auch die zunehmende Gewalt, Kinder- und Jugendkriminalität bisher die Schule verschont hat. Sie seien eben noch zu klein, meint Lehrerin Kannreuther, und wehrt sich dagegen, als Schule die »Reparaturwerkstatt der Nation« zu sein.

München, die Stadt der Singles und der nur bei einem Elternteil aufwachsenden Kinder. Das hat Auswirkungen: die Zahl der gestörten Kinder steigt. Das merken als erste die Lehrer. Und versuchen, dagegen zu steuern, den Einzelkindern soziales Verhalten nahezubringen.
Pfarrer Steinbauer von der Markuskirche spielte die Rolle der fehlenden Väter oder Großväter. Ansonsten ist das Lehrerkollegium der Türkenschule weiblich geprägt, mitsamt Direktorin Urban und versteht sich – dem Vernehmen nach – ausgezeichnet, weil die Lehrerinnen selber zu Hause Familie haben und die Schule nicht, wie die männlichen Kollegen, als Sprungbrett für ihre Karriere betrachten.

Schulzeitung »Die kleinen Türken«, 1974, Zeichnung von Ali Mitgutsch

Dramatisch wurde es Ende der 80er Jahre, als der Schulhof auf Anregung des Bezirksausschusses und ihres Vorsitzenden Bäumler auch abends und an den Wochenenden zum Spielen geöffnet blieb. Die Anwohner, schon mit dem Lärm der täglichen großen Pause geschlagen, liefen Amok. Das waren eben keine braven Kleinen, die in Ermangelung eines nahen Spielplatzes sich auf dem Schulhof vergnügten, sondern ehemalige Schüler, die mit Skateboards und Motorrädern umhertollten, Basket- und Fußball spielten. Die Anwohner verlangten die Wiederherstellung des ursprünglichen Zustandes, Jost Pietsch sprach von einem »Lärmgetto«, Direktorin Urban von »Höllenlärm« und daß in der Zeit menschlicher Kot, Kondome und Spritzen im Schulhof gefunden worden wären. 1989 wurde der Beschluß rückgängig gemacht und die Öffnung von Schulhöfen mehr an den Stadtrand verlegt. Dem Hausmeister war's recht.
Im Januar 1997 wurde in der Turnhalle der Türkenschule, geschmückt mit Bäumchen vom Gartenbaureferat und Bildern ansässiger Künstler[1], die Einweihung des Georg-Elser-Platzes nördlich der Türkenschule gefeiert. Bürgermeister Monatzeder, Zeitgeschichtler Gruchmann und Manfred Bühl, der Sohn Georg Elsers sprachen, Blechbläser der Münchner Symphoniker bliesen, der ›Deisenhofener Dreigesang‹ bot Volksmusikalisches und Gerhard Majer und Manfred Maier vom Heidenheimer »Elserkreis« lasen aus den (von Gruchmann wiederentdeckten) Berliner Verhörprotokollen des Bürgerbräuattentäters: »Ich wollte ja nur größeres Blutvergießen verhindern«. Die Einweihungsfeier zur Platzbenennung hatte die Autorin organisiert.

1 Aki Ahrens, Alfons Ostermeyer, Horst Beisl

Die Unternehmensberatung

In der nordöstlichen Ecke des Georg-Elser-Platzes gruppiert sich zwischen 68A, dem Haus der einstigen Frauenkommune und 72, dem Dall'Armihaus das ehemalige »Türkenbad«. In etwas hellerem Lachsrosa als die Türkenschule gestrichen, bietet es dank Denkmalschutz noch dieselbe Fassade wie vor gut hundert Jahren, als Ritter dall'Armi für seine Frau dieses öffentliche Bad errichten ließ.

Seit dem Umbau 1990 und einem Besitzerwechsel ist allerdings hinter der Fassade nichts mehr gleich geblieben: kein Bad mehr, keine Teestube, nichts Schwules. Alles ist »rundumsaniert«, edel, glitzernd, die Preise der Wohnungen entsprechend.

Die Brüder Martens sind die Herren des früheren »Türkenbads«. Jens-Uwe leitet mehrere Institute, die sich mit »Konzepten betrieblicher Aus- und Weiterbildung befassen«. »Das Drehbuch zum Erfolg« nennt sich eine Broschüre, in der es heißt: »There are only two kinds of class: First class and no class«. Das klingt arrogant, ist aber für Kreise gedacht, in denen das anzukommen scheint: Allianz, Nixdorf, Kaufhof, IBM, Daimler-Benz, Siemens, die Bundesanstalt für Arbeit und verschiedene Rundfunkanstalten. »Wir machen uns stark für Sie!« verspricht das Heft, »In unserem Verbund finden Sie Ihren Trainer!« oder auch: »Im Reich der Sinne«, »A star is born« und »Manche mögen's leis«. Man spürt eine gewisse filmische Affinität des Autors.

Erfolg braucht jede Unternehmensberatung, Martens hat ihn und er scheint ihm treu zu bleiben. Der Psychologe mit der bernsteinfarbenen Brille, Sohn des »Quick«-Gründers ist, ein zugänglicher Herr, hilfsbereit, freundlich, ein Workaholic und – ein unheilbarer Romantiker.

Nach einem schweren Schicksalsschlag hat ihm Saint-Exupérys »Kleiner Prinz« geholfen. Inzwischen schreibt er an einem Buch[1] über das Glück. Ein Sammler von Netsukes (kleinen japanischen Knöpfen aus Holz, Elfenbein oder Metall in verschiedenen Formen, oft grotesken Figürchen, die ein Lackdöschen am Gürtel festhielten) sei er und ein Sammler von Glücksmomenten. Dankbar sei er, daß er in der Türkenstraße sein dürfe und absolut dagegen, daß sich grundsätzlich etwas ändern sollte.

Weil, sagt er, »hier stimmt das Gleichgewicht noch«.

[1] 1998 erscheint: »Mit dem Herzen suchen, ›Der kleine Prinz‹ von Saint-Exupéry als Wegweiser durchs Leben« von Jens-Uwe Martens

Christian Lankes
geb. 1959 · Historiker

Die Türkenkaserne, Glanz und Gloria

»Meine Doktorarbeit beschäftigt sich mit den Münchner Kasernen im 19. Jahrhundert. Warum? Vielleicht aus zwei Gründen: einmal bin ich als Kind immer an Kasernen vorbeigegangen in der Schwere-Reiter-Straße und am Oberwiesenfeld und zum zweiten war ich Soldat und zwar gern. Ich bin also nicht mit Distanz und Bäh! ans Thema gegangen. Als Kind habe ich gern mit Rittern und Burgen gespielt, ich bin gern ins Nationalmuseum gegangen und habe dort Rüstungen abgezeichnet. Ich habe meinem Großvater die Zinnsoldaten vom Speicher geholt und damit gespielt. Wobei mich der Krieg als Krieg gar nicht so sehr interessiert hat. Ich weiß noch heute nicht genau, wann welche Schlachten geschlagen wurden. Mir ist wichtig, wie es den Leuten in einer bestimmten Zeit gegangen ist.

Damals war das Militär ja ein viel prägenderes Erlebnis als heute. Vor allem, weil die Soldaten nur mit Sonderdispens zivil tragen durften. Sie hatten drei Uniformen: die schlechte für den normalen Gefechts- und Arbeitsdienst; die mittlere für den Ausgang; und die ganz gute für Paraden und besondere Feiern. Für ihre Sauberkeit mußten die Soldaten selber sorgen, was bei weißen Leinenhosen gar nicht so einfach war.

Meine Arbeit beschränkt sich auf das 19. Jahrhundert, genauer auf die Jahre von 1799 bis zur Jahreswende 1900/1901.

1799 kommt Max IV Joseph als Kurfürst aus der Pfalz nach München und damit beginnt eine neue Periode in der Landesgeschichte. Es gibt einschneidende Veränderungen im zivilen und militärischen Bereich. Der militärische Aspekt scheint bisher allerdings unterbewertet. Max Joseph war eigentlich in der Pfalz nichts weiter von Beruf als: Sohn. Ein Zweitgeborener noch dazu wie auch sein Vater. Niemand rechnete damit, daß er einmal die Erbfolge in Bayern antreten würde. Aber im Lauf von zwanzig Jahren starben die anderen weg. Als er nach München kam, war sein ältester Sohn Ludwig fünfzehn Jahre alt. 26 Jahre später sollte er ihm als Ludwig I auf dem inzwischen königlichen Thron folgen.

Als Max Joseph nach München zog, waren die Bayern nichts anderes als ein Hilfsvolk der Österreicher. Sie durften zwar mitkämpfen, aber nicht mitbestimmen. Außerdem galten sie als unzuverlässig, als unsichere Kantonisten. Sie waren nicht einmal Herren im eigenen Land, in der Gefahr zwischen Österreichern und Franzosen aufgerieben oder zerstückelt zu werden. Das Land war ziemlich weit unten.

Ein Jahrhundert später stellen die Bayern Truppen zur Niederschlagung des Boxer-Aufstandes in China. Sie sind stark genug, ›Out of area‹-Einsätze zu machen.

1801 war der Grundstein zur Hofgartenkaserne gelegt worden, 1901 wurde das letzte große Kasernenareal an der Schwere-Reiter-Straße zu Ende gebaut. Danach sollte sich bis zum Ersten Weltkrieg nicht mehr viel ändern.

Was sich im Jahrhundert zuvor auf militärischem und zivilem Gebiet, die nicht isoliert voneinander gesehen werden können, getan hat, untersucht meine Arbeit. Vor allem in den Bereichen: Baugeschichte, Infrastruktur und Raumplanung in München.

Max Joseph kam also nach München. Mit ihm viele aus den Wittelsbacher Territorien am Rhein, die von den Franzosen besetzt worden waren: Dillis, Kobell, Quaglio. Eine bunte Mischung. Familien, die sowohl Künstler als auch Offiziere und Beamte stellten. Viele Fremde, die sich plötzlich in München einfanden.

Drei Jahre vor dem Einzug Max Josephs waren die Franzosen schon einmal in Bayern gewesen, um die Segnungen der Französischen Revolution zu bringen. Sie waren aber von den Österreichern zurückgeschlagen worden. Da waren sie geschickt, die Österreicher. Sie kämpften gern im Glacis, im Vorfeld, vor der eigenen Haustür. Bayern als Glacis der Österreicher – das gefiel den Bayern überhaupt nicht. Wenige Monate nach der Ankunft von Max Joseph kommen die Franzosen wieder. Der Kurfürst flieht mit einem Teil des Hofstaats, der Behörden und der Armee nach Norden, nach Amberg und versucht, von dort aus zu regieren.

Die österreichische Armee kommt über den Inn und vereinigt sich mit der übrigen bayerischen. Aus Versehen treffen sie am 1. Dezember 1800 auf die Franzosen: es kommt zur Schlacht von Hohenlinden, die von den Franzosen gewonnen wird. Sie hatten eigentlich vorgehabt, nach Österreich vorzustoßen, und da es nur die eine Straße gab, auf der auch gerade die vereinigten Bayern und Österreicher einherzogen, die durch einen Wald führte, von dem es rechts und links steil bergab ging, gab es kein Ausweichen. Es mußte gekämpft werden. So etwas nennt man ›Begegnungsschlacht‹, etwas ganz und gar Ungewolltes. Anschließend war ganz München voller Verwundeter. Sogar in den Kirchen lagen sie übereinander: Bayern, Österreicher und Franzosen. Die Franzosen blieben erst einmal.

Der französische Heerführer Moreau zog im Schloß Nymphenburg in die Räume des Kurfürsten. Zur Münchner Bevölkerung hatten sie ein kommodes Verhältnis, ein viel besseres als die zu den Österreichern. Die Münchner Bürgerwehr hielt im Einverständnis mit den Franzosen die öffentliche Ordnung aufrecht.

Nach einem halben Jahr zogen sich die Franzosen wieder zurück, Max Joseph konnte in München einziehen und mit seinen Reformen beginnen. Er hatte, von Montgelas beraten, bereits ein Regierungsprogramm entworfen. Montgelas, der vom vorigen Kurfürsten Karl Theodor aus Bayern ausgewiesen worden war, wegen seiner Aktivitäten im Illuminatenorden, einer Geheimgesellschaft im Geist der späten Aufklärung, die Reformen forderte, wurde zu Max Josephs Superminister: Er vereinigte Außen-, Innen- und Finanzministerium. Am Kriegsministerium hatte er kein Interesse. Er begann, Reformen in die Tat umzusetzen, die alle von der französischen Revolution inspiriert waren. Lassen wir die zivilen einmal beiseite.

Max Joseph war zwar gemütlich und freundlich, aber auch ein knallharter Politiker und Kriegführer. Nach Hohenlinden war ihm klar, daß Bayern eine schlagkräftigere Armee brauchte. In Frankreich gab es die ›levée en masse‹, die Volksarmee, in Bayern war es eine Söldnertruppe, die Hefe des Volkes, Abschaum, Gelichter. Ab 1805 wurde mit einer Art Wehrpflicht begonnen. Das Land wurde in Kantone eingeteilt, Bayern hatte ungefähr zwanzig Kantone und jeder von ihnen mußte ein bestimmte Zahl an Soldaten stellen. Im Prinzip war jeder erwachsene Bayer ab dem 16./17. Lebensjahr wehrpflichtig. Der Wehrdienst ging sechs bis acht Jahre und der Sold war gering. Allerdings für ein Bier und einen Backsteinkäse hat er allemal gereicht (lacht). Deshalb auch diese Kneipendichte um die Kasernen herum.

Wehrdienst war Pflicht, aber Rechte sollten die Untertanen in Bayern auch bekommen. Von 1808 stammt eine Verfassungsurkunde, in der von Landständen und Parlamentarismus geschrieben steht, die aber nie in Kraft gesetzt wurde. Erst zehn Jahre später bekommt Bayern eine funktionierende Verfassung, während Preußen noch nicht einmal einen Verfassungsentwurf zu bieten hatte.

Das Vorurteil, Bayern seien gemütlich und friedensliebend und Preußen schmissig und kriegerisch trifft zumindest im frühen 19. Jahrhundert nicht zu. Da war es eben umgekehrt. Es gab strenge Militärgesetze: der Krieg sollte auf den uniformierten Gegner beschränkt, ›Molestäten‹ von der Zivilbevölkerung ferngehalten werden.

Einerseits aus Sicherheits- andererseits aus Repräsentationsbedürfnis wurde die bayerische Armee vergrößert. Die Uniformen blieben die gleichen: hellblaue Röcke und weißen Hosen für die Infanterie, eine grüne Uniform für die Chevaux legers, die Kavallerie; die Artillerie trug dunkelblau.

Während es in München im Jahr 1800 gerade einmal tausend Soldaten gab, waren es 1808 bereits sechstausend. Die Einwohnerzahl war gleichgeblieben: 40 000 Münchner. Da stellte sich die Frage: Wohin mit den Soldaten? Es gab zwar alte Kasernen, die aber schon recht baufällig waren: die Kreuzkaserne bei der Kreuzkirche, in der die Infanterie lag; die Kaserne am Kosttor in der Nähe des Zeughauses, in dem die Kanonen verwahrt wurden für die Artillerie; und die Kaserne auf der Kohleninsel in der Isar, die als Schwemme für die Pferde diente, für die Kavallerie.

Die Unterbringung war schlecht, zwei Mann schliefen in einem Bett, aber es war eben auch nicht schlechter als bei Dienstboten und in einfachen Herbergen. Theoretisch hätte es die Möglichkeit gegeben, die Armee in nach der Säkularisierung leerstehenden Klöstern unterzubringen, wie es in Augsburg, Landshut und Neustift geschah. Nur in München gab es genug zivile und kommunale Interessenten für die säkularisierten Klöster.

Fürs Militär mußte gebaut werden. Drei neue Kasernen entstanden: die Hofgartenkaserne auf dem Gelände der heutigen Staatskanzlei; die Neue Isarkaserne auf dem Gelände des Deutschen und Europäischen Patentamtes für die Kavallerie und nach Jahren voller Zwistigkeit die Türkenkaserne, die den offiziellen Namen: ›Neue Infanteriekaserne am Türkengraben‹ trug. Später hieß sie noch recht lange: ›Infanteriekaserne an der Türkenstraße‹, dann ›Prinz-Arnulf-Kaserne‹.

Es hatte Pläne gegeben, die Kreuzkaserne abzureißen und neu zu bauen; man trug sich mit dem Gedanken, den Königsplatz von allen Seiten mit Militärbauten zu bestücken: Kaserne, Garnisonskirche, Invalidenheim für ältere und behinderte Soldaten, eine Kadettencorpsanstalt für 12 bis 14jährige Buben, die neben der schulischen Ausbildung eine militärische erhielten, um später Offiziere zu werden; dann ein Militärwaisenhaus und – nach dem Rußlandfeldzug – ein Armeedenkmal von Karl von Fischer, vergleichbar dem Champ de mars in Paris.

Doch der Kronprinz, der spätere Ludwig I, hatte seine eigenen Bauvorstellungen. Der Vater nannte ihn immer nur ›mein verrückter Sohn‹ und ließ ihn gewähren. Ludwig baute einfach die Glyptothek auf den Platz und durchkreuzte so sämtliche Pläne. Die Armee hatte zu lange gewartet, sie hatte wohl auch nicht genügend Geld, der Königsplatz war jedenfalls für Militärisches verloren.

Erst 1823 – die ersten Vorstöße datierten von 1809 – holte ein neuer Kriegsminister die alten Pläne für die Türkenkaserne wieder hervor.

Das Baugrundstück mußte groß sein, weil schließlich zwischen 2 200 und 2 800 Soldaten untergebracht werden sollten. Eine Wiese von über 13 bayerischen Tagwerk, ungefähr vier Hektar, wurde von der alteingesessenen Adelsfamilie La Rosée für 34 000 Gulden gekauft – ein erkleckliche Summe, wenn man weiß, daß der durchschnittliche städtische Etat zwischen 100 und 200 000 Gulden lag, der staatliche dagegen über 32 Millionen Gulden. Die Baukosten beliefen sich noch einmal auf über 300 000 Gulden.

Am 14. Juli 1823 war der Grundstein zur Türkenkaserne gelegt worden, am Ende des Jahres war der erste Bauabschnitt bereits winterfest. Das Bauholz kam zum größten Teil von den Floßunternehmern und Holzgroßhändlern aus Lenggries, der Kalkstein von den Kalköfen an der oberen Isar, die Ziegeleien im Raum München reichten nicht aus für die benötigte Menge an Ziegelsteinen. Deshalb holte man alte Ziegelsteine vom Domberg in Freising, auf dem ursprünglich noch mehr Kirchen gestanden hatten, klopfte sie sorgfältig ab und verwendete sie für die Kaserne.

Im Herbst 1824 wurde der erste Teil der Kaserne belegt, während gleichzeitig weitergebaut wurde. Aus der Zeit gibt es Klagen der Truppe, daß alles noch so feucht sei, die Räume nicht ausgeheizt. Dieselbe Situation gab es auch in Mietshäusern. Da gab es Familien von ›Trockenwohnern‹, die für billige Miete von einer Wohnung in die andere zogen. Gesund war das gewißlich nicht.

Im Mai 1825 waren bereits zwischen 350 und 400 Mann in der Kaserne untergebracht. Im Oktober 1825 starb König Max I Joseph. Drei Jahre zuvor hatte sich sein Sohn bereits Grundstücke für seine geplante Pinakothek reservieren lassen. Und die lagen exakt vis-à-vis dieser Kaserne. Eine der ersten Amtshandlungen von Ludwig war denn auch ein Baustopp für die Türkenkaserne. Er hatte Angst, daß durch die Nähe der Kaserne, Funkenflug, Feuersgefahr bei Ostwind, den Bildern etwas geschehen könnte.

Deshalb stehen die Pinakotheken auch so frei im Raum. Lange Zeit gab es keine Beleuchtung dort. Wenn das Tageslicht nicht mehr ausreichte, mußten die Besucher gehen.

Geplant war die Türkenkaserne als vierflügeliger Bau. Beim Baustopp bestand bereits der Trakt Türkenstraße. Die beiden Flügel in der Theresien- und der Gabelsbergerstraße waren zur Hälfte fertiggestellt. Blieb die Frage: Wie schließen wir jetzt diesen Torso ab? Ludwig zog seinen damaligen Lieblingsarchitekten Leo von Klenze heran, was durchaus unüblich war, weil bekannte Architekten wie Klenze damals eigentlich nichts Militärisches bauten, außer dem Kriegsministerium an der Ludwigstraße mit Arkaden und Kriegsemblemen. Klenze schlug für die Seite an der Barerstraße ebenfalls eine Arkade vor, eine Reihe von Bäumen, die eine Art grüner Wand zum Schutz der Pinakothek bilden sollten. Diese Grundidee, aus einem vierflügeligen einen dreiflügeligen Bau zu machen, blieb praktisch bis zum zweiten Weltkrieg bestehen: von der Barerstraße aus konnte man durch einen Stakettenzaun und Reihen von Bäumen auf den Exerzierplatz der Türkenkaserne schauen. Wo manchmal auch Frauen die Wäsche des Militärs zum Trocknen aufhängten. Die Kaserne war dreistöckig, an den Flügelenden vierstöckig. Im Lauf des 19. Jahrhunderts hat man dann doch noch die beiden Nord- und Südflügel bis zur Barerstraße hinaufgezogen. Die neue Kaserne war also fertig und sie galt als ›gesunde‹ im Gegensatz zur Hofgartenkaserne. Die war nämlich auf den schnell aufgeschütteten Weiher im unteren Hofgarten gebaut worden, in den der Schlamm vom Kleinhesseloher See gekippt worden war. Es war noch nicht richtig getrocknet, als schon die Fundamente gelegt worden waren. Da gab es immer wieder Probleme mit der Gesundheit der Soldaten.

Hygiene war überhaupt das Stichwort für das 19. Jahrhundert. Ich denke da an die Choleraepidemie und die anschließenden Reformen Pettenkofers.
Die Toiletten der Türkenkaserne waren am Rand der Kasernenflügel, in den Bau integriert. Man mußte also nicht mehr ›aufs Häusl‹. Die Sickergruben wurden periodisch entleert, von Pferdefuhrwerken mit großen Fässern. Die Türkenkaserne bekam Wasser aus der städtischen Leitung, das Militär bezahlte dafür. Es gab ja schon längst Brunnhäuser und Wasserleitungen mit Holzrohren; das war das Kochwasser. Für das Brauchwasser zum Waschen und Putzen hatte man im Kasernenhof Brunnen gegraben.
Nach 1830 breitete sich die Furcht aus, die Julirevolution aus Frankreich könne auch auf Bayern übergreifen. Die Garnisonen wurden massiv verstärkt. Wie auch 1844, während des großen Münchner Bierkrawalls: da waren alle Kasernen voll belegt. Auch in den Zeiten der Herbstübungen und der Mobilmachungen ging es eng in den Kasernen zu. Da hatte man jetzt neue, und schon wieder waren sie zu klein! Da wurden hölzerne Verschläge in die Gänge eingebaut, die Kaminrohre der Öfen quer durch die Gänge ins Freie geleitet. Es war abenteuerlich.
Ab den 30er Jahren des 19. Jahrhunderts waren zwei Infanterieregimenter in der Türkenkaserne untergebracht: das Erste, ›König‹ und das ›Zweite‹ ›Kronprinz‹, zwischen denen es ständig Streitereien gab; wie wenn zwei Familien in derselben Wohnung leben müssen.
In der Kaserne gab es verschiedene Küchen, eine Strafstube neben der Wache, es gab Arrestzellen und eben die Mannschaftsstuben. Die sahen bis 1868 so aus: Acht ›zweimännige Bettladen‹, also acht Betten für sechzehn Mann, der Unteroffizier hatte im selben Raum, aber abgeteilt, sein eigenes Bett. ›Spind‹ gab es noch keinen. Über dem Bett war ein Brett angebracht, zur Ablage des ›Kasketts‹, wie der Raupenhelm hieß, mit einer Reihe von Holzzapfen, daran wurde der Tornister gehängt und das ganze Riemenzeug mit Infanteriesäbel, Bajonett und Patronentasche. So hing alles griffbereit am Kopfende über dem Bett.
Zivilkleidung gab es nicht, nur Generale durften ohne Erlaubnis zivil tragen. Wenn ein Soldat ins ›Ausland‹ fahren wollte, Deutschland war damals noch keine Einheit, oder eine Badereise machen, mußte er einen Antrag an das Kriegsministerium stellen. Bis 1868 war es durchaus üblich, sich vom Wehrdienst freizukaufen und einen Ersatzmann zu stellen. So wurden nur solche Leute gezogen, die kein Geld hatten. Das ergab eine eigentümliche Mischung: die armen jungen Rekruten und daneben gestandene Männer von 40 bis 50 Jahren.
In der ersten Hälfte des 19. Jahrhunderts waren die Kasernen auch von Frauen und Kindern bevölkert.
Fürs Frühjahr 1858 heißt es: In der Türkenkaserne seien untergebracht: 2761 Männer, 46 Weiber und 66 Kinder. ›Weiber‹ waren die Frauen einfacher Soldaten, ›Frauen‹ wurden die von Offizieren genannt und erst bei höheren Chargen oder dem Adel hieß es ›Damen‹. Die 46 ›Weiber‹ waren also Ehefrauen, überwiegend von Unteroffizieren. Es war ja nicht so, daß

alle heiraten durften: es gab bestimmte Kontingente, pro Kompanie vier oder sechs. Wegen Platzmangels.
Als Verheirateter hatte man kein Anrecht auf ein eigenes Zimmer. Die Frau war mit ihm im Bett und das Bett stand im Mannschaftsraum. Wenn es Kinder gab, waren sie auch dabei. Zwei Kinder gingen auf einen Erwachsenen. Ein zweischläfriges Bett konnte also mit vier Kindern belegt werden. War nur ein Kind da, wurde es noch zu den Eltern ins ›Zweischläfrige‹ gesteckt. Die Ehefrauen hatten keine Aufgaben in der Kaserne, geputzt und gekocht wurde laut Vorschrift von den Soldaten. Die Frauen scheinen sich aber ein Nebengeld verdient zu haben als Wäscherinnen, Näherinnen, Büglerinnen für die Kameraden ihrer Ehemänner oder die Offiziere.
Es gab auch verheiratete Paare, die eine Wohnung außerhalb der Kaserne hatten. Wo der Mann nach Dienstschluß hinging. Aber das war eine Frage des Geldes. Das konnten sich die meisten bei dem kargen Sold nicht leisten.
Normalerweise war das Verhältnis Militär-Bürger nicht schlecht. Es gab beliebte Postkarten mit der Kaserne drauf:
›Hochwohlgeborenes Fräulein, darf ich Ihnen zum Namenstag gratulieren?‹ oder: ›Könnten wir uns am nächsten Samstag sehen?‹ In allen Ehren natürlich. Aber es gab auch eine Beschwerde aus dem Jahr 1875 an den Magistrat der Stadt, von mehreren dutzend Anwohnern der Türkenstraße verfaßt, in der es hieß: ›Es ist das sehr unflätige Benehmen, welches sich die Mannschaft gegenüber den dort verkehrenden oder vis-à-vis wohnenden Frauenzimmern erlaubt und welches näher zu bezeichnen wir aus Anstandsgründen unterlassen und uns mit der Erklärung begnügen müssen, daß anständige Familien sich bereits dahin äußerten, daß sie ihre Wohnung kündigen und in andere Straßen ziehen müßten, um ihre weiblichen Familienglieder nicht diesen fortwährenden schamlosen Gesten ausgesetzt zu sehen.‹
Wahrscheinlich waren aus den offenen Fenstern den Frauen Angebote gemacht worden. Es kam auch durchaus vor, daß Professionelle in Kasernenzimmer eingeschmuggelt wurden. Prostitution war in München verboten. Wenn es sie doch gab, nannte man sie ›Geheim- und Winkelprostitution‹. Es war den Militärs auch verboten, bestimmte Gaststätten zu besuchen, die als ›Kaschemmen‹ bekannt waren; wo es Prostituierte und Zuhälter gab. Und es war ihnen verboten, Wirtschaften zu besuchen, in denen ›sozialistische Umtriebe‹ stattfanden.
Im Oktober 1878 hatte der Reichstag in Berlin die ›Sozialistengesetze‹ verabschiedet. Die Autoritäten hatten dabei den revolutionären Flügel der Sozialdemokratie im Blick, von dem sich der Reformflügel noch nicht getrennt hatte. Sie fürchteten, daß die Revolutionäre die Soldaten ›verhetzen‹ könnten. Es wurden auch immer wieder Flugblätter und revolutionäre Schriften in den Spinden – inzwischen hatten sie welche – der Soldaten gefunden. 23 Wirtschaften wurden namhaft gemacht, wo ›sozialistische Umtriebe‹ stattfinden sollten. Deren Besuch wurde sämtlichen Angehörigen der Garnison durch Kommandanturbefehl von 1878 verboten. Ein anderer Trick, sie von Sozialisten und Sozialdemokraten fernzuhalten war, sie zu schleifen, sie ei-

nen derart anstrengenden Dienst machen zu lassen, daß sie abends zu müde waren, noch auszugehen, was bedeutet hätte: Sich zu waschen, umzuziehen, fein zu machen. Da zogen es viele vor, ihr Abendbier in der Kantine der Kaserne zu trinken.
Die Kneipenkultur der Sozialdemokraten hatte aber auch positive Auswirkungen auf die Kasernen: plötzlich wurden bessere Kantinen gebaut, wo das Bier billiger war als in den Wirtschaften drumherum.
1890 waren die Sozialistengesetze beendet: es durften wieder Maifeiern abgehalten werden. Große Aufregung, es gab Alarmbereitschaft in der Türkenkaserne. Die Mannschaften waren mit scharfen Patronen versehen und waren auf Befehl bereit auszurücken. Diese Alarmmaßnahmen wurden im Verlauf der 90er Jahre immer weniger. Die Armee hatte erkannt, daß ihr von dieser Seite keine Gefahr drohte. Es gab ja zu der Zeit nur zwei Parteien, die sich für die Rechte der Soldaten einsetzten: das katholische Zentrum und die Sozialdemokraten.
1893 mußte die Hofgartenkaserne nach einer Typhus-Epidemie geschlossen werden. Wohin mit den ›Leibern‹, dem Leibregiment der Wittelsbacher, der ›Bayerischen Garde‹, die doch in der Nähe der Residenz bleiben sollte? Zunächst wurden sie behelfsmäßig in Zelten am Oberwiesenfeld untergebracht. Aber was, wenn der Herbst kam?
Die nächste ›gesunde‹ Kaserne war immerhin die Türkenkaserne. Also wurden das 1. und das 2. Infanterieregiment hinauskomplimentiert. Das 1. Infanterieregiment sollte eine Kaserne am Marsfeld bekommen, für das 2. wurde das ›Casernement Oberwiesenfeld‹ gebaut; innerhalb weniger Monate entstanden Notunterkünfte, aus Ziegeln gemauerte Häuser zwischen Heß-, Infanterie-, Winzererstraße. Nur damit die ›Leiber‹ alleinige Hausherren in der Türkenkaserne würden. Ab Mitte der 90er Jahre bis 1919, der Auflösung der bayerischen Armee, war die Türkenkaserne auch als ›Leiberkaserne‹ bekannt. Auf das Areal der abgerissenen Hofgartenkaserne wurde das Armeemuseum gebaut, dessen Kuppel heute Teil der bayerischen Staatskanzlei ist.
Es war in der Zeit so: Modernisierungsschübe gingen vom zivilen Bereich aus, dem der militärische zunächst nicht folgen konnte. Sei es aus Traditionsdenken oder aus der finanziellen Not heraus. Aber später mußte er es dann doch. Das Phänomen war: die Zivilstadt zieht dem Militär nach. Die Kasernen wurden auf freiem Feld vor der Stadt errichtet, umgeben manchmal noch von Gartengrundstücken. Aber innerhalb weniger Jahrzehnte zieht die Stadt nach und umschließt den militärischen Bereich völlig, wie bei der Türkenkaserne geschehen. Es gab Pläne, die Türkenkaserne, oder ›Prinz-Arnulf-Kaserne‹, wie sie inzwischen offiziell hieß, aufzugeben, und zwar schon vor dem Ersten Weltkrieg, weil eine moderne Ausbildung in einem dicht bebauten Wohngebiet nicht mehr möglich schien. Indiz dafür, daß das Militär gern vor die Stadt gezogen wäre, sind die Wohnungen, die damals für verheiratete Unteroffiziere des Infanterie-Leib-Regiments in der Barbarasiedlung an der Schwere-Reiter-Straße gebaut wurden.

1914 zogen die ›Leiber‹ in den Ersten Weltkrieg. Die Türkenkaserne wurde benötigt, um Rekruten auszubilden. Nach verlustreichen Schlachten in Frankreich wurde das Leibregiment zur Gebirgstruppe umfunktioniert, die an fast allen möglichen Fronten kämpfte: in den Dolomiten, vor Verdun und auf dem Balkan.
Dann kam die Revolution von 1918, der die Armee in München faktisch keinen Widerstand entgegensetzte: Drei, vier Maschinengewehre auf der Theresienwiese und Eisner hätte den Freistaat nicht ausgerufen! Sofort bildeten sich aber Soldatenräte, und die Armee war keineswegs eine, die der Monarchie noch bis in den Tod ergeben war. Die Ersatzmannschaften in den Münchner Kasernen, endlich auch die des königlichen Leibregiments in der Türkenkaserne, schlossen sich den Revolutionären an.
1919, nach dem Einzug der Freikorps und dem Ende der Räterepublik, wird die Türkenkaserne nicht auf Dauer von der neuen Reichswehr übernommen, sie liegt zu sehr in der Stadt. Dem 100 000-Mann-Heer genügen die modernen Kasernen am Stadtrand, dem Oberwiesenfeld. Die Türkenkaserne fällt an das Land Bayern, das einen Großteil seiner Landespolizei, der ›Grünen‹, dort unterbringt. Die Landespolizei war eine kleine Armee in der Hand des bayerischen Ministerpräsidenten, militärisch ausgebildet als Infanterie und Kavallerie. Es gab auch motorisierte Einheiten.
1923: der Marschbefehl, Hitler und seine Putschisten zu stoppen, trifft in der Türkenkaserne ein. Die Truppe, die den Putsch dann vereitelte, war die der ›Grünen‹ aus der Maxvorstadt. Die Landespolizei blieb dort bis zur Gleichschaltung der Länder nach der Machtergreifung Hitlers. Sie wurde 1935 in die Wehrmacht eingegliedert und damit auch die Türkenkaserne.
Die eigentliche militärische Heimat Hitlers, bevor er als Kriegsfreiwilliger in den Ersten Weltkrieg zog, war das ›Casernement‹ am Oberwiesenfeld. In der Kaserne des 2. Infanterieregiments hat er exerziert. Deshalb wurde sie auch 1935 ›Adolf-Hitler-Kaserne‹ getauft. Als er V-Mann, Undercover für den militärischen Nachrichtendienst war, um Kommunisten oder auch die Deutsche Arbeiterpartei auszuspionieren, unter anderem für den Nachrichtenoffizier Ernst Röhm, da war er sicher auch in der Türkenkaserne. Das war um 1919/20, einer Zeit, in der es die Bayerische Armee noch, aber eigentlich schon nicht mehr gibt, während die Reichswehr noch nicht ganz da war. Eine Grauzone, eine Zeit, in der es drunter und drüber ging.
Das Ende der Türkenkaserne kam in zwei Abschnitten: durch die Bombardements, wo es die Kaserne erst 1945 so richtig erwischt hat, während drumherum bereits alles in Schutt und Asche lag. Große Teile waren trotzdem unbeschädigt geblieben, in denen sich nach dem Krieg verschiedene Geschäfte einrichteten: ein Möbelgeschäft, Verlage und der Jazzclub. Aber erst in den 60er Jahren, Schlaich hat sie ja die ›Zweite Zerstörung Münchens‹ genannt, ist diese öde Fläche entstanden. Inzwischen heißt der Platz ›Roncalliplatz‹ und wir alle hoffen, daß der Braunfels da ein schönes Museum hinstellt.
Von der Türkenkaserne ist nur der Torbogen des Haupttores stehengeblie-

ben. Dort könnte man den Grundstein von 1823 finden, in dem üblicherweise eingeschlossen war: eine lateinische Urkunde auf Pergament, der ›gesamte Münzkurs‹, frisch geprägte Münzen: vom Golddukaten bis zum Heller und zwei Orden: die goldene und silberne Militärverdienstmedaille.
Kühl und rational. Sie waren ja damals Kinder der Aufklärung und der Revolution, die Erbauer der Türkenkaserne, und noch keine Romantiker des 19. Jahrhunderts.«

Friedrich und Ruth Kastner
geb. 1912 und 1921 · Fernmelder, Bankangestellter u. a., Hausfrau

Auf die Bäume, Ihr Affen!

Friedrich »Eigentlich sollte ich katholischer Pfarrer werden. Das hatte sich eine Tante von mir eingebildet. Aber ich wollte nicht, auch nicht Ministrant werden. Heute bin ich evangelisch und mein ältester Sohn ist evangelischer Pfarrer.
Ruth Das kam so: er war katholisch und ich evangelisch. Nach der standesamtlichen Trauung sind wir 1941 beide aus der Kirche ausgetreten, um gleich zu sein. Nach dem Krieg habe ich mich aber gleich wieder evangelisch gefühlt. Und als 1946 der Wolfram auf die Welt kam, haben wir gesagt: ›Jetzt lassen wir die beiden evangelisch taufen!‹ Zwar haben uns die Katholiken noch ein paarmal besucht, um uns umzustimmen, aber ich habe denen immer gesagt: ›Was wollt Ihr denn, ist doch derselbe Gott!‹ Den Helmut hatte ich für die Gemeinschaftsschule angemeldet, aber weil an der Türkenschule noch gebaut wurde, kam er in die Amalienschule. ›Die machen dort so komische Bewegungen!‹ hat er einmal zu Hause erzählt. Durch ein Guckloch neben der Klassentür habe ich dann hineingeschaut und gesehen, wie die Kinder da standen und sich bekreuzigten. ›Ich bin evangelisch!‹ habe ich dann in einer Elternsprechstunde gesagt, ›ich seh' nicht ein, daß sich Kinder in einer Gemeinschaftsschule bekreuzigen müssen! Das soll doch überkonfessionell sein!‹ Aber, nein, die katholischen Eltern wollten unbedingt, daß ihre Kinder sich bekreuzigten.
Friedrich Ich habe in der Türkenstraße gewohnt, auf 26, bei einem Fräulein Müller, einer Seele von Mensch. Ich war ihr Zimmerherr, im Rückgebäude, im ersten Stock über der Schlosserei. Sie war doppelt so alt wie ich, zwischen 40 und 50 und hat in einer Schule Milch und Brötchen verkauft. Bei ihr war's recht gemütlich. Sie hat das Zimmer gereinigt, nicht einmal das Bett mußte ich machen. Es war immer alles piccobello. Manchmal hat sie mich auch zum Tee eingeladen. Dann saßen wir in der Küche und alberten. Das Zimmer hat 45 Mark gekostet und ich denke gern an die Zeit zurück.
Ruth Im Gegensatz zur Türkenkaserne ...

Friedrich Die Türkenkaserne habe ich weitgehend aus meinem Gedächtnis gestrichen. Es hat mir nicht gepaßt, daß mein Berufsziel, Kriminaler zu werden, zerstört worden ist.
Das kam so: In Rothenburg ob der Tauber habe ich bei der Hypobank gelernt. Nach Beendigung der Lehre wurden wir Lehrlinge alle hinausgeschmissen und neue eingestellt. Das war 1930. Ich war 18 und arbeitslos. Arbeitslosenunterstützung gab's nicht, man mußte schauen, wo man unterkam. Bei der Landespolizei, hieß es, brauchten sie noch Leute. Aber ohne Gewährsmann lief gar nichts. Ich hatte den Freiherrn von Staudt. Wir waren 14000 Kandidaten und nur 400 sind auf die Polizei-Vorschule nach Bamberg gekommen. Nach einem Vierteljahr sind noch einmal 100 ausgeschieden. Untauglich.
In dem halben Jahr hatten wir 152 Alarme. Wir waren eine Art Bereitschaftspolizei, sind auf Lastwagen verfrachtet und zum Einsatz gefahren worden. Geld hatten wir gerade so viel, daß es für Schuhcreme und Sanella gereicht hat.
Nach einem halben Jahr militärischer Ausbildung ging's nach Eichstätt zur Polizeischule.
Am 5. März 1933, ich entsinne mich noch genau, am Tag der Wahl, sind wir von Eichstätt in geschlossenen, mit Brettern zugenagelten Wagen in die Pfalz gefahren worden. Zum Einsatz gegen die Kommunisten, die aus Frankreich nach Kaiserslautern 'rübergeschoben worden waren, hieß es. Als wir in Kaiserslautern einzogen, wurden wir mit Briketts, Steinen und Blumentöpfen beworfen. Wir haben eine Drohhaltung eingenommen, aber passiert ist nichts. Vierzehn Tage lang. Wir waren hundert Mann aus der Polizeischule, drei Züge. Als wir dann abzogen, hat uns die Bevölkerung umarmt. Irgendwie mußte das mit dem Ermächtigungsgesetz zu tun haben. Im Herbst 1933 mußten wir, drei Hundertschaften Landespolizei aus München, Fürth, Nürnberg und Würzburg nach Grafenwöhr zu einer Übung: wir hatten uns von Grafenwöhr nach Neustadt an der Aisch durchzukämpfen. Während der Zeit hörten wir von einem englischen Sender, daß wir als 2. Jägerregiment ausgebildet würden. Das haben wir nicht geglaubt. Obwohl unsere Ausbildung tatsächlich härter war als die der Reichswehr. Wir hatten grüne Uniformen, die Stadtpolizei blaue. Wir sollten eigentlich so etwas wie Polizisten und Gendarmen werden.
Als dann aber tatsächlich im Juni 1935 die Landespolizei in die Reichswehr eingegliedert wurde, bin ich ausgeschieden. Ich hatte von Haus aus etwas gegen die Braunen.
Schon in der Schule: da war ein Schulkamerad, der wegen Kameradendiebstahl aus der Schule geflogen war, plötzlich HJ-Führer. Oder wenn ich an die jüdischen Familien denke, die auf einmal verschwunden waren. Natürlich war ich auch bei der HJ, aber bei der Entnazifizierung fiel ich unter die Jugendamnestie.
Nach Eichstätt habe ich mich zur Nachrichtenstaffel nach Würzburg gemeldet, wo ich als Funker und Fernmelder ausgebildet wurde. Da gab es im-

mer die Prügeleien mit der SS. Zu einem Fußballspiel zum Beispiel erschienen wir von der Landespolizei in zivil, die SS-ler in ihren schwarzen Uniformen. Wir sind extra hingegangen zum Raufen. Wir haben ihnen von hinten einen auf den Kopf gegeben, den armen Hunden. Uns war nachher aber nichts nachzuweisen. (lacht)
1934 kam ich in die Türkenkaserne. Unsere Nachrichtenstaffel, wir waren 80 Mann, wohnte im Flügel Türken-, Gabelsbergerstraße, die Stabswache Röhm, also die SA, an der Barerstraße und die SS an der Theresienstraße.
Am 30. Juni 1934, ich erinnere mich noch genau, ich hatte einen Urlaubsschein und wollte nach Fürth fahren, hieß es plötzlich: Ausgangssperre! In der Kaserne ging das Gerücht, die Landespolizei – wir also – hätte gemeutert. Dabei hatte die Einheit SS die Stabswache Röhm übernommen und entwaffnet. Auf einmal war von den 80 bis 100 Leuten nichts mehr zu sehen. Von der Türkenkaserne aus konnten wir zum Braunen Haus hinübersehen und da haben wir den Hitler gesehen, wie er von Wiessee zurückkam, wo er gerade offiziell den Röhm-Putsch niedergeschlagen hatte.
Am nächsten Tag mußten wir in Uniform in all' die Lokal gehen, wo wir sonst auch hingehen. ›Ja, seid Ihr nicht verhaftet worden?‹ haben die Leute gefragt. Da waren wir zum Beispiel im Weinhaus Neuner, wo der Inhaber ein SA-Mann war. Wir sollten wohl einfach nur zeigen, daß nicht wir es waren, die man verhaftet hatte, und sollten gleichzeitig ein bißchen einschüchternd wirken.
Ins ›Allotria‹ sind wir gern gegangen: die halbe Kalbshaxe 1,80. In der Osteria waren wir nicht. Mit dem bißchen Lohn konnten wir in der Freizeit nicht viel anfangen. Meist ist man in der Kaserne hockengeblieben oder spazierengegangen. Oder ins Museum, das war umsonst. Den Mädchen hat man nachgeschaut, aber welche wollte etwas mit einem Polizisten zu tun haben?
Ruth Wir haben uns durch die HJ kennengelernt. Ich war Schreibkraft im Untergau des BdM, mein Mann baute für die österreichische HJ ein Zeltlager zur Schulung auf. In Lubmin war das, bei Greifswald. 10 000 österreichische HJ-ler wurden erwartet. Dann kam aber der Befehl, es wieder abzubauen wegen der sudetendeutschen Sache. Man hat sich keine Gedanken darüber gemacht, die Nachrichten haben sowieso alles geschönt. Jeden Monat bekam ich in der Schreibstube einen Untergaubefehl: Wann wo welche Feste und Veranstaltungen stattfinden. Ich fand das alles so harmlos. 1938 war ich 18 und trug noch Zöpfe.
Friedrich Die du dir hast abschneiden lassen. Das hat den ersten Krach gegeben. Zurück zur Türkenkaserne: Wir waren acht Mann im Zimmer. Morgens wurden wir vom diensthabenden Unteroffizier oder Unterwachtmeister geweckt: ›Aufstehen! Raustreten!‹ Dann haben wir den Drillich angezogen, sind die Treppen hinunter auf den Kasernenhof. Dann hieß es: ›Auf die Bäume, Ihr Affen!‹ Die Kastanienbäume waren drei bis vier Meter hoch und wir mußten hinauf. Das hatten wir schon im Bamberger Föhrenwald geübt. Das Bäume-Klettern dauerte eine halbe Stunde. Den einen

Baum hinauf und hinunter, dann den nächsten. Mindestens ein Dutzend für jeden. Dann wurde sich gewaschen. Mit kaltem Wasser in einem Gemeinschaftsraum. Nicht mit warmem wie die Bergleute im Ruhrgebiet. Dann hat einer das Frühstück für alle aus der Küche geholt: Kaffee mit Milch, ganz sicher keinen Bohnenkaffee, im Emailbecher. Kommisbrot gab es mit Margarine, Marmelade oder Kunsthonig.
Dann kam der Unterricht in der Kaserne. Jeden Monat sind wir einmal geschlossen zum Deutschen Museum hinmarschiert, um die ganze Nachrichtenausstellung anzuschauen. Danach war Freizeit.
Von der Türkenkaserne aus haben wir eine Nachrichtenleitung nach Freising gelegt. Dazu hatten wir Trommeln umgehängt, von denen die Kabel an den Bäumen und entlang der Straßen abgespult wurden.
Wir hatten auch eine kombinierte Verbindung, das heißt von der Türkenkaserne nach Pullach und von Pullach nach Starnberg. Wir hatten Blinklicht, mit dem gemorst wurde. Die Melder haben die Nachricht dann dechiffriert. In Pullach auf einem Turm war die Blinkstation. Von Pullach nach Starnberg wurden Blinkgeräte zum Kurbeln verwendet.
Wir haben auch eine Leitung nach Großhesselohe gelegt. Alles Training, hieß es.
Weil ich mich mit dem Funken schwergetan habe, bin ich zur Fernsprechabteilung gegangen. Dort sollte eine Kommandozentrale gebaut werden: von einem Klappschrank aus mußten wir die verschiedenen Leitungen legen.
Im Krieg haben wir als technische Mannschaft Leitungen quer durch Deutschland verlegt. Wir haben die Bäume selber geschlagen, armiert und dann die Kabel angebracht. Nachts haben wir in Scheunen geschlafen, morgens ist unser Gepäck weiterbefördert worden zur nächsten Scheune. Alle fünfzig Meter haben wir ein Loch gebuddelt, dort wurde gesprengt. Wir mußten schließlich zwei Meter in den Boden hinunter für die Telephonstangen. Wir hatten einen Sprengmeister dabei. Es waren Leitungen für die Wehrmacht und wir waren ›zbV‹ gestellt, ›zur besonderen Verwendung‹.
Von überall her habe ich Telegramme geschickt, um zu erfahren, wie es meiner Familie in Greifswald ging. Auf einmal hieß es: sie seien nicht mehr da, vielleicht sogar tot. Da habe ich mich abgesetzt und bin mit einem Haufen von uns in den Raum Pfaffenhofen zur Neuaufstellung. Aber es gab Kämpfe bei Rosenheim und der Kommandeur hat uns zum Teufel geschickt.
Acht Tage nachdem die Amerikaner einmarschiert waren, haben sie uns schon gefragt, ob wir als Arbeitseinheit zu ihnen kommen wollten. Wir sind gekommen und haben die Eisenbahnleitungen zwischen Nürnberg und Stuttgart instandgesetzt genauso wie die Telefonleitungen. Uns ging's gut. Ich war bei einem Bäcker in Quartier. Fürs Holzspalten gab es immer gutes Essen. Als unsere Einheit nach Amerika zurückmußte, kamen wir zur Entlassung ins Lager Aalen.
Ruth Im Februar 1946 haben wir uns in Rothenburg wiedergetroffen. Ich hatte den Russeneinmarsch in Greifswald erlebt und habe beim Russen gearbeitet: geputzt und Kartoffeln gebuddelt, sonst hätten wir keine Lebens-

mittelmarken gekriegt, mein dreijähriger Sohn und ich. Dann erfuhr ich von einem Umsiedlertransport und machte mich auf den Weg.
Friedrich Ich hatte gehört, daß am 30. März 1946 der Zuzug nach München aufhörte. Als einer der letzten ist es mir gelungen, nach München zu kommen. Ich wohnte in einer Ruine in der Pappenheimerstraße und bin vom Arbeitsamt als Hilfsarbeiter zum Bayerischen Rundfunk verpflichtet worden. Zum Schutt räumen. Dann habe ich mich zum Maurer umschulen lassen.
Ruth Da bekam er 28 Mark pro Woche und das war wenig für drei Leute.
Friedrich Wir waren zunächst bei Verwandten untergekrochen.
Ruth Er bei einer Tante und ich mit Kind bei einer anderen. Ab und zu durfte mich mein Mann an den Wochenenden besuchen. Aber die Betten, weil die Betten das nicht aushalten würden, hieß es, nein wir sollten doch lieber nicht zusammen schlafen, meinten die Tanten.
Friedrich Als ich den Maurer-Gesellenbrief hatte, konnte ich ein bißchen nebenher schwarz arbeiten.
Ruth Ich war nicht begeistert von dem Maurerberuf. Immer diese dreckige Kleidung und man hatte doch so wenig Waschmittel!
Friedrich Beim Rundfunk hätte man unheimlich viel schieben können. Das habe ich nicht gemacht, nur ein bißchen Baumaterial abgezwackt und unsere Wohnung ausgebaut, um ein Dach über dem Kopf zu haben. Einmal haben wir den Auftrag von der Kantine bekommen, den Keller im BR auszuräumen. Da waren gelbe Rüben und Weißkraut, die wir in einem Zementsack unter dem Abfall am amerikanischen Posten vorbeigeschmuggelt haben. Draußen gelagert und abends nach Hause genommen. Wir hatten nicht einmal Kartoffeln daheim.
Inzwischen hatte ich über einen Kollegen von der Hypo einen Platz in einem Zigarettenauslieferungslager bekommen. Damals gab es noch Kontingentscheine für Tabakwaren. Da lief dann vieles unter dem Tisch mit den Marken.
Der Lagerleiter hatte ein Freikontingent, das er gegen Lebensmittel und Sachen verschob. Ich dachte, du willst auch was davon haben und habe dann eben zwei Rechnungen statt einer geschrieben. Wir hatten den ganzen Bezirk bis Passau zu beliefern, die ganzen Zigarettenläden. Mit der ›Roxy‹, ohne Filter, später der ›Supra‹ und der ›F 58‹ mit Filter. Wir waren die Firma ›Kosmos‹ aus Dresden, Reemtsma war die Konkurrenz mit ihrer ›Collie‹. Die haben wir fertiggemacht.
Das Geschäft ist sehr gut gegangen vor der Währungsreform. Wir sind in die Arcisstraße gezogen auf Nr. 57. Da war das Lager und die Wohnung. Einmal gab es einen Einbruch von den vielen Einbruchsversuchen: da war mein Chef selber daran beteiligt. Er war einer von den D.P.'s.
Ich habe dann das Zigarettenlager am Rotkreuzplatz bekommen: die Memminger, die uns die Zigaretten lieferten, kamen nicht mehr nach. Ich selber qualmte meine 300 Stück und mehr im Monat. Das war das Monatsdeputat. Ich habe die ganzen Zigarettengeschäfte versorgt, unter anderen auch das vom Vater vom Walter Sedlmayr, dem Schauspieler, der ein so grausiges

Ende gefunden hat. Da stand der kleine Walter an der Tür, hielt sie auf und sagte sein Sprüchlein: ›Beehren Sie uns wieder!‹ und machte einen Diener.
Ruth Inzwischen ist der Wolfram in die Türkenschule gekommen. Ich entsinne mich an den Badetag, wo die Kinder immer ganz erkältet nach Hause gekommen sind, weil sie nasse Haare hatten. Oder an den Rektor Türk, so hieß der tatsächlich, von dem ich immer den Eindruck hatte, er bereite die Kinder deshalb nicht aufs Gymnasium vor, weil er wollte, daß sie in der Volksschule blieben.
Wenn ich heute durch die Türkenstraße gehe, finde ich, sie ist freundlicher als früher.
Friedrich Früher hat man sein Radl unabgeschlossen stehen lassen können und es sind auch noch keine Radler auf dem Gehsteigen gefahren. Mir ist die Straße restlos fremd geworden. Schöne Erinnerungen habe ich eigentlich nur an die Zeit vor dem Krieg, zu der unbedingt das Fräulein Müller gehört. Diese Seele von Mensch. Oder sagte ich das schon?«

Rupert Hochleitner
geb. 1954 · Konservator, Mineraloge im »Reich der Kristalle«

Zu kurzlebig der Mensch

»Vor 18 Jahren, 1975, habe ich hier im zweiten Stock angefangen zu studieren: Kristallografie und Mineralogie. Ich habe mich hauptsächlich mit Lagerstättenkunde und physikalischer Chemie befaßt, habe mein Diplom gemacht, habe auch promoviert, war 13 Jahre Chefredakteur von ›Lapis‹, was soviel heißt wie Stein, der größten allgemeinwissenschaftlichen Zeitschrift für Mineralienliebhaber aus München.

Seit kurzem bin ich hier als Konservator. Ich muß also konservieren, das heißt erhalten. Jeder Stein besteht aus Mineralien und jedes Mineral, das offen in der Natur herumliegt, geht kaputt. Wenn man es nun im Museum aufbewahrt, ist es zunächst einmal geschützt vor dieser zerstörerischen Natur. Die Erde lebt ja, sie bewegt sich dauernd, wächst an irgendeiner Stelle und nimmt an einer anderen ab, die Alpen zum Beispiel werden jedes Jahr um einen Zentimeter kleiner. Die Natur rechnet in anderen Zeitkategorien, und wenn sie es nicht ganz katastrophal macht mit Vulkanausbrüchen und Erdbeben, dann merkt der Mensch ja überhaupt nichts davon. Er ist einfach zu kurzlebig, der Mensch.

Mineralien, die irgendwo gefunden werden, in dem Moment, wo man sie sieht, sind sie schon hart am Zerstört-Werden. Bewahrt bleiben Mineralien nur ganz tief in der Erde. Wenn sie in Bergwerken abgebaut werden oder anderswie an die Erdoberfläche gelangen, ist das bereits der Beginn ihrer Zerstörung.

Die Aufgabe unseres Museum ist es, besonders schöne und besonders interessante Stücke zu finden und zu bewahren. Früher haben es mehr Leute als Ehre betrachtet, einem Museum etwas zu stiften, heute muß der Konservator sich schon selber darum bemühen: hinfahren und die Stücke holen. Aber den Leuten Mineralien zu zeigen ist nur eine Aufgabe des Museums. Eine andere ist, für die Nachwelt zu sammeln und zu dokumentieren. Unser offizieller Name ist: Bayerische Mineralogische Staatssammlung. Also haben wir in erster Linie Bayern zu dokumentieren und den Alpenraum. Dann Deutschland. Und wenn es um die Vielfalt der Mineralien geht, wird es weltweit.

Dazu braucht man eine Menge Platz für die Schränke, wo die Mineralien so eingeräumt sind, daß man sie nur herausnehmen muß, wenn mit ihnen wissenschaftlich gearbeitet wird. Andererseits stellt das Museum aber auch Mineralien für andere Sammlungen und Institute zur Verfügung. Dazu ist das Magazin im Keller da.

Unsere Mineraliensammlung ist in ihren Ursprüngen schon über 200 Jahre alt. Sie basiert unter anderem auf dem Naturalienkabinett des Herzogs von Leuchtenberg, das seine eigene Geschichte hat: Begründer war Eugène de Beauharnais, der Sohn von Josephine de Beauharnais und Stiefsohn Napoleons. Er hatte eine Tochter des bayerischen Kurfürsten Max Joseph geheiratet und war Vizekönig von Italien gewesen; nach der Niederlage Napoleons flüchtete er sich nach Bayern. Nach der Geburt eines Sohnes verlieh ihm der – inzwischen von Napoleons Gnaden zum König ernannte – Max Joseph den Titel: Herzog von Leuchtenberg und Fürst von Eichstätt. Über Art und Umfang seiner Sammlung ist wenig bekannt, nur daß sein ältester Sohn sie fortführte. Als seine Schwester den brasilianischen Kaiser Dom Pedro I heiratete, begleitete er sie nach Brasilien. Von dort trafen dann zahllose Kisten mit wertvollen Mineralien in Eichstätt ein.

Er starb jung, kurz vor seiner Heirat in Lissabon. Sein Bruder Maximilian erbte Titel und Sammlung. Als er eine Tochter des russischen Zaren zur Frau nahm, seinen Wohnsitz nach St. Petersburg verlagerte und dort Präsident des Bergbau-Ingenieur-Instituts wurde, konnte er voll seiner Sammelleidenschaft frönen. Rußland, also das Gebiet der früheren Sowjetunion, und Brasilien gehören zu den mineralienreichsten Gebieten auf der Welt. Maximilian schickte die schönsten Stücke in sein Naturalienkabinett nach Eichstätt. Er sammelte begeistert und nicht mit den Scheuklappen wie heute: entweder Mineralien oder Fossilien, nein im Naturalienkabinett fanden sich ausgestopfte Vögel und Fische, Fossilien und Mineralien.

1852 wurde die Sammlung des Münchner Arztes Ringseis dazugekauft, die das Naturalienkabinett auf 17 000 Stück vergrößerte. Im selben Jahr starb Maximilian. Titel und Sammlung fielen an den bayerischen Staat. Es gab Rangeleien und Streitereien um die berühmte Sammlung. Sie wurde schließlich mit der bescheideneren Staatssammlung vereinigt und ausgestellt.

Konservatoren wurden ernannt. Einer meiner Vorgänger war Franz von Kobell, der den ›Brandner Kasper‹ geschrieben hat. Äußerst beliebt bei den Damen, hat er jeden Monat öffentliche Vorträge gehalten und so viel dazu beigetragen, die Mineralogie unters Volk zu bringen.

Dann kam die Sammlung in die Neuhauserstraße, ins Gebäude der Alten Akademie. Sowohl der Kurator wie der Direktor waren beide außerordentlich große Hitleranhänger. Sie waren der Meinung, die ›Wunderwaffen‹ würden zum Endsieg führen und München würde niemals bombardiert werden. Selbst als es brenzlig wurde, weigerten sie sich, die Steine auszulagern. Das wäre wohl für sie ›Wehrkraftzersetzung‹ gewesen.

1944, bei einem der letzten großen Bombenangriffe der Amerikaner, hat die Alte Akademie einen Volltreffer bekommen: 80 Prozent der berühmtesten Mineraliensammlung Europas sind zerstört wurden. Viele der Mineralien sicher einfach mit dem Schutt weggeräumt. Einige Stücke haben wir noch, die Spuren des Feuers zeigen. Ein Stein brennt nicht, aber er ist auch nicht unempfindlich gegen Feuer. Opale zum Beispiel werden trüb, haben kein Farbenspiel mehr.

Ein alter Mann, der heute Mineralien sammelt, hat mir erzählt, daß er nach diesem Bombenangriff durch die Neuhauserstraße gegangen sei, und so Steine mit Zettel dran vor der Alten Akademie auf der Straße hat liegen sehen. ›Wenn ich das gewußt hätte‹, hat er gesagt, ›hätt' ich alle eingesammelt, aber damals hat man nur gedacht: Mei, essen kannstes net! und hat sie liegengelassen.‹

Die Sammlung, die wir heute haben, ist nur ein schlechter Abklatsch dieser ehemals besten Sammlung russischer Mineralien außerhalb Rußlands.

Die Reste kamen zu den Geologen in der Luisenstraße, in den Block, der ans Lenbachhaus angrenzt. Dort, wo sich heute die Institute für Geologie und Paläontologie befinden.

Einige der schönsten Stücke aus dem Tafelwerk des Münchner Architekten und Malers Caspari sind in schlecht gesicherten Vitrinen ausgestellt und prompt gestohlen worden.

Caspari war wohl in Mitteleuropa der letzte naturwissenschaftliche Maler. Er hat Pflanzen, Käfer, aber eben auch Mineralien gemalt. 50 bis 60 exakt

aquarellierte Blätter zu einem Thema in einer Schachtel, das nannte man Tafelwerk.
1972, als die Gebäude hier in der Theresienstraße fertig waren, kam die Sammlung hierher. Der damalige Direktor Jagodzinski hat das Museum in seiner Grundausstattung konzipiert. Er hat auch den Namen ›Reich der Kristalle‹ erfunden, weil der offizielle ja doch ein bißchen langweilig klang. Es war die Zeit der beginnenden Esoterik und der Begriff ›Kristall‹ hat den Leuten etwas gesagt.
Das Kristall ist ein Stein, ›Stein‹ ist überhaupt der sprachliche Überbegriff, dazu gehören auch Ziegelsteine, aber der Kristall muß ein exaktes Kristallgitter haben, die Atome müssen genau angeordnet sein, was sich in den glatten Flächen äußert, die den Kristall begrenzen. Das macht alles die Natur. Man kann es aber auch selber machen. Mit einer einfachen Apparatur kann man Alaunkristalle wachsen lassen und dabei zuschauen.
Um Mineralien zu identifizieren und abzubilden, haben wir unten im Museum Röntgenräume und Fotolabors. Mineralien zu röntgen ist anders als einen Menschen zu röntgen: bei dem werden die relativ großen Organe durchleuchtet, während beim Mineral die Anordnung der Atome herausgefunden werden muß. Dazu sind komplizierte Apparate nötig.
Dieses System der Identifizierung von Mineralien durch Röntgenstrahlen ist übrigens in München entdeckt worden. Und zwar im Universitätshauptgebäude durch Max von Laue. Er hatte zwei Theorien: daß Röntgenstrahlen Wellen sind und Kristalle aus einem Atomgitter aufgebaut. Beides hat er mit seinem Experiment bewiesen.
Von unseren 25 000 Exponaten gibt es verschiedene Verzeichnisse. Fast jeder Konservator hat sein eigenes begonnen. Wir sind jetzt dabei, ein komplettes mit dem Computer herzustellen.
Jeweils eine Art von ›Persönlichkeitsbeschreibung‹: Größe, Gewicht, Art des Minerals und von welchen anderen Mineralien es begleitet ist.
Wie diese anderen Mineralien ausgebildet sind, ob's Kristalle sind, kleine, kurze, dicke, dünne. Am wichtigsten ist allerdings der Fundort. Die Identität der Mineralien läßt sich durch Röntgen immer wieder feststellen, aber nicht der Fundort. Einmal verloren, bekommt man ihn nie wieder. Am beliebtesten bei den Leuten ist der Bergkristall. Den kennt jeder, den schauen sich die Leute gerne an. Er ist einfach, nicht so teuer, er bildet schöne, klare Kristalle, hat glatte Flächen, über die man streichen kann, und ist relativ häufig.
Bergkristall ist durchsichtiger Quarz. Wenn er nicht durchsichtig ist, ist er kein Bergkristall. Wenn er zum Beispiel violett ist, kann er ein Amethyst sein, wenn er dunkelbraun bis schwarz ist, ein Rauchquarz.
Zu den Quarzen gehören auch die Achate, diese geschnittenen Platten mit den konzentrischen Kreisen, über die wir eine Sonderausstellung gemacht haben. Wie auch über Jade, über Gold, über Bernstein und Diamant.
Was den Leuten natürlich immer gut gefällt, sind die Edelsteine: Rubin, Smaragd, Saphir, Diamant.

Es gibt da ein paar, die besonders schön und interessant sind, daß man sie einfach besonders gerne haben muß. Zum Beispiel den einen Diamantkristall: er ist nicht nur besonders groß und wertvoll und in seinem Muttergestein, dem Kimberlit eingewachsen, er hat auch eine Geschichte: Als in Südafrika die ersten Diamanten gefunden wurden, ist auch ein Hiesiger hingereist und hat mitgebuddelt. Irgendwie ist er an das Prachtstück von Diamantkristall gekommen, hat ihn heimgebracht, dem bayerischen König verkauft und sich davon sein Mineralogiestudium finanziert.

Wie Diamanten eigentlich entstehen, weiß man heute noch nicht hundertprozentig.

Man weiß nur, daß sie bei außerordentlich hohem Druck und hohen Temperaturen entstehen und daß sie nur im Erdinnern wachsen können.

In Südafrika treten Gesteine, in denen Diamanten gefunden werden, immer in Form von Schloten auf. Das sind runde Röhren, die kilometerweit in die Tiefe reichen und mit Gestein gefüllt sind, in dem die Diamanten sitzen. Da könnte es sein, daß diese Schlote explosionsartig entstanden sind und mit ihnen, bei hohem Druck und hohen Temperaturen die Diamanten. Das ist eine Theorie. Es gibt aber mehrere davon.

Der Diamant ist eigentlich von der chemischen Zusammensetzung her etwas völlig Primitives. Nur Kohlenstoff.

Er ist außerordentlich hart, Sie können Glas damit schneiden, aber er ist auch sehr spröde und bricht leicht.

Zu unserem Gebäude: es gehört der Universität, nicht der TU, wie immer wieder behauptet wird, und beherbergt die geophysikalischen Wissenschaften. Es besteht aus drei Türmen mit jeweils einem Flachbau dazwischen. Im westlichen Turm befinden sich im 4. Stock das Institut für Geophysik, im 3. das Petrografische, im 2. das Institut für Kristallografie und Mineralogie, im 1. der große Hörsaal und die Ausstellungsräume des Museums: der Gang mit den Vitrinen und der große Schauraum.

Weil die Räume an der Universität nicht ausreichen, haben wir hier noch Pharmazeuten – da, wo es immer so stinkt – Physiker und Chemiker einquartiert.

Im Erdgeschoß befinden sich die Werkstätten der einzelnen Institute. Jedes Institut hat seine eigene Werkstatt mit den eigenen Handwerkern, Maschinen, Geräten. Die müssen dauernd betreut werden, da geht ständig was kaputt.

Ganz unten befindet sich auch das Magazin, unser Vorrats- und Lagerraum.

Was uns von der TU unterscheidet? Die TU ist eine Hochschule, die auf das Technische, im Augenblick Anwendbare ausgerichtet ist, wir mehr auf die Grundlagenforschung. Die TU arbeitet mit der Industrie zusammen, da werden Forschungsverträge gemacht und Grundlagen gesammelt, die wir zum Teil vorher erforscht haben.

In den 70er Jahren, als das Gebäude hier gebaut wurde, herrschte durchaus eine Euphorie, was Hochschulen betraf. Überall wurden neue Universitäten gebaut und neue Stellen geschaffen. Man sprach von einem Universitätscampus, der auf dem Platz der einstigen Türkenkaserne entstehen sollte. Erst durch einen Ministerratsbeschluß 1990 wurde entschieden, daß die

allerneueste Pinakothek herkommen sollte. Der Universität war inzwischen auch das Geld ausgegangen.
Die Gebäude hier sind außerordentlich billig gebaut worden: ein Betonskelett, in das die Außenwände nur so hereingehängt wurden, die hauptsächlich aus Holz und Karton und ganz wenig Isolierung bestehen. Die Säulen in den Räumen tragen praktisch das Gebäude. Es wurde sehr schlampig gebaut. Es gibt praktisch keine Fenster, durch die es nicht zieht. Wenn wir Westwind haben und Sie eine Kerze vor die Steckdose stellen, wird sie sofort ausgeblasen. Da kommt nämlich der Wind durch.
Ich glaube nicht, daß die Gebäude in nächster Zeit abgerissen werden können aus Geldmangel. Aber ich versuche, die südliche Frontseite, den Aufgang zum Museum etwas zu verschönern. Allerdings befinden wir uns voll in den Händen der Verwaltung, des Universitätsbauamtes. Die Fassade gehört nämlich denen.
Ich habe noch 23 Jahre im Haus. Mindestens. Ich habe die normale akademische Mittelstandslaufbahn gemacht, ich könnte mich theoretisch noch habilitieren, ich könnte auch weggehen, aber ich bleibe hier.
Denn hier habe ich die Aufgabe, etwas weiterzuführen, was vor mehr als 200 Jahren begonnen wurde.
Mittlerweile gibt es konkrete Planungen der Universität, die ganzen geowissenschaftlichen Institute nach Martinsried umzusiedeln.
Unser Gebäude soll angeblich abgerissen werden. Wo dann das Museum untergebracht werden soll, ist gänzlich ungeklärt.«

Josef Niebl
geb. 1923 · ehemaliger Leiter der Personalstelle Studentenwerk

Bettelbriefe

»Ich war 22, als ich aus der Gefangenschaft bei den Amerikanern entlassen wurde. Wir bekamen einen Entlassungsschein, mit dem wir vier Wochen unentgeltlich im Land herumfahren konnten. Ich bin in Bayern alle Flüchtlingslager abgefahren, um etwas von meinen Eltern zu erfahren, mit denen ich seit zwei Jahren keinen Kontakt mehr gehabt hatte. Ich habe sie schließlich gefunden.
In München suchte ich einen Kriegskameraden, den Dr. Franz Treppesch. Der hatte, nachdem der Professor Huber von der ›Weißen Rose‹ umgebracht worden war von den Nazis, sich um die Familie gekümmert. Die Klara Huber mit ihren Kindern stand ja ganz mittellos da, bekam von niemandem Unterstützung außer von den Freunden der Familie. Dr. Treppesch wurde aber denunziert, kam vor den Volksgerichtshof und dann ins KZ Dachau. Das war 1943. Mit der Begründung: wer einen Volksverräter unterstützt, ist selber einer.

Als er wieder frei war, bekam er von den Amerikanern den Auftrag, das Studentenwerk wiederaufzubauen. Die Universitäten sollten im Wintersemester 1945/46 wieder aufgemacht werden, und zum Studienbetrieb gehörte auch das Studentenwerk.

Die Amerikaner hatten alle Häuser des ehemaligen Reichsstudentenwerks beschlagnahmt, die nicht zerstört waren, und darin DP's, displaced persons, untergebracht. Und die waren, na ja, da waren auch manche Zwielichtige darunter. Im Haus in der Türkenstraße 58 waren Jugoslawen aus der Rüstungsindustrie, hieß es, die, als wir das Haus endlich beziehen und als Studentenheim einrichten durften, alles mitgenommen hatten, was nicht niet- und nagelfest war. Im Studentinnenheim in der Kaulbachstraße wurden im Keller schwarz Lebensmittelmarken gedruckt. Es ging noch alles drunter und drüber. Was zählte, war die Eigeninitiative.

Auf Umwegen erhielt ich einen Brief von Dr. Treppesch, ob ich nicht beim Aufbau des Studentenwerkes mitmachen wolle. Ich mit meiner kaufmännischen Ausbildung. Zwar hatte ich gerade eine Arbeit bei einem Bäcker in Augsburg gefunden, aber ich machte mich mit Rucksack und Holzschuhen auf nach München. Die Holzschuhe hatte ich von den Amerikanern in der Gefangenschaft bekommen, oben Leder, unten eine dicke Holzsohle.Ich trug sie, um meine Bergschuhe zu schonen. Ich war Gebirgsjäger gewesen, 7. Gebirgsdivision, und von daher hatte ich noch die Bergschuhe. Die habe ich aber geschont, die waren für sonntags.

Als ich am Bahnhof ankam, war alles zerbombt, nur Ruinen und Schutt. Die Theresienstraße rechts und links ein Trümmerhaufen. Die erste Nacht verbrachte ich im Obdachlosenasyl.

Das Wintersemester 1945/46 war ein kurzes: es ging nur von Dezember bis Februar. Die Studenten kamen in Uniformen in die Vorlesung, die Studentinnen trugen irgendwelche Kleider, Mode war kein Thema in der Zeit.

Ich trug meine Gebirgsjägeruniform: das Käppi mit dem Edelweiß, die Keilhose und den grünen Rock und arbeitete als Faktotum bei Dr. Treppesch.

Der hatte von den Amerikanern den Auftrag, keinen einzustellen, der irgendwie ›belastet‹ war. Es liefen ja gerade die Entnazifizierungsverfahren. Das hat aber auch bedeutet, daß gute Männer, die schon beim Studentenwerk angestellt waren, wieder entlassen werden mußten, wenn sich herausstellte, jemand war belastet.

Die Not war sehr groß und wir fingen ganz von vorne an. Ähnlich wie nach dem Ersten Weltkrieg, als der Vorläufer des Studentenwerks von Fritz Beck gegründet worden war. Das war zunächst eine Selbsthilfeorganisation, aus der später ein eingetragener Verein wurde. Fritz Beck hatte viele Freunde und Gönner. Darunter auch den SA-Röhm, der ihn darin unterstützte, daß der Verein nicht verstaatlicht wurde. Aber dann wurde 1934 die SA-Führung liquidiert und Fritz Beck gleich mit. Heute trägt unser ehemaliges Verwaltungsgebäude in der Veterinärstraße seinen Namen.

1920 hatte Fritz Beck das Haus in der Türkenstraße 58 erworben, das wir 1946 von den Amerikanern wieder zurück bekamen und in das als erste mein Schwager und ich einzogen. Ich habe, zuerst allein, dann mit Frau und Tochter bis 1953 dort gewohnt, im Hinterhaus, in einem Zimmer mit Küche, an die 30 qm. Wenn ich heute in den Hinterhof gehe, packt mich noch immer die Erinnerung an die Zeit.

Meine erste Bleibe in München war in der Poschingerstraße 5, wo im Keller die erste Mensaküche eröffnet wurde. Der erste Koch organisierte gleich am Anfang in einer Nacht-und-Nebel-Aktion aus dem Keller des zerbombten Studentenhauses in der Luisenstraße, das eine Mensa hatte, Lebensmittel. Er buddelte sie unter dem Schutt hervor.

Damit konnte er dann wochenlang die Studenten in der Poschingerstraße bekochen. Wenn er erwischt worden wäre, wäre er dran gewesen. Transportiert wurde alles in Dr. Treppeschs Opel-Kastenwagen.

Man mußte improvisieren damals, eine Art Allroundmensch sein. Zum Essen gab es meist Eintopf aus Konserven, der Koch konnte aus allem etwas machen und die Studenten waren froh, etwas Warmes in den Magen zu kriegen.

Da gab es Schwerverletzte, welche auf Krücken oder mit verbrannten Gesichtern, die auch noch Kinder zu versorgen hatten. Für die bildeten sich private Initiativen, die gute Käthe Loll zum Beispiel, die zu den Geschäften in der Türkenstraße ging und sagte: ›Ich brauch' für meine Studenten heut mittag was zu essen!‹ Und sie hat es bekommen. So hat sie ›ihre‹ Studenten tagtäglich betreut.

Im Winter 46/47 waren wir von der Poschinger- in die Türkenstraße umgezogen. Das Hinterhaus war zerstört, das Vorderhaus stand noch. Aber die Gänge waren verdreckt, im ersten Stock lag ein Haufen Kohlen. Man hatte sie sich nicht mehr in den Keller liefern lassen, sondern direkt vor den Herd. Wir haben jedenfalls die Räume gerichtet und das Haus wieder in Takt gebracht.

Dann kam die Sache mit den Bettelbriefen. Tausende haben wir geschrieben, tausende. Jeder, der schreiben konnte, mußte ran. Fotokopien gab es noch nicht und Kohlepapier war extrem schwierig zu beschaffen. Da hieß es dann ungefähr: München liegt in Schutt und Asche, aber schon regen sich fleißige Hände zum Aufbau. Der Studienbetrieb ist wieder aufgenommen und wir vom Studentenwerk können alles gebrauchen.

Da kamen dann Sachspenden: von Sixt am Schliersee Cremes und Zahnpasta, von der Pasinger Papierfabrik Papier, von den Quäkern in Amerika Kleiderspenden. Und in Lebensmittelpaketen Sojamehl.

Im Haus in der Türkenstraße befanden sich eine Flick- und Nähstube und eine Schreinerei. Die Studentinnen flickten und kochten, die Studenten schreinerten. Beide hatten vor dem Beginn des Studiums einen Pflichtdienst zu absolvieren zum Wohl der Allgemeinheit. Das hatte der Oberbürgermeister Wimmer in seinem Aufruf gefordert.

Damals war die Fragestellung nur: Was mußte getan werden und wer tut es? Heute denkt jeder: Was springt dabei heraus? Das ist der gravierende Unterschied zwischen damals und heute.

1948 kam die Währungsreform und es wurde langsam besser: die Firmen hatten wieder Sachen auf Lager und die Spenden flossen. Die Amerikaner hatten die Schulspeisung eingeführt, zuerst an den Volksschulen, dann auch an den Hochschulen. Die Studenten zahlten einen Beitrag ans Studentenwerk.
Die Mensa war inzwischen in das frühere Haus des deutschen Rechts eingezogen, in die jetzige juristische Fakultät. Da war im Keller die erste richtige Mensa und die Lagerräume. Später gab es oben den ›Blauen Saal‹, der war mit Bedienung. Für Studenten, denen es besser ging.
In der Türkenstraße haben wir einen Film gedreht, eine Art Werbefilm über das Studentenwerk, in dem die Bockerlbahn vorkam. Ich erinnere mich noch so genau, weil ich das Mikrophon halten mußte, wenn wir nachts gedreht haben. Die Beleuchtung, wenn ich mich richtig erinnere, kam von ARRI.
Aber dann ging die technische Entwicklung so rasant vorwärts, daß wir zwar das Filmmaterial noch hatten, aber keine Projektionsgeräte mehr. Den Film müßte es irgendwo noch geben. Ungefähr eine halbe Stunde lang in schwarz-weiß.
In der Türkenstraße habe ich im Sekretariat gearbeitet, praktisch mit dem Geschäftsführer. Ich war zuständig für Förderung, zum Beispiel Freitische, wo Studenten umsonst essen konnten. Weil es bis 1957 keine staatliche Förderung gab, kein Bafög, kein Geld. Ich habe in der Mensa für Bedürftige Freitische ausgegeben und wir haben bei Firmen gebettelt, daß sie ein paar Studenten in ihren Kantinen mitessen lassen. Das hat auch geklappt, bei der Bayerischen Vereinsbank, der Landeszentralbank, bei der Allianz.
Auch die Geschäfte in der Türkenstraße haben uns immer wieder ausgeholfen: der Suckfüll mit Nägeln, der Gehring mit Holz. Man hat sich gekannt und geholfen. So war das.
Es gab keine Spannungen zwischen Bürgern und Studenten. Das passierte erst nach 1968.
Vorher hatten die Bürger ja gesehen: die Studenten arbeiten, sind fleißig. Der Willi Stößl hatte den Studentenschnelldienst aufgebaut, die Arbeitsvermittlung des Studentenwerks, die unabhängig vom Arbeitsamt war.
Der Stößl hat mächtig bei den Firmen geworben, daß sie Arbeitsplätze anbieten sollten für Studenten. Das Studentenwerk war bekannt damals, es hatte irgendwie einen Bonus. Durch den Schnelldienst hatten die Studenten auch mehr Kontakt zur Bevölkerung. Da gab es Studentenmutterl, die generationenlang Studenten in ihrer Wohnung hatte, sie bemutterten und sich selber einschränkten. Das waren dann ›ihre‹ Studenten und gegen die war nichts einzuwenden. Sie hatten ein anderes Image.
Die beliebtesten Arbeiten beim Schnelldienst waren: Teppiche klopfen, Besorgungen oder Botengänge machen. Das Bonbon war: Hunde ausführen oder, im Dezember, Nikolaus spielen.
Da fällt mir eine Geschichte ein: ein Literaturstudent hatte den Auftrag bekommen, wertvolle Teppiche abzureiben. Und zwar mit Sauerkraut, das in einer Schüssel gebracht wurde. Er hat aber lieber das Sauerkraut selber ge-

gessen, weil er Hunger hatte. Als das die Leute erfahren haben, haben sie gesagt: ›Mei, das kann man ihm nicht verdenken, wenn er eben so hungrig ist!‹ Es war auch unsere Initiative, die Wirtschaften in der Nähe der Hochschulen darauf hinzuweisen, daß es gut wäre, wenn sie jeden Tag ein billiges Studentenessen auf der Speisekarte hätten. Dann gab es noch das eine Lokal an der Leopoldstraße, wo es das Brot umsonst gab: den Hahnhof. Da sind die Studenten gern hingegangen.

Unser Schwerpunkt in München war immer Unterkunft und Verpflegung. In den ersten Jahren gab es sogar ein Akademisches Wohnungsamt. Das konnte, wie das Wohnungsamt, auch regelrecht Zimmer beschlagnahmen. Es wurde aber aufgelöst und der Studentenschnelldienst wurde vom Arbeitsamt übernommen.

1967 sind wir in die Leopoldstraße umgezogen: Verwaltung und Geschäftsführung des Studentenwerks und die Mensa.

Das war die Zeit, wo sich das Verhältnis Bürger-Studenten bereits verschlechtert hatte. Wo es Spannungen gab. Wo die Hörsäle besetzt worden sind und die Professoren beschimpft. Das war für mich schon bedrückend.

Dann trugen sie noch lange Haare und der Bürger hat das erst nach und nach akzeptiert.

Die, die damals revoltiert haben, waren ja nur eine Minderheit, aber sie haben das Klima bestimmt.

Wenn ich denke, wieviele Werkstudenten wir damals hatten: im Wohnungsdienst, in der Bibliothek, im Sekretariat, in der Küche und der Mensa und dann für Botengänge. Das waren die anderen und die waren eigentlich recht brav.

Ich bin mit meiner Familie 1953 aus der Türkenstraße weggezogen. Bis 1986 war ich beim Studentenwerk beschäftigt.

Wir sind eine Generation, die gelernt hat zu sparen. Jahrelang haben wir uns keinen Urlaub gegönnt, in den ersten acht Jahren wohnten wir in einem geborgten Schlafzimmer, in einem Schlafzimmer, das wir vom Studentenwerk geborgt hatten, dann erst schafften wir uns eine eigene Küche an. Nie haben wir etwas gekauft, wenn wir das Geld nicht hatten. Das ist eine Mentalität und die bleibt einem.«

Helmut Gierke
geb. 1942 · Studentenwerk · Abteilungsleiter Studentisches Wohnen und Öffentlichkeitsarbeit

Vorreiter – Nachreiter

»Das Hauptproblem der Studenten in München ist, das Wohnen zu finanzieren. Erst das nächste Problem sind die überfüllten Vorlesungen. Das ist seit Jahren so, da hat sich bisher nichts geändert. Wenn die Studentenzahlen fielen, sind einfach mehr Studenten wegen der Arbeitsmarktsituation länger an der Uni geblieben. Wenn wir mehr Wohnraum geschaffen hatten, waren auch die Studentenzahlen gestiegen. Seit zwanzig Jahren sind wir praktisch am Hinterherbauen.
In München war der Wohnraum immer knapp und teuer. Um das Geld herzukriegen, mußten Studenten immer jobben. In München jobben inzwischen 62 Prozent der Studenten auch während des Semesters. Das ist natürlich viel. Früher war München ja ein El Dorado, da konnte man so ziemlich jeden Job kriegen.
Wir haben ein Haus in der Türkenstraße, das schon vom Vorläufer des Studentenwerks erworben worden war. Im Krieg wurde es völlig zerstört, wieder aufgebaut und Anfang der 80er saniert. Die Fassade war denkmalgeschützt und die einzige Auflage, die wir hatten, war die Fassade in ihrer ursprünglichen Form wieder herzustellen. Da gibt es zwei Möglichkeiten: entweder man läßt die Fassade stehen und arbeitet dahinter mit dem Kran oder man reißt alles ab und baut die Fassade nach. Das haben wir gemacht. Diese Wohnanlage ist bei den Studenten sehr beliebt, weil sie so uninah ist und weil Amalien- und Türkenstraße noch etwas von ihrer ursprünglichen Ausstrahlung bewahrt haben. Dort wohnen etwa hundert Studenten und

Studentinnen in verschiedenen Wohnformen: Einzelappartments, Zimmer innerhalb eines Appartments mit gemeinsamen Küchen und Duschen. Die Trennung nach Männlein und Weiblein gehört seit 25 Jahren der Vergangenheit an. Früher war es ja so, daß den Untermietern, Studenten oder anderen jungen Leuten, andersgeschlechtlicher Besuch auf dem Zimmer untersagt war. Da gab es ja noch den Kuppeleiparagraphen.
Oder wenn Besuch doch erlaubt wurde, dann mußte die Tür offen bleiben. Dagegen hat dann einer geklagt, ist durch alle Instanzen gegangen und hat gesiegt. Damit fiel dann auch für uns die Trennung in Stockwerke oder Häuser entweder für Studenten oder für Studentinnen weg. Wobei vom Baulichen her die alten Wohnanlagen ganz klar auf Geschlechtertrennung ausgelegt waren. Aber inzwischen hatte sich auch das Verhältnis der Geschlechter zueinander verändert.
Man ist nicht mehr so pingelig, was zum Beispiel gemeinsame Duschen angeht: da werden Trennwände oder Vorhänge hingemacht und die Sache hat sich. Das geht im großen und ganzen gut und ohne Probleme.
Man sagt nicht: da müssen wieder ein paar Frauen und da ein paar Männer rein, nein, das ergibt sich so. Wir steuern da überhaupt nicht.
Das Studentenwerk ist eine Anstalt des öffentlichen Rechts, das sich um die Studenten außerhalb der Hochschule kümmert. Die Hochschulen selber kümmern sich um Studium, Forschung, Lehre, Prüfungen und so Dinge, wir sind für das tägliche Leben zuständig: Ernährung, Finanzierung, Gesundheit, Wohnen. Ein Studentenwerk ist immer für eine Hochschulstadt oder sogar für eine Hochschulregion da. Wir, das Studentenwerk München, betreuen nicht nur die Studenten der Universität, sondern auch die der Technischen Universität, der Fachhochschulen, der Akademie der Bildenden Künste, und das nicht nur im Stadtbereich München, sondern auch in Weihenstephan, Garching und Rosenheim.
In München gibt es über 100 000 Studenten, wir haben 6 000 eigene Wohnplätze zu bieten und 2 400 von anderen Trägern, also 8 400 im ganzen. Das ist nicht üppig.
Deshalb haben wir auch Wartelisten. Wenn jemand in München studieren will und sucht ein Zimmer, schaut er in der Broschüre ›Studieren in München‹ nach, sieht, welche Verwaltungsstelle für welche Wohnanlage zuständig ist, und bewirbt sich dort. Er muß allerdings zwei Kriterien erfüllen: er muß immatrikuliert sein und Nicht-Münchner. Bei den wenigen Plätzen müssen wir einfach einige ausschließen. Wer sich beworben hat, muß warten, bis er drankommt. Bis er den Brief bekommt, daß er einziehen kann. Dann machen wir mit ihm einen befristeten Mietvertrag über 6 bis 8 Semester, das heißt, daß er nach 3 bis 4 Jahren ausziehen muß. Ist es gerade in der Zeit besonders schwierig für ihn, weil er mitten im Examen steckt, dann ist noch eine Verlängerung um ein Semester möglich. Aber dann läuft nichts mehr.
Wir tun das nicht, um die Studenten zu ärgern, sondern um möglichst viel Studierende in den Genuß steuerlich subventionierter, preisgünstiger Wohnplätze kommen zu lassen.

Wir haben Studentenbibliotheken mit Büchern, die speziell auf die Bedürfnisse der Studenten abgestimmt sind. Eine im rosa Institutsgebäude an der U-Bahnhaltestelle Giselastraße, die andere in der TU-Mensa. Sie hat die Größenordnung einer kleinen Universitätsbibliothek mit 180 000 Bänden und an die 600 000 Entleihungen im Jahr. Ich glaube, dreißig Prozent der Studenten sind dort aktive Leser.

Wir haben eine Rechtsberatungsstelle und eine für psychosoziale Probleme. Wir haben Betreuungseinrichtungen für Studierende mit Kind bis zu drei Jahren.

Das Studentenwerk finanziert sich zu 50 Prozent aus dem, was es einnimmt: Mieten, Mensa-Essen. Es bekommt von jedem Studenten pro Semester 35 Mark, das macht 10 Prozent unserer Einnahmen aus. Dann kriegen wir Staatszuschüsse. Im Mensabereich eine Defizitfinanzierung: wenn es 13 Millionen kostet und wir erwirtschaften 10 Millionen, bekommen wir die fehlenden 3 Millionen als Zuschuß. Im Baubereich ist das Verhältnis: ein Drittel – zwei Drittel. Das heißt: der bayerische Staat zahlt zwei Drittel für den Neubau mit zins- und tilgungsfreien Darlehen und wir müssen ein Drittel dazutun.

Wenn die Wohnanlage steht und in Betrieb ist, gibt es nichts mehr. Sie muß dann kostendeckend wirtschaften. Unsere Studierenden sind über die ganze Stadt verteilt; der Schwerpunkt liegt in Freimann, wo es in der Studentenstadt 2 500 Plätze gibt, das ist fast die Hälfte unseres Wohnbestandes. Dann kommen die 1 800 Plätze am Oberwiesenfeld dazu, im ganzen 4 300. Also zwei Drittel unserer Wohnplätze befinden sich nicht in Schwabing oder der Maxvorstadt. Dieses Gefühl, das einem hier manchmal entgegenkommt: wir werden von den Studenten erschlagen! ist doch grundverkehrt. Diesen Eindruck vermittelt vielleicht das Straßenbild tagsüber: da gehen die Studenten durch, da essen sie vielleicht auch, aber die wenigsten wohnen hier. Eine interessante Tendenz ist auch, daß wieder mehr Studierende bei ihren Eltern wohnen, 30 Prozent sind das, vermutlich aus Kostengründen. Auch der Vermittlungsstelle werden wieder mehr Zimmer angeboten. Wahrscheinlich sagen sich die Vermieter aufgrund der konjunkturellen Ereignisse: die 300, 400 Mark nehm' ich doch lieber mit!

Es ist ein Irrtum zu meinen, die Autos der Studenten würden die wenigen Parkplätze der Maxvorstadt wegnehmen. Da gibt es Erhebungen: ganz wenige nehmen das Auto auf dem Weg zur Hochschule, die ja hervorragend mit öffentlichen Verkehrsmitteln zu erreichen ist. Und wenn Semesterferien sind, dann ist das ja meist auch ganz normale Urlaubszeit, kein Wunder, wenn es dann wieder mehr Parkplätze gibt.

Ich habe immer wieder das Gefühl, man schiebt den Studenten gern etwas in die Schuhe. Dabei sind sie nichts anderes als der Spiegel der Gesellschaft: da gibt es Brave und Ferkel, Egoisten und Engagierte, Sympathische und Ganoven. Querbeet wie im wirklichen Leben.

Nur sind sie in einer besonderen Phase ihres Lebens, gehören zu einer besonderen Kaste, die mit dem normalen Bürger nicht zu vergleichen ist. Sie organisieren sich selber, in all' unseren Wohnungen gibt es Selbstverwaltung. Da werden Haussprecher gewählt, die besondere Funktionen haben. Da wird die Nutzung der Gemeinschaftsräume geplant, politische, allgemeinbildende Veranstaltungen organisiert und alles unter etwa gleichaltrigen Studierenden.

Normalerweise wohnt die Bevölkerung ja durcheinander, Handwerker neben Professor, aber bei uns wohnt eben Student neben Student. Das ergibt einen gewissen Abschließungseffekt nach außen. Wenn Studenten die Nachbarn zu ihrem Sommerfest einladen, trauen sich nur wenige. Weil sie sich ja auch in einer ganz anderen Lebenssituation befinden.

Wir vom Studentenwerk sind für die Studierenden Repräsentanten einer Einrichtung, die für sie ein bißchen Appendix der Hochschule, ein bißchen Kultusministerium, öffentlicher Dienst, Beamte, Angestellte darstellt, also eher ein Gegner. Sie wollen in der Zeit bei uns die größtmögliche Freiheit und wir müssen schauen, daß wir auch nach ihnen die Wohnanlage noch vermieten können. Das sind Interessenkollisionen. Da gibt es immer wieder Diskussionen.

Also wir haben da weniger eine Beichtvaterfunktion, so von wegen ausweinen und so, eher die eines Vermittlers. Auch keinesweg die eines Übervaters.

Wenn es zu Gewalt kommt, und Gewalt wird unter gar keinen Umständen toleriert, wenn einer mit dem Messer auf den anderen zugeht, weil er meint, seine Ehre sei besudelt, dann versuchen wir ihm klarzumachen, daß bei uns die Ehre vom Gericht verteidigt wird. In derartigen Fällen greifen wir schlichtend ein, um das Gemeinschaftsleben wieder ins Lot zu bringen. Die Gesellschaft, die Öffentlichkeit nimmt ja erst von einem Problem Notiz, wenn die Studenten auf die Straße gehen. Das ist eigentlich katastrophal für eine Demokratie. Wie oft haben wir darauf hingewiesen, daß die Studenten mehr Wohnraum brauchen. Aber erst, wenn sie Zelte aufstellen oder in Eisenbahnwaggons kampieren, wird das von den Medien aufgenommen.

Wir haben immer wieder Notunterkünfte angeboten: in einem Gemeinschaftsraum in Freimann, in einer Art Boxen, die nach oben offen waren, in einem früheren Verwaltungsgebäude des alten Flughafens in Riem oder draußen im Perlacher Forst. Zugegeben, weit draußen und in Zimmern mit knapp 9 qm. Ein paar sind auch gekommen, aber die meisten haben die Angebote abgelehnt, ein Zeichen, daß sie etwas Besseres gefunden hatten. Gottlob haben sie Phantasie und Flexibilität genug, irgendwo doch noch unterzukommen.

Eine unrühmliche Rolle spielt da auch die Stadt München. Seit 1947, seitdem das Studentenwerk wieder existiert, hat sie noch kein einziges Grundstück für Wohnheimbau zu Verfügung gestellt. Sie steht auf dem Standpunkt: Kulturhoheit ist Ländersache, da soll gefälligst der Freistaat ran. Dabei sind die Studenten durchaus ein Wirtschaftsfaktor. Jeder Student verfügt über ungefähr tausend Mark im Monat, entweder von den Eltern oder durch Jobben oder durch Bafög, das Bundesausbildungsförderungsgesetz, das sie über uns erhalten. Jeder Student ist während seines Studiums hier Münchner Bürger. Und es kann doch nicht angehen, daß sich die Stadt gern einerseits mit Hochschulveranstaltungen schmückt, mit High-Tech-Kongressen und bekannten Wissenschaftlern und andererseits die Hände in den Schoß legt, wenn es um Studenten, also die künftigen Wissenschaftler und Manager geht.

Natürlich hat München genügend andere Probleme, auch Wohnungsprobleme, trotzdem ist die Grundfrage: Welchen Stellenwert mißt die Stadt ihrer Hochschule bei? Und da schneidet München nicht so gut ab. In anderen Städten ist das anders: in Rosenheim, Regensburg, Bayreuth oder in Baden-Württemberg, in Heidelberg, da ist die Stadt viel kooperativer. In München werden viele Probleme der Hochschule einfach als Belastung empfunden. Da sind sich übrigens alle Parteien einig.

Der Grund ist der, daß man sich in den letzten Jahren auf falsche Prognosen von Studentenzahlen verlassen hat. Die Kultusministerkonferenz machte diese Schätzungen, nach denen es Mitte der 90er Jahre eigentlich so gut wie gar keine Studenten hier mehr haben dürfte. Man hat sich in die Ecke gesetzt und gesagt, jetzt warten wir's doch einfach ab! Das löst sich schon von selber!

Es mag sein, daß es sich an verschiedenen Hochschulen von selber gelöst hat, aber von München war das nicht zu erwarten.

München hat einen hohen Stellenwert bei den Studenten: von Forschung und Lehre her, es hat die größte Universität, die größte Fachhochschule und die wichtigste Technische Universität in Bayern. Und erst der Freizeitwert! Deshalb haben die Studentenzahlen nicht abgenommen, sondern sind gestiegen. So exorbitant, daß wir gar nicht hinterherbauen können. Wir haben 1991 vom Bundesvermögensamt 400 Plätze in Dachzimmern anmieten können, in denen früher die Nurses der amerikanischen Familien wohnten, 1993 werden wir weitere 400 Wohnplätze in München fertigbekommen. In der Frauenklinik in der Goethestraße haben wir für neun Monate provisorisch Patientenzimmer in Studentenzimmer umfunktioniert, weil saniert werden sollte.

So etwas machen wir permanent: wenn ein Minimum an Bausubstanz vorhanden ist und die Mietforderung stimmt, dann übernehmen wir es für eine gewisse Zeit und garantieren dem Eigentümer, daß nach Ablauf der Zeit die Studierenden ausgezogen sein werden. Da gibt es in Einzelfällen zwar auch manchmal Schwierigkeiten, aber im großen und ganzen klappt es. Wenn Wohnungen oder Häuser eine bestimmte Zeit vor der Sanierung oder dem Abbruch leerstehen, dann springen wir in die Bresche.

Ich würde sagen, was die Wohnraumsituation für die Münchner Studenten angeht, so haben wir die Talsohle durchschritten. Von jetzt an kann es eigentlich nur aufwärts gehen.

In die Schlagzeilen geraten wir immer dann, wenn sich einer der Studenten das Leben nimmt. Dann wird diskutiert über Gettosituation und Isolierung und inwieweit Wohnformen krank machen können. Da hat es Forschungen an der Universität gegeben, die zu dem Ergebnis gekommen sind, daß die Wohnform keine Auswirkungen auf das Suizidverhalten hat.

Anfang der 70er Jahre war es zum Beispiel ›in‹, in Freimann oder am Oberwiesenfeld von einem Hochhaus zu springen. Da sind Leute hingefahren, die gar nicht dort wohnten, und sind hinuntergesprungen. Später warf man sich vor die U-Bahn. Das kennt man ja vom ›Werther‹: wie in einer bestimmten Zeit für Leute mit Liebeskummer eine Selbstmordart zur nachahmenswertesten wird. Das geht so in Wellen und ist heute lange nicht mehr so häufig wie damals. Gott sei Dank!
Mit der Zeit sind die Studenten entschieden umgänglicher geworden, nicht mehr so aggressiv gegen das Establishment wie die 68er. Das Antiautoritäre ist ›out‹ und die Linke hat an den Hochschulen nichts mehr zu sagen. Die Studenten studieren zielstrebiger, als man es vielleicht 1968 gemacht hat, als die Möglichkeiten, ins Berufsleben einzusteigen, unendlich schienen. Heute muß man schon gute Karten haben, um in dem Jobspiel mitspielen zu können. Die Studenten sind heute Teil dieser Ellbogengesellschaft. Andererseits unendlich brav und konsumfixiert. Kurzgeschnittene Haare, Krawatte, sehr ordentlich oder sehr lässig angezogen.
1968 war den Studenten das Äußere entschieden weniger wichtig: sie wollten eine Tür aufstoßen, die Gesellschaft verändern. Es war eine Zeit des Umbruchs und die Studenten waren die Vorreiter. Jetzt befinden wir uns in einer Zeit der Restauration, was Kleidung, Denken und Politik angeht und da würde ich sagen, sind die Studenten eher Nachreiter.«

Ingrid Kannreuther
geb. 1939 · Grundschullehrerin an der Türkenschule

Keine Reparaturwerkstatt der Nation

»Seit zwanzig Jahren unterrichte ich an der Türkenschule. Von 1970 an, unterbrochen durch drei Jahre Mutterschaftsurlaub von 1973 bis 1976. Anschließend bin ich mit meinem Sohn gemeinsam zur Schule gegangen: er in den Kindergarten im Parterre, ich in den ersten Stock zu einer ersten Klasse mit 39 Kindern.
Als ich anfing, 1970, war 50 die Grenze der Schülerzahl für eine Klasse: darüber durfte geteilt werden. Heute wird schon ab 34 geteilt. Ein Jahr hatte ich einmal 57 Kinder in einer Klasse, Buben und Mädchen.
Die Türkenstraße war immer eine Simultanschule: Buben und Mädchen, evangelische und katholische wurden gemeinsam unterrichtet. Früher gab es noch jüdische Kinder, heute haben wir islamische. Die bekommen ihren Religionsunterricht am nachmittag: drei Stunden mit ihrem Hodscha.
1970 lag der Anteil der ausländischen Kinder bei 25 Prozent, heute ist er rückläufig. Früher gab es überhaupt mehr und größere Klassen. Heute sind

wir über 300 Schüler und 13 Klassen mit im Schnitt 25, 26 Schülern. Wir sind eine Grundschule, haben also nur erste bis vierte Klasse, davon drei Parallelklassen in der ersten, vier in der zweiten, drei in der dritten und ebenso drei in der vierten.
Ich habe zehn Jahre den dritte-vierte-Klasse-Turnus gehabt, jetzt seit sechs Jahren den eins-zwei-Turnus. Ich bin halt runter zu den Wutzerln und habe es nicht bereut. Was die Kleinen tolpatschiger sind, sind die Buben ab der vierten schon frecher. Lausbuben von Gottes Gnaden. Sie probieren's halt. Man darf es ihnen nicht durchgehen lassen. Dann sehen sie's schon ein.
Ich bin gegen getrennte Schulen, Buben-Mädchen, auch wenn es in letzter Zeit immer wieder gefordert wird. Früher hatten die Kinder ja mehr Geschwister, an denen sie sich die Hörner abstoßen konnten. Aber jetzt, bei den vielen Einzelkindern, ist es schon nötig, daß sich Buben und Mädchen früh kennenlernen. Daß sie merken: die sind ja gar nicht so blöd! oder: das können die echt besser! Daß es ihnen aufgeht, daß sie aufeinander angewiesen sind.
Es gibt auch Buben, die toll schreiben, aber meist sind es die Mädchen, die eine schönere Schrift haben, ein sorgfältigeres Schriftbild. Das audiovisuelle Gedächtnis ist ja bei Kindern bis zum 10. Lebensjahr am entwickeltsten, was wichtig ist für die Rechtschreibung. Wenn ein Kind wutzelig schreibt, dann geht der Eindruck des Wortbildes verloren. Dann erkennt es seine Fehler nicht, auch wenn er das richtig geschriebene Wort daneben liegen hat. Deshalb ist eine saubere Schrift so wichtig.
Die Buben werden im Lauf der Jahre, wohl auch bedingt durchs Fernsehen, zunehmend aggressiver. Ab 12 geht's dann richtig los. Die Mädchen haben eher Angst und fangen an zu heulen.
In der Pause zu raufen ist normal. Aber wenn ich hingehe, frage ich erst: ›Ist das jetzt Spaß oder Ernst?‹ Wenn sie sagen: ›Ist doch bloß Spaß!‹ und lachen, dann sage ich: ›Sollte aber nicht so brutal ausschauen! Ein bißchen sachter, bitte!‹ Ich hab mir also angewöhnt zu fragen, bevor ich sie zusammenschimpfe. Wenn's ernst ist, dann antworten sie nämlich gar nicht und raufen weiter. Dann muß ich einschreiten, beide am Schlafittchen packen und fragen: ›Wer hat angefangen?‹ und schauen, daß ich es kläre. Es gibt immer mal ein paar Beulen, mein Gott, ich kann sie ja nicht anschnallen! Wir haben also 13 Klassen und 13 Klaßlehrer. Fachlehrer nur für Textilarbeit/Werken und Religion.
Außer dem Katecheten der katholischen Kirche sind wir ein Weiberhaufen. Auch die Pfarrerin von der Markuskirche gehört dazu. Es herrscht bei uns ein Super-Betriebsklima, eine enorme Hilfsbereitschaft und größtmögliche Zusammenarbeit. Wenn Aushilfskräfte da waren, waren die immer erstaunt darüber und wären am liebsten geblieben. Der Geist der Schule scheint einfach ein guter und positiver zu sein.
Woran das liegt? Weil keine der Lehrerinnen an der Türkenschule Karriereabsichten hat, weil jede ihre Familie hat und froh ist, wenn Dienst Dienst bleibt. Wir wollen unsere Schüler bestmöglich fördern, aber dabei die eigenen Kinder nicht vernachlässigen.

Wir übernehmen schon einmal die Aufsicht über die Klasse einer Kollegin, wir legen uns ausgearbeitete Arbeitsblätter ins Fach, weil so eine Matheprobe auszuarbeiten, kostet schon eine Stunde Arbeitszeit. Wir arbeiten zur Beruhigung der Eltern in den Parallelklassen ziemlich parallel, das heißt, es gibt vielleicht einmal Verschiebungen von drei bis vier Tagen oder höchstens einer Woche, aber das ist auch alles. Das ist an den meisten anderen Schulen nicht so.
Wenn eine von uns Geburtstag hat, wird im Lehrerzimmer gefeiert: mit ein bis zwei Flaschen Sekt, Orangensaft, Kuchen oder kalter Platte, das hat sich jetzt seit ein paar Jahren eingebürgert.
Freundschaften unter Lehrern im Schulhaus gibt es schon, aber eigentlich nicht darüber hinaus. Höchstens einmal nach einem Elternabend, wenn man noch gemeinsam ins Café geht.
Wir Lehrerinnen sind darauf bedacht, flexibel und selbständig zu sein. Jeder neue Rektor wird daraufhin abgetastet, ob er vielleicht vorhat, uns zu gängeln. Weil, bei uns läuft's auch ohne Rektor.
Fünfmal, seitdem ich an der Schule bin, gab es Rektorenwechsel, Frau Urban ist die sechste. Es gab auch rektorenlose Zeiten, in denen immer wieder Frau Weiß die Vertretung übernahm. Als ich kam, war Rektor Weigand gerade in Pension gegangen, nach ihm kam Gerson Peck, der allerdings die Hälfte der Zeit im Rathaus verbrachte, er war Stadtrat nebenher. Unter Rektor Schamper wurde die Schule entrümpelt und modernisiert: Lautsprecheranlagen und Telefone wurden eingebaut. Früher sind ja für Mitteilungen des Rektorats an die Lehrer Kinder geschickt worden. Meist zwei, die sich dann Zeit gelassen haben.
Rektor Grosser war ein Tenniscrack. Er hat in der Oberliga Tennis gespielt und ist täglich um 13 Uhr aus der Schule gespurtet, um seinen Zug nach Mühldorf zu kriegen, wo er Tennis trainierte. Weil in München Tennisplätze ja unbezahlbar sind.
Man kann sagen: der Rektorenposten in der Türkenschule war immer ein Sprungbrett zu Höherem für die jeweiligen Herren. A propos, haben Sie schon einmal einen Kindergärtner gesehen? Auch in den unteren Klassen bei uns findet sich kein Lehrer. Die können einfach mit der ›kleinen Ware‹ nicht so viel anfangen. Erst wenn sie Sport mit ihnen treiben können, so ab zehn, da sind sie dann Kumpel und Partner.
Es würde auch nicht schaden, wenn ab der vierten Klasse hie und da ein Lehrer unterrichten würde. Es täte den Knäblein wirklich ganz gut, wenn sie einmal von einem Mannsbild in die Schranken gewiesen werden würden. Weil sie sonst den Frauen oder Müttern auf der Nase herumtanzen. Die Mutter, oft alleinerziehend, wickeln sie um den Finger, und der Hausfreund oder Onkel traut sich nicht, ihnen einmal richtig die Leviten zu lesen.
Aber nein, erst ab der fünften Klasse treten die Lehrer auf den Plan.
Die Zeit der Körperstrafen ist absolut vorbei. In den ersten beiden Klassen sind die Kinder noch total begeistert, wenn sie gelobt werden. Ich habe da so ein Sterne-System erfunden: einen vierzackigen Stern für den Besten,

einen sechsstrahligen bei zwei, drei Fehlern; ein Sechsstrahliger mit Kreis bedeutet: A bißl besser hätt's schon sein können! Die ganz schlampigen Arbeiten kriegen einen Sechsstrahligen mit Knödel in der Mitte.
Noten gibt es erst am Ende der zweiten Klasse, vorher gibt es nur eine Seite Beurteilung: durch die Blume wird da die Wahrheit mitgeteilt. Ein Punktesystem wie auf dem Gymnasium gibt's bei uns nicht. Wir dürfen keine Zwischennoten geben. Belohnt wird auch mit einem Besuch im Theater oder mit Gummibärchen. Wenn ein Kind Geburtstag hat, darf es den Mitschülern etwas mitbringen, kleine Sachen, und bekommt dafür, zehn Minuten vor der Pause, ein Geburtstagsständchen.
Es gibt Eltern, bei denen das Geld locker sitzt. Aber die Kinder können ganz gut unterscheiden, ob das jetzt ein Angeber ist oder nicht. Viel Taschengeld schafft nicht automatisch Anerkennung.
An Strafen gibt es, wenn auch selten, daß eben einer zehnmal schreiben muß: ›Ich soll mich im Schulhaus vorbildlich benehmen!‹ Oder nachsitzen muß. Aber nie länger als eine Viertelstunde, sonst machen sich die Eltern wirklich Sorgen. Oder es wird ihm gedroht, man rufe seine Eltern an. Dann läuft das auf ein gemeinsames Gespräch hinaus, manchmal auch auf eine Gegenüberstellung, das mögen sie gar nicht. Es gibt weiter den schriftlichen Verweis, den verschärften Verweis oder die Versetzung in eine Parallelklasse. Ein Schulverweis dauert.
Mit sozialem Lernen kann man nicht früh genug anfangen, um Ausländerhaß schon gleich gar nicht aufkommen zu lassen. Wenn einer zum Beispiel sein Pausenbrot vergessen hat oder am Ende der Pause noch Durst hat, frage ich in der Klasse: ›Hat jemand noch ein Schlückchen oder einen Bissen für ein armes, hungriges Kind?‹ Dann kommen zwei, drei und geben ihm was ab. Das pflege ich. Dann kriegt das deutsche Kind von einem türkischen etwas ab. Oder sie geben einem Kind, das krank war, ihre Arbeitsblätter zum Nachlernen mit nach Hause. Oder bei den Sommerfesten bringen italienische, türkische, indische und bulgarische Eltern ihre Spezialitäten mit.
Seit ein paar Jahren heißt unser Rahmenthema: Europa. Wir haben aber aus der ganzen Welt Kinder. Bei einem Sommerfest haben wir eine Weltkarte aufgehängt und darauf die Fotos der Kinder aus den jeweiligen Ländern aufgeklebt. Unsere Schule teilt in allem die Probleme Europas, ach, eigentlich der Welt. Wir haben auch schwarze Kinder, die im Sport sehr gewandt sind und deshalb bei den anderen sehr angesehen. Sport zählt.
Es gibt Kinder, die ich jetzt unterrichte, deren Onkel und Tanten ich früher schon unterrichtet hatte. Zu uns kommen ja noch alle, bevor sie in Realschule und Gymnasium abwandern: Kinder von türkischen Straßenkehrern, afrikanischen Dozenten, deutschen Künstlern. Was seit Einführung des Datenschutzes wichtig ist: wir erfahren nicht mehr, welchen Beruf die Eltern haben. Was für uns ganz wichtig wäre, um zu wissen: kann das Kind zu Hause die und die Hilfestellung bekommen? Aufgrund des Bildungsstandes der Eltern. Manchmal fragen wir die Kinder auch und die sagen es ganz frei heraus.

Überhaupt sind die Kinder heute viel selbstbewußter als früher, sie trauen sich, den Erwachsenen viel mehr zu sagen, sie sind nicht so verdruckt. Auch wenn es manchmal verletztend oder frech klingen mag. Sie sagen es, wie es aus ihnen herauskommt. Ein Lehrer muß soviel pädagogische Freiheit haben, eine oder zwei Stunden hernehmen zu können, wenn ein Kind sich mißverstanden fühlt. Es kann ihm ja nur helfen, wenn es mit ihm am gleichen Strang zieht. Damit die Eltern wissen, worum es geht, wenn sie nicht die Zeit haben, zur vormittäglichen Sprechstunde zu kommen, rufe ich sie auch schon einmal abends an.
Was ich über den reinen Wissenstoff hinaus den Kindern beibringen will? Daß man nicht alles wissen kann, aber daß man wissen sollte, wo man nachschlagen kann: in Lexika und Bibliotheken. Wie man seine Zeit möglichst rationell plant und dabei so viel wie möglich Freizeit herausschlägt: für Muße, Lesen, Sport. Wenn ich jetzt ein Jahr frei hätte, würde ich Bergtouren machen: in Südtirol, am Kilimandscharo oder im Himalaya. Ich hab' schon mehr vor, als daheim die Möbel zu hüten, daß der Schrank nicht davonrennt. (lacht)
Das Wichtigste ist aber das soziale Lernen: daß ich nicht allein auf der Welt bin und den anderen brauche.
Unsere dritten und vierten Klassen haben eine Patenschaft mit den Kindern der Asylbewerber im Heim an der Hansastraße. Da sind sie mit Lehrern und Eltern hingefahren. Es kam vom Elternbeirat, die Rektorin und einige Lehrerinnen waren auch dafür. Der Kontakt mit Geschenken und Besuchen wird aufrechterhalten, einmal waren sie auch gemeinsam im Zirkus ›Roncalli‹. Es war sehr gelungen.
Wir haben einige gestörte Kinder. Das liegt meist an den Lebensumständen, an denen ja die Kinder selber am wenigsten schuld sind. Seit 15 Jahren bin ich an der Schule Beratungslehrer. Wir haben auch eine Schul-Jugendberaterin und eine Schul-Psychologin. Sie kommen, wenn sie angefordert werden, und schlagen den Eltern bestimmte Therapien vor.
Wenn Kinder sich überhaupt nicht mehr ein- und unterordnen können, wenn sie mit anderen nicht mehr friedfertig umgehen können und oft außer Kontrolle geraten, lege ich den Eltern nahe, ihr Kind in eine Sonderschule zu geben. Da gibt es verschiedene mit kleinen Klassen von 8 bis 12 Kindern: für Lernbehinderte, Verhaltensgestörte und Gehandicapte wie Taubstumme, Stotterer oder Blinde.
Dort sind die Lernschritte klein und sie bekommen so oft ihr Selbstbewußtsein zurück.
Es gibt natürlich auch für mich Augenblicke des Zweifels: wärst du nicht doch lieber Tierärztin geworden oder hättest Sprachen studiert, dann wärst du herumgekommen und hättest nicht Tag für Tag den gleichen Trott.
Aber schon mein Vater, der Rektor war, hatte mir früh nahegelegt, wie gut man es als Lehrer hat, weil man seine Freizeit tatsächlich frei organisieren kann: man kann ins Schwimmbad gehen und einen Stoß Korrekturhefte mitnehmen oder man verschiebt die Korrekturen eben bis nach Mitternacht.

Es gibt auch Momente der Resignation: über den Bürokram, der so unendlich viel Zeit kostet und das eigentlich Pädagogische in den Hintergrund drückt. Da müssen Listen angelegt werden, der Stundenplan dreimal geschrieben und schraffiert, für den Klaßzimmeraushang, das Rektorat und das Schulamt. Da müssen Karteikarten ausgefüllt werden, umgeschrieben, Schulakten angelegt und Schülerbögen ausgefüllt. Wir haben noch keinen Computer.
Jeder Lehrer wird alle vier Jahre vom Schulrat visitiert. Der hat von der Regierung den Auftrag, nach den Lehrern zu schauen, ob sie die Unterrichtsstunden pädagogisch richtig halten und den Stoff pädagogisch richtig vermitteln. Da fühlt sich dann jeder Lehrer zu einer One-Man-Show aufgerufen: er wird zum Kulissenschieber, zum Toningenieur, zum Regisseur, Schauspieler ist er sowieso und Hauptdarsteller. Nur eines hat er nicht im Griff: er kann das Publikum, die Schüler nicht steuern. Er kann sie nicht dazu bringen, an dem Tag akkurat das zu sagen, was er will. Das schafft der beste Lehrer nicht.
In der schriftlichen Ankündigung der Visitation wird die Woche angekündigt, nicht der Tag. Da muß man dann jeden Tag darauf gefaßt sein, daß der Schulrat in der Tür steht. Einige besonders schön ausgearbeitete Stunden versucht man dann zu schieben, daß man etwas glänzen kann und die Schüler auch zeigen können, daß sie etwas wissen. Jeden Tag schreibt man in dieser Zeit den Wochenplan um.
Richtig brutale Gewalt gibt's bei uns nicht, Taschengelderpressung oder Messerstechereien, nur Bubenstücke, die am Rand der Kriminalität sind, wie: etwas auf die Straße werfen oder eine Scheibe einschlagen. Drogen gibt's bei uns auch nicht. Wahrscheinlich sind unsere Schüler dafür einfach zu jung. Vor ein paar Jahren wurde im Papierkorb des Pausenhofs eine benutzte Drogenspritze gefunden. ›Rührt sie ja nicht an!‹ habe ich ihnen gesagt, ›da könnt ihr Aids davon kriegen!‹ Auch Kondome wurden schon gefunden. Der Pausenhof liegt einfach zu zentral.
Ich war eigentlich recht froh, als die Phase der Hof-Öffnung vorbei war. Der Hausmeister wäre überfordert gewesen, nachdem er um fünf Uhr früh die Heizung anstellen muß, auch noch nachts den Pausenhof zu überwachen. Der war dann morgens voller Schmiere, Dreck, Auspuffspuren, Papieren, Essensresten. Manchmal lag auch noch einer da, der seinen Rausch ausschlief. Wegen der Kinder war ich froh, daß das eingestellt wurde.
Als ich nach München gekommen bin 1969, habe ich ein Jahr an einer Sonderschule unterrichtet, weil zu der Zeit gerade keine normale Volksschullehrerstelle frei war. Was waren das für tragische Schicksale, ich kam nicht mehr davon los. Auch an unserer Schule habe ich in den Jahren manches Schicksal erlebt: total verängstigte Kinder und Eltern, die gerade frisch aus Jugoslawien gekommen waren; der Junge aus gutem Haus, der von einem Pferd getreten worden war und eine zertrümmerte Schädeldecke mit einem eingesetzten Plastikstück hatte; oder der andere, der sich nicht mehr konzentrieren konnte und ständig unter Tranquilizern stand. Warum? Weil sei-

ne Eltern noch ein Zwillingspärchen bekommen hatten und er auf einmal nicht mehr der König der Familie war. Er hatte seinem Teddy den Kopf abgeschnitten und gesagt: ›So mach ich's mit den Babies auch einmal!‹
Es kann durch Erziehung der Eltern unheimlich viel kaputtgemacht werden, was wir als Lehrer einfach nicht mehr reparieren können.
Die Schule ist schließlich nicht die Reparaturwerkstatt der Nation.
Das meiste kommt davon, daß sich die Eltern keine Zeit mehr für die Kinder nehmen.«

Jens-Uwe Martens
geb. 1940 · Diplom-Psychologe · Martens-Verbund, ehem. Türkenbad

Kein Hindernis außer mir selber

„Mir ist ein Ereignis in Erinnerung geblieben aus der kurzen Zeit, in der ich die Türkenschule besuchte: da hat ein Holzvergaser-Lastauto gebrannt, weil es mit der Trümmerbahn zusammengestoßen war. Das hat mich sehr beeindruckt. Das muß so 1947 gewesen sein.
Und jetzt bin ich wieder hier. Man kann das als absoluten Zufall ansehen, andererseits hatte ich gezielt gesucht. Ich wollte etwas kaufen, was ich gewerblich nutzen konnte. Und da die Mieten im gewerblichen Bereich immens gestiegen sind, überlegte ich mir: lieber Zinsen als Miete. Kaufen ist doch sicherer. Aber für hohe Ansprüche gab es wenig Angebote. Ich wollte kein Stockwerk in einem Hochhaus am Rande Münchens, zentral sollte es sein und heimelig. Das spielt eine große Rolle für kreative Leute. Und wir sind Kreative.
Als mir nun das ehemalige ›Türkenbad‹ angeboten wurde, habe ich gewußt: Das ist es! Also irgendwo doch kein Zufall.

Daß ich es kaufen konnte und neu aufbauen, habe ich einer Erbschaft zu verdanken. Mein Vater war der Gründer der Illustrierten ›Quick‹, die vom Bauer-Verlag gekauft worden war. Früher habe ich auf 100 qm für 700 Mark gewohnt, jetzt haben wir 700 qm zur Verfügung. Mein Bruder Dirk-Rainer und ich. Er ist Anwalt in einer Sozietät von 120 Rechtsanwälten und ihm gehören die oberen Stockwerke, die er vermietet hat, mir die unteren.
Aber es hat lange gedauert, bis es soweit kam. Das Objekt gehörte dem Besitzer von Tele 5 und es war von Anfang an klar, daß es für ihn nur ein Spekulationsobjekt war. Er hat sicher gut verdient dabei. Für mich wäre es billiger gewesen, ganz neu zu bauen. Ich kannte ihn schon vorher und wußte, daß er ein Geschäftsmann war, der mir über war, der trickreicher war als ich. Ich hab die Bedenken hintangestellt, habe verhandelt und habe es nicht bereut.
Zwischen Kaufvertrag, Bewilligung und Fertigstellung des Baus hat es ewig gedauert. An die vier Jahre.
Bauträger war Herr Grzimek, der Enkel des berühmten Zoodirektors und Tierfilmers, dessen Vater über der Serengeti in Afrika abgestürzt war und dessen Mutter dann seinen Großvater geheiratet hat, wodurch er praktisch dann auch zum Sohn seines Großvaters wurde. Also Sohn und Enkel gleichzeitig.
Drei Architekten waren am Bau beschäftigt: einer fürs Kreative, einer fürs Administrative und einer für die Innenarchitektur.
Ich habe hier ein Institut für wissenschaftliche Lehrmethoden. Wir machen alles, was mit Aus- und Weiterbildung im beruflichen Bereich zu tun hat. Da gibt es das Institut, um das ein paar GmbHs angeordnet sind, eine gehört mir allein, eine andere habe ich mit einem Partner, andere – die aber nicht in München sind – gehören mir mehrheitlich. Das ist steuerlich so am günstigsten.
Wichtig für uns ist, daß wir wenig Administration haben, daß die Leute sich hundertprozentig mit ihrer Firma identifizieren und daß wir produktivkreativ sind. Eine Firma ab einer bestimmten Größe hat zu viele Reibungsverluste, zu viel Administration und kann zu wenig von ihrer Arbeitszeit verkaufen. Man beschäftigt sich zu viel mit sich selber. Unser Konzept ist mehr das des Profit-Centers.
Wie es in großen Firmen eingeführt ist: daß kleine Abteilungen selbstverantwortlich, aber bereit zur Teamarbeit sind. Daß jeder Geschäftsführer für das Ergebnis seines Teams verantwortlich ist.
Wir bekommen Aufträge von großen Firmen. Wir beraten sie. Sie kommen zu uns: Wir haben das und das Problem, habt Ihr da eine Idee? Dann entwerfen wir ein Konzept.
Zum Beispiel: Heizkraftwerke. Da geht es darum, daß es weniger Abschaltungen gibt, die ungeheuer viel Geld kosten, weil einer etwas zu spät bemerkt oder weil er falsch reagiert hat. Also müssen wir wenige Leute, die rund um die Uhr arbeiten müssen, super ausbilden. Das ist mehr eine technische Aufgabe.

Oder: Spielbanken. Da soll das Personal für kritische Situationen ausgebildet werden: wenn Betrüger da sind oder gestritten wird. Da geht es mehr ums Psychologisch-Menschliche.

Oder: Daimler-Benz: da sollen die Verkaufsleiter auf der ganzen Welt lernen, wie sie ihre Verkäufer besser führen.

Wir sind nicht billig in dem was wir machen. Aber es muß sich letztlich für die Firmen rentieren.

Unser Hauptauftraggeber ist seit 18 Jahren die Allianz. Wir machen für sie alles, was Außendienstschulung angeht. Wir haben sogenannte ›Trainerleitfäden‹ entwickelt. Die Trainer arbeiten nach unserem Muster, unseren Vorstellungen mit unseren Materialien. Das sind Folien, Broschüren, Filme, Dias, das sind Rollenspielvorlagen, Fallstudien und Computer-gestütztes Lernen. Ich sage immer: Lernen darf – für die neuen Mitarbeiter – keine Bringschuld der Gesellschaft, sondern muß eine Holschuld des Teilnehmers sein. Er muß den Wunsch haben, sich möglichst viel aneignen zu wollen.

Das ist erstmal meine Philosophie.

Konkret heißt das, daß wir dem Teilnehmer Material anbieten, ihm aber die Freiheit lassen, es zu nutzen oder nicht. Oder es zu nutzen, wann er will: um 11 Uhr abends oder um fünf Uhr morgens. Jeder hat seinen Lernplatz, und da kann er lernen, wann er will. Das ist individuelles Lernen.

Natürlich muß er in bestimmten Abständen nachweisen, daß er was gelernt hat. Er wird ja schließlich von der Firma bezahlt in der Zeit, aber wenn es nach meinen Vorstellungen geht, kann er ruhig mittags drei Stunden Pause machen und zum Schwimmen gehen.

Das ist jetzt ein neues Konzept und das bedeutet einen zähen Kampf. Zwei bis drei Jahre habe ich an Allianz hingeredet, bis der Riesenauftrag über viele Millionen kam, der uns bis Ende des nächsten Jahres beschäftigen wird. Aber zwischen ›Auftrag haben‹ und ›Konzept durchsetzen‹, da liegt wirklich eine Revolution. ›Nehmt eure Vertreter doch als Erwachsene!‹ sage ich immer, ›Ihr müßt sie doch nicht ständig unter Kontrolle haben! Das habt Ihr im Außendienst dann auch nicht mehr!‹ Es kommt doch nur darauf an, daß sie, was sie gelernt haben, dann auch richtig einsetzen.

Ein anderer Grundsatz ist, daß wir keine Tricks vermitteln: wie man mit Einwänden umgeht, sogenannte ›Einwandbehandlungstechniken‹.

Uns geht es mehr um die Verkäuferpersönlichkeit.

Wenn ich mit Ihnen rede, werden Sie nicht primär beeindruckt sein von dem, was ich Ihnen sage, sondern wie ich es sage: Stimmlage, Mimik, Gestik, Körpersprache.

Und das läßt sich nicht so ohne weiteres andressieren. Da spürt man schnell, wenn es falsch und aufgesetzt ist. Also sagen wir: Entdecke erst deine eigene Persönlichkeit, finde heraus, wie du auf Fremde wirkst und entwickle dich zu deinem Besten und dem der Firma.

Dazu bieten wir die Lehrsysteme, die Unterlagen, die Leitfäden. Da sind wir die Routiniers.

Wir haben eine Nische entdeckt und sie ausgefüllt. Seit Anfang der 70er Jahre. Hier im Institut arbeiten vier bis fünf Leute, in meinen anderen Firmen sechzig bis siebzig: in Lohhof bei München und in Wiesbaden.

Das Neueste ist jetzt das Computer-based-Training. Da wird zunächst ein kleiner Test gemacht: wie reagiert einer? Dominant, kooperativ oder eher im Sinne von laisser-faire? Für jeden Typ gibt es ein eigenes Programm. Da kann man Spiele machen, in denen man Spaß hat und gleichzeitig etwas lernt. Wir veranstalten auch Seminare mit zum Teil prominenten Referenten: entweder in Hotels oder hier, weil wir eine Rückprojektionswand haben, auf die wir Computerbilder groß bringen können, was in den Hotels oft nicht geht. Die meisten Seminare beschäftigen sich mit Kommunikation.

Das ist der Kernpunkt des Instituts, während die angeschlossenen Firmen, die bald im Martens-Verbund zusammengeschlossen sein werden, andere Spezialitäten haben.

Es ist wie beim Filmen, wo unterschiedliche Leistungen zusammenkommen müssen, um ein gutes Ganzes zu bringen: Schauspieler, Regisseure, Beleuchter, Cutter. Das ist ein kreativer Prozeß wie bei uns auch.

Bei uns ist alles zielgerichtet. Ich behaupte sogar, es gibt keine nicht-zielgerichtete Kommunikation. Die Frage ist lediglich, ob die Ziele bewußt oder unbewußt verfolgt werden. Ich behaupte auch, daß nur ein zielgerichtetes Leben ein erfülltes Leben ist. Ein authentisches.

Auch Verkäufer müssen authentisch sein, sonst merkt es der Kunde. Das ist die neue Philosophie. Diese Art von Verkäufer werden Sie ab 1996 treffen können. Früher haben wir tatsächlich gedacht, es gäbe einen idealen Verlauf des Verkaufsgesprächs, was natürlich Quatsch ist. Das war schlicht und ergreifend Dressur. Das funktioniert nicht, dafür hat der Kunden einen feinen Riecher. Alles, was nicht authentisch ist, hat keine Chance bei uns.

Mein erster Schritt, wenn ich einen Auftrag oder ein Problem habe, ist es, die Persönlichkeit der Leute auszumachen, mit denen ich es zu tun haben werde. Ich schau mir die an, die etwas besonders gut können, und die, die es eben nicht können. Ich begleite sie, ich interviewe sie.

Und immer wieder stellt sich dieselbe Frage: Was ist es, was einen Menschen erfolgreich macht?

Was unterscheidet ihn von einem Stadtstreicher?

Am Anfang habe ich gedacht, das sei Intelligenz, inzwischen weiß ich, daß das ein Schmarrn ist. Es gibt einige intelligente Stadtstreicher.

Dann habe ich gemeint, es sei die Fähigkeit, auf andere zugehen zu können. Stimmt nicht. Es gibt Leute, die sind schüchtern, äußerst zurückhaltend und super erfolgreich. Oder daß einer reden kann. Nein, ich kenne einige sehr erfolgreiche Stotterer.

Aber welches ist die Eigenschaft, die alle Erfolgreichen verbindet? Ich habe herausgefunden, daß die nicht von außen bestimmt werden, daß sie nach vorne schauen, Pläne haben, kurzfristige und langfristige, etwas wollen: so wie Albert Schweitzer werden oder ein Politiker oder ein Millionär. Oder ein Buch schreiben oder ein Bild malen, egal.

Während die Nicht-Erfolgreichen immer nach Gründen suchen, die ihnen den Erfolg verwehrt haben: Eltern, Gesundheit, falsche Zeit, falscher Ort oder die Gesellschaft im allgemeinen. Sie sind fixiert auf ihre Handicaps.
Das ist eine Frage der inneren Einstellung. Da setzen wir an. Einstellungen sind nicht angeboren, sie sind erworben, angelernt. Das hat nichts mit Genen zu tun, das läßt sich lernen und dann wird es nie mehr verlernt.
Gut, was einer in frühester Kindheit gelernt hat, das kann ich ihm nicht mehr austreiben. Deshalb sage ich auch immer: ein Drittel der Kursteilnehmer hat es schon, ein Drittel wird es nie erreichen, beim letzten Drittel kann ich etwas tun. Und da setze ich an. Das ist kein Verbiegen des Charakters, das ist ein bißchen Zurechtrücken in die Richtung, die wir für richtig halten. Die der Firma etwas bringt und ihm selber auch. Da gibt es Einzelne, die sagen: ›Ja, jetzt hab ich's kapiert! Jetzt sind mir die Augen aufgegangen!‹
Es gibt kein Hindernis außer mir selber.
Gerade in unserer Zeit und in der westlichen Welt, da ist doch die Zahl derer, die keine Chance haben, ganz minimal. Im Gegensatz zu Indien. Und Leute, die keine Chance haben, die absoluten Loser, die sitzen nicht in meinen Kursen.
Ich kenne meine Grenzen, was die Zahl der Teilnehmer und die Einflußmöglichkeiten betrifft.
Da gab es mal einen in einem Kurs, der sagte: ›Ich verstehe nicht, warum Sie sich so Mühe mit mir geben. Ich bin doch ein Scheißkerl!‹ Er sagte ›Scheißkerl‹, und da kann ich natürlich auch nichts mehr machen. Der gehört in eine Einzeltherapie. Unsere Kurse sind aber keine Therapien, wir arbeiten nicht mit Therapeuten oder Diplom-Psychologen, wir arbeiten mit Trainern und die waren früher auch mal Verkäufer.
Ich selbst bin auch das Produkt meiner Umgebung, meiner Anlagen und Erlebnisse. Daß ich eher liberal bin, das ist doch nicht Anlage, das ist Erziehung. Das verdanke ich meinen Eltern, meinen Lehrern, meinen Freunden und Frauen.
Ich bin jemand, der in seinem Leben Höhen und Tiefen erlebt hat wie kaum ein anderer. Ich war so weit unten und bin jetzt so weit oben, ich glaube, ich muß ... (klopft auf Holz).
Geboren bin ich im Krieg. Ich entsinne mich an einen Bunker in Berlin, vor dem gekämpft wurde und wo dann ein toter Soldat lag. Mit der Mutter bin ich in den Westen geflohen, unsere Heimat war die DDR, wir lebten eine Weile in einem Flüchtlingslager. Nach und nach verkauften wir die geretteten Stücke. Ich habe Hunger kennengelernt und bekam auf einmal eine Hüftgelenksentzündung. Die Ärzte dort wußten nichts damit anzufangen und schickten mich nach Bad Tölz. Ein Jahr war ich dort im Krankenhaus, im Streckverband, konnte mich nicht rühren, nicht laufen, nicht springen. Schlimm für ein Kind. Und besonders, wenn es sich gefreut hatte, daß am Wochenende die Eltern kommen würden, und sie kamen dann nicht, weil die Züge von München überfüllt waren. Da lag es dann da das Kind, frustriert in seiner Vorfreude neben den gemalten Bildern.

Dann bin ich aber gesund geworden und habe angefangen zu leben. Es war eine tolle Zeit in Bogenhausen. Die Trümmergrundstücke waren Abenteuerspielplätze, wir haben eine Bande gegründet und ich bin der Häuptling geworden. Die Bande hieß MDV, Münchner Dreckspatzen Verein, und hat mit anderen Banden Krieg geführt, ganz klar. Wir haben aber auch gearbeitet, Steine aus den Trümmergrundstücken herausgehauen und richtige Burgen gebaut.

Dann wurde ich Schulsprecher, hatte schon früh eine Freundin, die ich beim Reiten kennengelernt hatte. Mit 18 war ich heimlich verlobt. Wir haben unseren Ring an einem Goldkettchen um den Hals getragen. Einmal fiel er herunter, meine Mutter bemerkte ihn und sagte, das werde ich nie vergessen: ›Bei manchen fängt's im Kopf an!‹ Kein anderer Kommentar. Da war ich stocksauer. Mit 22 war ich dann verheiratet und hatte begonnen, Psychologie zu studieren, zwei Jahre später hatten wir schon unser erstes Kind. Als ich 26 war, kam das zweite, bis ich 30 war, waren es vier. Wir waren eine richtig glückliche Familie. Und dann passierte es. (schweigt) Ein Flugzeugunfall. Den Kindern wurde beim Autofahren immer schlecht, also setzte ich die Familie in ein Flugzeug nach St. Moritz, wo wir den Urlaub verbringen wollten. Ich fuhr mit dem Auto hinterher. Ja, und dann sagen sie dir am Telefon, die Leute vom Flughafen, daß das Flugzeug abgestürzt sei und alle Insassen tot seien. (schweigt)

Das Studium hat mir sehr geholfen, mich zu behandeln, über den Schmerz hinwegzukommen. Und was ich jetzt mache, das fällt mir gerade erst ein, ist doch, daß ich versuche, die Erfahrungen, die ich damals gemacht habe, weiterzugeben. Hört mal, sage ich den Leuten, wenn sie Probleme haben, Ihr habt doch ein Hirn, einen Intellekt, ein Bewußtsein, setzt sie ein! Sie können Euch eine emotionale Stütze geben. Ich habe es ausprobiert, es geht.

Das ging so zehn Jahre lang. Ich gab mich sehr kopfgesteuert. Am Anfang hatte ich mir gesagt: Du gibst dir jetzt zwei Jahre Trauerphase, dann suchst du dir eine neue Frau. Bist ja noch jung, 30 war ich damals, und du findest schon eine. Ich bin auf jede Vernissage gegangen und suchte die Mutter meiner zukünftigen Kinder. Nicht eine Frau für mich, sondern eine Mutter für die gewünschten Kinder. Das war verrückt, aber es war so. Eine Frau zu verlieren, ist eine Sache, aber die Kinder zu verlieren ist etwas Unwiederbringliches.

Man redet sich ein, einen Partner könne man leichter wieder finden. Ich hatte mir ausgerechnet, daß es in München 300 Frauen geben müsse, die zu mir passen. Ich hatte da meine strengen Vorstellungen: sie sollte nicht rauchen, sie sollte das nicht und jenes nicht.

Inzwischen wurde ich 40, hatte viele Freundinnen gehabt, Frauen, die nicht zu mir paßten, oder welche, die keine Kinder bekommen konnten. Zu den Freunden habe ich gesagt: Ich bleibe jetzt Junggeselle, das hat seine Vorteile, da ist die Mark noch eine Mark wert, ich brauche keine Rücksichten zu nehmen, ich habe mehr Freiheit, ich kann meine Fernreisen machen. Also ich gab mich überzeugt.

Dann feierte ich meinen 40. Geburtstag in ›La Mer‹ in der Schraudophstraße. Jeder Gast bekam ein kleines Geschenk mit einem Zettelchen drin, wo ich den Cocktail beschrieb, den er für mich darstellte. Was er für mich bedeutete.
Drei Monate später habe ich meine jetzige Frau kennengelernt. Eine Superfrau, mit der ich jetzt vier Kinder habe. Zwar eine, die nicht zu mir paßt, gegen die ich mich am Anfang auch mit Zähnen und Krallen gewehrt habe. Aber wir lieben uns. Sie ist mehr Laura Ashley und ich mehr strenge japanische Tuschzeichnung. Wir haben eine tolle Familie und vier gesunde Kinder. (klopft noch einmal auf Holz)
Ich habe das Leben kennengelernt, sehr unten und sehr oben, vom Emotionalen und vom Materiellen her.
Geld ist für mich Mittel zum Zweck. Da bin ich wirklich Unternehmer. Geld ist dazu da, um etwas damit zu machen. Limitiert, nicht unlimitiert.
Ich lebe jetzt im Herzogpark, auf dem Grundstück, das meine Eltern vor über 45 Jahren gekauft haben. Wir haben da Bekannte, die geerbt haben, 300 oder 400 Millionen und die sind total unglücklich. Die zwei Kinder verwahrlosen und sie haben für nichts mehr Interesse. Ich finde, es ist eine schwere Versuchung, mit so viel Geld fertigzuwerden. Nicht mehr arbeiten zu müssen, kein notwendiges Ziel im Leben zu haben. Insofern bin ich froh, daß mein Geld limitiert ist und ich arbeiten muß, um es zu erhalten und zu vermehren. Und wissen Sie, ich tu das gerne. Ich arbeite leidenschaftlich gerne.
Im Sommer genieße ich es, in der Mittagspause an einem der kleinen Tischchen auf der Türkenstraße zu sitzen, allein oder mit Bekannten, mir die Leute anzuschauen, mit dem einen oder anderen ein Wort zu wechseln. Es gibt keine lebendigere Straße. Ich habe nicht das Gefühl, daß ich scheel angeschaut werde wegen meines Aufzuges. Hier gibt es eben Stadtstreicher und Unternehmer nebeneinander.
Überhaupt strahlt die Straße eine Toleranz aus. Für die vielen hier möglichen Konfliktfelder gibt's wenig Streit. Jedes Auto, das in zweiter Reihe parkt, ist eigentlich ein potentieller Einkeiler eines anderen. Man hört ab und zu mal Gehupe, aber daß einer richtig laut schreit oder zwei miteinander streiten, das hört man kaum. Man hat einen Modus vivendi gefunden, in dem Ordnung eher stört. Ein bißchen chaotisch, wie in einer Studentenbude. Leben, nicht Show.
Ich würde sagen, die Türkenstraße ist kein Mann, sie ist eine junge Frau. Eine Studentin, genau. Die nicht übertrieben viel Wert auf ihr Äußeres legt, mehr die inneren Werte pflegt, Charakter hat, aber im Verborgenen.
Wenn die jungen Mädchen oder Frauen vorbeiflanieren, muß ich mir immer klarmachen: He, die Zeiten sind vorbei, als das noch dein Jagdrevier war! Du bist ein alter Knacker!
In Bezug auf diese Mädchen natürlich.
Sonst ist die Sozialstruktur noch in Ordnung. Hier ist sie intakt. Ich würde mich auch hundertprozentig wehren gegen alles, was sie verändern wollte.
Bei uns im Hof steht ein Brunnen der Bildhauerin Tesche-Menzen, der ›Weltenvogel‹ heißt. Er ist für mich eine Brücke zur Kunst, zu dem Künst-

lerischen, das ich mit Schwabing assoziiere. Er paßt auch gut zu meinem Fernweh. Er ist etwas zum Mitfliegen.
Mein Lieblingsbuch ist nämlich ›Der kleine Prinz‹ von Saint-Exupéry. Ich habe das Gefühl, daß er viel mit meinem Leben zu tun hat. Mit meinem Schicksal.
Irgendwann werde ich ein Buch schreiben über das Glück. In sechs bis sieben Jahren vielleicht, jetzt noch nicht.
Ich bin ein Sammler. Ein Sammler von Netsukes, japanischen Objekten, einer Art von Knöpfen, mit denen Döschen und Beutel am Gürtel befestigt werden können; und ein Sammler von Glücksmomenten.
Man muß offen sein für sie. Manchmal weiß man erst, daß es einer war, wenn er vorbei ist. Das sind die Momente, in denen die Welt in Ordnung ist. Ich zähle sie nicht. Glücksmomente haben nichts mit rechnen und zählen zu tun.
Ich schaue vorwärts und versuche, die Bedingungen zu schaffen, die die Chance erhöhen, bald wieder einen von ihnen zu erleben.«

Frauenleben

München und die Frauen – auf den ersten Blick keine besondere Beziehung. Auf den letzten übrigens auch nicht. Dazwischen jedoch erschließen sich erstaunliche Verbindungen zum Weiblichen: zunächst über Maria, die Gottesmutter, Patrona Bavariae, die das Zentrum besetzt hält mit Marienhof, Marienplatz, Mariensäule, mit Frauenkirche und Frauentürmen, deren »welsche[1] Hauben« durchaus weltliche Assoziationen hervorrufen. Dann über Therese, die sanfte, ständig betrogene Ehefrau Ludwigs I, die 1854 an Cholera im Wittelsbacher Palais starb. 1810 hatten sie geheiratet, Volksfest mit Pferderennen auf einer Wiese zwischen Stadt und dem Dorf Sendling, nach ihr benannt, Theresienwiese, der Ort alljährlicher ausschweifender Festitivitäten: des Oktoberfestes. Neun Kinder hatte sie ihm geboren, zwei spätere Könige darunter, aber in München erfahren gelernt, daß sie doch nur dem »zweyten Geschlecht« angehöre. (SZ, 8.7.92) Er nahm sich alles heraus: er belog, betrog, mißhandelte sie, huldigte dem weiblichen Geschlecht in Gedichten, Bildern und auch so, was ihm durch die Person der Maria Dolores Gilbert, alias Lola Montez, Kopf und Kragen kostete im übertragenen Sinn, im praktischen nur einfach den Thron. Münchens größter Baumeister ein »homme à femmes«.

Am Rande der Theresienwiese die entindividualisierte Riesin, gegossen aus dem Erz eroberter türkischer Kanonen, Symbol des aufkommenden Nationalismus: die Bavaria, von eben jenen Schöpfer der »Schönheitsgalerie« in Auftrag gegeben: Ludwig I.

(Frauen eignen sich vor allem in Zeiten übler Unterdrückung hervorragend als Allegorien und Symbole: die Tugenden, die Wissenschaften, die Künste, die Länder, die Flüsse ...)

Isaria fluvius, die Isar, der Stadtfluß mit seinen Furten und Brücken. Durch die Verbrennung der alten Salzzollbrücke bei Föhring, die dem Erzbischof gehörte, und die Verlegung isaraufwärts an die Stelle des heutigen München, hatte sich Heinrich der Löwe 1158 erkleckliche Nebeneinkünfte und dem Ort »zu den Mönchen« einen rasanten Aufschwung verschafft.

Keine hundert Jahre später taucht im Wappen ein bärtiges, schwarz-gelb gewandetes Mönchlein auf, das im Lauf der Jahrhunderte zum bartlosen Mönch, danach zum koketten Girlie mutiert, das als »Münchner Kindl« Christkindlmärkte eröffnen und an der Spitze von Umzügen einherschreiten darf. Über das ›wieso‹ des sensationellen Geschlechterwandels scheint sich niemand ernsthaft Gedanken zu machen. Wer hätte im 13. Jahrhundert freiwillig sein männliches gegen ein weibliches Geschlecht eingetauscht?

[1] welsch im Sinn von: minderwertig, billig ausgeführt

Dann gab es in München drei Jahre lang neben dem Oberbürgermeister Ude zwei Bürgermeisterinnen: Sabine Csampai und Gertrud Burkert – welche Stadt hatte das sonst zu bieten?
Aber das war's dann auch. Ansonsten nichts Aufsehenerregendes, was München und die Frauen angeht: 40 Prozent Frauen im Stadtrat, 20 Prozent im Landtag, in der Ruhmeshalle[1] kein einziger weiblicher Kopf.
Gab es keine bedeutenden Frauen in der bayerischen Geschichte oder wo sind sie hingekommen?
Stimmt es, was Hadumot Bußmann[2], die LMU-Frauenbeauftragte, schreibt? »Statistisch und aktenmäßig sind Frauen in früheren Zeiten oft nur unzulänglich nachzuweisen« ... »Frauenleistungen werden vergessen, verdrängt, herabgesetzt und verzerrt.«
Für sie ist die Universität eine Institution, die sich 700 Jahre lang »frauenfrei« gehalten hat, neben Kirche (katholischer) und Militär die »letzte Hochburg des Patriarchats«. Doch bis Frauen überhaupt so weit waren, ein Abitur zu machen, ein Studium aufzunehmen und abzuschließen, vielleicht sogar mit Promotion oder Habilitation, danach eigene Leistungen zu erbringen, die auch zur Kenntnis genommen wurden, hatte es harte Kämpfe gekostet. 1896 waren die ersten Hörerinnen an der Universität zugelassen worden: fünf an der Zahl und alles Ausländerinnen. 1897 verlieh die philosophische Fakultät ihre erste Ehrendoktorwürde an die Wittelsbacher Prinzessin Therese, eine Autodidaktin, für ihre Forschungen auf dem Gebiet der Botanik, Zoologie und Anthropologie, die sie auf schwierigen Expeditionen in Tunesien, Rußland, Brasilien und am Polarkreis gemacht hatte. (Ihr Bruder, ebenso russophil wie sie, war der »Arnulf«, nach dem die Türkenkaserne benannt wurde.) Aber erst 1903 durften sich Studentinnen in Bayern voll immatrikulieren – was in Ländern wie Amerika, China, Australien und Mexiko schon gang und gäbe war. Die höhere Mädchenschule wurde als Vorstufe gar erst 1912 anerkannt. Die Jahrhunderte zuvor hatte es in der Geschichte der Frauen zapfenduster ausgesehen. Da wurden sie, wenn sie nicht selber Herrscherinnen waren, gerade mal als Mutter, Frau oder Tochter von ... erwähnt. (siehe die frühen Stadtadressbücher.) Oder als ›gute Frauen‹: Apothekerinnen[3] (wie Maria Xaveria von Egger) und Naturheilerinnen (wie Amalie Hohenester) – die gleichwohl nicht davor gefeit waren, mit dem (männlichen) Gesetz in Konflikt zu geraten. (»Kurpfuscherei«)
Und es gab die »bösen Frauen«, die Männer sich zu strafen vorbehielten: Bettlerinnen und ledige Mütter (in der ersten Hälfte des 19. Jahrhunderts

[1] 1997 wurde beschlossen, als erste Frauen die Schriftstellerin Lena Christ und die Schauspielerin Klara Ziegler aufzunehmen; auf den Vorschlag der Autorin, gleich viele Frauen- wie Männerbüsten, nämlich 81, in einem eigenen ersten Stock der Ruhmeshalle auszustellen, reagierte das Kultusministerium ablehnend (»kann Ihre Vorschläge nicht teilen«, Brief vom 30.9.1997)

[2] »Stieftöchter der Alma Mater, 90 Jahre Frauenstudium«, München 1993 und Londa Schiebinger, »Schöne Geister – Frauen in den Anfängen der modernen Wissenschaft«, Stuttgart 1993

[3] »Frauenleben in Bayern«, hrsg. von Frauenstudien München, o.J.

waren über 40 Prozent der Geburten unehelich), die öffentlich ausgepeitscht wurden. Hexen, die verbrannt, Huren (nicht ihre Freier), die immer wieder gedemütigt und bestraft wurden (1433 hat die Stadt München ein »Frawenhaus der gemeinen Dochterlein« eingerichtet) und Kindsmörderinnen, die bis 1813 vom »Leben zum Tod« befördert wurden.
1782 war in München eine »Gebäranstalt« für mittellose, ledige Mütter eingerichtet worden. Da waren Hebammen schon größtenteils entmachtet und durch Frauenärzte ersetzt – nur sie durften die Geburtszange handhaben – weil es nicht angehen konnte, daß die Spezialistinnen für Verhütung, Geburt und Abtreibung die Wünsche der Frauen nach weniger Kindern erfüllten. Brauchen Männerstaaten doch immer Soldaten zur Erhaltung und Ausweitung der Macht und dafür waren Frauen als Gebärende unerläßlich.
Paracelsus, Theophrastus Bombastus von Hohenheim, der bekannteste Arzt der beginnenden Neuzeit, bekannte einmal, daß er sein ganzes Wissen von den »weisen Frauen« habe. Nur – die weisen Frauen sind vergessen und verdrängt und Paracelsus scheint in jedem Lexikon auf.
Überhaupt ist der Beginn der Neuzeit 1498 der Anfang vieler Gräßlichkeiten, die nur die (männliche) Geschichte der Sieger als Errungenschaft darstellt. Die Verlierer, die Betroffenen dachten und denken da ganz anders über: die Vertreibung der Araber von der iberischen Halbinsel und die Einsetzung der Inquisition; über die Eroberung Amerikas und das Abschlachten der Indianer; über die allmähliche und konsequente Entmachtung der Frau. Gibt es da Zusammenhänge oder wer schrieb das Drehbuch, inszenierte das Stück?
Offensichtlich ist nur eines: Männer dachten sich die Regeln aus, nach denen sich die fortan »minderwertigen« Frauen zu richten hatten (hatten sie, fragte man wie bei den Indianern, überhaupt eine Seele?) und die sie für sich selbst nie akzeptiert hätten, die ihnen aber Freiheiten ließen auf ihren Lieblingsspielplätzen: denen von Sex und Macht.
Frauen tauchen in den folgenden finsteren Jahrhunderten der Geschichte gern als Opfer[1] auf: Jüdinnen, die 1285 bei einem Pogrom in der Münchner Synagoge den Tod fanden; Agnes Bernauer, die 1436 in der Donau ertränkt wurde, Fanny von Ickstatt, die – aus Liebeskummer und weil sie gerade »Werthers Leiden« gelesen hatte – 1785 von einem der Frauentürme sprang. (Vom Werther-Dichter Goethe ein Jahr später neugierig in Augenschein genommen)
Letztlich zum Opfer wurden auch außergewöhnliche Frauen wie Adele Spitzeder, die kühne Bankerin, Maria Ward, die fromme Gründerin der »englischen Fräulein« und Lola Montez, die Tänzerin und Geliebte, die bayerische Geschichte schrieb. Vielleicht war sie ja wie Aurore Dupin alias George Sand, mit der sie Hosen, Zigarren und Franz Liszt als Lover teilte (SZ, 16.1.1992) eine der frühen emanzipierten Frauen? Als sie jedenfalls schon längst Bayern verlassen hatte, war sie als – natürlich negativ besetzter – Begriff geblieben: Richard Wagner wurde vom Volksmund »Lolus« oder »Lolette« genannt.

[1] »München – Stadt der Frauen« hrsg. Eva Maria Volland und Reinhard Bauer, München 1991

Die Beginen, Seelschwestern, Seelnonnen, fallen mehr unter das Verdikt »verschweigen«. Wer weiß schon, wer die Beginen waren? Wer in München kennt einen der »Beginenhöfe«? Zum Beispiel den in der Eilles-Passage gegenüber vom Nationaltheater? Da gibt es zwar Hinweisschilder, daß es sich beim gotischen Innenhof um einen Teil des »Bittrich-Klosters« handle, das war der Name der Stifterfamilie, aber kein Wort, keine Zeile über die Beginen, die dort lebten und wirkten.

Auch die einschlägigen Lexika halten sich eher bedeckt. Klar scheint zu sein, daß die Beginen, im 12. Jahrhundert in den Niederlanden gegründet, eine Art von Klosterschwestern waren, aber eine besondere. Eine Art von weiblichem Gegenkonzept gegen die Rom untergeordneten Nonnenklöster. Eine Art von Frauen-Wohngemeinschaft. Ohne Ordensregeln. Sie beteten für das Seelenheil der Stifter, die ihnen Häuser zur Verfügung stellten (das Ridler- und das Pittrichhaus, mittelalterliche Schreibweise, in München), ansonsten machten sie Handarbeiten und verkauften sie, behandelten Kranke im Haus und außerhalb, standen Sterbenden bei. Sie waren in ihrer schwarz-weißen Tracht in der Stadt unterwegs, suchten sich ihre Beichtväter selber aus, besuchten Messen und Bekannte. Beginen konnten jederzeit ihre Gemeinschaft verlassen und sogar heiraten. Sie nahmen sich die Freiheit.

Das war sowohl den weltlichen wie den geistlichen Herren ein Dorn im Auge. Immer wieder im Lauf der Jahrhunderte bis zur Säkularisierung – Frauen, die sich ihre Art von Frömmigkeit und Privatleben selber aussuchten! – wurden sie verboten, ihnen nahegelegt, sich aufzulösen oder als Drittorden einem »ordentlichen« romabhängigen Nonnenorden wie den Franziskanerinnen (was viele taten) anzuschließen. Sie waren das »unordentliche« Element der kirchlichen Hierarchie, wurden zeitweilig verfolgt und als Hexen verbrannt. Immer wieder waren sie totgesagt worden, aber ihr Geist der Insubordination hat immer wieder Anhängerinnen gefunden. (Bis in unser Jahrhundert in Frankreich).

Mitverboten wurde auch gleich ihr männliches Pendant, die ebenfalls »frei umherschweifenden« Begharden.

Überhaupt ist das Thema: Frauen und Glaube ein ganz eigenes.

Was wäre aus dem protestantischen Glauben in München ohne die bayerischen Königinnen geworden, ohne den Einsatz von Karoline, der Frau Max I Josephs, Therese von Ludwig I und Marie von Max II?

Während sich Frauen von Welt, Geist und Geld schon immer ihre Nischen in »Salons« schaffen konnten, begann sich mit der Industrialisierung Mitte des 19. Jahrhunderts das Los der Arbeiterfrauen extrem zu verschlechtern. Weil der Lohn des Mannes nicht ausreichte, waren sie trotz der Kinder gezwungen mitzuverdienen: sie nähten, wuschen und putzten, nahmen Heimarbeit an oder gingen auch in die Fabrik. Katastrophale Arbeitsbedingungen, Arbeitszeiten, Hungerlöhne – zum Teil nur die Hälfte dessen, was ein Mann verdiente. Aufstiegschancen – keine. Zu Hause Kinder, Küche und nach Lohnerhalt der oft betrunkene Mann, den sie gleichwohl, wie die Kirche verkündete, als ihren Herrn und Meister zu betrachten hatte. Auch Angestellte,

Kellnerinnen und Dienstboten lebten und arbeiteten unter menschenunwürdigen Bedingungen.
Die »Bahnhofsmission« war 1897 in München von Ellen Ammann gegründet worden, um die vom Land ankommenden künftigen weiblichen Dienstboten nicht gleich in die Hände von Zuhältern fallen zu lassen.
Ab Mitte des 19. Jahrhunderts hatten Frauen begonnen, sich in Vereinen zu organisieren, um ihre Interessen gegen die Männergesellschaft durchzusetzen, 1899 hatte der erste Bayerische Frauentag stattgefunden, ein willkommener Anlaß für Karikaturen und Satiren – auch die »Simplicissimus«-Männer hauten in die gleiche Kerbe und machten sich lustig.
Um 1900 hatten sich drei Richtungen innerhalb der Frauenbewegung herauskristallisiert:

– Der katholische Frauenbund mit Ellen Ammann, der sich um die sozialen Bedingungen der Mädchen aus niederen Schichten, der Arbeiterinnen und Dienstboten kümmerte. Da wurden Nähstuben eingerichtet – eine übrigens in der Türkenstraße – Hilfskassen gegründet, Rechtsschutz gewährt. Immer wieder engagierten sich auch Wittelsbacher Prinzessinnen: die »Prinzessin Rupprecht, Arnulf, Ludwig Ferdinand« – als ob die Frauen mit der Heirat auch gleich ihren Vornamen mitverloren hätten!
– Die sogenannten »Gemäßigten« um Ika Ehrenberg und Luise Kiesselbach (von der zumindest in München noch ein Platz kündet). Sie kümmerten sich, wenn auch weniger katholisch, um praktische Hilfe für Mädchen und Frauen. Da gab es ebenfalls Nähstuben und Arbeitsvermittlung, Kost- und Ferienplätze, Hilfe und Unterstützung für Schwangere und Säuglinge. Aber darüber hinaus, Gott bewahre! »Den ausschweifenden Forderungen nach vollständiger Gleichberechtigung haben wir uns nie angeschlossen![1]« tönte es aus ihren Reihen.
– Das blieb den sogenannten »Radikalen« vorbehalten: vor allem Lida Gustava Heymann und ihre Freundin und Lebensgefährtin Anita Augspurg mit ihrer »Frauenbildungsreform«. Sie und ihre pazifistischen (oft genug als »kommunistisch« diffamierten) Freundinnen und Mitkämpferinnen wurden mit Hohn und Spott übergossen, trauten sie sich doch zu fordern, was bisher Männern vorbehalten war: Wahlrecht, Studium und überhaupt völlige Gleichberechtigung. Darüber hinaus: Frieden. Und wie sie lebten! Manche mit einer Freundin: wie Ika Ehrenberg mit Sophie Goudstikker oder Lida Gustava mit Anita. (Was übrigens auch Adele Spitzeder vorgezogen hatte.) Sie verdienten eigenes Geld, wie im »Fotoatelier Elvira«, wo sogar die Wittelsbacher ablichten ließen, sie trieben Sport, ritten, reisten, redeten in der Öffentlichkeit, gründeten Initiativen und trugen gar die Haare kurz!

München war in den Jahren vor dem Ersten Weltkrieg überhaupt eine der frauenbewegtesten Städte Deutschlands. »Von allen Großstädten schien München mir die geistig freieste, wenigstens vorurteilsfreieste Stadt«, schrieb Lida

[1] »München – Stadt der Frauen« …

Gustava[2] und begann als eine der ersten Frauen an der Münchner Universität zu studieren. Gegen Widerstände. »Weibliche Hörer sind mir ein Greuel«, bekannte der als »liberal« geltende Professor Brentano offen. Um 1900 wurde über den »gemeingefährlichen Unfug des Frauenstudiums« debattiert und darüber, daß Männer nun wohl zu »duldenden Eunuchen« würden.

Frauen seien nun einmal für die Wissenschaften nicht geschaffen, hieß es und begründet wurde dies mit den albernsten biologistischen Argumenten, wie daß ihre Hirnmasse einfach kleiner sei. Das Niveau in den Wissenschaften würde sinken, lamentierten die Männer, es seien überhaupt nicht genug Räume und Unterrichtsmaterialien vorhanden und darüber hinaus würde ganz zweifellos die Weiblichkeit der Studentinnen leiden (die den Männern schon immer so am Herzen lag!). Sie störten ganz einfach. Was immer sie taten, was sie sagten, wie sie sich kleideten, es wurde zu ihren Ungunsten ausgelegt. Waren sie chic, wollten sie sich nur einen Mann an der Uni angeln oder die langweilige Zeit vor der Hochzeit irgendwie herumkriegen. Waren sie unscheinbar, wurden sie als »Blaustrumpf« verlacht. Echtes Interesse an Wissenschaft und Forschung nahm ihnen die Männerwelt einfach nicht ab. Dabei steckte dahinter nichts als die Angst vor der Konkurrenz auf dem akademischen Arbeitsmarkt.

1903/04 waren auf 7260 Studenten an der Münchner Uni 32 »immatrikulierte Damen« und »107 zugelassene Hörerinnen« gekommen, darunter Ausländerinnen, die woanders – wie seit 1876 in Zürich – schon zu studieren begonnen hatten.

1911 studierten 320 Russinnen und Russen an der Universität, vorwiegend aus jüdischen Familien und vorwiegend Medizin – Arzt war ein Beruf, der Juden zur Zarenzeit in Rußland zugänglich war. Da fühlte sich der »deutsche Student«, viele von ihnen in nationalistisch-machistischen Studentenverbindungen verankert, schlicht überfahren: Frauen und Ausländer! Neben ihm im Hörsaal! Gegen die »Russen« fand im Hackerbräu eine Protestveranstaltung statt, an der 1500 Leute teilnahmen und auf der gegen die »ungepflegten und zu sehr politisierten Studenten« Front gemacht wurde. Sie frönten der freien Liebe und nähmen den anderen Studienplätze weg. (Das wurde auch den Studentinnen vorgeworfen.)

Überhaupt machten in den Jahren vor 1914 neben den politischen Frauen, Schriftstellerinnen und Malerinnen von sich reden: Franziska zu Reventlow und Lena Christ, Emerenz Meier, Ricarda Huch, Annette Kolb, Lou Andreas Salomé, Thekla Egl, die Ernst Toller zuarbeitete, und Carry Brachvogel, die den ersten Schriftstellerinnen-Verein gründete. Als Malerinnen: Gabriele Münter, die von Kandinsky verlassen wurde, und Marianne Werefkin, die sich mit einem Kind, das ihr Alexej von Jawlensky mit der Dienstmagd gezeugt hatte, anfreunden mußte.

Trotz Problemen im Privaten herrschte im Öffentlichen so etwas wie weib-

[2] Lida Gustava Heymann, »Erlebtes, Erschautes – Deutsche Frauen kämpfen für Freiheit, Recht und Frieden 1850–1940«, zus. mit Anita Augspurg, 1977

liche Aufbruchsstimmung, die von männlicher Kriegsbegeisterung jäh durcheinandergewirbelt wird.

Das spaltete die Frauen: Katholische und »Gemäßigte« stellten sich in den Dienst des Vaterlandes und der Männer im Feld, leisteten freiwilligen »Liebesdienst«, pflegten Verwundete und schickten »Liebesgaben«.

Die »Radikalen« wandten sich in Konferenzen, Kongressen und Schriften gegen den Krieg. Die Schriften wurden in Bayern verboten, Lida Gustava sogar vom Kriegsministerium aus Bayern ausgewiesen (Wenn eine Frau Frieden will, ist das Kriegsministerium dafür zuständig!) wegen »Gefährdung der öffentlichen Sicherheit«.

1916 schrieb die »Süddeutsche Conservative Correspondenz«: »während sich die Elite der deutschen Männergesellschaft vor dem Feind verblutet, besetzen daheim die Weibchen die Kollegienbänke, um die gelehrten Berufsarten zu feminisieren.« 1917 wird dann aber doch auf die Studentinnen, die weibliche Reservearmee, zurückgegriffen: »Das Vaterland braucht Eure Kraft!« heißt es da und sie sollten in Rüstungsfirmen arbeiten: »Die Erfahrungen werden Euren Blick erweitern, Euch bereichern und schulen fürs Leben!«

1916 hatten auf dem Marienplatz die ersten, vor allem von Frauen organisierten Hungerdemonstrationen stattgefunden, die von Polizei und Militär aufgelöst wurden; 1918 weitere.

Gegen Ende des Krieges saßen in den Hörsälen vor allem Studentinnen und Kriegsinvaliden. Als der Friede dann da war, kamen die Soldaten nach Hause und übernahmen alle diese Posten, die ihre Frauen bis dato ausgefüllt hatten. Klaglos traten die Frauen ins zweite Glied zurück. Lida Gustava konnte sich nicht genug über diese »Lammesgeduld« wundern und empören. Wie Frauen ohne Widerstand ihre Posten »den Männern räumten und dann selbst ohne jeden Verdienst dastanden. Das war nur möglich gemäß der Überlieferung, daß man Soldaten – Menschenschlächter – eo ipso als Helden betrachtete, denen das Vaterland und die Frauen zu Dank verpflichtet seien.«[1]

Ähnliches sollte nach dem Ende des Zweiten Weltkrieges passieren.

Am 7. November 1918 bekommt München die Republik. Begeistert telefoniert Anita aus München mit Lida Gustava in Hamburg: »Bayern Republik! Kurt Eisner hat das Wahlrecht der Frauen für Bayern proklamiert, Deutschland muß folgen!«

Eine Hilde Krämer erlebt die revolutionäre Situation hautnah mit: *»Eine Gewerkschaftsdemonstration wälzte sich pomadig durch die Straßen, nichts von revolutionärem Aufstand. Wir folgten bis zum Friedensengel, dann gaben wir die Sache verzweifelt auf und wollten nach Hause gehen. Die Luxemburger begleiteten uns noch, und als wir zur Türkenkaserne kamen, fingen uns die Augen an zu brennen, denn die Luft war noch erfüllt von dem scharfen Gas der Bomben, die die Unterof[fiziere] und die Offiziere auf Soldaten und Volksmenge geworfen hatten. Wir erfuhren dann, daß schon fast alle Münchner Soldaten gemeutert hätten. Das war 7 Uhr abends, am 7. November. Die*

[1] Erlebtes und Erschautes, op.cit.

Unabhängigen mit Eisner an der Spitze hatten die Soldaten zur Empörung aufgefordert, auch waren schon einige Soldaten auf der Theresienwiese gewesen. Die Kasernen waren dann geschlossen worden, und kein Soldat durfte sie verlassen, denn man hatte schon große Angst vor dem Aufstand. Wir schlossen uns an der Türkenkas[erne] einem Soldaten an, der zur Bildung des Soldatenrates zum Löwenbräu ging. Da habe ich eigentlich das größte Erlebnis gehabt. Allerdings war es mehr innerlich. Ich kann Dir dazu keine nähere Erklärung geben. Als ich das ›Es lebe die Republik! Es lebe die Revolution!‹ hörte, da hatte ich gleich das Gefühl: Diese Menschen sind fähig, wirklich die Revolution zu machen! Das ist eine andere Begeisterung als bei den Arbeitern. Gesprungen und gejubelt haben wir, und in die Arme sind wir uns gefallen in jener Nacht.[1]«

Die Frauen erwarteten sich viel von »jener Nacht«: die Erfüllung aller ihrer Forderungen.

Sie wollten neben den Arbeiter-, Soldaten- und Studentenräten auch Frauenräte. Anita Augspurg und Lida Gustava Heymann fordern sie vor dem Rätekongreß ein: der Antrag scheitert. Sie bekommen nur ein »Frauenreferat« mit Sitz im Wittelsbacher Palais, das freilich wenig bewirken sollte wegen ständiger Behinderungen und Ostern 1919 bereits wieder aufgelöst wird.

Wo sind bei den Bauernräten die Bäuerinnen und bei den Arbeiterräten die Arbeiterinnen? fragt Dr. Rosa Kempf, eine der acht weiblichen Abgeordneten des 256 Mitglieder umfassenden »Provisorischen Nationalrats«, dem auch Luise Kiesselbach und Anita Augspurg angehören.

Im Revolutionstribunal sitzt Hedwig Kämpfer und weiß zu verhindern, daß Todesurteile ausgesprochen werden, im Hochschulrat sitzt eine Studentin, Gertraud Kaestner, die nach der Niederschlagung der Revolution 1919 wie die anderen Mitglieder auch zu einer Haftstrafe verurteilt wird.

Als Toni Pfülf im November 1918 unangemeldet bei einer Sitzung des nur aus Männern bestehenden Arbeiter- und Soldatenrates auftaucht und ihre keinesfalls frauenspezifischen Forderungen stellt, wird sie hinauskomplementiert. Sie, die mutige Frau, die schon in Männerkleidung politische Versammlungen besucht hatte, als Frauen dort noch gar nicht zugelassen waren, sie, die Reichstagsabgeordnete, nahm sich 1933 aus Verzweiflung über die Feigheit ihrer männlichen Kollegen den Nazis gegenüber das Leben. Im Gartenhaus der Kaulbachstraße 12.

Die Räterepublik war eine kurze Zeit des Einübens von Gleichberechtigung, letztlich waren die Linken und Revoluzzer im Rätekongreß auch nicht alle grundsätzlich frauenfreundlich, aber es war ein Anfang.

Als Kurt Eisner am 21. Februar 1919 mit der Rücktrittserklärung in der Tasche auf dem Weg zum Landtag erschossen wird, entwickelt der Räteprozeß eine eigene Dynamik, die mit den Ideen des Freistaates nur noch theoretisch etwas zu tun hatte.

1 Brief von Hilde Kramer in: »München – Stadt der Frauen«

Tonhalle * Türkenstraße

Morgen-Aufführung

zugunsten der

„Frauenhilfe" für politische Gefangene

am Sonntag, den 30. November 1919, vormittags 10½ Uhr.

Unter Mitwirkung von:

Dr. Friedr. Bauer, Domorganist Hempel, Gümbel-Seiling

Rezitation revolutionärer Dichtungen

Vortrag: Klavier und Geige Therese Diehn-Slottko :: Herma Studeny

Ein Hans Sachs-Spiel

Vorlesung aus der „Wandlung" von Ernst Toller

Karten zu M. 2.50 werden verkauft im Bureau der „Frauenhilfe", Rosentalschule, Zimmer 5 (1. Stock), täglich von 2–5 Uhr und an der Kasse.

Ankündigung einer Veranstaltung der »Frauenhilfe« zur Unterstützung der Hinterbliebenen gefallener Revolutionäre, Untersuchungsgefangener und Verurteilter im November 1919 in der Tonhalle, nach dem Ende der Räterepublik

Linke und Frauen der »radikalen« Richtung schließen sich im »Bunde sozialistischer Frauen« zusammen, mißtrauisch beäugt von den »sozialistischen Männern«, die spüren – so Heymann – »daß es jetzt ums Ganze ging ... ihre Herrennatur begehrte auf«.

Der bayerische »Verein für Frauenstimmrecht« und der »Frauenausschuß für dauernden Frieden« mieten einen Laden in der Türkenstraße an, der zu einem Informationszentrum für Frauenfragen wird. Dort gibt es Auskünfte, Flugblätter, Literatur.

Am 13. April 1919 wird die kommunistische zweite Räterepublik ausgerufen, Levin und Leviné sind die Köpfe. Die »radikalen« Frauen versuchen, den drohenden Bürgerkrieg zu verhindern, sie bieten an, zwischen »Roten« und »Weißen« zu verhandeln. Zwei Frauen gehen zu Leviné, Augspurg und Heymann zu Levin: »Schwerer Hysteriker und Psychopath« stellen sie fest und weiter: »Er pries die russischen Revolutionärinnen, die mit der Waffe in der Hand den Kampf für die russische Revolution aufgenommen hätten, schüttete allen Hohn und Spott auf die deutschen Frauenrechtlerinnen und Pazifistinnen aus[1]«

Als Anfang März 1919 die »Weißen«, Freikorps und württembergisch-bayerisch-preußische Truppen München besetzen und alles niedermachen, was nur entfernt an die »Roten« erinnerte, »werden auch Frauen und Mädchen bestialisch ermordet und dann beiseite geschafft, damit es nicht so feig aussieht«.[2]

Die Weimarer Republik mit ihrer wirtschaftlichen Depression und politischen Radikalisierung erweckte in den Frauen nicht gerade den Wunsch, in der Politik groß mitzumischen. Zwischen 1919 und 1932 beträgt der Frauenanteil im bayerischen Landtag 4,5 Prozent. Studentinnen entscheiden sich meist für »Frauenberufe« wie Ärztin oder Lehrerin. Wobei die Lehrerin noch besonders benachteiligt ist, es existiert eine Art »Lehrerinnenzölibat«: Wenn sie heiratet, wird sie entlassen.

Dennoch scheint die Gleichberechtigung der Frau Fortschritte zu machen, was sich schon unmißverständlich in der Kleidung ausdrückt: Pagenkopf, kurze Rocksäume, Korsett und Hut haben ausgedient. Frauen sind in den »wilden 20ern« in Theater, Kabarett, Film und Sport anzutreffen. Es scheint, die Entwicklung wäre nicht mehr zu stoppen.

Frauen sind es, »Radikale«, die die Gefahr, die von Hitler und den Nazis aus-

1 »München, Stadt der Frauen« aus »Erlebtes, Erschautes«
2 Oskar Maria Graf, »Wir sind Gefangene«, Berlin 1928

geht, bemerken und versuchen sie zu stoppen. Wo liest man das in deutschen Geschichtsbüchern? Im Januar 1923 sprechen acht bis neun Frauen, »um dem Treiben der Hitlerbanden ein Ende zu setzen« (Heymann) mit dem bayerischen Innenminister, darunter die Freundinnen Augspurg und Heymann. Sie fordern die Ausweisung Hitlers als Ausländer. Aber er sei doch aus Braunau an der bayerischen Grenze, heißt es. Die Unterredung verläuft erfolglos, die Frauen sind überzeugt, daß ein Kommunist aus Braunau ganz schnell und ganz legal aus Bayern ausgewiesen worden wäre. Im November 1923 erfolgt der Putsch, folgen das milde Urteil, die baldige Freilassung, das Anwachsen des Nationalsozialismus, die Unterstützung der Industrie, die Wahl, das Ermächtigungsgesetz, die Kriegsvorbereitungen, der Krieg. Alles, was die Frauen hatten verhindern wollen. Seit der Machtergreifung läuft nämlich die Umerziehung zur »deutschen Frau«, der freudig-ergebenen Gebärerin künftiger Soldaten für Führer und Reich.

Eine Frau hatte eine wichtige Rolle dabei gespielt, dem Hitlerputsch 1923 entgegenzusteuern. »Geschichtsbücher werden von ihrer starken Beteiligung an der Niederwerfung des Hitlerputsches vermutlich nichts zu berichten wissen« schreibt Lida Gustava Heymann in weiser Voraussicht über Ellen Ammann, die Gründerin des katholischen Frauenbundes. Sie hatte Leute gewarnt, die auf der Liste der Nazis standen, sie hatte Gefährdeten zur Flucht verholfen, die Proklamation »die verfassungsmäßige Regierung besteht weiter« verfaßt und Reichswehrtruppen aus Würzburg angefordert. Wer weiß das schon?

Kaum war Hitler an der Macht, verfügte er die Ausschließung der Frauen von den Berufen als Richterin und Anwältin, weil Frauen für ihn unselbständig und männerabhängig waren. Dieser Mann, der Europa zwölf Jahre in Atem hielt, hatte ein primitiv-krudes Frauenbild, inwieweit das eine Potenzfrage war, sei dahingestellt. Er umgab sich gern mit jungen, hörigen Freundinnen wie mit Nichte Geli Raubal[1] oder Geliebter Eva Braun. Auf Damen der besseren Gesellschaft schien er eine magische Anziehung auszuüben, so daß er in München von Erna Hanfstaengl und Elsa Bruckmann unter die Fittiche genommen wurde. Sie erzogen ihn zu Vegetariertum und Anti-Alkoholismus, brachten ihm Manieren bei und verschafften ihm Kontakte zur Industrie. Winifred Wagner vom »Hügel« in Bayreuth (man hatte sogar schon von Hochzeit gemunkelt) entsprach wohl exakt seinem Bild einer »deutschen Frau« – sie, wie Leni Riefenstahl gaben sich auch nach dem Zusammenbruch des Dritten Reiches weiterhin unbelehrbar als große Verharmloserinnen.

Hitler sorgte jedenfalls zunächst dafür, daß Frauen das Studium vergällt wurde: Stipendien gab es nur noch für »frauenspezifische« Studiengänge, der Zugang wurde durch Quoten beschränkt, es gab Pflichtenhefte und Arbeitsdienstverpflichtungen. Gesetze wurden erlassen: das gegen das »Dop-

[1] Tochter von Hitlers Halbschwester, 1928–1931 in München

pelverdienertum« und die Nürnberger Gesetze gegen die Juden. Die Universitäten wurden von »jüdischen« und »gemischten« Elementen »gesäubert«. Von 58 jüdischen Wissenschaftlerinnen verließ die Hälfte Deutschland. Emanzipation wurde als »jüdische Erfindung« gebrandmarkt, »deutsch« und »jüdisch« zum Gegensatz aufgebaut. Doch dann ergab sich eine ähnliche Situation wie im Ersten Weltkrieg: die Arbeitskraft der Frauen wurde gebraucht. Zunächst aller: Sie sollten in der Rüstung arbeiten, die Männer waren schließlich in der Politik, in der Armee und in paramilitärischen Naziorganisationen beschäftigt, wo sich ganz andere Aufstiegsmöglichkeiten boten. Die Frauen durften auf unterer Ebene »ihren Mann stellen«, ab 1942 war Frauenstudium sogar ohne Abitur möglich: Wissenschaftlerinnen waren kriegswichtig geworden. Allerdings nicht die jüdischen. Die Nazi-Mordmaschine zur »Endlösung der Judenfrage« war bereits angelaufen.

Wie die Münchner Universität der Ort frühester Begeisterung für die Nazis war, so wurde sie ab 1942 zum Kern des studentischen Widerstandes. Den Geschwistern Scholl und den anderen Anhängern der »Weißen Rose« waren nach anfänglicher Begeisterung für die Nazis doch die Augen aufgegangen. Sie druckten ihre Flugblätter, legten sie aus, verschickten sie, riefen zum Widerstand auf. Die Gründungsfeier der Universität im Januar 1943 im Deutschen Museum schien einen Wandel anzuzeigen. Gauleiter Giesler hatte die Studentinnen aufgefordert, anstatt sich an der Uni herumzudrücken doch lieber dem Führer Kinder zu schenken. Da brach Empörung -- auch bei den Studenten – aus. Aber es blieb bei der Empörung. Weitere Flugblätter wurden gedruckt, im Lichthof der Uni ausgelegt. Sophie Scholl gibt ihnen einen Stoß, sie flattern hinunter, Pedell Schmied sieht es und ruft die Polizei. Die Geschwister werden gefangengenommen, von Freisler verurteilt, Tage später hingerichtet.

Im Juni 1997 wird in der Uni am Rand des Lichthofs eine »Denkstätte« eingerichtet, seit 1980 jährlich der Geschwister-Scholl-Preis verliehen: von 20 Preisträgern waren 6 Frauen, eigentlich nur 5, zwei mußten sich einen teilen. Zum Freundeskreis der »Weißen Rose« in München gehörten die Studentinnen: Susanne Hirzel, Traute Lafrenz, Gisela Schertling und Katharina Schüddekopf.[1] Sie werden nur zu einem Jahr Gefängnis verurteilt, als »Mädchen« und als »Geschenk zum Geburtstag des Führers«. Ein anderes »Mädchen«, Marie Luise Jahn, die das letzte Flugblatt vervielfältigt hat, wird zu zwölf Jahren Zuchthaus »begnadigt«.

Sie ist es, die Geld für die Witwe des hingerichteten Professor Huber sammelt, die nach seinem Tod mittellos dastand.

Frühjahr 1945: das Nazireich ist zusammengebrochen, die westlichen Alliierten geben sich Mühe, demokratische Strukturen herzustellen, die Männer kommen zurück, die Frauen treten ihnen »mit Lammesgeduld« wieder die Posten ab, die sie bis dato innehatten. Kaum öffnet die Universität ihre

1 »Stieftöchter der Alma Mater«, op.cit.

Pforten, wird welche Debatte wieder angeheizt? Ob Frau-Sein und Beruf sich tatsächlich vereinbaren lassen. Als ob das nicht schon sattsam bewiesen worden war (auch ohne die Mithilfe der Männer).

25 Prozent der Studienplätze waren 1946 für Frauen reserviert, 1949/50 hatten gerade mal 12 Prozent der Studentinnen davon profitiert, erst 1960/61 waren es 27 Prozent. Tendenz steigend. Die alten Hierarchien setzen sich wieder durch, Nazi-Professoren lehren weiter, Ruhe, Ordnung und Kuschen sind angesagt. Der Mief der Adenauerschen Pepitahutgesellschaft steht auch in den Hochschulen.

Bis 1968 kommt und der frische Wind der Apozeit die Grundfesten der Gesellschaft freilegt und ihre Risse zeigt. Reformen werden gefordert, Mitbestimmung, Veränderung der Gesellschaft. Die Mädchen sind von Anfang an dabei, politisieren sich mit, emanzipieren sich dann aber von den »linken Chauvis«, gründen ihre eigenen Zentren, diskutieren die Theorie und verwirklichen die Praxis der »antiautoritären Erziehung«. Richtig »Karriere«, sozusagen gleichberechtigt, machen sie aber erst bei der RAF, bei dem Teil der Studenten, der sich Gesellschaftsveränderung via Gewalt vorgenommen, sie praktiziert hatte, aber daran gescheitert war[1].

Eine autonome Frauenbewegung war seit 68 nicht mehr aufzuhalten. Frauenzeitschriften wie »Emma« und »Courage« erschienen, Frauenkommunen entstanden, Frauenbuchhandlungen (wo die Empörung der Männer, als sie nicht hineindurften, groteske Formen annahm), Frauenhäuser, Frauenstudien, Frauenakademien. Seit 1985 gibt es Frauenbeauftragte (in Behörden, Betrieben, bei der Stadt), aber solange es sie gibt, ist Gleichberechtigung noch ein stückweit entfernt.

»Die Frauen erweisen sich als stärker emanzipiert, als die Männer es ihnen zubilligen«, heißt es in der Broschüre[2] der Gleichstellungsstelle. »Die rechtliche Benachteiligung der Frauen ist weitgehend überwunden« meint OB Ude im Vorwort. »Weitgehend« ist dehnbar; wenn von 52 Prozent der weiblichen Studierenden an der Uni München gerade einmal 5 Prozent Frauen einen richtigen Lehrstuhl haben, dann spricht das Bände.

Und wer leitet Krankenhäuser? Sitzt Kirchen vor? Repräsentiert Parteien (Ausnahme: die SPD-Renate Schmidt), Verbände, Interessenvereine? Arbeitgeber, Arbeitnehmer? Die Politik, das Volk? Männer, Männer, Männer, der kleinere Teil des Menschengeschlechts. Überall, wo Prestige, Geld und Macht locken, sind sie da. Ehrenamtliche Leistungen überlassen sie lieber den Frauen, die sie immer noch »mit Lammesgeduld« übernehmen. 80 Prozent aller ehrenamtlichen Leistungen werden von Frauen erbracht laut Frauenbroschüre. Wie lange noch?

Die Türkenstraße – der Ort, wo Anfang des Jahrhunderts »gemäßigte« und »radikale« Frauen ihre Infobörsen hatten, wo ein paar kurze Monate lang

1 1998 gibt die RAF ihre Auflösung bekannt

2 »Ausgerechnet Frauen, Zahlen, Daten und Fakten für München«, hrsg. von der Gleichstellungsstelle für Frauen der Landeshauptstadt München, 1995

im Wittelsbacher Palais das »Frauenreferat« bestanden und eine der ersten Frauenkommunen existiert hatte.

Drei »Türkenstraßlerinnen«, deren Leben durch keinen Ehemann mehr bestimmt ist, erinnern sich: Gustl, die Tochter des Schreiners, die zu den »besseren Kindern« der Straße gehörte, die nie ohne Handschuhe und Hut zur höheren Töchterschule kam und auch sonst sehr brav war. Eine »Dodschn« sei sie gewesen, sagt sie, die Eltern eher monarchistisch und eigentlich wäre sie gern Malerin geworden. Aber sie war brav und wurde Kontoristin ausgerechnet im Wittelsbacher Palais, wo zuvor das Frauenreferat gewesen war.

Irene, die Tochter des Eisenbahners aus Kroatien, war mit vierzehn nach München gekommen, hatte eine Schneiderlehre gemacht und den Sohn der Bäckerei Bolzmacher geheiratet. Nie habe sie sich als Ausländerin gefühlt, nie sei sie so behandelt worden, schließlich hatte Hitler die Volksdeutschen ja »heim ins Reich« gerufen. Wie sie Fuß faßt und kämpfen muß, um endlich den Lohn ihrer Arbeit genießen zu können: »Grüß dich, Türkenstraße, die Bolzin ist wieder da!«

Berta, die Tochter des Schneiders, der dann zur Bank ging, erinnert sich an die Kinderspiele in Hof und »Höfl«, das abenteuerliche »Schwarzbaden« mit umgestecktem Gasschlauch, den Schlangenbeschwörer, der seine Mäuse für die Schlangen im Keller züchtete. Sie, Türkenstraßlerin und außer in die »Datscha« nach Niederbayern eigentlich nicht aus der Straße weggekommen, regt sich noch immer auf, wie der Vater nach seinem Tod beim Löschen von Brandbomben in der »Engelsburg« behandelt worden war: weil er kein Nazi war, sollte er im Nordfriedhof kein Grab bekommen.

In der Nähe der Straße leben Erika und Susanne, die beide etwas mit Jüdisch-Sein oder Widerstand zu tun haben. Erika, lange Jahre aktives Mitglied der »Aktion Maxvorstadt«, Weltenbummlerin, hatte für ihren Freund gerade Flugblätter der »Weißen Rose« zu Hause versteckt, als es läutete und Polizei vor der Tür stand. Augenblicke, in denen das Blut gerinnt.

Susanne, Romanistin, Jüdin, »eigentlich unpolitisch«, ärgerte sich zunächst einmal darüber, wie die Nazis es wagen konnten, mit den Nürnberger Gesetzen so dreist in ihr Leben einzugreifen. Nach Jahren in Paris als Buchhändlerin wird sie im Lager Gurs interniert, danach gelingt ihr die Flucht vor den Nazis mit einem vom Vatikan gefälschten Taufschein. Sie landet in Rio, arm wie eine Kirchenmaus und – schwanger.

Wie sie ihr Leben dort meistert, eine Versandbuchhandlung aufbaut, sogar zehn Jahre lang verheiratet ist, bis sie nach Schwabing zurückkehrt, das alles verdankt sie dem männlich bestimmten Rassenwahn der Nazis.

Frauenleben – wovon es bestimmt war und wann die Frauen sich den von der Gesellschaft in sie gesetzten Erwartungen entzogen, welches die Lebenszeiten waren, in denen sie sich am besten fühlten, und warum und wie ihr Leben wohl ausgesehen hätte, wenn sie nicht dem »zweyten Geschlecht« angehört hätten …

Auguste ›Gustl‹ Füssenhäuser
geb. 1905 · gest. 1994 · Angestellte

Türkenstraße – geistige Wiege Schwabings

»Wir Maxvorstädter legen großen Wert darauf, daß wir nicht in Schwabing leben. ›Schwabing als Zustand‹, was die Reventlow gesagt hat, das laß ich gelten, aber es auch heißt : ›Die geistige Wiege Schwabings stand zweifellos in der Türkenstraße‹.

Ich bin auf Nummer 52, im vierten Stock, zur Welt gekommen. Damals war es nicht üblich, daß Frauen zur Entbindung in die Klinik gingen, das hatte nichts mit Geld zu tun. Es gab ja auch eine Hebamme in der Türkenstraße, die Frau Jakob. Ihr Mann hatte ein Friseurgeschäft, auch in der Straße. Ich hatte eine ältere Schwester, die, als ich zehn war, an einer unbekannten Krankheit, so hieß es, gestorben ist. Sie konnte nicht mehr gehen, war halbseitig gelähmt und hatte eine ganz verwaschene Sprache. Vielleicht war es Multiple Sklerose und vielleicht könnte man es heute heilen.

Mein Vater war Schreiner und hat seine Werkstätten auf Nummer 33 gehabt. Da war ein schöner Hinterhof, wo immer viele Kinder gespielt haben. Allerdings mehr die von der ärmeren Bevölkerung, wo im Sommer die Buben barfuß neben dem Spritzwagen herliefen. Ich habe zwar auch nicht zu den Besseren gehört, aber barfuß bin ich nie gelaufen.

Der ärmste Teil der Türkenstraße befand sich gegenüber von der Kaserne. Dort standen auch die älteren Häuser. Es gab verschiedene Läden: Kolonialwaren, Bäckereien, eine Metzgerei. Aber auch eine sehr schöne Teehandlung[1], wo man ein paar Stufen hinaufgehen mußte. Meine Mutter war eine Teetrinkerin, deshalb waren wir öfter dort. Die meisten Leute im Viertel haben allerdings kaum Tee getrunken. Eher Bier. Wenn ich im Milchgeschäft gegenüber der Kaserne Milch holen ging, hatte ich immer das Haferl dabei. Butter und Topfen hat man vom Stück gekauft und in ein Schüsselchen gefüllt.

An den Sonntagen Punkt zwölf haben sich die Leute vors Portal der Türkenkaserne gestellt, weil da das Musikkorps ausgerückt ist zum Odeonsplatz. Da war Wachablösung und Parade vor der Residenz, viele Kinder sind im Takt mitgezogen. Ich nicht. Ich wäre schon gern, aber wir haben daheim pünktlich gegessen.

Zum Spielen sind wir auf die Wiese vor der Alten Pinakothek gegangen. Da durften Kinder spielen. Vor der Neuen Pinakothek war es schwieriger, da waren die Anlagen und da ging immer ein Aufseher herum. Wehe, wenn einem der Ball über ein Geländer in ein Blumenbeet fiel! Da war schon gleich der Aufseher zur Stelle und hat geschimpft.

[1] heute: Architekturbuchhandlung

Singspiele haben wir gemacht, Verstecken und Fangen gespielt. Wenn wir bei uns auf 52 im Hinterhof gespielt haben, ist oft die Hausmeisterin gekommen und hat gesagt: ›Geht heim! Ihr stört die Leute in den Büros mit Eurem Geschrei!‹
Eine meiner frühesten Erinnerungen ist, wie man mich einmal durchs Fenster hat schauen lassen und ich die ganze Straße hinauf und hinab gesehen habe, von der Brienner- bis zur Georgenstraße und gemeint hab': danach ist die Welt zu Ende. 1910 sind dann viele Leute bei uns im Fenster gehängt, um den Halley'schen Kometen zu beobachten. Ob ich ihn jetzt gesehen habe oder nicht, weiß ich gar nicht mehr. Ich entsinne mich nur an die Aufregung.
Ich war noch keine sechs, als ich, erst einmal auf Probe, in die Türkenschule kam. Als der Schularzt kam und die Lehrerin fragte, ob sie mit mir zufrieden sei, hat sie gesagt: ich sei geistig und körperlich gut entwickelt. ›Ist ein fester Bommer‹, hat der Arzt gesagt, ›die behalten wir!‹
Ich hab' ein paar Hopserer auf der Straße gemacht vor Freude, daß ich in die Schule kam. Ich hab's gar nicht erwarten können.
Ich war nicht die Beste in der Schule, aber ich habe gern gelernt. Buben und Mädchen waren in getrennten Klassen, die Buben hatten vorn ihren eigenen Eingang, die Mädchen an der Seite. Wir waren so um vierzig Schüler in der Klasse. Wir waren eine Simultanschule, ich glaube, es gab nur zwei davon in München. Es waren bei uns alle Konfessionen vertreten: evangelisch, katholisch, israelitisch und freireligiös. Die Kinder kamen manchmal von weit her. Es waren eigentlich schon bessere Kinder. Der Vater von einer war Professor, ein anderer erster Staatsanwalt. Die Türkenschule hatte einen guten Ruf.
Meine Eltern waren da eigentlich recht fortschrittlich, daß sie mich in die Türkenschule gegeben haben, sie hätten mich auch in die Luisenschule schicken können, eine rein evangelische. Überhaupt waren die anderen Schulen alle Konfessionsschulen.
Später habe ich gehört, die Türkenschule sei eine Versuchsschule gewesen: alle Neuerungen habe man da ausprobiert. An eine erinnere ich mich: die Schüler der Amalienschule hatten in den unteren Klassen schwarze Schiefertafeln und einen Schiefergriffel. Wir dagegen eine helle Tafel, auf die wir mit einem dunklen Stift schrieben. Das war doch gleich viel interessanter! Aus welchem Material die Tafel war, weiß ich nicht. Ich war vier Jahre in der Türkenschule, danach kam ich auf die Luisenschule, die zuerst noch ›Höhere Töchterschule von 1822‹ hieß. Da war sie gegründet worden für die Töchter höherer Offiziere und Beamter. Später, nach der Revolution, war sie in ›Höhere Mädchenschule in der Luisenstraße‹ umgetauft worden. Wir hatten da einige Lehrkräfte, die sehr fein und vornehm waren. Wahrscheinlich hat diese Vornehmheit unsere Erziehung stark beeinflußt.
In den ersten Klassen der Luisenschule sagte uns zum Beispiel eine Lehrkraft, es würde sich nicht schicken, ohne Hut auf die Straße zu gehen. Und man solle darauf achten, immer gute Schuhe und Handschuhe zu tragen.

Auf französisch hieße das nämlich: ›bien coiffée, bien gantée et avec de bons souliers‹. Aber da war schon Kriegszeit, es gab keine Handschuhe mehr und Hut haben wir auch keinen mehr getragen. Statt Schuhen trugen wir Holzklapper. Und wenn die Bänder unterwegs gerissen waren, hat man eben die Holzklapper in die Hand genommen und ist barfuß in die Schule gelaufen. Aber nicht freiwillig. Schon in der Volksschule ist darauf geachtet worden, daß die Kinder mit Hut in die Schule gekommen sind. 1913 war es, an einem heißen Tag, als eine Mitschülerin nachmittags um zwei ganz ohne Hut gekommen ist. ›Geh sofort wieder nach Hause!‹ hat die Lehrerin gesagt, ›und zieh deinen Hut und deine Schuhe an!‹ Sie muß wohl ein Kind armer Eltern gewesen sein, denn sonst waren die Kinder sehr gut gekleidet.

Wir Mädchen trugen Schürzen und Zöpfe, Söckchen und Kleider bis zum Knie, die Buben im Sommer kurze Hosen.

Meine Mutter hat mir immer eine gute Brotzeit mitgegeben. In der Pause herrschte bei uns eine Ordnung. Da hat man nicht so durcheinander laufen können wie heute! Da ist man, schön in Reih' und Glied, paarweise auf dem Schulhof promeniert. Was mich anging, besonders attraktiv war ich nicht. Eher eine Dodschn. Langweilig und brav, bin nicht nach der Mode gegangen und habe alles gemacht, was die Mutter gesagt hat. Auch wenn's nicht richtig war. Der Pausenhof war damals noch kleiner, weil es neben dem Foto-Kolenc-Haus noch ein anderes gegeben hatte, das aber im Zweiten Weltkrieg abgebrannt ist. Da war unten eine Apotheke drin. Die Stadt hat dann das Ruinengrundstück gekauft und der Türkenschule zugeschlagen.

Unser erster Ausflug war ein Spaziergang in den Englischen Garten, ein anderes Mal sind wir mit der Bahn ins Dachauer Moos gefahren. In der vierten Klasse war dann Krieg, da sind wir überhaupt nirgends mehr hingefahren.

Im ersten Stock vom Seitengebäude auf Nummer 33, wo der Vater die Werkstatt hatte, wohnte eine kleine Freundin von mir, das Töchterchen eines Fechtmeisters. Der ist später Uni-Fechtmeister geworden und hat private Fechtstunden an Studenten auf seinem Fechtboden der Nummer 33 gegeben. Das waren hochanständige Leute, die Bartenschlagers und mit der Hanni war ich ein Leben lang befreundet. Erst letztes Jahr ist sie gestorben. Sie hat irgendwie journalistisch gearbeitet, lange Zeit mit dem Peter Boehnisch.

Ich wäre gerne an die Akademie gegangen oder an die Kunstgewerbeschule. ›Du kannst lernen, was du willst‹, hat mein Vater gesagt, ›aber du mußt einen Beruf haben, in dem du dich einmal selber ernähren kannst. Ich lebe nicht ewig ...‹ Oder der Mathelehrer von der ›Höheren Mädchenschule‹ hat uns immer gewarnt: ›Ergreift ja keinen Frauenberuf! Da verdient Ihr nichts! Ihr sollt später einmal nicht Euren Eltern auf der Tasche liegen!‹

Das hat mir eingeleuchtet. Ich bin ja in eine schlechte Zeit hineingeboren worden, wo über Nacht das Geld kaputt war. Da war die Inflation nach dem Ersten Weltkrieg, wo ich von meinem ganzen Verdienst am gleichen Tag gerade eine Kartoffelpresse kaufen konnte für die Mutter.

Sie hat ein paar Millionen Mark gekostet. Erst ab 1. Januar 1924 gab es wieder eine harte Währung: ich verdiente 60 Mark im Monat und das war sehr

viel. Damals hatte ich eine Stelle im Sozialministerium, das offiziell: ›Ministerium für soziale Fürsorge‹ hieß und das sich um höhere Beamte kümmerte, Regierungsräte, Ministerialräte und sich im Wittelsbacher Palais befand. Es ist mir sehr schwer gefallen, mich dort anzupassen. Es war auch kein Beruf für mich: stenografieren und auf der Maschine zu schreiben. Gleich nach dem Ende der Riemerschmidschule, der Handelsschule, hatte ich im Sommer 1922 diese Stelle bekommen: Angestellte im gehobenen mittleren Dienst. Chefsekretärin. Ich hatte darauf verzichtet, Malerin zu werden.
Man kann die Zeit nicht zurückdrehen, das kann man nicht, aber sich zurückdenken, das kann man.
Im meiner Kindheit war die Türkenstraße sehr lebendig: Handwerksleute mit Handkarren, Gemüsekarren, Droschken. Der Standplatz der Pferdedroschken war in der Türkenstraße, gegenüber von der Schule. Aber eine Droschke konnten sich nur die Betuchten leisten. Unser Hausarzt zum Beispiel machte seine Krankenbesuche immer mit der Droschke. Als eines Tages um halb elf die Schule aus war, rief unser Wohnungsnachbar, der mit seiner Droschke auf dem Standplatz war, zu mir herüber: ›Gusterl, steig ei', i fahr die hoam!‹ Die Fahrt dauerte nur ein paar Minuten, aber ich habe mich gefühlt wie eine Prinzessin.
An der Ecke Schelling-/Türkenstraße gab es ein Kaiser's Kaffee-Geschäft. Da, wo heute die Hypobank ist. Dort habe ich zum ersten Mal die großen Zuckerhüte gesehen, blau eingewickelt. Davor saß an Werktagen ein Dienstmann mit seinem roten Kappel auf einem Hocker und beobachtete, was sich so tat auf der Straße. Alle kannten ihn und beschäftigten ihn manchmal: die Handwerker, um etwas auszutragen, und die Studenten, um ihn als Postillon d'amour Liebesbriefe zustellen zu lassen. Er war für alle ein guter Bekannter, der Dienstmann von vor dem Ersten Weltkrieg.
Vier Jahre bin ich in die Türkenschule gegangen, drei davon ins Schulgebäude, das letzte in die Universität. 1914, bei Kriegsausbruch, war der Unterricht dorthin verlegt worden, weil es keine Studenten gab, die waren alle im Krieg. Wir hatten den kleinen Sitzungssaal und der hat mich schon sehr beeindruckt: die Klappsitze und die ansteigenden Sitzreihen.
Da gab es einen Buben, der auf die Frage: In welche Klasse gehst denn? geantwortet hat: ›I, i geh' in die d' Uni!‹
Bei Kriegsausbruch waren die Leute in der Türkenstraße sehr aufgeregt: Zivilisten wurden einberufen, marschmäßig ausgerüstet und gleich ins Feld geschickt. Mein Vater Gott sei Dank nicht, aber dafür viele Verwandte und Bekannte, von denen einige nicht mehr zurückgekommen sind.
Die Einberufenen hatten Blumensträußchen am Helm und an der Brust. Im Hof der Türkenkaserne wurden sie verabschiedet, Geistliche waren da und haben Gottesdienste abgehalten. Und wie sie ausmarschiert sind, haben die Leute auf der Straße ihnen zugewinkt und geweint. Trotzdem war alles zuversichtlich, wir dachten, die könnten nur siegreich heimkehren. Unsere Lehrerin hat uns vom Brief eines Verwandten aus dem Feld erzählt, der geschrieben hatte, es gäbe in der Kompanie Soldaten, die nie ein Päckchen be-

kämen. ›Wie wär's, wenn wir bis Weihnachten Liebesgaben sammelten, sie in eine große Kiste geben und ins Feld schicken würden?‹ hat sie uns gefragt. Da ist dann viel gestrickt worden: Socken, Pulswärmer, Fäustlinge. Wir waren sehr eifrig. Die Mütter backten Dauerkuchen und Plätzchen.
Anfang Januar traf dann der Dankesbrief des Verwandten ein: am beliebtesten seien die Christbaumkerzen gewesen, weil die Soldaten sich daran ihre kalten Füße wärmen konnten. An den brennenden Kerzen.
Das schlimmste Jahr war 1917, das sogenannte Dodschnjahr. Da gab es nur diese weißgelben Rüben. Ein scheußliches Gemüse, ein scheußliches! Man hätte sie in Butter dünsten müssen, aber es gab keine Butter mehr. Man hat sie geschält, geschnitten, gekocht und was als Fett da war, dazugegeben. Nach rein gar nichts hat das geschmeckt.
Am 6. April 1919 hatte ich Konfirmation und am nächsten Tag wurde die Räterepublik ausgerufen. Meine Konfirmation war in St. Markus, aber die Mutter hatte kein Geld für ein neues Kleid. Es war aber noch das von meiner Schwester da: mit Stehkragen und ganz lang. Davon hat die Schneiderin den unteren Teil genommen, für oben hatte sie noch schwarze Seide. Die Regierung Hoffmann war nach Bamberg geflohen und versuchte von dort aus, die Räterepublik zu stürzen.
In den Straßen hörte man immer wieder den Spruch: ›Hoffmann, Hoffmann, nieder, nieder!‹ Das klingt mir heute noch in den Ohren. Es war eine unruhevolle Zeit.
Meine Eltern waren nicht so für die Revolution, sie waren eher monarchistisch eingestellt. Mit den ›Roten‹ hatten sie nicht viel am Hut. Sie haben bedauert, daß es mit der Monarchie am Ende war. Ich bedaure es heute noch. Das waren ja legere Leute, die Wittelsbacher.
Ich entsinne mich, als ich mit meinem Vater einmal im Englischen Garten spazieren gegangen bin, da hat er gesagt: ›Schau, da kommt der König!‹ Es war Ludwig III, ganz leger, mit schwarzem Überrock und schwarzem Goks. Er trug einen Stehkragen mit Krawatte und einen Spazierstock. Er war ganz allein, er ging immer allein spazieren.
›Grüß Gott, Majestät!‹ haben wir gesagt und der Vater hat den Hut gezogen. Da hat der König sehr freundlich zurückgegrüßt.
Es gibt noch eine andere Geschichte vom König im Englischen Garten. Als der Eisner die Republik auf der Theresienwiese ausgerufen hatte, ging der König gerade spazieren. Da kam ein Arbeiter auf ihn zu: ›Majestät, gengas hoam, mia ham Revolution! Gengas hoam, sonst passiert Eana no was!‹ Dann sei er in die Residenz zurück und habe sich mit seinem Innenminister beraten und beschlossen, nach Schloß Wildenwart zu fahren. Bei Nacht und Nebel ist er davon, aber abgedankt hat er nicht.
Am nächsten Tag haben die Anhänger von Eisner die Räume im Wittelsbacher Palais besetzt. Meiner späteren Arbeitsstelle.
Ich weiß, daß bei den Erschießungen im Luitpoldgymnasium, die von den ›Roten‹ veranstaltet wurden, der Vater einer Mitschülerin dabei war, der Eisenbahnobersekretär Daumenlang. Er ist dort erschossen worden.

Dann kamen die Freikorps aus württembergischen, bayerischen und preußischen Soldaten, es hat Straßenkämpfe gegeben, die rote Regierung hat weichen müssen.
Es war Frieden, aber die Not war groß. Wir hatten den Kopf nicht so voll wie die Mädchen von heute: es gab kein Radio, keinen Fernseher, keine Disco. Wir hatten nur die Schule im Kopf. Auf Buben habe ich überhaupt nicht reagiert. Ich hatte Freundinnen, die aber zu der Zeit auch noch keinen Freund hatten.
Mit meiner Schwester bin ich als Kind oft ins Ungererbad. Da waren die Geschlechter noch streng getrennt: Links das Kaiserbassin für die Männer, rechts das Bad für die Damen, die Würm und der sogenannte Mariensee. Die Würm ist durch das Männerbassin durchgelaufen und bei den Frauen gab es eine Spezialität: das ›Hüttenbad‹. Das war für Frauen, die sich im Badeanzug nicht sehen lassen oder die einfach nackt baden wollten. Die haben sich dann für ungefähr zwei Stunden so eine der Hütten gemietet, die Badefrau hat die Uhr gestellt. Vom Hütterl aus sind ein paar Stufen in die Würm gegangen. Von einer Hütte zur anderen konnte man nichts sehen. So etwas gab es für Männer natürlich nicht. Die haben sich nicht so geniert.
Manchmal hat uns die Mutter das Fahrgeld ins Bad gegeben, manchmal sind wir zu Fuß gegangen. Radl hatte ich keines. Nie eines gehabt.
Wenn ich zurückdenke, so war die Zeit bis zum Zweiten Weltkrieg eine ruhige Zeit. Es herrschte eine gutbürgerliche Stimmung. Wir hatten in unserem Viertel einfache Leute, Handwerker, Angestellte, höhere Militärs, Beamte und Aristokraten. Alles war vertreten in unserem Viertel. In unserem Haus gingen Kunstmaler ein und aus, im Atelierbau hatte der Herr Heymann seine Malschule, zu der auch die Prinzessin Pilar von Bayern kam.
Ich hatte viel mit Künstlern zu tun. Einer, der Herr Bischof, hat Laute gespielt oder Gitarre und dabei gesungen. Künstler haben sich doch immer irgendwie von den anderen Sterblichen unterschieden. Fast wär' ich ja eine von ihnen geworden.«

Irene Bolzmacher
geb. 1928 · Schneiderin · Bäckersfrau · Hausbesitzerin

Dinge zwischen Himmel und Erde

»Unser Haus ist das Haus mit dem längsten Nachmittag in der Straße: da fällt durch die Blütenstraße noch lange die Abendsonne herein. Früher hatten wir eine Bäckerei im Haus, die der Schwiegervater und mein Mann betrieben haben, die ›Blüten-Bäckerei‹. Ich habe da hineingeheiratet und lange mit einem Mädel den Verkauf gemacht.
Ich erinnere mich, wie der Schwiegervater erzählt hat, daß er zusammen mit dem Bäcker Mühlbauer, bei dem er Geselle war, eine Kapelle abgetragen habe. Auf einem Schubkarren hätten sie die Steine herantransportiert und damit nach und nach die Zimmer hinten ausgebaut. Das muß im ersten Jahrzehnt dieses Jahrhunderts gewesen sein, als es in der Gegend vor allem Landwirtschaften und Gärten gab. Wenn ich mich richtig erinnere, stand eine Kapelle mit einem kleinen Friedhof herum auf dem Areal von Söhnges in der Blütenstraße. Mir hat der Schwiegervater die Glocke aus der Sakristei geschenkt. Da hinten ist sie! (lacht) 1913 hat er dann das Haus Nr. 82 mit der Bäckerei von seinem Meister gekauft. Damals war das Vorderhaus noch höher: mit Fensterläden und einer klassizistischen Fassade. Im gleichen Jahr hat er geheiratet.
Er war ein Menschenfreund, hat Brieftauben gezüchtet und überall auf der Welt dafür Preise bekommen. Er hat sich auch, vor und nach dem Krieg, im Bezirksausschuß engagiert.
Die Schwiegermutter machte eher den Eindruck, als würde sie alle Leute hassen. Vielleicht auch erst, nachdem der jüngste Sohn in Rußland gefallen war. Jeden Sonntag morgen von sechs bis acht war sie in der Kirche. Ich war ihr irgendwie nicht fromm genug.

Die Schwiegereltern hatten drei Söhne: Ferdinand, Hans und Hermann. Ferdinand ist 1913 auf die Welt gekommen und für ihn haben sie den Birnbaum hinten auf der Wiese gepflanzt. Als die Amalienpassage gebaut worden ist, sollte er verschwinden. ›Nein, habe ich gesagt, der bleibt!‹

Man hat uns angeboten, ob wir uns nicht an der Amalienpassage beteiligen wollten mit 1,5 Millionen für 20 genehmigte Appartements. Sie sollten aber eine Eisentreppe bekommen, hatten die Architekten von Gagern beschlossen, was ich für ganz unpraktisch hielt. Wir haben uns zerkriegt und so fand die Beteiligung nicht statt. Wie willst du auch über eine eiserne Wendeltreppe, die außen am Haus entlanggeht, die Möbel transportieren!

Ferdinand, den Ältesten, hatte die Schwiegermutter der Kirche versprochen, weil sie am Anfang gemeint hat, sie könne vielleicht keine Kinder kriegen. Da hat sie ein Gelübde gemacht, daß sie wenn sie schwanger würde, dieses Kind der Kirche opfern würde als Priester oder als Klosterschwester. Wo eine Mutter doch gar nicht das Recht hat, über ihr ungeborenes Kind zu entscheiden! Den Ferdinand hat sie tatsächlich Pfarrer studieren lassen. Aber er hat dann doch geheiratet. Es ist aber keine gute Ehe gewesen. Ein guter Pfarrer wäre er aber auch nicht geworden.

Hans, der Mittlere, mein Mann, mußte nach dem Willen der Eltern Bäcker werden. Er hat sich nicht dagegen gesträubt, obwohl er viel lieber Architekt geworden wäre. Er hat schön gezeichnet. Einer seiner Onkel war Zimmermann, das hätte ihm viel besser gefallen. Normalerweise wurden Bäckersöhne zum Lernen in die Schweiz geschickt, mein Mann hat aber alles in Kursen aufgeholt. Als es vor dem Krieg einen Plan gab, südlich von unserem Haus eine Passage zur Amalienstraße hin zu machen, hat mein Mann bereits Pläne gezeichnet, wie unser Haus mit der Bäckerei als Eckhaus wohl aussehen würde.

Der jüngste Sohn, Hermann, war erstklassig in der Schule, am Maxgymnasium, aber was wollte er werden? Bäcker, unbedingt Bäcker! Er hätte alles studieren können, was er gewollt hätte. Als seine beiden Brüder im Krieg waren, entschloß er sich 19jährig, sich freiwillig an die Front zu melden. Dabei hätte er gar nicht müssen, weil schon zwei Brüder im Feld waren. Nach einem Vierteljahr ist er dann auch gefallen. Das ist Schicksal, aber das hat seine Mutter nie überwunden.

Mein Mann war in Stalingrad, ist aber als erster heimgekommen. 1948 war der Ferdinand immer noch vermißt.

Da gab es in der Barerstraße neben der Sparkasse so ein lediges Fräulein und ihre ältere Mutter, die waren Tischerlrucker und haben gependelt. Da ist die Schwiegermutter hingegangen, um etwas von Ferdinand zu erfahren. Zuerst haben sie den Rosenkranz gebetet, dann die Seele des Jüngsten angerufen und für sie gebetet. Tatsächlich hat es dann geheißen, der Ferdinand komme Mitte Oktober zurück. Das war vielleicht ein Vierteljahr vorher. Die Schwiegermutter hat dann eine Girlande flechten und ein ›Herzlich Willkommen‹ malen lassen von einem Kunstmaler. Da waren ja so viele, die froh waren, wenn sie etwas verdienen konnten. Das war am 10. Oktober 1948.

Am 16., einem Sonntag, ist sie wie immer in die Kirche. Am selben Tag ist der Ferdinand dann auch gekommen und hat sich über das ›Herzlich Willkommen‹ gewundert. ›Wir haben's eben gewußt‹, hat die Schwiegermutter gesagt. Aber nicht woher. Es gibt einfach Dinge zwischen Himmel und Erde, von denen sich unsere Schulweisheit nichts träumen läßt, denk' ich manchmal.

Wir haben auch eine im Haus gehabt, die Kittenberger, die hat in die Zukunft schauen können. Die hat mir alles gesagt: wieviel Kinder ich kriegen werd' und was für Schwierigkeiten mit der Familie auf mich zukommen werden.

Eines Tages ist sie vor der Wohnungstür gestanden und hat gesagt, sie habe sich die Karten geschlagen und sie dürfe nicht auf die Straße, sonst passiere ihr was. Da fuhr noch die Bockerlbahn. Also haben wir die Kinder für sie zum Einkaufen geschickt. Auf einmal steigt's auf einen geflochtenen Stuhl, fällt durch, bricht sich den Oberschenkel und ist drei Wochen später tot.

Ich bin keine Münchnerin, meine Familie stammt aus Kroatien, aus einem Dorf 80 Kilometer von Agram, heute Zagreb, entfernt.

Mein Großvater war Deutscher und für die Volksdeutschen hat es geheißen: ›Heim ins Reich!‹, weil die Kroaten ja mit den Deutschen zusammengingen, während die Serben ... wenn ich denke, wie sich das alles jetzt fast wiederholt, in diesem furchtbaren Krieg da unten, da kann man ganz verzweifelt werden! Politik mag ich nicht, da mach' ich lieber Handarbeiten! Mein Großvater hat damals gesagt: Mein Sohn kämpft nicht gegen die Deutschen! Da ist der Vater 1939 nach München vorausgegangen, er war Eisenbahner, wir sind dann 1941 nachgekommen, die Mutter und neun ihrer dreizehn Kinder. Ich war die Mittlere. Damals hat keiner uns ›Ausländer‹ genannt, wir haben zwar ein bißchen anders gesprochen, aber ich habe schnell bayerisch gelernt. Das Wort Ausländer war für uns ein Fremdwort.

Die Bolzmachers haben im 16. Jahrhundert ihr Wappen verliehen bekommen. Früher hat man es ›Poltzenmacher‹ geschrieben, von den Bolzen für die Armbrust.

Mein Mann ist hier im Haus geboren worden, und ich habe bei der Schneiderin Röhrenbeck hier im Haus meine Lehre begonnen. Da war ich gerade vierzehn. 1946 haben wir geheiratet, der Hans und ich.

Drei Jahre vorher hatten wir uns kennengelernt und zwar in der Ludwigskirche. Er war in militärischem Auftrag in München, um irgendwelche Ersatzteile zu organisieren und wußte noch nicht, daß sein jüngster Bruder gefallen war und daß am nächsten Tag der Trauergottesdienst in St. Ludwig stattfinden würde. Dort hat er mich gesehen und sich sofort in mich verliebt. Er hätte früher schon Töchter von anderen Bäckermeistern heiraten sollen, aber er hat immer gesagt: ›Meine Frau such' ich mir selber aus!‹

Der Hans kam jedenfalls, bevor er wieder an die Front mußte, häufig in die Schneiderei im Haus, um mich zu sehen.

Weil ich ihn ja jetzt kennengelernt hatte, brauchte ich ein neues Kleid. Ich habe mir eines genäht aus Flanell, rosa mit blauen Blümchen. Der Stoff hat

mich viele Punkte auf der Lebensmittelkarte gekostet. Einmal habe ich mir einen Hut gekauft, einen grauen, der aussah wie ein Tirolerhut für drei Punkte. Ich wollte einfach schön sein.
Im gleichen Jahr hat meine Chefin ein Umstandskleid für die Frau Kustermann genäht: blauer Brokat mit echtem Gold durchwebt, eine Pracht. Als aber der junge Kustermann – er war nicht eingerückt – seine Frau so gesehen hat, hat er einen Skandal gemacht: Für den teueren Stoff sieht meine Frau viel zu dick aus! Kein Wunder, sie war im achten Monat. Und er hat gemeint, mit einem teueren Stoff könne man das kaschieren! Ich war sofort verliebt in den Stoff und habe mir davon eine Krawatte gemacht. Die habe ich bis heute aufgehoben. Eine andere zierliche Kundin[1] von uns hat immer die wunderbarsten Stoffe zur Chefin gebracht für Glockenröcke, Blusen, Kleider. 1,50 waren die breit und sie hat sie vom Hitler persönlich geschenkt gekriegt, hat sie der Chefin erzählt. Der Hitler selber ist bei uns nicht aufgetaucht, wir haben immer nur seine Reden im Volksempfänger gehört. Aber wenn er in München war, in der ›Osteria‹ in der Schelling- oder in der ›Blüte‹ in der Blütenstraße, da hat er sie immer dabeigehabt. Und zu jeder Gelegenheit hat sie etwas Neues getragen. Sie war ein junges Mädchen, ein ganz ein liebes, vielleicht 20. Er vielleicht vierzig damals.
In einem Rückgebäude der Amalienstraße hatte ein Maler sein Atelier, an den Namen kann ich mich nicht mehr erinnern. Dorthin kam der Hitler auch oft und ließ sich portraitieren. Vielleicht hätte es ja deshalb die Passage geben sollen, daß der Hitler leichter von der ›Blüte‹ zu dem Maler kam. (lacht)
1946 haben der Hans und ich geheiratet, im gleichen Jahr kam unsere Tochter. Er hat mich sehr geliebt, aber gegen seine Mutter kam er nicht an. Sie hat überall verbreitet, daß ich ihn verführt hätte, wo ich doch so jung und dumm war damals und er die Welt schon gekannt hat. Ich würde ihn kaputtmachen hat sie verbreitet.
1951 ist unser Sohn auf die Welt gekommen, einen Monat später ist sie gestorben. An Wassersucht. Es waren nur fünf Jahre, in denen ich unter ihr gelitten habe, aber es war eine Ewigkeit. Sie war eine Tyrannin und hat allen das Leben zur Hölle gemacht. Aber niemand konnte gegen sie ankommen, ihr Mann nicht und meiner auch nicht. Es gibt eben so Persönlichkeiten.
1950 war die Koreakrise. Mein Mann hatte Angst, daß es wieder losgeht. Er wollte eigentlich kein Kind mehr. Er habe so viele Flüchtlingsfrauen gesehen, hat er immer gesagt, mit ihren Kinder unterwegs. Das wolle er nicht erleben. Aber der Schwiegervater hat gesagt: ›Ja, was is' denn? Sieht man immer noch nix? Da muß doch ein Erbe her!‹
Es war zwar die Tochter da und er hat sie auch sehr mögen, aber sie war halt kein Bub' und deshalb kein Erbe. Ich bin zwischen den beiden gestanden.
Während ich das erste Mal schwanger war, 1946, da gab's nichts zu essen. Schwarze Semmelknödel und Erbsensoße, von denen mir immer ganz

[1] wohl die Tochter von Hitlers Halbschwester, Geli Raubal, die von 1928 bis zu ihrem Selbstmord 1931 beim Onkel und Geliebten ›Alf‹ am Prinzregentenplatz lebte; sie war 23, als sie starb

schlecht wurde. Aber jetzt gab's alles zu kaufen. Wenn du schwanger wirst, ißt du nur das Beste und Schönste, hab' ich mir gesagt. ›Trinken'S jeden Tag einen Piccolo‹, hat mir eine alte Frau gesagt, ›dann kriegen'S ganz ein lustiges Kind!‹

Als ich dann schwanger war, hab' ich häufig einen Piccolo getrunken, aber lustig ist der Bub' nicht geworden. Da ist eher die Tochter lustig.

Da fällt mir gerade die Geschichte der Türkenkaserne ein: während des Krieges waren dort russische Gefangene untergebracht, die man manchmal durch die Türkenstraße führte. Die Schwiegermutter hat ihnen immer wieder einen Waschkorb voll Brot aus der Bäckerei zukommen lassen. Da wurde ihr gesagt, daß das verboten sei. Aber sie sagte: ›Solange meine drei Buben in Rußland sind, kriegen die russischen Gefangenen von mir Brot, weil ich hoffe, daß auch eine russische Mutter für meine Söhne ein Stückl Brot hat.‹ Mutig war sie schon.

In der Bäckerei hing ein Kreuz, das ein Onkel geschnitzt hatte. Die Nazis wollten, daß es verschwinden solle. Da hat sie gesagt: ›Ich hab' niemanden was getan. Solang' ich hier das Brot verkauf', solang bleibt das Kreuz an der Wand!‹ So war sie, immer die Energische. Der Schwiegervater hat nachgegeben. Er hatte Angst, daß es sie Marken kosten könnte. Und dann war sie tot. Alle haben aufgeatmet, auch ihr Mann hat wieder angefangen aufzuleben. Mit ihm habe ich mich erstklassig verstanden. Er hat mich sehr respektiert. Weil ich fleißig war. Ich will mich ja nicht loben, aber ich habe die ganze Arbeit im Haus und im Geschäft gemacht. Ich habe sehr gern gearbeitet, ich arbeite heute noch gern. Ich brauch' einen Inhalt. Ob das jetzt Blumenpflege ist oder ob das Textilarbeiten sind.

›S'Madl mag arbeiten‹, hat der Schwiegervater zur Schwiegermutter gesagt, ›das ist das Wichtigste!‹ Obwohl ich vom Geschäft am Anfang noch gar nichts verstanden hab'. Vor der Heirat mußte ich deshalb erst zum Höflinger in der Schleißheimerstraße zum Volontieren. Das war gerade nach dem Krieg wo ich angefangen hab', in die Bäckerei hineinzuschnuppern. Vorher als Mädl hat mich vor allem der Duft interessiert.

Der Bäcker ist eine ganz andere Rass' als der Konditor. Der Konditor ist was Besseres, er hat auch seine eigenen Bälle gehabt.

Die Blütenbäckerei war eine ganz normale Bäckerei, ohne Spezialitäten. Aber die Brezn waren beliebt. Um vier Uhr früh mußte spätestens aufgestanden sein, damit die Öfen warm geworden sind. Der Sauerteig ist schon am Abend zuvor gemacht worden. Die Öfen sind mit Holz und Kohle geheizt worden. Die Bäckerei vom Schwiegervater war kleiner, mein Mann hat umgebaut und neue Öfen gekauft.

Wo ich jetzt sitze auf der Terrasse im ersten Hof – im zweiten steht der Birnbaum – da befinde ich mich gerade über der Backstube mit dem Backofen.

Nach dem Krieg hatten wir viel zu backen: da standen die Leute Schlange bis zum Klohäusl vor. In zwei Stunden war alles verkauft. Sieben Stunden hatten wir gebraucht zum Backen, von zwei Uhr nachts bis neun in der

Früh und in zwei Stunden war alles weg. Mischbrot war am beliebtesten. Aber gleich nach dem Krieg gab es noch etwas Spezielles: da hat man einen Haufen Kartoffeln gekriegt, um sie in den Teig hineinzumischen. Mei, haben wir Kartoffeln schälen müssen! Ganze Töpfe kochen und dann durch eine Presse drucken, wie fürs Püree. Einfach, weil es nicht genug Mehl gab. Bevor die Schwiegermutter gestorben ist, haben wir ziemlich zurückgezogen gelebt: sie ist im Bett gelegen und hat keine Besuche empfangen. Wir haben kaum Freunde und Einladungen gehabt. Nach ihrem Tod hat sich alles geändert.

Da war der Schwiegervater der Seniorboß. Er war groß und stark und hat mich gern ausgeführt, weil er mit mir über alles reden konnte. Mein Mann legte keinen großen Wert aufs Tanzen. Der Schwiegervater ging mit mir zu den Hausbällen im ›Lohengrin‹, in ›Meine Schwester und ich‹, im ›Allotria‹ und dem ›Max Emanuel‹, weil wir denen auch Brot geliefert haben. Zum Schafkopfen ist er mit einem älteren Bekannten in den ›Schellingsalon‹: da hat er seine Zigarre geraucht, sein Schopperl Wein getrunken und Karten gespielt. Einmal in der Woche.

Mein Mann ist von seinen Eltern ziemlich knapp gehalten worden. Da hat es immer geheißen: ›Du brauchst keine Radelrutsch, auch kein Radl.‹ Nicht einmal einen Matrosenanzug hat er gekriegt, er hat den von seinem Bruder tragen müssen: ›Du kriegst ja's Haus und s'Gschäft!‹

Er hat sich schon immer um das Haus und um das Geschäft gekümmert, seine ganze Zeit da hineingegeben. Wenn er vom Krieg in Urlaub kam, ist er am nächsten Morgen schon in der Backstube gestanden.

Dann ist der ältere Bruder 1948 zurückgekommen. Da war er schon verheiratet mit einer aus der Blütenstraße. Kinder haben sie keine bekommen. Da war meinem Mann klar: Der hat Pfarrer studiert und wenn er nicht Pfarrer wird, muß er was anderes finden. Muß ja mit dem, was er studiert hat, etwas anfangen können. Hat schließlich genug gekostet.

Plötzlich kamen die Eltern in der Früh und sagten meinem Mann: ›Wir gehen jetzt zum Notar und verschreiben das Haus dem Ferdinand.‹ Da ist mein Mann stocknarrisch geworden. Stundenlang hat er lautstark mit ihnen verhandelt, bis sie dem Ältesten nur das halbe Haus überschrieben haben. Später habe ich die andere Hälfte bekommen.

Mit dem Bruder, seiner Frau und ihrer ganzen Verwandtschaft im Haus hat es nichts wie Ärger gegeben: die haben nur gezogen und wir haben gearbeitet. Die haben herausgezogen aus dem Haus, was nur ging. Dreißig Jahre Kampf waren das.

Dann habe ich Schwager und Schwägerin ausbezahlt, ihnen ein Einfamilienhaus gekauft, aber die Verwandtschaft ist noch geblieben und hat sich fürchterliche Sachen geleistet. Nicht zum Erzählen. Jetzt sind sie draußen. Gott sei Dank! Im Haus wohnen jetzt lauter junge Leute, die sich gut verstehen. Von mir wird niemand gekündigt. Saniert wird, wenn einer rausgestorben ist. Viele Studenten bleiben nach dem Studium noch da. Einer wohnt schon 33 Jahre hier. Wie die Straße ist auch das Haus international: hier haben Italiener, Griechen und Türken gewohnt. Einige Kinder sind hier geboren, als letztes das Kurdenkind, das mich immer ›Oma Bolz‹ nennt. Sie wohnen in den Zimmern, die einmal für die Enkel vorgesehen sind, wenn sie nach Deutschland zur Schule oder zum Studium kommen wollen. Der Sohn hat sich von seiner Frau scheiden lassen, die mit ihren Kindern auf Ibiza lebt. Keines meiner Kinder ist Bäcker geworden. Die Tochter Kinderkrankenschwester, der Sohn Künstler, Bildhauer. Mein Bruder schreibt Kinderbücher und ich helfe ihm manchmal dabei.

Bis in die 60er Jahre hatten wir in der Bäckerei noch Lehrlinge, 1965 haben wir aufgehört.

Der ›Krone‹ hat uns Kunden weggenommen und die Müllerbäckerei hat ihre zwei Filialen hier in der Gegend aufgemacht. Die haben mit den aufgeblasenen Semmeln angefangen, mit den großen. Dazu braucht man andere Öfen. Nicht wie unsere, die mit Kohle geheizt, sondern welche, die mit Gas oder elektrisch geheizt werden. Wir haben kernige Semmeln gehabt, wo die Kruste noch richtig ›krachert‹ war, ihre sind groß und luftig. Ich denk' manchmal, die alten Bäcker müßten sich im Grab rumdrehen, wenn sie so eine Semmel sehen. Es gibt auch noch wenige Bäcker, die erstklassige Brezn backen. Ehrlich gesagt, mir sind's zu teuer. Wissen'S, wo wir angefangen haben, für die Brezn 8 Pfennig zu verlangen, da haben die Leute aufbegehrt, 6 Pfennig erst, dann 7, aber 8 war ihnen zuviel. Und heute kosten sie 60 Pfennig! Das steht in keinem Verhältnis mehr. Ich habe ja selber Brezn gemacht, ich kenn' den ganzen Vorgang. Das Material ist ja das gleiche geblieben, der Preis fürs Mehl ist seit 30 Jahren stabil, nur die Arbeit des Bäckers ist teurer geworden. Also 60 Pfennig, das widerstrebt mir direkt!

Oder der Zwetschgendatschi. Wir haben für 40 Pfennig Mordstrümmer verkauft. Und jetzt kostet er 2,50. Ich bring's nicht übers Herz, so einen zu kaufen. Da wart ich lieber, bis die Zwetschgen reif sind und ich mir selber ein Blech backe und meine Frauen einlade. Weil 2,50 für so ein Stückerl, das bring ich nicht zusammen.

In dem Jahr, in dem wir das Geschäft aufgegeben haben, ist auch der Schwiegervater gestorben. Wir haben eineinhalb Jahre privatisiert und ich muß sagen, wir haben uns nicht wohl gefühlt dabei. Uns ist der Kontakt mit den Leuten abgegangen. Wenn man's so gewohnt ist, jeden Tag den Kontakt zu haben, kann man sich nicht auf einmal abkapseln.

Wir hatten die Bäckerei an einen Automatenladen verpachtet. Der Mann war aber ein Spieler und hat nicht nur seinen Gewinn verspielt, sondern darüber hinaus 100 000 Mark Schulden gemacht. Er hat uns dann den Laden mit den Automaten für 100 000 Mark angeboten, obwohl er 250 000 wert war.

›Weißt was?‹ hat mein Mann gesagt: ›Riskier'n wir's!‹

Er hat dann mehr Freude mit den Automaten gehabt als mit der Bäckerei. Er war sowieso ein Nachtmensch. Das war jetzt ein ganz anderes Geschäft als das Bäckerhandwerk, etwas Solides, etwas zum Anfassen. Nach zwei Uhr nachts bin ich nicht mehr hinaus zum Automaten-Füllen.

Am besten sind die Wurstsemmeln gegangen. Die haben wir selber gemacht. Bier, Wein, Limo, Brot – bis weit von der Peripherie her sind's gekommen, die Leute. Und wenn zwei Feiertage waren oder gar drei zusammengekommen sind, haben wir oft nicht mehr ›pelzen‹ können vor lauter Geschäft. Wir haben natürlich keinen Feiertag gehabt. Aber wir zwei haben das wunderbar gemacht, mein Mann und ich. Das war unsere beste Zeit. Weil wir allein waren, weil keiner von den Schwiegereltern mehr etwas dreinreden konnte. Nachts waren Gammler im Automatenladen und Professoren, Zuhälter und ihre Mädchen von nebenan und alle haben sich erstklassig unterhalten. Haben sich ihr Leben erzählt. Die Taxifahrer waren eine Art Polizei für das Ganze.

13 Jahre hatten wir den Laden, dann ist mein Mann hinfällig geworden. Er konnte nicht mehr so viel tragen. Er hat's nimmer verschnaufen können. Er hat Asthma gehabt, Bäckerkrankheit nennt man das, Mehlasthma. Dann die Spätfolgen von Stalingrad und dann das Trinken. Er hat angefangen zu trinken wegen dem Ärger mit seinem Bruder. Das alles ist zusammengekommen.

In der Zeit haben wir alles renoviert. Was wir von der Bäckerei her nicht hätten machen können. Weil da nichts verdient war. Da konnte man nichts herausholen.

Nach den Automaten ist ein Antiquitätengeschäft hineingekommen. Einen Jeansladen wollte ich nicht, das ist nichts Besonderes. Jetzt ist der Heise drin mit seinen Antiquitäten.

Ich genieße es sehr, daß ich nicht mehr jeden Tag um vier, um fünf oder sechs aufstehen muß. Jetzt frühstücke ich um neun und wenn dann noch das Kind ruft ›Oma Bolz‹, dann ist der ganze Tag schon gerettet. Das ist so etwas von herzerfrischend!

Dann kommen die Blumen. Ich brauche eine Stunde zum Gießen. Ich spreche auch zu ihnen. Vorher schau' ich aber zu den Fenstern, ob meine Mieter mich nicht sehen. ›Bist du heut' wieder schön!‹ sag ich zu ihnen oder ›Riechst du heut gut!‹ Hoffentlich hört's niemand, denke ich, sonst meinen die vielleicht, ich spinne.

Dann wasche ich Schafwolle, um sie in meine Bettüberwürfe einzunähen oder sticke Tischtücher, Gobelins für die Stühle oder die Bilder an der Wand: lauter bekannte Spitzwegs, selber gestickt. Oder ich mache meine Quilts und Patchworkarbeiten.

Ich muß schon als Kind handwerklich geschickt gewesen sein. Mein Mann, als er mir einmal beim Handarbeiten zugeschaut hat, hat gesagt: ›Du mußt eine glückliche Frau sein!‹ – ›Bin ich auch‹, hab ich erstaunt gesagt, weil ich so etwas gar nicht von ihm gewohnt war. ›Schau, wir haben schön mittag gegessen, sind schön spazieren gegangen und jetzt mach ich meine Handarbeit. Das ist doch harmonisch. Oder?‹

Das hat er nicht geglaubt. Mir hat das vollkommen genügt. Ich war total zufrieden damit. Manche Leute sind von innen unruhig und brauchen immer Aktion. Das muß bei mir nicht sein. Ich mag Aktion in Ruhe.

1985 habe ich einen der städtischen Preise für die Begrünung der Hinterhöfe bekommen. Wenn ich aufstehe, egal ob's regnet, schneit oder die Sonne scheint, mach' ich die Terrassentür auf, öffne meine Arme und sage: Ich umarme dich, schöner Tag! Da braucht gar nichts anderes passieren, da bin ich glücklich und zufrieden. Was brauche ich mehr?

Oder wenn ich von auswärts komme, mit dem Auto durch die Unterführung gefahren bin und in die Türkenstraße einbiege, sage ich: ›Türkenstraße, die Bolzin ist wieder da, ich umarme dich!‹ Das ist die Türkenstraße für mich: jemand, bei dem ich mich geborgen fühle.

Aber für mich als alte Frau hat sich alles verändert. Natürlich zum Nachteil. Mir gefällt es, wenn die jungen Leute an den Tischen auf der Straße sitzen und miteinander reden.

Aber ich lebe nicht mehr mit. Das ist der große Unterschied. Ich bin nur noch Zuschauer.

Fünfzig Jahre in der Türkenstraße, da ist so eine Straße aus deinem Leben nicht mehr wegzudenken. Es leben vielleicht noch fünf oder sieben von den Alten, die ich kenne. Die ich kenne, seitdem ich jung war und mit denen ich alt geworden bin: die Frau Strache, die Näherin oder die Frau Lehmann, bei der dieser Bürgerbräuattentäter gewohnt hat.

Ich habe noch ein paar Freundinnen, aber sie sind alt und gebrechlich. Die kommen manchmal zu mir. Alleine gehe ich nicht aus, hier nicht, wenn ich woanders bin schon.

Wir essen dann Kuchen und trinken aus feinen Gläsern. Ich bin Mitglied im deutsch-amerikanischen Club und habe demnächst eine Ausstellung meiner Quilts und Patchworkarbeiten.

Ich bin dem Schicksal dankbar für mein Leben, wie es jetzt ist.

Das Wichtigste ist die Liebe, die ich jetzt zurückbekomme nachdem der ganze Krampf vorbei ist. Große Liebe, die wirklich aus dem Herzen kommt. Das ist Balsam für meine verwundete Seele.«

Berta Kattaloher
geb. 1927 · Kontoristin · Türkenstraßlerin

Leere Suppn

(Alles in reinstem Bayerisch, Münchnerisch, Türkenstraßlerisch, Versuch einer Übertragung)
»Die Türkenstraße ist meine Heimat, ganz ehrlich. Ich wollte nirgends anders wohnen. Auch wenn hier alles ganz einfach ist und wir keinen Komfort haben. Nicht einmal ein Bad. Ich glaub', allmählich die einzige Wohnung ohne Bad im Haus.
Aber wenn ich denk', ich müßt da leben in so einem Appartement, Tür an Tür an so einem Gang und auch wenn's umsonst wär', na, na, na.
Ich geh vielleicht bis zum Feilitzschplatz hinunter und hinüber zum Englischen Garten, dann hinauf in die Stadt oder hinüber zur Pinakothek, das ist eigentlich ein kleiner Kreis für ein Großstadtkind, wo ich praktisch andere Stadtteile gar nicht kenne. Ein bisserl das Westend, droben bei der Wiesn, aber sonst ist es zapfenduster für mich.
Ich fühle mich wohl, wo ich bin. Hoffentlich können wir noch lange bleiben. Weil der Vermieter auch schon über neunzig ist, und wenn der einmal stirbt[1] … Kinder hat er keine, nur noch einen Bruder oder zwei.
Unser Mietvertrag ist von 1929 noch auf den Namen meiner Eltern Solleder. Ich wollt schon einen neuen, aber irgendwie hat er die Formulare nicht gefunden und ich hab' dann auch nicht weiter drauf gedrängt. Weil schließlich: Mietvertrag ist Mietvertrag.

[1] Das geschieht im Dezember 1997

Ich weiß noch, bis Anfang der 50er Jahre gehörte das Haus, also alle drei Häuser von 61, dem Fräulein Stock. Ihr Bruder war Architekt, hieß es, und er habe die Häuser nach der Jahrhundertwende gebaut. ›1901‹ steht vorn am Mittelbau, über der Madonna.
Wir sind mit dem Mietbüchel vor und haben die Miete bar bezahlt, sie hat quittiert. In den 50er Jahren hat der Egon Weller ihr das Anwesen auf Rentenbasis abgekauft, wie er's auch mit anderen Häusern in München gemacht hat. Inzwischen hat er 40 oder 50, so genau weiß das niemand. Die Mieten sind noch anständig und ich hoff', daß er uralt wird.
Es hat sich auch einmal die Hypobank für das Anwesen interessiert, aber da wollte das Fräulein Stock nur ein Haus verkaufen, da haben die dann darauf verzichtet. Inzwischen sind sie ja Ecke Schelling-Türken, wo früher der Hut-Breiter war mit seiner Turnstange für die Kinder. Als Service, praktisch. Lange ist der Weller noch gekommen und hat die Miete persönlich kassiert. Zum Schluß nur noch bei drei Parteien: der Hartmann, den Pollerers und uns. Er hat ja alle seine Mieter gekannt und kennt sie heute noch.
Als wir eingezogen sind, haben wir 52 Mark 80 Miete bezahlt für die 85 qm, inzwischen zahlen wir zehnmal so viel.
Eingezogen sind meine Eltern mit mir 1929. Zwei Jahre vorher bin ich im ›Türkenhof‹ geboren, ein Jahr später kam meine Schwester auf die Welt. Wir sind also echte Türkenstraßler. Meine Eltern sind aus Straubing hierher gezogen, weil der Papa eine Anstellung gekriegt hat. Eigentlich war er ja Schneider, aber er hatte eine Kriegsverletzung am Daumen vom Ersten Weltkrieg her und konnte seinen Beruf nicht ausüben. Er hat eine Anstellung bekommen bei der Hypobank, in der Zentrale in der Theresienstraße. Mittags hat er eineinhalb Stunden frei gehabt, da ist er zum Essen heimgekommen. Wir Kinder haben uns meist in der Küche aufgehalten, weil das Wohnzimmer mehr ein Durchgangszimmer fürs Schlafzimmer war und wir das extraige Zimmer neben der Küche vermietet hatten. Meist an weibliche Wesen für 25 Mark. Das war der Frau Engelbrecht im dritten Stock gar nicht recht, weil sie das ihrige für 35 Mark vermietet hatte. Da hat sie immer mit uns geschimpft. Wasser gab es bloß in der Küche, im extraigen Zimmer stand eine Waschschüssel und eine Kanne.
Die vier Kachelöfen, die wir später mit der Einwilligung vom Weller herausgeschlagen haben, sind eigentlich nie geheizt worden außer vielleicht an Weihnachten.
Der kombinierte Kohle-Gasherd in der Küche war zum Heizen und zum Kochen. Da hat man auch den ganzen Abfall verbrannt, Kartoffelschalen zum Beispiel. Wir hatten so gut wie keinen Müll außer der Asche. Wo heute die Mülltonnen stehen im ersten Hof, war früher ein Gartl.
Am Samstag auf d' Nacht wurde gebadet. Bevor 1975 das Gas auf Erdgas umgestellt wurde. Wir hatten da eine eigene Art. Nach dem Essen wurde entweder die große Zinkbadewanne vom Speicher geholt oder die kleine aus der Kiste im Gang in die Küche gestellt und mit kaltem Wasser gefüllt. Dann wurde der Gasschlauch umgesteckt und das offene Gas unter der Wanne an-

gezündet. In einer halben, dreiviertel Stunde war das Wasser warm und wir haben hintereinander darin gebadet.
Das war sicher alles verboten und lebensgefährlich. Passiert ist uns aber nie etwas.
Ich muß sagen, ich habe eigentlich eine recht glückliche Kindheit gehabt. Ich habe alles gehabt außer einem Tretroller. Zum Beispiel den schönsten Puppenwagen weit und breit – er steht heut' noch auf dem Speicher verpackt – mit ›Sonnenbrand‹-Puppen drin. Dagegen war der von der Soller Rosi eine alte Chaisn. Die Rosi war die Tochter vom Kohlenhändler von nebenan auf 59 und sie hat selber mit dem Elsner oder Elser oder wie er heißt, jedenfalls mit dem Bürgerbräuattentäter gesprochen.
Unser Hof war ideal zum Spielen. Wir waren so zwischen fünf und zehn Kinder, nicht alle vom Haus. Wir haben Versteckerl gespielt, am liebsten im Lager drunten von der Polsterei, Fangerl und Schussern. Da hatten wir unsere Schusserkachl im Hof und wenn das Fräulein Stock die Risse im Zementboden vom Hof hat austeeren lassen, haben wir aufgepaßt, daß uns das Kacherl nicht zugeteert wurde.
Im Lager im Höferl, wo früher der Hemmeter seine Fässer gehabt hat, hat eine Weile der Rupp gewohnt. Er war Schlangenbeschwörer und hat da unten Mäuse für seine Schlangen gezüchtet. Das war in den 60er Jahren.
In den Kindergarten bin ich in die Türkenschule gegangen, bis zur siebten Klasse in die Amalienschule, danach in die Riemerschmid-Handelsschule zur kaufmännischen Ausbildung.
Meine erste Arbeit war als Anfangskontoristin in der Buchhaltung der Maschinenfabrik Bußmann. Ich bekam 90 Mark im Monat, das war im Verhältnis nicht schlecht. Bei der Stadt gab's nur 60 Mark.
Daheim hab' ich etwas abgegeben, den Rest gespart. Ich war schon immer eine Sparsame. Außer vielleicht am Fasching, wenn ich mit dem Bertl seinem Stammtisch im ›Schwarzen Adler‹ oder im ›Wienerwald‹ gefeiert hab'.
Im Hof, neben dem Polsterer und Tapezierer Obexer hat der Gerrich seine Werkstatt gehabt. Er war Ziseleur und Gürtler, hat Metallsachen gemacht, Ziseliertes, Beschläge und Steigeisen. Dem seine beiden Kinder haben auch mit uns gespielt, obwohl sie über die Straße hinüber wohnten. Der Willi Gerrich besaß ein Radl, ein Damenrad, mit dem wir alle das Fahren gelernt haben. Und zwar im Hof und immer im Kreis. Wenn man dann durch den Gang geradeaus hat fahren müssen, ist es nicht gegangen. Wir konnten nur rundum fahren. (lacht) Einmal im Jahr besuch' ich dem Gerrich sein Grab.
1939 habe ich dann mein erstes eigenes Radl bekommen. Die Mama konnte nicht Radlfahren und verreist sind wie sowieso nicht außer zur Oma und Tante nach Straubing, wo wir im Krieg immer unsere Raucherkarten in Lebensmittel und Schmalz umgetauscht haben. Die Mama war früher einmal in Stellung gewesen, hat dann den Papa geheiratet und ist eine gute Hausfrau gewesen.
So eine, die aus nichts noch etwas gemacht hat. Im Haus wohnten noch die Dossis, die Messerschleifer aus Italien, die Frau Engelbrecht, die einen Stand

für Wild, Geflügel, Butter und Eier auf dem Elisabethmarkt hatte, und die Roggensteins, Schwester und Bruder. Sie war bei der Hypo und er eigentlich Bildhauer, aber sie brachte ihn noch in der Registratur unter.
In der Wohnung der drei Pollerer-Schwestern hat vorher ein Blinder dringewohnt, der Schuler, der vom Hitler ganz begeistert war. Von den Pollerers hatte die älteste einen Zigarettenladen, der aber ausgebombt wurde. Ganz in der Nähe, wo die Dossis ihr erstes Geschäft hatten: gegenüber von der Türkenkaserne. Die zweite hat ihr Leben lang geputzt und die dritte war in einer Klinikküche, den ganzen Tag am Brotaufschneiden. Dann war da noch das Marerl, die Tochter vom früheren Hausmeister im dritten Stock. Sie war klein und verwachsen und ist dann auch am Krebs gestorben. Ihre Schwester habe ich in der Zeit oft mit Plastiktüten auf der Straße herumziehen sehen.
Überhaupt sind all' die Älteren weggestorben innerhalb von nur ein paar Jahren. Jetzt bin ich die Älteste im Haus. Ganz oben im vierten Stock war der Trockenspeicher für alle zum Wäsche aufhängen. Den hat der Weller in den 60er Jahren in eine Wohnung ausbauen lassen und an einen italienischen Maler vermietet. Jetzt wohnt da eine, wo ein Buch über die Türkenstraße schreibt.
Wir haben unsere Wäsche immer in unserem Speicher zum Trocknen aufgehängt. Den hat der Weller inzwischen auch ausbauen lassen. Bis 1968, bis wir uns eine Waschmaschine angeschafft haben, ist mit der Hand gewaschen worden: auf dem Tisch gebürstet und in einem Hafen auf dem Ofen ausgekocht. Dann zweimal geschwenkt: in warmen und kaltem Wasser (Birschtelt, auskocht un' zwoamol gschwoabt).
Jeden Montag um fünf ist die Mama aufgestanden. Die Dossis, die über uns wohnten, später. Deshalb, wenn sie im Sommer ihre Wasch vor dem Fenster aufhängten – Schleuder hat es damals noch keine gegeben – hat die auf unsere runtergetropft, wo schon halb trocken war. Das hat der Mama nicht recht gepaßt.
Sie ist 1978 gestorben an einem Schlaganfall.
Von den Kerns im zweiten Stock war er Postillion im Ruhestand. Aber einmal hat er noch fahren dürfen zu irgendeinem Anlaß mit seiner schönen Uniform und seinem Horn.
Die Läden im Vorderhaus haben sich sehr verändert. Wo jetzt der Grieche ist, war vorher das ›Schwabinger Löchl‹ ein dusterer Stehausschank. Davor aber waren es drei Feinkostgeschäfte: die Binapfel, die Mack und Vater und Sohn, ich glaube polnische Juden, wo sich der Sohn dann am Kleiderkasten aufgehängt hat.
Wo jetzt der Grieche mit der Mutter sein Gemüse verkauft, war der City-Jeansladen. Da herin war früher ein ›Auskochgeschäft‹, da haben der Herr und die Frau Koch, so hießen die wirklich, fertige Mahlzeiten verkauft. Eben Hausmannskost. Da konnte man sich hineinsetzen oder in einem Bitscherl das Essen heimtragen. Wie es die Rosi später für ihren Zimmerherrn gemacht hat. Bier haben die garantiert nicht ausgeschenkt. Das war ja keine normale Wirtschaft.

Die Dossis hatten lang ihr Messergeschäft im Haus und der Willi Kullmann seinen Radio- und Fernsehladen. In den ist im Film ›Zur Sache Schätzchen‹ eingebrochen worden.

Überhaupt wird hier im Haus gern gefilmt, weil alles noch so original ist: da waren der Beppo Brehm und der Maxl Graf und haben für den ›Buchbinder Wanninger‹ gedreht, der Gerhard Polt Szenen für ›Fast wia im richtigen Leben‹, mit dem Christian Müller und der Gisela Schneeberger; der Brandauer hat den Elserfilm hier gedreht, also im Film hat er hier gewohnt, obwohl er doch auf 94 war, und zum Schluß war der Dietl da für ›Rossini‹.

Von der Handelsschule aus haben wir zum Hopfenzopfen in die Holledau müssen. Zwei Jahre lang in den Sommerferien. Ich war da 15, 16. Die jüngeren haben's zur Post oder zu einem Gärtner geschickt, wir sind nach Kemnaten und Niederlauterbach gekommen, wo der Hopfen hat runter müssen. Wir haben das Essen bekommen, Rindfleisch und Kartoffelsalat und für jede Metzn ein Fufzgerl. Ich hab wenig zusammengebracht, vielleicht drei am Tag. Andere haben es auf fünf gebracht. Eine ist immer Hopfenkönigin geworden. Untergebracht waren wir in einem Schupfn oder einem Stadl. Auf Heu und Stroh mit einer Decke drüber. Wenn wir Madln alle oben waren, haben sie Leiter hinaufgezogen und die Luke zugemacht. (D'Loata aufizogn und d' Lukn zuagmocht) Das Klo war aber herunten. Wir haben ein Haferl gehabt hinter einem Pfeiler und wer halt müssen hat, so zwischen Tag und Sigstmenet, der hat erst schauen müssen, ob im Haferl noch Platz war. (lacht) Sonst hast du es halt zum Fenster hinuntergeschüttet.

Ich hab' damals Zöpfe gehabt und hab' mich von den andern frisieren lassen. Da habe ich dann Läuse heimgezogen, die ich der Schwester angehängt hab'. Bei der in der Schule haben sie die Läuse krabbeln sehen, da hat sie mich recht geschimpft. Mei, was konnt' ich dafür, ich bin schließlich ohne Läuse weg! Dann ist der Kopf mit Spiritus behandelt worden und sie sind allmählich verschwunden.

Meine erste Wanze habe ich am ›Max Emanuel‹ an der Hauswand krabbeln sehen, als ich für Dünnbier angestanden bin. Das war noch während des Krieges. Wo man mit dem Maßkrug zu den Wirtschaften ist, wo es das gerade gab, heute hier, morgen dort, und Schlange gestanden ist. Da hab' ich die krabbeln sehen und habe mir gedacht, wie früher die Leute gesagt haben, daß die Türkenstraße verwanzt war. Und wie der Papa gesagt hat: ›Na, mia nemma koa Dabetn; wemmia a Dabetn hom, homma ad'Wanzn.‹ Also haben wir die Wohnung nicht tapeziert.

Beim Murr haben wir die Wurstsuppn geholt im Milchkandl. S' Kandl hab ich noch im Schrank, genauso den Bierkrug, wo ich damit angestanden bin. Die gib ich nicht her. Das ist eine Kindheitserinnerung. Die Wurstsuppn hat's alle Tag gegeben: das war das Wasser, wo die Würste ausgekocht worden sind, nicht das Fleisch. Da sind ein paar Fettäugerl draufgeschwommen oder wenn eine Wurst geplatzt war, war eben ein bißerl was drin. Sonst war es eine leere Suppe, wo vielleicht der Liter ein Zehnerl gekostet hat.

Beim Strauß, dem Bäcker, wo heute der Hölzl drin ist, hat's das Brot nur aus schwarzem Mehl gegeben. Und nur auf Brotmarken. Angeschrieben haben sie nur bis zwei Pfund Brot.

Wo ich angefangen hab' in der Maschinenfabrik, ist mir schon nahegelegt worden, ins KdF einzutreten. Das hieß ›Kraft durch Freude‹ und war eine Nazi-Organisation, mit der man hätte verreisen können. Wir waren aber keine Nazis daheim, eher Schwarze. Im Hinterhaus gab es überhaupt keine Nazis mit Parteiabzeichen. Im Mittelbau schon und im Vorderhaus. Der Blockwart war auf 63. Als wir gehört haben 1939, daß das Attentat von dem Elser auf den Hitler nicht geklappt hat, haben wir gesagt: ›Schad', daß es ihn nicht derwischt hat!‹

Jedenfalls, als ich in den KdF hätte eintreten sollen, hat der Lohnbuchhalter gesagt: ›Die verdient ja noch so wenig!‹ Obwohl der Beitrag minimal war, hat er gemeint, wir sollten da nicht hinein. Und wir haben das akzeptiert.

Als nach dem Hitler die Gewerkschaften, die I.G. Metall und die DAG an uns herangetreten sind, haben wir gesagt: ›Nein, wir waren nicht im KdF, wir gehen auch nicht zu den Gewerkschaften‹. So ist es geblieben: weder – noch.

So richtig angefangen haben die Bombenangriffe im April 1944, als ich schon in der Arbeit war. Ich war im Lohnbüro und jeden Freitag sind die Lohntüten eingetascherlt worden. Für die Arbeiter jede Woche, für die Angestellten jeden Monat. Wir waren so ungefähr 200 Leute. Normalerweise hatten wir einen Lastwagen, der täglich die Strecke Adalbert-Ingolstädterstraße fuhr und der auch am Freitag die Lohngelder mitnahm. Dann, als es kein Benzin mehr gab, einen Holzgaser, der während der Fahrt mit Holzklötzerl geheizt wurde. Und einmal hab ich auf dem Radl die Lohntüten mit dem Namen drauf in der großen Ledertasche in die Ingolstädterstraße gefahren. Weil, die Leute wollten lieber das Geld auf der Hand als auf die Bank überwiesen.

Mittags hat man gegessen, was man von daheim mitgebracht hatte. In der Kantine gab's einen großen Kessel, da konnte man seine Essensbitscherl aufwärmen. Sonst hat's halt Semmeln gegeben oder das Kantinenessen, was vielleicht ein Markl gekostet hat. In der Zeit vor der Währungsreform haben wir im Büro Kartoffeln gekocht und sie mit Salz gegessen, weil Butter haben wir nicht gehabt. Und dabei von einem Leberkäs' geträumt. Die allerschlimmste Zeit war tatsächlich die Nachkriegszeit vom Essen her.

Bis März 1944, bis die Großmutter gestorben ist, ist es uns nicht schlecht gegangen: wir haben die Rauchermarken tauschen können gegen Schmalz.

Wir hatten eine Tante, die war Vorstand, also nicht Verkäuferin, etwas Höheres, in einem kleinen Kaufhaus Ecke Theresien-Augustenstraße, das ›Tempo‹ hieß. Sie saß da hinten in ihrem Kabäuschen und alle Samstage ist da ein Handel gegangen mit Reise-, Fleisch- und Lebensmittelmarken. Dann ist das Geschäft ausgebombt worden und für uns hat die schlechte Zeit begonnen.

Wir haben kein Radio daheim gehabt, weil der Papa keins wollen hat. ›Die können uns sonst hineinhängen‹, hat er gemeint, weil es ja ›Heil-Hitlers‹ mit

Parteiabzeichen im Haus gab. Da hast niemand trauen dürfen. ›Sonst hängen's uns hin wegen Schwarzhören‹ hat er gesagt.
Vielleicht geht das auf die Kindheit zurück, daß ich heute noch nicht das Gedudel im Radio hören kann. Die Mama war das große Vorbild: Sie hat nie den Radio aufgemacht und ich später bloß morgens zwengs der Uhr.
1944 war ein furchtbares Jahr, da hat es nicht aufgehört mit dem Bombardieren. Wir haben mehr als Angst gehabt: ob du wieder heil aus dem Keller kommst oder nicht. Wir haben keinen Luftschutzkeller gehabt, wir sind in den Keller im Vorderhaus gegangen, aber der war überall offen. Manchmal waren wir auch im Haus neben der ›Engelsburg‹, die hatte eine Stahltür. Da war der ganze Keller wie ein Safe.
Zwischen den einzelnen Kellern gab es die sogenannten Durchbrüche. Ich weiß noch, wie der Vater einer Freundin von Nummer 59 zu uns herübergerufen hat: ›Hallo! Ihr auf 61! Bei euch brennt's im Mittelbau!‹
Eine Bombe hat auch das Vorderhaus getroffen, aber nur den vierten Stock. Weil aber das Fräulein Stock die ganzen Jahre nach dem Krieg nichts daran gemacht hat, weil sie kein Geld hatte, ist das Vorderhaus allmählich bis zum ersten Stock heruntergebröckelt.
Wie meinem Papa das passiert ist, war ich 17. Er ist dem Blockwart Jung von 63 unterstanden und der hat ihn nach einem Bombenangriff im März 1945 in die ›Engelsburg‹ eingeteilt, zum Nachschauen, ob die Bomben einen Schaden angerichtet hatten und den, wenn möglich, zu beheben.
Er ist dann mit noch einem das Stiegenhaus aus Beton hinauf, um den Brandherd zu finden. Da ist das Stiegenhaus aber zusammengestürzt und ein Trumm auf ihn hinaufgefallen. Der andere ist nachher krumm gegangen, der Papa hat aber das Leben lassen müssen.
Wir wollten ein Grab für ihn im Nordfriedhof: ›Ja, sind Sie denn bei der Partei?‹ haben sie uns gefragt und es rundweg abgelehnt. Später hätt' ich denen gesagt: ›Sein Leben hat er lassen müssen wegen euch und ein Grab gebt ihr ihm nicht!‹ Hab' ich mich aber damals nicht getraut.
Er ist dann in einen Ehrenhain mit vielen Taferln im Nordfriedhof hineingekommen. Bei Nacht und Nebel sollen sie von Negern eingegraben worden sein, haben die Leute erzählt. Ich weiß aber nicht.
Später haben wir ihn dann umgebettet in ein Grab, das die Frau Haid aus dem Haus aufgegeben hatte. Ob das wirklich der Papa war, der da im Sarg lag, haben wir halt glauben müssen. Nachprüfen haben wir es nicht können.
Für hundert Mark haben wir den alten Grabstein gekauft und noch einmal für hundert herrichten lassen.
Seither haben wir das Grab. Damals hat es 7 Mark im Jahr gekostet, jetzt 35. Ich habe bezahlt bis 2015, da tut mir auch kein Zahn mehr weh, das war die längstmögliche Zeit, dreißig Jahre.
Da fällt mir eine Geschichte ein: da war eine Frau in einem kleinen Häusl am Ende vom Krieg und der ihr Sohn war beim Volkssturm. Den hat's erwischt. Und weil damals alles drunter und drüber ging, hat sie ihren toten

Sohn auf einen Schubkarren gelegt, auf den Waldfriedhof gefahren und dort eigenhändig begraben.
Oder der tragische Tod vom Herrn Graf vom Nebenhaus: da war der Krieg eigentlich schon vorbei und die Amerikaner im Anmarsch. Sie müssen vom Feilitzschplatz her Granaten in Richtung Stadt geschossen haben und wen trifft's? Den Herrn Graf und eine Klosterschwester. Direkt vor der Ludwigskirche. Wie der Krieg endgültig vorbei war, sind die Gleise gelegt worden, nachdem der Schutt weggeräumt war: es war ja alles voller Schutt und Trümmer. Die für die Straßenbahn, die man den ›Rasenden Gauleiter‹ genannt und die für die Bockerlbahn, die eigentlich nicht zum Personen- sondern zum Schuttransport gedacht war. Sie ging durch die Türkenstraße.
Als der Krieg noch nicht offiziell beendet war, sich aber alles schon auflöste, hat der Bertl, wo mein Mann ist, sich mit seinem Panzer von der Front nach Hause aufgemacht. Er ist einfach mit dem Panzer vor dem Bauernhof vorgefahren und war wieder daheim. Den Panzer hat er dann irgendwo versteckt. 1947 ist er nach München zurückgekommen und hat im Mittelbau im ersten Stock das hintere Zimmer gehabt. Das lag auf der gleichen Höhe wie unsere Wohnung. Zehn Meter Luftlinie entfernt. Da hat man sich eben so über den Hof gesehen. Mei, und dann hat es sich so ergeben. Da ist nicht besonders geworben worden. Handerlhalten oder so, das gab's bei uns nicht. Vielleicht einmal mit dem Motorradl mitfahren. Eigentlich wollte ich gar nicht heiraten. Mir ist's daheim ja recht gut gegangen. Wenn ich vom Geschäft heimgekommen bin, war alles fertig. Aber dann haben wir 1956 doch geheiratet. Kühlschrank gab es noch keinen, wir haben alles in den Keller getragen. Einen neuen Herd haben wir uns aber angeschafft.
Der Bert arbeitet mit seinem Neffen, dem Martin Obwexer, in der Polsterei drunt', wo schon der Großvater vom Martin, der Joseph, Polsterer und Tapezier' war.
Die schlimmste Zeit war für uns die Nachkriegszeit bis zur Währung 1948. Da wurde überall viel organisiert, so hat man das geheißen. Wir nicht. Weil bei uns ja der Vater tot war, wir beiden Mädchen zu jung und die Mama sowieso das nicht wollen hat. Am Stiglmaierplatz hat es ein Depot gegeben, das geplündert wurde. Da haben Leute ganze Emmentaler-Laibe durch die Straßen gerollt. Wir waren halt darauf angewiesen, was andere uns gebracht haben.
Die Frau Engelbrecht vom dritten hat zu meiner Mama gesagt ›Deans do Eahne Dechta net hischigga. Umsunschd gibt's bragdisch nixn!‹ Bei den Indern hat's gemeint. Vorn an der Ludwigstraße, im Blinden-Institut, vis-à-vis von den Salinen, da waren nach dem Krieg Inder[1] drin mit ihren Turbanen. Und da hat man verschiedentlich junge Madln mit Konserven und Büchserln herauskommen sehen (aussikemma segn).
Ich war nicht vorn, aber ich weiß, daß da etliche vorgegangen sind. Die In-

[1] Laut Rupprecht Gerngross: von der Reichswehr gefangene Gurkas aus der englischen Armee

der haben immer gesagt: ›Ein bißchen Liebe!‹ Weil wegen einem Busserl mein ich nicht, daß sie etwas herausgerückt haben. ›Ein bißchen Liebe!‹ habens gesagt. Und dann sind die Madln mit Fleisch- und Wurstkonserven, mit einem Schoklad' oder einem Rauch wieder herausgekommen für ›ein bißchen Liebe‹.

Nach der Währung ist es dann immer schneller aufwärts gegangen. Die Bettler haben im Stiegenhaus eine Suppe gekriegt. Den Hofsängern hat man ein eingewickeltes Zehnerl hinuntergeworfen. Der Kartoffelbauer hat im Hof seine Kartoffeln ausgeschrien: ›Frische Kartoffel, zehn Pfund, drei Mark!‹ aber das Fufzgerl hat er so leise gesagt, daß man es nicht verstanden hat: Zehn Pfund: 3,50. Man hat sich die Aussteuerwäsche vom Witt/Weiden kommen lassen, ich hab' noch heute ein Plumeau, was noch nie benutzt worden ist. Es ging vor allem ums Essen und ums Gewand. Wir hatten da eine Tante, die Schneiderin war, und die hat eben aus zwei alten Kleidern ein neues gemacht.

Seither hat sich vieles verändert, vor allem, was die Läden angeht. Aber es sind noch ein paar von den alten da: der Suckfüll, der Murr, der Huber, der ganz frühers ein Schild hatte mit ›Erste Elektrobäckerei‹. Die Bäckerei Bolzmacher ist nicht mehr da mit ihren guten Brezn. Da entsinn' ich mich noch, wie sie sich das Maul verrissen haben, wo der junge Bolzmacher eine Frau aus Jugoslawien geheiratet hat: Ob der keine Deutsche hat finden können? Warum es unbedingt eine Ausländerin hat sein müssen? Ich bin in die Veränderungen der Straße hineingewachsen, mich stört eigentlich nichts. Auch nicht, daß es da einen mit einem blauen Bart[1] und einen anderen mit halb kahlgeschorenem Schädel gibt.

Mei, für meine Begriffe spinnen die, aber stören tut's mich nicht. Das gehört zur Türkenstraße und die ist schließlich meine Heimat.«

[1] Sie meint Robin Page und Peter Koeppen mit seinen papiergefalteten ›Mikrochips‹

Erika Bloch
geb. 1921 · Telefonistin · aufmüpfig

Anti-Hitler

»Meine Eltern hatten beschlossen, mich nicht in eine staatliche, sondern in eine private Schule zu schicken. Ich ging in ein Lyzeum im Lehel in der Bürkleinstraße. Wir hatten zwei jüdische Mitschülerinnen, die beide ›Ruth‹ hießen. Beide sind sie von ihren Eltern, Kunsthändlern, 1937 ins Ausland geschickt worden. 1938 wurde die Schule geschlossen. Hitler wollte keine privaten Schulen mehr.
Die Angst, daß wir geschlossen werden könnten, gab es schon vorher. Deshalb rieten uns die Lehrer, doch zum BdM zu gehen. Sie müßten nämlich Listen ans Kultusministerium schicken, wie viele von uns beigetreten seien. Meine Eltern wollten es nicht, ich bin aber dann wie die meisten anderen zum BdM gegangen, habe die Uniform bekommen und mußte an den 1. Mai-Paraden am Königsplatz mitmachen, was ich ziemlich haßte.
Mein Vater war Privatgelehrter und hat sich nicht um Politik gekümmert. Für ihn wäre das einfach verlorene Zeit gewesen, sich mit der Nazi-Ideologie auseinanderzusetzen. Er war Mathematiker und hat sich mit allerhand Tüfteleien beschäftigt: mit Primzahlen, mit der genauen Geburtsstunde von Jesus bis auf Minute und Sekunde, mit der Deutung des dritten Keppler'schen Gesetzes. Er hat auch ein Buch über Kaspar Hauser geschrieben. Als er 1974 gestorben ist, schrieb die ›Süddeutsche‹: ›der letzte Polyhistor ist tot!‹
Mein Vater saß von früh bis in die Nacht am Schreibtisch, am Wochenende ging er gern in die Berge, wandern, skifahren. Ohne uns. Er hasse Kinderzirkus, hat er gesagt, und meine Mutter und ich waren auch ganz froh, wenn er außer Haus war. Dann mußte ich nicht immer mit ihm rechnen. Mit Zah-

len rechnen. Als ich zwölf war, ist Hitler an die Macht gekommen. Ich kann mich noch gut erinnern, die ganze Stadt war rot beflaggt, Hakenkreuzfahnen und schwarz-weiß-rote, die ganze Stadt war scheußlich laut und rot. Und es blieb laut. Wir hatten kein Radio, aber aus den Radios der anderen hörte man immer, wer wann wo sprechen würde: im Zirkus Krone oder in einem der großen Bräus. Die Leute sind geströmt, aber von uns ging keiner hin. Am Tag, bevor wir geschlossen als Klasse die Ausstellung ›Entartete Kunst‹ besuchen mußten, hieß es, wir sollten 50 Pfennig mitbringen, soviel koste der Eintritt. Die Ausstellung hat mich sehr beeindruckt, vor allem der Max Beckmann. Auch vielen anderen hat die Kunst gefallen.

Nach der Schule war das Pflichtjahr und der Arbeitsdienst obligatorisch. Ich wollte später einmal Sprachen studieren und Dolmetscherin werden. Das halbe Pflichtjahr durfte ich bei meiner Tante, die in Crailsheim eine Fotohandlung und ein Musikaliengeschäft hatte, verbringen. Vor dem Dritten Reich hatte sie einmal einen Jungen aus der Jagst gezogen, auf der noch Eisschollen schwammen. Es stellte sich dann heraus, daß es ein jüdisches Kind war, und sie hat die Lebensrettermedaille dafür bekommen.

In Crailsheim in Baden-Württemberg hatten meine Großeltern ein Haus. Meine Großmutter war bei allen Landstreichern und Bettlern bekannt für ihre Wohltätigkeit. Sie hat den Bettlern ihre Adresse mitgegeben und gesagt: ›Bitte geben Sie sie an ihre Kameraden weiter, hier bekommen Sie immer etwas!‹ Und als die Vagabunden wieder gingen, hat sie gesagt: ›Kommen Sie bald wieder!‹

Als sie starb, 1930, da wurde ja bei Beerdigungen noch ein Umgang gemacht, der ging mit dem Sarg auf einem Wagen, von unserem Haus in der Kronprinzenstraße bis zum Friedhof. Dahinter kamen die Familienangehörigen, dann die weiteren Verwandten, dann die Freunde und Nachbarn und dann ein langer Zug von Bettlern, Landstreichern und Zigeunern mit selber gebundenen Sträußen und Kränzen. Es war beeindruckend.

Und ich habe noch das Bild vor Augen, wie immer jemand bei uns im Garten saß und irgendetwas löffelte und sagte: ›Ja, die Frau Trumpp hat ein gutes Herz!‹

Wenn ich als Kind in den Sommerferien nach Crailsheim kam, stand auf der Wiese vor dem Haus immer ein Planwagen. Ich kannte die Kinder schon vom vergangenen Jahr, wir haben miteinander gespielt, rein in den Zigeunerwagen, raus aus dem Zigeunerwagen, rein in den Garten, raus aus dem Garten, rauf auf die Schaukel, runter von der Schaukel. Für mich waren das einfach Nachbarkinder, von Zigeunern hat eigentlich niemand geredet, es waren einfach fahrende Leute. Die Männer haben Scheren und Messer im Umkreis gesammelt und sie geschliffen.

Ich habe einen Vetter, der Jude ist. Der Bruder meines Vaters hatte eine Wiener Jüdin geheiratet und hat lange für die holländische Regierung auf Sumatra als Architekt gearbeitet. Dort ist auch Thomas geboren. Mit drei ist er krank geworden und die Ärzte haben gemeint, vielleicht liege es ja am Klima und man solle ihn doch besser nach Deutschland schicken. Aber damals ein jüdisches Kind nach Deutschland zu schicken, bedeutete ja eigentlich: es in den Tod zu schicken. Aber Thomas kam nach Crailsheim, niemand außer den Familienangehörigen erfuhr etwas. Niemand wußte, daß da ein jüdisches Kind aufwuchs.

Seine Muter hatte ihn schweren Herzens gehen lassen, sie hatte wohl auch das Gefühl, daß sie ihn nicht mehr sehen würde. Sie starb dann auch vor Gram auf Sumatra.

Heute ist Thomas Archivdirektor im Bundesarchiv. Nach dem Krieg haben wir versucht, die Wiener Verwandten zu finden über den ›Aufbau‹, die deutsch-jüdische Zeitung, aber nichts, no response, wir haben keinen ausfindig machen können.

In Velden am Wörthersee habe ich Herbert kennengelernt. Es war promovierter Chemiker an der Uni in Oslo. Als er einmal seine Mutter im Harz besuchen kam, haben ihm die Nazis an der Grenze die Papiere abgenommen und ihn in die Reichswehr gesteckt als Deutscher. Es war ja Krieg und er wurde einfach eingezogen.

Ich war nach einem halben Jahr im RAD, dem Reichsarbeitsdienstlager in Parsberg in der Oberpfalz nach München zurückgekommen. Dort hatte ich auf einem Bauernhof mit Mühle und Sägewerk Schafe gehütet, Pferde gestriegelt und Kühe gemolken. Ausgemolken. Man ahnt ja nicht, was noch aus einer Kuh herauszumelken ist, das sind an die vier Liter. Das habe ich gelernt. Es war ganz schön und mit dieser Familie waren wir bis zu ihrem Tod befreundet.

Dort erlebte ich den Ausbruch des Krieges und wie die Bauernburschen, die wir ja kannten, den Gestellungsbefehl bekommen haben. Da hat keiner gelacht, alle waren sie bedrückt, nicht wie vor dem Ersten Weltkrieg, wo sie anscheinend alle gejubelt haben, dem Feind werden wir's schon zeigen und wir sind bald zurück! Nicht so, wir sahen sie durch den Lagerzaun mit ihrem Papier in der Hand und sie schauten uns an und es war ganz entsetzlich. Das war der Abschied um sechs Uhr früh.

Wir mußten dann wieder aufs Feld, Kartoffeln klauben.

Ich habe mir noch eine Thomasmehlvergiftung zugezogen, weil ich mich mit nacktem Knie auf der bloßen Erde abstützte. Da klebte nach zwei Tagen etwas am Strumpf, ich merkte, daß es Haut war, habe es aber nicht verbunden. Dabei muß man bei so Phosphatzeug sofort etwas machen. Nach ein paar Tagen kam die nächste Stelle, dann die übernächste. Der Lagerarzt brachte mich ins Revier, wo sie mich mit Salben behandelten. Dort war ein Arzt, der Dr. Heinz Schauwecker, der dichtete. Er hat ein Gedicht auf mich gemacht.

Was haben wir verdient beim Arbeitsdienst in Parsberg? Vielleicht zwanzig Pfennig am Tag. Es war uns verboten, Schmuck zu tragen und jeden Tag mußte die Fahne gehißt werden. Ich trug ein schwarzes Samtbändchen im Haar, hinten mit einem Druckknopf, und es war der tägliche Kampf mit der Lagerleitung: ›Erika, das Bändchen im Haar!‹ – ›Schon gut‹, sagte ich und ließ es im Haar.

Die Fahne zu grüßen in der Früh' war die einzige Reminiszenz an die Hitlerherrschaft. Dann wurden Lieder gesungen: Kein schöner Land; der Lindenbaum; der Mond ist aufgegangen. Lauter schöne, normale Volkslieder, nicht das ›Horst-Wessel-Lied‹.
Wir haben auch Theateraufführungen gemacht oder sind mit den Bauernburschen zum Tanzen. Biertrinken war verboten, also haben wir das Bier aus Kaffeetassen getrunken. Im Stück ›Der Teufel mit den drei goldenen Haaren‹ habe ich den Teufel gespielt. Das Publikum waren die Bauernkinder mit ihren Müttern. Nachher hieß es: ›Gell, Mama, die Maid, die den Teufel gespielt hat, ist lustig! Die wollen wir am Hof!‹
Nach einem halben Jahr in Parsberg ging ich zurück zu den Eltern nach München. In die Adalbertstraße, wo ich heute noch wohne. Es war ja Krieg. Vorher hatte ich gedacht: Du gehst einfach nach Sizilien, in die Schweiz oder nach England, zu Freunden des Vaters. Es war schon alles ausgemacht. Dann kam der Krieg und wir konnten nicht mehr ins Ausland. Da traf mein Vater, der ja sonst ein bißchen weltfremd war, eine kluge Entscheidung, das heißt, er machte einen Vorschlag, ich durfte mich schon selber entscheiden. ›Mach, was du willst‹, sagte er, ›nach dem verlorenen Krieg!‹ Ihm war klar: diesen Krieg verlieren wir. ›Alle Leute, die im Beruf nicht unbedingt gebraucht werden, kommen in die Munitionsfabriken. Wenn du vernünftig bist, gehst du in einen staatlichen Betrieb, zur Bahn, zur Post! Weil auch aus den Bibliotheken werden sie die jüngeren rausziehen!‹
Sie haben dann sogar aus dem Fernmeldeamt welche rausgezogen, egal, ich war von 1940 bis Kriegsende beim Fernsprechamt München an der Hauptpost in der Residenzstraße. Als Fräulein vom Amt. Einige von uns sind später von den Amerikanern übernommen worden, ich auch.
Ich hatte also den Herbert am Wörthersee kennengelernt und er hatte mir seine Geschichte erzählt. Er war kein Jude, aber ein überzeugter Antifaschist kann man sagen. ›Ich arbeite nicht für Hitler!‹ hat er immer gesagt, auch wenn sie ihm einen Posten in der chemischen Industrie angeboten hatten. Er war ein halbes Jahr eingezogen, dann hat er es bei der Armee nicht mehr ausgehalten. Er ist mit dem Zug auf die Zugspitze gefahren. Im Tunnel hat er die Uniform ausgezogen und sie zusammen mit dem Wehrpaß vom Gipfel hinuntergeworfen. Von da an war er vogelfrei. So habe ich ihn kennengelernt und fünf Jahre Untergrund mit ihm geteilt. Seine Mutter hat ihn gut verstanden und ihm monatlich eine Überweisung geschickt, hundert oder hundertfünfzig Mark, damit konnte man damals leben. Finanziell ging es ihm nicht schlecht und er blieb damit: Für diesen Hitler wird kein Finger krumm gemacht! Da war er konsequent.
Er hatte den ganzen Tag frei und ich mit meiner flexiblen Arbeitszeit bei der Post habe die ganze Freizeit mit ihm geteilt: wir gingen in Museen und Bibliotheken, sogar spazieren waren wir, so lustig war es uns zumute. Er war ein schöngeistiger Mann und hat Gedichte geschrieben.
Meine Eltern mochten ihn gern, er war oft bei uns. Übernachtet hat er in Pensionen in der Umgebung. Ich hatte da eine Liste. Weil es eine Verord-

nung gab: du konntest 3 Tage in einer Pension oder einem Hotel wohnen, ohne angemeldet zu sein. Danach bekamst du einen rosaroten Zettel mit unten in der linken Ecke einem Kästchen für die Nummer des Wehrpasses. Weil der seinige aber weg war, mußte er alle drei Tage die Pension wechseln. Nach ungefähr acht Wochen konntest du die Tournee wieder von vorn beginnen. Ich hatte also eine Liste und reservierte ihm die Übernachtungen. Darunter war auch die Türkenstraße, das Hotel Stefanie. Ich wohnte weiter bei meinen Eltern, begleitete ihn aber immer und holte ihn ab. Wir verbrachten alle freie Zeit miteinander.

Was ich meinen Eltern nicht gesagt habe, der Vater war schon eingezogen und in Uniform, daß Herbert Kontakt mit den Studenten der ›Weißen Rose‹ hatte. Das wußten nur er und ich. Ich wollte meine Eltern nicht belasten, nicht weil ich ihnen nicht vertraut hätte, aber ich stellte mir vor, sie würden gefoltert und gefragt: ›Und was macht ihre Tochter?‹ So könnten sie ehrlich antworten, daß sie nichts wüßten. Nichts davon, daß Herbert keine Papiere hatte, sich verstecken mußte und Flugblätter der ›Weißen Rose‹ austeilte. Das ist mein Leben, sagte ich mir, und wenn's daneben geht, war es eben mein Leben.

So habe ich quasi ein Doppelleben geführt zwischen Herbert und der übrigen Welt.

Herbert war offensichtlich eingeteilt, Flugblätter in der Ludwigstraße auszulegen. Am Tag hat er mir einmal gezeigt, wo er sie hinlegte: in die tiefen Fensternischen der Kellerfenster. Wenn da so sichtbar weißes Papier liegt, wird es schon aufgehoben und gelesen. Ich habe mich nicht getraut, eines davon aufzuheben. Es war Verdunkelung und während der Verdunkelung hat er sie ausgelegt. Er war allein.

Einmal habe ich gesagt: ›Ich will auch einmal was tippen!‹ – ›Nein‹, sagte er, ›das machst du nicht! Die Schreibmaschine deines Vaters ist viel zu auffällig. Kommt nicht in Frage!‹ Auch seine ungarischen Freunde rieten mir ab. Dabei hätte ich so gerne Flugblätter für die ›Weiße Rose‹ getippt.

Eines Tages kommt der Herbert nachmittags zu uns nach Hause. ›Da,‹ sagt er, ›ich hab da einen Schwung Flugblätter. Bewahr' sie mir bis morgen auf, ich will sie hernach nicht in die Pension nehmen!‹ – ›Gut,‹ sage ich, ›mach' ich!‹ Und nehme einen Stapel aus seiner Aktenmappe in mein Schlafzimmer unter die Matratze. Den Rest lasse ich in seiner Mappe.

Am nächsten Morgen, ich erwartete um elf den Kohlenhändler, Herbert war schon da, da läutete es. Ich mache auf, steht da einer in Uniform: ›Polizei, wo ist der Dr. Schmidt?‹ Als Herbert das hörte, ist er blitzschnell aufs Klo gegangen, was ich für grundverkehrt hielt. Aber er hat es einfach instinktiv gemacht.

›Darf ich hereinkommen?‹ fragte der Polizist, und ich mußte ihn ins Wohnzimmer bitten. Zwischen Ofen und Wand stand da die Aktentasche mit den Flugblättern. Ich habe mich gezwungen, nicht hinzusehen, ich schaute extra in die andere Richtung, auf das Bild von Rothenburg, weil eigentlich kannst du gar nicht anders als das anzuschauen, was gerade gefährlich ist.

›Ja, wo ist er denn, der Dr. Schmidt?‹ fragte der Polizist. Er war nicht unbedingt einer der Schlauesten. ›Auf die Toilette ist er,‹ hab' ich ihm gesagt und ganz lustig gerufen: ›Herbert, da will dich jemand sprechen!‹
Was dann passiert ist, weiß ich nicht mehr. Der Schock. Der Herbert wird wohl herausgekommen sein und der Polizist ihn mitgenommen haben aufs Revier.
Da lag ein Brief. Ein Brief, der an ihn adressiert war über meine Adresse. Wie der zur Polizei gekommen war, weiß ich heute noch nicht. Das haben wir nie herausbekommen, allerdings auch nicht danach geforscht.
Herbert war also mit dem Polizisten mitgegangen, ich stand allein in der Wohnung und sah auf die Aktenmappe. Draußen war Frühling und kurz darauf brachte der Kohlenmann die Kohlen. Ich war wie gelähmt.
Ein paar Stunden später läutete das Telefon: Der Herr Kaiser lasse grüßen. Es war Herbert. Wie's denn seiner Tochter ginge, fragte ich. Wir hatten so einen Code. Also wußte ich, daß er an der Buchhandlung Kaiser am Marienplatz auch mich wartete, was ja ganz nah an meiner Arbeitsstelle war. Sie hatten ihn nicht geschnappt! Es war nicht herausgekommen! Er würde nicht sterben!
Zum Ende des Krieges hatte mich mein Chef ›ich gehe jetzt mit meiner Familie in den Bunker!‹ zur Fernmeldestelle nach Lenggries geschickt. Dort mußte ich die Leute verständigen, daß sie auf die Almen gehen sollten. ›Bitte halten sie Decken, Proviant und einen Rucksack bereit und gehen Sie auf eine Hütte. Schauen Sie, daß sie dort einige Nächte verbringen können. Wir erwarten hier einen Angriff. Bei Entwarnung werden Sie wieder verständigt!‹ Was natürlich ein Schmarrn war. ›Wenn Sie Fragen haben, rufen Sie mich nicht an, ich muß noch andere Teilnehmer verständigen!‹ sagte ich den Leuten am Telefon. Das ging zwei Nächte lang. Ich saß da vor meinem Fernschrank und habe immer drei Kipper gleichzeitig zurückgelegt, habe also gleichzeitig mit drei Teilnehmern gesprochen.
Die Bürger und Geschäftsleute von Lenggries wollten aber nicht weggehen. Sie wollten ihre Häuser und Geschäfte nicht im Stich lassen und löschen, wenn es brennen sollte.
Ich gab sogar noch die Anordnung der FAB (Freiheitsaktion Bayern) weiter, weiße Bettücher aus den Fenstern zu hängen als Zeichen, daß sie sich ergaben.
Ich saß allein vor meinem Schrank, als die Amerikaner hereinstürmten. Alle sprachen sie perfekt deutsch, vielleicht waren es ja auch jüdische Soldaten, ›Hallo, hallo, wo ist Ihr Chef?‹ – ›Der Chef bin ich!‹ – ›Ab heute sind Sie kein Chef mehr!‹ und kappten meine Leitungen rückwärts vom Fernschrank, haben sie alle durchschnitten. Dann in Windeseile ihre Feldapparate installiert, einige Leitungen gelegt. Das ging alles ganz schnell und professionell. ›Sie können gehen, Ihr Dienst ist beendet!‹ haben sie noch gesagt.
Ich bin also nach Hause zum Elektriker Vogel, alle waren sie erleichtert, die Amerikaner waren da und der Krieg war aus. Am Abend hat am Ende der Straße ein Bauernhof gebrannt. Was mir dann so gut gefallen hat war, daß

die Amerikaner zusammen mit den Deutschen löschten, die ganze Nacht lang. Toll, dachte ich, das ist Solidarität und Demokratie!
Am 14. Mai bin ich dann, ich weiß es noch wie heute, weil ich am 15. Geburtstag habe, zu Fuß in 12 Stunden von Lenggries nach München gelaufen, um vor dem Curfew, der Ausgangssperre um sieben Uhr zu Hause zu sein, in der Adalbertstraße. Ich habe es geschafft, war aber am Ende meiner Kraft. Herbert war inzwischen in Tirol bei einem befreundeten Dichterpaar, den Leitgebs, untergetaucht, bei denen er hie und da eingeladen war. Der Krieg war zu Ende und die Franzosen kamen. In Tirol waren es Franzosen. Da läutet es morgens um fünf: ›Herr Schmidt! Aufstehen, mitkommen!‹
Er fragt wieso, er sprach ja fließend französisch, sie seien es, die die Fragen stellten! Dann haben sie ihn maltraitiert, eingesperrt, an ein Bett gefesselt und auf die Fußsohlen gepeitscht.
Er wollte immer den Kommandanten sprechen. Nach zwei, drei Tagen haben sie ihn zum Verhör geholt. ›Was wollen Sie eigentlich von mir?‹ – ›Wenn Sie ein bißchen nachdenken, wird's Ihnen schon einfallen!‹
Bis sie's ihm sagten: da hatte es in Seefeld einen Gauleiter oder irgendso eine höhere Nazicharge gegeben mit Namen Schmidt. Es war also eine Namensverwechslung.
›Sie können gehen!‹ sagten sie dann zu Herbert, als sich alles aufgeklärt hatte. Nichts, keine Entschuldigung, kein Sorry, gar nichts.
Herbert kam nach München zurück. Es war Friede und wir hätten eigentlich unser Leben vor uns gehabt. Aber Herbert war schwach, wurde krank, kam ins Ausweichkrankenhaus vom ›Rechts der Isar‹, nach Fischbachau. Er bekam Diphterie, kam in Quarantäne und starb.
Mir hat man ein Telegramm nach München geschickt, daß Herbert tot sei.
Ich fuhr zur Beerdigung. Da standen zwei Särge im Totenhäuschen und wurden von einer Totenfrau bewacht. Sie hieß Engel. Sie waren zugeschraubt. ›In welchem liegt der Herbert Schmidt?‹ – ›In dem da‹ – ›Geben Sie mir bitte einen Schraubenzieher!‹ – ›Nein, das ist verboten. Der Mann hatte eine ansteckende Krankheit, wir dürfen den Sarg nicht mehr öffnen!‹ – ›Gehen Sie doch einfach raus!‹ sagte ich, ›und lassen Sie einen Schraubenzieher da!‹ Das hat sie dann tatsächlich gemacht. Ich habe den Sarg aufgeschraubt und was sehe ich? Da lag mein Herbert doch in einer Soldatenuniform. In einer Wehrmachtsuniform. Es war furchtbar makaber.
Er, der sein ganzes Leben gegen diese Uniform gekämpft, er, der sein Leben aufs Spiel gesetzt hatte, um sie nicht tragen zu müssen, er lag jetzt da, tot, in dieser Uniform!
Seine Kleidung hatten sie wohl verbrannt und die Totenhemden waren ausgegangen im Krankenhaus. Dafür hatten sie wohl genügend Uniformen von gestorbenen Soldaten. Und einem Toten mußte schließlich etwas angezogen werden.
In dieser Uniform, in Hitlers Uniform, ist der Mann begraben worden, den sie beinahe mit dem Kreis der ›Weißen Rose‹ gefaßt hätten, mein Herbert Schmidt.«

Susanne Bach als junge Frau
geb. 1909 · Romanistin · Antiquarin

Karussell

»Mein Leben lang bin ich ein Philologe geblieben«, sagt Susanne Bach, »und bin es heute noch.«

1983 war sie, die geborene Münchnerin, nach einem 42jährigen Aufenthalt in Brasilien nach München zurückgekehrt, wo sie Romanistik studiert hatte. »Romanistik, Kunstgeschichte und Volkswirtschaft. Aber die Volkswirtschaft war ein Fehler, sie hat mich das ›summa cum laude‹ bei der Doktorarbeit gekostet.«

Promoviert hatte sie 1932 bei Karl Voßler[1] über ein linguistisches Thema. »Ich war immer unpolitisch«, bekennt sie. Im Gegensatz dazu ihr Doktorvater, der sich vor und die drei Jahre nach der Machtergreifung der Nazis bis zu seinem verfrühten Rücktritt 1936 immer gegen deren Ideologie und Praxis ausgesprochen hatte.

Sie bittet ihn, sich für sie beim »Thesaurus lingae latinae« zu verwenden, »einem Riesenunternehmen zur Feststellung des klassischen lateinischen Wortschatzes«. Sein Gesuch, wiewohl das des Rektors der Münchner Universität, wird abgelehnt »weil ich Jüdin war und der Antisemitismus einiger Direktoren des Instituts schon ziemlich ausgeprägt, obwohl es mit Hilfe jüdischer Mäzene gegründet worden war.«

Der »Thesaurus« war im Maximilianeum untergebracht, wo auch die Voßlers wohnten. Karl Voßler mit den Kindern aus erster Ehe mit einer italieni-

[1] Karl Voßler, Romanistikprofessor und Rektor der Münchner Universität

schen Gräfin und seiner zweiten Frau aus der Münchner Familie Thiersch. Susanne läßt ihnen ihren Kater, weil sie beschlossen hat, nach Paris zu gehen. Voßlers müssen den Kater immer wieder einsperren, weil der die im Garten exerzierenden SA-Leute »so furchtbar anfaucht«.
1933 trifft Susanne Eisenberg, versehen mit den Empfehlungsschreiben ihres Doktorvaters in Paris ein, stürzt sich ins Buchhandelswesen, arbeitet bei der Buchhandlung Droz. Arbeit, Wohnung, Mutter, Kater, Arbeit – darum kreisen ihre Gedanken hauptsächlich. Aber es gibt da noch einen Kurt, den Nachnamen erfährt auch der Leser ihres Buches[1] nicht, Kurt, den Voßlerschüler und Freund: »Wir wollten eigentlich heiraten. Aber er war ein deutscher Graf und ohne Geld und ich Jüdin auch ohne Geld. Was sollten wir machen? Es gab bereits die Nürnberger Gesetze. Was uns aber noch mehr aufregte als die Gesetze selbst, war die Tatsache, daß sie erlassen werden konnten und daß sie zweifellos befolgt werden würden. Kurt schämte sich für seine Landsleute, die ja auch die meinigen waren, wenn auch schon weniger, denn ich war ja die Angegriffene, das Opfer. Nun mußte zwischen mir und meinem bisherigen Vaterland alles aufhören,« schreibt sie.
Dann gab es in ihrem Leben noch den Maler Karl Zerbe, in den sie in der Abiturzeit einmal verliebt gewesen war, und der sie in Paris besuchte. Aber er hatte eine amerikanische Freundin und sie wollte ihrem Kurt ja auch nicht untreu sein, schließlich war sie immer sehr »seriös«. Karl malt eine Art Abschiedsbild, das er »Das Gespensterschiff« nennt: ein Dampfschiff mit zwei Masten in der Form der Münchner Frauentürme – die Hindernisse, die sich ihrer Liebe entgegenstellten.
1935 meldet sich »bedeutender Besuch« bei ihr in Paris an: Karl Voßler, den sie inzwischen »Carlo« nennt und mit dem sie 200 Briefe tauschen wird. Noch heute gerät sie ins Schwärmen, wenn sie ihn beschreibt: »Er war ein schöner Mann mit lateinischer Eleganz, er hat ausgesehen wie ein Diplomat, wäre aber nie ein guter gewesen, weil er viel zu aufrichtig, viel zu undiplomatisch war. Er hat die Nazis gehaßt, war aber irgendwo überzeugt, sie würden ihm nichts tun. Es gibt Leichname, deren Gestank zu weit verbreitet würde, sagte er einmal. Als er aufgefordert wurde, für die ›Winterhilfe‹ der Nazis zu spenden, schrieb er ihnen einen Brief: solange die ›Stürmer‹-Kästen so tief hingen, daß alle Jugendlichen sie lesen könnten, solange würde er keinen Pfennig spenden.
Bei einem Jubiläumsvortrag an der Universität habe ich ihn sagen hören: ›Von der Rasse lassen Sie mich schweigen, eine Universität ist keine Menagerie.‹ Er hat nie ein Blatt vor den Mund genommen.
Er war sehr befreundet mit Benedetto Croce, dem italienischen Philosophen, Politiker und Historiker. Sie haben sich sehr beeinflußt. Croces Äußeres war ganz das Gegenteil seines Schülers und Freundes Carlo, er war klein, dicklich, mit Flecken auf dem Anzug und den raschen lebhaften Gesten des Süditalieners. Einmal, in Mailand, war ich bei einem ihrer Treffen:

[1] »Karussell – von München nach München« Nürnberg 1991

Croce und Carlo erzählten sich lustige Geschichten, meist in einem Dialekt, von dem ich nichts verstand. Croce war wie Carlo ein mutiger, aufrichtiger Mann. Er war Antifaschist, wurde aber in Ruhe gelassen. Wenn Croce und Carlo, der Mussolini- und der Hitlergegner sich Postkarten schrieben, taten sie das in Handschrift und niemand konnte sie lesen.«

Karl Voßler fährt mit Tochter Charlotte und Susanne nach Florenz weiter. »Unzählige Freundschaftsgesten und Freundlichkeiten zwischen uns«, schreibt sie. Und: »Ohne ihn wurde alles bedeutungslos …«

Pfingsten 1940: alle Frauen deutscher Herkunft in Frankreich von 17 bis 55 hatten sich zu melden und wurden im Lager Gurs in Südfrankreich interniert. Die Deutschen standen vor Paris und da wurde nicht so stark zwischen Freund und Feind unterschieden. Im Juni dürfen die Frauen das Lager verlassen, in dem Susanne sogar ein Brief Voßlers erreicht hatte.

Sie geht nach Vichy, arbeitet für die dortige Regierung, hört deutsche und englische Sendungen ab und übersetzt sie. Im Oktober 1940 – die Deutschen hatten im Juni Paris erobert – wird ihr als Jüdin fristlos gekündigt.

Jetzt erst stellt sich die Grundfrage ihres Lebens: Wohin vor den Nazis fliehen? Amerika wäre das Liebste, aber wenn sie kein Visum bekäme, dann egal wohin. Nur weg! Papiere für Ein- und Ausreise, die sich gegenseitig bedingten, waren das Wichtigste, der lebensentscheidende »Sauf-conduit«. Sie hat Glück: sie gehört zu den 3 000 Juden, die mit gefälschtem Taufschein als »Katholiken nicht-arischer Herkunft« in Brasilien einreisen dürfen.

Im Mai 1941 kommt Susanne in Rio an, 32 Jahre alt, mit 30 Dollar in der Tasche und – schwanger.

Über den Vater redet sie nicht, schreibt nur Vages: Franzose sei er gewesen. (Der Stolz einer Franziska zu Reventlow). Die Tochter Kathy kommt im selben Jahr auf die Welt. In Petropolis, einem Vorort von Rio, wo sich im Februar 1941 der deutsch-jüdische Schriftsteller Stefan Zweig mit seiner zweiten Frau das Leben nehmen wird.

»Nach sehr vielen Bemühungen gelang es mir schließlich, das Manuskript des ersten Entwurfes von Zweigs Abschiedsbrief zu erwerben, in dem er Brasilien für seine Gastfreundschaft dankt: (sie liest) ›Mit jedem Tag habe ich das Land mehr lieben gelernt … aber nach dem sechzigsten Geburtstag bedurfte es besonderer Kräfte, um noch einmal völlig neu zu beginnen. Und die meinigen sind durch die langen Jahre heimatlosen Wanderns erschöpft. So halte ich es für besser, rechtzeitig und in aufrechter Haltung ein Leben abzuschließen, dem geistige Arbeit immer die lauterste Freude und persönliche Freiheit das höchste Gut dieser Erde gewesen,‹ schreibt er.«

Die Dramatik eines Lebens im Exil scheint sie nicht zu betreffen, oder sie verschweigt es. »Das Eingewöhnen fiel uns europäischen Einwanderern gar nicht schwer. Wir waren dankbar für unsere Freiheit und vertrugen uns sehr gut mit der Bevölkerung.« Nicht zu nah und nicht zu fern, steuert sie den für sie richtigen Mittelkurs, nimmt ihr Leben fest in die Hand, läßt Verzweiflung gar nicht aufkommen. Bis Kathy, ihre Tochter, an einem Tumor stirbt. Aber auch da bewahrt ihre Sprache Haltung, wie sie es ein Leben lang von sich selber gefordert hatte. 1949 war Voßler in München gestorben, nachdem er das Romanische Seminar noch mit aufgebaut hatte. 1952 hatte sie geheiratet, Jean, eigentlich Janos Bach, einen Ungarn, der im Widerstand und im KZ gewesen war und sich nun auf Edelsteingeschäfte in Brasilien verlegt hatte. Die Ehe sollte zehn Jahre dauern. Sie selber hatte sich inzwischen eine neue Existenz aufgebaut: einen Versandbuchhandel mit brasilianischen Autoren, die sie antiquarisch erworben hatte. Sie schickte ihre erste Liste mit 24 Titeln an die bekanntesten Bibliotheken der Welt: Die Bibliothèque Nationale in Paris, die Bibliothek des British Museum, die Bibliotheken von Harvard und anderer bekannter Universitäten. Sie hat Erfolg, wird zur Expertin, ab den 70er Jahren nimmt sie auch deutsche Exilliteratur in ihren Katalog auf.

Noch heute existiert in Rio, Botafogo, (wo die Fußballmannschaft herkommt) der »Susan Bach Comercio do livros«.

Als ihre Augen schlecht werden und sie nicht mehr Auto fahren kann, als sie sieht, daß eigentlich alles ganz gut auch ohne sie läuft, als die Sehnsucht nach den Enkeln sie überkommt, siedelt sie 1983 wieder nach München um, erhält die deutsche Staatsbürgerschaft zurück, zieht in ihre Wohnung in der Jakob-Klar-Straße.

In ihrer Erinnerung an das Schwabing von früher, als sie mit Kurt ausgegangen war, lebt noch der »Simpl«: »Da war die Kathi Kobus, die Wirtin, furchtbar bayerisch und resolut, ein richtiger Drachen; da war die Marietta, die sang und tanzte, und der Ringelnatz. Der stand da vor dem Klavier, in einer Hand ein Glas, mit der anderen hat er an der Wand gekratzt vor Aufregung, wie eine Katze. Dann hat er vorgetragen. Es war immer ziemlich voll. An das Lädchen erinnere ich mich noch mit den Japan-Chinasachen, an das Warenhaus Neuberger, Ecke Blütenstraße und an den Antiquar Hammerstein, einen verrückten Typen. Ansonsten ist mir alles fremd geworden. Ich komm' da auch nicht mehr hin. Viele meiner Freundinnen sind inzwischen gestorben. Und ich bin wieder in meiner Heimatstadt gelandet. In Schwabing, wo ich wohne und wo ich hingehöre.«

P.S. Durch Susanne Bachs häufige Hinweise: »Das steht doch schon im Buch!« hat sich diese Kombination von Erzähltem und Geschriebenem ergeben.

Vom Geist des Hauses

Nicht ganz so vornehm wie es der südliche Teil der Straße einstmals gewesen war – mit Wittelsbacher Palais, Palais Dürckheim und Tonhalle – stellt sich heute der nördliche dar mit seinen neobarocken und neo-renaissance-Herrschaftshäusern vom Ende des 19. Jahrhunderts.
Im südlichen Teil haben Banken – allen voran die Landesbank, die auch gleich das Palais Dürckheim als Ausbildungszentrum mitübernahm und ihm jeglichen Geist, der noch von der preußischen Gesandtschaft übriggeblieben war, austrieb – und Versicherungen das Leben erstickt. Wo sie sich breitmachen, ziehen sich Musen zurück, breitet sich Öde aus. Kulturelles findet im Süden nicht mehr statt.
Nördlich der Akademiestraße mit ARRI, Akademie und den Ausstellungen von ›Pro Familia‹ im von Steiner-Haus sehr wohl. Da, wo die Straße auf den ›Georgenhof‹ prallt und zu enden scheint, sich in Wirklichkeit aber elegant über die Georgenstraße schwingt, um sich leicht versetzt weiter nach Norden in die Friedrichstraße zu ergießen, dem Grün des Leopoldparks entgegen, gilt die Ausrichtung ihrer Bewohner nicht mehr ausschließlich der Türkenstraße. Als ob mit dem Quadrat der Entfernung vom Zentrum, das sich wohl zwischen Adalbert- und Schellingstraße befindet, auch der Grad der Zugehörigkeit abnimmt.
Frische atmet der Akademiepark, einst als Landschaftsgarten angelegt, mit seinen hundertjährigen Bäumen, den rosa blühenden Kastanien und den himmelblauen Meersternen, Scilla in akkurat derselben Farbe, die den Bart des Professors ziert: er, der mit Frau und gutmütigen Riesenhunden das zugewachsene Häuschen, die ehemalige Tiermalschule im Park bewohnt.
Daneben, ihren Fensterblick auf die Straße gerichtet, die sympathisch verlotterte »Baracke« mit ihren auf die Wand gesprayten Sprüchen, daß Form Leere und Leere Form sei (Buddha) und daß alles vom Geiste komme und zu ihm zurückkehre. Dort soll einmal der von »Coop Himmelblau« geplante dekonstruktivistische Erweiterungsbau der Akademie stehen.
Schräg gegenüber, an der Ecke der Rambergstraße wohnten Ende des 19. Jahrhunderts auch die Manns. Thomas und Heinrichs jüngster Bruder Viktor erinnert sich bei einem Nachkriegsspaziergang: »Wenn ich Morgens zur Arbeit gehe und in das Nordende der Münchener Türkenstraße gelange, dort wo Schwabing an die Innenstadt grenzt und wo die Reste der Kunstakademie ragen, schaue ich im Schreiten nach rechts, denn dort mündet die kurze Rambergstraße, von der nur noch wenige Häuser stehen. Und die zweite Ruine, nurmehr ein niedriger Schutthügel, birgt meine frühesten bewußten Kindheitserinnerungen. Hier im Erdgeschoß eines,

wo man 1893 sagte hochherrschaftlichen Hauses waren wir alle noch beisammen.«[1]

Neben dem Eckhaus das Doppelhaus der verfeindeten Architektenbrüder, 99 und 101, das den Dillinger Franziskanerinnen gehört: Naturheilpraxis, Studentinnenheim, Kapelle, benannt zum Schutz vor einer unheimlichen Loge im Gartenhaus, die »Luzifer« hieß nach St. Michael, dem Drachentöter.

Über der Straße die einstige Hochburg der Alt-Katholiken, das sogenannte Döllingerhaus, zeitweise auch mit Kapelle. Die notwendige Renovierung, die den Alt-Katholiken ihre Finanzen nicht erlaubten, hat die neue Besitzerin in die Wege geleitet.

Was die zusammengebauten beiden letzten Häuser der Türkenstraße auf östlicher Seite miteinander verbindet sind: Wegerecht, Müllentsorgung und Radlpark. Die 104, das einstige »Döllingerhaus«, hat im Hof einen gläsernen Außenaufzug bekommen, die 106 bietet in den beiden Eigentumswohnungen des zweiten Stocks der Jugend des Hochadels ein Refugium im St. Georg-Club. Zwei sogenannte Hausdamen wohnen dort, Versammlungen und Feste werden abgehalten. Die Georgi-Ritter fühlen sich dem Schutz der Wittelsbacher verpflichtet, sie ziehen im Fronleichnamszug direkt hinter ihnen her.

Gegenüber liegt der rot-beige gestreifte Ziegelbau mit Erker, der seinen Namen in leicht abblätternden goldenen Lettern über der modernistischen Metall-Glastür kundtut: »von Steiner-Haus«.

Wer nun meint, das habe etwas mit Rudolf Steiner und den Anthroposophen zu tun, irrt.

Erwin von Steiner war Maler, Zeichner, Filmer und Autor, Jahrgang 1893. Einer der Künstler, die sich zu ihrer Zeit einer gewissen lokalen Bekanntheit erfreuten.

Sein Vater war Jurist im Staatsministerium und von seinem Freund, dem Prinzregenten Luitpold 1908 persönlich geadelt worden.

Der Knabe fühlte sich schon früh zur Malerei hingezogen, besuchte Malschulen, die Akademie für angewandte Kunst, schließlich die Akademie der Bildenden Künste, die ohnehin gleich vor der Haustür lag. Er studierte Porträt- und Landschaftsmalerei, Akt- und Figurenkomposition. Er malte moderat modern in der Tradition der Dachauer Landschaftsmalerei: Porträts, Interieurs, Stilleben und Landschaften. Später auch Tanzfigurinen und Religiöses.

Die Diskussionen der Künstler des »Blauen Reiter« und der »Neuen Münchner Künstlervereinigung«, der Beginn der abstrakten Kunst schienen ihn nicht berührt zu haben.

Er stellte in den Kunstvereinen von Augsburg, Nürnberg und München aus, nahm seit 1914 bis zum Brand 1931 an den Ausstellungen im Münchner Glaspalast teil, war er schließlich der Präsident der Münchner Künstlergenossenschaft und bis 1916 Gesamtleiter der Glaspalastausstellungen.

1 Viktor Mann: Wir waren fünf, Frankfurt 1949/94

Erwin von Steiner, Selbstbildnis 1934 (links). Gisa von Steiner als »Dame in Fohlenmantel«. Bild ihres Mannes von 1930

Im Mai 1922 heiratet er Gisa, die Tochter des ungarischen Schriftstellers Wilhelm Wolfgang Ehrlich, die mit sechs Jahren bereits nach München gekommen war. Eine getaufte Jüdin aus wohlhabendem Hause, die seinem eher biederen Leben ihren Geist einhauchen sollte.

Mit 27 Jahren begann er zu filmen und zu schreiben. Hauptdarstellerin seiner Buntfilme, der ersten, die es auf dem Markt gab, war meist seine junge, schöne Frau, die er gern portraitierte. So konservativ seine Kunstauffassung war, so begeistert war er von der neuen Filmtechnik.

Das Ehepaar reiste viel, am liebsten nach Tirol. Er filmte: Landschaften, Umzüge, Feste; blühende Kirschzweige, hinter denen sich Gisa versteckte; Kinderclowns und Zirkustänzerinnen in Slapstickmanier. Nichts Politisches, außer der Hakenkreuzfahne über dem Tagblatturm in Stuttgart, zumindest was die Filme betrifft, die von der Filmabteilung des Münchner Stadtmuseums aufbewahrt werden und eingesehen werden können.

Er schrieb ein Filmmanuskript: »Der Sohn der Hagedise« und Kurzgeschichten im Stil von Ludwig Thoma wie: »Das Nachtlicht und das Teuferl«. Während Frau Gisa für die Organisation des gesellschaftlichen Lebens zuständig war, malte Erwin seine Landschaften, verkaufte sogar in die Schweiz und nach Amerika.

Er war Mitglied eines Kinoclubs, der bereits 1931 von den Nazis wegen seiner jüdischen Mitglieder aufgelöst wurde. Das hätte ihm zu denken geben sollen.

Als die Nazis an die Macht kommen, wird ihm nahegelegt, sich von seiner jüdischen Frau zu trennen. Er tut es nicht und wird isoliert. Er bekommt Mal- und Ausstellungsverbot. Wie viele der anderen, allerdings als »entartet«

diffamierten Maler, wirft er sich auf die Zeichnung – weil bei plötzlichen Kontrollbesuchen keine Ölfarbe zu riechen war. Gänzlich anders als seine realistischen Gemälde bekommen seine Zeichnungen plötzlich etwas Surreales. Da entstehen Schwarzweißblätter zu den Zyklen: »Mensch und Maschine« und »Borodins Experiment, die synthetische Menschwerdung«, expressionistisch-surreale Tuschzeichnungen, die etwas an Langs »Metropolis« erinnern oder an »Doktor Frankenstein». Thema: der maßlose Mensch. 1944 wird das Haus von Bomben getroffen. Das Atelier brennt, vierzig seiner Gemälde mit. 1951 ziehen die Steiners ins wiederaufgebaute Haus, in das neben dem Atelier ein Theater Platz gefunden hat. Zwei Jahre danach stirbt Erwin von Steiner.

Im Winter 1986/87 gelingt es Gisa von Steiner, im Lenbachhaus eine Ausstellung mit Bildern ihres Mannes zur oganisieren. Die Bilder gehen in den Besitz des Lenbachhauses über genauso wie die von ihrem Mann gesammelten ungleich wertvolleren Desmarées-Porträts des bayerischen Hofmalers aus dem 18. Jahrhundert. Im Katalog wird ihre »großzügige mäzenatische Geste« gelobt. Stolz nimmt die 94jährige im Rollstuhl an der Eröffnung teil. Zwei Jahre später ist auch Gisa tot.

Für das Erbe des kinderlosen Paares war eine Lösung gefunden worden: eine Stiftung für in Not geratene Künstler, die »von Steiner-Stiftung«. Ein Teil der Mieten fließt in diese Stiftung, Eigentümer des Hauses wird die Bayerische Vereinsbank. Ende 1997 hat sich »Pro Familia« im ersten Stock des Hauses auf 350 qm ausgedehnt und verfügt nun über 470 qm Arbeitsfläche. Dort wie auch im Hochparterre bei Steuer- und Unternehmensberaterin Boxberg finden immer wieder Ausstellungen statt. Im September 1997 war der Ausbau des Dachgeschosses beendet: drei Maisonette-Wohnungen harrten ihrer künftigen Mieter. Den Zuschlag erhielten drei einzelne Herren, »keine Künstler, eher Lebenskünstler« (Hausverwalter Janda).

Welche Menschen leben heute darin? Hat sich etwas vom künstlerischen Geist der Steiners halten können?

Hausverwalter Janda, Banker Michl, Helga Ritter vom Fernsehen, der belgische Fotograf und Freimaurer Jean-Marie Bottequin und Friedrich Wilhelm Hosemann, der Geschäftsführer von »Pro Familia« versuchen, ihre Antwort darauf zu geben.

Dieter Janda
geb. 1956 · Hausverwalter

Gleiche Wellenlänge

»Die Türkenstraße war für mich an sich immer die 103. Ich habe ein starkes Verhältnis zur 103. Das ist fast eine Love-Story.
Das Haus, eingebrannter Kinkel, rot und beige gestrichen, ist ein sehr persönliches Haus und es ist ganz im Sinn der Frau von Steiner, daß der künstlerische Aspekt erhalten bleibt. Hier gab es schon immer mehr freischaffende Künstler als in vergleichbaren Häusern.
Das Haus ist gemischt genutzt: im Erdgeschoß und im 1. Stock ›Pro Familia‹, dann gibt es Rechtsanwälte, Steuer- und Unternehmensberater, eine Dame beim Fernsehen und einen Fotografen, einen freiberuflichen.
Man muß eben schauen, daß Mietparteien drin sind, die dieselbe Wellenlänge haben, aber man sollte die Einkommensseite dabei nicht vergessen. Natürlich kann man nicht an Künstler vermieten, die die Miete nicht aufbringen können. Das wäre auch nicht im Sinne der Stiftung.
Ich habe Betriebswirtschaft studiert mit dem Schwerpunkt Wohnungswirtschaft und Realkredit. Seit ich 25 bin, habe ich Treuhandverwaltungstätigkeiten übernommen, seit fast zehn Jahren verwalte ich jetzt das von Steiner-Haus.
Mit Frau von Steiner hatte ich wenig zu tun. Sie war damals schon krank. Sie mußte sich einfach hundertprozentig auf mich verlassen können, daß ich die Dinge in ihrem Sinn wahrnehmen würde, mit den gleichen Vorgaben und Zielsetzungen: das Haus im Wert zu erhalten, zu vermieten, zu kontrollieren, zu renovieren und zu pflegen. Ein Verwalter muß schauen, daß Mieter und Vermieter als gleichberechtigte Partner angesehen werden. In den ganzen Jahren hatte ich nicht einen Prozeß.
Die Frau von Steiner lag mir sehr am Herzen: sie war eine patente Frau, außergewöhnlich intelligent und souverän. Rechnen konnte sie bis ins hohe Alter. Deshalb war es auch schmerzlich für mich, als sich in den letzten Jahren, wo sie im Rollstuhl saß und rund um die Uhr gepflegt wurde, das Gefühl einstellte, die Krankenschwestern würden sich an Werten vergreifen, die ihnen nicht zustanden, Schmuck und Bilder.
Nach ihrem Tod ist das Eigentum auf Anraten ihrer Bank, nehme ich an, in eine Stiftung überführt worden: die von Steiner-Stiftung für bildende Künstler. Sie ist gemeinnützig, einkommenssteuerfrei, bisher jedenfalls und speist sich aus zehn Prozent der Mieteinnahmen.
Ich muß schon sagen, es wohnen außergewöhnliche Menschen hier im Haus, zu denen ich allen ein gutes Verhältnis habe. Wenn es Klagen gab, zum Beispiel über den starken Publikumsverkehr von ›Pro Familia‹ in den ersten Stock, dann wurde eben darüber gesprochen. ›Pro Familia‹ hat sich

vom ersten Stock ins Erdgeschoß ausgedehnt, sonst hätten sie ihren Sitz hier überhaupt aufgeben müssen. Da gab es schon Stimmen im Haus, die sie lieber draußen als vergrößert innen gesehen hätten. Wir haben eine Nutzungsänderung beantragt – das Erdgeschoß war als Wohnung nicht mehr zu vermieten, weil es einfach zu laut ist – und durchbekommen. Seither ist ›Pro Familia‹ drin und ich halte das für die Ideallösung. Ich meine, Herr Hosemann wirkt hier sehr gut. Dann haben wir Herrn Bottequin, den Fotografen, und seine Familie, der zuerst ganz oben gewohnt hat. Oben gibt es das Theater, das Herr Steiner hat einbauen lassen, ein richtiges kleines Theater mit Bühne und Vorhang. Ansonsten hat man dort nur ein großes Zimmer, eine Dunkelkammer, eine Dunkelküche und ein Dunkelbad. Das hat seinen Reiz, aber nicht für jeden. Das ist eher für einen Einzelnen geeignet. Herr Bottequin ist dann in die Wohnung der Frau von Steiner im zweiten Stock gezogen, wo er Wohnung und Atelier hat. Oben wohnt jetzt die Steuer- und Unternehmensberaterin Boxberg, die unten im Parterre ihre Kanzlei hat. Die Hausmeister haben auch etwas Künstlerisches: sie sind freischaffend tätig, gehen auf Trödelmärkte und so. So bleibt der Geist des Hauses, meine ich, erhalten. Und daß die Mieter eine Hausgemeinschaft sind, sieht man daran, daß sie Kontakt zueinander haben, mal negativ, mal positiv. Sie verhalten sich zueinander, sie reden miteinander, sie bereinigen die Probleme gemeinsam. Wenn sie Fragen haben, kommen sie zu mir. Das ist eine Auszeichnung und eine weitere Motivation.«

Siegfried Michl
geb. 1937 · Banker

Super betreut

»Ich lernte Frau von Steiner kennen, als sie Anfang 60 war. Sie war klein und zierlich, höchstens 1,55 Meter groß und achtzig Pfund schwer. Bis sie neunzig war, hat sie mich regelmäßig in der Bank besucht. Danach bin ich zu ihr nach Hause gegangen. Immer am Freitag nachmittag, halb in der Arbeits- und halb in der Freizeit. Um vier bin ich von der Bank los. Ich habe ihr Wicken gebracht – das waren ihre Lieblingsblumen – oder Kuchen.
Das ging aus meiner eigenen Tasche. Das war mir der Spaß wert. Vor und nach dem Kaffee haben wir dann alles besprochen. Ich blieb immer eine bis anderthalb Stunden. Es war eine meiner schönsten Betreuungsaufgaben. So eine tolle Frau mit einer solchen Ausstrahlung habe ich seither nie mehr kennengelernt. Wenn man eine Kundin 25 Jahre betreut, geht das eben auch ins Persönliche. Wirklich, für mich war es eine besondere Ehre, so eine vornehme und trotzdem bescheidene Frau betreuen zu dürfen. Sie strahlte eine solche Erhabenheit aus, war kein bißchen überspannt. Sie hat mich als

Mensch ganz gern gehabt, obwohl ich aus einer ganz anderen Schicht stamme.
Ich habe ihr die Korrespondenz gemacht. Seit den 50er Jahren führte sie allein den Haushalt und verwaltete das große Haus. Wir von der Bankseite haben ihr, natürlich gegen Gebühr, die Verwaltung abgenommen und schon zu ihren Lebzeiten die Mieten sukzzesive angehoben. Aber handsam. Wir sind noch immer handsamer als eine private Verwaltungsgesellschaft. Eine Bank darf sich schließlich nie so weit vorwagen. Wir haben Vorschläge gemacht, wie sie ihr Vermögen anlegen könne, und durften auch den Testamentsvollstrecker machen. Ich habe selber eine einigermaßen soziale Einstellung, ich war früher im Betriebsrat Jugendvertreter und habe beim Roten Kreuz gearbeitet. Dadurch, daß ich mich so um sie kümmerte, hatte die Bank eine zufriedene Kundin.
Als es darum ging, was nach dem Tod mit ihrem Geld geschehen sollte, sie wollte unbedingt etwas Soziales, habe ich den Vorschlag mit der Stiftung gemacht für in Not geratene Künstler. Sie war sofort einverstanden und so ist es dann auch vollzogen worden.
Wir als Bank durften die Stiftung errichten zusammen mit der Akademie der Bildenden Künste und dem Kulturreferat. Das Vermögen besteht in erster Linie aus dem Haus. Da fließen die Mieten, die inzwischen auf Normalniveau angepaßt sind. Jetzt rentiert sich das Haus wesentlich besser als zu Zeiten der Frau von Steiner. Es sind noch dieselben Mieter, aber es war ihnen bewußt, daß sie vorher zu billig wohnten. Aus dem Mietbetrag müssen Verwaltungs-, Umbau- und Renovierungskosten gezahlt werden. Der Überschuß zusammen mit den Erträgen aus den Wertpapieren fließt jährlich entsprechend den Vorschlägen des Stiftungsrates an in Not geratene Künstler. Die Substanz als solche wird so nicht angeknabbert.
Frau von Steiner hat nicht gemalt wie ihr Mann, sie hat gern Feste organisiert. Es wurde viel Theater gespielt im Haus. Sie stammte aus einer gut betuchten ungarischen Familie, ihr Vater war Schriftsteller. Sie und ihre beiden Schwestern besaßen Häuser und Wertpapiere. Sie war sehr religiös. Ihre Familie, die Ehrlichs, war jüdisch. Sie ist konvertiert und hat sich taufen lassen. Religiös betreut wurde sie von Pfarrer Hempfer von der Ludwigskirche. Ihm hat sie die Sandsteinmadonna vermacht, die jetzt im katholischen Pfarrhaus steht.
Ihr Mann hat nicht nur gemalt und gezeichnet, er hat auch fotografiert, gefilmt und Theater gespielt. Sein Vater war Staatssekretär im Bayerischen Kultusministerium und wurde geadelt. Daher das ›von‹. Herr von Steiner hat auch gesammelt. Gemälde, zum Beispiel von Desmarées, von denen jedes 100 000 Mark wert ist. Die 32 schönsten Bilder und das gesamte Werk des Herrn von Steiner hat seine Frau der Lenbachgalerie geschenkt mit der Auflage, sie zu hängen. Heute kann man sie in diversen städtischen Behörden finden.
Zusammen mit Herrn Friedel habe ich 1987 die von-Steiner-Ausstellung in der Lenbachgalerie organisiert, an der ihr so viel lag. Eine Gesamtschau sei-

ner Werke, meist Landschaftsbilder, aber auch expressionistische Zeichnungen aus der Zeit, als er Mal- und Ausstellungsverbot hatte. Im Dritten Reich. Man hatte ihm nahegelegt, sich von seiner jüdischen Frau zu trennen, und er hat es nicht getan. Also bekam er Malverbot und zeichnete heimlich. Die beiden reisten viel, nach Ungarn, nach Österreich, Italien, Schweiz. Dabei hat er viel gefilmt, als einer der ersten bereits in Farbe. Die Filme besitzt das Münchner Stadtmuseum.

1964 schenkte mir Herr von Steiner ein Bild, eine Landschaft. Ich habe es später in ein anderes umgetauscht, weil es mir zu dunkel war. Aus dem Nachlaß habe ich Aquarelle und Zeichnungen erstanden, nachdem sie geschätzt worden waren. Herr von Steiner starb vor dreißig Jahren als 60-jähriger, 1953, während sie fast 94 geworden ist. Sie war überhaupt ein medizinisches Phänomen: bis ins hohe Alter, hat sie einmal bei einem Interview gesagt, habe sie nur Husten, Schnupfen und Masern gehabt. Sie hatte noch ihr vollständiges Gebiß. Sie war einmal eine schöne Frau. Als sie sich mit 94 Jahren den Oberschenkelhals brach und im Rollstuhl sitzen mußte, bekam sie eine umfassende pflegerische Betreuung, rund um die Uhr. Das haben die Verwandten und ich besorgt: drei Schwestern, die ein Heidengeld gekostet haben: 13 bis 14 000 Mark im Monat. Die eine hat sie gebadet, die zweite ihr vorgelesen, die dritte ihre Lieblingsspeise gekocht. Sie war wirklich super betreut.

Sie hat ihr Alter nicht als Last empfunden, sie war eher abgeklärt und gottergeben. Sie hat auch ihr Allein-Sein nicht als Last empfunden, sie hatte Freundinnen und Bekannte, sie hatte ihren Rechtsanwalt. Sie ging zu Veranstaltungen der Anthroposophen, obwohl sie selber keine war. Sie ließ sich, als sie nicht mehr so gut sehen konnte, Bücher über Malerei vorlesen. Am liebsten hörte sie etwas über holländische Malerei, Rubens, van Gogh und andere.

Ihre 200 qm-Wohnung war ein Museum in sich mit verschiedenen Salons: da gab es ein Renaissance- und ein Rokokozimmer, vollgepackt mit Stilmöbeln und Antiquitäten. Eine Gliederpuppe aus dem 17. Jahrhundert, glaube ich, saß immer auf dem Sofa. Sie war immer schön und sauber, sie hat sie sehr gepflegt.

Frau von Steiner war geistig rege bis zum Schluß. Bis sie 92 war, hat sie sowieso alles selber gemacht, dann hatte sie eine Griechin als Bedienstete.

Die Verwandten wollten sie entmündigen lassen, haben es aber nicht geschafft. Ich habe ihr bei der Abfassung des Testaments geholfen. Wir als neutrale Bankleute können da beraten.

Dann kam der Tag, an dem mir Schwester Barbara sagte: ›Herr Michl, heute morgen ist unsere Gisa von Steiner wie eine Königin entschlafen!‹

Ich bin heute noch stolz darauf, mit einer so wunderbaren Dame Kontakt gehabt haben zu dürfen.«

Helga Ritter
geb. 1922 · Redaktionelle Mitarbeiterin beim Bayerischen Fernsehen

Hochherrschaftlich

»Als wir 1954 hier einzogen, mein Mann, zwei Kinder und ich wieder schwanger, hatten wir das Gefühl, wir kämen in ein Haus voll alter Leute. In ein hochherrschaftliches Haus zwar, aber in eines, in dem erst einmal Entsetzen herrschte wegen der kleinen Kinder. ›Wenn der Herr Steiner noch lebte‹, sagte die Haushälterin, ›wären hier nie Kinder eingezogen!‹ Trotzdem waren sie dann zu den Kindern nett, haben ihnen sogar zur Erstkommunion etwas geschenkt. Bevor wir hier einzogen, lebten wir ziemlich beengt im Studentenzimmer meines Mannes. Er war inzwischen Referendar und über eine Kollegin, die in der Rechtsanwaltskanzlei arbeitete, die sich um die Angelegenheiten der Frau von Steiner kümmerte, erfuhren wir, daß auf Nummer 103 eine Wohnung frei war.
Da gab es zwar andere Bewerber, die ein paar tausend Mark an Ablöse zu zahlen bereit waren, was wir nicht konnten, was die Frau von Steiner mit gutem Gewissen auch eigentlich nicht verlangen konnte. Und als ihr Anwalt dann von ›zuverlässigen Mietszahlern, späterem Staatsdienst und soliden Verhältnissen‹ sprach, hat sie uns dann doch genommen. Die Wohnung hatte viereinhalb Zimmer und 130 qm, war aber in einem saumäßigen Zustand. Vorher hatte eine Frau von Ritter dringewohnt, seltsam, derselbe Name.
Ich war gerade Anfang dreißig, die Frau von Steiner doppelt so alt. Sie wirkte aber viel älter, als sie war. Sie war ein zierliches Persönchen, extravagant, mit toller Garderobe. Sie war sehr nett, sehr freundlich, aber sehr umständlich. Sie sprach langsam und mit leiser Stimme. Ihr Mann war schon gestorben, als wir eingezogen sind. Er soll eher bayerisch-bodenständig gewesen sein. Im Dritten Reich durfte er nicht malen und nicht ausstellen, weil er nicht bereit war, sich von ihr zu trennen. Das hat sie ihm hoch angerechnet. Sie stammte aus einer sehr reichen jüdischen Familie und besaß wie ihre beiden Schwestern ein Haus. Während der Nazizeit ist ihnen nichts besonders Schlimmes passiert, weil sein Vater sich so viele Verdienste erworben hatte. Aber so richtig berühmt ist er auch nicht geworden. Sie hatte nach seinem Tod im Erkerzimmer Bilder von ihm ausgestellt. Da kamen immer wieder Leute und kauften. Sie brauchte immer money, money. Man kann schon sagen, daß sie sehr hinter dem Geld her war.
Trotzdem hat sie eine Verfügung getroffen, daß am Haus nichts verändert werden soll und daß alle Mieter Wohnrecht auf Lebenszeit haben sollen. Inzwischen lebt keiner der früheren Mieter mehr hier, wir sind jetzt die Veteranen.
Das Haus stammt von 1898 und wurde im Krieg stark beschädigt. Als die von Steiners nach dem Krieg die Entschädigung bekamen und das Dach

sowieso neu gedeckt werden mußte, hat er sich seinen Traum erfüllt und einen Teil des Speichers als Atelier ausgebaut. Im größten Raum im obersten Stock wurde eine Bühne eingebaut. Da gab es immer wieder Aufführungen und Feste. Früher, als sie jung war, muß sie eine große Rolle bei gesellschaftlichen Ereignissen gespielt haben, weil sie eine wirklich hübsche Frau war, die Gisa von Steiner. Nach dem Tod des Mannes lebte sie allein in der großen Wohnung.
Zwei Jahre vor ihrem Tod hat sie im Lenbachhaus noch eine Ausstellung der Gemälde ihres Mannes durchgesetzt. Sie saß bereits im Rollstuhl und wurde in drei Schichten betreut. Sie war sehr glücklich über diese Ausstellung.
Als wir einzogen, hatten wir den Eindruck, daß hier lauter jüdische Familien lebten.
Unter uns ein Teppichhändlerehepaar, die wohl im Dritten Reich nicht handeln durften und jetzt den Verkauf von ihrer Wohnung aus betrieben. Sie sollten irgendwo im Haus noch eine alte Mutter gehabt haben, die wir aber nie gesehen haben. Bei ihnen habe ich auch zwei Teppiche gekauft.
Über uns wohnte Emil Vogel, ein Geschäftsmann und Unikum. Er war Jude, hatte einen Mietvertrag über zehn Jahre, hat alles schön hergerichtet auf eigene Kosten und ist dann ausgezogen. Zehn Jahre ohne Mietsteigerung. Er hatte eine Haushälterin und hat sich darüber hinaus einen Diener geleistet. Die sahen wir dann öfter drüben auf dem Balkon. Mein Sohn hatte von seinem Schreibtisch aus Blickkontakt zu ihnen. Es war in den 60er Jahren und er war zehn oder elf. Und wenn der Diener etwas vergessen hatte einzukaufen, rief er meinen Sohn. Der bekam dann ein paar Mark und wir sagten: ›Jetzt ist er der Diener vom Diener!‹ (lacht)
Im Parterre wohnte rechts ein altes Ehepaar mit ihrem Pflegesohn Lothar, der, bevor wir kamen, das einzige Kind im Hause war. Der wurde ganz streng erzogen und durfte überhaupt nichts. Nur manchmal mit unserer Tochter spielen.
Die Hausmeisterin wohnte mit ihrem Mann, der Schuster war, im Keller. Er saß oft in der Sonne im Hof und reparierte Schuhe. Sie hat der Frau von Steiner den Haushalt gemacht. Jeden Tag die Wohnung gewienert und jeden Tag das Treppenhaus geputzt. Sie war sehr neugierig und kniete gern vor den Wohnzimmertüren der Mieter, um etwas zu erfahren.
Sie war Alt-Katholikin und ging sonntags immer zur Andacht ins Döllingerhaus gegenüber. Sie ist später auch dort eingezogen, weil die ja Wohnungen und Zimmer an Alte und Gebrechliche vermieteten.
Nebenan, die Schwestern, gingen zwischen sechs und sieben abends mit dem Gebetbuch im Garten herum. Es war ein friedlicher, malerischer Anblick. Die schwarz-weißen Gestalten zwischen den bunten Blumen betend.
Gegenüber von uns wohnte eine Witwe mit einer halbwüchsigen Tochter und einer Haushälterin, einem Faktotum, die Emilie hieß. Emilie hat die Wäsche noch richtig im Keller gewaschen, mit Feuer darunter und ausgekocht. Aufgehängt wurde sie dann im Hof.
Vor Jahren einmal haben wir an der gegenüberliegenden Außenwand des

Nachbarhauses in der Georgenstraße einen Film gesehen. Ein bißchen Porno und die Leute haben geklatscht. Wer ihn dahinprojiziert hat, weiß ich heute noch nicht. Es war an einem Sylvesterabend.
Zum Fernsehen bin ich gekommen wie die Jungfrau zum Kind, ich hatte keinen Dunst, was das war: Fernsehen und Tagesschau.
In Berlin war ich einige Jahre dienstverpflichtet im DNB, dem Deutschen Nachrichtenbüro. Das wußte ein Nachbar, der zwei Häuser weiter wohnte und Filme fürs ZDF drehte. Sein Sohn und mein Sohn spielten nämlich zusammen. Eines Tages rief er mich an: da sei jemand ausgefallen, ob ich nicht einspringen könne. Das war 1968/69. Damals war das Fernsehen noch ein neues Medium und alle waren voller Idealismus. Es war schwarz-weiß und primitiv. Vor der Sendung mußte einer ins Studio und die Wetterkarte stecken. Wenn eine Sendung farbig war, stand in Klammern ›f‹ dahinter. Später brauchten sie jemanden für die Spätsendung von 18 bis 22 Uhr und am Samstag von 14 bis 23 Uhr. Es war schon hart: ich ohne Auto, mit Bus, Straßenbahn und zu Fuß unterwegs nach Freimann und zurück. Aber es hat Spaß gemacht. Es war eine neue Welt mit einer ganz anderen Sprache. Ich habe viele Menschen dort kennengelernt.
Heute ist das nur noch ein intriganter Haufen.«

Friedrich Wilhelm Hosemann
geb. 1942 · Geschäftsführer »Pro Familia«

Dienstleistung: Sexualität

»Wir sind seit 1979 hier in diesen schönen Räumen im ersten Stock. 1984 haben wir die Parterrewohnung dazubekommen, das sind 150 qm für unsere drei Beratungseinrichtungen: Schwangere im Parterre, Ehe und Familie und unsere Familienplanung im ersten Stock. ›Pro Familia‹ ist der deutsche Zweig einer internationalen Familienplanungsorganisation, International Planned Parenthood, 1952 von engagierten Ärztinnen in der Bundesrepublik gegründet, die in der Tradition der Familienberatung standen, die es vor den Nazis in Deutschlang gegeben hat.
Weil die Themen Sexualität, Schwangerschaft und Abbruch tabuisiert waren und es immer noch sind, war das ihr Ansatz. Bis zur Nazizeit hatte es Frauenverbände, Gewerkschaften und Familienberatungsstellen gegeben, deren Anliegen es war, dem illegalen Schwangerschaftsabbruch entgegenzuarbeiten, dafür zu sorgen, daß die Frauen eine angemessene ärztliche Versorgung bekamen. Sie wollten dem Elend vor allem in den Arbeiterschichten entgegenarbeiten, deren Gesundheit durch Lebens- und Arbeitsbedingungen stark beeinträchtigt war. Es ging natürlich auch um Präventives: um Aufklärung, Verhütungsberatung und Verschreiben von Verhütungsmitteln. Dieser zukunftsweisende Ansatz wurde von den Nazis 1933 brutal zerschlagen, Abtreibung mit dem Tode bedroht. Erschütternd, was für ein Versorgungssystem auf einmal nicht mehr existierte. Es hat lange gebraucht, bis sich nach dem Krieg dieses Wissen wieder einstellte und es ist immer noch zu wenig verbreitet. In Bayern gibt es nur drei ›Pro Familia‹-Beratungsstellen: In Nürnberg, Augsburg und in München.

In anderen Regionen Bayerns ist es sehr schwierig, weil wir vor Ort nicht gern gesehen werden. Weil gegen uns gearbeitet wird.
Wir gelten als ›linker Verein‹, als ›Kindermörder‹ und ›Jugendverführer‹. Nur weil wir Dinge thematisieren, die existieren wie die Sexualität der Jugendlichen. Wenn sie sie gebrauchen und etwas passiert, werden wir verantwortlich gemacht.
In Bayern auf dem Land fehlt es hinten und vorn. Da kommen Frauen heimlich zu uns, weil sie es daheim nicht sagen können. Sich nicht zu sagen trauen, sie gingen zu ›Pro Familia‹. ›Pro Familia‹ wendet sich an alle Altersgruppen, vor allem aber an junge Frauen, die wegen Familienplanung, Pille-Verschreibung oder anderen Verhütungsmitteln zu uns kommen. Ein anderer Schwerpunkt sind Frauen, die Schwierigkeiten mit der Schwangerschaft haben, die soziale Hilfe brauchen oder sich beraten lassen müssen, weil sie einen Abbruch machen wollen.
Dann machen wir Sozial- und Partnerberatung bei Trennungs- und Scheidungsproblemen; Lebensberatung bei Leuten, die Ängste haben und in Krisen sind.
Eine breite Palette. Ungefähr 5 000 Personen kommen im Jahr zu uns, früher waren es 70 Prozent Frauen, jetzt ist es halbe-halbe, Frauen und Männer. Zur Schwangerschaftsberatung kamen meist die Frauen alleine, inzwischen werden 20 Prozent von ihren Männern begleitet.
›Pro Familia‹ ist ein privater gemeinnütziger Verein, konfessionell, parteipolitisch und weltanschaulich nicht gebunden. Mit 300 Mitgliedern in München und 7 000 in Deutschland, die uns durch Beiträge und Spenden unterstützen. Unsere Beratungsstellen sind staatlich anerkannt, auch die Stadt fördert uns. 90 Prozent bekommen wir von Staat und Stadt, 10 Prozent bringen wir selber auf.
Unser Gesamtetat beträgt 1,8 Millionen jährlich, das sind 140 000 pro Monat; 100 000 davon geht an unsere zentrale Beratungsstelle hier in der Türkenstraße, der Rest an die Stellen am Harthof und am Hasenbergl.
In München haben wir 33 Mitarbeiter, von denen die meisten Frauen sind und hier arbeiten. Viele von ihnen teilzeitbeschäftigt.
Als ich mich 1979 hier beworben habe, gab es eine weibliche Mitbewerberin. Sie haben aber mich genommen. Sie arbeitet inzwischen auch hier als Beraterin.
Beraten heiß für uns: Menschen zu helfen, eine Entscheidung zu treffen in Situationen, wo sie einfach nicht mehr durchblicken. Wo sie Unterstützung brauchen. Unser Beratungsverständnis ist so: kein vorgegebenes Ziel, keine vorgegebene Absicht. Hier im geschützten Raum kann vorgebracht werden, was einen bewegt, was die Probleme sind. Und einer, der qualifiziert zuhört, versucht dann, die Beweggründe herauszuarbeiten und zu einer Entscheidung zu verhelfen, zu der die oder der dann stehen kann. Das ist immer die eigene Entscheidung des Klienten, nie die des Beraters. Wie immer die aussieht.
Uns wird immer wieder der Vorwurf gemacht: daß wir keine gezielte Beratung machen würden, daß wir nicht ständig den Schutz des ungeborenen

Lebens vor uns hertragen wie eine Fahne. Für uns gehört zum Schutz des nicht geborenen Lebens, den Eltern zu einer Entscheidung zu verhelfen. Wenn eine Frau ein Kind nicht will, kann sie niemand dazu zwingen. Je besser Kinder in die Lebenssituation der Eltern passen, desto besser für sie. Wenn nicht, dann eben nicht. ›Pro Familia‹ heißt ja ›Für die Familie‹, für eine Familie, die mit geplanten und vor allem erwünschten Kindern glücklich zusammenlebt.

Anfang der 90er wurden wir hier mit einer Mahnwache geehrt (lacht): da standen Herrschaften mit Kreuzen und Kerzen auf der gegenüberliegenden Seite der Türkenstraße. Hier durften sie nicht stehen, sie hatten die Auflage vom Ordnungsamt bekommen, sie durften keinen behindern, der zu uns kam. Es war zum Glück schlechtes Wetter. Ein November-Schneesturm blies ihnen immer wieder die Kerzen aus. Sie trugen Plakate auf denen ›Mörder‹ stand oder so was ähnliches. Was sie eben immer in ihrer Einfalt behaupten. Das ist so etwas von lächerlich, was sie uns da vorwerfen. Sollen sie sich doch eher einmal ernsthaft mit Beratung auseinandersetzen, versuchen zu verstehen, was wir hier machen. Derartige Aktionen richten sich ja vor allem gegen die Klienten, die zu uns kommen. Die werden dann verschreckt.

Das ist es, was uns ärgert. Wir selber sind nicht so leicht aus der Fassung zu bringen.

Bei unseren Einstellungsgesprächen machen wir klar, daß wir weltanschaulich und konfessionell nicht gebunden sind, daß wir aber jedem zugestehen, daß er es sein, aber nicht seine Arbeit danach ausrichten darf. Der Berater braucht seine Wertvorstellungen nicht abzulegen, aber er darf sie nicht als Wertmaßstab in die Beratungen einbringen. Das wird in der Supervision immer wieder überprüft.

Wir haben eine Auffassung zur Sexualität, die verschiedene Prägungen zuläßt, aber keine diskriminiert. Wer damit Schwierigkeiten hat, dem empfehlen wir, hier lieber nicht zu arbeiten. Oder wer mit dem Thema Schwangerschaftsabbruch Schwierigkeiten hat, ihn zwar toleriert, aber nicht versteht, der arbeitet auch besser nicht bei uns.

Wir müssen die Situation der Frau akzeptieren und verstehen. Wer sich damit quält, sollte wirklich nicht zu uns kommen.

Noch eines müssen wir unseren Bewerberinnen beim Vorstellungsgespräch sagen: Wer je bei ›Pro Familia‹ gearbeitet hat, wird bei der katholischen Kirche nicht mehr ankommen.

Die katholische Kirche hat hier in München einen Sozialdienst katholischer Frauen, mit dem wir guten Kontakt haben. Sie beraten auch schwangere Frauen, können aber keine Aufklärung oder Sexualpädagogik machen, da steht die Kirche dazwischen. Sie dürfen auch keine Adressen von Ärzten weitergeben, die Indikationen oder Schwangerschaftabbrüche machen – da sind wir mit ihnen über Kreuz. Wir finden das unfachlich, den Leuten nicht weiterzuhelfen und einfach zu sagen: ›Hier darf ich jetzt nicht weiter! Wenn ihr das Kind nicht kriegen wollt, schaut, wie ihr ohne uns weiterkommt!‹

Bald wird es ja in München eine Klinik für ambulante Abbrüche geben, wenn die kassenärztliche Vereinigung die Zulassung erteilt.
Bei uns laufen Beratungen folgendermaßen ab: Telefonische Anmeldung, ›Erstkontakt‹, dann folgt das ›Erstgespräch‹, für das wir eine Stunde reservieren. Dann erhebt sich die Frage: bleibt der Klient bei uns oder wird er weiterverwiesen? Wenn es um Juristisches oder um eine Therapie geht, wird ein Jurist eingeschaltet oder er zu einem Therapeuten weiterverwiesen. Wenn entschieden wird, er bleibt bei uns, wird ein mündlicher Beratungskontrakt gemacht für weitere fünf Gespräche. Danach sieht man: Sind weitere Gespräche sinnvoll? Sollte der Partner mit einbezogen werden? Oder die ganze Familie? Oder andere Personen?
Da wir nicht mit den Krankenkassen abrechnen können, sind wir auf die Spenden der Klienten angewiesen. Die Höhe richtet sich nach Selbsteinschätzung und Einkommensmöglichkeit. Das sind dann so zwischen 20 und 50 Mark pro Beratungsstunde. Schülerinnen oder Frauen, die von Sozialhilfe leben, zahlen gar nichts oder fünf Mark. Wir haben einen regen Zulauf von Schülerinnen und Studentinnen, denen wir hier die Pille verschreiben. Unsere Ärztinnen haben mehr Erfahrungen auf diesem Gebiet als ein normaler, niedergelassener Arzt. Sie kennen die verträglichsten und sind immer auf dem neuesten Stand.
Für junge Mädchen hat tatsächlich die Pille die wenigsten Nebenwirkungen. Das Diaphragma ist komplizierter. Kondome werden bei jungen Leuten zunehmend mehr genommen, wohl auch wegen Aids und weil es einfach zu handhaben ist.
Die jungen Leute kommen oft paarweise, was uns sehr angenehm ist. Dann wird die ganze Palette der Verhütungsmöglichkeiten durchgesprochen und wenn die Wahl dann auf die Pille fällt, kann sie hier gleich verschrieben werden. Wir haben eine Vereinbarung mit dem Sozialamt, wir können auch Sozialrezepte ausfüllen.
Wir haben eine sexualpädagogische Abteilung mit 5 Mitarbeitern und Mitarbeiterinnen, die Jugendgruppenarbeit machen. Sie treffen sich fünf- bis sechsmal abends, oder sie fahren für ein Wochenende in ein Freizeitheim. Da gibt es dann Veranstaltungen mit spielerischen Elementen und Themen, die sich die Jugendlichen selber aussuchen. In der Pubertät sind das: Liebe, Freundschaft, Partnerschaft, Sexualität und Verhütung.
Unser Thema ist Sexualität und Beziehungen, darüber reden wir Mitarbeiter oft. Bei Supervisionssitzungen ist es wichtig, unsere Beziehungen zueinander zu klären. Wenn die nicht stimmen, ist auch die Arbeitssituation gestört. Wir vertreten eine positive Einstellung zur Sexualität und das versuchen wir auch in den Beratungen zu vermitteln: es ist doch nicht alles immer nur fürchterlich und problematisch, es hat doch auch schöne und lustvolle Seiten. Das ist unser therapeutischer Ansatz.
Das Berufsbild des Beraters setzt sich aus verschiedenen Facetten zusammen: Grundberuf und Zusatzausbildung. Da reicht der Universitätsabschluß als Psychologe und Pädagoge nicht, da kommt noch die Zusatzausbildung in

Familien-, Körper-, Gestalt- oder Psychotherapie dazu. Alle großen Wohlfahrtsverbände bieten solche Zusatzausbildungen an und die Mitarbeiter qualifizieren sich dann in die verschiedenen Richtungen. Einige Mitarbeiter haben ihre Fortbildung gemacht in den Sexualforschungsinstituten in Hamburg oder Heidelberg und besuchen dort regelmäßig Kongresse. Oder wir machen Fortbildung hier: wir laden Leute zu Vorträgen ein, beziehen Fachzeitschriften und sind in ständigem Kontakt zu den gängigen Einrichtungen. Die ganze Idee der sexualpädagogischen Beratung hatte nach 1918 ihren Anfang genommen und zwar durch das Magnus-Hirschfeld-Institut in Berlin.
Es gibt eine traditionelle psychoanalytische Lehrmeinung, die sich auf Freud bezieht und daneben andere, die Mischformen sind. Wir vertreten keine reine Richtung, wir sind eine echte Mischung. Vor psychoanalytischem Hintergrund arbeiten wir mit den verschiedensten Elementen. Das ist jedem Mitarbeiter weitgehend selbst überlassen.
Zum Beispiel in der Gestalttherapie: da läßt man einen Klienten im Beratungszimmer Stühle aufstellen, um die Situation innerhalb der Familie darzustellen. Die Nähe oder der Abstand seines Stuhles zu den anderen zeigt die Problematik oft besser auf, als man sie beschreiben kann.
Oder wir haben eine dicke Matratze in einem Zimmer, an der sich Wut und Trauer abreagieren lassen. Das bummert dann so richtig.
Darum geht es ja in unserer Beratung, wo die Grenzen zur Therapie fließend sind, daß Verklemmungen in Bewegung kommen, daß eine andere Sichtweise eingenommen wird, die das Problem dann auf einmal nicht mehr so schwer erscheinen läßt. Lockern, sich trauen, Angst nehmen, sich öffnen, Dinge sagen und tun, die man sonst nicht gemacht hätte – das ist unser Ziel. Verschüttete Fähigkeiten wieder freilegen, Depressionen auffangen, Mut machen, das ist der Zweck unserer Beratungen. Unterstützen, verstärken, loben, helfen. Wir reden von Klienten und nicht von Patienten, weil wir uns eher als Dienstleistungsunternehmen betrachten denn als Kriseninterventionsstelle.
Wir haben eine Selbsterfahrungsgruppe, sechs bis sieben Leute, Männer und Frauen gemischt. Die treffen sich jede Woche einmal, eineinhalb Stunden. Das läuft jetzt schon drei Jahre. Die Teilnehmer sind dann vielleicht eineinhalb Jahre dabei, dann geht jemand raus und ein neuer kommt herein. Das ist ein gelungener Versuch, Leuten Orientierung zu geben, die keine Einzelberatung brauchen. Es kann nicht jeder in eine Gruppe gehen, entweder weil er unfähig ist, mit einer Gruppe in Interaktion zu treten, oder weil er sie dominieren würde. In dieser Selbsterfahrungsgruppe kann jeder seine Fragen oder sein Problem einbringen, ein Berater ist immer dabei. Hinterher gehen sie noch oft auf ein Bier, aber ohne Berater.
Das gilt überhaupt als Kunstfehler: persönliche Kontakte mit Klienten zu haben. Das findet eigentlich auch nicht statt, weil es jeder vermeidet. Das ist bei uns etwas anderes als bei Therapeuten, die langjährige Kontakte mit ihren Klienten haben. Trotzdem bleibt es eine Todsünde, weil es meist in einer Katastrophe für den Klienten endet.

Wir haben Klienten, die immer wiederkommen. Die eine Situation im Leben durch unsere Beratung geklärt haben, dann aber wieder vor einer ähnlichen stehen. Weil sie in ihrer Persönlichkeitsstruktur Störungen haben, die man nur therapieren kann. Die wir in der Beratung hier nur situationsbedingt überarbeiten können.

Als Beratungsstelle machen wir nicht mehr als 30 Sitzungen mit einer Person oder einem Paar. Zwei Jahre lang vielleicht, wöchentlich oder vierzehntägig. Immer hier in unseren Räumen. Im Erkerzimmer im ersten Stock sitzt der Ortsverband von ›Pro Familia‹. Ich mache die Geschäftsführung des Landesverbandes Bayern, in dem sich lauter eigene eingetragene Vereine zusammengeschlossen haben. Jeder ist in seinem Bereich zuständig für die Finanzierung und die Klienten, die Verhandlungen mit dem Ministerium mache meistens ich.

Der Bundesverband sitzt in Frankfurt. Auch in den neuen Ländern gibt es schon überall ›Pro Familia-Landesverbände‹, die relativ schnell aufgebaut worden sind.

Das Erkerzimmer wird jetzt auch für Gruppenberatungen zur Verfügung gestellt, weil wir mehr Familienberatung machen und da auch die Kinder mehr einbeziehen als früher. Interessant ist es, wenn eine Beratung gelingt, wenn einfache Anstöße plötzlich zu einer Lösung führen.

Da fühlt sich zum Beispiel eine Frau alleingelassen: ›Mein Mann ist oft unterwegs. Was er da macht, weiß ich nicht. Er redet auch nicht darüber. Und er ist überhaupt nicht mehr liebevoll!‹ Dann fragt man vielleicht: ›Ja, was tun denn Sie? Was interessiert Sie? Was machen Sie, außer auf Ihren Mann zu warten?‹ Dann kann es sein, daß sie zum ersten Mal ihr eigenes Leben entdeckt, daß sie aufhört, immer nur zu jammern und zu leiden, daß sie merkt, daß sie etwas machen muß, um auch für ihren Mann wieder attraktiv zu sein. Wobei sich natürlich immer die Grundfrage stellt, ob das Ganze noch einen Sinn hat.

Wenn dann aber der Berater hört, daß sie sich bei der Volkshochschule eingeschrieben hat, sich zum ersten Mal mit ihren Freundinnen außer Haus getroffen hat, was sie bisher nicht gewagt hatte, dann stellt sich schon ein gutes Gefühl ein.

Bei den ganz Jungen ist es nicht mehr so krass, aber bei der mittleren Generation, bei denen oft Leerstellen entstehen, wenn die Kinder aus dem Haus sind. Dann kommen sie zu uns, um diese Leerstellen wieder sinnvoll zu füllen.

Oder Männer, die von der Beziehung ihrer Frau zu einem anderen erfahren und aus allen Wolken fallen. ›Sie ist plötzlich so verändert!‹ sagen sie, ›ich erkenne sie gar nicht wieder!‹

Wir versuchen dann den Mann, der an sich und seinem Lebenssinn verzweifelt, in seiner Depression aufzufangen und ihm Möglichkeiten anzubieten, die Situation zuerst einmal zu verstehen. Zu erkennen, wie es zu so etwas kommen konnte und welchen Anteil er daran hat. Wie er versuchen kann, die Partnerschaft wieder aufzubauen und zu beleben.

Andererseits ist es wieder der Sinn der Beratung herauszufinden, ob nicht eher eine Trennung angesagt ist.
Männer, die normalerweise mehr Außenkontakte haben als Frauen, müssen erst die Situation begreifen lernen, in der sich ihre Frau befindet. Wie sie langsam neben ihm weggestorben ist, geistig und emotional. Und wie sie dann plötzlich durch diese Außenbeziehung ihren Lebensimpuls wiederbekommen hat. Aber trotzdem bei ihm geblieben ist.
Ratschläge wie: ›Dann suchen Sie sich eben auch eine Freundin!‹ gehören nicht zu unserem Repertoire, auch nicht, Außenbeziehungen zu verteufeln: ›Pfui Teufel! Das schadet der Partnerschaft!‹
Wir versuchen, überhaupt nicht zu moralisieren, sondern die Situation aus sich selber heraus zu verstehen und dann abzuwägen. Partnerschaften leben hin und wieder von Außenbeziehungen.
Bevor wir hier einzogen, waren wir in der Georgenstraße, wo jetzt das musische Zentrum ist. Eine Mitarbeiterin sah, daß die Wohnung im von Steinerhaus leer war. Vorher war die evangelische theologische Fakultät drin und wir wandten uns an die Frau von Steiner. Sie war eine würdige, ältere Frau, die aber noch sehr energisch und profiliert aufgetreten ist. Sie wollte zuerst nicht. Da gab es Einflüsterungen. Irgendwie steckte natürlich die katholische Kirche dahinter. Das hat unser Rechtsanwalt wieder zurechtgebogen, bis sie uns doch als Mieter akzeptiert hat. Wir sind dann sehr gut mit ihr ausgekommen. Bis zu ihrem Tode.
Das Anfangsproblem war: die Finanzierung zu sichern. Unser Hauptgegner war die Regierung von Oberbayern, die uns immer wieder gepiesackt und Zuschüsse gestrichen hat. Das sei eine freiwillige Leistung, hieß es, wir hätten keinen Rechtsanspruch darauf. 1984 haben die Mitarbeier, der Vorstand und eine Menge anderer Leute sich verschuldet, Bürgschaften aufgenommen, daß wir überhaupt über die Runden kamen. Da haben wir ihre Solidarität schätzen gelernt. Zum Glück mußten die Bürgschaften nie eingelöst werden, weil Herr Kiesl von Herrn Kronawitter abgelöst wurde und wir die Not nicht mehr hatten. ›Was macht Ihr eigentlich so?!‹ werden wir immer wieder gefragt. ›Verschwiegenheitspflicht!‹ sagen wir, ›Klientenschutz!‹ Das wirkt dann immer sehr geheimnisvoll. Vor allem für die Phantasien von Verwaltungsbeamten, die sie an ihren Schreibtischen entwickeln.
Was zum Beispiel den gynäkologischen Stuhl betraf. Wir hatten von Anfang an Ärztinnen. Und Frauen, die nicht in regelmäßiger ärztlicher Behandlung waren und auch kein Geld hatten, wurden hier untersucht. Ob irgendwelche Befunde da waren, bevor wir Verhütungsmittel verschrieben. Dazu brauchten wir den Stuhl, der die Phantasie des Vertreters der Landesregierung erheblich beschäftigte. Ob wir hier nicht eine heimliche Abtreibungspraxis betrieben. Wir sollten den Stuhl hinauswerfen. ›Unmöglich!‹ sagten wir, ›den brauchen wir!‹
Das spitzte sich dann so zu, daß wir gezwungen wurden, die ärztliche Arbeit abzuspalten von der Ehe- und Familienberatung. Für die ärztliche Arbeit bekamen wir vom Staat keinerlei Unterstützung. Gott sei Dank ist

dann die Stadt eingesprungen. Wir erklärten einfach eineinhalb Räume zum ›extraterritorialen Gebiet‹, wo dann nur Familienplanung stattfinden durfte. Von Anfang an fanden in unseren Räumen Ausstellungen statt. Wir hatten die von Steiner-Stiftung um Unterstützung gebeten, aber irgendwie hat es nicht geklappt. Mit der Akademie gegenüber haben wir unserer Ausstellungen wegen oft Kontakte. Wir machen auch Feste und laden Nachbarn ein. Nein, die katholischen Schwestern von nebenan sind noch nicht gekommen. Überhaupt ist das ein kunstsinniges Haus hier. Wir tragen auch ein bißchen dazu bei: wir haben Mitarbeiter, die schreiben, welche, die Musik machen und eine Ärztin, die malt. Sie ist gerade dabei, eine Fotoausstellung von Herrn Bottequin aus dem Haus in unseren Räumen zu organisieren.
Ich habe meinen Trampelpfad durch die Türkenstraße: Lokale, wo ich esse, 2001 für Bücher und Musik, die Kinos für die Filme. Das ist es eigentlich. Mir kommt die Türkenstraße als Person vor wie jemand, der mit seiner Zeit nicht klarkommt. Da gibt es zuviel Buntes und Verschiedenes, zuviel Kaffee und Musik, daß er vor lauter Tünnef und Oberflächlichkeit zum Eigentlichen, zu seiner Arbeit, gar nicht mehr kommt.«

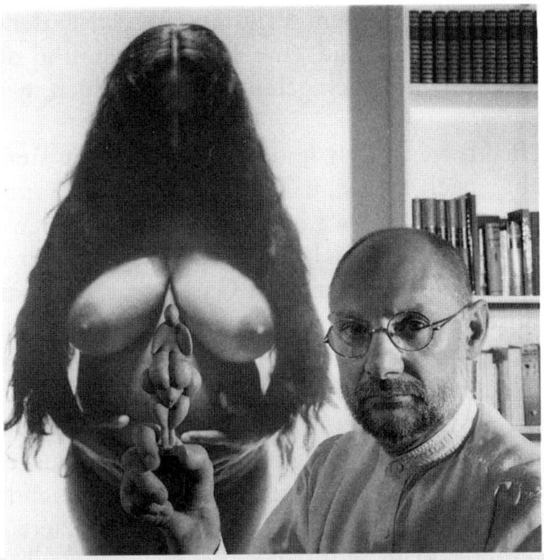

Jean-Marie Bottequin, vor eigenen Werken
geb. 1941 · Fotograf · Allroundkünstler

Lachender Hitler

»1968 bin ich auf Einladung Kristina von Söderbaums hierher gekommen. Gerade hatte ich Faßbinder kennengelernt und für ihn fotografiert.
Ich bin grundsätzlich jemand, der gern ein Stammcafé hat und damals, in den Jahren um 68 bin ich oft mit Faßbinder und anderen Leuten im ›Nest‹ an der Leopoldstraße gesessen. Da hat eigentlich mein Leben richtig angefangen. Hier herrschte eine größere Toleranz als in Belgien, hier waren die Leute weiter in der Zeit. Ich habe all' die Künstler kennengelernt und zu einer neuen Art des Sehens und Fotografierens gefunden. Damals habe ich als freier Fotograf für die ›Quick‹, den ›Stern‹ und den ›Spiegel‹ gearbeitet. Ich hatte mein Atelier am Kaiserplatz und man nannte mich den ›Mann vom Kaiserplatz‹.
Ich war hier lange nicht so bekannt wie in Belgien. Da war ich bekannt wie ein bunter Hund. Ich war immer ein Tabubrecher, ein Provokateur. Ich war der erste, der großformatige Aktfotos gemacht hat: von Frauen, von Männern, von beiden beim Beischlaf. Das waren keine Pornofotos, aber sie provozierten schon mächtig. Weil ja in Belgien die Kirche irrsinnig stark ist. Als ich einmal nicht da war, hat die Staatsanwaltschaft meine Arbeiten beschlagnahmt, so daß ich sie mit Richterbeschluß wieder herausklagen mußte.
Kristina Söderbaum hatte etwas von mir gelesen: von meinem mit Blumen bemalten Auto und von dem kleinen Löwen, mit dem ich ohne Leine spazierenging. Flandern hat schließlich einen Löwen im Wappen wie Bayern ja auch. Für mich war der Löwe ganz normal, weil ich vorher einen Puma

hatte. Beide stammten von einem Priester aus Aalst, der sich im Garten Löwen, Tiger, einen Schwan und eine Henne hielt und seinen Gläubigen immer wieder sagte: ›Vertragt euch gefällig! Ihr seht doch, wie sich meine Tiere vertragen!‹
Ihm habe ich Gemälde vermittelt und wollte dafür ein Tier. Erst bekam ich den Puma, der aber nach vierzehn Tagen starb, weil er nicht geimpft war. Dann schenkte er mit den kleinen Löwen, der gerade zwei Wochen alt war. Er war wunderschön. Ich hatte damals ein Haus mit einem großen Garten, wie in Belgien irgendwie jeder ein Haus mit Garten hat, das ganze Land ist eine einzige Gartenlandschaft. Ich lebte allein mit dem Löwen und wurde schon dadurch ziemlich bekannt.
Da wurde Kristina Söderbaum auf mich aufmerksam. Sie machte gerade in einer Schweizer Zeitschrift eine Reportage über Fotografen. Da kam sie und fotografierte mich. Ich hatte in Köln im Belgischen Haus eine Ausstellung: Fotos, die 2,20 m hoch waren, die sogenannte Kafka-Serie: da hatte ich nackte Frauen aufs Papier gelegt und Insekten darauf projiziert. Die Ausstellung ist später in Frankfurt geklaut worden, wahrscheinlich weil einer die Rahmen wertvoll gefunden hat. (lacht)
1967 lud mich die Kristina Söderbaum ein, nach München zu kommen. Da wußte ich noch kaum, wo das lag. Sie hätte Freunde bei der Quick und da könnte ich arbeiten.
Sehr zum Mißvergnügen meiner Familie habe ich alle Brücken in Belgien abgebrochen: habe mein Pferd, meinen Hof und mein Fotogeschäft verkauft. Der Löwe war schon nach acht Monaten gestorben.
›Warum gehst du?‹ fragte die Familie, ›was tust du bloß dort?‹ Ich hatte ein Trauma vor Uniformierten, vor marschierenden Stiefeln, vor Bombeneinschlägen. Da bekam ich immer große Angst. Wir waren nämlich versteckt während des Krieges, weil wir gesucht worden waren. Von 1941 bis 1945, die früheste Kindheit habe ich mit Mutter und zwei der vier Geschwister in einem Bauernhof in Wallonien verbracht. Zwar bei Verwandten, aber ohne jeglichen Kontakt nach außen. Und immer voller Angst.
Dieses Trauma findet sich heute noch in meiner Kunst: Da kommen immer wieder Verfolgung und Konzentrationslager vor. Mein Onkel ist im KZ Dachau umgekommen, er gehörte zur Résistance in Flandern und ist gefaßt worden.
Es gab eine starke Résistance in Flandern, aber es gab auch viele Nazis unter den Flamen, die sich weigerten, französisch zu reden und mit Hilfe der Nazis ihr eigenes Süppchen kochen wollten.
Mein Vater war einer der Chefs der Résistance. Er war auch Freimaurer, wie ich, wie die ganze Familie. Die rechten Wallonen mochten die Freimaurer nicht. Sie haben viele von ihnen auf die Liste gesetzt. Viele Brüder sind in Dachau umgekommen. Wir kamen auch auf die Liste.
Gewarnt sind wir worden durch einen Nazi, der meinem Vater wohlgesonnen war. Morgens um vier sind wir geflohen und das jahrelange Versteckspielen begann. Irgendwie haben wir auch das Ende des Krieges überstanden. Sind wir davongekommen. Trotzdem bleibt es ein Tabuthema für unsere Familie:

wenn einer davon anfängt, beginnen immer welche zu weinen. Viele Freunde sind deportiert worden, verloren gegangen.
Es ist wie ein Fluch, der Haß auf alles Deutsche gebiert. Vielleicht um dieses Trauma aufzuarbeiten, bin ich nach Deutschland gekommen. Ich habe es noch nicht ganz geschafft, es kommen immer noch Träume. Die Erinnerung ist nicht mehr detailliert, aber die Situationen gleichen sich: wie wir bei Bombenalarm unter den Tisch gekrochen sind und die Angst, aber auch die Wärme und Zärtlichkeit unserer Mutter spürten. Und wenn wir jetzt diese neu aufgekommene Fremdenfeindlichkeit wieder spüren, haben wir, meine Frau und ich, uns allen Ernstes überlegt wegzugehen.
Wir hatten ein Häuschen in Frankreich, im Languedoc. Die Leute dort halten sich nicht für Franzosen und mögen auch keine Fremden. Sie sind ja schon mit Kolonialfranzosen voll. Aber irgendwie spürt man, daß das Leiden der Katharer, diese blutige Metzelei im Auftrag Roms, noch immer in ihnen steckt.
Was ich sagten wollte: während Ausländer schwer in französische Strukturen eindringen, ist das in Deutschland anders. Wenn einer deutsch kann oder sich bemüht, es zu lernen, wird er gern von Deutschen angenommen. Besonders die Franzosen, habe ich das Gefühl. Als ob es ein kollektives schlechtes Gewissen gäbe, das die Deutschen veranlaßt, Franzosen zu mögen. Ich werde hier als Franzose gehandelt. Am Anfang habe ich das Spielchen ja noch mitgemacht: ›O là là, Jean-Marie, ça va?‹ Ich habe mir Mühe gegeben, schnell deutsch zu lernen und habe es in acht Monaten auch geschafft. Okay, die Grammatik stimmt nicht immer, aber der Wortschatz schon. Deshalb brachte ich es auch zum Nachtreporter bei der tz und der Quick. Da habe ich meine Meinung über die Deutschen ändern müssen: Mein Gott, sagte ich mir, die haben auch leiden müssen, haben auch Hunger und Angst gehabt. Sie sind eben wie Schafe in eine Falle geraten. Sie haben anscheinend einen Führer gebraucht. Das gab's bei anderen Völkern auch schon. Nur nicht in diesen Dimensionen. Die Dummheit der Deutschen ist irgendwie besonders groß. Es gibt keinen Individualismus, dafür eine Ordnung. Und wenn einer kommt und verspricht, er werde Ordnung bringen, dazuhin noch Arbeit und Wohlergehen, dann ist der Deutsche besonders süchtig darauf.
Am Anfang wohnte ich bei Kristina Söderbaum und wußte nicht, wer sie war. Ich war richtig schockiert, wenn sich die Leute nach ihr umdrehten und etwas flüsterten. Ich kam erst langsam darauf, daß sie etwas von ›Reichswasserleiche‹ sagten, weil sie in den meisten ihrer Filme im Wasser endete. Eigentlich war sie ein kleines Mädchen aus Schweden, das in die Nazi-Filmmaschine so hineingerutscht ist. Sie hat mir geschworen, nichts gemerkt, gesehen und gehört zu haben von den Greueln. Bei der Entnazifizierung wurden ihr die Häuser unter den Augen wegversteigert, heute hat sie nichts mehr. Lebt im Künstler-Altersheim der Friedmannstiftung am Viktualienmarkt. Gemeinsam mit der Nina, dem Akademiemodell und dem Schriftsteller Wolfgang Bächler.

Ach ja, die Nina! Wenn ich die Türkenstraße mit einer Person vergleichen würde, dann mit ihr. Meine liebe, alte Freundin, die russische Gräfin. Wie sie da hinüberging mit Hut und Hündchen, in wallenden Gewändern, von ihrer Wohnung ins Café, da sah sie aus wie die Mutter aller Künstler. Sie redete überall mit, war zwar nicht besonders gescheit, hatte aber Persönlichkeit.
Ich habe eine schwarz-weiße und eine farbige Fotodokumentation über sie gemacht, als Obernutte im Lenbachhaus.
Ich wohnte also bei der Söderbaum und erfuhr erst später, daß mir viele Aufträge durch die Lappen gegangen sind ihretwegen. Ihrer Vergangenheit wegen. Sie war umgeben von einer Schar blinder Bewunderer, die das Thema Drittes Reich zum Tabu erklärt hatten und alles taten, um sie weiter unwissend zu halten. Irgendwann hatte sie den Porst kennengelernt und der hatte ihr eine Kamera geschenkt. Seither fotografierte sie. Ich habe ihr noch einiges beigebracht, habe auch, für dreißig Mark am Tag, Bilder in der Dunkelkammer entwickelt.
Mein nächstes Zimmer war ein Turmzimmer in einem Schlößchen im Brunntal. Die Leute haben mich gern gehabt, sie haben mir die guten Seiten Deutschlands gezeigt. Aber in der Schublade lag das Bild eines lachenden Hitler. Sie sagten, daß er auch eine andere Seite gehabt hätte und daß er im Grund kein schlechter Mensch war. Und daß sie selber schrecklich gelitten hätten in Rußland. Sie stellten sich als Opfer dar. Das sollte ich später noch öfter erleben: die Deutschen als Opfer und der lachende Hitler in der Schublade.
Die werden sich nie ändern, dachte ich, sie werden immer wieder erzählen, daß sie von Dachau nichts gewußt hätten.
Seit 1972 hatte ich das Atelier am Kaiserplatz. Als die Miete aber über 3000 Mark stieg, konnte ich nicht mehr. Ich zog im Lehel als Untermieter zu einem Musikmanager, ich wurde sein Fotograf und Dramaturg, flog aber raus, weil er die Miete nicht bezahlt hatte.
Bei Freunden war irgendwie auch kein Platz, ich mußte wieder nach Belgien zurück. Da fühlte ich mich auf einmal als Fremder unter Fremden, mein Flämisch war voller Germanismen, die Freunde akzeptierten mich nicht mehr. Sie zeigten offen, daß ich nicht mehr willkommen war. Ich – der Pionier der belgischen Fotografie in den 60er Jahren! Der Schüler Marcel Marceaus!
Ich setzte mich in einen VW-Bus und fuhr nach München zurück. Ich hatte inzwischen einen Hund und bettelte bei Freunden, ob ich bei ihnen übernachten könne. Es war nicht mehr wie 68, wo ich zwar in Brunntal gewohnt, aber viel in Schwabing gepennt habe. 1984 mußte ich mit dem Hund im Auto übernachten. Bis ich endlich bei einer Ex-Freundin schlafen konnte, aber ohne Hund. In der Wohnung einer Kollegin im Lehel hatte ich einen Telefonbeantworter installiert für die Aufträge. Aber sie hat die meisten an sich gerissen. Ein halbes Jahr Verdienstausfall.
Was mich tröstete: auf dem Beantworter war eines Tages eine wundervolle Stimme, die sagte, sie wolle mich treffen. Eine wundervolle weibliche Stimme.

Sie gehörte einem Mädchen, das früher in Amerika ein Kinderstar gewesen war. Sie hatte einen Film mit der Taylor und dem Burton gedreht und ich hatte sie fürs Titelbild fotografiert. Damals war sie 16. Das ist ja kein Alter, in dem man junge Mädchen verführt. Außerdem war immer jemand da. Ich hatte ihr meine Aktfotos gezeigt und das hatte sie nicht vergessen.
Sie war aus Amerika gekommen, um bei mir Fotos machen zu lassen für ihre Bewerbungsschreiben als Schauspielerin. Sie war Amerikanerin, sprach aber fließend deutsch. Sie war Jüdin.
Ich hatte mich immer für Judaica interessiert, für jüdische Schicksale und jüdische Mystik. Und da war sie plötzlich, es war an einem 13. Februar und die Magie war da. Ich wußte: Das ist sie!
Am Abend habe ich sie um ihre Hand gebeten. Sie hat mich angeschaut, als wäre ich übergeschnappt. Ich solle mich unterstehen, sie anzurufen oder ihr zu schreiben!
Vier Tage vergingen. Dann hörte ich ihre Stimme wieder auf dem Anrufbeantworter: Ich habe es mir überlegt, ich nehme an!
Heute ist sie meine Frau und die Mutter unserer drei Kinder Ezra, Avital und Ayalah, lauter jüdische Namen. Ezra ist der Prophet, Avital ist die fünfte Frau Davids und Ayalah heißt Gazelle.
Wir haben uns verlobt und waren so gänzlich ohne Wohnung und ohne Geld. Bis an einem der folgenden Tage zwei Stimmen von Freundinnen auf dem Beantworter waren: in der Türkenstraße sei eine Wohnung frei.
Ich hatte als Fotograf natürlich immer viele Freundinnen. Alle habe ich geliebt und gut versorgt, nie habe ich eine ausgenützt. Und ich habe soviel zurückbekommen!
Wie eben diese Wohnung im oberen Stock des Steinerhauses mit dem Theater, das Herr von Steiner nach dem Krieg an sein Atelier angebaut hatte. Wohl für Filmvorführungen, denke ich. Ich fand die Wohnung jedenfalls abenteuerlich. Wir hatten uns schön gemacht, meine Verlobte die Ohrringe angelegt und wir tranken Kaffee und aßen Kuchen bei Frau von Steiner. Sie war schon ein bißchen schwerhörig, aber noch voll da. ›Sie sind die richtigen!‹ sagte sie. Wohl auch, weil meine Frau Jüdin war wie sie.
Wir hatten die Wohnung, aber noch kein Geld und keine Arbeit. Seit dem Ja-Wort 1985 hat sich das schlagartig geändert: sie bekam große Werbeaufträge und auch ich hatte wieder zu tun. Als ob wir etwas ausstrahlten!
Für 35 000 konnten wir dann die Wohnung renovieren. Das Geld war in kurzer Zeit hereingekommen. Wie durch Magie. Wir konnten alles bar bezahlen. Dann ist unser erstes Kind geboren in dieser Theaterwohnung mit ihren 90 oder 100 qm. Von unserer Wohnung aus konnten wir Frau von Steiner auf ihrem Balkon sitzen sehen, nicht ahnend, daß wir später in ihre Wohnung umziehen würden.
Ich habe sie nicht mehr so oft besucht, weil ich mit diesen Aasgeiern, diesen Krankenschwestern, nicht zusammentreffen wollte. Das war mein Eindruck. Sieben waren es von ihnen und sie hat sich an ihnen ruiniert. Fast 15 000 Mark im Monat mußte sie für sie ausgeben.

Jede Woche um vier kam einer von der Bank zu Frau von Steiner. Zu Kaffee und Kuchen. Seit 1985, jede Woche!
Es war eine reine Belagerung, jeder wollte das Haus: seine Familie, ihre Familie, die Krankenschwestern, die aber untereinander zerstritten waren und die griechische Hilfe. Sie wußte gar nicht mehr, was sie machen sollte. Irgendwie wollte sie das Haus in eine Kunststiftung einbringen. Da hat die Bank einen wunderbaren Dreh gefunden: sie hat sich eine Stiftung ausgedacht und dafür das Haus bekommen. Das von Steiner-Haus gehört der Bayerischen Vereinsbank. Die Hausverwaltung macht Herr Janda. Der hatte sich aus allem herausgehalten. Der ist offen und ehrlich. Ich hatte ihm gesagt, daß ich mich dafür interessierte, weil es oben in der Theaterwohnung schon ziemlich eng geworden war. Und weil nach Frau von Steiners Tod die 230 qm-Wohnung ein Jahr leergestanden hatte. Sie sei schwer zu vermieten, sagte Herr Janda, zu teuer. Es gab ein Angebot der Lufthansa, 6 000 im Monat. Damit ihre Piloten da übernachten könnten.
Irgendwie bekamen wir sie dann doch. Sie war total heruntergekommen und verwüstet. Die Leute hatten nach ihrem Tod alles mögliche an sich gerissen: Kleidung, Schuhe. Sie hatte eine riesige Kollektion an Kleidern und Schuhen. Reste lagen noch in der Wohnung herum, als wir sie übernahmen. Es mußte entrümpelt und renoviert werden. Ich habe die Wände herausgerissen, Leitungen gelegt und Heizungen installiert. Lebensgefährlich!
Wir haben 160 000 Mark hineingesteckt. Und nebenbei immer den Kommentar einer Nachbarin gehört: ›Die schöne Wohnung der Frau von Steiner an diese Ausländer!‹
Zum Schluß war Frau von Steiner völlig schwerhörig. Sie redete zwar, aber niemand hörte ihr zu. Sie war voll da, aber sie kränkelte. Sie war wahnsinnig ängstlich und wollte außer diesem Banker keinen Menschen sehen. Sie hatte eine ganz weinerliche Stimme bekommen und wahnsinnige Angst vor dem Sterben. In den letzten Jahren hatten ihre ganzen Gedanken nur um die Ausstellung gekreist, die im Lenbachhaus stattgefunden hatte. Die sie für ihren Mann organisiert hatte. Und wo der schlaue Friedel sich fürs Lenbachhaus ein paar wertvolle Gemälde von Desmarées hat schenken lassen. Sie war da schon fast völlig senil. Sie sagte nur noch äh, äh, und die Schwestern quasselten dazwischen, filmreif. Sie ist dann leise, einsam und elend gestorben.
Inzwischen habe ich sogar die Nachbarin mit ihrem fremdenfeindlichen Kommentar liebgewonnen. Wie ich alles liebgewinne, was schwierig ist. Das habe ich am Theater gelernt. Schauspieler sind ja die ekelhaftesten Menschen, die es gibt.
Ich habe da eine Strategie entwickelt: Ausreden lassen, nicht widersprechen, dann sind sie vielleicht am Schluß auch mal bereit hinzuhören.
Ich habe einen Zehnjahresvertrag abgeschlossen, in der Zeit ist die Wohnung billig. Ich kann hier wirklich tun, was ich will.
Seit 1988 gibt es immer wieder antisemitischen Psychoterror: Juden raus. Mein Name war vom Türschild wegradiert, meine Frau und ich bekamen anonyme Anrufe mit Todesdrohungen: Ihr seid die nächsten! In der Art.

Seither verläßt meine Frau die Wohnung nicht mehr freiwillig. Auch ich bin viel mehr in meinem Elfenbeinturm als früher. Wir haben unsere Wohnung von innen verbarrikadiert und ich trage mich mit dem Gedanken, eine Waffe zu kaufen.
Früher gab es Hausierer, okay, heute sind sie mehr da, um auszuspionieren. Auch die Minicarfahrer und Kuriere sind als Informanten bekannt. Inzwischen wurde sogar im Haus eingebrochen.
Ansonsten ist unser Haus als Schlafhaus bekannt. Wenn die Boxberg, die jetzt in der Theaterwohnung lebt, morgens vor die Tür tritt, liegt da oft so ein Penner. Oder klingelt es dauernd bei mir: das sind dann junge Mädchen, Schwangere, wunderschöne Ausländerinnen, die eine Beratung wollen. Schade, daß ich sie nicht beraten kann! (kichert) Die Leute von ›Pro Familia‹ haben sich, seitdem sie hier sind, stark verändert. Am Anfang waren sie richtig muffig, jetzt sind sie phantastisch! Auch ihre Ausstellungen im Gang und in den Zimmern.
Früher war ich Raucher, inzwischen bin ich notorischer Nichtraucher. Das hat meine Frau geschafft. Dafür gucke ich mehr nach jungen Mädchen. Früher hat man sich eine ›geangelt‹ oder hat sich ›angeln‹ lassen, das gibt es in der Form heute nicht mehr.
Außerdem habe ich keine Zeit mehr. Ich studiere, habe am Montag meine Loge ›Zur Kette‹, halte Vorträge über Buddhismus, Philosophie und die Entstehung des Bösen, schreibe Bücher, zum Beispiel über einen Klezmer-Musiker, lerne hebräisch, empfange Leute, die sich mit Photographie beschäftigen, gebe Kurse und muß mich am Sonntag meinen Kindern widmen, die dreisprachig aufwachsen.
Hier in der Wohnung hatten wir schon zwei Hunde, drei Katzen, drei Schlangen und vierzig Ratten. Da wird man schon immer mal angefeindet wegen der Kinder oder wegen der Tiere. Ansonsten ist die Stimmung hier im Haus hervorragend.
Wenn meine Frau ausgeht, macht sie nie den Dreh nach rechts. Sie geht immer zur Georgen-, zur Friedrich-, zur Nordendstraße, zum Leopoldpark. Warum? Weil das weniger gefährlich ist. Weil sie eine Aversion bekam gegen Gesichter, wie sie hinter der Schellingstraße auftauchen.
Da wird man anders angeguckt als Frau, anders angesprochen. Ausgesprochen unangenehm. Nach links ist es anonymer, langweiliger, aber sicherer.
Ich bin ein Menschenmagnet, ich interessiere mich für Menschen und was sie erleben, alle möglichen Banalitäten und schon wird eine Geschichte daraus.
Ich habe Kontakt mit der Literaturhandlung, der jüdischen Kulturvereinigung und vielen jüdischen Familien. Ich bin immer offen für Kontakte. Am liebsten mit mystischen Menschen. Dadurch bin ich mehr und mehr zu einer Art Mystiker geworden, obwohl ich Religionen grundsätzlich mißtraue. Aber ich gehöre der liberalen jüdischen Gemeinde Beth Shalom an.
Was mir an der Türkenstraße fehlt, wäre eine ›hermetische Truhe‹, eine esoterische Buchhandlung zum Sitzen, Musik hören, in Büchern blättern, zum Gespräche führen und Kontakte knüpfen. Das wär's. Genau.«

Abgesang

P.S. Ein Türkenstraßenhinterhof bleibt unbeschrieben, doch nicht unerwähnt: meiner, unserer.
Um ihn so zu erhalten, den zweifach preisgekrönten, auch wenn der Vermieter über neunzig war und vor kurzem gestorben ist. Wo ebenerdig in der Werkstatt und in den Ateliers unter dem Hof mit Holz geheizt wird, das im Nymphenburger Park bei der Schlösser- und Seenverwaltung abgeholt und im Hof gesägt und geschlichtet wird. Holz-Aktion.
Wo gefeiert wird und getrunken und Brotzeit in der Sonne gemacht. Wo der Rheumaarzt seine Wäsche im Hof trocknen läßt und die Künstlerin Kronleuchter aus Blech und Glas zusammenbiegt.
Wo Birken, Erlen und Ahorn bis zum zweiten Stock hinaufgewachsen sind in ihren Eichentrögen, die früher einmal Schwellen waren zwischen den Gleisen der Eisenbahn.
Wo der wilde Wein die Wand hinauf- und der Riesenkapuziner den Balkon herabwächst.
Wo Yuccapalmen unter dem Glasdach blühen und Mispeln gelbe Früchte tragen. Und wo die Hofmaus Sesamsemmeln bevorzugt. Wo Rauhhautfledermäuse im Holz überwintern, Rauchschwalben im Durchgang nisten und Rotschwänzchen stolz ihre Jungen präsentieren.
Wo in den letzten dreißig Jahren heftig kreuz und quer geliebt wurde, betrogen, geflirtet, geheiratet, gehaßt, verziehen oder ausgezogen. Wo nur Mädchen gezeugt wurden, acht an der Zahl und übers Gröbste hinweggebracht wurden. Wo es Hunde gibt und Katzen, Papageien und zahme Ratten, Fledermäuse, Amseln, Krähen, Buntspechte und Marder.
Wo es göttlich ruhig ist und menschlich laut: Radklingen und Kindergeplärr, Werkstattgeräusch und Freizeitgelach. Wo sie sich gefunden haben: Handwerker und Künstler, Künstlerinnen und Handwerkerinnen. Wo dauernd Dinge entstehen: Bücher und Filme, Bilder und Skulpturen, Kachelöfen und Münzen, Kupferstiche und Plastikkleider mit eingenähten Lutschern. Wo Sofas aufgerichtet, Möbel restauriert und Regenwaldausstellungen ausgestattet werden.
Wo am schwarzen Brett Ankündigungen hängen von den letzten Vernissagen, Lesungen und Aktionen der Hinterhöfler. Wo in der Polsterer-Werkstatt die Urlaubskarten an ein Brett gepinnt sind und im Hof zwei Gebetsfahnen aus Bhutan flattern.
Wo es machmal so schön ist, daß es weh tut und ein anderes Mal gemobbt wird, wie's im Buche steht. Wo man dann die ganze Bagage am liebsten auf den Mond schießen möchte.
Trotzdem, inschallah, sagt der Türke, möge es noch lange so bleiben.

Hella Schlumberger
geb. 1943 · Dr. phil. und Schriftstellerin
aus der Türkenstraße in München

Die Autorin

Engagierte Bücher über Unterdrückung und Freiheitskämpfe in den Ländern der »Dritten Welt«, vor Ort recherchiert und in literarische Form gebracht. Spezialgebiete: Bolivien (»Bolivien, Schwankende Wiege der Freiheit, Land zwischen Kokainmilitärs und Demokraten«, 1985) und Kurdistan (»Durchs freie Kurdistan, Erlebnisse in einem vertrauten Land«, 1980; »Kurdische Reise, Aus dem Leben eines bedrohten Volkes«, 1989; »Der brennende Dornbusch, Im verbotenen Land der Kurden«, 1991).
Hauptthemen: Mensch und Macht, Frau und Gegenmacht, Alltag und Gewalt, Anarchie und Poesie.
Als Auslandskorrespondentin, Dokumentaristin in Wort und Bild (Filme, Fotos, Feature) setzt sie sich gegen Vergessen, Ungerechtigkeit und Unterdrückung ein und versucht, zur Veränderung beizutragen. Gefängnis in der Türkei wegen des Wortes »Kurdistan« in einem Gästebuch. In München hat sie entscheidend dazu beigetragen, daß die Stadt einen »Georg-Elser-Platz« erhielt. Wohnhaft seit drei Jahrzehnten in einem Hinterhof der Türkenstraße interessierte sie schon immer, was hinter den Fassaden passierte, was nicht in den Archiven zu finden war. An die 150 Menschen erzählten ihre Geschichte, die Geschichten kreuzten sich, durchwoben sich, so entstand der Kelim Türkenstraße, ein Beitrag zur Geschichte des Stadtteils, der Stadt, des Landes, zum Verhältnis von Abendland zu Morgenland.

Ausgewählte Literatur

Zur Türkenstraße:

Hödl, Sepp, *Die Türkenstraße gestern und heute,* München 1990
Müller, Hugo A. *Türkenstraße 26, Ein Münchner erinnert sich*, München 1989

Zu anderen Straßen:

Hildebrandt, Dieter, *Die Leute vom Kurfürstendamm, Roman einer Straße,* München 1984
Machfus, Nagib, *Die Midaq-Gasse,* Zürich 1985
Raabe, Wilhelm, *Die Chronik der Sperlingsgasse,* Berlin 1864

Zu einem Haus:

Troppmann, Artur, *Die Leute aus dem 30er Haus,* München 1976

Zum Thema »Türken«:

Zwei Ausstellungskataloge:
Im Lichte des Halbmondes, Das Abendland und der türkische Orient, Dresden, Bonn 1996
Kurfürst Max Emanuel, Bayern und Europa um 1700, 2. Bd., München 1976

Die Türken vor Wien, Stimmen und Berichte aus dem Jahr 1683, München 1938
Die Türken vor Wien, Europa und die Entscheidung an der Donau, Salzburg 1982
Hunke, Sigrid, *Allahs Sonne über dem Abendland, Unser arabisches Erbe,* Frankfurt 1965/1977
Morawitzky, Topor Graf *Beiträge zur Geschichte der Türkenkriege 1683–1688;* Oberbayer. Archiv 1857
Schmid, Hermann, *Die Türken in München,* Leipzig 1872
Türkei in München, hrsg. Landeshauptstadt München, Direktorium, AusländerInnenbeauftragte, München 1998

Zu Frauen:

Ausgerechnet Frauen, Zahlen, Daten und Fakten für München, hrsg. Gleichstellungsstelle für Frauen der Landeshauptstadt München 1995
Frauenleben in Bayern, ein Arbeitskreis, eine Stadtbegehung, ein Fest, für unsere Geschichte, München 1991
Frauenleben in München, Lesebuch zur Geschichte des Münchner Alltags, Geschichtswettbewerb 1992, hrsg. Landeshauptstadt München, 1992
München, Stadt der Frauen, Kampf für Frieden und Gleichberechtigung 1800–1945, hrsg. Eva Maria Volland und Reinhard Bauer, München 1991
Stieftöchter der Alma mater, 90 Jahre Frauenstudium in Bayern, hrsg. Hadumod Bußmann, Katalog zur Ausstellung, München 1993/94
Krafft, Sybille, Zwischen den Fronten, *Münchner Frauen in Krieg und Frieden 1900–1950,* hrsg. Kulturreferat, München 1995
Krafft, Sybille, *Geschichte der Frauen in Bayern,* Rahmenprogramm zur Landesausstellung 1998 in Ingolstadt, München 1998
Schiebinger, Londa, *Schöne Geister, Frauen in den Anfängen der modernen Wissenschaft,* Aus dem Amerikan. 1989/1993

Wiggershaus, Renate, *Frauen unter dem Nationalsozialismus,* Wuppertal 1984
Wolf, Georg Jacob, *Die Münchnerin, Kultur- und Sittenbilder aus dem alten und neuen München,* München 1924

Zu Johann Georg Elser:

Autobiographie eines Attentäters Johann Georg Elser, Der Anschlag auf Hitler im Bürgerbräu 1939, hrsg. Lothar Gruchmann, Stuttgart 1970/1989
Gegen Hitler, gegen den Krieg! Georg Elser, Elsers Attentat auf Hitler am 8. November 1939 im Münchner Bürgerbräukeller, hrsg. Elser-Arbeitskreis, Heidenheim 1989
»Ich habe den Krieg verhindern wollen«, Georg Elser und das Attentat vom 8. November 1939, Katalog zur Ausstellung, hrsg. Peter Steinbach und Johannes Tuchel, Berlin 1997, Gedenkstätte Deutscher Widerstand
Albrecht, Ulrike, *Das Attentat, Materialien zur Haidhauser Geschichte,* Bd. 3, erschienen zur gleichnamigen Ausstellung im Nov. 1987
Majer, Georg, *Schorsch, der Attentäter aus dem Volk,* Heidenheim 1986
Ortner, Helmut, *Der einsame Attentäter, der Mann, der Hitler töten wollte,* Göttingen 1993
Zahl, Peter-Paul, *Johann Georg Elser, ein deutsches Drama,* Berlin 1982

und zwei Filme:

Klaus Maria Brandauer, *Georg Elser – Einer aus Deutschland,* 1989
Rainer Erler, *Der Attentäter,* 1967

und zwei Rundfunksendungen:

Hella Schlumberger, *Hitlers wahrer Gegenspieler,* 1996
Valerie Stiegele, *Johann Georg Elser, ein deutsches Schicksal,* 1982

Zum historischen München:

Bayern und Sachsen in der Geschichte, Wege und Begegnungen in archivalischen Dokumenten, Katalog zur Ausstellung im Bayer. und Sächsischen Hauptstaatsarchiv 1994/1995
Cartographia Bavariae, Bayern im Bild der Karte, Bayer. Staatsbibliothek, München 1988
Das Land unserer Väter, Bayer. historische Karten aus den Archiven des Bayer. Vermessungsamtes, München 1984/1991
München im Wandel der Jahrhunderte, Bilder aus der Sammlung Proebst, hrsg. Kreis der Freunde Alt-Münchens, München 1957
Topographischer Atlas Bayern, hrsg. Bayer. Landesvermessungsamt, München 1968
Dombart, Theodor, *Schwabing, Briefliche Plaudereien,* München 1913
Dürr, Kajetan, Städt. Vermessungsamt, *Die histor. Entwicklung der Münchner Stadtbezirke,* hrsg. Münchner Forum 1991
Duvigneau, Volker, *Münchner Stadtbilderbuch, Ansichten aus drei Jahrhunderten,* Münchner Stadtmuseum 1994
Kleinschroth, Adolf und Michel, Helmut, *Schiffahrtskanäle aus dem 17. und 18. Jahrhundert im Raum München,* Deutsches Schiffahrtsarchiv 1984
Lebschée, Carl August, *Malerische Topographie des Königsreichs Bayern ... mit Begleitung eines historischen Textes.* Nach der Natur und auf Stein gezeichnet von C. Lebschée, München 1830, Reprint Leipzig 1985
Lehmbruch, Hans, *Ein neues München, Stadtplanung und Stadtentwicklung um 1800,* München 1987
Megele, Max, *Baugeschichtl. Atlas der Landeshauptstadt München,* München 1951 und München 1960
Michel, Helmut, *Historische Kanäle für die Schlösser, Parkanlagen im Münchner*

Raum, TU München, Hydraulik und Gewässerkunde, Mitteilungen Heft 40, München 1983
Nagler, G. R., *Acht Tage in München, Wegweiser für Freunde und Einheimische ...* mit vielen Vignetten und Plänen, München 1863, Reprint 1983
Ponten, Josef, *Die kurfürstlichen Kanalbauten in der Münchener Landschaft* in: *Mitteilungen der Geographischen Gesellschaft in München.* 21. Bd. 1928/2. Heft, München Dezember 1928
Rambaldi, Karl Graf von, *Die Münchener Straßennamen und ihre Erklärung,* München 1894
von Schaden, Adolph, *Münchner Vergihsmeinnicht (sic!) oder Erinnerung an den Aufenthalt im deutschen Athen,* dt. und frz., München 1835, Reprint 1985
Stinglwagner, Gerhard K. F., *Von Mönchen, Prinzen und Ministern, Das Gebäude des Landwirtschaftsministeriums und seine Nachbarschaft, eine Chronik,* München 1991
Vehse, Carl Eduard, *Die Höfe zu Bayern, von Kurfürst Carl Theodor bis König Maximilian II Joseph, 1777 bis 1852,* Leipzig 1994
Wening, Michael, *Historico-Topographico Descriptio,* München 1701
Wenng, Gustav: *Topographischer Atlas der königl. Haupt- und Residenzstadt München,* München 1858
Wenng, Gustav, *München, Max-Vorstadt und Schönfeld-Vorstadt im Jahre 1849 in Grundrissen dargestellt ...* Reprint BA Maxvorstadt, München 1979
Westenrieder, Lorenz, *Beschreibung der Haupt- und Residenzstadt München,* München 1782
Wolf, Georg Jacob, *Die Entdeckung der Münchner Landschaft. Bilder und Dokumente aus zwei Jahrhunderten,* München 1921
Wolf, Georg Jacob, *Das Kurfürstliche München, 1620–1800.* Zeitgenöss. Dokumente und Bilder, München 1930

Zu München im 19. und 20. Jahrhundert

Zwei Broschüren: *Zehn Jahre und zwanzig Jahre Aktion Maxvorstadt,* München 1981/1991
25 Jahre Münchner Forum 1993, Initiativen für München, Kritik und Ideen, Konzepte und Dokumentation, Satire und Information, München 1993
30 Jahre Simpl, Künstler-Kneipe Simplicissimus, Eigenverlag, München 1932
100 Jahre CVJM München, 1886–1986, hrsg. CVJM, München 1986
Bayern nach dem Krieg, Photographien 1945–1950, hrsg. Michael Henker, Haus der Bayerischen Geschichte, Augsburg 1995
Chronik der Ludwig-Maximilian-Universität 1986–1988, hrsg. Präsidialkollegium der LMU, Oberhaching, o. J.
Der Maxvorstädter, Publikationen des Bezirksausschusses Maxvorstadt über die Jahre hinweg
Die Arbeit der Studentenwerke, Ursprung, Gegenwart, Perspektiven, Festschrift zum 65. Geburtstag von Eugen Hintermann, München o. J., ca. 1985
Erinnern – entdecken – erleben, München, Fotografie: Georg Kürzinger, Text: Martin Schäfer, Corinne Ullrich, Stuttgart/Zürich/Wien 1994/1995
Gedenkstätte Deutscher Widerstand zur Ausstellung Widerstand gegen den Nationalsozialismus, Katalog, Berlin, o. J.
Hiebe, Liebe und Proteste, München 1968, hrsg. Günther Gerstenberg, Katalog zur Ausstellung im Münchner Gewerkschaftshaus 1991
Der Hitlerprozeß 1924, Wortlaut der Hauptverhandlung vor dem Volksgericht München 1, Lothar Gruchmann, Reinhard Weber (Hrsg.), Mitarbeit Otto Gritschneder, München 1997/98
Literaten an der Wand, die Münchner Räterepublik und die Schriftsteller, hrsg. Hansjörg Viesel, Frankfurt 1980

Literatur in Bayern, hrsg. Institut f. Bayer. Literaturgeschichte der Universität München, Sonderheft Simplicissimus, München 1996
München, Ein sozialgeographischer Exkursionsführer, Münchner Geograph. Hefte, Heft 55/56, hrsg. Geipel, R. u. Heinritz, G., TU München 1987
München, Dichter sehen eine Stadt, Texte und Bilder aus vier Jahrhunderten, hrsg. Hans-Rüdiger Schwab, Stuttgart 1990
Münchens Straßennamen, Einleitung Richard Bauer, München 1983
Reich der Kristalle, ein Führer durch die Ausstellung der Mineralogischen Staatssammlung München, o. J.
Schwabing, ein Lesebuch, hrsg. Oda Schäfer, München 1972/1985
Schriftenreihe der Akademie der Bildenden Künste:
Bd. 1: Wieland Schmied, *Kunst, Kunstgeschichte, Kunstakademie,* München 1990;
Bd. 2: Kehr, Wolfgang, *Die Akademie der Bildenden Künste München – Kreuzpunkt Europäischer Kultur,* München 1990;
Bd. 3: Zacharias, Thomas, *Biotop Akademie,* München 1991;
Bd. 4: *Thomas Huber in München,* München 1991
Soblau, Kulturzustand München, hrsg. Köllmayr, Liegl, Sréter, München 1992
Stadtkultur in München, hrsg. Kulturreferat der Landeshauptstadt München, 1987
Streiflichter in eine dunkle Zeit, der Landkreis München unter dem Nationalsozialismus im Spiegel der Dokumente, Landkreis München 1979
Tradition und Widerspruch, 175 Jahre Kunstakademie München, München 1985
Vergangene Tage, Jüdische Kultur in München, hrsg. Hans Lamm, München 1992
Adam, Peter, *Kunst im Dritten Reich,* Hamburg 1992
Asgodom, Sabine, *Halt's Maul, sonst kommst nach Dachau! Frauen und Männer aus der Arbeiterbewegung berichten über Widerstand und Verfolgung unter dem Nationalsozialismus,* Köln 1983
Bauer, Reinhard, *Die Maxvorstadt, Stadtteilbuch,* München 1995
Bauer, Richard und Graf, Eva Maria, *Stadt im Überblick, München im Luftbild 1890–1935,* München 1986
Berthold, Eva, Matern, Norbert, *München im Bombenkrieg,* München 1983/90
Brunbauer, Wolfgang, *Bayerische Skandalchronik, Polizei und Kriminalität in München im frühen 19. Jahrhundert,* Rosenheim 1984
Erras, Carl, *Hans Osel, ein Münchner Bildhauer,* München 1988
Fenzl, Fritz, *München, meine Liebe, Geschichten und Gedichte über eine vielgerühmte Stadt,* München 1988
Gallas, Klaus, *München,* Köln 1979
Gierl, Irmgard, *Raritäten aus Schmeller's Bayerischem Wörterbuch,* Rosenheim 1974
Gossweiler, Kurt, *Kapital, Reichswehr und NSDAP 1919-1924,* Köln 1982
Grobe, Peter, *Die Entfestigung Münchens,* München 1970
Heimpel, Hermann, *Die halbe Violine, eine Jugend in der Haupt- und Residenzstadt München,* Frankfurt/Wiesbaden 1958/1974
Herz, Rudolf, Helfbrodt, Dirk, *Fotografie und Revolution, München 1918/1919,* Berlin 1988
Hitzer, Friedrich, *Der Mord im Hofbräuhaus, Unbekanntes und Vergessenes aus der Baierischen Räterepublik,* Frankfurt 1981
Kitzmann, Armin Rudi, *Das offene Tor, Aus der Geschichte der Protestanten in München,* München 1990
Lankes, Christian, *München als Garnison im 19. Jahrhundert, Doktorarbeit,* Herford 1993
Leonhardt, Henrike, *Der Taktmesser,* Hamburg 1990
Mann, Katia, *Meine ungeschriebenen Memoiren,* Frankfurt 1974/1983
Mann, Viktor, *Wir waren fünf, Bildnis der Familie Mann,* Frankfurt 1949/1994
Oldenbourg, Rudolf, *Die Münchner Malerei im 19. Jahrhundert,* Pantheon Colleg, München 1922/1983
Sahm, Walter, *Die Kunst der Porträt-Photographie,* München 1984

Schleich, Erwin, *Die zweite Zerstörung Münchens,* Stuttgart 1978
Schmeller, Joh. Andreas, *Lauter gemähte Wiesen für die Reaktion, die erste Hälfte des 19. Jahrhunderts in den Tagebüchern J. A. Schmellers,* hrsg. Reinhard Bauer und Ursula Münch, München 1990
Spengler, Karl, *Münchner Stadtbummel,* München 1960
Stahleder, Helmut, *Die Haus- und Straßennamen der Münchner Altstadt,* München 1992
Toller, Ernst, *Eine Jugend in Deutschland,* Hamburg 1963/1985
Valmy, Marcel, *Die Freimaurer,* München 1988
Wilhelm, Hermann, *Die Münchner Bohème,* München 1993
Wittmann, Uschi, Weber, Eva, *Ein Freiraumkonzept für die Max-Vorstadt,* Diplomarbeit a. d. Fachhochschule Weihenstephan 1992
Wulf, Joseph, *Literatur und Dichtung im Dritten Reich, eine Dokumentation,* Berlin 1983
Zuber, Elfi, *Der Alte Nördliche Friedhof, ein Kapitel Münchner Kulturgeschichte,* München 1984

Personenverzeichnis

Sponsoren, Mithelfer, Mitdenker

Banken: Münchner Bank, Hypobank
Irene Bolzmacher, Schneiderin, Kunstgewerbe
Josef Brandl, Schreinermeister
Helmut Deubl, Glasschleifermeister
Rupprecht Gerngross, Anführer der ›Freiheitsaktion Bayern‹
Hans Hanauer, sen., Autohaus
Berta Kattaloher, Kontoristin, Hausfrau
Ingeborg Kiermeier, Toto, Lotto
Raimund Kitzinger, Antiquar
Kulturreferat, Dr. Angelika Baumann
St. Markus, Dekanat
Jens Uwe Martens, Diplom-Psychologe, Unternehmensberater
Maria Ruth Nadolski, Sängerin
Ingrid Freifrau von Oefele
Ferdinand Schmid von ›Augustiner‹
Konrad Schellenberg, Mathematiker
Werner Simon, Diakon, Ausländerbeauftragter
Willi Vetter, Betriebsholzwirt
Bernhard Wild, Bäckermeister

Reinhard Bauer, Stadtteilhistoriker
Klaus Bäumler, Bezirksausschußvorsitzender
Fritz Falter, Kunstkinopionier
Franz Geiger, Autor, Übersetzer
Günther Gerstenberg, Historiker der Arbeiterbewegung
Sepp Hödl, Stadtteilhistoriker
Marie Hoffmann, Unternehmensberaterin
Yvonne und Susanne Klos, Textbearbeiterinnen
Heinz Koderer, Apo-Spezialist
Toni Netzle, Wirtin, Schauspielerin
Jost Pietsch, Autor und Stadtteilkenner
Hartmut Traub, Archivar und Lektor und viele andere …

Nebst den Damen und Herren der Archive:
Kajetan Dürr vom Städt. Vermessungsamt, Dr. Achim Fuchs vom Kriegsarchiv, Dr. Lothar Gruchmann vom Institut für Zeitgeschichte, Josef Hackl vom Archiv des Stadtmuseums, Werner Hausner von der Akademie der Bildenden Künste, Peter Henneberg, Renate Lankes, Ewald Maurer vom Bayer. Vermessungsamt, Dr. Hans Lehmbruch vom Zentralinstitut für Kunstgeschichte, Dr. Gerhard Leidl vom Bayer. Hauptstaatsarchiv, Dr. Helmuth Stahleder vom Stadtarchiv, Gerhard Stinglwagner vom Bayer. Landwirtschaftsministerium, Irmtraud Stockinger, Christine Wagner von der Monacensia, Helmut Studtrucker vom Archiv des Deutschen Museums, André Wasgien vom Archiv der Bayer. Schlösser- und Seen-Verwaltung.